Acta et Documenta Synodi Nationalis Dordrechtanae (1618–1619)

A Project of the Johannes a Lasco Bibliothek Emden

In Cooperation with
Theologische Universiteit Apeldoorn
Huygens Instituut voor Nederlandse Geschiedenis
Institut für Schweizerische Reformationsgeschichte Zürich
Vrije Universiteit Amsterdam
Protestantse Kerk Nederland
Remonstrantse Broederschap

General Editors
Donald Sinnema / Christian Moser
Erik A. de Boer / Herman J. Selderhuis

Editorial Board
J. Marius J. Lange van Ravenswaay,
Tjaard Barnard, Fred van Lieburg,
Anthony Milton, Peter Opitz, Johanna Roelevink

Vandenhoeck & Ruprecht

Acta et Documenta
Synodi Nationalis Dordrechtanae
(1618–1619)

Vol. II/1

The Convening of the Synod of Dordt

Edited by
Donald Sinnema, Christian Moser,
Erik A. de Boer and Herman J. Selderhuis

in Collaboration with
Johanna Roelevink (States General documents)
Dagmar Bronner (Editorial Assistant)

Jürgen Beyer, Janika Bischof, Gerard Bosker,
Christiaan Bremmer, Stephen Buckwalter, Nicolas Fornerod,
Mona Garloff, Thomas Guillemin, Fritz Harms,
Thomas Klöckner, Fred van Lieburg, Kees Jan van Linden,
Anthony Milton, Cornelis A. de Niet, Eric Platt,
Pieter Rouwendal, Catherine Wright

Vandenhoeck & Ruprecht

Bibliographic information published by the Deutsche Nationalbibliothek:
The Deutsche Nationalbibliothek lists this publication in the Deutsche Nationalbibliografie;
detailed bibliographic data available online: https://dnb.de.

© 2023 by Vandenhoeck & Ruprecht, Theaterstraße 13, 37073 Göttingen, Germany,
an imprint of the Brill-Group
(Koninklijke Brill NV, Leiden, The Netherlands; Brill USA Inc., Boston MA, USA;
Brill Asia Pte Ltd, Singapore; Brill Deutschland GmbH, Paderborn, Germany,
Brill Österreich GmbH, Vienna, Austria)
Koninklijke Brill NV incorporates the imprints Brill, Brill Nijhoff, Brill Hotei,
Brill Schöningh, Brill Fink, Brill mentis, Vandenhoeck & Ruprecht, Böhlau,
V&R unipress and Wageningen Academic.

All rights reserved. No part of this work may be reproduced or utilized in any form or by any
means, electronic or mechanical, including photocopying, recording, or any information
storage and retrieval system, without prior written permission from the publisher.

Typesetting: Christian Moser, Zürich
Cover design: SchwabScantechnik, Göttingen
Printed and bound: Hubert & Co. BuchPartner, Göttingen
Printed in the EU

Vandenhoeck & Ruprecht Verlage | www.vandenhoeck-ruprecht-verlage.com

ISBN 978-3-525-55466-1

Contents

Preface	XXV
In Memoriam Johanna Roelevink (1953–2018)	XXVII
Introduction	XXIX
Scope of Edition and Editorial Guidelines	LI
Abbreviations	LVII

PART TWO: PRELIMINARIES TO THE SYNOD

Section 1: States General Resolutions			3
II/1.1	States General Resolutions Relating to the Convening of the Synod		3

States General Resolutions 1617

II/1.1–1	22 April	James I Asks the States General to Maintain True Religion	4
II/1.1–2	31 May	Gelderland Proposes a National Synod	6
II/1.1–3	15 June	Zeeland Favors a National Synod	6
II/1.1–4	16 June	Discussion on a National Synod	8
II/1.1–5	27 June	Discussion on a National Synod	9
II/1.1–5a		Extract of States of Overijssel Resolution	10
II/1.1–6	21 Sept	Zeeland Urges Measures	11
II/1.1–7	22 Sept	Holland Asks for Postponement	12
II/1.1–8	23 Sept	Provinces Discuss Solutions	12
II/1.1–9	26 Sept	Postponement	13
II/1.1–10	27 Sept	Public Authority in Holland	14
II/1.1–11	28 Sept	Postponement	14
II/1.1–12	29 Sept	Different Opinions of the Provinces	15
II/1.1–12a		Gelderland	16
II/1.1–12b		Holland and Westfriesland	16

II/1.1–12c		Dissenting Cities of Holland	17
II/1.1–12d		Response of Holland	18
II/1.1–12e		Zeeland	18
II/1.1–12f		Utrecht	19
II/1.1–12g		Friesland	20
II/1.1–12h		Overijssel	20
II/1.1–12i		Groningen	21
II/1.1–13	30 Sept	Status Quaestionis	21
II/1.1–14	2 Oct	Preparation for a National Synod	22
II/1.1–15	3 Oct	Utrecht Declares Preparation Illegitimate	23
II/1.1–16	4 Oct	Preparation for a National Synod by Four Provinces	23
II/1.1–17	4 Oct	Deventer and Hasselt Urge a National Synod	25
II/1.1–17a		Credentials of Deventer	26
II/1.1–17b		Credentials of Hasselt	26
II/1.1–17c		Proposition of Deventer and Hasselt	27
II/1.1–18	6 Oct	Proposition by Carleton	28
II/1.1–19	7 Oct	Proposition of Carleton Kept Secret	29
II/1.1–20	12 Oct	First Draft of Articles to Convene a National Synod	30
II/1.1–20a		Draft of Articles to Convene a National Synod	30
II/1.1–21	12 Oct	Overijssel Denies Rights of Deventer and Hasselt	33
II/1.1–21a		Statement of Deputies of Overijssel	33
II/1.1–22	7 Nov	Zeeland Wants to Proceed	34
II/1.1–23	10 Nov	Further Discussion on Articles to Convene the National Synod	35
II/1.1–24	11 Nov	Articles to Convene the National Synod Approved	36
II/1.1–24a		Advice of Holland, Utrecht and Overijssel	39
II/1.1–24b		Declaration of Dissenting Cities of Holland	40
II/1.1–24c		Advice of Gelderland	41
II/1.1–24d		Declaration of Wilhem Pieck	41
II/1.1–24e		Declaration of Christoffel Biesman	42
II/1.1–24f		Declaration of Hendrick van Brienen	42
II/1.1–24g		Advice of Zeeland	44
II/1.1–24h		Advice of Zeeland	44
II/1.1–24i		Advice of Friesland	45
II/1.1–24j		Advice of Friesland	45
II/1.1–24k		Articles to Convene the National Synod	46

II/1.1–25	16 Nov	Placards and Status Quaestionis Deferred	48
II/1.1–26	18 Nov	Placards and Status Quaestionis Again Deferred	49
II/1.1–27	20 Nov	Dordrecht Named as Venue; Stalemate	49
II/1.1–27a		Declaration of Gelderland	51
II/1.1–27b		Declaration of Protesting Deputies of Gelderland	53
II/1.1–27c		Declaration of Zeeland	54
II/1.1–27d		Declaration of Friesland	55
II/1.1–27e		Declaration of Groningen	57
II/1.1–28	21 Nov	Pamphlet, the "Weegh-Schael"	60
II/1.1–29	22 Nov	Invitations to the Synod	61
II/1.1–29a		Instructions of President Burmania	63
II/1.1–30	22 Nov	The "Weegh-Schael"	64
II/1.1–31	24 Nov	Letters of Invitation Approved	65
II/1.1–32	25 Nov	Draft Letters of Invitation Confirmed	66
II/1.1–32a		Credentials of Overijssel	67
II/1.1–32b		Declaration of Overijssel	68
II/1.1–33	25 Nov	The "Weegh-Schael"	70
II/1.1–33a		Proposition of Dudley Carleton	71
II/1.1–34	27 Nov	The "Weegh-Schael"	73
II/1.1–34a		Proposition of Dudley Carleton	74
II/1.1–35	1 Dec	Protest of Holland Not Sent to the Provinces	75
II/1.1–35a		Declaration of Holland	75
II/1.1–35b		Declaration of Overijssel	83
II/1.1–36	1 Dec	Memorandum of Carleton	84
II/1.1–37	4 Dec	Actions against the "Weegh-Schael"	84
II/1.1–38	6 Dec	Placard against the "Weegh-Schael"	85
II/1.1–39	7 Dec	Placard against the "Weegh-Schael"	85
II/1.1–40	8 Dec	Placard against the "Weegh-Schael"	86
II/1.1–41	11 Dec	Dutch Ambassadors Forbidden to Discuss Religious Matters	87
II/1.1–42	11 Dec	Placard against the "Weegh-Schael"	88
II/1.1–43	12 Dec	Inconclusive Quarrel about Sending a Copy of the Placard to the Provinces	89
II/1.1–43a		Declaration of Hendrick van Brienen	90
II/1.1–44	27 Dec	The Placard Already Published in Gelderland	91

States General Resolutions 1618

II/1.1–45	20 Jan	The "Weegh-Schael" and the National Synod	92
II/1.1–45a		Proposition of Dudley Carleton	93
II/1.1–46	26 Jan	Carleton Again Calls for a Placard against the "Weegh-Schael"	94
II/1.1–47	28 Feb	Carleton Proposition on Anglican Synods and the Situation in the Republic	95
II/1.1–47a		Proposition of Dudley Carleton	95
II/1.1–48	30 May	Holland Causes Delay	100
II/1.1–49	2 June	Carleton to be Answered Next Week	101
II/1.1–49a		Carleton's Request for an Answer	101
II/1.1–50	5 June	A Proposed Answer to Carleton on Religious Matters will be Committed to Writing	101
II/1.1–51	6 June	Holland and Utrecht Refuse to be Overruled concerning a National Synod	103
II/1.1–51a		Declaration of Zeeland	103
II/1.1–51b		Answer to Dudley Carleton	105
II/1.1–52	9 June	No General Placards against Pamphlets	105
II/1.1–53	14 June	Last Provinces Urged to Declare on National Synod	106
II/1.1–54	16 June	Inconclusive Declarations on a National Synod	106
II/1.1–55	19 June	No Resolution regarding Defamatory Pamphlets	107
II/1.1–56	25 June	Decision to Convene National Synod 1 November 1618 in Dordrecht	108
II/1.1–57	26 June	National Synod will be Held	109
II/1.1–58	27 June	Most Provinces Confirm that They do not Infringe the Rights of the Others	110
II/1.1–58a		Declaration of Zeeland	110
II/1.1–59	28 June	Holland Remains against a National Synod	111
II/1.1–60	29 June	Recommendation of the National Synod by Maurice and Willem Lodewijk	113
II/1.1–61	3 July	Holland Proposes a Provincial Synod	114
II/1.1–61a		Remonstrance of Holland	114
II/1.1–62	5 July	A Proposal to Send the Holland Remonstrance to the Provinces for Examination is Rejected	117

II/1.1–63	7 July	Dissenting Cities of Holland Hand in a Declaration and States of Holland Return Papers concerning the National Synod	119
II/1.1–63a		Declaration of Dissenting Cities of Holland	120
II/1.1–64	9 July	Position of Zeeland	122
II/1.1–64a		Declaration of Zeeland	123
II/1.1–65	11 July	Position of Gelderland	130
II/1.1–65a		Declaration of Gelderland	130
II/1.1–66	12 July	Holland Again Returns Papers	135
II/1.1–67	13 July	Utrecht Rejects the Invitation to a National Synod	137
II/1.1–68	14 July	Counter-declarations by Holland	137
II/1.1–68a		Counter-Declaration of Holland to the States General	139
II/1.1–68b		Counter-Declaration of Holland to Zeeland	139
II/1.1–69	17 July	Langerak Announces Arrival of Extraordinary French Ambassador	144
II/1.1–70	18 July	Overijssel Consents to a National Synod on Certain Conditions	145
II/1.1–70a		Extract of States of Overijssel Resolution	146
II/1.1–71	20 July	Holland Asks for Desisting from the Course Taken	147
II/1.1–71a		Counter-Declaration of Holland	148
II/1.1–72	23 July	Delegation to Utrecht	151
II/1.1–73	24 July	Delegation to Utrecht	152
II/1.1–74	26 July	Langerak has Spoken to Louis XIII and Deputies of the French Churches	153
II/1.1–75	27 July	Langerak, Caron and Brederode Charged to Execute their Orders	156
II/1.1–76	27 July	Papers concerning National Synod to be Sent to Members of States of Holland Individually	156
II/1.1–77	6 Aug	King James will Send Clergy	159
II/1.1–78	10 Aug	Utrecht Agrees to National Synod	159
II/1.1–78a		Report of Delegation to Utrecht	160
II/1.1–79	10 Aug	Brederode Letter	160
II/1.1–80	14 Aug	Boissise Delivers his Proposition	161
II/1.1–81	14 Aug	Letters to Cities of Holland	161
II/1.1–82	15 Aug	The Written Proposition by Boissise is Handed in	162
II/1.1–82a		Proposition of Boissise	162
II/1.1–83	15 Aug	Emden Sends Delegates	164

II/1.1–84	16 Aug	Delegation to Utrecht Reports Utrecht Consents to a National Synod	165
II/1.1–85	17 Aug	Palatinate and Hesse to Send Delegates; Switzerland Still Uncertain	166
II/1.1–86	17 Aug	Holland has Decided on "Waardgelders" and the National Synod	167
II/1.1–87	18 Aug	Overijssel Consents to National Synod and Discharge of "Waardgelders"	168
II/1.1–87a		Declaration of Overijssel	168
II/1.1–88	18 Aug	Proposition of Boissise	169
II/1.1–89	20 Aug	Langerak Requests Answer to Boissise	169
II/1.1–90	21 Aug	Answer to Boissise Delayed	169
II/1.1–91	22 Aug	Gouda will Discuss the National Synod in the States of Holland	170
II/1.1–92	25 Aug	Answer to Boissise	170
II/1.1–92a		States General Answer to Boissise	171
II/1.1–93	25 Aug	Langerak Letter	171
II/1.1–94	25 Aug	Drenthe Invited to Send Delegates	172
II/1.1–95	27 Aug	Letter from Brederode	172
II/1.1–96	28 Aug	Monnickendam not in States of Holland	173
II/1.1–97	[29 Aug]	Arrest of Oldenbarnevelt and Others	173
II/1.1–98	30 Aug	Hesse will Send Delegates	173
II/1.1–99	30 Aug	Boissise Complains about a Libel	174
II/1.1–100	31 Aug	The Proposition by Boissise is Read	175
II/1.1–101	1 Sept	King James is Pleased	175
II/1.1–101a		James I Credentials for Dudley Carleton	176
II/1.1–102	3 Sept	Provincial Synod of Overijssel	178
II/1.1–103	3 Sept	Louis XIII Favorably Disposed towards National Synod	179
II/1.1–104	[4 Sept]	States General Answer to Boissise	180
II/1.1–105	4 Sept	The "Weegh-Schael"	180
II/1.1–106	6 Sept	Letter from Brederode	181
II/1.1–107	8 Sept	Geneva and Wetteravia to be Invited	181
II/1.1–108	10 Sept	Langerak Letter	182
II/1.1–109	10 Sept	Clerks Paid	182
II/1.1–110	12 Sept	Fees for Travel to England	182
II/1.1–111	13 Sept	Caron Writes regarding British Delegates	182
II/1.1–112	14 Sept	Author of the "Weegh-Schael"	183
II/1.1–113	14 Sept	Brederode Goes to Switzerland	183
II/1.1–114	14 Sept	Brandenburg Invited	185
II/1.1–115	15 Sept	Palatinate will Send Delegates	185
II/1.1–116	15 Sept	Gratitude to the Elector of the Palatinate	186

II/1.1–117	17 Sept	Proposition of Boissise and Du Maurier	186
II/1.1–118	17 Sept	Provincial Synod of Overijssel	187
II/1.1–119	18 Sept	Proposition of Boissise	188
II/1.1–119a		Credentials for Boissise	189
II/1.1–119b		Proposition of Boissise	189
II/1.1–120	18 Sept	Sermon of Episcopius	189
II/1.1–121	21 Sept	The "Weegh-Schael"	190
II/1.1–122	22 Sept	Langerak Reports that the French Delegation has been Named	190
II/1.1–123	22 Sept	Objections to the Confession and Catechism in 1608	191
II/1.1–124	24 Sept	Answer to Boissise Deferred	192
II/1.1–125	24 Sept	French Delegates Designated	192
II/1.1–126	25 Sept	Draft of Answer to Boissise	193
II/1.1–127	27 Sept	Holland Seeks Advice on Answer to Boissise	193
II/1.1–128	27 Sept	Punishment for French Edition of the "Weegh-Schael"	194
II/1.1–129	28 Sept	Answer to Boissise	194
II/1.1–129a		States General Answer to Boissise	194
II/1.1–130	29 Sept	Day of Prayer and Thanksgiving	195
II/1.1–131	30 Sept	Provincial Synod of Overijssel	195
II/1.1–132	1 Oct	Delegates from Great Britain	196
II/1.1–133	1 Oct	Answer to Boissise and Letter to Louis XIII about van Aerssen	197
II/1.1–134	4 Oct	Answer to the "Weegh-Schael" by Du Jon	197
II/1.1–135	4 Oct	Boissise Refuses to Accept the Answer	198
II/1.1–136	5 Oct	Langerak to Approach Louis XIII	199
II/1.1–137	6 Oct	Letter from States General to Louis XIII	200
II/1.1–138	8 Oct	Boissise against Pamphlet	202
II/1.1–139	8 Oct	Langerak Letter	202
II/1.1–140	11 Oct	Brederode in Switzerland	202
II/1.1–141	11 Oct	Lodging and Treatment in Dordrecht	203
II/1.1–142	12 Oct	Delegates of Great Britain to be Transported by Warship	204
II/1.1–143	12 Oct	Brederode Answers	204
II/1.1–144	13 Oct	Maurice Suggests The Hague as Venue; No Warship for British Delegates	205
II/1.1–145	13 Oct	Number of Delegates Expected in Dordrecht and Finances	206
II/1.1–146	16 Oct	Carleton Repeats his Proposition	207
II/1.1–147	18 Oct	Meeting Place of the National Synod	208
II/1.1–148	18 Oct	Louis XIII will Allow Two Delegates	209

II/1.1–149	18 Oct	Maurice will Attend to Convoy	210
II/1.1–150	19 Oct	Book by Hommius	210
II/1.1–151	20 Oct	French King Withdraws Consent to Send Delegates	211
II/1.1–152	20 Oct	States General to Send an Embassy to England about East Indian Matters	211
II/1.1–153	20 Oct	Retinue of English Delegates	212
II/1.1–154	22 Oct	Du Jon Junior Receives Money	213
II/1.1–155	22 Oct	Advice of Maurice on France	213
II/1.1–156	24 Oct	Reimbursement for Journey to Dordrecht	214
II/1.1–157	25 Oct	Commission and Instruction for State Delegates	214
II/1.1–158	29 Oct	Delegates from Bremen and Emden	214
II/1.1–159	29 Oct	Holland Consents to National Synod; Asks for More Delegates and Votes	215
II/1.1–159a		Declaration of Holland	216
II/1.1–160	31 Oct	Six Delegates for Holland	217
II/1.1–161	1 Nov	Meeting Place Ready Before 1 November	217
II/1.1–162	1 Nov	Instruction and Commission for the State Delegates	218
II/1.1–163	2 Nov	Delegates from Switzerland and the Palatinate	218
II/1.1–164	2 Nov	Professor and Two State Delegates from Zeeland	219
II/1.1–165	2 Nov	Two State Delegates from Gelderland	220
II/1.1–166	2 Nov	Delegates from the Palatinate	220
II/1.1–167	2 Nov	Votes for Holland, Finances, Commission and Instruction	221
II/1.1–168	3 Nov	Welcome to British Delegates	222
II/1.1–169	3 Nov	Invitation by Châtillon	222
II/1.1–170	3 Nov	Credentials for Hessian Delegates	223
II/1.1–171	5 Nov	Langerak to Attend Châtillon Baptism and to Urge Sending of French Delegates	223
II/1.1–172	5 Nov	Arrival of Theologians from Hesse	226
II/1.1–173	5 Nov	Delegates from France	226
II/1.1–174	5 Nov	Instruction for State Delegates; Votes of Delegates of Holland and of Foreign Theologians; Finances	227
II/1.1–175	6 Nov	Commission and Instruction for the State Delegates	228
II/1.1–176	6 Nov	Carleton Presents the English Delegates	229
II/1.1–176a		Proposition of Dudley Carleton	230

II/1.1–176b		Presentation of British Delegates by Dudley Carleton	230
II/1.1–176c		Speech of George Carleton	231
II/1.1–177	7 Nov	Finances	231
II/1.1–178	8 Nov	Du Moulin Named as a French Delegate	231
II/1.1–179	8 Nov	Commission of State Delegates Altered	232
II/1.1–180	8 Nov	Prophetess Anna Walker	232
II/1.1–181	9 Nov	Uytenbogaert Letter and Pamphlet	233
II/1.1–182	10 Nov	Delegates from Geneva and England	234
II/1.1–182a		Credentials for Genevan Delegates from City of Geneva	235
II/1.1–182b		Credentials for Genevan Delegates from Church of Geneva	235
II/1.1–183	10 Nov	Day of Prayer in the Palatinate	236
II/1.1–184	10 Nov	Reception of Genevan Delegates	237
II/1.1–185	14 Nov	Instruction for State Delegates	237
II/1.1–186	15 Nov	News from Dordrecht	237
II/1.1–187	16 Nov	State Delegates from Overijssel	241
II/1.1–188	16 Nov	Secrecy of Correspondence with State Delegates	242
II/1.1–189	16 Nov	Delegates from Brandenburg	242
II/1.1–190	16 Nov	Letter from State Delegates	243
II/1.1–191	16 Nov	Finances	243
II/1.1–192	17 Nov	Finances	243
II/1.1–193	17 Nov	Rumor about a Delay of the National Synod	244
II/1.1–194	19 Nov	Instruction for the State Delegates	244
II/1.1–195	19 Nov	Finances	245
II/1.1–196	21 Nov	Date of Instruction for the State Delegates	246
II/1.1–197	21 Nov	Remonstrants Summoned	246
II/1.1–198	23 Nov	Report on the National Synod	246
II/1.1–199	26 Nov	Drawing of the National Synod	248
II/1.1–200	27 Nov	Two Letters from Langerak	248
II/1.1–201	27 Nov	Placard against Libel	250
II/1.1–202	28 Nov	Letters of the State Delegates Copied for Legation to England	250
II/1.1–203	30 Nov	No French Delegates	250
II/1.1–204	30 Nov	Two Remonstrant Ministers	251
II/1.1–205	1 Dec	Remonstrant Ministers Welcome as Private Persons	251
II/1.1–206	1 Dec	Treatment of Delegates	252
II/1.1–207	6 Dec	The Stadholders and Council of State Present the Necessary Finances for 1619	253

II/1.1–207a		Proposition by Stadholders and Council of State	253
II/1.1–208	8 Dec	French Delegates	254
II/1.1–209	11 Dec	Remonstrant Documents	255
II/1.1–210	11 Dec	Boissise may Inspect Speech of Episcopius	256
II/1.1–211	12 Dec	Proposition from French Ambassadors	256
II/1.1–211a		Proposition of Boissise and Du Maurier	256
II/1.1–212	13 Dec	Written Proposition of French Ambassadors	258
II/1.1–213	15 Dec	Delegates from Nassau-Wetteravia	258
II/1.1–214	15 Dec	Report of State Delegates	258
II/1.1–215	17 Dec	Scottish Delegate	259
II/1.1–216	18 Dec	Delegates from Brandenburg	260
II/1.1–217	18 Dec	Answer to French Ambassadors Deferred	260
II/1.1–218	19 Dec	Answer to French Ambassadors and Letter to Louis XIII Approved	261
II/1.1–218a		States General Answer to Louis XIII	261
II/1.1–218b		States General Answer to French Proposition	261
II/1.1–219	19 Dec	Letter from Langerak	263
II/1.1–220	19 Dec	Placard Renewed	263
II/1.1–221	20 Dec	Letter from Dutch Trade Delegation	263
II/1.1–222	22 Dec	Publications concerning the National Synod	264
II/1.1–223	31 Dec	Synod Delegation to the States General	265
II/1.1–224	31 Dec	Committee Answer Postponed	266

States General Resolutions 1619

II/1.1–225	1 Jan	Decision on Draft Postponed	267
II/1.1–226	1 Jan	Decision on the Cited Remonstrants	267
II/1.1–226a		States General Resolution regarding the Remonstrants	269
II/1.1–227	4 Jan	Treatment of Remonstrants	271
II/1.1–228	7 Jan	Remonstrants Disobedient	271
II/1.1–229	9 Jan	The Remonstrants Send Papers to the States General	271
II/1.1–230	15 Jan	Arrival of Thomas Goad	272
II/1.1–231	17 Jan	Patent for Schillemans	273
II/1.1–232	17 Jan	Expenses of the Hessian Delegates	274
II/1.1–233	17 Jan	Response to Another Synod Delegation Reporting to the States General	274
II/1.1–234	18 Jan	The States General Confirm Remonstrant Expulsion	275

II/1.1–234a	States General Resolution regarding the Remonstrants	277

Section 2: Invitation of Dutch Delegates — 280

II/1.2	Approved Draft of the States General Invitation to the Dutch Provinces	280
II/1.3	States General Invitation to the Dutch Provinces	281
II/1.4	States General Invitation to the Walloon Churches	283
II/1.5	States of Holland Resolution to Summon Polyander and Episcopius as Theological Advisors at the Synod	283
II/1.6	States of Holland Summons to Episcopius to be a Theological Advisor at the Synod	284

Section 3: Invitation of British Theologians — 285

II/1.7	King James I to the States General	285
II/1.8	States of Holland and Westfriesland to King James I	287
II/1.9	Dudley Carleton to King James I (Selection)	300
II/1.10	Ralph Winwood to Dudley Carleton (Selection)	303
II/1.11	Conversation of Dudley Carleton and Hugo Grotius	305
II/1.12	Speech of Dudley Carleton to the States General	308
II/1.13	Dudley Carleton to Ralph Winwood (Selection)	313
II/1.14	Earl of Buckingham to Dudley Carleton (Selection)	314
II/1.15	Bishop James Montagu to Dudley Carleton	316
II/1.16	Proposition of Dudley Carleton to the States General	317
II/1.17	Proposition of Dudley Carleton to the States General	318
II/1.18	States General to Diplomats Caron, Langerak, Brederode and Aitzema	320
II/1.19	King James I to the States General	321
II/1.20	Archbishop Abbot to Dudley Carleton (Selection)	322
II/1.21	Archbishop Abbot to Dudley Carleton (Selection)	325
II/1.22	Proposition of Dudley Carleton to the States General	328
II/1.23	Proposition of Dudley Carleton to the States General	332
II/1.24	Dudley Carleton to Archbishop Abbot	332
II/1.25	Proposition of Dudley Carleton to the States General (Selection)	334
II/1.26	States General Reply to Dudley Carleton's Proposition (Selection)	335
II/1.27	Johan van Oldenbarnevelt to Noël de Caron (Selection)	336

II/1.28	States General Invitation to King James I	338
II/1.29	Prince Maurice to Dudley Carleton (Selection)	340
II/1.30	Johannes Bogerman to Dudley Carleton (Selection)	341
II/1.31	Noël de Caron to the States General (Selection)	341
II/1.32	States General to Noël de Caron and Pieter van Brederode	342
II/1.33	King James I to the States General	344
II/1.34	Archbishop Abbot to Samuel Ward	345
II/1.35	Noël de Caron to the States General (Selection)	346
II/1.36	States General to King James I	347
II/1.37	Robert Naunton to Noël de Caron (Selection)	349
II/1.38	Instructions of King James I to the British Delegates	350
II/1.39	Samuel Ward to Bishop Arthur Lake	352
II/1.40	Noël de Caron to the States General (Selection)	353
II/1.41	Dudley Carleton to Archbishop Abbot	355
II/1.42	Dudley Carleton to Robert Naunton (Selection)	358
II/1.43	Samuel Ward to Bishop Arthur Lake	360
II/1.44	Robert Naunton to Dudley Carleton	362
II/1.45	Proposition of Dudley Carleton to the States General (Selection)	365
II/1.46	Bishop Arthur Lake to Samuel Ward	367
II/1.47	Marquis of Buckingham to Dudley Carleton (Selection)	372
II/1.48	Proposition of Dudley Carleton to the States General	373
II/1.49	Speech of George Carleton to the States General	377
II/1.50	Dudley Carleton to John Chamberlain	381
II/1.51	Dudley Carleton to Robert Naunton (Selection)	382
II/1.52	Dudley Carleton to Robert Naunton (Selection)	384
II/1.53	Dudley Carleton to John Chamberlain (Selection)	385
II/1.54	Dudley Carleton to Robert Naunton (Selection)	386
II/1.55	Dudley Carleton to John Chamberlain (Selection)	388
II/1.56	John Ogle to Dudley Carleton (Selection)	389

Section 4: Invitation of French Theologians   391

II/1.57	Draft of States General Invitation to the French Reformed Churches	391
II/1.58	Ambassador Du Maurier to Pierre Brûlart (Selection)	392
II/1.59	Ambassador Du Maurier to Pierre Brûlart (Selection)	393
II/1.60	Ambassador Du Maurier to Pierre Brûlart (Selection)	394
II/1.61	Ambassador Du Maurier to Pierre Brûlart (Selection)	397
II/1.62	Ambassador Du Maurier to Pierre Brûlart (Selection)	398

II/1.63	Ambassador Du Maurier to Pierre Brûlart (Selection)	400
II/1.64	Speech of Ambassador Du Maurier to the States of Holland (Selection)	403
II/1.65	Ambassador Du Maurier to Pierre Brûlart (Selection)	406
II/1.66	Ambassador Du Maurier to Pierre Brûlart (Selection)	408
II/1.67	Ambassador Du Maurier to Pierre Brûlart (Selection)	409
II/1.68	Ambassador Du Maurier to Pierre Brûlart (Selection)	411
II/1.69	Ambassador Du Maurier to Pierre Brûlart (Selection)	412
II/1.70	Ambassador Du Maurier to King Louis XIII (Selection)	416
II/1.71	Ambassador Du Maurier to Pierre Brûlart (Selection)	417
II/1.72	States General Invitation to King Louis XIII	419
II/1.73	Ambassador Du Maurier to Pierre Brûlart (Selection)	420
II/1.74	Langerak to the States General (Selection)	422
II/1.75	Ambassador Du Maurier to Pierre Brûlart (Selection)	423
II/1.76	Ambassador Du Maurier to Pierre Brûlart (Selection)	425
II/1.77	Langerak to the States General (Selection)	428
II/1.78	Langerak Proposition to King Louis XIII	431
II/1.79	Langerak's Second Letter to the States General	432
II/1.80	States General to Ambassador Langerak	433
II/1.81	Langerak to the States General (Selection)	435
II/1.82	Proposition of Ambassador Boissise to the States General	437
II/1.83	Langerak to the States General (Selection)	437
II/1.84	Langerak to the States General (Selection)	438
II/1.85	States General Reply to the Proposition of Boissise	439
II/1.86	Langerak to the States General (Selection)	442
II/1.87	States General to Langerak	444
II/1.88	States General to Pieter van Brederode	444
II/1.89	Proposition of Boissise to the States General	445
II/1.90	States of Holland and Westfriesland to King Louis XIII	447
II/1.91	Ambassadors Du Maurier and Boissise to King Louis XIII (Selection)	449
II/1.92	Ambassador Boissise to Pierre Brûlart (Selection)	452
II/1.93	Langerak to the States General (Selection)	452
II/1.94	States General Reply to the Proposition of Boissise	454
II/1.95	Ambassadors Boissise and Du Maurier to King Louis XIII (Selection)	456
II/1.96	Langerak Proposition to King Louis XIII	457
II/1.97	Langerak to the States General (Selection)	458
II/1.98	Louis XIII Ordinance regarding the French Delegation	462
II/1.99	Langerak to the States General (Selection)	462
II/1.100	Report of Séraphin de Mauroy regarding his Visit to Pierre du Moulin	466

II/1.101	States General to Gaspard III de Coligny	466
II/1.102	Langerak to the States General (Selection)	468
II/1.103	Langerak to the States General (Selection)	469
II/1.104	Langerak to the States General (Selection)	470

Section 5: Invitation of Palatine Theologians — 472

II/1.105	Foppe van Aitzema to the States General (Selection)	472
II/1.106	Pieter van Brederode to the States General (Selection)	473
II/1.107	States General Invitation to Palatine Elector Friedrich V	475
II/1.108	States General to Pieter van Brederode	476
II/1.109	Pieter van Brederode to the States General (Selection)	477
II/1.110	States of Holland and Westfriesland to the Elector of the Palatinate	478
II/1.111	Pieter van Brederode to the States General (Selection)	480
II/1.112	Pieter van Brederode to the States General with Post Data Letter (Selection)	481
II/1.113	Elector Friedrich V to the States General	484
II/1.114	Heidelberg University Senate Record	485
II/1.115	States General to Elector Friedrich V	487
II/1.116	Elector Friedrich V to the States General	488
II/1.117	Instructions for the Palatine Delegation	489
II/1.118	Acta of the Theological Faculty of Heidelberg University (Selection)	490

Section 6: Invitation of Hesse Theologians — 491

II/1.119	States General Invitation to the Landgrave of Hesse	491
II/1.120	Prince Maurice and Count Willem Lodewijk to Landgrave Moritz	493
II/1.121	Note from Prince Maurice and Count Willem Lodewijk to Landgrave Moritz	494
II/1.122	Pieter van Brederode to Landgrave Moritz	495
II/1.123	Privy Council of Hesse-Kassel to Landgrave Moritz (Selection)	496
II/1.124	Landgrave Moritz to the States General	498
II/1.125	Landgrave Moritz to Prince Maurice and Count Willem Lodewijk	500
II/1.126	Landgrave Moritz to Pieter van Brederode	502
II/1.127	Landgrave Moritz to Pieter van Brederode	503

II/1.128	Landgrave Moritz to the Privy Council of Hesse-Kassel	504
II/1.129	Philipp Reinhard of Solms-Hohensolms to Landgrave Moritz	505
II/1.130	Pieter van Brederode to Landgrave Moritz	506
II/1.131	Pieter van Brederode to the States General (Selection)	508
II/1.132	States General to Pieter van Brederode	509
II/1.133	Privy Council of Hesse-Kassel to Landgrave Moritz	510
II/1.134	Pieter van Brederode to Landgrave Moritz	511
II/1.135	Pieter van Brederode to the States General (Selection)	513
II/1.136	Landgrave Moritz to the Privy Council of Hesse-Kassel	516
II/1.137	Landgrave Moritz to the States General	518
II/1.138	Landgrave Moritz to Prince Maurice	520
II/1.139	Instructions for the Hesse Delegates	521
II/1.140	Landgrave Moritz to the States General	524
II/1.141	Privy Council of Hesse-Kassel to Landgrave Moritz	525

Section 7: Invitation of Swiss Theologians 527

II/1.142	Draft of States General Invitation to Three Swiss Cities	527
II/1.143	Johannes Bogerman to Johann Jakob Breitinger	528
II/1.144	States General Invitation to Four Swiss Cities	531
II/1.145	Prince Maurice and Count Willem Lodewijk to Four Swiss Cities	532
II/1.146	Zurich Magistrates to Pieter van Brederode	534
II/1.147	Pieter van Brederode to the States General with Post Data Letter (Selection)	535
II/1.148	Considerations of Zurich Ministers and Teachers Whether to Send Delegates to Dordt	535
II/1.149	Considerations of Bern Ministers and Teachers Whether to Send Delegates to Dordt	541
II/1.150	Considerations of Basel Ministers and Teachers Whether to Send Delegates to Dordt	545
II/1.151	Basel Magistrates to Zurich Magistrates	547
II/1.152	Considerations of Schaffhausen Ministers and Teachers Whether to Send Delegates to Dordt	548
II/1.153	Pieter van Brederode to the States General	554
II/1.154	Pieter van Brederode to the States General (Selection)	554
II/1.155	Friedrich V of Palatinate to Zurich Magistrates	556
II/1.156	Langerak to the States General (Selection)	557
II/1.157	Pieter van Brederode Advice to Zurich Magistrates	558
II/1.158	Plan and Way of Holding the National Synod	563

II/1.159	Reasons For and Against Attending the Synod, by the Zurich Ministers and Teachers	566
II/1.160	Pieter van Brederode to Simon Goulart	577
II/1.161	Proposal for Instructions for the Swiss Delegates	578
II/1.162	Pieter van Brederode to the States General	581
II/1.163	Zurich Aphorisms on the Five Articles	589
II/1.164	Bern Statement about the Aphorisms of Zurich	592
II/1.165	Basel to Zurich about the Aphorisms	593
II/1.166	Basel Position on the Five Articles	594
II/1.167	Johann Konrad Koch's Statement on the Zurich Aphorisms	600
II/1.168	Zurich Statement on Expenses of Johann Jakob Breitinger	602
II/1.169	Four Swiss Cities to the States General	603
II/1.170	Four Swiss Cities to Prince Maurice and Count Willem Lodewijk	605
II/1.171	Four Swiss Cities to Palatine Elector Friedrich V	607
II/1.172	Instructions for the Swiss Delegates (German)	609
II/1.173	Instructions for the Swiss Delegates (Latin)	612
II/1.174	Bern Magistrates to Zurich Magistrates regarding Instructions for the Swiss Delegates	615
II/1.175	Instructions for Bern Delegate Markus Rütimeyer	617
II/1.176	Pieter van Brederode to the States General (Selection)	618
II/1.177	Pieter van Brederode to the States General	619
II/1.178	Johann Jakob Breitinger to the Zurich Magistrates	621

Section 8: Invitation of Nassau-Wetteravian Theologians 624

II/1.179	States General Invitation to the Wetteravian Association of Counts	624
II/1.180	Count Wolfgang Ernst of Isenburg and Büdingen to Count Johann VII of Nassau-Siegen	626
II/1.181	Count Wolfgang Ernst of Isenburg and Büdingen to Counts Willem Lodewijk of Nassau-Dillenburg, Johann of Nassau-Siegen, Georg of Nassau-Beilstein and Johann Ludwig of Nassau-Hadamar	627
II/1.182	Count Johann Ludwig of Nassau-Hadamar to Count Johann VII of Nassau-Siegen	629
II/1.183	Count Johann VII of Nassau-Siegen to Count Johann Ludwig of Nassau-Hadamar	630

II/1.184	Count Johann Ludwig of Nassau-Hadamar to Count Wolfgang Ernst of Isenburg and Büdingen	631
II/1.185	Philipp Bott to Count Wolfgang Ernst of Isenburg and Büdingen	633
II/1.186	Proposed Credential for Nassau-Wetteravian Delegates to the States General	636
II/1.187	Proposed Instructions for Nassau-Wetteravian Delegates	637
II/1.188	Proposed Passport for Nassau-Wetteravian Delegates	639
II/1.189	Count Wolfgang Ernst of Isenburg and Büdingen to Count Johann VII of Nassau-Siegen	640
II/1.190	Count Johann VII of Nassau-Siegen to Counts Georg of Nassau-Beilstein and Johann Ludwig of Nassau-Hadamar	642
II/1.191	Count Johann VII of Nassau-Siegen to Count Wolfgang Ernst of Isenburg and Büdingen	643
II/1.192	Count Wolfgang Ernst of Isenburg and Büdingen to Countess Catharina Belgica of Nassau	644
II/1.193	Count Wolfgang Ernst of Isenburg and Büdingen to Countess Catharina Belgica of Nassau	646
II/1.194	Countess Catharina Belgica of Nassau to Count Wolfgang Ernst of Isenburg and Büdingen	648
II/1.195	Count Wolfgang Ernst of Isenburg and Büdingen to Count Willem Lodewijk of Nassau-Dillenburg	650
II/1.196	Counts Wolfgang Ernst of Isenburg and Büdingen and Johann VII of Nassau-Siegen to the States General	651
II/1.197	Count Wolfgang Ernst of Isenburg and Büdingen to Counts Johann VII of Nassau-Siegen, Georg of Nassau-Beilstein and Johann Ludwig of Nassau-Hadamar	655
II/1.198	Johann Heinrich Alsted's Report to Count Georg of Nassau-Beilstein concerning his Journey to Hanau and Büdingen	657
II/1.199	General Instruction for Nassau-Wetteravian Delegates	659
II/1.200	Further Instruction for Nassau-Wetteravian Delegates	663
II/1.201	Count Johann Ludwig of Nassau-Hadamar to Count Johann VII of Nassau-Siegen	665
II/1.202	Count Johann VII of Nassau-Siegen to Count Wolfgang Ernst of Isenburg and Büdingen	667
II/1.203	Count Wolfgang Ernst of Isenburg and Büdingen's Reservations concerning the Synod	668
II/1.204	Pieter van Brederode to the States General (Selection)	670
II/1.205	Count Johann VII of Nassau-Siegen to Count Willem Lodewijk of Nassau-Dillenburg	671

Section 9: Invitation of Genevan Theologians 674

II/1.206	States General Invitation to the Church of Geneva	674
II/1.207	Jean Chauve to Théodore Tronchin (Selection)	675
II/1.208	Pieter van Brederode to Jean Sarasin (Selection)	677
II/1.209	The Church of Geneva to the States General	678
II/1.210	The Genevan Small Council to the States General	680
II/1.211	Instructions of the Syndics and Council of Geneva to the Genevan Delegates	681
II/1.212	Syndics and Council of Geneva to Elector Friedrich V	683
II/1.213	Syndics and Council of Geneva to Prince Maurice	683
II/1.214	The Church and Academy of Geneva to the Synod	684
II/1.215	Pieter van Brederode to the States General (Selection)	688
II/1.216	Jean Diodati to Bénédict Turrettini	691
II/1.217	Pieter van Brederode to the States General (Selection)	692
II/1.218	Jean Diodati to Bénédict Turrettini	693

Section 10: Invitation of Bremen Theologians 696

II/1.219	Draft of States General Invitation to Bremen	696
II/1.220	States General Invitation to the Council of the Republic of Bremen	696
II/1.221	Prince Maurice and Count Willem Lodewijk to the City of Bremen	698
II/1.222	Instructions for the Bremen Delegates	699
II/1.223	Draft of Bremen Response to Prince Maurice and Count Willem Lodewijk	699
II/1.224	Bremen Credentials from the Council of Bremen	701
II/1.225	Council of Bremen to the States General	703

Section 11: Invitation of Emden Theologians 706

II/1.226	Draft of States General Invitation to Emden	706
II/1.227	States General Invitation to the Council of the Republic of Emden	706
II/1.228	Prince Maurice and Count Willem Lodewijk to the Emden Magistrates	708
II/1.229	Emden Magistrates to Prince Maurice and Count Willem Lodewijk	709

II/1.230	Council of Emden to the States General	711
II/1.231	Council of Emden to the States General	712

Section 12: Invitation of Brandenburg Theologians — 714

II/1.232	States General Invitation to the Elector of Brandenburg	714
II/1.233	Elector of Brandenburg to the States General	715

Section 13: Durch Reformed Churches in England — 717

II/1.234	Acts of the Colloquium of the Dutch Churches of England	717
II/1.235	Credential Letter for the Delegation from the Dutch Churches of England	724
II/1.236	Festus Hommius to Symeon Ruytinck	725
II/1.237	Festus Hommius to Symeon Ruytinck	726
II/1.238	First Instruction of the Dutch Churches of England for Carolus Liebaert	728
II/1.239	Second Instruction for Carolus Liebaert from the Consistory of the London Dutch Church	730
II/1.240	Carolus Liebaert at the Synod	731

Section 14: Financing of the Synod — 733

II/1.241	States General to the Dutch Provinces	733
II/1.242	Request by Johan Doubleth to the States General	734

Section 15: City of Dordrecht Documents — 736

II/1.243	Dordrecht Magistrate to the States General	736
II/1.244	Rochus van den Honaert to the Dordrecht Magistrates	737

Section 16: Mandate for the Synod — 740

II/1.245	States General Articles to Convene the National Synod (Latin Version)	740

II/1.246	States General Articles to Convene the National Synod (Dutch Version)	745

Section 17: Varia 746

| II/1.247 | Anna Walker's Letter relating to the Synod | 746 |

Section 18: Printed Participant Lists and Early Prints of the Synod 749

| II/1.248 | Printed Participant Lists and Early Prints of the Synod | 749 |

Name Index	779
Bible Index	799
Manuscript Index	801
Subject Index	805
List of Contributors	808

Preface

As originally envisioned, when vol. I of the *Acta et Documenta Synodi Nationalis Dordrechtanae* was published in 2015, vol. II was conceived as one volume that would include both the convening and early sessions of the Synod of Dordt. However, as work proceeded on vol. II, it soon became clear that there were far too many documents to include in a single volume. Especially the many relevant States General resolutions and the numerous documents related to the convening of the synod made it necessary to divide vol. II into two parts. Thus, this volume, numbered II/1, focuses on the convening of the synod, and vol. II/2 focuses on the early sessions of the synod (published in 2018).

Volume II/1 is undoubtedly the most complex one in this series. This is due, first of all, to the challenge of transcribing the very difficult hand of the States General griffier Cornelis van Aerssen – a task capably done by Dr. Johanna Roelevink – but also to the challenge of locating a considerable amount of correspondence, scattered in a variety of archives in the Netherlands, England, Germany, France and Switzerland, relating to the invitations of foreign lands to send some theologians to aid the synod.

Adding to the complexity were unexpected circumstances in the process of preparing this volume. First to be mentioned is the passing away of Johanna Roelevink. With her we not only lost a devoted and amiable colleague, but also a unique expert on the seventeenth century – especially on the history and sources of the States General – and a scholar with wonderful skills in paleography. We lost her in the midst of work on vol. II/1, but we are grateful that her persistence to the end enabled her to complete most of the transcriptions and editing of challenging States General resolutions and supporting documents that she identified as relevant to the convening of the synod. In the second place, COVID-19 had its effect on this volume since it caused the closing of archives and libraries for a considerable time. A third circumstance was the decision of the directors of the Johannes a Lasco Bibliothek in Emden to withdraw from this project in 2020. Since the JALB was the leading institution to host this ADSND series, we needed to reorganise the project. This could be done successfully as the Theological University Apeldoorn offered to take over responsibility for the project. We want to thank the former director of the JALB, Dr. Marius Lange van Ravenswaay, for his longtime support of the edition, and its present director Dr. Kęstutis Daugirdas for his cooperation and for allowing Dr. Dagmar Bronner to finish work on this volume.

As editors, we also wish to thank the "Stichting Deddens-Koppefonds" for its ongoing generous support of this project. Finally, a word of thanks to Jörg Persch and Izaak de Hulster who represent the quality and the support of the publishing house Vandenhoeck & Ruprecht.

Donald Sinnema
Christian Moser
Erik A. de Boer
Herman J. Selderhuis

In Memoriam
Johanna Roelevink (1953–2018)

On 7 September 2018, Johanna Roelevink passed away at the age of 65. Until the very last days of her life, she was committed to the editorial tasks she had taken up in the previous years for the *Acta et Documenta Synodi Nationalis Dordrechtanae (1618–1619)*. A short biography may honor her work and vision as a specialist in Dutch history and archival sources.[1]

Joke Roelevink, the only child of a tax officer and a pharmacy assistant, was born on 14 March 1953, in the city of Rotterdam. After high school she studied history at the Vrije Universiteit Amsterdam. She submitted excellent theses in Medieval and in Early Modern History. Specializing in eighteenth-century academic historiography, she wrote her Ph.D. dissertation on teaching history at the University of Utrecht between 1735 and 1839. Besides the works and correspondence of prominent professors in the "Republic of Letters" in the transition from classical to Enlightened scholarship, she analyzed a wealth of Latin students' notes. In 1986, she graduated as *doctor cum laude* and was awarded the prestigious prize of the Stichting Praemium Erasmianum.

Roelevink found her inspiring mentor in professor Arie Theodorus van Deursen (1931–2011), whose career at the Vrije Universiteit was preceded by productive employment at the Bureau van de Rijkscommissie voor Vaderlandse Geschiedenis, the national institute for publishing important sources on Dutch history. In 1978 Joke was appointed to this center, hosted by the Nationaal Archief in The Hague. In the course of forty years, she carried out many projects for the Rijks Geschiedkundige Publicatiën (RGP), including editions of resolutions of the States General (1619–1625), acta of the classes of the Netherlands Reformed Church (1573–1620), and documents of government bodies in the Batavian and French periods (1795–1813). While searching through the archives, she developed a high level of paleographical skills. For example, she was one of very few people who had the ability to read the difficult hand of the States General griffier, Cornelis van Aerssen. Moreover,

---

[1] Full scholarly biography: Fred van Lieburg, "Johanna Roelevink: Rotterdam 14 maart 1953 – Zoetermeer 7 september 2018," in: *Jaarboek Maatschappij der Nederlandse Letterkunde* (Leiden, 2021), 140–150.

she gained a profound knowledge of early modern and typical Dutch political and ecclesial practices, resulting in a large number of insightful and well-written contributions to books and journals. In addition, her skills in historical source criticism, methodology and "editorial scholarship" were of great help in the transition of the traditional Bureau to the present Huygens Institute for the History of the Netherlands, a center of excellence in digital humanities.

Given Joke's expertise regarding States General sources, it was obvious that she would be a very valuable and indispensible collaborator for the Synod of Dordt project. Four years after its inception in 2008, she and I together joined the project, following the formats and guidelines already designed for the printed volumes. Joke's boss permitted her to devote substantial work time to the tasks related to historical materials she so liked, both as a senior researcher and an experienced editor of sources from the early seventeenth century.

For the first volume of the ADSND, Joke fulfilled her longtime desire to transcribe and annotate the notes of the States General delegates at the Synod of Dordt. Soon she took up the immense task of transcribing and editing the full resolutions of States General regarding convening and deliberations of the synod, of which she and her colleague Hans Smit in the 1980s had only made extracts for the published records in the RGP series. In addition to the resolutions, she provided transcriptions of many related letters, among others written by diplomats of foreign allies of the Dutch Republic during the Twelve Years' Truce. Since the publication of ADSND volume II/2 was prioritized in 2018, she would not see the result of her work printed in volume II/1. A fine essay on the synod in a collection of articles on *Wereldgeschiedenis van Nederland* (2018) also appeared just after her death.

Though living alone as a single woman with few relatives, Joke enjoyed the friendship of many persons inside and outside her professional field. She was very active in her local congregation of the Nederlandse Hervormde Kerk (since 2004 Protestantse Kerk in Nederland), and also, both as a board member and a magazine author, in the Confessionele Vereniging within the 'national' Reformed Church. Her great challenge was her weak health, causing numerous medical treatments. Eventually she was stricken by cancer during the last four years of her life. However, she was always cheerful and courageous, trusting God as giver of all good things. All her labors for the Synod of Dordt project, including editorial board meetings and conference presentations in Emden, Berlin and Dordrecht, were a real pleasure that enriched her life experience. She died under hospice care at her residence, Zoetermeer, where she was also buried. May she rest in peace.

Fred van Lieburg

Introduction
The States General and the Convening of the Synod of Dordt

After thirty-two years when there was no Dutch national synod, the Synod of Dordt was convened in 1618 to settle the Arminian controversy about predestination and related points, which had been agitating the Netherlands for about two decades. To restore peace and tranquility in the schools, church and society, the Synod of Dordt was convened by the Dutch government – the States General.

This volume, which focuses on the convening of the synod, includes the States General resolutions relating to the convening of the synod, as well as associated documents, especially those relating to the foreign lands invited by the States General to send theologians to assist the synod in handling the controversy. Besides ten Dutch delegations of ministers and elders and a delegation of Dutch theologians, the States General invited ten foreign territories with significant populations of Reformed churches to send theologians – Great Britain, France, the Palatinate, Hesse, four Swiss cantons, Nassau-Wetteravia, Geneva, Bremen, Emden and Brandenburg. It turned out that France and Brandenburg, in the end, did not send delegates. The Dutch churches in England also expected to be invited, but did not get an invitation. After the section of States General resolutions in this volume, there are sections of documents relating to each of these foreign lands. These documents include correspondence between the States General and foreign leaders, and reports of ambassadors regarding foreign responses.

The section of States General resolutions includes resolutions, or extracts of resolutions, that deal with the convening of the synod and the invitations sent to foreign lands, as well as a few resolutions relating to the early sessions of the synod up until the expulsion of the cited Remonstrants on 14 January 1619. These have been transcribed from the States General archives in the Nationaal Archief in The Hague, and brief summaries are provided.[1]

---

[1] J.G. Smit, ed., *Resolutiën der Staten-Generaal, Nieuwe Reeks 1610–1670, Derde Deel 1617–1618* ('s-Gravenhage: Martinus Nijhoff, 1975), and J.G. Smit and Johanna Roelevink, eds., *Resolutiën der Staten-Generaal, Nieuwe Reeks 1610–1670, Vierde Deel 1619–1620* ('s-Gravenhage: Martinus Nijhoff, 1981), provide summaries in Dutch of the resolutions for this period, not

Earlier National Synods of the Dutch Reformed Churches

The emerging Reformed churches began to assemble in broader gatherings in the southern Low Countries in the early 1560s. There are indications that they met in Antwerp in 1562, and there are three sets of acts of one or more meetings from 1563.[2] The meetings are all called 'provincial synods,' which could indicate that all French-speaking regions were represented. The term could also refer to the old (Roman Catholic) Church province, being the Low Countries in their entirety. The fact that the acts are all in French certainly indicates that the Walloon churches met in these gatherings. No lists of representatives nor of represented churches are extant and the meeting places are only indicated by the secret name of the inviting church, mostly "La Vigne" (indicating the church of Antwerp). In the 1560s, these synods took place two or three times per year.

In the kingdom of France, the Reformed churches convened their first national synod in 1559 and could do so every two years, according to the French Church Order. The Reformed churches in the Netherlands followed their example, meeting for the first time in 1571 in the German city of Emden.[3] In historiography, this first national synod was thought to have been preceded by the so-called Convent of Wesel, dated 1568. The Wesel Articles seem like a church order, signed by some fifty men. However, during the sixteenth century and until shortly before the Synod of Dordt, 1618–1619, there are no references to such a "conventus" or meeting of representatives in Wesel. Today, the "Certain specific Chapters or Articles on the ministry of the Dutch Church, which the ministers of that Church deem partly necessary and partly useful" (as the title of the document reads), are regarded as a proposal for a future church order, drafted by Petrus Dathenus and then circulated and signed by key figures in the churches.[4] The original document was

---

the full text. J.J. Dodt van Flensburg, ed., "Resolutien der Generale Staten, uit de XVII Eeuw," *Archief voor Kerkelijke en Wereldsche Geschiedenissen* (Utrecht: Bosch en Zoon, 1848), 1–98, prints selected extracts of resolutions from 1617–1619.

[2] *Livre Synodal contenant les articles résolus dans les synodes des Eglises Wallonnes des Pays-Bas*, publié par la Commission de l'histoire des Eglises wallonnes, vol. 1 (1563–1685), (Den Haag: Martinus Nijhoff, 1896); Émile Braekman, "Anvers – 1562. Le premier Synode des Églises réformées (Flamandes et Wallonnes des Pays-Bas)," in: *Bulletin Chronique de la Société d'Histoire du Protestantisme Belge* 102 (May 1992), 25–37; Gérard Moreaux, "Les Synodes des Églises wallonnes des Pays-Bas en 1563," in: *Nederlands Archief voor Kerkgeschiedenis. Nieuwe serie* 47 (1965–1966), 1–11.

[3] F.L. Rutgers, ed., *Acta van de Nederlandsche Synoden der zestiende eeuw*, 2nd printing (Dordrecht: J.P. van den Tol, 1980 = 's-Gravenhage: Martinus Nijhoff, 1889); J.F. Gerhard Goeters, ed., *Die Akten der Synode der Niederländischen Kirchen zu Emden vom 4.–13. Oktober 1571* (Neukirchen: Neukirchener Verlag, 1971).

[4] Cf. J.F. Gerhard Goeters, ed., *Die Beschlüsse des Weseler Konvents von 1568* (Düsseldorf: Presseverband der Evangelischen Kirche im Rheinland, 1968), 25. On the historiography and new interpretation, see Jesse Spohnholz, *The Convent of Wesel. The Event that Never was and the Invention of Tradition* (Cambridge: Cambridge University Press, 2017).

brought to London and then it was forgotten, until it was discovered in 1618 by Symeon Ruytinck, who considered Wesel the first Dutch national synod.[5] The document testifies to the period in which the Reformed were persecuted in the Low Countries and formed congregations of refugees in England and Germany, where the contours of distinctly Dutch Reformed churches emerged.

The acts of the first national synod in Emden record the decision that a general synod be held "to which ministers and elders of the churches not from the classes, but from the provinces shall come, authorized by testimonies, letters and orders regarding doctrine, church polity and special affairs which could not be carried out or resolved in the provincial gatherings or which concern and affect all the churches." A ground rule was laid down that "every two years a general assembly of all Dutch churches shall be held."[6] The fact that all churches in and outside the Low Countries during the Revolt against Spain were in view is illustrated by the decision that the classis of the Palatinate was instructed to convene the next general synod.[7] The title of the acts spells out the situation of dispersion: "Acts of the Synod of the Dutch Churches which are under the cross and are dispersed throughout Germany and East-Frisia, held in Emden on 4 October of the year 1571 and onwards." The possibility of a next general synod already in the spring of 1572 was considered if the Stranger churches in England would and could participate. If not, the rule of a two-year sequence was retained.

As a result of the plague which visited the Palatinate, the next general synod could not be held according to plan. The circumstances in the Netherlands in the first decade of the Revolt hindered the organization of provincial synods which would send delegates to a general synod. In North-Holland a yearly provincial synod could be organized beginning 1572.[8] The provinces of South-Holland and Zeeland, of which William of Orange was stadtholder, met in a joint provincial synod in 1574 in Dordrecht, the first city of Holland. This synodical meeting started with the reading of the Acts of Emden, thus signaling that the work of that synod was taken up in Dor-

---

[5] The first occurrence of 'Wesaliae, Anno 1568' appeared with Wesel as the first in a list of six 'Synodi Nationales' in [Simeon Ruytinck], *Harmonia Synodorum Belgicarum, sive Canones regiminis ecclesiastici in synodis nationalibus, a reformatione in Belgio celebratis, constituti, & in Reformatis ecclesiis Belgicis hactenus observati, breviter in ordinem digesti per S. R.*, appended to Festus Hommius' *Specimen controversiarum Belgicarum, seu Confessio ecclesiarum Reformatarum in Belgio* (Leiden: Elzevier, 1618), 144, which was prepared for use at the Synod of Dordt. A Dutch translation, *Harmonie, dat is Overeenstemminge der Nederlandtsche Synoden, ofte Regulen naer de welcke de kercken worden gheregiert* (Leiden, 1618), appeared shortly after the opening of the synod.

[6] Rutgers, 117–118, 59 (article 9 of the Church Order).

[7] Rutgers, 104.

[8] Otto J. de Jong, "De eerste drie Noord-Hollandse synoden," in: *Nederlands Archief voor Kerkgeschiedenis* 58/2 (1978), 190–204; Rutgers, 131–220.

drecht. The Dutch churches in England were prompted to send delegates to the (next) general synod, which suggests that Dordrecht 1574 could have been a general synod if the Stranger churches had been present. Emden had decided that yearly gatherings of the dispersed churches in Germany and East-Frisia, in England, and in the southern Low Countries would be held (and send representatives to the general synod).[9] Since the bishops had prohibited this in England, no representatives were present in Dordrecht. Communication with 'England, Wesel, Emden and Antwerp' shows that the Dutch churches abroad were in view.[10]

While Emden 1571 had been called a general synod, the acts of the first such synod within the Low Countries in 1578 speak of "Acta of the National Synod of the Netherlandish Dutch and Walloon Churches, both domestic and foreign."[11] The national character could be claimed, even given the presence of Jean Taffin from Antwerp, representing the southern Low Countries, and letters from the churches of Brugge, Gent, and Antwerp.[12] The Dutch churches in England were represented.[13] This broad scope of the synod of Dordrecht 1578 is reflected in a list of classes that would constitute provincial synods. This list included the names of the provinces in the southern Low Countries and "the dispersed churches" in England and in Germany, all constituting a "provincial" synod.[14] The national synod of Dordrecht updated the Church Order, drafted at Emden, which was co-signed in the name of the Walloon Churches (who had met in a synod in Dordrecht in 1577), represented in the national synod of 1578.[15] Now a three-year sequence of national synods was adopted.[16]

The following synod, again called "general," met in Middelburg, Zeeland, in 1581.[17] The Stranger churches in England, both French and Dutch speaking, were represented. The church of Cologne represented the synod of Bedburg, Germany. The churches of Frankenthal, Emden and Wesel were also present. Already at Emden in 1571, the French Reformed churches were contacted and informed about the proceedings. In Middelburg the synod took note of a

---

[9] Rutgers, 58 (art. 8), 135.
[10] Rutgers, 136 (art. 11).
[11] Rutgers, 234. Cf. W. van 't Spijker, "Acta synode van Dordrecht 1578," in: D. Nauta and J.P. van Dooren, eds., *De nationale synode van Dordrecht 1578* (Amsterdam, 1978), 142–184. The original title speaks of "der Nederlandischen Duytschen ende Walschen Kercken."
[12] Rutgers, 316–321.
[13] See the reference to the letter of instruction in Rutgers, 318.
[14] Rutgers, 278–281.
[15] 'Nomine Synodi Ecclesiarum gallobelgicarum habitae Dordraci xxv° Iunii 1577' (Rutgers, 261).
[16] Rutgers, 245 (art. 30).
[17] J.P. van Dooren, ed., *De Nationale synode te Middelburg in 1581. Calvinisme in opbouw in de noordelijke en zuidelijke Nederlanden* (Middelburg: Koninklijk Zeeuws Genootschap der Wetenschappen, 1981).

national synod to be held later in June 1581 in (La Rochelle) France. Letters from France had informed the churches in the Netherlands of their intention 'to promote a common confession of all the countries of our faith' (*dat sy de gemeyne confessie aller natien onses gelooves willen bevorderen*).[18] This shows the drive for an expression of unity of the Reformed churches in Western Europe. For the first time, we encounter the idea of a "synodus oecumenica," to be constituted again by delegations from the provincial synods. This either hints at a transnational synod or a general synod where matters of contested doctrine are to be resolved (the case of Caspar Coolhaes in Leiden, and the matter between the Prince of Orange and Petrus Dathenus). In the general synod of Middelburg, the Church Order was reviewed again.

During the revolt against King Philip II and the war against Spain, these national synods were held free from state power. The synod of Emden in 1571 was organized without interaction with the city's magistrate. Noblemen like Philip Marnix of St. Aldegonde were involved in the planning but were not formally represented. The 'provincial' synod of Dordrecht in 1574 was the first to be held on freed Dutch territory, followed by the national synods of Dordrecht in 1578 and of Middelburg in 1581. These were organized in a period when the provincial States and towns were regrouping in the circumstances of seeking religious peace. In 1578 William, Prince of Orange, had proposed religious peace between Catholics and Reformed in Holland and Zeeland. In 1579 the Union of Utrecht was signed between Holland, Zeeland, Gelderland, and Utrecht. This Union laid down the principle of freedom of conscience, and guaranteed the right of each province to decide about religion (they decided in favor of the Reformed religion). Along the lines of these political developments, the involvement of the civic authorities in the organization of the Reformed churches grew. While the churches could meet in their synods on a national level, the provinces had reservations about the established church orders of the national synods. Especially the States of Holland refused to ratify these, so they drew up "Church Laws" in 1576 and 1583.

The next national synod – the third on Dutch soil – convened five years later in The Hague.[19] Middelburg had asked the church of Gent to convene the next synod in 1584, but when Spanish troops attacked their city, Gent asked Antwerp to take over that task. However, the fall of Antwerp in 1585 made a synod in this city impossible. The southern provinces were again under Spanish control, and also in the north large territories, such as Groningen, seemed lost. In 1584 the leading nobleman, William of Orange, was

---

[18] Rutgers, 363.
[19] R.H. Bremmer, "De Nationale synode van 's-Gravenhage (1586) in haar politieke en kerkelijke kontekst," in: *Kerk en Theologie* (1988), 181–204.

assassinated. The States General then asked Queen Elisabeth I of England to accept sovereignty over the remaining provinces, but she declined. However, she sent Robert Dudley, the Earl of Leicester, on her behalf. It was he who authorized a national synod to be held, which took place in The Hague in 1586. This synod approved a revised version of the Church Order. The Earl of Leicester, 'governor and captain-general,' sent a letter to the governors of the provinces, asking them to inform the respective classes, so that the provincial synods could send delegates to The Hague. Prince Maurice of Nassau supported this action with his own letter to the ministers of South Holland.[20] Some prominent ministers (like Johannes Fontanus) had also worked in favor of a national synod. The ecclesiastical bodies acted swiftly, so that the national synod could begin on 20 June 1586. The list of delegates also contains three names of representatives of Leicester: the president of the council of Flanders Adolf van Meerkercke, the president of the States of Holland Adriaan van der Mijle, and the earl's personal physician John James. We do not know if there was any political influence on the proceedings of the synod. Leicester happily accepted the outcome and also the Church Order of The Hague. However, his position was weakening, and he returned to England already in the next year. Again, the States of Holland did not ratify this Church Order and drafted its own Church Laws of 1591. Also, the provinces of Utrecht (1590), Zeeland (1591), and Groningen (1595) each issued their own Church Order.

After 1586 it took more than thirty years before the next national synod could be convened. The synod of The Hague had appointed the church of Amsterdam as the body to call for the next synod, but the States General did not support it. In 1607 representatives from the provincial synods and professors of theology met, first in The Hague, later in Amsterdam for a preparatory conference (the so-called *conventus praeparatorius*) to outline an agenda for the national synod.[21] Among the delegates was Jacobus Arminius. One of the points of disagreement was whether revision of the Heidelberg Catechism and the Belgic Confession should be on the agenda. The majority held to the conviction that revision could not be undertaken when no formal objections against the Catechism or Confession had ever been brought to the table of an ecclesiastical body.

The *Remonstrance* of 1610, organized by Johannes Uytenbogaert and co-signed by forty-four ministers, was the key document that brought the people together who would henceforth be known as the Remonstrants. This document is regarded as a response to the decision of the *Conventus praeparato-*

---

[20] For both letters, see Rutgers, 514–518.
[21] D.J. De Groot, "De Conventus Praeparatorius van Mei 1607," in: *Nederlandsch Archief voor Kerkgeschiedenis* 27 (1934), 129–166.

rius. It closely followed the 'Declaration of Sentiments' by Arminius, delivered before the States of Holland in 1608, shortly before his death.[22] The document was a plea for moderation and toleration in the pulpits of the province of Holland. Although the provincial States indeed called for toleration, the theological controversy led to increasing tension and secessions in local congregations, even resulting in split classes and (in Utrecht) of the provincial synod. In the course of the 1610s, the provincial synods were not permitted anymore in all provinces except the northern provinces of Friesland, Groningen, and Drenthe. Especially in North and South Holland, Overijssel and Utrecht, churches became so divided that separate congregations were established in cities and villages. Even classes were split, which would make a provincial synod (in which representatives of respective classes met) the scene of further contention. In this ecclesiastical climate, provincial States began to withhold their permission to convene provincial synods. In Gelderland and Zeeland, the States exerted their power to curb the influence of the Remonstrants. While these two provinces and the northern three were in favor of a national synod, the call to bring the confessional controversy to the table at the national level was frustrated by the magisterial support of the Remonstrant party in cities and the States of Holland, Utrecht, and Overijssel.[23]

The Union of Utrecht of 1579 had stipulated that Holland and Zeeland follow their own counsel in matters of religion, and that the other provinces would maintain the religious peace. The same article also outlined the possibility for the provinces "to establish rules, either together or each individually to establish such rules (without being hindered or restrained by any other province) as they deem appropriate for the peace and well-being of the provinces, her cities and individual members, and for the salvation of every person, be it spiritual or civil."[24] While this religious peace had collapsed at the beginning of the 1580s, more provinces had joined the Union and accepted that the Reformed religion had become the public church. Unified in the war against Spain, the provinces had a common army with Maurice of Orange as its commander, appointed by the States General. While the provinces guarded their rights, Holland's economic and political might shifted the balance of power from the provinces to the States General, convening in The Hague. In this climate, the role of Johan van Oldenbarnevelt grew. While

---

[22] W. Stephen Gunter, *Arminius and His Declaration of Sentiments*. An Annotated Translation with Introduction and Theological Commentary (Waco: Baylor University Press, 2012).

[23] For Overijssel, see Erik A. de Boer, *De macht van de minderheid. Het Remonstrantisme in Kampen in de spiegel van de nationale synode te Dordrecht (1618–1619)* (Kampen: Summum, 2019).

[24] See H.L. Leeuwenberg and S. Groenveld, eds., *Unie van Utrecht. Wording en werking van het verbond en verbondsactie* (Den Haag: Martinus Nijhoff, 1979), 34–35.

serving as secretary (*raadspensionaris*) of the States of Holland, his experience and standing made him a key player in the States General.

In this political context, the Church of Amsterdam's repeated request to be allowed to convene a national synod was addressed to the States General. There the individual provinces could exert their influence, and so they did. In the end, Holland, Utrecht and Overijssel were against calling a national synod. Slowly but surely Prince Maurice wielded his growing power and reorganized the magistracy of Utrecht and of cities in Holland (the cities that had an important say in the provincial States). In this way the desired consensus of all provinces in the States General was built in order to convene a national synod, which could restore religious peace in the Seven Provinces.

It took until 1617 for the tables to turn. Maurice inherited the title of Prince of Orange and had become – together with his cousin Willem Lodewijk of Groningen and Friesland – stadtholder of all remaining provinces. As commander of the armed forces of the States General, the Prince moved against the magistrates of Remonstrant cities in Holland and replaced the city councils with Contra-Remonstrant citizens. In other provinces he put pressure on the political bodies by show of force to give support to a national synod. In 1618 Maurice finally turned against his mentor, Johan van Oldenbarnevelt, who had been the architect of the Twelve Years' Truce (1609–1621). The arrest and trial of Oldenbarnevelt led to the latter's execution on 13 May 1619. By then the Synod of Dordt had almost come to an end.

In 1612, a publication had appeared in which the Church Orders of Emden, Dordrecht, Middelburg and The Hague were collected. Added were the Church Order of the States of Utrecht of 1590, the political Church Order of The Hague 1591, and the one from Zeeland from the same year.[25] Such a publication showed the desire for a church order for all churches of the Seven Provinces, also accepted by the respective States. When the national synod would meet and take the church order in hand, the cumulative result of the 1586 Church Order would be the text that was amended.

The national synod of the Reformed churches in the Netherlands, held in Dordrecht in 1618–1619, was a rare occasion. It was only the fifth in the republic (if we do not count the provincial synod of Dordrecht 1574), and it would be the last for centuries to come. The presence and influence of the collective provincial States in the state delegates at Dordt was greater than it had ever been before. Six of the seven provinces each sent two state delegates,

---

[25] *De Kercken-ordeninghen der Ghereformeerder Nederlandtscher Kercken in de vier Nationalen Synoden ghemaeckt ende ghearresteert, mitsgaders eenighe anderen in den Provincialen Synoden van Hollandt ende Zeelandt gheconcipieert ende besloten; waerby noch anderen, in bysondere vergaderinghen goet ghevonden, by ghevoeght zijn* (Delft: Jan Andriesz, 1612). This collection did not contain a reference to the 'convent of Wesel,' nor did later editions (e.g., the 1640 edition).

while the States of Holland-Westfriesland had six delegates. To this total of eighteen was added Daniel Heinsius, who acted as secretary of the state delegates. Throughout the course of the synod, the States General was kept informed on the proceedings. This feature of the fifth national synod of the Reformed churches is rooted in the developing political unity of the "Seven Provinces of the United Netherlands."

Each province sent a delegation of ministers and elders from its provincial synod to the Synod of Dordt. The influential province of Holland was represented by two particular synods, of South Holland and North Holland. Drenthe was represented by its own provincial synod. And the Walloon churches in the Dutch provinces sent a delegation from their synod. Thus there were ten ecclesiastical delegations at the synod.[26]

The Workings of the States General

After the northern provinces of the Netherlands united in the Union of Utrecht (1579), the Dutch Republic was a loose confederation of seven provinces in which many government functions remained with the provincial States (assemblies). Each province was governed by the provincial States and a stadtholder, which was the chief executive officer. The States General was the central assembly that represented the seven northern provinces – Gelderland, Holland, Zeeland, Utrecht, Friesland, Overijssel and Groningen – although the States of Holland exerted a huge influence. Drenthe was part of the Dutch Republic as the Landschap (County) of Drenthe, but it did not have full provincial status and was not directly represented in the States General.[27]

The States General represented the Dutch Republic in foreign affairs, but after 1590 the States General extended its authority also into such areas as church affairs, shipping and colonial affairs.

Voting in the States General was by province, with each of the seven provinces having one vote. Each Dutch province was free to send any number of ordinary deputies and extraordinary deputies (who served for a short time, and for a special purpose) to the States General. They were seated according to the precedence of their provincial status in the Dutch Republic.

The presidency of the States General rotated every week, according to the precedence of the provinces. The actual president was the highest in precedence of the deputies present from the particular province. The president

---

[26] For the synod participants, see ADSND I:lxiii–cvii.
[27] On the States General, see Jonathan Israel, *The Dutch Republic: Its Rise, Greatness, and Fall 1477–1806* (Oxford: Clarendon Press, 1998), 291–297.

determined the topics to be discussed and drew up the conclusion from the several opinions presented to the assembly. It is therefore essential to know who served as the president during a particular session. Often, proposals were shifted or postponed depending on the presidency. A stark example is the alternation of the proposal to have a *status quaestionis* written, and the proposal to prepare for the national synod.

The States General, like other political and ecclesiastical bodies, conducted its meetings by allowing each deputation as a whole to declare its advice on a topic by turn of precedence (the dukedom of Gelderland first, then Holland, Zeeland, etc.). The president then drew up the conclusion or resolution, or asked for a second '*omvraag.*' So his role was pivotal, not only in deciding on the agenda, but also in formulating the result. There was no discussion as such during the meetings. In normal times, resolutions stated the motive to resolve and then the decision itself. In controversial matters, the different points of view or advices were often written down as well. This was, among other things, proof for the principals who sent them that their deputies had done what they were told to do. In 1617 and 1618, the provinces even handed in lengthy declarations with their points of view, written or at least approved by their principals, to be inserted into the resolutions.

In 1617, when the draft letters of invitation for foreign theologians to the synod were approved by the small majority in the States General, the Holland deputies saw fit to walk out of the session together, except for one deputy to follow later. In 1618, Holland was slowly encircled until it stood on its own in opposition to a national synod. But because it paid more than half of the States General budget, it was in a strong position to hold out, led by the steadfast Oldenbarnevelt. Within the provinces, there were also rules about who was allowed to send deputies to the States General (and in which order), and there were also strange divisions. This became especially apparent in 1617 and 1618 when tensions grew and caused marked abnormalities, against the normal procedure, for example: (1) In the duchy of Gelderland, deputies from the Quarter of Nijmegen, one of the quarters with a Remonstrant hue in the States General, declared opposition against the two Contra-Remonstrant Quarters of Zutphen and the Veluwe. (2) The separate declarations of six dissenting Contra-Remonstrant cities in Holland, led by two *Gecommitteerde Raden* of Holland from Dordrecht (the first city of Holland in precedence) and Amsterdam (the most populous and richest city), opposed the Remonstrant majority of the nobility and the other cities in the States of Holland. (3) In the Overijssel deputation, there were separate declarations of Deventer and Hasselt with Vollenhove, Deventer being an important member of the States of Overijssel, while the other two towns lacked seating there. (4) Again, the joint declarations of Holland, Utrecht and Overijssel in the States General stood in cluster against the other four provinces.

Political Context of the States General Resolutions

Zeeland, Friesland and Groningen were almost unanimously Contra-Remonstrant and also under strong influence of the house of Orange. They did not experience any of these internal difficulties. In the States General, they studiously stuck to procedure by handing in individual, if clearly mutually fine-tuned, declarations. Utrecht had a clear Remonstrant majority.

Willem Lodewijk of Nassau-Dillenburg, referred to as His Grace, was the stadtholder of Groningen, Friesland and Drenthe, while Maurice was the stadtholder of the other provinces. Technically, they were servants of the States, but they were also the heirs to regal privileges in the past. They attended the meetings of the States of their provinces, made propositions to them, and had the formal or practical power to change the magistrates, a tactic which Maurice would use in 1618. Before that, he had shown his ability to slowly orchestrate change in the background, by using his many rights and privileges, as it were, in a systematic isolation and siege of Holland.

Maurice of Nassau, always referred to as His Excellency, and called prince even when his elder brother was still alive, was also the captain general of the Dutch army. In that capacity, he was not at all happy when some cities of Holland and Utrecht (which were Remonstrant, but they also had some Contra-Remonstrant cities) stretched old rules to recruit *waardgelders*, hired troops who were originally intended to replace a garrison when the military was away in the field. *Waardgelders* served under command of the local magistrate, as a competitor to the garrisons under command of Maurice in the cities, which, of course, stayed in their base during the Twelve Years' Truce. The magistrates used the *waardgelders* to suppress religious strife.

Johan van Oldenbarnevelt was the pensionary (*landsadvocaat*, legal spokesman) of the Holland nobility, which took precedence in the States of Holland. He pronounced their advice in the States General, as the first in order of precedence. An extraordinarily intelligent, knowledgeable and resourceful man, over the years he had gained a central position in the largest province, which also paid more than 60 percent of the budget of the States General. He wrote diplomatic letters to foreign powers and Dutch ambassadors (who for a long time took their cue from him). In 1618, Oldenbarnevelt's legalistic mind and stubbornness led him to overstep the limits of the political possibilities and practicalities. Even among Remonstrants, his support dwindled in the course of 1618. His imprisonment in August 1618 and his execution in May 1619, no matter how utterly undeserved they might be in light of his long and honorable service to the country, may have been a necessary sacrifice to restore tranquility. But it was a very tragic and avoidable development.

The political-religious points of view of both parties were succinctly and admirably stated in a declaration by Holland expounding on the full religious sovereignty of the provinces. This sovereignty was not only applied to the choice of their own religion, but also to appeasing internal ecclesiastical differences, and to declarations by Gelderland, Zeeland, Friesland and Groningen on the central meaning of the Union of Utrecht as indeed safeguarding the choice for Calvinistic Protestantism (in contrast to Roman Catholicism). At the same time, the Union served as a basis for fostering unity among the churches of the Republic by laying down one policy, common to all provinces, to maintain the true old religion as the cement of the state. Both sides alleged historical arguments, but the idea of contextual interpretation and development held more sway in Orangist circles, whereas the opponents were more charmed by static legality.

In diplomacy, the Dutch Republic was caught between two allies of long standing, France (the older monarchy) and England with Scotland. Both had a parallel "diplomatic" service with local knowledge by way of their troops in the Republic. Like other allies, they were very worried about the instability of the Dutch state caused by religious schism, but from very different points of view and positions. King James I was his own man in political and religious matters, and his sympathy for the Contra-Remonstrants gradually increased. There were English regiments in the Netherlands, manned by English, Scottish and Welsh troops. Part of the package was an English seat in the Council of State, another source of diplomatic information and a major reason why the power of that institution was cut back almost entirely to military and executive financial matters. It may also have been the reason why sometimes important information was kept out of the resolutions of the States General, quite apart from general considerations of secrecy.

During the Twelve Years' Truce, tensions between Great Britain and the Dutch Republic mounted, mainly over the East Indies, trade and fisheries, with the free trade through the Sont and Denmark in the background. In 1624, the two countries were on the verge of war. Nevertheless, the instinct of Maurice and the Orangists in the pivotal years was always to trust Great Britain, while Oldenbarnevelt remained wary. In the short term, after the national synod, the Orangists would be wrong.

French King Louis XIII was in a totally different position, caught between the Roman Catholic faction, long led by his mother, and the Huguenot faction, which to his relief served in considerable numbers outside the country in the French regiments in the Republic. The king's wavering whether to send delegates to the national synod reflected the fluctuation of power and influence between these factions, which also kept the deputies general of the French Reformed churches very loath to act openly.

Oldenbarnevelt argued that anti-Habsburg France had the strongest reasons to support the Republic, quite irrespective of its Protestant religion. Tragically, he was right only in the long run, but until Richelieu grabbed enough power to curb the Huguenots while siding with the Protestant powers in the Thirty Years War, France did remain an uncertain ally. In the period leading to the Synod of Dordt, French politicians had a tendency to come down on the Remonstrant or at least on the moderate side, fostering strong suspicion among the Contra-Remonstrants.

The Calvinistic territories within the German orbit, whether or not they had (direct or indirect) ties to the House of Nassau, also looked to the Dutch Republic for military guidance and financial subsidies. In these times, this was especially the case for the Palatinate (where Dutch ambassador Pieter van Brederode kept residence), which was about to be involved in the Bohemian wars. Landgrave Moritz of Hesse-Kassel converted to Calvinism in 1605, and then sought to introduce the Reformed faith to his lands; he sent delegates to the national synod. The Association of Counts of Nassau-Wetteravia, which included a good number Reformed members, had close blood relationships to the Dutch stadtholders Willem Lodewijk, Count of Nassau-Dillenburg, and Maurice of Nassau, Prince of Orange. Led by its spokesman, Count Wolfgang Ernst of Isenburg and Büdingen, the counts decided to send a delegation to the national synod after the States General in September 1618 belatedly decided to issue an invitation to them. Most Hanseatic cities (where ambassador Lieuwe van Aitzema was active), Lutheran Saxony, and Roman Catholic Mainz, Bavaria, etc., were all on the periphery as viewed from the Netherlands. Brandenburg, where Elector Johann Sigismund himself only recently converted to Calvinism, and East Frisia both had mixed populations of Lutherans and Calvinists, and hung uncomfortably in the balance. In relation to the national synod, Brandenburg dithered, not honoring the special ties of Cleves to the Dutch churches, and eventually did not send delegates to the synod. And it was not the count of East Frisia, but the city of Emden, which was invited to send delegates to the synod, as was also the case with the free city of Bremen.

The kings of Sweden and Denmark, as Lutherans, remained outside the orbit of the national synod, like Saxony.

In the Swiss context, the Dutch Republic had no direct political and practical influence. As with Nassau-Wetteravia, the States General issued Geneva an invitation to the synod only in September of 1618, whereas most invitations to foreign leaders were sent in June.

Summary of the States General Resolutions relating to the Synod
(April 1617 – January 1619)

Although the idea of holding a national synod to settle religious disputes had been debated from the early years of the conflict between Arminius and Gomarus, the public discussion that actually led to the synod was initiated by a letter from King James I to the States General in April of 1617. James expressed his concerns that the religious differences in the Dutch Republic, caused by the Arminian controversy, threatened the ruin of the young state. He advised that holding a national synod would be the best way to proceed to uphold true doctrine and extinguish error.[28]

A month later, the province of Gelderland was the first to publicly propose holding a national synod as the most viable means of restoring order in the Republic. Soon Gelderland was joined by the provinces of Zeeland, Friesland and Groningen in promoting a national synod. They proposed a deadline for a decision in two months. However, there was opposition from the provinces of Holland, Utrecht and Overijssel, who wanted to postpone any such decision. As the discussion continued in the following months, there was agreement that some action should be taken, but not a national synod.

Toward the end of September, the provinces agreed to submit their advice in writing on a solution to the religious crisis. Gelderland insisted on holding a national synod to prevent chaos in the country, and they wanted a committee to be set up to make arrangements. Holland did not consent to a national synod, since they said the religious issue could be dealt with by a provincial synod. According to the Union of Utrecht (1579), religious matters belonged to the provinces; a national synod would violate the Union and the liberties of the province of Holland. Despite this, five dissenting cities in Holland (Dordrecht, Amsterdam, Enkhuizen, Edam and Purmerend) favored holding a national synod, but these cities were in a minority. Utrecht and Overijssel also agreed that a national synod would violate the Union of Utrecht, although two cities in Overijssel, Deventer and Hasselt, favored a national synod. Zeeland suggested that the 1607 discussions to prepare for a national synod should be resumed. Friesland and Groningen both favored holding such a synod.

As an alternative solution to the religious crisis, a proposal was then made to have some theologians and political officials write up a *status quaestionis* of the controversy, with suggestions for religious tolerance, meanwhile forbidding ministers from preaching vehement sermons. This did not get majority support.

---

[28] For the context of James' 1617 letter, see Eric Platt, *Britain and the Bestandstwisten: The Causes, Course and Consequences of British Involvement in the Dutch Religious and Political Disputes in the Early Seventeenth Century* (Göttingen: Vandenhoeck & Ruprecht, 2015), 105–112.

In early October 1617, a majority decision was taken to set up a committee with members from each province to prepare for a national synod. Though Holland, Utrecht and Overijssel protested that such a committee would be unlawful, Gelderland, Zeeland, Friesland and Groningen proceeded to nominate their own members for the committee. On 12 October, the committee members of these four provinces then wrote the first draft of Articles to Convene the national synod. Besides minister and elder delegates from the provincial synods, these seventeen articles proposed to invite foreign theologians from England, France, the Palatinate, Hesse, Switzerland, Emden and Bremen, as well as professors of theology from the Dutch academies and illustrious schools, and delegates from the Walloon churches. On 10 November, there was further discussion about the Articles to Convene, and some additions were proposed. Gelderland, Zeeland, Friesland and Groningen agreed with the changes, and the next day the amended draft was approved by the majority of these four provinces. Holland, Utrecht and Overijssel submitted statements objecting to the Articles as illegal.

On the 20th of November, the four provinces proposed Dordrecht as the venue for the national synod. A stalemate arose when Holland, Utrecht and Overijssel persisted in their protest against holding a national synod, and Gelderland, Zeeland, Friesland and Groningen submitted counter-declarations to their protest.

After British ambassador Dudley Carleton urged the States General to answer King James' letter that had been received in April, an anonymous pamphlet was published, titled the *Weegh-Schael*, which was very critical of Carleton's speech and Anglican church polity. In late November, Carleton complained about the pamphlet and demanded that the States General track down its author and printer. In early December, a placard against the *Weegh-Schael* was approved by the majority. Although Holland, Utrecht and Overijssel wanted to defer the printing of the placard, it was soon published in Gelderland. In January 1618, Carleton again addressed the States General, and urged those provinces that had not yet done so to issue the placard against the *Weegh-Schael*. Carleton indicated that King James reiterated his advice to recommend a national synod as the only remedy to settle the religious differences in the Republic.

On 22 November 1617, the four majority provinces asked for one person from each province to draft invitation letters for the national synod. Two days later the drafts of the letters were ready and were approved by the four provinces. The delegates of Holland, Utrecht and Overijssel, however, walked out of the session. They regarded the drafts for the invitation letters as null and void and unlawful. The letters of invitation were to be kept on hold until the end of January 1618 in the hope that these three provinces would change their position. On 1 December, Holland filed a protest against the approval of the draft invitations, and they wanted this counter-declaration with annexes to be sent to all the provinces. Gelderland, Zeeland, Friesland and Groningen, as well as the dissenting cities of Holland, stood by their position.

At the end of May 1618, the president reminded the States General that months earlier a decision had been made to call a national synod to settle the religious disputes. Dudley Carleton also urged the States General to make a decision regarding the religious problems. The majority provided an answer to Carleton, following a proposal from Zeeland, but Holland and Utrecht refused to be overruled. They were urged to declare in favor of a national synod, but they again asked for postponement of the decision.

On 25 June 1618, the four-province majority of the States General decided to convene the national synod, to be held on 1 November 1618 in Dordrecht. The letters of invitation that had earlier been approved would now be sent inviting the provincial synods to send Dutch delegates, and foreign lands with Reformed churches to send theologians to assist the synod. Still, Holland, Utrecht and Overijssel continued to urge delay, and wanted to wait for a resolution of the States of Holland. Gelderland, Zeeland, Friesland and Groningen declared that agreeing to hold the national synod would not violate the Union of Utrecht and the rights and liberties of other provinces.

Toward the end of June, Holland protested against a national synod before Prince Maurice and Prince Willem Lodewijk, both of whom recommended the synod. The four majority provinces asserted that a national synod would be the best solution to their problems. The province of Overijssel now declared that their provincial States agreed they would not block a national synod.

In early July, Holland then proposed holding a provincial synod, instead of the national synod. According to Holland, establishing order in religious matters was a prerogative of the province of Holland, and all provinces must uphold the rights of Holland. They proposed to hold a provincial synod within three months, with delegates invited from other provinces to assist. However, Gelderland, Zeeland, Friesland and Groningen continued to adhere to the resolution to hold a national synod. The dissenting cities of Holland also submitted a minority declaration in favor of holding a national synod. The province of Zeeland submitted a declaration arguing that a national synod was the traditional way of dealing with ecclesiastical problems. In their interpretation, the rights of provinces in the Union of Utrecht related not to religious conflicts, but to the choice whether or not to choose the Catholic religion. A national synod would not impinge on the rights of the provinces. Similarly, Gelderland argued that the ecclesiastical differences had become a problem common to all provinces, not just Holland, and so they should be solved by a common solution. A counter-declaration from Holland then argued that a decision on a national synod should be unanimous, and to proceed without the consent of Holland would violate the sovereign rights of the province. They called for tolerance on the Five Remonstrant Articles.

On the 23rd of July, the States General decided to send a delegation to the province of Utrecht to convince them to discharge their *waardgelders* and to accept the national synod. Prince Maurice was authorized to take troops to Utrecht to support the delegation and enforce the States General's authority; on the 31st he disbanded the *waardgelders*. The delegation reported on 10 August that Utrecht had agreed to the national synod.

That left Holland as the only holdout against a national synod. The States General urgently requested Holland to conform to the other provinces. On 17 August, the States General decided to discharge the remaining *waardgelders* in Holland, but Holland still asked for a delay regarding the national synod.

On 29 August 1618, the States General, by secret decision, ordered the arrest of Johan van Oldenbarnevelt, the grand pensionary of Holland, Rombout Hogerbeets, the pensionary of Leiden, and Hugo Grotius, the pensionary of Rotterdam. This shift of power from Oldenbarnevelt to Prince Maurice also marked the end of political opposition to the holding of a national synod in the Dutch Republic.

Meanwhile, responses began to be received from abroad to the invitations that had been sent to several foreign lands. In early August, it was reported that King James was ready to send some British theologians to the synod. At the beginning of September, Dudley Carleton explained that James was pleased that a national synod would take place, and he expected it to have a good effect for church and state. Carleton also asked the States General to publish the placard against the *Weegh-Schael* where this had not been done. In mid-September, the printer of the pamphlet came forward and revealed that Jacobus Taurinus was the author. The States General called for a trial of the author. By mid-October, Dutch ambassador Noël de Caron announced that four British theologians would be coming to the synod, and it was soon announced that they would be attended by a large retinue.

Toward the end of July, Gideon van den Boetzelaer van Langerak, the Dutch ambassador to France, met with King Louis of France to ask him to allow French Reformed theologians to attend the synod. Louis responded that he sent Jean de Thumérie Boissise as an extraordinary ambassador to help the Dutch Republic with their difficulties and to discuss a national synod. Langerak also advised the deputies general of the French Reformed churches to choose three or four delegates for the synod. In mid-August, Boissise presented his advice to the States General about the differences in the Netherlands. The States General prepared an answer, and meanwhile Louis awaited word from Boissise. On 30 August, French ambassadors Boissise and Du Maurier complained to the States General that François van Aerssen, the former Dutch ambassador to France, had libeled King Louis, and Louis wanted him punished. The States General denied the accusation and defended van Aerssen. This incident threatened the possibility of having delegates from the French churches, but in early September it was reported that Louis was favorable to a national synod as a means for bringing peace. On 22 September, Langerak reported that the French Reformed churches had designated four delegates for the synod – Pierre du Moulin, André Rivet, Daniel Chamier and Jean Chauve. The van Aerssen issue continued to strain the relationship of the French ambassadors and the States General, and Langerak was instructed to defend van Aerssen before Louis. Finally, on 18 October, Langerak could report that Louis allowed the sending of two French delegates to the synod (du Moulin and Rivet). But two days later, Langerak reported that Louis had withdrawn his consent of the two delegates. Langerak was instructed to continue urging Louis to send the two delegates, but by 30 November Langerak reported that Louis clearly indicated that his conscience and Catholic religion prevented this, as well as other reasons. That was the end of the matter. Two of the French ministers had actually departed for the Netherlands, but Louis was not pleased, and expected that they be given first rank in the synod if they arrived. However, they were turned back on the way at Geneva.

On 15 August, the States General received information that Emden would send two delegates. A couple of days later, they learned that the Palatinate and Hesse would send delegates, but that it was uncertain whether the Swiss would do so. At the end of the month, the landgrave of Hesse expressed concern about whether the synod would be delayed.

On the 25th of August, the States General decided to invite the Landschap of Drenthe to send two minister delegates to the synod, and on 8 September they decided to invite two delegates each from Geneva and Wetteravia, both of which had expressed disappointment about not being invited. On 14 September, it was decided also to invite Brandenburg to send two delegates.

Meanwhile, the Council of the Elector of the Palatinate advised the Dutch ambassador Pieter van Brederode to travel to Zurich to try to convince the Swiss to send delegates. His trip there was successful. On 10 September, ambassador Langerak reported that the Swiss had decided to send delegates.

On 29 September, the States General decided to hold a day of prayer and thanksgiving on 17 October to pray that the decisions of the national synod would be made to the honor of God, the preservation of the true Christian religion, and peace in the church and state.

On 29 October, it was reported that Bremen would send three delegates, and Emden would send two. A few days later, Brederode reported that the Swiss would send five delegates.

It was not until the 29th of October that the province of Holland consented to the holding of the national synod, after Prince Maurice had purged the magistrates of the towns of Holland where there were Arminian factions. In view of the fact that the conflicts persisted, and that sentiment both at home and abroad insisted on a national synod, Holland decided to conform. It urged the provincial synods of North and South Holland to meet to make preparations. Holland now asked the States General for six state delegates, with three votes in the synod, but the other provinces objected to three votes for Holland, since each province had but one vote within the States General.

Meanwhile, preparations were being made in Dordrecht for the arrival of the delegates. On 11 October, deputies from each province were commissioned to write up a draft on how the delegates to the synod from abroad and the Dutch provinces should be received, lodged and treated. This committee was to draw up a list of delegates, and send it to the magistrate of Dordrecht in order to prepare accommodations and a place of meeting for the synod. They were also instructed to draw up a budget. On 13 October, it was reported that fifty-six delegates were expected from the Dutch provinces, twenty-eight from abroad, five professors and sixteen state delegates. The total costs were estimated at 100,000 guilders, to be divided among the provinces, which were urged to pay their quotas as soon as possible. The provinces were responsible to pay the expenses of their own provincial delegates. On 5 November, Jacob de Witt was initially appointed to be the treasurer to administer the finances of the synod, and this was confirmed on the 19th. De Witt was accountable to the receiver-general Johan Doubleth, but he was to take his orders from the state delegates.

On the 1st of November, a commission and instruction for the state delegates was drawn up. On 5 November, a draft of the instruction was tentatively approved by the States General. A day later, the commission and instruction were confirmed, but on the 8th the commission was revised, and finally on the 19th the instruction was confirmed after final changes. Groningen registered its dissent regarding the right of patronage. Two days later, the instruction was backdated to 6 November.

The magistrat of Dordrecht reported that the place of meeting would be ready on 1 November, and they promised to do their utmost to honor the country in receiving and lodging the foreign delegates. By the beginning of November, the first foreign delegates arrived in Dordrecht – from Bremen, Emden, the Palatinate, Switzerland and Great Britain. All were being lodged with citizens of the city.

On the 6th of November, ambassador Carleton presented the British delegates to the States General. A day earlier, the Hesse delegates had arrived. On the 10th, the two Genevan delegates presented their credentials and were welcomed. The States General decided that the foreign theologians would have a decisive, not just advisory, vote, but they left it to the synod to decide whether the foreign delegates would vote individually or by country.

On 15 November, deputies from Dordrecht informed the States General that they had received and hosted foreign delegates from Great Britain, the Palatinate, Hesse, Switzerland, Bremen and Emden, and they would do the same for delegates who might still come. Each was being treated according to their status.

The deputies from Dordrecht also reported how the national synod opened on the 13th of November. They mentioned that the synod unanimously decided the foreign theologians should vote as delegations and have a decisive vote. Furthermore, the States General decided that there should be free access by visitors to the synod.

Thereafter, the States General received regular reports about the ongoing proceedings of the synod and the actions of the cited Remonstrants. Usually, these were by way of letters sent by the state delegates. The letters and papers exchanged between the state delegates and the States General were to be kept secret (so, very little of their contents are included in the resolutions). Sometimes there were personal reports. On 23 November, one of the state delegates, Hugo Muys van Holy from Dordrecht, gave an extensive report on the proceedings and the finances for the synod.

On 30 November, the Remonstrants requested of the States General that the ministers Nicolaas Grevinchoven and Simon Goulart be called to join the cited Remonstrants at the synod, though they were not actually serving churches due to suspensions. The States General replied that they might come to the synod as private persons, but not as cited persons.

On the 15th of December, the delegation from Nassau-Wetteravia arrived and presented their credentials to the States General. Two days later, ambassador Carleton presented Walter Balcanqual, a Scottish theologian who was sent to join the British delegation. Word was also received from the Elector of Brandenburg that he would send delegates, but in the end this did not happen.

On 22 December, the States General received a report from the state delegates that they had learned from reliable sources that the Remonstrants planned to publish documents submitted to the synod in order to stir up trouble among the people. The States General decided that no unlawful writings might be printed by the Remonstrants during the proceedings of the synod. They issued a placard against such printing.

On 31 December, three state delegates, along with two officers of the synod, appeared before the States General to report on the latest proceedings of the synod and the lack of cooperation by the cited Remonstrants, and they sought the States General's advice on how to proceed. On 1 January 1619, the States General issued a resolution approving the actions of the synod and declaring that the Remonstrants must obey the further decisions of the synod. If they did not comply, they would be prosecuted, not only by ecclesiastical censure, but as antagonists of the public authority. If they persisted in disobedience, their views should be examined and judged from their publications and oral and written declarations. Meanwhile, the Remonstrants were to remain in Dordrecht, and when called upon, they must answer questions honestly and without delay.

On 7 January 1619, the States General received a letter from the secretary of the state delegates stating that the Remonstrants persisted in their disobedience and still considered the synod as their adversary. On the 17th, another delegation from the synod appeared before the States General and reported on the latest proceedings of the synod which led to the expulsion of the cited Remonstrants on the 14th. The Remonstrants had not complied with the decisions of the synod and the States General, but acted with all kinds of delays. It was clear that the foreign theologians were unanimously of the opinion that there was no hope to proceed any further with the Remonstrants and therefore they should be dismissed. The next day, the States General approved a resolution that confirmed the synod's actions and the Remonstrant expulsion. They also urged the synod to examine and judge the Remonstrant views on the basis of their writings and statements, in accord with the resolution of 1 January.

There were ongoing resolutions of the States General relating to the remaining sessions of the synod, and to the aftermath of the synod, especially in regard to publication of the acts of the synod, and to actions taken against the Remonstrants. These resolutions will be included in later volumes of this series of ADSND.

Johanna Roelevink
Donald Sinnema
Erik de Boer
Gerard Bosker

Scope of Edition and Editorial Guidelines

1. Scope of the Edition

The volumes of the *Acta et Documenta Synodi Nationalis Dordrechtanae (1618–1619)* contain a critical edition of all documents produced by the Synod of Dordt and its participants, as well as contemporary documents relating to the synod, the convening of it, its deliberations and its immediate aftermath. The source material is divided by topic into fifteen parts to be printed across nine volumes. The following list provides an overview of the volumes and parts.

Vol. I Acta of the Synod of Dordt

   Part One: The Acta of the Synod

Vol. II/1 The Convening of the Synod of Dordt

   Part Two: Preliminaries to the Synod

Vol. II/2 Early Sessions of the Synod of Dordt

   Part Three: The Pro-Acta Sessions

   Part Four: Procedural Debates with the Remonstrants

Vol. III The Synod of Dordt: Doctrinal Deliberations and the Canons

   Part Five: Deliberations after the Expulsion of the Remonstrants

   Part Six: The Canons of Dordt and its Formation

Vol. IV Remonstrant Doctrinal Documents at the Synod of Dordt

   Part Seven: Remonstrant Doctrinal Documents

Vol. V The Synod of Dordt: Judgments on the Five Remonstrant Articles

   Part Eight: Judgments of the Nineteen Delegations on the Five Articles

Vol. VI The Synod of Dordt: Later Sessions and Aftermath

   Part Nine: Other Discipline Cases

   Part Ten: The Post-Acta Sessions

   Part Eleven: Immediate Aftermath of the Synod

Vol. VII The Synod of Dordt: Remonstrant Reports

   Part Twelve: Remonstrant Reports on the Synod

Vol. VIII The Synod of Dordt: Reports of Foreign Delegates

   Part Thirteen: Journals and Reports of Foreign Delegates on the Synod

Vol. IX The Synod of Dordt: Reports of Dutch Delegates and Contemporary Letters

   Part Fourteen: Journals and Reports of Dutch Delegates on the Synod

   Part Fifteen: Contemporary Letters about the Synod

Most of the parts are further divided into thematic sections, which contain the documents. Each document is assigned a unique number consisting of the volume number and a consecutive number within the volume (e.g., I.3). References to documents in later volumes are indicated by their location by volume, part and section (e.g., ADSND II, Pt. Four, Sect. 5).

2. Introduction to the Document

Each document is preceded by an introductory section containing the most important information about the document in the following categories:

- *Date* of the document.
- *Main source*: The source used as the base text for the edition.
- *Collated sources*: Sources collated with the main source in the critical apparatus.
- *Other copies*: A list of additional copies that have not been collated with the base text.
- *Summary*: A short summary of the content of the document with information about the source situation where appropriate.
- Name(s) of the *editor(s)* of the document.

The categories *Main source* and *Collated sources* also contain the abbreviations used in the critical apparatus to refer to the relevant source material. Other abbreviations used in the introductory section can be found in the list of abbreviations at the beginning of the volume. If for some reason the edition of a document has to deviate from the editorial guidelines as outlined in this section, this will also be mentioned in the category *Summary*. In cases where groups of documents are very homogenous in nature, their content may be summarized below the section heading.

3. Editorial Guidelines

Text

The basis for the edition is the source listed as *Main source* in the introductory section of the document. The sources listed as *Collated sources* are also considered in generating the edited text of the document. Paragraphs in general follow the layout of the sources. Typographical elements of headings are treated independently from the sources; initials and historiated initials are not recorded. Marginalia are reproduced as margins on the outside of the page.

The wording of the source is replicated faithfully, with punctuation and capitalization normalized. Punctuation follows modern usage, and all text is in lower case with only the following exceptions: the beginnings of sentences, names of persons and places, names of languages and groups of people, as well as the titles of books are all capitalized. Also capitalized are God and Trinitarian entities (Deus, Iesus, Christus, Filius Dei, Spiritus Sanctus), references to the Bible (Biblia, Verbum Dei, Scriptura, Novum/Vetus Testamentum), and some expressions specifically related to the synod (Synodus Dordracena, Ordines Generales, Praeses, Quinque Articuli, Primus [– Quintus] Articulus).

In Latin texts, the letters *u/v* are normalized according to their phonetic value and *j* is always recorded as *i*. Long s is resolved as *s*, ß as *ss*, e-caudata as *ae*, and & is resolved as *et*. Ligatures (e.g. æ/*ae*, œ/*oe*, etc.), contractions (e.g. q₃/*que*), and tildes (e.g. m̄/*mm*) have been silently expanded. Abbreviations are also resolved, except in the case of "d." and "dd." (dominus singular and plural), names of months, references to years, and biblical references, as well as some special cases depending on the document. Accents above vowels are not reproduced. Greek accents are included according to modern usage. Numerals also follow the sources. However, if a list mixes Roman and Arabic numerals on the same hierarchical level, this has been normalized (e.g. I. II. 3. IV. becomes I. II. III. IV.).

Any text that is in some form highlighted (underlining, capitalization, italics [surrounded by text in roman], roman text [surrounded by text in italics] etc.) in the source has been set in small capitals in the edition. This does not apply to text marked by highlighting in the source as the start of a paragraph, biblical quotations, book titles and headings.

Grammatical faults in the text are distinguished into errors and non-classical spellings. Errors are corrected and recorded in the critical apparatus; non-classical spelling is retained in the text.

Page breaks are marked in the text by a vertical line | with the pagination of the source printed at the inner margin of the page.

Direct quotations are surrounded by quotation marks and identified in the footnotes. Quotation marks are also used to denote book titles mentioned in the text.

Biblical quotations are always printed in italics, irrespective of the typographical style of the source. Chapter and verse are always split by a colon. In a list of biblical references, individual references are separated by a semicolon.

Editorial interpolations or additions are enclosed in square brackets. Uncertain readings are noted with a question mark surrounded by square brackets [?]. Illegible parts of words are noted by an en dash inside square brackets [–]; if a whole word or several words are illegible, this is noted with an em dash [—] and, if appropriate, an explanation in the critical apparatus.

Apparatus and Footnotes

The text edition is accompanied by a critical variant apparatus and footnotes. The critical variant apparatus contains textual variants from the source material as well as emendations of obvious grammatical errors as noted above. The position reference in the apparatus is by means of line numbers, which appear in brackets in the apparatus; the individual critical annotations are separated by en dashes. Individual source texts for variants are identified by the abbreviations as defined in the categories *Main source* and *Collated sources* in the introductory section of the document. The following additional abbreviations are used in the apparatus: add./addition; corr./corrected; del./deleted or deletes; foll./followed; highl./highlighting or highlighted; interl./interlinear; marg./marginal; om./omitted or omits; prec./preceded or preceding; repl./replaced or replacing.

The following variants are disregarded in the apparatus: 1. Deviations which have been normalized according to the guidelines above (punctuation, capitalization, normalized spelling); 2. Different abbreviations; 3. Variants in the following specific cases: c/t (as in pronunciat/pronuntiat), e/ae (as in celorum/caelorum), e/oe (as in celorum/coelorum), ae/oe (as in caelorum/coelorum), quum/cum.

Annotations and remarks on the contents of the documents are included in the form of footnotes. These footnotes contain cross-references to other documents in the edition, identify individuals mentioned in the text, identify and provide bibliographical information on documents that are quoted or referred to in the document, as well as provide information on complicated or unclear passages. The footnotes are not intended to provide analysis of the content of the documents, but they may provide some necessary context. Biographical information on individuals is also not included in the footnotes, but can be found in the name index. More detailed biographical information about the delegates and cited Remonstrants is provided in Fred van Lieburg's contribution "The Participants at the Synod of Dordt" in volume I of the series. Abbreviated literature can be resolved from the list of abbreviations at the beginning of the volume.

4. Indices

The edition is supplied with four indices (names, Bible references, manuscripts, subject). The name index contains short biographical information as well as page references for all individuals mentioned in the documents.

Christian Moser

Abbreviations

Archives and Libraries

Basel StA	Staatsarchiv, Basel-Stadt
Bremen StA	Staatsarchiv, Bremen
Darmstadt HStA	Hessisches Staatsarchiv, Darmstadt
Emden StA	Stadtarchiv, Emden
Geneva AEG	Archives d'Etat de Genève, Geneva
Geneva AS	Archives Sarasin (private collection), Geneva
Geneva AT	Archives Tronchin, Musée historique de la Reformation, Geneva
Geneva BGE	Bibliothèque de Genève, Geneva
Heidelberg UA	Universitätsarchiv, Heidelberg
London BL	British Library, London
London MA	Metropolitan Archives, London
London TNA	The National Archives, London
Marburg HStA	Hessisches Staatsarchiv, Marburg
Oxford BodL	Bodleian Library, Oxford
Oxford ExC	Exeter College, Oxford
Paris BM	Bibliothèque Mazarine, Paris
Paris BnF	Bibliothèque nationale de France, Paris
Rotterdam BRG	Bibliotheek der Remonstrantsch-Gereformeerde Gemeente te Rotterdam, Centrale Bibliotheek Rotterdam
The Hague NA	Nationaal Archief, The Hague
Utrecht BRU	Bibliotheek der Rijksuniversiteit, Utrecht
Utrecht OSA	Oud Synodaal Archief, Utrechts Archief, Utrecht
Wiesbaden HHStA	Hessisches Hauptstaatsarchiv, Wiesbaden
Zurich StA	Staatsarchiv, Zurich
Zurich ZB	Zentralbibliothek, Zurich

Sources and Literature

Acta	*Acta Synodi Nationalis ... Dordrechti Habitae Anno MDCXVIII et MDCXIX* (Leiden: Isaac Elzevir, 1620)
ADSND	Donald Sinnema, Christian Moser, Herman J. Selderhuis, eds., *Acta et Documenta Synodi Nationalis Dordrechtanae (1618–1619)* (Göttingen: Vandenhoeck & Ruprecht, 2015–)

Arminius, *Apologia*	Jacobus Arminius, *Apologia adversus Articulos quosdam Theologicos*, in his *Orationes itemque Tractatus Insigniores aliquot* (Leiden: Thomas Basson, 1611), 2:81–172; 2nd ed. (Leiden: Godefridus Basson, 1613), 227–320
Arminius, *Declaratio Sententiae*	Jacobus Arminius, *Declaratio Sententiae*, in his *Orationes itemque Tractatus Insigniores aliquot* (Leiden: Thomas Basson, 1611), 2:1–77; 2nd ed. (Leiden: Godefridus Basson, 1613), 151–226
Aymon	Jean Aymon, *Tous les Synodes Nationaux des Eglises Réformées de France* (The Hague: Charles Delo, 1710)
Baudartius	Willem Baudartius, *Memoryen ofte Cort verhael der gedenck-weerdichste so kercklicke als werltlicke gheschiedenissen van Nederland*, 2nd ed. (Arnhem: Jan Jansz, 1624–1625)
Baudartius, 1620	Willem Baudartius, *Memorien, ofte Kort verhael der ghedenck-uveerdighste gheschiedenissen van Nederlandt*, 1st ed. (Arnhem: Jan Jansz, 1620)
Bertius, *Scripta Adversaria*	*Scripta Adversaria Collationis Hagiensis, Habitae Anno MDCXI inter quosdam Ecclesiarum Pastores de Divina Praedestinatione et Capitibus ei Adnexis, quae ex Belgicis Autoritate Ill. Hollandiae et Westfrisiae Ordinum iampridem Editis, Latina Fecit Petrus Bertius* (Leiden: Johannes Patius, 1615) (Latin translation of *Schriftelicke Conferentie* by Remonstrant translator Petrus Bertius)
Brandt	Geeraert Brandt, *Historie der Reformatie en andre Kerkelyke Geschiedenissen in en ontrent de Nederlanden*, 4 vols. (Amsterdam: Dirk and Hendrick Boom for Jan Rieuwertsz / Rotterdam: Barent Bos, 1671–1704)
Carleton	*Letters from and to Sir Dudley Carleton, Knt., during His Embassy in Holland*, 2nd ed. (London: s.n., 1775)
Den Tex	Jan den Tex, *Oldenbarnevelt*, 5 vols. (Haarlem: Tjeenk Willink, 1960–1972)
Dodt van Flensburg	Johannes Jacobus Dodt van Flensburg, "Resolutien der Generale Staten uit de XVII. eeuw," *Archief voor kerkelijke en wereldsche geschiedenissen inzonderheid van Utrecht* (Utrecht: L. E. Bosch en Zoon, 1848), vol. VII, 1–98
Dutch Acta	*Acta ofte Handelinghen des Nationalen Synodi ... Ghehouden ... tot Dordrecht, anno 1618 ende 1619* (Dordrecht: Isaac Iansz. Canin, 1621)
Dwinglo, *Grouwel*	[Bernardus Dwinglo], *Grouwel der Verwoestinghe Staende in de Heylighe Plaetse, dat is, Claer ende Warachtich Verhael vande Voornaemste Mis-handelinghen, Onbillijcke Procedueren ende Nulliteyten des Nationalen Synodi, Ghehouden binnen Dordrecht, inde Jaren 1618 ende 1619*, 2 vols. (Enkhuysen: s.n., 1622)
EA	*Amtliche Sammlung der ältern eidgenössischen Abschiede* (Luzern et al.: Meyer et al., 1839–1886)
Epistola Ecclesiastarum	[Caspar Barlaeus], *Epistola Ecclesiastarum, quos in Belgio Remonstrantes Vocant, ad Exterarum Ecclesiarum Refor-*

	matos Doctores, Pastores, Theologos, qua Sententiam suam de Praedestinatione et Annexis ei Capitibus Exponunt, et Enati aliquot ab hinc Annis ob haec ipsa in Ecclesiis Belgicis, ac Indies Magis Magisque Gliscentis Dissidii Fontes Causasque Aperiunt, Opposita Epistolae Delegatorum Classis Walachrianae ad eosdem Doctores Singulatim Directae (Leiden: Johannes Patius, 1617)
FC	*Fontes Christiani* (Freiburg i. Br.: Herder / Turnhout: Brepols, 1990–)
Graf	Matthias Graf, *Beyträge zur Kenntniß der Geschichte der Synode von Dordrecht. Aus Doktor Wolgang[!] Meyer's und Antistes Johann Jakob Breitinger's Papieren gezogen* (Basel: Neukirch, 1825)
Groot Placcaetboek	Cornelis Cau et al., eds., *Groot Placcaetboek van de Staten-Generaal en van de Staten van Holland en Zeeland 1576 tot 1795*, 10 vols. (The Hague et al.: weduwe ende erfgenamen van wylen Hillebrandt Jacobsz van Wouw et al., 1638–1801)
Hales	John Hales, *Golden Remains*, 2nd ed. (London: Thomas Newcomb for Robert Pawlet, 1673)
Hartsoeker	C. Hartsoeker, P. van Limborch, eds., *Praestantium ac Eruditorum Virorum Epistolae Ecclesiasticae et Theologicae*, 2nd ed. (Amsterdam: Henricus Wetstein, 1684)
Hartsoeker, 1660	C. Hartsoeker, P. van Limborch, eds., *Praestantium ac Eruditorum Virorum Epistolae Ecclesiasticae et Theologicae* (Amsterdam: Henricus Dendrinus, 1660)
Heppe	Heinrich Heppe, ed., "Historia Synodi Nationalis Dordracenae, sive Literae delegatorum Hassiacorum de iis quae in Synodo Dordracena acta sunt ad Landgravium Mauritium missae," *Zeitschrift für die historische Theologie* 23 (1853), 226–327
Heyngius	Theodorus Heyngius, *Acta Synodi Nationalis Breviter Conscripta*, Utrecht BRU, Ms 457
Hommius, *Specimen*	Festus Hommius, *Specimen Controversiarum Belgicarum, seu Confessio Ecclesiarum Reformatarum in Belgio, cuius Singulis Articulis Subiuncti Sunt Articuli Discrepantes* (Leiden: Elzevier, 1618)
HV	[Bernardus Dwinglo], *Historisch Verhael van't ghene sich toeghedraeghen heeft binnen Dordrecht, in de Jaeren 1618 ende 1619* ([Amsterdam], 1623)
Knuttel	W. P. C. Knuttel, *Catalogus van de Pamfletten-verzameling berustende in de Koninklijke Bibliotheek* (Utrecht: HES Publishers, 1978)
Martin, *"Craindre Dieu"*	Claire Martin, *"Craindre Dieu et servir le roi:" Benjamin Aubery du Maurier (1566–1636), ambassadeur protestant du Très Chrétien* (thesis, Ecole Nationale des Chartes, 2003)
Milton	Anthony Milton, ed., *The British Delegation and the Synod of Dort (1618–1619)* (Woodbridge: Boydell Press, 2005)

ABBREVIATIONS

Mornay	Philippe du Plessis Mornay, *Mémoires et correspondance de Duplessis-Mornay, pour servir à l'histoire de la réformation et des guerres civiles et religieuses en France, sous les règnes de Charles IX, de Henri III, de Henri IV et de Louis XIII, depuis l'an 1571 jusqu'en 1623*, 12 vols. (Geneva: Slatkine Reprints, 1969)
MT	*Miscellanea Tigurina*, 3 vols. (Zurich: Bodmer/Gessner, 1722–1724)
Muller	F. Muller, *De Nederlandsche geschiedenis in platen*, vol. 1 (Amsterdam: Frederik Muller, 1863–1870)
Pannier	Jacques Pannier, *L'Église réformée de Paris sous Louis XIII (1610–1621)* (Paris: Champion, 1922)
PL	Jacques-Paul Migne, ed., *Patrologia Latina* (Paris: Migne, 1878–1890)
Platt	Eric Platt, *Britain and the Bestandstwisten* (Göttingen: Vandenhoeck & Ruprecht, 2015)
Poppius	Eduardus Poppius, *Historisch Verhaal van't gene tusschen den Synode Nationaal ende de geciteerde Remonstranten in ende buyten de synodale vergaderinghe is ghepasseert*, (Amsterdam: Cornelis de Leeuw, 1649)
RB	Heiner Faulenbach et al., eds., *Reformierte Bekenntnisschriften* (Neukirchen-Vluyn: Neukirchener, 2002–)
RCP	*Registres de la Compagnie des Pasteurs de Genève*, 14 vols. (Geneva: Droz, 1962–2012)
RSG	*Resolutiën der Staten-Generaal: Nieuwe Reeks, 1610–1670* (The Hague: Nijhoff, 1971–)
RSH	*Resolutiën van de Heeren Staten van Hollandt en West-Friesland* (The Hague: s.n., 1574–1798)
Ruytinck et al., *Gheschiedenissen*	Symeon Ruytinck, Caesar Calandrinus, Aemilius van Culenborgh, *Gheschiedenissen ende Handelingen die voornemelick aengaen de Nederduytsche Natie ende Gemeynten, wonende in Engelant ende int bysonder tot Londen*, ed. J. J. van Toorenenbergen (Werken der Marnix-Vereeniging, III.1) (Utrecht: Kemink en Zoon, 1873)
Schriftelicke Conferentie	*Schriftelicke Conferentie, gehouden in s'Gravenhaghe inden Iare 1611, tusschen sommighe kercken-dienaren, aengaende de godlicke praedestinatie metten aencleven van dien. Ter ordonnantie vande Ed. Mog. Heeren, Staten van Hollandt ende West-Vrieslandt ghedruckt* (The Hague: Hillebrandt Jacobsz., 1612; 2nd ed., 1614; 3rd ed., 1617)
STCN	Short-Title Catalogue Netherlands, Koninklijke Bibliotheek, The Hague (www.stcn.nl)
Trigland	Jacobus Trigland, *Kerckelycke Geschiedenissen, begrypende de swaere en bekommerlijcke geschillen, in de Vereenigde Nederlanden voor-gevallen* (Leiden: Adriaen Wijngaerden, 1650)
TRE	Gerhard Müller et al., eds., *Theologische Realenzyklopädie*, 36 vols. (Berlin: De Gruyter, 1976–2004)

Uytenbogaert	Johannes Uytenbogaert, *De Kerckelicke Historie, vervatende verscheyden gedenckwaerdige saeken, inde christenheyt voorgevallen. Van het iaer vierhondert af, tot in het iaer sesthienhondert en negenthien. Voornamentlick in dese Geunieerde Provintien* (s.l.: s.n., 1646)
Van der Kemp	C.M. van der Kemp, *Maurits van Nassau, prins van Oranje, in zyn leven, waardigheden en verdiensten voorgesteld*, 4 vols. (Rotterdam: Van der Meer & Verbruggen, 1843)
Van Toorenenbergen	J. J. van Toorenenbergen, ed., *Acten van de Colloquia der Nederlandsche Gemeenten in Engeland, 1575–1624* (Werken der Marnix-Vereeniging, II.1) (Utrecht: Kemink en Zoon, 1872)
Voetius	Gisbertus Voetius, *Politica Ecclesiastica*, 3 vols. (Amsterdam: van Waesberge, 1663–1676)

Title page of: *Afbeeldinghe des Synodi Nationael. Met de sidt plaetsen der E.E. Hooch M.H.H. Staten Generael, als in Heemsche ende uyt Heemsche Professoren ende Predicanten, gehouden binnen Dordrecht An. 1618.* Allard Pierson [University of Amsterdam Collections], Pfl. Bp 18a

The print on the title page, provided by Leiden cartographer Nicolaes van Geelkercken (c. 1585–1656), shows the synod after the cited Remonstrants arrived (seated at the table in the foreground). The French delegates are also pictured (no. C), although eventually they would not appear. For details, see below, no. II/1.248, no. 11.

Part Two

Preliminaries to the Synod

SECTION 1: STATES GENERAL RESOLUTIONS

II/1.1 *States General Resolutions Relating to the Convening of the Synod*

Date: 22 April 1617 – 18 January 1619

1617   *Main source:* A: The Hague NA, Archives States General, 1.01.02, nr. 42, Minuut Resoluties 1617

   Collated source: B: The Hague NA, Archives States General, 1.01.02, nr. 3176, Net Resoluties 1617

1618   *Main source:* A: The Hague NA, Archives States General, 1.01.02, nr. 43, Minuut Resoluties 1618

   Collated source: B: The Hague NA, Archives States General, 1.01.02, nr. 3177, Net Resoluties 1618

1619   *Main source:* only B: The Hague NA, Archives States General, nr. 3178, Net Resoluties 1619

Summary: The selected States General resolutions presented in this volume focus on matters that relate to the convening of the Synod of Dordt. These include resolutions from the initial discussions in early 1617 about holding a national synod, until January 1619 when the cited Remonstrants were expelled from the synod. – The States General resolutions are preserved in the archives of the States General, which are housed in the Nationaal Archief in The Hague. These archives are arranged according to the resolutions, along with their annexes or related documents. – The resolutions or decisions of the States General were usually recorded during the session by the griffier (principal clerk) Cornelis van Aerssens in the "Minuut Resoluties," the registers or volumes containing the official text of the States General resolutions. Occasionally, resolutions were written by another clerk. Aerssens' hand is extremely difficult to read; however, Johanna Roelevink and a few others have been able to read his hand as found in the "Minuut Resoluties." As preserved in the States General archives, vol. 42 contains the 1617 "Minuut Resoluties," and vol. 43 the 1618 "Minuut Resoluties." Unfortunately, the 1619 "Minuut Resoluties" are missing. A fair copy of the States General resolutions was also made by a clerk, the so-called "Net Resoluties." These are also in the States General archives, and they are very legible. Vol. 3176 contains the 1617 "Net Resoluties," vol. 3177 the 1618 "Net Resoluties," and vol. 3178 the 1619 "Net Resoluties." – In the present edition, the "Minuut Resoluties" (Source A) are the base text for the resolutions. If there are textual variants in the "Net Resoluties" (Source B), these are noted in the apparatus. Documents related to the States General resolutions, such as correspondence to and from the States General, declarations by provincial delegations, and propositions by foreign ambassadors, have also, for the most part, been preserved. Copies of some of these documents were inserted into the "Minuut Resoluties," and more of them were inserted into the "Net Resoluties." Other such documents are preserved in separate volumes in the States General archives. In the archives, the original related documents themselves are arranged according to country (both senders and recipients) in chronological order, in a series of "liassen." In the "loketkas" and the "secrete kas," papers are ordered by file according to subject. Sadly, the main files on the Synod of Dordt are, for the most part, missing, especially the secret ones, together with the "Minuut Resoluties" of 1619. It is clear that the main original papers relating to the synod were filed in the "secrete kas," together with the approved text of (about nineteen) letters from States General to the state delegates at the synod, (at least nineteen) reports of these state delegates, and copies of the credentials (see II/1.1–188). The synod archives (Oud Synodaal Archief) in Het Utrechts Archief in the city of Utrecht also do not contain this important correspondence with the state delegates. – For the present edition, a decision was made to include with the resolutions only the related documents that were originally inserted into either the "Minuut" or "Net Resoluties." These are printed in indented form with separate numbers. The other relevant documents, related to the resolutions but not inserted, are printed in this volume in the sections containing correspondence with the various foreign lands that were invited to send theologians to the synod. Cross-references are provided to such documents when appropriate. The related documents are identified under "Related sources and texts." In this edition, titles, summaries and numbers have been added to each of the States General resolutions. An overall summary of the resolutions relating to the convening of the synod is provided in the introduction to this volume. Helpful summaries in Dutch have been made of the States General resolutions from the period, in a series of volumes titled "Resolutiën der Staten-Generaal, Nieuwe Reeks 1610–1670 (= RSG)." The volume for 1617–1618 was prepared by Johannes Gradus Smit; the volume for 1619–1620 by Johannes Gradus Smit and Johanna Roelevink. For the sake of convenience, the RSG number of each resolution is provided in the margin of the present edition.

Editor: Johanna Roelevink

STATES GENERAL RESOLUTIONS 1617

II/1.1–1 22 April 1617
James I Asks the States General to Maintain True Religion

British ambassador Dudley Carleton appears in the States General and submits a letter from King James, dated Hinchingbrooke 20(/30) March 1617. He stresses that its strong exhortations reflect the affection of King James for the Republic, for the Word of God and for true religion. The ambassador feels that he himself could not be more persuasive. The States General thank His Majesty for his concern. They have always taken much care to maintain the true Christian religion and will continue to do so. The provinces are allowed a copy, to use it discreetly.

President: Adriaan van Matenesse (Holland).

Sources: A: 88r–v; B: 130v–131r. – Related sources and texts: The insertion of the letter, at first required by the griffier in the Minuut Resolutie, then skipped, was not executed.[1] Letter edited in no. II/1.7, and in Milton, 6–8. In his letter, King James writes about his apprehension concerning the religious schisms which are dangerous to a state in its infancy. In the name of God, he asks for the extinguishing of these errors and biases which the devil has introduced through the enemies of the States General. Otherwise the ruin of the state is imminent. The true and ancient doctrine, universally approved by all Reformed churches, should be maintained. It is also the unique and solid cornerstone of the long friendship between the two countries. If the evil cannot easily be eradicated, it should be contained until by common consent a national synod may be convened to make decisions. The King considers this to be the best way to proceed, a synod being the usual, most legitimate and most effective means to which Christianity has always taken recourse in similar conditions.

88r A | Is ter vergaderinge gecompareert die heere Carleton, ambassadeur van Zyne Conincklycke Majesteyt van Groot Britanniën. Heeft gepresenteert eenen brieff van Zyne Majesteyt gescreven uuyt zyn hoff tot Hinckingbrooke[2] den xx^{en} der voerleder maent Meerte, hierna volgende geïnsereert, recommanderende met cortte redenen het inhouden ende het effect van den selven brieff, 88v A die wyle | de vermaningen die by Zyne Majesteyt daerby gedaen werden, procederen uuyt Zynes Majesteyts oprechte affectie totten welstant ende verzeeckeringe van den staet deser landen ende voerderinge van Godes Woordt ende de ware Christelycke religie. Ende dat deselve oyck soe crachtich ingestelt zyn dat daerby nyet en weet te voegen noch te harangueren omme Hare Hoog Mogenden daertoe te persuaderen.

Hierop is corttelyck by beleeffde complimenten van bedanckinge voer Zynes Majesteyts goede sorchfuldicheyt totte conservatie van de religie ende welstant van dese landen geantwoirdt ende verclaert dat Hare Hoog Mogenden altyts sunderlinge sorge gedragen hebben voer de hanthoudinge van de ware Christelycke religie, daerinne dat zy oyck sullen continueren. Ende is voirts geaccordeert dat men voer elcke provincie sal maecken eenen copie van den voirseiden brieff om die te gebruycken met discretie.

(21–22) Heeft … Majesteyt] *A: marg. add.* – (23) hierna … geïnsereert] *B: omitted* – (27) van] *A: prec. by del.* van de – (28) dat] *A: interl. add.* – (34) hanthoudinge] *A: prec. by del.* conservatie

[1] Contrary to a statement by Milton, 6.
[2] Hinchingbrooke House in Huntingdon, owned by Sir Oliver Cromwell.

RSG 757 **II/1.1–2   31 May 1617**
Gelderland Proposes a National Synod

In view of the differences concerning the accepted teaching of the church that start to flare up, extraordinary deputies from Gelderland, Gregorii and van Essen, propose a national synod as the most viable means to prevent further misunderstandings and to restore peace and order. No decision is taken.
President: Joost van Ghiessen (Gelderland).
Sources: A: 117v; B: 163v–164v.

| [Following a different subject. The extraordinary deputies of Gelderland Gregorii and van Essen] doende voirts openinge van 't misnougen dat die heeren Staten van Gelderlant op hare laeste geholdene dachvaert voerquame van wegen die geschillen soo op eenige plaitzen in Gelderlant begonsten uuyt te bersten in die aengenomen leere. Ende dat tot voercomminge van voorder misverstanden onder de gemeente ende tot ruste van politie haer Edele geen zeeckerder noch beter expediënt hadden weeten te beramen, dan dat geaerbeydt werde tot een nacionael synode, tot voirderinge van welckes het Hoff ende die gecommitteerde van Gelderlant alhier in de Generaliteyt expresselyck gelastet waren. Ende sullen hare mogende edele met correspondentie van d' andere provinciën van d' intentie hare heeren principalen by voorvallende gelegentheyt mede over dit point informeren konnen.
[A different subject follows.]
Dan op het voirder gemoveerde van de voirseide heeren raden raeckende de kerckelycke questie en is nyet geresolveert.

RSG 856A **II/1.1–3   15 June 1617**
Zeeland Favors a National Synod

The presiding province of Zeeland urges a solution for the religious differences in Holland in the form of a national synod. It has sent some extraordinary deputies. Holland and Overijssel have no orders; Utrecht does not think this synod is necessary.
President: Jacob Magnus (Zeeland).
Sources: A: 135r; B: 185r–v.

| Die van Zeelant, presiderende, hebben geproponeert dat die heeren Staten van Zeelant, met groote droeffenisse van overlange verstaen hebbende de opgeresen swaericheden ende misverstanden hier binnen de provincie van Hollandt in verscheyden poincten van de religie ende 'tgene van de selve dependeert, sonder dat by de heeren Staten van de selve provincie in soo

(10–20) doende ... konnen] A: *marg. add.* – (10) dat] A: *foll. by del.* seer[?] – (36) dat] B: *om.*

menichfuldige daertoe geleghde vergaderingen eenich bequaem middel tot wechneminge van dese opgeresen zwaricheyden (soo zy verstonden) heeft kunnen tot noch toe gevonden werden, hadden uuyt eenen goeden Christelycken yver tot maintenement van de ware Gereformeerde religie goetgevonden eenige extraordinaris gedeputeerde te seynden, om voir ierst by de vergaderinge van de Edel Mogende heeren Staten van Hollandt daertoe te aerbeyden, dat deselve gelieffde willen, haer te laten disponeren tot het houden van een nationael synodum, nyet anders kunnende oordeelen, oft gelyck het selve van den Heyligen Geest is voorgegeven, by de oude kercken menichmael nyet sonder vrucht gebruyckt, sulcx soude jegenwoordelyck oyck dienen om dese swaricheyden te neder te leggen. Hebben oyck verstaen dat by de | gedeputeerde van eenigen anderen provinciën sulcx mede is gedaen,[3] doch dat alnoch daerop, soo zy weeten, nyet en is yets vruchtbaerlycx geresolveert. Ende gelyck zy gelast zyn tot het bevorderen van het houden van de voirseide synode, selffs mede ten eynde gelycke swaricheyden in heure provincie mochten werden voergecommen, ende dat zy bericht zyn dat d'heeren extraordinaris gedeputeerden van 't furstendom Gelre daertoe specialyck gedeputeert, gelycke propositie in dese vergaderinge hebben gedaen, daerop alsdoen nyet en is finalyck geresolveert worden, mitsdien eenige provinciën verclaerden daerop nyet gelast te zyn, ende verhoopende dat deselve souden ondertusschen mogelyck eenigen nairderen last mogen becommen hebben, zynde de zaecke van soodanige importantie dat zy daerom noodich gevonden hebben de vergaderinge 't gunt voirszeid wederom voer te dragen, ende daerop te verstaen de respective opiniën van de provinciën, hoopende dat deselve alsnu daertoe sullen wesen geauthorizeert.

Hierop is wel na verscheyden discourssen ende communicatiën omvrage gedaen, ende van wegen de provinciën van Gelderlant, Zeelant, Vrieslant ende Stadt Groeningen ende Ommelanden verclaert dat zy gelycke propositie ende versoeck van wegen ende by last van heure respective principalen tot het beroepen van een nacionael synode aen de heeren Staten van Hollant hadden gedaen, maer daerop noch egheen antwoirdt ontfangen, achtende dat daermede de differenten in de leere ende geresen misverstanden gericht ende wechgenomen souden kunnen werden. By die van Hollandt dat zy hiertoe nyet en waren gelast, versoeckende van de anderen provinciën te verstaen wat

---

(1) geleghde] *A: prec. by del.* gelegene ve – (1) vergaderingen] *B:* vergaderinghe – (29) het] *A: foll. by del.* houden – (30) hadden] *A: foll. by del.* hebben – (31) ontfangen] *A: foll. by del.* dan die alnoch verwachten – (31–32) daermede] *A: interl. add. repl. del.* met 't selve synode – (32) in… leere] *A: interl. add.* – (33) werden] *A: foll. by del.* ende dat – (33) By] *A: marg. add.* – (33) Hollandt] *A: foll. by del.* verclaerden – (34) provinciën] *A: foll. by del.* ondertusschen – (34) verstaen] *A: foll. by del.* in conformité van de Unie

[3] Gelderland, Friesland and Groningen also sent deputies to the States of Holland in a clearly orchestrated move.

raedt zy hun weeten te geven, omme geduerende de deliberatie opten voirseide synode ende 'tgene daertoe behoirt ende daervan dependeert, in conformité van de Unie te moegen mainteneren 'tgene datter noch gesont ende geheel is sonder scheuringe, onder d'authoriteyt ende gehoorsaemheyt van de hooge overicheyt van de provincie van Hollandt ende de wettige magistraten van de steden. By die van Utrecht dat zy den voirseide synode onnoodich hielden, hebbende particulieren synodum in hare provincie gehouden ende aldaer eene goede resolutie genomen, verstaende dat men die van Hollandt de hant soude behoiren te bieden, omme haere hooge overicheyt ende de magistraten | van de steden te styven tot weringe van alle voirdere scheuringe ende misverstanden onder hare leden. Verclarende die van Overyssel dat hy van het gepasseerde zyne principalen heeft geadverteert, die den x^{en} deses sullen vergaderen, daerop hy antwoirdt begeert te verwachten, sulcx dat hy hierop egheen advis en konde verclaren, maer en is op't voirszeide geproponeerde nyet geresolveert.

II/1.1–4   16 June 1617
Discussion on a National Synod

The deputies of Gelderland repeat that their principals want to maintain the teaching of the church and to prevent a schism. The deputies of Holland ask for patience because the matter is in deliberation in their province. The deputies of Zeeland, Friesland and Groningen are all charged to promote a national synod. A decision should be taken within two months. Those of Utrecht and Overijssel want postponement.
President: Adriaan van Matenesse (Holland).
Sources: A: 136r; B: 185v. – Related sources and texts: Paraphrase in Trigland, 936.

| Is geresumeert het geproponeerde ende geöpinieerde van ghisteren tot het houden van een nacionael synode. Ende daerop gedelibereert zynde, hebben die van Gelderlant verclaert van heure principalen gelast te zyn te helpen bevorderen een synodum nacionael, tot staenhoudinge van de eenmael aengenomen leere ende weringe van scheuringe, versoeckende oversulcx de provinciën die nyet gelast en zyn, daertoe last van heure principalen te willen voirderen.

(1) de] *A: foll. by del.* voirseide – (2–3) in...mainteneren] *A: marg. add.* – (4) is] *A: foll. by del.* ende alsoo te moegen mainteneren – (6) By] *A: interl. add. repl.* ende – (8) van] *A: interl. add.* – (11) leden] *A: foll. by del.* ende dat – (14) maer] *A: interl. add.* – (30) synodum] *A: foll by del.* Generael

Die van Hollant verclaren dat heure principalen mette zaecke besich zyn, ende daerom verzoecken ende begeren dat men deselve zaecke nyet en will precipiteren.

Die ordinaris ende extraordinaris gedeputeerde van Zeelant, Vrieslant, ende Stadt Groeningen ende Ommelanden vanwegen hunne principalen, verclaren gelast te zyn tot het houden van een nacionael synodum, tot hanthoudinge van de ware Christelycke aengenomen religie ende weringe van scheuringe ende andere zwaricheyden, ende dat de provinciën binnen den tyt van twee maenden daerop sullen by den anderen commen, omme tsamentlyck te beramen den tyt van 't convoceren van een synoden, de plaitsse waer ende voorts de forme ende de maniere ende tgene voirder van de geheele materie dependeert, werdende de anderen provinciën versocht binnen den selven tyt last van hunne principalen daertoe mede te becommen.

Die van Utrecht verclaren dat zy nyet goet en vinden datter yet werde desen aengaende geteeckent, maer te verstaen dat men die van Hollandt nyet en behoort te precipiteren.

Die van Overyssel conformeert hem mette provinciën die dese zaecke in bedencken houden.

II/1.1–5 27 June 1617
Discussion on a National Synod

RSG 916

Gelderland mentions 15 August as the deadline for a decision. The other provinces maintain their position while Utrecht adds that a schism should be prevented by public authority. Overijssel hands in an extract resolution stating that this province on 11 June 1617 has refused a proposal made by deputies from Gelderland and seconded by Prince Maurice to convene a national synod.
President: Taco van Burmania (Friesland).
Sources: A: 144v–145r; B: 193r–v. – Related sources and texts: The extract resolution of the States of Overijssel is inserted in both the Minuut Resoluties and the Net Resoluties. The original is not preserved. Partly printed: Trigland, 937, "17 June."

144v A | Is wederom omvrage gedaen opte convocatie van eene synodale vergaderinge. Daerop die van Gelderlant verclaert hebben als volght: belangende het houden van een synode nationael verblyven die van Gelderlant by hare in-

145r A gebrochte verclaringe ende versouck van de xvi^{en} deses, | daerby noch wyders versouckende dat de provinciën tegens den xvi^{en} Augusti naestcommende daerop willen by den anderen commen omme tsamentlyck te beramen den tyt van 't convoceren van den synode, de plaitsse waer, ende voorts de forme ende de maniere ende 't gene voirder van de geheele materie dependeert.

(2) daerom] A: foll. by del. te – (33) verblyven] A: interl. add. repl. del. verclaren

Die van Hollandt verclaren dat zy noch opte zaecke besoingneren ende mitsdien versoucken dat men haer ondertusschen nyet en will precipiteren.

Die van Zeelant persisteert by de verclaringe van wegen deselve provincie gedaen by de ordinaris ende extraordinaris hare gedeputeerde, benevens die gedeputeerde van Vrieslant, stadt Groeningen ende Ommelanden den xvi[en] deses, te weeten dat zy gelast zyn tot het houden van een nacionael synode, versoeckende alnoch dat de provinciën die noch nyet gelast en zyn, binnen den gelimiteerden tyt last daertoe mede willen becommen.

Die van Utrecht sustineren, nademael die van Hollandt verclaren dat zy besich zyn in 't besoigneren op dese zaecke ende dat zyne principalen meenen dat met het beroupen van een synode nacionael de zaecken nyet en zyn te richten, dat men daerom die van Hollandt nyet en behoort te precipiteren ende oversulcx oyck nyet gelast te zyn een synode nacionael toe te staen, maer verstaen dat men de publicque authoriteyt behoort te mainteneren ende scheuringe te weren.

Die van Vrieslant persisteren by hare voergaende verclaringe gedaen den xvi[en] deses benevens die ordinaris ende extraordinaris gedeputeerde van de provinciën van Zeelant, stadt Groeningen ende Ommelanden.

Die van Overyssel heeft by gescrifte overgelevert extract uyte resolutiën van ridderschap ende steden der lantschap van Overyssel deses inhoudens:

II/1.1–5a Sinnen ingecommen die heeren Martinus Gregorii, Frederick van den Sande, beyde der rechten doctoren, ende Diederich van Bemmel, gedeputeerde van Cantzeler ende Raden des furstendombs Gelre ende graeffschaps Zutphen, ende hebben neffens overleveringe van haren credents in naem ende van wegen haer edeler principalen geproponeert ende versocht dat ridderschap ende steden mede sullen willen verstaen ende consenteren tot het houden van een generael ende nacionael synode, om doer zoodanen middel de tegenwoordige kerckelycke | verschillen ende misverstanden t'assopiëren ende wech te nemen, tot voercomminge van alle wydere onheylen die apparentelycken daeruuyt sullen kunnen entstaen. Ende is oyck gelesen zeeckere missive van Zyn Excellentie in date den iersten Junii 1617, tenderende ten selffden fine. Waerop by ridderschap ende steden geresolveert ende die voirszeide gedeputeerden voer antwoirdt gegeven is dat ridderschap ende steden tot het houden van sodanen nationael synode niet en kunnen consenteren. Actum op die bycompste tot Railte den xi[en] Junii 1617.

145v A

Die heere Clant van wegen de provincie van Stadt ende Ommelanden persisteert by hare voergaende verclaringe den xvi[en] deses gedaen benevens die

(5–6) den...deses] *A: marg. add.* – (8) mede] *A: foll. by del.* te – (17) benevens] *A: prec. by del.* bede[?] – (21) ingecommen] *B:* gecommen

ordinaris ende extraordinaris gedeputeerde van de provinciën van Zeelant ende Vrieslant, ende dat dien volgende binnen den gelimiteerden tyt de provinciën by den andere sullen commen ten fyne alsdoen verclaert ende doen aenteyckenen.

II/1.1–6   21 September 1617
Zeeland Urges Measures

RSG 1403

The deputies from Zeeland remind the States General that measures are necessary to prevent the proliferation of the religious differences to other provinces, and that these differences take deep roots in political life. The matter is referred to the next day.
President: Jacob van Malderee (Zeeland).
Sources: A: 221v–222r; B: 258v–259r. – Related sources and texts: Partly printed in Trigland, 971.

221v A | Die gedeputeerde van Zeelant hebben geproponeert dat zy de vergaderinge kennelyck hielden hoe dat in junio lestleden gedelibereert zynde met wat gevoechlyck middel men soude moegen weren ende wechnemen de groote zwaricheyden ende voorcommen de voirdere onheylen die daer algereets waren ende noch meer te vreesen stonden door de geresen misverstanden in de kerckelycke ende religioens zaecken, sunderlinge in de provincie van Hollandt, ende om te beletten dat gelycke zwaricheyden nyet mede in hunne provinciën mochten ontstaen, ende dat daerom gedaen is zeeckeren voerslach van het houden van een nacionael synode, dan dat eenige provinciën verclaren daertoe nyet gelast te zyn, d' extraordinaris gedeputeerde van de provinciën elck naer hunne principalen zyn vertrocken om respectivelyck aen de zelve rapport te doen, met intentie van op dese zaecke naer twee maenden wederom hier te compareren, op 't vertrouwen dat de gedeputeerde van de provinciën doen nyet gelast zynde, middelertyt nairderen last van hunne principalen souden becommen ofte wel ondertusschen eenich bequaem middel vinden in den hunnen daerby de voirszeide zwaricheyden souden moegen commen te cesseren. Dan met droeffheyt t' zeedert verstaen zynde dat nyet alleene de zaecken nyet en zyn gebetert, maer dagelycx erger tot erger loopen ende haer oyck zeer diepe uuytspreyden in het polityck, zulcx dat hunne principalen hoochnoodich achten dat daerinne sonder uuytstel by de bequaempste ende gevoeghlycxste middel werde voorsien, hadden ten selven eynde hunne ordinaris gedeputeerde nevens d'extraordinarisse daertoe affgesonden ende gelast omme mette gedeputeerde van de tzamentlycke provinciën naer d' importantie van de zaecke daerop te hulpen delibereren ende

(21) dat] *A: interl. add.* – (35) ordinaris] *A: wrongly* extraordinaris

eenich besunderen middel voerslaen daerby de ruste in de kercke ende provinciën mochte wederom becommen werden, sullende daerop zeer geerne verstaen d' advisen van de anderen provinciën.

| Op 't voirseide geproponeerde hebben wel die gedeputeerde van de provinciën respective hare advisen verclaert, maer en is daerop nyet eyntelyck geresolveert, dan uuytgestelt tot morgen om de voirseide advisen alhier te resumeren ende voirts te doen gelyck bevonden sal werden te behoiren.

II/1.1–7   22 September 1617
Holland Asks for Postponement

Holland asks for postponement till the next day. The province is urged to help matters move forward, also because extraordinary deputies have had to stay in The Hague for a long time.
President: Jacob van Malderee (Zeeland).
Sources: A: 222v; B: 259v. – Related sources and texts: Partly printed in Trigland, 971.

| Is geproponeert, nademael dat ghisteren gedelibereert zynde opte middelen hoe dat men ten besten soude moegen accorderen ende accommoderen de kerckelycke questiën ende differenten, die anderen inconveniënten tot haer trecken in de politie, de provinciën haer daerop verscheydentlyck hebben verclaert, sulcx dat goetgevonden wert dat men dese zaecke alsnu soude hervatten, dat de gedeputeerde van de provinciën haer hierop nairder souden gelieven te verclaren. Maer alsoe die van Hollandt versochten dat men dese zaecke soude willen uuytstellen tot morgen om redenen by haer edele geallegeert, is daerinne geaccordeert. Dan zyn haer edele vermaent ende versocht, die wyle dese zaecke is van zeer grooten importantie, ende haer selver vermaent dat zy deselve willen hulpen voirderen, sulcx dat daerop mach werden geresolveert ten regarde mede dat d' extraordinaris gedeputeerde van de provinciën hierom lange in Den Hage gelegen hebben, tot groote costen van de selve provinciën.

II/1.1–8   23 September 1618
Provinces Discuss Solutions

The president takes the advice of the provinces in several turns. Most promise to hand in their point of view in writing; Holland will pronounce its opinion next Tuesday (26 September). Nothing is decided, either about the proposal or about a

(4) wel] A: interl. add. – (27) ten...mede] A: interl. add. repl. del. die wyle – (27) dat] A: foll. by del. oyck

commission that would resume the consultations of 1607 concerning a national synod.
President: Jacob van Malderee (Zeeland).
Sources: A: 223v; B: 260r.

223v A | Alsoo ghisteren op 't versoeck van de heeren gecommitteerde van de provincie van Hollandt tot op heden uuytgestelt is geweest te delibereren ende adviseren op het geproponeerde den xxi^{en} deses beroerende het accommodement van de kerckelycke questiën, ende dat dese vergaderinge daerop jegenwoirdich is dienende, heeft die heere president die gecommitteerde van de provinciën versocht haer op 't voirseide geproponeerde alsnu te willen verclaren. Het welcke dien volgende geschiet is : nadat daerop verscheyden ommevragen waren gedaen, hebbende eenige van de provinciën aengenomen hare advisen by geschrifte te sullen stellen ende overgeven, om die te bouck te stellen, ten eynde by den heere president geconcludeert ende resolutie geformeert soude werden. Andere hebben dat gedifficulteert, verclarende die van Hollandt dat zy opte voorseide advisen alnoch ijet hadden te verthoonen het welcke zy aengenomen hebben te doen toecommende Dincxdach,[4] verzouckende dat de vergaderinge soo lange soude werden uuytgestelt, sulx dat opte voerseide propositie noch oyck opte voergeslagen deputatie van eenige uuyt dese vergaderinge, om by resumptie van de voergaende besoingne (namentlyck in 't jaer xvi seven opte convocatie van een generael synode) eenige pointen daertoe dienende te concipiëren, tyt ende plaitsse te beramen nyet en is geconcludeert, anders als wel met pluraliteyt van stemmen, dat de provinciën hare verclaerde advisen by gescrifte souden overgeven.

II/1.1–9 26 September 1617   RSG 1427
Postponement

Deliberations on the accommodation of the ecclesiastical differences and on a request of Holland to maintain its authority against populist agitation are, as Holland asked, referred to the next day because it is late.
President: Johan de Goyer (Utrecht).
Sources: A: 224v; B: 261r.

224v A | Is wederom geproponeert oft de gedeputeerde van de provinciën begeren te adviseren op het geproponeerde raeckende d'accommodatie van de kerckelycke questiën, mitsgaders op het versouck gedaen van wegen de provincie

(11) Het...is] A: marg. add. repl. del. gelyck dat geschiet is – (13) te] A: interl. add. – (19) oyck] A: interl. add. – (19) eenige] A: foll. by del. gecom – (23) wel] A: interl. add. – (34) gedaen] A: interl. add.

4 26 September 1617.

van Hollandt ten eynde de publicque authoriteyt van den selve provincie soude werden gemainteneert tegen de populaire commotiën.

Maer alsoo 't late is, is dese zaecke uuytgestelt tot morgen ten versoecke van die van Hollant.

RSG 1437

II/1.1–10   27 September 1617
Public Authority in Holland

The provinces are invited to declare themselves on the maintenance of public authority in Holland, on the basis of the Union of Utrecht and on means agreeable to all provinces to prevent a schism.
President: Johan de Goyer (Utrecht).
Sources: A: 226r; B: 262r. – Related sources and texts: Resolution partly printed in Trigland, 971.

| Is geproponeert ende versocht (alsoo de provinciën op het geproponeerde raeckende de accommodatie van de kerckelycke questiën ende differenten noch waren gebleven in iisdem terminis), dat deselve haer rondelyck souden gelieven te verclaren opte hanthoudinge van de authoriteyt publyck, soo in 't kerckelyck als in 't politicq, die in Hollandt soo merckelyck is geledeert ende by de heeren van Hollandt tot reparatie van dien hanthoudinge versocht werdt volgens de Nairder Unie, item dat de provinciën soude gelieven voer te slaen sulcke gevoeghlycke middelen dienende tot ruste ende eenicheyt ende affkeeringe van voorder swaricheyden ende inconveniënten, ende besunder tot stuytinge van scheuringe, die by gemeen advis ende toestemminge van de provinciën soude moegen off kunnen aengenomen werden.

226r A

Hierop omvrage gedaen zynde, zyn d'advisen van de provinciën soo verscheyden gevallen datter geene resolutie oft besluyt en is kunnen finalyck genomen werden. Maer is dese zaecke uuytgestelt tot morgen.

RSG 1440

II/1.1–11   28 September 1617
Postponement

According to the wish of Gelderland, the matter is postponed till the next day.
President: Johan de Goyer (Utrecht).
Sources: A: 226r; B: 262r.

| Is wederom geproponeert, aengesien dat men ghisteren mits de verscheydentheyt van de advisen van de provinciën opte geproponeerde hanthoudinge van de publicque authoriteyt van de provincie van Hollandt, mitsgaders

226r A

(13) ende versocht] A: interl. add. – (24) omvrage...zynde] A: marg. add. – (33) advisen...de] A: interl. add.

II/1.1 STATES GENERAL RESOLUTIONS RELATING TO THE CONVENING OF THE SYNOD 15

van de magistraten van de steden in de selve tegen de populaire commotiën, ende de accommodatie van de kerckelycke questiën ende differenten, wat voirder desen aengaende sal dienen gedaen.

Ende nair gedaen omvrage is dese zaecke wederom uuytgestelt tot morgen ter begeerte van die van Gelderlant.

II/1.1–12   29 September 1617   RSG 1445
Different Opinions of the Provinces

The provinces hand in their advice in writing. Gelderland insists on a national synod and asks for the nomination of a committee. Holland does not wish a national synod to decide any remaining points before their provincial synod has found a way towards tolerance. Meanwhile, Holland expects the other provinces to bolster up the authority of the States of Holland against popular tumults. The Union of Utrecht has referred religious matters to the individual provinces. Preparing a national synod against the wishes of Holland is an infringement of the Union and of the liberties of Holland. The cities of Dordrecht, Amsterdam, Enkhuizen, Edam and Purmerend declare in favor of a national synod, but in a counter-declaration the States of Holland insist that among them the majority decides and that the opinion of a small minority cannot be taken into account by the States General. Zeeland insists on the resumption of the consultations of 1607 towards a general synod. Utrecht considers that prejudices have run too high and that overruling provinces in religious matters would be against the Union of Utrecht. Friesland knows no other expedient but a national synod. Overijssel is not charged to consent to a national synod and overruling would be against the Union. Groningen expects confusion in the Reformed religion and the total ruin of the country if no national synod is prepared and held.
President: Johan de Goyer (Utrecht).
Sources: A: 227r; B: 262v–264v. – Related sources and texts: All declarations are inserted into the Net Resoluties only. Paraphrase: Uytenbogaert, 825–828, Trigland, 972–975.

227r A | Is geproponeert, die wyle die van Gelderlant ghisteren na gedaen omvrage opte versochte ronde verclaringe by die van Hollandt opte manutentie van de publicque authoriteit van de selve provincie ende van de edelen ende magistraten van de steden van daer tegen de populaire commotiën, mitsgaders op te propositie gedaen tot accommodatie van de kerckelycke differenten ende questiën daerop dese dagen is gebesoigneert ende geadviseert sonder finael besluyt ende resolutie (haer advis ierst verclaert ende d'advisen van de anderen provinciën gehoort) versocht hebben dat men de principale zaecke

(3) gedaen] A: interl. add. – (4) wederom] A: interl. add. – (36) ierst] A: interl. add. – (37) gehoort] A: prec. by del. illegible word

soude uuytstellen tot heden (hetwelcke hair ten gevalle geschiet is) off hair edele ende d'anderen provinciën yets meer hebben aen te dienen ofte voir te slaen dat tot het voirseide versochte maintenement ende accommodatie der voirseide kerckelycke differenten soude mogen dienen als voor desen is geschiet.

Hierop hebben de tsamentlycke provinciën haere advisen verclaert ende daerna by gescrifte overgegeven in handen van den greffier gelyck die hierna volgen geïnsereert.

II/1.1–12a | Op het iteratiff voorstel in de vergaderinge der heeren Staten Generael gedaen, tenderende tot beslichtinge van die differenten ende verschillen in religionssaken verresen, met ontrustinge van de gemoederen der ingesetenen ende met pericul van de gemeene zaecke, etc., hebben die gecommitteerde van Gelderlandt verclaert ende verclaren mits desen haerer heeren principalen intentie ende meynonge te wesen, dat die convocatie van 't nationael synode metten eersten bevordert wurde onder d' authorité van de heeren Staten Generael, achtende 't selve te zyn het seeckerste, bequaemste ende nootsaeckelycxte middel om eenmael uuyt dese verwerringe te commen, meynende dat het gebesoigneerde in Mayo 1607 door gecommitteerden uuyte respective provinciën eerst by de handt behoort genomen te werden, om daerby aff ofte toe te doen, 't welck sy achten würden nae de gelegentheyt van saken ende tyt oorbaerlyck te wesen, om daernae in die vergaderinge geëxamineert, die bevorderinge van 't aenstellen ende uuytscryven des synodi national gerichtet te worden, versoeckende dat men van nu aff de gecommitteerde naemen ende lasten wilde tot die praeparatoire besoigne, op behagen van haere heeren principalen.

II/1.1–12b Van wegen de provincie van Hollandt ende Westvrieslandt is verclaert dat d' heeren Staten van de selve landen naer lange deliberatiën om verscheyde gewichtige consideratiën niet geraden hadden kunnen vinden in 't houden van een nationael synode te consenteren voor ende aleer dat een provinciale synode van de landen van Hollandt ende Westvrieslandt soude syn gehouden, verhoopende dat in de selve provinciale synode met advys van geleerde persoonen gevonden sal kunnen worden een bequaeme wet van onderlinge tollerantie, nae de constitutie van de kercken derselver landen, die merckelyck is verschillende van de constitutie van andere kercken. Zynde haere Mogende Edele van intentie te arbeyden om

---

(6) advisen] *A: interl. add.* – (6) verclaert] *A: foll. by del.* gelyck deselve [*interl. add.* zy die daerna] aengenomen hebben by gescrifte [*marg. add.* hebben] te sullen overgeven in handen van den griffier ende hierna volghende geïnsereert – (6–8) ende ... geïnsereert] *A: marg. add.* – (14–16) dat ... Generael] *B: underlined* – (29–30) verscheyde ... synode] *B: underlined* – (31–32) provinciale ... Westvrieslandt] *B: underlined*

door het stellen van den stant des geschils ende andere bequaeme middelen de sake tot het houden van de voorseide provinciale synode te prepareeren, welcke voorseide provinciale synode met eenich goet effect (als verhoopt werdt) gehouden synde, indien alsdan bevonden werdt dat op de differentiale pointen eenige decisie soude werden vereyst, verstaen Haere Mogende Edele dat alsdan door een nationael synode de sake behoort gebracht te werden tot het oordeel van de algemeene kercken, ende alsoo middelertyt de regieringe van het landt behoort gehouden te worden buyten confusie, soo werden de andere provinciën versocht ende uuyt crachte van beswooren beloften by de Unie gedaen, ten hoochsten vermaent de heeren Staten van Hollandt ende Westvrieslandt ende particulierlycken den heeren edelen ende magistraten van de steden ende plaetsen derselver landen te mainteneren in haere authoriteyt ende te helpen reprimeren alle populaire tumulten ende datelycheyden, sustinerende dat daerop voor alle andere wercken een ronde verclaringe behoort gedaen te worden. Alsoo voorts de dispositie over het stuck van de religie by de Unie aen de respective provinciën is gereserveert, soo en can van wegen de landen van Hollandt ende Westvrieslandt geenssints toegestaen worden dat in dese religionssaken yet sal worden gebesoigneert jegens wil ende danck van eenige derselver provinciën, connende daerom vooralsnoch nyet toestaen eenige deputatie van wegen de Staten Generael tot preparatie van een nationael synode. Ende ingevalle gemeent soude werden daermede voort te gaen, soo werdt by desen van wegen de voorseide landen geprotesteert van contraventie van de Unie ende usurpatie op de vryheyt ende gerechticheyt derselver landen, oock van nulliteyt ende onwettelycheyt van alle 't gunt in dier vougen sal werden gebesoigneert, willende ontschuldich syn aen alle voordere misverstanden ende inconveniënten die daeruuyt zoude mogen volgen.

263v B | Hiernae volgt de verclaringe hyerop ten voerseiden dage gedaen van wegen de steden Dordrecht, Amsterdam, Enchuysen, Edam ende Purmerende.

II/1.1–12c Naedien in de leste vergaderinge der heeren Staten van Hollandt ende Westvrieslandt tot wechneminge van de jegenwoordige religionsverschillen veele voorslagen syn gedaen ende onder anderen het houden van de synode nationael over lange ende continuelyck by veele leden is geurgeert ende by andere oock dienstich geoordeelt, met sulcken verstande dat tot reparatie van de selve alvooren synodale vergaderingen in de respective provinciën soude mogen gehouden ende alles onder de authoriteyt ende directie van de hoge overicheden beleyt worden, ende dat by de jegenwoordige extraordinaris gedeputeerde van verscheyden provinciën serieuselyck wordt gearbeyt omme op het convoceren ende houden van een synode nacionael tytlyck een goeden voet te beramen ende ordre te stellen, soo can daerjegens by de heeren ordinaris gedeputeerde van de provinciën van Hollandt ende Westvrieslandt geen formele oppositie ofte andere verhinderinge geschieden, als met apparent miscontentement van verscheyden leden van den selve lande, waervan eenige haere extraordinaris gedeputeerde oock alhyer in loco hebbende, soodanige oppositie ofte verhinderinge nyet souden connen toestaen ofte anderssints veroorsaeckt wesen haer wyders te openbaren, weshalven de provinciën versocht worden op de importantie van de sake ende consideratiën van verscheyden leden van Hollandt ende Westvrieslandt, hare edele nyet onbekent, in de jegenwoordige deliberatie mede te willen letten, op hoope dat door goede debvoiren ende aenmaeningen de difficulterende alnoch beweegen ende de jegenwoordige droevige misverstanden door het houden van de voorseide sinode tot een algemeene ende goede uutcompste gebracht sullen mogen worden.

Hyerop is daernae ten selven dage van wegen de voorseide provincie van Hollandt ende Westvrieslandt verclaert als volght:

II/1.1–12d Die Gecommitteerde Raden van Hollandt ende Westvrieslandt, mitsgaders de andere gecommitteerde van de selve provincie ter deser vergaderinge, gehoort hebbende seeckere verclaringe gedaen uuyten naem van eenige steden van de selve provincie, hebben daerop gesecht dat de orde van de vergaderinge van Hollandt ende Westvrieslandt medebrengt dat in alle saecken (uuytgenomen die geenen die specialyck syn geëximeert, waeronder nyet en is de dispositie over de religie) moet werden geconcludeert by de meeste stemmen. Dat oock de instructie waeraen die Gecommitteerde Raden by eede syn geobligeert, mede brengt dat onder haer mede by de meeste stemmen moet worden geconcludeert ende dat haer verbooden is in haeren dienst te letten op eenige quartieren ofte steden in 't particulier. Dat oversulcx by verre het meestendeel van de Gecommitteerde Raden ende andere gecommitteerde alhyer verclaringe is gedaen van wegen de voorseide provincie, sonder dat eenich regard in de Generaliteyt genomen can worden opte verclaringe gedaen by eenige steden in 't particulier, zynde verre de minste in getale onder de steden van Hollandt ende Westvrieslandt.

II/1.1–12e Die gecommitteerde van Zeelandt opte propositie op eergisteren voorleden in dese vergaderinge gedaen om te vinden eenich bequaem middel daerbynnen dese sware ende bedroeffelycke geresene kerckelycke misverstanden, die hoe langer hoe meer toenemen ende sich oock verspreyden in de politicque regieringe, nyet sonder merckelycke pericul van den staet van den lande, mochte wechnemen ende alsoo de eenicheyt in de kercke herstellen, die onruste gemoederen stillen ende de waere Christelycke Gereformeerde religie conserveren, verclaren dat heure principalen hyerop serieuselyck naer de gewichticheyt van den zaecke gedelibereert hebbende, gehoort het rapport van hunne gedeputeerde in Junio lestleden op dese saecke hyer geweest zynde, ende geëxamineert d' antwoorde daervan by het advys van de heeren gedeputeerde van Hollandt is vermaent tot voorcomminge van alle voorder swaricheden ende onheylen, alsnoch verstaen, gelyck van harentwegen alsdoen is geadvyseert geweest, dat dienstelyck soude wesen 't houden van eene wettelycke nacionale sinode ende dat men om daerin soo veele mogelyck is den anderen te | bejegenen, men behoort byder hant te nemen ende te resumeren het gene desen aengaende al in den jare 1607, doen alle de provinciën eensamentlyck genouchsaem 't houden van de nacionale sinodum hebben ingewillicht, is ingestelt geweest ende dat naer de gelegentheyt van de jegenwoordige tyt ende den staet van de zaecken eenich provisioneel concept ofte bewerp werde gemaeckt by de geene uuyt de respective provinciën daertoe te committeren, om 'tselve in de vergaderinge gebracht ende aldaer geëxamineert zynde, daernae op alles te mogen met gemeen advyse zulcx geresolveert te worden als men tot den gemeenen dienst ende ruste van de kercken ende staet van den lande sal bevinden te behooren.

II/1.1–12f Die gecommitteerde van de heeren Staten van Utrecht ter vergaderinge van de Hoge ende Mogende heeren Staten Generael verclaren noopende 't houden van een synode nationael nyet gelast te syn omme daerinne te consenteren, noch oock omme te committeren tot preparatie van 't selve, oordeelende hare principalen den jegenwoordigen tyt ende humeuren van menschen nyet bequaem te syn omme yet vruchtbaerlycx, dat tot vreede ende godtsalicheyt strecken soude, te decerneren, als wesende de gemoederen aen allen canten ('t welck te beclagen is) door al te grooten partyschappe gedreven, dat het oock den provinciën nyet geoorloft en is d' een den anderen in dat stuck yet te overdringen ofte moeyelyck te wesen, als synde 't selve by 't xiii^e article van de Naerder Unie gelaten ter vryer dispositie van yderen provincie in den zynen. Soo dat in desen geen overdringinge noch pluraliteyt van stemmen en mach gelden, ten waere men de Naerder Unie by de welcke Godt Almachtich de geünieerde landen soo genadichlyck gesegent ende syn heylich Evangelium in deselve bewaert, moetwillichlyck ende sonder oorsaecke wilde breecken, d' welck het middel is om deselve ten uuyttersten ruïne te brengen, waernae de vyanden van Godes heylige Woort ende welstant der voorseide landen soo seer verlangen ende arbeyden, sonder dat hyer geëmployeert ofte in consideratie gebracht mach worden het besoigne ende resolutie op

(36) bewaert] *A, B*: beswaert

't houden van een nationael synode in de jaren 1597 ende 1606 gehouden ende genomen, aengesien 't selve by den genen die nu 't synode dus importunelyck urgeren selffs tegengesproocken ende verworpen is, behalven dat 't sedert dien tyt de saecken ende humeuren seer syn verandert ende verargert. Maer bevinden veel noodiger ende dienelycker dat met ernst by de handt genomen worde de behoorlycke remediën dienende tot maintainement van de heeren Staten ende magistraten in de respective provinciën tegens alle moetwillige ende violente occupatiën ende insolentiën 't sedert eenigen tyt herwaerts gepractiseert ende die noch gevoeyt worden, daertoe de provinciën by de Unie verbonden syn ende daermede de geunieerde landen, eensamentlyck de heylige Christelycke Gereformeerde religie in de selve, geconserveert ende bewaert mogen worden. Ende ingevalle men van meeninge soude wesen hyertegens by overdringinge yet voor te nemen, soo protesteren die voernoemde gecommitteerde van wegens haere principalen van notoire infractie van der Naerder Unie ende andere solemnele verbonden daerop gefondeert, tegens der landen rechten, vryheyden, privilegiën, die sy met haere goede bontgenoten geresolveert syn te mainteneren nae hare uuyterste vermogen.

II/1.1–12g Op 't voorstel noopende 't verschil van kerckelycke differenten seggen die van Vrieslandt dat sy alnoch persisteren by hun advys den xv^{en} ende xvi^{en} Junii lestleden ingebracht, te weeten dat sy geen ander expedient ende middel en hebben connen sien ende vinden omme dese swaricheden wech te nemen, als te scryven een synodum nacionael waerinne de provinciën tsamentlyck al hebben geconsenteert in den jare 1607. Ende omme de sake eenmael by de hand te nemen, solden raedtsaem ende noodich achten dat uuyt yder provincie een ofte twee mochten worden gecommitteert die de besoigne van den jare zeven mochten resumeren ende yets aengaende formam et modum synodi, mitsgaders de tyt, plaetsse ende voordere dependentiën ontwerpen ende 'tselve ter vergaderinge rapporteren omme sulcx geschiet voorder te disponeren soo men bevinden sal te behooren.

II/1.1–12h De aenwesende gedeputeerde van de provincie van Overyssel verclaeren mits desen geen andere last te hebben dan alhyer aen te dienen dat oer heeren principalen tottet holden | van een nationael synode om verscheyde wichtige redenen nyet en connen consenteren, weshalven oock deselve nyet en connen toestaen om uuyt yder provincie yemants te deputeren die uuyt naeme van de heeren Staten Generael preparatoirlyck eenige poincten tot holdinge van soodanen synode als voorseide op 't papier solden brengen, veel min dat sylieden daerby solden begeeren te

264v B

(28) formam ... synodi] B: *in italics*

wesen om hem daertoe te laten gebruycken. Geschehe averst dese yetwes ter contrariën, sustinerende die voernoemde gedeputeerden dat overstemminge in desen geen plaets en zal cunnen grypen ende dat oversulcx 't geene hyeruuyt soude mogen volgen der provincie van Overyssel nyet en sal strecken tot eenige prejuditie, verhoopende dannoch dat een ander expedienter middel tot affweeringe aller kerckelycker ende noch swevender questiën beraemt solde mogen worden. Aengaende d'authoriteyt der overicheyt in kerckelycke saecken, daervan en is der Landtschap van Overyssel voor desen nyet voorgecommen, dan twyffelen nyet oft oer edele sollen deselve handthaven gelyck oer edele al stedes geduyrende de reformatie met allen yver gedaen hebben.

II/1.1–12i Die gecommitteerde van Stadt Groeningen ende Ommelanden verclaren dat haere principalen met droeffheyt hebben verstaen de erresen misverstanden in de religie ende dat deselve hoe langer hoe meer toenemen ende sich verspreyden in de politicque regieringe, daeruyt dan nyet anders solde ontstaen als groote disordre ende confusie in die ware Reformeerde Christelycke religie, ende eyntelyck een totale ruïne in den staet van 't landt. Hebben oversulcx haer belastet, nae dat sie van de besoigne in Junio lestleden rapport hadden gedaen, omme alsnoch t' insisteren, gelyck doenmaels is geschiet, dat met den aldereersten een synode nacionael mochte uuytgescreven worden, ende resumeren het geene anno 1607 (doe alle provinciën in 't holden van een nationael synode genouchsaem eens waren) is ingestelt geweest. Ende dat men daeruuyt nae gelegentheyt van desen tegenwoordigen tyt een provisioneel concept ofte bewerp sal maecken by de geene soo uuyt yder provincie daertoe sullen worden gecommitteert, om 't selve in de vergaderinge gevisiteert synde, daerop te resolveren als men tot meesten dienst van den lande ende ruste van de kercken sal bevinden te behooren.

II/1.1–13   30 September 1617   RSG 1451
Status Quaestionis

It is proposed to invite the provinces to have some theologians and political persons write a status quaestionis of the religious controversies, with suggestions for mutual tolerance. In the meantime, ministers should be forbidden to preach vehement sermons. It is also proposed to renew the placards against insulting the authorities. No decision is taken because of the plurality of votes. Previous placards will be looked up.
President: Johan de Goyer (Utrecht).
Sources: A: 227v; B: 265r.

| Is geproponeert of men aen de provinciën nyet en soude behoiren te scryven tot beter accommodatie van de kerckelycke questiën ende differenten, dat zy elck in den heuren met advis van eenige gequalificeerde theologanten ende anderen politicque persoonen willen formeren statum van de jegenwoirdige controversiën in de religie, ende met eenen beramen eenen bequamen voet van underlinge tollerantie, daerdoer dat ondertusschen geweert ende voergecommen souden moegen werden alle voirdere schueringen, verbiedende ten selven eynde de predicanten in hare predicatiën eenige hevicheyt meer te gebruycken daermede de gemeenten nyet gesticht, maer veel eer tegen hare overicheyden ende | tegen malcanderen opgerist werden, omme alsulcke concepten ter vergaderinge alhier geëxamineert ende daerop gedelibereert te werden na behoiren. Mitgaders of men nyet en soude behoiren te resumeren ende vernyeuwen de publicatie van de placcaten geëmaneert in de jaren lxxxvii, lxxxviii^{tich}, xvi c ende achte ende anderen by de welcke verboden werdt het quaet spreecken, scryven ende pasquilleren tegen den Staten van den lande, Zyn Excellentie, magistraten van de steden, etc.

Maer daerop omvrage gedaen zynde, en is met de diversiteyt van de advisen daerop vallende nyet geresolveert, behalven dat met pluraliteyt van stemmen wel goetgevonden is, dat men toecommenden Dincxdach[5] 't voirszeide geproponeerde ende geadviseerde sal moegen resumeren ende ondertusschen doen opsoecken de voirszeide geëmaneerde placcaten, om op 't vernyeuwen van de selve, na dat die geresumeert sullen wesen, geresolveert te werden gelyck met gemeen advis bevonden sal werden te behoiren.

II/1.1–14 2 October 1617
Preparation for a National Synod

It is proposed to name a committee to prepare for a national synod. The matter is postponed till the next day by request of Holland.
President: Taco van Burmania (Friesland).
Sources: A: 228v–229r; B: 265v. – Related sources and texts: Printed in Trigland, 976.

| Is geproponeert, nademael voerleden Vrydach met pluraliteyt van stemmen verstaen is, volgende d' advisen te bouck geïnsereert, dat omme te accommoderen de kerckelycke questiën ende differenten het beste middel is de

---

(10) overicheyden] A: prec. by del. illegible word – (11) ter] A: prec. by del. alhier – (14) ende anderen] A: interl. add. – (15) pasquilleren] A: foll. by del. van den – (15) tegen] A: prec. by del. van den – (17) daerop] A: prec. by del. en is – (18) vallende] A: interl. add. – (31) voerleden Vrydach] A: interl. add.

[5] 3 October 1617.

convocatie van een nacionael synode ende dat men tot dien eynde eenige uuyt elcke provincie soude committeren omme daerop te treden in besoigne ende te concipiëren den voet van sulcke convocatie, tijt ende plaitsse, etc., volgende de voirszeide advisen van de provinciën, oft die heeren gecommit-
5 teerde van de provinciën haer op sulcke deputatie bedacht hebben ende goetvinden alsnu heure gedeputeerde te nomineren.

229r A   Maer is dese zaecke | ter begeerte van de heeren gecommitteerde van Hollandt uuytgestelt tot morgen.

II/1.1–15   3 October 1617   RSG 1465
10 **Utrecht Declares Preparation Illegitimate**

Following a report of delegates from the States General sent to Utrecht, the deputies of Utrecht declare that a committee for the preparation of a national synod is not legitimate. They agree with Holland.
President: Taco van Burmania (Friesland).
15 *Sources: A: 229v–230v; B: 266v–268r.*

229v A | [Prince Maurice and the Council of State are in attendance while the delegates sent to the States of Utrecht on behalf of the States General, His Excellency and the Council of State, report].

230v A | [After the report of the delegates, the deputies of Utrecht in the States
20 General declare the following:]
Belangende d' nominatie van gecommitteerden tot het preparatoir besoingne des synodi nationalis by de heeren gecommitteerden van Gelderlandt, Zeelandt, Vrieslandt, Stad en Landen gedaen, verclaren deselve nyet te cunnen houden voor legittime, protesterende van 't prejuditie ende interest 't
25 welck voor de provintie van Utrecht hieruuyt soude mogen comen te ontstaen ende conformeren hun op 't voerder mette heeren Staten van Hollandt.

II/1.1–16   4 October 1617   RSG 1467
Preparation for a National Synod by Four Provinces

It is proposed to nominate a committee for the preparation of a national synod.
30 *The province and the cities of Holland repeat their opinion. Gelderland, Zeeland, Friesland and Groningen nominate their members of the committee. Holland protests that this is unlawful. Utrecht and Overijssel persist in their opinions.*

(1) men] A: foll. by del. volgende deselve – (2) soude] A: foll. by del. concipiëren – (3) plaitsse, etc.] A: marg. add. – (5) ende] A: foll. by del. alsnu – (21–26) Belangende...Hollandt] A: marg. add. written by a clerk

President: Taco van Burmania (Friesland).
Sources: A: 230v–231r; B: 268r–v. – Related sources and texts: Partly printed in Trigland, 976.

| Is geproponeert, nademael dat ten verzoucke van de heeren gecommitteerde van de heeren Staten van Hollandt voerleden Maendach[6] uuytgestelt wiert te resolveren opte nominatie van de persoonen uuyte provinciën omme volgende d' advisen van de gecommitteerde van de selve provinciën te treden in besoigne omme te concipiëren den voet van de convocatie van een nacionnael synode tot accommodatie van de jegenwoirdige kerckelycke questiën ende differenten, daerinne dat by pluraliteyt van stemmen is geaccordeert, mitsgaders opten tyt ende plaitsse ende wes meer daervan dependeert tot op ghisteren, het welcke alsdoen nyet en heeft kunnen geschieden omme anderen voergevallen zaecken van importantie, die dat hebben verhindert, dat die heeren gecommitteerde van de provinciën sulcke nominatie ende deputatie alsnu souden gelieven te doen.

Daerop die van Gelderlant verclaert hebben te persisteren by haere voergaende mondelingh ende scriftelyck advis, bereet zynde heure gedeputeerde te nomineren by soo verre als d'anderen provinciën van gelycken begeeren te doen.

Die van Hollandt dat zy persisteren by hare verclaringe gedaen ende by gescrifte overgegeven voerleden vrydach, gelyck oyck geschiet is van wegen de steden Dordrecht, Amstelredam, Enchuysen, Edam ende Purmerend by 't gene dat vanwegen deselve steden insgelycx by gescrifte is overgegeven.

Die van Zeelant persisteren insgelycx by haer scriftelyck advies, verclarende dat zy daertoe nyet meer en hebben te voegen, als dat zy bereet zyn hare gedeputeerde totte voirseide besoigne te nomineren.

Die van Utrecht dat zy haren last hebben geopent ende by gescrifte overgegeven, daertoe zy nyet en hebben te voegen.

Die van Vrieslant dat zy alreede heure gedeputeerde hebben genomineert om de voirseide besoingne by der hant te nemen.

| Die van Overyssel dat zy haren last hebben verclaert ende by gescrifte overgegeven, daerby dat zy persisteren.

Die van Stadt Groeningen ende Ommelanden dat zy bereet zyn te nomineren totte voirseide besoingne als de voerstemmende provinciën dat sullen gedaen hebben.

Volgende de voirseide verclaringe zyn van wegen die van Gelderlant totte voirseide besoigne genomineert ende gedeputeert d' heeren Goch ende raedtsheere Martini.

(24–25) verclarende ... zy] A: interl. add. – (25) daertoe] A: foll. by del. zy – (30) om] A: foll. by del. in

---

[6]   2 October 1617.

Van wegen die van Zeelant d' heeren Joachimi ende pensionaris De Jonge.
Van wegen die van Vrieslant d' heeren Aylva ende Atsma.
Van wegen Stadt Groeningen ende Ommelanden d' heeren Coenders ende Gockinga.

Die van Hollandt opte voirseide gedaen deputatie verclaren dat zy inhereren by hare voergaende verclaringe. Ende voer soo vele de voirseide deputatie is gedaen in dese vergaderinge ende van wegen die Hooge ende Mogende Heeren Staten Generael, dat zy deselve houden voer onwettich ende daertegen protesteren by desen.

Die van Utrecht ende Overyssel dat zy haren last hebben geopent daerby zy alnoch persisteren.

II/1.1–17   4 October 1617
Deventer and Hasselt Urge a National Synod

Deputies of the cities of Deventer and Hasselt in Overijssel present their credentials and a proposition in favor of a national synod. The deputies of Overijssel protest that this procedure is new and against the privileges of the province.
President: Taco van Burmania (Friesland).
Sources: A: 231v–232r; B: 269r–270r. – Related sources and texts: The credentials from Deventer and Hasselt and the proposition of their deputies are inserted into the Net Resolutions only. The originals are in The Hague NA, S.G. 4932. The proposition is, no doubt for formal reasons, only in the name of the deputies from Deventer but is signed by all, also, in the same hand as the proposition, in the name of Henrick van Marckel, who was absent during the presentation of the proposition. Printed in Trigland, 976.

| Zyn ter vergaderinge gecompareert Gerlich Deysz., Nicolaes van Boeckholt D. ende Henrick ab Haexbergen, respective raedtsverwante ende secretaris der stadt Deventer, gedeputeerde van de selve stadt, mitsgaders Herman Bloemart, raedtsvrunt der stede Hasselt, gedeputeerde van de selve stadt. Hebben na de presentatie gedaen van haerluyder credentzbrieven, gedateert respective de tweeden ende vierden der voerlede maent Septembris, geproponeert ende versocht, gelyck zy by gescrifte hebben overgegeven, hierna volgende geïnsereert. Na de lecture van de voirseide propositie hebben die heeren gecommitteerde van Overyssel, bevindende dat dese procedure ende propositie is eene nyeuwicheyt aengericht tegen de regeringe, politie, gewoonelycke gebruyck van stemmen, recht ende gerechticheyt | van de provincie van Overyssel, hebben versocht copiën van de voirseide brieven van cre-

(5) gedaen] *A: interl. add.* – (6–7) deputatie] *A: prec. by del.* verclarin – (34) nyeuwicheyt] *A: interl. add. repl. del.* tegen haere – (34) aengericht...de] *B: om.*

dentie ende propositie, omme daerop t' antwoirden tot voerstant van de gerechticheyt van de Lantschap, daerinne dat geaccordeert is.

II/1.1–17a | Hooge Mogende heeren,

Alsoo men althans in 's Gravenhage besich is eenich goet middel te beramen daerdoor de huydendaechs questiën ende geschillen in de religie, voer weynich jaren ingecroopen, eenmael geslichtet ende die gealtereerde kercke in hare voorige ruste herstelt moge werden, ende wy verstaen dat verscheyden provinciën ende eenige steden in 't besonder tegenwoordich aldaer erschenen synnen met last om in U Hoog Mogender vergaderinge tot dien eynde te solliciteren ende urgeren eenen nationalen synodum, hebben wy hoochnoodich erachtet onsere mederaetsvrunde Gerlich Deyss, Henrich van Marckel, Nicolaes van Boecholt ende onseren secretaris Henrick van Haecxbergen mede derwaerts tot gelycken fine met dese onsere credentsbrieven aff te verdigen, met gentz vriendelyck versoeck ende begeeren U Hoog Mogenden gelieve deselven in al 't gene sie mondling oft scriftelyck dess aengaende in onsen naeme voorstellen werden volncommen gelooven te geven ende met eene goede trostelyck antwoort bejegenen, waertho ons verlatende bidden Godt, Hooge Mogende heeren, U Hoog Mogenden in geduyrende gelucksalige regieringe te willen erholden. Datum den ii^{en}[/12] Septembris anno 1617.

Onder stont:

Uwe Hoog Mogende dienstwillige bondtgenoten, burgermeestere, schepenen ende raedt der stadt Deventer.

II/1.1–17b Hoog Mogende heeren,

Nadien men nu ter tyt in 's Gravenhage doende is om eenich goet middel te beramen waermede de huydiges dages geschillen ende questiën voor weynich jaren in de religie ingecropen eenmael geslichtet ende de gealtereerde kercke Godes in hare voorige ruste herstelt moge worden ende wy dan verstaen dat verscheydene provinciën, oock ettelycke steden in 't besonder, althans aldaer erschenen syn met last om in U Hooch Mogende vergaderinge tot sulcken fyne te solliciteren ende urgeren eenen nationalen synodum, hebben wy hoochnoodich erachtet onsere mede raedsvrunden Herman Blomerth ende Gerhardt Koningk, mede derwaerts tot dien eynde met onsere credentsbrieven aff te veerdigen, mit gantz dienst- unde vrundtlycker versoeck U Hooch Mogende gelieve denselven in al het gene sy deselve schriftelyck ofte montlyck des aengaende in onsen name werden voorstellen vollencommen geloove te geven ende met een favorable ende troostelycke antwoort te bejegenen, waertoe ons verlatende ende desen eyndigende,

Hooch Mogende heeren bidden von Godt Almachtich U Hoog Mogende in goede, gelucksalige regieringe te willen bewaeren. In Hasselt desen 4^{en}[/14] Septembris anno 1617.

Onder stont:

U Hoog Mogender dienstwillige bontgenoten, borgermeesteren, schepenen ende raedt der stadt Hasselt.

II/1.1–17c Hoog Mogende Heren,

Wy onderbenoempde gedeputeerden der stadt Deventer syns gelastete wegen onse heeren principalen ons by U Hoog Mogende te vervoegen ende nae overleveringe derselver credentzbrieven erbiedinge aller mogelycken diensten, wunschinge eener gelucksaligen, langduyrigen ende vreedsamigen regieringe U Hoog Mogende met behoorlycke reverentie te remonstreren welcker gestalt onse principalen wel hadden verhoopt dat op de verledene byeencompste van Ridderschap ende Steden der Lantschap van Overyssel den xi^{en} Junii stylo antiquo des jaers 1617 toe Raelte geholden de convocatie eenes naetionalen | synodi solde syn bewillicht, om daerdeur als het eenige ende by deser tyts conjuncture expediënste middel, die kerckelycke geresene geschillen ende misverstanden te assopiëren ende alle wydere onheylen, die anderssints daeruuyt solden mogen ontstaen voor te commen. Ende dat nochtans, nyettegenstaende alle by haer edele ende andere trouwhertige ende vaderlandts geaffectionneerde persoonen gedane debvoiren ende aenmaeningen, boven alle geschepte hoope, met pluraliteyt van stemmen is geresolveert dat ridderschap ende steden in 't houden van soodanen nationalen synodi nyet en conden consenteren. Waertegen die gedeputeerde der stadt Deventer uuyt last haerer heeren principalen als oock eenige van die ridderschap in goeden getal, wel uuytdruckelyck hebben geprotesteert.

Waerover onse heeren principalen, met gevolch van hare geswoorne gemeente, ter herten nemende die voortplantinge van Godes eere, conservatie der eenmael waeren aengenomen Gereformeerde leere soo ende als die van aenvanck der reformatie in desen vereenichden Nederlanden gepredigt ende geleert is, ende daerdoor Godt dese landen soo genadelyck gesegent ende van die tyrannie der Spaignaerden bevryt heeff) hebben die voergaende overstemmingen nyet connen condescenderen, maer syn genootsaeckt door ons U Hoog Mogenden rondelyck te doen verclaren hare ernstige meeninge te syn (soo haest by Uwe Hoog Mogenden belangende een synode nationael yets solde wesen gedecreteert) sich met den provinciën, leeden ende steden van dien de convocatie desselffven advouerende, te conformeren ende deselven te helpen effectueren, waeruuyt Uwe Hoog Mogenden genoechsaem konnen verstaen die convocatie des versochten

(36) haest] *B: interl. add.*

nationalen synodi by die Landtschap van Overyssel nyet met eenparigen, maer wel met geschoorden stemmen derefuseert ende affgeslagen te syn, te meer wyl die meeste jonckeren van Vollenhove by missive onsen heeren principalen die promotie des voorseiden synodi recommanderen, gelyck oock die stadt van Vollenhove in 't besonder schriftelyck aen ons versoeckt dat wy haerer edeler naeme in die voorderinge des nationalen sinodi wilden gebruycken.

Ende alsoo men verstaet dat de provinciën van Gelderlandt, Zeelandt, Vrieslant, Groeningen ende Ommelanden bereets synodum nationalem hebben gearresteert, dat sich oock eenige steden van Hollandt met derselver goede meinonge hebben geconformeert ende dat eerstes daechs apparentelyck die provinciën ende steden door gecommitteerde in besoigne sullen treden, soo is 't dat die gedeputeerde der stat Deventer nyet langer hebben mogen stilstaen, maer syn veroorsaeckt met den gedeputeerden der stadt Hasselt hyer mede present zynde, vermoge derselver credentsbrieven ende aparte instructie U Hoog Mogenden te berichten, dat sy sampt ende besonder wegen haerer heeren principalen den provinciën, leden ende steden, die convocatie eens nationalen synodi hebbende gearresteert ende goetgevonden, ofte alnoch goetvinden sullen, ten vollen toestemmen, sich daermede conformeren ende byvougen, met versouck Uwe Hoog Mogenden gelieve dese hare in naeme ende qualiteyt verhaelt respectyvelyck gedaene verclaringe, hercommende uuyt oprechter meynonge ende affectie tot den welstant des vaderlandts ten besten te duyden ende behoorlyck te doen registreren. Want derselver respective heeren principalen genegen ende gesint zyn den voorseiden nationalen synodum nae hare uuyterste vermogen te helpen bevorderen, tot welcken eynde de voorseide gedeputeerde by alle occurrentiën hare persoonen ende alle mogelycke officiën Uwe Hoog Mogenden presenteren ende by desen offereren. Ende blyven ondertusschen,

Onder stondt:

Uwe Hoog Mogender dienstwillige, die gedeputeerde der respective steden Deventer ende Hasselt. Geteeckent Gerlich Duys, Henrick van Marckel, mede gedeputeerden tegenwoordich absent, Nicolaes van Boecholt, D. Henricus ab Haecxbergen, secretaris, Herman Bloemert, G. Koning.

RSG 1482 II/1.1–18   6 October 1617
Proposition by Carleton

Ambassador Carleton presents a proposition on the ongoing ecclesiastical differences and asks for the letter of King James of 20/30 March 1617 to be answered. The States General are grateful to the King for his continuing concern and ask

for Carleton's proposition in writing. The ambassador states that he has no other intention than to get an answer to the letter.
President: Taco van Burmania (Friesland).
Sources: A: 234r; B: 272r. – Related sources and texts: The proposition by Carleton is not inserted, either in this resolution or in that of 7 October 1617 because of secrecy. The original is in The Hague NA, S.G. 5886. Edited in no. II/1.12. Also Knuttel, 2361–2365. Edited in a contemporary English translation in Milton, 16–20.

| Is ter vergaderinge gecompareert d'heere Carleton, ambassadeur des conincx van Groot Britanniën. Heeft gedaen zeekere remonstrantie opte zwevende kerckelycke questiën ende differenten ende eyntelyck daertoe instantie gedaen by last van Zyne Majesteyt dat Hare Hoog Mogenden souden gelieven te beantwoirden den brieff die Zyne Majesteyt aen Hare Hoog Mogenden heeft geschreven in de maent van meerte lestleden tot accommodatie van de voirseide differenten.

Daerop Hare Hoog Mogenden Zyne Majesteyt hebben ten hoochsten bedanct voer de concincklycke sorge die hy continueert te dragen voer den welstant, ruste ende vrede, mitsgaders de verzeeckertheyt van den staet deser landen, ende oyck den heere comparant voor syn advis totte voorseide accommodatie, versoeckende dat zyn Edele gelieve de voirseide zyne gedaen remonstrantie ende propositie over te geven by gescrifte, omme by Hare Hoog Mogenden geëxamineert ende daerop gedelibereert ende geresolveert te werden gelyck deselve voer den dienst van den lande ende ten besten contentemente van Zyne Majesteyt sullen bevinden te behoiren. Het welcke zyn Edele aengenomen heeft te doen, diewyle Haere Hoog Mogenden dat alsoo begeeren, al is 't zoo dat zyn Edele egheen anderen instantie en is doende als om te hebben antwoordt opten brieff van Zyne Majesteyt.

II/1.1–19   7 October 1617
Proposition of Carleton Kept Secret

RSG 1490

The States General read the proposition handed in by Carleton. Every province gets a copy, in order to manage it secretly, and prevent it from being printed and causing emotion with the people.
President: Taco van Burmania (Friesland).
Sources: A: 235r; B: 272v–273r. – Related sources and texts: The proposition was not inserted either in this resolution or in the previous one for the sake of secrecy. For the proposition, see no. II/1.12. Notwithstanding the secrecy, the proposition was published, but the leak was never found.

(21) by gescrifte] A: interl. add. – (25) te] A: interl. add.

| Is by gescrifte overgebracht ende gelesen de propositie ghisteren alhier ter vergaderinge gedaen by den heere Carleton, ambassadeur des conincx van Groot Britanniën. Ende geaccordeert dat men daervan voer elcke provincie sal scryven een copie sonder meer, om deselve te secreter te menageren dat die nyet en werde in druck uuytgegeven onder de gemeente die daerdoeren te meer verwect soude werden tot emotie.

235r A

RSG 1500

II/1.1–20   12 October 1617
First Draft of Articles to Convene a National Synod

A first draft of the articles concerning the invitations and articles to convene a national synod, prepared by deputies from Gelderland, Zeeland, Friesland and Groningen, is read. The provinces are allowed copies to consult with their principals. Holland and Utrecht persist that this draft should not have been made. Overijssel maintains its previous declarations.
President: Reynier Gansneb (Tengnagel) (Overijssel).
Sources: A: 236v–237r; B: 274r–275r. – Related sources and texts: These first draft articles are inserted in the Net Resolutions. A copy of this first draft is in The Hague NA, S.G. 12.548.156.

| Is gelesen het ontwerp van eenige pointen ende articulen waerna ende waerop de bescryvinge, beleydt ende 't houden eenes nacionalen synodi soude moegen gestelt ende gedirigeert werden, tot beslichtinge van de misverstanden in 't stuck van de religie nu eenige | jaren verresen in de Vereenichde Nederlanden, geconcipieert by de heeren daertoe gecommitteert uuyte provinciën van Gelderlant, Zeelant, Vrieslant ende Stadt Groeningen ende Ommelanden, alles onder correctie ende verbeteringe van de Hoog Mogende heeren Staten Generael, daervan dat deselve vier provinciën hebben versocht copie, omme dese besoingne aen heure respectieve principalen te communiceren, daerinne dat bewillicht is. Maer die van Hollandt hebben gesustineert dat gelyck de deputatie tot dese besoigne nyet en hadde behoiren te geschieden in dese vergaderinge, dat oyck het rapport daervan in de selve nyet en hadde behoiren gedaen te werden. Daermede die van Utrecht hun hebben geconformeert ende die van Overyssel verclaert dat zy persisteren by haere voergaende gedaen verscheyden verclaringen, volgende hierna geïnsereert de voirseide ontwerp pointen ende articulen.

236v A

237r A

II/1.1–20a | Ontwerp van eenige pointen ende articulen waernae ende waerop de bescryvinge, beleyt ende 't houden eenes nationalen sinodi soude

274r B

---

(5) die] A: *interl. add.* – (22) daertoe] A: *interl. add. repl. del.* uuyte – (24) verbeteringe] A: *foll. by del.* Ho – (24) van] A: *prec. by del.* de – (28) dat] A: *prec. by del.* aengesien – (28) gelyck] A: *interl. add.*

mogen gestelt ende gedirigeert werden, tot beslichtinge van de misverstanden in 't stuck van de religie nu eenige jaren verresen in de Vereenichde Nederlanden, alles onder correctie ende verbeeteringe van de Hooge ende Mogende heeren Staten Generael.

I Eerstelyck sal noodich wesen dat veerthien dagen ofte drye weecken voor die byeencompste eenen algemeenen vast- ende bededach over alle de provinciën by Haere Hoog Mogenden werde uuytgescreven, ten eynde de voorgenomen handelinge by Godt Almachtich gesegent, de ruste in de kercke ende de onderlinge eenicheyt der ingesetenen aldaer tot Godes eere wederom gevonden ende becommen werde.

| II Dat de uuytscryvinge des nationalen synode by de Hooge ende Mogende heeren Staten Generael geschiede ende in Hare Hoog Mogende brieven naemcundich die bekende vyff poincten gestelt ende geïnsereert werde, mette clausulen dat by soo verre by eenige van de provinciën noch andere gravamina waeren, de gemeene Nederlandtsche kercken rakende, oock eenige particuliere soo by de provinciale synoden nyet en hebben connen afgedaen ofte gerichtet werden, dat die deputati totten nacionalem synodum gecommitteert soodanige beswaernissen in gescrifte claerlyck ende duydelyck aen 't synode nationael te brengen hadde.

III Datter tot beeter ordeninge ende om confusie te vermyden by de respective particuliere synoden ses gequalificeerde persoonen sullen werden gedeputeert, onder welcke vier ofte ten minsten drye predicanten sullen syn ende die andere twee ofte drye mogen syn gequalificeerde persoonen, ouderlingen ofte andere lidtmaten van de kercke, doende professie van de Gereformeerde religie.

IV Dat oock mede tot desen synode sullen verscreven werden de kercken van de Walsche tale, zynde onder de gehoorsaemheyt van de heeren Staten Generael, gelyck mede de cruyskercken van beyde talen in Brabant, Vlaenderen ende andere Nederlandtsche provinciën, die sich sullen voegen onder de naeste gelegene provinciale synode.

V Daerbenevens soude Zyne Majesteyt van Groot Britanniën, insgelycx die Gereformeerde kercken in Vranckryck, mede de cheurfurst paltzgrave, ende landtgrave Maurits van Hessen, mitsgaders de Reformeerde kercken in Switzerlandt (tot beter correspondentie ende eenicheyt in de leere) versocht worden om yder te willen deputeren drye ofte vier godtsalige, vreetsame ende geleerde theologanten, om met hare tegenwoordicheyt ende beleyt de actiën van den synoden te assisteren ende de swaericheyden te helpen beslichten.

VI Dat oock nevens deselve die professoren theologie uuyt de academiën ofte illustere scholen van dese provinciën totten synode beroepen sullen werden.

(15) gravamina] *B: in Latin script*

VII Stellende in bedencken van Hare Hoog Mogenden off nyet mede goet ware eenige geleerde theologanten uuyt de nabuyrige gereformeerde kercken van Oostvrieslandt ende Bremen ten selven eynde te verscryven.

VIII Sal oock allen anderen predicanten (boven de gedeputeerde als vooren) vrystaen ende toegelaten werden in de vergaderinge van 't synode te compareren ende haer bedencken mit voorgaende consent van den preses ofte vergaderinge te proponeren, mits haer onderwerpende het oordeel des synode. Die welcke doch (omme confusie te vermyden) over de resolutiën sich sullen hebben te vertrecken, ten waere dat de vergaderinge anders goetvonde.

IX In de vergaderinge sullen vooreerst verhandelt werden die bekende vyff controverse pointen ende de swaericheyden daeruuyt resulterende, om te besien hoe men met ruste van de kercke (behoudende altyt de suyverheyt van de leere) dieselve op 't gevoechlycxte soude connen nederleggen, gelyck daernae by order mede sullen voorcommen de gravamina soe de gemeente als particuliere kercken raeckende.

X In de verhandelinge van alle 'twelcke de waerheyt van de leere aengaende sullen die gedeputeerde met behoorlyck ende volcommen ondersouck alleen Godes Woort ende nyet eenige andere scriften tot richtsnoer nemen, waertoe ende dat sy nyet anders dan Godes eere ende de ruste van de kercken en sullen voor oogen hebben, zy met eede sullen verplicht worden.

XI Ende wat alsdan by de meeste stemmen voor goet gevonden sal worden, zal voor een synodale besluyt ofte regel gehouden worden.

| XII Ende by soo verre eenige saken voorvielen daerin men soude eenige beswaernisse vinden, soo sal tot het oordeel ende goetvinden der vergaderinge gereserveert blyven waerop, hoe ende wanneer dat hyerover reces sal mogen genomen werden. Ende sal de vergaderinge wederom byeen commen op den aen te bestemmen tyt, sonder nyeuwe bescryvinge.

XIII Den tyt van de convocatie des synode wordt beraempt (op correctie) tegen den eersten Mey des aenstaenden jaers xvi^c ende achthien stylo novo.

XIIII Ende soude tot bevorderinge dienen dat de respective provinciën by de heeren Staten Generael versocht ende de Walsche kercken deser landen geïnsinueert worden om elckeen by de syne de convocatiën van die preparatoire particuliere synode te doen uuytscryven ende houden ten lancxsten voor den eersten Februarii naestcommende.

XV Aengaende de plaetssen van 't houden des synode stelt men in bedencken off nyet behaechlyck soude wesen Dordrecht, Utrecht oft 's Gravenhage.

(27) waerop...wanneer] B: *in Latin script*

XVI Tot de meeste ruchticheyt soude men goetvinden dat by de respective provinciën een ofte twee gequalificeerde persoonen, doende professie van die religie, genomineert wierden ende by de heeren Staten Generael geauthoriseert ende gecommitteert omme in den synode te erschynen, 't selve by te woonen ende de actiën ende 't beleyt te modereren, ten eynde alle onordeningen mogen voorgecommen werden.

XVII Dat nae het besluyt van de synode nationael aen de heeren Staten Generael van de actiën rapport sal worden gedaen ende het gehandelde ofte acta synodalia overgebracht om opte approbatie derselver by Hare Hoog Mogende gedisponeert te werden nae behooren.

II/1.1–21   12 October 1617
Overijssel Denies Rights of Deventer and Hasselt

RSG 1502

The deputies of Overijssel hand in a statement that the proposition of Deventer and Hasselt conflicts with the privileges and law of the province. Hasselt is not even admitted to the States of the province.
President: Reynier Gansneb (Tengnagel) (Overijssel).
Sources: A: 237r; B: 275r. – Related sources and texts: The statement of the deputies of Overijssel is inserted into the Minuut Resoluties by the griffier and into the Net Resoluties by the clerk. The original is in The Hague NA, S.G. 4932. Printed in Trigland, 97.

237r A | Die gecommitteerde van Overyssel in dese vergaderinge hebben overgegeven zeecker gescrifte daervan den teneur hierna volgt geïnsereert :

II/1.1–21a Die gecommitteerde van ridderschap ende steden der provincie van Overyssel hier tegenwoordich, hebbende verstaen ende gelesen 'tgene in Uwe Hoog Mogende vergaderinge by de gedeputeerden der stadt Deventer ende Hasselt uuyt harer principalen ende eenige anderen naem onlancx soo montlyck als scriftelyck belangende 't holden van een nacionael synode hebben geremonstreert ende overgegeven, verclaren dat zy bevinden dat 't selve is strydende tegens die privilegiën, recht ende gerechticheyt der provincie van Overyssel, wesende mede onbehoirlycke nyeuwicheyt tegens die politicque regeringe ende olde gewoontheyt der selver, insunderheyt zeer impertinent gedaen te zyn van die, die tot gheen lantschaps vergaderinge als een substantiael lith geroepen werden noch erschynen, willende derhalven die voirseide gecommitteerden van wegen ende in den naem der Lantschap (die welcke het lieve vaderlant ende 't gemeene beste steeds met trouwhertticheyt ende yver naer alle haer ver-

(21–22) hebben ... geïnsereert] A: marg. add.

moegen hebben gesocht ende noch soecken voir te staen) daervan mits desen geprotesteert hebben, versoeckende dat 't selve tot haerder ontlastinge gebeerlyck moge geregistreert werden, latende de reste tot 't goet vinden harer heeren principalen. Daerinne dat geaccordeert is.

II/1.1–22   7 November 1617
Zeeland Wants to Proceed

Zeeland, presiding, proposes that it has received the reaction of their principals to the articles to convene the synod. They ask whether the other provinces are prepared to continue with the consultations, because time lapses. Gelderland would like to wait till the next day. Holland repeats that the consultations are unlawful, and Utrecht wants them to stop for that same reason. Friesland and Groningen are prepared to continue. The deputy of Overijssel states that he has no mandate from the States of Overijssel to do anything contrary to their charge.
President: Jacob Magnus (Zeeland).
Sources: A: 260v–261r; B: 300v–301r.

| Is geproponeert by de heeren gedeputeerde van Zeelant jegenwoirdich presiderende, dat alsoo voer desen ingestelt was zeecker bewerp waerop men soude moegen houden een nacionael synodum tot wechneminge van de droeve opgeresen kerckelycke misverstanden, ende voercomminge van meerder zwaricheden ende onheylen, hare principalen, naer communicatie elcx in den zynen op voergaende bescryvinge 'tzelve hadden geëxamineert, ende hun daerop gelast ende geauthorizeert dat zy daerom zeer geerne hierop souden verstaen d' intentie van de andere provinciën ende off deselve mede daerop zyn gelast, om op morgen ofte overmorgen het zelve besoingne by der hant te moegen nemen, alsoo den tyt verre loopt ende hunne principalen tot dyen eynde mede eenige extraordinarise gedeputeerde zyn houdende, versouckende mits dien dat die heeren gecommitteerde van de anderen provinciën hun hierop gelieven te verclaren.

Die van Gelderlant hebben versocht dat dese zaecke soude werden uuytgestelt tot morgen.

Die van Hollandt verclaren gelyck als zy noch voer desen gedaen hebben, dat den last van hare principalen is voir alsnoch tot egheen convocatie des synodi te kunnen verstaen, ende dat oyck d'anderen provinciën nyet gerechticht en zyn omme op dese zaecken in dese vergaderinge voirder te delibereren.

Die van Zeelant dat zy gelast ende gereet zyn omme opte voirseide zaecke morgen in besoingne te treden.

(26) eynde] A: *interl. add.* – (33) te] A: *foll. by del.* verstaen

Die van Utrecht verclaren gelyck die van Hollandt, verstaende dat het praeparatoir besoigne van geender weerden en kan gehouden werden, ende dat oversulcx omme redenen by haer hier te voiren noch geallegeert, egheen voirder deliberatie op dese zaecke ende den aencleven van dien en behoirt gehouden te werden tegen den danck van de andere provinciën die de convocatie van het synode nyet toe en staen.

Die van Vrieslant, Stadt Groningen ende Ommelanden dat zy gelast ende te vreden zyn morgen de besoigne voer te nemen.

261r A | Die heere Ripperda van wegen die van Overyssel verclaert dat die gedeputeerde van deselve provincie haren last van den Lanschap [sic] hebben ingebracht en dat hy nyet en is gelast yets daertegen te doen.

II/1.1–23   10 November 1617   RSG 1676
Further Discussion on Articles to Convene the National Synod

Gelderland endorses the articles for the national synod. Zeeland, Friesland and Groningen do so as well, but propose some additions, while the other provinces prefer to wait because of the imminent meeting of the States of Holland. A decision on the additions is postponed one day, because Gelderland asks time for consideration.
President: Adriaan van Matenesse (Holland).
Sources: A: 264r; B: 303r. – Related sources and texts: Printed in Poppius, (after the Voor-reden).

264r A | Is gedelibereert ende geadviseert op het geproponeerde by de heeren gecommitteerde ter deser vergaderinge van Zeelant (alsnu presiderende) voerleden Maendach,[7] te weeten alsoo voir desen ingestelt was zeeckere bewerp daerop men soude mogen convoceren ende houden een nacionael synode tot wechneminge van de droeve opgeresen kerckelycke misverstanden ende voercomminge van meerder zwaricheyden ende onheylen, ende dat hare principalen naer communicatie elcx in den zynen op voergaende bescryvinge 'tzelve concept hadden geëxamineert ende hun daerop gelast ende geauthorizeert, dat zy daerom zeer geerne hierop souden verstaen d'intentie van de anderen provinciën, off deselve mede daerop zyn gelast omme het besoigne by der hant te moegen nemen, alsoo den tyt verre loopt ende hunne principalen tot dyen eynde mede eenige extraordinarise gedeputeerde zyn houdende, etc.

(25) convoceren...houden] A: *interl. add. repl. del.* houden – (31) daerop] A: *foll. by del.* mede

[7] 7 November 1617.

Ende na gedaen ommevrage hebben de gecommitteerde van den provinciën van Gelderlant, Zeelant, Vrieslant ende Stadt Groeningen ende Ommelanden verclaert dat zy hun 't voirseide concept laten gevallen ende 'tselve aennemen. Dan alsoo by die van Zeelant, Vrieslant ende Stadt ende Lande eenige pointen ende consideratiën zyn gemoveert die men daerby soude moegen voegen ende dat die van Hollandt, Utrecht ende Overyssel de voirseide convocatie alnoch difficulteren, emmers versoecken dat men sulcke resolutie nyet en soude willen precipiteren noch yet voernemen dat hun onereulx ende de tsamentlycke provinciën tot prejuditie soude strecken, overmits de aenstaende vergaderinge van de heeren Staten van Hollandt binnen veerthien dagen ofte drye weecken naestcommende die onder anderen op dese zaecke ende kerckelycke questiën mede sullen besoigneren, is de resolutie opte voirseide consideratiën gemoveert in 't voirseide concept ter begeerte van die van Gelderlant uuytgestelt tot morgen, omme ondertusschen deselve nairder examineren ende hun daerop te bedencken.

RSG 1681   II/1.1–24   11 November 1617
Articles to Convene the National Synod Approved
It is inquired whether Gelderland has had sufficient time to consider the additions to the draft of the Articles to Convene a national synod. The deputies of Holland, Utrecht and Overijssel react with statements, as do two deputies in the name of Dordrecht and the other protesting Holland cities. As for the proposed changes in the draft, Gelderland agrees, but three of their deputies do not consent and hand in a declaration. Holland, Utrecht and Overijssel maintain their declarations. Zeeland, Friesland and Groningen agree to the changes and ask Holland, Utrecht and Overijssel to conform. The amended draft is approved.
President: Jacob Magnus (Zeeland).
Sources: A: 265r–266r; B: 303v–307r. – Related sources and texts: All declarations, some inserted annexes, some probably only written down for the benefit of the clerk who wrote the Net Resoluties, and the Articles to Convene are inserted into the Net Resoluties only. Originals are not extant. For the Latin version of the Articles to Convene, see no. II/1.245, also printed in the Acta (1620), 1:15–18. RSG

(1) vrage] A: interl. add. – (1) gecommitteerde] A: prec. by del. tsamentlycke – (1–2) provinciën] A: foll. by del. hun daerop verclaert ende namentlyck de provinciën – (3) verclaert... hun] A: interl. add. – (3) concept] A: foll. by del. hebben – (3) ende] A: foll. by del. aengenomen – (3–4) 'tselve aennemen] A: interl. add. – (6) voegen] A: foll. by del. omme de zaecke te faciliteren – (6) Overyssel] A: interl. add. repl. del. Vrieslant – (8–9) noch... overmits] A: marg. add. – (9) de] A: prec. by del. mits – (10) heeren] A: prec. by del. provincie – (11–12) die... besoigneren] A: interl. add. repl. del. omme op een accommodement van de kerckelycke questiën alnoch te delibereren ende nyet voernemen dat hun onereulx en de tsamentlycke provinciën tot prejuditie soude strecken – (13) in] A: interl. add. repl. op – (13–14) ter... Gelderlant] A: interl. add.

NR 1681 highlights that articles 10, 11 and 16 have been changed. The declarations of Holland, Utrecht, Overijssel and the Holland cities are printed in Den Tex, 4:543–544.

265r A | Is geproponeert oft die van Gelderlant haer hebben bedacht opte consideratiën gisteren gemoveert van wegen de provinciën van Zeelant, Vrieslant ende Stadt Groeningen ende Ommelanden op het ingestelde concept daerop men soude mogen convoceren ende houden een nacionael synode.

Die gecommitteerde van de heeren Staten van Hollandt ende Westvrieslant, Utrecht ende Overyssel hebben voergelesen, verclaert ende by gescrifte overgegeven 't gene hierna volght geïnsereert.

Hiertegen hebben die heeren Wittenss van Dordrecht ende Wittenss van Amstelredam, gecommitteerde raden van Hollandt van wegen deselve steden van Dordrecht ende Amstelredam, mitsgaders van Enchuysen, Edam ende Purmerende, gerepeteert de verclaringe by hen gedaen tegen zeeckere voergaende protestatie alhier ter vergaderinge geschiet van wegen d' voirseide heeren Staten van Hollandt ende Westvrieslant, gelyck zy deselve hare verclaringe hebben aengenomen nairder by gescrifte over te geven omme oyck geïnsereert te werden.

265v A | Die van Gelderlant van wegen deselve Landtschap hebben hun de voirseide consideratiën laten gevallen ende geaccordeert dat men het concept ofte bewerp daerna sal dresseren gelyck zy aengenomen hebben haer advys nairder by gescrifte in handen van den greffier over te geven om oyck te insereren. Die heeren Biesman op zynen naem ende van den heere Pieck absent, ende die heere Brienen qualitate qua hebben elck appart verclaert gelyck zy aengenomen hebben by gescrifte over te geven om oyck geïnsereert te werden.

Die van Hollandt, gevraeght zynde, hebben verclaert anders nyet hierop te kunnen seggen als zy met die van Utrecht ende Overyssel by gescrifte hebben verclaert ende overgegeven.

Die van Zeelant hebben hun de voirseide consideratiën laten gevallen ende oyck geaccordeert dat men het concept daerna sal dresseren, versoeckende ernstelyck dat die heeren van Hollant, Utrecht ende Overyssel tot meerder

---

(4) die] *A: in connection with the following interl. add.* de *has been changed into* die – (4) van Gelderlant] *A: interl. add. repl. del.* provinciën – (7) convoceren] *A: prec. by del.* houden – (7) synode] *A: foll. by del.* tot wechneeminge van de droeve opgeresen kerckelycke misverstanden en – (9) voergelesen] *A: interl. add.* – (14) de] *A: interl. add. repl. del.* hare voergaende – (14) verclaringe] *A: foll. by del.* tegen ged – (14) hen] *A: interl. add.* – (15) voirseide] *A: probably marg. add.* – (16) heeren] *A:* dheeren – (21) dresseren] *A: foll. by del.* ende houden gearresteert te – (23–26) Die...werden] *A: marg. add.* – (24) qualitate qua] *A: interl. add.* – (24) elck] *A: foll. by del.* gedaen – (28) ende] *A: interl. add.* – (28) gescrifte] *A: foll. by del.* overg – (30) ende] *A: foll. by del.* ge – (31) dresseren] *A: foll. by del.* ende houden gearresteert – (32) Utrecht...Overyssel] *A: marg. add.*

eenicheyt gelieven hun daermede te conformeren, hebbende insgelycx aengenomen dese hare verclaringe nairder by gescrifte over te geven.

Die van Utrecht persisteren by het overgegeven gescrifte van wegen dien van Hollandt ende Westvrieslandt, Utrecht ende Overyssel.

Die van Vrieslant laten hun oyck gevallen de gemoveerde consideratiën, accorderende dat men het concept daerna sal dresseren versoeckende van gelycken dat die van Hollant, Utrecht ende Overyssel hun daermede willen conformeren. Ende sullen oyck dese hare verclaringe nairder by gescrifte overgeven om te boucke geïnsereerd te werden.

Die van Overyssel persisteren alnoch by het overgegeven gescrifte van wegen die gecommitteerde van Hollandt ende Westvrieslant, Utrecht ende Overyssel.

Die van Stadt ende Lande laten hun insgelycx gevallen de gemoveerde consideratiën consenterende dat men het concept daernae sal dresseren, ende sullen oyck dese haere verclaringe nairder by gescrifte overgeven om geïnsereert te werden, versouckende insgelycx dat die van Hollandt ende Westvrieslandt, Utrecht ende Overyssel sich hiermede te willen conformeren.

Zynde daerna geresumeert de respective opiniën ende advisen van de provinciën, zyn de voirseide ingestelde concepten ende articulen mette bygevoeghde consideratiën hiervoeren vanwegen de provinciën van Zeelant, Vrieslant, Stadt Groeningen ende Ommelanden gemoveert, goetgevonden ende gearresteert ende gelast te bouck gestelt te werden, ende zijn de difficulterende provinciën wederom zeer vrientlyck ende ernstelyck versocht, gelyck deselve telckens by de respective advisen op het hoochste ende met alle moegelycke redenen daertoe dienende versocht zyn geweest, dat hun believen wilde tot de meeste eenicheyt, dienst van het landt ende ruste van de kercke hun daerby te voegen ende conformeren.

Hierna volgen by ordre geïnsereert de voirgaende opiniën ende advisen by de gecommitteerde van de provinciën respective, mitsgaders die gene die by eenige heeren in 't particulier ende van wegen verscheyden steden van Hollant verclaert ende by gescrifte overgegeven zyn, als namentlyck voer eerst de verclaringe ende protestatie gedaen ende overgegeven wegen de provinciën van Hollandt ende Westvrieslandt, Utrecht ende Vrieslant, Overyssel.

(2) dese] A: *prec. by del.* hare – (2) nairder] A: *interl. add.* – (4) ende Westvrieslandt] A: *interl. add.* – (6) dresseren] A: *foll. by del.* ende houden gearresteert – (7) Overyssel] A: *interl. add. repl. del.* Vrieslant – (9) te] A: *prec. by del.* geïnser – (14) consenterende] A: *foll. by del.* ende houden gearresteert – (18–27) Zynde...conformeren] A: *marg. add.* – (22) gestelt] B: geïnsereert – (22) werden] A: *foll. by del.* ... hierna volgende – (22–23) ende...provinciën] A: *first underlined, with the intention to consider it deleted* – (26) wilde] A: *foll. by del. interl. add.* haer daermede te conformeren – (26–27) tot...conformeren] A: *marg. add.* – (28) volgen...geïnsereert] A: *interl. add. repl. del.* by ordre te insereren – (29) die] A: *foll. by del.* van wegen eenige

266r A | Daerna de contreverclaringe gedaen by de heeren Wittenss van wegen de steden Dordrecht, Amstelredam, Enchuysen, Edam ende Purmerende ende by gescrifte overgegeven.

Voorts het advis van die van Gelderlant ende vervolgens daerna de verclaringe van de heeren amptman Pyeck, Biesman ende Brienen.

Voorts de verclaringe van die van Hollandt ende Westvrieslant dat zy anders hierop nyet kunnen seggen als zy met die van Utrecht ende Overyssel by gescrifte gedaen ende overgegeven hebben.

Voorts het advis van die van Zeelant.

Daerna te stellen dat die van Utrecht persisteren by haer overgegeven gescrifte van wegen die van Hollandt ende Westvrieslant, Utrecht ende Overyssel.

Hierna het advis van die van Vrieslant.

Voorts de verclaringe van die van Overyssel dat zy alnoch persisteren by het overgegeven gescrifte van wegen die gecommitteerde van Hollandt ende Westvriesland, Utrecht ende Overyssel.

Lestlyck d' advisen van die van Stad Groeningen ende Ommelanden.

Daerna te insereren de gearresteerde pointen ende articulen.

304r B **II/1.1–24a** | Die gecommitteerde van de heeren Staten van Hollandt ende
304v B Westvrieslandt, Utrecht ende Overyssel verclaren, alsoo by de naerder Unie van Utrecht, wesende het | fondament van de vergaderinge van de heeren Staten Generael, art. xiii de dispositie in religionssaken uuytdruckelyck aen de heeren Staten van de respective vereenichde provinciën elcx in den haren is gereserveert, ende dat de heeren Staten Generael volgens 't 1^e article van de voorseide Unie expresselyck verbonden syn den heeren Staten van de respective provinciën in haer voorseide gereserveerde recht, met goet ende bloet te handthaven, styven ende stercken jegens een yegelyck, dat daeromme vreempt, ongefondeert ende jegens het gebruyc in dese vergaderinge tot noch toe onderhouden, dat men by overstemminge yet wil ordonneren in saken daervan de Generaliteyt geen dispositie en heeft, 't en ware alle de provinciën daerinne bewillichden, houdende daeromme voor nul, van onweerden ende crachteloos alle 't gene in de religionssaken tot noch toe by dese vergaderinge gedaen is, ende voorder gedaen sal worden, sonder hare bewillinge. Ende insinueren de gecommitteerde van dese vergaderinge die nu presideren ofte naemaels presideren sullen, mitsgaders den greffier, van hem te onthouden inne te stellen, parapheren oft teeckenen eenige acten, missiven ofte depeschen in de

(8) gedaen] *A: foll. by del.* hebben – (17) Ommelanden] *A: foll. by del. paragraph:* Hierna te volgen de conclusie hiervoeren staende ende beginnende, zynde daer geresumeert op dit afteecken #0 – (18) de] *A: foll. by del.* poin – (18) articulen] *A: foll. by del.* ende te stellen haer voergaende versoeck ende zyn de difficulterende provinciën daer – (24) volgens] *B:* voolgens

religionssaken op den naem van de heeren Staten Generael, omme niet gehouden te worden voor autheurs ofte participanten van notoire onwaerheyt, met het gene daeruuyt volcht, ende veroorsaeckers van groote onheylen ende inconveniënten.

II/1.1–24b Die gecommitteerde van de steden van Dordrecht ende Amsterdam, gesien hebbende de verclaringen ende protestatiën op de naem van de heeren Staten van Hollandt ende Westvrieslandt ofte derselver gecommitteerde ter vergaderinge van de heeren Staten Generael op 't geproponeerde van 't houden van een synode nationael voor desen gedaen ende in gescrifte overgelevert, oock gehoort dat deselve onlangs ende meermalen syn geïtereert, mitsgaders 't gene op huyden op den naem van de Gecommitteerde der heeren Staten van Hollandt ende Westvrieslandt, Utrecht ende Overyssel by monde ende gescrifte is verthoont, persisteren alnoch by 't gene by haer oock uuyt den naem van de steden van Enchuysen, Edam ende Purmerende op den 29^{en} Septembris voorleden daerjegens is geopent in de voorder verclaringe, dat de heeren Staten van Hollandt ende Westvrieslandt egeene resolutie genomen ofte last gegeven hebben omme jegens de gedeputeerden van d' andere provinciën ter oorsake van de bevoorderinge des nationalen sinodi van infractie van d' Unie ofte anderssins te protesteren ofte yet te proponeren daerdoor d' eenicheyt in religionssaken in ende tusschen de tsamentlycke provinciën tot noch toe onderholden, soude worden gedissolveert. Ende alsoo sonder voorgaende kennisse ende last van 't collegie van de Gecommitteerde Raden van de heeren Staten van Hollandt ende Westvrieslandt mette gecommitteerde van de heeren Staten Generael mede op den naem van de gecommitteerde der heeren Staten van Utrecht ende Overyssel, bysondere communicatie is gehouden ende seeckere particuliere gescriften ingestelt, 't welcke sonder behoorlycke ende genoechsaeme examinatie ter vergaderinge van de heeren Staten van Hollandt ende Westvrieslandt buyten den gewoonelycken ordre te voorschyn is gebracht ende daertoe gedirigeert om te verhinderen ende infructueux te maecken het voornemen van de meeste provinciën tot het houden van een synode nationael (daertoe off 'tselve voornemen jegens d' Unie van Utrecht soude stryden), soo verclaren de voorseide gecommitteerde de voorverhaelde communicatie, instellinge met gevolchde opening onbehoorlyck gedaen, oock nyet conform de last ende intentie van de heeren Staten van Hollandt ende Westvrieslandt, welcke op het verstant ende practycke van de religionssaecken van d' andere provinciën off te sonderen ofte te verbreecken d' eenicheijt die daerinne met de begintselen ende voortganck van de oorloge is vermeerdert, ende allenskens tot eenparicheyt gebracht. Versoecken daeromme dat soodanige voorgaende ende gevolchde vercla-

(25) Generael...Staten] *B: marg. add.*

ringen ende protestatiën nyet aengenomen en werden als off die by ende uuyten naem van de heeren Staten van Hollandt ende Westvrieslandt waren voorgestelt, welcker resolutiën neffens de consideratiën ende intentiën van veele leden van Hollandt ende Westvrieslandt haer nyet weyniger als andere gecommitteerde raeden bekent synde, soo verre nyet behooren nochte connen getrocken ofte sulcker maten beduydet ende in 't werck gestelt worden, sonder oock daerdoor de toecommende deliberatiën van de heeren Staten van Hollandt ende Westvrieslandt grootelycks te prejudiceren ende meerder onlusten ende oneenicheden onder de leden van deselve te verwecken, daervan de voorseide gecommitteerde begeren ontschuldich gehouden te werden.

II/1.1–24c Uuyt den naeme ende van wegen die provincie van Gelderlandt is verclaert | ende werdt verclaert mits desen dat men het ontwerp van de poincten ende articulen waernae ende waerop die bescryvinge, beleyt, 't houden ende besluyt eenes nationalen synode soude gestelt ende gedirigeert worden, tot beslichtinge van de misverstanden in 't stuck van de religie nu eenige jaeren in de Vereenichde Nederlanden verresen, gelyck 't selve ontwerp by eenige heeren gecommitteerde van dese vergaderinge voor desen is ingestelt en nu van de provinciën van Seelandt, Vrieslandt, Stadt Groeningen ende Ommelanden op den 10, 11 ende 16 articulen (waernae het selve concept staet te dresseren) geaugmenteert is, in forma prout iacet geapprobeert, laudeert ende ratificeert, arresterende oversulcx ende houdende voor gearresteert 't selve concept mits desen, ende dat in gevolge van dien d' uuytscryvinge des synodi nae den inhouden van de selve articulen opten naeme van de Hoog Mogende heeren Staten Generael in 't werck gestelt werde, welverstaende dat het besluyt van de synode nationael geen gevolch gewinnen sal voor ende aleer 't selve by de heeren Staten van de particuliere provinciën aengenomen sy, versoeckende die heeren Staten van Hollandt, Utrecht ende Overyssel sich te willen conformeren met dese goede intentie, tot ruste van de kercke ende politie.

II/1.1–24d Wilhem Pieck, ambtman, gecommitteerde van wegen die ridderschap van het quartier van Nimmegen in die vergaderinge van die Hoog Mogende heeren Staten Generael, verclaert goet te vinden die bevoorderinge van het synode nationael volgende der landtschaps resolutie, maer dat hy hem beswaert vint in 't gebesoigneerde tot Aernhem gedaen by die Gecommitteerde van de Landtschap en het Hoff, sonder expresse last van zyne principalen, te weten die Landtschap, ende dat hy tho vreden is het voorseide gebesoigneerde aen te nemen op aggreatie ende ra-

---

(21) is] B: interl. add. – (21–22) in ... iacet] B: *in Latin script*

tificatie van der Landtschap. Actum in 's Gravenhage den xiii[en] November 1617, geteeckent Wilhem Pieck.

II/1.1–24e D'heere Biesman, in absentie van den amptman van Beest, beyde gecommitteerde van wegen 't Nimmeechsche Quartier, verclaerden dat verstaen hebbende dat by de extraordinaris gecommitteerden van Gelderlandt ter vergaderinge van de Staten Generael souden werden ingebracht seeckere resolutie dienende tot approbatie van 't geene by gecommitteerden van vier provinciën was beraempt tot het houden van een synode nationael, mit intentie om by de selve provinciën daerop by overstemminge geconcludeert te worden, ende dien volgens op den naem van de Staten Generael te bevoorderen d' uuytscryvinge van de selve sinode nationael tegens wille van de provinciën van Hollandt, Utrecht ende Overyssel, die tegens dit besoigne hebben geprotesteert, haer beclagende over infractie van de Naerder Unie by de 'tsamentlycke provinciën beswooren ende insurpatie op haer vry- en de gerechticheyt, etc., sy haer hierinne hebben beswaert gevonden ende daerom dese sake doen gelangen aen de gecommitteerden van ridderschap ende steden des Nimmeechsche quartier, in een goet getal tot Nimmegen vergadert geweest synde, ende deselve toegesonden het beraemde mit alle de stucken tot dese materie gedient hebbende, ende daerop gewacht off haer edele belieft hadde, 'tgeene tot Aernhem gebesoigneert was t' approberen, ende haer last ofte consent toe te scryven dat 'tselve voor resolutie in naeme van de Staten van Gelderlandt soude worden ingebracht. Dan alsoo by deselve vergaderinge swaricheyt is gemaeckt worden op haer bedencken yets te resolveren, verblyvende alleen by des landtdaechs reces, dat daerom sy gecommitteerden veel meer oorsaeck hadden haer te beswaren ende souden oversulcx nyet connen goetvinden dat in naeme van de Staten van Gelderlandt eenige resolutie soude werden ingebracht, die soude mogen dienen tot infractie van d' Unie ende schoeringe tusschen provinciën ('t en waere by inductiën alle provinciën conde beweecht werden daerin te consenteren) sonder daertoe te hebben expresse last van de Landtschap, staetsgewyse vergadert. Gedaen den 11 November 1617.

II/1.1–24f Ick onderscreven, by myn heeren Staten des furstendombs Gelder ende der Graeffschap Zutphen, synde ter nominatie des Quartiers van Aernhem uuyt de ridderschap gecommitteert om van de Landtschaps wegen te presideren ter vergaderinge der heeren Staten Generael unde onder anderen gelast my mit correspondents van 't Hoff unde der Landtschaps Gedeputeerden de saken (ter Generaliteyt) daer hersien te beleyden, datter tot stadthoudinge van de eenmael aengenomene leere und tot voorcom-

(2) Wilhem Pieck] B: *in Latin script*

minge van scheuringe een nationael synodus aengestelt ende geholden moge worden, alles nae uuytwysen des in martio 1617 binnen Nimmegen geholdenen landtdaechsrecesse, verclaert dat ick noyt en hebbe ofte noch en can verstaen anders dan dat onse last solde strecken my mit bewillinge van alle de provinciën in goeder eenicheyt by eenparige stemmen unde by de beste gelegentheyt het voorseide synodus tot vermydinge unde niet tot vermeerderinge van | scheuringe solde beraempt unde gehalden mogen worden. Dan alsoo bevonden wordt dese saecke soo verre te verloopen dat nae onderlinge verscheyden contestatiën van de provinciën eyntelyck (nyettegenstaende de ernstige oppositie by den heeren van Hollandt, Utrecht ende Overyssel gedaen) die heeren van de drye tegenstemmende provinciën hebben verstaen datter yet preparatoirs solde mogen op het papier gebracht worden waerop het nationael synodus soude te rechten syn onder d' authoriteyt van de heeren Staten Generael, unde by examinatie ter vergaderinge van de Hoog Mogende heeren Staten Generael op den xxix^{en} Septembris goetgevonden is dat men mittet opgedachte concept solde voortvaren, gelyck geschiet is, dan by expressen bedinge van Gelderlant dat sulcx soude syn op behaegen oerer heeren principalen, 'twelck alsoo opten voorseide xxix^{en} September gedaen ende ten register van oere Hoog Mogenden gebracht is, als onse geldersche graeffschap Zutphen daer tegenwoordich was, die nu absent is, waerop dan gevolcht dat eenige van de provinciën, vertogen ende wedergekeert synde, uuyt den naem van Gelderlandt eerst muntlyck op den x^{en} November, und daernae schriftelyck, door d' extraordinaris heeren gedeputeerde op den xi^{en} derselver maents seecker gescrifte, dienende tot approbatie van de ingestelde concepten, um daerop een nationael synodus bescreven te worden, voorgelesen unde volgens op den xiii^{en} om te bouck gebracht te worden aen de greffier overgelevert is, waertegen die heeren van Hollandt, Utrecht unde Overyssel conjunctim sich hebbende tegen gestelt unde geprotesteert over infractie van de Naerder Unie, mit insinuatie daertoe dienende, 'twelck geëxhibeert is den voirseide xi^{en} November. Soo hebbe ick echter (insonderheyt, daer die van Hollandt voor ditmael anders niet begeerden als dilay van twee ofte drye weecken om ter dachvaert te commen, daerin sie um seecker consideratiën tot noch toe verhindert waeren, und gaven hoop dat volgens by een particuliere synode by hun (die voornaementlyck het swevende verschil raeckte) tho holden, solde 'tselve verschil bygelecht unde geslist mogen worden) my niet gelast gevonden om hiertegen und tegen de voorgaende summatie van Hollandt um hun in gevolch van de voorseide Unie te helpen de publycque authoriteyt tegen de populaire commotiën ende beroerten te mainteneren unde handthaven, my te for-

(4) dan] B: interl. add.

malizeren unde daerover te staen dat wy met onser stemmen solden den driën anderen provinciën mogen byvallen, eene affsonderlyck Generaliteyt helpen causeren unde de schoeringe te vermeerderen unde ditte sonder expresse last van onse heeren principalen, die welcke alleen unde niemant anders ick in desen en kenne, dan dalinge Landtschap staetsgewyse vergadert, die welcke Landtschap soo verre van daer is, dat sy ons tot dese separatie solde last gegeven hebben, dat sy noch tsedert de voorseide contestatiën noyt en sint vergadert, hoewel wy daerop ernstelyck den 2/12, item den 5/15 unde eyntelyck den 11/21 Octobris deses lopende jaers ernstelyck aengehalden, dan tot noch toe nyet en hebben obtineren cunnen, gelyck 't blyckt uuyt de rescriptie daerop gevolcht den 17^{en} Octobris 1617 stilo vetero, waerom dat my nyet en solde connen gerust halden over eene sulcke separatie gestaen te hebben sonder expres bevel van de Landtschap voorseid, daer ons allen gelycken wel kennelyck is dat al onse macht bestaet in eendracht unde dat de vyant op ons geen meerder voordeel en can gewinnen dan in onser oneenicheyt unde dat wy sullen tegen den anderen mogen loopen unde den anderen byten om verteert te worden, daervoor ons Godt genadelyck wil bewaeren, und dit heb ick tot quytinge mynes schuldigen plichts, onder myn eygen handt aldus wel willen te bouck doen stellen. In 's Gravenhage den 5/15 November 1617. Was onderteeckent Henrick van Brienen d' Alste.

Die van Hollandt ende Westvrieslandt verclaren dat sy anders hyerop nyet cunnen seggen als zy met die van Utrecht ende Overyssel by gescrifte gedaen ende overgegeven hebben.

II/1.1–24g Die gecommitteerde van Zeelandt verclaren dat hunne principalen wel ende rypelyck geëxamineert ende overwogen hebbende, naer voergaende bescryvinge de concepten ende articulen ingestelt tot het beleyt, directie ende houden van eenen nationalen synode tot wechneminge van de differenten ende swaericheyden in de religions saecken ende 't geene daervan dependeert, deselve articulen syn goetvindende. Doch stellen in bedencken ende consideratie ofte nyet dienstich en waere dat by het elffste artyckel werde gevoecht dit naervolgende: sonder dat de geene die anders mochten hebben geopinieert dan by de synode soude mogen werden beslooten, over deselve haere opiniën sullen werden gesuspecteert, gecensureert off desen aengaende beswaert, ende dat in het xvi artyckel werde gestelt in plaetse van een ofte twee gequalificeerde persoonen absolutelyck twee gequalificeerde persoonen. Actum den x November 1617.

II/1.1–24h | Die gedeputeerde van Zeelandt verclaren mede dat sy de consideratiën by die van Seelandt, Vrieslandt ende Stadt Groeningen ende Ommelanden gemoveert toestaen ende aennemen, tevreden synde dat deselve in de concepten werden geïnsereert ende gearresteert. Actum den xi Novembris 1617.

Die van Utrecht persisteren by het overgegeven gescrifte van wegen die van Hollandt ende Westvrieslandt, Utrecht ende Overyssel.

II/1.1–24i Die gecommitteerde van Vrieslandt verclaren dat sy het concept ofte bewerp van 't synode nationael by haer edele Hoog Mogender commissarissen beraempt ende nu alhyer ter vergaderinge voorgelesen sich wel laten gevallen, stellende alleenich in bedencken van haere Edel Mogenden het x artyckel alwaer gesecht wordt, in 't eynde van 't selve artyckel, sy met eede sullen verplicht werden, ofte nyet goet en waere, vermits sulcx voor desen nyet geschiet en is, ende oock in futurum niemandt eenige prejuditie soude mogen geven, hyerby te doen dese woorden: sy in dese vergaderinge ofte synode met eede verplicht sullen werden. Actum den vii[en] Novembris 1617.

II/1.1–24j De sake van het concept oft ontwerp op 't holden ende bescryven eenes nationalen sinodi beraempt, verleden dingesdach ter vergaderinge van Haere edele Hoog Mogenden voorgedragen ende gelesen, ende huyden wederomme gerepeteert ende geresumeert synde, verclaren daeroppe de samenlycke gecommitteerde uuyt Vrieslandt door last ende commissie van hun principalen dat sy het voorseide concept mette verbeeteringen ende correctiën daerop by d' heeren van Seelandt, Stadt Groeningen ende Ommelanden ende haer edele selffs articulo thien gedaen, in alles ratificeren ende approberen, holden mits desen 't selve concept ofte bewerp hiermede voor gearresteert ende geresolveert, versoeckende alnoch d' heeren van Hollandt, Utrecht ende Overyssel sich hierinne mette vier andere provinciën te willen conformeren ende in 't bescryven ende convoceren van 't synode voorseid te consenteren. Actum den xi November 1617.

Die van Overyssel verclaren dat sy alnoch persisteren by het overgegeven geschrifte van wegen die gecommitteerde van Hollandt ende Westvrieslandt, Utrecht ende Overyssel.

Die gecommitteerde van Groeningen ende Ommelanden verclaren dat haer edele principalen, geëxamineert hebbende het ontwerp van de poincten ende articulen waernae ende waerop de bescryvinge, beleyt ende 't houden eenes nationalen synode soude mogen werden gestelt ende gedirigeert, tot beslichtinge van de misverstanden in de religie ontstaen, 't selve ontwerp approberen voor goet, ende oversulcx voor geresolveert ende gearresteert houden mits desen, voorslaende dat dien volgende de uuytscryvinge gedaen, ende wat daeraff meer dependeert mitten eersten ten effecte behoort gestelt te worden. Ende alsoo by eenige provinciën noch eenige cleene additiën, doch de principale substantie nyet veranderende, syn gedaen, als van de predicanten, om haere advysen over dese sake nyet te censureren ofte beswaren, item dat den eedt in dese vergaderinge ofte synode sal worden gedaen, in 't x artickel by te voegen, alsoock dat in 't xvi^e artickel worden expresslyck gestelt van twee persoonen, wesende lidtmaten van de kercke, doende professie van de Gereformeerde religie, daermede de heeren van Hollandt, Utrecht ende Overyssel sich in desen mette vier andere provinciën willen conformeren.

II/1.1–24k Poincten ende articulen op 't beleyden ende houden van een nationael synodum, gearresteert ter vergaderinge van de Hoog ende Mogende Heeren Staten Generael der Vereenichde Nederlanden opten xi November 1617.

I Eerstelyck sal noodich wesen dat xiiii dagen ofte drye weecken voor de byeencompste eenen algemeenen vast- ende bededach over alle de provinciën by Haer Hoog Mogenden werde uuytgescreven, ten eynde de voorgenomen handelinge by Godt Almachtich gesegent, | de ruste in de kercke ende de onderlinge eenicheyt der ingesetenen aldaer tot Godes eere wederom gevonden ende becommen werde.

II Dat de uuytscryvinge des nationalen synode by de Hoog Mogende heeren Staten Generael geschiede, ende in Hare Hoog Mogender brieven naemcundich die bekende vyff poincten gestelt ende geïnsereert werde, mette clausule dat by soo verre by eenige van de provinciën andere gravamina waeren, de gemeene Nederlandtsche kercken raeckende, oock een particuliere, soo by de provinciale synoden nyet en hebben connen affgedaen ofte gerechtet werden, dat die deputatie totten nationalen synodum gecommitteert soodanige beswaernissen in geschrifte claerlyck ende duydelyck aen 't synode nationael te brengen hadde.

III Datter tot beeter ordeninge ende om confusie te vermyden by de respective particuliere synoden ses gequalificeerde persoonen sullen worden gedeputeert, onder welcke vier ofte ten minsten drie predicanten sullen syn, ende die andere twee ofte drie mogen syn gequalificeerde persoonen, ouderlingen ofte andere lidtmaten van de kercke, doende professie van de gereformeerde religie.

IIII Dat oock mede tot desen synode sullen verscreven worden de kercken van de Walsche tale, synde onder de gehoorsaemheyt van de heeren Staten Generael, gelyck mede de cruyskercke van de beyde talen in Brabant, Vlaanderen ende andere Nederlandtsche provinciën, die sich sullen voegen onder de naeste gelegene provinciale synoden.

V Daerbenevens soude Syne Majesteyt van Groot Brittanniën, insgelycx die gereformeerde kercken in Vranckryck, mede den cheurfurst paltzgrave ende landtgrave Maurits van Hessen, mitsgaders de gereformeerde kercken in Switzerlandt (tot beter correspondentie ende eenicheyt in de leere), versocht worden om yder te willen deputeren drie ofte vier godtsalige, vreetsaeme ende geleerde theologanten, om met hare tegenwoordicheyt ende beleyt d' actiën van den synode te assisteren ende de swaericheyden te helpen beslichten.

VI Dat oock nevens deselve die professores theologie uuyt de accademiën ofte illusterre schoolen van dese provinciën totten synode beroopen sullen worden.

VII Stellende in bedencken van Haere Hoog Mogenden off nyet mede goet en waere eenige geleerde theologanten uuyt de naebuyrige Gereformeerde kercken van Oostvrieslandt ende Bremen ten selven eynde te verschynen.

VIII Sal oock alle anderen predicanten (boven de gedeputeerden alsvooren) vrystaen ende toegelaten worden in de vergaderinge van 't synode te compareren ende haer bedencken met voorgaende consent van de preses ofte vergaderinge te proponeren, mits haer onderwerpende het oordeel des synodi, die welcke doch, omme confusie te vermyden, over de resolutiën sich sullen hebben te vertrecken, ten waere dat de vergaderinge anders goetvonde.

IX In de vergaderinge sullen vooreerst verhandelt worden die bekende vyff controverse poincten ende de swaricheyden daeruuyt resulterende, om te besien hoe men met ruste van de kercke (behoudende altyt de suyverheyt van de leere) dieselve op 't gevoechlycxt soude cunnen nederleggen, gelyck daernae by ordre mede sullen voorcommen de gravamina, soo gemeene als de particuliere kercken raeckende.

| X In de verhandelinge van alle 'twelcke die waerheyt van de leere aengaende sullen die gedeputeerde met behoorlycke ende volcommen ondersoeck alleen Godes woort ende niet eenige andere scriften tot richtsnoer nemen, waertoe, ende dat sy nyet anders dan Godes eere ende de ruste van de kercken en sullen voor oogen hebben, sy met eede in dese synode ofte vergaderinge sullen verplicht worden.

XI Ende wat alsdan by de meeste stemmen voor goet gevonden sal worden, sal voor een synodael besluyt ofte regel gehouden worden, sonder dat de gene die anders mochten hebben geöpinieert over deselve hare opiniën sullen werden gesuspecteert, gecensureert ofte desen aengaende beswaert.

XII Ende by soo verre eenige saken voorvielen daerin men soude eenige beswaernisse vinden, soo sal tot het oordeel ende goetvinden der vergaderinge gereserveert blyven waerop, hoe ende wanneer dat hyerover reces sal mogen genomen werden, ende zal de vergaderinge wederom byeen commen op den aen te bestemmen tyt, sonder nieuwe bescryvinge.

(9) eenige] B: *interl. add.* – (38) gereserveert] B: geserveert

XIII Den tyt van de convocatie des synode wordt beraempt (op correctie) tegen den i^en Mey des aenstaende jaers 1618 stilo novo.

XV Aengaende de plaetsen van 't houden des sinode stelt men in bedencken off nyet behaechlyck soude wesen Dordrecht, Utrecht ofte 's Gravenhage.

XVI Tot de meeste richticheyt soude men goetvinden dat by de respective provinciën twee gequalificeerde persoonen, doende professie van de religie ende wesende litmaten van de kercke, genomineert werden ende by de heeren Staten Generael geauthoriseert ende gecommitteert omme in den synode te erschynen, 'tselve by te woonen ende de actiën ende beleyt te modereren, ten eynde alle onordeningen mogen voorgecommen worden.

XVII Dat nae het besluyt van de synode nationael aen de heeren Staten Generael van de actiën rapport sal worden gedaen ende het gehandelde ofte acta synodalia overgebracht om op de approbatie derselver by haere Hoog Mogenden gedisponeert te worden nae behooren.

Ende syn alsoo naer voorgaende resumptie de voorseide poincten ende artyckelen met de respective consideratiën by die van Zeelandt, Vrieslandt ende Stadt Groeningen ende Ommelanden daerop gemoveert, goetgevonden ende gearresteert, met last deselve alsoo te bouck gestelt te worden. Ende zyn de difficulterende provinciën wederom seer vriendelyck ende ernstelyck verzocht, gelyck deselve telckens by de respective advysen op het hoochste ende met alle mogelycke redenen daertoe dienende versocht syn geweest, dat hun gelieven wilde tot de meeste eenicheyt, dienst van het landt ende ruste van de kercke hun daerby te voegen ende conformeren.

RSG 1701 and 1702   II/1.1–25   16 November 1617
Placards and Status Quaestionis Deferred

A decision on the placards and on the status quaestionis is deferred till the next day.
President: Johan de Goyer (Utrecht).
Sources: A: 269r; B: 309r.

| Is geproponeert oft de provinciën eenige gelieven te committeren totte resumptie van den voergaenden placcaten daerby verboden werdt qualycken te spreecken van de regeringe, magistraten, etc.

Item of men de provinciën sal aanschrijven te willen formeren elck in den heuren met advis van eenige theologanten statum quaestionis van de kerck-

269r A

(33) placcaten] *A: foll. by del.* ... geëmaneert – (35–36) elck...theologanten] *A: marg. add.*

elycke questiën ende op eenige middelen adviseren ende beramen tot wechneeminge van den selve questiën ende misverstanden.

Maer is uuytgestelt daerop te resolveren tot morgen.

II/1.1–26   18 November 1617
Placards and Status Quaestionis Again Deferred

RSG 1716

A decision on the placards and status quaestionis is deferred till the next week.
President: Gerard de Goyer (Utrecht).
Sources: A: 271v; B: 311r.

Is wederom geproponeert de resumptie van de placcaten geëmaneert tegen het quaet spreecken opte regeringe, etc. ende het scryven aen de provinciën om elck te formeren statum quaestionis opte kerckelycke geschillen. Maer uuytgestelt te resolveren totte toecommende weke.

II/1.1–27   20 November 1617
Dordrecht Named as Venue; Stalemate

RSG 1735

Gelderland, Zeeland, Friesland and Groningen propose Dordrecht as the venue of the national synod, and each submits a counter-declaration against the declarations of Holland, Utrecht and Overijssel. The three protesting deputies of Gelderland repeat their own declaration. Holland and the protesting Holland cities also persist in their opinion. Utrecht and Overijssel insist on the placards and the status quaestionis, waiting for the States of Holland to convene, and accommodation of the differences.
President: Taco van Burmania (Friesland).
Sources: A: 274v–275r; B: 312v–315v. – Related sources and texts: The declarations of Gelderland, Zeeland, Friesland and Groningen are inserted into the Net Resoluties only. The original declarations are not preserved. Partly printed in Trigland, 994–997, and Uytenbogaert, 867–871.

274v A

| Is geproponeert nademael de convocatie van het nacionael synode is gearresteert, dat de provinciën soude gelieven te resolveren opte plaitsse van de vergaderinge van 'tselve synode.

Hierop hebben die gecommitteerde van Gelderlant voergeslagen met bewillinge van deselve, de stadt Dordrecht, overgevende by gescrifte zeecker contreverclaringe die zy doen opte protestatie gedaen by die van Hollant, Utrecht ende Overyssel hierna volgende geïnsereert. Daerop dat die heeren

---

(27–28) gearresteert] A: foll. by del. ende geresolveert – (30–31) met...deselve] A: interl. add. – (31–p. 50.2) by...deses] A: marg. add.

Biesman ende Brienen hebben gerepeteert hare voergaende verclaringe by hun gedaen by gescrifte den xi^{en} deses.

Die van Hollandt hebben verclaert dat zy persisteren by hare voergaende protestatie by hen met die van Utrecht ende Overyssel gedaen ende by gescrifte overgegeven, versoeckende copie van de voerszeide verclaringe by die van Gelderlant daer op overgegeven.

D' heere Wittenss van Amstelredam heeft insgelycx gepersisteert by de contreprotestatie by hem metten heere Wittenss van Dordrecht voer de selve steden ende van Enchuysen, Edam ende Purmerende gedaen.

Die van Zeelant hebben oyck genomineert de stadt Dordrecht, versoeckende wederom dat de provinciën van Hollandt, Utrecht ende Overyssel haer daermede ende mette anderen provinciën souden gelieven te conformeren, verclarende dat zy eene contreverclaringe opte protestatie geschiet ende overgegeven opten naem van den provinciën van Hollandt, Utrecht ende Overyssel by gescrifte hebben gestelt, die zy den greffier sullen behandigen om alhier geïnsereert te werden.

Die van Utrecht verclaren by soo verre als d' andere provinciën alnoch mette convocatie des synodi souden verstaen voirts te varen, dat zy oyck inhereren ende persisteren by de protestatie by haer met die van Hollandt ende Overyssel gedaen, verstaende alnoch dat men behoort voer te nemen de resumptie van de voergaende placcaten tegen de quaetspreeckers opte regeringe van 't lant, van Zyn Excellentie ende magistraten van de steden en het scryven aen de provinciën omme te formeren statum quaestionis opte kerckelycke questiën, gelyck dat geseet was de voergaende weke, dat men dese weecke doen soude, versoeckende daerbenevens dat men die vergaderinge van de heeren Staten van Hollandt die aenstaende is (opte welcke van de kerckelycke questiën ende accommodatie van de selve sal werden getracteert) soude affwachten ende daertegen nyet precipiteren, maer veel meer met malcanderen in communicatie commen op eenich expedient tot accommodatie gelyck dat de voerleden weke is voergeslagen.

Die van Vrieslant nomineren oyck de stadt Dordrecht ende verclaren dat zy aen den greffier in gescrifte sullen behandigen om te boucke gestelt te werden hare contreverclaringe opte protestatie van de provinciën van Hollandt, Utrecht ende Overyssel.

| Die van Overyssel verclaren dat zy persisteren by de verclaringe die tot verscheyden reysen de voergaende gecommitteerde van de Lantschap ter deser vergaderinge opte convocatie des synodi gedaen hebben, mitsgaders by de protestatie gedaen van wegen de provinciën van Hollant, Utrecht ende Over-

---

(4) by...met] A: *interl. add. repl. del.* met – (4–5) ende...overgegeven] A: *interl. add.* – (6) daer] A: *foll. by del.* tegen – (6) op] A: *foll. by del.* gedaen – (13–16) verclarende...werden] A: *marg. add.* – (28) precipiteren] A: *prec. by del.* sp – (29) commen] A: *foll. by del.* tot – (29) op] B: *omitted* – (36) ter] A: *prec. by del.* op

yssel, versoeckende mits dien dat men nyet will precipiteren, maer voernemen de resumptie van de voergaende geëmaneerde placcaten tegen de qualyckspreeckers opte regeringe, etc., ende het voergeslagen scryven aen de provinciën op het formeren van den statum quaestionis van de kerckelycke geschillen ende voirts metten anderen communiceren om te vinden eene goede accommodatie van deselve.

Die van Stadt Groeningen ende Ommelanden nomineren insgelycx de stadt Dordrecht, verclarende dat zy gesien hebbende de protestatie van die van Hollandt, Utrecht ende Overyssel, daertegen overgeven by gescrifte eene contreverclaringe, die zy begeren te bouck gestelt te werden.

Hierna volgen geïnsereert de contreverclaringen van de provinciën van Gelderlant, Zeelant, Vrieslant, Stadt Groeningen ende Ommelanden op te protestatie van de provinciën van Hollant, Utrecht ende Overyssel.

313r B **II/1.1–27a** | Die gecommitteerde van Gelderlandt, gesien ende verstaen hebbende het protest van de heeren gecommitteerden van Hollandt, Utrecht ende Overyssel opten xi^{en} deser conjunctim, ende te voorens by eenige van haer edele apart gedaen, waerin haerer heere principalen goede intentie in 't bevorderen van een sinode nationael geduydet werdt te stryden tegens d' Unie van Utrecht, ende te sollen veroorsaken groote onheylen ende inconveniënten, connen nyet naelaten daertegens te verclaren datte oprechte ende sincere intentie ende meynonge van welgemelte harer heeren principalen niet anders en is als door ordinarise, wettige ende alle tyt in Godes kercke geobserveerde middelen niet te veroorsaken, maer beslichten ende neder te leggen die groote verresene onheylen ende daeruuyt ontstaende inconveniënten. Synde oock tegenwoordig nyet tegens, maer conform d' intentie van de selve Unie soodane saken daeraen het wel off qualyck vaeren van de provinciën gelegen is (hoedanich mede syn de questiën over de religiën verresen) in de vergaderinge van Hare Hoog Mogenden te verhandelen. Ende off wel de voorseide gecommitteerde van Gelderlandt in dese conjuncture ongeraetsaem achten sich in dispute (die doch meer als te veel syn) te begeven over die interpretatie van de voorseide Unie van Utrecht, die doch oock de bontgenoten gesaementlyck, ende nyet eenige leden van dien affsonderlyck sonder communicatie van den anderen, toecompt, soo en connen sy evenwel nyet ledich syn in consideratie ende tegens het voorseide protest dit alleenelyck te moveren, dat ten tyde doen de Unie wierde opgerecht, alleenelyck twee religiën in consideratie quamen, te weeten die Gereformeerde ende papistische religie, maer dat die Gereformeerde religie tsedert dieselve tyt in alle provin-

(1) will] *A: foll. by del.* prece – (3) het] *A: foll. by del.* scry – (4) den] *B: omitted* – (11–13) Hierna... Overyssel] *A: marg. add.* – (37–38) religie] *B: foll. by del.* tsedert – (38) maer...tsedert] *B: marg. add.*

ciën is ingevoert ende aengenomen geworden, met seclusie van de andere. 'Tselve is mede notoir, gelyck oock is ende blyckt genoechsaem uuyt die publycque tractaten, dat wegens die Generaliteyt tot maintainement van de selve religie by uuytheemsche potentaten, soo in Vranckryck als in Engelandt secours ende assistentie nyet alleene versocht is, maer oock dat daerop alliantiën gemaeckt syn ende in de selve tot conservatie van de religie solcken regard genomen, dat wel expresslyck geconditioneert is dat geene gouverneurs, lieutenants ofte andere officiers solde gestelt worden, als wesende van de religie. Item dat in de religie geene veranderinge soude gedaen, maer dieselve gemainteneert worden, sulcx als die doen ter tyt, soo in Engelandt als dese landen geëxerceert wierde. Daerbeneffens is kennelyck dat in alle steden ende plaetsen selffs oock in de cautionaris steden[8] ende diegene die tsedert uuyt crachte van de Unie totte Unie syn gereduceert[9] geworden) die Gereformeerde ende geen andere religie is geëxerceert ende ingeplant geworden, als oock dat de Generaliteyt alle haere officiers, soo van hooge als lege qualiteyt, sich by eede heeft verplicht de selve provincie gehouw ende getrouw te syn die by de handthoudinge van de Gereformeerde religie souden blyven. Insgelycx dat in gevolge van dien continuelyck ende van tyt tot tyt placcaten ende ordonnantiën in 't stuck van de religie by Hare Hoog Mogenden syn geëmaneert geworden, hebbende in sodaene recommandatie de religie gehouden dat in 't jaer 98, als Oosterodius[10] ende Vendonius[11] die kercken van Hollandt wilden troubleren, | Hare Hoog Mogenden[12] met bannissement van haer persoonen ende verbrandinge van haere boecken, sulcx hebben voorgecommen. Ende daernae oock in 't jaer 1607 om eenige weynige verresene misverstanden, by de tegenwoordige niet te vergelycken in de religie, te assopiëren eenheylichlyck geresolveert tot het houden van een synode nacionael, ende alsoo van tyt tot tyt voor de religie, als wesende den eenigen bant van onse eenicheyt, sorge gedragen, ende op 't invoeren ende contumatie van dien alle dienstige middelen gebruyckt ende by de handt genomen, soo dat daerom wel vrempt soude syn dat nu daer geen questie is van een nyeuwe religie in te voeren off yemants op te dringen, maer die misverstanden in de eenmael aengenomen religie te beslichten, die middelen daertoe dienstich by de Generaliteyt nyet en soude mogen by de handt genomen ofte dienaengaende in Haere Hoog Mogende vergaderinge gedisponeert wor-

[8] In exchange for military aid, Queen Elizabeth I received two cautionary towns by the treaty of Nonsuch in 1585. These were the fortified cities of Brielle and Vlissingen, which controlled the navigational route to Dordrecht and Antwerp; also fort Rammekens which defended the route to Middelburg harbour.
[9] Nijmegen (1591) and the city Groningen (1594).
[10] Christoph Ostorodt, a German Socinian.
[11] Andreas Voidovius, a Polish Socinian.
[12] Resolution of the States General, 8 September 1598.

den, in voegen dat daerom die gecommitteerde van Gelderlandt d' interpretatie over die voorseide Unie by het gemelte protest gedaen, nyet en connen advoueren, maar versoucken die gecommitteerde van Hollandt, Utrecht ende Overyssel 'tselve protest, als strydende tegen het xxi^e articul van 't tractaet van de Unie selffs, mette voorgaende protesten, te willen intrecken, ende hun dienvolgende neffens d' andere provinciën ende oock eenige notable leden van hun selffs te disponeren tot het houden van den synode nationael, als wesende nu nyet weyniger als in voorgaende tyden, ende namentlyck in den jare 1607, den eenigen wettigen ende in Godes kercke gebruyckelycken wech omme d' eenicheyt in de leere staende te houden ende allerley schadelycke scheuringe ende ergernisse te weeren. Ende inhererende oversulcx mits desen die voorseide gecommitteerde van Gelderlandt die verclaringe tot het houden van den synode op den xi^{en} deses by hun gedaen, verstaen datte resolutie daerop genomen ende die noch daerop genomen soude mogen worden, sullen gedepescheert worden onder de gewoonelycke paraphure ende signature, latende 't geene by de heeren Biesman ende Brienen affsonderlyck is doen teecknen, berusten tot insichte ende examinatie van de Landtschap van Gelderlandt.

II/1.1–27b Wy onderscreven, ter nominatie respective van den Quartiere van Nimmegen ende van den geheelen ridderstant des Quarties van Veluwen gecommitteert by de Landtschap op eenen Landtsdach lest in Martio gehalden, als 't blyckt by den autentycquen recess desselven Landtdach, hadde verwacht dat by gevolgh van de affscheydelycken voorslach op eenen voorleden saterdach den 18^e des loopende maent Novembris gedaen, men solde in vruntlycke ende sedige communicatie gecommen syn, om in alle eendrachticheyt middelen te bedencken ende te beramen, waermit het jegenwoordige vuyr der oneenicheyt mochte gesteut worden ende den brant ondertusschen gedempt ende opgehalden worden, om nyet verder te loopen unde de voncken om veerder over te vliegen, ingeholden worden. Dan wy hebben tot onsen grooten leetwesen nu gehoort dat nyeuwe swaericheden voorgecommen synt, die meer tot verweckinge als dempinge des brants (daertoe wy in alle manieren trachten) schynen (onder correctie) te dienen. Waertoe wy echter nyet en connen swygen, dat wy in 't minste ons nyet gelast en vinden om ons party te stellen, alsoock nyet om gearresteert te halden de geprojecteerde poincten tot het synode nacionael die wy samentlyck Geldersche gedeputeerden opten xxix^{en} Septembris anders nyet aengenomen hebben dan op 't behagen onser heeren principalen. Diewelcke sinnt alleen in dese de Landtschap van Gelre und van Zutphen staetsgewyse vergadert, dewelcke vergaderingen soo verre van daen is dat daerop gevolcht soude mogen syn dat wy oock tot noch toe die bescryvinge daertoe nyet en hebben connen obtineren, gelyck dit alle breeder gededuceert is by onse respective overgegeven scriftelycke verclaringen den xi^{en} ende xv^{en} Novembris stilo novo, waerby wy expresselyck persisteren, laetende de gemoveerde disputen van de oorsaken des jegenwoordigen oorlochs metten aencleven van dien ter examinatie van hoochgedachte Landtschap, in welcker vergaderinge wy onse bedencken und stemmen mit zullen inbrengen naer vermogen unde nae behooren. Gedaen in 's Gravenhage, den xx^{en} Novembris 1617, onder onse eygen handen, um geregistreert te worden. Was geteeckent, Chr. Biesman, Henrick van Brienen d' Alste.

II/1.1–27c Die gecommitteerde van Zeelandt verclaren dat sy, gehoort ende gesien hebbende 't geene door d' heeren gecommitteerde van Hollandt in derselver naem ende van wegen de provinciën van Utrecht ende Overyssel opten xi^{en} deser is gelesen ende de vergaderinge geïnsinueert by | het goetvinden ende arresteren van de poincten ende articulen ingestelt op 't houden van den nationale synode, die dienen mochte tot wechneminge van de geresene misverstanden in die religionssaken, gesien mede de protestatie in Septembri lestleden desen aengaende gedaen aenteeckenen, voor eerst seer vreempt ende van consequentie vinden de maniere van het besondere vergaderen van de provinciën ende soodanich formeren ende inbrengen van opiniën, alsoo indien sulcx gevolcht wierde, daeruuyt veele inconveniënten ende ongemacken in tyden en wyle soude mogen ontstaen, ende dat sy daerom liever hadden gesien dat de voorseide provinciën hun mede hadden willen conformeren met de andere leden van de Staten Generael ende van hare provinciën, die het houden van de voorseide nationalen synodum opte gearresteerde articulen ende conditiën wegen hunne principalen by de selve alle gevoechlycke ende vruntlycke middelen hadden aengewent, ende noch voorder gelast waeren te doen, soo omme op hun versoeck ende ernstich aenhouden de vergaderinge van de heeren Staten van Hollandt hadde believen te convoceren. Dan 'tselve nyet kunnende obtineren, ende siende dat de misverstanden ende disputen over de religionsgeschillen van dage tot dage toenemen, ende meer ende meer voortcruypen ende het gans politicque corpus ontstellen, oordeelende dat tot geruststellinge van de gemoederen ende om de onderlinge eenigheyt door Godes genade wederom te mogen becommen ende de saken van 't landt ende de kercken in ruste te brengen, sulcx nyet gevoechlycker en conde geschieden dan met eene manieren van doen die van allen tyden gewoonelyck is gebruyckt te worden, ende van d' een ende d' ander syde is aengewesen, ende oock voor desen geresolveert, naementlyck het houden van een nationalen synodum, syn genootsaeckt geweest het selve in de Generaliteyt ten fyne voorseide te helpen bevorderen. Ende alsoo dit alleenelyck

(1) verclaringen] B: omitted

is eene sake van ordre daerin men in minder ende meerder sake gewoon is by pluraliteyt van stemmen te procederen, soo doet men hier met soodanige onbehoorlycke protestatiën ende insinuatiën groot ongelyck. Versoeckende daerom alnoch de provinciën van Hollandt, Utrecht ende Overyssel op 't vriendelyckste ende ernstichste, dat sy gelieven willen hen hiermede by te voegen, naelaetende alle onnoodige ende schadelycke disputen, voornementlyck die men schynt te willen voorts te brengen uuyt de Unie van Utrecht, op de authoriteyt ofte macht van de heeren Staten Generael der Vereenichde Nederlanden ende van Haere Hoog Mogender vergaderinge, door 't welcker beleyt mette voergaende genade Godes de saken van desen staet syn gebracht in sulcke poincten, dat denselven buytenslandts aensienlyck is geworden by allen princen ende potentaten, ende binnenslandts voor onlancx dese geresene questiën veele jaren in goede eenicheyt gehouden, daertoe voornementlyck heeft gedient de sorchfuldicheyt dewelcke Haere Hoog Mogenden van tyde tot tyde bewesen hebben om de leden van dese Unie te brengen ende te verbinden met den bant van de ware Christelycke Gereformeerde religie, gelyck deselve ten tyde van de selve Unie in de landen van Hollandt ende Seelandt geoeffent geweest. Gelyck mede alleenlyck hunne intentie is by het houden van de voorseide nationale synode de geresen questiën te laten kerckelyck examineren, tot weeringe van alle nyeuwicheyden ende staende houdinge van de ware Christelycke eenmaels aengenomen religie, ende soo hun sulcx nyet en belieft, als men verhoopt jae, dat in sulcken gevalle sy willen onschuldich wesen van alle swaricheden ende ongemacken, versoeckende daervan notitie gehouden te werden t' hunder ontlastinge. Ende verstaen dat voorts de depeche in dese materie volgende de resolutiën hiervooren genomen ende noch te nemen, naer behooren sullen worden gedaen, gelyck in alle andere saecken met gewoonelycke paraphure ende signature.

II/1.1–27d De gecommitteerde ter vergaderinge van Haer Edel Hoog Mogenden van wegen de provintie van Vrieslandt, gehoort ende gesien hebbende seeckere protestatie den xi^{en} deser uuyt den naeme van de gecommitteerden van Hollandt, Utrecht ende Overyssel ter camere van Haer Edel Hoog Mogenden voorgelesen ende de meeste provinciën geïnsinueert, finden nyet alleenich deselve vreempt ende ongeriempt, soo ten aensien van het inhoudt als mede d' ordre ende maniere die men in desen heeft willen gebruycken, dan oock te strecken tot notoire disreputatie ende | crenckinge van de authoriteyt van Haer Edel Mogende ende te stryden tegens de gewoonte altoos geobserveert, ende oversulcx te wesen van seer groote ende schadelycke consequentie. Hadde daeromme wel gewunst ende gehoopt dat desen ende allen andere voorgaende protestatiën ter sake deses voorgebracht, te rugge gebleven mochten hebben, ende dat veel meer dese drye provinciën tot het houden van een nationalen synodum (daertoe Haer Edele soo by d' andere provinciën soo dickwils versocht ende genoodiget syn, soo hier ter vergaderinge in 't gemeyn als ook myn heeren van Hollandt in 't particulier) nevens de meeste provinciën solden hebben comen te consenteren, te meer de wyle eenige van de grootste ende meeste contribuerende steden ende leden, soo alhyer in Hollandt als mede Overyssel daertoe openbaerlyck inclineren, gelyck dan sulcx uuyte meenichfuldige verclaringen desen aengaende gedaen, can geblycken. Ende daeromme oock alle de provinciën in den jare 1607 hebben geconsenteert, te sien uuyte resolutiën hierover by Hare Hoog Mogenden genomen. Wat belangt de Unie van Utrecht, daertoe Haer Edele hierin dese gedaene protestatie refereren, alhoewel sy nyet gemeent en syn ter sake van 't rechte verstant van dese Unie, articulo 13 verfaet, met haer te commen in eenige disputen ofte contestatie, soo en connen sij nochtans nyet gelooven ofte verstaen, dat uuyt crachte deses yeder provincie ofte stadt de religie aengenomen solden mogen veranderen ende soodanen infoeren ofte sulcx daerinne verwerpen als 't Haer Edele goetbedencken solden. Want wat voor een schadelycke gefolge hyeruuyt soude comen te ontstaen, is niemant soo onverstandich die nyet begrypen can, te weeten een geduyrige ende stedige veranderinge, ende alsoo een onseecker ende twyffelachtige religie ende eyntelyck mede een totale eversie ende ruïne van onsen politicquen staet, die Godt Almachtich tot desen tyt toe, om zyn Woorts ende waerheyts wille soo genadelyck gesegent, bewaert ende vermeerdert heeft. Nemaer dat deselve Unie moet verstaen worden sincere ende tot handthoudinge van de waere Gereformeerde religie, gelyck myn heeren van Hollandt ende Seelandt deselve doenmaels aengenomen hebbende, wel cauteleus hebben gestipuleert te willen bewaren. Dat oock alle de provinciën tsedert soo door middel van wapenen als andersints gereduceert ende d' Unie toegebracht mette bovengemelte twee provinciën dese religie hebben aengenomen ende moeten aennemen, gelyck by diversche contracten ende articulen clarelycken can worden gesien, sulcx datte tsamentlycke zeven provinciën daervan lange jaeren hebben gehadt onveranderlyck possessie ende onderlinge mutuele eenicheyt. Dat oock eenige alliantiën ende verbonden met verscheyde princen ende potentaten ende voornamentlyck die met Syn Majesteyt van Groot Britanniën aengegaen, op 't fondament van dese religie is gefundeert geweest. Dat alle placcaten, depeschen, commissiën ende 't gene by haer Edele Hoog Mogenden is geëmaneert, gesien heeft op dese religie. Dat alle ende besonderlyck hoochampt dragende persoonen aen desen sich (nevens affsweeringe des conincx van Spainen) met eede hebben moeten verplichten, dat alle dienaren des goddelycken woorts sich met onderteyckeninge omme dese religie suyver ende onverfalst te willen leeren ende prediken hebben moeten verbinden. Uuyt welcke alles immer notoirlyck can geplycquen dat de waere gereformeerde religie ende van allen provinciën is aengenomen, ingewillicht ende onwedersprceckelyck allomme lange jaren geproffyteert, geleert ende gepredickt geweest, ende dat diensvolgens deselve altoos gemainteneert, gehandthavet behoort te worden. Veel min dat eenige provinciën dieselve voor een deel ofte in 't geheel souden sonder gemeene verwillinginge sullen mogen veranderen ofte verlaten sonder daerdoor te veroorsaken merckelycke swaericheyden, scheuringen ende oneenicheyden, beyde in kercke ende politie, daervan de droevige ervarentheyt nyet dan al te veele heeft geleert. Dan soo daer eenige religionsverschillen mochten opstaen, gelyck Godt leyder nu geschiet is, dat deselve behooren gebracht te worden op een synode nationael, als alle de provinciën raeckende, ende aldaer in die vreese des Heeren geëxamineert ende aen Godes heylige Woort getoetst, affgedaen ende gesleten, soo men ter eere Godes, welstant syner kercke, ruste | ende vreede synder gemeente befinden solden te behooren. Waeromme dan, ende omme andere meenichfuldige redenen t' andere tyde breeder gededuceert, 't zy 't geene noopende 't holden ende bescryven van 't synode voorseid in den jare 1607 by alle de provinciën ende nu by de meeste stemmen is gearresteert ende geresolveert, ende noch wyders gearresteert ende geresolveert solden mogen worden voor wettelyck, formelyck ende bondich houden, ende protestatie hyertegens inngebrocht buyten fondement ende tegens reden ende billicheyt strydich, met expresse verclaringe dat sy verstaen dat alle acten, depeschen, missiven ende 't geene voorders van dese materie is dependerende, geëxpedieert, by den heeren president geparapheert ende den greffier geteeckent sal worden, soo ende als 't behooren sal, ende altoos volgende de meeste stemmen plegen te geschieden.

II/1.1–27e De gecommitteerde van de Stadt Groeningen ende Ommelanden verclaren alnoch dat haere principalen nyet anders en connen verstaen dan dat by alle de geünieerde provinciën tot noch toe alle tyt het daervoor geholden is geweest, ende alnoch geholden moet worden, dat de eenicheyt in religionszaecken is den hoochsten, jae den eenichsten bant waermede de tsamentlycke geunieerde provinciën soo nauw ende stricktelyck verbonden syn. Dat sy daerdeur overgroote ende bynaest onuuytspreeckelycke swaricheyden haer in soo langduyrige ende bloedigen oorloge overgecommen met groote cloeckmoedicheyt door een wonderbaerlycken genadentrycken segen van Godt Almachtich hebben connen overwinnen ende totten jegenwoordigen welstant, tot verwonderinge van bynaest den geheelen werelt, gecommen syn. Ende al is 't dat men in aenvanck van die Unie van Utrecht terstont sulcke eenparicheyt in religionssaken nyet heeft conne te

(6–7) sonder...sonder] *B: marg. add.*

wege brengen, sulcx dat in den beginne omme de bondtgenoten te vermeerderen eenige verscheydentheyt daerinne thoegelaten is geweest, dat men nochtans naerderhant van tyt tho tyt daerna wel sorchfuldichlyck heeft getrachtet ende gearbeydet, dat eenparicheyt van religie, ofte om beter te seggen eene oprechte ware Gereformeerde religie in alle de provinciën, ende 't geene daervan dependeert, ingevoert ende opentlyck geleert ende onderhouden worden, gelyck sulcx in de steden ende plaetsen door crachte van de Unie mette wapenen van de Generaliteyt wederomme by de selve Unie gebracht ende in de eeden van alle dese generaliteytsofficieren tot noch toe uuyt de naeme van de Generaliteyt expresse gestipuleert ende conditioneert, oock in 't houden van een nacionale synode tot beslichtinge van de differenten ende swaricheden in religionssaken voormael ontstaen, mitsgaders in handelinge ende tractaten van wegen d' unieerde provinciën met princen ende potentaten gemaeckt, ende in 't werck gestelt, alsoock in de instructiën tot dien eynde verveerdiget ende anders gebleecken is, welcke eenicheyt eenmael in de unieerde provinciën ingevoert syn, can ende behoort, onder correctie, d' selve eenicheyt in religie nyet gedissolveert nochte eenige scheuringe daerin geleden worden, sonder merckelyck gevaer van de bant der eenicheyt van de tsamentlycke unieerde provinciën allengskens te ontknoopen, tot totale ruïne ende onderganck van de selve Unie, 'twelck Godt Almachtich alle tyt genadichlyck verhoeden wil, om welcke eenicheyt dan wederomme te recupereren Haere Edele na veelvuldige rype deliberatiën ende examinatiën geen beeter noch bequamer middel weeten te vinden dan in achtervolgh van het gebruyck by alle Christelycke princen, potentaten ende republycquen, jae selvest oock in de geunieerde provinciën in soodane swaericheden hier te vooren geobserveert, uuyt te scryven ende tho holden een nationael synodum, welckes oock by de vier provinciën, namentlyck Gelderlandt, Seelandt, Vrieslandt ende Stadt ende Landen genoechsaem is geresolveert. Dan alsoo de gecommitteerde van Stadt ende Landen hebben gehoort, gelesen ende | geëxamineert seecker protest op den name ende van wegen de heeren gecommitteerde van Hollandt ende Westvrieslandt, Utrecht ende Overyssel, nae geholdene particuliere communicatiën by gescrifte gestelt in de vergaderinge van Hare Hoog Mogentheyden den xi^{en} Novembris jungst gelesen ende overgelevert, waerinne die drye voorseide provinciën sich wel heftich opposeren tegens de uuytscryvinge van een synode nacionael ende al 't geene tot noch toe tot dien eynde by pluraliteyt van stemmen is gebesoigneert ende geresolveert, ende henworder gebesoigneert ende geresolveert mach worden, sich fonderende op het xiii articul van de Unie van Utrecht, met insinuatie aan de president die nu presideren

(11) een] B: *omitted*

ofte naemaels presideren sullen ende den greffier van hun te onthouden sonder hare bewillinge inne te stellen, parapheren ofte teeckenen eenige acten, missiven ofte depeschen in religionssaken opte naeme van de heeren Staten Generael etcetera, ende mede oock gesien, gelesen ende geëxami-
5 neert hebben 't geen d' heeren gecommitteerden van de steden Dordrecht ende Amstelredam, soo uuyt haere als mede uuyt de naeme ende van wegen de steden Enchuysen, Edam ende Purmerende, wesende seer notable leden van Hollandt ende Westvrieslandt, daertegens by gescrifte gestelt ende aen den greffier op den xii^{en} November daeraan volgende over-
10 gegeven hebben, waerinne deselve wel rondelyck verclaren soodaene communicatiën, instellinge mette gevolchde openinge ende overleveringe van protest nyet te connen toestaen, houdende al 'tselve onwettelyck ende onbehoorlyck gedaen, oock nyet conform de last ende intentie van de heeren Staten van Hollandt ende Westvrieslandt, welcke op het verstant
15 ende practycque van de Unie van Utreecht nyet expresselyck hebben gedelibereert nochte geresolveert haer in religionssaken van de andere provinciën aff te sonderen ofte te verbreecken de eenicheyt die daerinne met de begintselen ende voortganck van de oorlogen is vermeerdert ende allengskens tot eenparicheyt gebracht, ende veele van Overyssel oock mede
20 tot een nationael synode inclineren, soo is 't dat de voorseide gecommitteerden van Stadt ende Lande nyet noodich ofte dienstich achten omme mette heeren gecommitteerden van de voorseide drie provinciën over het rechte verstant ende practycque van 't selfde articul (als wesende van 'tselffs genoechsaem bekent) te comen in contentie, dan willen veele meer
25 denselven alsnoch serieuselycken versocht hebben omme sich by die vier provinciën aengaende het uuytscryven ende houden van een nationael synode te willen voegen, te meer alsoo sulcx is tenderende totte formam ende modum on de eenicheyt in de religie te recupereren ende conserveren, ende men hyer jegenwoordich nyet en handelt om het synodael
30 besluyt sonder approbatie van de respective provinciën tegens syn danck emants op te dringen, verstaende daerbeneffens dat de heeren gecommitteerden van Hollandt ende Westvrieslandt, Utrecht ende Overyssel tot soodaene protesten nyet syn bevoecht, ende connen haer edele daeromme deselve oock geensins aennemen, dan dat nyettegenstaende deselve pro-
35 testen de president, mitsgaders den greffier geholden is opte naeme van de Hoog ende Mogende heren Staten Generael te concluderen, inne te stellen, parapheren, teeckenen ende ten effecte te stellen soodane resolutiën, acten, missiven ende depeschen als by pluraliteyt van stemmen in dese materie van religie genomen, te maken ende ten effecte te stellen, geresolveert
40 sullen worden te verveerdigen ende effectueren, gelyck tot noch toe in alle

(1) hun] *B: h.* – (27) formam] *B: in Latin script*

des Generaliteyts saken gedaen ende geobserveert is geweest, begerende dit alsoo te boecke getekent ende hieraff notule geholden te worden.

II/1.1–28   21 November 1617
Pamphlet, the "Weegh-Schael"

Carleton hands in an anonymous pamphlet against his last proposition. He wonders whether this is the long awaited answer of the States General to the letter of James I concerning the accommodation of the ecclesiastical questions. The States General answer the ambassador that the majority did not know about this pamphlet. After perusal they are very moved and sad. They are confident that Carleton does not think that they would have been so ungrateful towards the King as to have allowed the publication themselves. Having been asked to confiscate copies of the pamphlet as much as possible, the deputies of Holland answered that orders have already been issued. The other provinces will urge their principals to do the same in case it has been or will be published elsewhere. The States General intend to answer the King's letter shortly to his contentment. In as much as the pamphlet touches upon the person of the ambassador, the States General trust in his wisdom and discretion that he will not exaggerate the matter with His Majesty. The griffier is committed to give the answer.
President: Taco van Burmania (Friesland).
Sources: A: 275r–v; B: 316v–317r.

| Die heere Burmannia presiderende heeft aengedient dat die heere Carleton hem heeft behandicht zeecker uuytgegeven boucxken sonder den naem van den autheur, tegen zyne leste alhier ter vergaderinge gedaen propositie, ende gevraeght oft dat was d'antwoirdt die hy soo lange van Hare Hoog Mogenden hadde gevordert op Zyne Majesteyts brieff die Zyne Majesteyt aen Hare Hoog Mogenden heeft gescreven opte kerckelycke questiën tot accommodatie van de selve. Daerop zyn Edele versocht te hebben Haer Hoog Mogender | verclaringe. Ende d'heere president heeft geproponeert ende versocht te verstaen d'advis van de provinciën. Ende daerop ommevrage gedaen zynde, is een parichlyck verstaen dat men den voirseiden heere ambassadeur sal antwoirden dat den meerendeel van 't voirseide boucxken nyet en wisten ende 't selve hier ende daer wat overloopen hebbende, in het uuytgaen van 't selve zeer ontroert ende bedroeft waren, al is 't dat zy vastelyck vertrouwen dat die heere ambassadeur in sulcke opinie nyet en is dat zy zoo ondanckbaer nyet en zyn tegen Zyne Majesteyt (van de welcke zy ende dese lande soo vele coninck-

---

(22) boucxken] A: marg. add. – (27) zyn] A: interl. add. – (27–28) verclaringe] A: foll. by del. daero – (28) heeft] A: foll. by del. versocht – (32) hier] A: prec. by del. nu siende

lycke genaden, faveuren, gunsten ende bewysen van affectiën totten welstant ende de verzeeckertheyt van haren staet hebben ontfangen) dat zy het boucxken ofte het uuytgaen van 't selve souden toestaen. Hebbende oversulcx die heeren van Hollandt versocht dat zy 't selve boucxken voor soe vele doenelyck is, souden doen innetrecken. Daerop haer Edele verclaert hebben dat zy daervan verstaen hebbende, alreede daerop ordre ende last gegeven hadden, gelyck oyck die heeren gecommitteerde van de anderen provinciën aengenomen hebben in diligentie hare principalen respective hiervan oyck te sullen in diligentie adverteren ten eynde zy van gelycken willen doen, oft dat voirseide boucxken aldaer mochte uuytgegaen zyn ofte noch soude geraecken te geschieden. Ende dat Hare Hoog Mogenden voergenomen hadden metten alderiersten den brieff van Zyne Majesteyt te beantwoirden, sulcx dat zy verhoopten dat Zyne Majesteyt daerinne sal hebben contentement. Ende voer soe vele het boucxken raeckten het particulier van den voirseide heere ambassadeur dat zy oyck soe vele vertrouwden zyn Edele wysheyt ende discretie dat hem sal gelieven d'injurie van tyt hierinne toe te geven sonder daerom dese zaecke ten archsten hem aen te dragen ende by Zyne Majesteyt exaggereren. Ende is daertoe gecommitteert ende gelast den griffier.

II/1.1–29   22 November 1617
Invitations to the Synod

RSG 1747

The provinces are asked to commit one person each to draft the invitation call to attend the national synod. Gelderland, Zeeland, Friesland and Groningen are prepared to nominate, but want the letter of invitation to be on hold till 1 January or 1 February 1618, hoping that Holland will consent. The three protesting Gelderland deputies and Holland will hand in a counter-declaration. Utrecht declares that the consultations cannot be continued in the name of the Generality, especially seeing that Gelderland is not united in its opinion. Overijssel will also hand in a counter-declaration. President Burmania by letter charges the griffier to write down and insert his conclusion of that morning that each province will nominate somebody to draft the letter of invitation, but that the letter will be on hold till 1 January or 1 February 1618.
President: Taco van Burmania (Friesland).
Sources: A: 277r–278r; B: 317v–318v. – Related sources and texts: In a very unusual move, which illustrates the tensions, president Burmania by letter instructed the griffier to register the conclusion he reached in the previous resolution. Apparently the griffier felt himself to be under pressure. The president must also

(1) ende] A: foll. by del. ge – (2) van] A: prec. by del. he – (5) zy] A: foll. by del. terstonts – (8) respective] A: foll. by del. te sullen – (14) vele] A: foll. by del. aengaet – (15) Edele] A: foll. by del. nae zyn excellentie – (17) hem] A: prec. by del. te

have insisted or agreed that his own letter was inserted to stress his responsibility. In the Minuut Resoluties, the insertion follows in the margin, immediately after the previous resolution, with a marker to refer to it, before other resolutions of the day. In the Net Resoluties, it follows after the resolution. The original letter is not preserved.

| Is geproponeert aengesien dat de convocatie van een synode nacionael is gearresteert ende de plaitsse van de vergaderinge genomineert ende geaccordeert, dat de provinciën willen committeren elck een omme den uytscryffbrieff van de voirszeide convocatie te concipiëren omme alhier geresumeert ende gearresteert te werden.

277 r A

Hierop hebben die van Gelderlant verclaert te vreden te zyn yemanden van heurentwegen te committeren ten fine voirszeid, dan verstaen dat men desen brieff sal ophouden uuyt te senden totten iersten January ofte February naestcommende, nadat 'tselve sal werden goet gevonden, in hoopeninge dat de provincie van Hollandt op hare aenstaende vergaderinge haer mette voirseide convocatie sullen conformeren, het welcke zy wederom vruntelyck versoucken. Hiertegen hebben die heeren Biesman ende Brienen wederom nyeuwe verclaringe gedaen die zy by gescrifte sullen overgeven als zy sullen gesien hebben de contreverclaringe by de provinciën van Gelderlant, Zeelant, Vrieslant ende Stadt ende Ommelanden gedaen tegen de protestatie van den provinciën van Hollandt, Utrecht ende Overyssel.

Die van Hollandt hebben oyck tegen de continuatie van de procedueren van de gecommitteerde van de vier provinciën per gradus tot convocatie van 't voirszeide synode contestatie gedaen, die by gescrifte sullen overgeven als zy sullen gesien hebben de contreverclaringe van de provinciën by gescrifte overgegeven tegen de protestatie van die van Hollandt, Utrecht ende Overyssel.

| Die van Zeelant verclaren dat zy verstaen dat men tot de conceptie van den voirseiden brieff behoirt te nomineren, daertoe zy gereet zyn. Dan verstaen mede gelyck die van Gelderlant, dat men met het uuytsenden van den selven sal ophouden totten iersten January ofte February naestcommende, omme daerentusschen te sien oft die van Hollandt opte aenstaende hare vergaderinge hun sullen gelieven te accommoderen ende conformeren mette anderen provinciën, dat zy hun noch ernstelyck versoecken te willen doen, tot meerder eenicheyt ende ruste.

277v A

Die van Utrecht verclaren dat zy geerne gesien hadden dat men hadde opgehouden mette continuatie van de besoigne opte convocatie van het synode, dan die wyle het nyet en geschiet, dat zy nyet en verstaen dat dese

(8) provinciën] *A: foll. by del.* so – (20–21) provinciën...Overyssel] *A: interl. add.* – (23) gecommitteerde] *A: marg. add. repl.* vier provinciën – (25) de] *A: foll. by del.* selvige – (28) van] *A: foll. by del.* Vries – (34) zy] *A: interl. add.*

besoingne sal geschieden opten naem van den Generaliteyt, voernementlyck oyck nyet ten regarde, dat die van Gelderlant onder hun nyet eens en zyn ende eenige van dese verclaren dat hun nyet gelast en vinden om hun van de provinciën van Hollandt, Utrecht ende Overyssel te separeren, end daerom
5 ierst daerop naerder begeren te verstaen de meyninge van de Lantschap van Gelderlant ende de Graeffschap Zutphen, gelyck zy nairder hun op alles sullen verclaren als zy sullen gesien hebben de contreverclaringe by gescrifte overgegeven van wegen de vier provinciën tegen de protestatie van die van Hollant, Utrecht ende Overyssel.
10 Die van Vrieslant conformeren hun aengaende het concipiëren van den proponeerden brieff mette provinciën van Gelderlant ende Zeelant ende het ophouden van het uuytsenden van dien totten iersten January ofte iersten February naestcommende, ten fyne by de voirseide provinciën geëxpresseert.

Die van Overyssel verclaren dat zy egheen consent en hebben gedragen
15 ende dat zy 't selve oyck alnoch nyet en kunnen doen totte convocatie van een synode, dan dat zy hierop haer nairder sullen verclaren als zy sullen gesien hebben de contreverclaringe by gescrifte overgegeven tegen de protestatie van Hollandt, Utrecht en Overyssel van wegen de vier provinciën.

278r A | Die van Stadt Groeningen ende Ommelanden verclaren dat men uuyt
20 elcke provincie een sal committeren omme te concipiëren den geproponeerden brieff, doch dat men sal ophouden den selven uuyt te senden volgende d' advisen van d'andere toestemmende provinciën.

278r A | Hierna volght geïnsereert den brieff by den greffier ontfangen na den middach van myn heere Burmannia jegenwoordich ter vergaderinge presideren-
25 de.

II/1.1-29a Heer greffier, ick belast u edele als president ter vergaderinge van d' Hooch Mogende Heeren Staten Generael te bouck te stellen ende insereren dat voormiddach volgende d' advisen van den merendeel van de provinciën geresolveert, geconcludeert ende by my opentlyck (de verga-
30 deringe noch sittende) gepronuncieert is dat uuyt elcke provincie een gecommitteert is omme te concipiëren die brieffen tot de convocatie van de gearresteerde synode nacionael binnen Dordrecht. Doch is verstaen dat de brieffen nyet en sullen uuytgesonden werden voer den i^{en} January oft i^{en} February naestcommende, maer omme daerentusschen te sien ofte d' hee-
35 ren Staten van Hollandt ende d' anderen noch onwillige hun sullen gelie-

(2) oyck] *A: foll. by del.* t g – (3) eenige ... dat] *A: interl. add. repl. del.* verclaren – (3) nyet] *A: foll. by del.* is – (3) gelast] *A: foll. by del.* te zyn omme hen – (5) ierst] *A: foll. by del.* den Lant – (6) gelyck] *A: prec. by del.* daerom – (8) van] *B: omitted* – (10) hun] *A: interl. add. repl. del.* met – (14) gedragen] *A: foll. by del.* tot – (15–16) totte ... synode] *A: marg. add.* – (20) committeren] *A: foll. by del.* die de convocatie van het synode toestaen – (23–p. 64.5) Hierna ... Spyck] *A: marg. add.*

ven te conformeren ende adjungeren met d' vier provinciën ende in 't convoceren des synodi, daertoe haer edele alsnoch dienstelycken ende vriendelick syn versocht. Vale, den xxii[en] November stylo novo 1617. Was onderteeckent, uw edele goede vrient, Taco van Burmania. Superscriptie was, Myn heer myn heere greffier Aerssens, heer van Spyck.

RSG 1749

II/1.1–30   22 November 1617
The "Weegh-Schael"

The griffier reports that ambassador Carleton asks the States General to track down the author and the printer of the pamphlet against his proposition. His steward has repeated the request to president Burmania. Holland states that they have already ordered that this be done. It proved impossible to find a copy since the pamphlet was already sold out. It is resolved to write to the other provinces to retrieve published copies and to try and find the author and printer.
President: Taco van Burmania (Friesland).
Sources: A: 278r; B: 318v. – Related sources and texts: The approved text of the letter to the provinces is in The Hague NA, S.G. 4932.

| Die greffier heeft gerapporteert zyn wedervaren by den heere Carleton, ambassadeur des conincx van Groot Britaniën, opte excuse van Hare Hoog Mogenden op het uuytgecommen ende uuytgegeven boucxken tegen zyne laeste gedaen propositie in Hare Hoog Mogender vergaderinge opte kerckelycke geschillen, hebbende zyn excellentie versocht dat men soude ondersoeck doen opten autheur ende drucker van 't voirseide boucxken, om daerover behoirlycke straffe te doen ten eynde Zyne Majesteyt daerby contentement gegeven mach werden.

   't Voirseide versoeck heeft zyn Edele doer zynen hooffmeester wederom doen recommanderen aen den heere Burmania presiderende.

   Hierop hebben die van Hollandt verclaert dat zy haren fiscael ende procureur generael last gegeven hebben omme hen opten autheur ende drucker van 't voirseide boucxken te informeren ende de boucxkens in te trecken, maer dat zy daertoe ondersoeck gedaen hebbende egheen en hebben kunnen gevinden omdat die alreede al vercocht waren.

   Is oyck goetgevonden dat men aen de anderen provinciën sal scryven ende deselve versoecken dat de boucxkens aldaer uuytcommende willen intrecken ende hun opten autheur ende drucker informeren ende Hare Hoog Mogenden adverteren wat zy hiervan sullen uuytvinden.

278r A

(22) doen] A: *marg. add.* – (22) opten] A: *foll. by del.* ende autheur van het boucxken – (23) doen] A: *foll. by del.* ten content – (30) egheen] A: *prec. by del.* bet[?] – (33) dat] A: *foll. by del.* zy

II/1.1–31   24 November 1617   RSG 1758
Letters of Invitation Approved

President Burmania announces that all drafts of invitation to the national synod are ready for inspection. The deputies of Holland leave the assembly, except for Witsen who is called out after the reading. They are followed by the deputies of Utrecht and Overijssel as well as Brienen and Biesman from Gelderland. The drafts are approved. The letters will be held till 31 January 1618 in the hope that the remaining provinces will come around. President Burmania orders the griffier to record this resolution.
President: Taco van Burmania (Friesland).
Sources: A: 280r–v; B: 320r. – Related sources and texts: The letters of invitation to James I, the deputies of the French churches, the Palatinate, Hesse, the Walloon churches in the Republic, the cities of Emden and Bremen, the Swiss cities, and the Dutch provinces were actually sent on 25 June 1618. See under that date.

By de presiderende provincie van Vrieslant geproponeert wesende dat in gevolgh van de resolutie eenige dagen te vooren genomen door de gecommitteerde waren ingestelt op het welbehagen van Hare Hoog Mogenden de concepten van de respective brieven die tot aenstellinge, bescryvinge ende uuytvoeringe van de synode nationael beworpen zyn, soo aen Zyne Majesteyt van Groot Britanniën, de gedeputeerde van de Gereformeerde kercken in Vranckerycke, de cheurfurst paltzgrave, lantgrave van Hessen, de Walssche kercken deser landen, de steden Embden ende Bremen, mitsgaders de steden Zürich, Bern ende Basel in Switsserlandt, gelyck mede aen de respective geunieerde provinciën deser landen, syn in 't lesen van de selve concepten de gecommitteerde van de provinciën van Hollandt,[13] uuytgenomen de heere Gerrit Wytsen, gecommitteerde raedt van de selve provincie, die ierst naer het lesen van de selve concepten uuyt de vergaderinge ontboden ende gegaen is, Utrecht, Overyssel, gelyck mede de heere Brienen tho Sinderen, opgestaen ende vertrocken, soo oyck die heere borgermeester Biesman mede in 't lesen der voirszeide concepten incommende ende siende dat de voirszeide heeren gecommitteerde waren vertrocken, heeft gedaen, soo zyn de resumptie van de voirseide concepten van de voorverhaelde brieven gedaen zynde, deselve alsoo gearresteert, behoudelyck dat men de expeditie ende t' affseynden derselver goetvindt uyt te stellen totten lesten January des toecommenden jaers zesthien hondert ende achtien, verhoopende dat by de Edele Mogende heeren Staten van Hollandt ende Westvrieslandt in dese hare aenstaende vergader-

(31) heeft] A: prec. by del. gedaen – (31) zyn] A: foll. by approximately 15 illegible del. words

[13] The Holland deputies present were Adriaan van Matenesse, Ewout van der Dussen, Cornelis Wesep, Gerrit Jacobsz. Wittensz., Hugo de Groot, Dirk Schoonhoven and Floris van Teylingen.

inge naerder op dese zaecke sal worden geleth ende tot het houden van de synode nationael geresolveert, gelyck men mede zulcx verhoopt van de provinciën van Utrecht ende Overyssel, waertoe zy hier te vorens dick- ende menichmael zyn versocht geweest.

De voirseide notule heeft die heere Burmannia doen behandigen aen den greffier met last van die te bouck te insereren.

II/1.1–32   25 November 1617
Draft Letters of Invitation Confirmed

The deputies of Holland state that the resolution about the drafts for the national synod is null and void. Dordrecht and Amsterdam, also on behalf of Enkhuizen, Edam and Purmerend maintain their opinion. Brienen, also on behalf of Biesman, Utrecht and Overijssel do the same. In a declaration Overijssel requests the States General to maintain the sovereignty of the province against the proceedings of Deventer, Hasselt and Vollenhove. Gelderland, Zeeland, Friesland and Groningen preferred that these declarations would not have been made. As it is, they agree to record them and ask the provinces concerned to conform.
President: Taco van Burmania (Friesland).
Sources: A: 281r–v; B: 320v–322r. – Related sources and texts: The credentials and the declaration of the extraordinary deputies of Overijssel are inserted into the Net Resoluties only. The original is not preserved. Printed in Baudartius, I, ix, 74, and partly in Trigland, 998.

| Die gecommitteerde van de heeren Staten van Hollandt ende Westvrieslant uuyten naem van hare heeren principalen, inhererende hare voergaende protestatiën, verclaringen ende insinuatiën, verclaren 't gunt op ghisteren in de religionszaecken buyten bewillinginge van de provinciën van Hollandt ende Westvrieslant, Utrecht ende Overyssel is gebesoigneert, te houden voer nul ende onwettelyck ende de depesche daervan gemaect op den naem van de Staten Generael voir onwarachtich, bereyt zynde de redenen daervan nairder te deduceren tot onderrichtinge van de andere provinciën.

De gecommitteerde van de heeren Staten van Hollandt ende Westvrieslant, uuyten naem van hare heeren principalen, verclaren dat de steden van Hollandt ende Westvrieslant in dese vergaderinge van de heeren Staten Generael geen recht en hebben te opiniëren. Ende wat aengaet de persoonen van de Gecommitteerde Raden van Hollandt ende Westvrieslant, dat deselve volgens hare instructie nyet en vermoegen yet te doen ofte te verclaren jegens de resolutie van de heeren Staten van Hollandt ende Westvrieslandt ofte oyck jegens 't gunt in het collegie by de meerder stemmen is goet gevonden, bereyt

(31) de] A: foll. by del. de

zynde oock daerop de redenen nairder te deduceren, tot onderrichtinge van de anderen provinciën.

Tegen de voirseide verclaringen hebben die heeren Wittenss van Dordrecht ende Amstelredam van wegen deselve steden ende van Enchuysen, Edam ende Purmerende gepersisteert by hare voergaende contreverclaringen.

Die heeren Brienen voer hem selven ende van wegen d' heere Biesman absent, heeft oyck verclaert te inhereren ende persisteren by hare voergaende verclaringen, daertoe hy willich is zyne redenen nairder by gescrifte over te geven.

281v A | Die van Utrecht hebben insgelycx verclaert te inhereren hare voergaende protestatiën ende verclaringen ende daerby te persisteren, mitsgaders by 't gene dat by die van Hollandt hiervoeren noch nairder op de besoigne van ghisteren verclaert is.

Van gelycken hebben oyck gedaen die van Overyssel, presenterende voirts eenen brieff by Ridderschap ende Steden der Lantschap van Overyssel aen Hare Hoog Mogenden gescreven tot Railte den achtsten der voerleder maent, mitsgaders zeeckere remonstrantie geteeckent by de heeren Ripperda, Caspar ter Borchorst, Henrick ter Cuylen daerby gevoeght aen Hare Hoog Mogenden ten eynde deselve Hare Moog Mogenden de hoocheyt ende recht van souverainiteyt van de voirseide provincie van Overyssel souden willen hulpen mainteneren ende hanthaven, in conformité van de Unie ende verbintenissen tusschen de provinciën opgericht, tot welcken eynde zy versoecken dat dese hare propositie na behoiren mach werden geregistreert ende dat hun daerop mach wedervaren alsulcken billicken affscheydt als Hare Hoog Mogenden tot maintenue der provincie van Overyssel authoriteyt ende hoocheyt, als oyck tot derselver dienste ende ruste sullen bevinden te behoiren, naer breder inhouden van de voirseide brieff ende remonstrantie hierna volgende geïnsereert.

321r B **II/1.1–32a** | Hooge Mogende, edele erentfeste, wyse seer voorsienige discrete heeren ende goede vrunden, Wy hebben met leetwesen verstaen d' onformelicheyt soo by de magistraet der stadt Deventer wordt voorgenomen omme to subverteren ende tot contrariën effecte te brengen seeckere resolutie over den versochten synode nationael by ons mette meeste stemmen den xi^{en} July lestleden genomen, ende dat deselve magistraet hun gesepareert van de leden by diewelcke de regieringe deser provincie is staende, ende haer vervouget by de steden Hasselt ende Vollenhoe, geene ledematen deser Landtschap in 't stuck van regieringe wesende, etc., 'twelck wy goetgevonden hebben Uwe Hoog Mogenden te doen re-

---

(8) willich] *A: interl. add. repl. del.* bereet – (12) by] *not in A or B* – (14) die] *A: foll. by del.* t g – (17) remonstrantie] *A: foll. by del. marg. add.* – (17–18) geteeckent...Cuylen] *A: marg. add.* – (19) deselve...de] *A: marg. add.* – (19) hoocheyt] *A: prec. by del.* die haeren[?]

monstreren, ende tot soodanen eynde extraordinarie te committeren ende aff te senden den edelen, vromen ende voorsienigen Herman Ripperda tot Bocxbergen, Zweeder Scheele toe Welvelde ende Rodolph Sloeth, mitsgaders Casper ter Borchorst, borgermeestere der stadt Campen ende Henrick ter Coulen, borgermeestere der stadt Zwolle, vruntlycken versoeckende dat Uwe Hoog Mogenden desen onsen voornoemde gecommitteerden in 't geene deselve desfals werden voorgedragen nyet alleene volcommen credit ende geloove willen geven ende verleenen, maer oock op derselver vorderonge ende werving alsulcke gunstige audiëntie ende affscheyt laten wedervaeren, gelyck de gelegentheyt deser saken nae alle redenen ende billicheyt werdt vereysschen, daertoe wy ons sullen verlaten ende den Almogenden bidden Hooge Mogende, edelen erentfeste, wyse, seer voorsienige, discrete heeren ende goede vrunden Uwe Hoog Mogenden in voorspoedige regieronge lange to erholden. Datum in onse vergaderonge toe Railte den viii^{en} Octobris 1617 [Old Style]. Onderstont Uwe Hoog Mogender goede vrunden, ridderschap ende steden der Landtschap van Overyssel. Ter ordonnantie van deselve geteeckent Roelinck.

II/1.1–32b Hooge ende Mogende heeren,

Ridderschap ende steden, representerende die Staten van Overyssel, hebben ons | extraordinairlyck gecommitteert ende gelast ons ter vergaderinge van Hare Hoog Mogenden te vervoegen ende aldaer, naer overleveringe van den credentzbrieve, met presentatie van alle doenlycke offitiën, wenschinge eener gelucksaligen, langdurige ende eendrachtige regieronge, ende dat die seer bedroeffde verschillen ende bittere misverstanden in de kerckelycke zaecken jegenwoordich swevende, met behoudenisse van Godes heylige Woort ende der overicheyden authoriteyt ende der landen rustelycken welvaeren, ende wechneminge van alle scheuringe by Uwe Hoog Mogenden door een goet expedient middel ende onderlinge eenicheyt ende verdrachsaemheyt verfasstet ende wechgenomen mogen worden, Uwe Hoog Mogenden reverentelycken te proponeren ende voor te dragen dat welgemelte ridderschap ende steden met leetwesen verstaen hebben die seer onformelycke manieren van procederen soo by de magistraet der stadt Deventer wordt voorgenommen ende gepleecht, omme alleene te subverteren ende tot contrariën effecte te brengen seeckere resolutie by welgedacht ridderschap ende steden over den versochten synode nationael (die haer Edel Mogenden in dese bedroeffde conjuncturen noch nyet en hebben kunnen goetvinden) met verre de meeste stemmen den 11^{en} Juny stylo veteri lestleden genomen, ende dat deselve magistraet hun tot dien eynde van de andere leden der provincie van Overyssel affgesondert ende gevoucht, oock verwecket heeft die stedekens Hasselt ende Vollenhove, die in effecte geen litmaten, maer alleenlyck onderdanen der provincie van Overyssel en syn, aengaende 't stuck van de regieronge ende in geene landes yet hebben te seggen, ende veel min haer Edel Mogender resolutie te kunnen ofte mogen contrariëren.

Met welckers stedekens gedeputeerde ende brieven die gedeputeerden van de voorseide stadt Deventer (ridderschap ende steden verby gaende) haer oock opten iiii^{en} Octobris stilo novo verleden by Uwe Hoog Mogenden hebben vervoucht ende met haer ten selven dage voor Uwe Hoog Mogende gedaene propositie ende verclaeringe d' voornoemde resolutie van welgemelte ridderschap ende steden gecontrarieert ende tegensproocken.

Ende alsoo al 't selve een nyeuwicheyt, seer vreempt, ongefundeert ende directelyck is strydende tegens de hoocheyt, olden gebruyck ende forme van regieronge tot noch toe in de provincie van Overyssel geobserveert, als oock tegens de dickwils geïtereerde alliantiën ende verbintenissen tusschen den dryen hooftsteden der voorseide provincie opgericht, d' welcke drye hooftsteden neffens die ridderschap (ende egeene andere steden in Overyssel) in de regieronge alleene ende vollenkomentlyck hebben te seggen.

Ende dat derhalven d' voorseide verclaringe by hun aen Uwe Hoog Mogenden tegens die resolutie van den voorseiden xi^{en} Juny gedaen, nyet anders en behoort noch en kan genomen worden als een wederspannige oppositie der onderdanen tegens haer wettelycke overicheyt.

Dat mede Uwe Hoog Mogenden volgens het i^e article van de Naerder Unie verbonden syn den heeren Staten van de respective provinciën in hare hoocheyt, ouden gebruyck ende gerechticheyt te helpen handthaven, styven ende stercken tegens eenen yegelycken.

Soo ist dat wy dienvolgens uuyt last ende van wegen ons heeren principalen | Uwe Hoog Mogenden 't geene voorseid tegens het onformelyck geproponeerde der voornoemde steden Deventer, Hasselt ende Vollenhove remonstreren, ende versoecken dat Uwe Hoog Mogenden op soodanich aengeven der voorseide steden ende al 't geene soos tot noch toe by haer tegens de voerseide resolutie van ons heeren principalen gedaen is ende noch vorder gedaen mochte worden, sonder haer Edel Mogender bewilliginge nyet te willen letten, maer voor nul, van onwaerden ende crachteloos houden, oock als onformelyck rejecteert ende deselve aen ridderschap ende steden remitteren, oock welgedachte ridderschap ende steden, representerende die Staten ende regieronge der provincie van Overyssel, in haer hoocheyt ende recht van souverainiteyt te willen helpen mainteneren ende handthaven, in conformiteyt van de voerseide Unie ende verbintenissen tusschen den provinciën opgericht, versoeckende dat Uwe Hoog Mogenden dese onse propositie naer behooren gelieven te doen registreren ende daerop ons te laten wedervaren alsulcken billicken affscheyt als Uwe Hoog Mogenden tot maintenue der provincie van Overyssel authoriteyt ende hoocheyt, als oock tot derselver dienst ende ruste bevinden sullen te behooren. Was geteeckent: Henrick Ripperda, Casper ter Borchorst, Henrick ter Cuijlen.

| Die van Gelderlant, Zeelant, Vrieslant ende Stadt Groeningen ende Ommelanden verclaren dat zy liever hadden gehadt dat de verclaringen hiervoeren gedaen by de heeren gecommitteerden van den provinciën van Hollandt, Utrecht ende Overyssel van wegen deselver provinciën, hare heeren principalen, hadden ongedaen ende achtergebleven, maer die wyle het anders is geschiet, dat zy moegen lyden dat deselve te boucke werden gebracht ende gestelt, alnoch nyettemin de voirseide provinciën vrientlyck versoeckende dat zy haer mette vier provinciën willen conformeren tot meerder vrintschap ende eenicheyt, voernementlyck die heeren Staten van Hollandt op hare aenstaende vergaderinge.

II/1.1–33   25 November 1617
The "Weegh-Schael"

Carleton argues in a proposition that he cannot fulfill his duties to King James as long as no extraordinary steps are taken concerning the "Weegh-Schael." Holland is asked to confer with him.
President: Taco van Burmania (Friesland).
Sources: A: 282r–v; B: 322r–323r. – Related sources and texts: The original of the proposition is in The Hague NA, S.G. 5886.

| Is ter vergaderinge gecompareert die heere Dudley Carleton, ambassadeur des conincx van Groot Britanniën. Heefdt in 't lange by monde verthoont ende hem gedoleert over verscheyden pointen van het boucxken onlancx in drucke uuytgegeven tegen zyne laeste gedaen vertoogh ende propositie alhier ter vergaderinge opte jegenwoirdige swevende kerckelycke questiën, mitsgaders tegen de religie, reputatie ende 't respect van Zyne Conincklycke Majesteyt ende zyns persoons eere ende de digniteyt van zyn ampt ende ambassade, daerdoeren hy onbequaem gemaect werdt om Zyne Majesteyt ende dese landen dienst te moegen doen by voervallende occasiën ende occurrentiën, die dat souden geraecken by dese gelegentheyt ende oyck anders te vereysschen. Hebbende daerna by gescrifte overgegeven zeeckere memorie, hierna volgende geïnsereert, daerop zyn Edele Hare Hoog Mogender resolutie zeer serieuselyck versocht heeft, tot reparatie van de eere van Zyne Majesteyt ende van de zyne, omme inconveniënten te eviteren, verstaende dat 'tselve niet en

(6) gedaen] A: foll. by del. van we – (25) tegen] A: interl. add. repl. del. op – (26–27) mitsgaders] A: interl. add. – (32–33) hierna...geïnsereert] A: marg. add. – (35) 'tselve] A: interl. add.

is te doen mette ordinaris proceduren ende debvoiren die alreede zyn gedaen, maer sal behoiren te geschieden by extraordinaris placcaet volgende zyn voirseide versoeck.

II/1.1–33a | Mémoire présenté le xxve Novembre 1617 par | monsieur l' Ambassadeur de la Grande Bretaigne aux messieurs les Etats Généraux des Provinces Unies du Pays Bas.

Qu' attendu que Vos Seigneuries ont cognoissance de la publication d' un certain livret qui s'est faict en ce lieu de La Haye lundi dernier 20e du mois présent, intitulé "Weege Schael om etc. te overwegen de oratie, etc.," van mijn heer Dudley Carleton, ambassadeur van den doorluchtichsten coninck van Groot Britanniën, ne portant ny nom de l' autheur ny privilège des supérieurs, et qu' il n' est pas seulement seditieux contre l' Estat et schandaleux contre la religion Réformée, mais très injurieux à ma personne dont la réflexion donne contre l' honneur de Sa Majesté de la Grande Bretaigne mon maistre, qui ne pourra passer ceste offence sans resentiment.

Vos Seigneuries sont instamment priez de vouloir peser ceste affaire selon son mérite, vostre prudence et affection à la conservation de l' honneur de Sa dicte Majesté en ordonnant au plustost telle réparation que Sa Majesté puisse demeurer satisfaicte et moy garanty que par ce licentieux exemple (qu' est sans exemple) mes offices publicqs ne soyent exposez à l' indiscrétion des particuliers.

Laquelle réparation comme j' estime que Vos Seigneuries la désirent pour éviter les inconvénients qu' en pouront naistre, et conserver en vostre estat le respect qu' est due jure gentium aux ambassadeurs, spécialement venants de la part d' ung roy qu' a tant contribué (et est encores prest à contribuer) au bien de vostre estat. Je croy ne se pouvoir espérer en effect, s'il ne plaise à Vos Seigneuries ordonner et faire publier ung placart pénal, par lequel il soit non seulement commandé aux procureur général et à touts autres qu'il appartiendra de faire brusler publicquement dans les carfour des villes les copies que Vos Seigneuries ont faict retirer desdicte livret et d' informer contre l' autheur et l' imprimeur. Mais aussy qu'il soit promis une notable somme à qui les descouvriront et pardon audicte imprimeur si dans quinze jours après ladicte publication il en vient déclarer l' autheur. Vos Seigneuries (comme je l' ay remonstré) l'ayant cydevant prattiqué en affaire de moindre considération et suitte à l' exemple de touts souverains, tant rois, républiques qu' aultres princes, en pareilles occurrences. Et là ou Vos Seigneuries dilayeroient à me donner ceste satisfaction qu' il ne soit trouvé estrange si par après je me trouve inutile à prévenir des plus pesantes plaintes qu' en viendront à Vos Seigneuries.

Estoit signé, Dudley Carleton.

| Hierop ommevrage by den heere president gedaen zynde, is by pluraliteyt van stemmen, namentlyck by die van Gelderlant, Zeelant, Vrieslant ende Stadt Groeningen ende Ommelanden, verstaen ende geaccordeert dat men de ingetrocken boucxkens daerover geclaeght werdt, publicquelyck sal doen verbranden ende by placcate van gelycken oyck ordineren te doen in alle de provinciën daer die zyn uytgegeven ende by 'tselve placcaet prijs stellen ende beloven voer den aenbrenger van den autheur des boucx van de somme van dusent guldens ende sess hondert guldens voer den aenbrenger van den drucker desselffs, mitsgaders pardon voer den drucker by soo verre als hy den autheur aengeeft binnen den tyt van veerthien dagen na de publicatie van het placcaet. 282r A

Maer die van Hollandt hebben gerefereert de debvoiren die by de heeren Gecommitteerde Raden alreede gedaen zyn omme de boucxkens in te doen trecken ende by den advocaet fiscael ende procureur generael hun te doen informeren om den autheur ende drucker van 't voirseide boucxken te moegen achterhalen, ende verclaert dat die voirseide heeren Gecommitteerde Raden willich zyn oyck te scryven aen de steden van Hollandt ten eynde de voirseide boucxkens aldaer oyck werden ingetrocken ende dat zy hun van gelycken willen informeren opten autheur van 'tselve, vindende hun bezwaert voer alsnoch eenige voirdere extraordinaris demonstratie te doen sonder voergaende communicatie van de vergaderinge van de heeren Staten van Hollant die aenstaende is, namentlyck binnen thien ofte twelff dagen. Versoeckende alnoch dat de dick versochte resumptie van de voergaende placcaten tegen het quaet spreken van de regieringe mitsgaders de diffamatoire libellen, pasquillen, etc., mach metten eersten byder hant genomen werden, opdat diergelycke inconveniënten moegen werden voergecommen.

| Die van Utrecht verclaren die wyle zy verhoopen dat by het verhaelde debvoir by de heeren Gecommitteerde Raden van Hollandt alreede gedaen omme den autheur van 't voirseide boucxken te achterhalen, mitsgaders t'gene meer in de respective provinciën op het scryven van Hare Hoog Mogender brieven alreede afgegaen ende die noch sullen affgaen, noch gedaen sal worden, uuytgevonden sal werden den autheur van 't voirseide boucxken, dat men voir alsnoch tot dien eynde egheen extraordinaris proceduren sal behoeren voer te nemen, maer die te laten berusten, emmers tot dat de provinciën nairder bericht zynde, daerop sal moegen werden geresolveert, mitsgaders tot maintenement van de hoocheyt, recht ende gerechtigheyt van de selver. 282v A

(4) publicquelyck] A: prec. by del. alhier – (6) placcaet] A: interl. add. – (9) den] A: interl. add. repl. del. hem selven – (13) Raden] A: interl. add. – (15) ende drucker] A: interl. add. – (18) oyck] A: interl. add. – (18–19) van...willen] A: interl. add. repl. oyck – (31–32) noch...worden] A: interl. add. – (35) daerop] A: prec. by del. nairder

Die van Overyssel verclaren dat zy wel gewunscht hadden dat de resumptie van de voergaende placcaten tegen de quaetspreecker van de regeringe by hun benevens d'anderen provinciën tot meer reysen versocht, bytyts hadde kunnen geschieden, daermede het jegenwoirdich ende anderen gelycke inconveniënten hadden moegen voergecommen werden. Dan die wyle dat nyet en is geschiet, dat sulcx alnoch datelyck behoirt gedaen te werden, tot conservatie van de hoocheyt, recht ende gerechticheden van den lande. Ende dat zy oversulcx verstaen dat mette debvoiren alreede by Hare Hoog Mogenden ende die van Hollandt gedaen om den autheur van het uuytgegeven boucxken daerover gedoleert werdt uuyt te vinden ende achterhalen, dat men de voirdere voergestelde extraordinaris proceduren voer alsnoch sal laten berusten, op hoope dat deselve autheur mette voirseide ordinaris proceduren uuytgevonden sal werden, emmers daerinne nyet te doen sonder voergaende communicatie van de provinciën.

Hierna zyn die heeren gecommitteerde van Hollandt op dese vergaderinge versocht metten voirseide heere ambassadeur te willen spreken ten eynde zyn edele den voirseide uuytstel van de extraordinaris proceduren (by soo verre als mette ordinaris den autheur van het boucxken nyet en werdt uutgevonden) totte aenstaende vergaderinge van de heeren Staten van Hollandt te willen goetvinden, daerinne haer edele bewilliget hebben. Ende in sulcken gevalle, te weeten dat die heere ambassadeur in den voirseiden uutstel consenteert, is geaccordeert dat men met de voirseide extraordinaris proceduren soo lange sal ophouden.

II/1.1–34   27 November 1617

The "Weegh-Schael"

A proposition by Carleton concerning the "Weegh-Schael" is inserted.
President: Herman Ripperda (Overijssel).
Sources: A: 283v; B: 324v–325r. – Related sources and texts: The proposition is inserted in the Net Resolutions only. The original is in The Hague NA, S.G. 5886.

| Is gelesen zeecker nairder gescrifte van memorie ingegeven van den heere Carleton, ambassadeur des conincx van Groot Britaniën hierna volgende geïnsereert. Ende alsoo, soo daerby als uuyt het rapport van de heeren gecommitteerde van Hollant verstaen werdt dat zyn Edele hem nyet en heeft laten contenteren by de onderrichtinge ende het versouck hem gedaen by de heeren Wittensz. van Dordrecht ende Grotius, is den greffier gelast te concipiëren het placcaet volgende de resolutie saterdage lestleden genomen ende

(15) Hollandt] *A: foll. by del.* versocht – (16) spreken] *A: foll. by del.* ende bewegen – (18) werdt] *A: foll. by del.* mede[?] – (31–32) hierna…geïnsereert] *A: marg. add.*

daerby noch te voegen, gelyck de voirseide heere by 't voirseide gescrifte versoect, de volgende clausule dat by soo verre als hiernae yemandt sal ontdect werden wetenschap ofte kennesse gehadt te hebben van den autheur des boucx ende van den drucker desselffs, sonder deselve aengebracht te hebben aen Hare Hoog Mogenden ofte aen dien dat behoort, dat sulcke onderwerpen sal zyn deselve straffe als den autheur ende drucker meriteren.

II/1.1–34a | Mémoire présentée le 27ᵉ de Novembre 1617 par monsieur l'Ambassadeur du Roy de la Grande Bretaigne à messieurs les Estats Généraulx des Provinces Unies du Pays Bas.

Qu'il plaise à Vos Seigneuries à prendre bonne et prompte résolution sur l' instance que j' ay faict verballement et en ay présenté pareillement le contenu par escrit le 25ᵉ du mois présent, à l' occasion d' un livret publié à La Haye le 20ᵉ sans se persuader que les procedures secretes pourront satisfaire à ung affront si notoire et publicq. Et bien que j' ay subject de remercier (comme je fais) messieurs d' Hollande en particulier pour les diligences qu' ils me tesmoignèrent hier par deux leurs députez d' avoir apportées pour descouvrir l' autheur dudict livret, touteffois la recherche de cest affaire n' appartenant plus à une province qu' à une autre, je supplie Vos Seigneuries de la mettre en considération comme appertenente à tout le corps de vostre assemblée générale, à laquelle venant à ceste charge j' ay présenté mes lettres de créance, à laquelle j' ay consécutivement depuis tousjours faict mes offices, à laquelle finalement par ordre exprès de Sa Majesté j' ay faict ma proposition dont est question, le 6ᵉ Octobre, l' exhibant par escript à l' instance de Vos Seigneuries sans en laisser sortir de mes mains aulcune copie. Voilà pourquoy c' est à elles que je doibs demander réparation, sans aulcune remise, du tort et injure faicte au roy mon maistre et à son ministre par la scandaleuse responce ou plustôt libel défamatoire qui contre icelle à esté mis en lumière et exposé en vente publicque à la veue de Vos Seigneuries, laquelle Vos Seigneuries sont suppliées voulloir résoudre et accélérer en la forme employée au précédent mémoire, en l' amplifiant de ceste clause que si quelque un par cij après sera descouvert d' avoir eu notice de l' autheur et de l' imprimeur sans le descouvrir à Vos Seigneuries, ou à ceulx qu' appertiendra, qu' icelluij sera subject à la mesme punition que mérite ledict autheur et imprimeur. Vos Seigneuries ce faisant, monstreront le respect qu' elles portent au roy mon maistre auquel je doibs rendre compte de ce faict par messager exprès si je ne veux faillir au debvoir de la fidélité dont je suis obligé à Sa Majesté. Et j' espère d'entendre ce jourd'huy et mercredi qui vient (lorsque je suis délibéré de faire ma dépesche) de pouvoir aussy bien (s' il plaist à Vos Seigneuries) aviser de la satisfaction publicque donnée

---

(2) de] *A: prec. by del.* dese – (31–35) un...imprimeur] *B: in Latin script*

par icelles, comme de cest insolent et intolérable offence faicte par ung incognu au roy mon maistre et à celuy qui a l' honneur de respresenter Sa Majesté en vostre estat et qui faict profession d' estre,

Messieurs, Vostre très humble serviteur, signé Dudleij Carleton.

II/1.1–35   1 December 1617
Protest of Holland Not Sent to the Provinces

Holland hands in a declaration against the approval of the drafts of invitations to a national synod and wishes it to be sent to the provinces with all annexes. The dissenting Holland cities, Utrecht and Overijssel maintain their declarations. Gelderland, Zeeland, Friesland and Groningen agree with the recording of the declaration and ask for a copy. But they persist in their opinion.
President: Herman Ripperda (Overijssel).
Sources: A: 284r; B: 320r–330r. – Related sources and texts: The declarations of Holland and Overijssel are inserted in the Net Resolutions only. The originals are not preserved. The declaration of Holland is printed in Baudartius, I, ix, 75, Uytenbogaert, 871–877, and Trigland, 999–1010.

| Die gecommitteerde van de provincie van Hollandt ende Westvrieslant in achtervolgh van hare verclaringe alhier ter vergaderinge gedaen den xxii^{en} der voerlede maent, geëxamineert hebbende 'tgene tzeedert den thienden van de selve maent in dese vergaderinge in de religionssaecken was gebesoigneert ende te bouck gestelt, hebben van wegen die heeren heure principalen by gescrifte overgegeven 'tgene hierna volght geïnsereert, versoeckende dat tselve gescrifte benevens alle de voergaende overgegeven stucken van de voirseide besoigne, mettet besoigne selffs, aen de provinciën soude werden gesonden omme daerop te letten.

II/1.1–35a | De gecommitteerden van de heeren Staten van Hollandt ende Westvrieslandt, geëxamineert hebbende het gunt sedert den x^{en} Novembris lestleden ter vergaderinge van de heeren Staeten Generael op de religionssaecken is gebesoigneert, ende te bouck gestelt, verclaeren uuyten naem van hare heeren principalen dat sy ten aensien van de groote devoiren by de selve hare principalen altyt gedaen ten dienste van den gemeenen welstandt van de geunieerde provinciën wel verwacht hadden dat op alle voor desen by haer gedaene remonstrantiën beter geleth soude zyn geweest, ende insonderheyt dat men de welgemelte heeren Staten van Hollandt ende Westvrieslandt te gevalle (welcker vergaderinge om gewichtige redenen tot noch toe uuytgestelt, nu | voorhanden is), soude hebben naelaten,

(17) in] *A: prec. by del.* hebben – (21) hebben] *A: interl. add.* – (23) voergaende] *A: foll. by del.* stucken – (24) mettet...selffs] *A: interl. add.*

immers ten minsten gesupersedeert met sodane proceduyren die nyet anders als groote alteratie in de voorseide aenstaende vergaderinge, ende consequentelyck ondienst voor den lande van Hollandt ende Westvrieslandt in 't particulier ende de geünieerde provinciën in 't gemeen en connen veroorsaken, dat men oock om te thoonen dat nyemant met calumniën ende verachtinge van de wettelycke regieringe (die men daegelycx meer ende meer siet toenemen) en is gedient, geen swaricheyt en soude hebben gemaeckt op de meenichfuldige instantiën, soo van wegen de provincie van Hollandt ende Westvrieslandt, als van wegen eenige anderen gedaen, daer jegens te versien met rigoureuse resolutiën ende placcaten, dat men oock rondelyck ende sincerelyck de heeren Staten van Hollandt ende Westvrieslant, mitsgaders d'edelen ende regierders van de steden, soude hebben verseeckert dat men bereyt was volgende de Unie alle populaire tumulten ende commotiën met de gemeene macht van de geünieerde provinciën te reprimeren ende alsoo de welgemelte heeren Staten, de edelen ende regeerders van de steden te mainteneren by haere wettelycke authoriteyt. Maer siende dat al het selve noch door vrundelyck versoeck, noch door aenwysinge van aenstaende swaericheden nyet en heeft connen vercregen worden, ende dat men daerentegen onaengesien verscheyden protestatiën uuyt den naem ende van wegen de provincie van Hollandt ende Westvrieslandt ende anderen gedaen, is voortgevaeren met het doen van deputatie, het concipiëren van een ontwerp tot het houden van een nationaele synode ende 't selve ontwerp te willen arresteren, soo en hebben de voerseide gecommitteerde ampts- ende eedtshalve nyet connen ledich staen jegens soodanigen cours haer leetwesen te bethoonen ende 't recht van hare heeren principalen met alle mogelycke middelen ongekreuct te conserveren, verhoopende dat de heeren Staten van de naebuyrige provinciën rypelyck overwegende alle 't gunt in desen is gepasseert, sullen bevinden dat de heeren Staten van Hollandt ende Westvrieslandt groot ongelyck is gevercht.

Voor eerst soo en connen de voorseide gecommitteerden van de heeren Staten van Hollandt ende Westvrieslandt nyet toestaen nocht bekennen, dat men haer door alle mogelycke redenen versocht soude hebben om haer met de anderen te conformeren, alsoo ter contrariën op de redenen ende middelen gededuceert in het antwoort, by de heeren Staten van Hollandt ende Westvrieslandt aen de andere provinciën gegeven, noyt eenige solutie en is gevolcht, waernae van nyeuw by de gecommitteerden van Hollandt ende Westvrieslandt veele redenen ende persuasiën syn bygebracht, maer en is by de gecommitteerden van de andere provinciën noyt getracht de selve te solveren, voor ende aleer sy de sake hielden voor gearresteert. Dat de voorseide gecommitteerden van de heeren Staten van Hollandt ende Westvrieslandt in desen hebben gevolcht nyet de gepresu-

meerde intentie, maer de expresse wille van haere heeren principalen, is
soo evident dat nyemant 'tselve met eenige apparentie en kan ontkennen
ofte ignorantie daervan pretenderen, alsoo de welgemelte heeren Staten
van Hollandt ende Westvrieslandt, gehoort hebbende de propositie uuyten
naem van verscheyden provinciën gedaen tot het houden van eene natio-
nale synode by hare antwoort aen de selve provinciën | behandicht, uuyt-
druckelyck verclaert dat hare Edel Mogenden nyet en hadden connen verstaen dat by een nationale synode in de jegenswoordige gestelenisse van
gemoederen de questiën onpartydelyck geëxamineert ende met dienste van
de kercke gedecideert soude connen worden, gelyck oock de resolutie ten
selven tyde by hare Edel Mogenden genomen medebrengt, dat sonder
schadelycke prejuditie ende naedeel van de hoocheden, vry- ende gerechticheden der landen ende steden van Hollandt ende Westvrieslandt in de
opinie van eenige, verstaende dat men alsnu soude behooren in te willigen
nyet alleen het convoceren van een provintiale, maer oock van een nationale synode, nyet en conde bewillicht werden, soo omme 'tgene de heeren
Staten van Hollandt ende Westvrieslandt nae de rechten van de selve landen alleen toecompt met andere nyet gemeen te maken, als om veele
andere gewichtige ende pregnante redenen, volgende welcke clare last van
hare heeren principalen de voorseide gecommitteerden van Hollandt ende
Westvrieslandt nyet anders en hebben connen noch vermogen te doen als
voor eerst het arresteren van een synode nationael voor desen tyt te con-
tradiceren, ende daerbenevens te verthoonen dat de dispositie over dese
religionssaecken ende consequentelyck het houden van een synode over de
kerckelycke saecken van Hollandt ende Westvrieslandt soo eygen was aen
de welgemelte heeren Staten van Hollandt ende Westvrieslandt dat het
selve sonder haer expres consent met de andere provinciën nyet gemeen
gemaeckt ende oversulcx geen overstemminge daerin toegestaen en conde
worden. Waertoe by de voorseide gecommitteerden van Hollandt ende
Westvrieslandt syn gebruyckt verscheyden vaste ende onwederleggelycke
argumenten, als voor eerst het gemeene recht medebrengende dat alle
souveraine gerechtigheden (waer onder buyten twyffel mede is de directie
van de kerckelycke saken) toecommen den genen die de selve eens hebben
gehadt, voor soo veel deselve gerechticheyden nyet claerlyck ende uuyt-
druckelyck bevonden en worden geabdicereert ofte getransfereert te syn. Ten
tweeden den text van het viii^e article van de Unie van Utrecht, dewelcke
soo claer is voor yder onpartydich verstant, dat daerin geen duysterheyt
ofte ambiguiteyt en can werden geïmagineert, ende oversulcx impertinent
soude syn daervan eenige interpretatie te versoecken, anderssints souden
onder pretext van interpretatie alle de articulen van de Unie, waervan
veele nergens nae soo claer en zyn als het voorseide xiii^e artyckel, peryckel
loopen van gerenverseert te connen worden. Ende souden oversulcx de

provinciën van haer gereserveerde vryheden ende gerechticheyden geensints syn verseeckert ende consequentelyck comen te missen het eynde van de Unie, 'twelck is de conservatie van de voorseide vryheden ende gerechticheden.

't Is waer dat, naedat langen tyt de wapenen waeren gevoert voor de vryheyt van 't landt ende van de consciëntiën selffs, oock eenen ruymen tyt nae het aengaen van de voorseide Unie van Utrecht, Godt Almachtich eyntelyck alle de geünieerde landen heeft gesegent met het vrywillich aennemen van de christelycke evangelische religie, sulcx deselve, nae Godts Woort, van de affgoderie, tyrannie ende erreuren van het pausdom is gereformeert. Maer daermede en syn de voorseide provinciën in haere voorige vryheyt nyet vercort, aengesien sy deselve religie gemeen hebben, nyet alleen met hare naebuyren ende bondtgenoten, maer met soo veele andere rycken | ende landen van Europa, dewelcke nochtans daerdoor geen gesach over de gesaementlycke ofte bysondere provinciën is geacquireert, nochte oock dese provinciën over deselve rycken ende landen, zulcx dat oock nyettegenstaende het tractaet voortyts met de coninginne van Engelandt gemaeckt, medebrengende het maintainement van de waere religie die soo in Engelandt als in dese landen werdt geëxerceert, nyet en hebben aengenomen, nochte de kerckelycke ordre nochte oock veele opiniën die in Engelandt syn gerecipieert, soo verre is het van daer dat eenige gemeenschap van het houden van synoden ofte andere deelen van de superioriteyten over de kercken door soodanige gemeenschap van religie soude syn gecontraheert. 't Is oock kennelyck dat de evangelische cantons van Zwitzerlandt, onaengesien haere politicque verbintenisse ende eenicheyt in de religie, evenwel elck in den haeren hebben behouden de vrye dispositie te syn geobligeert, 'twelck oock te sien is in de geünieerde evangelische cheurfursten, fursten, graven ende steden van Duytslandt, welcke cheurfursten, fursten, graven ende steden van Duytslandt, alsoock de voorseide cantons nyet alleene over de geheele kerckelycke regieringe particuliere ordonnantiën hebben gemaeckt ende noch dagelycx maecken, maer hebben veele daerenboven uuytgegeven bysondere belydenisse van haer gelooff.

Hyer jegens te allegeren het recht 't welck de gesamentlycke provinciën competeert over de steden ende plaetsen die door de gemeene wapenen werden verovert ende oversulcx de wetten van de heeren Staten Generael moeten ontfangen, is buyten propoost ten regarde van de provincie van Hollandt ende Westvrieslandt, die nyet door de wapenen en is verovert, maer de principaelste is geweest door wiens goet ende bloet de limiten van de heeren Staten Generael soo verre syn geëxtendeert, 't welck haer seer qualyck soude werden geloont indien sy daerdoor verstaen souden worden subjecter te syn aen de Generaliteyt als te vooren. Nyet minder syn oock impertinent de exempelen van de dispositie die by bewilliging van alle de provinciën syn geschiet in saecken de religie raeckende, alsoo 't gunt nyet gemeen en is by eenparich consent door die tyt ende voor die sake gemeen gemaeckt kan worden, sonder dat daeruuyt eenich recht kan werden geïnfereert om in gelycke saken by overstemmen te procederen. Sal oock nyet een exempel bygebracht werden dat voor desen by de heeren Staten Generael oyt sulcx is getracht te doen, als nu geschiet.

Maer is ter contrarie kennelyck dat in den jare 1590 by de heeren Staten van Utrecht ende in den jare 1591 by de heeren Staten van Hollandt kerckelycke ordonnantiën syn geconcipieert, gelyck oock in den selven jare van 1591 by de heeren Staten van Zeelandt nae voorgaende provinciale synode een kerckelycke ordonnantie is geconcipieert, gearresteert ende daernae gepubliceert, in verscheyden poincten differerende van 't gunt te vooren in een nationale synode was beslooten. Ende is noch in den jare XV C XCV by de Staten van | stadt Groeningen ende Ommelanden mede een kerckelycke ordonnantie gemaeckt, alles op de eygen authoriteyt van de gemelde Staten van de respective provinciën, sonder met andere provinciën daerop voorgaende communicatie te houden. Hoe dat oock de heeren Staten Generael het voorseide xiii^e artyckel van de Unie van Utrecht voor desen, selffs nae dat alle de provinciën de reformatie hadden aengenomen, hebben verstaen, is wel claerlyck te sien by de instructie die de heeren Staten van Utrecht in den jare 1590 met kennisse ende approbatie van de heeren Staten Generael, ende specialyck van de heeren Staten van Hollandt ende Westvrieslandt, Zyn Excellentie hebben gegeven, wel duydelyck medebrengende dat Zyn Excellentie de evangelische religie in de stadt, steden ende landen van Utrecht soude doen onderhouden, volgende de ordonnantie by de welgemelte heeren Staten van Utrecht alreede gemaeckt ofte alnoch te maecken, alsoo deselve State verstonden (dit syn de eigen woorden van de instructie) de dispositie van de religie henluyden volgens het voorseide xiii^e artyckel te competeren. 't Is mede kennelyck dat de heeren Staten van Hollandt ende Westvrieslandt al in den jare 1597 bereyt synde geweest tot het houden van een nationale synode, doch tot anderen eynde op andere manieren en in andere conjuncturen van tyden als 'tselve jegenwoordelyck wordt voorgenomen, ende 't consent van verscheyden provinciën hebbende vercregen, evenwel noyt getracht en hebben sonder gemeen consent deselve te arresteren.

Al het welcke notoir synde, soo is emmers vreemt dat men nu seyt de gerechticheyt van de provinciën nyet te willen disputeren, ende evenwel metterdaet daerjegens doet, alsoo kennelyck is dat het arresteren van syn-

(17) provinciën] B: foll. by del. sonder met andere provinciën – (27) welgemelte] B: wel *is an interl. add.*

ode is een acte van souverainiteyt, welcke souverainiteyt in materie van religie de respective provinciën competeert. Ende noch vreempder is, dat men meent, dat de heeren Staten van Hollandt ende Westvrieslandt souden connen begrypen dat hare gerechticheyt in desen blyft onvercort, daer men selffs pretendeert te arresteren de plaetse van de byeencompste van de synode onder het gebiedt van hare Edel Mogenden, sonder hare voorgaende bewilliging. Waeromme de voorseide gecommitteerde van Hollandt ende Westvrieslandt haer houden volcomentlyck verseeckert dat alle dese proceduyren stryden met de Unie ende beswooren belofte, ende dat sy haer jegens de heeren Staten van Hollandt ende Westvrieslandt souden hebben misgrepen, indien sy in soodanige proceduyren expresselyck ofte by nalatinge van behoorlycke protestatie, insinuatie ende waarschouwinge, stillswygende souden hebben geconsenteert, sonder dat nochtans de gecommitteerde van de heeren Staten van Hollandt ende Westvrieslandt by haere verclaringe ofte oock de heeren Staten selve by haere genomen resolutie verstaen te dissolveren de eenicheyt die sy hebben ende willen onderhouden met alle evangelische kercken, soo naeby als verre geseten, also 't contrarie blyckt uuyt de aenbiedinge by de welgemelte heeren Staten gedaen ende by de voorseide gecommitteerden meenichmael geïtereert, als dat de | kercken van Hollandt ende Westvrieslandt gebracht zynde tot eenige provisionele ruste, indien alsdan bevonden soude mogen worden dat eenige poincten decisie souden vereysschen, in sulcken gevalle de sake door een nationale synode tot een generale soude worden gebracht, om aldaer soo wel de waerheyt als de nootwendicheyt van de selve poincten nae Godes Woort te laten examineren, connen oock de gecommitteerden van de heeren Staten van Hollandt des te minder voor waerachtich ende oprecht houden, 'tgunt aengaende 't arresteren van de voorseide synode ende den gevolge van dien is aengeteeckent, also nyet alleen de naem van de Staten Generael in saken de Generaliteyt nyet gedefereert, sonder consent van alle de provinciën nyet en can worden gebruyckt, sulcx dat oock eene provincie recht heeft om sulcx te beletten als die in sulcken gevalle jegens haer wille ende buyten recht van de Generaliteyt soude werden uuytgeslooten, maer oock inderdaet nyet en blyckt van het consent van meer als drye provinciën, also de gecommitteerde van de heeren Staten van Hollandt ende Westvrieslandt geen reden en is gegeven om te gelooven dat het Landtschap van Gelderlandt zoude hebben geresolveert dat jegens danck van eenige, veel meer van drye provinciën, de nationale synode soude werden gearresteert, also de geëxhibeerde resolutie van het Landtschap in sulcken gevalle nyet en spreeckt, ende nae de contradictie van de voorseide drye provinciën het Landtschap nyet en is vergadert geweest, hoewel nyet alleen by eenige gecommitteerden van Gelderlandt, maer oock by de gecommitteerden van Hollandt ende Westvrieslandt voor

328v B

desen meermael is versocht dat off ten regarde van de importantie van de saecke een landtdach mochte werden bescreven, immers alles opgehouden totdat het selve Landtschap soude syn vergadert, sonder in soo gewichtigen saeck eenich prejuditie te geven. 't Welck de voorseide gecommitteerde van de heeren Staten van Hollandt ende Westvrieslandt meenen dat haer nae recht, reden ende billicheyt nyet geweygert en hadden behooren te worden. Immers was dit beter gefundeert als dat de gecommitteerden van de heeren Staten van Seelandt sustineren dat weynich nae 't scheyden van de vergaderinge van de Staten van Hollandt ende Westvrieslandt, gehouden in augusto t' haren versoeck, nieuwe vergadering hadde behooren geleyt te worden, sonder te weeten waerop ende naementlyck off niet (als apparent was) by hare Edelen andermael soude werden geproponeert 't selve waerop eenmael, nae lange deliberatie, was geresolveert. 't Comt oock de voorseide gecommitteerden van de heeren Staten van Hollandt ende Westvrieslandt seer vreemt voor dat daer kennelyck is dat dit voornemen van nationale synode over lang door bysondere vergadering is gepareert, daer oock voor desen de gecommitteerden soo van Vrieslandt als van Stadt Groeningen ende Ommelanden aen de heeren Staten van Hollandt ende Westvrieslandt gesamentlyck hebben geproponeert sulcx als haer goet dochte, nu die van Hollandt ende Westvrieslandt qualyck wordt affgenomen dat sy nae verscheydene bysondere verclaeringen ende protestatiën die weynich in acht waren genomen, eyntelyck nevens de gecommitteerden van de heeren Staten van Utrecht | ende Overyssel een gesaementlycke verclaringe hebben gedaen in een sake waerin nyet alleen deselve drie provincie gelyckelyck syn geïnteresseert, maer oock volgens d' eerste artickel van de Unie gehouden syn malcanderen by te staen, welck articktel van de Unie alle ende een yder provincie verbindt, sonder dat de naelaticheyt van eenige provinciën de andere die willich syn haer beloften nae te comen, eenichsints kan prejudiciëren. Ten welcken opsichte de respective provinciën in het instellen van den Raedt van State seer voorsichtelycken hebben doen stellen dat sy door het instellen van den selven Raedt nyet en wilden abdiceren het recht ende macht om by de Staten van de selve provinciën by tyde van noot ofte als de saecken van den lande sulcx souden mogen vereysschen, selffs ordre ten dienste van den lande te stellen in saken by henluyden gestelt ter dispositie van den voorseiden Raedt. Maer boven al en connen de voorseide gecommitteerden van de heeren Staten van Hollandt ende Westvrieslandt haer nyet genoechsaem verwonderen nochte bedroeven dat in plaetse van op haer versoeck twee ofte drye daegen te supersederen van voorder proceduyren, tot dat de redenen in desen gededuceert schriftelyck souden syn geëxhibeert, om

(11) niet] B: *interl. add.* – (38) op] B: *interl. add.*

daerop nae de gewichticheyt van de saecke naerder te letten, sonder deselve redenen te verwachten, nyet alleen het uuytscryven van de voorseide synode, maer oock seeckere brieven aen uuytheemsche potentaten ende kercken, sonder voorgaende last ofte communicatie ingestelt in absentie van drie provinciën ende eenige gedeputeerden van de vierde, die haer beswaert vonden soodanige acten by te wesen, gepretendeert werden te syn gearresteert.

Alle 'twelcke alsoo is streckende tot vercortinge van de vrye deliberatie, cleynachtinge ende groote prejuditie van de heeren Staten van Hollandt ende Westvrieslandt, soo willen de gecommitteerden den tyt verwachten om te sien hoe sulcx by de heeren Staten van Hollandt ende Westvrieslandt sal worden verstaen, verhoopende ondertusschen dat de heeren Staten van de andere provinciën van alles wel synde onderricht, sullen doen repareren alle 't gunt in desen jegens de Unie ende gerechticheyt van de respective provinciën is gedaen, om de heeren Staten van Hollandt ende Westvrieslandt, Utrecht ende Overyssel nevens verscheyden treffelycke leden van Gelderlandt alle redenen van wettelycke offensie te benemen ende om de saecken voortaen met beeter eendracht ten gemeenen beste te dirigeren. Versoecken de gecommitteerden van de heeren Staten van Hollandt ende Westvrieslandt dat eenpaerlyck mochte werden besloten binnen den tyt van vier maenden te doen convocatie van de heeren Staten van de respective provinciën aldaer te delibereren op de bequaemste middelen om den staet van de geunieerde provinciën in 't generael ende in 't particulier te conserveren in goede eenicheyt, met behoudenisse van eens yders vryende gerechticheyden. Ende dat ten selven tyde in de respective provinciën gehouden werde een provintiale synode om door conferentie van de descreperende kerckendienaers daer deselve syn, ofte anders door resumptie van de uuytgegevene gescriften ende naementlyck van het gescrifte van de kerckendienaers van | Walcheren[14] ende 't gunt daerop tot antwoordt is gegeven, claerlyck te stellen 't gunt men houdt te syn buyten controversie, ende noopende 't gunt controvers soude mogen blyven, te formeren een advys hoe men meenen soude dat sonder quetsinge van de waerheyt ende beswaernisse van de consciëntie een redelycke verdraechsaemheyt tot vreede ende stichtinge gepractiseert soude connen werden, omme daernae van alle 't selve openinge te doen ter vergaderinge van de heeren Staten Generael, ende te letten wat voorder in het eene ende het andere tot Godes eere, welstant der lande ende opbouwinge van de kercken soude dienen gedaen. Ende dat middeltyt alle seditieuse propoosten, fameuse libellen

---

[14] Letter of Classis Walcheren (1616) sent to foreign theologians, outlining differences between Remonstrants and Contra-Remonstrants on the Five Articles in controversy; printed in *Epistola Ecclesiastarum*.

ende twistscriften door nyeuwe placcaten (geaccommodeert tot de jegenswoordige gelegentheyt van den tyt) strengelyck mochten worden verboden. Dat oock de heeren Staten van de respective provinciën mochten werden versocht ende vermaent haere kerckendienaers daertoe te houden dat sy haer predicatiën ende actiën dirigeren tot vreede ende tot stichtinge, abstinerende van alle invectiven, om alsoo de gemoederen van de ingesetenen tot ruste, stilheyt ende onderlinge lieffde te prepareren.

284r A | Die heere Wittenss van Amstelredam van wegen deselve stadt, Dordrecht, Enchuysen, Edam ende Purmerende, verclaert dat hy persisteert by de contreverclaringen ende protestatiën voor desen van wegen deselve steden gedaen ende by gescrifte overgegeven.

Die van Utrecht hebben hun verclaert benevens die van Hollandt, mitsgaders dat zy noch persisteren by heure voergaende protestatiën ende verclaringen, versoeckende insgelycx dat 't voirseide gescrift met alle de voergaende overgegeven stucken van de voirseide kerckelycke besoigne sal werden gesonden aen de provinciën, daertoe voegende dat zy begeren dat den greffier sal aenteeckenen de provinciën die dat sullen refuseren.

Die van Overyssel hebben hare verclaringe ende versoeck conform die van Hollandt ende Utrecht by gescrifte overgegeven, gelyck hierna volght geïnsereert.

329v B II/1.1–35b | Aenwesende gecommitteerde van de provincie van Overyssel, naerder gesien ende geëxamineert hebbende al 't gene tsedert den x^{en} Novembris lestleden by de provintiën in de kerkelycke ende religionssaecken is gepasseert, ende die groote instantelycke proceduyren die by nae by vier provinciën tot het holden van een nationael synode syn gedaen, verclaren noch geen ander last van haer heeren principalen te hebben, ende oversulcx noch te inhereren die voorgaende verclaringen die sy tsedert den voorseide x^{en} Novembris, ende oock d' ordinaris gecommitteerden van Overyssel daer te vooren verscheyden mael in dese Uwer Hoog Mogender vergaderinge hebben gedaen, te weeten dat haer heeren principalen in dese bedroeffde conjuncturen noch niet geraedsaem vinden het holden van een nationael synode ende dat 't selve althans tot wechneminge van de seer bedroeffde oneenicheden, bittere misverstanden ende questiën in de religie soude connen dienen, ende dat uuyt verscheyden pregnante redenen ende motiven, die d' heeren Gecommitteerde Raden van de Staten van Hollandt ende Westvrieslandt in het gescrifte soo by haer Edele op huyden in desen Uwer Hoog Mogender vergaderinge overgelevert is, in 't lange gededuceert hebben, daertoe van wegen ons heeren principalen ons om cortheyts wille

---

(13) dat ... noch] A: *interl. add.* — (13) noch] B: oock — (13–14) verclaringen] A: *foll. by del.* daertoe voegen — (16) provinciën] A: *foll. by del.* omme — (18–20) Die ... geïnsereert] A: *marg. add.*

refereren, daermede conformeren ende employeren alhyer alle die redenen daerinne verhaelt voor soo veel deselve op de provincie van Overyssel passen.

| Die van Gelderlant, Zeelant, Vrieslant, Stadt Groeningen ende Ommelanden, gehoort hebbende de lecture van 't voirseide gescrift, hebben verclaert dat zy te vreden zyn dat 't voirszeide gescrifte te bouck gebracht ende geïnsereert werde, versoeckende daervan copie omme gelyck zy alle de voergaende stucken van de kerckelycke besoignen hare principalen hebben gecommuniceert, 't voirsz. gescrifte van gelycken oyck te doene, persisterende evenwel by het voergaende gebesoingneerde ende geresolveerde in de kerckelycke zaecken.

284r A

RSG 1786a **II/1.1–36   1 December 1617**
Memorandum of Carleton

A memorandum by Carleton is read and is to be inserted.
President: Herman Ripperda (Overijssel).
Sources: A: 284v; B: omitted. – Related sources and texts: As highlighted in RSG NR 1786a, this resolution has been omitted altogether in the Net Resoluties, so there is no insertion either. See below, resolution of 4 December.

Is gelesen zeker memorie ofte gescrifte ingesonden ter vergaderinge by den heere ambassadeur Carleton, hierna volgende geïnsereert.

RSG 1786 **II/1.1–37   4 December 1617**
Actions against the "Weegh-Schael"

In a memorandum Carleton demands execution of the resolution against the pamphlet. Holland, Utrecht and Overijssel state that they have done their utmost. For extraordinary procedures they want to consult their principals. Gelderland, Zeeland, Friesland and Groningen desire to issue a placard, but this is referred to the next day.
President: Berend Gruys (Groningen).
Sources: A: 286r; B: 331r–v.

| Is gelesen zeeckere memorie wederom ingegeven by den heere Carleton, ambassadeur des conincx van Groot-Britanniën, raeckende het miscontentement dat zyn edele heeft over het uuytgegeven boucxken op zyne propositie ter vergaderinge gedaen.

286r A

(5–6) hebben...gescrifte] *A: marg. add. repl. del.* zyn te vreden dat tvoirsz. gescrifte *and subsequently del. interl. add.* hebben verclaert dat zy zyn tselve – (7) de] *A: foll. by del.* stucken van de – (8) besoignen] *A: prec. by del.* ge – (18) ofte] *A: foll. by del.* ingescr – (18) vergaderinge] *A: foll. by del.* van den heere ambassadeur – (31) over] *A: interl. add. repl. del.* tegen

Daerop die van Hollandt verclaert hebben dat zy alle debvoiren gedaen hebben om d' exemplaren van 't voirseide boucxken in te trecken ende de autheur ende drucker desselffs te achterhalen. Ende soo verre als Zyn Excellentie[15] op eenige voirdere extraordinaris proceduren soude insisteren, dat zy daerinne nyet en kunnen consenteren sonder voirder communicatie met heure principalen. Insgelycken hebben oyck verclaert die van Utrecht en Overyssel.

Die van Gelderlant, Zeelant, Vrieslant, Stadt Groeningen ende Ommelanden hebben verstaen dat men het concept van het placcaet tegen 't voirseide boucxken soude lesen ende arresteren, maer is 't selve uuytgestelt tot morgen.

II/1.1–38   6 December 1617
Placard against the "Weegh-Schael"

The draft of a placard against the "Weegh-Schael" is approved, after the preamble is revised to mention that the ambassador has requested this. Holland wants a copy first and will bring an answer the next day.
President: Berend Gruys (Groningen).
Sources: A: 287r; B: 332r–v.

| Is gelesen het concept van het placcaet tegen het uuytgegeven boucxken daerover den heere Carleton, ambassadeur van Zyne Majesteyt van Groot Britaniën, hem alhier ter vergaderinge heeft beclaeght ende daertegen reparatie versocht.

Ende na deliberatie is 't selve concept, gelyck dat alsnu geredresseert is, in 't begintssel van den narratie dat den voirseide heere ambassadeur sulcx heeft geremonstreert, alsoo goetgevonden, mits dat van 't selve aen die van Hollandt volgende haer edeler versouck ierst sal gegeven werden copie, om dat hare principalen te communiceren ende daerop morgen antwoordt in te brengen.

II/1.1–39   7 December 1617
Placard against the "Weegh-Schael"

A decision on the placard against the "Weegh-Schael" is deferred one day.
President: Berend Gruys (Groningen).
Sources: A: 288v; B: 333v.

---

(25) ierst] A: interl add. repl. del. daervan – (25) werden] A: foll. by del. versouck

[15] This time ambassador Carleton.

RSG 1818 II/1.1–40   8 December 1617
Placard against the "Weegh-Schael"

The placard against the "Weegh-Schael" is approved by a majority, according to a previous resolution taken in the presence of extraordinary deputies of Gelderland, Zeeland, Friesland and Groningen. It will be published and sent to the provinces. Holland explains what the solicitor-fiscal and the attorney-general have done to find the author and the printer. Their principals have asked a committee to examine and compare the pamphlet with the proposition by Carleton, to see whether it contains excesses that might warrant such a premium for whoever denounces the author and the printer. They ask that in the meantime the approval of the placard be deferred. Utrecht and Overyssel ask the same. Nevertheless, the four provinces persist in the resolution. Holland declares that without their consent the placard should and cannot be approved and published.
President: Berend Gruys (Groningen).
Sources: A: 289v–290r; B: 334v–335r. – Related sources and texts: Copies of the placard are in The Hague NA, RSG NR 5886, and in the register of acts, The Hague NA, S.G. 12.302, 49. Printed in Baudartius, I, ix, 73 and Groot Placcaetboek, I:449. Partly printed in Trigland, 1019.

| Is wederom geproponeert het concept van het placcaet tegen het uuytgegeven boucxken daerover die heere Carleton, ambassadeur des conincx van Groot Britanniën, hem beclaeght, ende met pluraliteyt van stemmen gearresteert volgende de resolutie voer desen daerop genomen ten overwesen van de heere extraordinaris gecommitteerde van Gelderlant, Zeelant, Vrieslant, Stadt Groeningen ende Ommelanden die ter deser vergaderinge waren gecommitteert, daerby dat de aenwesende heeren gecommitteerde van de voorseide provinciën alsnu hebben gepersisteert. Ende dat men 't selve sal doen drucken ende doen publiceren ende tot dien eynde aen de provinciën senden. | Die van Hollandt hebben wederom verhaelt de ordinaris debvoiren die zy by den advocaet-fiscael ende procureur-generael hebben doen doen om den autheur ende drucker van 't voirseide boucxken te achterhalen ende voirts verclaert dat heure principalen 't voirseide boucxken by eenige gecommitteerde uuyt heure vergaderinge hebben doen examineren ende confereren met de gedaen propositie by den voirseide heere ambassadeur ter deser vergaderinge, omme te sien oft daerinne sulcken excess is dat voer den aenbrenger van den autheur ende drucker sulcken premium soude vereisschen gestelt ende betaelt te werden (den autheur ende drucker aengebracht werdende). Hebbende

289v A

290r A

(24–25) die...gecommitteert] A: *marg. add.* – (24) ter deser] A: *interl. add. repl.* deser – (28–30) wederom...voirts] A: *marg. add.* – (28) de] A: *foll. by del.* goede ende gewoonelycke debvoiren – (32) confereren met] A: *interl. add. repl. del.* confereren tegen – (33) propositie] A: *prec. by del.* oratie – (34) is] A: *foll. by del.* straff meriterende – (35) soude vereisschen] A: *interl. add. repl. del.* behoort – (36) den...werdende] A: *marg. add.*

mitsdien versocht dat men ondertusschen mettet arresteren van 't voirseide placcaet soude ophouden.

Van gelycken hebben versocht die heeren gecommitteerde van de provinciën van Utrecht ende Overyssel.

Maer alsoo evenwel desen nyettegenstaende de voirseide vier provinciën by de voirseide resolutie hebben gepersisteert, hebben die van Hollandt verclaert dat zy verstaen dat soo lange als de selve provincie van Hollandt ende Westvrieslant in 't voirseide placcaet nyet en hebben geconsenteert, dat men 't selve op den naem van Staten Generael nyet en behoort noch en vermach te arresteren ende publiceren.

Van gelycken hebben die heeren gecommitteerde van Utrecht ende Overyssel verclaert van wegen deselve provinciën.

II/1.1–41   11 December 1617   RSG 1822
Dutch Ambassadors Forbidden to Discuss Religious Matters

Aitzema writes from Lübeck about worries there concerning the ecclesiastical differences in the Dutch Republic. The same applies to the last letters of Langerak and Schoonewalle (i.e., Caron). In a letter to the ambassadors and agents they are told to avoid ecclesiastical matters, but only state that a good result is about to be reached.

President: Johan van Goch (Gelderland).

Sources: A: 290v; B: 335v. – Related sources and texts: The original letter by Aitzema is in The Hague NA, S.G. 6025. The approved text of the letter to all ambassadors and agents is in The Hague NA, S.G. 6755.

290v A | Ontfangen eenen brieff van den agent Aissema, gescreven tot Lubbeec[16] den xvii^en Novembris lestleden. Ende also hy onder anderen adverteert dat men aldaer becommert is in de kerkelycke geschillen alhier, wenschende dat die te nedergeleet mochten werden sonder schandale, gelyck mede in substantie uuyt Vranckryck ende Engelant geadverteert hebben die heeren van Langerac ende Schoonewalle by derselver leste brieven, is na deliberatie geordonneert aen den voirseiden Aissema ende ambassadeurs, mitsgaders den agent Brederode te scryven by soo verre als hun voertaen yet meer van den voirseiden kerckelycke questiën voercompt, dat zy hun deselve voirder nyet en sullen hebben te bemoyen, maer alleene voer te staen de eere ende reputatie van 't lant (verclarende dat de kerckelycke questiën soo hooge nyet en zyn geclom-

---

(6) resolutie] A: *prec. by del.* hare – (6) Hollandt] A: *foll. by del.* ende Westvrieslant – (31) scryven] A: *foll. by del.* dat

[16] Lübeck.

men oft men verhoopt daervan zeer corts eene goede ende gewenste uuytcompste te vinden), sonder expressen last van Hare Hoog Mogenden.

II/1.1–42   11 December 1617
Placard against the "Weegh-Schael"

President Goch relates that Carleton complains that the printer of the Generality answered his steward, who was sent to collect some copies of the placard, that the States of Holland had forbidden to print it. Holland repeats that a committee of that province will report on the pamphlet. They ask to defer the printing of the placard in the meantime. Utrecht and Overijssel agree with this. The remaining four provinces decide that the president will summon the printer to ask why he, as printer of the Generality, has not processed the placard as ordered, and to tell him to do so nonetheless. While the printer is bound to raise objections, in that case the president will ask him to return the placard.
President: Johan van Goch (Zutphen).
Sources: A: 291r–v; B: 336r. – Related sources and texts: Partly printed in Trigland, 1019.

| Op het geproponeerde van den heere Goch presiderende van dat die heere Carleton, ambassadeur des conincx van Groot Britaniën, hem beclaeght dat zyn edele gesonden hebbende zynen hooffmeester aen den drucker van de Generaliteyt, Hillebrant Jacobs, omme eenige exemplaren van het placcaet dat hem by Haer Hoog Mogenden gebracht is te drucken tegen het uuytgegeven boucxken op zyn edeler gedaen propositie, deselve drucker den vorseide zynen hooffmeester antwoordt soude hebben dat hem aengeseet was ende verboden van wegen die heeren Staten van Hollandt 't voirseide placcaet te drucken.

Hebben ierst die heeren gecommitteerde van Hollandt wederom verclaert gelyck zy noch voer desen gedaen hebben, dat heure principalen eenige hebben gecommitteert omme 't voirseide boucxken te confereren mette voirseide propositie van den voirseide heere ambassadeur, | ten fyne alsdoen verhaelt, daermede dat die gedeputeerde doende zyn. Ende mits dien alnoch versocht hebben dat men ondertusschen met het drucken soude ophouden. Daerinne die van Utrecht ende Overyssel hebben bewillicht.

Maer is by de anderen voer provinciën verstaen ende geresolveert dat die heere president den drucker sal by hem ontbieden ende affvragen waerom dat hy het placcaet nyet en heeft gedruct, diewyle hy is den drucker van de Generaliteyt, volgende den last hem daertoe gegeven, ende den selven voirts

---

(1) verhoopt] A: foll. by del. van – (32) die] A: interl. add.

belasten dat alnoch te willen doen. Edoch daer hy dat evenwel soude difficulteren, is goetgevonden dat de voirseide heere president den drucke het placcaet wederom sal eysschen ende tot hem nemen.

II/1.1–43   12 December 1617
Inconclusive Quarrel about Sending a Copy of the Placard to the Provinces

Goch reports that Hillebrant Jacobsz., according to his wife, because he is ill, raises objections to printing the placard against the pamphlet by reason of a prohibition by the States of Holland or their Gecommitteerde Raden. Goch has taken back the placard and asks whether he should look for another printer. It is decided with a plurality of votes to send an authenticated copy of the placard to the provinces, asking to print and publish it. The griffier is to present a similar copy, authenticated and signed by him on behalf of the States General, to Carleton, and to tell him that this is the resolution in answer to his complaints about the pamphlet. Holland declares that the placard may not be sent to the provinces in the name of the States General, because their province has not consented. They ask to wait till the committee has reported on the comparison of the pamphlet with the proposition by Carleton concerning the ecclesiastical problems and differences. Utrecht and Overijssel also ask to wait for the report. Brienen does the same, qualitate qua, because he has no order to consent against the wishes of Holland, Utrecht and Overijssel. He promises to give his declaration in writing, which he did on the 14th of December.
President: Johan van Goch (Gelderland).
Sources: A: 292r–v; B: 336v–337r. – Related sources and texts: The declaration of Brienen is inserted into the Net Resoluties. The original is not preserved. The approved text of the letter to the provinces is in The Hague NA, S.G. 4932.

| Die heere Goch rapporteert dat Hillebrant Jacobs, drucker van de Generaliteyt (volgende het seggen van zyn huysvrouwe[17] die wyle haeren man sieck is) difficulteert het placcaet hem in handen gestelt tegen het uuytgegeven boucxken op de propositie van den heere ambassadeur Carleton te drucken tegen het verboth hem gedaen van wegen d' heeren Staten ofte Gecommitteerde Raden van Hollandt. Ende dat zyn Edele daerom 't voirseide placcaet wederom heeft tot hem genomen, versoeckende daerover te verstaen Hare Hoog Mogender meeninge of men 't voirseide placcaet by eenen anderen drucker sal doen drucken off wat men anders daermede sal moegen doen.

---

(1) dat] *A: foll. by del. interl. add.* hy dat – (1) Edoch] *A: prec. by del.* Ende – (26–27) Generaliteyt] *A: foll. by del. two characters* – (28) difficulteert] *A: prec. by del.* wel genegen – (28) gestelt] *A: foll. by del.* om te drucken – (29) op de] *A: interl. del. repl.* tegen de

[17] Machteld Aelbrechtsdr. van Leuningen (1580–1662).

Ende hierop ommevrage gedaen zynde, is met pluraliteyt van stemmen verstaen ende geresolveert dat men copie autentyck van 't voirseide placcaet sal senden aen de tsamenlycke provinciën met versouck dat zy t'selve willen doen drucken, publiceren ende affigeren ter plaitssen daer dat gebruyckelyck is.

Ende wordt den greffier geordonneert eene gelycke copie autentyck by hem geteeckent van wegen Hare Hoog Mogenden te behandigen aen den voirseide heere ambassadeur ende zyn Edele aen te seggen dat dit is de resolutie by Hare Hoog Mogenden genomen op zyn clachten alhier ter vergaderinge gedaen tegen het voirseide uuytgegaen boucxken.

Mair die van Hollandt hebben wederom verclaert dat zy nyet en verstaen dat men 't voirseide placcaet sal uuytgeven ende aen de provinciën senden opten naem ofte van wegen die Staten Generael, diewyle zy daerinne van wegen de provincie | van Hollandt ende Westvrieslant nyet en hebben geconsenteert. Versoeckende oversulcx dat men het uuytsenden van 't voirseide placcaet noch will ophouden, oyck ten regarde dat heure principalen alnoch doende zyn by gedeputeerde daertoe gecommitteert omme 't voirseide boucxken te confereren mette gedaen propositie van den voirseide heere ambassadeur opte kerckelycke questiën ende differenten.

Die van Utrecht en Overijssel hebben genoegh gelycke verclaringe gedaen van wegen heure respective principalen ende oversulcx oyck versocht dat men met het uuytsenden ende publiceren van 't voirseide placcaet soude ophouden, emmers tot dat het rapport van de besoigne opte voirseide conferentie gehoort nairder daerop sal zyn gedisponeert.

D'heere Brienen qualitate qua heeft insgelycx versocht dat men noch sal ophouden met het uuytsenden van 't voirseide placcaet, die wyle hy hem nyet en vindt gelast daerinne te consenteren tegen de verclaringe ende versouck van de voirseide drye provinciën van Hollandt, Utrecht ende Overissel gelyck zyn edele dat heeft aengenomen nairder by gescrifte over te geven, het welcke zyn Edele gedaen heeft den xiiii^{en} deses hierna volgende geïnsereert.

II/1.1–43a | Ick onderscreven, in qualité als van wegen unde in naem des Veluschen ridderstandts unde mit dien van 't quartier van Nimmegen jegenwoordich absent ick tot noch toe gepleecht hebbe, verclaere op het geene gisteren in 't arresteren des placaets tegen de "Weechschael" op den naem van de Generaliteyt gepasseert is, dat ick my nyet gelast vinde, my

---

(2) copie] *A: foll. by del.* autens – (4) drucken] *A: foll. by del.* ende – (8) voirseide] *A: interl. add.* – (8) heere] *A: foll. by del.* Carleton – (8) ambassadeur] *A: foll. by del.* des conincx van Groot Britaniën – (9) alhier] *A: foll. by del.* geda – (15) oversulcx] *A: interl add. repl. del.* mits desen – (15) uuytsenden] *B:* uuytscryven – (16) oyck...dat] *A: interl. add. repl. del.* ter wylen – (23) emmers] *A: interl. add.* – (23) de] *A: foll. by del.* voirseide – (27) verclaringe] *A: foll. by del.* voorseide – (28–30) gelyck...geïnsereert] *A: marg. add.* – (33) noch] *B: interl. add.*

partye vougende met drye provinciën te helpen overstemmen d' andere
drye provinciën van Hollandt, Utrecht unde Overyssel, daer die van Hollandt versoecken uuytstel om de voorseide "Weeghschael" te doen examineren door commissariën alreets genomineert unde die noch gisteren
in't werck solden treden um te vinden off oock de voorseide "Weech-
schael" soude mogen subject syn den penen in't voorseide placcaet uuyt-
gedruckt. Dese presentatie van Hollandt nyettegenstaende, vinde ick my,
seg ick noch, nyet gelast in qualiteyt als boven den heeren van Hollandt 't
voorseide placcaet mit de penen over te dringen, in oer eygen landt daer
dit gescrift solde mogen uuytgegaen syn, unde daerin sy sich beroepen op
oer privilegiën unde welhergebrachte gebruycken waerin andere provinciën sollen swaerichyt maecken verheert te worden. Unde dit soo lange
ick nyet by myne principalen, wesende de Staten des furstendoms Gelderlandt, des Graeffschaps Zutphen, staetsgewyse vergadert, solde hyerom
expresselyck gelast zyn um sine justa causae cognitione in sulcke strytbare
sake alsoo te procederen. Gedaen in 's Gravenhage unde ten register gebracht 3/13 December 1617. Was geteeckent, Henricus van Brienen d' Als-
ten.

Dan hebben evenwel desen nyettegenstaende die voirseide vier provinciën by
pluraliteyt van stemmen gepersisteert by de voirseide resolutie ende den greffier gelast hem volgende deselve te reguleren.

II/1.1–44   27 December 1617
The Placard Already Published in Gelderland

RSG 1879

*The Deputies of the Quarter of de Veluwe write that the placard of the States
General, concerning the oration by Carleton, has already been published in
Gelderland. They apologize for the written declaration by Brienen and ask to
consider it null and void. Brienen is allowed a copy of the letter.*
President: Jacob Magnus (Zeeland).
*Sources: A: 301v; B: 346r. – Related sources and texts: The original letter of the
Gedeputeerden van het Kwartier van de Veluwe is in The Hague NA, S.G. 4932.*

301v A

| Item eenen brieff van de Gedeputeerde des Quartiers van Aernhem, geda-
teert tot Aernhem den x^{en} deses [Old Style] daerby haer edele adverteren dat
het placcaet bij Hare Hoog Mogenden uuytgegeven tegens zeecker gescrifte
geïntituleert "de Weeghschael," omme te overwegen de oratie des heeren
ambassadeurs des conincx van Groot Britanniën, etc., in het furstendomb
Geldre alreede ter executie is gestelt. Ende doende mitsdien haer edele haer

(15) sine...cognitione] B: in Latin script – (20) resolutie] A: prec. by del. zyne

ontschult tegen de scriftelycke verclaringe overgegeven by den heere Brienen tegen 't voirseide placcaet. Versoucken dat Hare Hoog Mogenden deselve verclaringe met hun souden willen houden voor nul ende als nyet geschiet. Van welcken brieff den voirseide heere Brienen is geaccordeert copie volgende zyn edeler versouck.

STATES GENERAL RESOLUTIONS 1618

II/1.1–45   20 January 1618
The "Weegh-Schael" and the National Synod

Dudley Carleton comes in and states that several letters from King James to him have been delayed by bad weather. In his proposition, he urges provinces which have not yet done so, including Holland, to issue a placard against the "Weegh-Schael." His Majesty emphasizes that only a national synod is congruent with the scale of the religious issues at hand. Notwithstanding an initial resolution to keep the proposition secret, the provinces are granted copies only on the understanding that they shall handle them discreetly. The provinces in question are exhorted to issue the placard.
President: Volkier Sloeth (Overijssel).
Sources: A: 13v–14r; B: 15r–18r. – Related sources and texts: The proposition of Carleton is inserted into the Net Resoluties only. The original is in The Hague NA, S.G. 5887. Full text edited in no. II/1.22. In the credentials of 22 December 1617, which were not inserted notwithstanding the indication to do so, James I backs Carleton and instructs him to explain the Anglican ecclesiastical polity, which has also been misinterpreted and vilified in the "Weegh-Schael." A copy of James' letter is in The Hague NA, S.G. 5887. Full text edited in no. II/1.19. The letter is translated into Dutch: Baudartius, I, x, 20.

| Is ter vergaderinge gecompareert die heere Carleton, ambassadeur des conincx van Groot Britanniën. Heeft ierst verclaert dat hy verscheyden depeschen van Zyne Majesteyt t' seffens hadde ontfangen, die geretardeert syn geworden doer den vorst ende contrarie wint, daervan hy by ordre Hare Hoog Mogenden openinge sal doen, volgende zynen last, omme deselve nyet te obrueren in dese hare becommeringe ende swaerwichtige saecken die zy by der hant hebben, etc. Ende daerna gepresenteert eenen brieff van Zyne Coninncklycke Majesteyt gescreven te Westmunster den xxii[en] Decembris lestle-

den, ende uuyt crachte van de credentie daerinne begrepen, geproponeert gelyck hiernae volght geïnsereert metten voorseide brieff.

Hierop is by complimenten geantwoirdt ende Coninckycke Majesteyt bedanct over de continuatie van zyne coninckycke affectie tot deser landen staet ende de conservatie van de Gereformeerde religie, verclarende dat Hare Hoog Mogenden daertoe trachten ende aerbeyden tot maintenement van de Gereformeerde religie ende de conservatie van het recht ende gerechticheyt van 't landt, etc.

II/1.1–45a [In his proposition, Carleton, while grateful for measures already taken, urges provinces which have not yet done so, including Holland, to issue a placard against a certain seditious religious pamphlet called the "Weegh-Schael." Contrary to the assertions of its writer, King James is very worried about the inevitable fall of the Republic in case the religious differences are not settled. He judges it necessary to have recourse to ecclesiastical assemblies proportionate to the evil, that is to say, first classical, then in case of progress, provincial and national, when it has affected the whole body of the Republic. Therefore the King reiterates his advice to recommend a national synod as the only remedy. The Reformed religion has to be kept pure and sincere. It is the main foundation of our alliance. Dated 20 January 1618.]

Hiernae is ommevrage gedaen oft men van den voorseiden brieff ende propositie sal maecken copie voer de gedeputeerde van de provinciën ofte nyet. Ende by meeste stemmen verstaen, dat den greffier de voirseide propositie sal hebben op te sluyten sonder daervan copiën uuyt te geven, dan by nairder resolutie. Maer | alsoo daernae verscheyden provinciën verclaerden dat zy evenwel de voorseide copiën begeerden, ende sustineerden dat men haer die niet en behoirt te weygeren, is daerinne geaccordeert, ende dat men dien volgende aen d'eene provincie soo wel copie sal geven als aen d' anderen, mits dat die heeren gedeputeerde van de provinciën aengenomen hebben deselve secretelyck ende discretelyck te menageren. Zyn oock de provinciën die het placcaet tegen het boucxken, geïntituleert "De Weeghschale" etc., nyet en hebben gepubliceert, versocht dat zy 't selve volgende de voorseide propositie van den voirseide heere ambassadeur willen doen daermede Zyne Majesteyt mach gegeven werden contentement.

(3) Majesteyt] B: *om.* – (24) dan by] A: *interl. add. repl. del.* sonder – (32) versocht] A: *interl. add.* – (33) doen] A: *foll. by del.* publiceren

II/1.1–46 26 January 1618
Carleton Again Calls for a Placard against the "Weegh-Schael"

Ambassador Carleton again recommends publication of a placard against the "Weegh-Schael" by the provinces that have not yet done so, notably Utrecht where it was originally printed and even sold with the ink still wet. He would like the States of Utrecht to be informed about this recommendation.
President: Abel Coenders van Helpen (Groningen).
Sources: A: 19r–v; B: 29v–30r. – Related sources and texts: The original proposition concerning Cecil is in The Hague NA, S.G. 5887.

[First part of the resolution is about complaints of general Cecil that Utrecht has given a commission for a company in his regiment without consulting him.]

| Noch heeft die voirseide heere ambassadeur Carleton wederom zeer serieuselyck gerecommandeert ende versocht ten dienste ende voer de conservatie van het respect van Zyne Majesteyt mitsgaders van den eere van hem heere ambassadeur ten dienste selffs van dese landen, omme verscheyden redenen ende consideratiën by zyn Edele in 't lange verhaelt, dat Hare Hoog Mogenden soo vele souden gelieven te doen by de provinciën die het placcaet tegen het seditieulx boucxken geïntituleert "De Weegschale" alnoch nyet en hebben gepubliceert, dat zy dat willen doen ende ordre geven dat deselve boucxkens werden ingetrocken ende voernementlyck dat sulcx geschiede in de provincie van Utrecht, alwaer 't voirseide boucxken originelyck is gedruct ende herdruct ende soo versch in de winckels vercocht dat men den druck heeft kunnen uuytwisschen, ende dat mette occasie van het senden van den brieff van den coninck aen de heeren Staten van Utrecht raeckende de clachten van den voirseide heere generael Cecil.

[The States General recommend Utrecht to find a remedy for Cecil's dissatisfaction.]

Ende dat men oyck haer Edel Mogenden sal adverteren van de instantie die d' voirseide heere ambassadeur wederom gedaen heeft ten eynde het placcaet tegen het seditieulx boucxken geïntituleert "De Weeghschale" soude werden gepubliceert in de provinciën daer dat noch nyet en is gedaen, voernementlyck in de provincie van Utrecht alwaer 'tselve boucxken originelyck soude zyn gedruct ende herdruct, oyck soo versch gelyck hiervoeren geseet is, ende mits dien haer Edele versoecken 't voirseide placcaet te willen doen publiceren ende dien volgende de boucxkens doen intrecken ende verbieden deselve meer uuyt te geven ende vercoopen op de pene by het placcaet gestatueert, ten eynde Zyne Majesteyt ende die voirseide heere ambassadeur moegen hebben contentement.

(19) alnoch] A: *interl. add.* – (31) het] A: *foll. by del.* boucxken

[The States General received on 7 February 1618 a letter from London by the Archbishop of Split Marc Anthony de Dominis on religion.]

II/1.1–47   28 February 1618
Carleton Proposition on Anglican Synods and the Situation in the Republic

Ambassador Carleton presents a proposition to the States General, in which he corrects a wrong view of Anglican synods in the "Weegh-Schael" and analyzes the situation in the Republic.
President: Taco van Burmania (Friesland).
Sources: A: 48v; B: 67r–70r. – Related sources and texts: The proposition is inserted in the Net Resolutions. A poor copy in The Hague NA, S.G. 5887.

| Is ter vergaderinge gecompareert die heere Carleton, ambassadeur des conincx van Groot Britanniën. Heeft geproponeert ierst by monde, ende daerna by gescrifte overgegeven, 't gene hiernae volght geïnsereert, daervan de provinciën hebben versocht copie, daerinne dat verwillicht is voir elcke provincie één.

II/1.1–47a | Messieurs,

M'estant plaint ces jours passez en vostre assemblée tant de bouche, comme par divers mémoires en escrit de la publication d'un libre diffamatoire intitulé "La Ballance," imprimé en langue flamande et exposé premièrement en vente icy à La Haye le 20ᵉ du mois de Novembre passé, et consécutivement divulgué par tout le pais, Votres Seigneuries ont pris la dessus une résolution d'en ordonner une juste réparation par voye de placard contre son autheur et imprimeur, laquelle a esté à gré et contentement du roy mon maistre, comme Sa Majesté l'a tesmoigné par ses lettres du 22ᵐᵉ de Decembre. Et parce que de plus elle m'a commandé de vous représenter de vive voix ce que en acquit de ma charge, je fis aussy amplement le 20ᵉ du mois passé, vous requérant instamment d'employer vostre authorité que la publication de vostre placart fut faicte ès provinces et villes où jusques lors elle avoit esté tenue en suspens.

Mais tant s'en faut qu'on ait satisfaict à une si juste demande, qu'au lieu de déférer le respect et deue obéissance que j'attendoy à vos commandements et de voir embrasser et exécuter la teneur dudict placcart, on a renchéri sur le premier mespris et de nouveau imprimé et publié ledict libel traduict en françois, avec ampliation d'une préface satyrique pleine d'invectives et avec une représentation abusive de l'enseigne d'honneur la plus antienne et la plus fameuse de toute l'Europe, dont non seulement Sa Majesté comme chef, mais encor touts les autres princes et seigneurs membres de l'ordre de la jartière qui en sont interessez, ne pourront demeurer sinon grandement schandalisez.

Puis donc qu'on se joue si effrontement et licentieusement de l'honneur des princes et de leurs ministres, Vostres Seigneuries (s'il leur plaist) résumeront ceste affaire, pour renouveller telles et si rigoureuses défenses que par leur prudences elles trouveront | convenables et nécessaires pour donner pleinière satisfaction à Sa Majesté, faisants comprendre à chaque province l'importance et suitte de ceste action et de procéder en sorte qu'on ne puisse imputer à juste tiltre ce qui est passé à dissimulation, ni m'escroire Vostres Seigneuries en général, ou en particulier d'aulcune connivence en ceste offence publique.

Et puisque mentiri confidenter et calumniari audacter font ordinairement les mesmes effects, semper aliquid haeret, et qu'il se trouve dans ledict libel, qu'on maintient ouvertement et impudémment qu'en matière des synodes la practicque et observation de l'Église Anglicane est notoirement contraire aux advis et conseils que Sa Majesté a donnéz à Votres Seigneuries sur ce subject, j'ay estimé du tout à propos d'insérer icy la déclaration claire et peremptoire que j'ay receue tout frèschement de Sa Majesté sur la procédure observée en ladicte église à traicter et décider les difficultez en matières contentieuses en la réligion.

Quand le roy trouve bon et nécessaire de faire examiner et déterminer quelque affaire concernant la religion en l'Église Anglicane, Sa Majesté de son commandement faict convoquer un synode ou assemblée d'évesques et autres personnes ecclésiastiques, leur assigne temps et lieu pour se trouver ensemble et leur faict entendre en gros le subject qu'ils doibvent traicter avec pouvoir par ses lettres patentes de le disputer et décider. À quoy se conformans ils se mettent en debvoir de conférer des points qui sont en controverse et les régler par l'escritture saincte, les conciles et pères. Ce qu'ils font seuls et séparément en la place de leur congrégation, sans l'intervention ou assistance de personne laicque, et ayants ainsi convenu de leur résolution, portent au roy en toute humilité leurs articles, canons et décisions, lesquels, si Sa Majesté après meure déliberation | les approuve, sont aussy tost ratifiez et confirmez du grand seel, qui leur donne force et authorité. Quoi faict, Sa Majesté continue ou licentie ladicte assemblée selon son bon plaisir.

C'est, Messieurs, l'usage et practicque de l'Église Anglicane en général, qui suffit à faire veoir l'erreur de ceulx qui par leurs escrits ont donné séance à la feu royne Elisabeth, de très glorieuse mémoire, inter partium magistros. Et pour ce qui touche l'occurrence particulière dont on faict non seule-

---

(10) mentiri...audacter] *B: in Latin characters* – (11) semper] *B: in Latin characters* – (36) inter...magistros] *B: in Latin characters*

ment dans ledict libel, mais encor dans plusieurs aultres livres une si grande levée de bouclier, qui est nommément la conférence tenue par commandement du roy mon maistre à Hampton Court,[18] la vérité est telle que je diray.

Sa Majesté ne se mettoit point en peine en ceste conférence la quieta remota, ne l'estant nullement besoing en une église paisible et tranquille, mais d'entendre les demandes et raisons de certaines personnes qui entreprennoyent avec grande importunité movere quieta et troubler le repos de l'église. De plus il n'y avoit pas question de la doctrine, mais purement et simplement des choses externes, scavoir pour apprendre ce qu'on pouvoit alléguer contre les cérémonies de long temps reçeues et practiquées dans l'église. Et finalement la rémonstrance de ceux qui cerchoyent d'introduire quelque nouveauté dans ladicte église, ayant esté meurement examinée par les évesques et autres personnes ecclésiastiques à ce exprès appellez, elle fust aussi par iceulx condamnée et rejettée et leur jugement ratifié et confirmé de l'authorité de Sa Majesté.

En avoir usé ainsi (Messieurs) n'est point entreprendre aulcune jurisdiction sur l'église, comme mal à propos on en veut inférer, et qu'on allègue y avoir esté traicté de quelques points de la | doctrine entre autres de celuy de la prédestination, laquelle on faict icy servir de pierre d'achoppement. Je vous puis asseurer que ce n'a esté que par manière de discours pour ouyr le jugement de chacun, nullement ex professo, n'ayant esté donnée pour subject à estre examinée et laquelle aussy est demeurée sans arrest ny décision.

Au reste, ayant pris la commodité de quelques jours depuis que ledict libel a esté exposé icy en vente en langue françoise qui m'est plus familière que la flamande pour le lire attentivement et le peser et examiner meurement avant que comparoistre de rechef en vostre assemblée sur ce subject, j'ay observé généralement dans icelluy quatre choses, deux qui touchent Sa Majesté, et deux qui concernent cest estat.

La première est que tout ce que Sa Majesté a jamais dit ou escrit de ceulx qu'on appelle puritains est appliqué icy à ceulx qu'on qualifie Contra-Remonstrans.

(5–6) quieta remota] *B: in Latin characters* – (8) movere quieta] *B: in Latin characters* – (22) ex professo] *B: in Latin characters* – (32) puritains] *B: in Latin characters*

[18] The Hampton Court conference of January 1603 was a discussion between James I and representatives of the Anglican Church, including Puritans, about the Millenary Petition of 1603 which questioned ceremonies and terms used in liturgy. The Petition certainly reflected underlying theological differences, but a compromise was reached to the satisfaction of the King.

L'aultre que tout ce qu'on peult arracher des propos, escrits ou livres de Sa Majesté en matières ecclésiasticques, on le tourne à contrepoil au préjudice des assemblées synodales. Sur l'une et l'autre, je dis pour responce que comme de mesmes lettres transposées on compose des mots touts différents. Ainsi de mesmes mots mal appliquez on tire ung sens tout contraire à l'intention.

De deux aultres que j'ay remarquées concernants ces pais icy, l'une est que l'autheur dudict libel, avouant pour véritable les maux que je pose naistre de ceste nouveaulté en madicte proposition, qu' on a prins plaisir de tant balancer, s'essaye à fauses enseignes de bailler le change, pour en inpropérer la source aux Contra-Remonstrants, qui est varier tant seulement sur la cause originelle de la maladie, sans tirer en doubte la condition présente du malade, ny rendre le remède qui vous est reconnu audemoings utile et nécessaire, n'estoit qu'on voulust faire profession ouverte de maintenir que ce qui s'est tousjours pratticqué tant es églises antiennes que modernes ne peut donner loy ny règlement aux | Remonstrans, mais qu'il leur fault des observations et ordonnances singulières et différentes des autres en semblables occurrences.

La deuxiesme n'est que videns et sciens et mesmes confessant d'estre tres mal faict à ung particulier et une audace pleine d' irrévérence, voir punissable par les loix, de vouloir examiner en public ce que les ambassadeurs des monarques ou républicques déduisent es chambres en l'assemblée des seigneurs et magistrats d'un païs. Ce libelleur toutesfois prend prétexte tant pour excuser la première, comme pour authoriser ceste dernière édition de sa "Balance" sut ce que j'aurois permis l'impression et publication de madicte proposition, laquelle fust faicte contre mon gré et sans mon seu ou consentement, ne l'ayant exhibée par escrit si non pressé de satisfaire à l'instance qu'il pleut à Votres Seigneuries m'en faire, à laquelle il m'a esté aultant impossible de le refuser, comme il n'a depuis esté aucunement en ma puissance de donner ordre et empescher qu'elle ne fust réimprimée, quand mesme la mémoire en estoit quasi passée, comme se voit icy à la fin de ce libel, faict par le libelleur mesme. Et qui scait si dès le commencement madicte proposition estant d'avanture tombée entre les mains de cest esprit malade, il ne l'aye point faict publier exprès et à dessein d'avoir ung tel subject controuvé d'évacuer ses passions et aigreurs. Tant y a qu'en mon nom il calumnie les assemblée générales et particulières, vous rend (Messieurs) fauteurs si non aucteurs du scisme; entreprend grands et petits ecclésiasticques et autres, sans mesmes rien déférer au repos des défuncts.

69v B

---

(19) videns...sciens] B: *in Latin characters*

Adjoustez y de combien fréquentes et véhémentes instigations il porte ses adhérents et partisans à sédition. De quelle affection il c[h]erche de confondre touts les ordres de l'estat. De quels arguments il use pour vous faire oublier le temps et peines, voeus et prières, argent et sang, que Vostres Seigneuries ont employé par l'espace de quarante ans de suitte pour consolider l'estat avec l'église, l'église avec l'estat, l'un et l'aultre par l'entremise des bonnes et fermes alliances. Cecy faict, il a l'intention de tout rompre, de tout bouleverser et de tout noyer dans le premier chaos plustost que de faillir à l'establissement de sa nouveaulté.

Ce qu'estant bien considéré et pesé, est suffisant à vous faire veoir à quoy | butte la prétendue équité de ce ballancier et vous advertir (Messieurs) de mesnager cest heureulx loisir que Dieu vous donne afin de remettre vos affaires et les réduire au premier et assuré estat par les voyes ordinaires et légitimes, practiquées tousjours et tout par tout en semblables occurrences de peur d'estre surprins des menées et dangiers externes, qui vous donneront de la peine à vous en desmesler avantageusement, tandis que vous estes empeschez de ces confusions domestiques, lesquelles ayants eu des années pour arriver au période et crise ou elles sont maintenant, le restablissement d' icelles ne pouroit pas estre opus unius diei. Voilà pourquoy le prudent conseil du roy mon maistre au lieu d'estre ainsy calumnié, doibt estre promptement embrassé pour saine, raisonnable, nécessaire et digne de sa grandeur et de vostre prudence.

Et pour ce libel qui m'a donné tant de fois si juste subject de me rendre importun, ne vous parlant que du tort qui a esté faict par icelluy à Sa Majesté, et maintenant plus que jamais par ceste nouvelle accession de si présumptueuse audace, Vostres Seigneuries, par leur prudence feront (s'il leur plaist) en sorte que cadat in auctorem nefas, sans souffrir par leur indifférence ou trop longue patience (qui donnent à ceux qui entreprennent telles choses le moyen et courage de les redoubler et exécuter) que Sa Majesté estant si grièvement coup sur coup blessée en son honneur soit violentée de monstrer à la fin les effects laesae patientiae et s' en resentir au préjudice commun, et pour ma descharge je supplie Vostres Seigneuries de me donner leur responce par escrit (selon que porte vostre usage) sur ma proposition predicte du 20ᵉ du mois passé et sur ceste icy que j'exhibé pareillement par escript pour la pouvoir communiquer à Sa Majesté en tesmoignage de mon debvoir et fidélité. Exhibé en l'assemblée de Messieurs les Estats Généraulx des Provinces Unies du Pais Bas sur le 28ᵐᵉ Février 1618. Estoit signé, Dudley Carleton.

---

(19) opus...diei] *B: in Latin characters* – (27) cadat...nefas] *B: in Latin characters* – (31) laesae patientiae] *B: in Latin characters*

RSG 2758 **II/1.1–48** 30 May 1618
Holland Causes Delay

The president reminds the States General that the convening of a national synod has been decided. He invites the many deputies present to declare themselves on proceeding with this matter. Holland is granted more time while their States are still debating.
President: Jan Nanninga (Friesland).
Sources: A: 128v–129r; B: 175r. – Related sources and texts: The occurrence of Frisian idiom in the proposition suggests that president Nanninga has supplied his proposition in writing and that it was simply copied by the griffier.

| D' heere president heeft geproponeert 'tgene hierna volght. T' is Uwe Hoog Mogenden ontwyffelycken indachtich hoe dat men nu een jaer omtrent geleden heeft beginnen in deese Uwe Hoog Mogender vergaderinge wederomme in consideratie ende bedencken te nemen de (Godt leyder) opgeresen kerckelycke ende religionsverschillen in deese provinciën, omme te sien of men nyet eenich bequaem middel solde mogen funderen ende in 't werck stellen daerdoor dese onheylen ende swaricheyden gebetert ende geremedieert ende de kercke Godts in zyn voorige eenicheyt ende gerustheyt gestelt ende gebracht solde moegen werden. Dat tot desen eyde voergeslagen is geweest geen ander middel als het houden van een synode nationael, welck middel in primitivis ecclesiis ende oyck t' onsen tyden meermalen gebruyct, selffs in Godes woordt ware gefundeert. Waeromme oyck na menigfuldige vergaderingen sessiën, deliberatiën, recessen ende gedane rapporten nyet alleenlich 't voirscreven synodus by de meeste provinciën is geresolveert, dan oyck de concepten door Uw Hoog Mogender gecommitteerden over 't convoceren des synodi beraempt, mette brieven van bescryvinge, (na dat se alhier waren voergelesen) zyn geapprobeert ende gearresteert. Ende gemerct Uwe Hoog Mogenden nu in een sterck ende groot getal zyn vergadert, soo hebben wy Uw Hoog Mogenden | dese zaecke wel wederom willen voorstellen, omme te verstaen ende vernemen oft Uw Hoog Mogenden nyet van meyningen en zyn tgene hieraen noch mochte ontbreecken, by der hant te nemen, ende voirts ten effecte te brengen, opdat men daerdoeren de gewunschte ende verhoopte fruchten eenmael moge becommen ende genieten. Versoeckende dat de heeren van de respective provinciën hieroppe sich gelieven wil te verclaren.

Maer is nae ommevrage ende deliberatie opte verclaringe van die van Hollandt dat heure principalen op dese saecke noch vergadert zyn ende besoingneren ende dat zy daerop van deselve last ontfangen hebbende den selven alhier sullen innebrengen, dese zaecke uuytgestelt tot morgen.

(36) is] *A: foll. by del.* dese zaecke uuytgestelt nae gedaen ommevrage

II/1.1–49   2 June 1618   RSG 2787
Carleton to be Answered Next Week

Carleton is about to depart to England and asks for resolutions on several points brought up by him, one of them a decision concerning the ecclesiastical problems. The States General will deal with these matters next week.
President: Jan Nanninga (Friesland).
Sources: A: 132v; B: 184r–185r. – Related sources and texts: Carleton's document is inserted into the Net Resoluties only. The original is in The Hague NA, S.G. 5887; edited in no. II/1.25.

132v A | Is gelesen zeecker gescrifte ingegeven by den heere Carleton, ambassadeur des conincx van Groot Britanniën, inhoudende de pointen daerop zyn Edele voirdert resolutie tegen zyn vertreck naer Engelant, opdat hy sulcke rekeninge van zyn debvoiren mach geven dat die mach dienen tot een getuygenisse van zyn getrouwicheyt in de executie van zynen last ende van Harer Hoog Mogende oprechticheyt ende goedertierentheyt in 't vrientelyck beherttigen van 't gene dat zyn Edele van wegen zyne Majesteyt van ure tot ure verthoont heeft, hierna volgende geïnsereert.

Ende is goetgevonden dat men dese zaecke toecommenden Maendach ofte Dincxdag[19] sal by de hant nemen.

184r B   **II/1.1–49a** | [Carleton, before his departure to Great Britain, provides a survey of his actions, hoping to be able to provide agreeable answers by the States General. The first point is an embassy to Denmark. Secondly, the States General have not yet given an answer concerning the religious troubles, now a year after the first overture. James I is their best friend and ally in this matter, which has regard not only to the States General but also to the universal peace of the Reformed church and the establishment of the Dutch state. The King does not plan to use force but the force of reason. Reason dictates that the appropriate and salutary medicine now be administered against these evils, so as not to be too late.]

II/1.1–50   5 June 1618   RSG 2796
A Proposed Answer to Carleton on Religious Matters will be Committed to Writing

The draft of the answer to Carleton concerning the delegation of the States General to Denmark is read. About religious matters, it is decided by a plurality

(15) vrientelyck] A: interl. add.

[19]   4 or 5 June.

of votes to follow a proposal which Zeeland will commit to paper. Holland and Utrecht are against this and do not want to be overruled.
President: Abel Coenders van Helpen (Groningen).
Sources: A: 133v–134r; B: 186v–187r. – Related sources and texts: The approved text of the answer to James I (the answer was confirmed on 6 June but backdated to the fifth) and of the re-credentials are in The Hague NA, S.G. 5887. Also the approved text of a letter to Caron.

| Is gelesen het concept van de antwoirdt van Hare Hoog Mogenden opte propositie by den heere Carleton, ambassadeur van Zyne Conincklycke Majesteyt van Groot Britaignen, alhier ter vergaderinge gedaen raeckende de legatie by Hare Hoog Mogenden gesonden aen de coninck van Denemarcken[20], mitsgaders | opte propositie by zyn Edele gedaen den thienden Aprilis lestleden aengaende de visscherye onder Schotlant ende anderssins.

Ende na deliberatie is deselve antwoirde gearresteert.

Ende wat belanght het point van de kerckelycke questiën ofte geschillen gemencionneert in de memoriën by de voirseide heere ambassadeur by gescrifte overgegeven voerleden Saterdach, daerop zyn Edele resolutie heeft versocht, is met pluraliteyt van stemmen daerinne gevolght het advis by die van Zeelant daerop verclaert, 'twelck zy versocht zyn by gescrifte te willen vervatten. Dan die van Hollandt ende Utrecht hebben verclaert dat zy verstonden dat men alsnu nyet voirder en behoort t' antwoirden als volgende 't voirseide concept, sonder daerinne te brengen de voirseide kerckelycke questiën, daerop dat by de provincie van Hollandt jegenwoordich werdt gebesoingneert tot conservatie van de ware Christelycke religie mitsgaders van de rechten ende gerechticheden van den lande, ende mitsdien begeerden ende versochten dat men die van Hollandt ende anderen provinciën daerinne nyet en soude willen vercortten, ende namentlyck nyet overdringen de convocatie van een synode nacionnael, aengesien die van Hollandt dat nyet en souden kunnen toestaen noch lyden.

[The draft letters to James I with re-credentials for Carleton are read. Caron will get copies of the answer and the letters, to inform the King as well as possible].

---

(11) van] A: foll. by del. Groot Britaignen – (12) mitsgaders] A: foll. by del. de – (14) gearresteert] A: foll. by del. gelyck die hierna volght geïnsereert – (15) Ende] A: marg. add. – (15) ofte] B: ende – (19) daerop verclaert] A: interl. add. – (21) alsnu] A: interl. add. – (22) daerinne] A: foll. by del. emmers voir alsnu – (24) mitsgaders] A: interl. add. repl. del. ende oeffeninge van deselve mette – (25–26) begeerden...versochten] B: begeert en versocht – (28) aengesien] A: interl. add. repl. dat and foll. by del. interl. add. dat – (28–29) dat...lyden] A: interl. add.

[20] Christian IV.

II/1.1–51 6 June 1618 RSG 2806
Holland and Utrecht Refuse to be Overruled concerning a National Synod

In its proposal for an answer to Carleton, Zeeland states that a national synod has been decided, but that some provinces or members of provinces do not yet fully consent. The States General ask for the blessing of God to eventually dispose them to a common decision. The answer is approved by a plurality of votes in the absence of Holland. The griffier had reported previously – because Holland was absent – that Mathenesse had visited him at home the night before and declared that Holland would not condone to be overruled and would settle its religious questions by itself. Utrecht also abides with its point of view that these questions should not be mentioned in the answer to Carleton, with Holland absent, while this province and others were still debating the matter.
President: Abel Coenders van Helpen (Groningen).
Sources: A: 135r-v; B: 188r-190v. – Related sources and texts: On this day, all deputies of Holland were absent. The declaration of Zeeland is inserted into both the Minuut and Net Resolutions. The original is not preserved. The approved text of the answer to Carleton is inserted into the Net Resolutions only. The approved text is not preserved. Edited in no. II/1.26.

| Is gelesen het advis by die van Zeelant ghisteren verclaert raeckende het gepropoponeerde by den heere Carleton, ambassadeur des conincx van Groot Bretaignen, opte kerckelycke questiën ende geschillen, 'twelck haer Edele versocht zyn geweest te stellen by gescrifte, aldus luydende:

II/1.1–51a Die gecommitteerde van Zeelant, adviserende off ende wat men den heere ambassadeur van Zyne Coninckylcke Majesteyt van Groot Brittanniën d'heere Dudley Carleton, soude mogen medegeven tot antwoordt op verscheyden Syne Edele propositiën in name van Zyne hoogstgedachte Majesteyt tot diversche stonden in de vergaderinge van de Hoog Mogende heeren Staten Generael gedaen, raeckende het assopiëren van de kerckelycke misverstanden, verstaen dat men behoort Zyne Majesteyt op 't hoochste te bedancken van de goede voersorge die deselve belieft te dragen tot conservatie van deser landen ruste, eenicheyt ende sunderlinge tot de wechneminge ende bevredinge van de opgeresen kerckelycke misverstanden, dat oyck volgende het hoogh, wys ende goet advis van Zyne Majesteyt Hare Hoog Mogende op de nederlegginge van de voirzeide differenten in de religionsverschillen serieuselyck ende ernstelyck nu eenigen tyt geleden hebben gedelibereert, ende naer alles wel ende rypelyck overwogen ende geëxamineert hebbende, alsnoch nyet en hebben kunnen oordeelen daertoe eenich bequamer, gewoonelycker ende in Godes kercke

(21–22) versocht] A: *prec. by del.* ghisteren – (33) het] A: *interl. add.* – (33) wys] A: *prec. by del.* wys en altyt gebruyct middel te wesen dan het houden van een nacionael sinode. Dan alsoo noch by eenige provinciën ofte leden van dien daerin nyet en is volcomelyck geaccordeert, dat men doende ende aerbeydende is, om deselve daertoe mede te disponeren is 't mogelyck, om alsoo eenparichlyck (soo het kan geschieden) de geresen swaricheyden wech te nemen, verhoopende dat Godt Almachtich daertoe zynen genadigen segen sal verleenen, ende versouckende Zyne hoochstgedachte Majesteyt in zynen toegedanen trouhertigen yver ende goet advis totte gemeene ruste ende dienst deser landen te willen continueren.

Hierop gedelibereert zynde, is eyntelyck | met pluraliteyt van stemmen het concept van antwoirdt op de gedaen propositiën van den voirseide heere ambassadeur Carleton gearresteert, gelyck deselve hierna volght geïnsereert, zynde die van Hollandt absent. Dan heeft die greffier voor het voirseide arrest Haer Hoog Mogende aengedient dat die heere van Matenesse ghisteravont tzynen huyse gecommen zynde, van hem heeft begeert te verstaen hoe dat het point des smorgens in de vergaderinge geventilleert raeckende de kerckelycke misverstanden, om dat te brengen in het concept van de antwordt opte propositie van den heere Carleton, was affgeloopen, waerop hy zyn edele verclaert hebbende dat deselve zyn edele daer present was geweest, ende gehoirt hadde, dat na de resumptie van de ierste advisen by de provinciën daerop geopent, by den heere president geconcludeert was dat de meeste stemmen haer conformeerden met het advis van die van Zeelant ende dat oversulcx die van Zeelant versocht wierden dat zy tselve haer advis by gescrifte soude gelieven in te stellen omme het concept van de antwoirdt daerna te dresseren, ende dat haer edele dat hadden aengenomen. Daerop dat zyn edele seyde dat die heeren Staten van Hollandt dat alsoo nyet en souden verstaen noch gedoogen dat zy in religioenszaecken hare privilegiën, rechten ende gerechtichheyden by de anderen provinciën souden overstempt werden als hebbende beter gemeriteert van de anderen provinciën dan sulcken tractement ende recompense van de selve daervoeren te ontfangen, voegende dat zy alleene opt stuck van de religie metten aencleven van dien in haer provincie ordre

(2)] A: obscured by ink blot – (10) van] only in B – (10–11) het...antwoirdt] A: interl. add. – (13–14) voor...dat] A: marg. add. – (14) die] A: prec. by del. verclaert, dat die – (15) het] A: foll. by interl. add. del. 1 illegible word – (18) affgeloopen] A: foll. by del. het welcke hy zyn – (19) daer] A: prec. by del. daerop – (20–21) daerop geopent] A: marg. add. repl. del. verclaert – (21) geconcludeert] A: prec. by del. verclaert ende – (23) zy] A: foll. by del. dat haer Edele – (23) tselve] A: foll. by del. advis – (23–24) gelieven] A: foll. by del. by gescrifte – (25) seyde] A: prec. by del. hem antwoirde – (27) dat zy] A: interl. add. – (27) hare privilegiën] A: interl. add. repl. del. overstempt te werden tegen haer da – (28–29) by...gemeriteert] A: marg. add. repl. del. van deselve provinciën die welcke daertoe omme die voerstant van de selve privilegiën ende de conservatie van 't lant ende den dienst – (29) dan] A: foll. by del. beter hadden gedaen als – (29) sulcken] A: prec. by del. interl. add. ende gemeriteert – (30) selve] A: foll. by del. provinciën

hadden te stellen ende dat zy dat oyck souden doen naer hare gelegentheyt
ende gelyck tot hare welstant mitzgaders de conservatie van hare rechten ende
gerechticheyden vereyscht, het welcke hy greffier seyde te verclaeren overmits
d'absentie van die van Hollandt, ten eynde daerop soude werden geleth. Ende
die van Utrecht hebben verclaert dat zy liever hadden gehadt dat volgende
haer edele voergaende advis het stuck van de kerckelycke questiën ende misverstanden in de voerseide antwoirde nyet geroert noch gebracht en hadde
geworden, die wyle daerop alnoch wiert gebesoigneert by die van Hollandt
ende eenige anderen provinciën, ende dat oyck dese resumptie hadde moegen
gedaen werden in presentie van die van Hollandt die absent zyn, persisterende alsoo by de voergaende advisen die van wegen de provinciën van Hollandt
ende Utrecht tot meer reysen desen aengaende verclaert zyn, voer de conservatie van de suijvere ende ware christelycke religie, mitsgaders de rechten
ende gerechtigheyden ende d'authoriteyt van den lande ende hanthoudinge
van de Unie.

> II/1.1–51b [Answer to ambassador Carleton: The States General do their
> utmost to foster friendship between the inhabitants of His Majesty's do-
> minions and the Republic, especially in the case of the fisheries. As for the
> settlement of the religious disputes, careful analysis has led them to believe
> that there would be no better way than to have a national synod. But some
> provinces have not fully authorized it yet. But the States General strive to
> find a solution and invoke the benediction of the Lord to reach it. They
> ask James to continue his affection and his good advice for their country.
> Dated 5 June 1618].

II/1.1–52   9 June 1618   RSG 2820
No General Placards against Pamphlets

The proposed renewal of the placards against defamatory pamphlets is in line
with the one concerning the "Weegh-Schael," but the majority wants to go to the
root of the problems in order to end disorder.
President: Abel Coenders van Helpen (Groningen).
Sources: A: 138r–v; B: 192ar.

138r A | Is wederom geproponeert ende gedelibereert op de vernyeuwinge van de
publicatie van het placcaet geëmaneert in 't jaer xvi^c ende vyffthiene, daerby
verboden werden alle fameuse libellen ende het qualyck spreken van de regeringe, magistraten van steden, oyck van Zyn Excellentie, etc. Ende nair

---

(1) dat … dat] A: interl. add. – (2) gelyck] A: interl. add. – (3) vereyscht] A: interl. add. – (3) seyde
te] A: interl. add. – (11) advisen] A: interl. add. – (15) de] A: foll by del. gemeene – (35) Ende] A:
foll. by del. b. verst.

omvrage verstaen dat sulcke vernyeuwinge soo vreempt nyet en soude zyn ende in de provinciën gevonden werden, die wyle den meerendeel | van de provinciën'tselve alreede bethoont hebben by de publicatie die deselve onlancx gedaen hebben van het placcaet by Hare Hoog Mogenden doen emaneren tegen de uuytgegeven "Weeghschael". Maer hebben de meerderendeel van de provinciën verclaert dat hun bedunct dat de voirseide geproponeerde vernyeuwinge by dese gelegentheyt nyet dienelyck en soude zyn, die wyle zy verstaen dat het verloop daermede nyet en is te beteren, maer dat men veel meer de zaecke ten principalen behoirt by der hant te nemen, daermede dat alle desordren souden cesseren, daerby dat het voirseide geproponeerde ongeresolveert is gebleven.

RSG 2842 II/1.1–53   14 June 1618
Last Provinces Urged to Declare on National Synod

The provinces which have not yet done so are requested to declare themselves on a national synod.
President: Gijsbert van den Boetzelaer (Gelderland).
Sources: A: 141r; B: 195v.

| Is geproponeert het synodus nacionael, ten eynde 'tzelve byder hant soude werden genomen. Ende zyn ten selven effecte vermaent de provinciën die haer noch nyet en hebben verclaert, 'tselve morgen ofte overmorgen te willen doen, opdat daervan een besluyt gemaect mach werden sonder meer tijts verlies.

RSG 2864 II/1.1–54   16 June 1618
Inconclusive Declarations on a National Synod

The provinces declare themselves on a national synod. Holland and Utrecht ask for delay. Groningen proposes to take the matter further the next week.
President: Gijsbert van den Boetzelaer (Gelderland).
Sources: A: 144v; B: 199/200r–v.

| Is wederom geproponeert het stuck van het synodus, daerop die van Gelderlant verclaert hebben dat heure principalen, lange gedelibereert hebbende hoe dat men ten besten de jegenwoirdige misverstanden in den lande wesen-

---

(2) in] A: *interl. add. repl. del.* nyet[?] – (2) gevonden] A: *foll. by del.* en soude – (4) hebben] A: *interl. add.* – (6) geproponeerde] A: *interl. add.* po – (8) maer] A: *foll. by del.* dat veel meer – (18) geproponeert] A: *foll. by del.* het stuck van – (29–30) Gelderlant] A: *foll. by del.* wederom

de over de swevende kerckelycke questiën,[21] egheen bequamer noch beter middel en hebben weeten te bedencken ofte vinden als mettet houden van een nacionael synodus.

Die van Hollandt hebben verclaert dat het principaelste point daerop heure principalen jegenwoirdich zyn vergadert ende besoigneren, is om te vinden eenich middel daermede de voerseide misverstanden wech ghenomen ende geaccordeert souden moegen werden, daerop zy resolutie verwachten, versoeckende daerom dat dese deliberatie soo lange soude werden uuytgestelt.

Die van Zeelant verclaren dat zy egheen gereeder noch ander beter middel en weeten om de voerseide swaricheyden wech te nemen, als bij het houden van 't voirseide synodus nacionael, versoeckende daerom dat men toecommende Maendach ofte Dincxdach[22] dese zaecke will by der hant nemen, die wyle zy alhier alreede lange gelegen ende geweest hebben ende dat die van Hollant hun daertegen willen qualificeren.

Die van Utrecht houden op hun hierop voiralsnoch te verclaren, overmits die van Hollant verclaren dat haere principalen daerop jegenwoirdich besoigneren.

Vrieslant verstaen dat men dese zaecke behoort by der handt te nemen, verclarende dat zy daertoe gereet zyn.

Overijssel verclaren dat zy in egheen gebreke en sullen zyn hun benevens d' anderen provinciën te verclaren.

Stadt Groeningen ende Ommelanden verclaren dat zy het convoceren ende houden van een nacionael synodus houden voer het beste middel, om uuyt dese jegenwoirdige swaricheyden van den lande te geraecken ende daerom verzoucken dat men dese besoigne maendach ofte dincxdach naestcommende soude willen by der hant nemen.

II/1.1–55   19 June 1618   RSG 2872
No Resolution regarding Defamatory Pamphlets

No final decision is taken on the issue of a renewed placard against libel. It is necessary to tackle the principal matter first. Then the other problems will vanish.
President: Adriaan van Matenesse (Holland).
Sources: A: 146r; B: 201v.

(14) willen] A: *foll. by del.* ghequalificeert maecken – (16) daerop] A: *foll by del.* jew

[21] Evidently part of the sentence is missing to the effect of: how to deal with.
[22] 18 or 19 June.

II/1.1–56   25 June 1618
Decision to Convene National Synod 1 November 1618 in Dordrecht

It is decided to convene a national synod on 1 November 1618 in Dordrecht. The letters of invitation already approved will be sent. The States General also invite Louis XIII to allow delegates to come to this synod, which will only deal with the religious problems in the Republic. Langerak will have to support this. But Holland and Utrecht want to wait for the outcome of the debates in Holland. Overijssel awaits delegates from their province, but will not give cause for delay.
President: Adriaan de Manmaker (Zeeland).
Sources: A: 151r–v; B: 207v–208r. – Related sources and texts: This resolution was entered into the Minuut Resoluties by a clerk. The text, by griffier Aerssens, was approved on 26 June 1618. The letters to the Dutch provinces, King James, King Louis, the French churches, the Palatinate, Hesse, the Swiss cities, Bremen and Emden had been approved on 24 November 1617, but were sent this 25 June 1618. The approved text of the letter to James I is edited in no. II/1.28; a copy of the letter to Louis XIII is edited in no. II/1.72; the approved text of the letter to the French churches in The Hague NA, S.G. 12.548.156, edited in no. II/1.57; a copy of the letter to the Palatinate is edited in no. II/1.107; a copy of the letter to the Count of Hesse is edited in no. II/1.119. The approved text mutatis mutandis of the letters for the Swiss cities, Bremen and Emden, and the approved text of the letter to the Dutch provinces and of the letter to the Walloon churches are in The Hague NA, S.G. 12.548.156, all edited in nos. II/1.142, II/1.219, II/1.226, II/1.3 and II/1.4. The letter to Gelderland is printed: Baudartius, 1620, 380v–381r.

| Opte propositiën alhier ter vergaderinge gedaen nopende het uuytscryven van den nacionalen synodum, nae gedaen omvrage is verstaen ende geresolveert dat in conformité van voorgaende resolutiën datelick sal geschieden ende gedaen werden d' uuytscryvinge des voorseide nacionalen synodi, ende den dach daertoe van de byeencompste gestelt den iersten Novembris naestcommende ende de plaetse daertoe gekoren ende genomen de stadt Dordrecht, gelyck noch voor desen goetgevonden ende verdragen is. Ende dat ten selven eynde de nootelycke depeschen, gelyck die hier te vooren gearresteert zyn, effectuelyck sullen werden gedaen, ende de concepten aen de provintiën affgesonden om te procederen tot het houden van den synoden provinciael, ende aldaer de saecke te examineren ende eenige te deputeren tot het synode nationael ten gestelden tyt ende plaetse. Zynde voorts mede verstaen ende goetgevonden dat men aen den Coninck van Vranckrijck insgelycx sal scryven ende Syne Majesteyt oidtmoedelyck versoucken te willen goetvinden dat eenige van Synes Majesteyts subjecten daerover mede moegen werden geroepen ende compareren, met verseeckeringe aen Syne Majesteyt dat de voorseide byeencompste nergerincx anders toe en sal dienen, ende dat daerinne oyck nyet anders en sal werden gehandelt als omme de geresen kerckelycke swa-

richeyden ende misverstanden in de Vereenichde Nederlanden mette meeste eenicheyt, beste, bequaemste ende gewoonelycke middelen neder te leggen ende assopiëren, daerdooren die beter gequalificeert ende gedisponeert moegen blyven tot Synes Majesteits ende desselffs rycken dienste. Tot welcken eynde oyck aen den heere van Langerack ernstelyck gescreven ende | belast sal werden 'tgene des voorseiden is by Syne Conincklycke Majesteit te voirderen.

Maer die van Hollandt hebben versocht, alsoo hare principalen jegenwoirdich zyn besoingnerende om te vinden een bequaem middel van accommodement van de jegenwoirdige swaricheyden ten meesten dienste van den lande, dat met dese resolutie soo lange soude werden opgehouden. Die van Utrecht, overmits de voorszeide verclaringe ende versoeck van die van Hollandt, versoucken van gelycken, als bestaende in alle redelicheyt ende billicheyt. Ende die van Overyssel verclaren dat zy alle uuyren verwachten alhier de aencompste van hare mitgedeputeerde van de Landtschap, om tsamen hierop te adviseren, verclarende nyettemin dat zy egheen oirsaecke van retardement in dese saecke en sullen geven.

II/1.1–57   26 June 1618
National Synod will be Held

The resolution concerning the national synod and an extraordinary delegation to the French King, drawn up by the griffier, is recapitulated. It is decided that it tallies with the advice of the provinces and will be executed. Holland again asks to wait for a resolution from their States. Utrecht and Overijssel will declare themselves when their deputies have arrived.
President: Adriaan de Manmaker (Zeeland).
Sources: A: 152r; B: 208v.

| Is geresumeert de resolutie ghisteren genomen ende by den greffier ingestelt, raeckende het uuytscryven van den nacionaelen synodi metten appendentiën ende dependentiën daervan, mitsgaders opte extraordinaris besendinge te doen aen Zyne Conincklycke Majesteyt van Vranckeryck. Ende daerop omvrage gedaen zynde, verstaen dat deselve resolutie wel is ingestelt conform de verclaerde advisen van de respective provinciën ende dat men die dien volgende sal effectueren. Maer die van Hollandt hebben wederom versocht, die wyle hare principalen jegenwoirdich op de zaecke des synodi besoingneren ende te verhoopen is dat zy eenich goet ende bequaem middel van accommodement der zwevende misverstanden sullen vinden, dat men derselver resolutie soe lange soude willen affwachten. Van gelycken in substantie heb-

(5) eynde] A: interl. add. by griffier Aerssens – (8) besoingnerende] B: besoigneerde – (31) die] A: interl. add. repl. deselve – (33) de] A: interl. add. repl. dese – (33) des synodi] A: interl. add.; B: interl. add. repl. suppliants

ben oyck versocht die van Utrecht ende die van Overyssel dat zy begeren te verwachten de compste van hare mitgedeputeerde om haer hierop te verclaren volgende haer advis van ghisteren.

II/1.1–58   27 June 1618
Most Provinces Confirm that They do not Infringe the Rights of the Others

Zeeland declares that by agreeing to the national synod it has no intention whatsoever to infringe the freedom and rights of other provinces. It remains committed to the Union of Utrecht and all other bonds and alliances between the provinces. The other provinces confirm this, except Holland and Utrecht, which only agree to put this act on record.
President: Adriaan de Manmaker (Zeeland).
Sources: A: 154r–v; B: 212v–213r. – Related sources and texts: The declaration by Zeeland is inserted into the resolution both in the Minuut and Net Resoluties. The original is not preserved. The resolution printed in Baudartius, I, x, 76, Uytenbogaert, 956, and Trigland, 1060.

| Is gelesen zeecker acte ingestelt by de Gecommitteerde van de provincie van Zeelant, gelyck deselve hierna volght geïnsereert:

II/1.1–58a Die gecommitteerde van de provincie van Zeelant goetgevonden hebbende met d' andere provinciën het uuytscryven ende houden van een nacionale synodum onder de authoriteyt van de Hooge ende Mogende heeren Staten Generael, tot nederlegginge ende weringe van de opgeresen misverstanden ende verschillen in de religions zaecken ende om alsoo wederom te becommen de gewenschte ruste soo wel in de kercken als oyck in de politie daer dese ongemacken haer mede (God betert) openbaren, verstaen hebbende met leetwesen dat men deselve hare Christelycke ende oprechte intentie anders is duydende ende namentlyck als off haer Edele daermede souden voeren hebben te impiëteren ofte pretenderen op de hoocheyt, vryheyt ofte gerechticheydt van eenige provinciën off leden van de selve, die het houden van de voirseide nacionalen synodum tot noch toe hebben gedifficulteert, hebben om het contrarie wel expresselyck te bethoonen ende den ghenen die sulck achterdencken mochten scheppen ende hunne oprechte ende sincere intentie anders interpreteren, te geven volcommen contentement ende satisfactie tot der selver meerder verzeeckeringe goetgevonden rondelyck ende oprechtelyck van wegen hunne principalen te verclaren soo haer Edele oyck verclaren by desen dat hare Edele met dese resolutie ofte actie nyet voer en hebben ofte pretenderen in

---

(1) versocht] A: interl. add. repl. verclaert – (1) dat zy] A: interl. add. – (2) om] A: prec. by del. die – (17–18) gelyck...Zeelant] A: marg. add.

t' minste omme eenige provinciën, steden off leden van de selve in hare competerende hoocheyt, vryheyt oft gerechticheyt te vercortten off prejudiciëren, noch oyck daermede tegen te willen commen het rechte verstant van de underlinge uniën off verbanden, tractaten ende besoignen daerop gevolght, daermede de tsamentlycke provintiën d'een d'anderen verbonden zyn, maer dezelve nevens anderen te willen helpen mainteneren, begerende dat tot hunner ontlastinge ende tot blyck van hare oprechte meyninge | van dese hunne verclaringe notitie in het register werde gehouden om in tyden ende wylen te moegen dienen daer het behoort.

De voirseide acte gelesen zynde, hebben die van Gelderlant verclaert dat zy hun daermede conformeren, goetvindende dat die te bouck werde gestelt, gelyck versocht werdt.

Die van Hollandt laten de voirseide acte by hare weerde, moegende lyden dat die te bouck werde gebracht.

Die van Utrecht consenteren insgelycx dat de voirseide acte te bouck werde gestelt.

Die van Vrieslant consenteren van gelycken, hun voorts metten selve conformerende.

Die van Overijssel laten hun de voirseide acte gevallen ende moegen lyden dat die te bouck werde gestelt.

Die van Stadt Groeningen ende Ommelanden conformeren hun mette voirszeide acte, accorderen dat die te bouck werde gestelt.

II/1.1–59   28 June 1618
Holland Remains against a National Synod

Since Mathenesse has informed president Manmaker that the States of Holland want to appear, the president proposes to invite Prince Maurice and stadholder Willem Lodewijk as well. The States of Holland appear in the presence of Maurice and Willem Lodewijk. In a lengthy verbal remonstrance, they protest against the majority decision taken on the national synod and ask for deferment. The Holland cities of Dordrecht, Amsterdam, Schiedam, Enkhuizen, Edam and Purmerend, to the contrary, support the synod. Gelderland, Zeeland, Friesland and Groningen reiterate that a national synod is the best solution. The deputies of Overijssel are still waiting for delegates from their province, but do not intend to block the synod because they know it has been agreed upon by their States. Utrecht considers it a matter of sovereignty and is willing to assist Holland. The States of Holland are seriously requested to conform to the other provinces.

(10) Gelderlant] A: foll. by del. dat – (11) hun] A: interl. add. – (14) gebracht] B: gestelt – (16) gestelt] B: gebracht

Gelderland, Zeeland, Friesland and Groningen maintain the resolution that has been made several times now.
President: Adriaan de Manmaker (Zeeland).
Sources: A: 156r–157r; B: 215r–216r.

| Alsoo de heer van Matenesse den heere president aengedient heeft dat die Edele Mogende Heeren Staten van Hollandt voerhadden ter vergaderinge van Hare Hoog Mogende te compareren, begerende daerover te weeten wanneer dat de vergaderinge van Hare Hoog Mogende was geleet omme Hare Edel Mogende daervan te adverteren, is by den heere president geproponeert oft Hare Hoog Mogenden nyet goet en souden vinden Zijn Excellentie ende den welgeboren heere Wilhem, stadtholder, etc., te doen versoucken ter vergaderinge te willen compareren omme te aenhooren wat die heeren Staten van Hollandt sullen begeren te proponeren, alsoo tselve apparentelyck sal raecken de besoingnen van dese dagen alhier ter vergaderinge gevallen. Daerop verstaen is jae, ende dien volgende den greffier gelast Zijn Excellentie metten welgemelten heere grave totte voorseide comparitie te verzoucken.

Zyn ter vergaderinge, aldaer present wesende Zijn Excellentie ende die welgeboren heere graven Wilhem stadtholder, etc., en corps gecompareert die Edele Mogende Heeren Staten van Hollandt ende Westvrieslant, ende hebben gedaen eene lange verbale remonstrantie, verclaringe ende presentatie, by meerderheyt van stemmen tegens het gebesoigneerde alhier op 't | houden van een synode nationael, versoeckende die heeren gecommitteerden van de respective provintiën opte voorseide redenen ende presentatie met alle goede insichten (tot onderhoudinge van goede vrientschap ende de Unie) nairder te willen letten, ende daerentusschen met hare voergenomen uuytscryvinge op te houden.

[Holland proceeds with a declaration concerning the payment of the French regiments in the Republic and an embassy to France.]

Hierna wiert van wegen de sess steden van Hollandt ende Westvrieslant, als namentlyck Dordrecht, Amstelredam, Schiedam, Enchuysen, Edam ende Purmerende, verclaert dat zy geen beter noch bequamer uuytcomptste van dese kerkelycke questiën ende geschillen en weeten te bedencken, als by het uuytscryven ende houden van een nationael synode.

Hierop by de anderen provinciën gedelibereert ende omvrage gedaen zynde, is by de provinciën van Gelderlant, Zeelant, Vrieslant, stadt Groningen ende Ommelanden, wederom verclaert dat zy geen ander noch beter middel en weeten te beramen noch vinden omme van de kerckelycke questiën een goet eynde te maecken, als by het uuytscryven ende houden van een nationael

---

(7–8) wanneer dat] *A: interl. add.* – (11) versoucken] *A: foll. by del.* van – (17–18) aldaer...etc.] *A: marg. add.* – (20) gedaen] *A: foll. by del.* zeeckere – (20) remonstrantie] *A: foll. by del.* ende – (20–21) ende...stemmen] *A: marg. add.* – (22) versoeckende] *A: foll. by del.* daeromme

synode volgende de resolutie daerop genomen, by de welcke zy alnoch persisteren, verstaen dat deselve sonder langer uuytstel ten effecte sall gestelt werden. Verclarende die van Overyssel dat zy alnoch eenige gedeputeerde ofte emmers nairderen last omme hare resolutie alleene te moegen openen, verwachten, daerom zy gescreven hadden. | Doch dat zy evenwel de uuytscryvinge van den synode nationael nyet en willen retarderen, als wel wetende dat het houden des synodi nationalis op haren lantsdach goet gevonden is. Ende die van Utrecht verclaerden, alsoe het stuck van de religie is eene zaecke van souveraineté, dat daerom deselve aen de respective provinciën behoirt gelaten te werden ende dat als die van Hollandt hair sullen verzoucken om hare kerckelycke geschillen te hulpen nederleggen (die wyle zy in hare provincie sulcke questie nyet en hebben) zy deselve geerne sullen assisteren.

[The other provinces answer concerning matters of finance and a delegation to France.]

Ende werden den meerderendeel van den Edelen ende steden van Hollandt ende Westvrieslant wederom serieuselyck versocht haer mette anderen provinciën in alle de voorseide pointen ende resolutiën te willen conformeren, persisterende nyettemin de provinciën van Gelderlant, Zeelant, Vrieslant, stadt Groeningen ende Ommelanden by de resolutiën in de voorseide zaecken voerleden maendach ende dincxdach ende daervoren mitsgaders alsnu wederom genomen.

II/1.1–60   29 June 1618
Recommendation of the National Synod by Maurice and Willem Lodewijk

A proposal to ask Prince Maurice and stadholder Willem Lodewijk to second and recommend the letters of invitation to the national synod is accepted. Both Holland and Utrecht ask to wait.
President: Adriaan de Manmaker (Zeeland).
Sources: A: 158r–v; B: 217r.

| Is geproponeert of men Zyn Excellentie ende den welgemelten heere grave Wilhem stadtholder, etc., nyet en sal versoecken de brieven van Hare Hoog Mogende daermede het synodus nacionael sal werden uuytgescreven, te willen accompaigneren ende recommanderen met heure brieven, dair dat sal dienen tot voirderinge van de zaecke. Ende na deliberatie geresolveert voer de affirmative. Ende is den greffier belast | Zijn Excellentie ende grave Wilhem aen te seggen ende deselve te verzoucken haere brieven daertoe veerdich te willen maecken. Mair die van Hollandt hebben versocht dat men dese zaecke noch soude willen ophouden. Van gelycken hebben oyck versocht die van

(9) deselve] A: interl. add. repl. del. sulcx – (20) daervoren] A: foll. by del. genomen

Utrecht, tot dat de provinciën malcanderen nairder in vruntschap sullen hebben verstaen.

II/1.1–61   3 July 1618
Holland Proposes a Provincial Synod

In the written remonstrance, the States of Holland argue that religious matters belong to the competence of the individual provinces. They propose to convene a provincial synod within three months, where the other provinces are invited to send some delegates to assist, advise and vote like the others. If this synod does not reach an accommodation within six weeks, delegates from Germany, France, Great Britain and Switzerland will be invited. Gelderland, Zeeland, Friesland and Groningen persist with the resolution taken on the national synod. Overijssel and Utrecht ask for a copy of the remonstrance.
President: *Johan de Goyer (Utrecht).*
Sources: *A: 162r; B: 222r–224r. – Related sources and texts: The remonstrance of Holland is inserted into the Net Resoluties. The original is not preserved. Printed in RSH, 3 July 1618, 667–670. The resolution printed in Uytenbogaert, 957, and Trigland, 1061–1064.*

| Is van wegen die Edele Mogende Heeren Staten van Hollandt by gescrifte gepresenteert ende overgegeven de remonstrantie, verclaringe ende presentatie die Hare Edele Mogende ter deser vergaderinge gepronuntieert hebben den xxviii[en] Junii lestleeden by meerderheyt van stemmen. Ende daerna gelesen, gelyck deselve hierna volght geïnsereert, versouckende dat de voerseide remonstrantie te bouck soude werden gestelt ende daervan copie aen de provinciën gegeven die dat sullen begeren.

Daerop die van Gelderlant, Zeelant, Vrieslant, Stadt Groeningen ende Ommelanden verclaert hebben, dat zy al van donderdach voerleden opte voirseide remonstrantie, verclaringe ende presentatie haren last hebben verclaert, daerby dat zy alnoch persisteren. Zynde nyettemin te vreeden dat alles te bouck werde gebracht ende daervan copie aen de provinciën gegeven die dat sullen begeren. Die van Utrecht ende Overijssel consenteren insgelycx dat de remonstrantie te bouck werde gebracht, versouckende daervan copie, daerinne dat bewillicht is.

II/1.1–61a | Die Staten van Hollandt ende Westvrieslandt, by meerderheyt van stemmen persisterende by haere voergaende verclaringen, ende die redenen tot justificatie van dien overgelevert jegens het gebesoigneerde op't houden van een synode nationael, seggen alsnoch dat die vergader-

---

(1) naider] A: foll. by del. s – (23) gestelt] A: interl. add. – (24) gegeven] B: geven – (27) remonstrantie] A: prec. by del. verclaringe

inge van de heeren Staten Generael sonder gemeene bewillinge van alle die vereenichde provintiën nae derselver provintiën oude rechten, mitsgaders die naerdere Unie van Utrecht (wesende een fundamentele wet van Hare Hoog Mogender vergaderinge) verscheyden andere tractaten ende voorgaende gestadige gebruycken, geen dispositie over de religie ende religionssaecken en competeert ofte mach gebruycken, maer dat 't selve toecompt den Staten van de respective provinciën elcx in den haeren, gelyck sy daervan soo wel als van alle politicque saecken in notoire possessie syn. Ende wesende die heeren edelen ende steden van Hollandt ende Westvrieslandt natuerlyck ende by verscheyden solemnele eeden verbonden die authoriteyt, hoocheyden ende | rechten der voorseide landen te bewaren, voor te staen ende te beschermen, ende houdende die dispositie over de kerckelycke saecken ende persoonen voor een van de voornemste hoocheyden ende rechten derselver landen, en hebben alsnoch nyet cunnen verstaen 't selve aen yemant over te geven, noch by yemant te laten usurperen ofte nemen, nochte mit andere provinciën gemeen te maecken, als strydich tegens haer debvoir, eedt ende plicht, weshalven die aenwesende gecommitteerden van de respective vereenichde provinciën by desen vermaent worden mit alle goede insichten te willen letten, hoe dienstelyck voor de respective provinciën is geweest dat die van Hollandt ende Westvrieslandt deur Godes genade in goede poincten syn gehouden, tot behoudenisse van haer selven ende van hare goede bondtgenoten, ende daertegens te overwegen hoe ondienstelyck voor alle die vereenichde provintiën ende elcke van de selve soude mogen vallen, indien welgemelte heeren Staten uuyt de voorseide posture gebrocht souden worden, als ontwyffelyck by het opdringen van het voorgestelde nationael synode soude geschieden. Edoch, aengemerckt welgemelte heeren Staten altyts oprechtelyck verstaen hebben ende alsnoch verstaen, beneffens de behoudenisse van den voorseide landen, leden ende steden, wettelycke authoriteyt, hoocheyden ende rechten, de conservatie van de waere ende in Godes heylige Woort gegronde gereformeerde religie met allen ernst te behartigen ende geseyt wordt die oprechte meeninge van de aenwesende gecommitteerden van de andere provinciën volgende die last van haer committenten te wesen dat in 't voorgestelde nationael synode alleenlyck soude gehandelt worden op een christelycke accommodatie ende tolerantie van het verscheyden gevoelen op de predestinatie ende gevolge van dien, in de bekende vyff poincten vervat, wesende het selve alleenlyck het geschil dat by haere kennisse opte leere is, alsoo welgemelte heeren Staten altyts hebben verclaert ende verstaen, gelyck sy alsnoch by desen verstaen ende verclaeren, dat by den kerckendienaers die uuytlegginge van alle andere pointen

(25) souden] B: foll. by del. mogen

der christelycke leere sal gedaen worden volgende die Heylige Schrift ende 't gene doorgaens by de gereformeerde kercken deser landen is geleert, sommierlyck vervatet in de Nederlantsche confessie ende Heydelberchsche Catachismus in dese landen, als formulieren van eenicheyt (die verstaen moeten worden nae | Godes heylige Woort) gebruyckt ende dat die geenen die daer jegens doen, kerckelyck gecensureert ende oock politicquelyck gecalengeert sullen worden, nae vereysch der saken, zoo presenteren die heeren Staten van Hollandt ende Westvrieslandt onder hare directie te doen bescryven ende houden een provinciael synode van den voorseiden lande, binnen drye maenden eerstcommende, ende opte selve tot haeren coste te versoecken de respective provinciën uuyten haeren te seynden eenige godtvruchtige, vreetsamige ende geleerde kerckelycke persoonen, omme ten eynde voorszeide te assisteren, consulteren, adviseren ende stemmen gelyck andere. Ende indien binnen den tyt van een maent ofte uuyterlyck sess weken nae het aenvangen van het voorseide besoigne die saecke totte gewenste eenicheyt, Christelycke accommodatie ofte tolerantie, ten minsten by provisie nyet en sal kunnen gebrocht worden, dat alsdan binnen een bequaemen tyt uuyt Duytslandt, Vranckryck, Groot Britanniën ende Switserlandt by de bequaemste middelen versocht sullen worden eenige godtvruchtige, vreetsamige ende geleerde kerckelycke persoonen, omme deur hare assistentie ende interventie het voorseide goede werck te hervatten ende arbeyden totte voorseide eenicheyt, accommodatie ofte tolerantie. Ende soo 'tselve (als men nochtans deur Godes genade verhoopt) uuyterlyck binnen twee maenden nae het aenvangen van het besoigne nyet en soude kunnen ten gewensten eynde gebracht worden, mitte selve alsdan te adviseren off dienstich voor de Gereformeerde Christenheyt sal wesen, eenige definitie ofte decisie van de voorseide pointen te laten doen, ende hoe men ordentelyck daerinne alderbest ende dienstelyck sal mogen procederen. Ende worden die aenwesende gecommitteerden van de vereenichde provinciën versocht, dieselve presentatie te willen houden bequaem omme mit onderlinge eenicheyt eenige goede vruchten ende diensten van sulcke vergaderinge ende het besoignen van de selve te wachten, ende te gelooven dat geen goede diensten ofte vruchten en syn te verwachten uuyte vergaderinge van een synode nationael, die onwettelyck jegens die goede meeninge van welgedachte heeren Staten gehouden soude worden, wesende kennelyck dat van ouden tyden sulcke vergaderingen altyts eer gevaerlyck gehouden, ende by onse tyden van groote ondiensten bevonden syn, verstaende welgemelte heeren Staten | dat in religionssaecken sonder eenparige bewillinge van alle provinciën geen stemmen, veel min overstemmen by de vergaderinge van de heeren Staten Generael wettelyck can gebruyct worden, ende dat die verkeerde constructie ofte interpretatie die eenige van de voorseide vergaderinge van den claren text

der naerder Unie van Utrecht op het derthiende article van dien willen
doen, by het extract van het reces van den jare 1583 by Zyne Excellencie in
de vergaderinge verthoont, onwederspreeckelyck van ongefundeertheyt
wordt geconvinceert, ende naerder op 't selve reces by de tsaementlycke
vereenichde provinciën nyet en is gedaen, zoo is 'tselve article in syn
geheel ende onverandert gebleven ende by de respective provinciën in den
haeren gebruyckt naer haer welgevallen ende discretie, gelyck oock 'tselve
by de heeren Staten Generael goetgevonden is noch in den jaere xvi^c xc als
het gouvernement van de provincie van Utrecht by Haere Hoog Mogender
kennisse ende goetbevinden aen Zyne Excellencie is geconfereert onder
expresse stipulatie ende beloften dat die heeren Staten van Utrecht (volgende het voorseide derthiende article die dispositie over de religie aen
haer behielden, ende dat Zyne Excellencie by eede belooffde die ordonnantie by den heeren Staten van Utrecht daerop gemaect ende noch te
maecken, te doen onderhouden. Worden daeromme die heeren gecommitteerden van de respective provinciën versocht op te voorseide redenen
ende presentatie mit alle goede insichten (tot onderhoudinge van goede
vrientschap, ende de voorseide Unie) naerder te letten, ende daerentusschen mit haere voorgenomen uuytscryvinge op te houden.
   [The remonstrance continues with financial matters and an answer to
ambassador Boissise concerning the French regiments.]

II/1.1–62   5 July 1618

A Proposal to Send the Holland Remonstrance to the Provinces for Examination is Rejected

It is proposed that since the remonstrance of the majority of the States of Holland offers several points and important reasons to accommodate the ecclesiastical differences, it may be sent to all provinces to be examined. The deputies of Gelderland, Zeeland, Friesland and Groningen find that the remonstrance repeats what has been presented by Holland several times. It is not necessary to send it to the provinces, but they will do so themselves, adding the declarations they will make on the subject. Holland and Utrecht ask for serious examination of the remonstrance by the provinces. Overijssel, which has not yet received a copy, will send it to their principals themselves.
President: Johan de Goyer (Utrecht).
Sources: A: 165r–v; B: 226v–227r.

| Is geproponeert (nademael nyet getwyffelt en werdt oft de provinciën en hebben gelicht copie van de verclaringe, presentatie ende versoeck by gescrifte overgegeven ter vergaderinge van Hare Hoog Mogenden den xxviii^{en} der

voerleder maent van wegen den meerderendeel van de steden van de provincie van Hollandt ende Westvrieslant, ende by de lecture ende examinatie van 't selve gescrifte, bevonden dat daerinne zyn verscheyden pointen ende redenen van importantie, streckende tot accommodatie van de misverstanden ende kerckelycke questiën daerane de tsamentlycke vereenichde provinciën ten alderhoochsten is gelegen, alsoo dat (daervan de provinciën respective in 't particulier dienen bericht), oft mits dien nyet dienstelyck en soude zyn van wegen dese vergaderinge te senden copie van 't voirseide gescrifte aen de particuliere provinciën ende deselve te vermanen 'tselve gescrifte te willen examineren ende rypelyck daerop te letten ende haerlieder advis metten iersten inne te senden, opten voerslach ende presentatie daerby gedaen.

Ende daerop omvrage gedaen zynde, is van wegen de provinciën van Gelderlant, Zeelant, Vrieslant, Stadt Groeningen ende Ommelanden elck appart daerop verclaert, in substantie dat zy, geleth hebbende opte voirseide remonstrantie van den meerderendeel van de steden van Hollandt ende Westvrieslant den xxviii^{en} deses alhier ter vergaderinge mondelinge gedaen ende daerna by gescrifte overgegeven, bevinden dat alles is even het selve genoech dat voer desen noch tot meer reysen van wegen de provincie van Hollant is voergehouden ende versocht.

Ende daerop dat de voirseide provinciën na rype examinatie ende deliberatie geresolveert hebben gelyck zy haren last desen aengaende telcken geopent hebben, sulcx dat zy onnoodich achten dat 't voirseide gescrifte van wegen dese vergaderinge aen heure respective principalen gesonden werde, doch dat zy selver dat sullen doen ende daerby voegen alsulcke verclaringe als zy elck opt voerseide gescrifte van meyningen zyn by gescrifte over te geven om te bouck gebracht ende gestelt te werden, gelyck zy noch verclaert hebben te sullen doen, ten tyde als de voirseide remonstrantie by monde gedaen wiert ende geseet by die van Hollandt dat zy deselve by gescrifte souden overgeven. Die van Hollandt ende Utrecht hebben d'andere provinciën serieuselyck versocht te willen goetvinden dat van wegen dese vergaderinge 't voirseide gescrift aen de provinciën | mach werden gesonden ende gerecommandeert dat zy 'tselve willen examineren ende daerop rypelyck letten ende alle behoirlycke

165v A

(1) de] *A: foll. by del.* stede, edelen ende – (3) dat daerinne] *A: interl. add.* – (3–4) ende redenen] *A: interl. add.* – (6) alsoo] *A: marg. add.* – (6) daervan...respective] *A: interl. add. prec. by del. illegible word* deselve, *repl. del.* daervan de provinciën) – (7) zyn] *A: foll. by del.* dat – (9) 'tselve gescrifte] *A: marg. add. repl.* dat – (9) te] *A: interl. add.* – (10) te] *A: interl. add.* – (10) haerlieder] *A: marg. add. repl. del.* derselver – (11) ende presentatie] *A: interl. add. repl.* totte voirseide accommodatie – (13) Stadt] *A: prec. by del.* Overyssel – (14) opte] *A: foll. by del.* innehouden van de – (14–15) remonstrantie] *A: foll. by del.* verclaringe ende gehoude presentatie ende voorslach – (19) ende versocht] *A: marg. add.* – (20–21) deliberatie] *A: foll. by del.* geleth hebbende – (22) dat] *A: interl. add.* – (23) werde] *A: foll. by del.* gelyck *and two other words* – (24) dat] *A: interl. add.* – (25) van] *A: foll. by illegible word* – (26) om...werden] *A: marg. add.* – (26) noch] *A: interl. add.* – (28) geseet] *A: foll. by del.* wert – (29) Utrecht] *A: foll. by del. word, possibly* ver – (31) ende] *A: foll. by del.* aen de selve

consideratiën opte redenen daerinne begrepen, mitsgaders opte meriten van de provincie van Hollandt by de anderen provinciën om de goede diensten die zy van deselve hebben ontfangen, opten voerslach ende presentatie daerby gedaen haer advis metten iersten willen insenden tot beter ruste ende eenicheyt onder de provinciën. Die van Overyssel verclaren dat zy alnoch egheen copie van 't voirseide gescrift en hebben ontfangen, ende als hun dat sal wesen behandicht ende zy dat sullen hebben geëxamineert, dat zy dat alsdan selffs in 't particulier aen heure principalen sullen senden.

II/1.1–63   7 July 1618   RSG 2998
Dissenting Cities of Holland Hand in a Declaration and States of Holland Return Papers concerning the National Synod

Two deputies of the Holland cities hand in a declaration by Dordrecht, Amsterdam, Schiedam, Enkhuizen, Edam and Purmerend. The oral remonstrance of the States of Holland mentioned their minority view, but the manuscript does not. They therefore repeat that, according to their cities, a national synod is the best option to solve the ecclesiastical problems and that it does not impair the authority and rights of Holland. The States General confirm that this same declaration has been made by the deputies of the cities in their assembly of 28 June. It will be inserted following the remonstrance of the majority in that province. Gelderland, Zeeland, Friesland and Groningen will also hand in their declarations. Utrecht is of the opinion that the declaration of the Holland cities should not be noted by the assembly but allows it to be inserted. Holland returns the letter of the States General concerning the national synod, with its annexes. The province is surprised, because it has not consented. The deputies of the province stress that their principals are still debating the matter. Gelderland, Zeeland, Friesland, Overijssel and Groningen deem that the papers should be sent to Holland again. The president does not formulate a conclusion. Utrecht states that, like the other provinces, it would have preferred a united vote by Holland, which they ask of that province.
President: Johan de Goyer (Utrecht).
Sources: A: 168r–169r; B: 230r–231v. – Related sources and texts: The declaration of the six cities of Holland is inserted into the resolution both in the Minuut and Net Resoluties. The original is not preserved. The resolution is printed in RSH, 3 July 1618, 670–671 (The six cities were marked as absent from the States of Holland that day), Uytenbogaert, 960, and Trigland, 1065.

168r A | De Wit, secretaris van Dordrecht, ende Bruynincx, secretaris van Enckhuysen, vanwegen die heeren gedeputeerde der steden Dordrecht, Amstelredam,

---

(3) ontfangen] A: *interl. add.*

Schiedam, Enchuysen, Edam ende Purmereynde, jegenwoirdelyck ter vergaderinge van de Edele Mogende Heeren Staten van Hollandt ende Westvrieslant in Den Hage wesende, hebben ter vergaderinge van de Hooge ende Mogende Heeren Staten Generael der Vereenichde Nederlanden gedaen ende by gescrifte overgegeven de navolgende verclaringe:

II/1.1–63a De gedeputeerde der steden Dordrecht, Amsterdam, Schiedam, Enchuysen, Edam ende Purmereynde jegenwoirdelyck ter vergaderinge van de Edele Mogende Heeren Staten van Hollandt ende Westvrieslant in Den Hage wesende, gesien ende geëxamineert hebbende het gescrifte opten naeme van de welgemelte Heeren Staten van Hollandt ende Westvrieslant by meerderheyt van stemmen den iii^{en} deser ter vergaderinge van Uwe Hoog Mogende overgelevert, 'twelck gepretendeert werdt te wesen het ghene dat in de selve Uwer Hoog Mogende vergaderinge ter presentie van Zijn Princelycke Excellentie ende den welgeboren heere grave Wilhem van Nassau, stadholder, etc., opten xxviii^{en} Junii lestleden soude gepronuncieert zyn, hadden wel gewenscht ende vertrouwt dat sulcx conform de gedane mondelinge propositie ware ingestelt, ende daerinne oyck verhaelt geweest tgene ten selven tyde van wegen de voirseide sess steden aengaende de nationale synode mede was verclaert, maer tselve sulcx nyet zynde, zyn genootsaect aen Uwe Hoog Mogende nochmaels te verclaren haren last ende de meeninge van hare principalen te wesen, dat om zeer gewichtige redenen voir desen | ende oyck bundichlyck gededuceert het bequaemste middel om te geraecken uuyt dese jegenwoirdige religionsgeschillen es de convocatie van een nationale synode, naer voergaende provintiale, ende tselve by alle bequame wegen ende middelen te helpen bevorderen, inhererende oversulcx alsnoch in 't gene dat uuyten name ende van wegen de voirseide sess steden voor desen in uwe Hoog Mogende vergaderinge is verclaert, nyet connende geordeelen dat de voirseide convocatie van de nationale synode can gestrecken tegens de authoriteyt, hoocheyt, vry ende gerechtigheyt der welgemelte heeren Staten van Hollandt ende Westvrieslant, versouckende dat dese hunne verclaringe achter het voirseide gescrift gestelt ende daervan notitie gehouden werde. Actum desen vii Julii anno xvic ende achtien. Was geteeckent Muys van Holij, W. van Crayesteyn, Adryaen Repelaer, A. de Wit, Dirck Bas, Frederick Oetgens, Jan Ghysbrecht, Jacob Poppen, L. Janssen Spiegel, Frederick Vry, Bastiaen Bolleman, Bruyn Aryenss., Gerrit Jacobsen Trompet, Luytgen Albrechts Bruynincx, J. Huijgens, Mathys Meliss.[23]

---

(14) Zijn] *A: foll. by del.* Excellentie – (26) name] *A: prec. by del.* naem

[23] In fact, Matthys Melisz. was a member of the vroedschap of Purmerend.

Hierop omvrage gedaen zynde, is verstaen ende geaccordeert, die wyle dese scriftelycke verclaringe is conform de voergaende verclaringe by de voorseide gedeputeerde alhier ter vergaderinge by monde gedaen den xxviii^{en} Juny lest-leden, dat men deselve sal stellen achter het gescrifte gepresenteert ende over-
5 gegeven opten naem van de welgemelte heeren Staten van Hollandt ende Westvrieslant, by meerderheyt van stemmen den derden deses, verclarende de provinciën van Gelderlant, Zeelant, Vrieslant, Stadt Groeningen ende Ommelandt dat zy insgelycx hare verclaringe by gescrifte sullen overgeven op het gescrifte vande welgemelte heeren Staten van Hollandt ende Westvrieslant,
10 om te bouck gebracht te werden achter tselve gescrifte. Die van Utrecht verclaren dat zy nyet en verstaen dat de kennisse van dese zaecke ter deser vergaderinge behoort, doch wel te moegen lyden dat de voirseide verclaringe met die ghene van de anderen provinciën werden te bouck geregistreert.

Ontfangen ende gelesen eenen brieff van de Staten van Hollandt ende
15 Westvrieslant, gescreven in Den Hage den vi^{en} deses, inhoudende dat Hare Edele Mogende Hare Hoog Mogender scryvens van den xxv^{en} Juny voorleden mette gevoughde pointen raeckende 't houden van de nationale synode van de Vereenichde Nederlanden in hare vergaderinge hadden gesien ende dat over 't inhoudt van dyen t' meerendeel van de leden van de selve vergade-
20 ringe zyn verwondert geweest als | in 't houden van de selve synode nyet geconsenteert hebbende, gelyck Haere Hoog Mogenden 't selve oock nyet onbekent en is, schickende daerom daerbenevens 't voorseide Hare Hoog Mogender scryvens ende bygevoeghde pointen wederom te rugge, met verclaringe van 't selve nyet te kunnen aennemen noch toestaen. Hiernevens
25 hebben die ordinaris gedeputeerde van Hollandt ter deser vergaderinge verclaert dat heure principalen jegenwoirdich noch besich zyn omme malcanderen op het stuck van de synode te verstaen, ende mits dien d'anderen provinciën versoecken daerop te willen letten dat d'authoriteyt ende gerechticheyt van de provincie van Hollandt mach blyven gemainteneert.
30 Hierop gedelibereert zynde, is wel verstaen by de provinciën van Gelderlandt, Zeelandt, Vrieslandt, Overyssel ende Stadt Groeningen ende Ommelanden dat men den voorseide wedergesonden brieff van Hare Hoog Mogenden aen de heeren Staten van Hollandt weder soude behoiren te senden mette gevoeghde pointen ende haer Edele versoecken nairder opte principale zaecke
35 te willen letten, ende haer mette anderen provinciën ende sess steden van Hollandt in der vrientschap ende met eenicheyt te willen conformeren, om alsoo daerop eenparich advis te moegen innebrengen, opdat men alsoo eenmael uuyte jegenwoirdige swaricheden van 't landt moege geraecken, sonder dat daerop nochtans by den heere president yets is geconcludeert behal-

(11) zy] A: *interl. add.* – (18–19) dat over] A: *interl. add. repl. del.* over – (19) dyen] A: *foll. by del.* zyn – (19) de] A: *foll. by del.* van de – (25) ordinaris] A: *interl. add.* – (35) anderen] A: *foll. by del.* S – (36) met] A: *interl. add.* – (39) nochtans] A: *interl. add.*

ven dat die van Utrecht verclaert hebben, dat sy benevens d' andere provinciën liever gesien hadden dat de stemme van Hollandt eenparich sonder verscheydentheyt hadde moegen ingebracht werden, gelyck dat gebruyckelyck is, het welcke zy haere Edele Mogenden alnoch versoecken te willen doen.

Ende hebben die voorseide gedeputeerde van de sess steden van Hollandt, als Dordrecht, Amstelredam, Schiedam, Enchuysen, Edam ende Purmereynde verclaert dat deselve sess steden in het wederom senden van de voorseide haer Hoog Mogender brieff nyet en hebben geconsenteert.

RSG 3006

II/1.1–64   9 July 1618
Position of Zeeland

The deputies of Zeeland hand in a declaration by their principals on the statement of the nobility and the majority of the cities of Holland. They ask for insertion and for copies for the provinces that want them, which is granted. Holland insists that the remonstrance of their States be sent to the other provinces, to examine it and to maintain the rights of Holland. Gelderland, Friesland, Overijssel and Utrecht promise also to hand in their declaration. In its declaration, Zeeland stresses that a national synod, as decided in 1606 and 1607 by all provinces, is the traditional way to deal with ecclesiastical problems that have infected more than one province. To compensate for passions that may have run too high in the Republic because of the long duration of the conflict, it has been decided to invite foreign delegates of the true Christian faith, who are not prejudiced. The written remonstrance of Holland differs from the oral one in a few instances. Also, the States of Zeeland interpret the Union of Utrecht differently, an interpretation that is borne out by the dealings with Groningen when it joined the Union. Article XIII is in no way related to religious conflict, which nobody thought about at the time, but only to the choice whether or not to choose the Roman Catholic religion. It is in no way true that provinces which approve of a national synod should thereby impinge on the rights of the others. The States General have handled the matter with great care, but further delay would be dangerous. The States General will thank Dordrecht for allowing the national synod to be held there. Holland will get a civil reply, stating that the action is unheard of and of great consequence, the more so because the cities have not been consulted about it. All concerned want quiet and unity, and the whole world thinks that a national synod is the best expedient to achieve that. Therefore the letters will be sent to Holland again. Holland and Utrecht maintain their declaration, and ask to send the declaration of the majority of the cities of Holland to the other provinces for examination.
President: George Wolfgang thoe Schwartzenberch (Friesland).

Sources: A: 170v–171r; B: 232v–236v. – Related sources and texts: The declaration of Zeeland is inserted into the Net Resolutions. The original is not preserved. The declaration of Zeeland is printed in Uytenbogaert, 961, and Trigland, 1068. The part of the resolution concerning Dordrecht as the place of convening the synod is printed in Dodt van Flensburg, VII, 36.

170v A | Die van Zeelant benevens hare overgegeven consenten hebben gedaen lecture van zeeckere verclaringe by haer van wegen heure principalen by gescrifte gestelt ende alsnu overgegeven, opte verclaringe by den meerderendeel van de steden van Hollandt ende Westvrieslandt opten xxviii^en Juny lestleden alhyer ter vergaderinge ter presentie van Zyne Excellencie ende den welgeboren heere grave Wilhem Loduwich van Nassau, stadtholder, etc., gepronuncieert ende den v^en deses by gescrifte overgegeven, begerende dat 't voorseide gescrifte te boucke sal werden gebrocht ende daervan copie gegeven aen de provinciën die dat sullen begeren, daerinne dat bewillicht is, gelyck hierna volght geïnsereert.

Daerop die van Hollandt wederom hebben verclaert ende daerby gepersisteert ende oversulcx alnoch versocht dat men de voorseide verclaringe van heure principalen mette verclaringe van de andere provinciën van wegen dese vergaderinge soude willen senden aen de provinciën ende deselve serieuselyck vermanen dat sy rypelyck daerop souden willen letten, ende de provincie van Hollandt mainteneren by haer vryheyt, recht ende gerechticheyt.

Die van Gelderlant, Vrieslant, Overyssel ende Stadt Groeningen ende Ommelanden hebben aengenomen insgelycx haere respective verclaringen opte voorseide verclaringe van die van Hollandt by gescrifte te sullen overgeven om te bouck gebracht ende de provinciën daervan copie gegeven te werden die dat sullen begeren. Daerinne dat van gelycken bewillicht is.

233r B **II/1.1–64a** | Die gecommitteerde van de Edele ende Mogende heeren Staten van Zeelandt, gesien ende geëxamineert hebbende seeckere schriftelycke verclaringe op den naem van de heeren Edelen ende 't meerendeel van de steden van Hollandt ende Westvrieslandt den iii^en deses in gescrifte overgelevert noopende de kerckelycke differenten, hebben daerop voor eerst goetgevonden te deduceren de debvoiren die van wegen hunne heeren principalen nevens de gedeputeerde van d' andere provinciën, soo int 't particulier als in 't generael tzedert het begin van den jare 1617 syn aengewent omme by eenige gevouchlycke ende in Gods kercke gewoonelycke

---

(7) zeeckere] A: foll. by del. van zeeckere – (14) daerinne ... is] A: marg. add. – (14–15) gelyck ... geïnsereert] A: marg. add. by a clerk – (16) Hollandt] A: foll. by del. hebben – (16–17) gepersisteert] A: foll. by del. die wyle dese zaecke dese camer nyet aengaet dat men de provincie van Hollandt met derselver steden behoirt te laten by haere souveraineté, vry ende gerechticheyden – (17) alnoch] A: interl. add. – (25) gebracht] A: foll. by del. marg. add. te werden – (25) te werden] A: interl. add.

ende gebruyckelycke middelen de bedroeffde swaericheyden ende misverstanden in de religions saken geresen behoorlyck neder te leggen ende t' assopiëren, ende alsoo voor te commen de dangieren ende periculen daermede de kercke Godes ende den staet der landen werden gedreycht, ende hebbende de voirseide hunne principalen dese saecke mette uuyterste becommernisse wel rypelyck ende serieuselyck in verscheyden hunne vergaderingen, daertoe oock specialyck ende expresselyck gelecht overwogen, als betreffende de eere Godes, de behoudenisse van de suyvere leere ende onderlinge eenicheyt in de selve, ende consequentelyck den welstant der landen onder deselve soo merckelyck van Godt gesegent nyet connen gevinden, noch bedencken eenich ander remedie om nyet alleene uuyt de provincie van Zeelant dese swaericheyden te voorcommen, maer oock om generalycken alomme, dewyle het quaet sich oock al in meer dan eene provincie (hoewel in d' eene blyckelycker als in d'andere) was openbarende, de voordere onheylen noch voor te nemen ende de gemoederen van d' ingesetenen gerust te stellen, ende alsoo wederom den gewenschten vreede ende ruste in de kercken der vereenichde Nederlanden te herstellen, als het houden van eenen nationalem synodum om tot denwelcken met gemeene resolutie te geraecken, gelyck die | sulcx in de jaren 1606 ende 1607 by alle de provinciën gemeensaemelyck was geconsenteert, hunne principalen door hunne extraordinaris gedeputeerde nevens de gedeputeerde van d' andere provinciën diversche instantiën hadden gedaen doen aen de gedeputeerde van de provinciën ofte leden die sulcx noch waren difficulterende, ende is eyntelyck de saecke soo verre gebracht dat op het houden van de voorseide nationale synode seeckere concepten syn ingestelt ende den gecommitteerden van de provinciën die sulcx belieffde copiën daervan gegeven, om hunne principalen gecommuniceert ende daerop te delibereren, by welcke concepten sunderling daerop is geleth dat, alsoo het doordien dat dese misverstanden nu soo lang hadden geduyrt, te vreesen was dat de gemoederen eenichsints mochten ontstelt, gepreoccupeert ofte gepassioneert wesen, men goetgevonden heeft daertoe te versoecken ende te bescryven een merckelyck getal van godtsalige, vreedsaemige, geleerde personagiën uuyt andere coninckrycken ende landen, doende professie van de waren christelycke gereformeerde religie, met egeene eygene affectie ingenomen wesende, om met hulpe, goeden raedt ende wys beleyt van de selve onder de behoorlycke poincten geëxamineert ende verhandelt ende behoudende altyt de waerheyt, affgedaen te mogen werden, nyet meynende dat yemandt met eenige reden 't voorseide middel conde difficulteren, noch min sich daertegen stellen off formaliseren, als synde soodanich middel dat Godt de Heere meenichmael hadde gesegent

(8) de] *B: prec. by del.* en

ende daerdoor in gelycke beswaerlycke occasiën eene goede uuytcompste hadde verleent.

Dat nu voorts by de voorverhaelde verclaringe van wegen de heeren Edelen ende 't meerendeel van de steden van Hollandt ende Westvrieslandt den iii^{en} deser in geschrifte overgelevert, hoewel nyet geheel conform 'tgene by monde was gesecht, als nyet weetende van eenige tolerantie over de vyff questieuse poincten daervan in 'tvoorseide schrift mentie werdt gemaeckt, met uuytlatinge oock van de verclaringe van ses steden daertegen, gesecht werdt dat de provinciën hierin souden doen 'tgene soude strecken tegen het xiiie artyckel van de Unie van Utrecht, daerby de dispositie in 't stuck van de religie een yder van de provinciën, steden ende particuliere leden | van dien toegelaten schynt te werden, om daerin sulcke ordre te stellen gelyck sy syllen dienelyck vinden, treckende sulcx tot eene absolute dispositie die een yeder provincie soude syn voorbesproocken over 't geheel stuck van de religie, tot een privative exclusie van alle de bondtgenooten die daerin eenich gesech ten aensien van der landen gerechticheyt souden begeeren te pretenderen, zulcx de gedeputeerde dunckt (onder correctie) nyet geweest te syne d' intentie van de geene die de voorseide Unie hebben ingestelt, want daeruuyt soude volgen dat de waere religie geen fundament van dese Unie en soude syn geweest, maer ter contrariën, dat yeder provincie blyvende souverain in dit artyckel, de macht soude hebben sulcken religie aen te nemen als de magistraten, want dese syn mede in 't voorseide artyckel gemeynt yeder in den tyt synder bedieninge goet soude vinden, daeruuyt veele absurditeyten ende onheylen souden ontstaen. Maer ter contrariën soo moet het voorseide artyckel synde interpretatie ontfangen uuyt d' observantie die de waere siele ende uuytlegginge is van den weth, ende gelyck dan blyckt dat naer dat eenparichlyck de publycque executie van de Roomsche religie door verbiedende placcaten is gecesseert, en isser t' sedert by publycque ordonnantie maer een religie alleen, naementlyck de waere Gereformeerde religie de geheele landen deur voor goet aengenomen ende geëxerceert, oock is deselve by de Generaliteyt geplant ende ingevoert in alle de steden die geduyrende de troubles met die gemeyne wapenen syn verovert, ofte in hun verlooren vryheyt gestelt, sonder derselve veroverde steden te renvoyeren aen de regierders van hunne provincie, om over 't stuck van de religie eenich reglement t' ontfangen 'twelck behoorde geschiet te syn in soo verre yeder daerinne recht daertoe hadde gehadt, volgende de platte woorden van 't voorseide artyckel.

(8) steden] *B: followed by three periods, but the names of the cities not supplied* – (24) vinden] *B: followed by five periods*

Dat dit de ware intentie is, blyckt by het exempel van de stadt Groeningen, geweest synde eene vrye provincie ende in de Unie expresselyck begrepen, aen de welcke nochtans den eedt van de gereformeerde religie t' ontfangen, exerceren ende beschermen by de Generaliteyt alleen is gedaen aennemen, tot vercortinge | van hare vryheyt, soo eenyeder provincie uuyt cracht van dese Unie recht heeft sulcke religie aen te nemen als het hem belieft, want 't affvallen ofte veroveren van dese stadt en beneempt haer vryheyt niet.

Dit blyckt mede uuyt de tractaten met Hare Majesteyt van Engelandt hoochloffelycker memoriën gemaeckt, daerby gecapituleert is dat daer egeen gouverneurs, lieutenants ofte andere officieren en souden gestelt worden dan die van de Gereformeerde religie waren, ende dat deselve soo die doen ter tyt was, soude werden gemainteneert sonder veranderinge. Dat mede alle de officiers van de Generaliteyt altyt den eedt hebben gedaen ende noch doen, de provinciën die by de handthoudinge van de Gereformeerde religie blyven getrouw te syn. Alle 'tselve blyckt mede claerlyck uuyt verscheyden verclaringen die tot diversche tyden noopende de justificatie van den oorloge tegen den coninck van Spaignen syn gedaen.

Ende alwaer het schoon alsoo, dat de woorden van het voorseide xiii^e articulen van de Unie souden moeten werden verstaen gelyck de platte letter is luydende, gelyck bethoont is dat neen, soo en can evenwel sulcx niet passen ofte geduydet werden te slaen op de huydendachsche religionsverschillen, nochte de differenten die in eenige pointen van de Gereformeerde religie souden mogen wesen, daerop alsdoen in 't maecken van de voorseide Unie nyet en is gedacht, maer moeten alleen verstaen worden van het aennemen off nyet aennemen van de Roomsche religie, daerinne die van Hollandt ende Zeelandt tegen d' andere provinciën hebben willen verseeckert blyven by de gereformeerde religie soo sy deselve alsdoen waren exercerende. Ende hyerop is daernaer geschiet ontwyffelyck in 't nemen van gelycke resolutie by de heeren Staten van Hollandt ende andere provinciën in den jaere 1583 die in de vergaderinge is geëxhibeert, sonder dat men meint dat deselve immers ten regarde van de heeren van Hollandt van ongefundeertheyt can werden gecauseert by de redenen in de voorseide schriftelycke verclaringe gededuceert, daertegen veele soude kunnen gesecht worden.

Resteert het poinct daermede men de difficulterende provinciën oft leden van de selve poocht wys te maecken ende in te beelden, alsoff de provinciën 't houden van de synode goetvindende, by dese | maniere van procederen souden soucken te impiëteren (want alsoo wordt daervan alomme gesproocken) op de hoocheyt, gerechticheyt, ofte vryheyt van

(19) de] B: interl. add.

deselve, waertegen vooreerst, soo seggen de voorseide gedeputeerde dat hunne principalen soo lieff hebben haere vry- ende gerechticheyden die hun soo diere hebben gecost als eenige van d'andere provinciën off leden van dien souden mogen doen, ende nyet en souden willen toestaen dat yemant, wie hy oock ware, daerop yetwes soude willen pretenderen, veel min aengrypen off impiëteren, expresselyck verstaende dat d' eene provincie over d' andere, wat manieren het sy, nyet en hebbe te heersschen, zulcx sy nyet vreempt en vinden dat andere daervan mede ten hoochsten curieux syn, ende daerom met seer groot onrecht hun werdt naegegeven dat sy tegen hare bontgenoten yet sulcx souden voor hebben off pretenderen, alsoo voor eerst het contrarie daervan blyckt uuyt de voorverhaelde beseyndinge, presentatie ende aenbiedingen die d' heeren Staten van Zeelandt in den beginne des voorleden jaers hebben gedaen aen de heeren Staten van Hollandt, om Haer Edel Mogenden met alle gevouchlycke ende vrundtlycke middelen te induceren ende bewegen om dese gereesene oneenicheyden by de bequaemste middelen die het mogelyck waere ter neder te leggen, presenterende alles wat in hun vermogen was daertoe te helpen brengen, als aen de geene daeraen sy met soo nauwe banden in verscheyden Uniëen waeren verbonden, d'expresse verclaringe, soo by monde gedaen als schriftelyck overgegeven, daerby deselve protesteerden van hun de wyse ende versichtige regieringe van de heeren Staten van Hollandt nyet te willen bemoeyen, maer dit synde een soo importanten subject, raeckende de materie van de religie ende de eenicheyt in deselve, dat sy meynden dat sy met goede consciëntie nyet en conden ledich staen daerin te geven soo goeden raedt als sy selffs seer geerne van de heeren Staten van Hollandt, haere bondtgenoten, souden willen ende bereyt syn in gelycke saecken t' ontfangen. Voorts de goede ende gewillige patiëntie die deselve hebben genomen in 't affwachten van Hare Edel Mogender recessen ende byeencompsten, daerop noch gevolcht is eene tweede particuliere deputatie aen de welgemelte heeren Staten van Hollandt, met ernstich versoeck aen Haer Edel Mogender gecommitteerde Raden, men wilde Haere Edel Mogenden bescryven om de naerder propositie van de gedeputeerden van de heeren Staten van | Zeelandt te hooren, die mede soude dienen tot aenradinge van soodanige middelen daerby men de verresene swaricheyden mochte accommoderen. Dan en hebben naer verscheyden instantie daertoe nyet connen geraecken dat sy haeren propositie (gelyck sy des last hadden) aen de heeren Staten van Hollandt ende Westvrieslant hebben connen doen, alsoo Haere Edel Mogenden nyet en wierden bescreven. Dat men daernaer evenwel de saecken by ordre gebracht synde in de Generaliteyt, met alle maticheyt heeft geprocedeert, de gedeputeerde van de difficulterende leden van Hollandt ende de provincie van Utrecht daertoe versocht ende gebeden dat den tyt van de uuytschryvinge eenige maenden is uuytgestelt geworden, daernaer noch gediffereert, alles op hoope soo ontwyffelyck de provinciën lieffs souden sien, gelyck wy van wegen onse heeren principalen sulcx in goeder consciëntie protesteren Haer Edel Mogender meeninge te wesen, dat men dese swaericheyden met gemeene advyse, waer 't mogelyck, soude mogen wechnemen, daeruuyt dan mede wel blyckt dat in desen egeen precipitantie, gelyck voorgegeven wordt, is gebruyckt.

Dan alsoo (Godt beetert) sulcx tot noch toe niet en heeft cunnen geschieden ende men met langh veraffwachtinge ende voorder dilay meerdere onheylen ende swaricheyden siet te sullen ontstaen, zoo hebben ons onse principalen gelastet, tot voorcomminge van dien, om eens eene gewenste uuytcomptste tot versekeringe van den staet van 't landt ende gerusticheyt van de kercke ende der ingesetenen gemoederen te mogen becommen, met d' andere provinciën te procederen tot de naerder bescryvinge ende dat tegen den eersten Novembris naestcommende beramen ende besluyten den tyt tegen de welcke de voorseide synode soude mogen byeencommen, oordeelende voor hun opinie ende advys den bequaemsten te wesen tegen den eerste Novembris nu naestcommende.

Ende om nyettemin te bethoonen dat hunne principalen oprechtelyck meynen by dese actie, soo sy hyervooren verclaert hebben, den heeren Staten van Hollandt ende Westvrieslandt off eenige andere provinciën ofte eenige leden van dien in 't minste nyet te | vercorten, noch prejudiciëren in hare hoocheyt, vry- ofte gerechticheyt, hebben van hunnentwegen tot meerder ruste ende onderlinge eenicheyt te boeck doen stellen soodanige verclaringe van non prejuditie daermede sy meynen dat alle naerdencken in desen behoort te cesseren, versoeckende nochmaels ernstelyck ende vruntlyck de voorseide difficulterende leden van Hollandt ende de provincie van Utrecht om de gemeene ruste wille hun hyermede te willen conformeren.

| Die van Utrecht verstaen ende versoecken wederom dat men de voorseide verclaringe van die van Hollandt mette verclaringe van de andere provinciën van wegen dese vergaderinge soude behoiren te senden aen de provinciën, 'twelck zy alnoch versoucken, ende deselve serieuselyck te vermaenen ende versoecken op alles rypelyck te willen letten ende haer daermede te conformeren, tot beter ende meerder ruste, ende eenicheyt onder de provinciën ende maintenement van de souveraineté, rechten ende gerechticheyden van de selve.

(30) versoecken] *A: foll. by del.* dat men de – (31) mette] *A: foll. by del.* anderen – (31) andere] *A: interl. add.* – (31) provinciën] *A: foll. by del.* ende steden – (32) behoiren te] *A: interl. add.* – (33) 'twelck...versoucken] *A: marg. add.* – (34) te] *A: interl. add.* – (36) maintenement] *B: interl. add. repl. del.* naementlyck – (37) de] *A: foll. by del.* provinciën

| Is verstaen ende geresolveert dat men van wegen dese vergaderinge sal scryven brieven van bedanckinge aen de stadt Dordrecht voer dat deselve aengenaem ende toegestaen heeft dat het synode nationael in hare stadt sal werden gehouden, verhoopende dat dese actie tot Godes eere, ruste van de kercke ende der landen dienst begonnen ende wel geëyndicht sal werden.

Gedelibereert zynde opte rescriptie voerleden Saterdach ontfangen van de Edele Mogende Heeren Staten van Hollandt ende Westvrieslant, gescreven in Den Hage den vi^{en} deses, daermede deselve wederom hebben gesonden Hare Hoog Mogende scryven van den xxv^{en} Junii lestleden mette gevoeghde pointen raeckende 't houden van de nationale synode van de Vereenichde Nederlanden, is geresolveert daerop civilicken ende vrientlyck t' antwoirden dat men de voirseide rescriptie in de vergaderinge gesien ende met verwonderinge gelesen hadde, maer nyet gemeent met sulcke ongehoorde maniere van doen (waervan Hare Hoog Mogende hare Edele Mogende de consequentie geven te overwegen) bejegent te sullen werden, emmers nyet sonder voorgaende communicatie van de respective vroetschappen, alsoo Hare Hoog Mogende oprechte ende sincere intentie nyet anders en is, als deur sodanige middel te restaureren de gewenste ruste ende eenicheyt onder de gealtereerde gemoederen, waerna zy weeten dat haer Edele Mogende nyet weyniger als zy ende alle de goede ingesetenen, te verlangen. Ende die wyle soo nyet alleene by hun, maer oyck by de geheele werelt geordeelt werdt daertoe het beste expedient te zyn het houden van 't voirseide nationael synode, dat hare Hoog Mogende daerom alnoch versoecken dat hare Edele Mogende gelieve 't selve middel te amplecteren, ende gelyck men eens is in de ruste te stabiliëren, dat men alsoo oyck mach wesen in de middelen daertoe dienende, tot welcken eynde dat Hare Hoog Mogende heure brieven mette gevoeghde pointen Hare Edel Mogende andermael zyn toesendende met iteratiff versouck als in de selve.

Maer die van Hollandt ende Utrecht hebben alnoch gepersisteert by hare voergaende verclaeringe, ende versocht dat men de overgegeven scriftelycke verclaringe van wegen den meerderendeel van den steden van Hollandt ende Westvrieslant, den xxviii^{en} Juny lestleden, van wegen dese vergaderinge soude senden aen de provinciën om die te examineren ende rypelyck daerop te letten, ende metten alderiersten haere meeninge ende advis alhier ter vergaderinge in te senden.

(24) men...is] *A: interl. add. repl. del.* zy eens zyn – (32) den] *A: foll. by del.* v en deses

RSG 3010 **II/1.1–65**   11 July 1618
Position of Gelderland

The declaration by Gelderland is submitted and inserted. Gelderland points out that the ecclesiastical differences have become a problem common to all provinces and should be set aside by a common solution, that is, a national synod. This is in no way contrary to the Union of Utrecht, as the deputies of Gelderland have set out before and explain again.
President: George Wolfgang thoe Schwartzenberch (Friesland).
Sources: A: 172r; B: 237r–240r. – Related sources and texts: The resolution in the Minuut Resoluties is written by a clerk. The declaration by Gelderland is inserted into the Net Resoluties only. The resolution is printed in Uytenbogaert, 966, and Trigland, 1071.

| Die gecommitteerde van de provincie van Gelderlant hebben overgegeven ende gelesen haer Edeler scriftelycke verclaringe nopende het houden van de sinode nationael op 't ghene by de heeren Staten van Hollant ofte meerendeel van dien eerst by monde geproponeert ende daernae by gescrifte is overgegeven. Versouckende dat het selve geregistreert ende copie gevolght werde aen die 't selve begeren. 't Welck alsoo is goetgevonden. Hiernae volgende geïnsereert. 172r A

    II/1.1–65a | Opte verclaringe by de heeren Staten van Hollandt ende Westvrieslandt met meerderheyt van stemmen gedaen, tenderende ten eynde die gecommitteerde van de respectiven provinciën wilden ophouden mette uuytscryvinge van 't synode nationael om redenen datte dispositie over die religie ende religionssaecken volgende d'oude privilegiën van de landen, mitsgaders die naerder Unie van Uyrecht ende andere tractaten soude staen alleenlyck by de respective provinciën elcx in den haeren, ende nyet by de Staten Generael, presenterende in plaetse van dien binnen die provincie van Hollandt te houden een synode provinciael binnen den tyt | van drie maenden, hebben die gecommitteerde van de provincie van 't furstendomb Gelre ende graeffschap Zutphen verclaert ende verclaren alnoch by desen dat hare heeren principalen gelycke verclaringen by de heeren van Hollandt voor desen gedaen ende met gelycke ende meerdere redenen in 't lange becleet, rypelyck geëxamineert hebbende, nyet anders en hebben connen oordeelen als datte verresene kerckelycke swaricheyden, gelyck dieselve gemeen waeren geworden, alsoo oock deur een gemeen middel mosten beslicht ende nedergeleyt worden, hebbende nyet connen sien dat daertoe suffisant soude syn het houden van een provinciale synode in eene provincie alleen, ofte eenich ander expedient, maer dat het selve soude moeten geschieden deur een synode nationael als wesende het ordinaris, 237r B

237v B

(15) Staten] *A: foll. by del.* Generael – (18–19) Hiernae…geïnsereert] *A: later add.*

wettich ende alle tyt in Godes kercke gebruyckelycke remedie om gemeene verresene misverstanden te beslichten, ende die suyverheyt van den leere in alle provinciën staende te houden, sonder dat haer Edel Mogenden hebben connen begrypen datte voorgenomene proceduyren tot het houden van soodane synode nationael souden stryden tegens d' Unie van Utrecht, gelyck uuyt derselver naeme opten xx^{en} Novembris lestleden by de gecommitteerde van Gelderlandt met goede levendige redenen is verthoont ende verclaert geworden, mette welcke, mitsgaders die geene die by de andere provinciën syn geallegeert geworden, by aldien yemants van de bondtgenoten niet en ware te vreden geweest, hadden haer Edel Mogenden gemeent dat sich deselve nyet en soude hebben geopposeert gehadt tegens 't voirseide synode, maer dat deselve veel eer, om te blyven in terminis van de voirseide Unie sich nae deselve gereguleert ende in conformité van 't xxie article van dien, totte interpretatie geprocedeert soude hebben, ende inhererende oversulcx hare voorseide verclaringe verstaen alnoch datte proceduyren tot het houden van een synode nationael nyet en syn noch tegens den claren text van de selve Unie, vermits die stipulatie is gedaen tegens papisten ende nyet tegens die van de religie, noch oock niet tegens den sin ende meeninge (wesende die siele van de wet) van den selven text, gelyck uuyt naevolgende handelingen, tractaten, alliantiën, ende diergelycke acten, ende besoignes meer als notoir is.

| Synde ten teecken van dien seer remarcabel dat voorts nae de Unie, te weeten den xii^{en} Mey in 't jaer van 83,[24] die Staten Generael van de seven provinciën opte bescryvinge van die van den Landtraede aen de Oostzijde van de Maze byeen geweest synde, bemerckende datte voorseide woorden tegens d' intentie ende meeninge van de Unie souden mogen getrocken ende daerdeur veranderinge van de Gereformeerde religie ingevoert connen worden, hebben op reces geprojecteert off het niet geraetsaem soude syn dieselve wat claerder te stellen ende het xiii^e article sulcx te veranderen dat aengesien alle die provinciën deur Godes genade die Gereformeerde religie nu eendrachtelyck hadden aengenomen, zy daerby souden blyven, sonder eenige veranderinge daerin te mogen doen als met gemeen consent van alle die bondtgenoten, ende oock den anderen daerin met lyff, goet ende bloet te mainteneren, om alsoo voor te commen dat in toecommende tyden deur veranderinge van religie geen scheuringe mochte werden te wege gebracht onder die provinciën ofte leden van dien.

(18) papisten ... die] B: *marg. add.*

[24] The decision was not taken by the States General (RSG NR 1583, XXII, cf. 270), as Holland was to spell out below, but endorsed by the individual provinces, as Gelderland stipulates here. All articles of this meeting of the Deputies of the provinces to the East of the Maas (Gedeputeerden van de Landen Beoosten Maze) are printed in RSH, 1583, 226–250, article XI exactly as quoted.

Ende offwel die approbatoire resolutiën by de heeren Staten van Hollandt ende andere provinciën op 't selve reces genomen, ter vergaderinge van de Generaliteyt nyet en mochten zyn ingebracht, zoo is nochtants notoir datte meeninge van de provinciën tsaementlyck ende van elcx in 't particulier conform 'tselve reces is geweest.

Uuyt dien dat voorts daernae in 't selve jaer den xxi[en] Novembris binnen Dordrecht by de heeren Staten Generael eenpaerlyck is gearresteert seeckere instructie voor den Raedt van State, waerinne denselve Raedt by 't iiii[e] article gelast wordt goede sorge te dragen datter geen veranderinge noch onverstant en rysde in 't stuck van de Gereformeerde evangelische religie by de landen aengenomen, ende nyet toe te staen by yemants yets daerin geinnoveert ofte geordonneert te werden.

Als oock daeruuyt dat op den vii[en] Februarii 83 by de heeren Staten Generael binnen deselve stadt Dordrecht gearresteert is geworden een instructie om te tracteren seeckere verbintenisse metten | cheurvorst van Coelen,[25] mitsgaders hertoch Casimir[26] ende andere princen ende heeren van Duytslandt die religie toegedaen synde, inhoudende dat die van de religie behooren te conjungeren haer macht ende middelen om gelyck haere sake gemeen is, alsoo oock door gemeen advys ende macht deselve te mogen verdedigen tegens den coninck van Spaignen ende syne adherenten.

Mitsgaders uuyt d' instructie gemaeckt op de reconciliatie van den hertoch van Anjou[27] den 19[en] Novembris 83, in de welcke mede beding is gemaeckt noopende die religie, als dat syne hoocheyt commende in eenige steden van dese landen, niet en soude attenteren ofte innoveren tegens het faict van de religie, maer deselve laten in sulcken staet als hy sy vinden soude. Item dat zyne principale officiers souden sweeren die landen getrouw te wesen, sonder yets t' attenteren tegens deselve, nochte oock tegens die religie.

Ende synde daernae in 't jaer van 84 goetgevonden te tracteren met Zyne Majesteyt van Vranckryck[28] over die souverainiteyt van den landen, is mede by de heeren Staten Generael expresselyck geconditioneert het maintainement van de Gereformeerde religie soo als die selve doen ter tyt publycquelyck wierde geëxerceert, sonder veranderinge daerin toe te laten ofte oock een andere religie t' admitteren, behoudens alleenlyck die vry-

---

[25] The Archbishop and Elector of Cologne, Gebhard Truchsess von Waldburg (1547–1601), had become a Protestant in 1582 and married a Calvinist Countess early in the next year. He was duly deposed in May 1583 and, after a short war with his successor, initially fled to the Netherlands.
[26] Johann Casimir, Count and Duke of the Palatinate-Simmern (1543–1592).
[27] François de France, Duke of Anjou and Alençon (1555–1584).
[28] Henri III, King of France (1551–1589).

heyt voor Zyne Majesteyt om in syn hoff zyne religie t' exerceeren by aldien Zyne Majesteyt in dese landen gelieffde te commen.

Oock alsoo die handelinge in Vranckryck zynen voortganck nyet en coste gewinnen ende dat daernae die landen met Engelandt sochten te tracteren, soo opte souverainiteyt als op 't secours, syn dieselve bedingen by alle tractaten al wederom gerepeteert ende daerby oock noch bedongen datten gouverneur die Haere Majesteyt soude senden, soude syn van de religie, datten Raedt van Staten die neffens hem soude regieren soude syn van de religie ende datte officiers zouden sweeren te mainteneren die Gereformeerde religie soo als dieselve doen in Engelandt ende hyer te lande wierde geëxerceert.

| Alle welcke tractaten ende verbintenisse genouchsaem verclaren d' intentie ende meeninge van de Unie van Utrecht by aldien in de woorden eenige duysterheyt ware, als datte religie nyet particulier is voor elcke provincie in den haren, maer gemeen voor alle bondtgenooten. Anderssints souden deselve alliancïen van notoire lubriciteyt syn geweest, want van de eene syde te stipuleren het maintenement van de religie ende aen d' andere syde te behouden die vrye dispositie over dieselve, can geen fundament maecken van een vaste ende sincere alliantie.

Dat voorts oock daernae in alle handelingen van de Generaliteit hier te lande de principaelste sorge is gedragen voor die religie, dat alle gouverneurs, colonnels, capiteyns ende andere hooftofficiers soo in oorloge als in politie, tot borgermeesters ende schepenen van de steden incluys met eede gehouden syn dieselve te mainteneren, datte gereduceerde steden van Nimmegen, Zutphen ende andere nyet en syn gerenvoyeert aen haere provinciën om op 't stuck van de religie dispositie te verwachten ende van de selve te ontfangen soodane religie als zy goet souden vinden, dat mede in de macht van eene provincie nyet en is die Gereformeerde religie te verlaten ende die Roomsche aen te nemen, alle tselve elucideert den sin ende meeninge van de voorseide Unie van Utrecht soo claer dat alle duysterheyt van de woorden, soo daer eenige mochte syn, daermede wordt wechgenomen.

Ende genomen dat desen allen, nyettegenstaende evenwel verstaen mochte worden dat by de selve Unie was gegeven aen de provinciën elcx apart die dispositie over die religie, soo blyckt dit nochtans uuyt 'tgeene voorseid is, datte provinciën naerderhandt, synde daerin eens geweest dat sonder gemeen advys geen veranderinge in de religie soude geschieden, van de particuliere stipulatie affgeweecken syn, waerdeur d' eene provincie in de andere recht gecregen hebbende, can daervan by eene provincie tegens wille ende in prejuditie van de andere nyet geresilieert worden, ende werdt derhalven van notoire | ongefundertheyt geconvinceert het argument 'twelck uuyt die stipulatie by de heeren Staten van Utrecht in 't verleenen van de commissie op Zyn Excellentie noopende die dispositie van de religie gedaen, geconstrueert wordt, overmits dieselve stipulatie *sanae* moet worden verstaen ofte anderssints soude daeruuyt moeten volgen datte heeren Staten van de selve provincie in plaetse van de Gereformeerde religie een andere souden mogen aennemen, 'twelck haer Edel Mogenden selffs nyet en souden willen sustineren te mogen doen.

Die saecke dan aldus synde, dat het stuck van de religie gemeen is, al is 't dat opte oeffeninge van dien by de respective provinciën eenige ordre gestelt is, soo houden die gecommitteerde van de provincie van Gelderlandt van wegens haer committenten sich verseeckert dat met die proceduyren tot het houden van een synode nationael nyet en werdt geattenteert tegens d' Unie van Utrecht, ofte eenige andere tractaten, te meer diewyle die meeninge van welgemelte haere heeren committenten niet anders en is als deur het selve synode te conserveren die suyverheyt van de leere ende te treffen een goeden voet tot wechneminge van de tegenwoordige swaericheyden, een gewenschte vreede ende bestendige eenicheyt in de kercken deser landen. Waertoe het expediënt van een synode provinciael alleen by meerendeel van Hollandt voorgeslagen, niet suffisant off dienstich can wesen, synde by dieselve Edel Mogenden die geringste gedachte niet van daer deur te willen usurperen opte hooch- ende gerechticheyt van eenige provincie ofte eenich lidt van dien, als wesende nyet weyniger curieux voor die haere daervoor sy goet ende bloet hebben opgeseth als yemants anders. Zynde daerom oock gereet nevens d' andere met alle middelen dieselve te helpen mainteneren, gelyck voor desen, ende naementlyck op den 27^{en} Juny lestleden, verclaert is.

Ende worden daerom nochmaels die difficulterende leden van de heeren Staten van Hollandt, als mede die heeren Staten van Utrecht, seer ernstelyck versocht ende gebeden, sich met dese | goede ende sincere intentie te willen conformeren ende goet te vinden het middel 'twelcke by de meeste provinciën ende veele aensienlycke leden van Hollandt selffs, mitsgaders by de getrouwe geallieerden deser landen werdt geoordeelt het best ende bequaemst te syn. Vastelyck vertrouwende dat door Godes genadigen zegen die gewenste effecten tot ruste der kercken ende eenicheyt der ingesetenen daeruuyt sullen comen t' ontstaen.

(7) al] B: als – (32) door] B: interl. add.

II/1.1–66   12 July 1618
Holland Again Returns Papers

RSG 3015

Numerous deputies of the States of Holland are present. Oldenbarnevelt repeats at great length the reasons alleged by Holland concerning a national synod and
5 *the expectation that the States General would have communicated the Holland remonstrance with their principals first. He again hands back the drafts of papers calling for a national synod sent by the States General. To proceed without the consent of Holland would be against the rights of this province and against the Union of Utrecht. In case letters have already been sent to foreign parts, Holland*
10 *will also send letters explaining its position. The delegates of Dordrecht, Amsterdam, Schiedam, Enkhuizen, Edam and Purmerend repeat their opinion that a national synod is contrary neither to the Union of Utrecht nor to the rights of Holland. Gelderland, Zeeland, Friesland and Groningen persist with the resolution for a national synod, having made their declarations on behalf of their*
15 *principals. They say handing back the papers and sending counter-letters to foreign parts shows scant respect for the assembly of the States General. Utrecht declares that the presentation of Holland is reasonable, and that the States General should wait till the provinces have resolved about it. The deputies of Overijssel state that their principals have consented to a national synod, but that*
20 *they are waiting for the arrival of their fellow delegates. Finally, it is decided to persist with the resolution concerning a national synod. Holland is asked either to accept the documents or not to blame the States General when they justify their conduct wherever necessary.*
President: George Wolfgang thoe Schwartzenberch (Friesland).
25 Sources: A: 172v–174r; B: 240v–241v. – Related sources and texts: This resolution is written in the Minuut Resoluties by a clerk, as were the other resolutions of the day. Printed in Uytenbogaert, 969, and Trigland, 1072.

172v A | Die van Hollant sterck in getal gecompareert synde, heeft d' heere advocaet[29] geproponeert dat Haer Edel Mogenden hadden gemeent dat de gecommit-
30 teerden van de andere provinciën naerder souden hebben overwogen die presentatie van Haer Edel Mogenden over 't houden van een sinode provin-
173r A   ciael opten 28 Junii gedaen, | deducerende in 't lange de redenen ter selver tyt geallegeert, ende dat de selve gecommitteerden nyet voorder in de uuytscryvinge van 't sinode nationael souden hebben geprocedeert sonder eerst
35 met hare principalen die voorseide presentatie gecommuniceert te hebben, leverende wederom over die missive van Hare Hoog Mogende mette bygevoughde concepten op 't houden van 't voorseide sinode nationael die voor die tweede reyse aen de heeren Staten van Hollant was gesonden, met ver-

(34) van...nationael] A: *interl. add.*

[29] Johan van Oldenbarnevelt, landsadvocaat of Holland.

claringe denselven alnoch nyet te connen accepteren, als nyet geconsenteert hebbende in 't houden van 't sinode nationael ende daerom oock buytens lants daer gelycke brieven souden gesonden syn off worden te sullen thoonen dat men Haer Edel Mogenden ongelyck dede ende tegens haer hooch ende gerechticheit, als mede tegens d' Unie van Utrecht.

[Followed by proposition about additional soldiers, so called "waardgelders."]

Waernae by de heeren gecommitteerden van Dordrecht, Amstelredam, Schiedam, Enchuysen, Edam ende Purmerende verclaert synde, dat hare heren principalen oordeelden voor 't beste | middel om uuyt die jegenwoordige swaricheyden te geracken het houden van 't synode nationael ende 't selve nyet te strecken tegens d' Unie van Utrecht, noch tegens die hooch ende gerechticheit van Hollant, ende aengaende die waertgelders hare resolutie in de vergaderinge van Hollant ingebracht te hebben ende gedaen teeckenen.

Is nae gedane omvrage ende nae dat die van Gelderlant, Zeelant, Vrieslant, Stadt Groeningen ende Ommelanden hadden gepersisteert by de verclaringe uuyt den name van hare heeren principalen op 't houden van de sinode nationael respectivelyck gedaen, met allegatie van de redenen daertoe dienende ende het weynich respect dat dese vergaderinge mette restitutie van hare brieven werde gedaen ende oock soude gedaen worden mette contrarie brieven buytens lants te senden. Ende dat die van Utrecht hadden verclaert de redenen by die van Hollant geallegeert van consideratie te syn ende die presentatie nyet dan billick, ende dat oversulcx dieselve behoort gesonden te worden aen alle provinciën om derselver resolutie daerop te verwachten, nyet cunnende ondertusschen verstaen dat van dese vergaderinge ende uuyt derselver name uuytscryvinge conde gedaen worden, soo lange alle provinciën daerin nyet en consenteerden.

Dat mede die van Overyssel hadden verclaert dat hare heeren principalen wel verstonden tot | het houden van de sinode nationael, maer dat sy ter aencompste van hare medegedeputeerden haren last daervan naerder souden openen.

Eyntelycken goetgevonden ende geresolveert te persisteren by de resolutie op 't houden van 't sinode nationael hier te vooren genomen, versoeckende nochmaels die van Hollant die brieven mette bygesondene concepten op't houden van 't selve sinode gearresteert te willen accepteren ofte anderssins nyet qualycken te willen nemen dat op middelen werde gedacht daerdeur die ghene die daervan kennisse behooren te hebben, werden van 't gebesoigneerde verwitticht ende dat men buytens lants van dese oprechte proceduyren justificatie sal doen by aldien deselve aldaer mochten worden gedecrieert.

[Followed by a resolution against the "waardgelders."]

(16) Ommelanden] A: Omlanden

II/1.1–67   13 July 1618
Utrecht Rejects the Invitation to a National Synod

RSG 3025

The States of Utrecht write that they have received the invitation to a national synod. If the excuse of their deputies has not been accepted, it cannot be changed without the States of Utrecht themselves. The States General ask the deputies of Utrecht present to recommend the matter in the forthcoming assembly of their States, in order to end the present ecclesiastical difficulties.
President: George Wolfgang thoe Schwartzenberch (Friesland).
Sources: A: 175v; B: 242v. – Related sources and texts: The resolution is written in the Minuut Resoluties by a clerk. There are no insertions. The original letter from the Gedeputeerden van de Staten van Utrecht is in The Hague NA, S.G. 4933. The content of the letter is reproduced in the resolution.

175v A

| Gelesen eene missive van de heeren gecommitteerde van de Staten 's lants van Utrecht, gedateert t' Utrecht den ii^{en} deses, waermede deselve adverteren ontfangen te hebben Hare Hoog Mogende aenscryvinge van een sinode nationael binnen Dordrecht, beraempt tegens den eersten Novembris toecommende, met order om deselve by te willen syn met hare gecommitteerden, maer dat de heeren Staten derselven provintie tselve hadden doen excuseren door hare gecommitteerden, ende deselve excuse nyet aengenomen synde, daerinne geene veranderinge te connen geschieden sonder dieselve heeren Staten.

Waerop die aenwesende heeren gecommitteerden versocht syn opte aenstaende vergaderinge der heeren Staten van Utrecht die saecke sulcx te willen recommanderen dat de heeren Staten dieselve in naerder deliberatie leggen ende goede resolutie daerop nemen om te commen uuyt de tegenwoordige kerckelycke swaricheyden.

II/1.1–68   14 July 1618
Counter-declarations by Holland

RSG 3036

Two declarations of Holland are read, one repeating the arguments against the convening of a national synod, the other a counter-declaration to Zeeland. The matter of the "waardgelders" relating to the province of Utrecht is referred to the Council of State with Maurice and Willem Lodewijk, for advice. Utrecht states that it fully agrees with the arguments of Holland concerning both the national synod and the "waardgelders." In the counter-declaration, the States of Holland state that it is unusual to act in such a sovereign way with such consequences without the consent of all provinces. In 1606 and 1607, the ministers had not yet shown themselves so incompetent to judge impartially, by quick condemnations and actual separation. At the moment, a new resolution concerning a national synod, which differs greatly from the previous one, should again be taken unanimously. In contrast to universal synods, national ones have caused huge schisms, both before and after the Reformation. The other provinces now want to decide on predestination, which even ancient Christianity has not dared to do. Tolerance on the Five Remonstrant Articles is well known to the States of Zeeland, and some provinces hope to reach it by a national synod. The structure of the churches in Holland is different from that in the provinces which argue for a national synod most strongly. The allies should not pretend to have a say in religious matters in Holland, which belong to the sovereign rights of the province. Moreover, there is a difference between the religion which the Republic has in common with other countries and differences of opinion, church government and rites that are of mediocre importance, which difference also relates to state authority. In a historical discourse, Holland counters the arguments of Zeeland in relation to the Union of Utrecht. All in all, Holland asks the protagonists for a national synod to change their course.

President: George Wolfgang thoe Schwartzenberch (Friesland).

Sources: A: 178r–v; B: 244r–248r. – Related sources and texts: The resolution in the Minuut Resoluties is written by a clerk, as were the other resolutions of the day. The counter-declarations of Holland to the States General and to Zeeland are inserted into the Net Resoluties only. The originals are not preserved. The second declaration is printed in Uytenbogaert, 970, and Trigland, 1073–1082.

| Gelesen twee scriftelycke verclaringen van de heeren Staten van Hollant ende Westvrieslant op derselver name overgegeven, waervan d' eene conteneert 't ghene voorghisteren by de selve by monde is verclaert tegens de aengevangene proceduyren, soo op 't houden van 't sinode nationael als op 't licentiëren van de waertgelders. D' andere is eene contraverclaringe op 't ghene by de gecommitteerde van de heeren Staten van Zeelant op ten 9 deser ter deser vergaderinge is overgegeven.

178r A

Waerop geresolveert is deselve te registreren, gelyck die hiernae volgen geïnsereert ende copie te laten volgen voor die ghene die deselve sal begeren. Ende dat van d' eerste copie sal worden gemaeckt, mitsgaders extract uuyt het register van 't ghene op eergisteren gepasseert ende 't selve mette stucken van de besendinge in 't voorleden jaer aen de provincie van Utrecht nopende de waertgelders gedaen, gestelt in handen van den Raedt van State, om met Syne Excellentie ende Syne Genade graeff Willem t' adviseren wat voorders in 't stuck van de waertgelders sal dienen gedaen.

Maer die van Utrecht hebben verclaert dat sy haer conformeren nopende 't sinode nationael ende waertgelders | met de voorseide gescriften van wegen de Edel Mogende heeren Staten van Hollant ende Westvrieslant overgelevert,

178v A

(29) gelyck] A: foll. by del. gely deselve

vermanende den gecommitteerden van de andere provinciën, gelijck die van Hollant by de selve gescriften gedaen hebben.

II/1.1–68a | De heeren Staten van Hollandt ende Westvrieslandt verclaren dat die authoriteyt omme ordre te stellen opte verseeckeringe van de respective provinciën, leden ende steden van dien, ende opte religie, twee voorneempste ende importantste poincten syn van de gerechtigheyden, hoocheyden ende souverainiteyt der respective provinciën, daervan de dispositie aen de heeren Staten van de selve elcx in den haeren onwederspreeckelyck competeert, welcke dispositie by geen tractaten geabdiceert ofte aen yemant anders getransfereert is ofte oock geabdiceert ofte overgegeven heeft connen worden. Ende dat daeromme de heeren gecommitteerde van de respective vereenichde provinciën ter vergaderinge van de heeren Staten Generael noch op 't convoceren van een synode nationael, noch op 't affdancken van de soldaten tot verseeckeringe van de steden van Hollandt ende Westvrieslandt, mitsgaders de stadt Utrecht aengenomen, zonder gemeene bewillinge van alle de provinciën geen gesach ofte dispositie en hebben ofte wettelyck mogen gebruycken, weshalven d' selve gecommitteerden ernstelyck by desen vermaent worden te willen ophouden van alle dispositiën in de voorseide twee saecken ter tyt toe alle die | vereenichde provinciën daertoe eenparich consent sullen hebben gedragen, aengesien sonder sulcken consent alles gehouden moet werden onwettelyck ende strydich jegens de respective provinciën hoocheyden ende rechten, mitsgaders de naerder Unie die met alle middelen belooft syn getrouwelyck gemainteneert te moeten worden, als Hare Mogende Edelen oock te doen geresolveert blyven.

II/1.1–68b De heeren Staten van Hollandt ende Westvrieslandt, geleth hebbende op het gunt by de gecommitteerden van de heeren Staten van Zeelant op den 9^{en} July 1618 ter vergaderinge van de heeren Staten Generael is overgegeven by gescrifte jegens seecker gescrift op den naem van de welgemelte heeren Staten van Hollandt ende Westvrieslandt wettelyck, nae voorgaende resolutie, genomen by de meeste stemmen van hare vergaderinge, mede ingelevert in de hoochgemelte vergaderinge van de heeren Staten Generael op den iii^{en} July, verclaren dat sy nae rype examinatie van alle redenen ende argumenten daerby gededuceert nyet anders en kunnen verstaen, als dat de presentatie by hare Edel Mogenden gedaen, bequaem is om met behoudenisse van der landen vryheit ende gerechtigheyt het stuck van de Gereformeerde religie te stellen in goede ende draechelycke poincten door eerlycke, gewoonelycke ende gebruyckelycke middelen, nyet connende houden voor wettelycke, gewoonelycke nochte gebruyckelycke, dat

(1) den] *A:* voorseide

sonder consent van alle de provinciën gepleecht zal werden een act soo
souverain ende van soo groote consequentie, als is de convocatie van een
kerckelycke vergaderinge by publycque authoriteyt, weetende ter contrarie
dat in de jaren 1606 ende 1607, ten welcken tyde de kerckendienaers deser
landen haer door precipitanten condemnatiën ende datelycke separatie
noch nyet soo onbequaem en hadden gemaeckt om van de huydendaech-
sche questiën onpartydelyck nae Godes woort te oordeelen, evenwel de
resolutie tot de convocatie van een nationale synode niet en is genomen
nochte gepretendeert genomen te mogen worden anders als met gemeen
bewilling van alle de provinciën, volgens het ongetwyffelt recht van de
landen, waernae haer de Staten van Hollandt ende Westvrieslandt doen ter
tyt soo wel als de minste provincie hebben gereguleert, waeromme | als-
noch van wegen haer Edel Mogenden met goet fundament wert geseyt dat
de constitutie van de tyden zynde verandert, oock de voet van de uuytscryvinge merckelyck verschillende van den voet dien doen ter tyt eenpaerlyck was geresolveert, geen nieuwe resolutie diesaengaende heeft mogen genomen worden anders als by gelyck eenparich, vrywillich ende
onaffgedrongen consent. Wat aengaet de experiëntie van de voergaende tyt
die tot recommandatie van de nationale synode werdt geallegeert, daerop
soude seer claerlyck verthoont connen worden, dat van allen tyden seer
sorgelyck is gehouden definitie te doen van eenige disputable theologische
leerpoincten ende als over eenige fundamentele poincten definitie wiert
vereyscht dat altyt daertoe bequaemst syn gehouden de universele synoden
representerende de algemeene kercken, daer ter contrarie door nationale
decisiën seer groote scheuringen syn veroorsaeckt in de Christenheyt, soo
van oudts als zedert de Reformatie. Zoude oock van de effecten van voorgaende nationale synoden die haer, soo in de landen van Hollandt ende
Westvrieslandt, als in de landen van Utrecht hebben geopenbaert, veel
geseyt connen worden, ten waer veele remonstrantiën voor desen gedaen
op de selve materie (hoewel ongeresolveert synde gebleven) weynich hadden geöpereert. Welgemelte heeren Staten van Hollandt ende Westvrieslandt syn wel indachtich dat de propositiën voor desen van wegen verscheyde provinciën aen haer Edel Mogenden gedaen, hebben gedient om
de poincten van de predestinatie ende 't gunt daeraen cleeft te brengen tot
decisie, een werck 't welck de oude Christenheyt nyet en heeft derven
bestaen. Mercken oock dat de gecommitteerden van de heeren Staten van
Zeelandt by haer voorseide laeste gescrift seggen nyet te weeten van eenige
tolerantie over de vyff questieuse poincten, hoewel de practique van de
selve tolerantie, soo van oudts als t' sedert de reformatie tusschen treffelycke godtsalige mannen t' eenemael notoir is ende eenige provinciën on-

(9) nochte] B: interl. add. by another hand in Latin script repl. del. rechte

lancx alleen door hoope van soodanige tolerantie syn versocht ende vermaent om tot de convocatie van de nationale synode te willen consenteren, alle 't welck nevens het refuseren van een generale order jegens seditieuse scriften ende propoosten | oock nevens meer andere saecken die dagelycx werden voorgenomen, de welgemelte heeren Staten van Hollandt ende Westvrieslandt groot nadencken veroorsaeckt, sulcx dat geensints en is te verwonderen dat haere Edel Mogenden, weetende oock hoe veel de constitutie van haere kercken verschilt van de constitutie van de kercken van die provinciën die de nationale synode meest urgeren, scrupuleux syn om daerinne te bewilligen, insonderheyt voor ende aleer beproeft sal syn wat goets door de provinciale synode van Hollandt ende Westvrieslandt soude connen werden geëffectueert, houdende alsnoch voor vast ende ongetwyffelt, dat de bontgenooten geene gerechticheyt jegens de provincie van Hollandt ende Westvrieslandt over het stuck van de religie en hebben te pretenderen, sonder dat de provincie van Hollandt ende Westvrieslandt sulcx noodich is geweest te bespreecken, als sijnde 't selve notoirlyck begrepen in het recht van souverainiteyt deselve provincie competerende, hoewel ten overvloet het selve claerlyck is gestipuleert by het xiii^e article van de Naerdere Unie van Utrecht voor desen meenichmael op dese materie geallegeert, synde de woorden van het selve articke soo claer dat het voorwaer seer vreempt is dat de heeren gedeputeerden van Zeelandt door haer particulier bedencken op de intentie van die gene die 't selve hebben ingestelt, het selve artickel pogen te exerceren. 'T en can oock voor geen absurditeyt worden gehouden dat soo notable provinciën (want dese syn de welcke by 't voorseide artickel die macht werdt gedefereert) over de publycque stant van de kercken soodanige recht gebruycken als by een republicque van Genève ofte by de respective evangelische cantons van Zwitserlandt werdt gebruyckt, maer ter contrarie soude veeleer gaen buyten reden dat de Staten van Hollandt ende Westvrieslandt jegens haer gemoet in 't beleyt van kerckelycke saecken souden conformeren met die provinciën die veele jaren synde gevoucht, soo veel kercken ende kerckendienaers nyet en begrypen als de provincie van Hollandt ende Westvrieslandt alleen. Wat aengaet de practicque gevolcht nae 't aengaen van de voorseide Unie van Utrecht, van welcke Unie buyten twyffel het fundament is geweest de conservatie van der landen vryheyt ende gerechticheyt, hoewel daernae door Godes zegen deselve merckelyck is gesterckt door het vrywillich aennemen van de gereformeerde religie, | moet nootelyck onderscheyt gemaeckt werden tusschen de religie als dewelcke de landen gemeen hebben met alle Gereformeerde rycken ende landen, onaengesien eenige differenten, soo van opiniën als van kerckelycke regieringe ende

(22) gene] *B*: geneene *del.* eene – (31) jaren...veel] *B: marg. add.*

middelmatige ceremoniën ende tusschen de dispositie over de religie gelyck als spreeckt de commissie by de Staten van Utrecht aen Syn Excellentie gegeven, dat is soodanige authoriteyt als alle hooge overicheden tot het belyt van kerckelycke saecken competeert, welcke dispositie ende authoriteyt nyet gemeen en is onder den geenen die de religie gemeen hebben, de comparatie die genomen werdt van de veroverde steden, houden de welgemelte heeren Staten van Hollandt ende Westvrieslandt voor soo veel deselve op haer Edel Mogenden werdt geappliceert, die (Godt sy loff) nyet en syn verovert, maer sonder roem gesproocken, naest Godt de principaelste oorsaecke syn geweest van de verovering van de andere provinciën ende steden voor ignominieux ende buyten reeden, synde 't eenemael kennelyck dat den steden die affgevallen syn ende wederom verovert werden by de heeren Staten Generael, ten tyde van de verovering eenige wetten opgeleyt mogen werden, die men anders by de Unie synde gebleven sonder groot onrecht nyet en soude mogen vergen, gelyck door verscheyde articulen van de capitulatiën aengegaen met de stadt Nimmegen, Groeningen ende andere claerlyck can blycquen. 't Verboth van de verandering in het stuck van de religie is ten tyde van het tractaet met haere Majesteyt van Engelandt nyet bedongen jegens den gouverneur van het Engelsche secour ende den Raedt van State. Blyckt oock by het xi^e article van het voorseide tractaet dat doe verstaen is eene religie te syn, soo die in Engelandt als die in dese landen wiert geëxerceert, tot een claer teecken dat verscheydenheyt van eenige disputable opiniën als oock van ordre (die buyten twyffel bevonden werdt tusschen de Engelsche ende Nederlandtsche kercken) geen verscheyden religie en maeckt. Die de justificatiën van het oorloch jegens den coninck van Spaignien met aendacht zal resumeren, sal nyet twyffelen off d' selve syn gefundeert | op de hoocheden, vryheden ende gerechtigheden van de landen waeronder buyten twyffel mede begrepen 't recht van de Staten van de provinciën om sonder vermindering van de vryheit van de consciëntiën over het publycq exercitie van de religie nae Godes woort ende nae de gelegentheyt van de landen ordre te mogen stellen, dat nu ten tyde van het stellen van het voorseide xiii^e article van de Unie geensints en soude syn gedacht op eenige differentiale poincten van de Gereformeerde religie, is buyten apparentie, als de Staten van Hollandt ende Westvrieslandt al voor dien tyt verscheyden becommeringen hadden gehadt over deselve differentiale punten die nu werden gedisputeert. ende hoewel in de landen van Hollandt ende Westvrieslandt doen ter tyt publycquelyck maer eene religie wiert geoeffent, namentlyck de gereformeerde religie. Evenwel is kennelyck dat nyet in alle steden en plaetsen aengaende de voorseide poincten eenpaerlyck en wiert gevoelt nochte geleert, gelyck oock kennelyck is dat voor het aengaen van de selve Unie binnen Utrecht gelycke vryheyt publyckelyck is gemainteneert geweest, waerop de Staten van de provincie van Utrecht oock hebben gesien in het geven van de voorseide commissie aen Zyn Excellentie. 'T en accordeert oock geensints met den text van de voorseide Unie, te willen seggen dat het voorseide xiii^e article alleenlyck soude gestelt syn in faveur van de provinciën van Hollandt ende Zeelandt, ten eynde deselve d' exercitie van de Roomsche religie nyet en souden behoeven te admitteren, alsoo by de lecture van 't voorseide artickel claerlyck blyckt dat oock de andere provinciën daerby voor haer selven hebben gesorcht, om sonder beleth van eenige provincie over de religie sulcke ordre te mogen stellen als zy dienstelyck soude vinden. Waerom seer vreempt is te willen sustineren dat die provinciën die by de provincie van Hollandt nyet en hebben mogen verhindert werden om ordre te stellen in de haere, nae haer goetduncken alsnu de Staten van Hollandt sullen mogen daerinne verhindering doen ofte dat de vryheit van de provinciën die haer doe heeft geextendeert tot het aennemen ofte niet aennemen van eene geheele religie, 't welck veel meerder is, nu nyet en sal mogen strecken over de particulariteyten van de religie | 't welck buyten twyffel veel minder is, waeruuyt immers evidentelyck blyckt dat dese nyeusser ende voor desen ongehoorde interpretatie die men poocht te geven onder het voorseide article, niet alleen in stryt jegens den text van 't voorseide article, maer oock van notoire uniquiteyt, nyet en is excusabel. Tot een naerder teecken van de ongefundeertheyt van dese interpretatie dient mede dat noch in den jare 1583, als de Unie wiert geresumeert, voorgeslagen is dat men het voorseide xiii^e article soude mogen veranderen, doch nyet anders als met gemeen consent, welck gemeen consent nyet synde gevolcht, soo is kennelyck dat die resolutiën by de respective provinciën genomen nyet en syn geweest obligatoir. Ende can daerenboven blycken dat noch daernae verscheyde resolutiën syn genomen, oock tractaten aengegaen met relatie tot de voirseide Unie van Utrecht, ende specialyck dat by het xiii^e artickel sulcx als de platte letters luyden, is gepersisteert, werdt onwederspreeckelyck bewesen door de voorseide commissie in de jare 1590, ende oversulcx lang nae het eenparich aennemen van de Gereformeerde religie, by de Staten van Utrecht met kennisse ende goetvinden van de heeren Staten Generael ende specialyck van de heeren Staten van Hollandt ende Westvrieslandt aen Zyne Excellentie gegeven, by alle welcke redenen ende anderen soo in December des voorleden jaers als by 't laest voorgaende gescrift van wegen de Staten van Hollandt ende Westvrieslandt gededuceert ende noyt voor desen pertinentelyck gesolveert alle onpartydigen claerlyck sullen cunnen verstaen dat de gepretendeerde convocatiën van de nationale synode sonder consent van de heeren Staten van Hollandt ende Westvrieslandt, als

(7) lecture] B: *interl. add.*

oock van de Staten van Utrecht, is strydich met het voorseide xiii^e articule, ende dat daerdoor (nyettegenstaende alle verclaringen die met de daet directelyck stryden ende de lesie nyet en konnen wechnemen) werdt geimpiëteert op de hoocheyt van 't landt van Hollandt ende Westvrieslandt, bestaende in 't recht om ordre te stellen over kerckelycke saecken van haere provincie, synde de acte voor desen by de gecommitteerde van de heeren Staten van Zeelandt te boeck gedaen stellen soodanich dat daerdoor nyet alleen het prejuditie, 't welck voor de | provincie van Hollandt ende Westvrieslandt daerin is gelegen, ende nyet en werdt wechgenomen, maer dat ter contrarie daerdoor d' selve provincie een merckelyck prejuditie wordt geïnfligeert, alsoo daerby gepresupponeert werdt sodanigen verstant van het voorseide xiii^e articule, 't welck nochte met den text nochte met de voorseide hoocheyt van de provinciën geenssints en is te conciliëren, waerom de heeren gedeputeerden van Zeelandt ende van de andere provinciën alsnoch versocht werden van soodanigen cours als strydich met Unie ende nadeelich de hoocheyt ende gerechticheyt van de provinciën te willen desisteren.

II/1.1–69   17 July 1618
Langerak Announces Arrival of Extraordinary French Ambassador

In a letter dated 9 July 1618, Langerak announces the arrival of ambassador extraordinary Boissise.
President: Herman Ripperda tot Boxbergen (Overijssel).
Sources: A: 179v; B: 248v–249r. – Related sources and texts: In his letter (the original in The Hague NA, S.G. 6756), ambassador Langerak mentions that one of the tasks of Boissise will be to assist the States General in the promotion of tranquility and union, instead of the present difficulties that are lamented by all loyal friends. The resolution is written in the Minuut Resoluties by a clerk, as were the other resolutions of the day.

| Item brieven van den heere ambassadeur Langerack gescreven in Paris den 9^{en} July, adverterende onder anderen de herwaerts compste van den heere van Boissise als extraordinaris ambassadeur. Waerop goetgevonden is die heeren van Hollant te versoucken om te willen dispiciëren eene bequame plaetse tot logement van den selven heere ambassadeur.

II/1.1–70   18 July 1618
Overijssel Consents to a National Synod on Certain Conditions

Ripperda, on behalf of the other deputies of Overijssel, hands in the resolution taken by this province on a national synod and on the "waardgelders." Sloeth and van Hemert agree with registration, but they declare that a further declaration asked of the province had not materialized yet. Ripperda and Sloeth will now travel to Overijssel to attend the assembly of the States. They ask the States General to wait for the decision of this assembly. Gelderland, Zeeland, Friesland and Groningen accept the declaration already made and agree to wait. They would like to recapitulate the proposition that prince Maurice has made in Overijssel, to which the resolution of that province refers. In the resolution of 7 May 1618, the States of Overijssel react to a proposition by the Prince of Orange, who has asked them to consent to a national synod and has stressed that the only aim is to pacify and unite the provinces by accommodating the ecclesiastical disputes and religious differences. He also assured that no province will be prejudiced in its right or anybody encumbered because of religion. His Excellency also affirmed that the provinces which still have objections will be induced to let everything proceed without schism or separation of provinces. The results of the synod will only be valid when endorsed by all provinces. The nobility and cities of Overijssel have therefore consented to a national synod on this basis, and on the presumption that the points and articles previously devised for the synod, may be recapitulated, and if necessary, corrected. The deputies in the States General will have to promote the dismissal of the "waardgelders." President: Herman Ripperda tot Boxbergen (Overijssel).

Sources: A: 180v–181r; B: 249v–250v. – Related sources and texts: The resolution in the Minuut Resoluties is written by a clerk, as were the other resolutions of the day. The extract of the resolution of the States of Overijssel is inserted into the Net Resoluties. The original is not preserved. The extract is printed in Uytenbogaert, 940 and 988, and Trigland, 1059.

| Synde by den heere Ripparda uuyt den name van de andere gecommitteerden van de provincie van Overyssel geproponeert dat deselve lantschap haer hadde gelast de genomene resolutie van de selve lantschap soo op 't houden van 't sinode nationael als op 't stuck van de waertgelders te doen registreren by den greffier ende te leveren copie aen dien, die deselve souden eysschen. Hebben die heeren Sloot ende Hemert daerop verclaert 't selve inbrengen ende | registreren wel te mogen lyden, dan dat voor desen by drye van henluyden eerst hier aengecommen synde openinge was gedaen dat van wegens die lantschap van Overijssel (als mede inclinerende tot het sinode nationael) die saecke nyet en soude werden geretardeert, ende deselve openinge gedaen

(30) Ripparda] B: Ripperda, *also in all instances below*

synde, dat sy aen hare principalen om naerder verclaringe te hebben, hadden gescreven ende deselve ter aencomptste van noch twee van hunne mede gecommitteerden nyet becommen hebbende, hadden sy goetgevonden twee uuyt den haren, te weeten den voorseide Ripparda ende Slooth derwaerts te deputeren om te versoecken een byeencomptste van ridderschap ende steden, die doen nyet en hadde connen vallen, maer nu in een dach ofte twee, conform d' ontfangen advertentie van den drost van Sallant, soude syn, versoeckende dat de resolutie van de selve byeencomptste mochte worden affgewachtet, persisterende middelerwyle by de verclaringe voor desen gedaen.

Waerop by de provinciën eenpaerlyck goetgevonden is dat het voorseide inbrengen soude werden geregistreert gelyck 't selve hierna volght geïnsereert ende copie mede gedeelt aen die ghene die deselve soude eysschen. Waerby die van Gelderlant, Zeelant, Frieslant, Stadt Groeningen ende Ommelanden noch verclaeren geaccepteert te hebben die voorseide openinge by die van Overyssel voor desen gedaen ende te sullen affwachten wat by de tegenwoordige vergaderinge in Overijssel noch verder sal worden geresolveert. Dat ondertusschen eens soude mogen geresumeert worden die propositie van Syne Excellentie in Overyssel gedaen, waertoe sich die ingebrachte resolutie is refererende.

II/1.1–70a | Extract uuyt het register der resolutiën van ridderschap ende steden der Landtschap van Overyssel.

Den vii Mey anno 1618.

Alzoo Zyn Excellentie die prince van Oraignen aen ridderschap ende steden seer instantelyck heeft versocht dat Haer Edel Mogenden van wegen dese provincie van Overyssel mede soude willen verstaen ende consenteren tot het holden van een synode nationael, verclarende ende verseeckerende deselve Zynde Excellentie dat 't selve synodus nyet anders werdt gemeynt ofte tot geenen anderen eynde sal strecken als tot accommodatie ende bevreedinge van de tegenwoordige kerckelycke disputen ende religionsverschillen ende tot | vreede ende eenicheyt deser geünieerde provinciën, sonder daermede den provinciën ofte leden van dien in hare hoocheyt, privilegiën ende gerechticheyden eenichsints te prejudiciëren ofte vercorten, ofte ter cause van religie yemant te beswaeren, mitsgaders dat oock by hoochgedachte Zyne Excellentie wordt geaffirmeert dat de andere noch difficulterende provinciën met goede redenen ende inductie daertoe oock sullen worden beweecht, dat alles met goede eenicheyt, sonder scheuringe ofte affsonderinge van provinciën solde mogen geschieden, ende dat oock 't gene in de voorseide synode sal worden geconcludeert niet van weerden sal worden gehouden ten sy sulcx eerst by den tsamentlycken provinciën voor goet wort gekent ende geratificeert. Zoo is 't dat ridderschap ende

(6) doer.] A: interl. add. repl. del. noch – (22) Den...1618] B: in italics

steden op soodane voorstellinge ende verseeckeringe van hoochgedachte Zyne Excellentie mede consenteren ende bewilligen dat opten voet ende in conformiteyt van 't geene hyervooren verhaelt tot vreede ende eenicheyt der geüunieerden provinciën ende tot accommodatie ende bevreedinge van de jegenwoordige kerckelycke disputen ende religionsgeschillen een synode nationael mach werden geholden, mits dat oock die poincten ende articulen hyerbevoorens op 't holden van een synode geconcipieert ende beraempt met gemeen advys geresumeert ende soo noodich gecorrigeert ende verbeetert sullen mogen worden.

Is mede geresolveert dat de gedeputeerde ter vergaderinge van de heeren Staten Generael sullen worden gelastet omme te helpen bevorderen dat de steden soo geduyrende tegenwoordige kerckelycke geschillen sonder ordre van de Generaliteit eenige nyeuwe soldaten ofte waertgelders hebben aengenomen, mogen worden geïnduceert dat de waertgelders by de gevouchlycxste ende bequaemste middelen mogen worden affgedanckt.

II/1.1–71   20 July 1618   RSG 3062
Holland Asks for Desisting from the Course Taken

The States of Holland hand in a declaration against the one made by Gelderland on 11 July. They cannot see why the religious disputes, which mainly have risen in their province, could not be settled by a synod of their province with assistance of some theologians from neighboring countries. Holy Scripture does not distinguish between provincial and national synods, which are the fruit of territories and jurisdictions. In case the provincial synod fails, Holland is willing to look for other means. It is not consonant with the sovereignty of the provinces or the Union of Utrecht that the States General convene any ecclesiastical assembly without the approval of all provinces. Holland refers to its answer to Zeeland, which uses the same arguments. The States of Holland are bound to maintain the true religion using all means. But they want to do so voluntarily. They refute historical arguments alleged by Gelderland. Holland invites and commands Gelderland and the other provinces, in accordance with the Union of Utrecht, to desist from the course they have taken.
President: Herman Ripperda tot Boxbergen (Overijssel).
Sources: A: 131r; B: 252v–255r. – Related sources and texts: The resolution in the Minuut Resoluties is written by a clerk, as were the other resolutions of the day. The counter-declaration of Holland is inserted into the Net Resolutie only. The original is not preserved. Printed in Uytenbogaert, 74, and Trigland, 1083.

183r A | Gelesen eene contreverclaringe van de heeren Staten van Hollant ende Westvrieslant op deselver name overgegeven tegens die verclaringe by de gecommitteerden van 't forstendom Gelre ende graeffschap Sutphen op de xi deses in gescrifte geëxhibeert. Ende is goetgevonden deselve te registreren, gelyck die hiernae volght geïnsereert.

II/1.1–71a | De heeren Staten van Hollandt ende Westvrieslandt, geleth hebbende op 't gescrifte den xi[en] July ter vergaderinge van de heeren Staten Generael ingelevert by de heeren gecommitteerden van de provincie van 't forstendom Gelre ende Graeffschap Zutphen, verclaren daerop tot naerder onderrichtinge dat sy alsnoch nyet anders en kunnen verstaen, als dat de kerckelycke disputen die principalyck in de lande van Hollandt ende Westvrieslandt syn ontstaen, seer bequaemelyck beslicht souden connen werden by een synode van de selve landen, geassisteert met den goet raedt ende advys van eenige kerckendienaers van de nabuyrige landen. Ende waer 't oock noot van anderen, om alsoo nae 't exempel van de heeren regierders van Bern in gelycke occurrentie het behulp van de andere goede religionsverwanten te gebruycken,[30] onder de directie van de hooge overicheyt van de landen die principalyck syn geïnteresseert, synde haer Edel Mogenden onbekent dat sulcx soude stryden met Godts Woort, als waerinne haere Edel Mogenden nyet en weeten dat eenich onderscheyt wordt gemaeckt tusschen provinciale ofte nationale synode, maer achten veel eer dat sulck onderscheyt is | gesprooten uuyt de verdeelingen van de territoriën ende jurisdictiën. Doch indien de saecke in een provinciale synode tot contentement nyet gevonden en soude kunnen worden, hebben haer Edel Mogenden noyt geweygert alsdan ordentlyck te letten op voordere bequaeme middelen. Dat nu noch met de souverainiteyt van de provincie nochte met den text van de Naerdere Unie geensints en can bestaen opten naem van de Staten Generael eenige kerckelycke vergadering by publycque authoriteyt te convoceren sonder consent van alle de provinciën, is voor desen by verscheyden gescriften van wegen de welgemelte heeren Staten van Hollandt ende Westvrieslandt claerlyck verthoont, ende noch onlancx in seeckere onderrichtinge op een gescrifte van de heeren gecommitteerden van Zeelandt, waerby alsoo gelycke argumenten worden gebruyckt als in dit gescrift van de heeren gecommitteerden van Gelderlandt, soo worden oock daertoe geëmployeert deselve solutiën die soo op de gemeente rechten als op den claren text van de Unie, sonder eenige cavillatiën werden gefundeert. Doch om haere meyninge te beeter te doen verstaen ende alle misduydingen te voorcommen, seggen de welgemelte heeren Staten dat sy verstaen dat alle hooge overheden eens gecommen synde tot kennisse van de waere religie, in consciëntie syn gehouden ende geobligeert deselve waere religie met alle mogelycke middelen te handt-

---

[30] External theologians were invited for both the Berne Disputation in 1528 and the Disputation with Samuel Huber in 1588.

houden ende te mainteneren, 't welc gelyck het plaets heeft in 't regardt van coningen, princen ende potentaten, groote ende cleyne republycquen (die nochtans niet en souden willen bekennen aen eenige andere coningen, princen, potentaten ofte republycquen diesaengaende verbonden te syn), alsoo houden haer de heeren Staten van Hollandt ende Westvrieslandt dienvolgende gehouden ende eeuwichlyck verbonden de waere gereformeerde religie ende die alleene publycquelyck te handthouden ende te mainteneren, synde bereyt daervoor goet ende bloet op te setten, gelyck haer Edel Mogenden voor desen seer trouwelyck hebben gedaen. Maer daerbenevens verstaen haer Edel Mogenden dat gelyck sy de voorseide waere religie vrywillich ende onbedwongen hebben aengenoomen, dat sy alsoo deselve vrywillich ende onbedwongen voorder willen conserveren, sonder dat sy noyt haere provincie diesaengaende de Generaliteyt subject hebben gemaeckt, zynde strydich met recht ende reden dat soo een regael ende souverain recht als is de dispositie over de kerckelycke saecken stilswygende door de | meeninge van de provinciën ten selven tyden nyet eenparich en is geweest ende al waer het soo dat deselve eenparich waren geweest, soo is evenwel kennelyck dat nyet de eenparige meyninge, maer alleen expresse beloften cracht hebben van reciproque obligatiën. 't Poinct geallegeert uuyt de instructie van den Landtraedt ofte Raedt van State is, nevens andere poincten denselven Raedt te groote authoriteyt defererende, uuyt de laeste instructie voordachtelyck gelaten, waermede de commissie (hoewel mede niet infererende eenige superioriteyt in het stuck van de religie, maer alleen een gemeene sorge) is gecommen te cesseren, sonder dat eenig acte sal worden gevonden waermede de vergaderinge van de heeren Staten Generael tot de dispositie over de religie sonder speciael consent van de provinciën soude syn geauthorizeert. Indien de aenmaeninge tot verscheyden malen gedaen aen verscheyden coningen, princen ende vorsten om hare macht ende middelen 'tsamen te voegen tot defensie van de religie, jae selffs het aennemen van de selve defensiën ende tractaten daerop gemaeckt, de souverainiteyt ofte dispositie over de religie gemeen soude maken, zoo zoude daeruuyt moeten volgen dat de paltzgraeff, landtgraeff ende andere princen van Duytslandt geen eygen dispositie in den haren souden hebben over de religie, maer dat sy diesaengaende soo wel aen malcanderen als aen dese landen souden syn verbonden ende gehouden nae te commen in 't stuck van de religie 't gunt by de geünieerde in 't gemeen soude werden beslooten, 't welck de hoochst ende hoochgemelte cheur- ende vorsten nyet en souden toestaen ende de heeren Staten Generael nyet voegen en soude te sustineren, veel minder doen ten propoosten de stipulatie tegens den hertoch van Anjou bedongen, nochte 't geene jegens den coninck van Vranckryck voorgenomen was te conditionneren ende 'tgeen jegens den gouverneur van het Engelsche secours is gestipuleert, alsoo het strydich is met alle rechten te sustineren dat yemant door syne stipulatie, sonder selffs yet te belooven aen den geenen die yet nevens hem stipuleren, soude connen worden geobligeert. Ter contrarie blyckt uuyt het tractaet metten hertoch van Anjou dat de dispositie over het stuck van de religie nyet aen de Staten Generael gedefereert, maer wel claerlyck ende uuytdruckelyck aen de Staten van | yder provincie is gereserveert ende uuyt het tractaet met Engelandt dat de religie van Engelandt ende van dese landen (onaengesien verscheyden differentiale poincten) werdt gehouden voor eene ende deselve religie ende dat nyettegenstaende deselve gemeenschap van religie het ryck van Engelandt ter eenre ende de respective Vereenichde Provinciën aen d' andere syde, soo wel in 't stuck van de religie als in andere poincten hebben behouden haer volle ende onvermengde souverainiteyt, 't argument genomen van steden die vrywillich ofte andersints deur tumulte confusie ofte onachtsaemheyt van de Unie synde affgeweecken, met gemeene costen ende gewelt van wapenen weder syn gereduceert, is voor dese geresolveert, synde meer dan notoir dat de Staten Generael ten tyde van de reductie meer rechts hebben op de selve steden als op de reduceerde provinciën. De woorden gestelt in de commissie ende instructie by de heeren Staten van Utrecht aen Zyn Excellentie gegeven, syn claer ende thoonen nyet alleen het verstant van de heeren Staten van Utrecht, maer oock van de heeren Staten Generael ende naementlyck van de heeren Staten van Hollandt ende Westvrieslandt, met welcker kennisse ende goetvindinge deselve is gegeven, welcke woorden niet sane en worden verstaen als men sustineert dat de provinciën op malcanderen recht souden hebben vercregen in de dispositie van de religie, aengesien een dispositie die gemeen is tusschen verscheyden provinciën aen de Staten van een provincie alleen nyet en can werden gereserveert, alsoo sulcx soude impliceren een evidente contradictie. De Staten van Holland ende Westvrieslandt twyffelen oock geensints off alle persoonen die sonder passiën sullen lesen ende examineren, het voorseide xiii^e artyckel van de Naerdere Unie van Utrecht ende de voorseide commissie ende instructie aen Zyne Excellentie gegeven ende van al de geallieerden van dese landen van de gelegentheyt van de saken wel synde geïnformeert, sullen aldaer vinden met clare ende geensints twyffelachtige woorden uuytgedruck het selve, 't welck by de heeren Staten van Hollandt ende Westvrieslandt tot voorstant van de hoocheyt ende gerechticheyt van haere provincie conform haer ampt ende eedt wert gesustineert. Werden daeromme de heeren gedeputeerden van de heeren Staten van 't forstendoms Geldre ende Graeffschap Zutphen, mitsgaders de heeren | gedeputeerden van de andere provinciën versocht, vermaent ende uuyt cracht van de

(24) sane] *B: in italics*

Unie gesommeert van de voorgenomen cours (als strydich met deselve Unie ende de voorseide hoocheden notoirlyck naadeelich) te willen desisteren.

II/1.1-72   23 July 1618
Delegation to Utrecht

The States General send a delegation to the States of Utrecht to settle the matter of the "waardgelders." They are also instructed to ask them earnestly to join with the other provinces to hold a national synod, the only legal way to regain peace in the churches and in the state. They will also raise the matter of the "consenten." Prince Maurice as stadholder of Utrecht is asked to support the delegates. The States of Holland ask for postponement for four or five days till they have finished their deliberations on the advice of Maurice, Willem Lodewijk and the Council of State, and when hopefully the deputies of Utrecht have returned. Overijssel agrees in the hope that a way be found by Holland to discharge the "waardgelders." The other provinces do not want to miss the present assembly of the States of Utrecht, while Holland goes on with the deliberations. They nominate a delegation. The States General ask the Deputed States of Utrecht to prolong the session or to convene the States again.
President: Goosen Schaffer (Groningen).

Sources: A: 185r–186r; B: 256r–257r. – Related sources and texts: The resolution in the Minuut Resoluties is written by a clerk, as were the other resolutions of the day. The commission for the delegates to Utrecht and the approved text of the letter to the States of Utrecht is in The Hague NA, S.G. 4933. The resolution is printed in Van der Kemp, IV, 272.

| [The States General nominate a delegation to be sent to the province of Utrecht, to settle the matter of the "waardgelders."]

Dat mede dieselve heeren gedeputeerden welgemelte heeren | Staten van Utrecht ernstelyck sullen versoecken sich mette andere provinciën te willen vougen tot het houden van 't sinode nationael, in gevolge van de concepten haer Edel Mogende toegesonden, als wesende den eenigen ende wettigen wech ende middel om uuyt die verresene swaericheyden te geraecken ende die gewenste vrede in kercken ende politie wederom te restabiliëren.

[The delegates will also raise the matter of the "consenten." The States General ask prince Maurice as stadtholder of the province of Utrecht to support the delegates.]

Dan die van Hollant versochten dat men | die saecke voor eenen dach vier ofte vyff wilde uuytstellen tot dat by de heeren van Hollandt op 't advys van Syne Excellentie, Syne Genade ende Raedt van State soude syn gedelibereert, op hoope dat die van Utrecht mede ondertusschen wederom sullen syn gecomen. Waermede sich die van Overyssel conformeerden, hopende dat by de heeren van Hollant den wech soude werden gebaent om tot affdanckinge van de waertgelders te comen.

Waerop alsoo by de voorseide provinciën geseyt wierde dat de occasie van de tegenwoordige byeen-compste van de heeren Staten van Utrecht nyet en diende versuympt, ende dat oock middelerwyle die heeren van Hollant in hare provincie op 't advys van hoochgedachte Syne Excellentie, Syne Genade ende Raedt van State souden connen delibereren, ende alsulcx genieten 't effect van haer versoeck, syn totte voorseide besendinge na de provincie van Utrecht conjunctim off separatim gedeputeert die heeren Boetzeler, Vooght, Mannemaker, Schot, Schwartzenburgh, Oosterzee, Schaffer ende Gockinga, die hun voor instructie nae dese ende voorgaende resolutiën opte voorseide saecken genomen na den meesten dienst van den lande sullen reguleren ende (houdende goede correspondentie) Haer Hoog Mogenden van alles adverteren. Ende sullen van de voorseide deputatie die Gedeputeerden van de Staten 's lants van Utrecht werden geadverteert, ende versocht die heeren Staten byeen te willen houden ofte dieselve gescheyden synde, wederom te verscryven.

II/1.1–73   24 July 1618
Delegation to Utrecht

Holland repeats its opinion on the "waardgelders" and asks to suspend the delegation to Utrecht until it has debated on the matter. The other provinces see no sufficient reason to do this, as the delegation also concerns the national synod, the "consenten" and the payment of the French troops. Overijssel would be inclined to wait, but since most provinces are not, it nominates a deputy for all matters except the national synod.
President: Goosen Schaffer (Groningen).
Sources: A: 187v–188r; B: 257v–258r. – Related sources and texts: The resolution in the Minuut Resoluties is written by a clerk, as were the other resolutions of the day. Printed in Van der Kemp, IV, 274.

| Synde by die van Hollant geproponeert 't ghene voor desen op diversche tyden by de selve was voorgedragen nopende het stuck van de waertgelders, ende versocht dat de provinciën 't selve wilden overwegen ende die voorgenomene besendinge aen de provincie van Utrecht ophouden tot dat by de selve provincie was gerescribeert opte missive van ghisteren aen haer Edel Mogenden gesonden. Ende dat die heeren Staten van Hollant (die in een

(1–2) gecomen] A: interl. add. – (35) ophouden] A: corr. from opgehouden

dach ofte twee wederom by den anderen souden syn ende uuyt crachte van de Unie ende andere particuliere tractaten gehouden waren mede voor die van Utrecht te sorgen) naerder souden hebben geresolveert op 't advys van Syne Excellentie, Syne Genade ende Raedt van State den xx^{en} deses ingegeven.

[Holland inquires how to discharge the "waardgelders."]

Is nae gedaen omvrage verstaen geen suffisante redenen te syn van de genomene resolutie te desisteren, te meer omdat de besendinge nyet alleenelyck soude strecken om te commen tot affdanckinge van de waertgelders, maer oock tot bevorderinge van 't sinode nationael ende die consenten, mitsgaders die | betalinge van de Fransche trouppes. Waerby die van Overyssel gevought hebben dat sy mede wel goet souden hebben gevonden die saecke uuyt te stellen. Dan siende dat de meeste provinciën inclineerden totte besendinge, dat sy uuyt haren midden committeerden den heere Scheel om neffens die andere heeren in de provincie van Utrecht te helpen bevorderen het affdancken van de waertgelders, 't inbrengen van de consenten ende betalingen van de françoisen, synde nyet gelast opte bevorderinge van 't synode.

II/1.1–74 26 July 1618
Langerak has Spoken to Louis XIII and Deputies of the French Churches

Ambassador Langerak writes (dated 22 July 1618) from Paris that he has received all papers concerning the national synod and has traveled to Saint-Germain immediately. After communications with the Council (of State), audience with Louis XIII was granted immediately. The King answered with special honor that he would send Boissise to help unite the provinces and to discuss the national synod. Back in Paris, Langerak has urged the Deputies General of the French churches and individual ministers to choose three or four delegates to the synod on behalf of the French churches. Langerak will now await the King's consent or further instructions from the States General. In a second letter also dated 22 July 1618, Langerak writes that he has urged the Deputies General of the French churches again to nominate delegates. He will get together with them within a few days to discuss the best way to induce Louis XIII to fulfill the intentions of the States General. The States General answer that they are very pleased with these efforts. They instruct Langerak to continue in this course, no matter what letters he receives or may already have received with impediments or opposition, because the matter is resolved, for the peace of the churches, the unity of the state, and the service of the French King. The States General also will inform both Langerak and the French ambassador Du Maurier that they will postpone

(11) souden] A: foll. by del. goetvinden – (13) midden] A: middel

sending their embassy to France till Boissise has arrived. Holland is opposed to this clause.
President: Goosen Schaffer (Groningen).
Sources: A: 188v–190r; B: 258v–260r. – Related sources and texts: The first letter by Langerak, of which the copy of his proposition to Louis XIII is an integral part, is in The Hague NA, S.G. 6756; edited in no. II/1.77 and II/1.78. The remark of the deputies of the French churches to the ambassador, that they would not be free to send delegates without the consent of the King, is not mentioned in the resolution. The second letter of Langerak is also in The Hague NA, S.G. 6756; edited in no. II/1.79. The proposition is printed: Baudartius, I, x, 75.

| Ontfangen ende gelesen eenen brieff van den heere van Langerac, ambassadeur, etc., gescreven binnen Parys den xxii^{en} deses, daerby hy adverteert dat hy Hare Hoog Mogender missive van den xxv^{en} Junii lestleden, met oyck eenen brieff van deselve aen den coninck ende neffens dien eene anderen missive van Zyn Excellentie ende van Zyne Genade graeff Wilhem van Nassau, stadtholder, etc., mede an Zyne Majesteyt houdende, den xvi^{en} deses wel hadde ontfangen. Waerop dat hy terstont met goeden yver tot gehoirsaemheyt van Hare Hoog Mogenden nyet hadde nagelaten des anderen daegs tytelyck van Parys hem naer Saint Germain[31] te begeven ende datelyck audiëntie te versoucken naer voergaende | ende ernstige communicatiën met alle de heeren van den Raedt, alles conform d'inhouden van Hare Hoog Mogender voorseide brieven, soo aen Zyne Majesteyt als hem gescreven, hebbende de zaecke met sulcken ijver aen een yegelyck gerecommandeert als Hare Hoog Mogenden hem belast hebben dat hy doen soude etc., ende dat Zyne Majesteyt (na dien hy hem zyne audiëntie terstont hadde geaccordeert) ende hy zyne propositie gedaen hadde in der vougen als hy deselve hiermede heeft overgesonden, hem met meerder als gewoonelycke eere ende aengenaemheyt dese antwoirdt hadde gegeven als dat hy noch geresolveert zynde den heere van Boissize aen Haere Hoog Mogenden metten iersten over te senden, omme alle goede ende mogelycke officiën van zynentwege alhier te helpen doen tot vereeninge van de gealtereerde provinciën) dat hy den selven mede belasten sal omme daervan breeder met Hare Hoog Mogenden te spreecken ende alle moegelyck contentement te geven, sonder dat hy voir alsdoen eenige anderen antwoirdt op de voirseide propositie hadde kunnen becommen. Verhalende voirts de goede debvoiren die hy (tot Parys gekeert zynde) gedaen heeft by de gedeputeerde van de kercken, mitsgaders de particuliere predicanten van de Gereformeerde religie aldaer, ten eynde zy volgende Hare

---

(16) van] A: *interl. add.* – (26) geaccordeert] A: *foll. by del.* hadde

[31] Saint-Germain-en-Laye.

Hoog Mogender missive souden willen beneerstigen ende hulpen bevoirderen dat by hen drye ofte vier persoonen behoirlyck souden werden gekosen, die bekent souden wesen van goet leven, wetenschap ende consciëntie, ende alhier gesonden tegens den iersten Novembris naestcommende, omme in 't
5 synode nationael te interveniëren van wegen ende uuyten naem van de Fransche kercken etc., vervolgende voirts wat deselve hem daerop geantwoirdt hebben, ende dat hy op nairder bescheydt op het consent van Zyne Majesteyt ofte van Hare Hoog Mogenden naer het gedaen rapport van den heere van Boissize sal verwachten.

10 | Is noch ontfangen ende gelesen eenen anderen brieff van den heere van Langerac, gedateert binnen Parys den voirseiden xxii^{en} deses, daerby hy adviseert dat naer het affgaen van zyne voirseide principale missive, houdende antwoirdt op Hare Hoog Mogender missive van den xxv^{en} Juny lestleden, hy andermael by de heeren gedeputeerdens generael van de kercken ende de
15 predicanten van Parys nairder aengehouden ende gevoirdert hadde de begeerten ende intentiën van Hare Hoog Mogenden nopende het senden van eenige gequalificeerde persoonen in Hollandt ende dat zy met hem geresolveert zyn den xxiii^{en} ofte xxiiii^{en} deser op een zeecker plaitsse byeen te vergaderen ende met malcanderen te resolveren op de beste middelen om Zyne
20 Majesteyt totte intentiën van Hare Hoog Mogenden te induceren ende alle voirdere middelen voer te wenden nair uuytersten vermoegen tot de meeste ruste ende dienst van den landen, het welcke zy geraden hebben dat hy Hare Hoog Mogenden in diligentie soude adverteren.

Op beyde voirseide brieven gedelibereert ende ommevrage gedaen zynde
25 wat men den voirseide heere van Langerac daerop sal hebben te scryven ende lasten, is geresolveert te rescriberen dat Hare Hoog Mogenden uuyt beyde voirseide brieven zeer geerne vernomen ende aengenaem hebben de goede debvoiren by hem soo by Zyne Majesteyt, desselffs heeren raden, gedeputeerde van de Gereformeerde kercken in Vranckeryck ende by de predicanten van
30 den kercke binnen Parys gedaen in conformité van den last hem by Hare Hoog Mogenden aengescreven den xxv^{en} Juny lestleden, begerende ende hem oversulcx lastende in gelyck debvoir ende neersticheyt te continueren, nyettegenstaende wat beletsselen, verhinderingen ofte oppositiën dat hem daertegen alreede moegen zyn aengescreven ofte noch aengescreven sullen moe-
35 gen werden, by wyen oft van wyens wegen dat het oyck sal moegen geschieden, die wyle het eene geresolveerde zaecke is voer de ruste ende vrede in kercken ende politie, mitsgaders de eenicheyt, welstandt ende verzeeckertheyt

---

(11) voorseiden] A: foll. by del. xxi en – (12) principale] A: del. repl. laeste – (18) een] A: foll. by del. een – (22) hy] A: foll. by del. hy – (26) uuyt] A: foll. by del. by – (27) ende aengenaem] A: interl. add. – (30) gedaen] A: foll. by del. heeft – (31–32) begerende...lastende] A: interl. add. repl. del. daervoeren zy hem bedancken ende begeren dat hy – (32) te] A: interl. add. repl. del. sal

van den staet van de Vereenichde Nederlanden ende den dienst van Zyne Majesteyt ende van desselffs rycken.

[The States General will inform both Langerak and the French ambassador Du Maurier, that they will postpone sending their embassy to France till Boissise has arrived. | Holland is opposed to this clause.]

RSG 3097

II/1.1–75   27 July 1618
Langerak, Caron and Brederode Charged to Execute their Orders

An answer to Langerak is approved by plurality of votes. He, Caron and Brederode are charged to execute their orders notwithstanding impediments or opposition, which may already have occurred or are yet to be written by whomsoever.

President: Goosen Schaffer (Groningen).

Sources: A: 193r; B: 262r. – Related sources and texts: The approved text of the letter to Langerak is in The Hague NA, S.G. 6756; edited in no. II/1.80; and the one approved text for the letters to Caron and Brederode is in The Hague NA, S.G. 5887; edited in no. II/1.32.

| Is gelesen het concept van den brieff te scryven aen den heere van Langerac voer antwoirdt op zyne twee brieven gisteren ontfangen, beyde gedateert den xxii^{en} deses binnen Parys, volgende d' advisen daerop ghisteren verclaert ende by pluraliteyt van stemmen gearresteert. Zynde voirts noch by pluraliteyt van stemmen verstaen ende geresolveert dat men mutatis mutandis op gelycken voet ende last sal scryven aen den heeren ambassadeur Caron agent Brederode, te weeten dat zy met alle goede debvoiren ende neersticheyt sullen effectueren den last hun by Hare Hoog Mogenden aengescreven den xxv^{en} deses, nyettegenstaende wat beletsselen, verhinderingen ofte oppositiën die hun daertegen alreede moegen zyn voergecommen ofte noch aengescreven sullen geraecken te werden, by wyen ofte van wyens wegen dat het oyck sal moegen geschieden, etc.

RSG 3098

II/1.1–76   27 July 1618
Papers concerning National Synod to be Sent to Members of States of Holland Individually

The States General debate the answer by the States of Holland concerning a national synod and their own written reaction. The majority of the provinces

(19) ende] A: *interl. add.* – (21) geresolveert] A: *interl. add. repl. del.* gearresteert – (22) last] A: *prec. by del.* met – (22) ambassadeur] A: *foll. by del.* agent – (22) endeende] A: *foll. by a few illegible characters*

declares that they sincerely wished that Holland had not shown its disrespect in this way, because it is very detrimental to the authority and reputation of the States General, both at home and abroad. Also it is unheard of in a well-organized government. The majority decides to send the papers concerning the national synod to each member of the States of Holland individually, to second the States General in order to resolve the problems and restore peace. Holland persists with its former declaration and requests very seriously to stop this outrageous novelty. Ripperda and Borchorst are charged not to consent to a national synod without the consent of the other provinces. Sloeth declares that he and van Hemert do not want a delay.
President: Goosen Schaffer (Groningen).
Sources: A: 193r–194r; B: 262r–263r.

| Is geproponeert ende in deliberatie geleet wat men sal doen opte brieven van de heeren Staten van Hollandt ende Westvrieslant van den vi^{en} deses, des anderen daegs ter vergaderinge van Hare Hoog Mogende ontfangen ende gelesen, houdende voer antwoirdt op hare Hoog Mogende missive van den xxv^{en} Juny lestleden, mette gevoughde pointen raeckende 't houden van de nationale synode van de Vereenichde Nederlanden, te weeten dat hare Edele Mogende de voirseide missive in hare vergaderinge hadden gesien ende over 't inhouden van dien 't meerendeel van de leeden van hare vergaderinge verwondert waren geweest, als in 't houden van deselve synode nyet geconsenteert hebbende, gelyck Hare Hoog Mogende tselve oyck nyet en was onbekent. Daerom dat zy 't voirseide hare Hoog Mogender scryvens ende bygevoeghde pointen wederom te rugge schicten, met verclaringe van tselve nyet te kunnen aennemen nochte toestaen etc., mitsgaders op 't gene desen aengaende, ende de rescriptie by hare Hoog Mogende opten voirseide brieff van den welgemelte heeren Staten van Hollandt aen de selve daerna gedaen.

Ende na dat op alles met alle behoirlycke consideratiën was geleth, is voer ierst by den meerderendeel van de provinciën verclaert dat zy van hertten zeer wenschen ende geerne gesien hadden dat by de Edele Mogende heeren | Staten van Hollandt ende Westvrieslant sulcke cleynicheyt ende disrespect aen dese vergaderinge nyet en ware gedaen omme dat dese actie mette consequentie van deselve Hare Hoog Mogende authoriteyt, reputatie ende regeringe buyten ende binnenslants te zeer nadeelich ende prejuditiabel sal zyn die wyle het ongehoirt is dat sulcke ende diergelycke brieven in eene wel gere-

(15) daegs] *A: foll. by del.* daerna – (20) de] *A: foll. by del.* pro – (23) zy] *A: foll. by del.* beneffens hier neffens – (25) desen] *A: foll. by del.* m [–] g[–]. – (27) aen...selve] *A: marg. add.* – (28) geleth] *A: interl. add.* – (30) gesien] *A: interl. add.* – (32) vergaderinge] *A: foll. by del.* van Hare Hoog Mogende – (32) omme...mette] *A: interl. add. repl. del.* die wyle de – (33) deselve] *A: foll. by del.* actie – (34–35) sal...het] *A: interl. add. repl. del.* is ende oyck

guleerde regeringe wederom gesonden werden. Dan alsoo het geschiet is ende by den meerderendeel van de provinciën verstaen werdt dat voer den dienst ende welstant van den lande de tsamentlycke leden van de voirseide provincie van Hollandt ende Westvrieslant van de resolutie genomen op het houden van de synode nationael, met 't gene daervan dependeert, ende daerna gevolght is, mitsgaders van de pointen daertoe dienende, die welcke aen de tsamentlycke vereenichde provinciën zyn overgesonden na de waerheyt werden geadverteert ende van alles onderricht, is by pluraliteyt van stemmen geresolveert dat men aen de tsamentlycke leden van de voirseide provintie van Hollandt ende Westvrieslandt, te weeten elck appart van 't gene des voirseid is van wegen hare Hoog Mogende by brieven sal adverteren, ende de stucken daertoe dienende toesenden, omme na behoiren daerop te letten, ende haer met hare Hoog Mogende

ende de sess steden van Hollandt die in het houden van den voirseide nacionale synode accorderen, te conformeren ende Hare Hoog Mogender goede intentie daerinne te seconderen, daerdoeren men eenmael uuyten jegenwoirdigen swevende swaericheyden in de kercken ende politie mach geraken ende de ruste ende vrede in de vereenichde provinciën weder becommen. Maer die van Hollant hebben alnoch gepersisteert by hare voergaende verclaringen desen aengaende tot meer reysen alhier gedaen ende by gescrifte overgegeven ende zeer serieuselyck versocht dat daerop met ernst soude werden geleth omme confusiën voer te commen ende tot dien eynde den cours van de voergenomen nyeuwicheyt te willen doen stuyten, als onbehoirlyck ende streckende tot nadeel ende prejuditie van de wettige regeringe, rechten gerechticheyden ende oude gebruycken van de provincie van Hollandt ende Westvrieslant.

Die heeren Ripperda ende Borchorst verclaren dat zy haer nyet en vinden gelast omme in de voirder bevoirderinge van het synode nationael sonder consent van de tsamentlycke provinciën te consenteren, persisterende dien volgende by de resolutie by de provincie van Overyssel genomen ende te bouck gestelt. Ende d'heere Slooth verclaert | dat hy persisteert by de verclaringe opten achtienden deses by hem ende den borgermeester Heemert gedaen, seggende vermits ridderschap ende steden mede inclineren tot het synode nacionael, nyet gelast te zyn tselve op te houden off te retarderen, ende oversulcx wel te moegen lyden dat de brieven die by de meeste provintiën tot bevorderinge van dien werden goetgevonden, moegen affgesonden werden.

(2) den] *A: foll. by del.* voirseide – (3) tsamentlycke] *A: interl. add.* – (7–8) na... onderricht] *A: marg. add.* – (8) ende] *A: foll. by del.* was[?] – (10) te weeten] *A: interl. add.* – (13) haer] *A: foll. by del.* mette anderen – (14) voirseide] *A: interl. add.* – (17) swevende] *A: interl. add.* – (18) de] *A: interl. add.* – (18) weder] *A: interl. add.* – (20) alhier] *A: interl. add.* – (20–21) ende... overgegeven] *A: marg. add.* – (24) rechten] *A: foll. by del.* ende

II/1.1 STATES GENERAL RESOLUTIONS RELATING TO THE CONVENING OF THE SYNOD   159

II/1.1–77   6 August 1618   RSG 3159
King James will Send Clergy

English ambassador Caron answers that King James is pleased that the States General finally have made a resolution and that he is prepared to send some of his clergy to the national synod.
President: Adriaan van Matenesse (Holland).
Sources: A: 201v; B: 272r. – Related sources and texts: There are no insertions. The original letter of Caron is in The Hague NA, S.G. 5887; edited in no. II/1.31. The ambassador writes that James gave his answer smiling ("al lachende"), but this of course is omitted from the resolution.

201v A | Ontfangen ende gelesen eenen brieff van den heere ambassadeur Caron, gescreven tot Zuyt Lambeth den xiiii^{en} ende xv July lestleden,[32] houdende voir antwoirde op hare Hoog Mogende brieff van den xxv^{en} Juny lestleden, nopende het nationael synode, dat Zyne Majesteit den selven brieff gelesen hebbende, seyde dat het emmers goet was dat Hare Hoog Mogende in 't eynde dese resolutie genomen hadden, oyck dat hy zeer geerne tegens den bestembden dach eenige personagiën van hare clergie alhier wilde senden ende wel letten dat die van verstande, van geleertheyt, godtsalicheyt ende onpartydich souden wesen.

II/1.1–78   10 August 1618   RSG 3179
Utrecht Agrees to National Synod

The delegation of the States General to Utrecht report on 8 August 1618 that the States of Utrecht will send their deputies to The Hague with a charge to conform with the five other provinces in regard to the national synod and the "waardgelders."
President: Adriaan van Matenesse (Holland).
Sources: A: 204r–v; B: 275r. – Related sources and texts: The original letter of the delegation of the States General to Utrecht is in The Hague NA, S.G. 4933; it is inserted here, although not an insertion in the Net Resoluties. Printed in Van der Kemp, IV, 277.

204r A | Ontfangen ende gelesen eenen brieff van de heeren gecommitteerde van Hare Hoog Mogenden wesende tot Utrecht, gedateert aldaer den viii^{en} deses, daerby zy adverteren dat zy des daegs te voren met Zijn Excellentie waren geweest in de vergaderinge van de heeren Staten van Utrecht, alwaer zy nyeuwe instantie hadden gedaen op hare voergaende propositie belangende

(13) brieff] A: interl. add. – (16) hy] B: reads sy; A: could be read as zy

[32] Old style.

het houden van de synode nationael | ende het affdancken van de waertgel- 204v A
ders, daerop hare Edel Mogende hadden verclaert dat zy hare gedeputeerde
ierstdaegs sullen sen de andere vijff provinciën. Beroerende het stuck van de
consenten ende de ordre op de betalinge van den Françoisen, dat haer Edel
Mogenden daerop eene naerdere bescryvinge van eenen lantsdach sullen
doen ende hare resolutie daerop ierst daegs innebrengen.

[The remaining part of the resolution is about other matters].

II/1.1–78a Hooge Mogende Heeren,
 Wy syn op gisteren met Zijne Excellentie geweest inde vergaederinge
vanden Heeren Staten van Utrecht, alwaer wy nyeuwe instantie hebben
gedaen op onse voorgaende propositie, belangende t' houden van den
synode nationael, ende het affdancken vande waertgelders. Hebben haere
Edel Mogenden daerop verclaert haere gedeputeerden eerst daechs te sullen seynden inden Hage ter vergaederinge van uwe Hoog Mogenden met
last om sich mede te voeghen neffens de andere vyff provincien. Beroerende tstuck vande consenten ende de orde opde betalinge vande fransche
regimenten, hebben haere Edel Mogenden verclaert daerop eene naerdere
beschrijvinge van een landsdach te sullen doen, ende hare resolutie daerop
eerst daechs mede te sullen inbrengen.

[The letter continues with other matters.]

A Hooge Mogende Heeren, bevelen wy uwe Hoog Mogenden neffens
onse seer dienstige gebiedenisse, inde protectie des almoegenden, tot
langhduyrige gesondtheyt ende voorspoedige regieringe, uuyt Utrecht, den
viiien Augusti 1618.
 Uwe Hoog Mogenden allerdienstwillichste,
 Gisbert van den Boetselar
 N. Voocht
 Schot
 J. S. Gockinga

RSG 3180   II/1.1–79   10 August 1618
Brederode Letter

In a letter from Heidelberg dated 28 July, Brederode acknowledges the reception of the letters from the States General to himself and to the Elector of the Palatinate concerning the national synod. No answer is required.
President: Adriaan van Matenesse (Holland).
Sources: A: 204v; B: 275r–v. – Related sources and texts: The original letter by Brederode is in The Hague NA, S.G. 6018; edited in no. II/1.109.

II/1.1–80   14 August 1618
Boissise Delivers his Proposition

RSG 3212

Boissise, extraordinary ambassador of Louis XIII, together with ambassador Du Maurier, hands in his credentials and delivers his proposition, which he has agreed to give in writing. The States General thank His Majesty for his paternal concern and wise advice concerning the differences within the United Provinces. They will pay full attention.
President: Adriaan de Manmaker (Zeeland).
Sources: A: 208v; B: 278/279r–v. – Related sources and texts: The original credentials are in The Hague NA, S.G. 6757.

208v A | Is ter vergaderinge gecompareert die heere van Boissize, ambassadeur extraordinaris van Zyne Conincklijke Majesteyt van Vranckeryck, geaccompagneert metten heere Du Maurier, ambassadeur ordinaris van Zyne Majesteyt. Heeft ter presentie van Zyn Excellentie ende des welgeboren heere grave Wilhem Lodewich van Nassau na de presentatie van zyne brieff van credentie van Zyne Majesteyt, gescreven tot Saint Germain en Laye den xviii^{en} July lestleden van wegen Zyne Majesteyt by monde geproponeert, gelyck zyn edele ter begeerte van Hare Hoog Mogenden aengenomen heeft by gescrifte te sullen overgeven, versoeckende dat Hare Hoog Mogenden gelieve sulcx daerop te letten ende resolveren gelyck d' importantie ende consequentie voer de verzeeckertheyt van den staet deser landen vereyscht.

Daerop Zyne Majesteyt ende die voirseide heere gesante met beleeffde complimenten is bedanct voer Zynes Majesteyts vaderlycke sorge, hooghwysen raedt ende advis tot accommodatie van de zwevende differenten, oneenichheyden ende misverstanden in de vereenichde provinciën, daerop dat Hare Hoog Mogenden met alle behoirlycke consideratiën sullen letten.

II/1.1–81   14 August 1618
Letters to Cities of Holland

RSG 3213

The States General let the cities of Holland know that it was their intention that their letter dated 27 July with the address "to the burgomasters and magistrates of the city of Leiden, mutatis mutandis" should also be considered by their council and vroedschap. They therefore now send an express messenger with the request to communicate this letter with its annexes as soon as possible with their council and vroedschap, and to send back their advice in this matter.
President: Adriaan de Manmaker (Zeeland).
Sources: A: 208v–209r; B: 278/279v.

(20) resolveren] A: *prec. by del.* disponeren

| Te scryven aen de steden van Hollandt daeraen voer desen van wegen Hare Hoog Mogenden gescreven is, alsoo Hare Hoog Mogender intentie ende meeninge is geweest dat haren brieff van den xxvii^{en} der voerlede maent, daervan het opscrift desselffs alleenelyck is houdende "aen de borgermeesters ende regeerders der stadt Leyden, mutatis mutandis aen de anderen steden", soude werden gecommuniceert ende het inhouden daervan met ernst voergedragen oyck aan den voirzeiden raedt ende vroetschap van de selve stede, dat Hare Hoog Mogenden daerom goetgevonden hebben hun daervan by expressen bode te adverteren, ernstelyck ende vriendelyck versouckende ende begerende dat zy dien volgende den voirseide Harer Hoog Mogender brieff met alle de gevoeghde stucken | aen den raedt ende vroetschap ende na behoiren geconvoceert ende vergadert metten iersten willen communiceren ende deselve daerop verstaen, ten fyne als by den voirseide Harer Hoog Mogender brieff versocht werdt voer de verzeeckertheyt, ruste, vrede ende welstandt van den vereenichde provinciën in 't generael ende van den provincie van Hollandt, mitsgaders van den stede Leyden N. in 't particulier, daerop Hare Hoog Mogenden hun sullen verlaten ende derselver antwoirdt verwachten.

RSG 3214   **II/1.1–82   15 August 1618**
The Written Proposition by Boissise is Handed in

The written proposition submitted by Boissise is read. The provinces ask for a copy.
President: Adriaan de Manmaker (Zeeland).
Sources: A: 209r; B: 279v–282r. – Related sources and texts: The proposition is inserted into the Net Resolutions. There is no copy in the archives of the States General. The proposition is printed in Dutch translation, Baudartius, I, x, 60; Knuttel, 2679–2681.

| Is gelesen de propositie by gescrifte overgegeven by den heere van Boissize, extraordinaris ambassadeur van Zijne conincklycke Majesteyt van Vranckeryck, hierna volgende geïnsereert.

Ende hebben de provinciën daervan versocht copie, omme die te examineren ende te delibereren wat daerop sal dienen geantwoirdt.

II/1.1–82a | Le roy mon maistre m'envoie devers vous pour vous faire entendre le regret et déplaisir que reçoit Sa Majesté des diférens et dissensions qui troublent aujourd'huy vostre estat et semblent le menacer de quelque périlleus accident, sy par vos prudences il n' y est bien tost pourveu. [Also to continue the services of ordinary ambassador Du Maurier, Boissise dwells on the affection Louis XIII has for the Republic.] | ... vous ayez à tourner toutes vos déliberations et pensées à réconcilier les espritz et volontez de vos citoiens aliénés et divisés par des questions trop subtiles et curieuses au faict de la réligion, faisant cesser toutes contentions et disputes qui n' édifient point, ostant les jalousies et défiances contraires à toute bonne harmonie civile, et au lieu de çela vous animer et encourager les uns les autres à la paix et rénunion, travaillans à l' envy, à l' affermissement et aumentation de vostre estat, ainsy que les Lacédémoniens à la naissance de leur républicque s' imitoient à l' ornement et grandeur de Sparte. Tous estats et royaumes, comme les corps naturels, vivent et se maintiennent par les mesmes causes et moiens qu' ils ont esté establis et composés et se ruynent et destruisent aussy par leurs contraires. Vostre estat ayant pour base et fondement l' alliance et confédération traictée entre vos provinces sous certaines conditions qui regardent la conservation de la républicque en général et de chascune province en particulier, ces lois et conditions là vous doibvent estre comme l' âme et l' esprit de vostre estat, sans lesquelles il ne peut vivre ny subsister, et les faut réligieusement garder et ne permettre qu' il soit rien altéré, retranché ou diminué, sy vous aimez le salut de vostre estat, qui lève aujourd'huy la teste sy haut, qu'il égale ou surpasse les plus anciennes et puissantes républicques, n' estant monté à ceste grandeur et gloire en sy peu de temps, que par l' union, concorde et bonne correspondence de vos provinces, par le courage et valeur de Son Excellence et vos bons et sages conseils, tout çela soustenu et appuié dus secours et assistance de nostre grand roy Henry, continuée par le roy mon maistre. Ce sont, messieurs, les remparts et boulevars de vostre estat, sans lesquels toutes autres fortifications ausquelles vous faictes travailler sy soigneusement ne scauroient soustenir le moindre effort de vos ennemis. Le roy mon maistre ne scait point la cause de vos divisions, vous ne luy en avez rien déclaré, et ne laisse toutesfois, comme vostre singulier amy et allié, de s' offrir à vostre besoin. La cause plus apparente de ce mal est une diversité d' opinions née en l' eschole, puis portée en publicque sur un point de théologie, qui de longtemps a esté | jugé sy haut et ardu que le meilleur conseil que l' on vous puisse donner est de suivre ce que la parolle de Dieu nous enseigne touchant les mistères et secrets de Dieu, à scavoir d' y garder sobriété et n' impétrer trop avant en ce qu' il a voulu demeurer couvert du voile d' admiration et révérence. C' est une docte ignorance de s' abstenir de ce que Dieu nous a voulu cacher. Car il nous relève et manifeste de ses jugements ce qu' il scait nous être expédient pout nostre salut en ne nous appelle point à la vie bien heureuse par des questions subtiles et difficiles. Celuy qui veut venir à Luy, Le doibt chercher aves simplicité et pour Le bien comprendre, il Le faut confesser croire, aymer, révérer et ne penser pas en approcher de nos sens et arguties. Il

(27) en] *B: interl. add.* – (32–35) à ... Dieu] *B: marg. add.*

veut estre adoré en esprit et vérité. Sy vous estes en débat de la prédestination, cherchéz en la connoissance modestement, car il n' a lieu en toute la théologie où la sobriété soit plus requise pour les rencontres espineuses et impliquées qui s' y trouvent. Mettez à part les aigreurs et passions qui vous portent à des inhumanitéz et oustrages, indignes de Chrestiens, et vous supportés et souffres les uns des autres selon que la charité le requiert. Autrement vous scavez mieux que moy les inconvénients qui en peuvent arriver. La religion et l' estat sont commes les géméans célèbres en l' histoire Grecque, qui ne pouvoient vivre l' un sans l' autre, qui marchoient toujours ensemble, rioient et pleuroient sousjours ensemble. Sy vous désirés que vostre estat se porte bien, traictez doucement ce point de religion qui vous tient en débat, et s'il es possible que la résolution que vous y prendrez soit d' un commun consentement, car la force en cela, ny la contraincte n' y conviennent pas. Nous l' avons trop expérimenté en France en faict de religion. Les hommes veulent estre persuadés, ce que vous ne ferez jamais sy vous tenés les extrémitéz, mais bien trouvant un milieu qui soit tolérable aux uns et aux autres. Par ce moyen vous ferez cesser les défiances et rancunes qui sont parmy vous, qui ont desja porté vos affaires à ces termes qu' aucunes de vos villes ont cherché leur seureté ailleurs qu' en celle de l' estat, qui se trouvera bien affoybly s' il faut que vos garnisons soyent employées à contenir les habitans au lieu de les avoir prestes pour résister à vos ennemis. Le terme de vostre Trefve approche. Sy la guerre vous surprend désunis, comme vous estes, et qu' il reste entre vous quelques défiances ou mescontentements de ce | qui se pourra passer en l'affaire présent, je ne voy point de salut pour vous. Quelle joye, quelle allégresse vous préparez à vos voisins, quelles risées ils feront de vous, quelle espérance vous leur donnes de se venger de vous sans hazard. [Boissise again emphasizes the need to strengthen the confederation and expresses again the readiness of the King to support the Republic. Then he mentions some other political matters.]

RSG 3217 II/1.1–83   15 August 1618
Emden Sends Delegates

Emden writes on 29 July that it will send two delegates.
President: Adriaan de Manmaker (Zeeland).
Sources: A: 209v; B: 282r–v. – Related sources and texts: The letter from Emden is edited in no. II/1.230.

| Ontfangen eenen brieff van den eerbaren raedt der stadt Embden, gedateert aldaer den xxix^{en} July lestleden, daerby zy adverteren voir antwoirdt op Harer

(38) adverteren] A: foll. by del. dat zy

Hoog Mogender brieff daerby zy versocht zyn eenige te willen committeren op den synode nationael tot Dordrecht bescreven tegen den iersten Novembris lestleden dat zy twee van heure predicanten van den vyve die zy hebben tegen den bestembden tyt sullen schicken.

II/1.1–84   16 August 1618   RSG 3230
Delegation to Utrecht Reports Utrecht Consents to a National Synod

Prince Maurice and stadholder Willem Lodewijk are invited to be present for the report of the delegation to Utrecht. Vooght reports and all papers are read. The States General conclude that the delegation has fulfilled their intentions with consent of the States of Utrecht, not only in relation to the "waardgelders," who have now been discharged, but also in other matters. They are grateful to prince Maurice and the delegates. The States General ask the prince to continue his efforts. The delegates are invited to hand in their report. Holland is seriously requested to conform to the other provinces by discharging the "waardgelders" and by consenting to the national synod. The deputies of Holland declare that they will communicate the report with their principals, who are free to react, and have their rights. Witsen, on the other hand, expresses gratitude to prince Maurice and the delegates on behalf of the six cities of Holland.
President: Adriaan de Manmaker (Zeeland).
Sources: A: 212r–v; B: 284r–285r. – Related sources and texts: Printed in Van der Kemp, IV, 278.

212r A | Is geproponeert oft men nyet goet en vindt Zyn Excellentie ende den welgeboren heere grave Wilhem Loduwich van Nassau, stadtholder, etc., ter vergaderinge te bescheyden omme te hooren het rapport van het gebesoigneerde van Zyn Excellentie mitsgaders van de heeren gecommitteerde uuyt Hare Hoog Mogender vergaderinge tot Utrecht, daerinne dat na gedaen omvrage bewillicht is.

Volgende de voirseide resolutie zyn Zyn Excellentie ende die welgeboren heere grave Wilhem Loduwich van Nassau, etc., stadtholder, etc., ter vergaderinge gecompareert. Ende is het voirseide rapport by den heere Vooght van wegen Zyn Excellentie ende die heeren gecommitteerde van Hare Hoog Mogenden tot Utrecht geweest hebbende, gedaen van alle het besoigne aldair gevallen ende geëffectueert, met alle stillicheyt ende gevoegelicheyt uuyt crachte van Harer Hoog Mogender credentiebrieven ende instructie, mitsgaders oyck volgende het begeren ende resolutie van de heeren Staten van Utrecht, daervan alle de stucken ende acten daertoe dienende ende by de voirseide heeren overgebracht, alhier zyn gelesen.

(1) zyn] *A: foll. by del. interl. add.* te – (3) lestleden] *sic both in A and B* – (28) zyn] *A: prec. by del.* is – (29) van] *A: prec. by del.* ter vergaderinge – (30) rapport] *A: prec. by del.* besoigne – (37) zyn] *A: interl. add.*

Hierop gedelibereert ende bevonden zynde by het voirseide rapport ende de lecture van de stucken dat Zyn Excellentie ende die voirseide heeren gecommitteerde tot Utrecht gebesoigneert ende geëffectueert hebben de meyninge ende intentie van Hare Hoog Mogenden, soo in 't affdancken van de waertgelders aldaer als anderssins, dat daerna gedaen ende gevolght is volgens het goetvinden van de heeren Staten van Utrecht ende de leden van de selve provincie respective in 't particulier, voer de ruste, vrede, welstant ende verzeeckertheyt van dien. Zyn Zyn Excellentie ende die voirseide heeren gecommitteerde voor haer gedaen moyeten ende goede debvoiren zeer serieuselyck bedanct. Ende is Zyn Excellentie versocht daerinne voerder noch met ernst te willen continueren tot rust, vrede, den welstandt ende verzeeckertheyt van den staet van 't lant, ende die voirseide heeren gecommitteerde dat zy voirseid rapport by gescrifte willen innestellen ende overgeven mette stucken daertoe dienende, zynde namentlyck die van Hollandt vrientlyck daerbenevens versocht | ende ernstelyck vermaent haer in alle pointen mette andere provinciën te willen conformeren ende tot dien eynde hare waertgelders aff dancken in de steden, daerdoiren deselve steden ende borgers in onruste wierden gehouden. Item in de convocatie van de synode nacionael accorderen ende hare consenten inne brengen, gelyck d'anderen provinciën alreede gedaen hebben, etc..

Maer die van Hollandt hebben verclaert, nademael dat 't voirseide rapport by gescrifte sal worden overgegeven, dat zy dat hare principalen sullen communiceren, die daerop sullen moegen doen gelyck zy dat sullen goetvinden, verstaende dat men hun behoirt te laten by hare hoocheyden, recht, gerechticheden ende privilegiën. Dan d'heere Witsz. van Dordrecht van wegen de sess steden van Hollandt, namentlyck van Dordrecht, Amstelredam, Schiedam, Enchuysen, Edam ende Purmerende, heeft insgelycx benevens d' anderen provinciën Zyn Excellentie ende d'heeren gecommitteerde van Hare Hoog Mogenden bedanct als voeren.

II/1.1–85   17 August 1618
Palatinate and Hesse to Send Delegates; Switzerland Still Uncertain

Brederode writes from Heidelberg that the Elector of the Palatinate will send four theologians to the national synod. The Landgrave of Hesse will also consider whom to send, but there is no answer from Switzerland yet.
President: Adriaan de Manmaker (Zeeland).

(3) de] A: prec. by del. volgende – (12) ende] A: interl. add. repl. del. mitsgaders – (12) dat zy] A: interl. add. – (13) gescrifte] A: foll. by del. te – (14) zynde] A: marg. add. repl. del. ende – (16) aff] A: foll. by del. te – (17) in] A: prec. by del. die – (17) steden...borgers] A: interl. add. – (18) de] A: foll. by del. het – (19) ende] A: interl. add. – (19) inne] A: foll. by del. te

Sources: A: 213r; B: 285v. – *Related sources and texts:* The original letter from Brederode is in The Hague NA, S.G. 6018; edited in no. II/1.111.

213r A | Ontfangen ende gelesen eenen brieff van den agent Brederode gedateert tot Heydelberch den viii^en deses, houdende onder anderen mede advis dat die cheurfurst paltzgrave nominatie gedaen hadde van vier theologanten die Zyne Hoocheyt sal senden opte aenstaende vergaderinge van het synode nacionael binnen Dordrecht den iersten Novembris naestcommende ende dat den lantgraeff van Hessen aengenomen heeft hem te bedencken wat persoonen dat Zyne Furstelicheydt van zynentwegen daertoe oyck sal senden, maer dat die voerseide Brederode noch egheen advis ofte antwoirdt en hadde ontfangen uuyt Zwitsserlant.

II/1.1–86   17 August 1618   RSG 3237
Holland has Decided on "Waardgelders" and the National Synod

The States General decide to discharge the remaining "waardgelders" in Holland. But the deputies of this province declare that their principals have decided on the means to do this and on the accommodation of a national synod. Some deputies of the cities have traveled home to sound out their own principals and will report on 21 August. The deputies of Holland ask for delay and will report the present proposition to the States of Holland.
President: Adriaan de Manmaker (Zeeland).
Sources: A: 213v; B: 286r–v.

213v A | [The States General decide to discharge the remaining, recently recruited, "waardgelders" in the province of Holland.]
Maer die van Hollandt hebben verclaert dat heure principalen eenige middelen hebben beraempt ende voergeslagen, niet alleene raeckende het affdancken van de waertgelders, maer oyck tot accommodatie van een synode nacionael, daerop dat die gedeputeerde van eenige steden vertrocken zyn omme aen hare respective principalen daervan te doen rapport ende derselver advis inne te brengen tegen dincxdach naestcommende,³³ daerane dat verhoopentlyck men sal hebben contentement, versoeckende mitsdien dat Hare Hoog Mogenden willen gelieven de voirseide resolutie soo lange op te houden ofte emmers, soe dat nyet en mach geschieden, hun soo vele tyts te gunnen, namentlyck tot morgen, dat zy daerentusschen aen de Edel Mogende heeren Staten van Hollandt van de voirseide propositie ende dese besoigne moegen rapport doen.

(4) anderen mede] A: *marg. add.* – (9) oyck] A: *interl. add.* – (26) van] A: *interl. add. repl. del.* van de kerckelycke questiën – (32) te] A: *interl. add.* – (33) namentlyck] A: *interl. add.*

³³ 21 August 1618.

RSG 3238 **II/1.1–87** 18 August 1618
Overijssel Consents to National Synod and Discharge of "Waardgelders"

The deputies of Overijssel have handed in a further declaration concerning the national synod and the "waardgelders." The declaration of 7 May is amplified. The States of Overijssel consent to a national synod, provided that no province is prejudiced in its rights, that nobody will be encumbered because of his religion and that the decisions of the national synod will only be valid when ratified by all provinces. The deputies of Overijssel are instructed to conform with the other provinces in regard to the two subjects mentioned, unless they find strong reasons to seek further advice. A preparatory provincial synod will be held in Overijssel on 24 September.
President: Adriaan de Manmaker (Zeeland).
Sources: A: 214r; B: 286v–287r. – Related sources and texts: *The further declaration by Overijssel is inserted into the resolution in the Net Resoluties only. The original is not preserved.*

| Die heeren gecommitteerde van Overyssel hebben by gescrifte overgegeven tot nairder verclaringe wegen zeecker resolutie by ridderschap ende steden der Lantschap van Overyssel op die lest geholdene lantsdach den vii^{en} May deses jaers xvi hondert xviii binnen der stadt Deventer genomen over het holden van een synode nationael ende affdanckinge van de waertgelders, daervan den teneur hiernae volght geïnsereert. 214r A

Welck voirseid gescrift gelesen ende daerop omvrage gedaen zynde, is geaccordeert dat men aen de provinciën des begerende daervan sal geven copie ende de voirseide nairder verclaringe te bouck brengen.

II/1.1–87a | Tot naerder verclaringe wegen seeckere resolutie by ridderschap ende steden der Landtschap van Overyssel op die lestgeholdene landtdach den vii^{en} Mey dese jaers xvi c xviii binnen der stadt Deventer genomen over het holden van een synode nationael unde affdanckinge van de waerdtgelders, soo is 't dat haer Edel Mogenden eenparich metten anderen toestemmenden provinciën haer vougen dat een synode nationael tot accommodatie unde bevreedinge van de tegenwoordige kerckelycke disputen unde religionsgeschillen worde geholden, sonder daermede den provintiën, leden ende steden van dien te prejudiciëren ofte te vercorten, ofte ter cause van religie yemants te beswaeren, als mede van al 'tgeene in den synode sal worden beslooten nyet van weerden sal worden geholden, ten sy sulcx eerst by den samptelycken provinciën voor goet wordt gekent ende geratificeert, waertoe de gedeputeerden wegen die | provincie van Overyssel ter vergaderinge van de Hoog Mogenden heeren Staten Generael worden gelastet deselve in Haer Hoog Mogender vergaderinge in te bren- 286v B

287r B

(16) heeren] A: *interl. add.*

gen unde sich in saecken des sinodi aengaende, als oock in de affdanckinge der waertgelders metten anderen toestemmenden provintiën te conformeren, 't en waere soo wichtige saecken mochten voorvallen daerop sy naerder advys van ridderschap ende steden sullen hebben te versoucken.
Ende hebben ridderschap ende steden tot dien eynde een provinciael synode preparatoir tot het nationael geresolveert dat opten xiiii^{en} September naestcommende sal geholden worden.

II/1.1–88   18 August 1618
Proposition of Boissise

The proposition of Boissise is read. The griffier will draft an answer according to the opinions of the provinces.
President: Adriaan de Manmaker (Zeeland).
Sources: A: 215v; B: 288v. – Related sources and texts: The proposition of Boissise was first read on 15 August and is inserted with that resolution.

| Is gelesen ende gedelibereert opte gedaen propositie van den heere van Boissize, ambassadeur extraordinaris van Zyne Majesteyt van Vranckeryck. Ende den greffier belast een antwoirdt daerop te concipiëren volgende d' advisen van wegen de provinciën daerop verclaert.

II/1.1–89   20 August 1618
Langerak Requests Answer to Boissise

In a letter dated 10 August 1618, Langerak asks for a copy of the answer to Boissise, which is granted. Most provinces only require small changes in the answer to Boissise. The deputies of Holland take it with them to be examined.
President: Taco van Burmania (Friesland).
Sources: A: 216r; B: 289r. – Related sources and texts: The original letter from Langerak is in The Hague NA, S.G. 6756; edited in no. II/1.81.

II/1.1–90   21 August 1618
Answer to Boissise Delayed

Approving the answer to Boissise is delayed one day by request of the deputies of Holland, to which the deputies of the six cities have consented.
President: Taco van Burmania (Friesland).
Sources: A: 218v; B: 291r.

(17) belast] A: *marg. add.* – (18) van] A: *prec. by del.* by

II/1.1–91 22 August 1618
Gouda will Discuss the National Synod in the States of Holland

All governmental bodies of the city of Gouda answer that they will discuss the matter of the national synod in the assembly of the States of Holland according to their conscience and the rights of province and city.
President: Taco van Burmania (Friesland).
Sources: A: 218v; B: 291v. – Related sources and texts: The original letter from Gouda is in The Hague NA, S.G. 4933.

| Ontfangen ende gelesen eenen brieff van borgermeesters, regierders, raedt ende gemeen vroetschap der stadt van der Goude, aldaer gescreven den xx^{en} deses, houdende antwoordt opte brieven van Hare Hoog Mogende van den xxvii^{en} July lestleden ende den xv^{en} deses, mette bygevoeghde stucken, roerende het houden van een synode nationael, te weten dat zy dese brieven hebben ontfangen ende dat zy als de zaecke van wege die Edele Mogende heeren Staten van Hollandt ende Westvrieslant voergedragen sal werden, nyet en sullen nalaten daerop wel te letten ende te resolveren sulcx zy (volgende haren eedt ende consciëntie ende behoudens de vryheden ende gerechticheyden van 't lant ende van hare stadt) sullen achten te behooren.

II/1.1–92 25 August 1618
Answer to Boissise

The answer to Boissise is finally approved. One deputy from each province will be committed to hand it over to him. Holland proposes to wait, because their principals are still debating the answer, which might well require some changes in form and content. The delay could be excused by a deputation to the ambassador.
President: Taco van Burmania (Friesland).
Sources: A: 222v; B: 294v–295v. – Related sources and texts: The answer is inserted into the Net Resolutions only. The approved text is in The Hague NA, S.G. 6756; the original signed letter sent to Louis XIII is in Paris BnF, Ms fr. 15957, 427–429; edited in no. II/1.85.

| Is wederom gelesen ende eyntelyck gearresteert het concept van den antwoirdt opte propositie van den heere van Boissize, ambassadeur extraordinaris van Zyne Conincklycke Majesteyt van Vranckeryck, hierna volgende geïnsereert. Zynde voorts goetgevonden dat men uuyt elcke provincie een sal committeren, tot nominatie van deselve, die dat sullen begeren, om de

(12) mette] A: prec. by del. raeckende – (13) brieven] A: marg. add. – (34–p. 171.3) zynde...doen] A: marg. add.

voirseide antwoirde den voirseiden heer van Boissize te behandigen, ende daerna delibereren ende resolveren opte vereeringe die men zyn Edele sal doen.

Maer die gecommitteerde van de Edele Mogende heeren Staten van Hollant hebben voergeslagen ende versocht vanwegen heure principalen (ondertusschen dat deselve opte voirseide antwoirdt alnoch delibereren, achtende dat die in de forme ende materie wel eenichssins soude dienen geredresseert, dat men het arresteren van den voirseide antwoordt alnoch soude moegen uuytstellen ende ondertusschen eenige committeren om den heere ambassadeur te besoecken ende bedancken ende het dilay van de antwoirdt te excuseren, omme daerna te beter opte voirseide antwoirdt te delibereren ende resolveren uuyte communicatie dier sal moegen vallen, gelyck bevonden sal worden te behoiren voer den meesten dienst van 't lant.

II/1.1–92a [In their answer, the States General are very obliged toward His Majesty for his concern, and hope that he will continue in his affection for this state, as his father Henry IV did. The dissensions are less perilous than rumor would have it. The States General have only asked that it should please His Majesty to send three or four delegates to the national synod concerning a diversity of opinions among some churches about certain points of doctrine. This will bring greater peace to consciences and consequently to the state. The States General also strive to calm down some other differences that have arisen because of the said diversity of opinions. They thank Louis XIII for sending the well qualified Boissise. Then they discuss other matters.]

II/1.1–93   25 August 1618   RSG 3282
Langerak Letter

A letter from Langerak, dated 17 August, is read. No decision is taken on the letter.
President: Taco van Burmania (Friesland).
Sources: A: 223r; B: 296r. – Related sources and texts: The original letter from Langerak is in The Hague NA, S.G. 6756; edited in no. II/1.83. The ambassador writes that he has again proposed to Louis XIII and to the Council with great urgency concerning the national synod. But His Majesty waits for the results of Boissise. Some members of the Council have told Langerak personally that they will exert themselves when the time is appropriate.

(5–6) ondertusschen dat] A: interl. add. repl. del. die wyle – (6) achtende] A: prec. by del. interl. add. ende repl. del. die zy – (7) die] A: interl. add. – (8) moegen] A: prec. by del. willen – (10) besoecken ende] A: interl. add. – (10) de] A: foll. by del. de

| Ontfangen ende gelesen eenen brieff van den heere van Langerac gescreven binnen Parys den xvii⁽ᵉⁿ⁾ deses. Dan is opgehouden voir alsnoch daerop te resolveren.

II/1.1–94   25 August 1618
Drenthe Invited to Send Delegates

The deputies of the district of Drenthe, which has a classis and synod together that does not belong to a provincial synod, are invited to send two ministers to the national synod.
President: Taco van Burmania (Friesland).
Sources: A: 223v; B: 296r.

| Is geaccordeert te scryven aen de Lantschap Drente, aengesien dat deselve Lantschap hare classis ende synode appart hebben, sonder onder eenige anderen buyten de Lantschap te resorteren, dat men die Gecommitteerde van den Lantschap versoect dat zy twee van hare gequalificeerste predicanten, godtvreesende, geleerde luyden ende van goet leven in den synode nationael (te houden binnen de stadt Dordrecht den iersten Novembris naestcommende nyeuwen style) willen senden, in de selve forme als aen de provinciën is gescreven, met toesendinge van den stucken daertoe dienende.

II/1.1–95   27 August 1618
Letter from Brederode

A letter is received from Brederode, from Heidelberg, 11 August 1618. He sends news from Bohemia and Switzerland.
President: Volkier Sloeth (Overijssel).
Sources: A: 224v; B: 297r. – Related sources and texts: The original letter of Brederode is in The Hague NA, S.G. 6018; edited in no. II/1.112. Brederode writes that he has received positive reactions from the Palatinate, Hesse and Switzerland about the national synod. But he has heard nothing from the express messenger sent to the Swiss cantons. He now contemplates travelling there himself.

(12–13) anderen] A: interl. add. – (15) godtvreesende] A: prec. by del. te weeten

II/1.1–96   28 August 1618
Monnickendam not in States of Holland

The magistrate of Monnickendam answers that it is not able to make a resolution about anything, because it does not presently receive an invitation to the States of Holland.
President: Volkier Sloeth (Overijssel).
Sources: A: 225r; B: 297v. – Related sources and texts: The original letter from Monnickendam is in The Hague NA, S.G. 4933.

| Ontfangen eenen brieff van borgermeesteren ende raden der stede van Monickendam, gedateert den xxvi^{en} deses, houdende dat zy Hare Hoog Mogende brieven van den xxv^{en} July ende xv^{en} deses hadden ontfangen ende deselve volgende Harer Hoog Mogender begeren met heure vroetschap gecommuniceert ende gelesen, dan dat zy daerop egheen resolutie kunnen nemen, vermits zy nyet verscreven en zyn om ter dachvaert te compareren in de vergaderinge van de Edele Mogende heeren Staten van Hollandt ende Westvrieslant ende derhalven egheen eyntelyck antwoirdt daerop kunnen geven. Dan soo wanneer sy ter dachvaert verschynen, verhoopen sulcke resolutie inne te brengen als zy meenen tot dienst van den lande te sullen strecken.

II/1.1–97   [29 August 1618]
Arrest of Oldenbarnevelt and Others

[By secret resolution of 29 August 1618, the States General authorized the grand pensionary of Holland Johan van Oldenbarnevelt to be apprehended, together with the pensionary of Leiden, Rombout Hogerbeets, and the pensionary of Rotterdam, Hugo de Groot (Grotius). The States explained their action to the allied Kings of France and Great Britain and the Elector of the Palatinate, among others. Boissise asked for an audience that very day, but was told that the States General had serious matters to attend to.]
President: Volkier Sloeth (Overijssel).

II/1.1–98   30 August 1618
Hesse will Send Delegates

Brederode writes that Moritz of Hesse will send theologians to the national synod. The Count seemed apprehensive lest the synod be delayed or revoked, but Brederode has reassured him. The States General read the letter of the Landgrave. They answer Brederode that they are pleased about his efforts in Hesse

(9) van] *only in* B

and Switzerland. He is instructed to thank the Landgrave for his response. The national synod will not be postponed.
President: Volkier Sloeth (Overijssel).
Sources: A: 228v; B: 301r. – Related sources and texts: The original letter by Brederode and the approved text of the answer are in The Hague NA, S.G. 6018; edited in no. II/1.131. The original letter from the Landgrave of Hesse is in The Hague NA, S.G. 6049; edited in no. II/1.124.

| Ontfangen ende gelesen eenen brieff van den agent Brederode, gescreven uuyt Oggersheim den xvii^{en} deses, daermede hy benevens verscheyden advisen uuyt Bohemen ende van elders oversendt de resolutie ende antwoirde van Zyne Furstliche Durchlaucht lantgraeff Mauritz van Hessen nopende het affschicken van zyne theologen op de aenstaende nationnal synode, versoeckende alsoo Zyne Fursteliche Durchlaucht by zyne brieven aen den voerseide Brederode gescreven, schynt in apprehensie te staen als oft tselve synodus soude moegen langer uuytgestelt oft wel gansch wederroepen werden, dat men hem in sulcken gevalle daervan by tyts soude willen adverteren, ten eynde zyne theologi hem nyet te vergeeffs op den wech en begeven. Daerop hy geantwoirdt hadde ende Zyne Fursteliche Durchlaucht vermaent sich van zyne wel genomen resolutie in geeniger manieren noch doer eenich middel van sulcken christelyck werck te wille laten affkeren, diewyle in de zaecke egeen veranderinge en soude vallen.

Hierna is gelesen den brieff van den lantgraeff van Hessen in den voerseide brieff van Brederode gemencionneert, gedateert tot Braubach den xxx^{en} July lestleden. Ende geordonneert te scryven aen den voerseide agent Brederode dat hare Hoog Mogende de voerseide brieven hebben ontfangen ende hun zeer aengenaem is te verstaen het debvoir by hem gedaen by zyne hoochgemelte Fursteliche Durchlaucht ende die Zwitzers ten eynde dat zy respective hare theologos alhier souden senden, begerende dat hy Zyne Fursteliche Durchlaucht voer soo vele Zyne Excellentie aengaet van wegen Hare Hoog Mogende soude bedancken ende versoecken dat hy syne theologos tegen den bestempden tyt alhier soude gelieven te schicken die wyle in den selven genomen tyt egheen veranderinge en sal vallen.

II/1.1–99 30 August 1618
Boissise Complains about a Libel

Boissise and Du Maurier, ordinary and extraordinary ambassadors of the French King, come in. In the presence of Maurice and Willem Lodewijk, Boissise submits

(11) van Hessen] *A: marg. add.* – (15) wederroepen] *A: reads* wederoepen – (18) hadde] *A: prec. by del.* heeft – (29) aengaet] *A: interl. add.* – (30) dat hy] *A: interl. add.*

a letter from Louis XIII, dated Saint-Germain-en-Laye, 18 July 1618. The King complains strongly about a recent libel³⁴ written by former Dutch ambassador François van Aerssen, in which he denounces the French government. Boissise asks the States General to punish van Aerssen for his calumnies. The King expects this, and the King will react with testimonies of his goodwill. Then Boissise presents his credentials and inveighs against van Aerssen, demanding justice against his impostures and calumnies. The States General ask Boissise to hand in his proposition, which he is somewhat hesitant to do, because they have the King's letter already. Yet Boissise is prepared to do so, though he is afraid that the answer will be delayed as happened with his principal proposition. The States General answer that they will deliberate. The ambassadors take leave. Two deputies, Manmaker and Schotte, are charged to go and tell the ambassadors that either a written proposition or a memorandum will suffice.
President: Volkier Sloeth (Overijssel).
Sources: A: 229r–v; B: 302r.

II/1.1–100   31 August 1618   RSG 3312
The Proposition by Boissise is Read

The States General read the proposition of Boissise concerning François van Aerssen. They will hear the latter the next day.
President: Volkier Sloeth (Overijssel).
Sources: A: 229v; B: 302v–303v. – Related sources and texts: The proposition of Boissise is inserted into the Net Resolutions only. The original is in The Hague NA, 12.574.40. In his proposition Boissise explains extensively why the pamphlet van Aerssen wrote contains impostures and calumnies against Louis XIII, his councillors and ministers. He seems to try and disrupt the alliance between the States General and the French King. Louis XIII expects a severe judgment to punish him for his crime. Then he will continue his usual benefices and the alliance.

II/1.1–101   1 September 1618   RSG 3324
King James is Pleased

Ambassador Carleton comes in and presents his credentials, which he further explains. The States General thank King James for his affection and the ambassador for his good reports. They congratulate him for the continuation of his

---

³⁴ The title of the pamphlet is mentioned neither by Boissise himself nor in the resolutions. It was difficult to pinpoint François van Aerssen as writer of the many anonymous pamphlets that were attributed to him.

*service. King James in his letter thanks the States General for overtures towards the King of Denmark which he favors and for the decision to remedy the ecclesiastical problems by way of a national synod proposed by the King, of which he expects a good effect for church and state. The King will send theologians to help keep the peace in the churches. The King has therefore asked the ambassador to speed up his return and requests of the States General to grant him credence.
President: Volkier Sloeth (Overijssel).
Sources: A: 232v; B: 308v–309r. – Related sources and texts: Carleton's credentials from James I are inserted into the Net Resoluties only. The original is in The Hague NA, S.G. 5887; edited in no. II/1.33; likewise, a copy of the States General answer to James, dated 1 September, which repeats the invitation of delegates for the national synod; edited in no. II/1.36.*

| Die heere Carleton, ambassadeur des conincx van Groot Britanniën, wedergekeert uuyt Engelant, is ter vergaderinge gecompareert. Ende gedaen hebbende aen Hare Hoog Mogenden van wegen Zyne Majesteyt desselffs begroetenisse, met eerlycke complimenten van toewenschinge van allen welvaren ende welstant, met aanbiedinge van de continuatie van Zyne coninclycke affectie ende vruntschap, heeft Hare Hoog Mogenden gepresenteert Zynes Majesteyts brieff, gescreven tot Westmunster den xxvii^{en} July lestleden, inhoudende credentie op zynen persoon, uuyt crachte van de welcke zyn edele genoech heeft geproponeert de substantie van het inhouden des voirseiden brieffs, hierna volgende geïnsereert. Ende deselve met alle civile complimenten geëxtendeert, sonder dat zyn excellentie is versocht geweest deselve zyne propositie by gescrifte over te geven.

Daerop Hare Hoog Mogenden beleefdelyck met eerbiedinge ende presentatie van dienste ende erkentenisse voer zyne affectie, gunsten ende faveuren Zyne Majesteyt hebben bedanct ende insgelycx den voirseiden heere ambassadeur voor zyne gedaen moyeten ende goede rapporten aen Zyne Majesteyt, mitsgaders geluck gewenst in de continuatie van zyne residentie alhier.

II/1.1–101a | Haultz et Puissants Seigneurs, nos bons amys et alliez,
Par les lettres et autres pièces qui nous ont esté delivrées de votre part par les mains du chevalier Carleton, nostre ambassadeur, et par le rapport qui' il nous a faict de vos affaires, nous avons reçeu ample tesmoignage non seulement de vostre bonne acceptation des offices qu' avons faictes en votre faveur auprès du Roy de Dannemarcq, notre frère et allié, et celles qu' avons rendues auprez de vous pour assopier vos disputes ecclesiastiques, mais encore vostre ferme et constant resolution de cultiver la bonne correspondence et intelligence que nous avons desiré d' effectuer entre

---

(13–14) wedergekeert] A: prec. by del. wedeg – (17) ende] A: interl. add. – (21) geproponeert] A: foll. by del. gh[?] – (23) geweest] A: interl. add. repl. del. yets – (26) faveuren] A: foll. by del. is

ledit Roy et votre république et de | travailler à remettre voz affaires ec-
clésiastiques en leur pristin estat par voye du sinode national, comme celle
qui après bonne et meure délibération vous avez jugée la plus idoine, la
plus coustumière et usitée en l' église de Dieu. Ensuitte de quoy vous avez
depesché un solenel ambassade audit Roy, dont nous attendons tous
bons effets pour le bien de vostre estat et pour l' autre point touchant la
paix de l' église nous avons depuis reçeu par les mains du chevalier Caron,
votre ambassadeur, vos lettres du 25 du mois présent, par lesquelles nous
sommes non seulement avertiz qu'avez trouvé nécessaire d' embracer l'
expédient d' un synode national, dont nous vous en avons par cy devant
faict l' ouverture par lettres et offices de nostre ambassadeur. Mais encore
sommes requiz de vous assister par l' envoye de quelques personnages de
nos subjects, gens de scavoir et probité en nombre de trois ou quatre, pour
assister au dit synode, ce que nous avons deliberé de faire pour le jour
nommé du premier de Novembre prochain, en faisant élection de tels qu'
ayants la gloire de Dieu et le repos des consciences sans aulcun interest ou
partialité devant leurs yeux. S' évertueront à vous donner toute satisfaction
possible en contribuant tout ce qui dépend d' eux à l' examen et deue
recherche des point contentieux, afin de conserver la paix des églises et
faisant ainsy cesser les causes du malheur qui menasse la tranquillité de
votre république, faire naistre des effects correspondants à vos bonnes
intentions, esquelles nous vous exhortons de continuer et d' en avancer
toujours le chemin; auquel Non progredi est regredi, et afin de ne rien
manquer en ce qui dépend de nous, avons donné charge à nostre ambassadeur de haster son retour en vos quartiers, auquel avons communiqué
plus amplement nostre volonté en cecy et autres affaires, qui concernent
nostre service et le vostre, vous priant tant en général comme en particulier, selon les occasions qui le pourront induire de parler en nostre nom
à quelque province apart, de luy donner créance comme à nous mesmes.
Ainsi nous demeurons vostre bien bon amy,
     Signé Jacques R.
     De nostre palais à Westmunster, le xxviime de Juillet 1618 [N.S.
     6 Aug 1618].
   La superscription: Aux Haults et Puissants Seigneurs nos bons amys et
alliez, les Estats Généraulx des Provinces Unies des Pais Bas.

(23) Non ... regredi] *B: Latin script*

II/1.1–102   3 September 1618
Provincial Synod of Overijssel

The States General write to Kampen and Zwolle that they are pleased with the consent to convene a national synod. The cities are seriously requested not to delay the provincial synod of Overijssel, which must precede the national synod, under pretext of a dispute about who is the convener. The last synod was in Zwolle, the next in turn is Deventer, the first city of the province, which would have had to convene an extraordinary synod anyway. Moreover, the Gedeputeerde Staten of Overijssel are assembled there at the moment. The drost of Salland is asked to promote this.
President: Goosen Schaffer (Groningen).
Sources: A: 233v–234r; B: 310v–311r. – Related sources and texts: There are no insertions. The damaged approved text of the letter to Kampen and Zwolle, and the approved text of the letter to the drost of Salland are in The Hague NA, S.G. 4933.

| Is geaccordeert ende geresolveert te scryven aen de steden van Campen ende Zwolle elcke appart dat Hare Hoog Mogenden zeer aengenaem is geweest te verstaen dat zy benevens d' anderen vereenichde provinciën ende steden bewillicht hebben | in het convoceren ende houden van eene synode nationael ten bestembden tyt ende plaitsse, volgens d' uuytscryvinge daervan gedaen, die wyle zeeckerlyck verhoopt ende betrouwt werdt dat daerdoeren met Godes hulpe de consciëntiën van den menschen gerust gestelt ende de borgerlycke vreede, eenicheyt ende gemeenschap weder gevonden ende geoeffent sal werden totte verzeeckertheyt van den staet van 't lant, tot welcken regarde Hare Hoog Mogenden te meer debvoirs zyn doende om alle zaecken tot bevoirderinge van den voerseide synode dienende te helpen procureren ende recommanderen, hebbende dien volgende oyck goetgevonden (nademael zy van allen orten dagelycx advisen ontfangen dat de bescreven gedeputeerde tot de synode nationnal tegen den bestembden tyt ter gedestineerde plaetsse, namentlyck binnen Dordrecht, sullen compareren) hun vruntelyck te versoecken ende ernstelyck te vermanen, dat deselve de synode provinciael van Overyssel, die geordonneert is voer te gaen volgende Hare Hoog Mogende bescryvinge, nyet en willen laten retarderen tot verachteringe van den voirseide synode nationael onder 't decxsel van eenige dispute op de plaetsse daer het houden van de synode provinciael voer dese reyse soude behoiren te geschieden, maer vele meer toe te willen staen dat de provinciale synode gehouden werde binnen Deventer opte ordre van den tour van deselve stadt, als zynde de laeste synode gehouden binnen Swolle, ende daer dese Synode

(16) te] B, *not in* A – (21) ende] A: *prec. by del.* werdt – (34) op] A: *prec. by del.* waer – (36) willen] A: *foll. by superfluous interl. add.* toe

gereputeert soude werden voer eene extraordinaris zaecke ofte occurrentie, soe verstaen Hare Hoog Mogende dat deselve aenvanck behoirt te nemen binnen Deventer, als de voerstemmende stadt in Overyssel, daer mede dese occasie is militerende ende dienende, dat het collegium der heeren Gedeputeerde Staten van Overyssel jegenwoordich binnen Deventer werdt gehouden, begerende hare Hoog Mogende oversulcx dat zy dese dispute daerna onderlinge willen accommoderen ende verdragen, etc.

Te senden copie van den voerseide brieven aen den drost van Sallandt ende den selven aen te scryven dat Hare Hoog Mogende begeren dat hy dien volgende de bevorderinge will doen ende de goede hant daeraen houden dat hare goede meeninge ende intentie hierinne mach werden nagecommen, etc.

II/1.1–103   3 September 1618
Louis XIII Favorably Disposed towards National Synod

RSG 3332

In a letter, dated 24 August, Langerak states that he has conferred with lord Luynes, who has said that Louis XIII would strive to be favorable to the sending of delegates to the national synod, which is necessary to bring peace to the Republic, or at least to condone it. The States General ask the General Deputies of the French churches and the church of Paris to exert every possible influence to have delegates sent to the national synod.

President: Goosen Schaffer (Groningen).

Sources: A: 235r; B: 311v. – Related sources and texts: The original letter from Langerak is in The Hague NA, S.G. 6756; edited in no. II/1.84. The approved text of the letter to the French churches is not preserved.

235r A | Ontfangen ende gelesen eenen brieff van den heere van Langerack, gescreven binnen Parys den xxiiii^{en} der voerlede maent, daerby hy adverteert dat den heere van Luines, verstaen hebbende zyne redenen nopende de assistentie op 't synodus nationnal, hem voir antwoirdt gegeven hadde, dat die wyle het houden van 't voerseide synodus soo hooge, nootwendige ende oyck geresolveerde zaecke was tot assopissement van deser landen groote zwaricheyden, die den coninck ten uuytersten is beherttigende, dat daerom oyck Zyne Majesteit alle middelen sal sien voer te wenden om op zyn verzoeck ten besten te adviseren ende te disponeren, ofte emmers te gedoogen dat zulcx geschiede.

Hierop is na deliberatie ende gedaen omvrage verstaen ende goetgevonden dat men wederom serieuselyck aen de gedeputeerde van de kercken in Vranckeryck sal scryven ende deselve recommanderen gelyck insgelycx aen de particuliere kercke binnen Parys, dat zy met alle goede debvoiren ende middelen die zy sullen weeten te bedencken ende voer te wenden, willen besorgen ende te wegen brengen dat goets tyts in conformité van Hare Hoog Mogende voergaende scryven de versochte theologi tegen den iersten Novembris naestcommende precise tot Dordrecht moegen werden gesonden, te weeten geleerde ende godtvreesende luyden tot de voerseide synode aldaer te houden.

RSG 3336, 3342 **II/1.1–104** [4 September 1618]
States General Answer to Boissise

[On 4 September 1618 the States General answered Boissise that van Aerssen had written with due respect about the King, the queen-mother and the French Council, and that they remained fully satisfied with his service. The next day Boissise and Du Maurier came to the States General and stated that they would tell Louis XIII that the situation in the Republic was not as dangerous as reports had led him to believe. As long as the States General remain united, the King will surely continue to favor them. Also, the way the prisoners are treated will shape the opinion of the world about the Republic and its stability.]

RSG 3337 **II/1.1–105** 4 September 1618
The "Weegh-Schael"

President Schaffer reports that Carleton asks for publication of the placard against the pamphlet the "Weegh-Schael" where this has still not been done, especially in Utrecht. The States General write to Holland, Utrecht and Overijssel.
President: Goosen Schaffer (Groningen).
Sources: A: 236r; B: 312v. – Related sources and texts: The approved text of the letter to Holland, Utrecht and Overijssel is in The Hague NA, S.G. 4933. The resolution is printed in Dodt van Flensburg, VII, 40.

| D'heere Schaffer presiderende refereert dat d' heere Carleton, ambassadeur des conincx van Groot Brittanniën, by laste van Zyne Majesteyt versoect dat Hare Hoog Mogenden souden gelieven te doen publiceren haer placcaet tegen "De Weeghschael" in de provinciën ende steden daer 't selve voer desen nyet en is gepubliceert, namentlyck oyck binnen Utrecht. Daerinne dat bewillicht is ende dat men tot dien eynde sal scryven aen de provinciën van Hollandt, Utrecht ende Overijssel.

(1) de] *A: prec. by del.* directelyck ofte by conniventie – (25) heere] *A: foll. by del.* bij last v – (29) is] *A: foll. by del.* geplic – (30–31) ende...Overijssel] *A: interl. add.*

II/1.1–106   6 September 1618
Letter from Brederode

Brederode writes on 25 August 1618 with news from Germany, Switzerland, Savoy, Italy and Venice.
President: Goosen Schaffer (Groningen).
Sources: A: 238v; B: 315r. – Related sources and texts: The original letter of Brederode is in The Hague NA, S.G. 6018. Brederode writes that, in the Palatinate, reports from France have raised concern that France is flatly against the national synod and that both Boissise and the French residing in Switzerland are instructed to work against it. The advice of members of the Council of the Palatinate is to travel quietly but quickly to Zürich because it is rumored that the convention of Aarau had ended without a definite decision to send delegates to the Netherlands. Therefore, Brederode has decided to go there.

238v A | Ontfangen ende gelesen een brieff van den agent Brederode gescreven uuyt Oversheym[35] den xxv^en Augusti lestleden, inhoudende verscheyden advisen uuyt Duytslant, Zwitsserlant, Savoyen, Italiën ende Venetiën, daerop geen antwoordt en vereyscht is.

II/1.1–107   8 September 1618
Geneva and Wetteravia to be Invited

The States General are told that the churches of Geneva and Wetteravia take it amiss that they have not been invited to the national synod like other churches of the Reformed religion. Both churches now get an invitation to send two delegates each, notwithstanding the previous considerations to refrain from doing this.
President: Goosen Schaffer (Groningen).
Sources: A: 240v; B: 317v.

240v A | Op het aengediende dat by de kercken van Genève ende Wetterausche vreempt verstaen ende qualyck affgenomen werdt dat zy nyet en zyn geconvoceert ende geroepen gelyck anderen kercken van de Gereformeerde religie in anderen quartieren gedaen zyn, is geaccordeert onaengesien de voergaende consideratiën daerom sulcx nagelaten is, dat men de voirseide kercken insgelycx sal bescryven ende convoceren gelyck anderen bescreven zyn ende deselve daerby versoucken dat zy elck twee theologanten tegen den bestembden tyt van prima Novembris naestcommende tot Dordrecht willen senden op de synode nationnal aldaer bescreven gequalificeert, naer inhouden van de concepten van de brieven.

(16) Savoyen] A: foll. by del. ende – (34–35) op…brieven] A: marg. add.

[35] Presumably Oggersheim.

RSG 3365 **II/1.1–108   10 September 1618**
Langerak Letter

The States General received a letter from Langerak, dated 6 September 1618.
President: Gijsbert van den Boetzelaer (Gelderland).
Sources: A: 241v; B: 318v. – Related sources and texts: The original letter is in The Hague NA, S.G. 6756; edited in no. II/1.83. Langerak reports that the convention of the Reformed cantons of Switzerland in Aarau has decided to send delegates to the national synod, notwithstanding Catholic agitation.

| Ontfangen eenen brieff van den heere van Langerac, gescreven binnen Parys den vi^{en} deses, egheen antwoirdt vereysschende. 241v A

RSG 3371 **II/1.1–109   10 September 1618**
Clerks Paid

Johannes Johannis, Claes Sipriani and N. Ruysch receive 100 guilders for writing texts concerning the national synod.
President: Gijsbert van den Boetzelaer (Gelderland).
Sources: A: 242r; B: 319v.

| Is geaccordeert te depescheren ordonnantie opten ontfanger generael te betalen aen Johannes Johannis, Claes Sipriani ende N. Ruysch de somme van hondert carolusgulden voor verscheyden stucken ende gescriften by deselve gescreven ten dienste van den lande raeckende het besoigne van de synode nationnal. 242r A

RSG 3375 **II/1.1–110   12 September 1618**
Fees for Travel to England

Adriaen Knibbergh, secretary of ambassador Carleton, receives thirty guilders for handing over two letters concerning the national synod to Caron in England.
President: Gijsbert van den Boetzelaer (Gelderland).
Sources: A: 243r; B: 320v.

RSG 3386 **II/1.1–111   13 September 1618**
Caron Writes regarding British Delegates

Received a letter from Caron, dated South Lambeth, 21[/31] August 1618.
President: Reynier van Rensen (Gelderland).[36]

---

[36] The list reads "Reyntsz." The identification is not certain (RSG NR 1617/18, p. 645, index).

Sources: A: 244; B: 321. – Related sources and texts: The original letter is in The Hague NA, S.G. 5887; edited no. II/1.35. In this letter, Caron writes, among other things, that James has already consented to send delegates to the national synod. Before his departure he has told the Archbishop of Canterbury to advise on the nomination of British delegates. Next week the Archbishop will bring the nominees to Windsor.

II/1.1–112   14 September 1618
Author of the "Weegh-Schael"

The Deputed States of Utrecht write that the printer of the "Weegh-Schael" has come forward and indicated that the author is the minister Jacobus Taurinus. The States General ask for the manuscript and for a trial of the author.
President: Gijsbert van den Boetzelaer (Gelderland).
Sources: A: 245v–245ar; B: 322v–323r. – Related sources and texts: The original letter from Utrecht is not preserved in the archives of the States General. The approved text of the letter to the States of Utrecht is in The Hague NA, S.G. 4933. Resolution printed in Dodt van Flensburg, VII, 41.

| Ontfangen ende gelesen eenen brieff van de Gedeputeerde Staten 's lants van Utrecht, gedateert den 11^{en} deses, daerby hare Edele adverteren dat den drucker van het diffamatoir boucxken geïntituleert "Weeghschale" hem selffs in persoon heeft commen aenbrengen ende met eenen verclaert dat den autheur daervan is den predicant Jacobus Taurinus,[37] | tot waerteecken van 't welck den drucker geëxhibeert hadt zeecker minute by den selven Taurinus gescreven.

Daerop geresolveert is dat men die voorseide heeren Gedeputeerde voer antwoirdt sal bedancken van 't voirszeide advis ende versoecken dat zy de voerszeide minute ofte het manuscriptum alhier willen oversenden ende tegen den autheur procederen na behoiren ende vereysch der zaecken, anderen ten exempel.

II/1.1–113   14 September 1618
Brederode Goes to Switzerland

In two letters, dated 28 August and 2 September, Brederode reports news in Heidelberg that France is flatly against the national synod and that both Boissise and the ordinary French agent residing in Switzerland are instructed to prevent

---

(19) hem] A: interl. add.

[37]   Jacobus Taurinus (Van Toor) (1577–1618), minister in city of Utrecht.

it, the agent instructed also to dissuade the Swiss from sending delegates. With advice of the council of the Elector of the Palatinate, Brederode is set to travel to Switzerland to quietly promote the delegation. The States General send Brederode copies of the proposition of Boissise and their answer to him so that he can see that this is not the case and can promote the delegation where necessary. They also brief Langerak to step up his efforts.
President: Gijsbert van den Boetzelaer (Gelderland).
Sources: A: 245ar; B: 323r. – Related sources and texts: Both original letters from Brederode are in The Hague NA, S.G. 6018; edited no. II/1.153 and II/1.154. The approved text of the letter to Langerak is in The Hague NA, S.G. 6757; edited no. II/1.87.

| Ontfangen twee brieven van den agent Brederode, beyde gedateert Heydelberch den eenen den xxviii^{en} Augusti ende den anderen den ii^{en} Septembris lestleden, adverterende dat men aldaer vreest, nadyn men van goeder hant uuyt Vranckeryck bericht werdt dat men aldaer ganschelyck tegen de synode nationael is gesint, ende oyck den heere van Boissize extraordinaris gesandt expressen last onder anderen hebben soude, omme 't selve te dissuaderen ende te verhinderen, dat oyck den ordinaris resident van 't selve ryck in Zwitzerlant, den welcken aldaer in grooten aensien is, gelycke last soude moegen gegeven zyn gewerden, om d'affschickinge van de evangelische van daer te rugge te houden ende dat hy om 't selve voer te commen met voergaende communicatie ende advis van de Raden van Zyne Cheurfurstliche Hoocheyt geresolveert is hem in diligentie na Zürich te begeven sonder geruchte, omme aldaer het senden van den versochte theologos te voirderen, etc.

245ar A

Hierop gedelibereert zynde, is geordonneert dat men copie van den gedaen propositie van den voorseide heere van Boississe, mitsgaders van den antwoordt hem daerop by Hare Hoog Mogende bejegent, sal senden aen de voorseide agent Brederode, ten eynde hy daeruuyt mach verstaen dat van t'voirseide advis in zyne missive gemencioneert nyet en is, ende te beter bevoirderinge doen, daer dat behoirt, dat de versochte theologen tytelyck gesonden moegen werden.

Is oock geordonneert gelycke copiën te senden aen den heere van Langerac ten eynde zyn Edele in Vranckeryck ernstiger debvoir mach doen daer dat vereyscht, tot het senden van den theologos uuyt Vranckeryck.

(13) Augusti] *A: marg. add. repl. del.* Septembris – (22–23) van...Hoocheyt] *A: marg. add.* – (23) begeven] *A and B:* geven – (28) bejegent] *A: prec. by del.* bege – (34) in] *A: prec. by del.* aldaer – (34) ernstiger] *B:* ernstich

II/1.1–114   14 September 1618
Brandenburg Invited

The Elector of Brandenburg is also invited to send two Reformed theologians to the national synod.
President: Gijsbert van den Boetzelaer (Gelderland).
Sources: A: 245av; B: 323v. – Related sources and texts: The approved text of the letter to the Elector of Brandenburg is in The Hague NA, S.G. 6049; edited no. II/1.232.

245av A | Te scryven aen den cheurfursten van Brandenburch dat Zyne Cheurfurstelycke Hoocheyt oyck twee theologos van de Gereformeerde religie alhier gelieve te schicken op den synode nacionnal tegen den iersten Novembris naestcommende.

II/1.1–115   15 September 1618
Palatinate will Send Delegates

The Elector of the Palatinate, in a letter dated 26 August, announces that he will send several theologians to the national synod to help restore unity and peace in the churches. He has exhorted Zurich to do the same.
President: Gijsbert van den Boetzelaer (Gelderland).
Sources: A: 246r; B: 324r. – Related sources and texts: The original letter is in The Hague NA, S.G. 6049; edited no. II/1.113.

246r A | Ontfangen eenen brieff van den Cheurfurst Paltzgraeff, gedateert tot Neuensloss[38] den xxvi[en] Augusti, daerby Zyne Cheurfurstelycke Hoocheyt averteert, alderwyle hy sunderlinge genegen ende begerich is den welstandt van de Gereformeerde kercken nae mogelicheyt te bevorderen, dat Zyne Hoocheyt geresolveert is ettelycke uuyt zyne theologos ter rechter tyt dergestalt aff te veerdigen, dat die opten bestembden dach tot Dordrecht aenlangen moegen, ende voerders den voerhabenden Christelycken wercx tot wederbrenginge van eenicheyt ende vrede in der kercken Godts becommen moegen, etc., verclarende dat Zyne Cheurfurstelycke Hoocheyt oyck aen die van Zurich geschreven heeft, ten eynde zy van gelycken willen doen.

(10) twee] A: *prec. by del.* een

[38] Amberg Castle in the Upper Palatinate.

II/1.1–116   15 September 1618
Gratitude to the Elector of the Palatinate

The States General thank the Elector of the Palatinate very much for his willingness to send delegates to the national synod and for his recommendation to Zurich. Brederode will receive a copy of this letter with instructions to present the original to the Elector with their gratitude.
President: Gijsbert van den Boetzelaer (Gelderland).
Sources: A: 246v; B: 324v. – Related sources and texts: The approved text of the letter to the Elector of the Palatinate is in The Hague NA, S.G. 6049; edited no. II/1.115.

| Gedelibereert zynde opten voerseide brieff van den cheurfurst paltzgraeff gedateert den xxvi^en Augusti lestleden, daerby Zyne cheurfurstelycke Hoocheyt adverteert dat hy tegen den bestembden tyt goetstyts tot Dordrecht sal senden zyne theologos opte synode nationnal aldaer bescreven ende dat hy oyck tot bevoirderinge van dese zaecke aen die van Zürich gescreven ende deselve serieuselyck vermaent heeft van heurentwegen van gelycken te willen doen tot voerderinge van Godes eere, ruste, vreede ende eenicheyt in dese landen, etc., is geresolveert zyne cheurfurstelycke hoocheyt voor zyn voerseide gedaen debvoir dienstelyck te bedancken, ende dat men van desen brieff aen den agent Brederode sal senden copie ende den selven lasten dien aen Zyne Cheurfurstelycke hoocheyt te presenteren ende zyne hoocheyt in de beste forme insgelycx te bedancken.

II/1.1–117   17 September 1618
Proposition of Boissise and Du Maurier

Boissise and Du Maurier present their credentials and deliver their proposition in the presence of prince Maurice and Count Willem Lodewijk. They will submit it in writing.
President: Adriaan van Matenesse (Holland).
Sources: A: 248r; B: 326r–327r. – Related sources and texts: The proposition was inserted in 18 September 1618 (see below, no. II/1.1–119). A copy of the credentials is in The Hague NA, S.G. 12.574.37.

| Zyn ter vergaderinge gecompareert die heeren van Boissize ende Du Maurier, ambassadeurs extraordinaris ende ordinaris van Zyne Conincklycke Majesteyt van Vranckeryck. Hebben na de presentatie van haren credentsbrieff van Zyne Majesteyt, gedateert binnen Parys den vi^en deses, by monde ge-

(11) Gedelibereert] A: interl. add. repl. del. Ontfangen eenen – (18) Is] A: marg. add. repl. del. daerop – (18) geresolveert] A: foll. by del. is – (21) in] A: prec. by del. oyck – (34) Vranckeryck] A: interl. add. by clerk repl. del. Groot Britanniën

proponeert ter presentie van Zyne Excellentie ende van den welgeboren heere grave Wilhem Loduwich van Nassau, stadtholder, etc. gelyck haer edele aengenomen hebben ten versoecke van Hare Hoog Mogenden te sullen overgeven by gescrifte, hierna volgende geïnsereert, metten voirseide brieff van
5 Zyne Majesteyt.

II/1.1–118   17 September 1618   RSG 3423
Provincial Synod of Overijssel

The magistrates of Kampen and Zwolle explain why they cannot allow Deventer to convene the provincial synod of Overijssel. The States General respond that
10 *under pretext of this dispute time will run out and the national synod will be delayed, an occurrence which has to be prevented. Not only are Deputed States of Overijssel now assembled in Deventer, it is also better to drop the niceties in favor of unity and to give in, trusting in reciprocity. It is a new matter in which the oldest city should lead the way and the other cities follow in turn; this cannot*
15 *be decided by plurality of voices but with the consent of the city whose turn it is. The States General recommend mutual tolerance, for the honor of God and the welfare of the country and province.*
President: Adriaan van Matenesse (Holland).
Sources: A: 248v–249r; B: 326v–327r. – Related sources and texts: The original
20 *letter from Kampen and Zwolle, in which these cities explain that they do not want to block the provincial and the national synod by subterfuge, but that a formal dispute concerning the choice of the venue of the provincial synod has arisen with Deventer, is in The Hague NA, S.G. 4933; also the damaged approved text of the States General answer.*

248v A 25 | Ontfangen ende gelesen eenen brieff van borgermeesteren, schepenen ende raedt der steden Campen ende Swolle, gedateert den iii[en] Septembris na den ouden style, houdende voir antwoirdt opte rescriptie opten brieff van Hare Hoog Mogenden van den iii[en] derselver maent na den nyeuwen style de redenen waerom zy alnoch difficulteren hun te accommoderen mette stadt
30 Deventer in 't toestaen dat de provinciale synode van den lantschap van Overyssel gehouden soude werden binnen deselve stadt.

Daerop dat na deliberatie geordonneert is t' antwoirden dat Hare Hoog Mogenden tgene des voirseid is ongerne hebben verstaen omme dat te beduchten is (alsoo den tyt van het houden van de synode nationnal voerhan-
35 den is) dat onder het pretext van dese dispute den tyt sal commen te verloopen, met verachteringe van dese synode, het welcke by alle manieren moet

(2) stadtholder, etc.] A: interl. add. – (4) hierna...geïnsereert] B: om. – (28) den] A: foll. by del. ouden style

voergecommen worden. Der halven dat Hare Hoog Mogenden alnoch vrientelyck ende ernstich versoucken ende begeren, soo daerom als omme de voirdere redenen in Hare Hoog Mogende voergaende missive geïnsereert, ende namentlyck ten regarde dat het collegium der heeren Gedeputeerde Staten van Overyssel jegenwoordich binnen Deventer werdt gehouden, maer besunderlyck tot beter onderhoudinge van onderlinge eenicheyt, vrientschap ende goede correspondentie sulcke voergenomen precisiteyt in dese gelegentheyt willen laten vallen, oyck daerom die wyle het is eene nyeuwe zaecke, vereysschende (al waer 't schoon dat zy eenige apparente redenen hadden tot heuren voordeele), dat zy in dese gelegentheyt tot accommodatie van dese zaecke liever souden behooren daerinne toe te geven ende te verwachten gelycke accommodatie by anderen voervallende occasiën op gelycken voet (daerinne egheen prejuditie en is gelegen) als zynde eene nyeuwe zaecke gelyck voiren geseet is, daerinne de oudtste stadt den voerganck toecompt ende d' anderen steden daerna van gelycken op haren tour (welcken tour niet by resolutie | met pluraliteyt van stemmen, maer met gewillich consent van de stadt die op den tour staet, kan verandert werden), als te persisteren, daerop dat zy sullen gelieven te letten ende tot Hare Hoog Mogende requisitie ende recommandatie de dispute op de plaitsse van het houden des synodi provincialis onderlinge vrientelyck te verdragen ende accommoderen tot Godes eere ende den welstant van den staet van 't lant in 't generael ende van de provincie van Overyssel in 't particulier.

RSG 3427   II/1.1–119   18 September 1618
Proposition of Boissise

The States General read the written proposition of Boissise that he presented the day before. The credentials are also read.
President: Jacob van Wassenaar van Duvenvoorde, heer van Obdam (Holland).
Sources: A: 249v; B: 327v–328v. – Related sources and texts: Both the credentials and the proposition of Boissise are inserted into the Net Resolutions only. The original proposition is in The Hague NA, S.G. 6756 (edited no. II/1.86), with a Dutch translation. The proposition is printed in Baudartius, I, x, 66, and Knuttel 2689.

| Is gelesen de propositie van den heere van Boissize, ambassadeur extraordinaris des conincx van Vranckeryck, gisteren ter vergaderinge gedaen ende by gescrifte overgegeven, hiernae volgende geïnsereert. Ende hebben de pro-

(6) besunderlyck] B: besunder – (35) hiernae...geïnsereert] *only in* B – (35) ende hebben] A: *interl. add. repl. del.* daervan dat

vinciën daervan versocht copie, daerinne dat by Hare Hoog Mogenden is bewillicht.

II/1.1–119a | [Credentials for extraordinary ambassador Boissise, member of the Council of State, to give the States General good advice on occasions that may present themselves. He will show the good intentions of the King, who hopes that the States General will be able to manage their state with moderation and gentleness, without disruption of peace and tranquility. The ambassador may help bolster the state, together with Du Maurier. Dated Paris, 6 September 1618.]

II/1.1–119b | [In his proposition, Boissise states that he comes because of the great concern of the King for the tranquility and safety of the Republic. He knows that the States General work incessantly for the public welfare. But with regard to the great alteration within the body of the Republic, the King is as concerned about this as about his own affairs. He will only be content when the previous unity and concord are reestablished. As the principal ally of the Dutch Republic, he considers himself to be obliged and even to have the right to intervene in these matters. He expects a frank declaration about the present state of affairs, so that he can be of help. Therefore, the ambassadors offer everything that might come | from his authority, power and council, with a specific command to use them.]

II/1.1–120   18 September 1618
Sermon of Episcopius

Holland is asked to report on a sermon preached by Episcopius in The Hague.
President: Jacob van Wassenaar van Duvenvoorde, heer van Obdam (Holland).
Sources: A: 250r; 327v–328v. – Related sources and texts: Printed in Dodt van Flensburg, VII, 42.

| Die van Hollandt zyn verzocht hun te willen informeren opte ware gelegentheyt van de predicatie die welcke Episcopius voerleden sondach alhier in de Groote Kercke[39] gedaen heeft. Het welcke haer Edele aengenomen hebben te doen ende Hare Hoog Mogende daervan te sullen doen rapport.[40]

(1) daervan] A: *interl. add. repl. del.* hebben

[39] On 16 September 1618, Simon Episcopius preached a sermon in the Jacobskerk (also called the Groote Kerck), in The Hague, on Matthew 5:6: "Blessed are those who hunger and thirst for righteousness, for they will be filled."
[40] Nothing was ever reported on the sermon either to the States of Holland or to the States General. But the consistory did give a testimonial to Episcopius that they were fully satisfied with his sermon.

RSG 3449 II/1.1–121   21 September 1618
The "Weegh-Schael"

The Deputed States of Utrecht send the manuscript of the "Weegh-Schael." They will proceed against the author according to the placard. The manuscript will be examined by Prince Maurice and the deputies who went with him to Utrecht.
President: Cornelis de Witt (Holland).
Sources: A: 252r; B: 331r. – Related sources and texts: The resolution printed in Dodt van Flensburg, VII, 42.

| Ontfangen eenen brieff van de heeren Gedeputeerde van de Staten 's lants van Utrecht van den ix^{en} deses daermede Haer Edele oversenden de minute ofte manuscriptum des autheurs van 't diffamatoir bouxken geïntituleert "Weeghschael," achtervolgende Harer Hoog Mogender versouck. Adviserende voorts voir soe vele belanght om tegens den selven autheur na behoiren te procederen, namentlyck volgens d' intentie van 't placcaet daertegens geëmaneert, dat haer Edele ordre stellen sullen dat soodanige proceduren eerstdaegs werden geëffectueert.

Is goetgevonden ende verstaen dat men den voirseide minute sal stellen in handen van de heeren gedeputeerde nevens Zyn Excellentie[41] om die nairder te visiteren ende examineren. Ende werden die voirseide heeren Gedeputeerde van Utrecht ondertusschen bedanct voir het oversenden van deselve minute.

252r A

RSG 3452 II/1.1–122   22 September 1618
Langerak Reports that the French Delegation has been Named

Langerak reports that the deputies general of the French Reformed churches have been informed by the province of Sevennes that the four ministers designated by the national synod of Vitré to help settle religious differences in general, Pierre Du Moulin, André Rivet, Daniel Chamier and Jean Chauve, are also to be sent to the national synod.
President: Cornelis de Witt (Holland).
Sources: A: 252v; B: 331v. – Related sources and texts: The original letter of Langerak is in The Hague NA, S.G. 6756; edited no. II/1.86.

| Ontfangen ende gelesen eenen brieff van den heere van Langerac, gescreven binnen Parys den xiiii^{en} deses, inhoudende dat opten achtsten deses die gedeputeerde generael der Fransche kercken voir antwoordt becommen hadden

252v A

(20) ondertusschen] A: interl. add.

[41] The deputies who had been sent by the States General to go to the province of Utrecht together with Prince Maurice.

van de provincie van de Sevennes nopende het senden van eenige predicanten
op de toecommende synode nationnal in Hollandt, dat zy daertoe ordon-
neerden deselvige vier predicanten die welcke by de leste synode van Vitré[42]
in Bretaignen gedeputeert waren, om generalyck alle sulcke ende diergelycke
differenten van de religie te helpen beslissen, die der buyten ende binnen 't
ryck by eenige occasiën souden moegen voervallen, namentlyck monsieur Du
Moulin,[43] monsieur Rivet,[44] monsieur Chamier,[45] monsieur Chauve,[46] persoonen van groote geleertheyt, wysheyt ende godtvreesentheyt, etc.
[The remainder of the resolution is about Van der Myle].

II/1.1–123   22 September 1618
Objections to the Confession and Catechism in 1608

*The classis Dordrecht requests the Gecommitteerde Raden of Holland to hand
over objections against the Belgic Confession and Heidelberg Catechism submitted by ministers in 1608, to the commissioners of the States of Holland who are to
attend the provincial synod, in order to have these examined in the national
synod. The deputies of Holland declare not to have them at their disposal.
Because the objections are thought to be in the possession of Oldenbarnevelt, they
suggest appointing someone to enquire with him. The States General require the
secretary of the States of Holland to commit this to paper and hand it over to the
deputies who had been with Maurice, in order to get a written explanation from
Oldenbarnevelt.*
President: Cornelis de Witt (Holland).
*Sources: A: 254r; B: 332v. – Related sources and texts: The letter of classis Dor-
drecht does not appear to be preserved.*

| Gelesen eenen brieff gescreven by den classis van Dordrecht aen de heeren
Gecommitteerde Raden van Hollandt, gedateert den xviii[en] deses, inhoudende
dat zy, verstaen hebbende dat verscheyden predicanten den xxiii[en] Novembris
1608 hare bedenckingen op de Nederlantssche Confessie ende den Heydel-
berchschen Catechismum overgesonden hebben, versoecken dat deselve bedenckingen, aen hare Edele Mogende commissarissen[47] gesonden souden
moegen werden medegegeven omme die het synode particulier van de pro-

(1) Sevennes] A and B: wrongly read Guiennes – (29) overgesonden] A: prec. by del. overst

[42] The French National Synod of Vitré in Brittany, 18 May – 18 Juni 1617 (Aymon, 2:108).
[43] Pierre Du Moulin, minister of Charenton (near Paris).
[44] André Rivet, minister of Thouars.
[45] Daniel Chamier, minister and professor in the University of Montauban.
[46] Jean Chauve, minister of Sommières.
[47] The "commissarissen politiek," the political commissioners of the States of Holland who
were to attend the synod of South Holland.

vincie van Hollandt te behandigen, opdat zy alsoo totte synode nationnal gebracht ende deselve in de vreese des Heeren naer Godts heylige Woordt geëxamineert ende beproeft moegen werden. Ende alsoo d'heeren gedeputeerde van Hollandt verclaeren dat zy de voerseide bedenckingen nyet en hebben, maer meenen dat die souden berusten onder den heere van Oldenbernevelt hebben versocht dat Hare Hoog Mogende yemanden souden gelieven te committeren om zyne Edele daervan te spreken ende van den selven verstaen waer de voerseide bedenckingen te vinden ofte becommen zyn.

Hierop ommevrage gedaen zynde, is verstaen dat men den secretaris van de heeren Staten van Hollandt soude belasten het voerseide voergeven by gescrifte te stellen ende te behandigen aen de heeren gedeputeerde neffens Zyn Excellentie,[48] omme daerop de verclaringe van den voirseide heere van Oldenbernevelt te doen voirderen by gescrifte gelyck haer Edele dat sullen goetvinden.

RSG 3463

II/1.1–124   24 September 1618
Answer to Boissise Deferred

The next day the proposition of Boissise will be examined to formulate an answer.
President: Adriaan de Manmaker (Zeeland).
Sources: A: 254v; B: 333v.

RSG 3465

II/1.1–125   24 September 1618
French Delegates Designated

The deputies general of the French Churches report that the provincial synod of Sevennes has designated Chamier, Du Moulin, Rivet and Chauve to attend the national synod. They will be ready and await the commission of Louis XIII.
President: Adriaan de Manmaker (Zeeland).
Sources: A: 254v; B: 333v. – Related sources and texts: The letter from deputies general of the French Reformed churches does not appear to be preserved.

| Ontfangen eenen brieff van de generale gedeputeerde van de Gereformeerde kercken in Vranckeryck residerende by Zyne Majesteyt, gescreven binnen Parys den xv^{en} deses, houdende antwoirdt opten brieff by Hare Hoog Mo-

254v A

---

(3) moegen] A: interl. add. repl. del. te – (5–6) Oldenbernevelt] A: interl. add. repl. del. Hollandt – (13) by gescrifte] A: interl. add. – (31) antwoirdt] A: foll. by del. by Hare Hoog Mogenden aen de

[48] Maurice and the deputies who had been in Utrecht with him had also formally taken Oldenbarnevelt and the others prisoner on behalf of the States General.

genden aen de selve gescreven, te weeten dat zy antwoirdt hadden ontfangen van de synode van Sevennes,⁴⁹ die welcke adverteerden dat zy hadden versien volgende haer edele brieven ende Hare Hoog Mogender intentie opten keuse van vier gequalificeerde personagen, te weeten de heeren Chamier, Du Moulin, Rivet ende Chauve gerecommandeert doer hare geleertheyt ende godtvreesentheyt, die welcke hun gereet sullen houden om te commen opte synode nationnal, als den coninck hair daertoe de commissie sal hebben gegeven, opte brieven by Hare Hoog Mogenden aen Zyne Majesteyt daertoe gescreven.

II/1.1–126   25 September 1618   RSG 3474
Draft of Answer to Boissise

Having deliberated on the answer to Boissise, it is decided to let the griffier draft the answer according to the advice of the provinces.
President: Adriaan de Manmaker (Zeeland).
Sources: A: 256v; B: 335r.

II/1.1–127   27 September 1618   RSG 3487
Holland Seeks Advice on Answer to Boissise

The draft answer to the last proposition of Boissise, who has returned to The Hague on 17 September, is approved, but not yet confirmed because the deputies of Holland would like to ask the advice of the Gecommitteerde Raden.
President: Adriaan de Manmaker (Zeeland).
Sources: A: 258v–259r; B: 337r–v.

| Gelesen het concept van de antwoirdt opte laeste gedaen propositie van den heere van Boissize, ambassadeur extraordinaris des conincx van Vranckeryck tzeedert dat zyn Edele wederom in den Hage is gekeert, namentlyck den xvii^en deses. Ende daerop omvrage gedaen zynde, is wel 't voirseide concept goetgevonden, maer uuytgestelt te arresteren tot morgen ten versoucke van den heeren gedeputeerde van Hollandt, die 't voirseide concept daerentusschen sullen communiceren mette heeren Gecommitteerde Raden van de Edele Mogende Heeren Staten van Hollandt omme derselver advis daerop te verstaen.

(2) die...adverteerden] A: *interl. add.* – (5) Chauve] A: Chaunes; B: Chauves – (23) van] A: *foll. by del.* dat – (28) mette] A: *prec. by del.* om[?]

⁴⁹ The provincial Synod of Sevennes had been asked by the deputies general of the French churches to settle this matter together with the surrounding provinces (Mornay, 4:59).

II/1.1–128   27 September 1618
Punishment for French Edition of the "Weegh-Schael"

The States General ask Deputed States of Utrecht to find and punish the translator and printer of the French edition of the "Weegh-Schael."
President: Adriaan de Manmaker (Zeeland).
Sources: A: 260r; B: 338v. – Related sources and texts: The approved text of the letter to Utrecht is in The Hague NA, S.G. 4933. The resolution is printed in Dodt van Flensburg, VII, 43.

Te scryven aen de heeren Gedeputeerde van de Staten van Utrecht, alsoo het libel geïntituleert "De Weeghschael" uuyt de Duytsche in de Françoische spraecke is getranslateert ende in druck uuytgegeven, dat haer edele hun willen doen informeren opten oversetter ende drucker van deselve translatie, om die te achterhalen ende becommen ende te straffen na behoiren.

II/1.1–129   28 September 1618
Answer to Boissise

The answer to Boissise is approved. Goch, Manmaker and Schaffer will hand it over to him.
President: Adriaan de Manmaker (Zeeland).
Sources: A: 260v; B: 338v–339v. – Related sources and texts: The answer is inserted into the Net Resoluties only. The approved text is in The Hague NA, S.G. 6756; edited no. II/1.94.

| Is gearresteert het concept van 't antwoirdt op de laeste gedaen propositie van den heere van Boissize nae zyn wedercompste alhier in Den Hage, gelyck deselve hierna volght geïnsereert. Ende zyn gecommitteert d' heeren Goch, Manmaker ende Schaffer omme zyn Edele de voirseide antwoirdt te behandigen.

> II/1.1–129a | [Summary of the resolution which is the answer to Boissise: The States General | are very pleased that His Majesty had reaffirmed the great honor of his special affection. They will never cease to be grateful for his support. But they are sorry that rumors have conveyed the impression that their affairs are in a critical and dangerous state. Thank God there is nothing that might alarm the King. The Prince of Orange has gradually and prudently brought the political government to tranquility. Hence the States General will remain active and faithful allies. | A national synod will now settle the ecclesiastical uncertainties. The States General renew their

(10) libel] A: foll. by del. van de – (10) de] A: interl. add. repl. del. het – (13) te straffen] A: interl. add. repl. del. gestraft te werden – (22) antwoirdt...de] A: interl. add.

II/1.1–130   29 September 1618
Day of Prayer and Thanksgiving

By common consent a general day of prayer and thanksgiving is to be held on 17 October to pray to God that the decisions of the national synod will be to his honor, to the conservation of the true Christian religion, and to peace in the church and state.
President: Adriaan de Manmaker (Zeeland).
Sources: A: 262r; B: 341v.

| Is met eenparige stemmen geaccordeert uuyt te scryven over alle de vereenichde provinciën ende geassocieerde steden eenen algemeenen vasten ende bededach van woensdach toecommende in veerthien dagen, dat wesen sal den xvii^{en} Octobris naestcommende na den nyeuwen styl, omme Godt den Heere almachtich te bidden dat hy met zynen Heyligen Geest de aenstaende synode nationnal will bywoonen ende de genade te verleenen dat aldaer alles verhandelt ende affgehandelt mach werden in zyne vreese ende besloten wat sal wesen ende dienen tot zynder eere, de conservatie van de ware Christelycke Gereformeerde religie ende voerderinge van de ruste, vrede ende eenicheyt van de kercke, mitsgaders van de landen in 't generael, de provinciën, steden ende leden derselver in 't particulier.

RSG 3510

II/1.1–131   30 September 1618
Provincial Synod of Overijssel

The States General write to Deventer that they had hoped for an accommodation concerning the provincial synod of Overijssel. This not being the case, they request Deventer to comply and let this synod be held in Zwolle, to avoid a delay of the national synod, which would shame the country. The States General, for the good of the church and country, would not like Deventer to be absent in Zwolle and to assemble by itself without Kampen and Zwolle.
President: Adriaan de Manmaker (Zeeland).

RSG 3517

(14) van] *A: foll. by del.* woes – (16) aenstaende] *A: foll. by del.* natio – (17) nationnal] *A: foll. by del.* met zynen Heyligen Geest – (17) bywoonen] *A: foll. by del.* dat aldaer – (18) ende affgehandelt] *A: interl. add.* – (20) ende voerderinge] *A: interl. add.* – (20) van de] *A: not in the resolution, but necessary after the previous interl. add.*

Sources: A: 264r; B: 343v. – Related sources and texts: The damaged approved text of the letter to Deventer is in The Hague NA, S.G. 4933.

| Te scryven aen de stadt Deventer dat men wel verhoopt hadde dat op Haer Hoog Mogender tweemalich scryven ende serieulx vermanen die eerbaren raden der steden Campen ende Swoll hun souden hebben laten bewegen tot eene vrientlycke accommodatie raeckende de disputen gevallen tusschen de drye steden op het houden van de synode provinciael van Overyssel, die zy sustineren dese reyse behoiren te wesen binnen Deventer om redenen in de voirseide brieven verhaelt. Dan alsoo Hare Hoog Hogenden verstaen dat de disputen daerop tusschen haer edele ende de voirseide steden alnoch continueren, nyet alleene tot retardement van de voirseide synode provinciael, maer oyck tot zeer groote prejuditie ende nadeel van den dienst van 't lant doer de verachteringe die daerover by consequentie soude geraecken te vallen in de synode nationnal, doer dien den tijt daervan voer handen is, met groot disrespect van den staet deser landen, dat daerom Hare Hoog Mogenden versoucken ende begeren dat zy hierinne liever willen toegeven als obstineren, ende dien volgende nyet kunnende verdragen in eene anderen neutrale plaetsse van vergaderinge) liever hun willen voegen omme die te accorderen binnen Swoll, als van malcanderen te scheyden ende hun te absenteren van de byeencompste binnen Swol, die wyle Hare Hoog Mogenden om verscheyden wichtige consideratiën geenssins voer den dienst van den kercke ende van den lande geraden en vinden dat zy alleene souden besoigneren in absentie van den voirseiden anderen steden, daerdoeren dat zy souden commen te ignoreren wat onder deselve soude zyn gepasseert, daerop dat zy serieuselyck hebben te letten.

RSG 3523   II/1.1–132   1 October 1618
Delegates from Great Britain

The griffier is ordered to enquire privately with Caron about who are the six theologians to be sent by King James and how they were chosen.
President: Adriaan Ploos (Utrecht).
Sources: A: 264v; B: 344r.

| Is goetgevonden dat den greffier in 't particulier sal scryven aen den ambassadeur Caron dat hy hem will adverteren wie dat de sess theologanten zyn die Zyne Conincklycke Majesteyt van Groot Britanniën genomineert ende gecommitteert heeft op het synode nationnal tot Dordrecht bescreven ende hoe sulcke nominatie is toegegaen.

(33) dat hy] A: *interl. add.*

II/1.1–133   1 October 1618
Answer to Boissise and Letter to Louis XIII about van Aerssen

RSG 3525

The answer to the further proposition by Boissise concerning François van Aerssen is approved, along with a letter to the French King. Goch, Liens and Schaffer will hand these over to Boissise.
President: Adriaan Ploos (Utrecht).
Sources: A: 264v; B: 344r–346v. – Related sources and texts: The letter and the answer are inserted into the Net Resoluties only. The approved texts are in The Hague NA, S.G. 6756; copies are in The Hague NA, 12.574.37. In the letter, no mention is made of the French deputies to the national synod. Griffier Cornelis Aerssens, the father of the ambassador, was not involved in drafting the answer, which seems to have been done by Arent van Zuylen van Nyevelt.

[In their answer to Boissise, the States General back the defense by François van Aerssen. Sadly, Louis XIII has had faith in false rumors. The former ambassador has nothing to do with the publication of the manuscript. The States General have forbidden the making public of their own secrets or those of their allies.]

II/1.1–134   4 October 1618
Answer to the "Weegh-Schael" by Du Jon

RSG 3535

Porrenaer will report on the acceptability of a book by Johan Casimir Du Jon with an answer to the "Weegh-Schael."
President: Adriaan Ploos (Utrecht).
Sources: A: 267r; B: 350v–351r. – Related sources and texts: The original dedication by Du Jon (Junius), dated the Garrison in Emden, 17 September 1618, is in The Hague NA, S.G. 5887. Junius tells that he was led to write his answer to the "Weegh-Schael" in Emden, because it would not only require theological learning but also a good knowledge of the workings of the Dutch state. The resolution is printed in Dodt van Flensburg, VII, 43.

267r A | Is gecommitteert d' heere Porrenaer om te visiteren het boucxken dat Hans Casimir du Jon[50] aen Hare Hoog Mogenden heeft doen presenteren, wesende een antwoirdt[51] op de "Weeghschael," omme daerna het rapport daervan

---

[50] Johan Casimir Junius (d. 1624) had studied theology in Saint Andrews, but preferred a military career which brought him to Emden.
[51] *Wederlegginge van de Weegschaal. Onlangs uytgegeven tegens d' Oratie des ed. heere Dudley Carletons, ambassadeurs des doorluchtigsten Conings van Groot Britannien Iacobi I, by de Hooge Mogende heeren Staten General der Vereenigde Provincien van Nederland gedaen den 6 Octobris 1617, dienende tot verantwoording van de voorss. oratie, ende om te sien, hoe valsch ende incorrect die voorñ. Weegschaal is, gemaeckt deur den trouwen liefhebber der Vereenigden Provincien H. C. du Ion* (Without place, 1618). Knuttel, 2507.

gehoort geresolveert te werden of men 't voirseide boucxken sal accepteren ofte nyet.

RSG 3540

II/1.1–135   4 October 1618
Boissise Refuses to Accept the Answer

Goch, Liens and Schaffer report that Boissise has refused again to accept the answer to his abusive proposition concerning van Aerssen because it was more of a justification than a condemnation. Boissise's view is that van Aerssen should ask the forgiveness of the French King and his council and that his writings should be burned. After lengthy discussions, Boissise has laid the blame at the door of the States General. The States General deliberate what to do in the face of the animosity of both Boissise and Du Maurier, to prevent a change in the affection of Louis XIII for this country. A decision is postponed because the deputies of Holland want to hear the opinion of their principals in this weighty matter.
President: Adriaan Ploos (Utrecht).
Sources: A: 268v–269r; B: 351r–v.

| D' heeren Goch, Liens ende Schaffer rapporteren dat zij volgende de commissie haer by Haer Hoog Mogenden opgeleet, behandicht hebben den heere van Boissize, ambassadeur extraordinaris des conincx van Vranckeryck, de nairder antwoirdt van Hare Hoog Mogenden op zyn Edeler gedaen invective propositie by last van Zyne Majesteyt tegen d' heere Aerssen, gewesen Harer Hoog Mogender ambassadeur in Vranckeryck, maer dat zyn Edele (die hebbende gelesen) wederom heeft geweygert te accepteren met vele redenen ende contestatiën, omdat hy bevondt dat Haer Hoog Mogenden den voirseiden Aerssen ende zyn actiën by de voirseide antwoirdt meer justificeerden als deselve condemneerden, alsoo zyn Edele verstaet dat d' voirseide Aerssen Zyne Majesteyt ende desselffs Raedt vergiffenisse behoort te bidden ende dat men zyne gescriften soude behoiren te doen verbranden doer des beuls handen. Eyntelyck daerover dat, nae lange contestatiën ende propoosten ten beyden zyden gevallen zynde, d'heere van Boissize verclaert heeft die wyle Hare Hoog Mogenden den voirseide Aerssen excuseerden ende met interpretatiën genoech justificeerden desselffs gescriften, contrarie den claren text van deselve, ende als Zyne Majesteyt dien verstaet, dat hy d' injurie Zyne Majesteyt daerby aengedaen, was leggende op Hare Hoog Mogenden,

268v A

(17) rapporteren] A: *interl. add.* – (18) behandicht] A: *prec. by del.* Haer Ho Mo – (18) hebben] A: *foll. by del.* dat[?] de nairder antwoirdt van Hare Ho Mo – (19) des...Vranckeryck] A: *marg. add.* – (21–22) tegen...Vranckeryck] A: *marg. add.* – (22) zyn] A: *foll. by del.* E. die wederom heeft – (22–23) hebbende] A: *foll. by del.* hooren – (30) verclaert heeft] A: *interl. add.* – (33) dien] A: *interl. add. repl. del.* den selven

Hierop geproponeert zynde wat ten desen aensien, mitsgaders van de animositeyt die by den voirseide heere van Boissize mitsgaders van de heere Du Maurier werdt gethoont, sal dienen gedaen om te voercommen alteratie in de affectie van Zyne Majesteyt tegen dese landen. Is dese resolutie uuytgestelt ter begeerte van die van Hollandt, die heure Edeler principalen meyninge ierst begeren te verstaen, die wyle het eene zaecke is van importantie ende groote consequentie.

II/1.1–136   5 October 1618
Langerak to Approach Louis XIII

The reaction of Boissise is considered again. Because the ambassador could not have foreseen the answer or have received an order concerning it, and even less be instructed to blame the States General, the provinces of Gelderland, Zeeland, Utrecht, Friesland, Overijssel and Groningen want a polite letter to be sent to Louis XIII. Langerak should hand it over to the King with copies of the proposition by Boissise, both justifications written by van Aerssen, and the two answers of the States General to Boissise. Also, he should defend van Aerssen and defend the authority and rights of the Republic. The resolution is delayed because the deputies of Holland want to ask the opinion of their principals.
President: Adriaan Ploos (Utrecht).
Sources: A: 268v–269r; B: 352v–353r.

| Is wederom in deliberatie geleet wat voirder sal dienen geresolveert ende gedaen op het rapport ghisteren ingebracht by de heeren Goch, Liens ende Schaffer, van dat die heere van Boissize heeft geweygert t' ontfangen ende aen te nemen Hare Hoog Mogender antwoirdt op desselffs invective gedaen propositie tegen den persoon van den heere van Sommelsdijck | ende de propoosten ende contestatiën die daerover ten beyden zyden soo hooge zyn gevallen dat de voirseide Boissize seyde dat hy d' injurie die Zyne Majesteyt by de geschriften van Aerssen was gedaen, was leggende op Hare Hoog Mogenden. Ende geconsidereert zynde dat die heere van Boissize, nyet wetende wat hem voir antwoirdt opte voirseide propositie van Hare Hoog Mogenden soude bejegenen, oyck daerentusschen eghenen last van Zyne Majesteyt en heeft kunnen ontfangen om deselve antwoirdt te weygeren t' ontfangen, ende noch vele min om de voirseide injurie te leggen op Hare Hoog Mogenden, is by de provinciën van Gelderlant, Zeelant, Utrecht, Vrieslant, Overyssel ende Stadt Groeningen ende Ommelanden verstaen, dat men eenen beleefden brieff van dese zaeck sal scryven aen Zyne Majesteyt ende den heere van

(1) de] *A: foll. by del.* geth – (26) zyden soo] *A: interl. add.* – (28–29) op...Mogenden] *A: interl. add.* – (30) propositie] *A: foll. by del.* soude

Langerac lasten den selven aen Zyne Majesteyt ende d' heeren raden van Zyne Majesteyt te behandigen, mette copie van de voirseide propositie des heeren van Boissize, beyde de verantwoirdingen by den voirseiden Aerssen daertegen gedaen, ende de twee antwoirden daerop by Hare Hoog Mogenden by gescrifte ingestelt ende den voirseiden heere van Boissize gepresenteert, ende den voirseiden Aerssen tegen de voirseiden invectiven uuyt voirseide antwoirden ende verantwoirdingen, mitsgaders den brieff aen Zyne Majesteyt, te justificeren ende daerinne voer te staen de authoriteyt, respect ende gerechticheyt van 't lant, mitsgaders de justitie. Maer alsoo die van Hollandt ierst hierop begeren te verstaen de goede meeninge ende believen van hare principalen, die Maendag naestcommende[52] sullen vergaderen, is dese resolutie voir alsnoch opgehouden.

II/1.1–137   6 October 1618
Letter from States General to Louis XIII

The draft letter to Louis XIII is read. Holland, with advice of the Gecommitteerde Raden, proposes that it would be better not to dissatisfy Boissise with his vehemence any further, but to send some deputies to present the answer to the ambassador again, with the justifications by van Aerssen, in order to clarify matters and to ask him to accept these papers. The letter to the French King is approved, also with the support of Holland, having heard the unanimous advice of the other provinces. These provinces did not comply with a second presentation, though Holland would have liked to have its proposal carried out. It agrees though that the authority and the rights of the Republic should be respected and its ambassadors maintained, especially because van Aerssen has justified himself to the full satisfaction of the States General. The letter to Louis XIII, both answers to Boissise and the justifications by van Aerssen are sent to Langerak. He is instructed, having incorporated them well, to present these papers to His Majesty and to defend this cause to the King and his council, because ambassadors are only answerable to their own country.
President: Adriaan Ploos (Utrecht).
Sources: A: 270r–v; B: 354r–355r.

| Is gelesen het concept van den brieff te scryven aen den coninck van Vranckeryck opte weygeringe gedaen by den heere van Boissize, ambassadeur extrordinaris van Zyne Majesteyt van 't ontfangen ende accepteren van Hare Hoog Mogender antwoirdt op zynde Edele gedaen invective propositie by last

(8) respect] A: interl. add. – (34) van] A: prec. by del. des conincx – (34) van] A: prec. by del. Vranckerycke

[52] 8 October 1618.

van Zyne Majesteyt tegen den persoon van François van Aerssen, heere van Sommelsdyck, gewesen Hare Hoog Mogender ambassadeur in Vranckeryck. Ende soo daerop als op het advis van die van Hollandt, die na voergaende communicatie mette Gecommitteerde Raeden van de selve provincie voer-
5 sloegen ende verstonden dat dienlycker soude zyn omme den voirseide heere van Boissize mits zyne gethoonde hevicheyt nyet meer te miscontenteren, dat aen den selven heere van Boissize ierst noch eens de voirseide Hare Hoog Mogender antwoirdt mette verantwoirdinge ende justificatie van den voirseiden | Aerssen doir eenige gedeputeerde uuyt dese vergaderinge soude moe-
10 gen doen presenteren ende zyn Edele sulcx onderrichten ende versoecken dat hy die soude willen accepteren.

Is den voirseide brieff goetgevonden ende gearresteert, daermede die van Hollandt hun oyck hebben geconformeert nadat zy de eenparige advisen van alle d' andere provinciën hadden verstaen ende dat deselve de voergeslagen
15 iterative presentatie nyet goet en vonden, al ist dat zy geerne gesien hadden dat men de voirseide middelen noch eens hadde beproeft om geen anderen redenen dan om den voirseiden heere van Boissize nyet meer te miscontenteren, hebbende anderssins den voirseiden brieff goet gevonden als zyn Edele by zyne gedaene weygeringe soude hebben gepersisteert, die wyle haer edele
20 benevens d' andere provinciën oyck verstaen dat men d' authoriteyt, respect ende gerechticheyt van 't lant behoirt te mainteneren ende die ambassadeurs van Hare Hoog Mogenden in hare bedieninge voer te staen ende dese nyet te laten verongelycken, ende namentlyck nyet in desen den voirseiden Aerssen, die hem volcomentlyck ten contentement van Hare Hoog Mogenden heeft
25 gejustificeert.

Ende is desen volgende eenparichlyck oyck verstaen ende geordonneert dat men den voirseiden brieff aen den coninck, invective propositie met beyde antwoirden van Hare Hoog Mogenden ende de verantwoirdingen ende justificatie by den voirseiden Aerssen daerop gedaen ende by gescrifte aen
30 Hare Hoog Mogenden gepresenteert, sal senden aen den heere van Langerac ende den selven ernstelyck lasten dat hy de geheele zaecke wel geïncorporeert hebbenden, den voirseiden brieff met alle de voirseide stucken aen Zyne Majesteyt sal presenteren ende soo daeruuyt als uuyte voirseide antwoirden ende justificatie de zaecke van den voirseiden Aerssen aen Zyne Majesteyt
35 ende d' heeren van Zynes Majesteyts Raedt justificeren, gelyck dat voer de conservatie van de authoriteyt, respect, eere ende gerechticheyt van 't lant, mitsgaders van den ambassadeurs ende agenten behoirt die van hare diensten nyet en zyn responsabel als aen Hare Hoog Mogenden.

[The remaining part of the resolution is about other matters].

(3–4) na...provincie] *A: marg. add.* – (4–5) voersloegen] *A: prec. by del.* verst – (10) doen] *A: interl. add.* – (13) hebben] *A: foll. by del.* gearresteert – (13–15) nadat...vonden] *A: marg. add.* – (34) de] *A: prec. by del.* den – (34–35) aen...Raedt] *A: marg. add.*

II/1.1–138   8 October 1618
Boissise against Pamphlet

President Joachimi reports that Boissise is very irritated by a pamphlet entitled "Belijdenisse van Ledenberch."[53] It states that the items of this confession were communicated with members of the Council of France to seek their advice. This is untrue and apt to arouse disfavor against the French. The ambassador asks for measures. As rumor has it that the libel was printed in Amsterdam, the magistrate of that city is asked to give contentment and to counter the disfavor of Louis XIII towards the Republic.
President: Tjaard van Aylva (Friesland).
Sources: A: 271r; B: 355r–v. – Related sources and texts: The pamphlet listed in Knuttel 2694. The damaged approved text of the letter to Amsterdam is in The Hague NA, S.G. 4933.

II/1.1–139   8 October 1618
Langerak Letter

A letter from Langerak, dated 27 September, is received.
President: Tjaard van Aylva (Friesland).
Sources: A: 271r; B: 355v. – Related sources and texts: The original letter of Langerak is in The Hague NA, S.G. 6756; edited no. II/1.93. The ambassador has insisted with the King and the Council on the sending of French delegates, but he has now changed tack with advice of the deputies of the French churches. The cardinal de Retz is at present the head of the Council.

| Ontfangen eenen brieff van den heere van Langerac gescreven binnen Parys den xxvii[en] September lestleden.

II/1.1–140   11 October 1618
Brederode in Switzerland

Brederode writes from Frankfurt about his dealings in Switzerland, with a copy of his proposition to the cities of Basel, Zurich, Bern and Schaffhausen. No answer is required.
President: Tjaard van Aylva (Friesland).

---

[53] Gillis van Ledenberg, secretary of the States of Utrecht and a friend of Oldenbarnevelt, also imprisoned, had committed suicide (died 28 September 1618). The title of the broadsheet was: *Belijdenisse van Ledenberch, soo tot Utrecht als inden Hage, oock de doot van Taurinus, ende die moort van Ledenberch aen hemselven begaen* [1618], Knuttel 2694. Jacobus Taurinus had fled to Antwerp and died there on 22 September 1618.

Sources: A: 274r; B: 358r. – Related sources and texts: The original letter from Brederode is in The Hague NA, S.G. 6018; edited no. II/1.162.

| Ontfangen eenen brieff van den agent Brederode, gedateert tot Francfort den xxx^{en} Septembris lestleden, daerbij hy hare Hoog Mogenden adviseert van zyn gebesoingneerde in Switsserlant by de steden van Basel, Zürich, Berne ende Schaffhuysen, tot affsendinge van hare theologanten op de aenstaende synode nationael tot Dordrecht den xxi^{en} Novembris naestcommende, oversendende copie van zyne propositie tot dien eynde aen de selve steden gedaen, geen antwoirdt vereysschende.

II/1.1–141   11 October 1618
Lodging and Treatment in Dordrecht

Deputies from each province, Van Goch, Van der Dussen, Joachimi, Geeresteijn, Schwarzenberg, Sloeth and Coenders, will write a draft about how to receive, lodge, treat and accommodate the theologians and delegates sent by foreign lands and by the Dutch provinces, who will attend the national synod. They will draw up a list of delegates and send it to the magistrate of Dordrecht in order to prepare the lodgings and a place for both the general assembly and particular meetings. The deputies of the States General will also plan the budget with a view to order and frugality.
President: Tjaard van Aylva (Friesland).
Sources: A: 274v; B: 359r.

| Zyn gecommitteert uuyt elcke provincie een, te weeten die heeren Goch, Van der Dussen, Joachimi, Gerresteyn, Swartzenburch, Sloeth, Coenders, omme te concipiëren een ordre ende voet hoe dat men sal ontfangen, logeren, tracteren ende accommoderen de theologanten ofte gedeputeerde van de coningen, princen, republicquen ende anderen heeren, oyck die van de provinciën die bescreven zyn op de synode nationnal tot Dordrecht, te houden tegen den iersten Novembris naestcommende ende tot dien eynde te beramen een lyst van de voirseide gedeputeerde, omme die daerna gesonden te worden na Dordrecht aen de burgemeesteren ende regierders van deselve stadt, ten eynde zy de logementen daernae moegen doen prepareren mette billetten daertoe dienende, om die te doen ontfangen ende logeren, mitsgaders de plaitsse van de generale ende particuliere vergaderinge. Item om oyck te beramen de middelen tot vervallinge van de oncosten ende tractementen tot derselver onderhoudt noodich ende wat daervan dependeert, op dat alles met ordre, eerlyck, still ende mette beste mesnage sonder confusie mach toegaen.

(28) Novembris] A: foll. by del. dat – (36) still] A: foll. by del. ende discretelyck – (36) ende] A: interl. add. – (36) sonder] A: prec. by del. mach ende

RSG 3583 **II/1.1–142** 12 October 1618
Delegates of Great Britain to be Transported by Warship

Dutch ambassador Caron writes on 27 September[/7 October] that King James designated four members of the clergy to attend the synod. The States General would do well to send a warship to transport them.
President: Tjaard van Aylva (Friesland).
Sources: A: 276r; B: 359v. – Related sources and texts: The original letter from Caron is in The Hague NA, SG 5887; edited no. II/1.40. Caron encloses a copy of a letter to himself from Sir Robert Naunton, dated Hampton Court, 24 September[/4 October] 1618; edited no. II/1.37. Naunton identifies the delegates as "one is a bishop, another a deane of a cathedral church, and the other two are doctors in divinitie, his majestie's chaplains in ordinarie, and two of the heades of the universitie of Cambridge."

| Ontfangen ende gelesen eenen brieff van den ambassadeur Caron, gedateert den xxvii^en Septembris lestleden, daerby hy adviseert dat Zyne Majesteyt hadde gedeputeert vier personnaigen van zyne clergie om die aenstaende synode te assisteren ende dat goet soude zyn dat Hare Hoog Mogenden metten iersten senden een schip van orloge om die met hare bagaige over te brengen.   276r A

[The remainder of the resolution is about other topics.]

RSG 3589 **II/1.1–143** 12 October 1618
Brederode Answers

In two letters from Frankfurt, dated 1 and 2 October 1618, Brederode answers two letters from the States General, which have arrived during his absence in Switzerland. No answer is required. Because time has lapsed, all points left will be decided the next morning.
President: Tjaard van Aylva (Friesland).
Sources: A: 276v; B: 360r–v. – Related sources and texts: The original letters from Brederode are in The Hague NA, S.G. 6018; 2 October 1618 letter edited no. II/1.135. In the letter of 2 October, the agent states that the present whereabouts of the Landgrave of Hesse, who has traveled to Metz and Strasbourg, is unknown. But his treasurer says the Landgrave will send Johann Combach,[54] Paul Stein and Quirinius, pastor of Hohenheim. The letter to the Elector of the Palatinate thanking him for sending delegates has been forwarded immediately.

---

(18) iersten] A: foll. by del. metten iersten

[54] Johann Combach was professor of philosophy in the University of Marburg (a Ramist, who would end up as an antagonist of Johann Crocius), who in the end was not designated as a delegate.

II/1.1–144 13 October 1618
Maurice Suggests The Hague as Venue; No Warship for British Delegates

Teylingen, Manmaker and Geeresteyn are committed to welcome Prince Maurice and to thank him for his care and efforts during his journey for the preservation and safety of the country. They report that His Excellency reciprocates the gratitude. Through them, he recommends The Hague as the venue for the national synod because of the proximity of all councils and assemblies with which communication will sometimes be necessary. Caron will be answered that the Admiralty in Rotterdam has no warship at hand. They are all at sea and it is far too late to prepare a new one. Apparently the same is the case in Zeeland. The ambassador needs to excuse the States General and ask the deputies of King James to the national synod to travel with a ship ordered by His Majesty.
President: Tjaard van Aylva (Friesland).
Sources: A: 277r; B: 360v–361r. – Related sources and texts: The approved text of the letter to Caron is in The Hague NA, S.G. 5887.

| Zyn gecommitteert die heeren Teylingen, Manmaker ende Gerresteyn omme Zyn Excellentie te begroeten ende verwillecommen, mitsgaders te bedancken over zyne goede sorge ende gedaen moyeten ende goede debvoiren in zyne reyse voer de conservatie ende verzeeckertheyt van den staet van 't lant, die welcke gerapporteert hebben dat Zyn Excellentie Hare Hoog Mogenden voer de voerseide begroetenisse ende bedanckinge wederom heeft bedanckt, begerende dat die voirseide heeren Hare Hoog Mogenden souden willen recommanderen dat de vergaderinge van de voirseide synode gehouden soude moegen werden in Den Hage, overmits Den Hage daertoe veel bequaemer is als de stadt Dordrecht ten respecte dat de Raden ende tsamentlycke collegiën alhier resideren, mette welcke men ondertusschen eenige zaecken sal moegen hebben te communiceren.

Opte brieven ghisteren ontfangen van den ambassadeur Caron is goetgevonden dat men aen den selven sal scryven raeckende het oversenden van een schip van orloge van hier, om uuyt Engelant over te brengen die gecommitteerde van den coninck van Groot Britaignen tot het aenstaende synode nationnal, dat Hare Hoog Mogenden, hebbende daertoe debvoir gedaen, voer antwoirdt van het collegie ter Admiraliteyt tot Rotterdam ontfangen hebben datter geen schip van orloge voer handen en is, maer dat die tzamen in zee zyn, ende om daertoe een ander gereet te maecken den tyt te verre verloopen is, gelyck oyck te zeer onseker soude zyn een uuyt Zeelant te senden, daer apparentelyck oyck egheen gereet en soude wesen, ende dat den tyt van de vergaderinge van de synode precis genomen is, dat Hare Hoog Mogenden

---

(33) Rotterdam] A: *foll. by del.* voer antwoirdt van deselve voerseide Admiraliteyt – (33) hebben] A: *interl. add.* – (37) en] A: *foll. by del.* is

daerom begeren dat hy het senden van een schip van hier will ten besten excuseren ende alle moegelycke debvoiren doen by Zyne Majesteyt ende elders daer dat vereyscht, dat die voirseide gecommitteerde hare reyse herwaerts moegen spoedigen met een schip by Zyne Majesteyt daertoe te ordonneren.

II/1.1–145   13 October 1618
Number of Delegates Expected in Dordrecht and Finances

The deputies concerned report that they expect fifty-six delegates to the national synod from the provinces, twenty-eight foreign ones, five professors and sixteen political delegates. Therefore, the venue, the synodical order and the transport of those who travel round the north from Switzerland and Germany merit consideration, as do costs which are estimated to run to 100,000 guilders. This sum should be distributed among the provinces, which are urged to pay their quota to the receiver-general immediately, so as not to bring the country in disrepute, since there will be expenses from day one. The States General maintain the decision of Dordrecht as the venue. Deputies from Gelderland, Holland and Zeeland will travel to this city to help direct matters as orderly and frugally as possible. The States General also consent to 100,000 guilders for those who attend the national synod. The provinces are urged by letter to send their quota to the receiver-general immediately with their deputies. The latter are asked to recommend this to their principals. Some deputies will sound out Carleton whether it would not be better to give the delegates of King James a per diem allowance instead of treating them in their lodgings, to prevent confusion. The matter of the theologians who are expected to travel round the north is referred to prince Maurice.[55]
President: Tjaard van Aylva (Friesland).
Sources: A: 277v–278r; B: 361v–362r. – Related sources and texts: The approved text of the letter to the provinces is in The Hague NA, S.G. 4933; edited no. II/1.241.

| Die heeren gedeputeerde uuyt elcke provincie een, geconfereert hebbende met malcanderen opte beraminge van het getal van de theologanten die van buyten ende binnen verwacht werden tot het aenstaende synode binnen Dordrecht, rapporteren dat zy ten nauwsten overlegt ende beraempt hebben datter sullen commen sessenvyfftich binnenlantsche, achtentwintich uuytheemsche, vyff professoren ende sesthien politicque, ende dat oversulcx | sal dienen geleth ende ordre gestelt opte plaitsse van de byeencompste, opte

(1) van hier] A: interl. add. – (3) dat] A: prec. by del. doen

[55] In his capacity of admiral-general.

ordre in de sessie, op het convoy van die ghene die van boven uuyt Zwitsserlant ende Duytslant verwacht werden, mitsgaders opte oncosten van de teringen ende anderen van de voerseide comparanten, die welcke die voerseide heeren rapporteurs beraempt hebben tot hondert dusent guldens, ende dat men deselve somme over de Vereenichde provinciën soude moegen ommeslaen ende deselve vermanen ende serieuselyck versoecken dat zy elck hare quote in de voirseide somme metten alderiersten met heure gedeputeerde souden willen oversenden in handen van den ontfanger generael, omme confusiën ende desordren voer te commen, tot disreputatie van 't lant, die wyle men van den iersten dach aen in costen sal moeten vallen.

Hierop gedelibereert zynde, ende die wyle verstaen wordt te blyven by de geresolveerde plaitsse van vergaderinge ende houdinge des synodi binnen Dordrecht, is verdragen dat men sal committeren een uuyt Gelderlant, Hollandt ende Zeelant, die hun naer Dordrecht sullen vervoegen, omme aldaer alles te helpen bestellen ende dirigeren watter noodich is, ten eynde alles ordentlyck ende mette beste menage mach toegaen ende geschieden.

Is noch geaccordeert ende geconsenteert dat men volgende den voerslach van de heeren rapporteurs totte vervallinge van de oncosten van de teringen ende anderen van de comparanten over de provinciën sal ommeslaen de somme van hondert dusent guldens eens, ende deselve provinciën by brieven van Hare Hoog Mogenden ernstelyck vermanen, elck hare quote daerinne promptelyck te willen opbrengen ende senden met heure gedeputeerde in handen van den ontfanger generael, gelyck hiervoeren geadviseert is. Ende zyn die gecommitteerde van de provinciën versocht dese zaecke aen hare principalen respective serieuselyck te willen recommanderen.

II/1.1–146   16 October 1618
Carleton Repeats his Proposition

Carleton comes in and, on express order from King James, repeats his previous proposition that he had presented on 3 October. He will hand in this new proposition in writing.
President: Volkier Sloeth (Overijssel).
Sources: A: 281v; B: 365r. – Related sources and texts: The original proposition is in The Hague NA, S.G. 5887; edited no. II/1.45. Carleton mentions that domestic problems of the States General cause delay in satisfying British subjects and their complaints. The British deputies to the national synod are officially named.

---

(3) welcke] A: foll. by del. hare – (9) tot] A: foll. by del. disp – (13) is verdragen] A: marg. add. – (23-25) Ende...recommanderen] A: marg. add.

II/1.1–147 18 October 1618
Meeting Place of the National Synod

Van Goch and van der Dussen report on their conference with the deputies of Dordrecht on the meeting place of the national synod, and related matters. The States General consent to the plan. The city of Dordrecht will be informed, with the request to call for tender with frugality and diligence, and to be ready on the intended day. The States General will see to payment for the work. Carleton will be asked whether it is better to pay the delegates of James I a lump sum per day or to treat them in their lodgings. Organizing the convoy to transport these delegates is left to prince Maurice.
President: Volkier Sloeth (Overijssel).
Sources: A: 283r; B: 366r–v.

| Die heeren Goch ende van der Dussen hebben gedaen rapport van derselver gebesoigneerde binnen de stadt Dordrecht mette gedeputeerde van deselve stadt, tot accommodatie van de plaitsse van vergaderinge van de geconvoceerde ende gedeputeerde totte aenstaende synode nationael in de selve stadt, metten aencleven ende dependentiën van dien.

Ende by Hare Hoog Mogenden geëxamineert mitsgaders geleth zynde op het model ofte den plant daervan getrocken ende gemaect, hebben Hare Hoog Mogenden tselve goet gevonden ende hun daermede conformerende geresolveert dat men borgermeesteren ende regierders van de voirseide stadt daervan sal adverteren ende deselve vrientelyck versoucken dat zy alles dien volgende mette beste mesnage ende sulcke diligentie willen besteden te maken tegen den bestemden dach, dat daervan egheen mancquement en valle, ende dat Hare Hoog Mogenden behoirlycke ordre sullen besorgen opte betalinge van de wercken.

Is voirts goetgevonden eenige uuyt dese vergaderinge te committeren omme te spreken metten heere ambassadeur Carleton ende Zyn Edele te sonderen off deselve nyet beter en soude vinden dat men die gecommitteerde van Zyne Majesteyt totte aenstaende synode een deputaet penninck 's daegs soude toeleggen tot hare teringen, als dat men deselve in haer logement soude doen tracteren, om confusie ende desordre voer te commen.

Ende alsoo geproponeert is wat voet ende ordre dat men zal nemen op het convoye van de theologanten die van boven verwacht werden, is goetgevonden dat men dese zaecke sal stellen aen Zyn Excellentie omme dies aengaende

---

(19) plant] A: *could be read as* plaet *with a very flat* e; B: plant, plant *in the sense of imprint*. – (19) Hare] A: *foll. by del.* Mo – (21) geresolveert] A: *foll. by del.* ende gelast – (29) nyet] A: *foll. by del.* goet soude vinden – (30) een deputaet] A: *interl. add. repl. del.* eenigen penning – (30) daegs] A: *interl. add. repl. del.* dagelycx – (35) aen] A: *foll. by del.* handen in handen van

II/1.1–148 18 October 1618
Louis XIII will Allow Two Delegates

RSG 3610

Langerak writes, in a letter of 9 October, that he sent a copy of his proposition to Louis XIII. He reports that the King, overlooking difficulties and only to satisfy the States General, with hope for a good accommodation to bring peace to the Republic, will tolerate that two ministers attend the national synod, especially Du Moulin, and hopefully also Rivet, who lives nearby. Langerak, on receiving a letter from the States of Holland of 20 September requesting to send four ministers with a promise of safe return, has sent an express messenger to the court to urge this. On the advice of Langerak, the States General write to Luynes to thank him for his good offices concerning the two ministers and ask him to try for four.

President: Volkier Sloeth (Overijssel).

Sources: A: 283r; B: 366r–v. – Related sources and texts: The original letter from Langerak with a copy of his proposition is in The Hague NA, S.G. 6756; the letter edited no. II/1.97; the proposition in no. II/1.96; the letter from the States of Holland in no. II/1.90. The approved text of the letter to Luynes is not preserved.

283r A

| Ontfangen ende gelesen eenen brieff van den heere van Langerac, gescreven binnen Parys den ix^{en} deses, daerby hy adverteert dat Zyne Majesteyt op zyne ernstige instantie ende gedaen goede debvoiren, gelyck te sien is by de copie van zyne propositie die hy benevens zynen brieff oversendt, eyntelyck vercregen heeft, dat Zyne Majesteyt (postponerende alle difficulteyten ende alleenelyck aensiende het contentement ende het herttelyck versouck van Hare Hoog Mogenden, op hoope van een goet accommodement ende vereeniginge totten ruste van de Republicque ende van de goede ondersaten van deselve te vreden soude zyn vryelyck te laten passeren ende repasseren by forme van eene tollerantie (doch zeeckere ende vast) die twee predicanten van de versochte vier, insonderheyt ende boven al M. Du Molyn, ende belangende den tweeden tot zyn compaignon versocht als naest geseten M. Rivet (doch dat hy van nyeuws aenhoudt door een expres edelman by hem den achtsten deses naer 't hoff gesonden met de brieven van eendrachtige intentie ende versouck van den heeren Staten van Hollandt ende Westvrieslant als van wegen de gantsche provintie in dato den xx^{en} der voorlede maent, by hem den achtsten deser ontfangen, ten eynde de vier genomineerde predicanten, als sunderlinge bequaem zynde, souden moegen herwaerts over commen, ende geëmployeert

(1) ende] A: interl. add. – (23) zynden] A: foll. by del. propositie – (27) totten] A: interl. add. repl. del. ende

werden onder de belofte ende borchtocht in den voirseiden brieff gemencionneert).

Is op het advis van den heere van Langerack goet gevonden te scryven eenen goeden brieff van bedanckinge aen den heere van Luines voer de goede officiën by Zyn Excellentie aen den Coninck gedaen, ten eynde twee van de versochte predicanten uuyt Vranckryck alhier opte synode nationnal souden werden gesonden, met ernstelyck versouck dat Zyn Excellentie gelieve daerinne te continueren ende soo vele van Zyne Majesteyt te impetreren dat de vier versochte predicanten moegen commen.

II/1.1–149   18 October 1618
Maurice will Attend to Convoy

The matter of the convoy for the delegates who arrive from the north is left to Maurice.
President: Volkier Sloeth (Overijssel).
Sources: A: 285r; B: 368v.

| Is wederom de dispositie van het convoy van de theologanten ende andere gedeputeerde die van boven[56] verwacht werden om te compareren op het aenstaende synode nationnal geremitteert ende gestelt aen Zyn Excellentie omme dies aengaende te ordonneren gelyck deselve voer de beste ende meeste verzeeckertheyt van de voirseide gedeputeerde sal bevinden te behoiren.

II/1.1–150   19 October 1618
Book by Hommius

Festus Hommius, minister in Leyden, receives 150 guilders for the dedication of a book on the religious controversies in the country.
President: Volkier Sloeth (Overijssel).
Sources: A: 287r; B: 371r. – Related sources and texts: The resolution printed in Dodt van Flensburg, VII, 43.

| Is Festo Hommio, bedienaer des goddelycken woordts binnen Leyden, toegeleet hondert vijfftich guldens voir zeecker bouck by hem aen Hare Hoog Mogenden gedediceert ende gepresenteert geïntituleert "Specimen controversiarum Belgicarum", etc.[57]

(8) te] *A: foll. by del. cont* – (8) te] *A: interl. add.* – (18) synode] *A: marg. add.* – (28) Hommio] *A: interl. add. repl. del.* Hondio

[56] From the north.
[57] Hommius, *Specimen* (Knuttel 2718).

II/1.1–151   20 October 1618
French King Withdraws Consent to Send Delegates

Langerak reports that Louis XIII, having received letters from his ambassadors in The Hague, has withdrawn his consent for two ministers to assist at the national synod. The States General decide to communicate with Maurice. Because Boissise and Du Maurier seem to have complained about disrespectful treatment, two or three deputies will visit them.
President: Volkier Sloeth (Overijssel).
Sources: A: 287v; B: 371r–v. – Related sources and texts: The original letter from Langerak, incorrectly dated 26 October, is in The Hague NA, S.G. 6756; edited no. II/1.99.

| Ontfangen eenen brieff van den heere van Langerack, gedateert by abuys den xxvi^en deses, inhoudende advis dat Zyne Majesteyt, ontfangen hebbende scryven van de heeren Zynes Majesteyts ambassadeurs extraordinaris ende ordinaris alhier, daerby haer edele Zyne Majesteyt adverteren van de antwoirdt by hun van Hare Hoog Mogenden ontfangen opte invective propositie die zy by last van Zyne Majesteyt hadden gedaen tegen den heere van Sommeldyck, gerevoceert hadde het consent by conniventie by hem gegeven totte overcompste alhier van twee predicanten om te assisteren de geconvoceerde synode nationnael binnen Dordrecht.

Ende daerop gedelibereert zynde, is goetgevonden dat men de voirseide brieff Zyn Excellentie sal communiceren. Ende die wyle de voirseide heeren ambassadeurs schynen hun aen Zyne Majesteyt beclaeght te hebben over het cleyn respect dat men hare persoonen alhier soude defereren ende dragen, dat ondertusschen een, twee of drye uuyt dese vergaderingen den voirseide heere ambassadeur Boissize in zyn logement sullen gaen besoecken ende onderhouden.

II/1.1–152   20 October 1618
States General to Send an Embassy to England about East Indian Matters

The answer to ambassador Carleton is approved and will be handed over. An embassy will go to England to settle all complaints on East Indian matters.
President: Volkier Sloeth (Overijssel).
Sources: A: 288v; B: 372v–373r. – Related sources and texts: The answer to Carleton is inserted into the Net Resoluties only. The approved text, dated 19 October 1618, is in The Hague NA, S.G. 5887.

(18) hadde] A: *marg. add.* – (25) den] A: *prec. by del.* he

| Is gelezen het concept van de antwoirde opte propositiën alhier ter vergaderinge gedaen by den heere Carleton, ambassadeur des conincx van Groot Britanniën, by last van Zyne Majesteyt. Ende gearresteert gelyck deselve hierna volght geïnsereert. Ende goetgevonden dat die heeren die met zyn edele in communicatie zyn geweest, hem deselve sullen behandigen.

II/1.1–152a [Summary of answer to Carleton: The States General ask ambassador Carleton to impart to King James their decision to send some commissioners and some deputies of the East India Company to England, with instructions to act to satisfy His Majesty and to end all complaints.]

II/1.1–153   20 October 1618
Retinue of English Delegates

Goch and Joachimi have communicated with Carleton, both on the reception of the bishop and the other delegates of King James, as well as on the embassy about the East Indies. They report that Carleton has no suggestions concerning the theologians, having no experience of these ceremonies. He believes that the bishop may arrive with eight or ten people, the dean with four, and the others with one or two each.
President: Volkier Sloeth (Overijssel).
Sources: A: 289r; B: 373r–v.

| D' heeren Goch ende Joachimi, in communicatie geweest hebbende metten heere ambassadeur Carleton op het ontfangen ende tracteren van den bisschop ende anderen theologanten die Zyne Conincklycke Majesteyt van Groot Britanniën alhier is sendende op de synode nationnal ende Zyn Edele aengeseet hebbende dat Hare Hoog Mogenden eyntelyck geresolveert hadden hare gecommitteerde te senden naer Engelant, gelast om te handelen opte combinatie van de Oostindische compagnieën, mitsgaders opte accommodatie van de clachten die ten beyden zyden gedaen zyn over d'excessen gepleeght in Oost Indiën ende Groenlant, rapporteren voir soo vele aengaet het ontfangen ende tracteren van de voirseide bisschop ende theologanten dat Zyn Edele daerop nyet en weet te seggen off te adviseren, die wyle hy in sulcke ceremoniën onervaren is, dan dat hy meent dat den bisschop met zyn suite sal moegen commen zyn achten oft thien sterck, den deecken vier ende d'anderen elck twee oft drye.

[The remaining part of the resolution is about the embassy to England].

(4) zyn] A: foll. by del. Excellentie – (21–23) op ... nationnal] A: marg. add. – (32) moegen] A: foll. by del. sterck

II/1.1–154   22 October 1618
Du Jon Junior Receives Money

Johan Casimir Du Jon receives 75 guilders, out of consideration for the services of his father Franciscus Junius.
President: Volkier Sloeth (Overijssel).
Sources: A: 290v; B: 375r. – Related sources and texts: Printed in Dodt van Flensburg, VII, 44.

| Is Hans Casimir du Jon, sone D. Francisci Junii, in zyn leven gewesen professeur in de theologie tot Leyden, in consideratie van de goede diensten by den selven des suppliants vader de gemeene zaecke gedaen, toegeleet de somme van vijfentzeventich guldens.

II/1.1–155   22 October 1618
Advice of Maurice on France

Joachimi reports that according to Prince Maurice the States General should wait for the answer Langerak will receive in France to the States General letter about lord Sommelsdijck. In the meantime, a few deputies of the States General could visit and compliment Boissise, but without being too eager. The States General agree. The first subject will be the embassy to England.
President: Volkier Sloeth (Overijssel).
Sources: A: 291r; B: 375v.

| Heeft noch die voirseide heere Joachimi gerapporteert dat hy Zyn Excellentie gecommuniceert hebbenden de laeste brieven van den heere van Langerac, deselve Zyn Excellentie soude goetvinden dat men affwachte wat den heere van Langerac voir antwoirdt sal ontfangen opte brieven die Hare Hoog Mogenden aen den coninck lest hebben gescreven opte invective propositie gedaen by den heere van Boissize tegen den heere van Sommeldyck,[58] goetvindende dat ondertusschen by occasie ende gelegentheyt eenige uuyt dese vergaderinge den heere van Boissize gaen visiteren ende onderhouden, by acquist ofte complimenten, maer nyet dat het geschiede by affectatie. Het welcke Hare Hoog Mogenden oyck hebben goet gevonden. Ende dat men voer ierst subject sal nemen opte voergenomen besendinge naer Engelant.

(8) Junii] A: foll. by del. professor – (9) goede] A: interl. add. – (10) toegeleet] A: interl. add. – (27) ende...gelegentheyt] A: interl. add. – (29) affectatie] B: affectuatie – (31) opte] A: foll. by del. besendinge die na Engelant geschiet

[58]   François van Aerssen was lord of Sommelsdijk.

RSG 3662 **II/1.1–156   24 October 1618**
Reimbursement for Journey to Dordrecht

Goch and Van der Dussen receive 28 guilders, 5 stivers, for their journey to Dordrecht.
President: Abel Coenders van Helpen (Groningen).
Sources: A: 292v; B: 380r.

| Gesien de declaratie van de oncosten gedaen by de heeren Goch ende van der Dussen opte reyse by hen gedaen na Dordrecht by ordre ende commissie van Hare Hoog Mogenden omme metten magistraet aldaer te despiciëren eene bequame plaitsse tot het houden van de synode nationael, met 'tgene daervan dependeert, bedragende 't samen achtentwintich guldens vyff stuyvers, is deselve alsoo gepasseert ende geaccordeert daervan te depescheren ordonnantie opten ontfanger generael.

292v A

RSG 3680 **II/1.1–157   25 October 1618**
Commission and Instruction for State Delegates

A proposal to appoint a committee to draft a commission and an instruction for those from the provinces who will, in the name of the States General, preside over the national synod is postponed.
President: Abel Coenders van Helpen (Groningen).
Sources: A: 295v; B: 384v.

| Is voergeslagen of 't nyet dienelyck en soude syn eenige te committeren omme te concipiëren de commissie ende instructie voer die ghene die van wegen Hare Hoog Mogenden uuyte provinciën in de synode nationnal sullen presideren. Maer alnoch in bedencken te houden daerop te resolveren.

295v A

RSG 3699 **II/1.1–158   29 October 1618**
Delegates from Bremen and Emden

Bremen writes that it has appointed Matthias Martinius, Heinrich Isselburgius and Ludwig Crocius to attend the national synod. The States General read the proxy letter of the city of Emden for Daniel Eilshemius and Ritzius Lucas [Grimersheim] to the same purpose. Both letters will be copied for the office. The deputies will get the originals back to present them in the national synod.
President: Jacob Both van der Eem (Gelderland).
Sources: A: 299r; B: 387v–388r. – Related sources and texts: The letter from Bremen is edited no. II/1.225; the letter from Emden in no. II/1.231.

(11) achtentwintich] A: prec. by del. achtenw[?]

299r A | Ontfangen ende gelesen eenen brieff van eenen eerbaren raedt der stadt Bremen, aldaer gedateert den ix^{en} deses ouden style, daermede Hare Edele totte synode binnen Dordrecht affgeveerdicht hebben hunne theologos, namentlyck Matthiam Martinium, Henricum Iselburgium ende Ludovicum Crocium, doctoren in de theologie ende professoren in hare schole.

Is voirts gelesen eene procuratie van borgermeesteren ende raadt der stadt Embden, aldaer gedateert, gecachetteert ende geteeckent den xiii^{en} deses ouden style, spreeckende opte eerwaerdige hoogh- ende welgeleerde hare kerckendienaren Danielem Bernhardi Eilshemium ende Ritzium Lucae die welcke haer edele committeren om van harentwegen te compareren op de aenstaende synode nationael binnen Dordrecht, bescreven tegen den iersten Novembris naestcommende.

Ende goetgevonden dat men van den voirseiden brieff van Bremen ende dese procuratie sal doen maecken copie, om ten comptoire te blyven ende de originale aen de voirseide gecommitteerden respective wederom te geven om hun opte voirseide synode daermede te dienen ende authoriseren.

II/1.1–159   29 October 1618
Holland Consents to National Synod; Asks for More Delegates and Votes

RSG 3703

Holland hands in a declaration asserting that from the beginning of the ecclesiastical disputes a synodical assembly has been proposed. Many considerations and difficulties have been brought forward, but the States of Holland, seeing that the conflicts continued and grew, have now, on the insistence from both within the country and abroad, consented to conform to the other provinces and to convene a national synod and preparatory provincial synods. They have urged the provincial synods of South and North Holland to convene in order to assist the national synod with deputies from these synods and to commit political persons to the same end. They trust that God Almighty will grant his blessing and corroborate the Christian intentions of the States General towards peace and unity for the country, the churches and inhabitants. Since there are more than five hundred churches in Holland, the province asks for six political persons with three votes. The States General postpone a decision.
President: Jacob Both van der Eem (Gelderland).
Sources: A: 299v–300r; B: 388r–v. – Related sources and texts: The declaration of Holland is inserted both in the Minuut Resoluties and the Net Resoluties. The declaration is printed in RSH, 27 October 1618, 812.

(9) Ritzium] B: Rutzium – (9) die] A: prec. by del. beyde – (15) te] A: interl. add. – (16) dienen] A: marg. add. repl. del. behulpen

| De gecommitteerde van de Edele Mogende heeren Staten van Hollandt hebben alhier ter vergaderinge van wegen hare principalen overgelevert by gescrifte de verclaringe hierna volgende geïnsereert.

II/1.1–159a Die Staten van Hollandt ende Westvrieslant verclaren dat in de vergaderinge van hare Edele Mogenden van den beginne dat de religioens ende kerckelycke disputen ende oneenicheyden zyn ontstaen, tot nederlegginge van de selve het houden van de kerckelycke ende synodale vergadering is voorgeslagen. Ende hoewel daerjegens vele consideratiën ende difficulteyten zyn gemoveert, dat nochtans hare Edele Mogende, bemerckende de continuatie ende vermeerderinge van de voirseide misverstanden, ende opte serieuse instantiën ende aenmaningen die soo van binnen- als buytenslants omme een nationnale synode werden aengewent daerop te meermalen ernstelyck hebben gedelibereert ende eyntelyck goetgevonden opte convocatie van de nationale ende preparatoire provinciale synoden haer te conformeren nevens d'anderen provintiën, volgens de verclaringen by de selve tot conservatie ende voerstant van hare hoocheyt, vry- ende gerechticheyden respectivelyck gedaen, aengenomen ende bewillicht, ende hebben hare Edele Mogenden ten selven eynde hare provinciale synoden in Zuyt- ende Noorthollandt tytelyck doen uuytscryven met meeninge omme doer gedeputeerde uuyte voerseide synoden ende die Hare Edele Mogenden als politicque persoonen daer nevens sullen committeren, de aenstaende nationale synode ter bestembder tyt ende plaitsse te laten assisteren, vertrouwende dat Godt Almachtich daertoe Zynen genadigen segen sal verleenen ende de Christelycke intentiën van de heeren Staten Generael tot der landen, kercken ende ingesetenen welvaren, ruste ende eenicheyt laten gedyen. Gedaen in Den Hage den xxvii^{en} Octobris anno xvi c ende achtien. Onder stont gescreven: Ter ordonnantie van de Staten ende was geteeckent: A. Duyck.

Hiertoe hebben die voirseide heeren van Holland by monde gevoeght dat hare principalen versoecken ten regarde van het groot getal der kercken in Hollandt (die vyff hondert zyn) dat Hare Edele Mogenden sullen moegen committeren ende hebben op de Synode sess politicque persoonen uuyten haeren die hebben sullen drye voisen, die welcke Hare Hoog Mogenden aengenaem sullen wesen, ende last hebben de zaecken ten besten te helpen voerderen.

Is naer | gedaen omvrage dit versouck gehouden in bedencken tot morgen, maer geordonneert dat men de voirseide scriftelycke verclaringe te bouck sal brengen ende registreren.

(11) binnen-] B: *underlined* brieven *and marg. add. repl.* binnen – (30) van...kercken] A: *marg. add. repl. del.* van de menichte van de kercken – (32) op] A: *prec. by del.* tot – (36) dit] A: *prec. by del.* dese

II/1.1–160   31 October 1618
Six Delegates for Holland

Holland asks for a decision on their proposal. Gelderland, Zeeland, Utrecht, Friesland, Overijssel en Groningen are willing to consent that Holland sends six political persons to the synod on the premise that other provinces that want to do so may also send more politicals. The request for three votes is a matter of consequence on which the other provinces do not want to declare yet.
President: Jacob Both van der Eem (Gelderland).
Sources: A: 302v; B: 391r–v.

| Die heeren gecommitteerde van Hollandt versoecken te verstaen Harer Hoog Mogender resolutie opte overgegeven verclaringe ende gedaen versouck van wegen hare principalen opten xxix^{en} deses, ten selven dage hiervoere te bouck gestelt, daerop dat de provinciën van Gelderlant, Zeelant, Utrecht, Vrieslant, Overyssel ende Stadt Groeningen ende Ommelant verclaert hebben dat zy sonder prejuditie wel consenteren dat die van Hollandt in de synode sullen moegen hebben sess politicque persoonen, dies dat d'andere provinciën die dat sullen begeren haer getal van hare politicque oyck sullen moegen vermeerderen, maer voer soo vele by die van Hollandt versocht werdt dat de voirseide sess politicquen souden gegundt werden drye voisen, hebben d'andere provinciën opgehouden hun daerop te verclaren omme dat dese zaecke is van meerder consideratie.

II/1.1–161   1 November 1618
Meeting Place Ready Before 1 November

The magistrate of Dordrecht answers on 30 October that the meeting place for the national synod will be ready the next evening. They will do their utmost to maintain the honor of the country in receiving, lodging and accommodating the foreign delegates.
President: Jacob Both van der Eem (Gelderland).
Sources: A: 303; B: 392r. – Related sources and texts: The original letter from Dordrecht is in The Hague NA, S.G. 4933; edited no. II/1.243. It is an answer to a notification dated 29 October from the States General to Dordrecht that does not feature in the resolutions and is not to be found in their archives. It states which delegates have arrived in The Hague. The magistrate of Dordrecht reports that altogether five deputies from Bremen and Emden have arrived in the city, plus one gentlemen from the Palatinate who travelled over Emden. Two gen-

---

(14) hebben] A: interl. add. – (18) versocht werdt] A: interl. add. repl. del. versoecken – (20) opgehouden] A: prec. by del. oph

tlemen from Groningen have also arrived. All will be lodged with citizens. It is uncertain whether the deputies from England have indeed arrived in Zeeland.

| Ontfangen eenen brieff van borgermeesteren ende regierders der stadt Dordrecht van den xxx^{en} der voerleder maent, houdende antwoordt opten brieff van Hare Hoog Mogenden van den xxix^{en} derselver maent, te weeten dat de plaitsse van den synodale vergaderinge sal morgen avont gereet zyn ende dat zy voorts alle debvoir sullen doen om des lants eere te bewaren soo veele doenelyck is in 't ontfangen, logeren ende accommoderen van de uuytheemsche gedeputeerde totte synodale vergaderinge.

II/1.1–162   1 November 1618
Instruction and Commission for the State Delegates

In the afternoon an instruction and commission for the state delegates from the provinces to the national synod will be drafted.
President: Jacob Both van der Eem (Gelderland).
Sources: A: 303v; B: 392r.

| Is goetgevonden dat men na den middach sal treden in de besoigne om te concipiëren d' instructie ende commissie voer de politicque gecommitteerde van de provinciën op de synode nationnal.

II/1.1–163   2 November 1618
Delegates from Switzerland and the Palatinate

Brederode reports that the four cantons of Switzerland will send five delegates, Johann Jakob Breitinger from Zurich, Markus Rütimeyer from Bern, Sebastian Beck and Wolfgang Mayer from Basel, and from Schaffhausen Jokann Konrad Koch. The Elector of the Palatinate has delegated another two theologians, Abraham Scultetus and Paulus Tossanus. The third one, Heinrich Alting, has traveled south via Bremen. Brederode has not heard from Hesse but does not doubt that the Landgrave will send people. Because more theologians will arrive than have been invited, the deputies from Dordrecht present [Hugo Muys, Cornelis de Witt] are asked to adapt the meeting room and to find lodgings. The magistrates of Zurich, Bern, Basel and Schaffhausen write from Zurich which theologians they have nominated and sent.
President: Jacob Both van der Eem (Gelderland).
Sources: A: 304v–305r; B: 393v–394r. – Related sources and texts: The original letter from Brederode is in The Hague NA, S.G. 6018; edited no. II/1.177. The original letter from the Swiss cities is not preserved in the archives of the States General. Edited no. II/1.169.

II/1.1 STATES GENERAL RESOLUTIONS RELATING TO THE CONVENING OF THE SYNOD 219

304v A | Ontfangen eenen brieff van den agent Brederode, gescreven binnen Heydelbergh den xviii^{en} der voerleder maent, daerby hy adverteert dat de vier cantons in Zwitsserlant affsenden tot het synode nationnal vyff voerneme theologos, als een van Zürich genaempt Johan Jacob Bretinger, haren voerneempsten predicant, een van Bern genaempt Marcus Ruttemeir, doctor in de Heylige Scrift, twee van Basel, d'eene genaempt Sebastianus Beckius, doctor ende professor in de Heylige Scrift in hare vermaerde universiteyt, ende eenen voernemen predicant genoempt Wolffganck Maierus, oyck doctor theologiae, ende een van Schaffhuysen genoempt Joannes Conradus Kockius, mede aldaer voerneme predicant, hebbende zyne cheurfurstelycke hoocheyt
305r A paltzgraeff gecommitteert noch twee theologen, | den eenen genaempt Abrahamus Schultetus ende den anderen Tossanus, alle beyde doctores in de Heylige Scrift, adviserende dat den derden, te weten doctor Altingius is hiervooren doir Bremen onderwaerts getogen met eenen scryver ende twee dienaers, sonder dat hy tydinge heeft van die van Hessen, hoewel hy nyet en twyffelt oft zyne Furstlicheyt en sal deselve schicken.

[The second letter of Brederode concerns the war in Bohemia.]

305r A | Opten voerseiden iersten brieff is goetgevonden die van Dordrecht alhier ter vergaderinge present wesende te vermanen, die wyle zy daeruuyt verstaen datter meer theologi commen alsser bescreven zyn, dat zy de plaitsse van vergaderinge daerna willen accommoderen ende meer logementen dispiciëren om die te logeren.

Ontfangen een brieff van borgermeesteren, schultessen ende raedt der steden Zürich, Bern, Basel ende Schaffhuysen, gedateert tot Zürich den xxiii^{en} Septembris lestleden, daerby haer edele adverteren heure nominatie ende affsendinge van hare theologos op de synode nacionnal binnen Dordrecht, by name in den voirseide brieff geëxpresseert, volgende het advis van den voirseiden agent Brederode.

II/1.1–164 2 November 1618 RSG 3743
Professor and Two State Delegates from Zeeland

Zeeland has committed Antonius Walaeus, professor of theology in Middelburg, to the Synod of Dordt and ask the States General to invite him. But they will have to do so themselves, like the other provinces have done with theirs. Zeeland has nominated the state delegates Jacob van Campen, member of Gecommitteerde Raden, and Simon Schotte, secretary of Middelburg.
President: Jacob Both van der Eem (Gelderland).
Sources: A: 305r; B: 394r.

(2) den] A: foll. by del. xix – (2) der] A: foll. by del. voerseide – (13) adviserende dat] A: interl. add. – (20) de] A: interl. add.

| Die heeren gecommitteerden van Zeelant hebben aengedient dat heure principalen van harentwegen op de aenstaende Synode binnen Dordrecht gecommitteert hebben dominum Anthonium Valesium als een doctor ende professor theologie in hare illustre ende hoochschole binnen Middelburch, versoeckende dat Hare Hoog Mogenden gelieven den selven Valesium daertoe te bescryven.

Hierop gedelibereert zynde, hebben Hare Hoog Mogenden de voirseide nominatie gedaen by de heeren Staten van Zeelant wel goetgevonden, maer alsoo Hare Hoog Mogenden egheen anderen professoren en hebben bescreven, versoecken daerom dat die van Zeelant den voerseiden dominum Anthonium Valesium selff willen bescryven, gelyck d'andere provinciën gedaen hebben, het welcke haer edele aengenomen hebben te sullen doen.

Die van Zeelandt verclaren noch dat zy voer politicos uuyt hare provincie gekosen ende genomineert hebben meester Jacob van Campen, gecommitteerde raad van de heeren Staten van Zeelant ende meester Simon Schot, secretaris der stadt Middelburch.

RSG 3745

II/1.1–165 2 November 1618
Two State Delegates from Gelderland

Gelderland appoints as state delegates Martinius Gregorii and Henrick van Essen, both counsellors in the Provincial Court of Gelderland.
President: Jacob Both van der Eem (Gelderland).
Sources: A: 305v; B: 394v.

| Die van Gelderlant verclaren dat heure principalen tot politicos uuyt Gelderlant gecommitteert hebben d'heeren Martinum Gregorii ende joncker Hendrick van Essen, raeden in den Hove Provinciael van Gelderlant.

RSG 3743

II/1.1–166 2 November 1618
Delegates from the Palatinate

The Elector of the Palatinate sends Abrahamus Scultetus, Paulus Tossanus and Heinrich Alting, all from Heidelberg.
President: Jacob Both van der Eem (Gelderland).
Sources: A: 306r; B: 394v. – Related sources and texts: The Palatine Elector's letter is edited no. II/1.116.

(2–3) gecommitteert hebben] A: *interl. add.* – (7) hebben] A: *prec. by del.* hebbende – (11–12) gelyck ... hebben] A: *marg. add.*

306r A | Ontfangen eenen brieff van den cheurfurst paltzgraeff, gedateert den xxx^en Septembris lestleden, daerbij Zyne Cheurfurstliche Hoocheyt adverteert de sendinge van zyne theologos tot de synode nationnal binnen Dordrecht, als namentlyck DD. Abrahamum Schultetum, Paulum Tossanum ende Henricum Altingh, doctores theologiae ende respective kerckenraedt ende professoren tot Heydelberch.

II/1.1–167   2 November 1618
Votes for Holland, Finances, Commission and Instruction

RSG 3745

Holland insists again on six state delegates with three votes. No final decision is taken. Holland recommends authorizing the receiver-general to negotiate a loan of 100,000 guilders for the national synod; and also that the deputies of the provinces urge their principals to pay their quota in that sum. They also recommend a particular receiver for this money (the space left blank). The committee will first deal with the draft for the commission and instruction of the state delegates who will go to the synod in the name of the States General. It may also decide on a competent receiver and his salary. Two extraordinary deputies are committed to this end, Goch and Pauli.
President: Jacob Both van der Eem (Gelderland).
Sources: A: 306r; B: 394v.

306r A | Die van Hollandt hebben wederom instantie gedaen dat hare sess politici in de synode souden toegestaen ende geaccordeert werden te nomineren ende hebben drye stemmen. Maer en is daerop nyet finalyck geresolveert.

Recommanderen voirts dat den ontfanger generael geauthorizeert soude werden te negociëren over alle de provinciën de somme van hondert dusent guldens eens, gedestineert voir ierst tot betaelinge van de oncosten van de aenstaende synode binnen Dordrecht. Ende dat d' heeren gedeputeerde van de provinciën by derselver principalen respective debvoir souden willen doen, ten eynde zy willen opbrengen metten iersten haere quote tot het remboursement van de voirseide somme, recommanderende tot een particulier ontfanger ende despencier van de selve somme [space left blank for a name].

Maer alvoeren op het laeste point te resolveren, is verstaen dat die heeren gecommitteerde ierst sullen besoingneren opte commissie ende instructie van de politicque persoonen die van wegen Hare Hoog Mogenden op de synode nationnal sullen compareren, die welcke meteenen sullen moegen dispiciëren op een bequaem persoon tot ontfanger ende dispencier van de voorseide

(1) paltzgraeff] A: foll. by del. paltzgraeff – (2) septembris] A: prec. by del. deses – (4) DD.] A: interl. add. – (21–22) ende hebben] A: interl. add. – (22) is] A: foll. by del. daerop – (25) eens] A: marg. add. – (30) selve] A: interl. add. repl. del. illegible word voorseide – (32) besoigneren] A: foll. by del. ende concipiëren

hondert dusent guldens ende desselffs gaigen. Ende werden hiertoe gecommitteerd als extraordinaris gedeputeerde d' heeren Goch ende Pauli.[59]

II/1.1–168   3 November 1618
Welcome to British Delegates

The bishop and the other theologians sent by King James ask for an audience on Monday. A deputy from Holland and one from Zeeland will welcome them.
President: Jacob Both van der Eem (Gelderland).
Sources: A: 306v; B: 395v.

| Op 't aengediende dat alhier in Den Hage zyn aengecommen den bischop ende anderen theologanten die by den coninck van Groot Britaigniën gecommitteert zyn ende gesonden werden op de synode nationnal binnen de stadt Dordrecht ende dat deselve voerhebben te versoecken audiëntie tegen Maendage naestcommende ter vergaderinge van Hare Hoog Mogenden, is goetgevonden te committeren een uuyt Hollandt ende een uuyt Zeelant om den voerseiden heere bisschop ende anderen theologanten te verwillecommen ende congratuleren derselver aencompste alhier.

II/1.1–169   3 November 1618
Invitation by Châtillon

Lord Châtillon writes express from Paris to invite the States General to be godfathers to his young son and Langerak to be present at the baptism on their behalf. This matter is postponed by request of Holland. In the meantime, it will be looked up how much Cecil and Horatio Vere have received as a godparents' gift.
President: Jacob Both van der Eem (Gelderland).
Sources: A: 306v; B: 396r. – Related sources and texts: The original letter from Châtillon is in The Hague NA, S.G. 6756.

| Ontfangen eenen brieff van den heere van Chastillon[60] van den xxx[en] Octobris lestleden, gescreven binnen Parys ende gesonden met een edelman expres, daerby hy Hare Hoog Mogenden noodicht tot gevaders van zynen

---

(9) aengecommen] A: prec. by del. aengedient – (10) anderen] A: interl. add.

[59] Most likely Herman Jansz. Hallincq. Members of his generation in his family also took the name Pauli after a forefather. Herman in 1626 became, like his father, a member of the Chamber of Accounts of the province of Holland, and was therefore a financial expert. He was a magistrate of Dordrecht at the time.
[60] Gaspard III de Coligny, lord of Châtillon, colonel, general of the French regiments in the States army.

jongen soon,[61] versoeckende dat gecommitteert soude werden om over den heyligen doop desselffs van wegen Hare Hoog Mogenden te staen den heere van Langerac.[62] Maer is dese zaecke in bedencken gehouden ten versoecke van die van Hollandt ende goet gevonden dat men ondertusschen sal doen opsoecken wat anderen, als namentlyck den heere Cecil ofte Horatio Veer, oversten, voir vereeringe tot een pillegave bejegent ende gedaen is.

II/1.1–170   3 November 1618
Credentials for Hessian Delegates

RSG 3752

The Landgrave of Hesse gives credentials for professor Georgius Cruciger from Marburg, professor Paulus Steinius from Kassel, Daniel Angelocrator, superintendent of Hesse, and professor Rudolphus Goclenius.
President: Jacob Both van der Eem (Gelderland).
Sources: A: 307r; B: 396r. – Related sources and texts: The letter from the Landgrave of Hesse, dated 17 October 1618, appears to be missing.

| Ontfangen eenen brieff van den Landgrave van Hessen van den xvii[en] der voerleder maent, daermede Zyne Furstelicheyt zyne theologos sendt op de aenstaende synode binnen Dordrecht, namentlyck die weerdige, hooge ende welgeleerde Georgium Cucilenum, sacrae theologiae doctorem et rectorem der lobliche universiteyt Marburch et professorem ordinarium logices, D. Paulum Stencium, decanum des furstelycken collegii in Cassel,[63] oyck professorem theologiae, D. Danielem Angelocratorem superintendenten des furstendombs Hessen ende farheeren in Mansburch, M. Rodolphum Cochlenium, primarium professorem theologiae.[64]

II/1.1–171   5 November 1618
Langerak to Attend Châtillon Baptism and to Urge Sending of French Delegates

RSG 3764, 3765

The States General accept the invitation of Lord Châtillon to be godfathers to his son, which is not to be a precedent. Langerak is instructed to be present at the baptism with the other godparents. The gift will be 1200 guilders. Since Louis

---

(17) die] A: foll. by del. hooge ende – (21) Angelocratorem] B: Angeluccatorem, – (22) in] A: foll. by del. Magdenburch

[61] Maurice de Coligny.
[62] It was usual that the States General when asked to be godfathers in foreign lands, committed an ambassador or agent to be present at the baptism.
[63] Collegium Adelphicum Mauritianum.
[64] Rudolphus Goclenius was actually a professor of philosophy.

XIII *earlier allowed, (and then withdrew permission to), two delegates of the French churches to attend the national synod, which is to the benefit of peace in this country and to his own advantage, ambassador Langerak is also instructed to do his utmost to urge the King to please the States General, because the synod will only deal with matters concerning the appeasement of the ecclesiastical differences. The States General answer Châtillon that they are pleased that God has granted him a son. They wish that he may grow up in the fear of the Lord and obedience to his parents, to be a healthy and competent man. They have committed Langerak to be present at the baptism. While the King of France has consented to allow two delegates of the French churches to attend the national synod, Châtillon is kindly asked to induce the King to favor the States General in this way, to the benefit of peace and tranquility in this state and to his own advantage.*
President: Adriaan van Matenesse (Holland).
Sources: A: 309r–v; B: 398r–v. – Related sources and texts: The approved text of the letter to Châtillon is in The Hague NA, S.G. 6756; edited no. II/1.101. The approved text of the letter to Langerak has not been preserved.

| Gedelibereert zynde opten brieff voerleden saterdach ontfangen van den heere van Chastillon van den xxx^en Octobris, daerby zyn edele met een edelman expres Hare Hoog Mogenden adverteert dattet Godt gelieft heeft hem te verleenen eenen jongen soon, noodende Hare Hoog Mogenden om te staen over den heyligen doop desselffs ende dat zy daertoe van harent wegen souden gelieven te committeren den heere ambassadeur Langerac, is om verscheyden goede consideratiën eenparichlyck verstaen ende geaccordeert dat men de voirseide noodinge ten doop van Hare Hoog Mogenden sal danckelyck aennemen, sonder prejuditie ende consequentie, ende dien volgende den heere ambassadeur Langerac aenscryven ende committeren den voirseiden jongen soon ten doope te presenteren ende van wegen Hare Hoog Mogenden mette anderen gevaders daerover te staen, ende den voirseiden heere van Chastillon te vereeren tot eenen gedachtenisse voir zynen soon eene pillegave ter weerde van den somme van twaalff hondert guldens eens, sulcx als hy beste ende dienelycxte sal vinden, ende zyne edele deselve presenteren mette beste complimenten daertoe dienende. Hebbende voirts Hare Hoog Mogenden hem gelast aen hem te scryven dat Haren Hoog Mogenden ernstelyck begeren, nademael Zyne Conincklycke Majesteyt van Vranckeryck heeft geconsenteert dat by conniventie twee gedeputeerde van de Fransche kercken van de Gereformeerde religie in Vranckeryck alhier souden commen op de synode nationnal, bescreven binnen de stadt Dordrecht tegen den iersten deser maent, tot ruste ende vrede van dese landen, maer voernementlyck 309r A

(22) dat zy] A: *interl. add. repl. del.* deselve – (25) men] A: *interl. add.* – (34) hem] A: *interl. add. repl. interl. add.* den heere van Chastillon

oyck tot voirderinge van den dienst van Zyne Majesteyt, dat hy met alle doenelycke ende moegelycke debvoiren daertoe will trachten ende aerbeyden dat Zyne Majesteyt gelieve Hare Hoog Mogenden gunstichlyck daerinne te believen, die wyle in de selve synode nyet anders en sal gehandelt, getracteert ende geresolveert werden, als alleene zaecken raeckende de vrede van de kercke, by nederlegginge van de differenten in de selver kercken binnen twee jaren herwaerts geresen.

Te scryven aen den heere van Chastillon voir antwoirdt dat Hare Hoog Mogenden zeer geerne hebben verstaen uuyt zynen brieff van den xxx^{en} October lestleden dat het Godt gelieft hadde hem te verleenen eenen soon, den welcken Hare Hoog Mogenden wenschen dat hy mach opwassen in Zyne vreese ende zyne ouderen gehoorsaemheyt met gesontheyt ende dat Zyne Goddelycke | Majesteyt den selven sijnen soon will capabel ende bequaem maecken tot 't gene daertoe zynen edele hem heeft gedestineert. Ende alsoo 't zyn edele gelieft heeft Hare Hoog Mogenden totten heyligen doop van zynen soon te noodigen, dat deselve hem daervoeren vrientlyck bedancken, hebbende den heere van Langerac gelast den selven zynen soon ten doop te presenteren ende daerover van wegen Hare Hoog Mogenden te staen. Verclarende voirts dat Hare Hoog Mogenden by alle occasiën hem sullen bethoonen hoe geerne zy begeren zyner edele advancement ende contentement. Ende alsoo Zyne Conincklycke Majesteyt van Vranckeryck belieft heeft te consenteren dat by conniventie twee gedeputeerden van de Fransche kercken van de Gereformeerde religie souden mogen commen op de synode nacionnal binnen Dordrecht bescreven den iersten deses maents, dat Hare Hoog Mogenden zyne edele vruntelyck versoucken dat hy de goede hant daeraen will houden dat Zyne Majesteyt Hare Hoog Mogenden soo vele gelieve te favoriseren dat de voorseide gedeputeerde dien volgende moegen commen ende de voirseide synode assisteren in dese occasie voer de ruste ende vrede van desen staet ende sunderlinge mede tot Zynes Majesteyts dienst.

| [The States General decide from now on not to accept invitations from colonels or other officers in the State army to be present at a baptism, because of the consequences and the expenses].

---

(8) Chastillon] *A: interl. add. repl. del.* Langerack – (12) gesontheyt] *A: foll. by del.* lange jaren – (13) Majesteyt] *A: marg. add., foll. by del.* gelieve – (13) sijnen soon] *A: interl. add.* – (14) hem] *A: interl. add. repl. del.* zynen soon – (24) bescreven] *A: interl. add.* – (29) mede] *A: foll. by del.* tot zynen dienst

RSG 3770 **II/1.1–172** 5 November 1618
Arrival of Theologians from Hesse

Agent Falckenburch is instructed to tell the theologians from Hesse to travel to Dordrecht where they will be received, lodged and treated, because the plan is to start the next Thursday.
President: Adriaan van Matenesse (Holland).
Sources: A: 310r; B: 399r–v.

| Is den agent Falckenburch gelast de aenwesende theologis van den lantgrave van Hessen aen te seggen dat Hare Hoog Mogenden binnen Dordrecht ordre gegeven hebben om hen aldaer van harentwegen te ontfangen, logeren ende defroyeren, ende dat zy hun daerom derwaerts sullen gelieven te vervoegen, terwylen men van meeningen is toecommende Donderdach[65] in besoigne te treden.

RSG 3765 **II/1.1–173** 5 November 1618
Delegates from France

The ambassadors of the French King are earnestly requested to promote the coming of the delegates of the French churches, for the well-being of the Republic and the service of His Majesty.
President: Adriaan van Matenesse (Holland).
Sources: A: 310v; B: 399v.

| Is goetgevonden dat men die heeren ambassadeurs des conincx van Vranckeryck serieuselyck sal versoucken ende vermanen by Zyne Majesteyt te willen helpen bevoirderen dat die geconsenteerde gedeputeerde van de kercken in Vranckeryck van de Gereformeerde religie by conniventie alhier moegen commen op de synode nationnal geconvoceert binnen de stadt Dordrecht tegen den iersten deser maent, omme deselve synode te assisteren tot voirderinge van den ruste ende vrede in de kercken deser landen, tot welstant van de Vereenichde Nederlanden ende den dienst van Zyne Majesteyt.

(8) gelast] A: foll. by del. aen de th – (12) Donderdach] A: interl. add. repl. del. Dordrecht – (22) by] A: interl. add. repl. del. aen de – (27) kercken] A: prec. by del. van de

[65] 8 November 1618.

II/1.1–174   5 November 1618
Instruction for State Delegates; Votes of Delegates of Holland and of Foreign Theologians; Finances

The draft of the instruction for the state delegates to the national synod is approved. Because there are still some considerations, it will be reviewed the next day and may still be altered, reduced or added to. Holland insists on three or at least two votes for their state delegates. The other provinces are against this, because of the possible implications for the assembly of the States General, where each province has one vote. The question whether the foreign theologians will vote per capita or by country is left to the national synod to decide. It is unanimously decided that the foreign theologians will have a decisive vote, not just an advisory one. The proposition to assign a secretary to the state delegates is ignored because they are "people of the stylus." Jacob de Witt is appointed treasurer on commission and instruction, but the majority declare that this resolution is not fully valid, because a request of the receiver-general should be taken into further consideration. The matter is afterwards raised several times and decided upon on 19 November. The state delegates, who are present and ready, are to go to Dordrecht to prepare for the meetings. The others will follow immediately.
President: Adriaan van Matenesse (Holland).
Sources: A: 311r–v; B: 400r–v.

| Is gelesen het concept van de instructie voer de politicque die by Hare Hoog Mogenden gedeputeert zyn op de synode nacionnal binnen Dordrecht ende tselve goetgevonden. Maer verstaen die wyle daerop eenige consideratiën zyn gemoveert dat men deselve instructie morgen noch eens sal resumeren, om daerna deselve gearresteert te werden, welverstaende dat men die sal moegen veranderen, verminderen oft vermeerderen na vereysch der zaecken.

Die van Hollandt hebben wederom geïnsisteert dat heure genomineerde sess politiquen souden moegen toegestaen werden drye oft ten minsten twee voisen, om redenen by haer Edele tot meer reysen voergehouden. Maer daerop omvrage gedaen zynde hebben d' ander provinciën dat gedifficulteert ende geëxcuseert opte consequentie van dese zaecke ten regarde van de besoigne van dese camer, die wyle elcke provincie maer één stemme en heeft.

| Is voirts in deliberatie geleet oft die uuytheemsche theologanten sullen stemmen per capita oft by lantschappen van de welcke zy gesonden zyn, te weeten elcke lantschap met een vois, maer het selve point ongedecideert gelaten aen de synode.

Is noch gepropneert ende gedelibereert of die voirseide uuytheemsche theologanten sullen hebben votum deliberativum ofte decisivum ende eenparichlyck verstaen dat zy sullen hebben votum decisivum.

(23) tselve] *A: interl. add.* – (30) hebben] *A: interl. add. repl. del.* maer – (30) dat] *A: prec. by del.* hebben

Is noch geproponeert of men de politicis eenen scribam sal toevoegen, maer verstaen die wyle deselve politici meest alle zyn luyden van den penne, dat men dit point sal voerby gaen.

Is tot penninckmeester aengenomen ende gecommitteert meester Jacob de Witte op de commissie ende instructie die hem daertoe sal werden gegeven. Maer alsoo den meerderendeel van de provinciën daerna verclaert hebben dat zy dese resolutie nyet en hielen voer volcommentlyck genomen ende verstonden dat ierst nairder behoirt geleth te werden op te requeste van den ontfanger generael, is dese zaecke hierna tot meerder reysen voergenomen geweest ende daerop geresolveert den xix^{en} deses.

Is goetgevonden dat die aenwesende gedeputeerde politici die gereet zyn, naer Dordrecht vertrecken mette generale commissie om de besoingnen te prepareren ende entameren na de gelegentheyt, alsoo d' anderen datelyck sullen volgen.

RSG 3780   II/1.1–175   6 November 1618
Commission and Instruction for the State Delegates

The commission for the state delegates to the national synod is confirmed. Likewise, the instruction.
President: Adriaan van Matenesse (Holland).
Sources: A: 311v; B: 401r. – Related sources and texts: Neither the commission nor the instruction are inserted here, probably because of secrecy, but also, because of the altercations concerning the appointment of a special receiver, there was a change in the wording of the commission on 8 November and an addition of new names to the commission on 16 November (see below). The instruction received final approval on 19 November and was backdated to 6 November on 21 November. So both the commission and the instruction are in the end (back)dated 6 November 1618. Copies of the commission in Latin are in the Register of acts, The Hague NA, S.G. 12.302, 91v–92r, and in Utrecht OSA, L, 2r–3r; edited in ADSND, II/2:25–28. A copy of the instruction is in the Register of instructions, The Hague NA, S.G. 12.453, no. 60; edited in ADSND, I:467–471.

(1) men] A: interl. add. – (1) sal] A: foll. by del. werd – (6–10) meerderendeel...deses] A: marg. add. – (6) van...provinciën] A: interl. add. – (7) hielen] A: interl. add. repl. del. houden[?] – (7) genomen] A: foll. by del. maer – (10) geweest] A: interl. add. – (11) politici] A: prec. by del. politi – (13) alsoo] A: prec. by del. ende sullen

311v A | Is gelesen ende gearresteert het concept van de commissie voer de heeren gedeputeerde politicis op de synode nationnal.

Item van gelycken d' instructie voer deselve heeren gedeputeerde.

II/1.1–176   6 November 1618
Carleton Presents the English Delegates

RSG 3781

Dudley Carleton comes in, leaving in the antechamber the bishop, the dean and the other theologians delegated by James I to the national synod. He hands in his instruction to present these gentlemen. Van der Dussen and Manmaker invite them to enter. When they are seated, Carleton gives a second speech in Latin. Then the reverend bishop George Carleton does the same. The States General thank the ambassador and the delegates. They wish the latter a speedy, harmonious and peaceful meeting and a successful conclusion, to the honor of God, the peace of the Reformed churches, and the wellbeing of the United Provinces, since that is the purpose of the synod and the reason his Majesty has sent them.

President: Adriaan van Matenesse (Holland).

Sources: A: 312r; B: 401r–406v. – Related sources and texts: According to Carleton, Letters, p. 308, prince Maurice and stadholder Willem Lodewijk were present, but this is not stated in the resolution. Both the proposition and presentation by ambassador Carleton, and the oration by bishop Carleton are inserted into the Net Resoluties only; edited nos. II/1.45, II/1.48 and II/1.49. The originals are not preserved. See Knuttel, 2716–2717. Printed in Baudartius, I, x, 81.

312r A | Is ter vergaderinge gecompareert die heere Carleton, ambassadeur des conincx van Groot Britaignen, met hem na de vergaderinge brengende den eerweerdichsten bisschop, den heeren deecken ende anderen theologen, doctoren ende professoren, die Zyne Majesteyt gedeputeert ende gecommitteert heeft tot de synode nationnal binnen Dordrecht geconvoceert, die welcke zyn Edele buyten heeft laten blyven in het voercamerken voer de camere van de vergaderinge van Hare Hoog Mogenden tot dat zyn Edele den last die hy hadde om de voirseide heeren aen Hare Hoog Mogenden te presenteren van hare Majesteyt hun soude hebben verthoont ende geopent. Het welcke zyn Edele gedaen ende daerna by gescrifte overgegeven heeft, gelyck hierna volght geïnsereert.

Hierna zyn die voirseide heeren bisschop ende desselffs mede gedeputeerde binnen bescheyden ende gebracht by de heeren van der Dussen ende Manmaecker. Die welcke geseten zynde, heeft die voirseide heere ambassadeur Carleton een tweede vertoogh int Lattyn gedaen, oyck hierna volgende geïnsereert. Ende daerna heeft die voirseide eerweerdige heere bisschop Hare

(1) ende gearresteert] A: interl. add. – (33) zyn] A: interl. add.

Hoog Mogenden oyck zeeckere vermaninge ende vertoogh by monde int Lattyn gedaen, gelyck zyn Edele dat by gescrifte heeft gestelt, insgelycx hierna volgende geïnsereert.

Daerop Hare Hoog Mogenden de voirseide heer ambassadeur, bisschop, deecken ende d'anderen heeren gedeputeerde zeer civilicken hebben gecomplimenteert, met congratulatiën, bedanckingen ende toewenschinge van geluckige ende voerspoedige, eendrachtige ende vreedsamige besoingne, resolutie ende conclusie voer de eere Godts, ruste ende vrede der kercken van de Gereformeerde religie ende den welstant van de Vereenichde Provinciën die wyle ten selven eynde de voirseide synode is bescreven ende Zyne Majesteyt oyck hun hadde gesonden ende aen Hare Hoog Mogenden gerecommandeert.

II/1.1–176a | [The proposition by Dudley Carleton: The delegates, without waiting for the vessel sent by the States General, have arrived at Dordrecht on the first of November. Now they make a short detour to impart the instructions of the King to the ambassador and to receive those of the States General. Their instruction is to help dispel the differences that have for so long troubled the Dutch church. The King has told them to do their utmost, discreetly, not addressing the assembly without public order to do so. Both undue alacrity and inertia are to be avoided, but prudence should be applied by them as impartial outsiders. The King pursues peace and union, but he has not sent his delegates without being required to do so. In the past, foreseeing the present troubles, he has admonished, but never taken sides, and acted with moderation, urging that curious and subtle questions be left aside, especially concerning predestination. The King would not like to foster a weak compromise, but a brotherly union, based on the true religion. Also, no King has done more to maintain the authority of the civil magistrate over religion. The present delegation is representative of the ecclesiastical government of his kingdom.]

| Les personnages dont il se faict mention en la précédente propositions estants introduits en l' assemblée de Messieurs les États l' ambassadeur a dict:

II/1.1–176b [In Latin Carleton introduces George Carleton, lord bishop of Llandaff, Joseph Hall, dean of Worcester, doctor John Davenant, Regius professor in the University of Cambridge, and doctor Samuel Ward, master of Sidney College, Cambridge. These learned and pious men will assist at the national synod, which has no peer after the Reformation.]

---

(7) besoingne] *A: foll. by del.* ende – (9–10) die wyle] *A: interl. add. repl. del.* tot ge alsoo – (11) ende] *A: foll. by del.* gerecommandeert

Leur harangue estant finie et eux retirez, l' ambassadeur après quelques discours touchant leur addresse et autres considérations appartenants au synode nationnal a adjousté.

[The presentation done, Carleton asks permission to speak about the delegation of the States General appointed to go to the King. He touches upon the various topics to be discussed.]

II/1.1–176c [The address of George Carleton, Bishop of Llandaff, in Latin: The bishop exhorts the States General to bring peace to the republic, the way they have started under the blessing of God. The King recommends a consensus among the churches, the protection of the doctrine which has now for twenty or thirty years been maintained in the provinces. The faith must be kept unsullied, but without barbed arguments among theologians or speculations that belong to academic disputations, not to the faith of the church, which is certain. Their consensus in doctrinal matters with other churches will be an incense offering to God in the one Spirit. The British delegates hope to help procure peace for the church. Signed by Georgius Landavensis].

II/1.1–177   7 November 1618
Finances

The Council of State will issue the necessary papers for the receiver-general, in order to receive from the provinces their quota of the 100,000 guilders designated for the national synod.
President: Adriaan van Matenesse (Holland).
Sources: A: 312v; B: 406v.

| Is geaccordeert dat den Raedt van State sal depescheren de deschargen ende ordonnantiën voer den ontfanger generael, noodich omme van de vereenichde provinciën te ontfangen elckers quote in de somme van hondert dusent guldens over deselve gerepartieert tot betalinge van de oncosten van de synode nationnal geconvoceert binnen de stadt Dordrecht den iersten deses.

II/1.1–178   8 November 1618
Du Moulin Named as a French Delegate

The ministers and elders of the Reformed church of Paris (Charenton) write on 11 October 1618 that Pierre Du Moulin, their minister, is one of the nominated delegates to the national synod, the King permitting.
President: Adriaan van Matenesse (Holland).

(28–29) synode] A: *prec. by del.* nationna

Sources: A: 313r; B: 407r. – Related sources and texts: The original letter from the Reformed church in Paris is not preserved.

| Ontfangen eenen brieff van de ministres ende ouderlingen van de Gereformeerde kercke binnen Parys, aldaer gedateert den xi⁽ᵉⁿ⁾ der voerleder maent, daerby zy adverteren dat le Sieur Du Molin, haren kercken dienaer, een is van die ghene die genomineert zyn geweest totte synode nationnal binnen Dordrecht, opte forme van heure sendinge onder de permissie van den coninck.

RSG 3795   II/1.1–179   8 November 1618
Commission of State Delegates Altered

Following some considerations by the deputies of Zeeland, the commission for the politicals delegated to the national synod is reviewed. It is decided that Zeeland may alter some words according to their advice. Then the commission will be dispatched and sent to Dordrecht.
President: Adriaan van Matenesse (Holland).
Sources: A: 313r; B: 407v. – Related sources and texts: The commission was backdated 6 November 1618; see no. II/1.1–175 above.

| Is opte consideratiën by die van Zeelant gemoveert, geresumeert de commissie gearresteert voer de politicque by Hare Hoog Mogenden gedeputeert van harentwegen op de synode nationnal binnen Dordrecht.

Ende na deliberatie goetgevonden dat die van Zeelant die in eenige woorden sullen moegen redresseren volgende haer advis ende dat men deselve commissie dien volgende sal doen depescheren, parapheren, segelen ende teeckenen, ende na Dordrecht senden aen de voirseide heeren gedeputeerden.

RSG 3798   II/1.1–180   8 November 1618
Prophetess Anna Walker

Anna Walker, called the prophetess, notwithstanding a previous resolution, will receive twelve guilders for provisions, on the condition that she does not bother the States General again.
President: Adriaan van Matenesse (Holland).
Sources: A: 313v; B: 408r. – Related sources and texts: There is no previous resolution about Anna Walker registered, probably because she received nothing on her request. In that case, it was simply handed back. Printed in Dodt van Flensburg, VII, 46. See no. II/1.247 for her letter relating to the synod.

(6) die ghene] A: interl. add. – (20) die] A: interl. add. repl. del. dat zy die – (21) sullen] A: foll. by del. redresseren

| Is Anna Walckers, genaempt de prophetesse,[66] toegeleet niettegenstaende voergaende resolutie twelff gulden tot hair vertreck, mits dat zy nyet weder en keert om Hare Hoog Mogende moyelyck te vallen.

II/1.1–181 9 November 1618
Uytenbogaert Letter and Pamphlet

Minister Johannes Uytenbogaert writes without date or place to the States General and the prince of Orange. He also sends a pamphlet in Latin against the book by Festus Hommius. It is decided that he will have to address the national synod. But the deputies of Holland will submit both the letter and pamphlet to their principals first.
President: Adriaan van Matenesse (Holland).
Sources: A: 314r; B: 408r. – Related sources and texts: The original letter from Uytenbogaert is not preserved. He wrote from Antwerp where he had found refuge. The States General had accepted the dedication of the book by Festus Hommius, which was also dedicated to Prince Maurice, on 19 October 1618. See above no. II/1.1–150. Resolution printed in Dodt van Flensburg, VII, 46; Uytenbogaert, 1075. Letter printed in Uytenbogaert, 1076–1079. See also Knuttel 2721, 2722.

| Ontfangen ende gelesen eenen brieff van Johannes Utenboogaert, bedienaer des goddelycken Woordts, houdende aen Hare Hoog Mogenden ende Zyn Excellentie, die heere prince van Orangen, sonder daet ofte nominatie van plaitsse daer den selven brieff is gescreven, daerby gevoeght zynde zeeckere deductie[67] in 't Lattyn, op het boucxken onlancx uuytgegeven by Festum Homium geïntituleert "Specimen Controversiarum Belgicarum."

Ende opten voirseiden brieff gedelibereert zynde, is verstaen dat den remonstrant hem sal hebben te addresseren aen de synode nationnal. Maer evenwel hebben die van Hollandt begeert den voirseiden brieff ende deductie te communiceren aen heure principalen, die jegenwoirdich alhier in Den Hage vergadert zyn, omme deselve daerop nairder te verstaen.

---

(1) Is] A: foll. by del. Clara – (1) Anna Walckers] A: inserted by clerk – (3) keert] A: foll. by del. dese landen moeyelyck

[66] Anna Walker, born Anna Busch, from Copenhagen, had evolved into a prophetess in England, and believed that she was directed by God to contribute to the national synod.
[67] *Ioanni Wtenbogardi Responsio ad ea quae illi speciatim impegit Festus Hommius, libro non ita pridem edito…cum titulo Speciminis Controversiarum Belgicarum* (Leiden: Godefridus Basson, 1618).

RSG 3809 **II/1.1–182** 10 November 1618
Delegates from Geneva and England

Diodati and Tronchin, delegated by the republic and the churches of Geneva to the national synod, come in and present their credentials. They are instructed to support the States General in their blessed and earnest plan to honor God and promote the peace of church and state in their country. The delegates are complimented and welcomed. The States General report to the state delegates that the theologians presented by English ambassador Carleton have no special commission except this presentation. James I thought this to be sufficient and the States General agree. Therefore, no other commission should be required of these delegates. The state delegates also receive copies of the letters submitted by the delegates from Geneva, in case they do not have another commission. The States General write that the national synod may be opened the next Monday or Tuesday with the delegates then present, if at all possible.
President: Adriaan van Matenesse (Holland).
Sources: A: 315v–316r; B: 409v–411r. – Related sources and texts: Both credentials, from the city and the church of Geneva, are inserted into the Net Resoluties only. The originals and the approved text of the letter to the state delegates are not preserved. For the credentials from the church and syndics of Geneva, see nos. II/1.209 and II/1.210.

| Zyn ter vergaderinge gecompareert die gedeputeerde theologi van de repu- 315v A blicque ende kercken van Genève tot de synode nationnal binnen Dordrecht, namentlyck die heeren Deodati ende Tronchin, pastoren ende professoren in hare stadt, personnagen van wetenschap, integriteyt ende zelateurs van de eere ende glorie Godts ende begerich om sincerelyck te dienen tot welstant van deser landen kercken. Hebben gepresenteert hare brieven van de voirseide stadt ende kerke, hierna volgende geïnsereert, ende daerna corttelyck verthoont dat zy by hare principalen gelast ende geïnstrueert zyn om Hare Hoog Mogenden in haer salich ende ernstelyck voernemen tot stichtinge ende voorderinge van Godes eere mitsgaders de vrede ende ruste in de kercken ende den staet deser landen te hulpen seconderen, volgende Harer Hoog Mogender versouck ende begeren by derselver brieff aen de voirseide stadt ende kercken van Genève, gescreven den xxv^en July lestleden, daertoe die voirseide heeren comparanten hen gereet presenteren, hoopende dat Godt den Heere Almachtich daertoe zynen segen sal verleenen.

Daervoeren deselve met civile complimenten zyn bedanct ende verwillecompt.

(30) mitsgaders] *A: interl. add. repl. del.* ende te hulpen besorgen – (32) by] *A: foll. by del.* de – (34–35) hoopende...verleenen] *A: marg. add.*

II/1.1–182a [Summary of the French letter from the Syndics and Council of Geneva to the States General, dated 7 October 1618: They have, from the letter to the pastors of Geneva, learned with displeasure about the differences in doctrine incited by the enemy of Jesus Christ. Unity, both in church and state, must now be cemented by the Christian truth and orthodox doctrine by the salutary means of a national synod. The Genevan delegation will contribute its talents. The ministers have, with approbation of the city, sent their colleagues and professors, Deodati and Tronchin, men of learning and integrity, who are ready to serve the Dutch churches. The city prays the Almighty to establish the purity of his Word more and more in the Dutch provinces and to fill the synod with the Holy Spirit.]

II/1.1–182b [Summary of the French letter of the ministers and professors of the church and academy of Geneva to the States General, dated 6/16 October 1618: The ministers of Geneva have learned with great regret about the troubles and disputes in one of the bulwarks of true Christianity. They pray God to reunite hearts, to maintain peace in the Dutch churches, and to continue his miraculous grace to conserve the Republic. Through his goodness, the wise decision has been taken to convene a national synod. It is an honor to be invited to contribute. The invitation has arrived late, on 29 September 1618. Jean Diodati and Theodore Tronchin, both ministers of Geneva and professors of theology, are now sent. They pray God to preside over the holy assembly through the grace of his Spirit, to harvest the desired fruits of truth, peace and tranquility in church and state. Signed by the ministers Simon Goulart and Pierre Prévost, Bénédict Turrettini, minister and professor, and Daniel Chabrey, minister].

Te scryven aen de heeren politicque gecommitteerde van Hare Hoog Mogenden op de Synode Nationael binnen Dordrecht dat die heere Carleton, ambassadeur des conincx van Groot Britanniën, den sesten deses in Hare Hoog Mogende vergaderinge compareringe by last expres van Zyne Majesteyt Hare Hoog Mogenden gepresenteert heeft den eerweerdigen bisschop, heeren deecken ende anderen theologos, doctoren ende professoren, die Zyne Majesteyt van zynentwegen gedeputeert ende gecommitteert heeft tot de synode nationnal bescreven in Dordrecht, te kennen gevende dat deselve heeren gedeputeerde van Zyne Majesteyt egheen andere speciale commissie en hebben als alleene de voirseide directe presentatie van haere persoonen doer Zyn Edele aen Hare Hoog Mogenden, die Zyne Majesteyt totte voirseide deputatie versocht hebben, achtende dat dese authorizatie doir zynen ambassadeur daertoe

---

(30) comparerende] *A: prec. by del.* gecompareert is – (37) deputatie] *A: foll. by del.* oidtmoedichlyck

genoechsaem was, sondere anderen commissie te behoeven. Het welcke Hare Hoog Mogenden alsoo oyck verstaende, haer edele daervan wel hebben willen adverteren, ten eynde haer edele de zaecken daerna dirigeren moegen dat van de voirseide heeren geen anderen commissie gevoirdert, maer alles gelaten werden by de voirseide directe presentatie van deselve aen dese vergaderinge. Ende alsoo 't soude moegen gebueren dat die gedeputeerde van de stadt ende kercke van Genève insgelycks geen anderen commissie souden hebben als de brieven die deselve hebben medegebracht aen Hare Hoog Mogenden houdende, dat Hare Hoog Mogenden daerom goetgevonden hebben hun daervan copie toe te senden, op dat haer edele daermede oyck moegen gestaen, sonder deselve | tot eenige anderen exhibitie van de commissie te laten porren. Verstaende Hare Hoog Mogenden voirts dat men toecommende Maendach off Dincxdach openinge sal moegen doen van de synode mette presente gedeputeerde, indien dat eenichssins kan geschieden, daertoe Hare Hoog Mogenden begeren dat haer edele alle goede debvoiren doen ende de goede hant houden sullen.

RSG 3812   II/1.1–183   10 November 1618
Day of Prayer in the Palatinate

In two letters from Heidelberg, Brederode reports among other things that the Elector of the Palatinate has called a general day of fasting and prayer for the success of the national synod and the welfare of Bohemia. The States General require the agent to thank Frederick V for his concern. The deputies of the provinces are asked to induce their principals to let prayers be spoken for the preservation of the religion in Bohemia from the assaults of the enemies.
President: Adriaan van Matenesse (Holland).
Sources: A: 316r–v; B: 412r. – Related sources and texts: Both original letters from Brederode are in The Hague NA, S.G. 6018.

| Ontfangen ende gelesen twee brieven van den agent Brederode, gescreven tot Heydelberch den xxvii^{en} ende xxviii^{en} Octobris lestleden, houdende verscheyden advisen ende onder anderen dat zyne cheurfurstelycke Hoocheyt die palzgraeff in zyne landen heeft doen uuytscryven eenen generalen vastenende bededach voir het goet succes van de synode nationnal alhier uuytgescreven, mitsgaders voer den welstant | van den staet van Bohemen.

Daerop gelast is te rescriberen aen den voirseiden agent Brederode dat Hare Hoog Mogenden begeren dat hy Zyne churfurstelycke Hoocheyt van wegen Hare Hoog Mogenden voir zyne affectie ende van de voirseide uuytscryvinge van den bededach sal hebben te bedancken. Zynde voirts goetvon-

(6) stadt] *A: foll. by del.* Genève

den dat die gecommitteerde van de provintiën by heure principalen sullen bevoirderen ende te wege brengen dat in alle kercken na de predicatie gebeden werde voer den welstant van den staet der zaecken in Bohemen ende de behoudenisse van de religie aldaer tegen het gewelt der vyanden die deselve soecken te verdrucken.

II/1.1–184   10 November 1618
Reception of Genevan Delegates

Agent Falckenburch is ordered to tell the delegates from Geneva that they will be received, lodged and treated in Dordrecht. Their expenses in The Hague will be reimbursed there.
President: Adriaan van Matenesse (Holland).
Sources: A: 316v; B: 412v. – Related sources and texts: Printed in Dodt van Flensburg, VII, 46.

| Werdt den agent Falckenburch gelast die kerckelycke gedeputeerde van Genève op de Synode te Dordrecht van wegen Hare Hoog Mogenden te gaen begroeten ende deselve aen te seggen dat zy, vertreckende naer Dordrecht, aldaer commende sullen werden ontfangen, gelogeert ende gedefroyeert mitsgaders geremboursseert van de verteeringen by hen alhier in Den Hage gedaen.

II/1.1–185   14 November 1618
Instruction for State Delegates

Holland is asked to bring back the next morning the draft instruction for the state delegates, which they were allowed to communicate with their principals.
President: Adriaan de Manmaker (Zeeland).
Sources: A: 320r; B: 416r–v.

II/1.1–186   15 November 1618
News from Dordrecht

Pensionary Berck, schepen Silvius and two other deputies of the city of Dordrecht explain how the magistrate has received, welcomed, lodged, accommodated and treated the foreign delegates to the national synod from Great Britain, the Palatinate, Hesse, Switzerland, Geneva, Bremen and Emden according to their

---

(1) principalen] A: interl. add. repl. del. provintiën – (2) te] A: foll. by del. bew – (17–18) mitsgaders] A: prec. by del. gelyck oyck

status. This has been done (they hope) to the contentment of the delegates, as frugally as possible, but to the honor of both the country and the city. They will continue to do so to the delegates who might still come. They will also please the States General in other matters concerning the national synod. They ask the States General to give orders for the further service and treatment of the foreign delegates with their accompanying noblemen and their retinue, who behave very orderly, quietly and respectfully, be it by treatment in their lodgings, providing food, or by "deputat." Asked for their advice, the deputies of Dordrecht would prefer the latter, that is to say, to give everyone a sum according to their status, with the treatment according to the place where they come from, especially the English, the Palatines and the Swiss. The States General thank the deputies from Dordrecht for their great efforts. These deputies also report succinctly how the synod was opened the previous Tuesday with prayer and an address by councillor Martinus. Professor Heinsius was called from Leiden to become secretary of the state delegates. It was decided unanimously to grant the foreigners a decisive vote. Also, that they would vote as a delegation when their views were unanimous, but in case of disagreement with each other each might express his opinion. The deputies also declare, without instruction, that the magistrate of Dordrecht received the previous morning a letter from the States of Holland that anybody who has something to propose, especially the Remonstrants, should have free access to the synod and therefore should be granted safe-conduct to come and to go. It seems that the city thinks it better and more authoritative, to avoid discredit and slander, if such safe-conduct is granted by higher authorities and if the name 'Arminians' is omitted because it might be thought odious. The States General might like to ponder this, and also whether a visit should be paid to the foreigners, to the honor of the country, but frugally. The States General decide that the state delegates shall arrange the treatment of the foreign delegates in communication with Dordrecht. A visit to the foreigners is left to their discretion. The States General agree that access to the synod should be free. But because the States of Holland have not been in touch about this safe-conduct, the States General would first like to know the reasons for this letter and its contents. Because the provinces have consented to their quota of 100,000 guilders, and the Council of State is authorized to dispatch the papers, the States General will send for the receiver-general or his commissioner Volbergen to hear how much money is available and to instruct him to send thirty or forty thousand guilders for the treatment of the foreign delegates, but primarily to reimburse their out-of-pocket expenses.

President: Adriaan de Manmaker (Zeeland).

Sources: A: 320v–322r; B: 416v–418r.

| Zyn ter vergaderinge gecompareert d'heeren pensionaris Berck, scepen Silvius, met noch twee andere gedeputeerde der stadt Dordrecht. Hebben by last

(40) pensionaris] A: interl. add. – (40) scepen] A: marg. add.

van deselve stadt voir ierst Hare Hoog Mogenden gerefereert in wat voegen dat die voirseide magistraet volgende Hare Hoog Mogender ordre binnen Dordrecht ontfangen, verwillecompt, gelogeert, geaccommodeert ende getracteert hebben die uuytheemsche gecommitteerde tot de synode nationnal
5 bescreven binnen deselve stadt, namentlyck van den coninck van Groot Britanniën, van den cheurfurst Paltzgrave, lantgrave van Hessen, Switssers, Genève, van Bremen, Embden ende andere, naer elcx qualiteyt, ende de gelegentheyt van de voirseide stadt ende (gelyck zy verhoopen) oyck tot contentement van de voirseide gecommitteerde mette beste mesnage, nochtans
10 ter eeren van 't lant ende van den voirseiden stadt, daerinne dat zy gewillich zyn te continueren by soo verre als de gebrekende geconvoceerden alnoch compareren, presenterende voirder Hare Hoog Mogenden noch te believen in alle anderen zaecken die deselve hun sullen gelieven op te leggen tot voirderinge ende dienst van de voirseide synode nationnal, versoeckende
15 voirts dat Hare Hoog Mogenden gelieve ordre te stellen op het voirder onderhoudt ende | tractement van de voirseide uuytheemsche gecommitteerde, ende derselver geaccompaigneerde edelluyden ende gevolgh, die haer respective in zeer goede ordre ende stillicheyt dragen ende met alle respect, sonder eenich excess, gelyck Hare Hoog Mogenden na derselver qualiteit ende van
20 elcx committenten voer de eere van 't lant sullen bevinden te behoiren, 't zy dan by defroyement daer die gelogeert zyn, oft tot taeffel gaen, ofte by deputat, daerop dat die voirseide comparanten (daertoe versocht synde) eenichsinss haer goetbeduncken ende advis verclaert hebben onder correctie, namentlyck dat het voer d' best soude kunnen geschieden by deputat, elck
25 toeleggende 's daegs na zyne qualiteyt ende gelegentheyt, mitsgaders het gewoonelycke tractement van den lande van daer zy commen, voernementlyck d' Engelschen, Paltzgravissche, Switssers, etc.

Hierop zyn die voirseide comparanten van wegen de magistraet Dordrecht voer hare gedragen sorge, gedaen groote moyeten ende goede debvoiren ten
30 dienste van den lande, logeringe ende accommodement, mitsgaders de tracteringe van de voirseide gecommitteerde bedanct.

Hebben voirts die voirseide comparanten sommierlyck gerapporteert in wat voegen dat de synode voerleden Dincxdach geopent is, ende heeft begonnen te besoigneren met goede ordre naer het gedaen gebedt ende dat die
35 raedtsheere Martini zyne harangue van den voirseiden openinge gedaen hadde, hebbende tot eenen scribam aengenomen ende van Leyden ontboden professorem Heynsium, die in zyne bediening getreden is.

(1) gerefereert] A: *prec. by del.* gereformeert – (4–5) tot ... namentlyck] A: *marg. add.* – (7) Genève] A: *interl. add.* – (12) believen] A: *interl. add. repl. del.* dienen – (14) voirseide] A: *interl. add.* – (14) nationnal] A: *foll. by del.* binnen Dordrecht bescreven – (22–23) eenichsinss] A: *prec. by del.* elck – (23) onder correctie] A: *interl. add.* – (30) logeringe] A: *prec. by del.* logement – (34) met ... ordre] A: *marg. add.* – (35) raedtsheere] A: *interl. add.* raedts – (35) den] A: *foll. by del.* openinge

Ende eenparichlyck geresolveert dat die uuytheemsche oyck sullen hebben votum decisivum ende collegialiter stemmen op zaecken daerinne zy onder den anderen eens sullen wesen, maer soe zy in eenige zaecken nyet eens souden vallen, is verdragen dat in sulcken gevalle elck zyn opinie appart sal moegen openen ende deselve beweren ende justificeren.

Verclaren voerts (maer nyet by last) dat die van den magistraet van Dordrecht ghisterenmorgen scryven ontfangen hebben van de Edel Mogende heeren Staten van Hollandt, houdende alsoe deselve verstaen dat het acces tot de voirseide synode vry ende vranck behoirt te wesen voer die gheene die yet sullen hebben ofte begeren te proponeren, namentlyck die Remonstranten. Dat Hare Edel Mogenden oversulcx goet souden vinden dat men voer de selve soude publiceren sauvegarde tot commen ende wederkeren, maer dat het schynt daerop by de stadt gedelibereert zynde, | dat beter ende bequamer geacht wordt ende met meerder authoriteyt ende respecte, tot weringe van opspraecke ende calanguen, dat de publicatie van sulcke sauvegarde geschiede van hoogerhant als by de voirseide stadt, met vermydinge ofte uuytlatinge van den naem van Arminianen der wyle den selven odiose soude moegen verstaen werden daerinne gebracht ofte gestelt te zyn, het welcke zy goetgevonden hebben Hare Hoog Mogenden in bedencken te stellen om daerop te letten, mitsgaders opte visitatie die ondertusschen sal dienen te geschieden van de uuytheemsche ter eeren van 't lant mette beste mesnage.

Opte voirseide vier pointen gedelibereert ende ommevrage gedaen zynde, is verstaen op het ierste belangende het tractement ende het voertane onderhoudt van de uuytheemsche gecommitteerde, dat die heeren politicque gedeputeerde van Hare Hoog Mogenden daerop sullen hebben te communiceren met die van Dordrecht ende met derselver advis sulcken ordre beramen ende stellen, gelyck zy sullen bevinden voer de meeste eere van 't lant ende beste menage te behoiren. Wat de visitatie van de uuytheemsche belanght, wordt 'tselve geremitteert ter discretie ende goetbevinden van de voirseide politicque gedeputeerde. Aengaende de publicatie van de voergestelde sauvegarde, werdt oyck by Hare Hoog Mogenden verstaen dat het acces tot de synode vry ende vranck behoirt te wesen ende toegelaten te werden, maer alsoo dit voerstel is gedaen op het voirseide scryven van de Edel Mogende heeren Staten van Hollandt sonder dat Hare Hoog Mogenden hier te voeren hiervan yets hebben gehoirt, is goetgevonden alvoiren daerop te resolveren ofte eenige verclaringe te doen, dat men ierst sal hooren ende sien de redenen van sulck scryven ende watter gescreven is, omme daerna daerop gedaen ende

(2) ende] *A: foll. by del.* resolveren – (2) stemmen] *A: foll. by del.* daerinne – (10) Remonstranten] *A: foll. by del.* raeckende haer gevoelen – (13) daerop] *A: foll. by del.* gedelibereert synde – (13) by ... zynde] *A: marg. add.* – (15) calanguen] *B: misreads* calumniën – (17) selven] *A: foll. by del.* de – (27) lant] *A: foll. by del.* te behoiren – (30) voergestelde] *A: foll. by del.* sauvede[?]

geresolveert te werden na behoiren. Ende voer so vele aengaet de behoeftige penningen tot het tractement ende onderhoudt van de voirseide heeren uuytheemsche gedeputeerden, alsoo daertoe over de provinciën is geconsenteert omme te slaen de somme van hondert dusent guldens ende den Raedt van State geauthorizeert ende versocht te doen depescheren de deschargen ende ordonnantiën opte provinciën respective noodich, om elcx quote ontfangen ende betaelt te werden,, is goetgevonden dat men den ontfanger generael oft desselffs commis Volbergen morgen alhier ter vergaderinge sal doen bescheyden, om van den selven te verstaen wat penningen datter ten comptoire zyn, ende hem te belasten dat hy | voer ierst make te besorgen derttich ofte veertich dusent guldens, om die te doen verstrecken aen de tractementen van de voirseide heeren uuytheemsche gedeputeerde, maer ierst ende voer al om het remboursssement van de penningen by de selve verschoten.

II/1.1–187   16 November 1618
State Delegates from Overijssel

In two letters, Overijssel nominates its political persons to the national synod: Hendrick Hagen and Johan van Hemert, burgomaster of Deventer. The States General send the letters to the state delegates. They have to add these names to the commission.
President: Adriaan de Manmaker (Zeeland).
Sources: A: 322r; B: 418r. – Related sources and texts: The original letters from Overijssel and the approved text of the letter to the state delegates are not preserved.

| Ontfangen twee brieven van de ridderschap ende steden der lantschap van Overyssel, gedateert den xxiii^{en} Octobris lestleden, inhoudende de nominatie by Haer Edele gedaen van de politicque persoonen die zy versoucken by Hare Hoog Mogenden benevens die genomineerde van de anderen vereenichde provinciën gecommitteert te werden omme in de synode nationnal mede te compareren ende besoigneren, namentlyck die edele joncker Hendrick Hagen ende den oyck edelen Johan van Hemert, borgermeester der stadt Deventer, versoeckende dat hun dien volgende soude verleent worden behoirlycke authorizatie ende commissie daertoe dienende.

Hierop gedelibereert ende ommevrage gedaen zynde, is geresolveert dat men de voirseide brieven sal senden aen de politicque gecommitteerde van Hare Hoog Mogenden, met begeeren dat zy de voirseide genomineerde willen aennemen ende introduceren, na dat zy heure namen in Hare Hoog Mogender commissie sullen hebben doen suppleren.

(4–5) Raedt...State] A: interl. add. – (6) respective] A: foll. by del. daertoe – (6–7) ontfangen... werden] A: marg. add. repl. del. te ontfangen – (12) ierst ende] A: interl. add.

II/1.1–188 16 November 1618
Secrecy of Correspondence with State Delegates

Letters to be written by the States General to the state delegates in the national synod, their answers and exchanged papers, will be kept secret, without writing and issuing copies.
President: Adriaan de Manmaker (Zeeland).
Sources: A: 322v; B: 418r–419r. – Related sources and texts: The resolution printed in Van der Kemp, 296.

| Is verstaen ende geordonneert dat men secreet sal houden, sonder eenige copieën te doen scryven ende uuyt te geven van de brieven die bij Haren Hoog Mogenden gescreven sullen werden aen Hare Hoog Mogender politicque gecommitteerde in de Synode tot Dordrecht, noch oyck van dieghene die by de voirseide gecommitteerde gescreven sullen werden aen Hare Hoog Mogenden, gelyck oyck nyet van de stucken ten beyden zyden over te senden.

II/1.1–189 16 November 1618
Delegates from Brandenburg

The States General write to the state delegates about the churches in Cleves which would like to have delegates in the synod. Some time ago the Elector of Brandenburg has been asked to send delegates. His reaction is still expected.
President: Adriaan de Manmaker (Zeeland).
Sources: A: 322v; B: 418v. – Related sources and texts: The approved text of the letter to the state delegates is not preserved.

| Te scryven aen Hare Hoog Mogender politicque gecommitteerde op de synode raeckende het gemoveerde by de kercken in den furstendomme van Cleve omme eenige van den heuren te hebben op de voirseide synode, dat Hare Hoog Mogenden al over eenen tyt aen den cheurfurst van Brandenburch gescreven hebben ende Zyne cheurfurstelycke hoocheyt versocht dat hem soude gelieven eenige theologanten van de Gereformeerde religie tegen den bestembden tyt op de geconvoceerde synode binnen Dordrecht te senden van zynentwegen, daerop dat Hare Hoog Mogenden het effect ofte emmers zynes hoocheyts rescriptie verwachten, daervan deselve alsdan Hare Edele sullen adverteren.

(10) doen] *A: interl. add.* – (27) eenen] *A: foll. by del.* merck[elycken]

II/1.1–190   16 November 1618
Letter from State Delegates

The state delegates answer the previous letter of the States General and inform them about the first meetings.
President: Adriaan de Manmaker (Zeeland).
Sources: A: 322v; B: 419r. – Related sources and texts: The original letter from the state delegates, dated 14 November, is not preserved.

322v A | Ontfangen eenen brieff van Hare Hoog Mogender politicque gecommitteerde op de synode binnen Dordrecht, gedateert den xiiii^{en} deses, houdende antwoirdt op Hare Hoog Mogender voergaende, mitsgaders eenige advisen van den gedaen besoigne van de synode voir een begintssel.

II/1.1–191   16 November 1618
Finances

Commissioner Volbergen states that the thirty or forty thousand guilders, to be sent to Dordrecht in a hurry, are not available. He is urged to make special effort to get this sum and to inform the States General as soon as he has received anything.
President: Adriaan de Manmaker (Zeeland).
Sources: A: 323r; B: 419r.

323r A | Den commis Volbergen is binnen gestaen. Ende hem volgende de resolutie van ghisteren affgevraeght zynde off ten comptoire van de Generaliteyt nyet en zyn derttich ofte veertich dusent guldens om deselve somme in der ijl naer Dordrecht gesonden te werden, heeft deselve Volbergen verclaert neen. Daerop hy serieuselyck vermaent is debvoir te doen om sulcke somme te becommen ende de quoten van de provinciën respective in de omgeslagen hondert dusent guldens te ontfangen ende deselve, ofte eenige van dien ontfangen hebbende, Hare Hoog Mogenden daervan terstonts te adverteren.

II/1.1–192   17 November 1618
Finances

In a request Johan Doubleth, the receiver-general, asks that no one be appointed for the administration and reception of the money for the national synod except those who will be designated by him. The States General will bear this in mind when they decide on the instruction for their state delegates.
President: Adriaan de Manmaker (Zeeland).
Sources: A: 326r; B: 422r. – Related sources and texts: The original request by Doubleth is in The Hague NA, S.G. 7478; edited no. II/1.242.

| Is gelesen de requeste van Johan Doubleth, ontfanger generael, versoeckende om redenen daerinne verhaelt, dat sulcke ordre soude werden gestelt dat nyemant totte administratie ende ontfanck van de penningen geaccordeert tot vervallinge van de oncosten van de synode nationael en werde geadmitteert als den ghenen die by hem daertoe sal werden gecommitteert.

Ende verstaen dat men daerop sal letten als men sal resolveren opte instructie van Hare Hoog Mogender politicque gecommitteerde.

II/1.1–193   17 November 1618
Rumor about a Delay of the National Synod

President Manmaker has heard from a minister from Zeeland, who passed through Dordrecht, that the meeting of the synod was held up for fourteen days to formulate a status controversiarum and to cite the Remonstrants who did not appear at the appointed time. If the States General do not hear from the state delegates before Monday, they will write to ask what is happening and why.
President: Adriaan de Manmaker (Zeeland).
Sources: A: 326v; B: 422v–423r.

| Op het aengediende van den heere Manmaker presiderende van dat hy bericht is van zeeckeren predicant in Zeelant, commende over Dordrecht, dat de synodale vergaderinge aldaer soude opgeschort zyn den tyt van veerthien dagen, daerentusschen dat men soude formeren statum controversiarum ende citeren de Remonstranten die schynen nyet te compareren tegen den voirszeiden tyt, gedelibereert zynde, is geresolveert te scryven aen de heeren Hare Hoog Mogender gecommitteerde politicquen dat zy Hare Hoog Mogenden willen adverteren de ware gelegentheyt van dese zaecke, mette redenen die daertoe hebben gedient, by soo verre als tusschen dien ende Maendach[68] van de selve heeren gecommitteerde daervan geen scryven en werdt ontfangen.

II/1.1–194   19 November 1618
Instruction for the State Delegates

The instruction for the state delegates is confirmed and sent to them. The deputies of Groningen declare that they cannot condone the 12th article that allows the national synod to discuss whether the jus patronatus and other rights are in tune with the Word of God. They want their dissent to be registered.

(4–5) en ... geadmitteert] A: *marg. add.* – (19) veerthien] A: *prec. by del.* veertich – (25) tusschen ... ende] A: *interl. add. repl. del.* binnen den tijt – (26) en] A: *foll. by del.* can[?]

[68]   19 November 1618.

President: Adriaan Ploos (Utrecht).
Sources: A: 327v; B: 424r. – Related sources and texts: The instruction was backdated to 6 November. See no. II/1.1–175 for particulars.

| Is gelesen het concept van de instructie voer de heeren politicque gecommitteerde van Hare Hoog Mogenden op de synode nationnal ende eyntelyck gearresteert. Ende gelast deselve de voirseide heeren gecommitteerde toe te senden om haer daerna te reguleren.

Dan die heeren gecommitteerde van stadt Groeningen ende Ommelanden verclaren op het twelffste artyckel van de voirseide instructie dat haer edele nyet kunnen toestaen dat op den synode nationnal geëxamineert sal moegen werden off hare jura patronatus ofte andere gerechticheyden syn conform Godes Woordt ofte nyet, begerende oversulcx dit alsoo ad notam genomen ende te bouck geteeckent te werden.

II/1.1–195   19 November 1618
Finances

Jacob de Witt will be employed as an extraordinary commissioner of the receiver-general for the administration of the money for the national synod. He will take his orders from the state delegates. He will receive the money from the receiver-general from time to time and respond to him. His salary is two guilders ten stivers a day, like the other ordinary commissioners. But Holland persists with the resolution of 5 November, though they are happy that De Witt receives the money from the receiver-general and responds to him.
President: Adriaan Ploos (Utrecht).
Sources: A: 328r; B: 424r–v.

| Is na rype deliberatie verstaen ende geresolveert dat meester Jacob Witss als extraordinaris commis van den ontfanger generael geëmployeert sal werden totte administratie van de penningen gedestineert tot betalinge van de oncosten van de synode nationnal by ordre ende opte ordonnantie van de heeren politicque gecommitteerde van Hare Hoog Mogenden op de voirseide synode nationnal. Ende dat hy ten selven eynde de voirseide penningen uuyt handen van den voirseiden ontfanger generael van tyt tot tyt sal ontfangen ende aen den selven daervan responderen op een gelyck tractement van twee guldens thien stuyvers 's daegs als hebben d' andere ordinaris commisen van den voirseiden ontfanger generael. Maer die van Hollandt verclaren dat zy

---

(4) de] A: foll. by del. heere – (6) deselve] A: interl. add. – (25) dat] A: foll. by del. dat men den ontfanger generael sal authorizeren gelyck deselve geauthorizeert we – (28) Nationael] A: foll. by del. volgende – (28) ordre] A: foll. by del. ende ordre – (31) van] A: prec. by del. sal – (32) een] A: foll. by del. tractement – (33) als] A: prec. by del. gel[yck]

persisteren by de voergaende resolutie op het penninckmeesterschap genomen den den vijffden deses tot behoeff van meester Jacob de Witt, wesende nyettemin te vreden dat deselve mr. Jacob de penningen sal ontfangen uuyte handen van den ontfanger generael ende van deselve aen hem daervan responderen.

RSG 3891

II/1.1–196   21 November 1618
Date of Instruction for the State Delegates

The instruction for the state delegates to the national synod will be dated 6 November 1618, the same date as the commission, and be sent to them.
President: Adriaan Ploos (Utrecht).
Sources: A: 329v; B: 426r. – Related sources and texts: See above no. II/1.1–175 for the particulars.

RSG 3891

II/1.1–197   21 November 1618
Remonstrants Summoned

The state delegates report what has happened in the national synod till the 19th of November. They send a copy of the letter for the citation of several Remonstrant ministers. The States General do not write an answer.
President: Adriaan Ploos (Utrecht).
Sources: A: 330r; B: 428r. – Related sources and texts: The original letter of the state delegates has not been preserved. The text of the citation letter for the Remonstrants is edited ADSND, I:15; Acta (1620), 1:20; Baudartius, I, x, 86; and HV, 7v.

| Ontfangen eenen brieff van de heeren politicque gedeputeerde op het nationael synode, gedateert binnen Dordrecht den negenthienden deses, houdende advis van 't gene dat tot dien dach toe in het voirseide synode is gepasseert, geresolveert ende geordonneert, daerby wesende copie van den brieff daerby haer edele verscheyden predicanten hebben bescreven van de Remonstranten. Daerop nyet en is geordonneert t' antwoirden.

330r A

RSG 3914

II/1.1–198   23 November 1618
Report on the National Synod

Muys, coming from Dordrecht, reports in more detail about the synod on behalf of the state delegates. The treasurer has arrived with 30,000 guilders. Muys

(2–5) den...responderen] A: marg. add.

recommends a decision on the treatment of the foreign delegates and on the administration and spending of the money designated for the synod. The States General repeat the answer they gave to the deputies from Dordrecht on 15 November, that they authorize the state delegates to decide, in communication with
5 the local government of Dordrecht, on the treatment of the foreign delegates, to the honor of the country, but frugally, either by "deputat" or by contract with their lodgings or somewhere else. The administration of the money will be done by the treasurer under order of the state delegates. The latter may organize a visit to the foreigners as they see fit for the honor of the country.
10 President: Adriaan Ploos (Utrecht).
Sources: A: 332r; B: 430v–431r.

332r A | Die heere Muys, gecommen van Dordrecht, heeft by last van de heeren politicque gecommitteerde van Hare Hoog Mogenden op de synode gedaen nairder ende breeder rapport van het gebesoigneerde ende geresolveerde in
15 de voirseide synode alsser wel overgescreven is by de voirseide heeren gecommitteerde, verclarende dat den penninckmeester tot Dordrecht was gecommen, ontfangen hebbende derttich dusent guldens. Versoeckende ende recommanderende dat Hare Hoog Mogenden oversulcx souden gelieven te resolveren op het tractement van de uuytheemsche gecommitteerde, die opte
20 bescryvinge van Hare Hoog Mogenden op de voirseide synode gecompareert zyn, mitsgaders opte ordre van den administratie ende het uuytgeven van de penningen gedestineert tot betalinge van den oncosten van de synode.

Hierop gedelibereert zynde, is alnoch verstaen ende geresolveert in conformité gelyck aen de gedeputeerde van Dordrecht lest alhier geweest zynde,
25 verclaert is opten xv^{en} deses, dat men aen de voirseide heeren politique gecommitteerde van Hare Hoog Mogenden sal scryven ende deselve authorizeren, gelyck dat gedaen werdt mits desen, dat haer edele met advis van de regierders der stadt Dordrecht opte tractemente van den voirseiden uuytheemsche gedeputeerde sullen disponeren ter eeren van 't lant mette beste
30 mesnage gelyck sy dat sullen goetvinden, 'tzy dan by deputat ofte aenbestedinge van derselver costen daer zy logeren oft elders daer zy dat best ende bequaempst sullen vinden tot het accommodement van den voirseiden gedeputeerde. Ende wat belanght de administratie ende employ van de penningen, dat 't selve sal geschieden ende de betalinge gedaen werden by den
35 penninckmeester opte ordonnantie ende ordre hem by de voirseide heeren gecommitteerden daertoe te geven, remitterende aen de selve opte visitatie ondertusschen te doen van de uuytheemsche sulcken voet ende ordre te nemen als deselve nair hare discretie voer de eere van 't lant sullen goetvinden.

(13) synode] A: foll. by del. heeft – (24) gedeputeerde] B: mistakenly reads gecommitteerde – (30) gelyck...dat] A: interl. add. – (31) van] A: foll. by del. dep[?] – (33) de] A: prec. by del. het – (34) dat] A: foll. by del. hare – (38) nair...discretie] A: marg. add.

II/1.1–199 26 November 1618
Drawing of the National Synod

François Schillemans from Middelburg is granted the exclusive right for four years to print in the Republic a sketch, model or drawing of the assembly of the national synod, engraved in copper. Counterfeits will be punishable by a fine of 300 guilders.
President: Tjaard van Aylva (Friesland).
Sources: A: 336r; B: 434r. – Related sources and texts: Probably in the face of strong opposition, the resolution was modified on 17 January 1619 (see below no. II/1.1–231) to mean that the patent only concerned a counterfeit of the exact drawing and that it would not prevent others from printing and publishing their own work. The resolution is printed in Dodt van Flensburg, VII, 47.

| Is François Schillemans, ingeboren borger der stadt Middelburch, geaccordeert octroy omme voer den tyt van vier jaren naestcommende alleene in de Vereenichde Provinciën te moogen drucken de schetse, modelle oft teyckeninge by hem tot Dordrecht gemaect van de celebre vergaderinge aldaer wesende van de synode nationael, om die curieuselyck in 't cooper te snyden. Verbiedende een yegelyck naer gebruyck, des suppliants werck binnen den voirseide tyt in 't geheel ofte ten deele, in 't groot ofte in 't cleyn nae te maken, opte verbuerte, etc., ende de pene van drye hondert carolusguldens.

II/1.1–200 27 November 1618
Two Letters from Langerak

Langerak writes on 2 November that he has presented a proposition and that Louis XIII is content with the defense of van Aerssen. In a second letter dated 16 November, the ambassador mentions bad reports from the Dutch Republic to France that try to turn the King away from the States General and the country. The King is much changed and upset by this. Langerak advises to send an extraordinary embassy. In order to find out who these detractors might be, some deputies of the States General will visit Boissise and Du Maurier and show them Langerak's letter. They will declare that the States General are not only very astonished but very sad about these reports. They cannot fathom who might have written the reports and even seem to have persuaded the King and his council of their reliability. The States General do their utmost to please Louis XIII and would like to know who their detractors are.
President: Tjaard van Aylva (Friesland).
Sources: A: 336v–337r; B: 438r–v. – Related sources and texts: The original two letters of Langerak are in The Hague NA, S.G. 6756.

336v A | Ontfangen eenen brieff van de heere van Langerack, gedateert den ii^{en} deses, daerby gevoeght wesende de propositie by hem gedaen aen Zyne Coninck-lycke Majesteyt van Vranckeryck tot verdedinge van den heere van Sommeldyck tegen de invective propositie alhier ter vergaderinge gedaen by
5 de heeren ambassadeurs van Zyne Majesteyt, houdende den voirseiden brieff advis dat Zyne Majesteyt in de justificatie van den voirseiden heere van So-merdyck hadde contentement, daerop egheen antwoordt en vereyscht.

Item noch eenen anderen brieff van den voirseiden heere van Langerac van den xvi^{en} deses, houdende advisen van de quade rapporten die van hier
10 op Vranckeryck overgeschreven werden tot nadeel ende ondienst van den staet deser landen, daerdoer getracht werdt omme Zyne Majesteyts coninck-lycke affectie van Hare Hoog Mogenden ende dese landen affkerich te maken, gelyck oyck Zyne Majesteyt daerinne zeer verandert ende gealtereert is, ra-dende Hare Hoog Mogenden tot eene extraordinaris besendingen aen Zyne
15 Majesteyt om deselve advisen te dilueren ende Zynde Majesteyt ende desselffs raden contentement te geven.

Daerover goetgevonden is, om achter sulcke rapporteurs ende overschry-
337r A vers te moegen commen ende deselve te achterhalen, | dat die heeren uuyt dese vergaderinge diens tour het is die heeren ambassadeurs van Zyne Ma-
20 jesteyt te gaen visiteren, de voirseide brieff van den heere van Langerac aen deselve sullen communiceren ende verclaren dat Haer Hoog Mogenden over de voirseide advisen nyet alleene zeer verwondert, maer van hertten bedroeft zyn, als nyet kunnende bedencken van wyen sulcke valscheyden moegen overgescreven werden ende dat met sulcke apparentie dat die by Zyne Ma-
25 jesteyt ende desselffs heeren raden schynen gelooft te worden ende Zyne Majesteyt tegen dese landen te altereren, daer Haer Hoog Mogenden noch-tans nergerincx tot meer en trachten als om Zyne Majesteyt te believen, daertoe dat zy alle hare actiën dirigeren, derhalven die voirseide heeren haer Edele vruntlyck sullen versoecken by soo verre als deselve yets van de au-
30 theurs ende smeeders van de voirseide advisen weeten, dat hare Edele gelie-ven Hare Hoog Mogenden daervan te onderrichten, opdat zy deselve moegen doen straffen, anderen ten exempel.

[The resolution goes on to state that, in case the ambassadors ask why nothing has been done about the pamphlet concerning the death of Leden-
35 berch, they should answer that the search for the author continues].

(10) Vranckeryck] A: Vrancker – (10) werden] A: interl. add. – (10) nadeel] A: foll. by del. van den – (12) van] A: interl. add. repl. del. tegen – (13–14) radende] A: marg. add. – (16) raden ... geven] A: omitted – (21) deselve] A: marg. add. – (21) verclaren] A: interl. add. – (21) Hoog Mogenden] A: marg. add. repl. del. interl. add. van wy[?] – (23) zyn] A: interl. add. – (24) ende ... apparentie] A: marg. add. – (28) die] A: interl. add. repl. del. Hare Hoog Mogenden – (29) deselve] A: marg. add. repl. del. de voirseide heeren ambassadeurs – (29) de] A: foll. by del. voirseide

RSG 3030 **II/1.1–201** 27 November 1618
Placard against Libel

The placard of 1615 concerning the printing of libels will be reviewed.
President: Tjaard van Aylva (Friesland).
Sources: A: 337r; B: 438v. – Related sources and texts: The resolution is printed in
Dodt van Flensburg, VII, 48.

| Is voirts goetgevonden dat men het placcaet geëmaneert in den jaer xvi^c 337r A
vyffthiene tegen het drucken ende uuytgeven van fameuse libellen ende pasquillen, etc., sal resumeren ende 'tselve veranderen, verminderen ofte augmenteren gelyck naer vereysch des tyts ende zaecken sal bevonden werden te behoiren.

RSG 3937 **II/1.1–202** 28 November 1618
Letters of the State Delegates Copied for Legation to England

The legation to England receives copies of the letters of the state delegates, to use them as circumstances require.
President: Tjaard van Aylva (Friesland).
Sources: A: 338r; B: 439v. – Related sources and texts: The copies of the letters of the state delegates do not appear to be preserved.

RSG 3947 **II/1.1–203** 30 November 1618
No French Delegates

A letter from Langerak written from Paris, dated 23 November 1618, is received.
President: Tjaard van Aylva (Friesland).
Sources: A: 339r; B: 441v. – Related sources and texts: The original letter from Langerak is in The Hague NA, S.G. 6756; edited no. II/1.102. Langerak writes that he has again urged Louis XIII to send two French ministers to the national synod. The King has answered clearly that his conscience and the Catholic religion prevent him from doing so, referring to many other reasons explained by Puisieux during Langerak's most recent trip to Soisson (during the last weeks of October 1618). In all other matters the King will show his affection. This seems to be the end of the matter, the ambassador concludes.

(9) etc.] A: *interl. add.* – (9–10) augmenteren] A: *foll. by del.* naer

II/1.1–204   30 November 1618
Two Remonstrant Ministers

RSG 3948

In a request, the Remonstrant churches in several classes of Holland ask that the ministers Grevinckhoven and Goulart be called to the synod together with the other Remonstrants, although they are not actually serving churches. They respond to reasons alleged to the contrary.
President: Tjaard van Aylva (Friesland).
Sources: A: 339r; B: 441v. – Related sources and texts: The original request of the Remonstrants is in The Hague NA, S.G. 7478; edited in ADSND, II/2:227–228. Printed in HV, 9r–v.

339r A
| Is gelesen de requeste gepresenteert opten naem der kercken Remonstranten onder verscheyden classen der provincie van Hollandt resorterende, versoeckende omme redenen daerinne verhaelt dat Hare Hoog Mogenden gelieve te accorderen dat Grevinchovius ende Goelartius by Hare Hoog Mogende gedeputeerde mede neffens d' anderen Remonstranten tegens den bestembden tyt als noch moegen werden bescreven ende tot de handelinge geroupen, oyck nyettegenstaende zy altans in geenen actuelen dienst en zyn, met wechneeminge ende dispensatie van alle redenen ende middelen die ter contraren fine souden mogen werden geallegeert.

II/1.1–205   1 December 1618
Remonstrant Ministers Welcome as Private Persons

RSG 3954

It is decided that the ministers Grevinchoven and Goulart may come to Dordrecht as private persons when they have anything to propose to the national synod, but not delegates or cited persons.
President: Tjaard van Aylva (Friesland).
Sources: A: 339v; B: 442r–v.

339v A
| Gedelibereert zynde opte requeste ghisteren gepresenteert opten naem der kercken remonstranten onder verscheyden classen der provincie van Hollandt resorterende, is verstaen ende geresolveert by soo verre als dd. Grevinchovius ende Goelartius in de synode nationael tot Dordrecht vergadert yets hebben te proponeren off te versoecken dat zy hem tot dien eynde na Dordrecht sullen moegen vervoegen ende sulcx aldaer doen naer haer

(11) gepresenteert opten] A: *interl. add. repl. del. by* Grevinchovius ende Goulardium [*interl. add.* Goelartium] Remonstrantsche predicanten gepresenteert *and repl. subsequent del. marg. add.* opten naem van de kerckendienaren Remonstranten onder verscheyden classen der provincie van Holland resorterende – (11–19) naem...geallegeert] A: *marg. add. continued as add. using the full width of the page, after the beginning of the resolution* – (14) Grevinchovius...Goelartius] A: *interl. add. repl. del.* de voerszeide twee – (27) ghisteren] A: *foll. by del.* gelesen van de – (29–30) dd....Goelartius] A: *marg. add. repl.* de supplianten – (31) off...versoecken] A: *interl. add.*

goetbeduncken als particuliere persoonen, maer nyet gecommitteerde ofte geciteerde.

II/1.1–206 1 December 1618
Treatment of Delegates

The state delegates write, on 27 November, that they have treated the foreign delegates according to the accompanying list and that they were full of praise. The state delegates will also see to the visits. In a second letter, dated 29 November, they ask guidance for the treatment of the delegates to the national synod from the provinces: political, ecclesiastical, Walloon, and the cited Remonstrants, to avoid jealousy. The States General answer that the ministers and the state delegates will be paid by their provinces. Since the Walloon churches have no provinces, the state delegates are authorized to accord them proper treatment.
President: Tjaard van Aylva (Friesland).
Sources: A: 340r; B: 443r–v. – Related sources and texts: The original letters from the state delegates have not been preserved.

| Ontfangen ende gelesen eenen brieff van de heeren politicque gedeputeerde van Hare Hoog Mogenden ter vergaderinge van de nationale synode tot Dordrecht, gedateert den xxvii^en der voerleder maent, daerby haer Edele adverteren in wat voegen dat zy volgende d' ordre van Hare Hoog Mogenden hen aengescreven, getracteert hebben die uuytheemsche gedeputeerde als namentlyck volgende de lyste met desen brieff overgesonden, daermede dat deselve uuytheemsche gedeputeerde volcommen contentement hebben, na dat zy verstaen, ende dat zy hen daerover ten uuytersten beloven, sullende oyck nyet laten te letten opte visitatiën ondertusschen te doen.

Is noch ontfangen eenen anderen brieff van den voirseiden heeren, gedateert den xxix^en Novembris lestleden, daerby haer edele versoecken te verstaen Hare Hoog Mogender gelieven ende meeninge op het tractement van alle die ghene die binnen de provinciën van Hare Hoog Mogenden bescreven zyn ende in het synode nationael compareren ofte noch compareren mochten, om aengaende oyck deselve, als daer zyn de politicque, ecclesiasticque, die van de Fransche kerck, neffens den anderen van Hare Hoog Mogenden geroepen, als oyck de geciteerde Remonstranten, tot affweringe van alle desordre ende jalousie.

Daerop na deliberatie geresolveert ende geordonneert is t' antwoirden dat de meeninge is dat die predicanten ende politicque die uuyte vereenichde provinciën ende lantschappen by Hare Hoog Mogenden zyn bescreven ende op de synode compareren, respective by de selve provinciën besorght ende

(20) hen] A: prec. by del. getracteert hebben – (35) uuyte] A: foll. by del. provinciën – (36) by] A: foll. by del. op de Synode by – (36) ende] A: interl. add.

betaelt moeten werden, dan voer soo vele die bescreven van de Fransche kercke aengaet dat Hare Hoog Mogenden te vreden zyn ende consenteren dat die voirseide heeren Hare Hoog Mogender voirseide gedeputeerde aen deselve soo vele voir haer tractement sullen toeleggen als haer Edele in goeder discretiën sullen goetvinden, deselve daertoe authorizerende mits desen.

II/1.1–207   6 December 1618
The Stadholders and Council of State Present the Necessary Finances for 1619

Prince Maurice, stadholder Willem Lodewijk, Prince Frederick Henry and the Council of State bring in their proposition to the consents for 1619. The States General thank them and recommend the proposition to the provinces. In the proposition, the provinces are asked to authorize their delegates to discuss renewing and cementing the Union of Utrecht. It has been there to unite the common authority, to assist each other against enemies from abroad, and to maintain the Reformed religion. But during the misunderstandings that have arisen some have tried to weaken the Union because of partisanship with several wrong and sinister interpretations, which open opportunities for these same enemies and in substance destroy the Union. The delegates should also be instructed to approve the results of the national synod.
President: Zweder Schele tot Welvelde (Overijssel).
Sources: A: 344r–v; B: 448r–457. – Related sources and texts: The proposition to the consents for 1619 by the stadholders and the Council of State to the States General is inserted into the Net Resolutions only. Here only the part concerning the national synod is presented.

II/1.1–207a [From the proposition:] | Voorts soo weeten Uwe Hoog Mogenden hoe dat de verbonden ende confederatiën geduyrende den voorleden oorloge van tyt tot tyt | onder de provinciën opgerecht ende in 't besonder oock de Unie ten laesten in den jaere xv^c lxxix binnen der stadt Utrecht gemaeckt, naest God het principaelste middel ende oorsake es geweest van der landen behoudenisse, ende dat deselve den tyt van omtrent veertich jaere geduyrende alle de groote swaericheyden, machten ende gewelden henlieden gestadelyck over den hals gecomen, hebben connen sustineren, ende door de genade des Heeren ten laesten tot eene geluckige uuytcompste brengen, mette hoochste eere ende reputatie voor alle de werelt, bestaende de voorseide Unie principalyck in getrouwe samenvouginge van de gemeene macht ende onderlinge assistentie tegens

---

(1) bescreven] A: *interl. add.* – (2) aengaet] A: *foll. by del.* die geen provincie en hebben – (3–4) aen deselve] A: *interl. add.*

alle gewelt ende overlast de voorseide provinciën van buyten- ende binnenslants opcommende, ende voorts in de hanthoudinge ende bevorderinge van de waere Christelycke Gereformeerde religie sulcx als deselve van 't begin van der oorloge alhier te lande es geoeffent ende onderhouden, ende want in dese laest opgecomen misverstanden gesien is dat eenige tot stut ende bevoorderinge van hare partyschappe getracht hebben omme d' voorseide Unie by verscheyden misduydingen ende sinistere interpretatiën te labefacteren, ende in hare substantie genoechsaem te niete te brengen, tot der landen hoochsten ondienst ende pericule, oock streckende buyten twyffele tot een bresse ende openinge voor alle vyanden omme deselve sulcx ontbonden ende gesepareert synde, met minder moeyten daernae te connen aengrypen ende overvallen, zoo bevinden Zyne Princelycke Excellentie, Zyne Genade ende den Raedt van State geheel oorbaerlyck ende noodich te syn (omme in tyden ende wylen niet wederomme in gelycken onheyl ende inconveniënten te vervallen) dat metten eersten de voorgaende contracten van de Unie van nieus werden geresumeert ende de landen onder den anderen tot naerder eenicheyt ende correspondentie werden verbonden ende gecnocht, weshalven de respective provinciën serieuselyck versocht worden te willen authoriseren hare gedeputeerde comparerende opte vergaderingen van Uwe Hoog Mogenden omme hierin nu metten eersten te mogen helpen resolveren mette andere provinciën sulcx als de welstant ende verseeckeringe van ons goede vaderlandt sal vereysschen, mitsgaders oock te mogen helpen approberen ende aennemen 'tgene wes by de synode nationael mette beschrevene assisten tot wechneminge van de tegenwoordige questiën ende onverstanden in de kercke Godts opgeresen ende tot derselver goede ruste ende eenicheyt sal werden goetgevonden | ende gedecreteert, ten minsten op het goet believen van haere principalen, opdat alsoo alles wederomme in goede eenicheyt ende behoorlycke stilte ende gerusticheyt gebracht mach werden.

453v B

RSG 3989a   **II/1.1–208**   8 December 1618
French Delegates

A letter of Langerak written from Paris on 29 November 1618 is received.
President: Zweder Schele tot Welvelde (Overijssel).
Sources: A and B: not mentioned. – Related sources and texts: The letter is not mentioned in the resolutions, but referred to in the footnote in RSG 3989a. The original, slightly damaged letter is in The Hague NA, S.G. 6756; edited no. II/1.103. Langerak writes that Châtillon and he himself were told on behalf of

(21) helpen] B: interl. add.

Louis XIII that the two French ministers (Chauve and Chamier) seem to have left Guyenne to go to Dordrecht. His Majesty is not pleased, but he trusts that the States General will grant them the first rank in the national synod because of the honor and reputation of France. If the ministers do not see to this themselves, they will receive double punishment on their return. The other two ministers, Du Moulin and Rivet, have written that they have harsh orders not to leave, on threat of punishment.

II/1.1–209   11 December 1618
Remonstrant Documents

The state delegates report by letter on the national synod's business up to 9 December. Episcopius has given a speech with great and impetuous animosity, of which they send a copy. Also, a copy of a writing that the Remonstrants have sent to the foreign delegates. The States General commit one person each from Holland, Zeeland and Utrecht to examine the oration and Remonstrant writing. Gelderland may add somebody if it wishes.
President: Goosen Schaffer (Groningen).
Sources: A: 347v–348r; B: 460v. – Related sources and texts: The original letter of the state delegates, dated 9 December, with its annexes has not been preserved. The speech of Episcopius is edited in ADSND, II/2:267–283. The Remonstrant writing sent to the foreign delegates is edited in ADSND, II/2:231–243; Dutch translation in HV, 15r–20v.

| Item eenen brieff van de heeren politicque gedeputeerde van Hare Hoog Mogenden in de Synode tot Dordrecht, gedateert den ix^{en} deses, daermede haer Edele adverteren wat tot dien dach toe in de synode was gepasseert, oversendende met eenen copie van de oratie die Episcopius met groote ende impetueuse animositeyt in de synode gedaen heeft, mitsgaders van noch een anderen scrift dat de Remonstranten aen de uuytheemsche hebben gesonden.

Is goetgevonden dat men eenige uuyt dese vergaderinge sal committeren om de voirseide oratie ende 't gescrift nairder te examineren ende daervan rapport te doen. Ende zyn desen volgende hiertoe gecommitteert een uuyt Hollandt, Zeelant ende Utrecht, daerby die van Gelderlant oyck een sullen moegen voegen indien haer edele dat goetvinden.

(24) Edele] A: foll. by del. send – (27) dat] A: interl. add. repl. del. zoo[?] by hem – (27) de] A: prec. by superfluous die – (30–32) een...goetvinden] A: marg. add.

II/1.1–210 11 December 1618
Boissise may Inspect Speech of Episcopius

Manmaker is allowed to show the speech of Episcopius to French ambassador Boissise.
President: Goosen Schaffer (Groningen).
Sources: A: 348r; B: 461r. – Related sources and texts: Resolution printed in Dodt van Flensburg, VII, 48.

| Op het aengediende by den heere Manmaker van dat die heere Boissize geerne soude hebben lecture van de oratie die D. Episcopius in de synode gedaen heeft, is daerinne geaccordeert, mitsgaders dat men zyn Edele daervan oyck sal geven copie, des begerende.

II/1.1–211 12 December 1618
Proposition from French Ambassadors

Boissise and Du Maurier, ambassadors of the French King, come in, in the presence of Prince Maurice and stadholder Willem Lodewijk. They hand in their credentials and make a proposition, which they are asked also to present in writing.
President: Goosen Schaffer (Groningen).
Sources: A: 348v; B: 462r–464r. – Related sources and texts: The proposition is inserted into the Net Resoluties only. The original proposition is in The Hague NA, S.G. 6756; edited in ADSND, II/2:843–845. Printed in Bijdragen en Mededeelingen Gelre, IV (1901), 302.

| Zyn ter vergaderinge gecompareert die heeren van Boissize ende Du Maurier, ambassadeurs van Zyne Conincklycke Majesteyt van Vranckeryck. Hebben ter presentie van Zyn Excellentie ende van den welgeboren heeren grave Wilhem Loduwich, grave van Nassau, etc., stadtholder, etc., gepresenteert eenen brieff van deselve Zyne Majesteyt, gedateert binnen Paris den xxviii^{en} Novembris lestleden, houdende credentie op de voirseide heeren, uuyt cracht van de welcke haer Edele geproponeert, verthoont ende versocht hebben 'tgene haer Edele aengenomen hebben by gescrifte te vervaten, ende Haer Hoog Mogenden ter vergaderinge alhier te doen presenteren, hierna volgende geïnsereert met den voirseiden brieff des conincx.

> **II/1.1–211a** [In the proposition Boissise and Du Maurier exhort the States General to stay firmly united and to watch that the changes of magistrates in the cities do not cause enmities and dissensions. This kind of change is

(9) de] *A: om.* – (24–27) Hebben...Majesteyt] *A: marg. add.* – (28) voirseide] *A: interl. add. repl.* selve – (29) verthoont] *A: foll. by del.* hebben

dangerous for public governance if there is no great necessity, or so profitable that nobody could complain. The new magistrates should be ordered to win the benevolence of the people and to reign so moderately that the fickle multitude does not look back. Also, those who were ousted should bear it patiently for the common good.

As for the synod that has been convened, it gives hope to find peace and concord. To be fruitful, it should be free and safe for all who attend, and the opinions should be examined without passion for the honor of God and the tranquility of consciences. The great mysteries and treasures of divine wisdom should be approached with humility and submission.

As for the prisoners, they should, for the sake of peace and concord, be administered good and brief justice. They are accused of enormous and detestable crimes, treason, intelligence with the enemies, and exposing cities to the dangers of pillage and bloodshed. If they are found guilty, the King advises to apply the law rigorously. But though worthy of heavy penalties, good and wise princes and republics have pardoned even enterprises against their persons and spared blood. It is one of the hallmarks of liberty not to touch the life of fellow citizens lightly. The crime of treason should be distinguished from acts in a different league like contentions, jealousies and ambition. It is the intention that matters. The King does not doubt the integrity of the States General in dealing with the facts now that the life of the eldest counsellor of the state, Oldenbarnevelt, is recommended by his long and marked services, of which the public and all allies can testify. It is difficult to believe that he has conspired to ruin his fatherland, for which he has worked so hard. Now the truth should be found out by non-suspected and impartial judges according to the laws of the land, on undoubtable proof, not probable, but true. The King advises not to use rigor, but mildness, agreeable to God and apt to win the heart of the people. The more so, because of the preservation of the state, the great service that this person has rendered and the ardor with which he has maintained the alliance with France. These testimonies of his loyalty seem to exclude every suspicion of treason and perfidy. His Majesty cannot consider him guilty without evident proof. If the States General nevertheless choose the way of rigor, the King has the glory to have advised otherwise as a good friend, an ally. But it will be dangerous, and His Majesty will take great offence. 12 December 1618, signed by De Thumery and Du Maurier].

RSG 4018 **II/1.1–212   13 December 1618**
Written Proposition of French Ambassadors

The proposition of the French ambassadors, which they have now submitted in writing, is read. The French ambassadors are asked to sign the proposition. Deputies from Holland, Zeeland and Utrecht will discuss an answer with Prince Maurice. The griffier is to keep the proposition secret.
President: Goosen Schaffer (Groningen).
Sources: A: 349v; B: 465r.

RSG 4036 **II/1.1–213   15 December 1618**
Delegates from Nassau-Wetteravia

Johannes Bisterfeld from Siegen and professor Johannes Alsted from Herborn hand in their credentials for the national synod prepared by the correspondents of the Reformed church of Nassau-Wetteravia. They are sent to the state delegates in Dordrecht to be treated according to the resolution.
President: Goosen Schaffer (Groningen).
Sources: A: 352r; B: 467r–v. – Related sources and texts: The original credentials are not preserved in the archives of the States General. Credentials edited no. II/1.186.

| Zyn ter vergaderinge gecompareert d' heeren Johannes Biestervelt, hofprediger ende inspectorem zu Siegen, ende d' heere Johannes Henrici Alstedius, professor zu Herborn. Hebben behandicht eenen brieff van de Wetterawisschen Correspondenten, Ausschreibender ende Adjuncten der Reformierter kercken, inhoudende dat deselve van haerluyder wegen op den synode nationael de voirseide comparanten genomineert ende gesonden hebben.   352r A

Daerop geresolveert is dat men de voirseide brieff mette voirseide comparanten sal senden aen de heeren Hare Hoog Mogender politique gecommitteerde tot Dordrecht, ten eynde haer edele de voirseide comparanten binnen Dordrecht willen doen ontfangen, logeren, accommoderen ende tracteren ende ter synode sessie geven, volgende Hare Hoog Mogender resolutie hun aengescreven.

RSG 4036 **II/1.1–214   15 December 1618**
Report of State Delegates

The state delegates report what has happened at the national synod up to 13 December.

(20) zu] A: foll. by del. Sch – (22) Reformierter] A: *mistakenly reads* Reformieter

President: Goosen Schaffer (Groningen).
Sources: A: 352r; B: 467v. – Related sources and texts: The original letter from the state delegates, dated 13 December, has not been preserved.

| Ontfangen ende gelesen eenen brieff van de heeren politique gedeputeerde van Hare Hoog Mogenden op de synode nationael tot Dordrecht, aldaer gedateert den xiii^{en} deses, daermede haer edele adviseren van 't gene dat in de synode tot dien dach toe was gepasseert, geen antwordt vereysschende.

II/1.1–215   17 December 1618
Scottish Delegate

Ambassador Carleton enters and presents Walter Balcanqual, a theologian from Scotland chosen by James I, with the same authorization and instruction as the English delegates to take part in the national synod. The ambassador asks to grant seating according to the rank of the kingdom of Scotland. Balcanqual delivers a short oration, which he promises to submit in writing. The States General thank the ambassador and accept the delegate. They inform the state delegates and ask them to treat him according to his rank and to grant him seating.
President: Gijsbert van den Boetzelaer (Gelderland).
Sources: A: 353v; B: 471r. – Related sources and texts: Balcanqual's speech has not been preserved.

| Is ter vergaderinge gecompareert d' heere Carleton, ambassadeur van Zyne Majesteyt van Groot Britaniën. Heeft by last van Zyne Majesteyt Hare Hoog Mogenden gepresenteert den persoon van den heere Walter Balclanging theologus, by Zyne Majesteyt gekosen ende genomineert uuyt zyn coninckryck van Schotland om op de synode nationael binnen Dordrecht doer last van Zyne Majesteyt van wegen de kercken van 'tselve ryck te compareren ende besoigneren met gelycke authorizatie ende instructie als Zyne Majesteyt zyne voergaende gecommitteerde theologos uuyt Engelant gegeven heeft. Versoeckende oversulcx die voirseide heere ambassadeur dat deselve daertoe ontfangen, in de synode sessie gegundt soude werden na vereysch van den graet ende qualiteyt van het coninckryck van Schotland.

Hierna heeft die voirseide D. Walterus gedaen aen Hare Hoog Mogenden eene cortte oratie die hy ter requisitie van Hare Hoog Mogenden aengenomen heeft by geschrifte over te geven.

Ende daerna op 't voirseide geproponeerde ende versoeck van de voirseide heere ambassadeur gedelibereert zynde, is daerop met civile complimenten

(6) adviseren] A: *prec. by del.* oversenden

van bedanckinge, aengenaemheyt ende acceptatie van de voirseide heere gedeputeerde ende gecommitteerde van Zyne Majesteyt geantwoirdt.

| Ende voirts geresolveert ende geordonneert te scryven aen Hare Hoog Mogender politique gecommitteerde totte voirseide synode nationael ende haer edele daerby te adverteren van de voirseide presentatie ende verclaringe van den voorseide heere ambassadeur ende voirts deselve te versoecken dat zy dien volgende den voirseiden D. Walterum in de voirseide qualiteit willen ontfangen, doen logeren, accommoderen ende tracteren ende in de synode zyne behoirlycke sessie vergunnen, volgende d' intentie ende begeren van Zyne hoochstgemelde Conincklycke Majesteyt.

354r A

RSG 4049

II/1.1–216   18 December 1618
Delegates from Brandenburg

The Elector of Brandenburg answers the invitation of the States General that he will send some theologians to the national synod.
President: Gijsbert van den Boetzelaer (Gelderland).
Sources: A: 354r; B: 471v. – Related sources and texts: The original letter from the Elector of Brandenburg, dated 14 October, is in The Hague NA, S.G. 6049; edited no. II/1.233.

| Ontfangen eenen brieff van den cheurfurst van Brandenburch, gescreven tot Conincxberge[69] den xiiii[en] Octobris lestleden, houdende antwoirdt op Hare Hoog Mogender scryven aen Zyne Cheurfurstelyche Hoocheyt gedaen, ten eynde deselve eenige van zyne theologanten van de Gereformeerde religie op de synode nationael binnen Dordrecht tegen den 1[en] Novembris lestleden soude willen senden. Het welcke Zyne Cheurfurstelycke Hoocheyt aengenomen heeft te sullen doen.[70]

354r A

RSG 4052

II/1.1–217   18 December 1618
Answer to French Ambassadors Deferred

Pauw reports that he, Vooght, Muys and Manmaker have discussed the draft answer to the French ambassadors and the draft of the letter to Louis XIII with Maurice and Willem Lodewijk. Their advice is written on the draft. The States

---

(1) aengenaemheyt] A: *prec. by del.* ende – (9) volgende] A: *foll. by del.* d' inst – (22) van ... religie] A: *marg. add.*

[69] Königsberg.
[70] The theologians did not arrive, due to illness and to Lutheran opposition; see ADSND, I:lxxxii.

General read the proposition and the drafts, but they defer approval till the next day.
President: Gijsbert van den Boetzelaer (Gelderland).
Sources: A: 354r–v; B: 472r–474v.

II/1.1–218   19 December 1618
Answer to French Ambassadors and Letter to Louis XIII Approved

RSG 4054

The answer of the States General to the proposition of the French ambassadors (see ADSND, II/2:843–845) is approved, with a letter from the States General to Louis XIII.
President: Gijsbert van den Boetzelaer (Gelderland).
Sources: A: 354v; B: 472r. – Related sources and texts: Both the answer to the proposition and the letter to Louis XIII are inserted into the Net Resoluties. The approved texts are in The Hague NA, S.G. 6756; the answer is edited in ADSND, II/2:859–863. The approved text of a letter to ambassador Langerak is also in The Hague NA, S.G. 6756.

354v A

| Is anderwerff gelesen het concept van de antwoirdt opte propositie van de heeren ambassadeurs van Zyne Majesteyt van Vranckeryck alhier ter vergaderinge gedaen ende den xiii^{en} deses by gescrifte overgegeven. Ende gearresteert gelyck deselve hierna volght geïnsereert, mitsgaders oyck den brieff desen aengaende by Hare Hoog Mogenden te scryven aen Zyne Majesteyt.

II/1.1–218a [Summary of the letter to Louis XIII: His Majesty has often demonstrated his care for the wellbeing and the tranquility of the Republic. The States General ask him to be assured that no ally will surpass them in affection, fidelity and due gratitude. It would, however, be a justified displeasure if His Majesty were invited to put more trust concerning the affairs of the States General in others, whoever they are, than in the States General themselves. They trust completely in the equity and prudence of the King and will continue to strive for their union and tranquility in moderate and legitimate ways, against any faction from within or abroad.]

II/1.1–218b [Summary of the answer to the French proposition: The States General would like to justify their actions and to provide a basis for the King to continue his favors and assistance. They have always followed his salutary advice about the machinations of their enemies and honored their obligations. Therefore, they do not understand the complaints about their moves to strengthen their state. They trust that Louis XIII will not judge otherwise and that the relationship, which has been so useful to the King

(19) mitsgaders] A: *interl. add. repl. del.* gelyck

and convenient for their safety, will continue. They consider the admonition to stay firm in the union of their provinces as favorable advice. The necessary change of some magistrates in a few cities, made after mature consideration, may have looked alarming, but was executed with prudence and without violence. Otherwise, ambitious and factious people would have ruined the state. Laws, rights and policies have not been changed. The new magistrates are qualified and trusted, and they have already brought peace and order to several cities. The States General have brought about this change without upheaval or extraordinary encumbrance to their allies.

The States General consider the national synod a legitimate means, already in use by the apostles and the primitive church, to bring about concord. They would like his Majesty to remember that they have asked him repeatedly for the assistance of some of his Reformed subjects. This wish has been counteracted by a few people who styled themselves the States of Holland, against all reason and order of government. Now, under God's benevolence, the wise and resolute behavior and dexterity of Prince Maurice has restored temporal security to the state, and consequently a spiritual settlement is now necessary. The only mandate of the present national synod is the honor of God, the peace of consciences, and the purity of his Word. Excellent pious and learned men have been chosen, and the States General are confident about their work. The synod will testify to their honest intentions, to the contentment of his Majesty, the tranquility of the Republic, and the confusion of the instigators of this faction.

The ambassadors have exhorted to bring good and swift justice to the prisoners, and to treat them with clemency in case they have not conspired to the ruin of the state with enemies. The States General, however, who have been occupied with the violent procedures of those who wanted to change religion, justice, fundamental laws, and the order of civil government, a conspiracy that infected everything, do not want to precipitate a lawsuit of great importance and consequences. The innocent will not be prejudiced by this. Nevertheless, no time has been lost to work diligently. A judgment may follow before long, which will be praised by allies, especially by his Majesty when he is better informed about the state of the conspiracy. Nevertheless, the States General ask the ambassadors to assure Louis XIII that they will deal with moderation and clemency as much as justice and the preservation of the state permit. They are confident that the King will not listen to ill-founded solicitations of some of the accused and their firebrands, but to the judgment of the States General, who will maintain the alliance].

II/1.1 STATES GENERAL RESOLUTIONS RELATING TO THE CONVENING OF THE SYNOD 263

II/1.1–219   19 December 1618
Letter from Langerak

Langerak writes from Paris 7 December 1618 about concern for precedence at the synod.
President: Gijsbert van den Boetzelaer (Gelderland).
Sources: A: 353v; B: 475r. – Related sources and texts: The original letter from Langerak is in The Hague NA, S.G. 6756; edited no. II/1.104. His remarks about the national synod were, understandably, not included in the resolution. He wrote that the French Council understood that the English delegates had taken precedence in the national synod. The Council asked if a way could be found to grant the two French delegates from the Languedoc, when they arrived, seating in accordance with the honor of the French crown, but without causing displeasure to England. Were that not possible, the States General were asked to write nothing in their registers to the prejudice of France, so that historians would never mention this. In the end, the States General were never called upon to judge in this matter, because Chauve and Chamier were notified on their way, in Geneva, that the King had forbidden them to go.[71]

II/1.1–220   19 December 1618   RSG 4059
Placard Renewed

The placard against slander, printing and publishing of abusive pamphlets, produced in 1615, will be reviewed, to renew it if necessary.
President: Gijsbert van den Boetzelaer (Gelderland).
Sources: A: 355v; B: 475v.

II/1.1–221   20 December 1618   RSG 4063
Letter from Dutch Trade Delegation

The States General read a letter from London, dated 15 December, from the Dutch trade delegation in England.
President: Gijsbert van den Boetzelaer (Gelderland).
Sources: A: 356r; B: 476r. – Related sources and texts: The original letter is in The Hague NA, S.G. 5887; edited in ADSND, II/2:850.

356r A | Ontfangen ende gelesen eenen brieff van de heeren gecommitteerde uut Hare Hoog Mogender vergaderinge in Engelant, gedateert binnen Londen den xv^{en} deses, geen antwoordt vereysschende.

---

[71] Chauve reported this in the National Synod of the French Reformed churches, held in Alais [Alès] from 1 October to 2 December 1620 (Aymon, 2:156).

RSG 4093 **II/1.1–222** 22 December 1618
Publications concerning the National Synod

The state delegates present at the national synod a report on the proceedings up to 18 December. They have been told by a reliable source that the Remonstrants plan to publish writings already submitted or still to be submitted to the synod, to communicate them with ordinary people in order to bring scorn to the actions of the synod or to stir up the people. They ask for quick measures to see to it that during the proceedings of the synod nobody may publish anything about them. That way the States General may reap the harvest of this long-awaited assembly and by supervision may achieve their objective. The States General ask the griffier to draft a placard.
President: Gijsbert van den Boetzelaer (Gelderland).
Sources: A: 359v–360r; B: 380r–v. – Related sources and texts: The original letter from the state delegates has not been preserved. The placard is printed in ADSND, II/2:223–226; Groot Placcaetboek, 1:439–444; RSH, 28 December; Dutch Acta, 1:63; Knuttel 2740. Latin version is printed in Acta (1620), 1:60–62. In The Hague NA, S.G. 4933, is the slightly damaged approved text of the accompanying letter to the provinces.

| Ontfangen eenen brieff van de aenwesende gedeputeerde op het synode nationael tot Dordrecht, gedateert aldaer den xviii[en] deses, daerby haer Edele adverteren wat tot dien dach toe in de synode is verhandelt ende gepasseert, versoeckende alsoo hun | van goeder hant ende geloofweerdige persoonen onlancx aengedient is, als dat de Remonstranten in den sin souden hebben eenige scriften alreede in het synode overgegeven ofte die noch in toecommende tyden in het selve souden moegen overgelevert werden, in openbaren druck uuyt te geven ende met den gemeenen man tot vilipendentie van hare actiën ofte ophitssinge van het volck te communiceren, dat Hare Hoog Mogenden gelieven metten iersten orden te stellen datter gedurende de actiën van het synode nyet werde van de eene ofte andere zyde belangende het ghene in de selve geschiet is, ofte noch soude moegen geschieden, uuytgegeven op alsulcke straffe ende correctie als Hare Hoog Mogenden sullen bevinden te behoiren, ten eynde dat Hare Hoog Mogenden de vruchten van den soo lange gewenste byeencompste ten vollen genieten ende zy in de opsicht over deselve tot hare meeningen moegen commen, etc. Na deliberatie hebben Hare Hoog Mogenden in 't voirseide versouck geaccordeert ende dien volgende den greffier gelast het placcaet te concipiëren omme daerna alhier geëxamineert ende geresolveert te werden na behoiren.

359v A

360r A

(30–31) uuytgegeven] A: uuyt *repl. del.* op

II/1.1 STATES GENERAL RESOLUTIONS RELATING TO THE CONVENING OF THE SYNOD 265

II/1.1–223   31 December 1618
Synod Delegation to the States General

RSG 4119A

Henrick van Essen, Hugo Muys van Holy and Johan van Hemert, with Herman Fauckelius and Sebastian Damman, assessor and secretary of the national synod, are deputed to the States General by the state delegates in Dordrecht. They present their credentials. In the presence of Prince Maurice and Willem Lodewijk, they report on the difficulties arising from the words and behavior of the cited Remonstrants, and they come to learn the full intention of the States General. They read all the original acts and decisions, political and ecclesiastical, and the answers of the cited Remonstrants, done both in writing and orally, especially from the morning of 21 December to the evening of Saturday 29 December. Also, the political and ecclesiastical decisions of the morning of 27 and 28 December (see ADSND, II/2:597–598, 599–600), with the written answer handed in by the cited Remonstrants in the afternoon of 29 December (see ADSND, II/2:610–611) and their verbal declaration. It is evident from these acts that the foreign delegates have unanimously, both in writing and verbally, declared that the cited Remonstrants have not complied with the decree in their answers. After long communications and deliberations and with advice of prince Maurice and stadholder Willem Lodewijk, the provinces declared their advice. Pauw, De Jonge, Aetsma and Gockinga and the griffier, together with the respondents, are appointed to draft an answer and resolution, to be reviewed and approved in the afternoon.
President: Adriaan van Matenesse (Holland).[72]
Sources: A: 365v–366r; B: 490r–v.

365v A | Zyn ter vergaderinge gecompareert die heeren Henrick van Essen, raedtsheere van het furstendom van Gelderlant ende graeffschaps Zutphen, Hugo Muys van Holy, ridder, schouth van Dordrecht ende bailleiu van Stryen, ende Johan van Hemert, borgermeister van Deventer, mitsgaders die eerweerdige Herman Fauckelius, assessor, ende Sebastiaen Damman, scriba, kerckendienaren respective van Middelburch ende Zutphen, tsamen affgesonden by ende van wegen de heere politicque by Hare Hoog Mogenden op de synode nationael binnen Dordrecht vergadert, gedeputeert. Hebben na presentatie
366r A van haren credentsbrieff ter presentie van Zyn | Excellentie ende van den welgeboren heere graeff Wilhem Loduwich, grave van Nassau, etc., stadthol-

(26) van] A: interl. add. – (29) scriba] A: prec. by del. sche – (33) ter] A: prec. by del. ge

[72] In RSG NR, H. J. Smit points out that this Monday Zeeland should have presided, without further explanation, but he seems to be right. That day four delegates from Zeeland were present, but they did not take the turn of Zeeland to preside. They may have left the floor to Matenesse because he had presided over the preliminaries to these extremely important resolutions and because it was politically necessary to give Holland and Matenesse himself as much weight as possible.

der, etc., gedaen rapport van de difficulteyten ende swaricheyden gesproten uuyte woorden ende comportementen van de Remonstranten by den voirseiden synode aldaer geciteert, ten eynde om daerop volcommentlyck te verstaen Hare Hoog Mogender goede intentie ende meyninge. Doende voirts tot dien eynde lecture van alle de originele acten ende actitaten van decreeten, soo polityck als ecclesiasticq, insgelyckx van de antwoirden van de geciteerde Remonstranten, tsamen schriftelyck ende mondeling in den selven synode gevallen, sunderlinge tzeedert vrydaegs den xxi^{en} voormiddaegs tot Saterdach den xxix^{en} deses maents Decembris in den avont na de clocke van thien uren incluys toe, specialyck oyck van het decreet politicq ende ecclesiasticq geïnterponeert voor middaeghs den xxvii^{en} en ende xxviii^{en} deses selffden maents, mede voermiddaegs, insgelycks van de scriftelycke antwoordt by de voirnoemde geciteerde den voirnoemden xxix^{en} des naermiddachs overgelevert ende voirts van de mondelinge verclaringe by hun daerover gedaen, ende dat insunderheyt uuyt de bovengemelte acten ende actitaten was blyckende dat de eerweerdige ende hooghgeleerde heeren uuytheemsche theologanten scriftelyck ende mondeling eenhellich hebben verstaen dat de voirseide geciteerde Remonstranten de voorgemelte decreten geenssins en hadden voldaen met hunne scriftelycke ende mondelinge antwoordt daerop gevolght.

Ende na dat daerop in 't lange was gecommuniceert ende gedelibereert ende het advis van Zyn Excellentie ende van den welgemelten heere graeff Wilhem gehoort, omvrage gedaen zynde, hebben de provinciën hare advisen daerop ordentelyck verclaert. Ende zyn eenige uuyte selve versocht ende gecommitteert, namentlyck de heeren Pauw, De Jonge, Aetsma ende Gockinga metten greffier, omme mette heeren rapporteurs volgende de voirseide advisen te concipiëren antwoirdt ende eene resolutie, omme deselve na den middach alhier ter vergaderinge geresumeert ende gearresteert te werden na behoiren.

RSG 4119B **II/1.1–224** 31 December 1618 (post prandium)
Committee Answer Postponed

Those appointed in the morning to draft an answer and resolution have been busy till late in the evening. Therefore, the assembly is postponed till the next day.
President: Adriaan van Matenesse (Holland).
Sources: A: 366r; B: 490v.

(21) ende] A: *prec. by del.* hebben Z. – (22) omvrage...zynde] A: *interl. add.* – (25) volgende] A: *prec. by del.* te – (26) antwoirdt ende] A: *interl. add.* – (26) eene] B: *om.*

366r A | Die voirseide heeren voerden middach gecommitteert om op 't gedaen rapport van de besoingne des synodi te concipiëren een antwoirdt ende resolutie, hebben daerop gebesoigneert. Maer alsoe deselve besoigne tot late in den avont heeft geduert, is de vergaderinge daerop uuytgestelt tot morgen.

STATES GENERAL RESOLUTIONS 1619

II/1.1–225   1 January 1619
Decision on Draft Postponed

RSG 1619/1620, 2A

The draft of the answer to the report of the delegation from the national synod is postponed to the afternoon because there were considerations on a few words and it ran late.
President: Jacob Magnus (Zeeland).
Sources: B: 1v.

1v B | Is gelesen het concept van de antwoort op het gedaen rapport van de heeren gecommitteerde des synodi, maer nyet eyntelyck geresolveert, omme enige gemoveerde consideratiën op eenige woorden, ende dat het spade was. Ende mits dien dese resolutie uuytgestelt tot na den middach.

II/1.1–226   1 January 1619 (post prandium)
Decision on the Cited Remonstrants

RSG 2B

In the presence of prince Maurice and stadholder Willem Lodewijk, the draft answer and resolution on the report of the delegation from the national synod is unanimously carried and inserted. The States General have heard the verbal report of Henrick van Essen, councillor of Gelderland, Hugo Muys van Holy, officer of Dordrecht, and Johan van Hemert, burgomaster of Deventer, and the reverend Hermannus Faukelius, assessor, and Sebastiaan Damman, secretary, ministers in Middelburg and Zutphen, together sent by the state delegates of the States General at the national synod to report on the difficulties rising from the words and behavior of the cited Remonstrants, and to learn the full intention of the States General. The States General have also heard the reading of all the original acts and decisions, both political and ecclesiastical, and the answers of the cited Remonstrants, done both in writing and orally, especially from the

morning of 21 December to the evening of Saturday 29 December. Also the political and ecclesiastical decisions of the morning of 27 and 28 December (see ADSND, II/2:597–598, 599–600), with the written answer handed in by the cited Remonstrants in the afternoon of 29 December (see ADSND, II/2:610–611) and their verbal declaration. It is evident from these acts that the foreign delegates have unanimously declared, both in writing and verbally, that the cited Remonstrants have not at all complied with the synod's decree in their written and oral answers. The States General, having deliberated in the presence and with advice of prince Maurice and stadholder Willem Lodewijk, with special regard that in the present synod everything may be directed towards its desirable end, that is, the propagation of the honor of God, the assertion of the true Christian religion till now practiced in this country, to the service of the land, rest and tranquility in the churches, and unity among the inhabitants, declare that the aforementioned political and ecclesiastical decisions and acts conform to their intentions and to their resolutions, instructions and commissions relating to the order of the national synod. They therefore approve all these acts and decrees. The cited Remonstrants should have obeyed these decrees and ordinances immediately, as they from now on still must do. They will have to obey further similar decrees, or they will be proceeded against, not only by ecclesiastical censure, but also as antagonists of the public authority of the land. Anyhow, the principal business of the national synod is to be diligently furthered and continued by all delegates in conformity with their commissions and instructions and further resolutions. In case the cited Remonstrants continue their disobedience, the synod will find, examine and decide according to the Word of God about their opinion in doctrine by way of their publications and their written and verbal declarations, done both in the national synod and in the respective provincial synods. The cited Remonstrants will have to stay within the city of Dordrecht, unless they have special written permission of the state delegates. Also, every time they are summoned, they must answer honestly and without tarrying and present their declarations categorically, be it verbally or in writing, to the wishes of our delegates, on whatever may be put to them on behalf of the synod. This good intention, will and declaration will be read publicly in the synod in the presence of the cited Remonstrants. Done by the States General, The Hague, 1 January 1619.
President: Jacob Magnus (Zeeland).
Sources: B: 1v–2v. – Related sources and texts: The act is inserted into the Net Resoluties. Copies are in Utrecht OSA, 5, 403–410; the Register of acts, The Hague NA, S.G. 12.302, 89r–90r, and The Hague NA, S.G. 3178, 1v–3r. Printed in: Dutch Acta, 1:208; HV, 118r–119r. Latin version printed in Acta (1620), 1:163–165, and edited in ADSND, II/2:641–644.

| Syn wederom ter vergaderinge gecompareert Syn Excellencie ende die welgebooren heere graeff Wilhem, etc., ende in derselver presentie gelesen zynde

IV B

het concept van Haere Hoog Mogender antwoort ende resolutie op het rapport van de aenwesende heeren gedeputeerde des synodi, is deselve antwoort met eenparige stemmen gearresteert gelyck deselve hiernae volght geïnsereert.

II/1.1–226a Die Staten Generael der Vereenichde Nederlanden in Haere Hoog Mogender vergaderinge op huyden, gehoort het mondelinge rapport aen de selve gedaan by de Edele, hoochgeleerde, achtbare heeren Henrick van Essen, raedtsheer van het furstendomb van Gelderlandt ende graeffschap Zutphen, Hugo Muys van Holy, ridder, schout van Dordrecht en baillieu van Stryen, ende Johan van Hemert, borgermeestere van Deventer, mitsgaders van den eerweerdigen Hermanno Fauckelio, assessor, ende Sebastiano Dammanno, scriba, kerckendienaren respective tot Middelburch ende Zutphen, tsamen affgesonden by ende van wegen de heeren politicque by Haere Hoog Mogenden op de synode nationael binnen Dordrecht vergadert, gedeputeert, nopende de difficulteyten ende swaricheden gesproten uuyte woorden ende comportementen van de Remonstranten by den voorseiden synode aldaer geciteert, ten eynde om daerop volcomentlyck te verstaen Haere Hoog Mogender goede intentie ende meyninge, mede gehoort de lecture van alle de originele acten ende actitaten van decreten, so politicq als ecclesiasticq, insgelycx de antwoorden van de geciteerde Remonstranten tsamen scriftelyck ende mondelingh in den selven synode gevallen, sonderling tsedert Vrydaechs den xxi^{en} voormiddachs tot Saterdach den xxix^{en} des maents Decembris in den avont na de clocke thien uuyren incluys toe, specialyck oock het decreet politycq ende ecclesiasticq geïnterponeert voormiddachs den xxvii^{en} ende xxviii^{en} des selffden maents, mede voor middaechs, insgelycx de schriftelycke antwoorde by de voornoemde geciteerde den voornoemden xxix^{en} des voormiddaechs overgelevert, ende voorts de mondelinge verclaringe | by hun daerover gedaen, insonderheyt uuyt de bovengemelte acten ende actitaten gebleecken zynde dat de eerweerdige ende hoochgeleerde heeren uuytheemsche theologanten schriftelyck ende mondelinge eenhellich hebben verstaen dat de voorseide geciteerde Remonstranten de voorgemelte decreten geenssints en hadden voldaen met hunne schriftelycke ende mondelycke antwoorde daerop gevolcht, soo is 't dat Haere Hoog Mogenden op alles wel rypelyck ende serieuselyck by advyse ende in presentie van den doorluchtigen hoochgebooren furst de heere prince van Oraingnen ende mitsgaders van den welgebooren heere grave Wilhem Loduwich, grave van Nassau ende stadtholder, etc., gedelibereert hebbende ende sunderlinge daerop lettende dat alles in den tegenwoordigen synode nationael mochte werden beleyt ende daernae gedirigeert, dat het gewenste eynde daertoe den selven is aengestelt, namentlyck tot de verbreydinge van de eere Godes

(19) so ... ecclesiasticq] B: *marg. add.*

ende de handthoudinge van de waere Christelycke religie in dese landen tot noch toe geëxerceert, ende soo voorts tot den meesten dienst van het landt ende de ruste ende vreede in de kercke ende de eenicheyt van de goede ingesetenen mochte werden becommen, hebben verclaert ende verclaren by desen dat de voorgemelte acten ende decreten politycq ende ecclesiasticq gedaen ende uuytgesproocken syn conform onse goede meeninge ende volgens de resolutiën, last ende commissiën by ons genomen, ende gegeven op de ordre by de nationale synode te houden, approberende oversulcx Haere Hoog Mogenden deselve acten ende decreten by desen. Verstaen derhalven dat de geciteerde Remonstranten deselve decreten ende ordonnantiën hadden datelyck behooren te gehoorsamen ende obediëren, gelyck Haere Hoog Mogenden verstaen dat sy voortaen alsnoch sullen hebben te doen. Ende de vordere gelycke decreten te gehoorsamen ende achtervolgen, daertoe sy noch wel ernstelyck sullen werden vermaent, ofte dat anders ende by gebreecke van dien tegen hun sal werden geprocedeert, nyet alleenelyck by kerckelycke censuren, maer oock als contraventeurs van de publicque authoriteyt van den lande, verstaende Hare Hoog Mogenden dat nyettemin de respective gedeputeerde tot de synode de principale besoigne daerop deselve is | uuytgeschreven in conformiteyt van hunne commissiën, instructiën ende onse naerdere resolutiën by der handt sullen nemen ende met alle neersticheyt vorderen ende continueren. Ende by soo verre de geciteerde Remonstranten in haere ongehoorsaemheyt mochten voortvaeren, sal men in sulcken gevalle uuyt haere publicque schriften, mitsgaders uuyt haerlieder verclaringen schriftelyck ende mondeling, soo in den voorseyden nationalen als in de respective provinciale synoden gedaen, haere gevoelen in de leere vernemen, examineren ende naer Godes Woordt decideren, ordonnerende nyettemin den geciteerden Remonstranten daerentusschen binnen de stadt Dordrecht te blyven, sonder van aldaer te moghen vertrecken dan by expres scriftelyck consent van de voorgemelde heeren politicque, om telckens ontbooden werdende, rondelyck, sincerelyck ende sonder tergiversatie te antwoorden ende haere verclaringe categoryckelyck, 'tsy mondelingh ofte scriftelyck, ter geliefte ende goetvinden van de voornoemde onse gedeputeerde te doen, op 'tgene hun van wegen den synode sal mogen werden voorgestelt, begerende dat dese onse goede intentie, wille ende verclaringe in den synode ten aenhooren van de voornoemde geciteerde publyckelyck werde voorgelesen.

Aldus gedaen ter vergaderinge van de hoochgemelte heeren Staten Generael onder derselver cachet, paraphure ende de signature van haeren greffier. 's-Gravenhage, opten eersten January xvi^c ende negenthien.

(11) ordonnantiën] A: *wrongly* ordinnatiën

II/1.1 STATES GENERAL RESOLUTIONS RELATING TO THE CONVENING OF THE SYNOD

II/1.1–227   4 January 1619
Treatment of Remonstrants

RSG 37

Following the proposal by Muys on behalf of the state delegates to the synod in Dordrecht, the cited Remonstrants will be treated the same way as others, at the expense of the Generality.
President: Jacob Magnus (Zeeland).
Sources: B: 9r.

9r B

| Op het gepropondeerde van den heere Muys, schout van Dordrecht, van wegen die heeren politicque gedeputeerden op het synode binnen Dordrecht is verstaen ende geaccordeert dat men de geciteerde Remonstranten by het voorseide synode tot last van de Generaliteyt sal tracteren gelyck andere getracteert werden.

II/1.1–228   7 January 1619
Remonstrants Disobedient

RSG 5

Muys communicates a letter written to him by Heinsius, the secretary of the state delegates in the national synod. It states what has happened since the resolution of the States General was read to the cited Remonstrants last Saturday. The Remonstrants persevere in their disobedience and consider the synod to be their adversary. But the state delegates continue with the principal business.
President: Arent van Zuylen van Nyevelt, heer van Geeresteyn (Utrecht).
Sources: B: 13r. – Related sources and texts: The letter of Heinsius has not been preserved.

13r B

| D'heere Muys, schout van Dordrecht, communiceert den brieff by hem ontfangen van Hensio, scriba van de heeren politicque gecommitteerde van Haere Hoog Mogende in de synode nationael binnen Dordrecht, inhoudende watter in de synode is gepasseert tzedert dat de laetste resolutie van Haere Hoog Mogenden den geciteerden Remonstranten is voorgelesen geweest tot Saterdage lestleden incluys, persisterende deselve Remonstranten alnoch by haere ongehoorsaemheyt, ende dat zy de synode houden voor haere partye. Doch dat sy evenwel ten principalen voorts vaeren.

II/1.1–229   9 January 1619
The Remonstrants Send Papers to the States General

RSG 63

Received a letter from the cited Remonstrants, dated 3 January 1619 from Dordrecht, with papers marked i, ii and iii. The States General send these documents to the state delegates to examine them thoroughly and advise as soon as possible

about what to do, so as not to retard or prejudice the proceedings of the synod. The state delegates are instructed to make a provisional payment of three to four hundred guilders to president Bogerman for extraordinary expenses to do visits, etc., which he should not have to pay from his ordinary salary.
President: Arent van Zuylen van Nyevelt, heer van Geeresteyn (Utrecht).
Sources: B: 15r–v. – Related sources and texts: The section of the resolution about Bogerman is printed in: Dodt van Flensburg, VII, 52. The Remonstrant letter in Latin is edited in ADSND, II/2:662–666; Dutch translation (wrongly dated 7 January) in HV, 130r–131r.

| Ontfangen eenen brieff van de geciteerde Remonstranten binnen Dordrecht op het synode, gedateert den iii^{en} deses, by deselve geteeckent met eenige stucken daerby gevoecht, gequoteerd i, ii, iii, welcken brieff ende stucken gelesen ende daerop omvrage gedaen zynde, is verstaen ende geordonneert dat men alles sal senden aen de heeren politicque gedeputeerde van Haere Hoog Mogenden op de synode, ten eynde zy den voorseiden brieff ende stucken wel willen doorsien ende examineren ende op alles met aendacht geleth hebbende, Haere Hoog Mogenden metten eersten adverteren van derselver advys, wat daerop sal dienen gedaen, om de besoignes van den synode nyet te verachteren ofte prejudiciëren.

Op het aengediende dat D. Bogermannus preses in de synode | nationael ondertusschen eenige extraordinaris costen heeft te dragen van visiten ende anderssints, die hy op syn tractement ordinaris nyet en kan ofte behoort te vervallen, omvrage gedaen synde, is verstaen ende geordonneert te scrijven aen de heere politicque gedeputeerde van Haere Hoog Mogenden dat zy den voorseide D. Bogermanno daertoe willen doen verstrecken dry ofte vier hondert gulden by provisie, sulcx dat hij buyten schade mach blyven ende gehouden werde.

RSG 91   **II/1.1–230   15 January 1619**
Arrival of Thomas Goad

Ambassador Carleton presents Thomas Goad, sent by King James to replace Joseph Hall who is ill and will return to England. Goad presents a short oration to the States General. The state delegates are instructed to receive Goad like the other British delegates.
President: Jan Nanninga (Friesland).
Sources: B: 21v–22r.

| Is ter vergaderinge gecompareert die heere Carleton ambassadeur van zyne Maiesteyt van Groot Brittannien. Heeft haere Hoog Mogenden bij last van syne Majesteyt van Brittannien gepresenteert ende gerecommandeert den

weerden heere Thomam Goad, doctorem sacrae theologiae, den welcken zyne
Majesteyt (continuerende in syne gewoonelycke affectie totten welstandt deser landen) alhier gesonden heeft, omme inde synode te compareren, resi-
dereren ende besoigneren, inde plaetsse vanden heere deken van Winsor[73]
tweeden gedeputeerde theologus bij zyne Majesteyt die welcke overmits zyne
swackheyt ende indispositie langer nyet en kan vaceren, noch hem laten
gebruycken inde synode versoeckende. Aengesien dat den voorseide heere
doctor compt gecommitteert gelast, ende geinstrueert gelijck d'andere zynes
Majesteyts gecommitteerde theologanten zyn, dat haere Hoog Mogenden zijn
Edele souden gelieven aengenaem te hebben, ende accepteren als zeer ervae-
ren zynde inde pointen questieulx, hierop met behoorlycke complimenten
van bedanckinge geantwoort zynde, heeft die voorseide heere doctor Goad
eene corte oratie gedaen, byde welcke hij geseyt heeft haere Hoog Mogenden
goede resolutie tot vereeninginge vande kerckelyken questien, ende de ruste
ende vreede inde politie, voornemende d'affectie vanden coninck totten welstandt van dese landen, ende de conservatie vanden ware Christelycken religie. Maer met excuse dat syne Majesteyt hem miskosen heeft in zynen persoon, diewyle hy hem te swack, ende imperfect vindt om in eene soo swaer-
wichtige ende importante besoigne geemployeert te worden. Edoch dat zyn
voornemen ende resolutie is (nademael het zyne Majesteyt alsoo gelieft heeft)
hem mette hulpe des Heeren daerinne te gebruycken met een godtsalighen
yver nae zyn uuyterste vermogen, vermanende haere Hoog Mogenden byde
conclusie tot concordie, ende vreede. Hierop is nae deliberatie geresolveert
datmen die heeren politicque gecommitteerde van haere Hoog Mogenden
opde synode vande voorseide presentatie ende recommandatie vanden voorseide heere doctor Goad sal adverteren, ende deselve aenscryven, ende ver-
soocken dat zy den selven willen ontfangen doen, logeren, accommoderen
ende tracteren, gelyck andere, ende voorts sessie inde synode vergunnen nae
behooren. Ende daer den voorseide heere deken om naer Engelandt te keeren
Dordrecht compt te passeren, dat haer edele (dat goetvindende) hem van
reysgelt mogen doen furneren. Dat op desselffs recognitie sal geleth worden,
alsmen hiernae generalyck dies aengaende sal resolveren.

II/1.1–231   17 January 1619
Patent for Schillemans

RSG 109

*François Schillemans receives a patent for his drawing of the national synod,
ready to be engraved in copper, along with protection from counterfeiting. This
does not mean that privatively others cannot print and publish their own work.*

---

[73]   This is Joseph Hall, Dean of Worcester, not Windsor.

President: Jan Nanninga (Friesland).
Sources: B: 30v–31r. – Related sources and texts: Resolution printed in Dodt van Flensburg, VII, 53.

| Item de requeste van François Schillemans, versoechende octroy waerby een yder opte pene van duysent carolus guldens soude werden geinterdicteert de schetse, modelle ofte teyckeninge vande gedenckweerdige actie vande vergaderinge vande synode binnen Dordrecht, by hem geprepareert, om die datelyck by hem curieuselyck int cooper te snyden, ten eynde om soo gewichtigen, ende | alhier te lande noyt gesien actie, haere Hoog Mogende ende alle lieffhebbers der waerheyt, ende beminders des Vaderlants met allen haeren gevolge ende aencleven levendich te verthoonen nade kunste, is den suppliant geaccordeert octroy voor syn werck met interdictie dat tselve nyemandt en sal mogen namaechen. Maer nyet privative, dat andere nyet en sullen haer eygen werck mogen drucken ende vuytgeven.

II/1.1–232   17 January 1619
Expenses of the Hessian Delegates

Claes Claesz., landlord of De Doelen in The Hague, charges 294 guilders 7 stivers for food served at his home for the delegates of the landgrave of Hesse. Treasurer De Bie will have to examine this bill.
President: Jan Nanninga (Friesland).
Sources: B: 31r. – Related sources and texts: The decision to pay the expenses was made on 28 January 1619.

| Is noch gelesen de cedulle van de verteerde costen gedaen by de heeren gecommitteerde comende van den landtgrave van Hessen opte synode nationael ten huyse van Claes Claesz.,[74] weert in de Doelen alhier in Den Hage, bedragende tsamen twee hondert vierentnegentich gulden, seven stuvers, daervan hy versoect ordonnantie van betalinge.

Maer en is op alle de voorseide requesten nyet geresolveert overmits de cortheyt des tyts. Hierna is geordonneert dese cedulle te stellen in handen van den tresoryer De Bie om t' examineren.

II/1.1–233   17 January 1619
Response to Another Synod Delegation Reporting to the States General

Lord Brederode, Muys van Holy, Hermannus Faukelius and Festus Hommius, appointed by the state delegates at the national synod, report in the presence of

---

[74] Claes Claesz. van der Pee.

prince Maurice and stadholder Willem Lodewijk on the proceedings in the synod since the report of the former delegation (see above, no. II/1.1–223). All acts and documents are read. The States General appoint those who drafted the previous resolution to draft a new resolution responding to this report, following the advice of Maurice, Willem Lodewijk and the provinces, to be reviewed the next morning.
President: Jan Nanninga (Friesland).
Sources: B: 31r–v.

| Syn ter vergaderinge gecompareert die welgebooren heere van Brederode, schout Muys, Fokelius ende Festus Hommius, gecommitteerde by de heeren Haere Hoog Mogenden politicque gecommitteerde op de synode nationael binnen Dordrecht. Hebben ter presentie van Zyn Excellentie ende die welgebooren heere grave Willem, stadtholder, etc., gedaen rapport van 'tgeene dat in de voorseide synode is gepasseert, gebesoigneert ende verhandelt tzedert Haere Hoog Mogende laeste genomen resolutie op het rapport van de gedeputeerde van de voorseide politicque gecommitteerde alsdoen alhier gecommen, als namentlyck die heeren Essen, schout Muys, Fockelius ende Domannus, Ende gelesen synde alle de actitaten ende stucken daertoe dienende, syn gecommitteert geworden die heeren die de voorseide voorgaende resolutie hebben ingestelt gehadt, omme de resolutie alsnu op 't voorseide rapport genomen van gelycken te concipiëren ende in te | stellen volgende d' advisen by Zyn Excellentie, graeff Wilhem ende die gedeputeerde van de provinciën daerop verclaert, omme morghen alhier geresumeert ende gearresteert te werden nae behooren.

II/1.1–234   18 January 1619
The States General Confirm Remonstrant Expulsion

The draft of the resolution concerning the report by Brederode and others is confirmed. In this resolution, the States General affirm that they heard the report by Brederode and Muys van Holy, along with Faukelius and Hommius, deputies of the state delegates in Dordrecht. They have also heard all original acts and decrees, both political and ecclesiastical, with the written and oral answers given by the Remonstrants, over the period of 3 to 14 January, especially the answer handed in on 11 January by the cited Remonstrants, the advice of the foreign and Dutch delegates and the ensuing decree of the state delegates. They have also especially taken note of the efforts by the state delegates, on 12 January, to induce the Remonstrants to obey the decree of the States General of 1 January and the ensuing decrees of the state delegates. The States General have also heard the declaration of the state delegates on 14 January, and how the cited persons, instead of answering fully, sincerely and without delay to the interrogation by the

ecclesiastical president, have handed in a Declaration on the First Article which made it clear that, far from showing any obedience to the decrees, the cited persons acted as violators of the public authority of the country with all manner of delays, subterfuges and fallacies, to make the national synod unfruitful. Finally, it is also evident to the States General that the foreign theologians were unanimously of the opinion that the cited persons were unworthy to be heard any longer in the synod, that there is no hope to proceed any further with them, and they therefore should be dismissed; and that the synod should continue along the lines of the decree of 1 January, to judge their teaching from their publications and their written and oral declarations in the synod, the provincial synods and elsewhere; and that the ecclesiastical president has subsequently dismissed them with words also read to the States General. Prince Maurice, Willem Lodewijk, and the States General, with special regard to the aim of the national synod to propagate the honor of God and maintain the true Christian religion as exercised in these countries, to serve the country and restore peace in the church and unity among the inhabitants, declare that the acts and decrees mentioned conform to the opinion of the States General. They therefore confirm them, as they do the subsequent dismissal of the Remonstrants from the synod. The Remonstrants must stay out of the synod and remain in Dordrecht unless the state delegates and the synod order otherwise. The synod will continue its business on the basis of the declaration of the States General of 1 January, proceeding as it sees fit to further the cause. This resolution must be read publicly in the synod, together with their declaration of 1 January. Done by the States General in The Hague, 18 January 1618. The States General also recommend that the reporters and the other state delegates help shorten the proceedings of the synod as much as possible, but without causing dissatisfaction or a feeling of precipitance among the foreign delegates.
President: Jan Nanninga (Friesland).
Sources: B: 32v. – Related sources and texts: According to a marginal note, the insertion of the act was "by abuys," by mistake, written into the Net Resoluties under 16 January 1619, but with the correct date. The approved text is in The Hague NA, SG 4934, a copy in the Register of acts, The Hague NA, S.G. 12.302, 90v–91v. Printed in Dutch Acta, 1:238; HV, 155v–156r. Latin version printed in Acta (1620), 1:191–193; edited in ADSND, III, Pt. Five, Sect. 2. It was standard practice for the griffier to read out all important incoming papers during the sessions of the States General. So the States General "heard" the various documents.

| Is gelesen het concept van de resolutie op het rapport gisteren ter vergaderinge mondelinge gedaen by den welgebooren heere van Brederode, heere Hugo Muys van Holy, ridder, schout van Dordrecht, mitsgaders by de eerweerdige Hermanno Fauckelio, assessor, ende Festo Hommio, scriba des na-

32v B

tionale synode, ende kerckendienaren, ende eyntelyck met advis van Syn Excellencie ende des welgebooren heere grave Willem Loduwich, grave van Nassau, etc., stadtholder, etc., gearresteert gelyck hiernae volght geïnsereert:

II/1.1–234a | Die Staten Generael der Vereenichde Nederlanden, in Haere Hoog Mogender vergaderinge op gisteren gehoort hebbende het mondelinge rapport aen de selve gedaen by den welgebooren heere Walraven, heere van Brederode, baron van Vianen ende Ameyden, burchgrave van Utrecht, heere van Noordeloos, etc., oock by heer Hugo Muys van Holy, ridder, schouth der stadt Dordrecht ende bailliuw van Stryen, mitsgaders by de eerweerdige Hermanno | Fauckelo, assessor, ende Festo Hommio, scriba des nationale synode ende kerckendienaren respective van Middelburch ende Leyden, tsamen van wegen de heeren politiquen by Haere Hoog Mogenden op den synode Nationael binnen Dordrecht vergadert, versocht, gedeputeert ende affgesonden omme Haere Hoog Mogenden te notificeren wat op den selven synode sy gepasseert sedert Haere Hoog Mogender resolutie van date den eersten deses maents January, den alsdoen gedeputeerdens van de voorgemelte heeren politiquen mede gegeven, oock gehoort hebbende de lecture van alle de originele acten ende actitaten van decreten, soo politicq als ecclesiasticq, insgelycx de antwoorden van geciteerde Remonstranten scriftelyck ende mondeling in den selven synode gevallen sedert Donderdaechs den derden tot 's Maendaechs den veerthienden dese maents January incluys toe, sonderlinge de scriftelycke antwoorde Vrydaechs voormiddaechs den xi^{en} January by den geciteerden Remonstranten in den selve synode overgelevert, ende de advysen van den eerweerdigen heeren uuytheemsche ende inheemsche theologanten, als oock het decreet van de voornoemde heeren politicquen daerop gevolght, specialycken mede gehoort hebbende de lecture van de goede debvoiren by den selven heeren politicquen Saterdaechs den twaelffden January van de clocke ontrent drye uuyren tot ontrent acht uren toe gedaen, omme den voorseyden geciteerden Remonstranten daertoe te brengen dat sy souden gehoorsamen ende obediëren de meer als billicke decreten, soo van Haere Hoog Mogenden in date den iersten January, als van de voornoemde heeren politicquen daerop gevolght; noch gehoort hebbende de lecture van de scriftelycke verclaringen by den voornoemden heeren politicquen 's Maendaechs den xiiii^{en} January voormiddaechs op alle 'tgene voorseid is gedaen, ende dat die nyettegenstaende by den selven geciteerden in plaetse van rondelyck, sinceerlyck ende sonder tergiversatie te antwoorden ende haere verclaringen categoryckelyck volgens de intentie van Haere Hoog Mogenden te doen, op den interrogatorie by den preside ecclesiastico voorgestelt | voor antwoort overgelevert is een gescrifte staende voor haere verclaringe op haeren eersten article waervan wy de lecture mede hebben gehoort, waeruuyt meer als notoir blyct dat deselve geciteerde hen geensints tot eenige gehoorsaemheyt van den voorseyden decreten en begaven, maer als contraventeurs van de publicque authoriteyt van den lande in allerley tergiversatiën, uuytvluchten ende fallaciën waeren continuerende, om alsoo de goede uuytcompste van desen soo lang gewenschten synode te illuderen ende vruchteloos te maecken, eyntelyck ons gebleecken synde dat de eerweerdige heeren uuytheemsche theologanten eenparichlyck, eenstemmich ende eenhellich hebben verstaen dat de voorseide geciteerde onwaerdich waeren langer in den synode gehoort te werden, diewyle hun nu overvloedelyck voldaen was ende datter egeen hope en was yet voorders op hun te gewinnen, ende dat men oversulcx deselve uuyt den synode behoorde te dimitteren ende dat men volgens den voorseyden decrete van date den eerste January van Haere Hoog Mogenden behoort voort te vaeren, ende uuyt haerluyder publicque scriften ende verclaringen scriftelyck ende mondeling, soo in den voorseide nationale als in de respective provinciale synoden ende elders gedaen, haer gevoelen in de leere soude vernemen, examineren ende naer Godes woort decideren. Op alle 'twelcke den eerwaerdighen preses ecclesiasticus den selven geciteerden uuyt den synode heeft gedimitteert mette woorden Haere Hoog Mogenden mede voorgelesen, soo is 't dat Haere Hoog Mogenden, op alles wel rypelyck ende serieuselyck by advise van den doorluchtigen, hoochgebooren furst, den heere prince van Oraingiën, etc., mitsgaders van den welgebooren heere grave Wilhem Loduwich, grave van Nassau, stadthouder, etc., gedelibereert hebbende, ende sonderling daerop alsnoch lettende dat alles in den tegenwoordigen synode nationael mochte werden beleyt ende gedirigeert dat het gewenschte eynde, daertoe den selven is aengestelt, namentlyck tot verbreydinge van de eere Godes ende de handthoudinge van de waere Christelycke religie in dese landen tot noch toe geëxerceert | ende soo voorts tot den meesten dienst van het landt ende de ruste ende vreede in de kercke ende de eenicheyt van de goede ingesetenen wederom mochte werden becommen, verclaert hebben ende verclaren by desen dat de voorgemelte acten ende decreten, soo wel ecclesiasticq als politicq gedaen ende uuytgesproocken, syn conform onse goede meeninge ende intentie, noch laest in onse verclaringe van den eersten deser claerlyck geëxpresseert, approberende oversulcx Haere Hoog Mogenden by desen deselve acten ende decreten ende de dimissie der geciteerde Remonstranten uuyt de synode daerop gevolcht, ende dat syluyden dienvolgende hun uuyt den synode hebben te onthouden ende in de stadt Dordrecht te blyven totdat by de voornoemde heeren politicquen ende den synode anders sal werden geordonneert. Verstaen mede Haere Hoog Mogenden dat 't synode de principale besoigne daerop deselve is uuytgescreven, in conformiteyt van de voorgemelte verclaringe by Haere Hoog Mogenden opten eersten deses maents January uuytgesproocken, by de handt sullen nemen, remitterende de ordre hierin te houden ende volgen naer dat deselve die sullen bequaemst ende tot vorderinge van de saecke dienstelycxt vinden, begerende dat dese onse goede intentie, resolutie, wille ende verclaringe neffens de voorseide onse verclaringe van den i^{en} deser in den synode publicquelyck werde gelesen. Aldus gedaen ter vergaderinge van de hoochgemelte heeren Staten Generael, onder derselver cachet, paraphure ende de signature van haeren greffier. In 's-Gravenhage den xviii^{en} January xvi^c ende negenthien.

| Hebben voorts Haere Hoog Mogenden goetgevonden dat men aen de voorseide heeren rapporteurs sal recommanderen dat haer Edele ende d' andere heeren politicque gecommitteerde willen helpen bevorderen de vercorttinge van de besoignen des synodi, soo veele eenichsins doenelyck, edoch met desen verstande dat de uuytheemsche gecommitteerde daerinne nyet en nemen eenich misgenoegh ofte opinie van precipitantie.

SECTION 2: INVITATION OF DUTCH DELEGATES

II/1.2 *Approved Draft of the States General Invitation to the Dutch Provinces*

Date: 24 November 1617

Main source: A: The Hague NA, 12.548.156, [2 pp.] (approved text)

Summary: On 24 November 1617, the States General approved letters of invitation for Dutch and foreign delegates to the proposed national synod, including a letter inviting each of the Dutch provinces to send six delegates. Since the provinces of Holland, Utrecht and Overijssel did not yet support the holding of a national synod, these letters (with the proposed date of the opening of the synod) were not actually sent out until 25 June 1618, after the decision was made to move forward to hold the synod. See no. II/1.3. There are only minor differences between the originally approved invitation and the letter that was sent.

Editor: Kees Jan van Linden

Exhibitum den 24ᵉ Novembris 1617

AENDE RESPECTIVE PROVINCIEN

Edele,

Alsoo wy niet meer ter herten nemen dan de behoudenisse vande ware Cristelyke Gereformeerde religie gelyck deselve veele jaren herwerts in dese provincien met groote stichting door Godes genadige segeninge den volcke is geleert geweest, ende met bedrouffenisse vernemen, dat nu eenige jaren herwaerts door t'ondersoecken vande leere vande predestinatie ende den aencleven van dien, veele oneenicheden ende misverstanden sijn geresen, tot ondienst van het Landt, ende onruste vande kercken, ende dat daervuyt noch voordere swaricheden ende onheylen souden ontstaen, het quaet dagelycx

(21–22) in...stichting] A: *marg. add.*

voort cruypende, soo daerinne niet en wierde by eene gewoonlycke maniere van doen, met den eersten voorsien; soo hebben wy inden name des Heeren goetgevonden te convoceren eene nationale sinode van alle de kercken deser landen, ende dat tegen... om inden selven synode de voorseyde questien ende
5 geschillen te laten wettelyck examineren, ende opt geveuchlycxste (behoudens altyt de suyverheyt vande leere) te neder te leggen, met vaste hope dat Godt Almachtich de saecken aldaer door sijnen Heylige Geest alsoo sal bestieren, dat de eenicheyt ende vrede wederom inde kercken ende Landen becomen,

[2] A ende d'ontruste gemoederen gerust | gestelt, tot welcken synodum alsoo ver-
10 staen is, dat sullen compareren vuyt elcke synode provintiael die tusschen dit ende den... daertoe mede sullen werden gehouden, ses godtsalige, geleerde, vrede lieffhebbende persoonen, te weten vier off ten minste drie predicanten ende twee ofte drie andere gequalificeerde personen, doende professie vande religie ende wesende litmaten vande Gereformeerde kercken; dient dese ten
15 eynde uwe Edele willen tot bevorderinge van dit goet ende heylich werck versorgen, dat in hare provincie naer de gewonelycke manier voor eerst de synode provincionael werde binnen den bestemden tyt gehouden, ende dat de voorseyde persoonen soo gequalificeert als voorseyt is mogen worden gedeputeert, om in conformiteyt vande ingestelde concepten hiermede gaen-
20 de in den voorseyde synode nationael de vyf questieuse pointen ende de geschillen daervuyt geresen te helpen wettelyck examineren ende behoudende de suyverheyt vande leere ter neder leggen, tot de meeste ruste ende eenicheyt vande kercke. Waertoe ons verlatende hiermede.
Edele, etc.

II/1.3 *States General Invitation to the Dutch Provinces*

Date: 25 June 1618

Main source: A: Utrecht OSA, 5, 339–342 (copy)

Other copies: Baudartius, 1620, 380v–381r (copy sent to States of Gelderland); Utrecht OSA, P, 3v–4r (Latin translation) (ADSND, I:343)

Summary: The letter inviting the Dutch provinces to send delegates to the national Synod of Dordt was first prepared and approved by the States General on 24 November 1617. See no. II/1.2. On 25 June 1618 the decision was made to send this letter of invitation to the respective provinces, after a decision was made to open the synod on 1 November 1618. The letter invites each province to send six delegates, three or four of whom were ministers. Meanwhile, the provincial synods should be held to select their delegates.

Editors: Christiaan Bremmer and Kees Jan van Linden

AENDE RESPECTIVE PROVINCIEN

Edele, erentveste, hooch-gheleerde, vrome, seer voorsienighe Heeren ende goede vrienden,

Alsoo wy niet meer ter herten nemen dan de behoudenisse vande ware Christelycke Gereformeerde religie, gelyck deselve veele jaren herwaerts in dese provincien met groote stichtinge door Godes genadige segheninge den volcke is geleert geweest, ende met bedroeffenisse vernemen, dat nu eenighe jaren herwaerts doort ondersoecken vande leere vande predestinatie ende den aencleven van dien, vele oneenicheden ende misverstanden zyn geresen tot ondienst van het Landt ende onruste van de kercke, ende dat daeruyt noch voordere swaricheden ende onheylen souden ontstaen, het quaet dagelycks voortcruypende, so daerinne niet en wierde by eene gewoonelycke maniere van doen metten eersten voorsien; so hebben wij inden name des Heeren goetgevonden te convoceren een nationale synode van alle de kercken deser landen, ende dat tegen den eersten Novembris toecomende, om in deselve synode de voorseyde quaestien ende verschillen te laten wettelyck examineren, ende opt gevoechlyckste (behoudens altyt de suyverheyt vande leere) te neder te legghen met vaste hoope dat God Almachtigh de saecken aldaer door synen Heylige Geest alsoo sal bestuyren, dat de eenicheyt ende vrede wederom inde kercken ende Landen becomen, ende de ontruste gemoederen gerust gestelt; tot welcken synodum alsoo verstaen is, dat sullen compareren uyt elcke synode provinciael, die middeletyt daer toe mede sullen werden gehouden, ses godsalige, geleerde, vrede lieffhebbende personen, te weten vier ofte ten minsten dry predicanten ende twee ofte dry andere gequalificeerde personen, doende professie vande religie, ende wesende lidtmaten vande | Gereformeerde kercke; dient dese ten eynde uwe Edele willen tot bevoorderinge van dit goet ende heyligh werck versorghen, dat in hare provincie na de gewoonlycke maniere voor eerst de synode provinciael werde binnen de bestemde tydt gehouden, ende dat de voorseyde personen so gequalificeert als geseyt is, moghen werden gedeputeert, om in conformiteyt vande ingestelde concepten[1] hier mede gaende, inden voorseyden synode nationael de vyf questieuse poincten ende de geschillen daer uyt geresen te helpen wettelyck examineren, ende behoudende de suyverheyt vande leere ter nederlegghen tot de meeste ruste ende eenicheyt van de kercke. Waer toe ons verlatende bidden den Almogenden.

(2–3) erentveste ... vrienden] *from Baudartius, 1620, 380v*

[1] The *concepten* refers to the Articles to Convene the synod, dated 11 November 1617. See no. II/1.245.

Edele, etc. uwe Edele te houden in syne heylige protectie, uyt den Haghe den xxv^{en} Junij xvi^c en achthien.

Was gheparagrapheert, A. van Manmaecker vidit.

   Onderstont: Uwer E. goede vrienden de Staten Ghenerael der
   Vereenichde Neder-Landen.
   Laegher stond: Ter ordonnantye van de selve,
   Was onderteyckent: C. Aerssens

342 A | Missive vande Staten Generael aende Provincien int ponct over Convocatie vant Synodus Nationael
25 Juny 1618

II/1.4 *States General Invitation to the Walloon Churches*

Date: 25 June 1618

Main source: A: Utrecht OSA, P, 4r–v

Summary: The States General invites the Walloon churches in the Netherlands to send six delegates to the Synod of Dordt, three or four ministers and two or three elders. A Latin version of this letter can be found in ADSND, I, 343.

II/1.5 *States of Holland Resolution to Summon Polyander and Episcopius as Theological Advisors at the Synod*

Date: 20 September 1618

Main source: A: The Hague NA, Staten van Holland, 379, XVIIIv

Collated source: B: The Hague NA, 1.01.02, nr. 12548.156

Other copy: Brandt, 3:38

Summary: The States of Holland decide to summon the Leiden professors of theology, Johannes Polyander and Simon Episcopius, to assist at the national synod.

Editor: Kees Jan van Linden

(3–7) Was...Aerssens] *from Baudartius, 1620, 381r*

Is mede geordonneert geschreven te worden aen d. Johannes Poleander ende Simonis Episcopius, professoren inde heylige Theologie tot Leijden datse hen behoirlicken willen prepareren om in persoon jegens den eersten November tot Dordrecht te verschijnen, ende aldaer de sijnode nationael te assisteren, ende goeden raet ende advise bij te wesen.

II/1.6 *States of Holland Summons to Episcopius to be a Theological Advisor at the Synod*

Date: 20 September 1618

Main source: A: Hartsoeker, 506 (copy)

Summary: The States of Holland send Leiden theology professor Simon Episcopius a summons to assist at the national synod. The original Dutch summons does not appear to be extant.

Editor: Kees Jan van Linden

Ordines Hollandiae et West-Frisiae Simoni Episcopio

Doctissime plurimum dilecte.

Quoniam praepotentibus dominis Ordinibus Generalibus Foederati Belgii placuit, ad exstinctionem tristium harum de religione controversiarum, ex omnibus Foederati Belgii Provinciis indicere synodum nationalem, Dordraci celebrandam, in diem primum instantis mensis Novembris, praesentibus aliquot piis, pacis amantibus, doctis ac moderatis viris, e vicinis regnis, ditionibus et rebuspublicis hunc in finem a praepotentibus Ordinibus evocatis, sicut non dubitamus, quin reverendissimus tuus id iam antehac intellexerit, per hasce praesentes idem reverendissimo tuo etiamnum significamus, simulque monemus, mandamus et iubemus, ut te ad hanc rem debite praepares, teque in primum dicti Novembris diem intra civitatem Dordracum sistas, ut in praedicta synodo nationali etiam compareas, illi assistas, et consilio sententiaque tua adsis, absque ulla tergiversatione ac mora, quoniam id a te exspectamus, et reverendissimum tuum Dei omnipotentis tutelae committimus. Scriptae Hagae 20 Septembris 1618.

Ad mandatum Ordinum,
    A. Duyck

Versa e Belgico.

(1) geschreven] B: gheschreven – (2) datse] B: dat sy – (3) behoirlicken] B: behoorlicken

SECTION 3: INVITATION OF BRITISH THEOLOGIANS

II/1.7 *King James I to the States General*

Date: 20/30 March 1617; received 22 April 1617

Main source: A: London TNA, SP, 84/76, 335r–336r (copy)

Other copies: The Hague NA, S.G. 3176, 130–131 (original); Hartsoeker, 482; Carleton, 122–123; Milton, 6–8; Knuttel, 2358

Summary: King James describes his previous warnings to the States General of the dangers and divisions that would be created by public discussion of the doctrine of predestination. He begs the States to uphold the common profession of the true and ancient doctrine agreed by all the Reformed churches and urges the calling of a national synod as the most efficacious remedy used in Christendom in the past to resolve such differences.

Editor: Anthony Milton

Haults et puissants Seigneurs, nos bons amis et alliez,
    Lors que premierement nous recogneusmes le malheur des schismes et heresies, qui se glissoyent parmi vous, nous fusmes tellement touchez du zele que nous avons à l'eglise de Dieu, et de l'affection particuliere, que nous portons au bien de vostre estat, qu'incontinent nous tendismes la main pour arrester le cours de ce mal, et par noz lettres officieuses vous feismes serieusement entendre quel estoit nostre sentiment et apprehension d'iceluy, vous prians et exhortans d'adviser soigneusement, à ne laisser gagner plus avant ceste gangreine en vostre corps, mais plustost d'en estouffer la semence, avant qu'elle vinst à pulluler. Et depuis ayans sceu qu'aucuns de voz ministres s'addonnoyent par curiosité à prescher le point de la predestination en leurs chaires, nous vous escrivismes des secondes lettres sur ce subject, vous remonstrans le peu de fruict qui provenoit de telles predications, lesquelles au lieu de l'edification solide qu'elles debvoyent administrer à vostre peuple ne servoyent qu' à chatoüiller et alterer leurs esprits par les puntilles de cest argument trop hault et obscur pour la capacité du commun peuple. Mais depuis nagueres ayants esté advertis qu'au lieu du fruict que nous attendions

de noz bons offices et remonstrances, l'erreur et le mal a fait de plus fort impression parmi les vostres, et que mesmes on veut faire servir nos dites lettres à l'authoriser, les tirant en sens et consequence toute contraire à nostre intention; nous nous sommes tenus obligez tant pour la gloire de Dieu que pour la declaration et descharge de nostre conscience de vous representer derechef vivement par noz lettres le mal et danger imminent, | dont vostre estat est menacé par ces malheureuses divisions, lesquelles nous voyons prestes à esclorre en schisme et faction formée parmi vous, qui sont pestes d'autant plus dangereuses et pernicieuses à vostre estat que son establissement n'est encores qu'en son enfance, et que le fondement de sa subsistence ne consiste qu'en vostre union, premierement envers Dieu puis aussy entre vous mesmes. C'est pourquoy Messieurs nous vous prions et conjurons au nom de ce Dieu qui vous a juscqu'icy si heureusement maintenuz d'estouffer ces erreurs et partialitez que le Diable par l'artifice de voz ennemis a introduites et desja tellement authorisées parmi vous que la ruine de vostre estat en est apparente et toute prochaine, si promptement vous n'y remediez; en vous attachant entierement et tenant firme la vraye et ancienne doctrine que vous avez tousjours professée et qui est approuvée et receuë, par le consentement universel de toutes les eglises Reformées; et dont la profession commune a esté comme le premier et principal fondement pour establir aussy l'unique et solide ciment qui a entretenu l'estroicte amitié et intelligence qui a regné depuis si long temps entres nos couronnes et voz provinces. Que si desja le mal se trouvoit si fort et si enraciné parmi vostre peuple qu'il n'en peut estre si promptement et facilement arraché, nous vous prions au moins d'en arrester le danger et de tenir par vostre authorité les choses en paix sans permettre que ceux de la vraye et ancienne profession soyent inquietez iusqu' à ce que vous puissiez d'un commun advis convoquer un synode national pour decider et mettre fin à ces malheureux differents, qui est à nostre iugement, le meilleur conseil et resolution que vous puissiez prendré en ce cas là comme estant le remede | ordinaire, et le moyen le plus legitime et efficacieux auquel de tout temp on a eu recours en la Chrestienté sur l'occurrence de tels accidents. Et nous ne doubtons pas qu'apportans en cela l'affection et disposition requise entre vous, Dieu n'en benisse le succes à l'advancement de sa gloire et à la manutention et affermissement de vostre estat. Ainsy nous prions Dieu, haults et puissants Seigneurs, nos bons amis et alliez, de vous tenir en sa saincte et digne garde.

De nostre Cour à Hinchingbrooke le 20me jour de Mars 1616[1] [N.S. 30 Mar 1617],

        Vostre bon amy et allié,
        Jacques Rex

---

[1] In England in this period the year was taken to begin on 25 March.

II/1.8 States of Holland and Westfriesland to King James I

Date: [August 1617]

Main source: A: Hartsoeker, 1660, 492–503

Other copies: London TNA, State Papers Foreign, MS. 84/78; *Brieven van verscheyde vermaerde en geleerde mannen deser eeuwe* (Amsterdam: Jan Rieuwertsz, 1662), 64–92 (Dutch)

Summary: This long letter to King James I of England describes the conflicts during the Twelve Years' Truce as, in the first place, dissent about the authority of the magistrate over church affairs, and only secondarily about the doctrine of predestination. Although the Hartsoecker/à Limborch edition gives the year 1618, this letter dates from a year earlier. It is an answer to King James' letter to the States General of March 1617 (see no. II/1.7; a Dutch translation appeared as, "Copie van een brief geschreven vande Coninklijcke Majesteyt van Groot Britannien Jacobus den I aende … Staten vande Geunieerde Provincien" [1617] [Knuttel, 2358, 2359, 2360]), which had called for a national synod as the best remedy to settle the religious conflicts in the Netherlands. This unofficial answer was probably written by Hugo Grotius, since a copy of the King's letter of 1617 with annotations in Grotius' hand survives, and the points jotted down by Grotius in this manuscript correspond closely with the arguments in the response to James.' (Platt, 110, referring to Rotterdam BRG, MS. 1361). In this response, the Remonstrant-oriented leadership of the States of Holland is lobbying for the King's support for the Remonstrant cause and arguing against a national synod. In this unofficial letter, the author first emphasizes the authority of the magistrate over the church, appealing to article 36 of the Belgic Confession and to William of Orange as stadtholder of Holland and Zeeland. The States of Holland objected to the Church Order of the national Synod of The Hague (1586), which had been held by the authority of the Earl of Leicester who had been sent by Queen Elizabeth I. The letter also defends the right of patrons to call ministers and refers to the relationship between state and church in Germany, even in Geneva. The letter questions the presbyterian form of church government and points to the authority of the Kings of Israel who did not serve in but governed over the temple affairs. The second part concerns the theological questions at issue in the Netherlands. The influence of Whitaker and Perkins is noted, next to that of Calvin and Beza. The author highlights Erasmus, Melanchthon and Bullinger, whose works would have been influential especially in Holland, Westfriesland and Utrecht. Regarding the idea of a new national synod, the letter appeals to the rights of the individual provinces as laid down in the Union of Utrecht (1579). A number of quotations from councils and Fathers of the early church are presented to underline that a universal council has the right to decide in matters of catholicity and doctrine, not the "national" synod of one nation. The author also recounts the history of the involvement of the churches of the Low Countries and their Belgic Confession in the Convent of Frankfurt (1577) and the ensuing "Harmonia Confessionum" (1581). The ideal of unity between the Reformed churches in Europe, which had been advocated by Elizabeth I and James I, is endangered by a synod of only "united provinces" with less than catholic breadth. By mid-1617, four of the seven provinces in the States General advocated a national synod. In this climate, this letter to James I, unofficially by the States of Holland and Westfriesland, was drafted.

Editor: Erik A. de Boer

Serenissime ac potentissime Rex.

Cum manifestum sit nobis de controversiis quae ecclesias nostras agitant, varios spargi rumores, qui vera misceant falsis, exigere visa est tum tuae Maiestatis erga nostram Rempublicam benevolentia, tum nostra erga Maiestatem tuam reverentia, ut aperiremus eidem morborum statum causasque, tum certa fiducia futurum, ut cognita ipsa mali origine atque natura, nihil amplius obstet quominus et sapientia tuae Maiestatis optima remedia suggerat et nos monstrata quam cupidissime amplectamur.

Controversiae igitur his in partibus ortae, cum partim ad gubernationem rerum ecclesiasticarum, partim ad theologicas quaestiones pertineant, ab illis, ut tempore prioribus, facto initio, deinde ad alteras veniemus. Quo primum tempore hisce in regionibus Erasmi Lutherique scriptis accensa lux est, qua collustrati homines haud pauci tyrannidem paparum, idololatricos superstitiososque cultus et alios, paulatim in ecclesiam invectos errores agnoscere coeperunt. Pastores, qui passim pios cœtus collegerant, cum leges publicas sibi adversas haberent atque ideo earum praesidio uti non possent, necessitate compulsi, ad Galliae exemplum regimen quoddam constituerunt ecclesiasticum, quod ex pastoribus et electis a fidelium multitudine senioribus constans, e consessibus minoribus in maiores quasi per gradus quosdam assurgeret. Postquam vero nos primi omnium, cum Zelendiae Ordinibus ductis laudatissimi herois Guilielmi Arausionensium Principis,[1] armis sumtis ad vindicandam ab illegitimis imperiis avitam libertatem, fimul quod pias potestates decebat, ad sublevandam ecclesiam animum adiecimus, templa imaginibus purgata, emendatioris doctrinae magistris tradi|dimus, eosdem liberalibus è publico aerario stipendiis sustentavimus, statim inter pastores quosdam et magistratuum plerosque ortae contentiones.

Cum illi quidem id quod persecutionum necessitate invaluerat, regimen sine ulla mutatione retentum vellent, sibique ac senioribus potestatem omnem ferendarum legum ecclesiasticarum, conferendique munera ecclesiastica vendicarent. Hi contra, mutatis temporibus, manente functionum discrimine, mutandam nonnihil censerent formam gubernationis. Quippe cum, ut ex Verbo divino docet Belgica Confessio,[2] non id modo munus sit magistratuum, ut de civili politia conservanda sint solliciti, sed et ut operam dent tollendis adulterinis cultibus, prædicando evangelio, propaganda Christi regno. Quod cum officium faciunt, magistratus eosdem esse supremos et civilium et ecclesiasticarum rerum gubernatores, ac proinde nullum esse regimen externum, quod non supremo in republica imperio subordinetur, quia, ut fert insignis Optati Milevitani sententia, non respublica in ecclesia, sed ec-

(18) electis] *A:* delectis

[1] William of Orange.
[2] Belgic Confession, art. 36.

clesia sit in republica. Huius sententiae cum esset fortissimus ac potentissimus Arausionensium Princeps, leges concepit, easdem ab ecclesiasticorum quorundam obiectionibus vindicavit. Auctor præterea nobis et Zelandiae Ordinibus fuit, ut eandem in curam toto animo incumberemus, vaticinatus, ut si hanc muneris nostri partem negligeremus, exitiale id reipublicae atque ecclesiae fore.

In mandatis, quae a nobis idem Princeps Arausionensium de exercitio collatae sibi potestatis accepit, fuit illud quoque, ut quæ ad religionem pertinent, ordinaret. Item, ne consistoria illa esse pateretur, nisi a nobis aut magistratibus instituta. Post huius obitum, moderante res Comite Licestrio,[3] nationalis synodus ea fecit decreta, contra quæ nos id temporis decernendum censuimus, nos collationem pastoralium munerum nobis, nobilibus et civitatum magistratibus salvam velle.[4] Quod et Comes Licestrius scripto servaturum se promisit. Haud immerito sane, cum sub gravissimo et papalis et Hispanicae dominationis iugo, publicationi actorum Synodi Tridentinae intercesserint maiores nostri et provinciarum senatus, quia recepta sic antiquitus iura patronatus, non directe quidem, sed per obliquum laedebantur. De rebus ecclesiasticis in aliis provinciis aut ab Ordinibus latæ funt leges, aut canones ab iisdem partim probati, parim correcti vim legum accepere. In Hollandia Westfrisiaque nostra sudatum in eo sæpius, sed frustra.

Viginti sex sunt anni,[5] cum postremo legum quaedam formula concepta est a delegatis, partim politici, partim ecclesiastici ordinis, sed perrogari non potuit, quia civitates nonnullae in quibusdam capitibus et in eo præsertim, quo ad electiones pastorum et seniorum conficiendas magistratuum delegati cum presbyterii delegatis aequali numero coniunguntur, imminutum ius suum querebantur. Itaque quod dolendum est maxime, quaeque haud dubie magnorum malorum origo est, sine ullis publicis legibus mansit per Hollandiam, Westrfrisiamque status ecclesiae, nisi quod decreto, non ita pridem facto, cuius exemplum his literis adiunximus, permissum est his, qui vellent in electionibus eum modum observa|re, qui ante viginti sex, ut diximus, annos conscriptus et tam ab illustrissimo Principe Mauritio, quam ab utroque iuridico senatu probatus fuerat, permissum quoque magistratibus, si vellent, interesse ecclesiasticis conventibus.

Medio tempore, sed præsertim annis duobus aut tribus proximis, mirum est quo non se protulerit quorundam pro ecclesiastica autoritate calidius

---

[3] Robert Dudley, Earl of Leicester (1532–1588), acted as governor of the Netherlands on behalf of Queen Elizabeth of England, from 1585 to 1587.
[4] The National Synod of the Hague of 1586, convened by Leicester, issued a Church Order, which was not ratifed by the States of Holland.
[5] Twenty six years earlier: This is a reference to the Church Order by the States of Holland of 1591. Cf. T.M. Hofman, *Eenich Achterdencken. Spanning tussen Kerk en Staat in het Gewest Holland tussen 1570 en 1620* (Heerenveen: J.J. Groen en Zoon, 1997), 93–95.

nitentium licentia. Extant libelli, patria plerique lingua, in plebem sparsi qui iura patronatus non ut Tridentini canonis imminuunt, sed funditus sublatum volunt, ut commentum papale iuri divino plane adversum. Sunt qui a ferendis legibus, quae ad ordinem aut decorum ecclesiae pertinent, ab ultima cognitione rerum ecclesiasticarum, ab electione pastorum ac seniorum, magistratus omnes ipsasque summas potestates aperte excludunt, nihilque ipsis relinquunt præter executionem eorum, quae ecclesiasticis placuere. Verbis facta congruunt. Habentur ecclesiastici conventus ab Ordinibus non indicti, imo interdicti. Honor magistratuum libellis et iactis in vulgus vocibus lancinatur. Pluribus in locis, ubi dogmatum controversiae sunt nullae, vinculum ecclesiasticae unitatis ob id abrumpitur quod magistratus, more veteris ecclesiæ notissimo, assident ecclesiasticis conventibus et ad electionem pastorum ac seniorum iuxta ipsos pastores ac seniores delegantur. Hac de causa conquisitis signationibus ad deserendos coetus veteres plebs concitatur. Si obsistant magistratus et pessimi exempli secessionem probare nolint, sunt qui vim aperte minantur. Fuere et qui intentarent.

Nos interim, gnari quanto ampliora iura in ordinandis ecclesiae rebus et designandis pastoribus exerceant non reges tantum et electores evangelicam veritatem professi, sed comites quoque Germaniae, et tum eiusdem Germaniae, tum Helveticarum civitatum rectores, quomodo Genevae seniores ecclesiae non nisi ex magistratuum numero eligantur ab ipsis magistratibus, indignum arbitramur, nobis, qui pro tuenda vera religione quantum vix quisquam fecerimus pertulerimusque, pro multiplici beneficiorum genere has gratias rependi. Et quanquam prudentiam tuae Maiestatis semper sumus venerati; nunquam tamen antehac satis animo concipere potuimus, tantum publicae authoritati periculum imminere a presbyteriali ista summo imperio non subordinata gubernatione, quantum iam pridem Maiestas tua et voce, in Hamptoniensi praesertim Conventu et libris editis prædixerat eamque secuti praestantes Angliae theologi multis argumentis demonstraverant.[6]

Quanquam et hic olim nascentis tum primum licentiae argumenta Princeps Arausionensis præviderat. Nunc vero, exaequante tot oracula tristi experimento, nihil habemus quod prius accusemus quam diutinam nostram patientiam ac lenitatem. Interea tamen confidimus Deum optimum maximum, institutorem legitimarum potestatum, qui Hebraeis regibus supremam sacrorum non functionem, sed gubernationem diserte imperavit, eiusque muneris negligentiam gravi adscripsit culpae, haud passurum eripi quod ipse concessi ac sine quo neque ecclesia florentem statum retinere, neque reipublicae securitas in tuto esse potest. Speramus quoque tuam | Maiestatem non immemorem eorum, quae anno 1597 Edimburgi simili obtentu, a simili hominum genere, perpessa est, omnibus modis ostensuram quantopere sibi displiceant schismaticae ac seditiosae molitiones.[7]

---

[6] The Hampton Court Conference, convened by James I in January 1604.

Alteram partem malorum quæ ecclesias nostras exagitant, natam diximus e theologicis quaestionibus. Ita enim se res habet. Ab initio repurgatae apud nos religionis, cum inter pastores, tum in fidelium plebe, de prædestinationis negotio et quae huic cohaerent variatum est sententiis. Aliis enim ea probata sunt dogmata, quae a Calvini, Bezae aliorumque authoritate non parum sibi dignitatis conciliarunt, eadem nimirum quae in Anglia defenderant viri docti Withakerus[8] et Perkinsuis.[9] Alii ab his dissidentes sententiae suae laudabant non spernendos autores: Erasmum, Melanchthonem, Bulingerum atque alios. Quanquam vero in Gelria quoque et Frisia non defuisse pastores qui posteriorem hanc sententiam tuerentur, editis libris apparet, tamen in Hollandia Westfrisiaque et in provincia Traiectina maior semper fuit ita sentientium numerus, partimque vivunt adhuc, partim obierunt professores et pastores qui ante annos triginta et quadraginta hanc docendi rationem publice sunt secuti, nemine ipsis eam ob rem movente litem. Quod si quando in conventibus ecclesiasticis, ubi priorem illam sententiam plures tuebantur, quidam ecclesiasticas eo nomine censuras fratribus intenderent, nos ante annos viginti et amplius autoritate nostra talibus censuris intercessimus et ad concordiam fleximus pastorum animos. Eandem viam secuti sumus, cum ex academia, cui includi subtiliores istas disputationes aequum rectumque fuerat, in ecclesias latius serpsisset contentio, priorisque sententiæ defensores posteriorem ut sacris literis, Confessioni Belgicæ et Catechesi Heidelbergensi, apud nos receptae, adversam accusarent, contra se ac sua tuentibus aliis. Unde nata est collatio, quae Hagae coram nostro consessu anno 1609 est instituta.[10] Cuius is fuit exitus, ut sine ullo sententiarum praeiudicio pacem et charitatem dissidentibus commendaremus iis decretis, quorum itidem exempla transmittimus.

Confirmati sumus plurimum Maiestatis tuae literis, quas ipsi visum est ad nos mittere Martio mense anni 1613.[11] Iis enim literis Maiestas tua, expensis iis quae in controversiam vocabantur, pro summa sua prudentia monebat, experiundo sibi cognitum, disputationibus theologicis id genus quaestionum vix posse terminari; magis e re fore ut publica autoritate sopirentur, vetitis ministris eas disputationes in suggestum aut ab plebem perferre iussisque

---

[7] The Great Scottish Witch Hunt trial that took place in Edinburgh in 1597.
[8] William Whitaker's (1548–1595) *Opera theologica* were published posthumously in Geneva in 1610. His *Cygnea cantio, hoc est ultima illius concio ad clerum, habita Cantabrigiae in templo beatae Mariae, paulo ante mortem, Octob. 9, An. Dom. 1595* (Herborn, 1599) played a role in Dutch polemics.
[9] Many works of William Perkins (1558–1602) were translated into Dutch.
[10] The 'Haagsche Conferentie' was actually held in 1611, and the papers were published in *Schriftelicke Conferentie*.
[11] Translated into Dutch and published as *Copie van den Brief des Conings van Groot Britannien, Gheschreven aen de Staten Generael (ged. 6 Maart). Waar in Hy Sijn Advijs, Nopende het Different Tusschen de Remonstranten ende Contra-Remonstranten Over-schrijft* (1613) (cf. Platt, 72f, 232).

pacem colere et in ista opinionum ac sententiarum discrepantia invicem se tolerare, saltem donec, matue cognito negotio, autoritate publica aliter statueretur. Addebat Maiestas tua compertum sibi neutram sententiam ita deviam, ut non posset cum fidei Christianae veritate et cum animarum salute consistere. Similia super hoc argumento ex augusto Maiestatis tuae ore se intellexisse iam ante retulerant legati Ordinum Foederatorum, qui in Britannia fuerant anno 1610.[12] Neque incognitum erat, cum pridem in Cantabrigiensi Academia eaedem quaestio|nes incaluissent, conceptas quidem Lambethae assertiones quasdam, sed nunquam iis accessisse publicam autoritatem.[13] Et cum anno 1603 a Renoldo eiusque sociis Maiestas tua oraretur ut corpori Anglicanae confessionis pateretur adiungi easdem assertiones, Maiestati tuae minime ex re visum ecclesiae librum confessionis farciri theologicis conclusionibus.[14] Legebatur in alio libello, Maiestatis tuae iussu conscripto atque edito, rerum absolute necessarium ad salutem non magnum esse numerum. Quare existimare tuam Maiestatem nullam ad ineundam concordiam breviorem viam fore, quam si diligenter separentur necessaria a non necessariis, et ut de necessariis conveniat omnis opera insumatur, in non necessariis libertati Christianae locus detur. Cum vero in decretis nostris prioribus nonnulli requirerent certos tolerantiae fines, ne istarum disputationum obtentu irreperent dogmata, aut quae Deum facerent peccati antorem, aut quae gratiae vere gratuitae honorem delibarent; concepta est formula quae, reiectis illis erroribus, quas ecclesiae veteres et Reformatae damnaverant, tolerantiam disputationibus, in collatione tractatis,[15] tanquam limitibus quibusdam, circumscriberet cum praecepto ne quis in reliquis doctrinae partibus quicquam doceret quod a receptis per ecclesias Reformatas sententiis dissideret, haec quoque formula ad Maiestatem tuam missa est lectaque tum ipsi, tum insignibus Angliae theologis. Rescriptum à viro clarissimo, non consilium tantum Maiestati tuae, aliisque viris gravissimis probari, sed formulam quoque ipsam. Apparere enim id actum ut a duobus scopulis, in hac doctrina aeque periculosis, hinc Manichaeorum, inde Pelagianorum populi avertantur et in ea doctrina confirmentur, quae salutis nostrae proram ac puppim, principium scilicet, progressum et consummationem uni Deo, adscribens contemtum tamen bonorum operum non inducat.

Ea igitur formula ad civitates Hollandiae ac Westfrisiae missa multis probata, tum illius, tum huius sententiae pastoribus maiori parti conventus pla-

---

[12] This was, in fact, primarily a trade mission to Great Britain (Platt, 34f).
[13] The Lambeth Articles or Nine Articles were drafted by William Whitaker and revised by John Whitgift in 1595 after the controversy on predestination in Cambridge.
[14] Reinoud Lancelot van Brederode (1567–1633), son-in-law of Johan van Oldenbarnevelt.
[15] *In collatione tractatis*: the Latin translation of the *Schriftelicke Conferentie* by Petrus Bertius was entitled *Scripta adversaria collationis Hagiensis habitae anno 1611 inter quosdam Ecclesiarum pastores de divina praedestinatione et capitibus ad ei adnexis* (Leiden: J. Paeds, 1615).

cuit factumque ea de re decretum est, quod ipsum quoque Maiestati tuae exhibemus. Accesserunt postea interpretamenta quaedam, quibus testati sumus, neutram nos partem praelatam alteri velle. Imperata haec donec plenius res congnoscatur, atque interim Confessioni ac Catechesi salvam manere, quam obtinuerat hactenus autoritatem, ne quid iis adversum docere cuipiam liceat.

In Traiectina provincia iam antea istud nostrum decretum tolerantiae super praedestinationis controversia et quae huic adhaerent, synodi provincialis consensu et Ordinum imperio sancita fuerat, ut ex canonibus hic itidem exhibitis videre est. Nuper etiam Transisulaniae provinciae Ordinas pro tolerantia edictum fecere, quod ipsum quoque transmittitur.[16] Confidimus plane a nobis vicinarumque provinciarum Ordinibus in hoc negotio nihil factum quod alienum sit a piorum Magistratuum officio et certissima sententia ecclesiarum Reformatarum, ut cuius clarissimi doctores, convenienter exactissimo Maiestatis tuae iudicio, controversias istas quae versantur in explicando ordine decretorum Dei, quibus gratia et gloria praeparantur, aut | culpae praecognitae praeparatur supplicium; in conciliandis gratiae internis actionibus, ad omne bonum spirituale necessariis, cum libero humanae voluntatis assensu; in componenda fiducia divini contra tentationes auxilii, quae pios unice consolatur, cum timore et tremore, in quo salutem nostram iubemur operari; retulerint non ad fundamentum, sed ad id quod superstruitur, partum aurum et argentum, partim foenum et stipulas, eoque convicerint eiusmodi dissensiones non obstare, quo minus retineatur unitas ecclesiae et catholica communia, quam etiam his, qui tum circa ista, tum in pluribus aliis dissident Augustanae Confessionis pastoribus gregibusque ecclesiarum Reformatarum pastores et greges saepissime obtulerunt.

Quare dolemus acerbis orationibus et libris, perque coitiones rem ad apertum schisma productam illis in locis, ubi nullae ostendi possunt controversiae praeter eas quae in Hagiensi Collatione tractatae sunt. Sunt qui existimarint hasce controversias nationalis synodi decisione terminandas. Nos vero Maiestatem tuam pro summa sua, tum in rebus omnibus, tum in iis praesertim quae ad ordinandum ecclesiae statum pertinent, sapientia expendere oramus, prius an utilis sit futura illarum controversiarum decisio, deinde an recte per nationalem synodum id possit expediri.

Ad prius quod attinet, rogatur Maiestas tua examinare an credibile sit in iis controversiis, de quibus manifesta est veterum Patrum dissensio, de quibus inter religionis instauratores convenire non potuit ac ne inter Pontificios quidem convenit, praestari posse a nostri saeculi ingeniis, quod hactenus nulla saecula praestiterunt, ut in tantae difficultatis argumento certum aliquid

---

[16] The States of Overijssel adopted the *Resolutie ... tot onderhoudinghe van goede ruste ende christelijcke eenicheydt in de kercken ende ghemeynten desselfden landes* in March 1616.

definiatur in quo aut omnium, aut partis maximae animi acquiescant, an vero potius contenti esse debeamus illis canonibus, quos contra Pelagium, Semipelagianos et eos qui ex adverso errabant, condiderunt Africae episcopi in tribus Carthaginensibus unoque Milevitano Concilio, et Galli in Synodo Arausicana,[17] quibus addi possunt sententiae quindecim sive Augustini, sive Prosperi ad capitula Gallorum, et illae quas Caelestinus, Romae episcopus, Galliae episcopis transmisit. Et an de caetero dicere non liceat, quod in eodem argumento dixit idem Caelestinus: Profundiores difficilioresque partes incurrentium quaestionem sicut non audemus contemnere; ita non necesse habemus adstruere.[18] Videntur enim si quae aliae, hae certe quaestiones eius esse generis, quibus optimo iure applicetur illud Augustini: sunt in quibus inter se aliquando etiam doctissimi atque optimi regulae Catholicae defensores salva fidei compage non consonant.[19] Et illud Vincentii Lirinensis: antiqua sanctorum patrum consensio non in omnibus divinae legis quaestiunculis, sed solum, certe praecipue in fidei regula magno nobis studio investiganda est et sequenda.[20]

Haec autem eo iustius ad nostras controversias videntur posse aptari, si recte considerentur ea quae dissentientium pars altera alteri concessit, quorum indicem Maiestati tuae mittimus, ut inde appareat quam multa in confesso posita disputationes angusto limite coërceant. Accedit quod per Hollandiam et Westfrisiam, aliasque nonnullas provincias ea est multitudo aliter atque aliter de his quaestionibus sentientium, tum pastorum, tum aliorum qui aut in plebe sunt, aut etiam in dignitatibus constituti, ut utramvis in partem definitio ceciderit, laboratura sit aut ecclesiae autoritas, aut tranquillitas publica.

Alterum quod ad Maiestatis tuae perspicax iudicium deferimus, hoc est, an tutum satis sit et concordiae omnium ecclesiarum conveniens, controversias quae omnes ferme ecclesias sunt pervagatae, unius nostrae nationis synodo determinari. Scit Maiestas tua, cui omnis ecclesiae historia est cognitissima, de unitate divinae essentiae et personarum Trinitate, de unica Christi persona et duabus naturis, loquendi formulas, quibus detegerentur haeretici et agnoscerentur recte sentientes, non nationalibus, sed universalibus conciliis constitutas. Et si quando nationis unius conventibus facti sunt dogmatici canones, ut contra Pelagium eiusque reliquias, eos non ante ratos esse habitos, quam ad omnes ecclesias missi, communis iudicii approbationem accepissent. Quoties aliter actum est, ferme videmus non abiisse id sine dis-

---

[17] Councils of Hippo (393), Carthage (397, 417), Mileve (417), and Synod of Orange (529).
[18] Prosper of Aquitane, *Praeteritorum episcoporum sedis apostolicae auctoritates de gratia Dei et libero voluntatis arbitrio*, 10 (PL, 51, 211), added to Celestine, letter 21, ad Episcopos Galliarum.
[19] Augustine, *Contra Julianum*, I, 6, 22 (PL, 44, 655).
[20] Vincent of Lérins, *Commonitorium*, 28.

pendio catholicae unitatis. Orta olim quaestione, an haereticorum baptismus vere baptismus esset, nationalis Africae synodus LXXXVII episcoporum pronunciavit non esse, aliis per orbem ecclesiis aliter visum est, et cum earum praevaluisset sententia, Donatistae tamen illius synodi autoritate schisma fecerunt insanabile. Ita et cum post oecumenicas synodos Occidentis Ecclesia in Symbolo posuisset Spiritum Sanctum à Patre Filioque procedere, Orientalis Ecclesia indignata adiectum aliquid formulae citra communem consensum, abrupit unitatis vinculum, quod nunquam ex eo bona fide restitutum est.[21]

Habemus et recens in Germania exemplum, ubi cum Saxones theologi et pastores librum confecissent, quem *Concordiae* vocabant,[22] in quo multa de effectibus hypostaticae unionis naturarum in Christo, de modo praesentiae Dominici corporis in coena, item de his ipsis nostris controversiis, quae ad praedestinationem et liberum arbitrium, et amissibilitatem status iustitiae pertinent, definierant. Placuit Reginae Elisabethae et piis Germaniae principibus Francofurti Conventum instituere, in quo legati ipsius reginae, item ecclesiarum Galliae, Poloniae, Hungariae, Bohemiae, Helvetiorum et Belgicae nostrae communi consilio epistolam ad Germaniae principes scripserunt, in qua ostendunt recte ipsos facturos fuisse, si consilia sua contulissent cum aliis gentibus, quae eundem quem ipsi Deum incovant.[23] Extat Roberti Beli, legati reginae Angliae, pia atque erudita ad principes Augustanae Confessionis oratio, in qua docet ex peculiaribus definitionibus sequi ecclesiarum distractiones. Quod omnes tangit, ab omnibus tractari debere. Si quid definiendum sit, indicendum conventum ad quem convocentur omnes, qui Reformatam religionem profitentur. Cum credamus ecclesiam Christi esse universalem, et negotia eandem concernentia universalia et non particularia esse oportere, et propter communionem, quae inter membra ecclesiae esse debet, non posse aliquod iudicium ferii in ecclesiis Germaniae quod non ad alios spectet et pertineat.[24]

Eadem ferme, eodem tempore, monuerunt ecclesiae nostrae Belgicae, edito eam in rem praeclaro libello. Tam piis moderatisque consiliis cum non auscultarent doctores Saxonici, sed paucarum provinciarum consensum subscriptionibus firmarent, secuta inde est illa luctuosa nobis, luctosa hostibus

---

[21] The Filioque clause was added as a Latin variant to the symbol of Nicea-Constantinople of 381, probably since the Third Council of Toledo in 589.
[22] The Lutheran *Konkordienbuch* of 1580.
[23] The Convent of Frankfurt was held in September 1577 in response to the Lutheran *Bergische Buch*. One of the fruits was the *Harmonia Confessionum* of 1581 by Jean-François Salvard, which was the Reformed answer to the *Konkordienbuch*. The national synod of Middelburg 1581 had approved the plan and the inclusion of the Belgic Confession.
[24] Robert Beale, envoy of Queen Elizabeth I, headed the delegation on behalf of the Reformed churches, to the Lutheran princes in 1577, requesting a general synod (cf. *Capita Propositionis Legati Anglici ad Principes Evangelicos Germaniae pro pace et foedere inter ipsos pangendo*, 1577).

Evangelicarum ecclesiarum divulsio. Quod ipsum satis grave nobis exemplum esse debet, ne tale quid iterum committamus. Eo autem magis ad communem Evangelicarum ecclesiarum statum pertinebit quicquid de praedestinatione et adhaerentibus quaestionibus statuetur, quod Augustanae Confessionis theologi in his controversiis nunc maxime pedem figant. Quare cavendum imprimis videtur ne quos Maiestas tua, electores Palatini, apud nos quoque Princeps Arausionensis totaeque synodi ad communionem revocandos censuerunt, eos nova controversorum dogmatum definitione longius a nobis alienemus.

Neque illud silentio praetereundum, tamdiu apud nos decertatis hisce controversiis, paucissimos esse pastores, quos non suspectos habeat partium altera, quippe cum et singulorum et integrorum conventuum praeiudicia extent quae futuri iudicii autoritatem non leviter infringant. Non est dubitandum, quin Maiestati tuae inter assiduas pro salute ecclesiae curas saepe inciderit cogitatio convocandae synodi generalis ecclesiarum Reformatarum. Neque sane cuiquam magis convenit in eo laborare quam ei, cui inter emendatioris religionis principes principem locum assignavit Deus. Utinam vero sicut aliis virtutibus, ita hoc quoque negotio feliciter peragendo illum ex eadem tua Britannia divinitus concessum ecclesiae Magnum Constantinum tua Maiestas exaequet. Sane non ad haec nostra tantum, sed etiam ad alia plura ecclesiae mala sananda, praesentius nullum esse remedium, monent eruditissimi pastores, monuit et nos ipsos, anni iam sunt decem, Fredericus Elector Palatinus. Ac sicut tum idem elector existimavit medio tempore inter eos, qui in Germania super his aliisque capitibus dissentiunt, consensum talem talemque conjunctionem statui ac servari debere, qualis Sendomiriae sancita fuerat, quoniam omnes (verba sunt ipsius electoris) unum fundamentum fidei et salutis habeant ac solius Christi gratia salvari se credant, atque ita unius corporis membra sint, cuius caput est Christus, defectus vero imperfectionemque mutuo tolerandam esse, certo consilio, id Deo gratius et utrique parti utilius fore, quam pertinacem in schismate perseverantiam. Ita cogitandum Maiestati tuae relinguitur, an non idem apud nos sequendum sit.

Interea cum non tam opinionum discrepantia, quam contentiosus docendi modus animos et pastorum et plebis exasperet. Utile credimus, sine sententiarum praeiudicio, ex his quae confessa sunt inter partes, aut alioqui satis certa, formulam aliquam sobriam atque moderatam constitui, quae paci et aedificationi, pro temporum ratione, optime conveniret ad quam homilias suas pastores conformarent. In qua constituenda observandum imprimis videtur illud Mosis: quae occulta sunt, penes Dominum Deum nostrum sunto; at quae revelata nobis et filiis nostris usque in saeculum, revelata sunt, ut faciamus omnia verba huius legis.[25] Et affine Pauli Apostoli illud: ne quis

---

[25] Cf. Deut 29:29.

sapiat supra | modum, ultra quam oportet, sed sapiat ad sobrietatem.[26] Memorabilis est et Angliae tuae canon: imprimis videbunt concionatores ne quid unquam doceant pro concione quod a populo religiose teneri & credi velint, nisi quod consentaneum sit doctrinae Veteris et Novi Testamenti, quodque ex illa ipsa doctrina catholici Patres et veteres episcopi collegerint.[27]

Proprie vero ad ecclesiarum nostrarum statum id pertinet quod vir eruditissimus Hieronymus Zanchius scriptum reliquit: cum utraque pars dissidentium cum scandalo ecclesiae imprudenter et intempestive invehitur, debere mandare principem, ut utraque pars contenta sit locutione Sacrae Scripturae. Item, ne pars altera alteram publice damnet, dum in libera synodo legitime ea de re disceptetur et definiatur. Hoc enim esse consilium Apostoli, repetitum millies ab Augustino ad hoc propositum: quotquot perfecti sumus, hoc retineamus. (Christum scilicet fundamentum) quod si quid aliter sentitis, Deus id quoque revelabit, modo in eo, ad quod pervenimus, permaneamus.[28]

Nihil autem verius abitramur dici potuisse eo, quod Maiestatis tuae postremis ad Ordines Foederatos literis continetur, nimis curiosarum esse mentium de praedestinatione ex suggestu disserere. Neque tantum infructuosas esse eiusmodi dissertationes, sed loco solidae aedificationis commoveri prurientes animos apicibus argumenti et sublimioris et obscurioris, quam ut in multitudinis captum cadat.

Quanquam autem decreta nostra antehac audito pastorum iudicio facta ad hos fines respiciant, tamen non desperamus, quin observatis cautionibus istis de propiore atque pressiore aliqua regula possit conveniri. In qua constituenda multum nos iuvare posset, et Maiestatis tuae et Britanniae theologorum prudens consilium. Et hoc quidem modo arbitramur non Hollandiae tantum et Westfrisiae, sed et aliarum quarundam provinciarum Ordines obtinere id posse, quo omnes omni ope conniti tua Maiestas hortatur, ut nimirum sopiantur tristes illae, proculque dubio tum in ecclesiam, tum in Rempublicam exitiosae distractiones, quas controversiae de praedestinatione et ei affines attulerunt, saltem donec, ut dictum iam est, commune aliquod extet super iisdem Reformatarum ecclesiarum iudicium. Ea vero dogmata, quae universali ecclesiarum aut veterum aut Reformatarum consensui repugnare ex synodis antiquis, aut ex evangelicarum confessionum, quas inter et nostra est edita in hunc finem *Harmonia* apparet, iudicamus nullo modo esse ferenda aut dissimulanda, quod et plurimis decretis testatum fecimus, multumque dolet nobis, dum illa tolerabilia, de quibus ante egimus, non tolerantur, ex schismatum licentia nasci ecclesiastici ordinis eversionem, quae deinde efficit ut multa minus tolerabilia irrepant.

---

[26] Cf. Rom 12:3.
[27] The Canon is from the *Liber quorundam Canonum Disciplinae Ecclesiae Anglicanae*, published by John Daye, London 1571.
[28] Cf. Phil 3:15.

Hic autem evellendis, ut, quantum fieri potest, operam demus, satis intelligimus nos ratione eius quod gerimus muneris, regum Regi et Domino dominantium obligatus. Quare et hoc omni conatu agimus, ut disruptae ecclesiae et conventus ecclesiastici redintegrentur, et ita qua oportet severitate iudicia dogmatica exerceant. Neque vero id satis habentes, in manifestarios quosdam civili insuper animadversione usi sumus. In eo|dem hoc pio fortique proposito, per Dei gratiam, perseveraturi, ut tuae Maiestati, cui et fidei unitate et amicitiae foedere coniungi summam felicitatis nostrae partem arbitramur, et toti orbi Christiano appareat nos id facere, quod ut faciamus tua Maiestas monet, retinere nempe veram veteremque doctrinam, quam hactenus professi sumus quaeque universali ecclesiarum Reformatarum consensu probata ac recepta est, cuius communem professionem quasi coementem esse, quo tuae Maiestatis regnum harumque provinciarum amicitia conglutinatur, grato animo agnoscimus.

Synodum communem Foederatarum Provinciarum, quam nationalem vocant, quod attinet ab ea iam olim complures provinciae animo fuerunt alieniore. Primum, quia provincia unaquaeque ante aliquot saecula proprias leges propriaque instituta, ac proinde perfectam intra se Rempublicam habuit. Cumque plures armorum societate et arcto foedere inter se coniunctae sunt, vetera tamen illa imperii iura minime permiscuerunt. De religione autem cautum voluerunt nominatim, ut provinciae cuique eius ordinandae salva maneret libertas, aliarum provinciarum imperiis non obnoxia. Itaque et post foedus Traiectinum, quod societatis istius vinculum est, et postquam divino beneficio omnes provinciae, damnato Papatu, evangelicam sunt amplexae veritatem, leges ecclesiasticae non communi Foederatorum Ordinum auctoritate, sed Ordinum provincialium nomine atque imperio sancitae fuere.[29] Huic pro iure tutando sollicitudini accessit experimentum grave a duabus synodis nationalibus, quarum altera anno 1581 habita Middelburgi, decretis suis ita offenderat praeclaras civitates, ut editis publice libris synodo sit contradictum; posterior anni 1586, sub Comitis Licestrii praefectura, nobis aliarumque provinciarum Ordinibus necessitatem imposuerit contraria synodo decreta faciendi.[30] Quo ipso tempore Traiecti cum ecclesiae perturbatione facies quoque Reipublicae mutata est, externis hominibus per vim ac seditionem ad honores dignitatesque evectis. Spes tamen, quam, temporibus, minus turbidis at multo quam nunc sedatioribus animis viri boni conceperant, in nationali synodo posse quaedam Confessionis Belgicae verba, quae durius explicata et rigidius pressa, multorum angebant conscientias, unde novae semper censurae, et contra censuras querelae oriebantur, aut mutatione levi,

---

[29] *foedus Traiectinum*: Union of Utrecht of 1579, especially article 13.
[30] The Synod of the Hague, 1586, was convened by Robert Dudley, the Earl of Leicester. The Church Order, adopted by this synod, was not ratified by the States of Holland.

aut saltem interpretatione benigniore ita molliri, ut omnium consensum facile impetrarent, atque ita pacem firmarent ecclesiae. Effecit, ut nos, anni iam sunt viginti, paratos nos convocandae synodo nationali ostenderemus hac lege ac cautione ut in ea Confessio Belgica ad Verbi divini normam exigeretur. Per annos decem laboratum est antequam aliarum provinciarum in idem consensio impetraretur. Tam difficile id negotium erat ob eas quas ante commemoravimus causas. Tandem factum est anno 1606 decretum de indicenda nationali synodo, clare iterum hac addita lege, ut in ea et Confessionis Belgicae et Heidelbergensis Catecheseos institueretur examen. Sed cum haec cautio pastoribus quibusdam minus placeret, ea res moram indicendae | synodo attulit, cui accessit impedimentum alterum, quod pastorum haud pauci in convocanda moderandaque synodo, eiusque actis examinandis id ius Ordinibus denegarent, quod Christianos imperatores, reges aliasque potestates et earum delegatos habuisse antiquitus constat, et quo nunc quoque utuntur principes atque rectores evangelicam veritatem professi.

Quod cum viderent provinciarum quarundam Ordines, simulque animadverterent pastorum plerosque ad praecipitia magis quam ad moderata ferri, et hoc libri coitionibusque arcanis agere, ut quicquid in gravibus illis de praedestinatione controversiis ipsis minus probaretur, id in aliis damnarent, unde nihil expectari poterat praeter ecclesiae, constantis ex diversa sentientibus, detrimentum ingens et perpetuas in republica factiones, consensum, quem in synodum nationalem praebuerant, amisso, quem speraverant, fine, rebusque in peius mutatis revocarunt. Et quanquam hoc anno provinciae quaedam iterum nationalem synodum urgere coeperunt atque eam indicere sunt aggressae, illae tamen provinciae, quae veteribus illis controversiis magis implicatae praecipites condemnationes perhorrescunt, assensum suum negant, neque arbitrantur id iuris concessum esse aliis provinciis, ut vel una invita, nedum pluribus, communi foederatorum nomine aliquid imperii circa ecclesiastica usurpent, cum id imperium, minime ambigua stipulatione, provinciae singulae integrum illibatumque sibi servaverint, connexae quidem religionis vinculo cum vicinis provinciis itidem, ut cum Maiestatis tuae regnis, aliisque per Europam eandem veritatem sequentibus, sed sine ulla mutua subiectione, sicut Germaniae electores, principes, comites et civitates evangelicae professionis inter se devincti foederibus, res tamen ecclesiarum seorsim ordinant, ut ex peculiaribus ipsorum confessionibus, editisque legibus ecclesiasticis apparet; quod ipsum in foederatis etiam Helvetiorum civitatibus religionis evangelicae observare est.

Ita ut dubitandum non sit, quin si pronae ad nationalem synodum provinciae in proposito pergant, aliae leges, foedera, imperii iura violari, summamque sibi iniuram fieri sint crediturae, et iam apud acta ea de re testationes confectae sunt. Quare aut alia ineunda est via, qua parti utrique satisfiat, aut ex contrariis decretis perpetuum ecclesiae schisma et ex illa iuris publici

disputatione concordiae eius, qua stetimus hactenus, distractio imminet.
Quorum utrumque Deus avertat. His, quae sincere, prout ipsa se res habet,
Maiestati tuae significamus, rogatur Maiestas tua animum advertere, sum-
misque suis in hanc Rempublicam beneficiis hoc adiungere, ut legitimos eius
rectores in tuendo imperii iure adiuvet, tum vero auctoritate sua, qua merito 5
pollet maxima, doctorumque theologorum consiliis, secessionis propositum
ob controversias ad salutem non necessarias, difficiles praeterea et vix expli-
cabiles, ante communem ecclesiae vocem, etiam legitimis evangelicarum mo-
nitionum gradibus non observatis, quantum fieri potest, avertat. De nobis
vicissim certo sibi spondeat, nos in nostro officio segnes non fore, ac prae- 10
sertim diligentiam adhibituros, ut adversantia receptae veritati | dogmata iudi-   503 A
ciis ecclesiasticis, et publica, si eam opus sit accedere, animadversione ex
ecclesia exterminentur, omniaque fiant quae aut salutaris veritas, aut Christiana charitas exposcunt.

Faveat Deus. Cuius divinae protectioni, serenissime atque idem religiosis- 15
sime et sapientissime principum, vitam tuam, sanitatem regnique felicitatem
in tuorum subditorum et totius orbis Christiani bonum, ac Dominici nominis gloriam votis quam possumus ardentissimis commendamus. 1618.[31]

II/1.9 *Dudley Carleton to King James I (Selection)*

Date: 12/22 August 1617

Main source: A: London TNA, SP, 84/78, 139r–141v

Other copy: Milton, 10–12 (extracts)

Summary: Carleton reports that Count Maurice has asked that the Elector Palatine refrain from sending any of his theologians to help resolve the controversies until he is specifically asked to do so. Carleton was also asked to enquire whether King James would be willing to send such delegates himself to a national synod, and he opined that the King would probably prefer an invitation from the States General rather than the individual provinces. Maurice has also observed that the calling of a national synod is not opposed by the entire province of Holland but only by the Arminian faction within it.

Editor: Anthony Milton

May it please your Majesty,

The commaundement I have receaved from your Majesty by letters of the 12th of July [N.S. 22 July 1617] from St. Andrewes to assist the Prince Elector

---

[31] The letter is dated 1618 in the 1660 and later editions of Hartsoeker.

Palatins[1] minister, when he shall send any such hether, to appease the controversies in religion which are raysed in these provinces, and therin to use likewise your Majesties name and auctoritie, I shall when time serves very readily obey; as I have not fayled hetherto of my dutie in this business ether in privat or publicque according to apt occasions. But such is the nature of this dispute, and these people, that an unseasonable office is OLEUM CAMINO; and therfore it is wished by Count Maurice[2] (to whom I have made knowne your Majesties continual care of this cause) that the Prince Palatin[3] would forbeare sending untill such time as his Highness shall be desired from hence to employ some learned persons well studied in divinitie for this purpose; it being here conceaved his intent to be to send men of that qualitie, and then theyr assistance being required will have more grace, and be of greater auctoritie, then when it is profered.

I have bene demaunded uppon this occasion by Count Maurice what beliefe I had of your Majesties inclination in case your Majesty should be desired by these fower provinces[4] (which doe now assemble by theyr extraordinarie deputies to determine of a nationall sinode) to employ some learned ecclesiastical persons joinctly with the Prince Palatins ministers to assist at the sayde sinode. Wherin he sayde your Majesties consenting to theyr desire would much import the cause | where as any difficultie which should be made would worke a contrarie effect.

Herin I nether could nor did make any determinate answeare, because I would not take uppon me to prescribe to your Majesty what should proceede of your owne princely pleasure; but I told him, for his encoragement, that a nationall sinode being the thing which your Majesty had recommended to these provinces, as the proper and accustumed course in such cases, he might in his owne iudgment make the less dowte of your Majesties willingnis in giving all convenient assistance therunto, especially yf your Majesty be desired in the name of the States General, and not of the fower distinct provinces; for in that case the other three would lay a charge uppon your Majesty as yf you should foment the separacion of theyr Union, which is endangered by these present distractions.

His Excellency replyed unto me that they would endeavour to procure herein (yf it were possible) a resolution of the States General; but in case that can not be effected by reason of the opposition of those of Holland, and that the fower provinces should proceede with the sinode, they would not onely take fitt time, but leave place to Holland, and the other provinces to enter likewise with order to reiterate theyr former offices with them to that pur-

[1] Friedrich V, Elector of the Palatinate.
[2] Maurice of Nassau. He was not appointed Prince of Orange until February 1618.
[3] Friedrich V.
[4] Gelderland, Friesland, Groningen and Zeeland.

pose; and using this due forme of proceeding he hoped that, in all event, the willfull obstinacie of some should not deprive the rest of the benefit of your Majestyes contenance and assistance, the rather because | the opposition to this course of sinode is not made by the entire province of Holland, but by the Arminian faction onely, which exceeding the rest in theyr assemblies by pluralitie of voyces use the name of the States of Holland and Westfriesland in all theyr placarts and proceedings, concerning these present controversies, though they have the chiefe townes of Amsterdam and Dort, with some others with protest against them; and the people are hardly kept in devotion from tumult.

To give your Majesty further light of the nature of theyr assemblie and resolutions you may please to understand one accident which happened at the very breaking up of theyr last meeting when there came deputies to the number of fiveteene or more in the name of the whole province to Count Maurice, Count Henry, and the Princes Dowager of Orange, desiring them severally to assist the Magistrats in maintainance of theyr auctoritie. To which Count Henry and his mother made present answeares in general termes; but his Excellency sayde that to understand theyr mindes more in particular he would come the next day to theyr assemblie; which he accordingly did, and there told them the intent of his cumming was to be better instructed in a matter of so great consequence as that which concerned the repos of theyr consciences and safetie of theyr persons. Wherin Monsr Barnevelt tooke uppon him presently to declare the minde of the assemblie, that they exspected at his hands he should as gouvernor of | the province, assist the magistrats in execution in theyr auctoritie, and particularly in those things they had determined at this last meeting, wherof he began to make the recital; but being in the midst of his speach he was interrupted by the burgemaster of Amsterdam, who sayde that this indeede was the Advocates desire with some others, but that his Excellency must not take it as the consent of them all. This crossing putt Monsr Barnevelt into distemper and the burgamaster was no whit more calme; so as leaving the matter they fell to comparing of lignages and other contestations which his Excellency was faine to moderate, and to end the strife told them that when he first tooke his oth as governor of the province they were all goode frends and at agreement, especially in this one point to which he was sworne, that he should to his last drop of bloud maintaine and preserve the true Reformed religion: now they were so divided (as was there manifest) he would not in obedience of the will of one part, doe any thing which might ether directly or indirectly contrarie this oth made to them all; with which protestation he departed the assemblie.

Since it appears to what this tended, which was to tie the soldiers by an oth to assist the magistrats, which began at the Brill, and was there taken unadvisedly, but was forborne in other townes for feare of tumult, the people apprehending (and not withowt iust cause) that under this pretence uppon any querelle d'Alleman they should be oppressed by| violence, and have theyr churches and preaching places taken from them, unless they would consent to reconioyne with the Arminians which they stifly refuse untill the points in controversie be determined by sinode.

The reason they aleage for theyr perseverance in this separation, is that not onely by the Arminians introducing new opinions in the church but by blaming and defaming the Reformed religion, they are so scandalised that they can not in charitie communicate with them.

Of the fower provinces which concurre in the resolution of a national sinode, Guelderland, Friseland and Groninghen have allready sent theyr extraordinarie deputies to this place according to theyr former appointment; Zeeland hath protracted sending by reason of two deputies (Grotius of Rotterdam with an other of Holland) sent thether expresly to disswade them, but they fayled of theyr intent, and hardly escaped the furie of the people both in Middelburgh and Tervere, so as the deferring is no breach of the purpose of those of Zeeland; and we exspect theyr deputies here this night or to morrow.

I will not fayle with diligence to advertise your Majesty of the successe of this meeting [He also reports the detention of John Browne, an officer of the Duke of Lennox, by a Dutch man of war after Browne had boarded the ship to collect 'the assise hering;' Carleton has complained to Oldenbarnevelt and Count Maurice about this.]

|Thus in all humilitie I take leave. From the Hagh this 12/22 of August 1617, your Majesties most faythfull and obedient subiect and servant,

Dudley Carleton

II/1.10 *Ralph Winwood to Dudley Carleton (Selection)*

Date: 27 August / 6 September 1617

Main source: A: London TNA, SP, 84/78, 226–227

Other copies: Milton, 12–13; Carleton, 168–169

Summary: Secretary Winwood conveys King James' concern at the breaking of the unity of religion specified in the Union of Utrecht. Carleton is instructed to urge the three dissenting Dutch provinces to assent to a national synod, but failing that he

(1) an] A: and – (8) be] A: by

should encourage the other four provinces to proceed to calling a synod regardless, to which the King would be happy to send over some moderate delegates to assist the synod if this were requested.

Editor: Anthony Milton

My lord,

To those letters which yow wrote to his Majestie of the 12th of August,[1] I am commaunded to returne yow this answere: That his Majestie cannot but mervaile, that when as the first Union of Utrecht, is grounded upon the unity of religion, which then without scisme or faction unanimely was preached and protested in those parts, and upon the preservation and propagation thereof, there should be such obstinacy in any one of them, that they should sever or disunite themselves, and not concurre jointly all in one opinion, how the true Reformed religion may bee contynued and maintayned amongst them; which separation of theirs, cannot but tende, as to their shame and dishonour, so sooner or later, to the ruyne and subversion of their state. Therfore his Majestie, out of his tender care of the preservation of those provinces, (which I speake not without greife, if these differences amongst them in point of religion bee not presently accommodated, will fall into a sodaine and certayne confusion), doth require yow to imploy your best indeavours with the principal ministers of that state, that the three provinces[2] which at this present seeme to dissent from the assembly of a nationall synode, should range themselves so much to reason, as for the good of the state, the repose of the church, and the honour of religion whereof they make profession, to joyne with the other fower, and suffer themselves in so lawdable a | work, tending only to the publique good, to bee overruled; whereby they shall shew themselves to be faithfull and loyall patriotts, to bee of peaceable and moderate humours, and free themselves from that scandale, wherwith now they are charged, of faction and headstrong presumption. But if they shall persist in their peremptory willfulnes, yet his Majesties pleasure is, that yow encourage the fower provinces to proceede in the course which they intend for the assembly of this synode; for the better countenance whereof, and for the assistance of them who shalbee ymployed in that service, when his Majestie shalbee advertised by your letters that the tyme shalbee proper for that purpose, hee will send over some grave and learned persons to assist at that synode, who shalbee men of judgment and moderation, void of malice or factious passion. In the meane tyme, I have order in his Majesties name to write unto the Elector Palatyne, to forbeare the sending of his people, untill hee shalbee called on by the Count Mawrice, or some other prin-

---

[1] See no. II/1.9.
[2] Holland, Utrecht and Overijssel.

cipall men in that state, upon those reasons which are alleadged in your letters.

This I write of my selfe, and leave it to your discretion, whether it would not cary a better grace with it, that his Majesty should be moved by letters from the Count Mawrice, or rather from the fower provinces who hold the synode, to send these mynisters which hee resolveth to do, then that they should bee sent by his Majesties voluntary accord, and not from any motion from them, for it holdeth in my | judgment, as AD CONSILIUM, SO AD CONCILIUM NON ACCESSERIS ANTEQUAM VOCERIS.

[The letter continues to provide information concerning Browne and Roos].

So with the remembrance of my service to your Lady I am
your Lordships to doe you service,
  Raphe Winwood
St Bartholemew
27 August 1617 [N.S. 6 Sept 1617]

II/1.11 *Conversation of Dudley Carleton and Hugo Grotius*

Date: September 1617

Main source: A: London BL, Harl Ms 4298, 71v–73r (original)

Other copy: Milton, 13–16

Summary: This account is in Carleton's private notebook, rather than a formal report. Carleton describes his recent conversation with Grotius concerning the current crisis. Grotius emphasized that in the Union of Utrecht each province has complete autonomy in religious matters. The States of Holland consider a provincial synod to be more appropriate than a national one (although Grotius admitted that the divisions within Holland were too great for this to be successful and that ultimately a national synod would be required – and that while the States realised this they chose not to admit it publicly). He asked Carleton not to make any proposal to the States General in King James' name at this time since the States of Holland would feel that they were being forced. Carleton disputed Grotius's reading of the Union of Utrecht and urged the calling of a national synod given the threat to the unity of church and state.

Editor: Anthony Milton

The 17/27th of September having spoken with Mr Grotius touching the national sinode which I recommended in the Kings name as desiring an answeare to the letter which his Majesty wrote in April last[1] and shewing him

---

[1] See no. II/1.7; presented to the States General 22 April.

the reasons why Holland in this point should not dissent from the rest of the provinces; he answeared me that in questions of religion ech province was free within it self withowt suffring it self to be overruled by pluralitie of voices by the rest.

That the Union of Utrecht was not founded (as I inferred) uppon a common consent in religion, but that even there but that therin was an expresse article that every province should have libertie to dispose of the affaires of religion within it self.

That in the generalitie of the States was rather a league or confederation amongst the provinces then a souveraintie, every province having absolute auctoritie within it self. All this he sayde to avoyde being overruled in this question by the States General.

In theyr particular province he recited USQUE AB OVO the proceedings of the States of Holland touching these affaires in conformitie to theyr last resolution and placart.

He sayde that he fownd the States of Holland of the same minde as the other provinces in thincking a sinode necessarie, but there being three sortes of sinodes, a provintional, a national, and an universal; he sayd ech should have his degrees: the provintional to disgest matters first and to accommodate them yf it were possible; the national yf the differences could not be ended in the provintional, and the universal | in case there were a necessitie of proceeding to the determination of the question. Ech of these he required should be resolved of in theyr times; and not the national before the provintional was ended and the effects therof were seene, because those which were called to the provintional sinode yf they were certaine a national would follow in all appearence would conclude nothing in the provintional but referre all to the national.

He concluded that he would not have the law sett to Holland by the other provinces and desired me not to press the States to an answere of the Kings letter because those of Holland would take themselfs therby to be forced.

In replie I tolde him that in such extraordinarie cases which concerned the repos, safetie, and Union of the whole provinces, they should rather yeald to those interpretations as well of theyr mutual obligations as theyr several liberties as should tend to the conjunction not the s[e]paration of the provinces; and since it is well knowne the Union of Utrecht was framed uppon the grownd of religion and that the clause of permission in that point was inserted to this end on the one side to have those of Holland and Zeeland have power within themselfs to keepe the Reformed religion pure without mixture of poperie, and on the other not to force such other provinces as were not at

(17) provinces] A: *interl. add.* – (33) interpretations] A: *foll. by del. of* theyr – (33) as...mutual] A: *interl. add.* – (35) made] A: *del.* – (36) that] A: *interl. add.* – (36) in...point] A: *interl. add.*

that time so absolutely Reformed but were MIPARTIE betwixt papists and protestants, an argument could not be drawne from thence in favour of Holland for a particular power to patronize new opinions which are now | introduced to prejudice the Reformed religion. And for this methodical proceeding from one sinode to an other, the time and the nature of the cause would not permitt it, the scisme being great in the church and now extending it self into faction in the state, which chiefly proceeded of impatiencie to see that which is knowne to be the onely remedie so long deferred, which bread a jealousie in most mens mindes that a national sinode was onely discoursed of by them but not seriously intended. Wherfore to take away this scruple out of mens mindes I told him the best course were to resolve of a national sinode with assistance of those other churches, and in such time that in the interim they might holde a provintiall sinode in Holland with the same assistance to provide for the national, which howsoever the differences in Holland were greatest is necessarie, in regard the sayde differences having theyr beginnings here were spred into the other provinces; and the national sinode being held in this sort might resolve of that course which were best for the peace of the church, and so serve for the universal withowt cumming to the dicision of the question of predestination – which being a point so difficile they may happely thinck unnecessarie to be defined.

| After much arguing of our opinions he came at last to this point that he thought by reason of theyr great differences and animosities in Holland they could not resolve any thing in the provintial sinode, and that the States would come in the end to a national sinode, but that they thought not fitt to declare so much.

I perswaded him hereuppon since the peril in the State was so great not to spare for mens satisfaction to make declaration of that which was theyr inward intention; wherin he sayde they would rule themselfs as theyr orders from theyr principals would beare.

He desired me in conclusion to forbeare making any proposition in the assemblie of the States General in his Majesties name untill they had brought theyr affaires to more ripenesse to give his Majesty contentment; otherwise they would thinck themselfs forced, which in a businesse of this nature will profit nothing.

I told him they could not thinck themselfs prest when as his Majesties letter was written at his going into Scotland in Aprill and the answeare not called for untill his returne in September; yet that I would accommodate my self as much as I might untill I might see what they would do in contemplation of his Majesties recommendation.

(8) deferred] *A: foll. by del.* wherefore – (18) so...universal] *A: interl. add.* – (24) in...end] *A: interl. add.* – (26) peril] *A: foll. by del.* of – (27–28) inward] *A: interl. add.* – (33) forced] *A: foll. by del.* in – (37) untill...returne] *A: interl. add.*

I observe by him in general that all is but artifice so to manadge the businesse as here in Holland to have a toleration of the two | opinions in the points now disputed, and that they will never yeald to more willingly then that which may tend to this end.

The danger I represented unto him was comotion amongst the people which was in danger to follow as soone as the proceeding by way of sinode was despaired of, they being kept chiefly in devotion by expectation of the issue of theyr assemblies.

Therfore sayde he doe the States take the course they doe with leavies to avoyde popular tumults. To which I replied that nether the resolution of the one could be properly called the resolution of the States, because they were of divers opinions; nor the other a popular tumult, because the people did onely resist innovations in the church.

Nota there is a duble separation: the first was SEPARATION DES AMES which was made by the Arminians or Remonstrants; the other SEPARATION DES CORPS made by the Contraremonstrants.

II/1.12 *Speech of Dudley Carleton to the States General*

Date: 6 October 1617

Main source: A: The Hague NA, S.G. 5886, 53r–54r (original)

Collated source: P: *Harangue de monsieur l'ambassadeur du Roy de la Grand Bretagne, faite au conseil de messieurs les Estats Generaux des Provinces Unies. Touchant le discord et les troubles de l'eglise et la police, causees par la doctrine d'Arminius* (1617) (Carleton's copy in London TNA, SP, 84/79, 99–102, corrects "au conseil" in the title to "en l'assemblee")

Other copies: *The speech of Sir Dudly Carlton Lord Ambassadour for the King of Great Britaine made in the assembly of the Lords the Estates Generall of the United Provinces of the Low Countries. Being assembled at the Haghe. Touching the discord and troubles of the church and policie, caused by the schismaticall doctrine of Arminius* (London, 1618) (contemporary English translation); Milton, 16–20 (English translation); *Oratie ghedaen door den doorluchtighen ... heere Dudley Carleton ... Aende ... Staten Gheneraell .... Tot wechneminghe vande droeve oneenicheden, inde kercke ende policie ontstaen, uyt ende door de leere Arminij ende de zijne* (1617), (Knuttel, 1:2361–2365; Dutch translation)

(1) so] A: *interl. add.* – (3) more] A: *foll. by del.* then – (6) proceeding] A: *foll. by del.* in – (9) with leavies] A: *interl. add.*

Summary: In his speech Carleton describes the origins and progress of the current evil of civil discord through the actions of Arminius and his successors in cunningly disseminating his opinions and deliberately sowing conflict. He urges that a national – not a provincial – synod offers the only means of resolving the crisis and maintaining unity (given that a decision of which side's opinions are more agreeable to God's Word, and of how much toleration should be permitted, are not issues to be resolved solely by the civil magistrate). He notes that King James has forewarned the States many times of these dangers, most recently in his letter of 20/30 March (see no. II/1.7), and has advised the calling of a national synod. Carleton now urges an answer to the letter which will reflect their Lordships' care for their own unity and respect for the King. – The original copy of the speech is incomplete – a folio is missing. The missing text has been supplied from a printed version (the copy used is one among Dudley Carleton's papers in London TNA, which includes some handwritten corrections to the printed text, apparently by Carleton himself, a few of which are indicated here). Given that the printed version is a later version of poor quality, it has not been collated with the original manuscript in the passages covered by both documents. Mistakes in the printed version have been amended when they damage the sense.

Editor: Anthony Milton

Exhibé le vi[e] d'Octobre 1617

20 Messieurs,

Je me suis presenté en vostre assemblee pour m'acquitter de mon debvoir envers Dieu vers le roy mon maistre, et vers vos Seigneuries. L'apprehension de la calamite publicque qu'accompagne tousiours le scisme dans l'eglise et la faction dans l'estat ne m'en donnant que trop de subiect; et n'estant plus
25 temps de dissimuler comment qu'en l'espace de quelques annees on a approché par degrez a l'ung et a ceste heure on marche a plein pas a l'autre de ces precipices, ce seroit oublier la charge que iay de la part de Sa Majesté en qualité de son ambassadeur et le serment que i'ay faict a vos Seigneuries comme conseillier de cest estat,[1] et l'interest conioinee de l'ung et de l'autre,
30 de ne contribuer tout ce qui depend de moy, pour cercher et scavoir exactement l'origine, le progres, et le present estat de ce mal afin d'y pouvoir appliquer le remede qu'est le plus necessaire.

C'est une regle d'Hipocrate: "DESPERATIS NON ADHIBERE MEDECINAM."[2] Mais (Dieu en soit loué) nous ne sommes point encore loger là bien que
35 (pour dire librement ce qui en est) on en est si proche voyant comment le mal s'en va empirant de jour a autre que le remede sera infructueux si on le delaye plus longuement.

(19) Exhibé...1617] *A: in a different hand* – (25) a] *A: foll. by del.* tout – (36) de] *A: interl. add.* – (36) remede] *A: foll. by del.* en

---

[1] According to the treaty of Nonesuch of 1585, Carleton, as ambassador of Great Britain, was a member of the Council of State of the Dutch Republic.

[2] Cicero, *Epistolae ad Atticum*, lib. XVI, 15.

Or d'en cercher l'origine plus loing que le temps d'Arminius, professeur a Leyden, cest disguiser le faict. Les autres devant luy ont eu (peult estre) les memes scrupules, et les memes troubles en leur consciences sur les haults points de la predestination et ce qui en depend, mais l'eglise a eu tousiours sa paix et son repos.

| De sorte que la source de ce changement que depuis son temps on a tasche d'introduire en la vraye et ancienne doctrine que vous avez tousiours professeé, et est receüe et auctorisee par le consentement commun de toutes les eglises Reformees, (quois que quelques ungs ont eu ung sentiment apart, touchant ces points là) doibt estre attribuee a Arminius et a null aultre.

Hors des cendres d'Armnius sont nez certains autres lesquels ayants espousé ses opinions particulieres durant sa vie, les ont voulu introduire a fine force dans les eglises publicques apres sa mort; et ne pouvants point effectuer leur desseing par les voyes ordinaires des classes et congregations synodales ils s'addressent a messieurs les Estates de la province.[3]

De la suit le changement du nom d'Arminian en Remonstrant, son opposite (qui cerche de maintenir la doctrine en son ancienne purite) se baptise le Contra-Remonstrant, mais par plussieurs instances, constr'instances, propositions, responces, repliques, diligences et artifices ledit Remonstrant gaigne finallement sa cause par dessus le pauvre Contra-Remonstrant; obtient en sa faveur une resolution de messieurs les Estats d'Hollande par pluralité de voix bien que contre le gre et l'adveu de quelques bonnes et grandes villes, triumphe la dessus IN CONCIONIBUS, et soubs pretexte des cincq points (lesquels n'ont jamais encore passe ung examen legitime) introduict bien d'autres parmy le peuple faict d'invectives contre la religion Reformee, et les plus fameux et venerables docteurs d'icelles, change les pasteurs et anciens en plussieurs lieux, pour y fourer d'autres a sa devotion, procede avec telle vigeur, tant es villes qu'au plat pais qu'il donne subiect de resusciter en ces provinces d'ung costé le nom odieux de l'inquisition, et de l'autre les parolles deplorables des eglises doleantes, des eglises persecutees; se couvrant tousjours du tiltre de l'authorité publicque, comme le seul qui preste[4] | l'obeissance au magistrat, et donnant à son Contre-Remonstrant (qui commence à perdre pa|tience et à se separer du corps, en consequence de ceste malheureuse separation d'ames la reproche de schismaticque, mutin et tumultuaire. "HINC SPARGERE VOCES IN VULGUM AMBIGUAS",[5] qu'on veut au magistrat,

---

(7) en] A: interl. add. repl. del. dans – (8) et] A: foll. by del. qui – (28) es] A: interl. add. repl. del. aux – (33) en] P: handwritten correction for original & in P – (34) d'ames] P: handwritten correction for original amies in P

[3] The Remonstrance of 1610 was addressed to the States of Holland.
[4] MS halts at this point; the next folio is missing. The missing text is supplied from the printed *Harangue*.
[5] Virgil, *Aeneid*, lib. II, 98–99.

"ET QUAERERE OCUSCIUS ARMA" pour sa defense, on s'arme soubs ce pretexte es villes particulieres, et l'exemple passe aux provinces.

Voila en peu des parolles l'origine et le progress de nostre mal; le present estat en est separation actuelle, (si non schisme) dans l'eglise, ialousie, pour
5 ne dire point faction, dans l'estat, animositez et alterations entre les magistrats, aigreur et haine parmy le peuple, mespris des ordonnances, de cours souveraines, de la iustice – confusion entre les soldats, obligez par divers serments, rumeurs, et tumultes entre le soldat nouvellement levé et mal discipliné et le people, qui est venu desia iusques à l'effusion du sang innocent,
10 et la dessus crainte, frayeur et estonnement universel; tout cela dans le pais. Par dehors nous n'entendons que risees et morqueries de la part des ennemis; et des amys, que desplaisir et regret CONTRARIA IUXTA SE POSITA MAGIS ELUSCESCUNT. Voyons donc devant le temps d'Arminius quel a esté l'estat de ces provinces: union dans l'eglise et dans l'estat, bonne correspondence entre
15 les magistrats, amour et charité Chrestienne parmy le peuple, les cours souveraines de la iustice respectees, les soldats (serviteurs de vos Seigneuries) d'accord avec tout le monde, hormis vos ennemys, toute allegresse, toute rejouissance, toute recognoissance de la benediction de Dieu, qu'a comparu miraculeusement en la defence de sa cause, au veu et sceu de tout le monde
20 en vostre prosperité, dont les ennemis sont demeurez confus, et les amys de cest estat grandement consolez.

A ceste heure qu'on voit si clair "QUANTUM DIMISSA PETITIS PRAESTANT," que le Remonstrant prenne de bonne part la Remonstrance qui s'en fuit, et qu'il s'en serve, s'il luy plaist: "MATURE REDEAT REPETATQUE RELICTA."[6]
25 Mais si la doctrine d'Arminius a provigné si avant, quil n'est plus temps de reculer, ains qu'il faut passer outre la decision, laquelle des deux opinions est plus conforme a la verité de la parolle de Dieu; ou a tout le moins, quelle sorte de tolleration Chrestienne peut estre premise sans scandale dans l'eglise, quel en est le juge competant?

Aiiiv P 30 | De deferer ceste authorité au magistrat temporel, donnant a Caesar ce qu'est a Caesar, c'est pancher trop de costé la, et oster a Dieu ce qu'est a Dieu.

Doncques pour proceder avec deu esgard, tant a ceux ausquels Dieu a donné l'authorité sur nos corps, comme de ceux qui ont la cure et charge de nos ames, ce qu'en telles occurrences est tousiours prattiqué, et a quoy en
35 tout temps on a eu recours en la Chrestienté, c'est la synode nationale. Je dis

---

(6) peuple] *corrected from original* peur ple *in P* – (8) rumeurs] *corrected from original* remeu *in P* – (8) tumultes] *corrected from original* tumult *in P* – (12) contraria] *corrected from original* contriaria *in P* – (16))] *parenthesis marks inserted in pen in P* – (20) et] *corrected from original* est *in P* – (32) deu] *P: handwritten correction for original* del *in P* – (35) dis] *correction from original* di *in P*

[6] Horatius, *Epistolarum*, lib. I, ep. VII, 96–7.

nationale, d'autant que le mal estant passe de province en province, la synode provinciale n'est point suffisante, si non entant quelle serve de preparatif a la synode nationale. C'est le remede, lequel est trouvé bon par la plus part des provinces, et ce que vous est recommandé par le roy mon maistre.

Quant aux provinces, je ne veux point faire le curieux "IN ALIENA REPUBLICA,"[7] d'y juger combien chacune province en particulier doibt deferer en telles occasions au publicq. Mais tandis qu'on dispute en ce faict icy le droict de souveraineté de chasque province a part; qu'on n'oublie point le serment par lequel ells sont consolidees en un corps, qu'est l'Union d'Utrecht, fondee sur la religion, et bien qu'on y cherche, l'eschappatoire d'un article, que chasque province a son pouvoir a part au faict de la religion, cela se doit entendre sainement pour la manutention de la religion pure et sincere, et non pour l'authorisation des nouveautez. Et principalement en ceste province; là ou que nous sommes maintenant, en la contemplation delaquelle on doibt presumer cest article la estre inseré afin de pouvoir maintenir la religion Reformee en sa pureté, sans estre exposee a la volonté des autres provinces, lasquelles en ce temps là n'estoient point reduictes a telle union de l'eglise, de laquelle elles jouissent a present.

Mais comme les points d'honneur et de souveraineté sont chatouilleux et delicats, si ce respect là empesche le consentement des provinces il n'a nul lieu à l'endroit de Sa Majesté laquelle vous donne le mesme conseil comme le plus salutaire. La ou il n'y a point de pretension, il n'y a point de preiudice.

Sa Majesté a preveu et predit, il y a quelques annees passes, par ses lettres et ministres, sur l'occasion de Vorstius, les maux qui vous travaillent maintenant. Et par autres lettres vous a remonstré le peu de fruict qui proviendroit d'avoir porte en chaire les points | de la predestination, trop hauts et obscurs pour la capacité du commun peuple. En l'un et l'autre subject elle a tesmoigné la sincerite de son affection, donnant ses semonces au zele qu'elle a a la gloire de Dieu, et au devoir de la commune alliance, qu'a pour base la conservation commune, fondee singulierement sur l'unite de la religion. Et bien qu'on n'avoit point recueilly ses salutaires advis et prieres avec le respect qu'estoit deu a ses bonnes intentions, ains leur avoit donné des tres sinistres interpretations, les tirans en sense et consequence toute contraire a sa volont, elle a voulu neantmoins pour la troisiesme et derniere fois (ayant desia commencé son voyage vers Escosse) vous en soliciter derechef par une letter du 20 jour de Mars[8] de guarir le mal finalement tout a faict par voye de synode, que vous n'avés sceu prevenir par autres remedes.

Aiiiir P

(8) serment] *P: handwritten correction for original* ferment *in P* – (16) en] *P: handwritten correction for original* et *in P* – (23) y a] *correction from original* ia *in P* – (33) sense] *correction from original* sans *in P*

[7] Cicero, *De Officiis*, lib. I, 34.
[8] See no. II/1.7.

Voilà Sa Majesté (Dieu en soit loué) heureusement retourné de son voyage (bien qu'il a esté loing et duré l'espace de six mois) il n'a pas changé COELUM NEC ANIMUM.

Durant son absence je n'ay pas voulu solliciter la responce de la dite lettre, affin de ne me rendre importun a vos Seigneuries hors de temps et lieu. Mais le mal estant reduict à l'estat perilleux, comme ie l'ay explique, et ayant naguere recue une recharge sur le mesme effect, et voyant a ceste heure une pleine assemblee de dignes et sages personages embesoignés (si je ne me trompe) sur le faict de la religion, ie ne m'ay pas | sceu[9] plus longuement excuser. Sans vous prier (Messieurs) comme je fais instamment de faire telle responce a la dite lettre, laquelle poura tesmoigner et le respect que vos Seigneuries portent aux conseils de Sa Majesté et le soing qu'elles ont de l'union de l'eglise et de l'estat.

Exhibe en l'assemblee de messieurs les Estats Generaux des Provinces Unies du Pais Bas, sur le 6me jour d'Octobre 1617, stilo novo,
        Dudley Carleton

II/1.13 *Dudley Carleton to Ralph Winwood (Selection)*

Date: 13/23 October 1617

Main source: A: Carleton, 188–191 (copy)

Summary: In this selection from a much longer letter to Secretary of State Winwood, Carleton describes the progress being made towards calling a national synod. Deputies from those provinces that support holding the synod have drafted a plan for it, which Carleton has included with the letter. If King James has any suggested changes or additions to the plan, Carleton is confident they will be made.

Editor: Eric Platt

October 13/23. Sir Dudley Carleton to Secretary Winwood: by HERMAN.

Right Honourable,
    Our businesses concerning the synod do proceed slowly, but so much the more surely, the selected deputies out of the extraordinaries of the four well-

---

(7) une] *correction from original* vue *in* P – (16) Dudley Carleton] A: *autograph signature*

[9] MS resumes at this point.

affected provinces[1] having framed a project of a national synod[2] (wherof I send your honour a translated copy) and the same is sent now by some of the said deputies expressly to the several provinces to be there ratified by their principals, with the addition of three other particularities: the first concerning the answer to his Majesty's letters[3] in this business of synod, the second touching the maintenance of his Excellency's[4] authority against his opposites, and the third about the laying down arms now lately raised in Utrecht and some particular towns in Holland. The answer to all which, with the return of the aforesaid deputies, we expect by the end of this week at the furthest.

If, upon view of these heads in the project of the synod, his Majesty judge it fitting to have any thing added or altered, upon knowledge of his pleasure, there will be means left to frame it accordingly, it being very likely the orders from the provinces will not be so strict as to leave nothing to the discretion of the deputies.

[The rest of the letter discusses other Dutch-related matters. These include an upcoming meeting of the States of Holland, events in Utrecht, various actions being taken by both sides in the Dutch disputes, the French government's involvement in the conflict, and attempts to gain more information about two recent voyages of discovery.]

| So for the present I humbly take leave, etc.

II/1.14 Earl of Buckingham to Dudley Carleton (Selection)

Date: 31 October / 10 November 1617

Main source: A: London TNA, SP 84/79, 239r–240v

Other copies: Carleton, 198–199; Milton, 20–21

Summary: Buckingham reports that King James opposes the proposal to hold the national synod at Utrecht, given that town's close links to the Arminian faction. The King also opposes the proposal that delegates should limit themselves to discussion of Scripture (given that heretics always appeal to this) and suggests a qualification that if delegates disagree in their interpretation of Scripture they should refer to the general consent of the early Church, the Councils and Fathers, along with the best Reformed theologians.

Editor: Anthony Milton

[1] Gelderland, Zeeland, Friesland and Groningen.
[2] This is the first draft of the Articles to Convene the synod, read in the States General 12 October 1617. See no. II/1.1–20. The English translation does not appear to be extant.
[3] King James I's letter of advice on dealing with the religious differences, 20/30 March 1617. See no. II/1.7. [Knuttel 2358–2360].
[4] Maurice of Nassau.

My Lord,

[At the beginning of the letter, the King relays his instructions to Carleton via Buckingham as Sir Ralph Winwood has died. He directs him concerning the Browne affair, and urges him to let Count Maurice make his own judgement on the best course of action in internal affairs. He regrets that Sir John Ogle favours Arminianism.]

| His Majestie hath perused the articles[1] about the synode, and doth alltogether dislike of Utrecht for the place of meeting, as a towne which hath ben allwayes given to sedition and mutiny, is now wholly inclyned to the Arminian faccion, and lately encouraged therein by the presence of Monsieur Barnevelt; and therfore would like better of a place of more indifferency. And whereas in one of the articles, it is sette downe, that the deputies shall only search the Worde of God, his Majesties opinion is, that nothing can more strongly foment and strengthen the scisme and division amongst them then this article, in those bare termes as it is sett downe, for the Arminians, Vorstians, and all other heretickes, fly unto the Worde of God, if their interpretacion thereof may be accepted, and therefore these words | would be tempered with this clawse following: that they shall diligently search the Worde of God, and in case they differ uppon th'interpretacion, that they shall have recourse unto th'interpretacion, given thereunto by the generall consente of ancient Church and Counsells, and approoved doctors thereof, before the tyme of the churches defecion to popery, joyning thereunto the most learned and beste divynes of our religion.

As for the other articles, his Majestie findeth nothing for the present to be disliked in them, but if uppon a second review he shall see occasion to alter any thing, there wilbe tyme enough for yow to receave his further directions.

His Majesties pleasure is that untill yow shall have farther order from him yow directe your letters to Mr Secretary Lake, and when yow have any extraordinarie secrecie that then you directe your letters to himself. And so I committe yow to the Allmighty and rest your loving friend to command,

        Buckingham

Whitehall this last of October 1617 [N.S. 10 Nov 1617]

---

[1] A draft of the Articles to Convene the synod was presented to the States General on 12 October 1617, and approved on 11 November. In this draft, Dordrecht, Utrecht and The Hague were recommended as locations to hold the synod. See no. II/1.1–20 (12 October 1617). On 20 November, the majority in the States General selected the city of Dordrecht.

II/1.15 *Bishop James Montagu to Dudley Carleton*

Date: 6/16 November 1617

Main source: A: London TNA, SP, 105/95, 20v–21r (copy)

Other copy: Milton, 21–22

Summary: Bishop Montagu of Winchester reports King James' approval of Carleton's speech (6 October) to the States General, and the King's request that Carleton send over books written by both sides of the controversy so that James' prospective synodical delegates can prepare themselves. There are so many equivocations being used that many of the Arminian positions can be given a good construction, which makes it difficult to understand why they disagree. Montagu warns that there are many in England who are close to the Arminian positions, and opines that it would be helpful if they could be discouraged by seeing these opinions suppressed in the Netherlands.

Editor: Anthony Milton

My very goode Lord,

I thanke your lordship for your kind congratulation of me that [——] where I shall be willing to do you the best service I can. It was my happe to shew his Majesty first of any your oration,[1] which his Majesty doth approve of in every point both for manner and matter. His Majesty understands of the heate of this controversy, which though it will turne to smoake in the end yet it is like to make a goode greate fier first. It is desired of his Majesty that he would send over some divines to this intended assembly of the States; which that they may be the better prepared if it might stand with your Lordships leasure to send over such bookes as have beene written betweene them on both sides of this argument, it would give them great light. And allthough they have reduced all theyr pointes to five heades, yet there lye so many aequivocations under theyr termes, as a man cannot well tell whereuppon they contend; for a man may give a goode construction of every of those propositions that wee have seene here. Therefore yf in every of these propositions theyr true meaning might be discovered, it would allso help very much.

You shall do very well to adde your best helpe to assuage these controversies, for I feare there will be founde many in our country at home that are not farre from some of these opinions, therefore when they shall see them well quenched there they will be the lesse busy in them heere.

---

(15) [——]] A: *blank in manuscript*

[1] See no. II/1.12.

But I will trouble you no longer at this time, but as occasion serveth I shall make bold to trouble | you. So with my very loveing remembrance to your lordship, I take my leave, from the Courte at White-Hall this 6th of November 1617 [N.S. 16 Nov 1617].

   your lordships loveing frende,
   Jacobus Wintoniensis

II/1.16 *Proposition of Dudley Carleton to the States General*

Date: 25 November 1617

Main source: A: The Hague NA, S.G. 5886, 240r–v (original)

Other copy: The Hague NA, S.G. 3176

Summary: Carleton calls for drastic measures against the anonymous pamphlet, the "Weegh-Schael". It is not only seditious, but also attacks the Reformed religion and is disrespectful towards the person of the ambassador and King James. He asks the States General to take steps to discover the pamphlet's author and printer.

Editor: Johanna Roelevink

MÉMOIRE PRÉSENTÉ LE 25ME DE NOVEMBRE 1617 PAR MONSIEUR L'AMBASSADEUR DU ROY DE LA GRANDE BRITTAGNE À MESSIEURS LES ÉTATS GÉNÉRAULX DES PROVINCES UNIES DU PAÏS BAS.

Qu'attendu que Vos Seigneuries ont cognoissance de la publication d'un certain livret qui s'est faict en ce lieu de la Haÿe lundÿ dernier, 20me du mois présent, intitulé: *Weegh schael om te overweghen de oratie etc. van mijn heer Dudleij Carleton, ambassadeur van de deurluchtichsten coninck van Groot Brittagniën etc.*, ne portant nÿ nom de l'autheur ni privilège des supérieurs, et qu'il n'est pas seulement séditieux contre l'estat et schandaleux contre la religion Réformée, mais très injurieux à ma personne, dont la réflexion donne contre l'honneur de Sa Majesté de la Grande Brittagne, mon maistre, qui ne pourra passer ceste offence sans resentiment.

Vos Seigneuries sont instamment priez de vouloir peser cest affaire selon son mérite, vostre prudence, et affection, à la conservation de l'honneur de sadicte Majesté en ordonnant au plustost telle réparation que sadicte Majesté puisse demeurer satisfaicte et moÿ garentÿ que par ce licentieux exempla

---

(31) ordonnant] *A: missing because of hole in page*

(qu'est sans example) mes offices publiqs ne soÿent exposez à l'indiscrétion des particuliers. | Laquelle réparation comme j'estime que Vos Seigneuries la désirent pout éviter les inconvénients qu'en pouront naistre, et conserver en vostre estat le respect qu'est deu, jure gentium, aux ambassadeurs, spécialement venants de la part d'ung roÿ qu'a tant contribué (et est encores prest à contribuer) au bien de vostre estat. Je croÿ ne se pouvoir espérer en effect, s'il ne plaist à Vos Seigneuries ordonner et faire publier ung placart pénal, par lequel il soit non seulement commandé au procureur général et à touts aultres qu'il appartiendra, de faire brusler publicquement dans les carfours des villes les copies que Vos Seigneuries ont faict retirer desdict livret, et d'informer contre l'autheur et l'imprimeur. Mais aussy qu'il soit promis une notable somme à qui les descouvriront et pardon audit imprimeur si dans quinze jours après ladicte publication il en vient déclarer l'autheur. Vos Seigneuries (comme je l'aÿ remonstré) l'aÿant cÿdevant prattiqué en affaire de moindre considération et suitte à l'exemple de touts souverains, tant rois, républicques qu'aultres princes en pareilles occurrences. Et là ou Vos Seigneuries dilaÿeront à me donner ceste satisfaction, qu'il ne soit trouvé estrange si par après je me trouve in inutile à prévenir des plus pesantes plainctes qu'en viendront à Vos Seigneuries.
     Dudley Carleton

II/1.17 *Proposition of Dudley Carleton to the States General*

Date: 27 November 1617

Main source: A: The Hague NA, S.G. 5886, 20v–21r (original)

Other copy: The Hague NA, S.G. 3176

Summary: Carleton insists on public action against the libel called the "Weegh-Schael". Delegates of Holland have visited him in connection with this matter, but it should be a cause for all provinces. Not only the author and the printer, but also whoever hides their identity, should be punished.

Editor: Johanna Roelevink

MÉMOIRE PRÉSENTÉ LE 27ME DE NOVEMBRE 1617 PAR MONSIEUR
L'AMBASSADEUR DU ROY DE LA GRANDE

(4) jure gentium] *A: in Latin script* – (18) inutile à] *A: missing because of hole in page* – (20) Dudley.. Carleton] *A: autograph signature*

BRITTAGNE À MESSIEURS LES ESTATS GÉNÉRAUX DES PROVINCES UNIES DU PAÏS BAS

Qu'il plaise à Vos Seigneuries à prendre bonne et promte résolution sur l'instance que j'aÿ faict verballement et en aÿ présenté pareillement le contenu pas escript le 25me du mois présent,[1] à l'occasion d'un livret publié icÿ à la Haÿe le 20me, sans se persuader que les procedures secrettes pouront satisfaire à ung affront si notoire et publicq.

Et bien que j'aÿ subject de remercier (comme je fais) messieurs d'Hollande en particulier pour les diligences qu'ils me témoignèrent hier par deux de leurs députez d'avoir apportées pour descouvrir l'autheur dudit livret, toutesfois la recerche de cest affaire n'appartenant plus à une province qu'à une aultre, je suplie Vos Seigneuries de la mettre en considération comme appertenante à tout le corps de vostre assemblée générale. À laquelle venant à ceste charge j'ay présenté mes lettres de créance, à laquelle j'aÿ consécutivement depuis tousjours faict mes offices, à laquelle finalement, par ordre exprès de Sa Majesté, j'aÿ faict ma proposition dont est question, le 6me d'octobre,[2] l'exhibant | par script à l'instance de Vos Seigneuries sans en laisser sortir de mes mains aulcune copie. Voilla pourquoy c'est à elles que je doibs demander réparation sans aulcune remise, du tort et injure faicte au roy mon maistre et à son ministre par la scandaleuse responce ou plustost libel défamatoire que contre icelle a esté mis en lumière et exposé en vente publique à la veue de Vos Seigneuries, laquelle Vos Seigneuries sont suppliées vouloir résoudre et accélérer en la forme employée au précédent mémoire, en l'amplifiant de ceste clause, Que si quelque un par cÿ après sera descouvert d'avoir eu notice de l'autheur et de l'imprimeur sans le descouvrir à Vos Seigneuries, ou à ceulx qu'appertiendra qu'icelluÿ sera subject à la mesme punition que mérite ledict autheur et imprimeur.

Vos Signeuries si faisant monstreront le respect qu'elles portent au roy mon maistre, auquel je doibs rendre compte de ce faict par messager exprès, si je ne veux faillir au debvoir de la fidélité dont je suis obligé à Sa Majesté, et j'espère d'entre ce jourd'huÿ et mercredi qui vient (lorsque je suis délibéré de faire ma dépesche) de pouvoir aussy bien (s'il plaist à Vos Seigneuries) aviser de la satisfaction publicque donnée par icelles, comme de ceste insolente et | intolérable offence faicte par ung incognu au roy mon maistre et à celuy qui à

---

(10) descouvrir] A: descouvr *because of damaged paper* – (24–27) Que...imprimeur] A: *in Latin script*

[1] See no. II/1.16.
[2] See no. II/1.12.

l'honneur de représenter Sa Majesté en vostre estat, et qui faict profession d'estre.

    Messieurs
          Votre très humble serviteur,
          Dudley Carleton

II/1.18 *States General to Diplomats Caron, Langerak, Brederode and Aitzema*

Date: 11 December 1617

Main source: A: The Hague NA, S.G. 6755 (draft)

Summary: The States General conclude from the most recent letters of the ambassadors and agents, that the ongoing religious differences are subject to talk to the detriment of the honor and the reputation of the republic. With this express letter the States General tell their diplomats not to meddle except on their explicit orders. They trust that the religious questions will be accommodated. This draft was written by griffier Aerssens.

Editor: Johanna Roelevink

Het gesubvirguleerde uuyt te laten in de brieven van Brederode en Aissema.
    Die Staten

Edele, etc., mutatis mutandis.

    Wy verstaen uuyt eenige van Uwe leste brieven dat men aldaer op de alhier jegenwoordich swevende kerckelycke differenten ende questiën tot nadeel ende vercleyneringe van de eere ende reputatie van deser lande regeringe soude discoureren ende spreecken. Ende hebben oyck gesien wat ghy daerop aen Zyne Majesteyt hebt verthoont volgende 'tgene u van hier soude zyn overgescreven, daerop wy goetgevonden hebben u te adverteren by dese onse depesche expres onse meeninge ende begeren te wesen dat ghy u dese zaecke voorder nyet en sult hebben te bemoeyen sonder onsen expressen last als des lants eere ende reputatie hiermede by voervallende occasie te verdedigen. Dat (Godt loff) de voirseide questiën ende differenten zoo hooge nyet en zyn geclommen ofte climmen en sullen, oft wy en vertrouwen deselve met des

(4–5) Votre...Carleton] A: *autograph signature* – (20) leste] A: *foll. by del.* ontfangen – (20–21) op ...questiën] A: *marg. add.* – (20) alhier] A: *prec. by del.* kerckelycke – (21) swevende] A: *foll. by del.* differenten – (23–25) Ende...overgescreven] A: *only applicable in the letters to Langerak and Caron* – (25–26) by...expres] A: *interl. add.* – (26) wesen] A: *foll. by del.* wesen – (27) bemoeyen] A: *be interl. add.* – (29) loff] A: *foll. by del.* zy gelooft – (30) ofte...sullen] A: *marg. add.*

Heeren hulpe wel haest met goede ende gevoeghlycke middelen neder te leggen ende accommoderen, sonder eenige confusiën ofte verloop in onsen staet ende prejuditie voor de gemeene zaecke, mitsgaders van de alliantie by ons gemaect mette coningen, princen ende republicquen ende stenden deser landen vrienden, die wy gedencken vast ende onverbreckelyck te onderhouden ende achtervolgen, daermede wy verhoopen dat de voirseide discourssen wel sullen commen te cesseren, al is 't dat ghy u daerinne vorder nyet en intermisceert sonder onsen expressen last. Sult u daeromme hierna reguleren, daerop wy ons sullen verlaten ende u in de heylige protectie van den Almoegenden bevelen. Actum den xi^{en} Decembris 1617.

II/1.19 *King James I to the States General*

Date: 22 December 1617; received 20 January 1618

Main source: A: The Hague NA, S.G. 5887, [2 pp.] (copy)

Collated source: B: The Hague NA, S.G. 3177, 15r–v (copy)

Summary: This letter was presented to the States General by ambassador Carleton along with his proposition (see II/1.22) on 20 January 1618. King James condemns the scandalous pamphlet, "The Balance," which slanders Carleton's political role as well as James' ecclesiastical policy in England. He thanks the States General for taking action against the libel, thus repairing the King's and Carleton's honor. He has also instructed Carleton to explain the true nature of James' actions regarding ecclesiastical polity, which have been wrongly interpreted.

Editor: Mona Garloff

Haults et puissants Seigneurs, ayants esté advertis par le Sieur Carleton nostre ambassadeur resident pres de vous, que sur la plaincte qu'il vous a faicte d'un certain libelle scandaleus qui a esté semé par dela, soubs le tiltre de la *Ballance*, auquel non seulement luy en qualite de nostre ministre est taxé, mais nos actions aussi sont calomniees en ce que touche la conduicte de nostre gouvernement ecclesiastic, il vous auroit trovez la dessus si dispozé a nous faire en cela le droict qui convient a l'honneur des princes et de leurs

---

(1) ende gevoeghlycke] *A: interl. add.* – (3) voor] *A: prec. by del.* de – (3) van de] *A: interl. add. repl. del.* van de uuytheemsche – (3) by] *A: prec. by del.* die wy – (4) gemaect] *A: foll. by del.* gemaect – (4) ende stenden] *A: interl. add.* – (7) commen] *A: interl. add.* – (7) cesseren] *A: foll. by del.* sonder dat wy nairder – (8) intermisceert] *A: marg. add. repl. del.* intermisseert – (25) scandaleus] *B:* scandaleux – (25) soubs] *B:* soubz – (27) aussi] *B:* aussy – (27) que] *B:* qui – (28) ecclesiastic] *B:* ecclesiasticque – (28) trovez] *B:* trouvez – (28) dispozé] *B:* disposez

ministres publicqs, que nous nous ressentons obligez de vous en rendre ainsi que nous faisons par la presente nos tres affectionnez remerciements, et d'autant que par ledict libelle, et par la bouche aussi, d'aucuns (a ce que nous entendons) nous voyons nos procedures au faict susdict entendues et rapportees aultrement qu'elles ne sont, nous avons bien voulu par mesme moyen vous faire scavoir, que nous luy avons donné charge de vous exposer et faire antendre ce qui est de la vraye forme et conduicte que nous tenons en nostre dict gouvernement | ecclesiastic, afin que vous puissiez recognoistre comme [2] A vous ferez par ladicte exposition, combien c'est a tort que nos actions en ce regard sont interpreteez de la façon qu'elles sont, ce que remettans a la prudence et equité de vos jugements, nous finerons icy la presente, en nous recommandant tres affectueusement a vos bonnes graces, et priant Dieu,

Haults et puissants Seigneurs, qu'il vous ait tousiours en sa saincte garde. A nostre palais de Westmunstre ce 22ᵉ de Decembre 1617.

        Soubzscript: Vostre bien bon amy,

        Signé: Jacques Rex

La superscription estoit: A haults et puissants Seigneurs, nos bons amis et alliez, les Estats Generaulx des Provinces Unies des Pais Bas.

Recepte le xxᵉ de Janvier 1618.

II/1.20 *Archbishop Abbot to Dudley Carleton (Selection)*

Date: 28 December 1617 / 7 January 1618

Main source: A: London TNA, SP, 105/95, 14r–15r (copy)

Other copy: Milton, 22–25

Summary: Abbot confirms King James' agreement with Carleton's proposals in his speech (6 October) to the States General, and describes Arminian attempts to swing opinion at the English court. Abbot discovered in advance the Dutch ambassador Caron's plan to tell the King that the Arminians would reject a national synod as inevitably prejudiced against them, and to propose instead that the two sides send representatives to dispute before James. Abbot warned the King against both these intended maneuvers. Grotius has also been seeking (via P. C. Hooft) to persuade Archbishop De Dominis that there should be no synod and that both sides' views

(1) ainsi] *B:* ainsy – (3) aussi] *B:* aussy – (4) nos] *B:* noz – (7) antendre] *B:* entendre – (8) ecclesiastic] *B:* ecclesiasticq – (10) interpreteez] *B:* interpretees – (11) finerons] *B:* finirons – (14) Westmunstre] *B:* Westmunster – (15) soubzscript] *B:* soubscript – (18) Provinces] *B:* Princes – (18) des] *B:* du – (19) Recepte…1618] *B: om.*

should be tolerated, but when De Dominis expressed these views to the King he was reproved for not understanding the situation.

Editor: Anthony Milton

My very goode Lord,

I do so well understand your minde, and what state the Prince is in, partly by your letters, and partly by the private relation of Sir Edward Harwood[1] and Sir George Throgmorton,[2] that I shall not neede to looke backward but tell you forward what I know that may any way concerne your affairs there.

I knowe that before the receit of this my letter, his Majesty by Secretary Lake hath lett you knowe that he well accepteth your proposition on the 6 of October,[3] and that he will avow you in it, and every part thereof, as allso that he is sensible of the wrong done unto himselfe and you in that lewd booke of the *Ballance*.[4] I do also well understand that Sir Edw. Horwood hath lett you knowe the care which his Majesty hath to uphold Counte Maurice with those honest men that depend upon him and I suppose by the messenger that bringeth this letter, Sir John Throckmorton doth advise you that his Majesty is very sollicitous what he may do, for the satisfaction of the cause of God. And therefore I pray you with mature deliberation to enter consultation with his Excellency,[5] what is fittest for our great Master to do. For I assure your lordship that he taketh this busines to harte, as I conceave you will find by a letter from the Lord Chamberlaine[6] in the kings name.

Sir Nowell Caron had yeasterday long speeche with his Majesty and what the yssue of it was I shall knowe, but do not at this present understand. Notwithstanding, being with me on Christmas even, I found by him whereupon he would insist, and secretly acquainted his Majesty here withall. One thing was that the Arminian faction without controversy would not come to any nationall synode, whereof the reason was, that they were certaine before hand, they should be condemned by a major parte. The other was that the states of the Arminian party would propound it to his Majesty, that 2 of either side might be sent out of Holland, who before his Majesty and such as he would appoint might dispute or conferre about these things in question and so submit themselves to his Majesties judgement. I delivered my opinion

---

[1] Sir Edward Harwood, lieutenant colonel of Lord Lisle's regiment of English infantry serving in the Low Countries.
[2] Presumably John Throckmorton (see below).
[3] See no. II/1.12.
[4] *De Weegh-Schael*, an anonymous publication (by Jacobus Taurinus) in which the Remonstrants attack the English attitude as represented by Carleton before the States General on 6 October 1617, when James' support for a national synod was emphasized.
[5] Count Maurice.
[6] William Herbert, third earl of Pembroke (1580–1630), appointed lord chamberlain in 1616.

to the King concerning both, as first that the exception taken was not just. For every honest and religious man would never refuse to submitt himselfe to truth being manifested out of the word of God. | That the synode ought to be gathered of the most moderate and peaceable men, and then yf after a free fashion, question after question might be debated as amongst Christian men with desire rather of edification then of contention, every sober minde might be satisfied. That they who did refuse this in their owne countrey and among their owne people, did give a shrewd suspition, that they were no better then willfull scismatickes and heretiques. For the second I told his Majesty that that was butt a tricke of diversion, to turne that away which did now presse, and so to gaine time and not to effect that neither; that the thing was never heard of and was without example in the Christian world; that his Majesty had reason to thinke they would abuse him, and misreport him as Grotius had formerly done; that as in the Councell of Florence the Greekes disavowed their owne agents when they returned home, and things were in the same state they were before, so it would be in such a dispute or conference, the people of that popular estate taking to themselves a liberty to take or refuse what they list.

In this course of speeche with Sir Nowell Caron I putt diverse things unto him which might argue that the great man amongst them[7] beganne to be spanish, and had some intendment to alter that state that way. Hee protested that he did not suspect any such matter, but rather thought it was out of an emulation of some other mans greatnes, and that he was desirous to holde up the reputation of ruling all as formerly he had done. Yet I know that his Majesty in speaking with him would oppose him on this particular which concerneth this Crowne in an highe degree.

There is one thing more whereof I would not have you to be ignorant, and that is that about six weekes since, one Petrus Hafnius, or Hofnius[8] came privately to my Lord of Spalato[9] in my house and brought with him certaine letters from Grotius and some message by word of mouth, which all tended to the end that there might be no synode at all. My Lord grew much to that opinion, and that the resolutions on both sides might indifferently be tollerated | in those questions for the peace of the churche; whereof speaking to me one time I told him my minde, both of the matter and of Grotius, and prayed him to beeleeve that he did not thoroughly understand those businesses. Since that time the sayd Petrus hath beene with him againe, and brought him two guilt bowles of the price of forty markes as a present from the States, and I do feare some letters and more messages; so studious are the

---

[7] Johan van Oldenbarnevelt.
[8] Pieter Corneliszoon Hooft.
[9] Marco Antonio de Dominis, erstwhile Archbishop of Spalato.

II/1.21 ARCHBISHOP ABBOT TO DUDLEY CARLETON 325

Arminians to procure to themselves MAGNA NOMINA, and you may see it is with fraud that they come creeping into my house without my privity. The good old man I cannot say whither out of charity or credulity beleeveing these things, and desirous to do good upon St Stephens day brake privately with the King that he knew his Majesty might direct and determine all thinges at his pleasure amongst them. The king answered him: My Lord do you thinke so? How cometh it then about that they have lately in a booke so abused me and my embassadour?[10] The Archbishop sayd that he had heard nothing of it. This made the kinge to marvaile that he would deale in a matter wherewithall he was so little acquainted. The kinge told me all this, and added that my Lord of Spalato had mooved him, that he might have with his Majesty an howers speeche about this matter (which the kinge againe a second time hath repeated unto me.) I excused it and told his Majesty that which before is written of Petrus Hofnius, and since that time I have made the old man know my minde; advising him that he should as warylie deale in that, as yf he were to handle fire; letting him know that it is not possible for him to understand that case; and that it is a point of wisedome not to take information of one side onely. Yf you have any occasion to write unto him it is not amisse that in generall termes you give him some glance that way.

[Abbot reports that the position of Secretary of State was rumored to be intended for Sir Robert Naunton, and that Buckingham had opposed the suggestion that the place should go to Carleton.]

| As occasion serveth you shall still heare from me; and so commending me unto you and your Lady I rest,

your Lordships true frende,
Georgius Cantuariensis
Lambeth, December 28 1617 [N.S. 7 Jan 1618]

II/1.21 *Archbishop Abbot to Dudley Carleton (Selection)*

Date: 8 January 1617 / 18 January 1618

Main source: A: London TNA, SP, 105/95, 28r–29r (copy)

Other copy: Milton, 25–27

Summary: Abbot reports that the King strongly supports Carleton and Count Maurice's cause. He notes Grotius's misuse of the example of the Hampton Court Conference to claim the absolute right of the civil magistrate to determine matters of religion (in response, the English bishops have drawn up a statement of how religious

[10] I.e., *The Balance*.

matters are debated in the Church of England). Abbot observes from Grotius's letter to De Dominis and Arminian publications that some English divines have been involved in supporting the Arminians, but notes that Lancelot Andrewes is now disclaiming any contacts.

Editor: Anthony Milton

| My very goode Lord,

[Abbot gives Carleton his commiserations over his failure to gain the post of Secretary of State.]

By two letters sent unto you since the comming over of Sir Edward Horwoode and Sir John Throgmorton, I have lett you know my minde touching all things that do occurre, so that I shall neede to say no more unto you for that which is therein comprehended, but that the king our Maister doth stick most firme unto you and the cause of the Count Maurice. You have receaved two wrightings lately from Sir Thomas Lake, the one a declaration what forme of proceeding is in debating or concluding matters of religion in the Church of England. This was resolved on by my selfe and the bishops of London,[1] Durham,[2] Winchester,[3] Rochester,[4] Lichfeild,[5] and Lincoln[6] | my Lord of Ely[7] being then absent by reason of an ague. We presented it to the king, who commanded Sir Thomas Lake to send it unto you.

The other was the copy of Grotius his letter to my Lord of Spalato, which by a pretty devise I caused the old man to shew unto the king, which his Majesty retayneing with him, caused copies thereof to be taken and commanded one of them to be sent unto you. You may therein perceave what the goode spirit of Grotius is towards you which you are not to take ill, because you may remember that both he and Brinnius (whom his principales I find by you have disavowed) did use the king our Master not so respectively as might have been expected.

That paper which you sent me translated out of the answer to Festus,[8] doth very well open some secrets as they are taken here of our divines in England. I have caused it to be presented to his Majesty, but have not yet heard his judgement upon it. Out of that and the letter of Grotius to my Lord of Spalato, it may perhaps be conceaved that my Lord of Ely hath formerly

[1] John King.
[2] Richard Neile.
[3] James Mountagu.
[4] John Buckeridge.
[5] John Overall.
[6] George Montaigne.
[7] Lancelot Andrewes.
[8] Presumably a reference to [Johannes Uytenbogaert], *Responsio necessaria ad Contra-Remonstrantium Contrariam Declarationem* (Leiden, 1618), 147, where two letters of anonymous English bishops in support of the Remonstrants are quoted.

had some finger in that busines, which if it were so I have great reason to think that himself now is not well pleased at it; for I find that he is willing that I should think he hath no commerce with those Lower Countrey busy writers as Bertius, Grotius, Meursius, and the rest. It is not long since that speaking unto me of them, he gave them a terme not onely much slighting them but expressing some indignation against them. I doubt not but that his Majesty will find some thing by this late paper sent me, and order somewhat upon it.

I do marke that the Arminians in their writings of late, do cite the kings sitting at Hampton Court | at the time of the Conference to be a great matter making for them. And Grotius in his booke called HOLLANDIAE PIETAS,[9] which is an answeare to Sibrandus Lubbertus, doth not onely urge that but maketh Queene Elizabeth to take her place among the Bishops for determination of points in religion, then which nothing can be more false. But if Grotius did well observe, which he will not do, the cause of the Kings Conference was not to decree and stablish any thing which was unsettled, but to heare the objections of some refragatory persons against that which was stablished. Againe it was not about matters of religion or to touch any thing touching faith, but to heare what exception was taken to the ceremonies of the church. And were they not the bishops there present who gave the answeares and solutions to those arguments which were urged, which the King approoved and ratified. So that this maketh nothing for that which the Remonstrants in the Lowe-Countreys do desire.

Wee shall now every day expect what will be the resolution of the provinces for the synode whereunto if it be required. If now our great Master will send some men to give assistance if there be cause. These things advertise you that you may see what care I take over you in this tumulting time. AMICUS CERTUS INCERTA CERNITUR. So commending me to your self and your Lady Termayne.

                your Lordships assured frend,
                George Cantuariensis
Lambeth, January 8 1617 [N.S. 18 Jan 1618]

---

(25) be] *A: foll. by del.* neede

[9] Hugo Grotius, *Ordinum Hollandiae ac Westfrisiae pietas, ab improbissimis multorum calumniis, praesertim vero a nupera Sibrandi Lubberti epistola quam ad reverendissimum Archiepiscopum Cantuariensem scripsit vindicata* (Leiden: Ioannes Patius, 1613).

II/1.22 *Proposition of Dudley Carleton to the States General*

Date: 20 January 1618

Main source: A: The Hague NA, 5887, [11 pp.] (copy)

Collated source: B: The Hague NA, 3177, 15r–17r (copy)

Summary: In his proposition, Carleton, while grateful for measures already taken, urges provinces that have not yet done so, including Holland, to issue a placard against the seditious religious pamphlet, the "Weegh-Schael." Contrary to the assertions of its writer, King James is very worried about the inevitable fall of the Dutch Republic in case the religious differences are not settled. He judges it necessary to have recourse to ecclesiastical assemblies proportionate to the problem, that is, first classical, then if there is progress, provincial and national assemblies, when the whole body of the republic has been affected. Therefore the King reiterates his advice to recommend a national synod as the only remedy. The Reformed religion must be kept pure and sincere. It is the main foundation of our alliance.

Editor: Mona Garloff

Exhibé le xxe de Janvier 1618

Messieurs,

Par la lettre du Roy[1] mon maistre vos Seigneuries ont entendu le contentement que Sa Majesté recoit de vos procedures et la charge que j'ay de vous donner compte de siennes.

En suitte dequoy elle m'a commandé d'adjouster de vive voix son tres affectionné remerciement, lequel je suis de tant plus obligé de rendre a vos Seigneuries pour l'interest que j'ay en l'occassion, qui est la reparation d'honneur qu'elles ont trouvé bon de donner a Sa Majesté, et a moy, en qualité de son ambassadeur par ung placart penal, contre un libel schandaleux qui porte au front mon nom (mais sans celuy de l'autheur) intitulé la *Ballance*.

Lequel ayant esté bien balance par Sa Majesté, et le contenu meurement examiné, | elle se trouve tant au regard de ceste republique (dans laquelle la matiere estant disposée, comme elle est maintenant a la combustion, n'a nullement besoing de semblables allumettes) comme a l'endroict de Sa Majesté (dont les paroles et les actions sont tresinistrement interpretez) oultre plusieurs aultres justes considerations de bien meriter ung tel descri publicq, qui poura non seulement tesmoigner vostre desadveu, mais reprimer encor

---

(33) ung] *B:* un

[1] The letter of James I to the States General, dated 22 December 1617. See no. II/1.19.

l'audace de ceux qui faisants la tiere de la reputation des princes et de leurs ministres, s'en serviront de cest exemple pour denigrer leurs actions et les rendre ung subject ordinaire des pasquins.

A Rome la ou ceste licence est plus effrenee qu'en nul aultre lieu, pasquin ne parle jamais, sinon entre les dents. Les libelles ne se voyent point imprimez, cestui-cy n'a pas este seulement imprime, mais (si je suis bien informe) a eu desia une | deuxiesme impression. Il n'a pas esté distribué (selon qu'il se faict en semblables matieres) en cachetté, mais vendu publiquement, et se vend touts les jours, les lettres qu'on a escript pour en faire retirer les copies, ne servants a aultre effect que pour encherir la marchandise, et la faire recercher avec plus de curiosité.

Voila pourquoy (Messieurs) mon debvoir m'oblige avec le remerciement que j'ay charge de la part de Sa Majesté de leur rendre en general de leur ramentevoir en particulier et les prier de convertir en bons et visibles effects ce qu'elle se promet de leur prudence et affection, sans permettre que par ung placart ou edict, lequel est solennellement publié dans quelques unes des provinces mais dilaye si non refusé es autres soit denoncé et proclamée a tout le monde une promptitude de volonté es uns, et alienation es aultres.

Laquelle ne peult pas estre nullement | dissimulee principalement icy en Hollande (la ou que ledit libel a esté premierement exposé en vente, au veu et sceu de ceux qui sont au timon de l'estat) d'aultant que la lettre que Messieurs du Conseil d'Hollande ont escript a leurs villes touchant ce subiect pour en faire retirer les copies, declare ledit libel scandaleux et seditieux.

Puis donc qu'on ne peult nullement doubter de la verite de leur jugement jespere quils ne donneront point si juste subiect de faire doubter a Sa Majesté de la sincerité de leur affection touchant la publication dudit placart. Ce que je supplie vos Seigneuries de leur recommander serieusement, comme aussi aux aultres provinces qui font les mesmes difficultez, afin que Sa Majesté puisse rester autant satisfaicte des provinces particulieres quelle est de ceste assemble generale.

| Or quand a ce qui offence plus Sa Majesté que nulle aultre chose dans ledict libel (qui est une recapitulation des paroles, escripts et actions de Sa Majesté, comme contraires aux bons advis et conseils qu'elle donne a vos Seigneuries au faict des differents en la religion, dont les Provinces Unies et les eglises receuillies en icelles ont esté par l'espace de quelquels annees, et sont encor a ceste heure plus que jamais travaillées et qui menassent une ruyne inevitable a icelles, en cas qu'on ny aille promptement audevant, avec les remedes les plus propres et necessaires) cest ung discours de trop longue haleine d'y respondre par le menu, voila pourquoy me remettant pour les

(4) pasquin] *B:* quasquin [sic!] – (7–8) (selon…matieres)] *B: no parentheses* – (10–11) recercher] *B:* rechercher – (13–14) leur…et] *A: marg. add.* – (17) denoncé] *B:* denoncee – (21) d'aultant] *B:* d'autant – (29) autant] *B:* aultant – (37) ruyne] *B:* ruine

particularitez aux occasions qui se pouront presenter, je diray seulement en general, et ce par ordre et commandement expres de Sa Majesté qu'en semblables occurrences quand il y a question de la doctrine, elle se remet aux docteurs s'estimans en | tel cas membrum non caput ecclesiae quand on traicte de rebus quae exterioris politiae sunt, elle exerce en icelles son auctorite souveraine.

Quand en l'eglise, a laquelle Dieu a donné sa saincte benediction d'union et repos, le diable suscite futiles et inutiles quaestiones, qui sont ordinairement les commencements des scismes, le roy de son auctorité regale obstat initys toutesfois non sans advis des gens doctes et sages, mais quand ung tel mal a faict son progres et a occupé une grande partie de l'estat (dont Dieu soit loue les royaulmes de Sa Majesté sont libres par sa sage providence) en tel evenement Sa Majesté iuge (selon quil est tousiours et en touts lieux prattiqué parmy les Christiens) qu'on doibt avoir recours aux congregations sinodales.

Lesquelles doibvent estre appropriees a la qualité du mal cest a dire classicales, | quand il ne faict que pulluler provintiales, quand il a faict plus grand progres, et nationales quand il a passé de province en province et a infecté le corps entier de toute la republique.

En conformité de quoy Sa Majesté par ses lettres a conseillé vos Seigneuries d'embrasser le sinode national et m'a commandé de leur reiterer le mesme advis, comme le seul et souveraine remede a leurs maulx, sans exclusion toutesfois des autres degrez des sinodes, classicales et provinciales, lesquels pourront et doibvent servir comme preparatoires au national.

Or vos Seigneuries recognoissants parce que ie vous ay expliqué la verite des procedures de Sa Majesté en ce qui concerne la conduitte de son gouvernement ecclesiastic en ses royaulmes et son jugement de ce qui est le plus propre remede pour le mal, qui travaille | maintenant ces provinces, desarmeront (sil leur plaist) les mensonges des pretextes dont ce Balancier, et quelques autres de son mestier se veulent prevaloir, afin de seduire vostre peuple et les divertir du grand chemin fraye des autres eglises, pour les faire suivre les sentiers et destours obliques de leurs fantasies, comme si l'eglise n'estoit autre chose qu'une speculation qui se peult former et transformer en leur esprit, selon qu'ils se la vouldront imaginer et que celle de ces provinces icy na rien de commun avec les autres de la religion Reformée.

Car de mettre en oubly le certain et embrasser le doubteux, de decliner ce qui est manifeste, tant par lettres que par les offices des ministres de Sa Majesté, et faire estat des faux bruicts quils font sonner a leur mode, de tirer a contrepoil les parolles de Sa Majesté qu'ils ne peuvent nullement celer et les

(5–6) auctorite] *B:* authorité – (8) quaestiones] *B:* questiones – (9) auctorité] *B:* autorité – (12) royaulmes] *B:* royaumes – (13) prattiqué] *B:* pratticqué – (16) provintiales] *B:* provinciales – (25) conduitte] *B:* conduicte – (26) ecclesiastic] *B:* ecclesiasticq – (37) faux] *B:* faulx

[9] A   donner une interpretation toute contraire au vray sens d'icelles, de negliger | tant de tant d'auteurs autentiques qui font voir si clair que le midy la doctrine receue et approuvee en nostre eglise, et recercher les escripts desadvouez de quelquns pour auctoriser les leurs, monstre quelle est la fidelité de ces faux
5 Balanciers, et avec quell desseing ils procedent.

SIT SPES FALLENDI, MISCEBUNT SACRA PROFANIS.

Vos Seigneuries en estant advertis prendront garde de ne laisser point surprendre leur peuple par semblables impostures conservants la religion pure et sincere, pour laquelle elles avec l'assistance de ceux de la mesme
10 profession ont tant combattu, laquelle (sans le remede qui leur est recommande) s'en va indubitablement perdue en ces provinces par le scisme et faction de ceux qui a forces communes la doibvent conserver.

Elles feront (s'il leur plaist) reflexion sur ce que je leur diray pour con-
[10] A   clusion | (que bien que le Balancier faict exclusion de la religion comme
15 nullement considerable, tant en la constitution, comme en l'union de cest estat). Si vous voulez faire estat des alliances qui ont tant contribué a l'une et a l'autre, il faut par sur tout conserver la religion Reformée pure et sincere, car cest (Messieurs) le fondement principal de nostre confederation et le seul qui reste, d'aultant que la Royne Elisabeth de tres glorieuse memoire, bien
20 qu'elle avoit principal esgard a vos eglises persecutees avoit encor d'autres interests en la cause commune contre les ennemis communs. Mais le roy mon maistre jouissant de l'heureuse benediction de la paix avec tout le monde, laquelle il est resolu de maintenir, tant qu'il plaira a Dieu luy donner la grace, n'a pour a cest heure null autre different avec vos ennemis que la
25 difference de la religion de sorte que tout ce qu'on oste de la purité et sincerite de la religion, on retranche de la force et vigeur de vostre meilleure alliance.

[11] A | Cest (Messieurs) la charge que jay eue du roy mon maistre et laquelle ie consigne presentement en toute fidelité a vos Seigneuries, avec desir qu'elle
30 soit receue comme le merite la candeur de Sa Majesté et le requiert la presente constitution de ces provinces, pour faire tel fruict qui puisse restablir vos affaires, et rendre le repos a l'estat et l'union a l'eglise.

Exhibé en l'assemblee de Messieurs les Estats Generaulx des Provinces Unies du Pais Bas, sur le ... de Janvier 1618.
35   Estoit signe: Dudley Carleton

(4) auctoriser] B: autoriser – (4) faux] B: faulx – (5) quell] B: quel – (12) ceux] B: ceulx – (19) d'aultant] B: d'autant – (25) purité] A: om. – (34) ...] A: date left blank; B: xx^e

II/1.23 Proposition of Dudley Carleton to the States General

Date: 28 February 1618

Summary: See this proposition in no. II/1.1–47a.

II/1.24 Dudley Carleton to Archbishop Abbot

Date: March 1618

Main source: A: London TNA, SP, 105/95, 12r–v (copy)

Summary: This is a contemporary copy of Dudley Carleton's letter that accompanied a large collection of books written about the Dutch religious disputes he was sending to Archbishop Abbot. Abbot had requested these works in hopes that they would prepare a future British delegation to participate in the planned national synod. In the letter Carleton also discusses strong opposition to the national synod from both the Arminians and the French government, but he adds that the provincial governments and some cities in Holland controlled by the Contra-Remonstrants continue to call for it to be held. Overall, the situation in the Dutch Republic is worsening, and the religious conflict is also dividing the Dutch government. These divisions can be seen in a new pamphlet called *The Balance* (*Weegh-Schael*), which is largely an attack on a speech that Carleton gave before the States General on 6 October 1617. Carleton has called for the book's author to be exposed and punished. A counterbalance to *The Balance* has also been published attacking the Remonstrants.

Editor: Eric Platt

My Lord Ambassador to my Lord of Canterbury, March 1618

Right honorable and right reverend my very good Lord,

    I began to make a provision of bookes such as are written concerning these controversies in religion even upon the receit of your Lordships letter now some monethes since wherein you required to be furnished in that kind, whereby to send some learned persons the better prepared for this synode; but have not much hastened the same, finding no hast made in proceeding with the synode. Whereby time hath still added to my first store, and your Lordship shall now receave by this bearer a very large library. Whereof the index goeth here inclosed.

    This question being drawne from scisme in religion to faction in the state. The bookes and pamphletts which are of late divulged like two edged swords

---

(27) much] A: *foll. by del.* satisfied the

12v A   cutt both wayes, and one you will find translated | out of Duch into French called the "Ballance,"¹ whereby a proposition of mine² (to which your Lordship gave good allowance) is weighed with small indifferency. But the same is counterballanced a few dayes since by a little booke printed and publiquely solde in Dutch,³ whereof I send your Lordship a translated coppy; some cheife mens actions here being therein as freely censured as his Majesties⁴ and his ministers wordes and writings are traduced in the other. But yf that course which I proposed and was consented unto by the States Generall⁵ to enquire out and punish the author of the "Ballance" had beene followed by these of Holland, this licence of libelling had beene stopped by that example. Now there is *qui dicit quae vult, quae non vult audiat*⁶ and *hac lege in trutina ponamur eadem.*⁷ Your Lordship will find this discourse worth the perusing, and some of the contents thereof not unworthy the relating to his Majesty.

There is yet no certainty in the synode, the opposition being strong against it, and the authoritie of the French king⁸ by the meanes of his ambassador⁹ here resident is added to a strict confederation to the Arminian partie, he persuading accommodation and toleration. Yet the well affected provinces¹⁰ and townes of Holland¹¹ persist in the desire of a nationall synode, for which some of them have allreaddy in their severall assemblies renewed there former resolutions, and others are now busy about the same, which according to the issue of this assembly of Holland will be putt in execution.

(10) stopped] A: foll. by del. ere this

1. Original Dutch version: [Jacobus Taurinus,] *Weegh-Schael, Om in alle billickheydt recht te over-weghen de Oratie van...Dudley Carleton, Ambassaduer van den...Coningh van Groot Brittannien; Onlanghs ghedaen inde Vergaderinghe der... Staten-Generael* (s.l., 1617) [Knuttel 2366]; French translation: *Balance, Pour peser en toute equité et droicture la Harangue du... Dudley Carleton, Ambassadeur de sa...Majesté de la Grande-Bretagne; Faite n'agueres en l'assemblée des...Estats Generaux des Provinces Unies du Païs Bas. En laquelle est declarée la vraye origine des controverses et partialités, etc.* (s.l., 1618) [Knuttel 2506].
2. Dudley Carleton, *Harangue de Monsieur l'Ambassadeur du Roy de la Grand Bretagne, faite au conseil de Messieurs les Estats Generaux des Provinces Unies. Touchant le discord et les troubles de l'Eglise et La Police, causees par la Doctrine d'Arminius* (1617). See no. II/1.12.
3. Probably *Noodtwendigh ende Levendigh Discours, Van eenighe getrouwe Patriotten ende Liefhebberen onses Vaderlandts, over onsen droevigen ende perculeusen staet. Waer inne oprechtelijc ende levendigh verthoont wordt, in wat perijckel ende ghevaer wy gheraeckt zijn, ende waer henen dese verwarringhen tenderen, met de noodighe middelen om die te remedieren. In 't licht ghebracht, om teghen die vileyne boecxkens, Weegh-schael, Reuck-appel, Vraegh-al, etc. ghelesen te worden* (s.l., 1618).
4. James I Stuart.
5. See no. II/1.1–33.
6. Cf. Terence, *Andria* 920: "si mihi perget quae volt dicere, ea quae non volt audiet."
7. Cf. Horace, *Saturae* I,3,72: "hac lege in trutina ponetur eadem."
8. Louis XIII.
9. Benjamin d'Aubéry du Maurier.
10. Gelderland, Zeeland, Friesland and Groningen.
11. Amsterdam was the most important of these pro-Contra-Remonstrant towns.

I will advertise your Lordship of the proceeding and in the meane time do humbly take my leave. From the Haghe this of March 1617 [1618].
Your Lordships readdy to be commanded,
Dudley Carleton

II/1.25 *Proposition of Dudley Carleton to the States General (Selection)*

Date: 2 June 1618

Main source: A: The Hague NA, S.G. 5887 (copy)

Summary: Carleton presents several questions he would like to be answered in view of the pending embassy of the States General to Denmark and his own short journey home where he hopes to report favorably to King James. His last point is about the ecclesiastical disputes. He has not received an answer in this matter for a year. The States General should give satisfaction to their best ally England. Reason has it that problems should be remedied as soon as possible when proper and effective measures are available. – Written by a clerk except for the signature.

Editor: Johanna Roelevink

Messieurs,
Ce que pour ne perdre point l'occasion du service de Vos Seigneuries, j'ay exposé ces jours passez en vostre assemblée à la haste sur le point du partement de messieurs vos ambassadeurs vers le roÿ de Dennemarc, j'aÿ trouvé bon de mettre et présenter sommairement par escript, afin qu'arrivant en Angleterre (là où le roÿ mon maistre m'a donné licence de me transporter pour l'espace de quelques jours) je pouraÿ par vos aggréables réponces rendre tel comte de mes debvoirs qui servira pour tesmoignage de ma fidélité en l'exécution de ma charge et de vostre candeur et benignité en embrassant amiablement ce que de la part de Sa Majesté je vous aÿ d'heure à autre remonstré.

[The ambassador dwells on several other points.]

| Pour conclusion, aÿant faict et présenté par escript autres remonstrances précédentes par charge expresse de Sa Majesté en suitte d'une lettre datée le 20me du mois de Mars 1617 touchant les troubles survenus en ces païs sur les disputes ecclésiastiques,[1] à laquelle nÿ audictes remonstrances Vos Seigneuries n'ont encor rien respondu, elles seront contants pour ma décharge de m'accompagner d'ung tel tesmoignage qui semblera bon à leurs prudence, | que je

---

[1] See no. II/1.7.

n'en aÿ pas manqué de mon debvoir. Les suppliant de croire que selon que l'intention de Sa Majesté est plaine de candeur et sincerité, accompagnée de deu et convenable respect, en vous donnant son advis et conseil. Aussÿ l'instance que j'use maintenant n'est point pour vous importuner ou presser, ains pour pouvoir au bout d'ung an et plus après l'ouverture faicte, donner satisfaction à ung prince qui est vostre meilleur amy et allié, en ung affaire dont le fruict redonde premièrement et principalement à Vos Seigneuries, et secondairement et par conséquence à ceulx qui participent de la paix universelle de l'église Réformée et de l'establissement de nostre estat en particulier. N'aÿant nul desseing de vous violenter ou forcer si ce n'est pas par la force de raison. Et la raison veult que les maulx qui s'empirent par longeur de temps, dont les propres et peculiers remèdes sont cognus et prattiquez ordinairement avec bonne et salutaire issue, qu'on les y doibt appliquer serio et sans plus de remise pour éviter le refrain commun sero medicina paratur.[2]

Au reste en tout ce qui concerne Vos Seigneuries ou ces provinces dont je suis aulcunement capable de vous rendre service, je m'offre (Messieurs) avec toute sincérité et franchise en qualité de

Vostre très humble serviteur,
Dudley Carleton.

II/1.26 *States General Reply to Dudley Carleton's Proposition (Selection)*

Date: 5 June 1618

Main source: A: The Hague NA, 3177, 189v–190r (copy)

Summary: In response to a proposition of the British ambassador Dudley Carleton, the States General replies that, following the good advice of King James, it judges that there is no more fitting means to settle the differences in religion than to hold a national synod. But since some provinces are not in agreement with this, the States General is working to reach a common accord in the matter. This reply was approved on 6 June, but was back-dated to 5 June 1618.

Editor: Thomas Guillemin

[First part of the letter deals with herring fishing.]

(13) serio] *A: in Latin script* – (14) sero...paratur] *A: in Latin script* – (18–19) Vostre...Carleton] *A: autograph Carleton*

[2] Ovid, *Remedia amoris*, v. 91.

Quant aux propositions faictes par plusieurs fois de la part de sadite Majesté en leur assemblée par ledit Sieur Ambassadeur pour assopier les disputes ecclésiasticques. Remercient lesdits Seigneurs Estats sa Majesté bien humblement du bon soing qu'il plaict a icelle porter à la conservation du repos et concorde de ces pays, et notamment pour tollir et appaiser | lesdicts disputes et malentenduz ecclesiasticques, déclarants que suivant le très sage et bon advys de sa Majesté, ilz ont quelque temps sur l'accommodement et appaisement desdicts différents en la religion meurement délibérez, et qu'après avoir le tout luz et meurement poisé et examiné, ilz n'ont encore peu iuger qu'il y avoit à cela aulcun moien plus idoine, plus coustumier et usité en l'eglise de Dieu que de tenir un nationnel synode. Mais d'autant que par aulcuns provinces, ou membres d'icelle ny est encore enthièrement accordé, lesdits Seigneurs Estats sont faisant et travaillant à les aussy y disposer, s'il est possible, pour par ainsy d'un commun accord (si faire se peult) assoupir cesdits esmeuz différents. Espérant qu'il plaira à Dieu tout puissant y apporter sa grâce et bénédiction, supplians sadite Majesté bien humblement qu'il plaise à icelle cependant continuer à ces pays sa très cordiale affection avec ses bons advis, au repos et service commun d'iceulx. Et requérant aussy ledit Sieur Ambassadeur de vouloir recommander ceste leur response au mieux à sadite Majesté. Ainsy faict en l'assemblée desdicts Seigneurs Estatz Generaulx le 5ᵉ de Juing 1618.

II/1.27 *Johan van Oldenbarnevelt to Noël de Caron (Selection)*

Date: 28 May / 7 June 1618

Main source: A: Veenendaal, A. J., ed. *Johan van Oldenbarnevelt: Bescheiden Betreffende zijn Staat-kundig Belied en zijn Familie*, ('s-Gravenhage: Martinus Nijhoff, 1967) 3:440–441

Other copy: L. Ph. C. van den Bergh, ed., *Intendit of Acte van Beschuldiging Tegen Mr. Johan van Oldenbarnevelt* ('s Gravenhage: Martinus Nijhoff, 1875), 103–105

Summary: Oldenbarnevelt advises Ambassador Caron that if King James wishes to send over British churchmen to help quell the Dutch religious disputes, Bishops John Buckeridge, Lancelot Andrewes, and John Overall would be the most likely to help restore the peace. Caron should move cautiously to bring this about. Dudley Carleton is returning to England for a visit and is sure to report to King James about the religious and political affairs of the Dutch Republic. These matters are of the upmost importance for Holland and West-Friesland. Caron should assure the King that Holland and West-Friesland's government maintains the same religion it has for the past thirty years and follows the wise advice from his 1613 letters about how to best preserve ecclesiastical peace.

Editor: Eric Platt

Mijn heere,

[The letter begins with discussion about the upcoming trade delegation being sent to Great Britain.]

Indien Sijne Majesteit[1] tot accommodatie van onse religionsdifferenten alhier soude willen seynden, bij sommige wert gemeynt dat die bisschoppen van Rochester,[2] Dulmen,[3] ende Liesvelt[4] wel die bequaemste totten vreede souden wesen, maer Uwe Edele moet hierinne seer voorsichtelijck gaen. Die vromen hopen noch ten besten, betrouwen op Godt den heere ende hare oprechte goede meeninge tot Godes eere, des lants ende steeden welvaren ende verseeckeringe. De hope is dat een provintiale kerckelijcke vergaderinge alhier veel goets sal cunnen doen, bij eenige goede uuytheemsche wel geassisteert sijnde....

[Oldenbarnevelt briefly discusses a couple of other diplomatic matters.]

| Den heere Carlton is op sijn vertreck vereert met drie duysent gulden. Sundeert wel tgeene hij aen Sijne Majesteit van alles, soo de religie als de regieringe deser landen aengaende, sal rapporteren. Ende verseeckert Sijne Majesteit bij alle gelegentheyt, dat de heeren eedelen ende die meeste groote steeden van Hollant ende Westvrieslant soowel die religie als die regieringe geerne souden houden in de poincten daerinne die nu 30 jaren geluckelijck door Godes zeegen, tot contentement van Hare ende Sijne Majesteit van Engelant, gehouden sijn geweest, maintinerende mit authoriteyt opte questie van de predestinatie ende gevolge van dien den wijsen raet van Sijne Majesteit iterativelijck bij sijne brieven, soo aen de heeren Staten-Generael als den heeren Staten van Hollant ende Westvrieslant gegeven anno 1613,[5] ende bij verscheyden hare resolutiën daernae geconfirmeert. Men heeft reeden van twijffelen off in den landen nyet en sijn die in de regieringe veranderinge begeeren ende in de religie die ordre van Vranckrijck, sonder authoriteyt van de wettelijcke overheyt, deur de synoden provintiael ende nationael willen beleyden. Het recht ende constitutie van Hollandt ende Westvrieslant, hare

---

[1] King James I.
[2] John Buckeridge, Bishop of Rochester.
[3] Lancelot Andrewes, Bishop of Ely. A.J. Veenendaal writes: "Uit de *Verhooren van J. v. O.*, blz. 225 v., blijkt dat hier bedoeld moet zijn de bisschop van Ely. Dulmen is misschien een overschrijffout van Downham, een stadje dichtbij Ely" (*Johan van Oldenbarnevelt: Bescheiden Betreffende zijn Staat-kundig Belied en zijn Familie*, 3:440).
[4] John Overall, Bishop of Coventry and Lichfield.
[5] Cf. James I, *Copie van den Brief des Conings van Groot Britannien, gheschreven aen de ... Staten Generael. ... (ged. 6 Maart), waar in hy sijn advijs, nopende het different tusschen de Remonstranten ende Contra-Remonstranten over-schrijft* (s.l., 1613) [Knuttel 2061–2062].

hoocheyden ende digniteyten, oock het recht van de heeren eedelen, steeden ende veel notabile ingesetenen, is daerjegens strijdende, ende de provintiën, leeden ende steeden hebben bij de naerder unie malcanderen belooft daerinne mit lijff, bloet ende goet te defenderen. Doet tselve wel verstaen opdat Sijne Majesteit tot sijne ende deser landen dienste daerop in tijts mach letten.

   Uw Edele dienstwillighe,
   Johan van Oldenbarnevelt
Den 7^{en} Juny 1618

II/1.28 *States General Invitation to King James I*

Date: 25 June 1618

Main source: A: London TNA, SP 84/84, 108r–v

Other copies: The Hague NA, S.G. 5886 (version approved 24 November 1617); Rotterdam BRG, 49.1; Paris BnF, Ms fr. 15957, 379; Milton, 30–32

Summary: In this letter, the States General ask King James to choose three or four of his subjects, men of learning and integrity, to act as assistants to the Dutch theologians when they meet in a national synod to resolve on the truth of the contentious disputes concerning the doctrine of predestination that have created great divisions and scandals among the people. They note that the King had earlier recommended this procedure to them. The delegates should be dispatched by 1 November. This invitation was originally approved by the States General on 24 November 1617, but not sent until 25 June 1618.

Editor: Anthony Milton

Sire,
 Des que nous eusmes faict nostre trefue à l'ayde de vostre Majesté, pour asseurer cest estat du peril de la guerre du dehors, laquelle l'avoit exercé si longues annees de suitte avec tant de vicissitudes toutes nos pensees et deliberations se portoyent aussi tost, à luy procurer une forme bien reiglée au dedans, pour en tout evenement donner un solide fondement et appuy à nostre liberté, et par icelle servir utilement aux roys alliez et bons viosins, qui auroyent contribué leurs conseils et moyens pour par l'advoeu mesmes de noz ennemis fonder nostre presente condition, mais nous estans mis en ce devoir, tant au regard de ce qui concerne le gouvernement politique que l'ecclesiasticque. Nous avons apperceu à nostre tresgrand desplaisir que ces saines intentions ont souffert et souffrent encores de grandes traverses par aucunes disputes et diverses opinions survenues au point de la doctrine de la predestination et ses suittes qui sont esté portees en chaire en presches au

II/1.28 STATES GENERAL INVITATION TO KING JAMES I 339

peuple dont il s'est esmeu tant d'alterations chasque opinion ayant faict et recontré ses appuis tant qu'il en est en suyvi de grands scandales, et est tres evident de voir souldre de grands et irreparables inconveniens, si promptement il n'y est pourveu avec douceur et prudence, premier que les opinions deviennent factions. Nous donques, Sire, n'ayans rien plus au coeur que de faire cesser les causes du malheur qui menace la tranquillité de ceste republique, et de conserver la pureté de la doctrine et la paix des eglises, par l'examen et deüe recherche des points contentieux avons trouvé du tout necessaire d'embrasser l'expedient d'un synode national, que vostre Majesté nous a ouvert par ses lettres du xxme de Mars 1616 [N.S. 30 March 1617][1] et soigneusement faict recommander par la proposition du Sieur Carleton vostre ambassadeur comme voye aisee, legitime et de tout temps en pareilles occasions observée en l'eglise.[2] Mais afin que le prudent conseil de vostre Majesté, et nos bons mouvements peussent heureusement reüssir en cest office, selon nos communes intentions | nous vous supplions bien humblement qu'en continuant vostre soing royal à l'affermissement et prosperité de cest estat, il vous plaise encores faciliter les moyens par le choix et envoy que vostre Majesté est priée de faire dans le premier jour de Novembre prochain de quelques personages de vos subjects en nombre de trois ou quatre, de sçavoir et de probité, pour assistans ceux de cest estat cognoistre, et de la verité de la doctrine contentieuse en plein synode dont l'estat peut recouvrir sa vigeur en la reunion des eglises, à la gloire de Dieu et repos des consciences, et nous attendans a ceste faveur, de laquelle l'honneur sera deu à la prudence de vostre Majesté. Nous prions cependant le Dieu tout-puissant Sire de conserver la royale personne de vostre Majesté en tres perfaicte santé, tres longue et tres heureuse vie.

De la Hay le xxvme de Juiny 1618, de Manmaker
    De vostre Majesté
    Bien affectionnez serviteurs
    Les Estats Generaulx des Pais Bas Uniz
    Par l'ordonnance d'iceux,
    C. Arsens 1618

(2) en] A: *interl. add.* – (25) en] A: *interl. add.*

[1] See no. II/1.7.
[2] See no. II/1.12.

II/1.29 *Prince Maurice to Dudley Carleton (Selection)*

Date: 11 July 1618

Main source: A: London TNA, SP, 84/85, 1r–2r

Other copies: Milton, 32–33; Carleton, 168–169

Summary: Prince Maurice reports that the States General have arranged the national synod by which they hope to end the religious disputes that have arisen, and they have asked the King to send several learned persons. The Prince asks Carleton to assist in ensuring that the King grants this – this will add to the many obligations that the States already owe him.

Editor: Anthony Milton

Monsieur,

[The Prince of Orange explains the measures he has taken to ensure that King James receives satisfaction over his complaints concerning the publication of Gerson Bucerus' *Dissertatio de Gubernatione Ecclesiae* (Middelburg, 1618).]

| […] Messieurs les Estats Generaulx ont apres beaucoup de paines, et traverses conclu le synode national, par lequel nous esperons achever les disputes survenus en la religion. Et faict de pescher les lettres à ce necessaires; comme ilz en escrivuent maintenant aussi à Sa dite Majesté, la priant qu'il luy plaise de leur assister de quelques personnes doctes, et idoines pour aider à si bon oeuvre. Je vous prie aussi de vouloir favoriser en cela aupres de Sa Majesté aulx dits Ssrs. Estats Generaulx de vostre bonne affection; affin que Sa Majesté puisse estre tant plus disposée à leur accorder ce qu'ils desirent pour l'achevement d'un si grand oeuvre. Enquoy vous augmenterez de beaucoup les obligations que vous avez desja acquis sur ces provinces. J'entens que le Roy de France envoiera bientost icy le | Sueur de Boisisse, comme son ambassadeur extraordinaire. Mais je n'ay point encores peu apprendre le subject pourquoy. Et à tant je prie Dieu de vous maintenir.

Monsieur & sa saincte protection

De la Haye, le xie de Juillet 1618

    Vostre tresaffectionne amy a vous faire service,
    Maurice de Nassau

II/1.30 *Johannes Bogerman to Dudley Carleton (Selection)*

Date: 14/24 July 1618

Main source: A: Carleton, 273 (copy)

Summary: After the States General sent out invitations to various foreign leaders, some Remonstrant deputies from the States of Holland decided to send letters to the same foreign leaders, encouraging them not to send delegates to the synod. Prince Maurice and Count Willem Lodewijk asked Bogerman to write to the English ambassador Carleton to request King James to disregard such letters. Bogerman's letter is partially summarized in English.

Editor: Donald Sinnema

[...]

That after the appointment of a national synod, the deputies of the cities of Holland, who favoured the Remonstrants, were using their utmost endeavours to prevent it, atque eo tandem (unius istius viri suasu) audaciae processere, ut literas adversarias ad exteros principes scribere decreverint, quibus eos a synodo deterrerent. The prince of Orange and count William had therefore ordered him the day before to write to sir Dudley Carleton to inform king James of this, and to request his majesty not to pay any regard to those letters, aut a sancto proposito deterreri.

II/1.31 *Noël de Caron to the States General (Selection)*

Date: 14 and 15 / 24 and 25 July 1618; received 6 August 1618

Main source: A: The Hague NA, S.G. 5887, 74r–75r (original)

Summary: Caron's letter begins by telling the States General that he had given King James their letters of invitation to the Synod of Dordt the day before. James read the letters and was quite pleased with them. He promised to send some learned, pious and impartial members of his clergy to participate in the synod.

Editor: Eric Platt

Receptum den vi[en] Augusti 1618

Hooghe, Moghende Edele, gestrenghe, wyse ende seer discrete Heeren.

(28) Receptum...1618] A: *in a different hand*

Myn heeren, Ic hebbe op gisteren ten twee uren naer den noene Synne Majesteyt wesende te Tibault, aen haer gepresenteert uwe hooghe moghende edele brieven vanden xxv^{en} Juny,[1] nopende het nationael concilie, die ic eerst ontfinck door Knibberg, secretaris vanden ambassadeur Carelton, op Sondaeghe lestleden. Soo dat ic terstont des anderen daegs, Synne Majesteyt wesende alsdoen te Wanstad, om audientie sont, die my s'Dyndaegs te weten den xiiii^{en} [N.S. 24 July 1618] deser maent naer den ouden styll (als geseyt is) wert geappointeert. D'heere Carelton was oic alsdoen te hove die my by Synne Majesteyt convojeerde, doch vertrock soo haest ic by Synne Majesteyt was. Naerdien dan Synne Majesteyt uwe moghende edele brieven hadde gelesen ende ic haer daerbi wat hadde gevought van uwe intentie ende resolutie, Synne Majesteyt seyde al lachende, dat het emmers goet was dat uwe moghende edele int eynde dese resolutie genomen hadden. Oic dat sy seer geerne tegen den bestemden dach eenige personagien van haere clergie, daer wilde senden ende wel letten dat die van verstande, van geleertheyt, godtsalicheyt ende onpartydich souden wesen, waer toe sy meende dat het noch tyts genouch soude syn wanneer sy van haer progres weder soude syn gecommen.

[The rest of the letter provides other, non-synod-related news from Great Britain and elsewhere that Caron believes will be useful to the States General, such as King James' travels, matters pertaining to the Moscow and East India Companies, and legal cases involving Sir Walter Raleigh and a Spanish diplomat to England.]

| Van Suydt Lambeth den 14 ende 15 July 1618, ouden styll [N.S. 24 and 25 July 1618]

        Uwe Hoog Mogende Edele oitmoedich ende onderdanich dienaer,
        Noel de Caron

II/1.32 States General to Noël de Caron and Pieter van Brederode

Date: 27 July 1618

Main source: A: The Hague NA, S.G. 5887, 153 (draft)

Summary: In this short draft written by griffier Aerssens, the States General writes to Dutch diplomats Noel de Caron and Pieter Cornelisz van Brederode, giving reasons for a national synod in general. The version of the letter sent to Caron relates to King

---

[1] For the States General letter inviting King James to send theologians to the synod (25 June 1618), see no. II/1.28.

James of England, and the version sent to Brederode relates to Elector Friedrich V of the Palatinate.

Editors: Johanna Roelevink and Thomas Klöckner

Caron 27 Julii 1618
   Brederode, mutatis mutandis

Die Staten,
   Edele, etc. Wy hebben u by onse missive van 25 Junii¹ lestleden geadverteert dat wy omme redenen daerinne verhaelt goetgevonden hadden te convoceren een nationael synode tegen den iersten Novembris naestcommende, ende toegesonden den brieff die wy alsdoen dien aengaende screven an Zyne MAJESTEIT VAN GROOT BRITANNIEN, u belastende dien selffs in persoene an Zyne MAJESTEIT te presenteren ende behandigen, ende gebruyckende de redenen daerinne verhaelt met alle goede debvoiren ende instantiën daerop aen te houden (alsoo lieff ende gerecommandeert als u is die behoudenisse, verzeeckeringe, welstant, eenicheyt ende de ruste van de Vereenichde Nederlanden, dat Zyne MAJESTEIT soude gelieven ons in dit verzouck GOEDERTHIERELYCK te gratifficeren ende believen SELFFS VOER ZYNE DIENST ENDE VAN ZYNE RYCKEN. Ende al is't zoo dat wy ons verzeeckeren dat ghy u daerna alreede hebt gereguleert, soo en hebben wy echter nyet willen laten overmits d' importantie ende aengelegentheyt van dese zaecke u noch te doen dese rencharge ende wederom metten hoochsten ernst te belasten ende ordonneren in sulcke debvoiren met gelycken yver ende neersticheyt voertane noch by alle occasiën te continueren, nyettegenstaende ende onaengesien wat beletsselen, verhinderingen oft oppositiën dat u daertegen alreede moegen zyn aengescreven ofte oyck noch aengescreven sullen geraecken te werden, by wien ofte oyck van wyens wegen dat sulcx sal moegen geschieden, die wyle het eene geresolveerde zaecke is voer de rust ende vrede der kercken ende in de politie ende de gerustlicheyt van de gemoederen van deser landen ingesetenen, mitsgaders de eenicheyt, welstant ende verzeeckertheyt van den staet van dese Vereenichde Nederlanden, SELFFS TOT DIENST VAN ZYNE MAJESTEYT ENDE VAN DESSELFS RYCKEN, daerover wy u dese zaecke wederom ten alderhoochsten recommanderen te willen bevoirderen ende beherttigen BY ZYNE MAJESTEYT ENDE DESSELFFS RADEN ende elders dair dat vereyscht, sonder yet

margin: Cheurfürstelycke Hoocheyt
margin: Hoocheyt
margin: Hoocheyt
margin: by Zyne Hoocheyt ende desselffs raden

(10) wy] *A: foll. by del.* daervan – (10) alsdoen] *A: foll. by del.* screven – (14) als] *A: interl. add.* – (16) soude] *A: interl. add.* – (19) alreede hebt] *A: interl. add.; repl. del.* voor dese sult hebben – (19) neyt] *A: foll. by del.* moegen – (21) wederom] *A: foll. by del.* met alle i – (30) dese] *A: foll. by del.* landen

¹ See nos. II/1.28 and II/1.107.

te versuemen. Hierop sullen wy ons verlaten ende u ondertusschen in de Heylige protectie, etc. Actum den xxvii^en Julii 1618.

II/1.33 *King James I to the States General*

Date: 27 July / 6 August 1618; received 1 September 1618

Main source: A: The Hague NA, S.G. 5887, 78r–v (original)

Summary: King James has received assurance that the States General have accepted his advice on resolving their ecclesiastical disputes by means of a national synod, which is a customary means used by the church. Since he has been asked to send delegates to the synod, the King will choose men who are impartial, but are committed only to the glory of God, and who will contribute whatever is needed to settle the contentious issues, in order to keep the peace in the church and the republic.

Editor: Anthony Milton

Haults et puissants Seigneurs nos bons amys et alliez,
 Par les lettres et autres pieces qui nous ont este deliverées de vostre part par les mains du chevalier Carlton nostre ambassadeur, et par le rapport qu'il nous a faict de vos affaires, nous avons reçeu ample tesmoignage non seulement de vostre bonne acceptation des offices qu'avons faictes en vostre faveur auprez du roy de Dannemarcq nostre frere et allié,[1] et celles qu'avons rendues auprez de vous pour assopir vos disputes ecclesiastiques, mais encore vostre firme et constante resolution de cultiver la bonne correspondence et intelligence que nous avons desiré d'affectuer entre ledict roy et vostre republique, et de travailler a remettre vos affaires ecclesiastiques en leur pristin estat par voye du synode nationel comme celle qui apres bonne et meure deliberation vous avez jugée la plus idoine, la plus coustumiere et usitée en l'eglise de Dieu. En suite de quoy vous avez depesché un solennel ambassade au dict roy dont nous attendons tous bons effects pour le bien de vostre estat, et pour l'autre point touchant la paix de l'eglise, nous avons depuis reçeu par les mains du chevalier Caron vostre ambassadeur vos lettres du 25me du mois present,[2] par lesquelles nous sommes non seulement avertiz qu'avez trouve necessaire d'embracer l'expedient d'un synode nationel, dont nous vous en avons par cy devant faict l'ouverture par lettres et offices de nostre ambassadeur, mais encore sommes requiz de vous assister par l'envoye de quelques personnages de nos subjets, gens de sçavoir et probité en nombre de trois ou

---

[1] Christian IV of Denmark was James' brother-in-law.
[2] See no. II/1.28.

78v A quatre pour assister au dict synode, ce que nous avons | deliberé de faire pour le jour nommé du premier de Novembre prochain en faisant election de tels qu'ayants la gloire de Dieu et le repos des consciences sans aulcun interest ou partialité devant leurs yeux, s'enertoueront a vous donner toute satisfaction
5 possible en contribuant tout ce qui depend d'eux a l'examen et deüe recerché des points contentieux, afin de conserver la paix des eglises, et faisant ainsy cesser les causes du malheur qui menasse la tranquillité de vostre republique, faire naistre des effects correspondants a vos bonnes intentions; esquelles nous vous exhortons de continuer, et d'en avancer tousjours le chemin, au-
10 quel NON PROGREDI EST REGREDI, et afin de ne rien manquer en ce qui depend de nous avons donne charge a nostre dict ambassadeur de haster son retour en vos quartiers, auquel avons communiqué plus amplement nostre volonté en cecy et autres affaires qui concernent nostre service et le vostre, vous priant tant en general comme en particulier, selon les occasions qui le
15 pourront induire de parler en nostre nom a quelque province apart de luy donner creance comme a nous mesmes. Ainsy nous demeurons
      Vostre bien bon amy,
      Jacques R.
De nostre palais à Westminster ce 27me de Juillet 1618 [N.S. 6 Aug 1618].

20 [Address:] Aux haults et puissants Seigneurs nos bons amys et alliez les Estats Generaulx des Provinces Unies des Pais Bas
   Recepti le premier de Septembre 1618

II/1.34 *Archbishop Abbot to Samuel Ward*

Date: 20 August 1618

Main source: Oxford BodL, Tanner Ms 74, 124r (original)

Summary: In this letter Archbishop Abbot informs Samuel Ward that he has been selected as one of the divines who will represent England at the Synod of Dordt. It commands him to appear at Lambeth Palace on 30 August to receive further instructions.

Editor: Eric Platt

(22) Recepti…1618] A: *in a different hand*

Salutem in Christo. His Majesty, having received letters[1] from the States in the Low Countries that they purpose to have a national synode in the beginning of November next, for the quietting of such controversies in religion as have lately arisen amongst them, and having bene intreated to send thither some divines out of England, hath appointed you to bee one in that service. And therefore by his Majesties expresse commandement, I must and do require you to bee present with mee at Lambeth upon Thursday, being the twentyeth of this present August [N.S. 30 Aug 1618] at two of the clocke in the afternoone, where I will call some ather which are to bee imployed in that businesse, to give you meeting, that so ioyntly you may understand what his Majesty will have you for to do. Therein wishing you not to faile, with my harty commendations I leave you to the Almighty. From Croydon August 10, 1618 [N.S. 20 Aug 1618].

        Your very loving frend,
        George Canterbury

II/1.35 *Noël de Caron to the States General (Selection)*

Date: 21/31 August 1618; received 13 September 1618

Main source: A: The Hague NA, 5887, 80r–81r (original)

Collated source: B: London BL, Add. MS. 17677 I, 325r–327v

Summary: In this letter from Ambassador Noël de Caron to the States General about affairs in Great Britain relevant to the Dutch Republic, Caron begins by informing the States General that King James I has gladly agreed to their request that he send a British delegation to the Synod of Dordt. Caron also emphasizes the role of Archbishop George Abbot in selecting and preparing the delegation.

Editor: Eric Platt

Hooghe Mogende, Eedele, Gestrenghe, Wyse ende seer Discrete Heeren

Myn heeren,

Ic hebbe uwe mogende eedele brieven vanden xxviii^n Julij oic wel ontfangen, nopende de rencharge die sy my geven ten eynde ick niet en zoude naerlaten in conformiteyt van uwe mogende eedele brieven vanden xxv^n Juny

---

(28) eedele] B: edele – (30) eedele] B: edele

[1] States General letter inviting King James I to send theologians, 25 June 1618. See no. II/1.28.

den Coninck[1] te vermanen dat hem soude believen eenighe personagien ofte persoonen te deputeren die teghen den i^n Novembris naestcomende aldaer souden erschynen omme te assisteren het nationael synode, by uwe hooghe mogende eedele geresolveert. Waertoe (als ick by myne voorgaende uwe mogende eedele ontboden hebbe) Syne Majesteit geerne heeft geconsenteert. Ick wete oic dat sy voor haer vertreck van hier den eertsbischop van Cantelberghe[2] belast heeft te willen letten ende adviseren op de denominatie vande voorszegd persoonen, als ic oic wete dat hy oic gedaen heeft. Ende meent deselve op Maendaghe naestcomende[3] acht daghen te Winsoor met hem te brenghen deselve gedenomineerde persoonen, omme byden Coninck (alsoo zy alsdan aldaer te Winsoor zal wesen) daer op voorder te letten ende ordonneren als zy sal vinden te behooren.

[The rest of the letter covers a wide range of other news from Great Britain that Ambassador Caron believes is of interest to the States General, including the Dutch trade delegation being sent to Great Britain and legal cases against Sir Walter Raleigh and an unnamed Spanish diplomat to England.]

| Van Sudt Lambeth den xxi in Ougustus 1618 ouden styl [N.S. 31 Aug 1618]
Uwe hoog Mogende Edele oitmoedich ende getrouwe dienaer
Noel de Caron

[Address:] Hooghe Moghende, Eedele, Gestrenge, Wyse ende seer Discrete Heeren Inden Haegh

II/1.36 *States General to King James I*

Date: 1 September 1618

Main source: A: London TNA, SP, 84/85, 204r–205r (copy)

Other copy: Milton, 46–47

Summary: The States thank the King for the return of his ambassador Dudley Carleton, and the acceptance of their request to send three or four of his subjects to assist at

(1) eenighe] B: eenige – (4) eedele] B: edele – (5) eedele] B: edele – (6) eertsbischop] B: eertsbisschop – (6–7) Cantelberghe] B: Canterberghe – (7) vande] B: van de – (8) Ende] B: En – (9) Winsoor] B: Wijnsoor – (10) brenghen] B: brengen – (11) daer op] B: daerop – (11) voorder] B: voirder – (11) ende] B: en – (12) sal] B: zal – (17) Sudt] B: Suijdt – (17) Ougustus] B: Augustus – (18) Uwe...dienaer] B: om. – (20–21) Hooghe...Haegh] B: om.

[1] For the letter of the States General to James I (25 June 1618), see II/1.28.
[2] George Abbot.
[3] 3 September.

the national synod. They trust that by the mediation and good offices of the delegates, the peace of the churches and therefore the peace and liberty of the state will be secured, by which they can therefore be of service to the Kings and Princes with whom they are honoured to be allies.

Editor: Anthony Milton

Sire,
 La raison le requiert et nostre debvoir nous oblige a tesmoigner a vostre Majeste le resentiment qu'avons de ses faveurs, a chascune, et aultant de fois qu'il plaist a vostre Majeste de nous en faire nouvelle demonstration, pource est ce que nous faisons la presente. Remerciants vostre Majeste bien humblement pour deux bienfaicts qu'en venons recevoir a la fois, a scavoir que vostre Majeste a esté servie de nous renvoier, pour continuer icy sa residence, son ambassadeur le Sieur Dudley Carleton, personnage tres digne, du choix qu'en a faict vostre Majeste pour le service auquel il vous plaist de l'emploier, et que en mesme temps sommes a-certenez par lettres de vostre Majeste qu'elle est deliverée sur la priere que luy en avons faicte d'envoier pardeçu trois ou quatre personages de ses subiects gens de scavoir et probité, pour assister au synode national de ces Provinces Unies qu'avons trouve bon de convocquer a Dordrecht au premier jour du mois de Novembre prochain. Nous attendrons leur venue en bonne devotion, et esperons que vostre Majeste recevra de leur entremise et besoignes le contentement qu'elle se promet, et nous pour fruict de leurs labours, la paix des eglises de | pardeçu, et consequement cessation des causes qui agitent cest estat, et que par ainsi pourrons seurement appuyer par bonne concorde nostre liberté, et demourer utiles pour rendre services aux rois et princes, avecq lesquels avons l'honneur d'estre alliez, nommement a vostre Majeste, de laquelle nous recognoissons (comme aussy pource la remercions) la meilleure partie du bon succes de la legation qu'avons dernierement envoié au serenissime Roy de Dennemarcq, duquel noz deputez ont rapporté des declarations bien amples de la bonne volonté, et desir que sa Majeste a d'entretenir avecq cest estat toute bonne amitie, et correspondance et d'empescher a son possible que les papistes n'occupent aulcunes des archeveschez ou eveschez situez au voisinage des royaumes, terres, et seigneuries de Sa Majeste, et de ces pays, qui sont es mains des evangelicques. A quoy avons offert decontribuer, selon nostre pouvoir. Quant au faict de l'union generale des Evangelicques, a laquelle nous avons faict exhorter sadicte Majeste de Dennemarc, noz deputez declairent quilz ont trouvé Sa Majeste, et deulx de son conseil tresinclins, au bien de la chose commune de la religion Reformée, et disposez a assister les | princes, qui pour le faict de la religion, seront assaillis des papistes. Mais point encore resolus, de s'unir avecq les aultres, Sa Majeste restant jusques ores engagee avecq prince ou estat, d'alliance defensive ni offensive. Ayants neantmoins

donnez ceste esperance qu'ils mettront ce point en deliberation en une diete, Dieu Toutpuissant les veuille juspirer des conseils les plus salutaires pour la republicque Chrestienne, et conserver,

Sire,

vostre personne royalle longues années en prosperité au bien de ses subiects, et de toute la Chrestienté,

De la Haye le premier de Septembre 1618. Estant paraphé B. Sloot vidit

Souscrit: de vostre Majeste bien affectionnez serviteurs les Estatz Generaulx des Pays Bas Unies par l'ordonnance d'iceulx, Signé: C. Aerssen

II/1.37 *Robert Naunton to Noël de Caron (Selection)*

Date: 4 October 1618

Main source: A: The Hague NA, S.G. 5887, [2 pp.] (original)

Summary: Secretary of state Robert Naunton informs the Dutch ambassador Noël de Caron that King James I will send four theologians to the synod and asks about arrangements for transportation.

Editor: Donald Sinnema

My Lord Ambassador,

I am commanded to let your Lordship know, that his Majestie hast at length resolved of his choice of 4 divines which he hast promised to send to give assistance to my Lords the States at their synod which now growes on apace. Whereof one is a Bishop, another a deane of a Cathedral church, & the other two ar doctors in divinitie, his Majestie's chaplains in Ordinarie, & two of the heades of the universitie of Cambridge. And withall to inquire of your Lordship what order there is taken for transporting of them & theyr servants & cariages, with which it is desired that you wold acquaint us with the best speed you may, that they may put themselves in readines to attend the wind & wether, & to be over some weeke before the beginning of the synode, the better to accommodate, & settle & recollect themselves in that continent before theyr employment shall come upon them, they being but fresh water souldyors (as we terme them) & very doubtfull how they shall comport with the seas. [The remainder of the letter deals with deer hunting.]

Your Lordships assuredly to be commanded,
  Robert Naunton
  Hampton Court, the 24th of September, 1618 [N.S. 4 Oct 1618][1]

[Address:] To the right honorable my verie lovinge frend, Sir Nowill Carroune, Knight, Lord Ambassador for the State of the United Provinces with his Majestie.

II/1.38 Instructions of King James I to the British Delegates

Date: [4 October 1618]

Main source: A: London TNA, SP 84/86, 137r–v

Other copies: Oxford ExC, MS 48, 3r; Milton, 92–94; Thomas Fuller, *The Church-History of Britain* (London, 1655), bk. 10, 77–78

Summary: The King's instructions to his delegates include the advice that they should speak Latin at all times to ensure their fluency in synod debates. They are to agree to joint positions among themselves in advance that are agreeable to Scripture and the doctrine of the Church of England; they should promote moderation and discretion to mitigate divisions; and they should advise the Dutch not to innovate in doctrine, to confine themselves to the confessions of other Reformed churches, and not to discuss scholastic points in sermons before the general public. These instructions are undated, but were received by the British delegates at Hampton Court on 4 October 1618.

Editor: Anthony Milton

| J. R.

For as much as by the distractions and divisions which are growne in point of religion, betweene the followers of Arminius and other within the United Provinces, the States there, being our confederats and allies, have bene moved, and finally have resolved to hold in the towne of Dordrect within Holland in the begininge of November next a provinciall synode, hoping by that meanes and by the assistance of God to put an end to those controversies, which have of late so much troubled and molested those churches.

And for as much as the said States Generall have both by their publicke letters,[1] and by their Ambassador[2] residing with us, earnestly intreated, and instantly desired of us, that wee out of our princely love to the setling of the

---

[1] In a letter to the States General, dated 27 September 1618, Old Style, Caron forwarded this information from Naunton, and inserted the Naunton letter. See no. II/1.40.

truth and Christian care of those our neighbour churches and countries, would be pleased to send thither out of our realme of England, some selected theologians and grave divines, who if there be cause may with temper and moderacon assist at that meeting.

Wee as a Christian King, zealous of Gods glory and studious of the peace of those churches, have upon mature deliberacion condescended to those their desires, and have thought fitt to delegate and designe thathir to that purpose, and against that time yow our chaplaines and servants Georg Bishop of Landaff, Joseph Hall doctor of divinity and deane of Worcester, John Davenant doctor of divinity and maister of Queenes College in Cambrige, and Samuel Warde also doctor of divinitie and maister of Sidney Colledge in our university aforesaid, of whose fidelities, and discretions wee have assured confidence, giving you these instructions following to bee observed and kept.

First our will and pleasure is that from this time forward upon all occasions yow inure yourselves to the practise of the Latin tongue, that when there is cause, you may deliver your mindes with the more readinesse and facility.

| You shall in all points to bee debated and disputed, resolve amonge yourselves before hand what is the true state of the question, and joyntly and uniformly agree thereupon.

And if in debating of the cause by the learned men there, any thinge be emergent whereof yow thought not before, yow shall meet and consult thereupon againe, and so resolve among yourselves ioyntly what is fitt to be maintained; and this to be done agreable to Scriptures and the doctrine of the Church of England.

Your advise shall be to those churches, that their ministers do not deliver in the pulpit to the people those things for ordinary doctrines, which are the highest points of schooles, and not fitt for vulgar capacity, but disputable on both sides.

That they use no innovation in doctrine, but teach the same thinges which were taught twentie or thirtie yeares past in their owne churches; and espetially that which contradicteth not their owne confessions so long since published and knowne unto the world.

That they conforme themselves to the publick confessions of the neighbour Reformed churches, with whom to hold good correspondence, shall bee no dishonour to them.

That if their be manie oppositions betweene any who are overmuch addicted to their owne opinions, your endevour shall be that certaine positions be moderately layd downe, which may tend to the mitigation of heat on both sides.

[1] See no. II/1.28.
[2] Noël de Caron.

That as you principally looke to Gods glory, and the peace of those distracted churches, so you have an eye to our honour who send and imploy you thither; and consequently at all times consult with our Ambassador[3] there residing, who is best acquainted with the forme of those contries, understandeth well the questions and differences among them, and shall from time to time receive our princely directions as occasion shall require.

Finally, in all other thinges which wee cannot forsee, yow shall cary your selves with that advise, moderacion and discretion, as to persons of your quality and gravity shall appertaine.

II/1.39 Samuel Ward to Bishop Arthur Lake

Date: 26 September / 6 October 1618

Main source: A: Oxford BodL, Tanner Ms 74, 132r (copy)

Other copy: Milton, 94–96

Summary: This is a contemporary copy, which may omit prefatory material. In the Latin part of this letter Ward presents Lake with three queries: whether Christ intercedes for the reprobate; whether it can be said that Christ was predestined as Head of the Church before his foreseen exaltation; and whether there is in God a will of his good pleasure to save all men that is not fulfilled.

Editor: Anthony Milton

A letter from Mr Dr Ward to the byshop of Bath and Wells, when hee was appointed to go to the Nationall Councill in the Low Countreyes. Anno 1618.

1. Quaeri potest, an Christi intercessio facta sit pro reprobis?

Negativae parti ut assentiamur, videtur suadere precatio illa Christi Johan.17. *Non rogo pro mundo.*[1] Affirmativae ratio sequens: Reprobis saepe confertur gratia disponens, et praeperans ad conversionem; quam licet promerent, morte non tamen actu applicatur, nisi virtute intercessionis.

2. Quaeri itidem potest, an Christus praedestinatus fuerit in Caput ecclesiae ante praevisam exaltationem? Ratio dubitandi, quia si praedestinemur in Christo, tanquam Capite, tum non praedestinamur in eo signo, quo Christus est praedestinatus ad hypostaticam unionem; sed in Christo mortuo, resuscitato, et sedente ad dextram Dei. Licet responderi possit, Christum ex hy-

---

[3] Sir Dudley Carleton.
[1] John 17:9.

postaticae unionem habuisse ius ad dignitatem Capitis ecclesiae, at non executionem huius iuris ante sessionem ad dextram Patris.

3. Quaeri itidem potest, an sit in Deo voluntas aliqua beneplaciti, quae non impleatur, atque adeo intentio salvandi omnes homines, licet inefficax Augustinus, et eius sequales, veteres etiam scholastici, in quibus Alexander Halensis,[2] et Thomas Aquinus negativam partem tuentur; recentiores nonnulli affirmativam. Et certe optationes, expostulationes, incitationes communes, et id genus alia in sacris literis videntur innuere veram et proprie dictam complacentiam, et intentionem in Deo circa salutem reproborum; saltem eorum, quibus evangelium affertur, et annunciatur. Damasceni[3] distinctionem voluntatis antecedentis, et consequentes admitti posse censeo, absque ulla causae nostrae laesione. Existimo dici, etiam posse, Christum omnibus, et singulis meruisse redimibilitatem, Deumque factum esse toti humano generi placabilem morte Christi, non autem evangelicae naturae; atque hinc posse, et debere quemlibet verbi praeconem omnibus ex aequo annunciare evangelii promissiores.

My good Lord; I can write no more now, being uppon the way to Cambridge, but desire your Lordship to pardon my boldnes. Wee were with his Majestie[4] on Thursday, and are to be gone for Holland about the 11th, or 12th of the next moneth. The synod beginneth about the 22th of the same [N.S. 1 Nov 1618]. His Majestie told us, there was good preparation made for a good successe. Wee are told, that Utenbogart and Taurinus are fledd; Your Lordship heares, that Grotius is in hold, aswell as Bernavelt, and is a penitent man, as is sayd. Thus in great hast, with my humble service remembered to your good Lordship, I take my leave.

Waltham Sep. 26, 1618 [N.S. 6 Oct 1618]
your Lordshipps in all service,
Samuel Warde

II/1.40 *Noël de Caron to the States General (Selection)*

Date: 27 September / 7 October 1618; received 12 October 1618

Main source: A: The Hague NA, S.G. 5887, 92r–93r (original)

(8–9) in...dictam] A: *interl. add.*

[2] Alexander of Hales.
[3] John of Damascus.
[4] King James I.

Summary: Ambassador Noël de Caron begins the letter by informing the States General that King James I will be sending four members of his clergy to assist at the Synod of Dordt. He recommends that the States General send a warship to Great Britain to transport them and their luggage.

Editor: Eric Platt

Hooghe Moghende Edele Gestrenge Wyse ende seer Discrete Heeren

Myn heeren,

Op gisteren morghen ontfinck ick den brieft vanden Secretaris Naunton[1] hierby gebought byden welcken uwe moghende edele sullen zien dat Syne Majesteit,[2] nu wesende tot Hamptoncourt, heeft willen gedencken den dach vande synode ende dat den selven was naerderende, dienvolgende gedeputeert vier personagien van syne clergie om deselve te comen assisteren. Het waer goet dat uwe moghende edele alhier metten eersten wilden senden een schip van oorloghe omme deselve met haere bagagie t'embarcqueren. Alzoo ick op merghen geresolveert sy my te hove te transporteren ende tselve oick alzoo aendienen. Doch niet tegenstaende Syne Majesteit vermaenen oft oick niet goet en ware henlieden te voorsien van een van hare schepen van oorloghe die nochtans seer difficil de mase sullen connen inne comen. Alsoo ick meene dat de voorszegd heeren liever recht toe recht aen naer Hollandt sullen willen varen. Dan zal hooren ende sien wat de meeninghe werdt ende sal uwe hooghe moghende edele vande naerdere resolutie connen adviseren. In allen gevalle wint ende weder dienen 'ten wert maer goet, dat uwe moghende edele alhier terstondt een schip van oorloghe wilden senden, 'twelck de voorszegd heeren oick seer aengenaem soude zyn. [The rest of the letter details the main economic issues to be negotiated when a Dutch delegation arrives in Great Britain as well as financial matters.]

| Van South Lambeth den xxvii[n] September 1618 oude style [N.S. 7 Oct 1618]

Uwe hoog Mogende Edele oitmodich ende onderdanich dienaer
Noel de Caron

[Address:] Hooghe, Moghende, Edele, Gestrenghe, Wyse ende seer Discrete Heeren
Myn heeren die Staeten Generael vande Vereenichde Nederlanden
CVA1
Recepp. xii[n] October 1618

---

[1] Robert Naunton.
[2] James I.

II/1.41 *Dudley Carleton to Archbishop Abbot*

Date: 27 September / 7 October 1618

Main source: A: London TNA, SP, 105/95, 39v–41v (copy)

Other copy: Milton, 50–53

Summary: Carleton reports on political events in the Netherlands – the collapse of the Arminian party and flight of its leaders, and Maurice's subduing of the towns of Holland – and notes that all the provinces have now yielded to the calling of a national synod. Some Dutch ministers have urged Carleton to ask King James to send delegates from Scotland, and Carleton perceives that the Prince of Orange and the States would be happy for this to happen, but have refrained from asking because of the circulation of Bucerus's anti-episcopal book in Scotland. For the synod, Carleton reports that all foreign delegates will have lodgings and expenses paid for and an honorarium at the end. The foreign delegates will be able to contribute to synod decisions as well as discussions. Carleton believes that he has prevented potential disagreements over precedence between the French and English delegations by explaining the greater dignity of the English delegates as holders of high offices sent by a monarch from a flourishing church (in contrast to the French).

Editor: Anthony Milton

May it please your Grace,

Since my letters to your Grace of the 28 of the last, that which is sayd in the Ghospell (*percutiam pastores et dispergentur oves gregis*)[1] to be verified in this state here being diverse of these men fled severall wayes upon Barnevelts emprisonment, as namely Vandermyle, Utenbogaert, Taurinus, Venator, Bertius and one Tresellius, who being a cheife clarke of the States Generall was the confident for conveyance of letters and messages betwixt the Arminians of this province and those of Utrecht; and Ledenbergh is gone likewise as your Grace will have heard but into the other world he haveing massacred himself here in prison, whether he was conducted to be confronted with Barnevelt. Taurinus is reported to be dead in an open village on the Archdukes side, and as it is sayd of poyson, whereby to conceale such as contributed their conjects to the *Balance*, of which he is confessed by the printer to be the author, yet least this report should be a device whereby to stop the proceeding against him, and his booke, the States of Utrecht continew their pursuite of both, as likewise the translator into French, who is suspected to be one Niellius a French preacher, who for scandalous doctrine is suspended by the French Synode lately held at Dort untill the nationall synode. Vorstius doth yet sitt close by it at Tergow, but I am informed he doth MEDITARI

[1] Matt 26:31.

FUGAM, upon knowledge he hath gotten of a course that is here taking against him, by way of gravamen in the provinciall synode of Holland, which is now begunne to be held at Delph; this synode being | ended. Utrecht and Overyssel to intend to hold the like as to the rest of the Provinces, all preparatorie for the nationall synode; to which all the provinces have now yeelded and by common voyce and consent of the States Generall a common fast and prayer is appointed the 19th of the next moneth stilo novo for the prosperous successe of the same, for which the time doth yet hold, according to the first appointment, which will be a fort night after this day of devotion.

Whilest things proceede thus happily in the church, the Prince of Orange hath as good successe in the state, he haveing broken the league of the Arminians by changing the magistrates of the townes of that faction, which he beganne at Schonoven as I advertised your Grace, after at the Brill, in the same jorney. Since he is gon abroad againe and beginning at Delph he passed to Schedam and Gorcum; from thence he tooke such townes as lay in his way into North-Holland, being receaved into all places and effecting that for which he came without difficulty, onely in Horne where all the magistrats were ill affected and the people little better (in so much that they resolved to admit of nothing nor to suffer him to enter the towne, but with his ordinary trayne), he was faine to use some stratageme to bring in some troopes whereby to match them, which haveing done he then disposed of the magistrats there as in other places. From thence he comes to Alkmar, where the people being at his devotion, all is like to passe well. The 3 cheife townes Leyden, Rotterdam and Harlem he reserves for the last, being cautious not to adventure his person in them without good assurance, and therefore unlesse in the meane | time they submitt themselves he will make another jorney amongst them expressly MANU ARMATA strengthened with the authoritie of the States of Holland who meete againe this next weeke, and will now upon this change second what he judgeth good for the state. His returne is expected here upon Tuesday next unlesse he finde it fitt to make a start to Campen in Overyssell where all is not yet sound.

In so hard a choice where most of the best sort were corrupted, he is forced to leave some of the olde leaven, but he is carefull in all places to have the well affected overmaster the rest in number as heretofore (since the forgeing of this Arminian faction by Barnevelt which was a worke of a long continuance and suspected to be of a deepe designe) they have bin suppresst either in the townes or in the assemblie of the States, where he had the pluralitie of voices.

It is conceaved that the SECRET DE LA MESSE rested betwixt him, Ledenbergh and Utenbogaert. The rest were LINGUAE VENALES. Grotius confesseth

(26) themselves] A: foll. by del. they – (32) were] A: where

all he knowes; Hogerbets denyes all. Here is a piece of Ledenberghs confession suffered to flie abroad, which was suppressed by publiq authoritie the same day it came into print. Barnevelt hath not yet bin examined.

These publique affaires with some questions among the particular provinces have put the States owt of the way of sending deputies into England abowt owr differences at sea. But some quick language I have used unto them by order from his Majesty hath made them better bethinck themselves; and I hope their reformation here at home will extend it self into other parts abroad, and that we shall finde good effects of the | change of these magistrats, for it cannot be conceaved such disorders by sea should multiplie day by day withowt instruction or connivence at least of those disaffected persons who have stood of late yeares at the helme of gouvernement.

I have bin often demanded by the States concerning those whome his Majesty hath designed to assist at the synode. Touching whome I have not bin able to make any answeare, not haveing yet receaved any notice of their names. From France, Heidelbergh and some other places they have the lists of those who are nominated.

Some ministers have spoken to me to write to his Majesty for assistants likewise out of Scotland, in which I have excused my self unlesse I were spoken to by the States or the Prince of Orange, and they forbeare the demande for feare of giveing his Majesty further jealousie upon his dislike of the spreading Bucerus booke[2] in that kingdome, though I finde they could be well content to have some likewise from thence.

I was gone thus farre when I receaved your Graces letters of the 16th of this present for which I render my humble thancks.

The synode holdes as I sayde before at the time and place appointed. The assistants which come from abroad will be all lodged and defrayed, and have some honest honorarium at parting. Those which come by sea, which will be aswell those which are expected owt of France as England, (for through the Archdukes countreys they will not venter themselves), must fitt themselves with shipping; because the sending to one place will oblige the States to send to both, and they at this present few ships in their ports, unlesse it be ordinary passage boates, which are at an easy rate and therefore never requested of them | and those there allwayes lye some way convenient for passage in the Thames belonging to Dort or Rotterdam, which come wth every good winde, and that way they were best take, withowt touching in Zeeland which I have proved a costly and troublesome passage. They may expect a fitt season withowt hasting themselves, because it will be the middest of November

(14) bin] *A: interl. add.*

[2] Gerson Bucerus, *Dissertatio de gubernatione ecclesiae* (Middelburg, 1618).

according to the new style before those who come from farre and have had late warning, can meete, yet first come will be best instructed.

In their assemblies the strangers shall as well have conclusive as deliberative voyce. For place there hath bene some question raysed betwixt the English and the French by those who would hinder the assemblie by difficulties which [I] have supprest by letting them know the difference betwixt those who are sent by a prince, and those who passe onely by connivence, betwixt those who represent a flourishing church and those who are SUB CRUCE, betwixt those who are qualified persons and those who live upon pension; so as I conclude this matter will be no more moved. As any alteration should happen or new matter arise, I will not fayle to give your Grace account thereof; meane time I most humbly take leave. From the Hagh this 27th of September 1618 [N.S., 7 Oct 1618],

your Graces most humbly to be commanded,

Dudley Carleton

II/1.42 *Dudley Carleton to Robert Naunton (Selection)*

Date: 29 September / 9 October 1618

Main source: A: London TNA, SP 84/86, 114–116

Collated source: B: Carleton, 300–303

Other copy: Milton, 47–49

Summary: This letter is a report from Ambassador Carleton to Secretary Naunton about affairs in the Dutch Republic relevant to Great Britain. Carleton writes at length about preparations for the Synod of Dordt in the Dutch Republic. Topics that he touches upon include two provincial synods in Holland, Episcopius and Polyander being commanded by the States of Holland to participate in the synod, disputes about precedence between the expected English and French delegations, and the desire for there to be Scottish representatives at the synod. The States General have commanded a solemn fast and prayer for the synod's success.

Editor: Eric Platt

Right Honorable,

[The beginning of the letter focuses on the aftermath of the fall of Johan van Oldenbarnevelt and the Remonstrants, and how this has delayed the sending of a Dutch trade delegation to England.]

| That mons. de Boisisse hath taken the states answer in good part, and written to the French King to permit some ministers of the Reformed religion to come to the national synod.

[Carleton then discusses the increasingly tense relations between the Dutch and French governments as well as Prince Maurice's success in replacing the pro-Remonstrant magistrates at Hoorn.]

| There are at this present two provincial synodes holding here in Holland; one in the north quarter (as the use is), at Encusen; the other in the south at Delph. In this at Delph they have this gravamen amongst many others: "Annon Conradus Vorstius editis suis libris, atque aliis modis, in tantum peccaverit, ut indignus judicetur, | qui in his provinciis ullam sive ecclesiasticam sive academicam adeat functionem?" Of which he having knowledge was once packing away to prevent the disgrace; but was stayed by those of his partie, who, I conceave, can protect him no longer then the time of the national synode; and then he will finde in all likelyhoode by some publique censure and sentence of banishment, if he prevent it not before, that "*quod defertur, non aufertur.*"[1]

There is one Episcopius, a professor of Leyden, a hott Arminian, commanded by expresse letters from the States to assist at the nationall synode in the same manner as is Poliander, another professor of the same university, a man well affected; which the States doe out of this counsell, that hereafter those of that faction should not say they were not called or admitted to the synode. But this Episcopius being a suspected Socinian, I finde the churchmen here resolved not to admit of his seance amongst them, or appearance but as a *reus*, nor of some others of the like kind; so as there wilbe some dispute at the synode even *in limine:* and though all things goe smoothly on hetherto since Barnevelt's imprisonment,[2] it wilbe a miracle amongst so many discontentments and distractions it should so continue both in church and state.

Here hath bene a question of precedence cast out by some opposite to the synode betwixt the English and French assistants; which I have wisht those, who have mentioned the same unto me, not to draw into dispute betwixt those, who come publicqly auctorised by their prince, and those who at the best can come but by connivance. And there is difference to be made betwixt the most flourishing Reformed church of Europe, and that which is yet *sub cruce*; beside the quallity of the persons that are employed. With which consideracons they seeme to rest here well satisfyed in favour of our men above the French.

Divers of the churchmen here have spoken unto me to procure that his Majesty[3] would send some Scottish men to their synode, lest those of that

(5) Encusen] *B:* Enchuysen – (6) Delph] *B:* Delft

[1] Thomas More (by tradition).
[2] Oldenbarnevelt was imprisoned on 29 August 1618.
[3] King James I.

nation should take it ill they were not thought of; as Geneva hath much stomaked, that they were so long forgotten; and the strangers in England[4] have expostulated wth their frends here, that they were not written for. In answeare I have lett them know, that if the States should require me to write for more or others then are nominated, I would readily doe it; but this the States forbeare, because they will not prescribe to his Majesty, whom he should send, but referre all to his pleasure. Yet I find, if his Majesty should be content to send any Scottishmen, though they were added to the number of those his subjects who are already named, it would be very agreable unto them here, and avoyde the dislike, which they suspect may be conceaved in Scottland. But this being more then I have undertaken to write, his Majesty neede take no more note of being moved therin, then may seeme good to his wisdome.

The synode holdes as yet at the apointed time and place; and there is a solemne fast and prayer commanded by the States Generall through all the United Provinces the 14th of the next *stilo novo* for the good successe thereof. Thus I humbly take leave from the Hagh this 29 of September 1618.

     Your Honours
     most faithfully to be commaunded,
     Dudley Carlton

II/1.43 *Samuel Ward to Bishop Arthur Lake*

Date: 30 September / 10 October 1618

Main source: A: Oxford BodL, Tanner MS 74, 132r–v (copy)

Other copy: Milton, 96–97

Summary: Ward apologizes for his previous hasty letter. The English delegates have received their instructions from the King, but Ward asks for Lake's advice for how they should proceed at the synod, and for Lake's opinion on the order of predestination assuming the Fall. Ward's attached "concatenation" provides an account of the order of the decrees of predestination presupposing the Fall, whereby the faith necessary for those who have been selected to be freed from the fallen mass is earned for them by Christ. While the order of decrees can be distinguished, however, they are to be understood as a single unified act of God.

Editor: Anthony Milton

---

[4] The Dutch Reformed churches in England, who were not invited to the synod.

II/1.43 SAMUEL WARD TO BISHOP ARTHUR LAKE

Right reverend, and my very good Lord,

I must PRAEFARI VENIAM for presumeing to write so disorderly a letter, as I wrote to your lordshipp from Waltham on Saturday last.[1] Wee haveing been sent for to his Majestie at Hampton-Court, and there haveing received our instructions, wee understood there, that the synod nationall is to beginne the 22th of October [N.S. 1 Nov 1618]. Whereuppon wee afterward concluded to meet all at London the 10th of October [N.S. 20 Oct 1618], and from thence to set forward towards | our ship. Hereuppon I considered, I could hardly send to Wells, and receive an answere againe before my departure. Being to write to Dr Wright, I chose rather to write these few lines abruptly then to bee altogeither silent, presumeing of your lordships favourable construction. I shalbe very glad to have your lordship's advise for the better carriage of busines in this action, as alsoe your lordship's resolution in some difficulties. I mentioned one, or two in the last letter, as they came into my mynde. If your lordships leasure will permitt you to sett down the SIGNA RATIONIS, which are in the order of predestination uppon the supposall of the fall, I should take it as a great favour, desireing your lordship's censure of the order inclosed in this paper. There are sundry pointes worthy the scanning, which in probabilitie will come to be debated, but I cannot now enlarge, as I would.

Thus with my heartie prayers for your lordshipp's wellfare, I humblie take my leave, resting

your lordshipp's in all service,
Samuel Warde

Sidney College, ult. September 1618 [N.S. 10 Oct 1618]

Mr Dr Ward's Concatenation of the decrees

1. Deus decrevit liberare aliquos efficaciter e massa damnata.

2. Non tamen sine condigna satisfactione divinae iustitiae praestanda.

3. Decrevit mittere Christum, qui hanc satisfactionem commodissime praesteti, eumque futurum caput liberandorum, quo uno, eodemque signo rationis liberandi hi in membra praedestinantur; catholicum caput nec esse, nec cognosci, nec definiri possit sine membris.

4. Deus hos, non istos e massa perdita liberandos, Christo in membra donandos decrevit, earumque unionem cum suo capite.

5. Inter omnia media ad unionem conducibilia fidem decrevit, prius enim de unione erat, qua de modo unionis, de fine, quam de medio, de actu, quam de modo agendum. Hinc nasci videtur illud decretum de salvandis fidelibus, quo fides requisita est ad salutem.

---

[1] See no. II/1.40.

6. Christus praevidens has non illos sibi in membra donandos, pro iis speciale ratione vitam posuit, meruitque iisdem collationem gratiae efficacis, fidem, iustificationem, perseverentiam, etc.

Haec dicta sunt pro nostro modo intelligendi, in quo varia instantia et signia rationis distingui possint, licet in Deo haec omnia fiant unica, et implicissimo acta intellectus.

II/1.44 *Robert Naunton to Dudley Carleton*

Date: 4/14 October 1618

Main source: A: London TNA, SP, 84/86, 149r–150r (original)

Other copy: Milton, 109–111

Summary: The original letter of Secretary of State Robert Naunton to the ambassador Dudley Carleton introduces the four English delegates to him and explains the rationale behind the King's choice (also enclosing a copy of the King's Instructions to the delegates). He emphasizes the King's insistence that the delegates should not speak publicly unless specifically required to do so, and then gives very detailed directions regarding the content of Carleton's forthcoming speech to the States General (see no. II/1.48).

Editor: Anthony Milton

Sir, his Majesty sends you here at length the 4 theologians which he hath cheifly chosen to assist that synod, the first, my Lord Bishop of Landaff, a gentleman of your owne surname, one that hath wrote of the points there controverted. The second Doctor Hall, deane of Worcester, who hath made himselfe well knowne to the worlde, as well by his learned writing and preaching, as by his discreet conversation. The third Doctor Davenant, one of our famous professors of Divinity in Cambridge, and Maister of Queenes College there. The 4 Doctor Ward, a man called out by the late Bishop of Winchester,[1] to succede him in the governement of Sydny Colledge there. You have in them a representative of our churche governement, a Bishop, a Deane, and 2 Presbyters his Majesties Chaplains in ordinary, of whose worthines, and severall qualifications, and dignities, you may be bould to give a fair testimony, when you shall have presented them personaly in the end of your proposition, which yow ar to make to the States Gennerall concerning them.

---

[1] James Montagu.

I send you a copye of their instructions, signed by his Majesty,[2] besides which he gave them many good ones by word of mouth, whereof you ar to take and give notice of one particularitie to the States, which is that they ar commaunded by his Majestie, TO GIVE THEM ALL THE BEST ASSISTANCE THAT THEY CAN, BUT NOT TO SPEAKE AT ALL PUBLIQUELY, BUT WHEN THEY SHALL BE REQUIRED THEREUNTO BY ORDER. Yow will dispence with my ὕστερον πρότερον, thoughe I discharge my memory of thinges as they come to my minde, and marshall them in their naturall order, upon your better and more deliberation, then I have time to use in this hasty dispatche. Your maine ground of your proposition may well be this: THAT NO PRINCE LYVING IS SO FITT TO PERSUADE THEM TO PEACE AND UNANIMITIE AS HIS MAJESTIE; NOR ANY THAT CAN BE HEARD BY THEM UPON THIS SUBIECT MORE UNSUSPECTED.

1. Because he hath always constantly, and universally indevored to plant and establish a gennerall peace, even among the most remote princes and states of Christendome, HOC UNO NOMINE SE BEATUM CENSENS, QUIA PACIFICUM. That in this affectation he holds his old wont SEMPER IDEM & SUI SIMILIS, and doth these faire offices naturaly, not out of any new artifice, ambition, or deseine upon his nearest neighbours and allies.

2. Because he doth not obtrude nor send them his assistants undesired TANQUAM CURIOSUS HOSPES IN ALIENA REPUBLICA.

3. Because he hath sucked with his first milke and ever since constantly professed at home, and mainteined to his best power abroade, the same religion, which both parts in this division of theirs do professe, at least externaly.

4. Because his intension and end is not to proiect a disguised, and a seeming, unsound | reconciliation; but a sincere and a perfet fraternal unitie among them, grounded upon the onely true foundation, and the very corner stone of true peace, which is an intrinsecal, and intire consent and conspiration of their mindes and soules, derived from the source and fountaine of one and the same true religion; from whence as the dew from the top of Hermon showred upon the valies,[3] and the sweet oyle distilled from Arons head,[4] downe alonge his beard to the skirts of his vesture, the same oyle and dew of peace and fraternitie may descend and fall from the cheefe magistrates, and then churches, upon all the inferiours, and the very least members of that state.

5. Because his Majestie hath bene so farre from pretending any antient, or haereditary interests, or plotting new incroachements upon that state, as by the contrary, those important peeces and cautions which the late Queene,[5]

---

[2] For the King's instructions to the British delegates, see no. II/1.38.
[3] Ps 133:3.
[4] Exod 29:21.
[5] Queen Elizabeth I.

and he after her had gotten in possession by accident, and of their owne offer, he hath of his owne voluntary accord acquit and rendred them into their owne hands, and that with acceptance of but a part of the moneyes that had bene lent upon them; which no prince or state that would have proceded politiquely and craftily, greedily or aspiringly would have done.

6. Because that in the course of his demeanour and dealing betweene the different parties, he hath ever caried himself with a remarquable indifference and aequalitie. For althoughe he directly disavowed Vorstius, as moved out of conscience, as well for the horror that he had of his positions, as for the love he bore to their estate, and that likewise divers times thereafter, he forewarned them to beware even with the rising Arminians, which might prove a troble both to their churche and comon wealth; yet was he so moderate and temperat therein, as when he heard the questions were most agitated upon that highe point of praedestination, he did by his letters unto the States Genneral exhort and perswade them to silence, and still, and to banish such curious questions from among them, and from their publique disputations, pulpits and schooles.[6]

7. Another reason to resolve them of his indifferencie may be this, because as on the one side never any prince hath given more proofe of his resolution to subiect the churche to the cyvill magestrates then himselfe hath done; so from the other side he hath latelie received a notable and publique opposition to the government and pollicie of the churche here by him setled, by the booke lately there published by Gersone Bucerus,[7] and fomented by many others.

| 8. Because as his Majestie hath firmely continued in profession of the same religion with them from his birth, so hath he bene ever the same man in yealding them the best assistance and protection that he could without ever projecting any selfe ende, or insidious plotte upon them AS OTHERS OF THEIR PRETENDED ABBETOURS AND ASSISTANTS WOULD HAVE DONE; his Majesties love to that state having ever beene constantly demonstrated from his cradle and after his coming to the possession of a new crowne here, inhaeriting and espousing therewith the love that this crowne before bare unto them, so redoublinge as it were his primogenial and antient affection toward them.

Your conclusion his Majesty would have cast thus. That your intention in this discourse is not any waye to undervalew the merits and affection of their other neighbours and allies toward them, but onely as his Majesties minister

(4–5) proceded...have] A: interl. add.

[6] For letters of King James to the States General, see no. II/1.7, cf. nos. II/1.19 and II/1.33.
[7] Gerson Bucerus, *Dissertatio de gubernatione ecclesiae, maximeque de presbyterio, & episcopatu, praecipuas huius argumenti controversias placide pertractans, amica collatione instituta cum doctissimi clarissimique viri d. Georgii Downami* (Middelburg: Symon Moulert, 1618).

to represent in whose name you theare apeare, and thereby to prepare them to accept of his counsell, which his Majestie doth now the rather perswade himselfe that they will; for that he hopes they have now discovered what their intention was, and how litle they intended their service that diswaded them
5 from hearing and following his Maesties advise in that matter of Vorstius, as if his Maiestie had bene such a daungerous neighbour unto them, or had had therein some perilous plott to have incroached upon their governement.

To thes instructions his Majestie would have you frame your speache in genneral, leaving the ordering of all to your owne judgement and good dis-
10 cretion, as also to interject what you shall finde most fitting IRÊ NATÂ SUR LE CHAMP. So I commend me affectionately to yow, and am
 Your assured lovinge frend to do yow service,
  Robert Naunton
 Whitehall, 4° Octobris 1618 [N.S. 14 Oct 1618]

II/1.45 *Proposition of Dudley Carleton to the States General (Selection)*

Date: Presented 16 October 1618; submitted in writing 18 October

Main source: A: The Hague NA, S.G. 5887, 98r–99v (original)

Other copy: London BL, 17677 I, 344

Summary: After dealing with trade issues, ambassador Carleton assures the States General that England confirms its political alliance ("ferme et constante amitié") with the Dutch Republic, particularly in periods of religious tensions and conflicts in the Dutch Republic. Carleton announces the names of four English delegates to be sent to assist the Synod of Dordt.

Editor: Mona Garloff

Exhibitum 16 October 1618

 PROPOSITION DU SIEUR DUDLEY CARLETON CHEVALIER
 AMBASSADEUR DE SA MAJESTÉ DE LA GRANDE BRETAGNE
 AUPRES MESSIEURS LES ESTATS GENERAULX DES
30 PROVINCES UNIES FAICTE EN LEUR ASSEMBLÉE LE 6/16ME
 D'OCTOBRE 1618.

(5) in] A: interl. add. – (26) Exhibitum...1618] A: in a different hand

Messieurs,

[The first part of the proposition deals with matters of trade in the East Indies, the organization and trading interests of the Dutch East India Company and the (British) East India Company].

| C'est pourquoy Sa Majesté espere, que de vostre part elle ny sera pas poussé et violontée, et d'autant plus qu'elle entend par la communication qu'il vous à pleu luy faire par vostre ambassadeur et par mes mains du present estat de vos affaires que vous estes maintenant embesongnez sur la reformation de vostre gouvernement ayant reprimé l'audace de quelques uns qui ont esté au timon de l'estat; lesquels s'ils ont eu dangereuses practiques et menées dedans le pays tendants au changement de la religion des union de vos provinces et effusion du sang, croyez qu'ils n'ont rien oublié de dehors pour nourrir une discorrespondance et mesintelligence entre Sa Majesté et vos Seigneuries ses subjects, et ceux de cest estat; faisants leur dernier effort pour empescher les reparations d'honneur que vous avez esté contents selon les occasions de faire à Sa Majesté et la satisfaction de ses subjects, qui ont eu recours d'heure à autre a vostre justice, et par ainsy rompants, quasi à deux mains, amicitiae vincula à l'endroit de vos bons voysins et amys.

La parfaicte amitie est definie par les philosophes ancients en ces peu de mots. RERUM HUMANARUM DIVINARUMQUE SUMMA CONSENTIO. Comme ceste definition accorde cum definito à l'endroict de Sa Majesté elle la tesmoigné durant tout le temps de son sejour en Escosse, et confirmé depuis sa venue en Angleterre, en tout ce qui à concerné vostre bien et prosperité outre sa constante profession et support de la religion Reformée en laquelle vostre union et affermissement consiste. Ce qu'estant plus seant a vos Seigneuries de s'en ramentevoir, qu'a Sa Majesté de vous le remonstrer, elle remet a vos considerations; laissant aussy (sans s'arroger quelque principauté ou preheminence par dessus vos autres alliez) a vos bons naturels et consciences, le rang auquel il vous plaist le tenir et l'estime que vous serez contents de faire de son amitié.

| Les effects preuvent bien mieux que les paroles. C'est pourquoy Sa Majesté pour vous faire preuve infallible de la continuation de sa ferme et constante amitié par bons et visibles effects selon les occasions qui se presentent soit en l'eglise, soit dans l'estat m'a commandé de vous communiquer le choix qu'elle à faict à vostre requisition de quatre personnages signalez pour assister à vostre synode national. L'Evesque de Landaf, le Doyen de Worcester, le Docteur Davenant, professeur de la theologie en l'Université de Cambridge, et le Docteur Ward (tous deux chappelains de Sa Majesté et recteurs de deux colleges en la presente université) lesquels ne manqueront pas de venir au temps et lieu dessigné bien preparez et authorisez par Sa Majesté de contribuer tout ce qui depend d'eux aux bons et zeleux debvoirs de ceux de cest estat pour faire cesser les disputes en la religion qui ont menacé vostre tranquillité.

Au reste: Mal faict qui non parfaict. Comme Sa Majesté vous enhorte de mettre promptement en execution la bonne intention qui a precedé de vostre propre mouvement de redresser vos affaires de dehors, a fin de nous restituer nostre ancienne correspondance et bonne intelligence qui court risque maintenant par une suitte continuelle des desordres et violences; aussy je vous puis asseurer qu'il a esté tres agreable à Sa Majesté d'entendre par vos lettres du premier du moys passé, que pour remedier aux dangers dedans le pays, vous poursuivez avec zele et constance le chemin auquel vous avez esté conduits par vostre sagesse et prevoyance; esperanz que vous cueillirez de bon effects des mauvaises causes, et que vous restablirez l'union des provinces la paix des eglises et l'amitié avec vos voisins en une assiette plus ferme et asseurée que jamais.

Exhibé par escript le 18me d'Octobre 1618.
        Dudley Carleton

II/1.46 *Bishop Arthur Lake to Samuel Ward*

Date: 12/22 October 1618

Main source: A: Oxford BodL, Tanner Ms 74, 134r–136v (original)

Other copy: Milton, 97–102

Summary: Lake responds to Ward's "concatenation" of God's decrees. Regarding the synod's proceedings, he feels that its conclusions should be "least doubtful and most useful;" this is most appropriate for a public confession, which should not involve any discussion of problems. He urges the distinction between articles of faith (which *must* be believed) and those points which may be piously believed and which seem probable. God's counsels concerning man are only revealed in Scripture as general rules, and it is safest to use these rather than metaphysical reasoning from the divine attributes. In the Latin part of this letter, Lake responds to Ward's earlier questions by expounding the nature of the second covenant between God and mankind created by Christ's intercession, which is propagated by spiritual "ingrafting in Christ." Preaching is the effective means whereby this "ingrafting" occurs, which is made possible only by God's decree.

Editor: Anthony Milton

Salutem in Christo,

    Good Mr Archdeacon, your first letter[1] founde mee so busie that I could not have leasure to meditate anie resolucion of those doubtes which were

[1] Oxford BodL, Tanner Ms 74, 132.

therein proposed, and therefore I returne an answere to your letter, but none to the queres, the rather, because you did not desire it. Your second letter,[2] which came not to mee till the tenth of this moneth, gave mee to understande, that you desired my opinion, as of the quaeres, so of that concatenation of the branches of Gods decree, which you sent inclosed therein. I could not promisse my selfe that my letters would come to you before you tooke shippinge, because you were to sett forward, assoone as your letters came to mee; but yeat I would not bee wanting to the performance of that which I owe to your love, and the peace of the church. I have therefore sent after you that which I wishe maie come seasonablie to you. And first because you desire my advice about the cariage of the businesse. I doubt not but from his Majestie you have received such princelie instructions, as his not onlie learned, but mature iudgement, seasoned with soe great varietye of readinge, and ripened with soe manie yeares experience in soveraignetie, could affourde, out of that zeale which he beareth to Gods truthe, and care of the peace of his church, whereof hee is worthilie stiled the cheif pillar, and is the noblest defender of the faith thereof. All that I cann saie is, that I wishe it remembred, that such divinitye must be concluded in a synode, as is least doubtfull and most usefull. No other should bee included in publique confessions which are to bee the measure of the common milke, and stronge meate of the church, I meane the catechismes and popular sermons, whereinto if you insert anie problemes, that maie bee canvased pro and con, you doo but sowe the seede of contention. If you presse this to the synode I thinck you shall doo worthie worke, and they shall doo well to dispose all their deliberacions hereunto. If they maie not bee brought to this moderation, yeat urge | the distinction INTER PIE CREDIBILIA ET ARTICULOS FIDEI, and let each position have his marke; that the people maie knowe what must bee beleevd, because an article of faith, and what maie bee tolerated, because it is PIE CREDIBILE. That hath an undeniable evidence in the Scripture of a common ground of Christian faith; this by ratiocination is probablie collected, and hath no ground opposite to it.

But to come nearer to the maine point. When I read the diversities of opinions concerninge the concatenation of the parts of the decree, their varietie puts mee in minde of the theorie of the planets, whereof there are not a fewe formes, yet all conclude nothing but directions for Almanacke rules, which they desire maie bee as certaine, as such an uncertaine grounde cann worke.

The reconciling of Gods justice and mercie, in dealing with mankinde, is the upshott of all this deliberacion, and everie one studdies so to frame the decree, as that the reconciliation of theise two maie bee the issue of his

---

[2] See no. II/1.43.

delineation; and what doth each except against the other, but that hee derogates, either from the freedome of mercie, or evennesse of justice?

The counsells of God concerninge man wee are not acquainted with, farther then they are reveal'd, and reveal'd they are not, but by Scripture, or event. The event is onelie concerninge particulars, the Scripture hath generall rules. The generall rules I hold fittest to yeeld maximes of divinitie that must bee catholique, such as wee cannot gather out of events.

And metaphysicall rationcinations in this kind, I hold not saffe, which argue from Gods attributes; for seeinge Gods decree is arbitrarie and free, everie thinge that cann stande with Gods attributes must not bee included in the decree, but what God was pleasd to resolve on. And for these resolutions wee must consult the Scripture out of which I will make such a concatenation, as I thinke is faire, but I referre it to your iudgement to consider and correct, as your iudicious learninge shall leade you.

135r A | Praeviso in aeterno consilio Adae lapsu quo irritum factum est foedus primum in ipso cum genere humano initum, placuit Trinitate ut intercederet Secunda Persona ne genus humana prout meruit totaliter perivet.

Filius igitur dei stipulatione mediatoria in se recepit futurum se secundum Adamum, et in tali persona praesiturum quod primus non poterat, obedientiam scilicet passivam ad expiationem reatus contracti. A primo Adamo, et activam ad impletionem legis impositae quo homini patefieret aditus ad vitam aeternam.

In hoc stipulatione acquievit iustitia, et humani generis saluti prospexit misericordia divina, decretumque est beneficium huius mediationis omnibus futurum communicabile.

Sed modus communicationis in hoc foedere alius ab eo qui in primo observatus; primum enim foedus propagandum erat generatione naturali, secundum vero insitione propagatur spirituali.

Stipulationis natura docet quid ad constitutionem capitis requiratur. Nempe non tantum Filii Dei incarnatio, sed et incarnati obedientia.

Non perinde ac primus Adamus caput futurus erat generis humani, non qua homo, sed qua homo instructus donis posteritati communicabibilibus; ita et Christus secundus Adamus.

Partes igitur non sunt divellendae, nec ius capitis astribendum incarnationi, executio exaltationi; ius enim conflatur ex integra meditatione. Nam Christus (docente Apostolo)[3] mortuus est et revixit ut esset Dominus. Et cum inserimur Christo tanquam membra capiti, prius inserimur ei ut mortuo pro peccatis ut liberemur a morte, quam participes fiamus obedientiae ipsus activae ad vitam aeternam.

[3] Rom 14:9.

Insitionem autem in Christum voluit Deus fieri mutua actione Dei et nostri praedicatione, et perfide; praedicationem verbi potentem voluit per cooperationem Spiritus Sancti. Fidem vero inseri per auditum Verbi.

| Quod ad praedicationem evangelii, voluit Deus instituto suo esse universale, nam apud Adamum ante diluvium reposuit evangelium praedicandum omnibus, et Cain perinde sacrificavit ac Abeli; post diluvium renevavit in Noacho, ipsi, et posteris.

Quod non permanserit universalis, factum apostasia hominum, qui de facto illud fererint particulare, quod instituto fuit universale.

Imo cum de facto praedicatio fuit particularis actu, potestate remansit universalis, ut apparet in proselytis quos quavis aetate admisit deus, et lege paschalis praecepit ut admitterentur. De Novo Testamento nemo ambigit, licet principes et pastores Christiani desint officio, quod non latius propagent evangelium.

Sed actio praedicationis universalis non sufficit ad insitionem in Christum, cum ab ea se subducere possint homines, et vel omnino non audire, aut non prout oportuit ad concipiendam fidem.

Observandum ergo in decreto de insitione duas ipse partes. Effectivam aliam, aliam permissivam.

Effectiva pars illa est, qua statuit Deus particulares quasdam personas non obstante apostasia maiorum dignari praedicatione potente per Spiritum, in iisque auditionem ita excitare, ut efficax sit praedicatio ad fidem et renovationem. Illae autem personae quibus hanc gratiam destinavit electi dicuntur in Scripturis, ea massa corruptionis; et Christo dati a Patre, quod illi suo tempore certo inferantur.

Permissiva pars decreti est, qua Deo placuit permittere ut certi quidam homines in personis suis, vel maiorum suorum, se subducerent ab ecclesia, et praedicatione universali, aut ita suponerentur tentationibus, intrinsecus carnis suae, extrinsecus, mundi, et diaboli, ut audientes non audirent, et ita non crederent ad salutem. Hi praeteriti dicuntur, et non sunt ex oribus Christi, pereunt ergo certo, sed juste, certo, propter decretam huiusmodi permissionem, et iuste, quod rei apostasias, vel contemptus; vel in se, vel in maioribus suis.

Infallibilitas tum salutis, tum perditionis, pendet ab infallibili scientia simplicis intelligentiae qua vidit Deus quid fieri posset, et immutabili definitione qua decrevit quid fieri voluerit, ex iis quae fieri possent.

| Deus ergo mediatione Christi factus omnibus placabilis, sed non placatus, nisi insitis, quam insitionem licet nemo assequatur nisi misericordia Dei, vi decreti effectivi; tamen qui ea carent se fraudant, cum destituantur tantum

---

(5) evangelium] A: *interl. add.* – (37) ergo] A: *interl. add.* – (38) vi] A: *foll. by del.* divini

decreto permissivo. Permissio enim est actio voluntatis divinae, sed quae laxat habenas voluntati hominis corruptae ad fines divinitus constitutos.

You see how I differ from your delineation of SIGNA RATIONIS. Whether of the two is most answerable to the Scripture I leave you to consider. I could note the passages where my propositions are grownded, and make good that order accordinge to which I have digested them, but my leasure would not suffer mee in soe fewe howres soe farre to inlarge my selfe, and I doubt not but you will easilie apprehende whence I deduce them.

As for your quaeres.[4] I suppose John 17.[5] Christ doth not speake of reprobates and elect, but of those that are actuallie in the church militant, and those which are out; for he supposeth faith, and begges perseverance heere, glorye hereafter, for those that were truelie in the church, whome he contradistinguisheth to those that were out, and are understood by the name of the Worlde; but under that name are not excluded from beeing in the number of those that maie bee converted by the preachinge of the gospell. So that there is noe feare that therehence Christes intercession maie anie waie concerne the reprobates.

Touching the seconde quaere, my former propositions shewe howe Christ is the head of the Church. To them I referre you for my opinion.

Finallie for the thirde. NULLA EST VOLUNTAS BENEPLACITI QUAE NON IMPLEATUR, so farre as it was BENEPLACITUM. For the whole decree is BENEPLACITUM, as well the permissive part as the effective, and each takes place so farre as it was resolv'd on; and further it needed not.

| The exhortations and expostulations are but attendants uppon the praecept, exactinge the dutie which man owes, and wherein God is pleas'd to permitt some to faile, as manie as are left to perish by their owne neglect of that which God offers UT SUPRA.

But enough. If my leasure were greater, or my tyme stinted longer, I would have mett with such exceptions as I thinck wilbe made to this which I have saide. But I must owe that till our meeting, and desire you to accept this; which if it maie some waie give an overture to your better meditations, I shalbe glad. Howsoever your love shall excuse mee who will supplie what is wanting by my praiers to God to direct and prosper; with all yours alwaies and in all thinges.

Your verie assured freind in post haste,
      Arthur Bath et Wells
Wells, 12 Octobris 1618 [N.S. 22 Oct 1618]

---

[4] Oxford BodL, Tanner Ms 74, fol. 132.
[5] John 17:9.

II/1.47 Marquis of Buckingham to Dudley Carleton (Selection)

Date: 13/23 October 1618

Main source: A: London TNA, SP, 84/86, 179r

Other copy: Milton, 53

Summary: Buckingham reports King James' judgment that he does not think it convenient for any Scottish ministers to attend the synod because of the trouble and cost, and their relative lack of knowledge of "the state of the business." The King also stresses that the Scots and English are equally his subjects, and that he has thus already chosen delegates from his dominions.

Editor: Anthony Milton

My Lord,

[Buckingham reports King James' thanks for Carleton's forwarding of the act made by the States General against the British in matters relating to the East Indies.]

As for the appointing of any Scottish ministers to goe over to the synode, his Majestie holdeth it very inconvenient both in regard of the trouble and charge to fetch them from so remote a countrie, and impossible to give them full information of the state of the businesse in so short a time who have yet scarce heard of it though the doctors and divines in England are perfectly instructed therein. And besides seing it is not a synode for all nations to repayre unto, his Majestie holdeth himself sufficiently discharged by sending such as he appointeth out of any of his dominions, as he might have chosen some out of the farthest partes of Scotland as well as those which he now sendeth from hence, all being his subiects in an equall degree.

Now for myself I give you manie thankes for the often advertisementes I receave from you, and though I send you not an answeare to every letter, yet from time to time I acquaint his Majestie with them as I will allwayes doe and procure you such directions from his Majestie as they shall require and will do you all the best offices I can in answeare of the respect I finde from you.

And so I rest your Lordships very loving freind at command,

   Buckingham

Royston the 13 of October 1618 [N.S. 23 Oct 1618]

(19) have] A: *foll by del.* nott

II/1.48 *Proposition of Dudley Carleton to the States General*

Date: 6 November 1618

Main source: A: The Hague NA, S.G. 3177, 401v–404v (copy)

Other copies: The Hague NA, 2.21.006, 34; Paris BnF, Ms fr. 15957, 289r–291v; Milton, 111–119

Summary: Carleton's speech follows the themes to which he was directed in King James' instructions forwarded by Robert Naunton (no. II/1.44). He notes that the King has urged his delegates to observe prudence and moderation at the synod. He emphasizes the King's constant efforts to act impartially in promoting peace in the Netherlands, notes his intervention in the case of Vorstius, but deplores the attacks made by the Dutch minister Bucerus upon the ecclesiastical polity of the British churches. Nevertheless, the King is happy to send his delegates to give impartial assistance in preserving the unity of the Dutch state by the reunion of its churches. Carleton's speech includes his presentation of the British theologians to the States General.

Editor: Anthony Milton

PROPOSITION DU SIEUR DUDLEY CARLETON CHEVALIER, AMBASSADEUR DE SA MAJESTÉ DE LA GRANDE BRETAGNE AUPRES MESSIEURS LES ESTATS GENERAULX DES PROVINCES UNIES, FAICTE EN LEUR ASSEMBLÉE LE 6ME DE NOVEMBRE 1618.

Messieurs,

Les vénérables personnages destinez par le Roy mon Maistre pour assister au synode national, lequel sous l'adveu de Vos Seigneuries est convoqué maintenant dans la ville de Dordrecht, estants ceux mesmes dont en ma dernière audience je vous presentay les noms et les qualitez, sans attendre le navire, dont il vous a pleu les favoriser pour leur passage, se sont hastez par ordre expres de Sa Majesté, afin de se rendre sans faute au lieu et jour nomme, comme de faict ils y sont arrivez le premier du mois present; ayants faict encores ce peu de chemin, afin de m'apporter les commandements de Sa Majesté et quant et quant recevoir les vostres.

Leur intention est pleine de piété, et de zèle, comme aussy leur instruction porte de contribuer tout ce qui depend d'eux, a l'assopissement des différents qui ont si longuement, et aigrement travaillé le repos de vos eglises. Et selon que Sa Majesté leur a encharge de n'espargner point le travail et peine qui y est requis, aussy elle leur a commandé d'user de la discrétion qui est nécessaire, sans s'ingerer d'entamer propos, ou parler ouvertement en l'assemblée, sinon qu'ils soyent préalablement requis par ordre publique.

Car en telles assemblées solennelles l'erreur qui se faict par fois gist aussy bien en la promptitude et excès, qu'en la tardivité, et manquement; qui sont les deux extremitez que Sa Majesté leur a particulièrement recommandé d'eviter, ayants la prudence et la modération pour guides parmy tant de sentiers et destours obliques de diverses opinions en matière de la religion. Ce qui leur est plus facil, et aise d'observer, d'autant qu'ils ne viennent point audit synode, poussez de la passion, ou interessez en aucune faction; comme aussy il n'y a Prince au monde si propre pour | vous persuader a la paix et union que Sa Majesté qui les a envoyez, ny aucun auquel vous pourrez prester l'oreille en ce subject, avec moins d'appréhension et ombrage, d'autant que les actions passées de Sa Majesté tant en matière d'estat, comme de la religion, tesmoignent clairement la sinceritè de ses présentes intentions.

Quant aux affaires d'estat, elle s'est tousjours constamment et universellement employée pour planter et cultiver la paix generalle, mesmes parmy les princes, et républicques de la Chrestienté les plus esloignées, s'estimant hoc uno nomine beatum, quia pacificum, et continuant tousjours la mesme volonté semper idem, et sui similis, elle a faict ces bons offices naturellement sans fainte, dissimulation, ou dessein sur ces plus proches voisins et alliez, vous ayant donné en particulier un gage très important de sa candeur et sinceritè, en vous rendant de son propre mouvement les gages (vos villes cautionnaires) dont elle a eu la possession légitime, qui luy a esté laissée par la feu Royne[1] de glorieuse memoire, sans prendre en payment plus qu'une partie de l'argent pour lequel elles estoyent mises en depost; ce que nul prince ou républicque qui procède avec artifice ou circonvention, avidité ou ambition, eust esté induit de faire.

Touchant la religion, celle dont les uns et les autres qui disputent icy ci chaudement font profession, ou qu'ils veulent pour le moins faire a croire au monde de professer, Sa Majesté l'a tirée avec le laict de la nourice, l'ayant tousjours depuis maintenue avec fermeté et constance chez luy, et avancée avec ardeur et zèle ailleurs sans toutesfois en la présente occasion vous mander des siens extraordinairement tanquam curiosus hospes in aliena republica, jusques à ce qu'il en a esté prealablement requis.

Il est vray que pour le passe, Sa Majesté prevoyant alors le mal qui a depuis ensuivy ces malheureuses disputes, s'est acquitté de l'office d'un bon voisin et amy, en vous admonnestant par lettres et harangues de ses ministres; mais en ce qui touche la matière disputable desdites différents, elle s'est tousiours comportée avec une indifférence, et egalité remarquable. Car bien qu'elle desadvouast ouvertement et avec detestation, Vorstius (le zèle et la conscience

---

[1] Queen Elizabeth I.

ne la permettant de faire autrement, tant pour l'horreur qu'elle a eu de ses monstreuses positions, et maximes, comme pour l'amour qu'elle a porté a ces provinces) et qu'elle par diverses fois vous a enhortez de vous garder | et prévenir l'accroissement des Arminians qui pourroyent avec le temps, (comme ils ont faict) engendrer du trouble et confusion, tant en l'eglise, comme en l'estat, toutesfois elle s'est gouvernée avec tant de modération et retenüe, qu'ayant eu l'advis des hauts points en particulier, lesquels estoyent agitez plus qu'aucuns autres touchant la prédestination, et ce qui en depend, elle a par ses lettres expresses,[2] persuadé Vos Seigneuries de couvrir en silence, ou de supprimer les questions si curieuses et subtiles, les chassant hors des chaires et assemblées publicques.

Maintenant que le mal est en sa crise, ou plustost en sa decadence par la genereuse résolution de Vos Seigneuries et la sage conduite de son Excellence le but et intention de Sa Majesté n'est point de vous prescrire un remède paliatif en vous recommandant une reconciliation fainte, et dissimuler de beau semblant et peu asseuré, ains une sincere, parfaicte, et fraternelle union bastie sur le solide fondement et la pierre angulaire de la vraye paix et tranquillité. C'est a dire un consentement intrinsique, et conspiration d'âmes et volontez, derivé de la source et fontaine d'une seule vraye religion, dont ut vos Hermonis qui descend sur les montagnes,[3] et comme le precieux onguent espandu sur le chef lequel decoule super barbam Aharonis,[4] et après sur le bord de ses vestements, le mesme onguent et la mesme rosée d'union, et d'accord pourra descendre des magistrats supérieurs a vos eglises, et des eglises sur tous de moindre qualité, mesme sur ceux de plus basse condition de la républicque.

Jamais Prince au monde a monstré par plus visibles effects la résolution de maintenir l'authorité de magistrat civil sur l'eglise que n'a faict Sa Majesté, de l'autre costé jamais Prince au monde s'est trouvé si mal guerdonné que n'est Sa Majesté ayant tout freschement receu une opposition notable et publicque au gouvernement, et police ecclesiastique establie en ses royaumes par un livre publié en ces provinces par un certain ministre de Trevere en Zelande, nommé Gerion Bucerus, lequel est fomenté par plusieurs autres, mesmes (comme il confesse en son livre) par la Classe de Walcheren, de sorte qu'au mesme instant que Sa Majesté contribue tout ce qui dépend d'elle à la manutention de vostre authorité legitime, et à la paix et repos des eglises qui sont icy recueillies sous vostre protection, elle se sent en contrechange assailli par les vostres qui tachent par leurs ecrits de renverser le bon ordre establi en ces royaumes, et par consequent engendrer l'anarchie, et confusion en ces eglises.

[2] See no. II/1.33.
[3] Ps 133:3.
[4] Exod 29:21.

| Ce non obstant Sa Majesté pour tesmoigner la sinceritè de son affection vous rend le bien pour le mal, sans se servir d'une excuse si juste d'esconduire vos instances pour avoir des coadjuteurs au faict du synode, qui vous importa tant pour le restablissement de vostre repos et union; ains au contraire selon que Sa Majesté a continué depuis sa naissance uniement avec vous en la profession de la mesme religion, ainsy elle a tousjours constamment perseveré, en vous donnant la meilleure assistance et protection qu'il luy a esté possible, sans avoir jamais pensé des desseins advantageux à elle mesme, et ses royaumes, ou des practiques insidieuses a vous et vos provinces; ce qui (soubs correction) ne peut pas estre dit sy rondement et sincerement de tous vos pretendus supporteurs et assistants; la volonté que Sa Majesté vous a tousjours, et a toutes espreuves demonstrez depuis son berceau, ayant receuz une tres grande augmentation par l'accession d'une autre couronne, avec laquelle elle a herité d'autres interests d'amour et voisinage, et par conséquent redoublé sa premiere et native affection en vostre endroict.

Ce discours auquel je me suis eslargy n'est nullement dirigé pour déroger aux merites, et volontez de vos autres voisins et amys, mais seulement comme un fidèle ministre de Sa Majesté de vous representer vivement, et au vray l'intrinseque du coeur et affection du Prince, au nom duquel j'ay l'honneur de comparoistre en vostre assemblée, et par ainsy vous induire d'embrasser plus volontiers son advis et conseil salutaire. Ce que Sa Majesté se promet maintenant a meilleures enseignes que cy devant, croyant que vous estes à ceste heure desabusez, et esclarcis, ayant decouvert la sinistre intention d'aucuns, et le desservice qu'ils vous ont faict, en vous dissuadant de prester l'oreille, et suivre l'advis de Sa Majesté au faict de Vorstius, comme sy le voisinage de Sa Majesté vous eust esté suspect, et qu'elle eust eu de dangereux desseins de senjamber sur vostre gouvernement.

Elle ne s'entremesle point autrement de vos affaires, sinon pour l'interest qu'elle a en vostre conservation en vous donnant (comme je vous ay remonstré) son bon advis et conseil en cas de besoing (ce que le cas advenant elle embrasse aussy très-volontiers de vostre part) et en vous envoyant son ayde et assistance, en estant requise.

Celle quelle vous envoye maintenant en la présente besoigne, est un corps representatif du gouvernement ecclesiasticque des royaumes de Sa Majesté, lequel consiste ex episcopis, decanis, et presbiteris. Elle | vous prie de les voir de bon oeil, et de disposer librement de leurs personnes et de leurs travaux, les ayant accompagnez outre leurs instructions donnees tant de bouche, comme par escrit de ses veux et souhaits, priant Dieu d'envoyer son sainct Esprit a vostre synode, et par conséquent vous rafermir l'union de l'estat par la réunion de vos eglises.

(Les personnages dont il se faict mention en la précedente proposition estants introduits en l'assemblée de Messieurs les Estats l'ambassadeur a dict.)

Illustrissimi et praepotentes domini Excellentissime Princeps.

Hii sunt tandem spectabiles illi et reverendi viri, de avibus apud vos in ultimus meis orationibus, mentionem feci. Dominus Episcopus Landaffensis, dominus decanus Wigornensis, dominus Doctor Davenetus in celeberrima Academia Cantabrigiensi theologiae professor regius, et dominus Doctor Wardus in eadem Academia Collegii Sidniensis praefectus, quos ex abundanti illa eruditorum virorum segete, quadivino munere regnum nostrum Anglicanum iamdiu evasit florentissimum. Serenissima Maiestas sua accurato quodam specilegio selegit ut vobis essent in synodo nationali moderanda religionis ergo mox celebranda adiumento. Quae synodus cum post natam reformationem parem habuerit nullam, illud Maiestas sua Regia praecipuis in curis habuit, ut non nisi probissimos, sibique tum de doctrina, tum de pietate notissimos viros tanto negotio destinaret. Atque illos confidit ut divinae gloriae studiosissimos, ita et Maiestatis suae, vestrisque omnium votis prolixu responsuros. Restat ut illos, dum Maiestatis suae mandata, suasque insuper cogitationes exponunt benigne audiatis.[5]

(Leur harangue estant finie et enpretrez, l'ambassadeur après quelque discours touchant leur addresse, et autres considérations appartenans au synode nationnal, a adiousté.)

[Dudley Carleton now goes on to discuss the Dutch envoys being sent to England and the two countries' continuing disputes concerning trade.]

| Exhibé par escrit la 8me de Novembre 1618.

Signe Dudley Carleton

II/1.49 *Speech of George Carleton to the States General*

Date: 6 November 1618

Main source: A: The Hague NA, S.G. 3177, 404v–406r (copy)

Collated source: P: George Carleton, *Oratio R. Episcopi Landavensis, habita in consessu Ordinum Generalium, quinto Novembris Anno 1618, Stylo novo* (The Hague: Arnoldus Meuris, 1618)

Other copies: London TNA, SPF, MS. 84/87, 12–13; Zurich ZB, Ms A 109, 321–332; George Carleton, *Des Eerw. Bischops van Landavien Oratie, gedaen inde vergaderinge vande ... Staten Generael, op den vijfden November 1618* (The Hague: Aert Meuris, 1618) (Dutch translation); George Carleton, *Oratie, ghedaen vande Eerweerdighe Bisschop Georgio Landavensi ...* (Amsterdam: Broer Jansz., 1618) (Dutch translation); George Carleton, *An Oration Made at the Hage ... By the Reverend Father in God, the Lord*

---

[5] Bishop George Carleton gave his speech (no. II/1.49) at this point.

Bishop of Landaff... (London: Ralph Rounthwait, 1619) (English translation); Milton, 119–122 (English translation)

Summary: In his speech before the States General, Bishop George Carleton emphasized King James I's desire to restore peace to the Dutch Reformed Church. The Reformed faith had brought tranquillity and prosperity to the Dutch Republic. But some individuals within the Dutch Reformed Church had questioned doctrines universally confessed within the Reformed churches of Europe, threatening their church's wellbeing. With God's help, Prince Maurice had restored peace to the Dutch government. Now it was time for the States General to restore peace to the Dutch Reformed Church, in the process making sure to preserve its Reformed doctrine and to keep speculative theological debates from the laity. Bishop Carleton's speech was quickly printed in the original Latin as well as in Dutch and English translations.

Editor: Eric Platt

Illustrissimi, praepotentes domini excellentissime princeps.

Dominus noster et rex noster Iesus Christus ad Patrem abiturus, quum bonum aliquod eximium (quo maius nullum in terris inveniri potest) suis quos charos habuit, relinquere statueret. Pacem reliquit, pacem moriturus legavit. *Pacem meam relinquo vobis, pacem meam do vobis.*[1] Nihil enim maius vel de coelis homines optare, vel de coelis angeli hominibus annunciare potuerunt, quam *in coelis gloriam, in terris pacem.*[2] Hoc vinculum quo coeli terris, terrae coelis uniuntur, animum serenissimi regis Magnae Britanniae[3] ita coelitus devinxit, ut pro eximia sollicitudine, qua tenetur ad religionis sincerae vindicationem et propugnationem ad Christianorum principum per orbem terrarum pacem et concordiam, maximi vero illustrissimi domini, viri nobiles, magnifici ad vestrae reipublicae tranquillitatem procurandam, cum qua ut antiquioris, ita arctioris foederis vinculo regnum suum cohaerere intelligit. Huc nos cum mandatu miserit, ut vestro bono, ecclesiae vestrae paci quantumcumque possumus, quantumque in nobis est, invigilemus. Animum vere regium tranquillitatis et boni publici desiderium occupavit. Quum serenissimus rex curam religionis vestris dominationibus commendaret. Non ingratum optimi regis studium videbitur, si religionis Reformatae beneficia dominationes vestrae pro prudentia et pietate vestra cogitent, et coelestis favoris benedictiones, quae de coelo velut imbres immissae provincias vestras irrigarunt. Quid enim aut quantum verae religioni debeant vestrae domina-

---

(15) noster] *P: om.* – (15) Iesus Christus] *P: highl.* – (16) maius] *P:* magis – (19) coelis] *P:* coelo – (21) serenissimi] *P:* serenissime – (24) maximi] *P:* maxime – (27) mandatu] *P:* mandato – (28) quantumcumque] *P:* quantumque – (29) vere] *P:* vero

[1] John 14:27.
[2] Luke 2:14.
[3] James I.

tiones facile intelligit pietas vestra. Res vestras ex turbulento et sanguinolento statu ad florentes pacis et tranquillitatis fortunas religio revocavit. Religio bonum vestrum peperit, auxit, firmavit.

Expendant illustrissimae, dominationes vestrae, quid Christo pro omnibus beneficiis rependatis. Rogat dominationes vestras Christus Rex regum et Dominus dominantium, ut pro omnibus beneficiis suis, pacem quam reliquit ille colatis. Publici boni vinculum est religio, religionis vinculum pax. Quid ergo aliud agunt, qui dissensiones in vestris ecclesiis, vel disseminant vel ab aliis disseminatas fovent, quam ut pax et religio tollatur, ut Christus exulet, ut dissidiis ecclesiasticorum ecclesiae aedificatio impediatur, popularium conscientiae turbentur, animi dubii atque haerentes quovis doctrinae vento circumagantur, ut contemptus sacri ordinis doctrinae sacrae contemptum subinferat secum, donec tandem haec ova aspidum erumpant in basiliscum, in apertam impietatem, in atheismum. Ecclesiae male administratae a populo, ab ordine ecclesiastico, etiam a vestris dominationibus rationem exposcit Christus. In plebe obedientiam, in ecclesiasticis lucem et veritatem, scientiam scilicet | cum sanctimonia coniunctam requirit. Vitio seculi dixerim nescio, an | artibus Satanae factum in fine seculorum maiorem prodentis astutiam, quo quidam vel penitus reiecta vel nimium neglecta vitae sanctimonia, quo maxime indumento sacerdotes Dei induuntur ad rixosas disputationes et inutiles immo perniciosas contentiones sese ingerant. Hinc fervor, aemulatio et ingeniorum venditatio. Ecclesiae interea aedificatio impedita iacet, immo ecclesiae ruina per cuniculos clam struitur ab iis qui vestro bono insidiantur.

Vigilate viri nobiles magnifici, pacem date ecclesiae quam dedistis reipublicae. Immo vere iam est illud omnibus omnium ecclesiarum faustis acclamationibus excipiendum omnium ore ad sempiternam nominis vestri gloriam celebrandam, quod per excellentissimi principis[4] virtutem et vigilantiam, summa pace sine tumultu, non sine praesenti divini numinis dextra dominationes vestrae nuper effecerunt, iam tandem confecerunt. Ecclesiae per Europam Reformatae acerbo Romani pontificis iugo excusso a tyrannide liberatae ut Christo redemptori uberiores gratias agerent, confessiones ediderunt tanta animorum consensione inter se cohaerentes, ut in diversis nationibus in diversis linguis unum in ecclesia spiritum loquentem facile monstrent. Inter ceteras nationes vestrum consensum ecclesia Christi agnovit. Vestra laus in evangelio, vestra authoritas in ecclesia celebratur. Aliae ecclesiae interrogant, quaerunt, mirantur, quid tandem illud sit, quod in confessioni-

---

(1) intelligit] *P:* intelligunt – (1) res] *A:* Rex; *P:* res – (5) et] *P: om.* – (6) ut] *P: om.* – (8) dissensiones] *P:* dissentiones – (14) male] *P:* malae – (15) ecclesiastico] *P: om.* – (17) dixerim] *P:* dixero – (21) immo] *P:* imo et – (22) immo] *P:* imo – (25) Immo vere] *P:* Imo vero – (35) authoritas] *P:* laus

[4] Maurice, prince of Orange.

bus vestra unica ecclesia tentarit, quod ex reformatis nulla unquam tentaverat. Liceat mihi verbis | Apostoli rogare: *an a vobis solis Verbum Dei processit? An ad vos solum pervenit?*⁵ Provinciae et nationes quam evangelii doctrinam susceperunt, integram, intactam, sartam tectam hactenus tuentur, et in posterum porro conservare satagunt. Commendat vobis serenissimus rex fontem reformationis, confessionum concordiam. Commendat vobis consensum ecclesiarum. Rogat ut quam a maioribus ecclesiam accepistis, eandem posteris tradatis, ut quae doctrina in vestris ecclesiis ante viginti aut triginta annos insonuerit, eam integram conservetis ne novitatibus quotidie exorientibus locus sit, ut quos thesauros a Christo accepistis in adventum Christi non adulteratos, non falsatos custodiatis. Credita vobis sunt oracula Dei, fidem vestram Deo et Christo ecclesiae regi, castam illibatam servate. Cavendum serio, ne relicta Scripturarum simplicitate in spinosas argutias abeant doctores, ne pro cibo solido fumum apponant. Illud saltem sedulo | dispiciendum, ut qui in Verbi ministerio versantur, in concionibus ad populum abstineant ab altioribus speculationibus, quae scholas ipsas exercere solent, et in utramque partem disputari possunt, ne fides ecclesiae, quae certa est, in ambiguis et dubiis haerere et vacillare videatur. Neve aedificationis loco in ecclesia scandalum ponatur. Consensus vester in doctrina cum aliis ecclesiis erit Deo sacrificium suavis odoris cum multorum populorum unus spiritus Deo adhereat. Erit ecclesiis pergratum, quum videant ecclesiam vestram | fraternitatem in Christo colere. Erit denique vestris dominationibus perhonorificum. Non enim in separatione, in viis suis ambulantibus, sed in communionem sanctorum coeuntibus gratiam et gloriam dabit Deus. Studia partium et factiones ex utraque parte ex dextra et sinistra ecclesiam vulnerarunt, quae tamen vulnera sanabilia speramus futura, si rite medica manu tractantur. Medicina est vestra authoritate domini illustrissimi applicanda, nostra vero opera, si quid ad ecclesiae pacem adferre posset, prompta erit atque expedita. Nec studio tantum et laboribus parati sumus. Sed si Deo nostro in cuius manu sumus, visum fuerit vel sanguine nostro pacem ecclesiarum procurare. Sed quum ecclesia quam Redemptor Christus suo sanguine acquisivit ad exemplum Domini servorum sanguinem non in pace, sed in persecutione exposcat. Fit quasi fato quodam ecclesiae ut homines fortiores inveniantur, in afflictionibus quam in pace. In persecutione vitam non amant pro Christo; in pace non verentur turbas excitare contra Christum. Quam difficilis ecclesiae conditio, quam dura sors versat, vel persecutionem patitur cum pace Christi et gaudio Spiritus interno, vel pacem retinet externam cum dissidiis intesti-

---

(12) servate] P: conservate – (18) et] P: aut – (23) viis] P: virtutibus – (26) rite] P: recte – (26–27) tractantur] P: tractentur – (28) posset] P: possit – (31) acquisivit] P: adquisivit – (37) externam] P: internam

⁵   1 Cor 14:36.

nis. Filii Dei sicut pueri nostri sub virga facilius ad disciplinam formantur; abiecta virga ad partes, ad factiones, ad turbas procliviores sunt. *Sed diligentibus Deum omnia cedunt in bonum.*[6] Non solum afflictiones, sed et dissidia et contentiones, errores etiam | atque haereses in ecclesiae suae bonum convertit Deus, qui omnipotens est, ut fideles probentur, probati manifestentur, ut qui veritatem amant discant etiam de erroribus suis triumphum agere. Atque hanc mentem fratribus nostris optamus, ut qui pro veritate semel tradita, semper decertare parati sunt, humilitate inter se mutuo certent, non de eo solliciti, utri vincant, sed in hoc potius omnes vires adferant, omne studium conferant ut veritati victoriam, ecclesiae pacem, Deo gloriam tribuant.

Signatum erat.

Georgius Landavensis

II/1.50 *Dudley Carleton to John Chamberlain*

Date: 29 October / 8 November 1618

Main source: A: London TNA, SP, 84/86, 231r (original)

Other copy: Milton, 122–123

Summary: This original letter in Carleton's hand (apparently his own copy) describes the speeches that he and Bishop Carleton gave to the States General on 6 November and their good reception. The British delegates have now gone on to Dordrecht.

Editor: Anthony Milton

Goode Mr Chamberlain, you must beare with me though I write little in answeare of your last of the 14th of this present which was so ample and full of varietie; and though being distracted with multiplicitie of affaires I forgett somwhat as I finde I did in my last which was to send you a printed paper wherof I made mention. But now you will have goode consideration for the forbearance there going two others in this pacquet besides your gazettas. Our fower divines came hether on Friday last and on Tuesday I presented them to the States where I did PARLER LATIN DEVANT LES CLERCS wherby to introduce them,[1] and then the Bishop did well and worthely acquitt himself by a grave

---

(2) procliviores] *P:* phocliviores – (5) fideles] *P:* infideles – (10) ut] *P:* et – (11) Signatum erat] *P: om.*

[6] Rom 8:28.
[1] See no. II/1.48.

and discreete speach² which was much applauded by all the assemblie where the Prince of Orange and Count William were present. They are now gon to Dort where the sinode by the end of this weeke will be complete. The Prince of Orange hath now gon through all the townes of Holland where he hath sifted the magistrats as you will see in a sive and this day he made an end with this towne, having changed 18 of these mutinous fellowes. They will now goe in hand with the examination of Barnevelt. Thus in great hast I rest

    youre most assured,
    Dudley Carleton
Hagh this 29 of October [N.S. 8 Nov] 1618

II/1.51 *Dudley Carleton to Robert Naunton (Selection)*

Date: 29 October / 8 November 1618

Main source: P: Carleton, 307–310 (copy)

Summary: In this letter to Robert Naunton, the British Secretary of State, Ambassador Carleton describes how he presented to the States General the British delegation to the Synod of Dordt. Bishop George Carleton also gave a speech at this occasion. Later that same day, Carleton brought the British delegation to an audience with Prince Maurice and Count Willem Lodewijk. The British delegation has now left for Dordrecht. There will be no French delegation at the Synod of Dordt as King Louis XIII has commanded them not to participate.

Editor: Eric Platt

[Sends an account in inclosed papers of what he had done and said at the presenting the four divines on Tuesday last,¹ and how well they acquitted themselves by a | speech delivered by the Bishop of Llandaff in the assembly of the States General, which was at that time very great, the Prince of Orange and Count WILLIAM² being both present:]³

---

(10) 1618] A: *A marginal addition describes Carleton's activities in tracking down the papers of his predecessor as ambassador to the Netherlands, Sir Ralph Winwood.*

²   See no. II/1.49.
¹   On 6 November, on the occasion of presenting the British delegation to the States General, Dudley Carleton gave a speech to this assembly. See no. II/1.48. This was followed by a speech from Bishop George Carleton. See no. II/1.49.
²   Willem Lodewijk van Nassau-Dillenburg.
³   The preceding lines are a summary in the eighteenth-century printed source.

... to which end I deferred demanding audience for a day or two after their arrival (which was on the 23d [N.S., 2 Nov]) during the absence of the Prince, because he might assist, as the use is, when the States require him. And finding so fit an opportunity of the presence of all the deputies of the province, both ordinary and extraordinary, and his Excellency, whose advice they commonly take in all affairs which appertain to sea, as before the entrance of the theologians, I delivered his Majesty's[4] mind concerning them, the synod, and matters of that nature. [The rest of the paragraph discusses the upcoming Dutch delegation being sent to Great Britain to confer about trade and other matters.]

It fell out, that a passionate Arminian, one of the noblemen of Holland, the Lord of Mathenesse[5], was president that day (he being one, who some years since was joined in office of the curatorship of the University of Leyden with VANDER-MYLE[6], and a particular patron and protector of VORSTIUS). And though he put on a better countenance than heretofore, yet the coldness of his answers shewed his disaffection. Besides, he forbore demanding (contrary to the custom) what I and my Lord Bishop had said, to be delivered in writing. But being since desired by the greffier AERSENS[7] to give him copies of what passed for help of his registers, and some of the States themselves (who wish well both to the cause and his Majesty's service) having wished me underhand to send both my proposition and the Bishop's speech to their assembly, I have accordingly performed the same this morning in that manner as they are here set down.

The same day of our audience I conducted my Lord Bishop and the rest to the Prince of Orange, who with Count WILLIAM gave them a very kind reception. And both for the choice of their persons and care in their instructions (which I told them had reference by his Majesty to me, and so to the States, and his Excellency, to the end nothing may pass which is disagreeable to their minds), they do all rest infinitely satisfied, ascribing to his Majesty his due commendations of wisdom and prudence in a business of this moment, of which they promise themselves here, with the church in general, much fruit, and to his Majesty the chief honour.

Yesterday they went to Dort. ...

We are out of hope of any assistants out of France, the States Embassador LANGERACK[8] having written hither, that DU MOULIN and RIVET, who were expected here, have a charge laid upon them, on pain of life, not to go out of

---

[4] James I Stuart.
[5] Adriaan van Matenesse.
[6] Cornelis van der Myle.
[7] Cornelis van Aerssen.
[8] Gideon van Boetzelaer.

the kingdom; which, he saith, is in consideration, that the French King[9] hath no better satisfaction about AERSENS[10]. And in this regard I conceived it necessary to explain his Majesty's affection | so much the more, in not laying hold of the like subject of excuse, though that of BUCERUS was more proper.

[The rest of the letter discusses the aftermath of the conflict between Johan van Oldenbarnevelt and Prince Maurice, as well as more about the Dutch trade delegation that is headed to Great Britain.]

| Thus I humbly, etc.[Dudley Carleton]

II/1.52 *Dudley Carleton to Robert Naunton (Selection)*

Date: 14/24 November 1618

Main source: A: London TNA, SP, 84/87, 32r–35r (original)

Summary: Dudley Carleton briefly describes the beginning of the Synod of Dordt. The synod has called on Remonstrant leaders to appear before it. While they wait for the Remonstrants to arrive, the delegates are dealing with other church matters, such as commissioning a new Dutch translation of the Bible.

Editor: Eric Platt

| Right Honorable,

[Letter begins by discussing the Dutch commissioners being sent to Great Britain, especially the planned negotiations concerning the "conjunction" of the Dutch East India Company and British East India Company. Carleton then moves on to reporting on various matters of interest to the British government. These include the questioning of Johan van Oldenbarnevelt and French intervention on his behalf, Dutch Catholic efforts to secure "liberty of religion" for themselves as part of any permanent peace settlement with Habsburg Spain, a Bohemian request for Dutch financial assistance, and Dutch efforts to reduce tensions between the British and French Crowns.]

| The National Sinode at Dort, having made theyr entrance with decent formes, resolved of a citation of the Remonstrants before they would examine the Five Points which are chiefly controverted. So as letters mandatorie were written from the temporal lords,[1] to those your Honour will see noted in a paper which goeth herewith, and others in more milde and brotherly manner

---

[9] Louis XIII.
[10] François van Aerssens (1572–1641) was a Dutch ambassador to France, but in 1616 he was recalled because he sought to develop a close relationship with the Huguenots of France.
[1] Cf. ADSND, II/2:29.

from the ecclesiastiques,[2] assigning them to appeare within fourteene dayes after the receit of the sayde letters. Meane time they hold the assemblie together by treating the gravamina of the church. Particularly, they have resolved of a new translation of the Bible,[3] after the example of the English; this of the Duch language being full of imperfections.

[The letter ends with a few updates on the fallout of the defeat of Oldenbarnevelt and his supporters.]

From the Hagh this 14th [N.S. 24 Nov] of November, 1618, stylo vetero.
    Your Honours most faythfully to be commanded,
    Dudley Carleton

II/1.53 *Dudley Carleton to John Chamberlain (Selection)*

Date: 14/24 November 1618

Main source: A: London TNA, SP, 84/87, 36r–36v (original)

Other copy: Maurice Lee, ed., *Dudley Carleton to John Chamberlain: 1603–1624: Jacobean Letters* (New Brunswick, N.J.: Rutgers University Press, 1972), 261–263

Summary: Dudley Carleton reports that while the Synod of Dordt is waiting for the arrival of the Remonstrants, the delegates have been dealing with other church matters, especially the commissioning of a new Dutch translation of the Bible. There was significant debate about the place of the Apocrypha in the Bible. With the letter he is including a printed Dutch catalog of participants at the synod, as well as a copy of Bishop George Carleton's speech to the States General.

Editor: Eric Platt

Goode Mr Chamberlain,

[The first page of the letter discusses the recent execution of Sir Walter Raleigh, various European affairs, and the questioning of Johan van Oldenbarnevelt.]

| In the Sinode at Dort little is yet past of any consideration, they having given a fortnights time of appearance to the Remonstrants after insinuation, which is not yet expired. The interim is spent about common gravamina, of which the chiefe is the want of a perfect Duch translation of Scripture, wherin they have taken a resolution after the example of the English.[1] But there was much dispute about the Apocripha, and, though it was held in by the stran-

---

[2] Cf. ADSND, II/2:30.
[3] Cf. ADSND, I:16–24.
[1] This is a reference to the King James Version of the Bible, which was first printed in 1611.

gers, yet those of this countrey thrust it out to the very end of the Bible, not allowing it the old place betwixt the Testaments.[2] Theyr seance and theyr names, as well the strangers as others, with those who are cited, you will pick out of this Duch catalogue.[3] The Bishop of Landaffs speach hath yet escaped the presse.[4] I send you a copie of it, and as any thing shall succeede worth my Lord Bishop of Winchers[5] knowledge, I will pray you to acquaint him therwith and by that meanes to preserve me in his memorie and goode opinion. Thus for the present with my wifes kinde remembrance, I committ you to God. From the Hagh, this 14th [N.S. 24 Nov] of November 1618.

   Yours most assuredly,
   Dudley Carleton

II/1.54 *Dudley Carleton to Robert Naunton (Selection)*

Date: 4/14 December 1618

Main source: A: London TNA, SP, 84/87, 121r–123v (original)

Summary: Dudley Carleton begins the letter by discussing the French ambassadors' two appearances before the States General. They do not oppose the Synod of Dordt but call for both sides in the Dutch disputes to be able to participate in it freely. Carleton has been told that two French delegates from Langueduc are coming to the synod, but the French government calls for them to be given the British delegation's preeminent position at the synod in a possible ploy to disrupt its business. The Synod of Dordt is proceeding slowly due to the recently arrived Remonstrants' lack of cooperation.

Editor: Eric Platt

Right Honorable,

[Carleton begins the letter by discussing the two recent appearances of the French ambassadors before the States General.[1] While accounts of these audiences have not been published, Prince Maurice and others have told Carleton about the "substance" of what they said. After calling for better com-

---

[2] Cf. ADSND, I:16–24.
[3] *Afbeeldinghe des Synodi Nationael, met de sidt plaetsen der E.E. Hooch M. H.H. Staten Generael, als in heemsche ende uyt heemsche professoren ende predicanten, gehouden binnen Dordrecht an. 1618* (Niclaes Geelkerck, [1618]).
[4] See speech of Bishop George Carleton, no. II/1.49.
[5] James Montagu, Bishop of Winchester.
[1] French ambassadors Benjamin d'Aubéry du Maurier and Jean de Thumérie, seigneur de Boissise, appeared before the States General on 3 and 12 December 1618. See RSG NR, 3:579, 585–586, nos. 3964 and 4011; ADSND, II/2:267.

munication between the States General and the French Crown about matters in the Dutch Republic, the ambassadors made an "open and direct intercession in favor of Barnevelt for his life and liberty" and called for impartial judges for all the political prisoners.]

| Secondly, they spake of the Synode at Dort, which proceeding they seemed to allow but withall required safe and free accesse for both parts without exclusion of any by reason of particular exceptions against their persons.

[Carleton strongly doubts that this French intervention will have the desired effect with the States General. He also writes in more general terms about Oldenbarnevelt and the other political prisoners as well as rumors of attempts to free them, before turning to other matters, including the war in Bohemia.]

| The Synode at Dort useth much diligence in sitting both forenoone and afternoone yet advanceth slowly by reason the Remonstrants, though they have appeared there daily since Friday last, doe shun the triall of their opinions and entertayne the time in apologies for themselves, invectives against their adverse party, and exceptions against the synode.[2] And because his Majesty[3] should be particularly acquainted with the manner of their proceeding, I send your Honour one lettre of many I receave from thence (where I imploy my Chapplain[4] expresly, wherby to be daily advertised of what passeth), forbearing to give your Honour the trouble of the rest.

There are two French divines comming out of Languedock as Monsieur Chastillon[5] assures us. But withall the French give out that unlesse they have place of the English, they shall never recover their Kings favour, and it is here beleeved that they are suffred to come in opinion that this dispute will breede some interruption to the busines, as did the question betwixt the French and Spanish in the Counsell of Trent. But places are already appointed, and things so well settled that there is small doubt of any disorder upon this punctilio.

[Carleton believes that the French ambassadors will receive their formal answer from the States General today.]

I send your Honour a former lettre from Dort likewise to the end his Majesty may be advertised of the first appearance of the Arminians as well as of their demeanor since.

---

(5) at Dort] A: *interl. add.* – (17) themselves] A: *foll. by del.* and – (18) and] A: *interl. add. repl. del.* with – (19) particularly] A: *interl. add.* – (23) French] A: *interl. add.*

[2] See ADSND, I:33–58.
[3] James I Stuart.
[4] See letters of John Hales to Dudley Carleton in Hales, 2:1–97.
[5] Gaspard III of Coligny, Duke of Châtillon. The two French Reformed theologians, Pierre du Moulin and André Rivet, were prevented from attending by French King Louis XIII.

[Address:] To Mr. Secretary Naunton
the 4th [N.S. 14 Dec] of December 1618
by Herman

II/1.55 *Dudley Carleton to John Chamberlain (Selection)*

Date: 4/14 December 1618

Main source: A: London TNA, SP, 84/87, 124r–125v (original)

Summary: Dudley Carleton complains that the Synod of Dordt is proceeding slowly due to the Remonstrants' lack of cooperation. The Remonstrants' actions are widely condemned, although they enjoy French support.

Editor: Eric Platt

| Sir,

[Carleton begins the letter by thanking Chamberlain for sending him Secretary of State Ralph Winwood's old papers. Carleton then discusses the French Ambassadors'[1] intervention before the States General on behalf of Johan van Oldenbarnevelt.[2]]

| The sinode sitts diligently at Dort but proceedes slowly; the Arminians entertaining the time with long and sharp speeches, apologetical for themselfs, invective against theyr adversaries and excepting against the sinode as an incompetent judge.[3] They are decried for theyr impertinent bouldnes and impudencie by all men, both assessors and auditors as well strangers as those of this countrey, and are thought to be animated from hence, where the French Ambassadors in theyr harangue for Barnevelt spake at large in theyr favour and against the change of magistrats. Monsieur de Chastillion[4] is come hether, sent by the French King[5] to assist them in theyr affaires. So as they are strong, but have stiff necks to deale with.

[Carleton then turns to the conflict in Bohemia where he gives his prescient opinion that it "will prove in all likelyoode a bloudie warre."]

---

(20) impudencie] A: *foll. by del.* in

[1] Benjamin d'Aubéry du Maurier and Jean de Thumérie, seigneur de Boissise.
[2] See ADSND, II/2.267.
[3] See ADSND, I:33–58.
[4] Gaspard III of Coligny, Duke of Châtillon.
[5] Louis XIII.

Yours most affectionatly,
Dudley Carleton
Hagh this 4th [N.S. 14 Dec] of December 1618

| [Address:] To my very loving frend Mr John Chamberlaine at Mr Richard Chamberlaines house in Aldermanbury give these
Post is payde

II/1.56 *John Ogle to Dudley Carleton (Selection)*

Date: 31 December 1618 / 10 January 1619

Main source: A: London TNA, SP, 84/87, 214r–215r (original)

Summary: John Ogle, as a spectator at the synod, has passed along Dudley Carleton's greeting to the British delegates at the Synod of Dordt. The Remonstrants are not cooperating, but Ogle is still hopeful that the synod will be successful. If the Remonstrants continue to be recalcitrant, the synod will use their writings to judge their doctrines, although Ogle doubts the efficacy of this approach. There is talk that the Remonstrants might join with Dutch Lutherans if they are not allowed to have their own assemblies.

Editor: Eric Platt

Right Honorable,
    At my cominge to towne, I delivered your Lordships salutations to my Lord Bishopp[1] and his company by whom they were gladly and thankfully received, my selfe also very curteously, and I am persuaded the more for your sake. Touchinge the particulars that pass here, I know your Lordship will excuse mee though I enter not into that large field. You have knowledge of those things from those that holde journalls and are actors in the buysines, whereas I am but a spectator and that a farr off and by fytts. Thus much I see and learne of others that there is yet no great hope of the Remonstrants conformitye to the order of the synod in poynt of theyr manner of hearinge. Notwithstandinge it is so large and reasonable (accordinge as I am from severall hands informed) that if they wilfully sought not to throw of the bonds and bounds of all order, they might very well submitt themselves to what is layd before them. But it serves theyr owne diffidence (beinge possessed with prejudice) on the one syde, and theyr under-hand encourage-

(32) with] A: foll. by del. pre

[1] George Carleton.

ments (which in all appearance they must needs have given them from some abettors) on the other syde, makes them to stand upon such termes as some | think may prove obnoxious both to themselvs in particular, as also to the publick of the state bycause (say they) what shall light upon them will reflect upon many thousands, etc. But, for ought I can see by the conference I have sometyme with those whom it concerneth, I should hope of a happy issue of this great buysines and do promise my selfe so much from the pietye, judgment, and discretion of those (specially the exteri who have betrothed no passion) that have the werkinge of this weighty affayre. For what is wantinge on the one partye in poynt of discretion, must necessarily be supplied by the other, or wee shall leave things worse then wee found them. I hear that if the Remonstrants may not be suffred to have theyr assemblies at least in such fashion as the Martinists and other sects, that they will then (if the worst come) rather range themselvs with the sayd Martinists, or Lutherans, upon such condicion and contracts as they shall agree on, then to holde any society with the ContraRemonstrants. It is expected that to morow they wilbe called agayne before the synod, or upon Saturday. And if they will not then aunswer in forme as is judged convenient, the synod will proceed upon theyr grounds such as are delivered them by theyr printed bookes and writings.[2] A course by theyr willfulnes made necessary to be taken by the synod but | not so expedient for the finishinge of the work, in respect that what is affyrmed in bookes by some particulars wilbe denyed to be the opinion or position of the Remonstrants in generall. Your Lordship wilbe pleased to pardon my idle discours. You see by these I want not the will but the power to serve you, which when it shalbe better enabled shall come to you with lyke readynes. In the mean tyme, with myne, my wives, and your litle servants best respect and humblest affection to you and your noble Lady, I will take my leave and ever rest

    Your Lordships most humble and ready to serve you,
           John Ogle
    Dordrecht, January 10th 1619 novo

[A postscript details news of promotions within the English government.]

---

[2] Cf. ADSND, II/2.210 and II/2.215.

SECTION 4: INVITATION OF FRENCH THEOLOGIANS

II/1.57 *Draft of States General Invitation to the French Reformed Churches*

Date: Approved 24 November 1617; sent 25 June 1618

Main source: A: The Hague NA, S.G. 12.548.156, [2 pp.] (approved draft)

Summary: The States General invite the French Reformed Churches to send three or four delegates to attend and assist in next national synod.

Editors: Thomas Guillemin and Johanna Roelevink

Exhibitum die xxiiiie Novembris 1617
Aux députez des Eglises Réformées de la France

Messieurs,

Nous ne doutons point que [vous] n'aiez esté a plein informez du fond des disputez qui à notre extrême desplaisir exercent et travaillent les églises de quelques unes de noz provinces sur la doctrine de la prédestination et ses suittes, que nous nous sommes essayez d'assopir du mieulx qu'il nous a esté possible, sans toutesfois que tous noz devoirs aient esté assez puissants pour empescher qu'elles n'ayent esté portées en chaize et preschées au peuple, par où on sut voulu faire des adhérends, pour mieulx authoriser chacun son opinion, et comme nous reconnoissons que non seulement la vigueur de l'estat s'énerve par ces contentions, mais aussy qu'elles produissent de grands scandales, dont la paix de l'estat et des églises pourroit estre altérée si promptement n'y est pour veu. Nous avons jugé nécessaire d'embrasser la remède d'un synode national pour deuement faire connoistre de la vérité de la doctrine contentieuse, a fin de rasseurer les consciences, mais à ce que noz bonnes intentions puissent plus heureusement réussir, nous vous avons voulu

(14) vous] A: *missing*

prier de nous assister pour estre icÿ au premier jour de ...... | de trois ou quatre personnes deuement choisies par voz églises et reconnues de bonne vie, scavoir et conscience, pour intervenir en cette saincte action, et joinctement aux notres remettre la paix en noz églises. A quoy nous entendons nous prions Dieu.

[Address:] Messieurs, etc.

II/1.58 *Ambassador Du Maurier to Pierre Brûlart (Selection)*

Date: 1 January 1618

Main source: A: Paris BnF, Ms fr. 15957, 212r–213v (original)

Summary: Benjamin Du Maurier, French ambassador in The Hague, writes to the French foreign minister, Pierre Brûlart, viscount of Puisieux, about international news. He mentions disputes in the Netherlands around the proposal of a synod: the debates concern scale (provincial or national) and actors (churchmen or magistrates).

Editor: Thomas Guillemin

| Monseigneur,
[The letter begins by mentioning Villeroy's death.]
Quant à l'estat d'icy il n'y est survenu aucun changement depuis mes lettres du 28ᵉ y estans les choses en pareil estat, attendans le jour auquel la Province de Hollande se rassemblera qui sera aux de ce moys, espérant qu'il s'y prendra quelque bonne résolution tendante à l'assoupissement de ces malheureuses dissensions. Je vous disois comme avant leur séparation, ceux de l'une et de l'autre opinion avoient dressé des projectz d'ouvertures pour composer ces malentenduz, esquels il se trouvoit de la dissimilitude, le plus grand nombre des villes de Hollande avec la Noblesse insistans à la tenuë d'un synode provincial avant tout autre expédient, les autre le consentans pourveu que dès à présent on demeure d'accord d'un nationnal, ce que les premiers ne veulent accorder, disans que ledict provincial n'entreprendra pas de décider ces controverses, mais seulement d'aviser comment on pourra cherir pour les accommoder, et jusques où les uns et les autres pourront s'entresupporter; et que s'ils n'y peuvent parvenir lors ils aviseront au moyen de tenir une assemblée générale de ceux de mesme créance pour se rapporter à ce qu'elle en décidera. Mais les autres insistans tousjours sur le nationnal,

(1) ...] A: *date left blank*

ceux qui ne veulent que le provincial leur offrent mesmes que les autres six provinces y puissent députer des docteurs pour y avoir séance et voix, qui est une proposition moyenne qui a esté faicte par Monsieur de Barnevelt depuis mesmes leur séparation, et qui a esté envoyée par les villes, affin qu'ils en délibèrent pour revenir | bien préparez et résoluz là-dessus. Cette condition qui semble assez équitable pourra estre, comme aucuns estiment, rejettée par quelques uns desdites provinces, comme si elles devoient prendre jalousie de venir assister à un synode provincial de Hollande, et comme se soubsmettre à elle; surquoy ceux de Hollande offrent qu'aux tenans leurs synodes provinciaux, ils y envoyeront aussy sans difficulté. Une autre difficulté d'importance se présente encor sur cela, c'est asçavoir qui nommera les docteurs qui devront composer ledict synode provincial, les uns désirans que ce soient les ecclésiastiques, et les autres voulans que ce soit les magistrats, et en chaque lieu selon l'usance qu'ils y ont pratiquée. Je ne voy que ces difficulez là à vuider qu'ils ne soient en très bon chemin de s'accommoder, et pour peu qu'ils veillent relascher de part et d'autre j'en espère bonne issuë, pour laquelle rendre telle je n'obmets aucune sorte d'office dont je me puisse aviser, me confirmant de plus en plus cette créance par ce que j'en voy que les espris de part et d'autre sont beaucoup radoucis; soudain après leur rassemblement je ne manqueray de vous en dire la suitte.

[The letter continues with other matters.]

Vostre très humble et très obéissant serviteur,

Du Maurier

De la Hayë ce premier jour de l'an 1618.

| [Address:] Monseigneur de Puysieux, Conseiller d'Estat, et secretaire des commandements de sa Majesté

En cour

II/1.59 *Ambassador Du Maurier to Pierre Brûlart (Selection)*

Date: 19 January 1618

Main source: A: Paris BnF, Ms fr. 15957, 222r–223v (original)

Summary: In the news of mid-January 1618, Benjamin Du Maurier, the French ambassador at The Hague, explains to Pierre Brûlart the vagaries around the holding of a synod. – Parts of the letter are encoded and a second hand gives the decryption.

Editor: Thomas Guillemin

Monseigneur,

[The beginning of the letter is about the revolt in Oudewater ("Audouatre").]

Ce fascheux accident divertit beaucoup de la délibération sur laquelle ils estoient d'aviser à un remède general à leurs maux par le moyen d'un synode ou autrement le Prince Maurice, trouvant mauvais tout expédient qui s'eslongne tant soit peu de son desseing, s'escriant tousjours qu'il veut maintenir la religion, laquelle néantmoins ne périclite point quelques différentes que soient leurs oppinions. Mais c'est merveilles comme il s'est engagé avant en ceste mauvaise brouillerie.

[On Nijmegen]

| Je supplie le créateur, 223r A

Monseigneur, vous donner très heureuse et très longue vie.

De La Hayë ce 19ᵉ Janvier 1618

   Vostre très humble et très obeissant serviteur,

   Du Maurier

[Address:] | A Monseigneur 223v A

Monseigneur de Puysieux, conseiller d'estat et secrétaire des commandements de sa Majesté

En cour

[Du 19ᵉ] Janvier 1618, receu le premier Fébvrier

II/1.60 *Ambassador Du Maurier to Pierre Brûlart (Selection)*

Date: 25 January 1618

Main source: A: Paris BnF, Ms fr. 15957, 226r–228v (original)

Summary: Benjamin Du Maurier, French ambassador at The Hague, explains to Pierre Brûlart his informal negotiation with Oldenbarnevelt concerning foreign delegates at the synod. Du Maurier tells Brûlart that he advised Maurice of Orange not to authorize a request to send foreign delegates. – Parts of the letter are encoded and a second hand gives the decryption. There is a double code: one encrypted and another with alias. Alias decryption comes from Martin, *"Craindre Dieu"*.

Editor: Thomas Guillemin

(6) le … Maurice] A: *encoded* – (7) son … s'escriant] A: *encoded* – (8) la religion] A: *encoded* – (9) il] A: *encoded* – (10) ceste … brouillerie] A: *encoded* – (21) Du … Fébvrier] A: *marg. note by second hand*

Monseigneur,

[The letter begins on the political situation.]

226v A | Au surplus, Monseigneur, je ne manqueray de mettre à proffict l'advis contenu par votre depesche de l'xie touchant cette convocation que l'on vous a dict devoir estre faicte des théologiens des estats voisins, dont je choisiray le temps opportun. Je vous ay donné cy devant adviz que des sept Provinces Unies les quatre avoient voulu décréter un synode national pour ce prin-
227r A temps, et que pour prendre conseil de leur accommodement | ils faisoient estat d'appeler quelques uns de mesme créance du dehors contre lequel décret deux provinces entières et la plus grande partie de celle de Hollande avoient protesté par acte enregistré en la meilleure forme. Ce qui les arresta tout court, et depuis ne s'en est reparlé, sinon que lesdites quatre provinces insistent pour la tenuë d'un synode national, lequel on leur monstre visiblement leur devoir engendrer la guerre civile, s'ils ne trouvent moyen d'attirer toutes les sept provinces à se soubzmettre à ses décrets, et c'est pourquoy quelques uns proposoient d'y appeler quelques estrangers pour servir de baume à la consolidation de leur playë qu'eux mesmes durant leurs animositez ne peuvent médeciner. Ce qui venant d'autre part à se faire j'ay tousjours apprehendé comme il me souvient de vous avoir dict, que les bons esprits de ce temps qui ont sceu presques partout convertir la religion en faction ne prissent cette occasion pour y dresser quelques autre parti à mauvaise fin. De quoy ayant eu quelque communication avec le drap il ce trouve de mesme sentiment. Mais il n'est pas sans perplexité car de l'heure qu'il paroistra que le Roy ne permettre que de ses sujects si trouvent on luy imputera cette difficulté avoir esté suscitée par eux. A laquelle considération je ne m'arresteray pas que je ne face entendre ou besoin sera l'intention de sa Majesté sur ce sujet; ayant commencé des hyer que le velours m'est [one illeg. word] venu veoir en me demandant des nouvelles de France je commencay par luy dire qu'une depesche que je venois présentement de recevoir m'apprenoit que tout le corps de nostre religion estoit allarmé d'une convocation générale de tous ceux de la religion que l'on disoit se devoir faire au pied tortu à ce printemps, que cela mesme donnoit desjà quelque ombrage aux autres catholiques du royaume ausquels sa Majesté, en telle matière, estoit obligée
227v A pour divers repectz d'avoir grand esgard, joint les autres considérations | qu'elle pouvoit faire là dessus, et pourtant que si on avoit d'icy à luy faire quelque requeste sur tel sujet, il estoit nécessaire pour le respect deu à la

---

(18–19) j'ay...apprehendé] *A: encoded* – (20) religion...ne] *A: encoded* – (21) dresser...fin] *A: encoded* – (22) avec... ce] *A: encoded, stands for* Oldenbarnevelt – (23) perplexité] *A: encoded* – (24) le Roy] *A: encoded* – (24) sujects...trouvent] *A: encoded* – (25) eux] *A: encoded* – (27) le velours] *A: stands for* Prince Maurice – (27–28) m'est...me] *A: encoded* – (28) des...commencay] *A: encoded* – (30) religion estoit] *A: encoded* – (31) la religion] *A: encoded* – (31) pied tortu] *A: stands for* les Provinces-Unies – (31–32) ce printemps] *A: encoded*

religion qu'elle professe, et à la propre réputation de leurs affaires, de faire sonder par leur ambassadeur de bouche si elle l'auroit aggréable et si telle prière conviendroit au bien de son service, premier que de luy en escrire, affin de ne la mettre en pene et eux au hasard d'un refuz; lequel expédient j'ay ouvert d'autant que le drap a dict au jourdain que leur ambassadeur n'en a point escrit au satin mais à luy seulement. J'insisteray la dessus aux occasions suivantes et y prépareray les autres que je croyray y pouvoir. J'espère que sa Majesté ne désapprouvera pas ce chemin, comme aussy seur pour obtenir sa fin, et quant et quant plus honorable pour eux, que de leur en faire une déclaration publique. Sur quoy vient à considérer, s'il vous plaist, qu'en ces divisions le drap n'est pas instrument propre à faire ouverture de ce conseil, dont l'enuie retomberoit sur luy, qui pour les mesmes raisons très prudemment déduites par vostre dépesche redoute ces assemblées ecclésiastiques comme empiétans tousjours icy aussi bien qu'ailleurs sur ce qui est politique. S'ils entrent en cette voyë de faire la tentative par les ambassadeurs lors sa Majesté luy dira les mesmes raisons, et luy plus hardiment les fera entendre à ses Messieurs qui lors ne pourront soupçonner que cela ait esté pratique. Si aussy je voy qu'ils voulussent écrire directement sur ce suject à sa Majesté, lors je me lairray entendre plus ouvertement de son intention et des raisons sur lesquelles elle est fondée. Cependant je vous supplieray très humblement me dire s'il vous aggréé ainsy, affin que je ne faille point.

[The end of the letter deals with other matters.]

| Monseigneur

Vostre tres humble et très obeissant serviteur,

        Du Maurier

De la Hayë ce 25 janvier 1618

| [Address:] Monseigneur de Puysieux, Conseiller d'Estat et Secrétaire des commandemens de sa Majesté

En cour

(1) faire] A: foll. by del. premi – (5) le drap] A: stands for Oldenbarnevelt – (5) jourdain] A: stands for Du Maurier – (5) leur ambassadeur] A: encoded – (6) satin] A: stands for the States General – (11) le drap] A: stands for Oldenbarnevelt – (13–14) assemblées ecclésiastiques] A: encoded – (15) politique] A: encoded – (15) les ambassadeurs] A: encoded – (17) ses Messieurs] A: encoded

II/1.61 *Ambassador Du Maurier to Pierre Brûlart (Selection)*

Date: 8 February 1618

Main source: A: Paris BnF, Ms fr. 15957, 241r–242v (original)

Summary: Du Maurier, French ambassador in The Hague, explains to Pierre Brûlart the tensions in Netherlands and the informal negotiations with Prince Maurice of Orange, about having foreign delegates at the synod. Du Maurier says he defended the French crown, which contests the sending of Huguenots delegates. Parts of the letter are encoded and a second hand gives the decryption. There is a double code: one encrypted and another with alias.

Editor: Thomas Guillemin

Monseigneur,

[The letter begins with piracy problems.]

241v A   Il sembleroit que le plus court et plausible moyen | seroit que sans plus grand vacarme, ils cherchassent en eux mesmes le remède à leur mal, commençans par un expédient ouvert par Monsieur Barnevelt, qui est de tenir un synode provincial de Hollande, où seroient priées d'envoyer les autres provinces unies, et ce seulement pour aviser aux moyens de s'entre tolérer, et non pour venir à aucune décision des matières controversés; offrans si ledict synode ne peut réussir, de penser lors à la tenuë d'une autre assemblée. A quoy résistent ceux qui ont décrété le national, comme s'y promettans un plus seur avantage, et disant ne pouvoir au préjudice de leur dict décret entendre ny assister à un provincial, auquel la Hollande auroit plus d'authorité qu'ilz ne voudroient. D'ailleurs je voy que les villes de Hollande qui font l'ouverture susdite du provincial, se prétendans grévées en plusieurs choses dont elles demandent la réparation, commencent à se laisser entendre qu'à faute de ce, elles retiendront pardevers elles les deniers qu'elles soutiennent contribuer à la bourse commune, ne voulans estre battuës de leur propres verges. Si ce n'estoit qu'une commination pour tascher de ranger les autres à la raison, ce seroit peu de chose, mais si c'est pour en venir là tout à bon, il se peut que les conséquences n'en soient extrêmement périlleuses, comme pouvant estre fort préjudiciables à leur ordre, et engendrer les mutineries de gens de guerre en plusieurs endroictz à faute de payement. Je n'obmetz rien de toutes partz tant pour faciliter l'acceptation dudict synode provincial à l'endroit de Monsieur le Prince Maurice et autres de sa dépendance, que pour empescher envers Monsieur Barnevelt et autres de son oppinion de recevoir au moyen de retenir les deniers par les villes; et si je voy que pour y frapper coup plus utilement il soit besoin de les veoir en public la dessus je n'en perdray pas l'opportunité. Car comme l'avancement du premier expédient serviroit au sommaire et abbrégé de ces factions, la pratique du dernier seroit infailliblement très pernicieuse.

Au surplus ensuitte des derniers discours que j'euz avec le velours desquels je vous ay donné conte, j'ay continuë à batre la dessus d'empescher qu'il n'escrivent en France sur le suject qu'ilz avoient projetté, et obtenu, que par les quatre provinces qui suivent son opinion il a faict différer l'envoy des depesches par elles projettées | aux pays estrangers pour en appeler des docteurs, et ce jusques à la fin de ladite assemblée de Hollande, pour attendre ce qui en réüssira. Et pour le regard du fer, que suivant mon adviz ils escriront seulement leur ambassadeur de sonder dextrement si le Roy auroit aggréable une telle réquisition; leur ayant faict comprendre que ce procéder seroit plus convenable au respect deu au gracieux, et mesmes pour leur propre réputation, en ce qui si les affaire de Sa Majesté ne luy peuvent permettre de l'octroyer, le refuz n'en esclateroit avec leur desréputation, joint qu'ils doivent avoir ce respectueux égard de ne le requérir d'aucune chose dont le dény le peust charger de quelque enuis, et donner matière à les malaffectionnez d'en faire leur proffit à son préjudice. Voyla ce qui est arresté, et j'ay dict audict seigneur Prince, qu'il me suffisoit donq d'en prendre l'asseurance de sa bouche; et de la donner à messeigneurs les principaux ministres de sa Majesté, le qu'il a approuvé et garenty.

[The rest of the letter deals with other matters.]

Je suis

Monseigneur,

Vostre très humble et très obéissant serviteur,

   Du Maurier

La Haye ce 8ᵉ février 1618

| [Address:] A Monseigneur

Monseigneur de Puysieux, Conseiller d'Estat et Secrétaire des commandements de Sa Majesté

En Cour

II/1.62 *Ambassador Du Maurier to Pierre Brûlart (Selection)*

Date: 8 February 1618

Main source: A: Paris BnF, Ms fr. 15957, 239r–240v (original)

(1) le velours] A: *stands for* Prince Maurice – (7) fer] A: *stands for* France – (8) leur ambassadeur] A: *encoded, i.e.,* Du Maurier – (8) le Roy] A: *encoded* – (10) gracieux] A: *stands for* Louis XIII – (11) Sa Majesté] A: *encoded*

II/1.62 AMBASSADOR DU MAURIER TO PIERRE BRÛLART 399

Summary: Du Maurier announces the solicitations coming from the States General concerning foreign delegates at the synod, especially French delegates. Du Maurier says Oldenbarnevelt considers the letters addressed to the deputies of the French Reformed churches as insolent, since Louis XIII is not even mentioned in them. Du Maurier explains he convinced Maurice, Prince of Orange, that this request is not a good idea. Maurice responded that he would not tolerate this request. – Parts of the letter are encoded and a second hand gives the decryption. There is a double code: one encrypted and another with alias. Alias decryption comes from Martin, "*Craindre Dieu*".

Editor: Thomas Guillemin

| Monseigneur,

J'obmettois à vous dire par mon autre dépesche les noms de ceux ausquels les quatre provinces, qui prennent aujourd'huy le nom des Estatz Generaux, font estat d'escrire ès estatz circonvoysins pour leur envoyer des docteurs en théologie aux fins de leur ayder à terminer leurs differendz qui sont icy en la religion, à sçavoir au Roy de la Grande Bretagne, à messieurs l'Electeur Palatin et Landgrave de Hessen, aux cantons de Berne, Basle et Zurich, et aux villes d'Embden et Brême; et puis aux deputéz des Eglises de France résidents en Cour. J'ay veu la lettre pour ceux cy, par laquelle simplement on les prie d'envoyer trois ou quatre de leurs docteurs pardeça, sans y faire aucune mention du nom du Roy ny prier lesdictz députéz d'en requérir sa Majesté, ce que le drap[1] trouve très insolent et ne doute aucunement que ce ne soit un guet à pend, duquel je croy asseuréement avoir rompu le coup, ayant vivement représenté au velours[2] que c'estoit le vray chemin non pas d'obtenir une grâce de sa Majesté mais de luy faire une offence qui produiroit infailliblement des effectz tous contraires à une grâce. Il a pris sur soy d'empescher cela, dont le Jourdain[3] luy a dict qu'il prenoit asseurance sur sa parolle.

[The rest of the letter does not concern the synod.]

| [A]prèz quoy il ne me reste qu'à supplier le créateur vous donner, Monseigneur, très longue et très heureuse vie.

De La Hayë ce 8ᵉ Février 1618.

Vostre très humble et très obéissant serviteur,
Du Maurier

(13) prennent] A: rennent *interl. add. repl. del.* ortent[?] – (19) j'ay...lettre] A: *encoded* – (19) cy] A: *encoded* – (21) du...ny] A: *encoded* – (21) députéz] A: *encoded* – (21) sa Majesté] A: *encoded* – (22) le drap] A: *encoded* – (22) très insolent] A: *encoded* – (23) guet...pend] A: *encoded* – (23) rompu...coup] A: *encoded* – (25) de...Majesté] A: *encoded* – (25) une offence] A: *encoded* – (26) une grâce] A: *encoded*

[1] "le drap" stands for Johan van Oldenbarnevelt.
[2] "velours" stands for Maurice, Prince of Orange.
[3] "le Jourdain" stands for Benjamin Aubéry du Maurier.

[Address:] | A Monseigneur
Monseigneur de Puysieux conseiller d'estat et secrétaire des commandements de sa Majesté
Du 8ᵉ Fébvrier 1618, receu le 19ᵉ Fébvrier 1618

II/1.63 *Ambassador Du Maurier to Pierre Brûlart (Selection)*

Date: 28 February 1618

Main source: A: Paris BnF, Ms fr. 15957, 248r–251v (copy)

Collated source: B: Paris BnF, Ms fr. 15957, 245r–247v (original)

Summary: Du Maurier explains to Pierre Brûlart his negotiation between Johan van Oldenbarnevelt and Maurice, Prince of Orange. Debates concern the level of the synod (provincial or national) and the participants (selected by churchmen or magistrates). Du Maurier mentions the possible intervention of Philippe Duplessis-Mornay, who does not have a good reputation in the Netherlands yet. – Parts of the letter are encoded and a second hand gives the decryption. There is a double code: one encrypted and another with alias. Alias decryption comes from Martin, "*Craindre Dieu*". Both A and B copies of the letter were sent to Brûlart.

Editor: Thomas Guillemin

Monseigneur,
[The letter begins about a French political affair.]
Au surplus, aprèz que ces Messieurs de Hollande ont contesté longtemps inutilement en leur assemblée ilz se sont séparez sur l'occasion des jours gras, et se sont retirez en leurs villes à dessein de se rassembler le 8 du moys prochain, le plus grand nombre de ladite province insistant sur la tenue d'un synode provincial d'icelle, et le moindre nombre, qui suit les adviz de quatre autres provinces, continuans à demander le national, cette difficulté, qui n'est point encore vuidée, estant suivie d'une autre encor | plus grande, à sçavoir comment se feroit la nomination des députez ausdicts synodes, le velours[1] et sa suitte voulans qu'elle se face purement et simplement par les ecclésiastiques, le drap[2] et la sienne entendans que les magistras avec lesdits ecclésiastiques interviennent à ladite nomination. Voilà à quoy ilz s'aheurtent de part et d'autre, chacun ne voulant démordre de son avantage, tant

---

(4) Du...1618] A: *marg. note by second hand* – (22) 8] B: 8ᵉ – (27) nomination] A: *corr. from* nommination

---

[1] "le velours" stands for Maurice, Prince of Orange.
[2] "le drap" stands for Johan van Oldenbarnevelt.

qu'il estimera le pouvoir conserver. Il y avoit une grande inclination en tous à se départir du synode national, et à commancer par le provincial, mais il est certain que le velours[3] avec ses partisans sur le point qu'ilz estoyent de joindre à traversé cela tellement que tous demeurent en la mesme précédente incertitude. Surquoy le Jourdain[4] a pris occasion de l'entretenir à plain fondz et de luy dire librement que leur estat s'estant bien trouvé cy devant tant que luy et le drap[5] en ont soustenu les affaires d'une commune main, chacun ayant conceu à bon droict une si bonne oppinion de leur prudence et affection au public, qu'il s'estoit trouvé jusques à présent peu ou point de contradiction aux choses dont ilz estoyent demeurez d'accord, et partant qu'il estoit nécessaire qu'ilz rentrassent en ce mesme chemin nomméement pour demesler cette fusée si fort embrouillée, et qu'autrement je voyois leur estat si perdu que le salut mesmes ne le pourroit sauver. Surquoy m'ayant respondu qu'il estoit disposé à tout ce que ce l'on voudroit pourveu que l'on ne voulust plus ruiner la religion, je luy respondis que cette condition | estoit si équitable que nul n'y voudroit contredire, mais que je le suppliois de trouver bonne ma liberté si je luy disois que depuis cinq ans que j'estudie le livre de cet estat, je n'avois peu recognoistre, non pas que quelques uns désirassent telle chose, n'appartenant qu'à Dieu à juger des cœurs, mais bien que ce seroit chose impossible à ceux qui le voudroyent entreprendre, et partant que désormais il est plus que temps de ne perdre la seureté publique en s'efforçant d'asseurer une chose qui ne periclite point. A quoy il ne repartit que par dire qu'il sçavoit des secrets des monopoles faicts pour en venir là qui ne sont pas cogneuz à tous, et que le temps les découvriroit. Ma response fut qu'en telles choses les hommes devoyent prévenir le temps et découvrir les maux pour tant plus facilement en trouver le remède, au lieu que demeurant cachez tout s'achemine à perdition; la dessus il demeure couvert, comme le président Jeannin sçait qu'il est, retenant tousjours plus à dire qu'il ne dict. J'ay communiqué avec le drap[6] tout cela, qui m'a asseuré, que si la foy publique ne suffit pour asseurer cette crainte vraye ou simulée, il luy en fera bailler promesse en si bonne forme tant par les nobles de la province, que par toutes les villes sous leurs seings et seaux qu'il s'en devra contenter. Ce que j'espère luy

(3) le velours] A, B: encoded – (3) ses partisans] A, B: encoded – (4) traversé cela] A, B: encoded – (4) tous demeurent] B: tout demeure – (6) tant que] A: interl. add.; B: quand – (6–7) luy...drap] A, B: encoded – (7) en] B: interl. add. – (12) leur...perdu] A, B: encoded – (13) mesmes...sauver] A, B: encoded – (14) pourveu] B: pour interl. add. repl. del. pou[–] and po – (14) veu...ne] A, B: encoded – (15) ruiner...religion] A, B: encoded – (24) response] B: repartie – (27) couvert] A, B: encoded – (27–28) le...Jeannin] A, B: encoded – (29) avec...drap] A, B: encoded – (30) vraye... simulée] A, B: encoded

[3] I.e., Maurice, Prince of Orange.
[4] "le Jourdain" stands for Benjamin Aubéry du Maurier.
[5] I.e., Johan van Oldenbarnevelt.
[6] I.e., Johan van Oldenbarnevelt.

proposer demain, et tascher d'acheminer les choses à mieux, en attendant le retour des députéz, desquelz j'ay gouverné les principaux et plus opiniastres, le mieux et avec les plus praignantes raisons que j'ai peu, pour leur faire | comprendre la necessité qu'ilz ont de sortir de ce labirinthe. Voilà mes derniers erremens, que je reprendray à leur rassemblement, et si je voy que besoin soit, je les reverray tous ensemble, affin qu'ilz ne different plus ce dont le delay ne faict que gaster et décrediter leurs affaires. Quant à Monsieur Duplessis Mornay, il est très certain que pour y faire fruit il seroit à désirer qu'il fust aggreable à toutes les parties et désire d'elles, à quoy j'ay bien recogneu qu'il ne sera pas aysé de parvenir, le velours,[7] à quelques rencontres parlant de luy au Jourdain[8] et à d'autres, ayant dict qu'il ne veoyoit plus goutte, et qu'en telz affaires, il faut veoir bien clair. Ce que je croy procéder de deffiance qu'ilz ont de son équanimité en cette mauvaise brouillerie, sachans bien qu'en l'assemblée de Rouen, ainsy que vos lettres mesmes me l'ont témoigné, et que je l'ay faict assez entendre, il n'a pas monstré avoir l'esprit aveugle. J'observeray leurs mouvemens de part et d'autre la dessus, affin que si le mal ne peut guerir sans l'employ d'un tel remède, puis que vous croyez que sa Majesté ne l'auroit pas désaggreable, je tasche de le faire également désirer aux uns et aux autres, et vous donneray compte de ce que j'y auray avancé.

Pour l'innocent,[9] travaillant à fomenter cette division, son but n'est autre que d'abaiser la part qui a tousjours esté contraire à ses desseins et à point nommé offert de servir le Roy envers et contre tous, pour veoir | s'il peut eslever celle qui à la vérité s'est tousjours monstrée moins encline à tel debvoir.

[The rest of the letter does not concern the synod.]

| Je supplie le créateur vous donner,
Monseigneur, très heureuse et longue vie.
De La Hayë ce 28ᵉ Février 1618
    Vostre très humble et très obéissant serviteur
    Du Maurier

---

(2) opiniastres] A, B: encoded – (7–8) Monsieur...Mornay] A, B: encoded – (9) parties] A: corr. from part[–]; B: parts – (11–12) veoyoit...goutte] A, B: encoded – (12) veoir...clair] A, B: encoded – (14) l'assemblée...Rouen] A, B: encoded – (16) aveugle] A, B: encoded – (22) d'abaiser...part] A, B: encoded – (22) qui] A: interl. add. (erroneously as part of the decryption) repl. del. qui – (23) servir ...Roy] A, B: encoded – (24) eslever] A, B: encoded – (24) monstrée] B; A: monstré – (24–25) tel debvoir] A, B: encoded – (28) longue] B: prec. by très

[7] I.e., Maurice, Prince of Orange.
[8] I.e., Benjamin Aubéry du Maurier.
[9] "l'innocent" stands for Henri de La Tour d'Auvergne, duke of Bouillon.

[Address:] A Monseigneur

Monseigneur de Puysieux, conseiller d'estat et secrétaire des commandements de sa Majesté

Du 28ᵉ Fébvrier 1618, receu le xiiᵉ Mars

II/1.64 *Speech of Ambassador Du Maurier to the States of Holland (Selection)*

Date: 13 March 1618

Main source: A: Paris BnF, Ms fr. 15957, 258r–265r (original)

Summary: In a long repetitive speech where, after a reminder of Louis XIII's support, he makes abundant use of the medical metaphor, Du Maurier presses the States of Holland to fix the tensions in Netherlands, and he warns the States of Holland against potential violence in the conflict. Instead of proposing a general council, he suggests that because the States of Holland are against a national synod, a provincial synod would be a good solution, thus avoiding a global audience for domestic issues.

Editor: Thomas Guillemin

Le xiiiᵉ jour de Mars 1618 fut dict par le Sieur du Maurier, ambassadeur de sa Majesté très chrestienne, à Messieurs les Estats de la Province de Hollande en leur assemblée à la Haye, ce qui s'ensuit.

Messieurs, ce que Vos Seigneuries me revoyent en cette compagnie sur les occurances du temps, leur doit servir de preuve infaillible après infinies autres, que le bien de cette Republique est tellement à cœur au Roy mon Maistre, comme regardant incessamment vos penes des yeux de sa bonté, que toutes ses depeches me sont autant d'éguillons pour continuer de sa part les offices tendant à destourner les maux qui vous menacent, et à promouvoir les bien qu'il vous souhaitte; à quoy pour donner quelque avancement, il est désormais très nécessaire qu'il se face une rencontre de vos bonnes intentions convenables à celle de sa Majesté.

[The speech continues with other matters.]

| Or les discours en services généraux n'ayant jusques icy que bien peu, ou du tout rien opéré, voyant que le mal presse ne pouvant sans trop de péril attendre ny des médecins paresseux ny des remèdes tardifs; je m'expliqueray

---

(4) Du...Mars] A, B: *marg. note by second hand* – (4) xiiᵉ] B: xiiiᵉ[?] – (4) Mars] B: *foll. by* ensuivant

des inconvénients que sa Majesté voit en ceux que l'on met en avant et de ce qu'elle vous estimeroit le plus salutaire.

Messieurs, elle tient pour constant, que ce qui vous travaille si fort, est de telle nature, et désormais à faict tel progrès entre vous, qu'il est impossible de le faire cesser | autrement que par l'un de ces trois moyens, à sçavoir ou par la vive force, ou par une décision de vos differendz, ou par quelque accomodement d'iceux.

Pour celuy de la force, je croy qu'il ne se trouveroit homme si dépourveu de sens commun et d'humanité, qui l'estimast ny conseillable, ny pratiquable, par ce qu'il répugne non seulement à la profession chrestienne, mais encor à toute société, diverses expériences ayans bien chèrement appris à ceux qui les ont faictes en tous aages et nations que les ames ne peuvent estre violentées, et qu'en leur égard les moyens humains ne doivent rien entreprendre sur ce qui n'appartient qu'à Dieu seul. Joint que l'on ne sçauroit oster du tout la cause des plaintes mutuëlles qui retentissent parmy vous, qu'en arrachant vos propres entrailles, c'est-à-dire en déchirant misérablement vostre République.

Quand au jugement absolu de ces controverses, je sçay bien que les plus sages et mieux versés en telles matieres recognoissent que ce ne pourroit estre ouvrage que d'un concile général, entreprise certainement non moins difficile que de longue haleyne, pour infinies circonstances et considérations précédentes de la qualité de nostre temps d'ailleurs trop remply de justes ombrages et soupçons lesquels chacun peut assez entrevoir et discourir en soy mesme, sans que par la tedieuse deduction d'iceux il | soit besoin de consumer inutilement la meilleure part de cette audiance.

Reste donq le troisiesme et seul expédient auquel on peu recourir pour faire présentement une utile tentative de cette cure: à sçavoir celuy d'un bon accommodement pour s'entretolérer en attendant mieux, duquel on peut bien se promettre quelques heureux succès, pourveu que tous y veillent procéder avec autant de franchise et de sincérité comme ilz y sont tenuz par leur obligation à l'interest public.

Je scay bien que pour cognoistre de ces disputes, quelques uns ont faict ouverture d'un sinode national de ces provinces qui seroit à désirer estre consenty de toutes bien unanimement; mais à ce que l'on dict, à mon extrême déplaisir, vous en estes bien eslongnez, diverses exceptions estans par quelques uns alleguées au contraire.

Or que ce consentement doive estre préalable pour espérer quelque fruit d'une telle assemblée, c'est chose qui ne peut estre débatuë. Car mesmes toutes les fois que l'on a proposé de tenir des conciles, pour fondement d'iceux, on a tousjours creu tel consentement devoir précéder et naistre de la paix et concorde des chrétiens, d'autant que pour faire réüssir une action de

(6) vive] *A: written twice, the second deleted*

telle importance au bénéfice commun, l'union des principales volontéz y est entièrement nécessaire.

Ce que je dy des conciles (desquels aussi l'authorité s'anéantit ès lieux désobeissans à leurs décrets) se peut | approprier au synode national dont il s'agit, l'estat présent de ces provinces non unies, mais nomméement discordantes en ce point, jusques à protester les unes contre les autres, ne promettant pas d'attendre le bien qu'autrement on pourroit se promettre de la tenuë d'iceluy.

Partant quand on insiste sur un tel moyen, il ne faut pas en considérer le seul commencement et la superficie, mais plus interieurement tout ce qui en peut avenir. Car ces corps remplis d'humeurs corrompuës, comme est à présent le vostre bien souvent le remède par lequel on veut pourvoir à l'inconvénient d'une partie, en engendre de plus pernitieux en d'autres à la ruyne du total.

Surquoy pour me rendre plus intelligible, je diray, que si en tel dissentiment et répugnance des provinces, on venoit par la pluralité des voix à passer outre au synode national, et que nonobstant les protestations au contraire, il décretast sur les points controvers, après cela quel deviendroit l'estat de la pluspart de vos villes, qui sont autant de petites républiques dont la générale est composée? Car entranglées comme elles sont de peuples imbuz des oppinions qui s'entreheurtent aujourdhuy, tel synode ne pouvant ordonner, que les uns ne s'en estiment avantgéz, et les autres vexéz, les partialitéz que se renforceroient parmy vos sujects à cette occasion, temoigneroient que ce que vous leur auriez préparé pour | médecine leur seroit devenu poison, et par ainsy que vous auriez plustost empiré que soulagé leur mal.

C'est donq à vos prudences de ne le traicter à contretemps, et par des moyens qui plausibles aux uns, pourroient tellement estre à contrecoeur aux autres qu'il en naistroit de funestes accidents à ceux mesmes qui d'abord s'en cuideroient prévaloir, la raison nous enseignant, et l'expérience faisant veoir que d'ordinaire le danger d'autruy devient le nostre propre, et qu'en cerchant de proffiter au désavantage de quelques uns, il se trouve à la fin que nous y perdons et nous désavantageons nous mesmes.

Cependant Messieurs, pour n'habandonner vostre corps languissant et tascher de le remettre en quelque meilleur estat, en évitant les inconvéniens que j'ay remarqués, puis qu'avant la tenuë du synode national (si des icy l'on n'en peut convenir amiablement) tousjours est-ce la coustume de tenir les provinciaux, quel inconvénient y peut il avoir que toutes les provinces s'entrassistent à la tenuë des leurs particuliers? D'autant plus que si les points aujourdhuy litigieux ne doivent point estré décidéz, mesmes de commencer par celuy de la vostre, comme la plus malade, pour le faire servir ou de modération aux passions si véhémentes, ou d'acheminement à quelqu'autre assemblée plus solennelle s'il en est besoin; essayant de vous mettre par provision en quelque assiette moins incommode et plus tranquile | jusques à la naissance d'un moyen asséz fort pour rendre vostre guérison acomplie, ce qu'en un estat si détraqué l'on ne soit espérer que d'une plus longue diette.

Si l'on dict que par ce moyen on préjudicieroit à quelque résolution déjà prise du synode national, j'avouë qu'il y auroit apparence si les provinciaux le pouvoient exclure et s'atribuer authorité d'entrer en quelque détermination. Mais estant par exprès stipulé que non, tel scrupule cesse entierement. Que si l'on pouvoit y faire ouverture de quelque salutaire expédient pour l'abbrégé de vos malheurs, je m'asseure qu'il ne s'en trouveroit point de si dénaturéz qui ne s'en resjouissent, comme voyant trouvé par un chemin plus court, ce que l'on projette de cercher par un beaucoup plus long, veu mesme que l'on parle de requérir à cet effect l'assistance de quelques uns des pays circonvoisins.

De quoy si vos seigneuries se peuvent exempter, elles éviteront très sagement la honte de découvrir, comme aucuns ont proposé, leurs playes aux yeux de toute l'Europe, devant lesquels vos actions passées n'ayant cy devant représenté que des triomphes, vos présentes divisions auroient maintenant besoin de justification, et qui pis est produiroient des témoins de vostre foiblesse.

[The speech continues with other matters.]

| Messieurs, c'est en substance l'adviz et conseil de sa Majesté , auquelz si le bonheur eschet d'estre receuz pesez et mis en oeuvre d'affection pareille à celle dont ils procèdent, elle s'asseure que Vos Seigneuries en recevront autant de proffit qu'elle de contentement de vous l'avoir procuré.

Du Maurier

II/1.65 *Ambassador Du Maurier to Pierre Brûlart (Selection)*

Date: 14 March 1618

Main source: A: Paris BnF, Ms fr. 15957, 266r–268v (original)

Summary: Benjamin Aubéry du Maurier, French ambassador in The Hague, explains to Pierre Brûlart the tensions around the project of a Dutch national synod. According to Du Maurier, Louis XIII's action towards the Netherlands is well received. Concerning foreign delegates at the synod, again Du Maurier says he defended the French crown, which contests the sending of Huguenot delegates. – Parts of the letter are encoded and a second hand gives the decryption. Alias decryption comes from Martin, *"Craindre Dieu."*

Editor: Thomas Guillemin

| Monseigneur,

[The beginning of the letter deals with international diplomacy.]

Quant aux affaires d'icy, nous sommes maintenant sur le point d'y veoir quelque lumière, éstant la province de Hollande rassemblée pour cet effect seulement depuis deux jours, lors de sa séparation il sembloit que les espris s'adoucissoient aucunement. Mais depuis il est survenu divers accidens qui les ont derechef enaigris autant que jamais. C'est pourquoy je n'ay pas voulu différer davantage à les veoir en leur assemblée, où je fuz hyer leur dire le contenu en ce que vous trouverez cy joint, où je me suis efforcé d'estre si exempt de tout blasme de partialité que je n'ay espargné les maux que je recognois d'un costé et d'autre, comme de demouvoir ceux qui sont de la dépendance de Monsieur le Prince d'Orange de s'aheurter si fort au synode national, auquel ilz veulent forcer les autres, l'ayans à cette fin faict résoudre dès il y a longtemps par les quatre provinces qui le suivent, et d'ailleurs | désapprouvant ce que prétendent faire ceux qui sont de l'oppinion de Monsieur Barnevelt, à sçavoir de supercéder le fournissement de ce qu'ilz doivent contribuër à la bourse de leur généralité, jusques à ce qu'on leur ait réparé les griefs dont ilz se plaignent. Monseigneur, tout ce que je fay a bien besoin de vostre deffense accoustumée, encor que je n'estime pas avoir excédé les limites de la bienséance et du langage convenable à la dignité de sa Majesté, de laquelle je vous dy sans hyperbole que tous bénissent les salutaires conseils, j'entendz tous les gens de bien, qui m'ont dict en public et me viennent dire en particulier qu'ilz sont trop obligéz à sa Majesté du soin paternel qu'elle daigne prendre d'eux et le leur témoigner si amiablement. Monsieur de Barnevelt l'a hautement exagéré à Monsieur de Marsillac[1], disant disertement, comme font tous ceux qui en jugent saynement, que si du costé d'Angleterre on eust mis de tel baume sur leurs playës elles seroient pieça refermées. Je verray ce que produira cela, où j'ay creu devoir spécifiquement exprimer ce que vous m'avez faict recognoistre de l'intention de sa Majesté, qui est de ne désirer qu'ilz continuent à vouloir attirer des docteurs de la rate du fer[2] pour moyenner leur réconciliation, non que sa Majesté ne la désire ardemment, mais pour le juste soupçon que cette teste n'eust quelque mauvaise queue, de quoy je me suis particulièrement exprimé aux principaux, et outre cela en ay jetté quelque air et sentiment à tout le corps, affin qu'il ne le puisse ignorer, et que les uns par crainte, les autres par dessein, ne le leur voulussent pas faire comprendre.

(16) doivent] *A: foll. by del.* f[–]

[1] François V de La Rochefoucauld, Prince of Marcillac.
[2] "la rate du fer" stands for "la Religion prétendue Réformée de France" (the so-called Reformed religion of France).

[The rest of the letter is about the payment of soldiers and other affairs of pensions.]

| Dieu me face plu[st]ost la grace de vous pouvoir justiffier que je suis et seray toute ma vie,

Monseigneur,

       Vostre très humble et très obeissant serviteur,
       Du Maurier

De La Hayë ce 14ᵉ Mars 1618

| [Address:] A Monseigneur

Monseigneur de Puysieux, conseiller d'estat et secrétaire des commandements de sa Majesté

[——] Mars 1618, receu le xxvii

II/1.66 *Ambassador Du Maurier to Pierre Brûlart (Selection)*

Date: 22 March 1618

Main source: A: Paris BnF, Ms fr. 15957, 274r–275v (original)

Summary: Benjamin du Maurier sums up news of the Netherlands, including the project of a provincial synod, which is disputed by Prince Maurice of Orange. Du Maurier thinks Maurice is going to lose some of his support because of that. – Parts of the letter are encoded and a second hand gives the decryption.

Editor: Thomas Guillemin

Monseigneur,

[The letter begins about François V de La Rochefoucauld.]

En suitte de ma proposition du 13ᵉ de ce moys, on avoit faict ouverture, qui sembloit estre aggréée du plus grand nombre de cette assemblée de Hollande, à sçavoir que l'on commenceroit par la tenuë d'un synode provincial, lequel cercheroit seulement des moyens de tolérance mutuëlle, sans entrer en aucun décision, à la charge que dans six semaynes aprèz estre assemblé, s'il ne s'y pouvoit rien conclure pour la paix de leur pays, ils aviseroient par ensemble à faire quelque autre plus grande assemblée pour les tirer de cette difficulté. Et d'autant que la principale se trouvoit sur la nomination des députez

---

(4) vie] A: foll. by note concerning the testament of Philip William of Orange – (12) [——] ... xxvii] A: marg. note by second hand – (30) principale] A: foll. by del. difficulté

audict synode provincial, on a faict offre pour éviter qu'elle ne se feit de plus grand nombre adonnéz à l'une part qu'à l'autre, que de chacune classe on en nommeroit six, desquels six on tireroit au sort ceux qui devroient aller audict synode, ce que la pluspart sembloit gouster et approuver. Mais le prince Maurice a faict rejetter cela, ne voulant que ce qu'il veult. En quoy j'estime qu'à la fin il sera trompé, car j'en voy desjà quelques uns de ceux qui estoient le plus attachéz à son party qui commencent à parler plus modéréement, et à s'approcher davantage de | la raison.

[The rest of the letter is about the States of Gelderland and Prince Maurice's actions.]

| Cependant, je demeureray,
Monseigneur,
      Vostre très humble et très obéissant serviteur,
      Du Maurier
De La Haye ce 22ᵉ Mars 1618

[Address:] | A Monseigneur
Monseigneur de Puysieux, conseiller d'estat et secrétaire des commandements de sa Majesté

II/1.67 *Ambassador Du Maurier to Pierre Brûlart (Selection)*

Date: 19 April 1618

Main source: A: Paris BnF, Ms fr. 15957, 283r–285v (original)

Summary: Benjamin du Maurier explains to Pierre Brûlart that the crisis in the Netherlands is not resolving itself. Johan van Oldenbarnevelt asked Du Maurier about the coming of Philippe Duplessis-Mornay with two Huguenot theologians in order to try to find a solution to the crisis. If Louis XIII agrees to send Duplessis-Mornay, Du Maurier warns about the need to keep his mission secret, because of some rumors against him in the Netherlands. – Parts of the letter are encoded and a second hand gives the decryption. Alias decryption comes from Martin, "*Craindre Dieu*".

Editor: Thomas Guillemin

| Monseigneur,
[The beginning of the letter is about the political situation and Du Maurier's actions.]

(4–5) le...Maurice] *A: encoded* – (5) rejetter cela] *A: encoded* – (5) qu'il veult] *A: encoded* – (6) sera...car] *A: encoded* – (7) à...party] *A: encoded*

| Au surplus, le[1] voyant hyer sur ce qui est de l'estat présent, il s'ouvrit plus clairement à moy qu'il n'avoit encores faict sur le suject de la maladie de cet estat, laquelle il voit tellement empirer, qu'il croit qu'ell'a besoin au point où elle se trouve que le Roy y mette la main par l'envoy de Monsieur du Plessis Mornay, assisté d'un ou deux docteurs qu'il choisiroit comme n'estans partiaux, disant qu'il seroit pour ayder grandement les bonnes intentions et mettre les autres en meilleur chemin. Sur quoy luy ayant demandé si le satin[2] seroit pour en requérir le gratieux,[3] affin s'il peut faire cest envoy de le rendre plus efficacieux, il m'a respondu qu'en l'estat présent de leurs dissentions, il ne failloit pas attendre cela, ains le prevenir d'office par excèz d'affection à leur bien. A quoy ayant répliqué que si le velours[4] au moins ne le désiroit, je craignois que cela fust en vain, il me pria de le sonder encores la dessus, ce que j'ay faict cejourdhuy et ay trouvé qu'il recognoist bien en Monsieur Duplessis Mornay toutes les qualitéz requises pour un tel effect, mais y adjoustant que cela seroit à propos, s'il y avoit un synode national assemblé pour y donner ses adviz; surquoy je luy ay reparty que, ce synode estant la pierre d'achoppement, il failloit avoir de l'ayde pour trouver moyen de le faire consentir à ceux qui y résistent ou pour ouvrir quelque autre chemin, et en sommes demeuréz la dessus, sans que j'ayë pressé ny qu'il se soit plus ouvert que cela. Depuis le Jourdain[5] a reveu le drap,[6] qui tient qu'en telle extrémité il ne faut | pas s'arrester aux hésitations ordinaires dudict velours[7] irrésolu presqu'en toutes choses excepté à la guerre. Voylà naivement ce qui s'est passé sur ce suject, surquoy sa Majesté prendra telle résolution qu'il luy plaira: S'il m'estoit permis d'en parler, j'estime que s'il y a moyen que sa Majesté ait l'honneur de ceste cure, ce ne peut mieux estre que par cestuy là, si d'ailleurs la constitution de ses affaires le peut permettre. Auquel cas la célérité et le silence seroient extrêmement nécessaires, affin de prévenir les artiffices, par le moyen desquels plusieurs s'efforceront de décréditer cest envoy, comme aussy celuy que le sobre[8] y voudra faire à l'envy, estant à désirer en toutes sortes et pour la gloire du gracieux[9] et pour le succéz de

(4–5) le...Mornay] A: *encoded* – (5) docteurs] A: *encoded* – (5–6) partiaux] A: *encoded* – (8) cest envoy] A: *encoded* – (11) ayant] A: *corr. from* j'ay – (13–14) Monsieur...Mornay] A: *encoded* – (15) synode...assemblé] A: *encoded* – (16) ce...la] A: *encoded* – (21) dudict velours] A: *encoded* – (22) à...guerre] A: *encoded* – (25) de...cure] A: *encoded* – (28–29) cest envoy] A: *encoded* – (29) à l'envy] A: *encoded*

[1] "le" refers to Johan van Oldenbarnevelt.
[2] "le satin" stands for "les Estats Generaux" (the States General).
[3] "le gratieux" (or "gracieux", respectively) stands for Louis XIII.
[4] "le velours" stands for Maurice, Prince of Orange.
[5] "le Jourdain" stands for Benjamin Aubéry du Maurier.
[6] "le drap" stands for Johan van Oldenbarnevelt.
[7] I.e., Maurice, Prince of Orange.
[8] "le sobre" stands for King James I.
[9] I.e., Louis XIII.

l'affaire, d'anticiper et gaingner le devant pour les causes que vous sçavez mieux. Pour tenir la chose secrette au moins jusques au temps de son partement de Paris, pardonnez-moi si je m'estens sur ces particularitéz, vous pourriez par mon beau frère,[10] qui l'iroit trouver comme de luy mesme, l'envoyer informer des intentions de sa Majesté, affin qu'il la vint trouver comme sur autre occasion, et lors en dix journées se rendre au pied tortu.[11]

[There are rumors that Prince Maurice of Orange might take action and conquer the towns resisting him. Du Maurier emphasizes that, concerning the dealings with Oldenbarnevelt detailed in the letter, secrecy is of utmost necessity. The rest of the letter deals with several other affairs pertaining to French-Dutch relations.]

| Je suis,
Monseigneur,
    Vostre très humble et très obéissant serviteur,
    Du Maurier
De La Hayë ce 19ᵉ Avril 1618.

[Address:] | A Monseigneur
Monseigneur de Puysieux, conseiller d'estat et secrétaire de commandements de sa Majesté
En Cour
Receue ce 30 dudict mois

II/1.68 *Ambassador Du Maurier to Pierre Brûlart (Selection)*

Date: 23 May 1618

Main source: A: Paris BnF, Ms fr. 15957, 313r–314v (original)

Summary: Benjamin du Maurier, French ambassador in The Hague, writes to Pierre Brûlart about international news. He mentions the negotiations between Maurice, Prince of Orange, and the States of Overijssel.

Editor: Thomas Guillemin

(2–3) son…Paris] A: *encoded* – (4) mon…frère] A: *encoded* – (6) comme] A: *interl. add.* – (6) dix …au] A: *encoded* – (21) Receue…mois] A: *marg. note by second hand*

[10] This presumably refers to Pierre Marbault.
[11] "le pied tortu" stands for "les Provinces-Unies" (the United Provinces).

Monseigneur,

| [The letter begins about piracy and the pensions affair.]

Au surplus, Monseigneur, nous sommes tousjours attendans le retour de Monsieur le Prince d'Orange, qui a sejourné plus qu'il ne pensoit en la province d'Ovrissel, à cause des difficultez qu'il y a rencontrées, lesquelles néantmoins j'apprens qu'il surmonte, y ayant faict résoudre par la pluralité des voix une bonne partie de ce qu'il a désiré, dont le principal est de faire passer outre à ce synode national nonobstant la protestation de la plus grande part de la Hollande et de la province d'Utrecht.

[The letter continues on the political situation between Prince Maurice and Johan van Oldenbarnevelt.]

| Je suis, Monseigneur,

    Vostre très humble et très obéissant serviteur,
        Du Maurier

De La Hayë ce 23ᵉ May 1618

[Address:] | A Monseigneur

Monseigneur de Puysieux, conseiller d'estat et secrétaire des commandements de sa Majesté

Receue le 5 Juin 1618

II/1.69 *Ambassador Du Maurier to Pierre Brûlart (Selection)*

Date: 3 June 1618

Main source: A: Paris BnF, Ms fr. 15957, 317r–319v (original)

Summary: Benjamin Du Maurier writes to Pierre Brûlart about the Dutch situation. According to him, the main difficulty concerning the Arminian controversy lies in who holds authority to judge religious matters. Du Maurier explains that he tried to obtain the States of Holland's agreement to the national synod by limiting its prerogatives. Du Maurier adds that behind his accommodating talks, Prince Maurice of Orange is trying to turn the national synod to his advantage. Du Maurier asks Brûlart what is the King's advice concerning this double standard. Finally, he mentions the possible go-between role of the Sieur de Marquette (Daniel de Hertaing) and Philippe Duplessis-Mornay. – Parts of the letter are encoded and a second hand gives the decryption. There is a double code: one encrypted and another with alias. Alias decryption comes from Martin, *"Craindre Dieu"*.

Editor: Thomas Guillemin

(19) Receue...1618] A: *marg. add. by second hand*

| Monseigneur,

[The letter begins about an intermediary and the service of the King.]

Quant à l'estat d'icy, je représente à sa Majesté, comme vous verrez s'il vous plaist, ce que j'ay faict en suitte de ses commandements et luy rendz conte des parolles mesmes que j'ay employées pour accomplir l'office qu'elle m'avoit ordonné, tant en l'égard de son secours pour cette armée, que de ce qui concerne ses conseilz sur les disputes et malentenduz; en quoy j'ay continué d'en suivre de plus prèz que j'ay peu les intentions de sa Majesté, vers laquelle néantmoins je vous supply me faire cette grâce d'en excuser les defaux. J'ay creu qu'il n'y avoit rien de plus juste pour les remettre en chemin d'accord que de les renvoyer au principe de leur société, moyennant quoy j'estime qu'il seroit aysé de terminer ce différend; ceux qu'ils appellent Remonstrans et entr'autres le drap[1] maintenans que par leur traicté d'union de toutes les provinces qui se feit à Utrecht en l'an 1578 il fut stipulé par exprèz, que survenant difficulté au faict de la religion en Hollande, ce seroit elle seule qui y pourveoiroit et remedieroit; ce que la pluralité aux Estatz Généraux et Monsieur le Prince d'Orange soustiennent ne devoir estre ainsy entendu, et c'est en cette interprétation que gyst la principale | difficulté de tout cet affaire, chacune des parties se la voulant attribuer. Cependant je voy les choses aller avant pour, nonobstant toutes les protestations de la plus grande part de la Hollande et de toute la province d'Utrecht, passer outre à ce synode national, lequel ceux cy disent appréhender en double égard, tant pour n'estre (à la mercy des passions qui leur sont contraires) condamnéz d'hérésie, que pour la préjudiciable conséquence qui en reviendroit à la Hollande en toutes autres choses, laquelle s'estant gouvernée elle mesme en tout droict de souveraynetê, nonobstant sa liaison avec les autres, qui n'est que pour certains cas limitéz, désormais par la mesme règle les autres petites provinces la voudroient supplanter et la faire passer par leurs voix en ce qui leur plairoit.

Maintenant il avoit esté faict une ouverture, et j'ay contribué tout ce que j'ay peu pour la faire valoir, à sçavoir que la Hollande voulust consentir ledict synode sous certaynes conditions et limitations, comme de n'y juger point les questions au fondz, mais seulement d'aviser aux moyens d'y prendre un accommodement convenable aux uns et aux autres, à quoy il y avoit quelque espérance de les amener sans la deffiance ou sont ceux qui resistent audict synode que, nonobstant ce project de limitation, on ne lairroit pas de passer outre à la deffinition de ces differendz demeurans d'autant plus sur ladite deffiance que les autres entendroient que l'on s'en fiast en leur parolle, disans qu'il n'y auroit apparence qu'ilz obligeassent ledict synode à cela, qui ne

(14) 1578] A: undl. – (20) les] A: interl. add. – (22) disent] A: dient – (27) limitéz] A: prec. by del. q or y

[1] "le drap" stands for Johan van Oldenbarnevelt.

pourroit estre véritablement ainsy nommé, si on luy prescrivoit dès à présent des bornes, lesquelles il n'osast outrepasser, mais qu'ilz s'employeroient pour induire de leur pouvoir ceux dont il sera composé de s'y contenir. Voilà maintenant la principale difficulté qui nous empesche, estant malaisé voire impossible sans cette seureté de pourveoir à la crainte des uns, comme aussy d'obtenir ladite asseurance des autres. Je verray s'il y aura moyen de chevir cela par quelqu'autre expédient et n'y obmettray aucune sorte de devoir. Cependant j'ay creu vous devoir depescher ce porteur exprèz pour | vous dire que j'apprendz de diverses parts, que sous l'apparence de cercher et trouver des expediens d'accomodements le velours² et sa partie butent et sont résolus non seullement au synode national pour y faire tout décider à leur advantage mais aussy de faire par la force quitter aux villes, qui sont en crainte, les gens de guerre qu' elles ont pris à leur solde et serment pour leur seureté, qui seroit allumer un feu non seulement difficile mais impossible à esteindre. C'est pourquoy le Jourdain³ a besoin d'estre premuny de la volonté du gracieux,⁴ de ce qu'en tel cas il auroit à dire et à faire, ne croyant pas que sa Majesté voulust que ses hommes ny son argent fussent employéz à si mauvais usage que de servir de verges aux uns pour fouetter les autres et néantmoins, quoy que je creusse en devoir parler ainsy la nécessité le requérant, si ai-je creu de mon devoir de consulter mon oracle là dessus, affin de ne rien faire que par son commandement exprèz. De tout cela j'estime, Monseigneur, qu'il n'est pas expédient de monstrer au sieur de Marquette qu'on le croye ny apprehende, mais bien très nécessaire de luy faire comprendre l'approbation de sa Majesté et de son conseil ne pouvoir aller à demesler cette fusée autrement qu'à l'amiable et de gré à gré par la voye de douceur, pour les trop périlleuses conséquences qui suivroient d'en user autrement, sa Majesté voulant croire que la prudence du velours⁵ ne permettroit pas qu'il y fust procédé autrement. Quant au dict sieur de Marquette, je vous en ay cy devant éscrit la vérité, nonobstant quoy je n'ay peu refuser les lettres de recommandation qu'il emporte, et croy qu'encor que le velours⁶ ait assez contemtiblement traicté l' envoyé du gracieux⁷ vers luy, il sera bon de gratifier cestuicy, qui en

318r A

(10) le...butent] A: *encoded* – (10) velours] A: *decryption reads* velous – (10–11) résolus...au] A: *encoded* – (11–12) y...de] A: *encoded* – (12) par...villes] A: *encoded* – (12–13) gens...qu'] A: *encoded* – (13) pris...solde] A: *encoded* – (13) serment] A: *encoded* – (15) d'estre...la] A: *encoded* – (16) à... faire] A: *encoded* – (17–18) à...autres] A: *encoded* – (22) sieur...Marquette] A: *encoded* – (28) dict ...Marquette] A: *encoded* – (29) refuser...de] A: *encoded* – (29–30) tion...emporte] A: *encoded* – (30–31) contemtiblement...l'] A: *encoded* – (31) luy] A: *encoded*

² "le velours" stands for Maurice, Prince of Orange.
³ "le Jourdain" stands for Benjamin Aubéry Du Maurier.
⁴ "gracieux" stands for Louis XIII.
⁵ I.e., Maurice, Prince of Orange.
⁶ I.e., Maurice, Prince of Orange.
⁷ I.e., Louis XIII.

II/1.69 AMBASSADOR DU MAURIER TO PIERRE BRÛLART 415

effect est homme de service, s'il y en a un pardeça, cela pouvant servir à le gaignier au gracieux,[8] estimant qu'il ne seroit pas inutile à son service, qu'on luy temoignast que cela procede des bons tesmoignages que le Jourdain[9] en | a rendus et luy faire sentir, si le gratieux[10] tient en quelque estime et fiance
5 ledict Jourdain,[11] d'autant que par cet organe cela sera entendu, où besoin est, pour servir à l'avantage et du bien de ces pays et du service de sa Majesté. Mais si l'on projette de envoyer icy Monsieur Du Plessis Mornay, comme j'en voy croistre le besoin à veue d'oeuil, le drap[12] y persistant, je ne croy pas qu'il faille leur en donner aucun sentiment, affin s'il est possible de prévenir
10 l'Angleterre et les artiffices avec lesquels on voudra sans doute dicréditer ledict envoy. Au demeurant soubz espèce d'honneur rendu audict sieur de Marquette, luy donnant quelque assistant, comme n'ayant jamais esté au fer,[13] on pourra cognoistre ses démarches et sçavoir si quid latet quod non pateat.
[The end of the letter is about the political crisis.]
15 | Il ne me reste qu'à vous recommander très humblement ce porteur qui sert le Roy soubz moy il y a quatre ans entiers, s'il y avoit lieu de quelque gratiffication outre l'ordinaire elle seroit très bien employée, vous en estes supplié,

Monseigneur,
20 Par vostre très humble et très obéissant serviteur,
Du Maurier
De La Haye ce 3ᵉ Juin 1618

[Address:] | A Monseigneur
Monseigneur de Puysieux, conseiller d'estat et secrétaire des commande-
25 ments de sa Majesté
En cour
Du 3ᵉ Juin 1618, receu le viᵉ[?]

---

(2) gaigner au] A: encoded – (2) son service] A: encoded – (3) tesmoignages...le] A: encoded – (3–4) a rendus] A: encoded – (4) luy...si] A: encoded – (7) envoyer...Mornay] A: encoded – (8) y] A: corr. from illegible word – (9–10) de...Angleterre] A: encoded – (11) envoy] A: encoded – (11–12) espèce...luy] A: encoded – (12) assistant] A: encoded – (13) on pourra] A: encoded – (13) ses démarches] A: encoded – (27) Du...viᵉ] A: marg. note by second hand

[8] I.e., Louis XIII.
[9] I.e., Benjamin Aubéry Du Maurier.
[10] I.e., Louis XIII.
[11] I.e., Benjamin Aubéry Du Maurier.
[12] I.e., Johan van Oldenbarnevelt.
[13] "fer" stands for France.

II/1.70 Ambassador Du Maurier to King Louis XIII (Selection)

Date: 3 June 1618

Main source: A: Paris BnF, Ms fr., 15957, 325r–326v (original)

Summary: Benjamin Du Maurier, French ambassador The Hague, writes to Louis XIII directly. He explains the tensions concerning the national synod and the dismissals of military troops. According to him, delegates of six Dutch provinces want to proceed with the convening of a national synod against the objections of the provinces of Holland and Utrecht. If the six provinces follow this option, Du Maurier thinks there will be no resolution of the crisis.

Editor: Thomas Guillemin

Sire,
  [The letter begins about the political and military help of Louis XIII to the United Provinces.]
  | Quant à leurs divisions je les voy pour encor à tel point que je ne puis concevoir espérance de leur si prompte réconciliation qu'il seroit à désirer, les uns et les autres demeurans si fort sur leurs avantages et prétentions qu'ils ne font point de contenance d'en vouloir relascher; les députéz extraordinaires des six autres provinces estans venus comme j'apprendz, avec charge de passer outre à la résolution du synode national, nonobstant les protestations au contraire de la plus grande partie de celle de Hollande et de celle d'Utrecht, comme aussy de conclure au licenciement de quelques gens de guerre qu'aucunes villes de Hollande ont pris à leur solde et service pour s'asseurer contre les esmotions populaires que les magistratz appréhendent maintenant lesdites villes avoir ce droit de tout temps immemorial, ce qui leur est disputé par la pluralité des voix aux Estatz Généraux et par monsieur le Prince d'Orange ne pouvant, Sire, sinon beaucoup craindre, que si l'on vient à presser l'execution des deux poincts susdictz, les commencements de cette rompure n'en deviennent pires, à quoy je n'obmets d'apporter au nom et en l'authorité de Votre Majesté tout le temperament qu'il m'est possible.
  [The letter continues about the political situation.]
  | Sire, très heureuse et très longue vie. De la Haye ce 3ᵉ Juin 1618.
      Vostre très humble tres obeissant et très fidelle suject et serviteur,
      Du Maurier

| [Address:] Au Roy

II/1.71 *Ambassador Du Maurier to Pierre Brûlart (Selection)*

Date: 19 June 1618

Main source: A: Paris BnF, Ms fr. 15957, 345r–346v (original)

Summary: Benjamin Du Maurier writes to Pierre Brûlart to provide the latest information. First, he talks about the possible mission of Philippe Duplessis-Mornay. Secondly, Du Maurier speaks about his last discussion with Prince Maurice. The French ambassador notes that the Prince of Orange gave him an unthoughtful talk about the crisis. Faced with this situation, Du Maurier reports that he replied with some peaceful advice. But he continually reminds that Prince Maurice and Johan van Oldenbarnevelt cannot agree anymore. Thirdly, Du Maurier mentions that he met Willem Lodewijk of Nassau-Dillenburg, who may act as an intermediary between the two opposite sides. – Parts of the letter are encoded and a second hand gives the decryption. There is a double code: one encrypted and another with alias. Alias decryption comes from Martin, *"Craindre Dieu"*.

Editor: Thomas Guillemin

345r A | Monseigneur,

Depuis vous avoir escrit le xvie sur les occurrences présentes, j'ay receu la dépesche de sa Majesté et vostre de l'xie [on his own fidelity to Louis XIII]. Il faut recognoistre que ces considérations sur l'envoy de Monsieur Du Plessis Mornay sont profondes et de très grand poidz, et qui ne peuvent recevoir de contradiction, nonobstant quoy sa Majesté monstre une passionnée affection au bien de cet estat de surmonter toutes ces difficultéz si le besoin vient à le requérir. Depuis cette dépesche receuë j'ay veu et entretenu le velours,[1] lequel enfin estant tombé sur le propos de ces désordres, il faut que j'avoue ne l'avoir jamais ouy si peu raisonner, insistant tousjours que les autres ne veulent sinon ruyner la religion. Je luy ay respondu qu'à se plaindre tousjours de cela, et ne monstrer pas comment ny discourir des légitimes moyens de sauver la religion et l'estat, ce désordre ne s'accommodera jamais. Que si de l'une des parts l'on vouloit coucher les moyens qu'elle croit pratiquables pour guérir ce mal, et de l'autre de mesme, et que des deux oppinions on taschast par entremise de gens non passionnéz d'en former une commune, en y apportant de tous costéz de bonnes intentions, il ne seroit pas impossible de faire quelque chose de bon. Que tant que l'on s'eslongnera les uns des autres sans s'entendre parler on ne conviendra de rien; que l'on regarde brusler la

---

(19–20) sur...Mornay] A: *encoded* – (23) le velours] A: *encoded; interlineally glossed by third hand:* Prince d'Orange, *repl. del. interl. add. decryption* velours – (25) peu raisonner] A: *encoded* – (26) la religion] A: *encoded* – (28) la religion] A: *encoded* – (28) l'estat] A: *encoded*

[1] "le velours" stands for Maurice, Prince of Orange.

maison, en s'amusant à deviser de quelle eau on l'esteindra. Mais ny pour cela; persistant à vouloir obtenir ses conclusions, et disant que sans le synode national tout est perdu, et si les villes ne licentient les gens de guerre qu'elles ont levéz pour l'asseurance des magistrats contre les esmotions populaires. A quoy les autres, par ce que j'ay peu entendre du drap,[2] ne veulent entendre, pour les mesmes raisons que je vous ay cy devant représentées, l'ayant tout ensemble conforté au bien et exhorté d'aviser aux moyens de sortir de ce mauvais affaire par quelque expédient servant à rompre cette vague si impétueuse. A quoy il proteste qu'il ne défaudra de chose qu'il puisse. Mais cependant cet affaire ne prend aucune forme, délibérans beaucoup en leurs assemblées mais résolvans peu ou rien, tant on cultive industrieusement leur division, ou toute l'eau que j'y verse peut à mon grand regret beaucoup moins que l'huyle que l'on y respand d'ailleurs. Il y a longtemps que Monsieur le Prince d'Orange et Monsieur Barnevelt ne se sont veuz et n'ont parlé ensemble, ne le désirans beaucoup ny l'un ny l'autre, jusques à ce qu'il y ait plus d'apparence de concilier leurs oppinions, qui continuent d'estre directement opposites. Depuis quelques jours est arrivé icy Monsieur le Comte Guillaume de Nassau, gouverneur de Frize, que j'ay veu et entretenu. C'est un sage seigneur, et qui ne monstre que de bonnes intentions: je le reverray dès cejourd'huy et tascheray de les abboucher, luy et Monsieur de Barnevelt, affin de veoir si l'on peut donner commencement à cette réconciliation.

[The letter continues about a libel made by François van Aerssen, then two affairs concerning Monsieur de Hauterive (presumably François de L'Aubespine) and le Chevalier de Valençay (presumably Achille d'Étampes de Valençay).]

| Je suis,
    Monseigneur,
            Vostre très humble et très obéissant serviteur,
                Du Maurier
    De La Haye ce 19ᵉ Juin 1618

[Address:] | A Monseigneur
    Monseigneur de Puysieux, conseiller ès conseils de sa Majesté et secrétaire de ses commandements
    Monsieur Du Mau[rier] du xixᵉ Juin 1618; receu le iiᵉ Juillet

---

(5) du] *A: by third hand del.* – (5) drap] *A: encoded; interl. add. decryption* drap *in second hand del. and repl. with interl. add.* de Barneveld *by third hand* – (14) se] *A: interl. add.* – (34) Monsieur ... Juillet] *A: marg. note by second hand*

[2] "[le] drap" stands for Johan van Oldenbarnevelt.

II/1.72 *States General Invitation to King Louis XIII*

Date: 25 June 1618

Main source: A: Paris BnF, Ms fr., 15957, 353r–354v (original)

Summary: The States General write to French King Louis XIII asking him permission to send some French Reformed delegates whom they have decided to summon to the national synod in Dordrecht, in order to lend aid in dealing with the disputes over certain points of doctrine.

Editor: Thomas Guillemin

Sire,

S'estant coullé en d'aucunes eglises de cette republicque, quelque variété d'opinions sur certains points de la doctrine dont jusques ores on n'a pensé regler ny convener, quelque pene et soigneux devoir qu'on y aye rendu, et considérans qu'à l'occasion de la continuation des disputes et altérations qui en naissent, la réputation et affermissement de cest estat en pourroit en quelque façon estre interessez, sy au plustost et du mieulx que faire se doibt nous n'y intervenions pour les faire cesser par les voies douces et legitimes. Nous avons du tout jugé nécessaire d'arrester et convoquer au premier jour un synode national, pour faire examiner le mérite de la question, et pour par ce moien coupper le progres des inconvéniens qui nous menassent, et comme en ce nostre bonne intention pourra estre puissamment aydée et secondée par d'aucuns des subiectz de Vostre Majesté doüez de scavoir et de probité que nous avons deliberé de faire requérir de cest office, nous supplions très humblement Vostre Majesté de le voulloir aggréer et leur permettre ce voiage, auquel nous vous promettons qu'il ne sera traicté que nuement de la matière contentieuse, laquelle venant a estre réglée, ainsi que nous l'espérons, la condition de cest estat en sera de beaucoup raffermye et mieulx qualifiée pour a | toutte occasion rendre bon et aggréable service à Vostre Majesté et à sa couronne, et une grande partye de l'honneur de l'avoir sorty de ses contentions en demeurera à Vostre Majesté, ce que nous tiendrons à une nouvelle obligation, nous confians donq que Vostre Majesté aggrera cette prière. Nous prierons Dieu,

Sire,

Pour la grandeur, prospérité, très longue et très heureuse vie de Vostre Majesté.

De la Haye le xxve de Juing 1618. A. de Manmaker vidit.

De Vostre Majesté bien humbles serviteurs,

(14) pourroit] A: foll. by del. nt

Les Estatz Généraux des Pays Bas Uniz
Par l'ordonnace d'iceulx,
C. Aerssens 1618

| [Address:] Au Roy
   Très chrestien

II/1.73 *Ambassador Du Maurier to Pierre Brûlart (Selection)*

Date: 30 June 1618

Main source: A: Paris BnF, Ms fr. 15957, 368r–371v (original)

Summary: Benjamin Du Maurier explains to Pierre Brûlart that despite the crisis between Holland and Utrecht and the other provinces, the holding of a national synod had been decided by the States General. Du Maurier says he advised again about the delegation of Huguenot ministers to the synod. – Parts of the letter are encoded and a second hand gives the decryption. There is a double code: one encrypted and another with alias. Alias decryption comes from Martin, *"Craindre Dieu"*.

Editor: Thomas Guillemin

Monseigneur,
   [The letter begins with the case of a ship and discussions on the political situation in the States General.]

   | La chose fut résolue; et ensuitte la tenue du synode national, contre quoy lesdites deux provinces [Holland and Utrecht] sont resoluës de protester et déclarer que le tout est contre leur adviz, offrans en l'égard du synode d'en tenir un provincial, où toutes les autres provinces pourroient députer en nombre suffisant, et que si | là on ne pouvoit s'accorder sur les différendz de religion, dedans six semaynes aprèz on tiendroit une autre assemblée ecclésiastique, y appelléz quelques uns des pays circonvoysins, maintenans au reste lesdites deux provinces, que c'estoit contre toute pratique et contre la nature de leur estat, qu'ès Estatz Généraux on voulut conclure par la pluralité des voix, les affaires ne s'y resolvans jamais de la sorte, mais les provinces, qui chacune à part sont souveraynes, estans amenées à l'adviz des autres seulement par induction. Nonobstant quoy il fut passé outre et ledict synode national et ambassade résolu, le premier assigné au commencement de Novembre, et sera sa Majesté priée de permettre que de son royaume certains ecclésiastiques s'y trouvent. Je n'ay manqué de représenter que cette prière

(31) national] *A: interl. add.*

encor seroit intempestive et désagréable à sa Majesté non moins que préjudiciable à son service, qu'il n'y avoit desjà que trop de mauvaises humeurs esmeuës en nostre corps, sans y en venir exciter davantage et joindre leurs maux aux nostres; que de plus de deux ans ne se tiendroit synode nationnal en France, et que requérir sa Majesté d'en anticiper un estoit l'offenser et luy mal faire, et que je m'avançois jusques là de dire que je n'estimois pas qu'elle l'accordast. J'employeray encor les mesmes raisons partout où besoin sera, pour remparer contre ce désordre et soulager sa Majesté, s'il m'est possible, de l'incommodité dont ses affaires sont menacées par l'effect des deux susdites résolutions. Tout ce mal ne prenant son origine que des mauvais et turbulents offices de ceux qui donnent icy des persuasions contraires aux commandements et intentions de sa Majesté. Le cerf[1] et le taffetas[2] m'ayans ingenuement recogneu que cela principalement a dépravé l'esprit du velours,[3] qui veut esperer si fort ce qu'il desire, bien que contre apparence, qu'on ne l'en peut demouvoir. Ce sont des œuvres de celuy qui a eu le veniat[4] et d'Abraham,[5] n'y ayant doute que l'innocent[6] aussy de son costé met dans ce feu le plus de bois qu'il peut pour enfin remectre les choses, s'il peut, à son poinct. De là vous pouvez juger quelz fruictz produiront leurs venues pardeça quelques promesses qu'ilz facent.

[The letter continues about a libel written by François van Aerssen disseminated in England and Germany.]

| J'attendray en bonne dévotion les commandements de sa Majesté et cependant demeureray,

Monseigneur,

Vostre très humble et très obéissant serviteur,

Du Maurier

De La Hayë ce 30ᵉ Juin 1618

[Address:] A Monseigneur

Monseigneur de Puysieux, conseiller ès conseils de sa Majesté et secrétaire de ses commandements

(12) Le...taffetas] *A: interlineally glossed by third hand:* la Princesse d'Orange et le Prince Henry – (13) du velours] *A: interlineally glossed in third hand:* dudict Prince d'Orange – (15) celuy...veniat] *A: encoded; interlinear decryption and rest of the phrase del. and repl. (or interlineally glossed, respectively) by third hand with:* Monsieur de Hauterive – (16) Abraham] *A: interlineally glossed by third hand:* Monsieur de Chastillon – (16) l'innocent] *A: interlineally glossed by third hand:* Monsieur de Bouillon – (16) aussy...costé] *A: interl. add.*

1. "Le cerf" stands for Louise de Coligny.
2. "le taffetas" stands for Frederick Henry, Prince of Orange.
3. "le velours" stands for Maurice, Prince of Orange.
4. According to the gloss, the phrase "celuy qui a eu le veniat" presumably refers to François de L'Aubespine.
5. "Abraham" stands for Gaspard III de Coligny.
6. "l'innocent" stands for Henri de La Tour d'Auvergne, duke of Bouillon.

II/1.74 *Langerak to the States General (Selection)*

Date: 9 July 1618, received 17 July 1618

Main source: A: The Hague NA, S.G. 6756, 369v–370r (original)

Summary: Langerak lets the States General know that Boissise, a man of many qualities, will travel to the Netherlands shortly. He will assure them of the French King's affection and help restore tranquility and concord. Written by a clerk, signed by Langerak.

Editor: Johanna Roelevink

Hooge ende Mogende Heeren,

Mijne Heeren,
  Bij mijne lestvoorgaende schryvens was ick noch nijet volcomentlicken geïnformeert van de extraordinarise ambassade die den coninck nu geresolveert is bij uwe Hoog Mogenden te seinden, als mede van de persoon ende commissiën van dien. Het is dan de heere van Boissize die binnen weinich dagen naer Hollant vertrecken sall, een persoon wiens meriten ende qualiteijten ongetwijffelt uwe Hoog Mogenden overlang bekent sijn, als hebbende in Engelant ende Duijtslant seer treffelicke ambassaden bedient ende swaere saecken seer wijselick ende oock geluckelick genegotieert.

  De principale oorsaecken van dese sijne tegenwoordige reijse is, om uwe Hoog Mogenden te vertoonen ende ten overvloede te verseeckeren van de coninckelicke affectie ende grooten ijver van Sijne Majesteijt tot het welvaren ende conservatie van den staet van uwe Hoog Mogenden ende de selve volgens dien te assisteren met raedt ende daet in de betrachtinge van de ruste ende vereeninge van uwe Hoog Mogender Republicke ende de leden van dien, in plaetse van de tegenwoordige bedroefde ende bij alle getrouwe vrunden beclaechde swaericheden.

[The ambassador also has other information concerning the Prince of Orange and the payment of the French troops in the Netherlands.]

  | Hooge ende Mogende Heeren,
  Bidde Godt Almachtich uwe Hoog Mogenden te behouden ende te bewaeren in lanckdurige ende vooerspoedige regeeringe, mij seer onderdanichlick eerbiedende ten dienste van de selve. In Paris den 9^{en} Juillij 1618.

        Uwer Hoochmogentheden
        onderdanichste, ootmoedichste ende getroutste diener,
        G. van den Boetzeler ende Asperen.

(33–35) Uwer ... Asperen] A: *autograph by Langerak*

II/1.75 *Ambassador Du Maurier to Pierre Brûlart (Selection)*

Date: 12 July 1618

Main source: A: Paris BnF, Ms fr. 15957, 383r–385v (original)

Summary: Benjamin Du Maurier writes to Pierre Brûlart to rejoice in the sending of Jean de Thumérie, seigneur de Boissise, as a diplomatic reinforcement in the Netherlands. Even if De Boissise is not a Calvinist, according to Du Maurier, he is the man for the job. For his part, Prince Maurice of Orange wondered if a Catholic would be helpful. Then Du Maurier hopes to take advantage of the division between the different sides of the Arminian crisis in order to counter the request that Huguenot ministers be delegated to the synod. The letter ends with strategic considerations concerning the European game around the United Provinces between the English, Spanish and French crowns. – Parts of the letter are encoded and a second hand gives the decryption. There is a double code: one encrypted and another with alias. Alias decryption comes from Martin, *"Craindre Dieu"*.

Editor: Thomas Guillemin

Monseigneur,

Vostre depesche du V m'a esté rendue le VIII. J'ay loüe Dieu d'apprendre à l'ouverture d'icelle la résolution prise par sa Majesté de l'envoy pardeça de la personne de Monsieur de Boissise, ne pouvant sinon faire très bon effect à l'endroit de ceux qui auront bonne volonté, pour les autres il faudra que Dieu par la sienne la leur face venir telle, auparavant que les hommes la puissent ayder. Il est certain que leurs principaux différendz estans de religion, si les temps et les affaires eussent peu permettre d'en envoyer un de la leur, cela eust esté plus efficacieux. Mais cela ne se pouvant, je ne croy pas que sa Majesté peust faire choix de personnage duquel la sagesse et modération soient plus recogneues par tout: ce qu'à l'avance j'imprime le plus que je puis ès esprits d'un chacun, affin de préparer la voyë à son arrivée et réception, comme j'ay desjà faict à l'endroit de Monsieur le Prince d'Orange, lequel s'est mis à le louer, comme l'ayant veu et communiqué avec luy à Julliers lors du siège, monstrant estimer sa personne, mais adjoustant qu'estant icy question de disputes de religion et la résolution du synode nationnal estant prise, il ne void pas quel fruit de cet envoy, à quoy le Jourdain[1] a respondu qu'il ne pourroit sinon estre grand si l'on a envie de s'ayder soymesme, l'affection et cordialité de sa Majesté estans inestimables d'aller ainsy au devant de leurs maux et d'en procurer la guérison. Et puis le mettant sur le propos de leur

(30) mais...icy] A: *encoded* – (30–31) stion...religion] A: *encoded* – (32) il...quel] A: *encoded* – (32) de...le] A: *encoded* – (32) respondu...il] A: *encoded*

---

[1] "Jourdain" stands for Benjamin Aubéry Du Maurier.

ambassade extraordinaire, je luy dis que Monsieur de Boissise devant estre si tost icy l'envoy en seroit superflu, et du moins le partement précipité avant son arrivée, ce qu'il m'a recogneu, et croy pour cette raison, et par ce que j'avois rebatu à Monsieur le comte Guillaume, dont je vous ay donné conte par ma depesche du 6ᵉ, que ladite ambassade est plus de demy desmanchée, sur quoy je continueray de rebattre aux occasions, et par tout où je croiray | le pouvoir faire utilement. Quant au synode, ce n'est pas chose si facile, et toutesfois si ceux qui y resistent continuent à protester contre et à vouloir escrire aux pays estranges pour faire veoir leurs raisonnables offres, et le grief qui leur est faict en cela, à quoy je les conforte tant que je puis. J'espère que cela luy donnera une bonne entorse, n'y ayant doute que ceux du dehors n'ayent les espris extremement diviséz par ceste contrariété. Ce qui d'ailleurs pourra estre dextrement et doucement mesnagé. Car en cette répugnance d'oppinions, ceux qui auront pour but de terminer leurs disputes craindront de les multiplier en adhérant à l'une des partz, et peut estre aymeront mieux se tenir neutres, attendans qu'ils se soient réunis en la résolution d'un remède commun pour parvenir à leur guérison.

J'ay sçeu que la part du velours² a escrit à sa Majesté pour la supplier d'envoyer, ou permettre estre envoyé, des docteurs de la religion pour assister à leur synode, item aux députéz des eglises résidens prèz d'elle, et particulièrement à l'eglise de Paris. Et au mesme temps en Angleterre, en Suisse et à Monsieur l'Electeur Palatin, comme aussy à Monsieur le Landgrave de Hesse, et qu'à tous ceux cy ils représentent pareillement tous ces maux qui les tourmentent, avoir pris leur origine depuis et à cause de la trefve, inférans assez intelligiblement, bien que taisiblement, qu'ilz ne finiront aussy que par la fin d'icelle, qui est le but du velours³ très reconnu. Au contraire duquel, puisque Verceil est rendu, si Néron⁴ estoit disposé à la continuation d'icelle, et que par l'occasion de l'envoy de Monsieur de Boissise on l'a mist en avant conjoinctement avec Angleterre, on feroit indubitablement par deça ung changement de | voléntez et de desseins pour la raison que je vous ay dicte,

---

(5) plus...desmanchée] A: *encoded* – (7) au synode] A: *encoded* – (8) y resistent] A: *encoded* – (8) protester contre] A: *encoded* – (9) escrire...estranges] A: *encoded* – (9–10) grief...puis] A: *encoded* – (11) entorse] A: *encoded* – (12) diviséz...contrariété] A: *encoded* – (18) part...velours] A: *encoded* – (21) l'eglise...Paris] A: *encoded* – (22) Hesse] A: Hesss – (24) la trefve] A: *encoded* – (25) bien...taisiblement] A: *marg. add.* – (26) d'icelle] A: *encoded* – (26) le...velours] A: *encoded* – (27) Verceil...rendu] A: *encoded; decryption of first word reads* Vercel – (27) la...icelle] A: *encoded* – (28) l'envoy...Boissise] A: *encoded* – (28) l'a...avant] A: *encoded* – (29) Angleterre] A: *encoded* – (29–30) deça...voléntez] A: *encoded* – (30) desseins] A: *encoded*

² "velours" stands for Maurice, Prince of Orange.
³ I.e., Maurice, Prince of Orange.
⁴ "Néron" stands for Philip III of Spain.

qui est que la pluspart des provinces qui adhèrent au velours⁵ en ces brouilleries de religion, sans recognoistre où il vise, et lesquelles sont durant la guerre le plus à la batterie des ennemys, comme Frise, Gueldres et Groningue, se tourneront volontiers au conseil de continuer la trefve et par conséquent seroient pour se destacher dudict velours.⁶ Mais d'ailleurs il est à douter si les Espagnols voudront si tost redonner nouvelle matière de gloire au gratieux,⁷ et soustraire à cesc gens icy celle qu'ils estiment pouvoir servir à les embraser, quoy que c'en soit, j'ay creu estre obligé pour le service de sa Majesté de vous remarquer encor cette circonstance pour y avoir tel égard qu'il luy plaira.

[The letter continues on a case of a book written by a German minister about the ordination of bishops and on the dismissal of soldiers by the States General.]

| Je supplie le créateur vous donner, Monseigneur, très heureuse et très longue vie. De La Haye, ce 12ᵉ Juillet 1618.

Vostre très humble et très obéissant serviteur,
Du Maurier

[Address:] | A Monseigneur
Monseigneur de Puysieux, conseiller du Roy en ses conseils, et secrétaire de ses commandements.
En cour.
Monsieur Du Maurier, 12ᵉ Juillet 1618; receu le 20ᵉ ensuivant

II/1.76 *Ambassador Du Maurier to Pierre Brûlart (Selection)*

Date: 13 July 1618

Main source: A: Paris BnF, Ms fr. 15957, 381r–382v (original)

Summary: Benjamin Du Maurier writes to Pierre Brûlart about the latest developments. There always are tensions between the two sides in the United Provinces. Moreover, the provinces of Holland and Utrecht changed their minds concerning the question of the French delegation. First, they wanted them to come to the national

---

(1) provinces] A: *encoded* – (1–2) adhèrent...religion] A: *encoded* – (1) en] A: *interlinear decryption adds* toutes – (2) où...vise] A: *encoded* – (2–3) la...ennemys] A: *encoded* – (3–4) Frise...se] A: *encoded* – (4) continuer...trefve] A: *encoded* – (5) destacher...velours] A: *encoded* – (5–6) les Espagnols] A: *encoded* – (7) es...celle] A: *encoded* – (7) les embraser] A: *encoded* – (21) Monsieur ...ensuivant] A: *marg. note by a second hand*

⁵ I.e., Maurice, Prince of Orange.
⁶ I.e., Maurice, Prince of Orange.
⁷ "gratieux" stands for Louis XIII.

synod; now they want to write to the French ministers to defend their positions, a choice which is undoubtedly the consequence of Du Maurier's action. In the second part of the letter, Du Maurier explains that the Dutch ambassador (François van Aerssen) is suspected of having diverted part of the money given by Louis XIII to the States General. Parts of the letter are encoded and a second hand gives the decryption. There is a double code: one encrypted and another with alias. Alias decryption comes from Martin, *"Craindre Dieu"*.

Editor: Thomas Guillemin

Monseigneur,

Depuis mon autre depesche faicte et fermée du jour d'hyer j'ay recouvré autant des lettres escrites à sa Majesté et au Roy de la Grande Bretagne par les cinq provinces qui se qualifient les Estatz Généraux, ensemble de la protestation faicte par les provinces de Hollande et d'Utrecht contre le décret du synode national, par lesquelles lettres il est aysé de remarquer combien on attribue plus au sobre[1] que au gratieux,[2] de quoy le jugement luy appartient, et aux sages qui le conseillent. Quant au décret du synode national, les deux provinces susdites sont résolues d'escrire à sa Majesté et autres potentats, leur remonstrans que le susdict décret n'est faict unanimement et qu'ilz s'y prétendent léséz, comme vous verrez par leur opposition, qu'ilz sont résoluz d'envoyer à sa Majesté et que vous avez icy à l'avance, lequel mesmes luy fournira de moyens, il ne convient à ses affaires de permetre que ses subjectz y viennent pour se décharger de ceste importunité, les remettant à s'acorder entr'eux là dessus, comme ne voulant le gratieux[3] en faisant pour les uns contre les autres nourrir la matière de leur division, témoignant au reste mettre parmy eux en très grande considération l'escarcelle du pied tortu,[4] c'est à dire la plus notable et grande partie d'iceluy, ce qui peut servir à les ramener en leur premier estat. Lesdites deux provinces, comme apprend le Jourdain,[5] pourront escrire aux députez de la rate du fer,[6] non pour requérir

(14–15) on...au] *A: encoded* – (15) sobre] *A: interlineally glossed (by third hand?)* Roy d'Angleterre – (15) au] *A: encoded* – (15) gratieux] *A: interlineally glossed (by third hand?)* Roy – (21) de...que ses] *A: encoded* – (21) subjectz] *A: z added to end of word by second hand as decryption of encoded final letter* – (22) y viennent] *A: encoded* – (22) ceste...les] *A: encoded* – (22–23) à...dessus] *A: encoded; à in interl. decryption foll. by 1 del. illegible word* – (23) gratieux] *A: interlineally glossed (by third hand?)* Roy – (24) leur division] *A: encoded* – (25) l'escarcelle...tortu] *A: interlineally glossed by third hand* [l]a province de Holande – (27) ramener...leur] *A: encoded* – (27–28) le Jourdain] *A: interlineally glossed by third hand* Monsieur Du Maurier – (28) aux...de] *A: encoded* – (28) la...fer] *A: interlineally glossed by third hand* ceux[?] de la religion en France

[1] "sobre" stands for James I Stuart.
[2] "gratieux" stands for Louis XIII.
[3] I.e., Louis XIII.
[4] "l'escarcelle du pied tortu" stands for "la Province de Hollande" (the province of Holland).
[5] "le Jourdain" stands for Benjamin Aubéry Du Maurier.

II/1.76 AMBASSADOR DU MAURIER TO PIERRE BRÛLART 427

aucun envoy ny office d'eux, ne voulans en tel cas s'addresser qu'au seul gratieux,[7] mais pour leur faire veoir les justes causes qui les meuvent à n'adhérer aux autres, affin que lesdictz députez et autres de leur mesme religion, par ignorance de leurs raisons, ne les condamnent et détestent, comme font desjà plusieurs prévenuz par les brouillons. Ce qu'ilz ont prié le Jourdain[8] de faire | entendre à l'avance au gratieux,[9] auquel seul en ce qui sera de son estat ilz sont résoluz de s'addresser, faisant différence entre ce qu'ilz font pour prévenir un blasme, et ce qu'il feroient pour impétrer quelque chose en quoy sa Majesté peut estre tant soit peu intéressée.

Au surplus, ayant sçeu que l'ambassadeur du pied tortu[10] se laissant emporter à un conseil d'avarice, projettoit de tirer une partie de trois mil cinq cens escuz du secours que le gracieux[11] envoye au satin,[12] prétendant les faire passer en faux fraiz, comme pour avoir à cet ayde facilité le recouvrement dudict secours, ce qui s'espandroit en mauvaise odeur en toutes sortes et du costé du fer[13] et du sien propre, j'ay procuré que le drap[14] et autres ses amys luy en escrivent pour le destourner de ce chemin égaré, ayans mesmes esté d'adviz que je m'en ouvrisse à son secrétaire confidemment, ce que j'ay faict, et sur ce mesme sujet luy escris la lettre dont je vous envoye coppie, ayant creu devoir aller au devant de ce mal qui retomberoit premièrement sur luy mesme, et par contrecoup sur d'autres qui n'en peuvent mais. J'ay creu ne vous devoir dissimuler cette particularité, affin, si vous le jugez à propos, qu'il puisse à bonne occasion sentir tout doucement que sa Majesté veut sa libéralité parvenir toute entière es mains de ceux auxquelz elle l'a faict, ce qui importe pour mettre à couvert l'honneur de tout le monde et comme je luy dis ne fortiffier les calomnies de cette peste de gris.[15]

| [The rest of the letter is about the political situation and Justel, presumably Christophe.]

---

(2) gratieux] A: *interlineally glossed (by third hand?)* Roy – (3) leur...religion] A: *encoded* – (5) les brouillons] A: *encoded* – (5) le Jourdain] A: *interlineally glossed by third hand* Monsieur Du Maurier – (6) gratieux] A: *interlineally glossed (by third hand?)* Roy – (10) l'ambassadeur] A: *encoded* – (11) d'avarice] A: *encoded* – (11–12) trois...secours] A: *encoded* – (12) envoye] A: *encoded* – (13) faux fraiz] A: *encoded* – (14) dudict secours] A: *encoded* – (22) veut] A: *interl. add.*

[6] "la rate du fer" stands for "la religion [prétendue réformée] en France" (the [so-called Reformed] religion in France).
[7] I.e., Louis XIII.
[8] I.e., Benjamin Aubéry Du Maurier.
[9] I.e., Louis XIII.
[10] "pied tortu" stands for "les Provinces-Unies" (the United Provinces).
[11] I.e., Louis XIII.
[12] "le satin" stands for "les Estats Generaux" (the States General).
[13] "fer" stands for France.
[14] "le drap" stands for Johan van Oldenbarnevelt.
[15] "gris" stands for "Aerssen", i.e., François van Aerssen.

Il ne me reste qu'à supplier le créateur vous donner,
Monseigneur, très heureuse et longue vie.
De La Haye ce 13ᵉ Juillet 1618
      Vostre très humble et très obéissant serviteur,
      Du Maurier

[Address:] | A Monseigneur
Monseigneur de Puysieux, conseiller du Roy en ses conseils et secrétaire de ses commandements

II/1.77 *Langerak to the States General (Selection)*

Date: 22 July 1618; received 26 July 1618

Main source: A: The Hague NA, S.G. 6756, [4 pp.] (original damaged)

Collated source: B: The Hague NA, S.G. 6756 (copy)

Summary: Langerak, ambassador of the States General in France, writes that he has traveled to Saint-Germain-en-Laye, where he talked to members of the Council of State and was granted an audience with Louis XIII very briefly. The King told him that he would send French ambassador Boissise to help restore concord. Finally, Langerak returned to Paris and exhorted the Deputies General of the French Reformed churches to promote the sending of three or four delegates to the national synod. They promised to do so, by writing to the churches and to du Plessis-Mornay and other moderate persons. Meanwhile, the ambassadors of Spain and Brabant, with the papal nuncio, press the King to let the heretics quarrel among themselves without any assistance. Written by a clerk, signed by Langerak. This letter was accompanied by Langerak's proposition to Louis XIII (see no. II/1.78).

Editor: Johanna Roelevink

Hooge ende Mogende Heeren,
    Mijne Heeren,
De missive van Uwe Hoog Mogenden in date den 25ᵉⁿ Junii lestleden, met oock eenen brieff van de selve aen den coninck geschreven, ende neffens dien een andere missive van Syne Excellentie ende mijn heere graeff Willem van Nassau, mede houdende aen Sijne voorseide Majesteyt, hebbe ick 'tsamen op den xviᵉⁿ deser wel ontfangen. Waerop ick terstont met goeden ijver tot gehoorsaemheijt van uwe Hoog Mogenden nijet hebbe nagelaten des anderen daechs tijtelicken van hyer naer Saint-Germain[1] (alwaer den coninck over

---
[1] Saint-Germain-en-Laye.

eenige dagen is vertroecken) mij te begeven, ende datelicken audientie te versoecken, naer voorgaende ende ernstige communicatien met alle de heeren van den Raedt, die ick d' eene voor ende d'ander nae hijer op hebbe gesproecken, alles conform den inhouden van uwe Hoog Mogender voorseide brieven, soo aen den coninck als aen mij geschreven, hebbende de saeck met sulcken ijver aen een ijegelicken gerecommandeert als uwe Hoog Mogenden mij belast hebben dat ick doen soude, soo lieff ende waerde als mij soude sijn de behoudenisse, verseeckeringe, welstant, eenicheyt ende de ruste van de Vereenichde Nederlanden.

Ende nadien dat ick aen den coninck, die mij mijne audientie terstont heeft geaccordeert, mijne propositie gedaen hadden in vougen als uwe Hoog Mogenden uijt dit bygaende geschrift sullen gelieven te sien, soo heeft Sijne Majesteyt mij met meerder als gewoonlicke eere ende aengenaemheijt dese antwoort gegeven, als dat hij noch geresolveert sijnde den heere van Boissize bij uwe Hoog Mogenden metten eersten over te seinden, omme alle goede ende mogelicke offitien van sijnen t'wegen aldaer te helpen doen tot vereeninge van de gealtereerde provintien, dat hij den selven mede belasten sal om daer van breder met uwe Hoog Mogenden te spreecken ende alle mogelicke contentement te geven, sonder dat ick eenige andere antwoort | van Sijne Majesteyt voor alsnoch hijerop hebbe cunnen becomen. Daernae wederom alhijer tot Paris commende, hebbe ick terstont gaen vinden de heeren Gedeputeerden Generael van de kercken, mitsgaders de particuliere predicanten van de Gereformeerde religie alhijer, ende hebbe haer Edelen versocht, achtervolgende het voorseide bevel ende missive van uwe Hoog Mogenden, dat sij willen beneerstigen ende helpen vorderen bij de Gereformeerde kercken in dit rijck, dat bij hen drije ofte vier personen behoorlicken werden gekosen, die bekent sijn te wesen van goet leven, wetenschap ende conscientie, ende aldaer gesonden tegens den 1^{en} Novembris eerstcommende, om in 't voorseide synodus nationnael te interveniëren van wegen ende uijt den name van de Fransche kercken, gelijck uwe Hoog Mogenden mij schrijven, daertoe deselve bij haere brieven versocht te hebben.

Dese heeren, soo wel Gedeputeerde Generael als predikanten, hebben my hijer op geantwoort datter noch in langen tijt geen sijnodale vergaderingen der Fransche kercken sullen gehouden worden, om hijerop eenige resolutiën te mogen becomen, doch wetende dat deselve al t' samen bedrouft sijn door de tegenwoordige dissentien der Gereformeerde kercken in de Republicque van uwe Hoog Mogenden, ende wetende oock haere sonderlinge affectie ende ijver om tot remedie van dien eenig goede offitien te cunnen doen; dat sij daeromme aen de selve kercken ende oock aen eenige principale, wijse ende

---

(29) synodus] A: marg. add. – (35–36) doch...kercken] A: foll. by repeat of this part of the sentence, which was later underlined to indicate that it had to be considered deleted

gemodereerde personen, als onder anderen aen den heere van Plessis[2] ende diergelijcke sullen schrijven, ende het versoeck van uwe Hoog Mogenden voordragen ende effectueren, is 't doenlick, binnen soo corten tijt, mits altijts behoudende dat Sijne voorseide Majesteit te vreden sij haere voornemen ende reyse te aggreëren ende toe te laten, als tegens den welcken sijluijden ganschelick nijet en souden cunnen nochte derven ijetwes beginnen ofte voornemen.

Waerom ick dan naerder bescheijt op dit consent van Sijne Majesteyt ofte van uwe Hoog Mogenden naer 't gedaene rapport van den voorseiden heere van Boissize sal verwachten.

Ick bidde | den[3] Almachtigen Godt uijt den gront van mijn bedroufte gemoet, sijne ontruste ende beswaerde kercke door wijsen ende goeden raedt in Christelicke vrede ende eenicheijt te willen herstellen.

Eenige heeren van den raedt hebben mij te kennen gegeven dat op de resolutie van den Coninck van wegen d' ambassade des voorschreven heere van Boissize groote clachten ende oppositien alhyer te hove sijn gedaen, soo bij de ambassadeurs van Spagnen ende Brabant, als bij den nonce van den paus alhijer te hove wesende, als drijvende met grooten ernst dat Sijne Majesteijt hijerinne is doende tegens d' intentie ende meijninge van Romen ende Spagnen ende oock van de gansche catholicke kercke, ende dat de Coninck de ketters in de pointen van haere kettersche religie onder malcanderen querellerende ende malcanderen willende bederven, nijet en behoort te assisteren met raedt ende daet om sulcx te beletten.

[The letter continues about other matters.]

| Hyermede, Hooge ende mogende heeren, bidde den Almachtigen uwe Hoog Mogenden te behouden in lanckdurige ende voorspoedige gesontheyt, my seer onderdanichlick ten dienste van de selve eerbiedende. In Paris, den 22 Juilly 1618.

      Uwer Hoochmogentheden onderdanichste, ootmoedichste
      ende getroutste diener, G. van Boetzelaer ende Asperen.

(6–7) voornemen] A: *the last two letters illegible because of damaged paper* – (18) als drijvende] B; A: *damaged* – (19) tegens d' intentie] B; A: *damaged* – (20) gansche] B; A: *damaged* – (21) ketters ...de] B; A: *damaged* – (21–22) querellerende] B; A: *damaged* – (22) te assisteren] B; A: *damaged* – (29–30) Uwer...Asperen] A: *autograph Langerak*

[2] Philippe du Plessis-Mornay.
[3] Folios 3 and 4 are a copy of the proposition by Langerak to King Louis XIII. See no. II/1.78. Folio 4v is blank.

II/1.78 *Langerak Proposition to King Louis XIII*

Date: July 1618

Main source: A: The Hague NA, 6756, [3 pp.] (copy)

Other copy: Baudartius, I, x, 75

Summary: Ambassador Langerak (Gideon van Boetzelaer), representating the States General, addresses the French King asking him to allow French Reformed theologians to attend the synod. This proposition of Langerak was sent to the States General along with his first letter of 22 July 1618, and was received there on 26 July.

Editor: Thomas Guillemin

Sire,

Il y a quelque temps que quelque variété des opinions pour auceuns points de la théologie s'est manifesté en auceunes esglises de la République de messeigneurs les Estats Généraux des Pays Bas Unis, mes maistres; dont iusques ores on n'a peu se régler ny convenir, quelque peine et soigneux debvoir que l'on y aye rendu. En telle sorte que ses disputes et altérations se continuent et s'augmentent encore de iour à autre.

Et comme il est à craindre qu'à la longue ces altérations et facheries pourront causer des intérrestz plus grands, mesme contre la réputation et seureté dudit Estat, si en cas il ny fust pourveu et remédié de bon heure, par des voyes les plus douces et modérées que faire se peult.

Cest pourquoy mesdits Seigneurs les Estats Généraux ont iugé a propos et nécessaire d'arrester et convoquer au premier iour un synode national pour faire examiner les mérites des susdites questions et disputes, affin de trouver puis apres les moyens pour faire cesser le progrès des inconveniens qui leur menassent.

| Et, Sire, scachants mesdits Seigneurs les Estats qu'il y a ici en vostre Royaume des personnes fort savants, sages, et de grande probité, comme très capables à pouvoir ayder et seconder puissamment leurs bonnes intentions.

Ils m'ont commandé bien expressement de prier Vostre Majesté de leur part avec toute humilité, qu'il luy plaise trouver bon et leur permettre de pouvoir requérir et appeller quelques uns de vos susdit subiects, pour assister à ladite assemblee, et y apporter leur talent pour cett accommodement.

Promettans et asseurants Vostre Majesté, Sire, qu'on n'y traictera rien autre chose, que la matiere questieuse nuement.

Si bien qu'elle estant ainsy réglée, comme on espère avec la grâce et bénédiction de Dieu qu'il se faira, l'Estat et condition de ladite République deviendra beaucoup meilleure, raffermie, et bien mieux disposée pour rendre à Vostre Majesté les services auxquels mesdits Seigneurs les Estats se trouvent du tout obligés.

| Comme par cette grâce, dont ils m'ont enchargé de vous faire la présente supplication, ils recevront une nouvelle recreute de leur obligations, sans se lasser d'en remercier Vostre Majesté avec toute humilité, et prier Dieu pour sa prosperité perpétuelle.

II/1.79 *Langerak's Second Letter to the States General*

Date: 22 July 1618, received 26 July 1618

Main source: A: The Hague NA, S.G. 6756, [2 pp.] (original)

Summary: Ambassador Langerak reports that he has addressed the Deputies General of the French Reformed churches again. They will meet with him to discuss the best way to induce Louis XIII to comply with the wishes of the States General. The ambassador himself will travel to the King in Saint-Germain-en-Laye again.

Editor: Johanna Roelevink

Hooge ende Mogende heeren,
  Mijne Heeren,
  Nae dat ick mijne eerste ende principale missive aen uwe Hoog Mogenden geschreven hadde, tot antwoort op de bevelen van de selve, den 25^{en} Junij lestleden aen mij gedaen, soo hebbe ick noch andermaels bij de heeren Gedeputeerdens Generael der kercken ende de predicanten van Paris aengehouden ende naerder gevordert de begeerten ende intentien van uwe Hoog Mogenden nopende het seinden van eenige gequalificeerde persoonen in Hollant. Ende sijn met mij de voorseide heeren ende predicanten geresolveert den 23^{en} ofte 24^{en} deser op een seecker plaets bij een te vergaderen ende met malcanderen te resolveren op de beste middelen om Sijne Majesteijt tot de voorseide intentiën van uwe Hoog Mogenden te induceren ende alle vordere middelen voor te wenden naer uijterste vermogen tot den meesten dienste ende ruste van de landen. 'T welcke alles haere voorseide Edelen ganschelick mij geraden hebben uwe Hoog Mogenden in aller diligentie te veradverteren, alsoo ick bevinde haeren grooten ijver neffens de mijne, om in de vereninge van de kercken van uwer Hoog Mogender Republijcque ende welvaert der selver te helpen. Ick sall nijet laeten volgens de bevelen ende leste missive van uwe Hoog Mogenden wederom ende dickwils instantien bij den Raedt des Conincx te doen in de voorseide saecke. Ende sall daerom binnen weinich dagen wederom mij naer Saint-Germain bij Sijne Majesteijt begeven ende

voorts in alles de bevelen van uwe Hoog Mogenden met alle gehoorsaemheijt ende getrouwicheijt naecomen, sonder in 't minste te failleren. T welcke ick uwe Hoog Mogenden ootmoedelick bidde mij toe te vertrouwen, gelijck ick mede den Almachtigen Godt bidde.

Hooge ende Mogende heeren, uwe Hoog Mogenden te behouden ende te bewaeren in langdurige ende voorspoedige regeringe; mij seer onderdanichlick eerbiedende ten dienste van de selve. In Paris den 22^{en} Juillij 1618.
  Uwer Hoochmogentheden onderdanichste, ootmoedichste ende getroutste diener, G. van Boetzelaer ende Asperen.

II/1.80 *States General to Ambassador Langerak*

Date: 27 July 1618

Main source: A: The Hague NA, S.G. 6756, [1 p.] (approved text, written by clerk Aerssen)

Summary: The States General write to ambassador Langerak that they have taken note of his good efforts. They instruct him to continue, notwithstanding anything that might have been written to him by way of impediment or opposition, because the synod is a resolved matter.

Editor: Johanna Roelevink

Aenden Hern van Langerack,
  Die Staten
    Edele, etc. Wy hebben heden ontfangen ende gelesen beyde uwe missiven van den xxii^{en} deser ende alsoo wy daer by [——] uuyte gevoeghde propositie by u aen Zyne Majesteyt tot Saint Germain gedaen, mitsgaders de voirder bevoirderinge by Zyne Majesteyts raden ende vernomen de goede ende yverige debvoiren by u aengewendt tot volcomminge ende effectueringe van den last die wij u hadden aengeschreven by onse missive van den xxv^{en} der voerleder maent, namentlyck oyck by de heeren Gedeputeerde van de Gereformeerde kercken in Vranckeryck ende particulierlyck mede by de predicanten van de Gereformeerde kercke binnen Parys, is ons 'tzelve zeer aengenaam

---

(8–9) Uwer...Asperen] A: *autograph Langerak* – (22) alsoo wy] A: *interl. add. repl.* soo – (23) Germain] A: *foll. by del.* ende d'heeren – (24) raden] A: *foll. by del.* zeer geerne verstaen ende – (25) aengewendt] A: *foll. by del.* ... – (26) hadden] A: *prec. by del.* hebb – (29) de] A: *foll. by del.* kercke – (29) is...aengenaam] A: *interl. add. repl. del. illegible words*

geweest te verstaen. Bevelen ende lasten u oversulcx in sulcke debvoiren met gelycken yver ende neersticheyt voertaene noch by alle occasiën te continueren, nyettegenstaende ende onaengesien wat beletselen, verhinderingen ofte oppositiën dat u daertegen alreede moegen zyn aengescreven ofte oyck noch aengescreven sullen geraecken te werden, by wyen ofte oyck van wyens wegen dat sulcx sal moegen geschieden, die wyle het eene geresolveerde zaecke is voer de ruste ende vrede der kercken ende politie ende de gerusticheyt van de gemoederen van deser landen ingesetenen, mitsgaders de eenicheyt, welstant ende verzeeckertheyt van de staet van dese Vereenichde Nederlanden, selffs tot dienste van Zyne Majesteyt ende van desselffs rycken, daeromme wy u oock dese zaecke wederom ten alderhoochsten recommanderen te willen bevoirderen ende beherttigen by Zyne Majesteyt, desselffs raden ende elders daer dat vereyscht, sonder yet daerinne te versuemen.

Voirders waren wy bedacht ende hadden voergenomen eene extraordinaris besendinge aen Zyne Conincklycke Majesteyt te doen, omme derselver Zyne Conincklycke Majesteyt onderdienstelyck te bedancken voir zyne vaderlycke sorge die hy voer de conservatie van den staet deser landen gestadich is dragende ende desselffs hoochwysen conincklycken raedt die hy ons ten selven eynde is mededeylende, mitsgaders voer zyne voirderen affectie, gunsten, weldaden ende liberaliteyten die hy ons hoe langst hoe meer is bethoonende, ende goedertierlyck doende, ende te bidden dat hem soude gelieven daerinne te continueren, ende namentlyck zyn secours[1] opten selven voet gelyck Zyne Majesteyt genadichst tot noch toe gedaen heeft ende mette bequaempste ordre nae zyne beste gelegentheyt disponeren op het remboursement van den verschenen achterstel van zyn secours by de heeren Staten van Hollandt verschoten tot betalinge van de francoische regimenten ende ruyteren by oplichtinge van penningen op interest ten selven eynde. Maer daernae verstaen hebbende dat Zyne Majesteyt goedertierlycken gelieft hadde ons daerinne te preveniëren doer het herwaerts senden van den heere van Boissize, hebben goetgevonden de voirseide extraordinaris besendinge voir alsnoch uyt te stellen, in vaste hoopeningen dat dese heere van Boissize van Zyne Majesteyt gelast ende geautorizeert sal commen, omme ons daerop met contentement ende Zynes Coninclycken Majesteyts genade te bejegenen. Ende sult over-

---

(1) geweest... oversulcx] A: marg. add. – (1) sulcke] A: interl. add. repl. del. gelycke – (2) by] A: interl. add. repl. del. met – (4) alreede] A: foll. by del. two illegible words gescreven by yemanden – (4) noch] A: interl. add. – (6) dat] A: foll. by del. sulcx soude – (10) daeromme] A: interl. add. repl. ten welcken aensien – (11) wederom] A: interl. add. repl. nochmaels – (23) tot] A: prec. by del. voer desen – (25) secours] A: foll. by del. tot betalinge – (28) hadde] A: interl. add. repl. heeft

[1] "Secours," the standard term for maintaining the French regiments in the state army. Because the French King was in arrears with the payment, the States of Holland had taken out a loan. The King had recently contemplated withdrawing these troops altogether.

sulcx Zyne Majesteyt dit ons voergenomen debvoir aendienen ende verthoonen ende derselver provisioneel van onsentwegen de voirseide bedanckinge met alle behoirlycke complimenten ende respect oidtmoedelyck doen, gelyck dat behoirt ende wy u toebetrouwen. U hiermede etc.
Actum xxvii[en] July 1618.

II/1.81 *Langerak to the States General (Selection)*

Date: 10 August 1618; received 20 August 1618

Main source: A: The Hague NA, S.G. 6756, [3 pp.] (original)

Summary: Langerak writes that in his communications with members of the Council about French delegates to the synod they always refer him back to the ambassador Boissise. The Deputies General of the French Reformed churches have told Langerak twice that they have written to the churches of the province of the Sevennes, which have authority in these matters, be it always with permission of the King. To further the cause, whatever the opposition might be, Langerak would like to receive copies of the proposition of Boissise and the answer. Written by a clerk, signed by Langerak.

Editor: Johanna Roelevink

Hooge ende Mogende Heeren,

Mijne Heeren,
    Achtervolgende de expresse ende ernstige bevelen van uwe Hoog Mogenden hebbe ick 't sedert mijne leste audiëntie van den 18 Julij lestleden van wegen ende om te gedogen datter in 't synodus national eenige Fransche theologanten mochten comen, noch naerdere communicatiën gehadt met die van den Raedt alhyer, die my telckens 't selffde geantwoort hebben, als te weten dat de heere van Boissize gelast was daervan met uwe Hoog Mogenden volcomentlick te spreecken ende te handelen. Middeltijt de heeren Gedeputeerdens Generael der kercken ende de predicanten van Paris bij mij oock hyer van somwijlen volgens de voorseide bevelen van uwe Hoog Mogenden aengesproocken sijnde, hebben mij verclaert tot tweemael toe aen de kercken van de provintie van Sevennes (den welcken naer haere ordren ende coustuijmen nu de kennisse ende authoriteijt van sulcke gewichtige saecken competeert) geadviseert te hebben van de brieven, versouck ende intentiën van uwe Hoog Mogenden om daerop in tijts haere advijsen ende provisionel

---

(1) ons] A: foll. by del. debvo – (2) derselver] A: interl. add. by another hand – (30) nu] A: marg. add.

consent te hebben; doch alles op 't behagen ende volcomen wille ofte permissie van den coninck. In 't schrijven van desen hebbe ick de missive ende geïtereerde ernstige bevelen van uwe Hoog Mogenden van den 27 Julij wel ontfangen, ende daeruyt veele gewichtige saecken ende resolutiën van de selve vernomen, die ick datelick met aller gehoorsaemheijt ende onderdanigen ijver sal nacomen naer mijn uuyterste vermogen, sonder in 't minste daerinne versuijmich te sijn, gelyck uwe Hoog Mogenden sijn schrijvende, ende daerbij vougende dat dit een geresolveerde saeck is voor de ruste ende vrede der kercken ende politie, als oock van de gerusticheijt der gemoederen aldaer etc. Maer om voorts de intentiën ende hooge bevelen van uwe Hoog Mogenden hijerinne behoorlick ende wel nae te comen, ende ijetwes diesaengaende te vorderen, soo sal 't nodich sijn, | dat ick alvoorens ende metten eersten verwitticht mach worden van de propositie ende negotitatiën van den voorseide heere van Boissize, mitsgaders van de antwoort van Uwe Hoog Mogenden daerop gegeven. Wat belangt de vordere ernstige bevelen van uwe Hoog Mogenden in 't selve schrijvens vermelt, als dat ick voortsaen bij alle occasiën ende met alle neersticheyt, ijver ende gehoorsaemheijt in de bevorderinge van dese uwer Hoog Mogender intentiën soude continueren, onaengesien wat beletselen, verhinderingen ofte oppositiën die mij daertegens alrede mogen sijn aengeschreven, ofte noch aengeschreven souden mogen worden, verclare ick met aller oprechticheijt, tot noch toe gene alsulcke brieven gesien noch ontfangen te hebben. Ende dat ick in alle gevalle de bevelen van uwe Hoog Mogenden met aller gehoorsaemheijt sal achtervolgen; als mede metten eersten bij den coninck audiëntie versoecken om den vorderen inhoudt van uwe Hoog Mogender voorseide missive aen Sijne Majesteyt ootmoedelick ende met alle behoorlicke complimenten te verthonen, nopende de extraordinarise ambassade bij uwe Hoog Mogenden voorgenomen ende de oorsaecken ofte subjecten van dien, ende dat deselve nu uuijtgestelt ende geprevenieert is door de beseindinge van den heere van Boissize.

[Langerak promises to keep the States General informed and writes about the instable situation in France and other matters.]

| In Paris den 10 Augusti 1618.

Uwer Hoogmogentheden,
onderdanichste, ootmoedichste ende getroutste diener,
G. van den Boetzeler ende Asperen.

(17) ende] *A: interl. add.* – (33–35) Uwer...Asperen] *A: autograph by the ambassador*

II/1.82 Proposition of Ambassador Boissise to the States General

Date: 14 August 1618

Summary: See the proposition in no. II/1.1–82a.

II/1.83 Langerak to the States General (Selection)

Date: 17 August 1618; received 25 August 1618

Main source: A: The Hague NA, S.G. 6756, [2 pp.] (original)

Summary: Langerak reports that he has spoken to members of the Council of State again and made a proposal to Louis XIII. The King has answered that he will wait for the outcome of the negotiations of Boissise. Some members of the Council have told the ambassador that they will step up their efforts when the time of the national synod is near.

Editor: Johanna Roelevink

Hooge ende Mogende Heeren,

Mijne Heeren,
 Achtervolgende de ernstige bevelen ende de brieven van uwe Hoog Mogenden van den 27 Julij lestleden hebbe ick in mijne audiëntie bij de coninck, ende insonderheijt bij die van den Raedt wederom met grooten ijver aengehouden op de saeck van 't synodus national, mitsgaders op de verdere pointen in de voorseide missive van uwe Hoog Mogenden begrepen, alles naer luijt ende inhoudt van dese mijne bijgevouchde propositie, verclarende dat ick daertoe noch vrij meer ende ernstiger redenen hebbe gebruijckt als hijerinne geschreven staen. Waerop mij bij den coninck ende principalick bij de heeren van den Raedt in 't brede is geantwoort, eerst op 't point van 't synodus national, dat Sijne Majesteijt alvoorens eenich bescheijt moet verhooren van de negotiatiën van den heere van Boissize, verhoopende Sijne Majesteijt dat sijne advijsen ende raedt door den selven sijnen ambassadeur aen uwe Hoog Mogenden voorgestelt ende noch voor te stellen, in alle manieren aengenaem ende considerabel sullen sijn, ende goede remediën in de swaricheden van uwe Hoog Mogenden opereren sullen. Maer eenige van den selven Raedt hebben mij in 't particulier verclaert dat tegens den gedestineerden tijt sij tot de intentiën van uwe Hoog Mogenden van wegen het selve

sijnodus alle goede offitiën souden doen, in vougen dat ick mijns bedunckens van wegen dit eerste point al wat hebbe beginnen te winnen. Waerop ick voorts met alle getrouwen ijver ende ernst sal insisteren.

[Langerak continues to write about other matters.]

| In Paris den 17^{en} Augustij 1618.

   Uwer Hoochmogenden
   onderdanichste, ootmoedichste ende getroutste diener,
   G. van den Boetzeler ende Asperen.

II/1.84 *Langerak to the States General (Selection)*

Date: 24 August 1618; received 3 September 1618

Main source: A: The Hague NA, S.G. 6756, [4 pp.] (original)

Summary: Langerak has recommended the national synod to lord Luynes, who answered that the synod was necessary to quench the major problems. Luynes will try to persuade the King to at least tolerate the sending of French delegates. Langerak has spoken again with the Deputies General of the French Reformed churches. The Council of State might be persuaded to send Du Plessis-Mornay in a second extraordinary embassy to the Netherlands. Under that cloak, some ministers might travel with him, to attend the synod. Langerak now seeks the opinion of the States General in this matter. Written by a clerk, signed by Langerak.

Editor: Johanna Roelevink

Hooge ende Mogende heeren,

Mijne heeren,

Zedert mijne leste missive aen uwe Hoog Mogenden den 17 deser geschreven, hebbe ick noch seer particulierlijck met mijn heere van Luijnes[1] geconfereert ende sijn Edele ten hoochsten wederom gerecommandeert het versouck van uwe Hoog Mogenden nopende de assistentie op 't synodus national, door mij aen den coninck wederom met grooten ijver gedaen. Waerop sijn Edele, hebbende alle mijne pregnante ende hoochste redenen verstaen, heeft mij een seer goede ende aengename antwoort gegeven, seggende dat dewijle het houden van 't voorseide sijnodus soo hogen, nootwendigen ende oock geresolveerde saecke is, tot assopissement van onse groote

(6–8) Uwer...Asperen] A: *autograph by Langerak*

[1] Probably Honoré d'Albert, seigneur de Luynes, later duke of Chaulnes, who was to become lieutenant-general of Picardy. He was a brother of Charles d'Albert, duke of Luynes.

swaricheden die den coninck ten uuijtersten is behartigende, dat daerom oock Sijne Majesteijt alle middelen sal sien voor te wenden om op mijn versoeck ten besten te adviseren ende te disponeren, ofte immers te gedogen dat sulcx geschiede. Hijernae hebbe ick wederom van de selve saeck gecommuniceert met de heeren Gedeputeerdens van de kercken ende oock met de predicanten alhijer, die welcke goetvinden dat dewijle hijertoe nu betere dispositie is als te voorens, men soude mogen aen den Raedt proponeren om naer eenige weecken, ende indien de swaricheden van 't lant nijet en minderen, den heere van Plessis[2] tot een twede extraordinarise ambassade te versoecken, opdat in sijn geselschap ende onder desen schijn eenige bequaeme ende gemodereerde, goede predicanten mochten mede reijsen tot assistentie op 't voorseide sijnodus. Ende hoewel dit expedient mij naer mijn cleijn oordeel nijet seer vreemt dochte te sijn, hebbe ick nochtans nijet goetgevonden daervan vorder openinge aen den Raedt te doen, voor ende aleer sulcx aen | uwe Hoog Mogenden voorgedragen ende derselver goede gelieften daerop verstaen te hebben.

[Langerak continues with other matters].

| Hijermede,

Hooge ende Mogende heeren,

Bidde Godt Almachtich uwe Hoog Mogenden te behouden in lanckdurige regeringe, mij seer onderdanichlick ten dienste van de selve eerbiedende. In Paris den 24 Augusty 1618.

    Uwer Hoochmogentheden
    onderdanichste, ootmoedichste ende getroutste diener,
    G. van den Boetzeler ende Asperen

[Address:] Hooge ende Mogende Heeren, mijne Heeren de Staten Generael der Vereenichde Vrije Nederlanden, s'Gravenhage

II/1.85 *States General Reply to the Proposition of Boissise*

Date: 25 August 1618

Main source: A: The Hague NA, 6756, [5 pp.] (original draft)

Collated sources: B: Paris BnF, Ms fr. 15957, 427–429 (original signed copy); C: The Hague NA, 3177, 294v–295v

(23–25) Uwer...Asperen] A: *autograph of the ambassador*

[2] Philippe de Mornay, sieur du Plessis-Mornay (1549–1623).

Summary: In response to the proposition of Boissise (see no. II/1.82), the States General recognize the importance and the antiquity of their alliance with the King of France. Then they dispute the seriousness of internal dissensions in their provinces about which the King has heard rumors. They also hope that he will allow three or four French Reformed pastors to participate in their national synod. The States General then thank the King for having dispatched the Sieur de Boissise, his extraordinary ambassador; his advice was invaluable and appreciated.

Editor: Thomas Guillemin

Lectum 25 August 1618

Les Estats Généraulx des Pays Bas Uniz ayant ouy avec deue reverence et respect en leur assemblée, la proposition verballement faicte de la part du Roy très chrestien de France et de Navarre, etc., et depuis présentée par escript par le Sieur de Boissize ambassadeur extraordinaire d'icelle Sa Majesté et conseillier de son conseil d'Estat, le quinziesme de ce mois d'Aoust, en vertu des lettres de créance de Sa Majesté, datées à Saint Germain en Laye le dixhuyctiesme jour du mois de Juillet dernier, et meurement avec toutes considérations déliberé et advisé sur le contenu d'icelle, déclarent et recognoissent que, à la vérité, ilz sont infiniement obligéz et redebvables à Sa Majesté pour les très grands et tres signalées grâces, bénéfices, faveurs, très sages advis et libéralités, que de sa nayffve et très singulière royale affection qu'elle porte à cest Estat pour la conservation et seureté d'icelluy elle leur a par tant d'années départies par continuation. Et à l'exemple des vertus héroicques du feu Roy Henry le Grand d'immortelle mémoire son Père, comme estant succedé et ayant hérédé ses amitiés et alliances, lesquelles ont grandement servi à la seureté et lustre de ceste leur République, et en remercient bien humblement Sa Majesté, priants de mesme bien humblement qu'il plaise à icelle de leur continuer | encore à l'advenir ceste sienne affection ses grâces, bénéfices, faveurs, très sages conseils et libéralitéz s'asseurant que lesdits Seigneurs Estats en conserveront à tousjours une immortelle mémoire, laquelle ilz feront héréder sur leurs successeurs au gouvernement de cest Estat et aussy de plus tous debvoirs, affin d'ainsy le mériter par leurs services envers Sa Majesté et ses Royaulmes en toutes occasions et occurrences au plus grand contente-

[2] A

(10) Les] *A: prec. by del.* Très Hault et Tres puissant Roy tres Chrestien de France et de Navarre – (11) verballement] *B, C:* verbalement – (11–12) du...etc.] *A: marg. add. repl. del.* de Sa Majesté – (14) de] *A: interl. add. repl. del.* de – (20) que] *A: interl. add. repl. del.* qui – (20) affection] *A: foll. by del.* et bonne volonté – (21) elle] *A: foll. by del.* il – (24) alliances] *A: foll. by del.* par – (24) ont ...à] *A: marg. add. repl. del.* il a jeté les premiers fundaments de – (25) humblement] *A: foll. by del.* icelle – (26) qu'il] *A: foll. by del.* luy – (26) a icelle] *A: interl. add.* – (27) sienne] *A: interl. add. repl. del.* son – (30) de...Estat] *A: interl. add.* – (30) et] *A: foll. by del.* feront

ment de Sa Majesté, qu'il leur sera aulcunement possible, comme ilz espèrent que le bon Dieu leur en fera la grace.

Et pour aultant que ladite proposition faict mention des dissentions qui semblent aujourd'huy troubler ceste Republique, déclarent lesdits Seigneurs Estats, que (grace à Dieu) les dangers et périlz au-dedans de l'estat ne sont nullement sy grand que on les faicts retentir et appréhender au dehors par bruicts et rapports iusques mesmes aux oreilles sacrées de sa Royale Majesté, dont ilz sont fort marris, tellement qu'icelle peult croire (où il en estoit aultrement), qu'ilz en eussent donné eulx mesme veritable advis à sa Majesté ce qu'ilz ont laissé pour ne donner aulcun | desplaisir et regret à icelle mal à propos, ayant seullement prié, qu'il plairoit à ceste Majesté, permectre la venue pardeca de trois ou quatre hommes scavants craignants Dieu, et de bonne vie de ses subiects de la religion Réformée, pour assister le synode national, qui se doibt tenir dedans la province de Hollande en la ville de Dordrecht, le premier de Novembre prochain sur la diversité des opinions, qui sont présentement parmy aulcunes églises sur quelques poincts de la doctrine affin de mectre les consciences des personnes en plus grand repos, et par consequent aussy tout l'estat, ce que nous espérons que Sa Majesté ne nous vouldra pas dénier pour un si grand bien qui concerne mesmes son service, travaillans lesdits Seigneurs Estats (au dehors de cela) et faisans continuellement tous bons debvoirs et offices, là et ainsy qu'il convient affin de raccommoder quelques aultres différents (que ladite diversité d'opinions a produicts) par des voyes et moyens | les plus doulx, convenables et raisonnables aultant qu'il leur est aulcunement possible lesquels ilz espèrent avec l'ayde de Dieu conduire et ramener à cheff et à une heureuse et désirée fin, pour ainsy se rendre plus capables et qualifiéz au service de Sa Majesté. Cependant lesdits Seigneurs Estats remercient bien humblement Sa Majesté de ce que sur la seule apprehension qu'elle a eue de la vérité des rapports des dangers et périlz desdites dissentions, elle a prins un soing tant paternel que d'envoyer par deca en ambassade extraordinaire ledit Sieur de Boissize personnage de telle qualité, scavoir et experience que lesdits Seigneurs Estats n'eussent peu souhaicter aultre plus agréable ny idoine pour les faire accommoder par son intervention de la part d'icelle que luy s'il en eult esté de besoing, lequel honneur office et benefice a redoublé encore l'obligation qu'ilz recognoissent avoir à Sa Majesté, debvans aussy ce tesmoignage à icel-

(5) Estats] *A: interl. add.* – (10) icelle] *A: interl. add. repl. del.* Sa Majesté – (11) ayant] *A: interl. add. repl. del.* laquelle ilz ont – (11) qu'il] *A: foll. by del.* luy – (11) à…Majesté] *A: interl. add.* – (11) ceste] *B, C:* Sa – (13) Réformée] *A: interl. add.* – (14) tenir] *A: foll. by del.* en – (14) dedans] *A: marg. add.* – (15) sur] *A: interl. add. repl. del.* sur l'accommodement de – (16–17) quelques… doctrine] *A: interl. add. repl. del.* le point de la prédestination – (18) Sa] *A: interl. add. repl. del.* vostre – (22) a] *A: interl. add. repl. del.* ont – (23) doulx] *A: interl. add. repl. del.* doulx *and illeg. word* – (31) telle] *A: marg. add. repl. del.* si grande *and del.* telle – (33) que luy] *A: interl. add.* – (33) esté] *A: foll. by del.* plus

luy Sieur de Boissize, qu'il s'est offert et employé tres dignement par des bonnes admonitions et | sages advis, ainsy qu'il a trouvé à propos et jugé selon son experience l'estat et constitution des affaires présentes le requérir a leur contentement, lequel ilz ont prié de vouloir de tout faire bon et favorable rapport a Sadite Majesté et ayder à conserver lesdits Seigneurs Estats en la bonne grâce d'icelle. [5] A

Sur le dernier point de ladite proposition qui touche Monsieur le Duc de Guise, et l'exécution de sa charge avec la flotte que Sa Majesté a faict équippér et armér pour faire la guerre aux pirates qui infestent la Mer Méditerranée, incommodent et empeschent le traficq aux nacions, dont son Excellence à la charge et commandement, déclarent lesdits Seigneurs Estats qu'ilz donneront ordre et commandement aux commandeurs et capitaines de leurs navires de guerre que rencontrans ledit Seigneur Duc de Guise en mer ou qu'ilz soyent par son Excellence requiz de se vouloir joindre à luy avec leurs navires de sy accommoder et luy porter et déférer en cela tout deu respect et honneur de la part de Sa Majesté, selon qu'il convient à la dignité et qualité de sa personne.

Ainsy faict le xxve d'Aoust 1618,

Taco Burmania vidit

Par l'ordinnance desdists Seigneurs Estatz Généreulx,
C. Aerssen 1618

II/1.86 *Langerak to the States General (Selection)*

Date: 14 September 1618; received 22 September 1618

Main source: A: The Hague NA, S.G. 6756, [4 pp.] (original)

Summary: Langerak reports that the province of the Sevennes has answered the Deputies General of the French Reformed churches that they have designated the same four ministers whom the Synod of Vitré had nominated to help out with religious differences within and outside the kingdom. They are Du Moulin, Rivet, Chamier and Chauve. Du Plessis-Mornay, who was asked for assistance by Langerak, has replied that he will do his level best, but doubts whether a public and written permission to send the delegates to the Netherlands can be obtained. Langerak is not certain either,

---

(1) tres dignement] A: *marg. add.* – (3) requérir] A: *foll. by del.* tres dignement – (4) bon... favorable] A: *marg. add. repl. del.* véritable – (6) grâce] A: *foll. by del.* de Sa Royale Majesté – (17) faict] B: *foll. by* à la Haye en l'Assemblée desdits Seigneurs Estatz Généreulx – (17) 1618] B: XVIc et dix huict – (18–20) Taco...1618] A, C: *om.* van

because of the Catholic obstinacy, supported by the papal nuncio and the whole clergy. Written by a clerk, signed by Langerak.

Editor: Johanna Roelevink

Hooge ende Mogende Heeren,

Mijne heeren,
Op den 8^{en} deser hebben de Gedeputeerden General der Fransche kercken dese antwoort becomen van de provintie van Sevennes, nopende het seinden van eenige predicanten op 't toecommende sijnodus national in Hollandt; als te weten dat sij daertoe ordonneren de selvige vier predicanten, die welcke bij 't leste sijnodus van Vitré in Bretagnen gedeputeert waren, om generalick alle sulcke ende diergelijcke differenten van de religie te helpen beslissen, die der buijten ende *binnen* 't rijck bij eenige occasiën souden mogen voorvallen. Haere namen sijn dese: mr. Du Molin, mr. Rivet, m. Chamier, m. Chauve, personen van groote geleertheijt, wijsheijt ende godtvresentheyt.

De heere van Plessis (den welcken ick dickwils door mijne schrijvens seer hertelicken gebeden hebbe tot mijne assistentie om den Raedt des conincks ende Sijne Majesteyt selver door sijne wijse advijsen te helpen disponeren tot de permissie, ofte immers tot gedoginge van de reijse der voorseide predicanten, schrijft mij van den 22 Augusty ende 6 September lestleden dat hij alle sijne uuijterste beste daerinne doen sal, doch twijffelende aen een publijcq ende schriftelick consent, om veele insichten uwe Hoog Mogende bekent. Ende hoewel ick nyet can verseeckert wesen van een gewenste uuijtcomste, overmits dese swaere ende Catholicksche hooffdicheden, gestijft door de nonce van den paus ende het gansche clergé, soo hope ick nochtans een verbale permissie ofte immers een conniventie te sullen verwerven. Ick sal | daerop met alle ernst continueren ende solliciteren ten uuyteynde toe.

[The remainder of the letter is about a visit of van Van der Mijle to Paris and the people he visited.]

| In Paris den 14 Septembris 1618.

Uwer Hooghmogentheden
onderdanichste, ootmoedichste ende getroutste diener,
G. van den Boetzeler ende Asperen

[Address:] Hooge ende Mogende Heeren, mijne Heeren de Staten Generael der Vereenichde
Vrije Nederlanden, s'Gravenhage

(19) schrijft] A: schrift – (23–24) nonce] A: *partly illegible because of damaged paper* – (30–32) Uwer…Asperen] A: *autograph of the ambassador*

II/1.87 States General to Langerak

Date: 14 September 1618

Main source: A: The Hague NA, S.G. 6756, [1 p.] (approved draft)

Summary: The States General send a copy of the proposition of ambassador Boissise (delivered to the States General on 14 August) to Langerak. He must insist on the sending of French delegates, especially with the Deputies of the French Reformed churches. Approved text, written by griffier Aerssens.

Editor: Johanna Roelevink

Die Staten
   Edele, etc.,

Wy senden u hierby gevoeght copie van de propositie die d' heere van Boissise, ambassadeur extraordinaris van Zyne Coninclycke Majesteyt van Vranckeryck in onse vergaderinge van wegen Zyne Majesteyt gedaen heeft, mitsgaders van onse antwoirdt daermede wy zyn Edele daerop bejegent hebben, ten eynde ghy u daermede moeght behulpen ten dienste van den lande daer dat sal vereysschen. Ende is oversulcx dien volgende onse ernstige meeninge ende begeren dat ghy met alle uuyterste debvoiren sult aenhouden ende instantie doen daer dat behoirt, ende namentlyck oyck by de Gedeputeerde van de kercken van Vranckeryck ende particulierlyck mede by de kercke binnen Parys[1] dat de versochte ende verwachte theologi tegen den bestembden tyt op het geconvoceerde synode nationnal gesonden moegen werden naer Dordrecht, tot voerderinge van Godes eere ende mitsgaders die eenicheyt, ruste, vrede ende de verzeeckertheyt van de Vereenichde Provinciën. Hierop sullen wy ons verlaten ende u in de heylige protectie, etc. Actum den xiiii[en] Septembris 1618.

II/1.88 States General to Pieter van Brederode

Date: 14 September 1618

Main source: A: The Hague NA, S.G. 6018, [1 p.] (approved text, written by griffier Aerssens)

(14) onse] A: interl. add. repl. del. van de – (14) daermede] A: prec. by del. daerop – (16) is] A: interl. add. – (20) dat] A: interl. add. repl. daer – (20) de] A: foll. by del. verwachte – (23) vrede] A: prec. by del. ende

[1] Charenton.

Summary: The States General write to Brederode that they do not know of French attempts to obstruct the holding of the synod. They send a copy of the proposition by Boissise (delivered 14 August) and the answer he has received from them (sent 25 August). The agent may inform the Elector of the Palatinate and others if necessary.

Editor: Johanna Roelevink

Die Staten

Erentfeste etc. Alsoo wij uuyt uwe missive van den ii^{en} deses vermercken dat men aldaer twyffelt oft den heere van Boissize, ambassadeur extraordinaris van wegen den coninck van Vranckeryck alhier soude contramineren ende dissuaderen de convocatie van de synode nationnael ende dat van gelycken oyck uuyt Vranckeryck elders ende namentlyck in Zwitzerlant soude werden gedaen, daervan wy nyet en weten, soe is by ons goetgevonden u te senden copie van de propositie in onse vergaderinge by den voirseide heere van Boissise gedaen, mitsgaders van onse antwoirdt daermede wy zyn Edele daerop hebben bejegent, daeruyt ghy de nairder gelegentheyt met onse meyninge sult kunnen verstaen, daervan ghy Zyne Cheurfurstelycke hoocheyt ende elders daer dat vereyscht, onderrichtinge sult moegen doen voer soe vele noodich sal zyn tot dienst van den lande ende voirts continueren alle goede debvoiren te doen dat die versochte ende verwachte theologi uuyt die quartieren tegen den tyt gesonden moegen werden tot voerderinge van Godes eere, eenicheyt, ruste ende vrede van dese landen, gelyck wy u dat toevertrouwen. Ende hiermede, etc. Actum den xiiii^{en} Septembris 1618.

II/1.89 *Proposition of Boissise to the States General*

Date: 18 September 1618

Main source: A: The Hague NA, 6756, [2 pp.] (original)

Collated source: B: The Hague NA, 3177, 328r–v (copy)

Other copy: Knuttel, 2689

Summary: In his proposition, Boissise states that he comes because of the great concern of the King of France for the tranquillity and safety of the Dutch Republic. But

---

(9) van] A: *prec. by del.* alhier – (9) alhier] A: *prec. by del.* ende by ande – (10) dat] A: *foll. by del.* tse – (12) soe...ons] A: *interl. add. repl. del.* hebben – (13) de] A: *foll. by del.* de zyne gedaen – (13–14) by...Boissise] A: *marg. add.* – (15) met] A: *interl. add. repl. del. word of one or two characters* – (17) daer] A: *foll. by del. interl. add.* ver – (19–20) uuyt...quartieren] A: *interl. add.* – (20) tegen] A: teg *lacks because of a hole*

with regard to the recent great alteration within the republic, the King is as concerned about this as about his own affairs. He will only be content when the previous unity and concord are reestablished. Given the antiquity of his alliance with the States General and as their principle ally, the King considers he is obliged and even entitled to intervene in this troubled context. He expects the States General to be honest with him concerning their internal situation. To help them, King sends his ambassadors Boissise and Du Maurier.

Editor: Thomas Guillemin

Présenté et exhibé par escript à l'Assemblée de Messeigneurs les Estats Géneraux des Pays Bas Uniz
   Le xviii de Septembre 1618.

Proposition du Sieur de Boissize Ambassadeur de France faicte à Messieurs les Estats sur son retour à La Haye

Messieurs. Mon soudain retour pardeca n'a point d'autre cause, sinon un excèz d'affection et bonté dont le Roy nostre maistre se porte au bien, repos et seureté de votre estat. Sa Majesté n'ignore pas que vos prudences ne veillent et travaillent incessamment pour le salut public, mais considérant la grande altération survenue au corps de vostre république, le Roy notre maistre ne peut qu'il n'en soit touché de mesme que de ses propres affaires et n'aura contentement qu'il ne voye vostre estat entièrement restably au poinct de sa première union et concorde. Car sa Majesté s'estant volontiers rendue séquestre et dépositaire des conventions sous lesquelles vostre estat se gouverne aujourd'huy, et ayant contribué plus beaucoup que nul prince de vos alliéz à vostre conservation, elle estime estre obligée et avoir droict d'intervenir en tous affaires qui touchent le repos de vostre pays, pour en destourner tous inconvéniens qui le pourroyent troubler. C'est donc à vous, Messieurs, pour s'estre veus mespriser un si bon et nécessaire office, de nous déclarer franchement l'estat de vos affaires et nous faire entendre ce en quoy nous pourrons plus utilement vous assister et secourir. Car monsieur du Maurier et moy avons charge de vous offrir de la part du Roy notre maistre tout ce qui peut dépendre de son nom, authorité, pouvoir et conseil avec commandement très expres de l'employer et faire valoir au bénéfice et avantage de vos affaires. Ce que nous vous promettons de faire, avec tout le soin, diligence et fidélité que vous pouves désirer de nous comme ministres d'un si grand Roy, qui doit à bon titre tenir le premier rang entre les amys et alliés de vostre estat.

(19) peut] *B:* peult

Delivré ausdits Seigneurs Estats le 18 Septembre 1618
  J. de Thumery

[2v] A | Vrankryck 1618
  Vrankryck
5 Accommodatie vande binnenlandsche onlusten 1618

II/1.90 *States of Holland and Westfriesland to King Louis XIII*

Date: 20 September 1618

Main source: A: Paris BnF, Ms fr. 15957, 455r–456v (original)

Summary: The States of Holland and West-Friesland write to French King Louis XIII after the decision to hold a national synod. The States feel that it will be helpful that some French Calvinist ministers participate in the synod and request permission to Louis XIII to allow such a deputation.

Editor: Thomas Guillemin

  Sire,
15   Combien que votre Majesté soit advertie par lettres escrites au nom de nostre assemblée le xx de juillet touchant le mescontentement de notre province à cause de la convocation d'un synode national faict par Messieurs les Estatz Généraulx des Provinces Unies de ce pays Bas pour appaiser les disputes et difficultez ecclésiastiques advenues tant en nostre provinces qu'ès
20 aultres pour ce que nous n'avions peu à cela consentir entre nous unanimement, ny nous conformer à l'advis des aultres provinces, si est ce que par après ayant pesé l'affaire de plus près et tenu à cest effect diverses assemblées, non pas sans grand ennuy de servir le repos politique fort troublé par les dissentions ecclesiastiques, nous avons finalement trouvé bon d'un commun
25 et mutuel accord, de consentir avec les aultres provinces à la convocation du sudit synod national arresté en l'assamblée de Messieurs les Estatz Généraulx et mis ordre à ce que les eglises de notre province s'y puissent préparer en temps et selon l'ordre accoustumé, Nous estimons qu'il sera agréable à votre Majesté d'entendre que comme nous estans alliez si estroitement avecq les
30 aultres provinces unies pour la conservation de l'Estat, nous y aydons aussy de notre part affin d'oster tous obstacles et empeschements qui pourroient affoiblir notre concordre et union mutuelle, et préparer à plus estroite unité et alliance, à quoy nous esperons de parvenir par la bénédiction de Dieu et bonne issue du sudit synode, par lequel les esprits des ecclésiastiques et

plusieurs bons subjects qui depuis quelque temps en ça ont esté troublez pourroient estre appaisez, et comme ainsi soit qui après la conservation de notre liberté, droictz et privilèges comme aussy à notre autorité légitime nous ne prenons rien plus à cœur que le repos publicq par lequel nos subiectz puissent vivre en bonne paix et seureté, et notamment que les différences et mescontentemens entre ceulx de la religion Réformée puissent estre ostez. Nous avons bien voulu supplier votre Majesté unanimement et bien humblement qu'il plaise à icelle, suyvant la requeste faicte cy devant au nom de Messieurs les Estatz Généraulx, d'octroyer qu'aulcuns de ses subjectz de la religion Réformée douez du scavoir et piété, se puissent transporter pardeça pour se trouver icy au jour nommé audit synode lequel sera tenu dans la ville de Dordrecht en Hollande, le premier jour du mois de novembre prochain, et ayder à travailler à la composition des matières controversés et la restauration de la tranquillité précédente des eglises, avec confiance que par ce moyen l'estat de ceste province sera grandement affermi et rendu plein capable à faire avecq les aultres bon service à votre Majesté à quoy vostre Majesté nous obligera particulièrement par ce bénéfice, qu'il luy plaira | d'adjouster aux précédents, lesquelz tant les Provinces Unies en général que nous en particulier avons receu d'icelle, comme aussy du feu Roy, père de vostre Majesté de très glorieuse et immortelle mémoire, et nous appuyans entièrement sur la bonté et grande affection de votre Majesté envers l'estat de notre pays, nous prions le Dieu tout puissant.

Sire

Qu'il luy plaist maintenir votre Majesté en longue santé et très heureuse vie, escript à la Haye le xxe de septembre 1618.

De votre Majesté les très humbles et très affectionnez serviteurs,
   Les Estatz d'Hollande et Westfrize
   Et par charge d'iceulx,
   [signature not identified]

[Address:] Au Roy treschrestien de France et de Navarre, etc.
Messieurs des Estatz de Hollande, du xxe septembre 1618
Receue le 9 octobre

II/1.91 *Ambassadors Du Maurier and Boissise to King Louis XIII (Selection)*

Date: 17/27 September 1618

Main source: A: Paris BnF, Ms fr. 15957, 457r–460v (original)

Summary: Boissise and Du Maurier notify Louis XIII of their presentation of the royal declaration to the States General. They feel that the States General talked with double speak on the way they want to follow in solving the crisis. Boissise and Du Maurier resumed their talk with the Prince of Orange concerning Oldenbarnevelt and the crisis. Prince Maurice denounced Oldenbarnevelt for his responsibility in the crisis. Boissise and Du Maurier advised Maurice to show restraint and clemency in resolving the issue. For their part, the French ambassadors were solicited by Oldenbarnevelt's wife to obtain the Prince Maurice's clemency. They explain the Prince's action concerning magistrates and cities and the opposition of the States of Holland, which, concerning the synod, has changed its mind about a delegation of French ministers: they now agree with their presence.

Editor: Thomas Guillemin

Sire,

Suivant le commandement de votre Majesté que je, Boyssize, receus en la ville d'Anvers, je retournay du continent par deça et arrivay en ce lieu de la Haye le quinzième de ce mois. Deux jours après Monsieur du Maurier et moy présentames à Messieurs les Estats en leurs assemblées les lettres de Votre Majesté et adjoustames de bouche ce qui nous sembla convenable à ce subject, dont ils remercient votre Majesté et nous dirent que selon le besoin qu'ils auroient de notre assistance, ils nous communiqueroient volontiers leurs affaires, ce qu'ils n'ont faict jusques icy et ne croions pas qu'ils nous en donnent plus de connoissance à l'advenir. Nous visitames aussy des lors Monsieur le Prince d'Aurenge avec lequel nous eumes quelques propos du public. Il repeta ce qu'il nous avoit souvent dict, de ce que l'on a remarquer ès deportement du Sieur Barnevelt tant lors du traicté de la tresve, que depuis, tendans ainsy que plusieurs ont opinion à porter ces peuples principalement ceux d'Hollande, sinon à se remettre du tout sous la domination de l'Hespagne, au moins à la reconnoistre en quelque façon qu'ils puissent par ce moien s'acquérir une paix asseurée. A quoy ledit Prince | nous disoit avoir tousjours contredit, jugeant que le seul moien de conserver cet estat, estoit de rendre ces peuples pour tousjours irréconciliable à l'Hespagne, et ne falloit doubter que lors que l'on se départiroit de ceste maxime, et qu'en considération de paix ou tresve, on acorderoit quelque submission ou reconnoissance, pour petite qu'elle fut, au Roy d'Hespagne. La ruine de l'Estat ne s'en ensuivit incontinent, que l'on avoit ja commancé de sonder les volontés sur la continuation de la tresve et plustost que de n'y parvenir, s'il ne seroit pas plus expédient de se relascher à rendre quelque debvoir comme d'un cens ou tribut au Roy d'Hespagne, que de rentrer en guerre avec luy, que ces diférens advis avoient aliéné ledit Barnevelt de luy, si avant qu'il s'estoit mis à chercher et tenter tous moiens pour luy diminuer ou oster du tout son authorité, jusque à semer des bruits par les villes qu'il se vouloit emparer et rendre maistre de l'Estat, se servant de la diversité survenue au faict de la religion, pour tenir les peuples divisés et se rendre chef de l'un des parties. Nous respondiment ausdit Prince qu'en la conduite et maniement des affaires d'Estat, il se rencontroit souvent diversité d'opinions, mais qu'entre ceux qui gouvernent cela ne devoit estre cause d'inimitiés, par lesquelles le public ordinairement se trouvoit blessé, que c'estoit la voix commune en ce pais | que depuis la mésintelligence arrivée entre luy et ledit Barnevelt, l'Estat ne s'en portoit pas sy bien, qu'il nous sembloit mal aisé que les peuples de ce pais, peussent estre persuadés de retourner jamais sous le joug d'Hespagne. Toutesfois que se seroit sagement faict de ne s'en aprivoiser pas plus que la condition de leur estat le requéroit, qu'il se pouvoit asseurer de l'affection de vostre Majesté pour la conservation de cet estat, et que sy l'on venoit à traicter du renouvellement de la tresve elle s'emploieroit volontiers à ce que leur condition ne fut empirer, mais plustost méliorer. Depuis ce temps là nous avons veu diverses fois ledit prince, et tous nos propos en sont revenus là, ledit prince se plaignant tousjours des menées dudit Barnevelt au préjudice du repos public, duquel toutesfois il reconnoist que ledit Barnevelet cy devant a très bien mérité, nous aussy conseillant audit prince de remédier au mal de cet estat par les moiens les plus dous et sans apporter trop de mutation au gouvernement. Les prisonniers n'ont point encor esté interrogés, le nombre en est augmenté d'un nommé Leydenberg secrétaire de la ville d'Utrecht amené depuis cinq ou six jours, lequel on prétend avoir tenu intelligence avec ledit Barnevelt pour bander ladite ville contre les Estats Généraux et ledit Prince, il a esté interrogé par deux jours et n'a rien confessé à ce que nous a dict | ledit Sieur Prince, mais qu'ils ont plusieurs lettres et mémoires escrits de sa main par lesquels les desseins dudit Barnevelt sont descouverts. Ces jours passés nous avons esté requis de la part de la dame de Barnevelt de nous emploier envers ledit prince, à ce qu'il luy feut permis de veoir son mary qu'elle disoit estre indisposé, ce que nous avons faict, et luy avont remonstré la vieillesse, l'indisposition et les services dudit Barnevelt, et que ce que ladite dame demandoit luy pouvoit estre acordé, sans aucun préjudice de l'instruction du procès pourveu que ce feust en présence des gardes. Ledit prince nous dict qu'elle avoit présenté requête qui estoit entre les mains des commissaires, que ledit Barnevelt seroit interrogé dans peu de jours, et qu'après cela il trouvoit raisonnable la demande de sa femme. Sire, nous avons receu le vingt et troisième de ce mois les deux lettres de vostre Majesté du dixuitieme.

Le lendemain le prince d'Aurenge partit pour aller par les villes d'Hollande achever le changement du magistrat et conseil comme il avoit commancé à Utrecht et continué lors de mon partement en aucunes desdites villes ce qu'il propose d'achever en ce voiage, fors à Roterdam, Dordrecht, Leyde et Harlem, qui sont les principales du pais ausquelles pour le présent ledit prince ne touchera | se contentant par le moien de ceste mutation d'unir par la pluralité des voix lesdites villes à celles de ladite province d'Hollande qui se sont desjà déclarée pour les Estats Généraux, nonobstant leurs privilèges, qui est le remède que l'on entend apporter à ces affaires à scavoir de sousmettre ladite province d'Hollande ausdits Estats Généraux, à quoy elle a tousjours résisté comme souverayne. Ce changement deplait à plusieurs et est périlleux pour l'estat car les plus apparens riches et sages des villes se voyent déniés de toute authorité et credict contre les lois du pais et en leurs place gens nouveaux establis qui sont les causes ordinaires de séditions et trouble en tous estats. Ledit prince s'en excuse disant que c'est contre son advis, mais que les Estats Généraux luy imposent ceste charge. L'un des effects de ce changement est que les Estats d'Hollande qui avoient jusques icy résisté au synode nationnal nous ont envoyé deus deputés ces jours passés pour nous faire entendre que combien que cy devant ils ayent escrit à vostre Majesté les causes pour lesquelles ils ne pouvoient consentir audit synode, toutefois à présent mieux conseiller se conformant pour ce regard aux autres provinces, nous prians d'en advertir vostre Majesté, et la supplier de permettre qu'aucuns des ministres de la Religion pretendue Reformee de son Royaume se puissent trouver audit synode. Le | prince d'Aurenge nous ayant quelques fois demandé quelle seroit la volonté de votre Majesté la dessus, nous luy avons dict que malaisement cela se pourroit obtenir pour plusieurs grandes difficultés qui sy rencontrent.

[The letter continues about the duchess of La Trémoille and Laval; and an attempted murder on the life of Maurice of Orange, | and the King of Poland.]

A tant nous prierons Dieu pour la paix et seureté de vostre règne, et qu'il vous donne,

Sire,

en perfecte santé, longue et heureuse vye.

A La Haye ce 27ᵉ Septembre 1618

    Vos très humbles et très obéissans subjects et serviteurs,

    J. de Thumery, du Maurier

| [Address:] Au Roy

II/1.92 *Ambassador Boissise to Pierre Brûlart (Selection)*

Date: 27 September 1618

Main source: A: Paris BnF, Ms fr. 15957, 461r–462v (original)

Summary: This is the first letter of Boissise alone after his arrival as an ambassador at The Hague. He tells the French foreign minister Pierre Brûlart that the States General hope for the delegation of four French Reformed ministers to the national synod. Boissise doubts that permission for the delegates will be given.

Editor: Thomas Guillemin

Monsieur,

J'ay donc repris le train de ces affaires, mais c'est tous avec defiance de n'y profiter pas beaucoup. Ils se promettent d'avoir des ministres de France et les nomment, Du Molin, qu'ils logent desia chez Arsens,[1] Chamier, et deus autres. Les Estats d'Hollande en escrivent au Roy, et aux deputez généraux. Nous leur avons dict qu'ils ne l'obtiendroient pas, croians que vous n'aurez pas changé d'opinion.

[The letter continues concerning a territorial negotiation, the political situation, and a postscript about a boat and the piracy matter.]

Je n'ay rien davantage, sinon prier Dieu qu'il vous donne,
Monsieur, en santé longue et heureuse vie.
A La Haye ce 27ᵉ Septembre 1618.
    Votre plus humble et affectioné serviteur,
        J. de Thumery
| [Address:] A Monsieur
Monsieur de Puysieux, Conseiller et secrétaire d'Estat de Sa Majesté

II/1.93 *Langerak to the States General (Selection)*

Date: 27 September 1618; received 8 October 1618

Main source: A: The Hague NA, 6756 (original)

Summary: Langerak reports that the French King and queen have travelled to Soissons to install lord Luynes. The ambassador has found that he must not insist too much on permission for the delegation to the national synod with members of the Council of State and lord Luynes. With advice of the Deputies of the French Reformed churches,

---

[1] Probably François van Aerssen, the former Dutch diplomat to France.

the ambassador has to proceed more quietly and change tack. In the postscript Langerak notifies the States General that the cardinal De Retz is the new head of the Council of State. He hopes that the non-Spanish ambassadors will now find a more willing ear. Written by a clerk, signed by Langerak.

Editor: Johanna Roelevink

Hooge ende Mogende Heeren,

Mijne Heeren,
 Den coninck is den 25 deser met de coninginne[1] ende het gansche hoff van 't casteel van Monceaux[2] vertrocken over Villecoutraij[3] naer Soissons, om aldaer den heere van Luijnes in zijn tegenwoordich gouvernement[4] te authoriseren, ende van daer voorts naer Nostre Dame en Liesse,[5] een plaetse van groote roomsche devotiën te reijsen, waer door dat alle mijne negotiatiën voor eenen corten tijt blijven in surcheantie. Voor 't vertreck van Zijne voorseide Majesteit van Lisigni[6] naer Monceaux was ick aldaer geweest bij eenige van den Raedt ende bij den voorseide heere van Luijnes, omme haere Edele wederom seer ijvrichlijck te vorderen tot de permissie van de overcomste van eenige vroome ende godtsalige predicanten uijt dit rijck op 't sijnodus national, ten welcken tijde ick claerlyck bevondt dat ick seer presseerende ende insisteerende op dese zaeck, soude hebben te rugge beginnen te gaen. Daerom dat ick geraden vondt met advis van de Gedeputeerden der kercken ende predicanten alhier wat lancksamer hier inne te procederen ende eenen anderen wech in te gaen, die wij hoopen dat immers een weijnich effects tot contentement van uwe Hoog Mogenden sal mogen voortbrengen.

 [Langerak writes about other matters].

[Postscript in the hand of the ambassador:]
 | Mijne Heeren,
 Het is noch onseecker ofte de coninck van Villecortraij naar Soissons den heere van Luijnes sal volgen, die aldaer tegenwoordich is.
 Maer hout voor een seecker ende gewisse saeck dat de cardinael de Rees,[7] wesende van 't huis van Gondij, ende bisschop van Paris, bij den coninck tot Villecortraij gestelt ende geauthoriseert is tot een principaele hooft van den Raedt in alle saecken, als bequaem wesende tot den dijnst van den coninck,

---

[1] Anne of Austria (1601-1666), queen of France.
[2] Chateau Royal de Montceaux-lès-Meaux.
[3] Villers-Cotterêts.
[4] Honoré d'Albert, lord of Luynes.
[5] Liesse-Notre-Dame. Louis XIII and Anne went to this shrine to ask Mary for an heir to the throne.
[6] Lésigny, a castle just donated to Honoré d'Albert, lord of Luynes, by Louis XIII.
[7] Henri de Gondi, cardinal De Retz, bishop of Paris (1572-1622).

soo men secht, ende om bondiger eenicheit te houden onder de principale raeden. Ick hope dat de ambassadeurs in dit hoff, die niet Spaens en sijn, betere intelligentie sullen houden ende meer faveur vinden bij desen cardinael, als sij gedaen hebben bij den bisschop van Lusson[8] ten tijde van de marquis d'Ancre.[9]

       Uwer Hoochmogentheden
       onderdanichste, ootmoedichste ende getroutste diener,
       G. van den Boetzeler ende Asperen.

II/1.94 *States General Reply to the Proposition of Boissise*

Date: 28 September 1618

Main source: A: The Hague NA, S.G. 6756, [2 pp.] (approved draft)

Collated source: B: The Hague NA, S.G. 3177, 338v–339v (copy)

Summary: In reply to ambassador Boissise's latest proposition of 18 September, the States General welcome the fact that Louis XIII reaffirmed his support for them. However, they are sorry that the King has heard rumors that conveyed the impression that their affairs are in a critical and dangerous state. They are unfounded and the situation is peaceful, thanks to the political intervention of the Prince of Orange. A national synod will now settle the ecclesiastical uncertainties. The States General renew their invitation to send several French theologians of the Reformed religion to be present to assist the synod.

Editor: Thomas Guillemin

Response sur les propositions faictes par le Sieur de Boyssize sur son retour à La Haye
       Lectum 29 September 1618

Les Estats Généraulx des Pays Bas Uniz ayants ouy la proposition faicte de la part du Roy très chrestien de France et de Navarre, etc., en leur assemblé par le Sieur de Boissize ambassadeur extraordinaire de Sa Majesté et conseiller en son conseil d'Estat à son dernier retour à La Haye, le xvij^e du présent mois de

---

(1) houden] A: *slightly damaged* – (5) marquis d'Ancre] A: *damaged paper* – (6–8) Uwer...Asperen] A: *autograph of the ambassador*

[8]   Armand-Jean du Plessis de Richelieu, bishop of Luçon (1585–1642), the later cardinal Richelieu. In 1616 he was for a short time in charge of foreign affairs in the King's Council.
[9]   Concino Concini, marquis d'Ancre, born about 1575, favorite of queen-regent Maria de Médicis, was assassinated in April 1617.

Septembre, en vertu de la lettre de créance de Sa Majesté du xj^e de ce mois et depuis exhibée par escript, ont lesdits Seigneurs Estats esté très ayses de se voir de nouveau confirméz par ladite proposition et lettre de créance en l'asseurance qu'ils ont du soin et affection singuliere qu'il plaist à sa Majesté leur tesmoigner et déférer à la prospérité et bénéfices de leurs affaires. Ce qu'ilz imputent à sy grand honneur que réciproquement ilz ne défandront à jamais nulle occasion qui pourra suffire pour en mériter la continuation par toutte deue gratitude, à laquelle Sa Majesté les trouvera tousjours très portéz de leur inclination, tant en souvenance des infinies obligations qu'elle s'est en tant de sortes voullu acquérir sur eulx, que pour le respect d'eux mesmes, ausquelz l'honneur de son estroicte alliance et bienveillance, comme aussy leur devoir faict grande consideration et poidz pour la seureté et réputation de leur Républicque, à l'establissement delaquelle Sa Majesté a tant voulu contribuer de pene et de support. Mais ilz sont fort marriz de l'appréhension qui avec peu de subject ou mérite a esté donne à Sa Majesté d'une criticque et périlleuse assiette en laquelle seroient constituées leurs affaires, d'autant que (Dieu mercy) ilz n'ont rien peu recognoistre qui fust de tel poidz que l'ordre, seureté ny repos publicq en peult estre altéré, moins qui méritast d'en alarmer la parfaicte et vigilante affection dont il plaist à Sa Majesté honorer leur conservation. Le gouvernement politique ayant esté insensiblement et par degrés porté à tel période par la prudente moderation de Monsieur le Prince d'Orange, que moyennant la grâce de Dieu, ilz s'en promettent non seulement un repos vigoureux, ferme et asseuré au-dedans, par l'union et bonne concorde des villes et provinces, mais aussy tel respect, et consideration au dehors par l'appuy et support de sa Majesté qu'on ne voudra rien attenter sur leurs droicts ny conventions, au préjudice de la paix dont ilz sont persuadéz que Sa Majesté recevra tout contentement, ne buttant leur affermissement que pour se plus dignement qualifier de luy rendre et à sa couronne les services, devoirs et correspondences de vraiz et fidèles alliéz, lesquels aussy n'eussent tant défailly à leur propre conservation, ny au respect duquel ilz sont tenuz a Sa Majesté, que de ne point courrir à sa faveur et appuy, si l'estat de leurs affaires se fust trouvé tel que l'entremise et intervention de Sa Majesté leur eust faict besoing, pour prevenir ou regler le mal qui les eust peu menasser. Mais quant à l'estat ecclesiastiques, véritablement lesdits Seigneurs Estats Généraux ont esté grandement marriz, qu'il a donné pretexte ou occasion à tant de discours qui se sont forméz sur l'incertitude | de l'événement, par l'imprudente inconsidération d'aulcuns, qui ont eu peu de respect aux loix et anciennes observances de la mutuelle confédération des

---

(3–4) en...ont] *A: interl. add.* – (6–7) à jamais] *A: interl. add.* – (11) bienveillance] *A: prec. by del.* bienveillance – (12) devoir] *A: foll. by del.* pour son exacte [——] – (14) l'appréhension] *A: foll. by del.* que faict – (21) moderation] *A: repl. del. illeg. word* – (31) sa] *A: in the two previous lines, there is a hole in the page; words restored from the copy.*

provinces, néantmoins ilz se promettent que par la tenue du synode nacionnal qu'ilz ont convoqué au premier de Novembre prochain, dans la ville de Dordrecht, il pourra estre conféré et convenu des différens qui l'ont exercé avec tant d'inquiétudes. S'il plaist à Sa Majesté leur departir les effects du remède qu'elle faict offrir pour l'assopissement de leurs malentenduz, et avoir agréable la prière qu'ilz luy ont cy devant faicte, et renouvellent présentement bien humblement de permettre à aulcuns de ses subjects de la religion Réformée qualifiéz de scavoir et bonne vie de se transporter en ces pays pour assister de leur présence et sage conduitte ledit synode, qui sera authorisé pour connoistre deuement de ces matières contentieuses, dequoy lesdits Seigneurs Estats osent se donner d'aultant meilleur espérance que l'action est pieuse, et qu'il plaist à Sa Majesté leur offrir de sa franche volonté et propre mouvement toute ayde et assistence qui peut dépendre de son nom, authorité, pouvoir et conseil pour destourner tous les inconvéniens qui pourroient troubler le repos de leur pays, à quoy aussy ilz prient ledit Sieur de Boissize de vouloir contribuer le soin, diligence et office qu'ilz se promettent de son affection et de représenter à Sa Majesté au vray l'estat présent des affaires de ceste République, qui sera tousiours soigneuse et prompte de rendre à Sa Majesté le respect qu'elle doibt et déféré à sa grandeur, et audit Sieur de Boissize le resentement qu'il pourra désirer de ses peines et prudente conduicte. Faict à La Haye le 28 Septembre 1618.

II/1.95 *Ambassadors Boissise and Du Maurier to King Louis XIII (Selection)*

Date: 4 October 1618

Main source: A: Paris BnF, Ms fr. 15957, 467r–470v (original)

Other copy: Paris BnF, Ms fr. 15957, 465r–466v

Summary: A routine letter by ambassadors De Boissise and Du Maurier, where they note that States General persevere in their will to ask Louis XIII for authorization for some French ministers to take part at the national synod.

Editor: Thomas Guillemin

(1–2) nacionnal] A: interl. add. – (7–8) de...Réformée] A: interl. add. – (8) vie] A: foll. by del. (dont les députéz généraulx des eglises Réformées en France de son Royaulme luy feront ouverture et explication de leur part) – (20–21) ses...conduicte] A: interl. add. repl. del. words

Sire,

Votre Majesté verra par la response de Messieurs les Estats à notre dernière proposition, le peu de subject et moien que nous avons icy de luy faire service, ny mesmes a ceste republique, dont les affaires sont en sy bon train ainsy qu'ils disent, qu'ils n'ont besoin de conseil ny d'assistance de dehors, sy ce n'est pour leur synode où ils la supplient tousjours de permettre à quelques ministres de la religion prétendue Reformée de son royaume de se trouver. Il ne nous reste partant, sinon, d'estre tesmoin des changemens qui se font en Hollande.

[They continue about the political situation.]

| Priant Dieu qu'il luy plaise protéger et conserver tousjours votre Majesté, rendre son | règne florissant et paisible et vous donner

Sire

En perfecte santé longue et heureuse vye. A La Haye ce 4ᵉ octobre 1618.

Vos très humbles et très obéissans subjects et serviteurs,
      J. de Thumery, Du Maurier

| Au Roy

II/1.96 *Langerak Proposition to King Louis XIII*

Date: 6 October 1618

Main source: A: The Hague NA, S.G. 6756, [2 pp.] (copy)

Summary: Langerak as representative of the States General reaffirms their commitment to convene a national synod that would involve French Reformed pastors.

Editor: Thomas Guillemin

Proposition faicte au Roy estant en sa [——] de Soissons le 6 Octobre 1618

Sire,

Puis qu'on cognoit les vrais et les plus asseurés amis en un besoing, j'ay receu une aultre charge pour me présenter devant la face Royalle de Votre Majesté et luy faire une remonstrance et prière très humble quant à quant.

C'est que Dieu merci l'Estat de la République de Messeigneurs les Estats Généraux mes maistres se recommance remettre en assez bon repos et tran-

(24) [——]] A: *page trimmed*

quillité par leur sage gouvernement et prudent conseil, qu'ils prennent tousiours, mesme par les bons advis de Votre Majesté.

Mais, SIRE, combien le publicq s'est remis a peu prèz en bon estat, si est ce néantmoins que plusieurs du peuple se sont encores réservés et guardes en l'intérieur de leur sentiment des doubtes grandes et des mescontentemens en leur esprit, pour les diverses opinions aux points questieux de la prédéstination et de ce qu'en depend.

Et pour asseurer ces esprits ainsy troublés, et les gaigner par des voies douces et légitimes, mesdits Seigneurs les Estats demeurent encore du mesme conseil et résolution qu'auparavant. C'est ascavoir pour la convocation d'un synode national, ainsy comme j'ay déclaré cy devant à Vostre Majesté.

A quoy par charge bien expresse je me viens rendre ici pour supplier très humblement à Votre Majesté, SIRE, que de me faire cette grace de nous permettre quelque peu des pasteurs des | Eglises Réformées de France pour ledit synode. C'est ascavoir tels que Votre Majesté iugera elle mesme estre bon Francois, et fidels subiects de sa courone, portés grandement aux repos et tranquillité publique, et ayant tousiours monstré leur fidélité à Votre Majesté.

[2] A

L'asseurant encores de la part de mesdits Seigneurs soubs caution de ma propre personne, et foy que rien se traittera à la dite assemblée, si non ce que pourra toucher un accommodement amiable des susdits différents, et pour mettre en repos le susdit esprits troublés, au bien de l'Estat. Lequel estant remis en son primier repos, Votre Majesté aura toute sorte de contantement à son service et recevra le vray fruict des très grandes et incomparables obligations que mesdits Seigneurs ont et auront à jamais à icelle.

II/1.97 *Langerak to the States General (Selection)*

Date: 9 October 1618; received 18 October 1618

Main source: A: The Hague NA, S.G. 6756, [6 pp.] (original)

Summary: Langerak writes that the chancellor and the keeper of the seal, addressed by the first deputy of the French Reformed churches and then by himself, have promised to write favorably to the principal councilors of Louis XIII. Ambassador Langerak then went to Soissons, where he received a very cool reply from the King, but subsequently he persuaded His Majesty to give contentment to the States General as far as possible. Langerak went on to speak to a number of councilors, who have answered on behalf of the King that, though they were all Catholics whose conscience prevented them from assisting our religion, in view of the union of the Republic, they would tolerate the sending of two of the four ministers, especially Du Moulin and probably

(13) nous] A: *interl. add.*

Rivet. Langerak had to guarantee that the synod would not deal with anything to the detriment of the French crown. The ambassador is still trying to have four French delegates sent. The cardinal De Retz called Louise de Coligny as a witness to his good intentions, and Langerak suggests that the States General write a favorable letter to the cardinal. Written by a clerk, signed by Langerak.

Editor: Johanna Roelevink

Hooge ende Mogende Heeren,

Mijne heeren. Alhoewel ick van begin aen van uwer Hoog Mogender bevelen ende ernstige brieven getrouwelijck, ende met uijterste devoiren, doch altijd tevergeefs, gearbeijt hadde tot verwervinge van de Fransche predicanten ofte theologos op 't synodus nationael in Hollandt, soo hebbe ick evenwel op 't iterative schrijvens van uwe Hoog Mogenden in dato den 14^{en} septembris lestleden, wederom op nieuws hier inne geïnsisteert, ende oversulcs mij datelijck op de reijse begeven naer Picardië bij den coninck, ende den Raedt. Maer eerst tot Meaux bij de heeren chancelier,[1] ende guarde de seaus,[2] alwaer ick den eersten gedeputeerde van de Fransche kercken vindende, een edelman van sonderlinge affectie tot de religie ende den dienste van uwe Hoog Mogenden, heeft de selve op mijn ernstich versouck de voorseide heeren alvoorens gesocht te disponeeren tot mijne intentie, maer sonder eenige vruchten; sulcs dat Zijn Edele den moet ganschelijck verlooren gaff. Des anderen daechs ben ick selver gegaen bij de selve heeren chancelier, ende guarde seaux, die welke mij gehoort hebbende in 't brede, ende daer op veele hooge ende gewichtige consideratiën van consciëntie ende van state mij allegeerende, sijn nochtans ten langen lesten door mijne instantiën ende allegatiën ter contrarie soo beweecht geworden dat sij mij niet alleen belooft hebben in mijne harde poursuiten niet tegen te sullen wesen, maer selver mij brieven van favorable voorschrifte aen den heeren principaelste raeden bij den coninck verleent hebben. Met dewelcke ick van Meaux door Villecourtraij[3] naer Soissons gereijst ben ende aldaer in de confusie van een | groot hoffgesin mijne negotiatiën eerst geprepareert hebbende bij mijne beste vrunden, hebbe ick daer nae audiëntie van Zijne Majesteit vercregen, ende aen den selve dese mijne bijgaende propositie gedaen met groote affectie. Waerop Zijne Majesteijt mij metten eersten een seer coule antwoort gaff, maer daer nae bij mij meermaels ende met hertelijcke instantiën gebeden, ende geport zijnde, als insonderheijt met hooge verclaringe, ende protestatie datter in 't voorseide synodus gans

(32) groote] *A: foll. by del.* r

[1] Guillaume du Vair, chancellor, bishop of Lisieux (1556–1621).
[2] Nicolas Brûlart de Sillery, keeper of the seals (garde des sceaux) (1544–1624).
[3] Villers-Cotterêts.

niet anders voorgenomen mochte gehandelt soude werden, als simpelijck de questueuse pointen in de religie, sonder eenige prejudicie ofte ondienste van Zijne Majesteit, seijde mij ten lesten dat hij alles doen soude tot contentement van uwe Hoog Mogenden wat hem mogelijck soude zijn. Daerop spreeckende ende negotieerende voorts alle dagen, ende uuijren, met de secrete raeden, als den heere cardinael van Retz,[4] die doentertijt versch tot een van de principaelste, ende eersten raet bij den coninck was geëligeert ende geconfirmeert, item den hertoch van Montbazon,[5] mijn heere de Luijnes[6] ende den heeren van Puijssieux[7] ende Du Agean,[8] hebben haere Excellenties ende Edelen altesamen op mijne beweechelijcke remonstrantiën ende instantiën dese antwoort van 's conincks wegen gegeven, namentlijck dat hoewel de coninck ende sij altsamen catholijcke sijn, ende oversulcs consciëntie maecken in saecke van onse religie eenige assistentie door haere ondersaten te doen, behalven meer andere hooge ende brede difficulteijten die mij geallegeert wierden, dat nochtans Sijne Majesteit alle de selve postponeerende, alleen het contentement, ende het hertelijcke versouck van uwe Hoog Mogenden aensiende, op hoope van een goet accommodement ofte vereeninge ende ruste van de republicque ende goede ondersaten der selver, te vreden souden | sijn, vrijelijck te laeten passeeren ende repasseeren bij forme van een tolerantie, doch seeckere ende vaste, de twe predicanten van de versochte vier, insonderheyt ende boven al M. Du Moulijn. Ende belangende den tweden tot sijn compagnon versocht als naestgeseten, M. Rivet, wasser noch wat twijffels off hij ofte een ander met den voorseide Du Moulijn comen soude. Hier op arbeijde ick nu dagelijcks met de voorseide heeren Gedeputeerde der kercken, om een eijnde te hebben. Ende daerbeneffens houde ick wederom op nieuws aen, door een expres edelman naer 't hoff op gisteren gesonden met de brieven van eendrachtighe intentie ende versouck van mijn heeren de Staten van Hollandt ende Westvrieslandt, als van wegen de gansche provintie, in dato den 20 Septembris lestleden, bij mij den 8 deser ontfangen, versouckende daermede op nieuws seer instantelijck om alle de vier genomineerde predikanten, als sonderlinge bequaem sijnde tot de voorseide handelinge, te mogen crijgen. In allen gevalle sullen de twe niet failleeren te commen, soo mij toe gesecht is. Mits conditie nochtans dat ick hebbe moeten beloven ende als borge responderen dat noch bij de selvige, noch bij de anderen ietwes in de voorseide handelinge soude bij de handt genomen worden, 't welcke eenich-

(9) Excellenties ende] A: marg. add. − (33) toe] A: interl. add.

[4] Henri de Gondi, cardinal De Retz, bishop of Paris (1572–1622).
[5] Hercule de Rohan, duc de Montbazon (1568–1654).
[6] Charles d'Albert, duke of Luynes (1578–1621).
[7] Pierre Brûlart.
[8] Claude Guichard Déageant, baron de Vire (ca. 1571–1645).

sins prejudiciabel soude wesen, in de ruste ende welvaert van dese croone. Daerbij vougende de voorseide heeren raeden elcs hooft voor hooft, dat Sijne Majesteit eensdeels oock met goeden oogen aensiende mijne particuliere becommernissen, ende overgroote moeiten in desen (soo sij selver bekenden) hierinne was consenteerende. Waerop de behoorlijcke dancksegge rontsom bij mij gedaen sijnde, ben wederom naer Paris vertrocken. Verclaerende metter waerheijt noeit meerder noch swaerder moeiten in geene saecken gehadt te hebben als in deze, over mits | de hefticheijden van den Roomsche religie midden onder de cardinalen en Jesuïten.

Als ick tot Soissons aen de voorseide cardinael met alle behoorlijcke complimenten van uwe Hoog Mogenden mijn eerste visite was doende, bevondt ick opentlijck dat sulcx bij een ijder seer wel genomen wierdt, insonderheijt bij den selven cardinael, in vougen dat Zijn Edele mij verclaerden met hooge protestatiën, als een goet franschois ende een getrouw dienaer van den coninck, seer wel te weten hoe veel dat Zijne Majesteijt gelegen was aen de conservatie, vruntschap ende alleantie van uwe Hoog Mogenden. Dat hij daerom alles soude doen ende voorwenden, niet met woorden, maer metter daet, 't geene tot de welvaert van der selver republicque soude mogen dienstich sijn, nemende tot getuijge van sijne goede inclinatiën ende intentiën mijn vrouwe de princesse van Orange,[9] d' oude douagière, als aen de selve sijne Excellentie ten vollen bekent. Ende op mij versouckende dit alles aen uwe Hoog Mogenden met aenbiedinge van sijnen dienst te willen overschrijven, in vougen dat naer mijn cleijn oordeel niet ongeraden sall sijn dat uwe Hoog Mogenden gelieve binnen weijnich weecken aen den selven cardinael een hertelijcken ende beleefden brieff in faveur van mijne negotiatiën ende dienste te schrijven.

[The ambassador continues with other matters.]

| Hier mede,

Hooge ende Mogende heeren, mijne heeren, bidde ick den Almachtigen Godt uwe Hoog Mogenden te behouden in langdurige, ende voorspoedige regieringe.

Uuijt Paris den 9 Octobris 1618.

    Uwer Hoochmogender
    ootmoedichste, onderdanichste ende getroutste diener,
    G. van den Boetzeler ende Asperen

---

(3) oogen] *A: foll. by del. interl. add.* was – (33–35) Uwer...Asperen] *A: autograph of Langerak*

[9] Louise de Coligny (1555–1620), the widow of William of Orange.

II/1.98 *Louis XIII Ordinance regarding the French Delegation*

Date: 15 October 1618

Main source: A: Paris BM, Ms. 2598, 214–215 (copy)

Other copy: Pannier, 669

Summary: In this ordinance, Louis XIII prohibits ministers of the French Reformed churches, Pierre Du Moulin, Jean Chauve, Daniel Chamier and André Rivet, from attending the national synod in Dordrecht.

Editor: Thomas Guillemin

Ordonnance du Roy Louis XIII portant deffences aux ministres de Paris d'aller en Hollande pour le sinode qui s'y est convocqué, du 15e octobre 1618 avec le proces verbal de l'exploict et signification faict le lendemain.

Le Roy ayant esté adverti que quelques uns de ses subjectz faisans profession de la relligion pretendue Refformée estans assemblez depuis nagueres avoient sans permission de Sa Majesté deputté les ministres Dumoulin, Chauvet, Chauvet [Chamier] et Rivet pour se trouver en une assemblée convocquée hors ce royaume, ce qui est contraire aux loix et ordonnances d'iceluy, Sa Majesté a faict très expresses inhibitions et deffences à tous ses sujetz de quelle qualité et condition qu'ilz soient de faire telles et semblables deputtations sans la permission de Sa Majesté, et ausdictz Dumoulin, Chauvet, Chauvet [Chamier] et Rivet d'accepter les nomminations | qu'ilz pourroient estre faictes de leurs personnes, ny assister à ladite assemblée ou autres qui pourroient estre convocquées hors les terres et pays de l'obéissance de sadite majesté , à peine d'estre procédé a l'encontre des contrevenans selon la rigueur desdictes ordonnances. Faict à Soissons le 15e jour d'octobre 1618.

    Signé: Louis
    Et plus bas: De Loménie

II/1.99 *Langerak to the States General (Selection)*

Date: "26" October 1618, probably 16 October; received 20 October 1618

Main source: A: The Hague NA, S.G. 6756, [6 pp.] (original)

(15) Chauvet] A: *mistakenly repeated, for* Chamier – (21) ou] A: *foll. by del.* estre

Summary: Langerak, who went to Soissons on advice of the Deputies General of the French Reformed churches, found to his great dismay, that an express messenger had just arrived from Holland with news from the French ambassadors in Holland, and that the Council had met that same Sunday. There it was decided not only not to tolerate the sending of delegates to the synod, but to forbid it expressly with rigorous penalties. The councilors told Langerak that the French ambassadors had received an unexpected and impertinent answer from the States General in the case of François van Aerssen. Langerak has made no headway with the argument that he would like to wait for the message of the States General and their reasons. He will await their further instructions, but sees no way forward because of these complaints, which are only a pretext for this harsh refusal. In a postscript, Langerak reports that during new contacts the councilors have been even more offensive. There is a big change at court. Langerak waits for instructions, also because he has been told by them that people in the Dutch Republic openly scorn the alliance with France, which is considered to be "spanished," and say that the Council gets pensions from Spain.

Editor: Johanna Roelevink

| Hooge ende Mogende heeren.

Mijne heeren. Alsoo ick den 12 deser wederom met advis van den heeren gedeputeerden der Fransche kercken ende de kercken-dienaers van Paris, naer dese stadt van Soissons bij den coninck vertrocken ben, op vaster hoop van nu eijntelijck te genieten, het effect van de groote toesegginge mij te voorens gedaen in de saecke van de Fransche predicanten op 't synodus nationael in Hollandt, ende alsoo nu mede dese hoope te apparentiger, ende vaster was overmits de eendrachtige vereeninge ende toestemminge van mijne heeren de Staten van Hollandt ende Westvrieslandt, soo is 't gebeurt dat gisteren, wesende den dach mijner aencompste, alhier effen voor mij geärriveert was een courier van de heeren ambassadeurs des conincx uuijt Hollandt,[1] medebrengende tot mijner grooter bedroeffenisse alsulcke advisen ende brieven van de voorseide heeren ambassadeurs, dat ten selven dage, hoewel sondach sijnde, datelijck den ganschen raedt daerop vergadert is geworden ende, gelijck haere Edelen mij t'samen verclaerden, resolutie is genomen niet alleen niet te gedoogen dat eenige theologi ofte predicanten naer 't voorseide synodus souden reijsen, maer sulcx wel expresselijck te verbieden, op seeckere rigoureuse peijnen.[2] Ende dat om oorsaecken, soo haere Edelen van 's conincs raedt mij verclaerden ('t welck ick daerom uwe Hoog Mogenden seer ootmoedelijck bidde mij niet qualijck aff te nemen, dat ick dese vremde woorden ende droevige propoosten moet overschrijven) dat de voorseide heeren ambassadeurs een onverwachte ende | onbehoorlijcke ant-

(24) vaster] A: waster – (35) raedt] A: *mistakenly omitted*

[1] Ambassadors Boissise and Du Maurier.
[2] Ordinance of Louis XIII, dated 15 October 1618. See no. II/1.98.

woordt op haere leste propositie nopende, de saeck van den heere Franschois van Aerssen ontfangen hadden, seggende sulcx een affront te sijn voor den coninck aen den welcke de republiecke van uwe Hoog Mogenden soo grotelijcx was verobligeert. Dat oock sulcs de coninck t' zijner tijt wel soude gedencken. Ende wat noch meer is, dat indien Zijne Majesteit het niet en liet om eenige goede consideratiën van den staet van uwe Hoog Mogenden, hij soude datelijck beijde zijne ambassadeurs van uwe Hoog Mogenden revoceeren. Door dese propoosten ben ick alsoo verslagen geweest dat ick niet hebbe weten anders te doen als naer mijn best vermogen ende kennisse de voorseide saecke te gaen excuseren, bij alle dese heeren, sonder dat ick nochtans in 't minste ietwes nopende de saecke van den predicanten, hebbe cunnen gewinnen. Het is quaet genoch geweest, dat ick eene coule toesegginge van Zijne Majesteijts affectie tot uwe Hoog Mogenden hebbe cunnen verwerven, soo hooch is dit genomen. Daerbij gevoucht, soo de voorseide heeren raeden mij oock verclaerden, dat Zijne Majesteits voorseide ambassadeurs, met geen respect, noch eenige mutuele correspondentie bejegent werden gelijck anderen. Ende hoewel ick dickwels ende instantelijck versochte om een patiëntie ende uijtstel van dese haestige ende quade resolutie tegens uwe Hoog Mogenden, tot dat ick van uwe Hooch Mogenden mijne advisen ende redenen der selver resolutiën mochte verstaen hebben om den coninck naerder onderrichtinge te doen, tot justificatie van uwe Hoog Mogenden, soo hebbe ick nochtans evenwel hiermede niet cunnen vorderen, nochte gewinnen. Dit sijn sware ende harde saecken voor alle mijne negotiatiën in desen mijnen dienst, die ick met een groten ende getrouwen ijver soucke ende arbeijde, dach ende nacht, te vorderen ende te volbrengen | tot contentement van uwe Hoog Mogenden. Niettemin sal ick volgens mijnen schuldigen plicht, in alles continueeren met uijterste neersticheden ende getrouwicheyden, oock tot justificatie van uwer Hoog Mogender actiën ende resolutiën, biddende seer ootmoedichlijck daer toe eenige instructiën metten eersten te mogen becomen. Maer vrese evenwel dat ick nopende de voorschreve predicanten bij dese gelegentheijden van zaecken ende tijden weijnich meer sal cunnen vorderen, sijnde nu tweemael daerom hier te Soissons geweest, niet sonder groote costen ende moeiten, alsoo de voorseide clachten, ende miscontentementen, nu hier maer dienen tot specieuse pretexten van sulcke harde refuisen.

Mijne Heeren. Naer dat ick dese tot hier toe geschreven hadde, hebbe ick alhier noch andere communicatiën gehadt met die van de Raet des conincx, die mij met meerder offensiën dese naervolgende propoosten hebben gehouden nopende de voorseide saecke van den heere van Somerdijck, als dat Sijne Majesteijt wel vertrouwt hadde, dat uwe Hoog Mogenden insonderheyt bij dese tijden gelieft soude hebben meerder respect te dragen aen zijne coninck-lycke eere ende reputatie, dan soo haestigen antwoordt te geven in 't publijcq, tot naedeel van zijne conincklijcke persoon, ende van die van de Raet, immers dat sulcs met meerder gracie hadde cunnen getreineert ofte gedissimuleert worden. Ick repliceerden daerop geene kennisse te hebben van dese antwoort, die Sijne Majesteijt soo grootelijcks behoorden te offenceeren, ende dat mijns oordeels de voorseide heeren ambassadeurs beter soude gedaen hebben sulcke saecken niet te proponeeren met diversche instantiën; veel min eenige antwoort daerop te preserveren | ende soo heftelijck te vorderen. Maer alle dese mijne allegatiën hebben niet geholpen, bevindende ter oorsaecke van dien gheen kleijne alteratie in dit hoff. In plaetse van de goede genegentheijt, die ick te voorens met alle goede proceduiren gewonnen hadde, soo wel tot de permissie ofte tolerantie, niet alleen van twee, maer oock van vier predicanten uijt dit rijck tot het voorseide sijnodus, als mede tot alle anderen saecken ende diensten van uwe Hoog Mogenden, gelijck de heere van Puyssieux[3] selver aen mij geschreven hadden van de 8^{en} deser, voor mijn vertreck van Paris. Waerop ick mij oock te haestiger resolveerde (niettegenstaende mijne indispositie) dese twede reijse naer Soyssons aen te nemen.

Dan ick sal met Godts hulpe neerstelyck gaen arbeijden, om dese gealtereerde humeuren wederom te herstellen ende met goede redenen te gewinnen, soo haest als Uwe Hoog Mogenden gelieven sullen mij volcomentlijck te instrueeren. Als mede op eenige andere pointen die mij daerbeneffens alhier met gelijcke miscontentement sijn geëxprobreert: dat men de Fransche natie aldaer geen recht en doet, in 't minste niet, datter sijn persoonen die opentlijck verachten de alliantie van Vranckrijck, dat de zelve natie voor gespagnoliseert werdt gehouden, genietende den Raedt alhier jaerlickse pensioenen van Spagnen, selver om den staet van uwe Hoog Mogenden te helpen houden in gestadige divisiën, in somma dat den coninck ende gantsch Vranckrijck sedert eenen corten tijt herwaerts gecomen is in een openbare verachtinge, 't welcke den coninck ende dese heeren raeden claerlijck seggen niet te sullen lijden.

[The letter continues with other matters.]

| Uuijt Soissons, den xxvi [xvi] October[4] xvi^c achtien.

Uwer Hoochmogentheden
onderdanichste, ootmoedichste ende getroutste diener,
G. van den Boetzeler ende Asperen.

---

[3] Pierre Brûlart.
[4] Probably 16 October 1618.

II/1.100 *Report of Séraphin de Mauroy regarding his Visit to Pierre du Moulin*

Date: 25 October 1618

Main source: A: Paris BM, Ms. 2598, 215

Other copy: Pannier, 669

Summary: Séraphin de Mauroy, ordinary bailiff of the French King Louis XIII, reports concerning his visit to the Paris minister Pierre Du Moulin to announce Louis XIII's ban against traveling to the synod at Dordrecht.

Editor: Thomas Guillemin

Je Séraphin Mauroy huissier ordinaire du Roy en ses conseils d'Estat et privé, soubssigné, certiffie à Sa Majesté que suivant le commandement à moy faict de la part de Sadite Majesté, suis party de Soissons par la voye de la poste, arrivé en cette ville de Paris le Mercredy 17ᵉ octobre 1618, et à l'instant transporté en la maison et domicille du sieur Dumoulin, seize rue des Maraiz à Sainct Germain des Prez lez Paris, où ayant demandé à la damoiselle sa sœur si il estoit en sa maison, m'auroit dict qu'il estoit aux champs du costé de Houdan, sur | lequel dire ay différé de déclarer la vollonté de Sadicte Majesté portée par son ordonnance, dont coppie est devant transcripte, depuis lequel jour suis allé journellement en ladicte maison où ledict Dumoulin n'estant arrivé que ce aujourd'huy 25ᵉ dudict mois d'octobre, ay audit sieur Dumoulin parlant à sa personne en ladicte maison et domicille, montré et signiffié ladicte ordonnance, et faict entendre la volonté de Sadicte Majesté portée par icelle, laquelle il auroit prise, et après lecture faicte d'icelle, qui ayt tant pour luy que pour les nommez Chamier, Chauvet et Rivet y desnommez, faict les inhibitions et deffences portées par ladite ordonnance, à ce qu'il ayt à les en advertir et faire sçavoir sa volonté de Sa dicte Majesté, et qu'ilz n'ayent à y contrevenir sur les peines y contenues.

Signé: Mauroy

215v A

II/1.101 *States General to Gaspard III de Coligny*

Date: 5 November 1618

Main source: A: The Hague NA, S.G. 6756, [1 p.] (draft by Aerssens)

Summary: The States General write to Coligny that they are prepared to be the godfathers of his young son and will send Langerak to the baptism. Because Louis XIII has graciously allowed two delegates of the French Reformed churches to attend the national synod (and then withdrawn consent), they kindly ask the colonel to induce the King to favor the States General by sending the delegates.

Editor: Johanna Roelevink

5 Monsieur,

Nous avons esté fort aises d'entendre par votre lettre du xxxe du précédent mois d'octobre qu'il a plu à Dieu vous donner un filz, lequel nous soushaictons qu'il puisse croistre en sa crainte et votre obeyssance avec santé longues années et que Sa Divine Majesté le vueille rendre capable pour satisfaire à
10 votre veu. Et comme il vous plaist nous inviter pour faire présenter et tenir ledit votre filz au baptesme, nous vous remercions bien fort de ceste honneur et avons donné charge au sieur de Langerac, notre ambassadeur, de faire ce saint office de nostre part. Ce gentilhomme votre, luy porte nostre lettre à ceste fin. Au demeurant nous vous ferons à toutes occasions paroistre com-
15 bien nous desirons votre advancement et contentement. Et comme il a pleu au Roy accorder que par connivence deux députez de la part des Églises Reformées de France viendroient pardeça au synode nationnal, convocqué pour le premier de ce mois en la ville de Dordrecht, nous vous prions bien fort que vueillez prester votre bonne main affin qu' il plaise à Sa Majesté nous
20 tant favoriser que lesdicts députéz puissent venir et nous assister en ceste occasion pour le bien et repos de cest estat, et notamment aussy pour son service ainsy que nous luy en avons bien humblement prié, en quoy vous nous ferez singulier plaisir et service, à quoy nous attendants, prions le Créateur, monsieur, de vous accorder un parfaicte santé, longue et heureuse vie.
25 De La Haye v^e de novembre 1618.

(6) fort] *A: interl. add.* – (8) avec santé] *A: interl. add. repl. del.* et votre contentement – (9) années] *A: foll. by del.* et le rendre capable de satisfaire à votre veu – (9) vueille] *A: interl. add.* – (10) il] *A: interl. add. repl. del.* que ayants agréable qu'il – (10) présenter et] *A: marg. add.* – (11) filz] *A: foll. by del.* de notre part – (11) vous] *A: foll. by del.* en – (11) de...honneur] *A: marg. add.* – (12) et avons] *A: interl. add. repl. del.* ayants – (12) de] *A: prec. by del.* pour – (12) ce] *A: prec. by del.* ceste off – (13) part] *A: foll. by del.* de – (15) comme] *A: foll. by del.* le Roy nous aiant assez tesmoigné que par connivence il accorderoit – (16) que] *A: interl. add.* – (16) connivence] *A: foll. by del.* que – (16) députez] *A: prec. by del.* théog – (17) de France] *A: interl. add. repl.* viendroi – (17) viendroient] *A: foll. by del.* par ass – (19) que] *A: foll. by del.* vous – (20) tant] *A: interl. add.* – (20) favoriser] *A: foll. by del.* et assister de sa Royale faveur – (20–21) ceste... occasion] *A: interl. add. repl. del. three illeg. words* – (21) bien et] *A: interl. add.* – (22) ainsy...prié] *A: marg. add.*

II/1.102 Langerak to the States General (Selection)

Date: 23 November 1618; received 30 November 1618.

Main source: A: The Hague NA, S.G. 6756 (original)

Summary: Langerak writes that in a new audience with the King, Louis has told him that he cannot allow the two Reformed ministers to attend the synod because of his conscience, the Catholic religion, and other reasons which Puyssieux, he said, mentioned to Langerak previously in Soissons. Written by a clerk, signed by Langerak

Editor: Johanna Roelevink

Hooge ende Mogende Heeren,

Mijne heeren,

Op den vi^{en} deser hebbe ick volgens de leste bevelen van uwe Hoog Mogenden wederom een nieuwe ende hertelycke instantie gedaen bij den coninck, bij expresse audiëntie daertoe versocht ende verleent, in de zaeck van den twe Fransche predicanten tot het Sijnodus Nationael in Hollant. Ende hebbende wederom aen Zijne Majesteijt alle de groote ende gewichtige redenen daertoe geallegeert, die ick ooit in mijne voorgaende propositiën dies aengaende geremonstreert hadde. Heeft Zijne Majesteijt selver met claere ende duijdelijcke woorden mij geantwoort, sulcs niet te cunnen doen ten aensien van zijne consciëntie en de Catholijcque religie, als mede van wegen veele andere redenen die de zelve Zijne Majesteijt mij seijde in mijne leste reijse tot Soissons door den heere van Puyssieux aengedient te doen hebben, sonder daerinne te cunnen veranderen. Verclarende niet te min in alle andere doenlijcke zaecken aen uwe Hoog Mogenden te sullen bewijsen zijne hertelycke affectie ende coninclycke gunste, sulcx dat men nu hier bij sal moeten blijven.

[The letter continues about other matters.]

| Hier mede, IV A

Hooge ende Moogende heeren,

Mijne heeren, bidde ick den almachtigen Godt uwe Hoog Mogenden te willen behoeden in lanckdurige ende voorspoedige regieringe. Uuijt Paris den 23 Novembris 1618.

        Uwer Hoochmogentheden onderdanichste, ootmoedichste
        ende getroutste diener,
        G. van den Boetzeler ende Asperen.

(32–34) Uwer...Asperen] A: *autograph Langerak*

II/1.103 *Langerak to the States General (Selection)*

Date: 29 November 1618; received 8 December 1618

Main source: A: The Hague NA, S.G. 6756 (original)

Summary: Langerak reports that he has made futile efforts to get permission for minister Du Moulin to come in the retinue of Châtillon, who is travelling to the Netherlands with letters from the King to their Excellencies to inspect his troops. He will no doubt convey the inclination of Louis XIII to renew and continue good and steadfast correspondence, together with the King of Great Britain. In a postscript Langerak writes that Louis XIII has told Châtillon and himself that, to his displeasure, two of the French Reformed ministers departed from Guyenne for Holland. He trusts that the States General will grant them precedence in the synod. If these ministers do not pursue that themselves, they will be doubly punished on their return. Du Moulin and Rivet have received written and unequivocal instructions not to go. Written by a clerk, signed by Langerak.

Editor: Johanna Roelevink

Hooge ende Mogende heeren

Mijne heeren, Ick hebbe sedert mijne lestvoorgaende van den 23^{en} deser noch seer gearbeijt om voor den geleerden predicant Du Moulin (die welcken ons seer goeden ende grooten ijver, met sonderlinge wetenschap tot de decisiën ofte accommodatiën van religioens-questiën aldaer verhoopt hadde te bethonen) verloff te crijgen in 't geselschap ende swijte van den heere van Chastillion, onder andere pretexten. Maer alles te vergeeffs. Bemerckende claerlijck datter niet alleen Jesuiten ende diergelijcken, maer oock andere onverwachte en bedecte persoonen door enckele jalousiën hem in den wech zijn. De voorseide heere van Chastillion reist naer de landen van uwe Hoog Mogenden met brieven des conincs aen Zijne Excellentiën met voornemen om de oogen te slaen ende acht te nemen op zijne onderhebbende trouppen, ende insonderheijt om door een grooten ijver tot den dienst van uwe Hoog Mogenden hem eens te verthoonen ende te presenteeren. Waer toe Zijne Majesteyt zeer gaern oorloff heeft verleent, hebbende expressen last om nieuwe ende hertelycke presentatiën van Zijns Majesteijts coninckelijcke genegentheijden aen uwe Hooch Mogenden te doen ende by alle occasiën te verthoonen. Ende sall ongetwijffelt mede te kennen geven de oprechte ende goede inclinatiën van Zijne voorseide Majesteijt van Vranckrijck om met Zijne Majesteijt van Groot Bretagne alle goede ende vaste correspondentiën te

(16) heeren] A: *damaged page*

vernieuwen ende te continueren, met aenneminge van alle goede middelen daertoe dienstich, volgens mijne voorgaende advisen.

[The letter continues about other matters.]

[Postscript:]

| Mijne heeren. Den [——] conincs heeft aen de heere van Chastillion ende oock aen mij te kennen gegeven wel verstaen te hebben van 't vertrek van den twe Fransche predicanten uijt Guijenne naer Hollant, ende dat Zijne Majesteijt daer om niet wel te vreden is, maer evenwel vertrouwende dat uwe Hoog Mogenden ordre sullen stellen op de préséantie ofte het voorsitten van de voorseide predicanten op 't synodus, ten aensien van den eere ende reputatie van dese crone van Vranckrijck, insonderheijt in de landen van uwe Hoog Mogenden. Daerbeneffens verclarende dat indien de selve predicanten in 't voorseide sijnodus voor haer préséantie selve geen sorge en dragen dat zij op haere wederomcompste dubbelt gestraft zullen worden. Ten andere twe predicanten, te weten Du Moulin ende Rivet, hebben schriftelycke ende harde bevelen des conincs gecregen om niet te vertrecken op zeeckere penen.

Hier mede,

Hooge ende Mogende heeren,

Mijne heeren, bidde ick den Almachtigen Godt uwe Hooch Mogenden te willen behoeden in langdurige ende voorspoedige regieringe. Uuijt Paris den 29^{en} Novembris 1618.

   Uwer Hoochmogentheden
   onderdanichste ende ootmoedichste diener,
   G. van den Boetzeler ende Asperen.

II/1.104 *Langerak to the States General (Selection)*

Date: 7 December 1618; received 19 December 1618

Main source: A: The Hague NA, S.G. 6756, [3 pp.] (original)

Summary: Langerak writes that the French counselors understand that the States General have granted precedence to England in the synod. In case the two French delegates from Languedoc should arrive, they ask that an expedient for their seating be found that does not give discontent to the French crown. And if not, it should not

---

(5) [——]] A: *damaged page* – (13) selve] A: *interl. add.* – (22–24) Uwer…Asperen] A: *autograph of the ambassador*

be noted in States General registers, in order to prevent later historians from describing it.

Editor: Johanna Roelevink

Hooge ende Mogende heeren,

Mijne heeren,
[The ambassador addresses other matters.]
| Mijn heeren van den Raedt alhier, hebbende verstaen dat uwe Hoog Mogenden het voorsitten in 't sijnodus Engelandt hebben toegeschreven, so verzoucken de zelve haere Edele alsnoch dat uwe Hooch Mogenden gelieve ter eeren van den croone van Vrancrijck eenich goet ende bequaem expedient te vinden in de zelve séantie, sonder miscontentement van de voorseide couronne van Vranckrijck, bij aldien dat de twe Langedocqsche predicanten overgecommen zijn.[1] Soo niet, dat in de registers van uwe Hoog Mogenden daervan geen notitie tot nadeel van | Vranckrijck gehouden werde, opdat de histori-schrijvers (in perpetuam rei memoriam) geen beschrijvinge daervan en mogen doen.
[The ambassador continues with other matters.]
Hier mede,
Hooge ende Mogende heeren,
Mijne heeren, bidde ick den Almogenden Godt uwe Hoog Mogenden te willen behoeden in langdurige ende voorspoedige regieringe. Uuijt Paris, den 7en Decembris 1618.

   Uwer Hoochmogentheden
   onderdanichste ende ootmoedichste diener,
   G. van den Boetzeler ende Asperen

(9) haere] A: *interl. add.* − (15) (in] A: *not legible because of damaged paper* − (16) mogen] A: *only m is legible because of damaged paper*

[1] In the National Synod of France, held in Alais (Alès) from 1 October to 2 December 1620, Jean Chauve reported that, on their way to Dordrecht, he and Daniel Chamier were notified in Geneva that the King had forbidden them to go. The synod approved of their return home, and they were reimbursed for costs incurred (Aymon, II, 156).

SECTION 5: INVITATION OF PALATINE THEOLOGIANS

II/1.105 *Foppe van Aitzema to the States General (Selection)*

Date: 17/27 November 1617

Main source: A: The Hague NA, S.G. 6025, [2 pp.] (original)

Summary: Aitzema writes to the States General that he has been installed as their agent in the meeting of the Hanseatic League. He has been told to convey condolences and worries of the Hanse regarding the religious differences. The League hopes that these questions may be solved without scandal for "neighboring religions." The agent has answered that the States General, next to God, will overcome and always will be able to support their allies. Written by Aitzema.

Editor: Johanna Roelevink

Hooge Mogende Heeren,
 Mijne Heeren. Die vergaderinge der Hansesteden alhier is noch niet geëindiget.
 [The letter begins with other matters.]
 Dese dagen hebben sie in volle assemblee mij een plaets als uwer Hoog Mogender agent aengeweesen, met beleffdicheid, dat uwer Hoog Mogender ordre nopende mijne persoon haer seer angenaem, end eindelick nae einige complimienten te verstaen geven end gebeden ick mochte haerlieden groote condolentz end sorgvuldigheid by die ingevallene kercklike geschillen in Holland end dat sie wenscheten God wilde uwe Hoog Mogenden segenen, op dat sodanige questiën den landen ten besten end sonder scandale van nabuirige religiën mochten gestillet worden, aen uwe Hoog Mogenden getrouwlick overschrijven.
 Daerop ick so veell noodich geantwordet met den anhang dat onsere Republike van God met hochverstendigen regenten dergestalt versehen was datt geen swaricheid so groot sijn koste off selve Hoog Mogenden waren bastant,

(20) end] A: *prec. by del.* te

naest God, die selve booven te koomen, oick tot allen tijden machtich den erbaren steden end anderen bondgenooten die frucht der union te bewijsen.

IV A | [The letter continues with other matters.]

Uut Lubegh dese 17[/27] November old. anno 1617.

5   Uwer Hoog Mogender Onderdanige gehoorsame dienaer,
         Atssema tot Alsem

II/1.106 *Pieter van Brederode to the States General (Selection)*

Date: 6 January 1618; received 19 January 1618

Main source: A: The Hague NA, S.G. 6018, [6 pp.] (original)

Summary: Agent Brederode writes that he is very pleased that the religious disputes may still be accommodated without prejudice to the alliances with allies. He will tell the allies that the enemies of the Republic have propagated this false news. The friends of the States General will rejoice in this. The agent calls attention to news reports from The Hague, Utrecht and Amsterdam which are read in all courts and states, to the detriment of the Republic.

Editor: Johanna Roelevink

Hoochvermeughende hoochgheëerde ende ghebiedende heeren,

Den tweeden dach deses aenvangende nieuwe jaers es mij uwe Hoochvermeughender missive van den xi^{en} des voorleedene maentz wel ter handen
20 ghekoomen. Hebbe deselve oock mitte alle behoorlijcke eerbiedinghe ontfanghen ende daeruijt met eene sonderlinghe vreuchde vernoemen dat des lants saecken, gheschillen ende differentiën soo hooch niet en sijn ghekloommen ofte klimmen en sullen off sij en sullen deur Godes hulpe wel haest met goede ende ghevoughelijcke middelen needergheleijt ende gheaccommodeert
25 kennen werden, ende dat sonder eenighe confusie ofte verloop in 't lant ofte prejudicie van de ghemeene saecke ende alliancie mette coninghen, princen ende republique ende stenden, des lants vrienden, ghemaeckt. Waer van ick volgende uwer Hoochvermeughender bevel niet onderlaten en sal de princen ende republicken met den landen verbonden alsoo te berichten dat deur sulx
30 de valsche tijdinghe ende ghemeene advijsen die ter contrarije in dese quartieren deur 't landts vianden seer kunstelijcke ende schadelijcke verbreijt werden, vervallen ende te niet komen sullen, ende ter contrarij de waerheijt met
IV A hett 't landts eere ende | reputatie daer deur wederom verheeven mach werden. Ende hebben uwe Hoochvermeughenden sich te verseeckeren dat dese
35 haere voorgaende verclaringhe de waere vrienden ende getrouwe buntgenoo-

ten uijtermaeten werdt verheughen, als de welcken deur den voorghemelde advijsen die hem uijt onderscheijdelijcke quartieren van 't lant ter contrarie ghegheven werden, seer bedrouft sijn geweest. Waervan ick mijnen amptsende beroupshalven niet en hebbe kennen naelaten uwe Hoochvermeughenden bij allen occasiën te berichten, nijet om mij buijten de palen mijnes beroups mit de selven gheschillen te bemoijen, maer om uwe Hoochvermeugenden van alle occurrentiën t' advijseren, opdat die van sulx behoorlijck bericht sijnde, mij met haere bevelen ende goede resolutiën ter contrarie starcken, ende ick dien volgenden 't lants eere ende dienste in alle getrouwicheijt bevorderen meughe. Waer toe uwe Hoochvermeughende sich in alle wegen ganschelijcke ende gunstelijcke te verlaten hebben. Verhoope doch daer beneffens dat sij ten besten sullen verstaen dat ick | den selven van alsulcke occurrentie van herwertz over, soo wel op den loop van de tijdinghe uijt het landt commende, als wat in dese quartieren anders verloopt, in gunsten sullen op- ende aenneemen. Want het beswaerlijck es tegens valscheijt ordre te stellen, ten sij dat men van de ghelegentheijt der saecken behoorlijcke sij gheïnformeert. Vorders soo het mij in dese gunstich mochte toe ghelaten sijn uwe Hoochvermeughenden in alle onderdanicheijt ende getrouwicheijt te berichten, sonder mij doch mitte gheschillen deur onder te bemoijen, soude het voorlicht voor 't lant niet ondiennelijcke sijn, acht op de gazetten die uijten Haech, Utrecht, Amsterdam ofte anderen oorden werden ghedivulgeert ofte verbreijt, de welcken alhier deur alle furstelijcke hooven ende republijcken dickwils met groot naedeel niet alleen van de ghemeene, maer oock van 't lants saecken verbreijt werden, waer van ick uwe Hoochvermeughenden tott bewijs van dien mit desen in alle onderdanicheijt hier beneffens overseijnde alleen 'tgunt dat | mit het laetste ordinaris alhier es aenghekomen, opdat zij sien ende vermercken meughen dat de oprechte ende ghetrouwe vrienden van 't landt niet weijnich oorsaecke en hebben ghehadt, sich over den tegenwoordighen staet bedrouven ende te bekommeren.

Waer over ick den selven wat beeter berichts ende troost soude hebben kennen gheven, soo mij van tijt tott tijt die waerheijt der saecken om den lenghen 't overwinnen, mede ghedeelt werden.

[The agent continues with other news from Europe, including the situation of Italy against Venice, the plans of the emperor regarding Bohemia, and Heidelberg where people are | "in eene belijden state om de gheluckelijcke gheboorte van eene jonghen heere,[1] als ick uwe Hoochvermeughenden met mijne voorgaende in aller diligentie bericht hebbe".]

(7) die] A: de

[1] The prince who was born in the marriage of Elector Friedrich V and Elizabeth Stuart is Karl Ludwig (born 22 December 1618), who would succeed his father.

Uijt Heijdelberg desen 6 Januarii 1618.
> Uwe hoochvermeugender onderdanichtste ende getrouwen dienaer
> P. van Brederode

II/1.107 *States General Invitation to Palatine Elector Friedrich V*

Date: 25 June 1618

Main source: A: Rotterdam BRG, 49.2, [2 pp.] (copy)

Summary: After a short description of the ongoing difficult situation in the northern Dutch provinces, resulting from the dispute about predestination and related points, the letter urges the Palatine Elector to send three or four delegates to the upcoming national synod in order to assist in the deliberations. Similar letters of invitation, mutatis mutandis, were sent to Landgrave Moritz of Hesse and Wolfgang Ernst of Nassau-Wetteravia (see nos. II/1.119 and II/1.179).

Editor: Thomas Klöckner

Aen den Cheurvorst Paltzgrave, ende Landtgrave van Hessen, mutatis mutandis, ende noch onder date den 25 Julij [Junij] 1618 aen den welgebornen Heeren Wolffgang Ernsten zu Isenberch, Graven zu Budiegen,[1] der Wetterauwische correspondents außschriebenden si[2]

Doorluchtichste, etc.,
> Wy moeten met seer groot leetwesen bekennen dat soo wanneer wy meynen naer eene seer sware periculeuse ende langdurigen oorloge sekerlyck door het maecken van een bestandt, daertoo uwe cheurfürstlichste doorluchtichste hoochwys en raedt ons nyet weynich behulpich en is geweest, gecommen te

(4) P. van Brederode] A: autograph signature – (16–19) Aen...si] A: marginal description added to the copy of the letter

[1] Wolfgang Ernst, count of Isenburg and Büdingen (1560–1633).
[2] A contract of correspondence specified as part of the reorganisation of the so-called *Wetterauer Grafenverein* (Wetteravian Association of Counts), that the counts would elect one of their own as annually changing "Ausschreibender." Functioning as speaker and representative of the association, he would determine the date and place for meetings and set the agenda. This meant that he could significantly prepare decisions, as delegates of the various territories could only receive instructions on the points communicated by the "Ausschreibender." Cf. Georg Schmidt, *Der Wetterauer Grafenverein: Organisation und Politik einer Reichskorporation zwischen Reformation und Westfälischem Frieden* (Marburg: Elwert, 1989), 69–78; with regard to Wolfgang Ernst, 75–76.

syn in eenen goeden welstandt, ende ruste soo in t'politicq als ecclesiasticq, het ter contrarien sulcx is uuytgevallen dat in t'ondersouck vande leere vande predestinatie, ende gevolge van dien, men hier te lande in soodanige misverstanden ende disputen is gevallen, dat ten sy deselve by eene ordentelycke, ende voor desen altyt gebruyckte maniere van doen en werde ter neder geleght, ende wechgenomen, het te vresen is dat daeruuyt nyet anders en staet te volgen dan een seer extreme dangier, ende pericul voor onsen staet, ende de waere Gereformeerde Christelycke religio, daerover wy ons ten allerhoochsten becommert vinden, ende nyet meerder ter herten nemende dan de conservatie derselver, daeronder Godt Almachtich desen staet soo merckelycken, ende genadichlycken heeft gesegent, hebben voorgenomen tot weringe vande algereets geresene geschillen, ende voorcominge van alle voordere swaricheden | ende onheylen, te houden eene nationale synodum tegen den eersten Novembris toecommende, omme byden selven synodum de voorseide questien met den aencleven van dien te laeten examineren, ende behoudende altyt de waerheyt vande suyvere leere, met alle gevouchlicheyt ter neder leggen, unde dat in uwe cheurfürstlichste doorluchtichste universiteyten, ende hooge scholen zyn seer voortreffelycke geleerde theologanten, dewelcke den staet van dese controverse ende questieuse poincten nyet onbekent en is, soo souden wy uwe cheurfürstlichste doorluchtichheyt wel vruntlyck willen versoucken dat deselve believen wilde drye ofte vier godtsalige, vreedtsame, ende geleerde theologanten herwaerts te deputeren, om met haere tegenwoordicheyt, ende beleyt d'actie vande synode t'assisteren, ende de voorseide swaricheden te helpen beslichten, daeraen uwe cheurfürstlichste doorluchtichheyt voor den dienst deser landen, ruste ende vrede vande kercken sal doen tgene wy der hooge wysheyt, ende tot sulcke genegentheyt zyn, betrouwende, verwachtende by naerder rescriptie tgene uwe cheurfürstlichste doorluchtichheyt op dit ons versouck sal hebben geordenneert. Hiermede

[IV] A

Doorluchtichste, etc., Uuyten Hage den xxv^ten Junij 1618.

II/1.108 *States General to Pieter van Brederode*

Date: 27 July 1618
Summary: See this letter, mutatis mutandis, in no. II/1.32.

II/1.109 *Pieter van Brederode to the States General (Selection)*

Date: 28 July 1618; received 10 August 1618

Main source: A: The Hague NA, S.G. 6018, [8 pp.] (original)

Summary: Concluding paragraphs of a letter from Brederode, the ambassador of the States General in the Palatinate, about some political issues and the preparatory deliberations concerning the sending of some foreign theologians and ministers to the synod.

Editor: Cornelis A. de Niet

[1] A | Hoochvermeugende hoochghe-eerde ende ghebiedende heeren,

[In most of this letter Brederode reviews the political and religious situation in central Europe, with emphasis on the start of the Bohemian Protestant Revolt and its implications for the Palatinate and the Dutch Republic.]

[7] A | [...] Op tversouck van uwe hoochvermeugenden nopende d'affschickinghe van sommighe theologen ende predicanten op d'aenstaende nationaele sijnodo, werdt voor als noch gedelibereert, opdat de selve in de beste ende bequaemste forme gheschieden meughe; verhoope uwe hoochvermeugenden met het naest volgende ORDINARIS goede RESOLUTIE daer over te seijnden. Godt wil sijne ghemeente eenicheijt ende moet verleenen, opdat zij sich ende het vaderlant tegens de Roomsche ende Jesuitische tijrannie mannelijcke ende ghelucklick defenderen meughen.

Den selve bidd'ick van harten uwe hoochvermeugenden in haere christelijcke ende beswaerlijcke regieringhe met clouckmoedicheijt, wisheijt ende eendracht te willen verste[rc]ken, mij in alle onderdanicheijt aen den selven bevelende.

Uijt Heijdelberg desen 28 Julii 1618.

        Uwer hoochvermeugenden onderdanichste ende ghetrouwen dienaer,
        P. van Brederode

[8] A | [Address:] Den hoochvermeugenden Heeren General Staten der Vrije Vereenijchde Nederlantsche Provincien, mijne hoochghe-eerde ende ghebiedende Heeren in den Haghe

II/1.110 States of Holland and Westfriesland to the Elector of the Palatinate

Date: Undated, 1618

Main source: A: *Praestantium ac Eruditorum Virorum Epistolae Ecclesiasticae et Theologicae* (Amsterdam: Henricus Dendrinus, 1660), 490–492

Other copy: *Brieven van verscheyde vermaerde ende geleerde mannen deser eeuwe* (Amsterdam: Jan Rieuwertsz, 1662), 93–96 (Dutch)

Summary: In this letter to the Palatine Elector Friedrich V, the States of Holland and Westfriesland describe the Dutch controversies as a quarrel of some ministers about the authority of the magistrate over church affairs, and secondly as a matter of diverging opinion of theologians on the doctrine of predestination. They maintain that the old Reformed had kept the peace while discussing differences of opinion, as the Elector's parents (Friedrich IV and Louise Juliana of Nassau, eldest daughter of William of Orange) and he himself had done, in order not to alienate the churches of the Augsburg Confession. A copy of their letter to James I of England (see no. II/1.8) should convince the Elector that the States of Holland have done all they could to preserve peace by a moderate policy. Some ministers have agitated against this policy by demanding a synod which they call "national" and have gained the support of those provinces which are less engaged in the debate. Such a national synod, however, goes against the rights of the provinces as laid down in the Union of Utrecht (1579). The States of Holland and Westfriesland appeal to the Palatine Elector to respect their rights and thus endorse a policy of moderation.

Editor: Erik A. de Boer

Serenissimo Principi, Electori Sacri Imperii, Duci Bavariae, Comiti Palatino ad Rhenum, Ordines Hollandiae et Westfrisiae, s.p.d.

Serenissime Princeps Elector,
    Ab initio repurgatae apud nos religionis, duae nos praecipue difficultates exercuerunt, prior de eo imperio quod circa ecclesiasti|ca Christianis magistratibus competit, in quo itidem, ut omnes Reformati reges, principes ac magistratus, et reipublicae et ecclesiae incolumitatem imprimis sitam semper existimavimus, contra ministrorum quorundam sententiam, qui ecclesiasticum regimen externum summo in republica imperio non subiectum aperte moliebantur; altera vero de diversis theologorum sententiis super divina praedestinatione annexisque capitibus, sua placita non sine aliorum condemnatione aut ignominia ministris quibusdam rigide urgentibus. Contra existimantibus nobis latius esse tales controversias plebis captum superantes a suggestis amoveri, nihilque obstante sententiarum diversitate super quaestionibus inter veteres Reformatosque doctores adeo decertatis, pacem ecclesiae servant, eo magis quod Reformatae ecclesiae, praesertim vero tuae Electoralis

serenitatis parentes, ipsa tua Electoris serenitas eiusque praestantissimi theologi longius dissidentibus Confessionis Augustanae ecclesiis, eandem pacem fraternamque communionem saepius obtulissent. Et spes quidem fuerat, positis armis quae olim omnem ferme curam ac sollicitudinem nostram in se
5 verterant, consilio piorum virorum et publica auctoritate ecclesiam legibus stabilitam, et moderata aequitate compactam, in solido a nobis posse constitui. Quo fine plurimi a nobis labores optimo proposito suscepti sunt, ut ex earum literarum quas ad serenissimum ac potentissimum Regem Britanniae mittimus exemplo, aliisque eodem pertinentibus chartis promtum erit Elec-
10 torali tuae serenitati cognoscere.

Sed ministri quidam et officii sui et nostri in ipsos iuris beneficiorumque immemores haud ante quieverunt, quam ecclesia miserabiliter discissa, plebi, sed praesertim externis apud nos commorantibus inobsequentibus se gerendi exemplum aut occasionem praeberent; qui sicut ante hac synodis quas nati-
15 onales ipsi vocant, aggressi sunt fratres in controversiis difficilibus, ut diversus est humani ingenii captus, haud pariter secum sentientes, acerbioribus censuris premere, et ab electione pastorum et reliqua ecclesiae inspectione amovere magistratum; ita nunc quoque existimant id sibi, ut quod contra leges moliti sunt, hactenus nunc synodicis decretis vim accipiat atque auc-
20 toritatem. Quanquam vero provinciae quaedam nostri foederis, illis quas diximus controversiis minus obnoxiae, eo perductae sunt, ut in synodi talis indictionem consentirent, literasque eam in rem scriberent, usurpato Ordinum Generalium nomine, nos tamen gnari, et aliam esse apud nos ecclesiae constitutionem, et eo quod cum vicinis inivimus foedere ius rempublicam, et
25 in republica ecclesiam gubernandi solidum atque illibatum penes nos mansisse; neque ea in re nos aliorum teneri imperiis, non magis, quam alii nostris teneantur, alia remedia monstravimus, quae salvo iure nostro ac publicis legibus ad resarciendam ecclesiae pacem rectius ducerent; quae itidem videre erit in chartis quas transmittimus.

30 Plane autem confidimus Electoralem tuam serenitatem, hisce cognitis, non modo nulli adiutricem fore ad eas res quae juri nostro adversantur, sed contra omni occasione daturam operam, ut et auctoritas nostra in ministros nostros salva maneat, et eccle|siarum evangelicarum unitati, quae ex difficilium controversiarum definitionibus periclitari solet, leniore quadam via,
35 Christiana scilicet moderatione ac tolerantia, consulatur. Id nos beneficium gratissimis animis amplectemur, parati referre gratiam quotiescunque se ulla eius praebebit occasio. Interea Deum precabimur, serenissime Princeps Elector, ut Deus tuam Electoralem serenitatem diu incolumen florentemque servet. Dabantur in Palatino nostro Hagae Comitatensi, 1618.

II/1.111 Pieter van Brederode to the States General (Selection)

Date: 8 August 1618; received 17 August 1618

Main source: A: The Hague NA, S.G. 6018, [15 pp.] (original)

Summary: Ambassador Brederode reports on the assignment of four theologians for the delegation from the Palatinate to the synod. Landgrave Moritz of Hesse will send an answer to the States General within a few days.

Editor: Cornelis A. de Niet

| Hooghvermeugende, hoochghe-eerde ende ghebiedende Heeren,

[Brederode begins with an account of political events in Central Europe, mainly concerning the Bohemian question.]

| Op ghisteren es mij bij sijner churfurstlichen hoocheijts cancelaer antwoort gegheven dat zij op voorgaende advijs vanden kerckenraet, volgens uwe hoochvermeugenden begeren gheresolveert zijn, drie ofte vier van haere gheleerste, ervarentste, matichste ende beste theologis tegens den 1 Novembris naestkommende onderwerts nae Dordrecht op het nationnal sijnodum te schicken, ende sijn hiertoe alreede ghedesigneert doctor Pareus, Tossanus, Schultetus, et Altingius, vier d'aldergheschickste ende voorneempste die men alhier heeft, waer van sijne hoocheijt uwe hoochvermeugenden | selver berichten sal. Den boden die bij mij aen sijne furstlichen genade lantgraeff Maurits van Hessen gheschickt es gheworden, es wel alhier weder aenghelandt, maer alleen met een brieff van eenen van sijne raet, inhoudende dat sijne furstliche genade tselve versouck aengenaem es, ende ten eersten in beraetslaghen heeft laeten trecken, om uwe hoochvermeugenden in haer begeeren nae sijn vermeughen te ghevallen, met vertroostinghe dat zij selffs binnen weijnich daghen souden antwoorden. Van Zurich en es de boden noch niet weder ghekommen, want men aldaer meer tijts heeft moeten hebben, om met Bern, Basel ende Schaffhuijsen over tvoorseide versouck te consulteren. Soo drae antwoort volcht, sal tselve bij mij voorts bestelt werden.

[Report on some other political questions, in particular the threat of Spanish war preparation.]

| Dit es tgunt daervan ick uwe hoochvermeugenden voor dit mael hebbe te berichten, den Almogende van harten biddende desselven in dese haere bedrouffde ende beswaerlicke regieringhe metten gheest des verstants ende clouckmoedicheijt ghenadichlijck te willen verstercken, tott bevorderingen van sijne heijliche Rijck ende welstant des lieve vaderlants.

Uijt Heijdelberg desen 8^{en} Augusti 1618.

      Uwer hoochvermeugenden onderdanichste ende getrouwen dienaer,
      P. van Brederode

[Address:] Den hoochvermeugenden Heeren General Staten der Vrije Vereenijchde Nederlantsche Provincien, Mijne hoochgheeerde ende ghebiedende Heeren inden Haghe

II/1.112 *Pieter van Brederode to the States General with Post Data Letter (Selection)*

Date: 11 August 1618; received 27 August 1618

Main source: A: The Hague NA, S.G. 6018, [13 pp.] (original)

Summary: Brederode writes from Heidelberg that both the Elector of the Palatinate and the Landgrave of Hesse will send delegates to the national synod. Because the Swiss cantons have not yet answered, he hesitates whether to go there in person. Written by a clerk, signed by Brederode. In the "Post Data" attached to this letter, Brederode reports his actions to promote a decision by the evangelical cantons in Switzerland, in particular the local authority of Zurich, to send a Swiss delegation to the synod. Although a messenger had been sent a month earlier, he reported back rather late. The Zurich magistrates have written that they communicated the request of the States General with the other Swiss evangelical cantons in order to confer about the request to send their theologians, which persons to send, and with what instruction. One of the theologians asked whether they will only be there to listen and give advice, or if they will also have a voice in the discussion and a vote in the decisions. Brederode has already sent a diplomatic answer: their input and help to resolve the matter peacefully will be valued.

Editors: Johanna Roelevink and Erik A. de Boer

Hoochvermeugende, hoochgheëerde ende ghebiedende Heeren,

Uwer Hoochvermeugender missive in date den 27^{en} des voorleedene maents hebb' ick den 9^{en} deser in aller onderdanicheijt wel ontfanghen en daer uijt seer gaerne vernoomen dat de selve in haere christelijcke resolutie van het nationnal synodo te beroupen, soo mannelijcke ende bestendich continueren. Uwe Hoochvermeugende sullen uijt mijne voorgaenden van den 8^{en} deser[1] in gunsten vernoomen hebben dat ick mij op derselver eerste bevel in 't grinxste niet en hebbe gheswijmpt, maer alle devooren ghedaen, soo bij sijne Churfursteliche Hoocheijt ende sijnen voorneempsten raet mondelijck, als ook bij sijne Fursteliche Genade Lantgraeff Mauritz van Hessen ende bij de loffelijcke vier evangelische cantons in Switzerlant schriftelijk, ende dat

(23) hoochgheëerde ... ghebiedende] A: *partly damaged*

[1] See no. II/1.1–111.

met sulcken ernst ende naersticheijt, om haere Christelijcke versouck te vervolgen. Dat oock Godt loff van hier alsulcke resolutie ten eersten | gevolcht es, als uwe Hoochvermeugende selve soude meughen wenschen, ghelijckerwis ick bij een van den voorneempsten raet van sijne Hoochghedachte Furstliche Genade van Hessen van Cassel verwitticht ben gheworden dat zij mede gheresolveert was sijne goede naebuijre, gheallieerde ende ghevaders in alsulcken christelijcke werck nae sijne vermeughen bij te springhen ende tott dien eijnde ten eersten aen sijnen Raet van Staet bevel ghedaen hadde om over de persoonen ende instructie tott de selve affschickinghe noodich te delibereren, soodat bij dese twee potentaten gheen verder instantie van nooden en es. Maer alsoo mij tott noch toe op uwe Hoochvermeugender missive aende hoochghemelte vier evangelische cantons, noch oock op de mijne bij de selve vervoucht ende deur eene expresse boden derwertz gheschickt, gheen antwoort gheworden en es, stae ick in twijfel off het niet gheraetsaem souden zijn, dat ick mij selver | in der persoon derwertz begheve om der selver resolutie nae uwer Hoochvermeugender ernstlijck bevel nae mijn vermeughen te bevorderen, hoewel ick doch ganschelijck niet en twijfel naedem mij haere ijver tott de eenijcheijt ende welstant van de kercke in de Vrije Nederlanden ghenouchsaem bekent es, off haere resolutiën sullen in alles uwer Hoochvermeugender versouck conform vallen. Oock moeten sij wat meer tijts daertoe hebben, vermits dat sij eene ghemeene versamelinge daer over sullen moeten beschrijven.

[The agent continues with other matters.]

| Uijt Heidelberg desen 11^{en} Augusti 1618.

        Uwe Hoochvermeughender onderdanichste ende getrouwen dienaer,
        P. van Brederode

| Post Data

Hoochvermeughende, hoochghe-eerde ende ghebiedende Heeren,

Soo ick den voorgaende ghe-eijndicht hadde compt den boden, die ick aende heeren van Zurich voor drie weecken hadde affghevaerdicht, ende hoe wel hij strax desanderendaechs van sijnen aencompste aldaer es affghevaerdicht gheworden, dat es den 20/30 des voorleden maents, soo es hij doch eerst den 11^{en} deser alhier wederom aengelandt, pretenderende verhindert gheworden te sijn, deur dien hij een dorn in sijnen voete souden hebben ghetreeden. Die voorghemelde heeren van Zurich verclaren in haere schrijven,[2] uwer hoochvermeugenden missive wel ontfanghen, ende de selven terstont aen haere bunts et religions genoten ghecommuniceert te hebben, om eene tsa-

---

[2] See no. II/1.1–146.

mencompste daerover te houden, ende soo wel over de seijndinghe als over de persoonen van die ghesonden sullen werden, ende haere instructie te delibereren, als uwe hoochvermeugenden uijt de copie van haeren brieff, hier bij gaende aen mij, gunstelijcke sullen konnen verneemen.

Maer alsoo in uwe hoochvermeugenden missive aende hoochghemelde evangelische cantons alleen cortelijcke vermelt es, dat d'aenstaende sijnodus alleen ghemeent es om deur tmiddel van dien | de questien inde matiere vande predestinatie ende aencleven vandien ghevallen, nae Godts Woordt te doen examineren, ende behoorelijcken in het toecommende tegens sulcke ende dierghelijcke swaricheijden te voorsien, sonder te vermelden hoe ende in wat manieren uwe hoochvermeugenden vermeenen den naebuijrighe theologen daer inne te ghebruijcken, was mij bij eene vande voorneempste theologen van Zurich ghevraecht, off sij alleen bij het sijnode voorseide sullen ghebruijckt werden als toehoorders ende assistenten, off dat zij oock vocem deliberativam ende haere stemme iudicia daer bij sullen hebben, op mij begherende hem van sulx ende andere saecken daer toe behoorende op het aller vordelixste te willen berichten, om op sulx bijde ghedeputeerde vande hoochghemelde steeden in het delibereren over d'affschickinghe acht ghenoomen te moghen werden; waerop ick den selven mett eene eijghen boode in aller haeste bericht hebbe, dat ick niet en twijffel off zij sullen oock haere meeninghe ende remedien op de ghemoveerde questien ende ancleven van dien, als dandere broeders, soo in, als buijtens landt, suo ordine vrij hebben, om de selven met goede vreetsamighe | ende Christelijcke reedenen te helpen stillen ende needer te legghen, ghelijckerwijs sulx in andere ghemeene sijnoden pleech te gheschien; hem daerbij, volgende uwer hoochvermeugenden laetste scrijven, oock versouckende sich van dit Christelijcke werck deur gheene respecte ofte eenighe andere versoucke te willen affwenden laeten.

Ende alsoo uwe hoochvermeugenden oock vande affseijndinghe vand' evangelische cantons in Switzerland mede verseeckert sijn hebb'ick derselven expressen bode niet willen langher alhier op houden, maer den selven ter stont neederwerts seijnden, opdat de selven van sulx verseeckert sijnde, alles meughen doen verordonneren ende prepareren wat tot sulcken solenneele actie van nooden es. Hier meede mij in uwer hoochvermeugenden goede gunste in aller onderdanicheijt wederom bevelende, bidde den Almogende als boven.

Datum ut in literis.

Uwer hoochvermeugenden onderdanichste ende ghetrouwen dienaer, P. Brederode

(27) versoucke] *A: foll. by del.* ofte respecte – (30) op] *A: foll. by del.* te – (31) neederwerts] *A: foll. by del.* te

[Address:] Den hoochvermeugenden Heeren General Staten der Vrije Vereenijchde Nederlantsche Provincien, Mijne hoochgheeerde ende ghebiedende Heeren inden Haghe.

II/1.113 Elector Friedrich V to the States General

Date: 26 August 1618; received 15 September 1618

Main source: A: The Hague NA, S.G. 6049, [2 pp.] (original and copy)

Summary: Friedrich V of the Palatinate and his counselors are willing to send theologians to the synod. He has written to Zurich to encourage them to do the same.

Editor: Thomas Klöckner

Unsern freundlichen gruß zuvor hoch- und mögende, besonders liebe freundt.

Wir haben der herrn schreiben in welchem sie uns ersuchen, dass wir etliche unserer theologen zu dem upf den ersten künpftigen monats Novembris zu Dorttrecht angestelltem synodo nationali abordtnen wolten, zu recht empfangen.

Wan wir dan sonders geneiget und begierig seindt den wolstand der reformirten evangelischen kirchen nach möglichkeit zu befördern, so haben wir uns so viel weniger der herrn begehren verweigern wollen,[1] sind derwegen entschlossen, etliche auß unsern theologis zu rechter zeit der gestalt abzufertigen, daß sie upf den bestimbten termin zu ermeltem Dorttrecht anlangen, und fürders dem vorhabenden christlichen werckh zu wiederbringung friedt und einigkeit in der kirchen Gottes beywohnen mögen. Alß wir auch ver|standen, dass die evangelische stätt in Schweitz zu der gleichen abordtnung angelanget worden, haben wir beyliegendt erinnerungschreiben an die stätt Zürch den sachen zum besten abgehen lassen,[2] welches wir den herrn zur nachrichtung hiemit wissent machen wollen, denen wir mit freundlichen willen iederzeit wol bygethan verbleiben.

[2] A

---

(1) Den] *A: prec. by* Recepti den xxvii^en Augusti 1618 – (3) Haghe] *A: marg. add.* Post data – (10) Unsern] *A: prec. by marg. add.* Churfurst Pfaltz cum responsione.

[1] Regarding the negotiations between the Elector and the university of Heidelberg, see Eduard Winkelmann, ed., *Urkundenbuch der Universität Heidelberg*, vol. 2 (Heidelberg: Carl Winter's Universitätsbuchhandlung, 1886), nos. 1512–1514.
[2] Cf. no. II/1.155.

Datum Neuenschloss³ den 26 Augusti anno 1618.

Friderich von Gottes gnaden Pfalzgraff bey Rhein, des heiligen Römischen Reichs Erztruchsäss und Churfürst, Hertzog in Bayern, etc.
      Der heren alzeitwilliger,
      Friderich P.C.

[Address:] Den Hoch- und Mögenden unsern besonders lieben freundten, den herrn General Staden der freijen Unirten Niederländischen Provinzien.

II/1.114 *Heidelberg University Senate Record*

Date: 2/12 September 1618

Main source: A: Heidelberg UA, RA 680, 205v–207r (original)

Summary: Elector Palatine Friedrich V has informed the university of his decision to send the professors Abraham Scultetus and Johann Heinrich Alting of the faculty of theology along with Paul Tossanus as delegates to the synod, therefore asking the university to give the two professors leave to go and at the same time to find suitable persons to stand in for their teaching duties. The university asks in response that only one of the said professors might be chosen, as it would be detrimental to their students and the faculty to dispatch two of their professors, considering that one post had been filled only recently; or, if both would have to leave for Dordrecht and replacements would have to be found, that this should neither cause a disadvantage nor further burden the university's stressed financial means. – The faculty of theology will consider one or two stand-in(s) and then respond to the senate. The record consists of a note, or summary, in Latin followed by copies both of the Elector's letter to the university and of the university's letter of response, the letters being in German.

Editor: Dagmar Bronner

SENATUS XIII.

Die Mercurii 2. Septembris ad horam i. pomeridianam sub iuramento convocatus fuit senatus ob sequentes causas.

(4–5) Der…P.C.] A: *autograph* – (7) Provinzien] A: *foll. by* Recepti den xv^en Septemb. 1618 – (26–27) convocatus] A: *corr. from* convocato, *corr. from* convocatus[?]

³ Presumably this means the hunting lodge called "Neuschloss," which was built in the years between approximately 1463–1468 under the Palatine Elector Friedrich I (1425–1476). Therefore it was also named "Friedrichsburg." It was used mainly for courtly pleasures, but also for receptions of illustrious guests. Cf. Heinrich Friedrich Karb, "Das kurpfälzische Jagdschloß Neuschloß," in: *Geschichtsblätter für den Kreis Bergstraße* 9 (1976), 89–117, esp. 101.

1. Venit rescriptum principis,[1] in quo significatur Academiae, ut duos professores ex facultate theologica, videlicet d. Scultetum et d. Alting, ad synodum in Belgio constitutam dimittat deque aliis interim substituendis cogitet.

Dictis sententiis placuit serenissimum principem rogandum, ut habita ratione studiosae iuventutis, si fieri posset, unum tantum ex facultate theologica mittat. Quod si autem discederent et alii substituerentur, ut ista substitutio sine fisci academici gravamine et reformationis praeiudicio fiat.

Deinde facultas theologica de substituendo uno vel duobus cogitabit et ad senatum post referet.

Rescripti tenor sequens est:

Friederich, pfaltzgraff bei Rhein, von Gottes gnaden ertztruchsaß und churfurst.

Etc. Liebe getrewe etc., demnach wir auf ansuchen der hern General Staden der | Verainigten Provincien in Niederlandt entschlossen seint, etliche unserer theologen, benantlich d. Abrahamum Scultetum, d. Paulum Tossanum und d. Henricum Alting zu dem bevorstehendem national synodo abzuordnen, alß haben wir euch solches hiermit wissent machen wollen, darmit nicht allein beeden doctoribus Sculteto und Altingio, alß welche auß ewerm mittel seint, hierzu von euch erlaubnus beschehen, sondern auch wegen ihrer hinzwischen vacirenden stellen, damit die studierende jugent nit verabseumet werde, der lectionen halben geburende ersetzung und bestellung geschehen möge. Wolten wir euch hiemit vermelden lassen, und beschicht hieran unser zuverlessiger will und meinung.

Datum Heidelberg, den 29. Aug. [N.S. 8 Sept] 1618.

locus sigilli

[Address:] Den würdigen und ersamen, unsern lieben getrewen rectorn und universitet unsers studiumbs alhier zu Heidelberg etc.

Responsum Academiae:

Etc. Genedigster herr undt patron etc.

| Ob wohl nit ohn, das der bevorstehend national synodus in Niederlandt an und für sich selbsten nit ein geringes antrifft, auch wir unsers theils desselben beförderung und gewünschten außgang gern sehen möchten; jedoch wirdt sichs unsers ermessens ohne mercklichen nachtheil der studierenden

---

(4) sententiis] A: foll. by del. f[–]t – (4) principem] A: foll. by del. r[–] – (5) tantum] A: tantun – (7) et] A: interl. add. repl. 1 del. illegible letter – (18) Sculteto] A: corr. from Scult[–]to – (30) der] A: foll. by del. na

[1] I.e., Friedrich V.

jugent, auch der universitet selbsten, nit wol thun lassen, zwen auß der theologischen facultet, so newlich ererst wieder ergänzt, uff ein mal abzuordnen, sondern pitten underthenigst, ewer churfurstliche gnaden wöllen gemeiner universitet darmit genedigst verschonen und einen auß beeden gemelten unsern collegen hern doctori Tossano beizuordnen, deß versehens, das eben das jenige vermittelst göttlicher verleihung alsdan verricht werden könte.

Die anderwertliche ersetzung underdesen betreffend, wiewol dieselbe der reformation nit genoß, auch wo fern, wie gemelt, nur einer auß der theologischen facultet abgeordnet würde, auf solchen fall nit so hochnötig; jedoch wan[?] ewer | churfurstliche gnaden ihr ferner genedigst belieben lassen walten, nichts destoweniger underdesen ein andern substituiren zu lassen, soll dasselbe uns nit zu wieder sein, doch das weder gedachter reformation einiger nachtheil, noch auch dem fisco academico, welcher an sich selbsten sehr erschöpfft und gnugsam beschwert, hierdurch einige fernere und bisher ungebreuchliche beschwernus zuwachse oder solches in consequentiam gezogen würde.

Welches ewer churfurstlichen gnaden hinwieder underthenigst zuberichten wir nit umbgehen sollen. Heidelberg, den 2. Septembris [N.S. 12 Sept] 1618.

Rector und gemeine universitet daselbsten.

II/1.115 *States General to Elector Friedrich V*

Date: 15 September 1618

Main source: A: The Hague NA, S.G. 6049, [1 p.] (draft)

Summary: In this short letter the Elector of Palatine receives a lot of gratitude from Gijsbert van den Boetzelaer, on behalf of the States General, for supporting the Synod of Dordt.

Editor: Thomas Klöckner

Durchluchtigster und Hochgeborner Churfurst,

Eurer churfurstlichen hocheitt brieff van dato den 26 Augusti jungsthen hebben wy up huyden den 15 dese wol ontfangen und vor erst under andren sehr gherne darwuyt benomen derselven gueden eyffuer und sonderlinge geneigentheit tott affschaffinge vanden zwaricheiden, van wegen den religions stryt hyrte lande, leider entstanden und tho dien einde geresolvert syn up

An syne Churfurstliche Hocheitt Pfaltz 15 September 1618

(1–2) nit...facultet] A: *marg. add.* – (6) jenige] A: *foll. by del.* was[?] – (13) sehr] A: *interl. add.* – (15) zuwachse] A: *corr. from* zuw[–]chse

unser voriges schrifftlichs ersuchen etliche uth ihren theologis gegen den bestimbten termin den nationalen Synodum by tho wohnen, und dat gemeine christlicke werck te helpen befurdern, nach Dordrecht affuerdigen wollen, waer fur als auch datt eurer Churfurstlichen hocheitt solch ein erinnerungs schryven, als wy vuyt der bylage van eurer churfurstlichen hocheitts vorge brieve vernoomen an die stadt Zuirich der sachen ten besten hebben affgaen laten, wy derselven ten hoochsten bedancken, und up tho dragenden fall, nyet weiniger geneight syn solches mitt allen mueglichen diensten tho verschulden, als wy vastlichen betrauwen, dat alles tott Ghodes ehre widder brengingen van enicheit sampt ruste der conscientien van den underdaenen deser landen geschehen und stercken sall, eurer churfurstlichen hocheitt hyr mede in schutz und scherm des Almechtigen tho langdurenden frischen lyffs gesondtheit und allen gewunscheden churfurstlichen wolstande bevelende, datum Hage den 15 Septemb. 1618.

    Gisbert van den Boetzeler vidit.

Eurer Churfurstlichen hocheitt dienstwillige
 Die Staten Gheneraal

II/1.116 *Elector Friedrich V to the States General*

Date: 30 September 1618; received 2 November 1618

Main source: A: Rotterdam BRG, 49.5, [3 pp.] (copy)

Summary: Elector Friedrich announces that three delegates have been selected for the Palatine delegation and are now presented in this letter: Abraham Scultetus, Paul Tossanus and Johann Heinrich Alting.

Editor: Thomas Klöckner

COPIA

Unsern freundlichen gruss zuvor, hoch unnd mogende, besonders liebe freunde, wir haben uff der herrn freundlich ersuchen unnd unser gethanes vertrosten, die ersame unsere liebe getröwe Abraham Scultetum, Paul Tossanum, unnd Henrich Alting, alle der Heilige Schrifft doctoren unnd respective kirchen rahte unnd professoren alhier, zu dem naher Dordrecht gegen des ersten negst kunfftigen monats Novembris aussgeschriebenen Synodo Nationali, abgeordnet, unnd ihnen in befelch uffgetragen, alle das jenige, so zu beförderung der ehren Gottes, fortpfaltzung der christlichen orthodoxischen religion, auch wiederbringung unnd erhaltung der algemeinen eintrechtigkeitt in den reformirten evangelischen kirchen der Vereinigten Provincien am dienstlichsten | sein mach, einrahten zu helffen, unnd sich hierinnen also friedlich, bescheiden unnd fleißig zu erzeigen, wie wir ihnen solches gnedigst zu trawen, unnd der guetten zuversicht geleben, die herrn werden es ihnen belieben lassen, freundtlich demnach gesinnendt, die herrn wollen die verordnung thuen, damitt sie, unsere arbgeordnete theologen obangeregtem Synodo beywohnen, unnd an ihrem orht gehört werden mogen, gestalt unns dan hoch erfrewlich zu vernehmen sein wurd, daß durch diese versamblung der vorgesetzte unnd erwunschte zweck erreicht werde, wunschen also darzu Gottes Segen, unnd bleiben den herrn zu erweisung angenehmer freundtschafft unnd beliebenden diensten jederzeit wolgeneiget.

| Datum Heydelberg, den 30 Septembris anno 1618. Understundt:
Friedrich von Gottes gnaden, Pfalzgrave bey Rhein, des Heiligen Romischen Reichs Ertztruchsess und Churfurst, Hertzog in Beyern.
Der herrn altzeitt williger,
Friedrich P. C.

Die Upschrifte:
Den hoch unnd mogenden unsern besonders lieben freunden, den herrn General Staden, der freyen Unirten Niederländischen Provincien

Recepta den 2 Novembris 1618.

II/1.117 *Instructions for the Palatine Delegation*

Date: Fall 1618

Summary: These instructions appear to be missing, but they are summarized by Johann Friedrich Hautz, *Geschichte der Universität Heidelberg* (Mannheim: J. Schneider, 1864), II:157–158. The Palatine delegates were instructed to carefully deliberate over the Remonstrant Five Articles, and to defend the Heidelberg Catechism, if it was attacked.

II/1.118 Acta of the Theological Faculty of Heidelberg University (Selection)

Date: Undated, 1619

Main source: A: Heidelberg UA, H-I-175-1, 211 (original)

Summary: These acts, from the "Dekanatsbücher" of the Theology Faculty of Heidelberg University, were written by Heinrich Alting, who was the dean of the faculty in 1618. The acts mention the three persons sent by Elector Friedrich V to serve as the Palatine delegates at the Synod of Dordt, and they identify the substitutes appointed to fill in for professors Scultetus and Alting.

Editors: Thomas Klöckner and Dagmar Bronner

ACTA FACULTATIS THEOLOGICAE MDCXVIII

Rectore Magnifico Magistro Iohanne Balthasaro Baumbach.
Decano II. Doctore Henrico Alting.

[Several events not related to the synod are noted, spanning the period from 7 March to 13 May 1618.]

Cum synodus nationalis Dordracena ab Ordinibus Generalibus Belgii indicta esset in mensem Novembris, serenissimus Elector[1] ab iisdem, sicut etiam a Mauritio et Gulielmo Nassoviis, per literas rogatus eo ablegavit ex Academia d. Abrahamum Scultetum et d. Henricum Alting, d. D. Pareo per aetatem sese excusante de itinere; ex senatu ecclesiastico vero d. Paulum Tossanum. Inchoata synodus 3 Novemb. Iul. [N.S. 13 Nov].

Per absentiam utriusque theologi Academici, ne quid studia theologica detrimenta caperent, dati eis vicarii, d. Sculteto magister Baumbach, linguae Hebraicae professor, qui Psalterium interpretatus est; d. Alting doctor Conradus Deckerus, in Collegio Sapientiae praeceptor primarius, qui controversias de bonis operibus in specie contra Bellarminum pertractavit. Stipendium utrique datum ex quaestura ecclesiastica.

(22) theologi] A: *corr. from* theologici

[1] Friedrich V.

SECTION 6: INVITATION OF HESSE THEOLOGIANS

II/1.119 *States General Invitation to the Landgrave of Hesse*

Date: 25 June 1618

Main source: A: Marburg HStA, 4i, nr. 196, 13–14, 19–20 (original)

Collated source: P: Heppe, 227–228

Other copy: Rotterdam BRG, 49.2

Summary: The States General invite Moritz, Landgrave of Hesse, to send three or four theologians to assist the synod in its deliberations.

Editors: Dagmar Bronner and Janika Bischof

Durchluchtiger hochgeborner Furst etc.,
    Wij moeten mett sehr groott leetwesen bekennen, datt soe wanneer wij meijnen naer eine sehr schwäre periculeuse unnd langhduerigen oirloge see-
ckerlich doer hett maecken van ein bestandt, daertho uwer furstlichen Durchlauchtt hochwijsen raedt unss nitt weijnich behulpich en is gewest, gekommen the sijn in einen gueden wolstandt und ruste, soe int politicq alss ecclesiasticq, hett ter contrarien sulcx is uthgefallen, datt int undersouck vande lehre vande predestinatie und gefolge van dien, men hijer the lande in soe
daenige missverstanden und disputen is gefallen, datt then sij deselve bij eine ordenteliche, und vör desen altijtt gebruickte manniere van doen, en werde ter nedergelegtt unnd wechgenohmen, hett te vresen is, datt daruth nitt anders en staet the folgen, dan ein sehr extreme dangier und pericul vör unsen staet, und de wahre gereformeerde Christliche religion, darover wij unnss then
allerhochsten becommert vinden, und nitt mehrder ther herten nehmende dan de conservatie derselver, darunder Godt | Almachtich desen staet soe mercklichen und genaedichlichen hefft gesegent, hebben vörgenohmen tott

---

(13) groott] *P:* groot – (14–15) seeckerlich] *P:* seekerlich – (15–16) bestandt…hochwijsen] *P:* Unstandt, Darrtho U. F. Dhltt. hochwyses – (17) sijn] *P:* syns – (17) einen gueden] *P:* eines guedes – (19) predestinatie] *P:* predestination – (26) Godt] *A: marg. at bottom of page:* Landtgraff Moritz zu Hessen

weiringe vande algereets geresene geschillen, und vörkomminge van alle vordere schwaricheijden und unheijlen the holden einen nationale sijnodum tegen den eersten Novembris tho kommende, umb bij denselven sijnodum de vorsseide questien metten aencleven vandien the laten examineren, und beholdende altijtt de waerheitt vande suyvere lehre, mett alle gevouchlicheitt ther neder leggen. Unnd datt in uwer furstlichen Durchlauchtt universiteiten und hooge scholen sijn sehr vortreffliche geleerde theologanten, dewelche den staet van dese controverse und questieuse poincten nitt unbekent en is, soe solden wij uwer furstliche Durchlauchtt well freundtlich willen versoecken, datt deselve believen wilde, drije offte vijer godtsaelige vreedsaeme unnd geleerde theologanten herwaertz the deputeeren, umb mett haere tegenwordicheit und beleijdt, d'actie vande sijnode t' assisteren, und de vorsseide schwaricheijden the helpen beslichten. Daran uwer furstliche Durchlauchtt vor den dienst deser landen, rust und vrede vande kercken, | sall doen, tgeene wij der hooge wijssheitt unnd tott solche goede genegentheit sijn tho betrouwende, verwachtende bij naerder rescriptie tgeene uwer furstliche Durchlauchtt up dit unnss versouck sal hebben geordonneert.

Hijermede Durchluchtiger hochgeborner Furst etc., bevehlen wij uwer furstliche Durchlauchtt inde protectie des Almoegenden, tott langhduerige frische gesondtheit, vorspoedige regieringe und allen furstlichen wolstande.

    Datum Hage, den 25^{en} Junii 1618
    A. DE MANMAKER vidit.
    Uwer furstlichen Durchlauchtt
    dienst- und frundtwillige
    Die Staten Generael der Vereinigten Niederlanden.
    durch derselven bevehl,
    C. Aerssens 1618

[Address:] | Dem durchluchtigen, hochgebornen fursten [unnd] herrn, herrn [Ma]uritz, Landtgraven [zu H]essen, Graven, [zu] Catzenelnbogen, Zigenhein unnd Nidda etc.

---

(1) vande] *P*: van *passim* – (10) vreedsaeme] *P*: vreedsame – (15) genegentheit] *P*: genegneth – (17) up] *P*: Ux – (19) inde] *P*: jede – (19) Almoegenden] *P*: Almogenden – (20) regieringe] *P*: Regierunge – (21–22) 1618…vidit] *P*: *om.* – (26–27) Durch…1618] *P*: *om.* – (28–30) Dem…Nidda] *A*: *prec. and foll. by notes in a different hand:* hern Staten General der Unirten Provincen in Niderlantt begeren aßistenz ettlicher theologorum zu vorhabendem synodo; praesentatum Frankenberk den 19. Julii 1618

II/1.120 *Prince Maurice and Count Willem Lodewijk to Landgrave Moritz*

Date: 3 July 1618

Main source: A: Marburg HStA, 4i, nr. 196, 5–6, 11–12 (original)

Summary: Prince Maurice of Orange and Count Willem Lodewijk of Nassau-Dillenburg, by request of the States General, write in support of their invitation in order to persuade Landgrave Moritz to send delegates to the synod and thus help to settle the Dutch controversies that have arisen. – Due to damage to the first leaf, a small part of the text is missing. Part of the address is also missing.

Editor: Dagmar Bronner

Hochgeborner furst, freundtlicher lieber vetter,
Es werden e. ld. auß der herren General Staten schreiben den betrübten zuestandt in der religion hier zue lande verstehen unndt bey sich selbst gnungsamb urtheilen können, wie hochnötig es seye, daß hochgemelten herren Statten in ihrem christlichen furnemen die handt geboten werde, unndt daß alle religions verwanthen ihre furnembste, gelehrste unndt erfahrenste theologos zue niederlegung der eingerissenen streitigkeiten zue schicken nicht unterlassen. Dieweil durch redres in religions sachen der status politicus desto mehr versterckt wirdt pleiben, umb sich bey seiner erlangten freyheit unndt wohlstandt zue erhalten. Do hiergegen durch verwirrung in der religion auch mißverstandt unndt spaltungen in der policey verursacht werden unndt sich je lenger, je mehr häuffen, dergestalt daß, wofern dießer status bey seinem vigor erhalten soll pleiben, man alle bequäme remedia, weill es noch zeit ist, nothwendig bey der handt nehmen muß.
Dieweill dan hochgedachte herren Staten einen nationalem synodum als daß eintzige mittell, wodurch obgenanndter[?] streith ahm gefügligsten uffgehaben unndt alles wiederumb zue voriger einigkeit, ruhe unndt wohlstandt gebracht kan werden, decretirt unndt beschlossen, auch uns ahn e. ld. dieset halben | zue schreiben ersucht haben. Als gelangt ahn e. ld. hiermit unsere freundtliche pitt, dieselbe wollen diese republicque in dieser ihrer hohen noth nicht verlassen, sondern retten, unndt durch schickung vier dero furtrefflicher unndt gelehrster theologen dieselbe zue ihrem vorigen wohlstandt unndt harmonie der wahren reformirten religion restauriren unndt wieder breng[en] helffen, damit dan e. ld. dero eigenen, so wohl auch aller der[–] statum, die uff diesen bißdahero gesehen, umb so viell da [——] versichern, bevorab aber das fundamentum dero wahren re[formirt]en religion unndt

(35) umb] A: unnb

freyheit in der gantzen christenheit handthaben helffen, unndt uns dadurch desto mehr mittel, e. ld. in der gleichen unndt anderen zuefällen hinwiederumb die hulffliche handt zue piethen, geben werden. E. ld. damit zue allem ersprießlichen wohlergehen Gott almechtig empfehlendt. Datum 's Graven-Hage den 3^{en} Julii 1618.

 E. ld. undt g. dienstwillige,
   Maurice de Nassau
   Wilhelm Ludwig graff zu Nassaw etc.

[Address:] | Dem hochgebornen fürsten, herrn [Mori]tzen, landtgraffen zue Hessen, [graff] zue Nassaw, Cazenelnbogen, [Dietz,][?] Ziegenhain unndt Nidda, etc., [un]serm freundtlichen lieben vettern undt gn. herrn

12 A

II/1.121 *Note from Prince Maurice and Count Willem Lodewijk to Landgrave Moritz*

Date: Presumably 3 July 1618

Main source: A: Marburg HStA, 4i, nr. 196, 9 (original)

Summary: Maurice and Willem Lodewijk appeal to Moritz not to let himself be dissuaded by anybody from sending delegates to the synod. This note seems to be a postscript to Maurice's and Willem Lodewijk's letter of 3 July to Moritz; see no. II/1.120.

Editor: Dagmar Bronner

Auch freundtlicher lieber vetter, weill wir vermuthen, daß sich etliche vielleicht understehen mochten, e. ld. und andere von dieser schickung zue divertiren, wollen wir e. l. gepetten haben, sich davon nicht ableyten zue lassen, sondern der herren Generael Staten ersuchen nach die ihrige herab zue schicken.

   Maurice de Nassau
   Wilhelm Ludwig graff zu Nassaw etc.

(9–11) Dem...herrn] *A: prec. and foll. by notes in different hand:* Prinz Moritz zu Uranien unt graff Wilhelm Lutwig zu N.[–] den von den hern Staten ausgeschriebenen synodum nationalem betreffendt; praesentatum Franckenbergk den 19 Julii 1618

II/1.122 *Pieter van Brederode to Landgrave Moritz*

Date: 9/19 July 1618

Main source: A: Marburg HStA, 4i, nr. 196, 1–4 (original)

Summary: Pieter van Brederode, ambassador of the States General, forwards the States General letter of invitation to the synod (along with a joint letter from the Prince of Orange and the Count of Nassau), to Landgrave Moritz by express messenger. In this accompanying letter, Brederode relates the main purport of the two other letters and adds his supplication that Moritz provide a prompt and favorable response.

Editor: Dagmar Bronner

Monseigneur et tres illustre Prince,
    Ayant esté trouvé après des grandes disputes et difficultés par les haults et puissants seigneurs, messeigneurs les Estats Generaulx des Provinces Unies et libres du Pais Bas, mes maistres, que le seul ou principal remede pour remedier aux contentions theologiques suscitées et accrues en leur estat depuis les trefves, est de faire examiner les points controverses par un synode nationnal designé pour le premier de novembre prochain en la ville de Dordrecht; pour en faciliter un bon salutaire et louable succes, qu'il ne seroit pas infructueulx, si on y faisoit joindre quelques uns des plus doctes, religieulx, moderés, prudents et pacifiques theologiens, afin que par leur sage intervention ils puissent ayder à remettre la concorde et charité Chrestienne parmy eulx. Mesdit[s] seigneurs, comm'aussi messeigneurs le Prince d'Orange etc. et Guillaume Louwis Compte de Nassau etc. ont fait expedier leur lettres aux roys, princes et estats evangeliques, leurs bons voisins, amys et alliéz, à cest'effect; et entre les premiers aussi à vostr'Alteze, comme prince tres pieulx, leur proche voisin et bon allié. Lesquelles lettres,[1] m'ayant esté addressées de leur part par messager expres, avec commandement de les addresser seurement. Et en solliciter la resolution et responce, j'ay estimé que le plus seur et prompt seroit de les envoyer aussi à vostr'Alteze par ce messager expres, avec charge d'y attendre ladite responce, esperant que vostr'Alteze, selon le grand zele qu'elle porte au repos, bien et avancement de la religion vrayement Christienne et en particulier à la paix, | tranquillité et concorde des eglises Reformées desdits provinces ses alliés, ne tardera point de se resouldre benignement selon la Chrestienne demande de mesdits seigneurs et maistres et les honorer d'une bonne et favorable responce, par ce mesme porteur, comme je l'en supplie tres humblement. Et ceste n'estant à autre fin, après

---

[1] Cf. nos. II/1.119 and II/1.120.

avoir baisé les mains de vostr'Alteze en toute humilité, avec presentation de mon tres humble service, je prieray le Createur,

Monseigneur et tres illustre Prince, qu'il luy plaise combler vostr'Alteze et toute sa tres illustre maison de toute felicité. De Heydelberg ce 9/19ᵉ juillet 1618.

De vostr'Alteze tres humble et tres affectionné serviteur,
P. de Brederode

[Address:] | Au tres illustre et tres magnanime Prince, Maurice Lantgrave de Hessen, Comte de Catzenelleboghe, Ziegenheim et Nidda, mon tres gracieulx seigneur

II/1.123 *Privy Council of Hesse-Kassel to Landgrave Moritz (Selection)*

Date: 24 July / 3 August 1618

Main source: A: Marburg HStA, 4i, nr. 196, 21–24 (original)

Summary: Having considered the requests of the States General and of the Prince of Orange and Count Willem Lodewijk of Nassau-Dillenburg, the privy council of Hesse-Kassel has drafted letters in response, sending them to Landgrave Moritz for approbation. The privy council approves of the undertaking, stressing the need to choose highly qualified representatives, and suggests Paul Stein, Johannes Combach and Hermann Fabronius to be sent as delegates.

Editor: Dagmar Bronner

Durchleuchtiger hochgeborner furst, e. f. g. seyenn unsere unnderthenige, pflichtschuldige unndt gehorsame dienste mit getreüwem vleiß allezeit zuvor, genediger furst unndt herr,

Waß e. f. g. durch deroselbenn geheimen rhat, unßerm collegen Johann Zobelnn, unns wegenn derenn an e. f. g. vonn denn herrnn General Stadtenn, sodann prinz Moritzen unndt grave Wilhelm Ludtwigen zue Naßaue[?], etc. gelangter schreibenn,¹ des gleichen auch des itzigenn landt commenthurs zue Marpurgk vorhabender resignation unndt dergleichenn den orden betreffender sachen halber genedig proponiren laßenn, das haben wihr sowohll schriefft- alß mundtlich umbstendiglichenn eingenommenn undt verstan-

---

(10) seigneur] A: *foll. by note in different hand:* praesentatum Franck[en]bergk den Julii 1618

¹ See nos. II/1.119 and II/1.120.

denn, auch darauff beyde wiederandtwortliche schreibenn an hoch- undt wohlermelte herrnn Staten, auch an printzenn undt grave Wilhelm Ludtwigen begrieffenn,² thun die e. f. g. hierbey zue deroselbenn ratification und volnziehung, ob sie wöllenn, unnderthenig zufertigenn. Dan wihr es einhellig darfur haltenn, e. f. g. werden uff so ansehnliche requisition undt ersuchungen nicht voruber könnenn, zu dem vorsthendenn synodo nationali ihre theologos unndt dießer sachen verstendige gelehrte abzuordtnen undt alßo ihnen den herrn Statenn in dießem hochnöttigem christlichem werck zu gratificiren. Wenn aber e. f. g. hierzue deputiren unndt gebrauchenn möchtenn, so zweiveln wihr nicht, e. f. g. werdenn der gne|digenn meinung sein, das solche deputirte der maßen qualificirt sein mußen, uff das sie zu wahrung e. f. g. selbstet fürstlicher reputation bey den sachen ehr einlegenn unndt viell guts schaffenn unndt befurdern helffenn möchtenn. Unndt ob woll e. f. g. ihre leüthe, unndt waß sie an einem undt dem andernn habenn, am besten kennen undt wißen, so wehre jedoch unnßers underthenigen ermeßenns vor andernn magister Steinius, da e. f. g. seiner so lang mißen undt entrathen wöllenn, zue dießem synodalischem wesenn, darbey allerhandt scholastica disputata mit underlauffenn durfftenn, sehr nutzlich unndt dienlich, unndt daß der einen professorem vonn Marpurgk undt etwa Combachium, alß in solchen scholasticis wohlgeubtenn mann, auch, da ihrer drey sein soltenn, Fabronium bey sich hette.

[The rest of the letter deals with the imminent resignation of the commander of the Hesse bailiwick of the Teutonic Order in Marburg. The councilors suggest that Moritz send their colleague Johann von Linsingen to negotiate and receive information from the commander concerning the state of affairs. Efforts should be made to turn the situation to the advantage of Hesse-Kassel, counteracting the involvement and interests of Hesse-Darmstadt.]

| Datum Caßel am 24ten Julii [N.S. 3 Aug] anno 1618.

E. f. g. underthenige, pflichtschuldige unndt gehorsame stadthalter³ und anwesende geheime rhäte

| [Address:] Dem durchleuchtigenn hochgebornenn fürstenn unndt herrnn, herrnn Moritzenn landtgravenn zue Heßenn, graven zu Catzenelnbogenn, Dietz, Ziegenhain undt Nidda, unnßerm genedigenn fursten und herrn

---

(34) herrn] A: foll. by note in different hand: praesentatum Braubach den 30ten Julii [N.S. 9 Aug] anno 1618

² Cf. nos. II/1.124 and II/1.125.
³ Philipp Reinhard I, Count of Solms-Hohensolms.

II/1.124 *Landgrave Moritz to the States General*

Date: 30 July / 9 August 1618; received 30 August 1618

Main source: A: The Hague NA, 6049, [3 pp.] (original)

Collated source: B: Marburg HStA, 4i, nr. 196, 15–17 (draft)

Summary: Referring to the invitation received from the States General, Landgrave Moritz commiserates on the situation prevailing in the Netherlands. He laments that all political measures and interventions so far failed to solve the crisis, thus making the convening of the synod necessary. He promises to send delegates to the synod, trusting that it will not be cancelled, and expresses his hopes that the assembled theologians will strive for truth and peace and eventually restore concord within the Reformed Church.

Editor: Stephen Buckwalter and Dagmar Bronner

Unser freundtlich dienst zuvor, hoch- unndt mögende, besonders liebe freünde unndt gevatternn.

Auß ewerm denn 25 Junii im Hage datirtem undt denn 19 Julii unns erst eingelieffertem schreibenn[1] habenn wihr vernommen, welcher gestaldt nach außgestandener, sehr langwüriger unndt gefehrlicher kriegslast bey nunmehr getroffenem anstanndt undt hingelegtenn waffenn ihr woll verhoffet hettet, es würde nuhmehr daß geist- undt weldtliche regiment in beßerem wohlstandt unndt ruhe gebracht wordenn sein, daß aber, solcher ewerer hoffnung gantz zu wieder, sich wegenn der lehre von der praedestination große mißverstände unndt solche disputationes eingefallenn, welchenn ihr ohne große gefahr so wohll ewres gantzenn staats alß auch insonderheit der wahrenn reformirten christlichenn religion lenger nicht zusehenn köntet, sondernn bedacht wehret, dießem antrauwendem unheill unndt beschwerungen durch einen synodum nationalem etwa abzuhelffenn unndt die warheit der reinenn lehre zuerhaltenn, zu welchem ende ihr dann under andern auch etzliche vonn unßerenn theologis euch volgenn zu laßenn undt solchem synodo beyzuwohnenn begehret.

(13) Unser] B: *adds marg.* NB. styly[?] in acht zu nehmen, ohb[?] u. g. f. unt her ahn die hern Staten, ihr, schreibt oder ewre hoch- untt mögenheitt etc. – (13) Unser...zuvor] B: Unsere freuntliche dienst bevor – (13–14) besonders...freunde] B: *interl. add. in different hand repl. del.* herren, insonders gunstige liebe freunde – (15) erst] B: *interl. add. repl. del.* alhie – (17) langwüriger] B: er *interl. add.* – (19) nuhmehr] B: *marg. add.* – (20) aber] B: *interl. add.* – (21) praedestination] B: *prec. by del. (expunged)* göttlichen; *additionally* praedestination *as marg. add. in different hand* – (23) ewres] B: eweres, *interl. add. repl. del.* des – (23) reformirten] B: *prec. by del.* ge – (25) antrauwendem] B: *interl. add. in different hand above* antrohendem – (26) abzuhelffenn] A: *corr. from* abzuhaltenn – (28) laßenn] B: lassen, l *interl. add.* – (28–29) beyzuwohnenn] B: beuzuwohne[n], *interl. add. in different hand repl. del.* zu assistiren

---

[1] See no. II/1.119.

Nun hetten wihr zwar vonn hertzenn wuntschen mögenn, daß, gleich wie wihr denn getroffenen ahn- undt stillstandt gerne gesehenn unndt zu befurderung deßelben auch die unserige darzu deputiret, alßo ihr auch | denn gewunschtenn zweck erhaltenn undt die löbliche Provincien in gute ruhe unndt auffnehmenn dardurch wehrenn gesetzt wordenn, gestaldt wir dann auch verhofft hettenn, es würde die ansehnliche bemuhung, so nicht allein vonn der Cronn Franckreich undt Groß Brittagnien, sondernn auch andernn evangelischenn ständenn, denen ewer wohlstandt undt gedeylich auffnehmenn weniger nicht alß unns angelegen ist, angewandt wordenn, so viell gefruchtet habenn, daß es zu solcher weitleüfftigkeit nicht gerathenn, sonndernn die bißdahero zwuschen denn partheyenn entstandene simulteten beygelegt unndt ein beßer verständtnus wieder auffgerichtet wordenn wehre; wann aber Gott der Almechtige solchenn riß noch nicht consolidiret, alß können wir eüwere sorgfaldt vor das evangelische wesenn unndt das ihr denn erwachßenen irsalen unndt streitigkaiten durch mittell eins synodi nationalis abzuhelffen bedacht, nicht improbiren, wöllen auch gerne, das unnßerige mit abordtnung etzlicher vonn unßern theologis darzuthun, alßo das dießelbenn auff benante zeit unndt ortt, sinthemall wir uns, das es darbey alßo verbleibenn werde, versehen wollen, sich gewiß einstellenn sollen. Unnder desenn wunschenn wihr vonn Gott dem Almechtigen, daß die gemüter dero hierzu erforderter theologorum durch den gaist des friedenns undt christlicher | sanfftmuth alßo mogenn regiret und gefuhret werdenn, damit die ehre Gottes befordert, die rechtschaffene warheit platz behalte unndt, nach hingelegtenn eingerißenenn zweyungenn, ewer gantzer staadt wiederumb in vorige ruhe gesetzet, innsonderheit aber vonn dem evangelischen wesenn weytter besorgendes unheyll unndt zerruttung abgewendet unndt den persecutoren deßelbenn fernere occasion ihrenn zweck zuerlangenn benommen werde. Welches wir euch zu begerter andtwortt nicht verhaltenn wollenn, unndt pleibenn euch zu bezeigung aller wilfährigenn dienst

(1) hertzenn] B: herzen, foll. by del. mögen – (1) mögenn] B: mogen, interl. add. in different hand – (3) ihr auch] B: interl. add. repl. del. hettett – (5) dardurch] B: dadurch, interl. add. in different hand – (6) verhofft...würde] B: marg. add. – (7) Brittagnien] B: Bretagnien – (9) weniger] B: weiniger, prec. by del. gleich – (10–11) es...sondernn] B: marg. add.; orthographical variants: weyttleufftigkeit nichtt gerahten, sondern – (13) Almechtige] B: almechtig – (16) improbiren] B; A: improbiret – (17) darzuthun] B: r interl. add. – (17–18) alßo...auff] B: interl. add. in different hand repl. del. untt werdett ihr de[-]selben gegen; variant: dießelbe – (18) benante] B: beramte[?] – (18–19) unndt...sollenn] B: interl. and marg. add. in different hand repl. del. iedoch auff fernere notification untt zuschreiben, das es bey dem benantem ortt untt zeit verpleibe, gewertig sein; versehen wollen marg. add.; gewiß secondary interl. add. – (20) Unnder desenn] B: Unter desen[?], interl. add. in different hand – (20) wihr] B: wir, interl. add. – (21) friedenns] B: fiedens – (22) sanfftmuth] B; A: sanfftnnuth – (24) staadt] B: statt, foll. by del. untt hiemit[?] – (25–26) evangelischen] B: evangelischem – (26) weytter] B: weiter, interl. add. in different hand repl. del. f[–] – (27) occasion] A: corr. from occasson – (28) begerter] B: interl. add. – (29) euch] B: foll. by del. sonstet

gefließenn. Datum Braubach, den 30t. Julii [N.S. 9 Aug] anno etc. 1618.
Moritz vonn Gottes genadenn Landgrave zue Hesßenn, grave zu Catzenelnbogen, etc.
Moritz l[andgrave] z[ue] Hesßen subscripsit

[Address:] Denn hoch- unndt mögendenn, unsern liebenn freundenn undt gevatternn, denn herrenn Generall Stadten der freyenn Unirten Provincien in Niederlanndt

II/1.125 *Landgrave Moritz to Prince Maurice and Count Willem Lodewijk*

Date: Undated, written ca. 30 July / 9 August 1618

Main source: A: Marburg HStA, 4i, nr. 196, 7–8 (draft)

Summary: Landgrave Moritz gives a favorable and supportive response to Maurice of Orange's and Willem Lodewijk of Nassau-Dillenburg's request. He promises to send delegates to the synod, expressing his hope that the synod will bear prosperous results for Protestantism in general. The document appears to be a draft of the letter that was actually sent.

Editor: Dagmar Bronner

Unsere freunttliche dienst unt gunstiges guts zuvor, hochgeborner furst, freunttlicher, lieber vetter, schwager untt gevatter, auch wolgeborner, lieber, freunttlicher vetter, schwager, gevatter untt besonder,

Wir haben biß dahero nichtt allein aus landkündiger wissenschafft, sondern auch newlicher tage aus der herren Staten General ahn uns abgangenem schreiben[1] die dero örter in den Niderländischen Unirten Provincien entstandene religions streiten mitt nichtt weiniger bekümmernus unt gleichwoll da-

---

(1) Braubach...1618] A: *written with different pen (by different hand?)* – (1–4) Braubach...subscripsit] B: *om.* – (5–7) Denn...Niederlanndt] B: *marg.* ahn die herren Staten General der Unirten Provincien in Niderlandt – (7) Niederlanndt] A: *foll. by note in different hand (presumably Cornelis van Aerssen's):* R[–] den naestlesten Augusti 1618 – (18) unt...zuvor] A: *interl. add. in different hand repl. del.* untt was wir sonst liebes untt guts vermögen zuvor – (19) schwager] A: *marg. add. in different hand* – (19) lieber] A: *interl. add. repl. del.* graff – (20) freunttlicher] A: frenttlicher; *undl., foll. by del.* lieber – (20) schwager, gevatter] A: *interl. add. in different hand* – (24) mitt nichtt] A: nichtt mitt; *intended word order indicated by superscript numbers*

[1] Cf. no. II/1.119.

II/1.125 LANDGRAVE MORITZ TO PRINCE MAURICE AND COUNT WILLEM LODEWIJK 501

neben gerne vernommen, das man einhelliglich enttschlossen, das man durch einen synodum nationalem solche irsalen vornehmen untt also der rechten einfältigen warheitt platz geben untt gunnen wolle. Das nuhn e. l. untt ihr davor haltet, das durch solch mittell so woll die religion befordert als auch
5 der status politicus, welcher hirunter biß dahero merklichen periclitiret, widerumb versterckt untt in vorigen wolstantt konne gesezt werden, dessen seintt mit deroselben untt euch wir leichtlich einig. Wollen derowegen mit ahbordnung unserer [zu d]em synodo begereten theologorum uns so vihl desto wilfhäriger erzeigen, d[–]n [—— kei]nes weges diverti[– —— ab]wendig
10 machen, weill von e. ld. untt euch (als denen die ganze verfassung des states untt also, wie derselbig in gutt auffnehmen zu erhalten untt von dem eingerissenen unheill möge vindiciret werden, am allerbesten bekan[tt] ist) da-
8 A vor gehalten wärtt, das dies remedium das füglichste | unt besagtem staat am meisten thulich unt gemeß sey. Der guten hofnung lebend, es werde der liebe
15 Gott seine gnadt verleyhen, das diese ganze handlung nichtt auff ein bloß worttgezänk (wie dan dessen leider viehl exempel alt untt new vorhanden) untt also mehrer verbitter- untt verwickelung der gemüeter, sondern zu widerpflanzung christlicher einigkeitt unt conformitet der evangelischen lehre untt warheitt gedeye, dessen nuzen nichtt allein die des orts ahnizo verwirrete
20 gemeinten, sondern auch alle andere in u[ntt] ausserhalb Romischen Reichs zimblicher massen geergerte kirchen verhoffenttlich würden haben zu empfinden.

E. ld. untt euch befhelen wir hiemitt Gott dem al[mech]tigen zu allem[?] ersprieslich untt gedeylichen wolstantt, haben[?] [e]s[?] deroselben in antt-
25 wortt nicht verhaltten wollen.

Datum

[Address:] Ahn prinz Morizen untt graff Wilhelm Ludwigen zu Nassaw

---

(1) das man] *A: interl. add. in different hand* – (2) vornehmen] *A: corr. from* vorzunehmen – (2) also] *A: interl. add.* – (4) religion] *A: foll. by del.* werde – (5) der] *A: interl. add., repl. interl. add. del.* ih[–], *repl. del.* de[–] – (5) periclitiret] *A: foll. by del.* h[–]tt – (6) wolstantt] *A: foll. by del.* widerumb – (8) [zu...begereten] *A: marg. add.* – (9–10) d[–]n...machen] *A: marg. add., several letters or words not legible* – (10) des] *A: interl. add. repl. del.* der – (14) thulich] *A: interl. add. in different hand, repl. del. illegible word* – (14) gemeß] *A: interl. add. repl. del.* bequem – (14) Der...lebend] *A: marg. add. in different hand, repl. del.* untt wollen verhoffen – (14) liebe] *A: corr. from* gütige – (16) dan] *A: an corr. from 2 illegible letters* – (16) exempel] *A: corr. from* e[–]mp[–] – (21) massen] *A: foll. by del. interl. add.* scandaliz[–] *repl. del.* scandal[–] – (21) geergerte] *A: marg. add. in different hand* – (21) kirchen] *foll. by del.* w[–]rden – (21) haben zu] *A: interl. add.*

II/1.126 *Landgrave Moritz to Pieter van Brederode*

Date: 30 July / 9 August 1618

Main source: A: Marburg HStA, 4i, nr. 196, 27–28 (original)

Summary: The Landgrave of Hesse praises the States General for their decision to hold a national synod and gladly consents to send delegates. He asks Brederode to forward his letters in response to the invitation, both to the States General and to the Prince of Orange and the Count of Nassau-Dillenburg.

Editor: Dagmar Bronner

Monsieur,

C'est à la verité une resolution digne de la preudhommie des Messieurs les Estats Generaulx des Pays Bas de s'estre accordés aux mesmes moyens à la conservation de la paix interieure dont ils se sont servis en jettant les fondements de ceste leur tant renommée et heureuse republique, à sçavoir, d'assoupir plustost par voye de doulceur et amiable accord les differends qui se sont peu à peu glissés aux esprits des quelques opiniastres, que par une separation trop dangereuse et prejudiciable donner voile à ses communs ennemis de se prevaloir sur eux par artifices et ruses, ce que jamais ils n'ont sçeu faire par armes et forces ouvertes. Voilà pourquoy je n'ay voulu manquer à leur accorder de bon coeur la demande qu'ils m'ont faicte de leur envoyer quelques uns de mes theologiens, lesquels seront commandés d'y contribuer de leur sçavoir et aider tant qu'en eux sera à reduire toute ceste affaire en termes convenables à la charité Chrestienne et fraternelle, par laquelle chacun est tenu et obligé à reduire son frere esgaré au droict chemin et de donner lieu et place à la verité sans presomption et arrogance. Je vous envoye (comme m'avés demandé) la responce[1] à celle de mesdits Seigneurs Estats et aussy à celle de Messieurs mes cousins, le Prince d'Orange et du Conte G[uillaume] Louis de Nassau, vous priant de la leur faire tenir au plustost que possible sera. Cependant je prie Dieu, qu'il assiste de son Sainct Esprit à touts ceux qui seront à ceste assemblée, et demeure,

Monsieur,

Vostre bien affectionné.

Escrit à Cassell ce 30 Juillet 1618

[Address:] | A Monsieur de Brederode, Ambassadeur ordinaire des Messieurs les Estats Generaulx vers les Electeurs, Princes et Estats du St. Empire resident de present à Heidelberg[2]

---

[1] See nos. II/1.124 and II/1.125.
[2] Cf. no. II/1.127.

II/1.127 *Landgrave Moritz to Pieter van Brederode*

Date: 30 July / 9 August 1618

Main source: A: The Hague NA, 6049, 330–331 (copy)

Collated source: B: Marburg HStA, 4i, nr. 196, 25 (draft)

Summary: Landgrave Moritz asks Brederode to forward letters in response to his invitation to the synod, both to the States General and to the Prince of Orange and the Count of Nassau-Dillenburg. As he consents to send delegates, he asks for timely notification if the synod be deferred or cancelled.

Editors: Stephen Buckwalter and Dagmar Bronner

Copie van Lantgraeffs Mauritz Furstel. G. scriben am D. Brederode vanden 30 Julii [N.S. 9 Aug] 1618 ouden styl

| Moritz, von Gottes genaden landtgrave zue Heßen, grave zue Catzenelnbogen, etc.

Unsernn genedigen grueß zuvor. Hochgelarter, lieber, besonder, beygefugt habt ihr unsere wiederantwortlich schreiben ahn die herrn General Staten, wie dan auch an deß herrn printzen zue Uranien ld. unndt graeff Wilhelm Ludwig zue Naßaw, etc., zu endtpfangen, welche ihr unbeschwert ahn gehörigen orth zuverschaffen wißen werdet. Unndt weil wir die schickung der von unß begerten theologen auff benendte zeith unndt orth ihnen allerseits zuegeschrieben, alß gesinnen wir genedig, ihr unß, da, uber verhoffen, der synodus prorogirt oder wohl gar wendig undt abgeschrieben werden sollte, deßen bey zeiten berichten wöllet, unß darnach haben zue richten, unndt wir seindt euch mit genaden wolgewogen. Datum Braubach, den 30t. Julii [N.S. 9 Aug] anno etc. 1618.

Moritz l[andtgrave] z[ue] Hessen

[Address:] Monsieur de Brederode
Ambassadeur ordinaire de Messieurs les Estats Generaulx v[ers] les Electeurs, Princes et Est[a]ts du St. Empire resident de present à Heydelberg

---

(10–11) Copie…styl] B: *om.* – (12–13) von…Catzenelnbogen] B: *om.* – (15) wiederantwortlich] B: widerantwortliche – (16) ld.] B: l. – (17) Ludwig] B: Ludwigen – (21) synodus] B: *foll. by del.* wendig geschriben – (21) gar] B; A: gehr – (22) richten] B: achten – (23–25) Datum…Hessen] B: Datum etc. – (26–28) Monsieur…Heydelberg] B: An h. P. Brederodium

II/1.128 Landgrave Moritz to the Privy Council of Hesse-Kassel

Date: 30 July / 9 August 1618

Main source: A: Marburg HStA, 4i, nr. 196, 33–34 (original)

Summary: In this postscript to an unidentified letter, Landgrave Moritz responds to the privy council's suggestions concerning the choice of delegates. He approves of Paul Stein, but voices doubts concerning Hermann Fabronius, considering a certain Christian Grau from Allendorf more suited for the task. He commands the privy council to decide upon three candidates, to notify them, and further, with the aid of someone from the consistory as well as from the university (i.e., from Marburg), to draft the necessary documents (instructions, credentials, etc.) and send them to Moritz for formal approval, so that Hesse-Kassel does not act neglectfully and may demonstrate its appreciation of the States General's invitation.

Editor: Dagmar Bronner

POST SCRIPTUM

Auch wohlgeborner lieber neve undt veste hochgelarte rethe undt liebe getrewen, so viell die jenigen theologos, die ihr vorgeschlagen uff vorstehenden synodum inß Niederlandt zuverschieken,[1] ahnbelangt, seindt die selbe zwar nach jetzigem zuestandt unserer kirchen undt schuelen nicht uneben, könten auch, wie wohl mit nicht weniger verseumung unsers collegii, den hoffprediger herrn Steinium under anderm hierzue vornehmen[?]. Nachdem wir aber von Marpurgk noch keinen nominirt, der selbe sich auch soleicht sich nicht finden lassen wirdt undt, so viell Fabronium zue Eschweg belangt, wir etwas ahnstehen, ob er zue solchen subtiel disputationibus, so ohne zweiffell aldar vorfallen werden, genugsamb sey, unserß orts darvor haltten, das etwa Christianus Gravius[2] zue Allendorff mehr fundamentalis sein soll, so ist unser nachmaliger bevelch, das ihr uff 3 gewisse persohnen einen gewissen schluß machet, auch dieselbe in zeiten dessen avisiret undt sich gefast zue haltten

(18) selbe] A: *prec. by del.* von – (20) weniger] A: *marg. add. repl. del. interl. add.* we

---

[1] See no. II/1.123.

[2] Heppe, 229, identifies this person with the superintendent of the diocese of Allendorf. However, superintendent Christian Grau already died in 1600. The person referred to here is presumably his son and successor as minister, Christoph Grau, considering the circumstance that Christoph's younger brother Christian had even predeceased their father and was based at Witzenhausen (see Oskar Hütteroth, *Die althessischen Pfarrer der Reformationszeit*, mit Nachträgen und Verzeichnissen von Hilmar Milbradt, 3 vols. [Marburg: Elwert / Kassel: Evangelischer Presseverband Kurhessen-Waldeck, 1953–1966 (repr. 1966)], 1:108–110).

bephelett, so dan mit zueziehung jemandeß auß dem consistorio so wohl auch von der universitet nohtwendige instruction, bephelch, creditiva undt anderß[?] begreiffet undt unß zue außfertigung zuesendet, damit zue diesem wichtigen wergk nichts verseümett, | sondern von der herrn Staden unsere sonderbahre vigilantz undt guete affection ob solcher ahnsehendtlicher schiekunng verspüret werden möge. Datum ut in literis
    Moritz l[andtgrave] z[ue] Hessen

II/1.129 *Philipp Reinhard of Solms-Hohensolms to Landgrave Moritz*

Date: 3/13 August 1618

Main source: A: Marburg HStA, 4i, nr. 196, 29–30 (original)

Summary: President of the privy council and statthalter Philipp Reinhard of Solms-Hohensolms tells Landgrave Moritz that Rudolphus Goclenius has voiced interest in being a delegate at the synod, under the authority of Paul Stein, and hence he asks Moritz to consider this offer. In a postscript, Philipp Reinhard informs Moritz that allegedly Johan van Oldenbarnevelt and his sons are under arrest in The Hague, which, if true, he sees as an act of long-awaited divine intervention.

Editor: Dagmar Bronner

Durchleuchtiger hochgeborner furst, e. f. g. sein mein undertheniger bereitwillige dienste zuvor, genediger furst undt herr,
    Bey außfertigung deß schreibens, darinnen e. f. g. wihr unsere unvorgreiffliche gedancken wegen beschickung deß national synodi im Niderlandt underthenig eröfnet,[1] hatt mir magister Goclenius zuverstehen geben, daß er wohl selbst gutt lust hette dieße reiße mit zu verrichten, mit bitt e. f. g. ich solches ad partem andeuten wollte. Ob ich wohl darfur halte, daß die von den rhäten vorgeschlagene personen zu dieser sachen geschickt undt genugsam seyen, also daß es darbey sein verbleibnus haben könne, nichstoweniger weil er, Goclenius, lust darzu hatt, auch dießer streitigkeiten vor andern kundig undt erfahren ist, alß hab ich ihme seine bitt nit abschlagen mögen, undt stehet zu e. f. g. genedigem ermeßen undt wohlgefallen, ob sie sich seiner hierunter, doch daß das directorium magistro Steinio in votando undt sons-

---

(6) literis] *A: adds marg. note in different hand:* Braubach den 30. Julii [N.S. 9 Aug] 1618 –
(7) Hessen] *A: foll. by two notes in different hands:* u. g. f. untt herren befelch die schicku[n]g zum synodo nationali ins Niderlantt [——]; praesentatum Cassell, 4 Aug. [N.S. 14 Aug] 1618

[1] Presumably a reference to no. II/1.123.

tet pleiben möge, gebrauchen wöllen. Thu damit dieselbe deß Allerhöchsten bewahrung undt mich deroselben genedigem favor underthenigk befelen.

Datum Caßell, den 3ten Augusti [N.S. 13 Aug] anno 1618.

E. h. g. und[er]tanigeer, trewer diehner alle zeit,
Philipß Reinhardt grave zu Solms subscripsit

P.S.

[Ic]h vernehme eußerlich daß [d]er herrn Staden advocat Barnefelt [s]ampt seinen sohnen im Hagen gefangen sei,[2] hab aber noch keine eigentliche nachrichtung. Ist es, so weist [b]ei diesem exempell unser lieber Gott, daß er den bubenstueken, so da ohne rewe continuiret werden, in die lenge nicht zusehen, sondern viellmehr nach gehabter langer gedult ernstiglich straffen wölle. Gott hab mit uns allen gedult. Amen[?]

[Address:] Dem durchleuchtigen hochgebornen fursten undt herren, herrn Moritzen landtgraven zu Heßen, graven zu Catzenelnbogen, Dietz, Ziegenhain undt Nidda, etc., meinem genedigen fursten undt herren

II/1.130 *Pieter van Brederode to Landgrave Moritz*

Date: 5/15 August 1618

Main source: A: Marburg HStA, 4i, nr. 196, 35–38 (original)

Summary: Brederode thanks Landgrave Moritz for his favorable response and promises to forward his letters to the States General and to the Prince of Orange and the Count of Nassau-Dillenburg. He furthermore tells Moritz of having received a message from the States General, confirming their determination to hold the synod and urging the invited parties not to let themselves be detained from sending delegates. If by any chance the synod has to be deferred or even cancelled, Moritz, in compliance with his wish, will be notified in good time.

Editor: Dagmar Bronner

---

(1) deß] A: prec. by del. dem – (4–12) E. h. g. ...Amen] A: *written with a different quill and ink, apparently in Philipp Reinhard's own hand* – (9) weist] A: *foll. by del. illegible word* – (13) Dem] A: *prec. by note in different hand:* stadthalter schlegt Goclenium vor zue dem national synodo in Niederlandt

[2] This was a false report. The arrest of Johan van Oldenbarnevelt in The Hague actually took place on 29 August 1618.

II/1.130 PIETER VAN BREDERODE TO LANDGRAVE MORITZ 507

Tres illustre et tres magnanime Prince, mon tres clement Seigneur.

La benigne et tres favorable responce¹ qu'il a pleu à Vostr'Alteze, selon la devotion singuliere qu'elle porte au bien et à l'avancement du regne de Dieu et au restablissement et manutention de la paix et tranquillité de ses eglises, au Païs Bas et par tout ailleurs, viend de m'estre rendue par le messager expres de Vostr'Alteze avec les lettres d'icelles tant à Messeigneurs les Estats Generaulx,² mes maistres, qu'à Messeigneurs, le Prince d'Orange et le Compte Guillaume Louys de Nassau etc.;³ pour laquelle dicte responce, conforme à leur demande, je rends graces tres humbles à Vostr'Alteze, avec prieres à Dieu qu'il luy plaise luy continuer ceste sienne Chrestienne et tres louable affection au bien de leur estat et de ses eglises, et quant et quant la combler et toute sa tres illustre maison, comm'aussi la tres sage conduite de ses estats, de concorde, tranquillité et de toute sortes de benedictions, ne faudray aussi, de faire tenir les respectives lettres selon leur addresses incontinent et bien seurement.

Et pour le regard de la consideration que Vostr'Alteze se donne tres prudemment, de quelque prorogation du synode nationnal, ou qu'il pouroit estre du tout reculé ou laissé en arriere, selon que les affaires et resolutions humaines sont subjectes à telles ou semblables alterations, il plaira à Vostr'Alteze benignement de scavoir, que depuis ma precedente despesche à icelle, mesdits Seigneurs les Estats, mes maistres, m'ont fait une recharge, bien expresse, pour faire tout debvoir possible, à celle fin que Vostr'Alteze et les autres conviés ne soyent destournez de l'envoy des leursdits theologiens, en quelque façon que ce soit, pour estre leurs Seigneuries entierement resolues à la tenue | dudit synode, mais si toutefois il y pouroit arriver quelque changement, comme j'espere que non, je ne fauldray d'en donner advis à Vostr'Alteze de bonn'heure, en toute humilité et diligence suivant son desir, ne desirant autre que de me rendre capable pour executer selon mon petit pouvoir les commandements dont il luy plaira m'honnorer en reiterant en toute humilité mes voeus à Dieu pour la prosperité d'icelle et de toute sa tres illustre maison. A tant je desire de toute mon affection demeurer,

Tres illustre et tres magnanime Prince, mon tres clement Seigneur.

D'Oggersheim ce 5me Aoust [N.S. 15 Aug] 1618.

De Vostr'Alteze tres humble et tres affectionné serviteur,
P Brederode

| [Address:] A Son Alteze de Hessen à Cassel

(19) ma] A: m'a – (35) Cassel] A: adds marg. note in different hand: praesentatum Braubach den 8ten Augusti [N.S. 18 Aug] 1618

¹ Cf. no. II/1.127. For an alternative letter, which seems not to have been sent, see no. II/1.126.
² See no. II/1.124.
³ See no. II/1.125.

II/1.131 Pieter van Brederode to the States General (Selection)

Date: 17 August 1618; received 30 August 1618

Main source: The Hague NA, S.G. 6018, [6 pp.] (original)

Summary: Ambassador Brederode reports that Moritz, Landgrave of Hesse-Kassel, has decided to send "his theologians" to the synod, but he hesitates because he fears the synod will be cancelled.

Editor: Cornelis A. de Niet

| Hoochvermeughende hoochghe-eerde ende ghebiedende Heeren,

[This letter first provides an overview of the political situation in Europe, especially of the imminent hostilities between Bohemia and Austria.]

| Ick seijnde uwe hoochvermeugenden mit desen de resolutie ende antwoort van zijne furstelicke genade, lantgraeff Mauritz,[1] nopende d'affschickinghe van sijne theologen op het aenstaende nationnal synodus, ende alsoo sijne hoochgheduchte. furstelicke genade met sijne brijven aen mij schijnt in apprehensie te staen, alsoff tselve sijnodus soude meughe langher uijtghestelt, ofte oock wel gansch wederrouppen werden, mij versouckende in sulcken val hem intijts te willen adverteren, ten eijnde sijne | theologi sich niet tevergheefs op de weech en begheven, soo ist dat ick sijne furstelicken genaden in aller diligentie beantwoort ende volgende den inhoude van uwer hoochvermeugenden laetsvoorgaende onderdanich vermaent hebbe, sich van sijne wel ghenoomen resolutie in gheenigher manieren noch deur eenich middel van sulcken Christelijcken werck te laten affwenden.

Uijt Switzerlandt ende de Graubunt en hebb'ick zeeder mijne voorgaende niet; verhoope voor het aestaende ordinaris particulariteijt vandaer te bekommen.

Uijt Oggersheim desen 17[en] Augusti 1618.

    Uwer hoochvermeugenden onderdanichste ende ghetrouwen dienaer,
    P. van Brederode

| [Address:] Den hoochvermeugenden Heeren General Staten der Vrije Vereenijchde Nederlantsche Provincien. Mijne hoochghe-eerde ende ghebiedende Heeren inden Haghe.

---

[1] Moritz, Landgrave of Hesse-Kassel.

II/1.132 *States General to Pieter van Brederode*

Date: 30 August 1618

Main source: A: The Hague NA, S.G. 6018, [1 p.] (draft)

Summary: On behalf of the States General, the griffier Cornelis van Aerssen sends this letter as an answer to Brederode's letter of 17 August and another from the Landgrave of Hesse. Thus, the States General learned of Brederode's efforts to ask Hesse and the Swiss Cantons to send some of their theologians to the national synod, to be held at Dordrecht. Van Aerssen requests Brederode to send a letter of thanks to the Landgrave of Hesse for his commitment to send theologians and also to remind him about the correct date (1 November 1618) that the delegated theologians from Hesse should be present.

Editors: Erik A. de Boer and Dagmar Bronner

Brederode
die Staten

Ehrentfeste, etc. wij hebben heden uwen brieff van xvii^{en} deses[1] mette gevoeghde missiven an ons van zyne furstelycke doerluchticheyt,[2] die Lantgrave van Hessen, wel ontfangen ende daerby zeer geerne verstaen de goede debvoiren by u gedaen, zoo by zyne fürstelycke doerluchticheyt als by de Cantons van Zwitsserlant in conformatie van ons begeren, ten eynde zy eenige haren theologos souden senden op het synode nationael, by ons uuytgescreven tegen den iersten Novembris naestcommende binnen de stadt Dordrecht, mitsgaders 'tgene wat ghy aen die van Zurich tot antwoirde op hair scryven aen u geadviseert hebt van onse meeninge.

Ons begeren is dat ghy zyne hoochgemelte furstelycke doerluchticheyt inde beste forme voir zyne christelycken resolve van onsen 'twegen sult bedancken ende daerbenevens alnoch instantie doen dat zyne gedeputeerde theologen den [–]tyt van haire comparitie tot Dordrecht moegen waernemen, die wyle inden selven tyt noch plaetse gheen veranderinge en sal geschieden.

Wat alhier gepasseert is sult ghy sommeerlick verstaen hebben uuyt ons scryven van ghisteren. Hiermede bevelen wy u inde heylige protectie vanden Almoegenden. Actum den xxx^{en} Augusti 1618.

---

(16) zyne] *A: foll. by del.* f[–] – (19) zy] *A: foll. by del.* hare[?] – (20) op] *A: foll. by 2 del. words* – (22) ghy] *A: foll. by 2 del. words* – (22) u] *A: interl. add.* – (28) plaetse] *A:* plaetshte

[1] Brederode to the States General, 17 August 1618; see no. II/1.131.
[2] Moritz, Landgrave of Hesse, to Brederode, 30 July / 9 August 1618; see no. II/1.126.

II/1.133 *Privy Council of Hesse-Kassel to Landgrave Moritz*

Date: 3/13 September 1618

Main source: A: Marburg HStA, 4i, nr. 196, 45–46, 55–56 (original)

Summary: In response to the Landgrave's command to make a choice of three delegates, the privy council informs Moritz of their decision. The first choice is Paul Stein, who is very willing to attend the synod and who has named four potential candidates who could stand in for him at the Collegium Adelphicum Mauritianum during his absence. Further, the privy council suggest Johannes Combach and Konstantin Knierim as delegates, dismissing the choice of [Christoph] Grau. They give the name of a fourth person, who, however, is not in service to the Landgrave as yet. While awaiting the Landgrave's decision on the matter, they will notify Stein and Combach to be in readiness. As regards the instruction, they consulted with Johannes Goeddaeus, Rudolphus Goclenius and Paul Stein, agreeing that, for the time being, names of delegates will not be given in the document. A draft of the instruction as well as the credentials are enclosed with the letter for revision.

Editor: Dagmar Bronner

Durchleüchtiger, hochgeborner furst, e. f. g. seyenn unnßere unnderthenige, pflichtschuldige undt gehorsame dienste mit getreuwen vleiß jederzeit zuvor. Genediger furst unndt herr,

E. f. g. genedigem bevelch nach[1] habenn wihr in fernernn bedacht genohmmenn, wer die drey theologi sein möchtenn, die zue der herrn General Stadenn vorhabendem national synodo zuverordtnenn, unndt haltenn es nachmahls underthenig darfur, der herr Steinius wegenn seiner bekandtenn erudition, dexteritet undt perspicuitet hiertzu nicht zuverbeßernn. Weill aber e. f. g. genedig errinnert, ob auch seine abwesenheit vonn hinnen dem ritter collegio alhier ungelegenheit veruhrsachenn möchte, so habenn wihr mit ihme deßwegenn geredt, da er dann, so fernn e. f. g. es ihme bevehlen würden, sich zue dießer raise unndt verrichtung volgsam erkläret, auch darbenebenn vorgeschlagen, das seine stelle im collegio durch d. Crocium, d. Erpen,[2] d. Henricum Wetzelium oder seinen bruder Thomam, wenn e. f. g. hiertzu wehlenn woltenn, immittelst verwaltet werdenn köntte. Nachdem auch Combachius unns ferners recommendirt wordenn, daß er nicht allein ein gutter theologus, philosophus unndt disputator, sondern auch in dießen controversiis wohll geubt sey, alß konte er unnßers underthenigen ermeßens der zweyte seynn. Mit dem pfarherrnn zue Allendorff, m. Gravio,[3] hat es, wie wihr vernehmnen, die beschaffenheit, daß er zwahr gelehrt, aber numehr alt,

---

[1] See no. II/1.128.
[2] Identity unclear.
[3] This is presumably Christoph Grau; cf. no. II/1.128.

auch viell jahr hero bey denn schulen undt scholasticis certaminibus unndt subtilitatibus nicht herkommen sein soll, sondern wirdt in dem allem der vorige rector zue Eschweg, itzo pfarherr zu Hhöna, m. Knierim, ihme praeferirt unndt vorgezogenn. Daherenn dann dieße drey, alß Steinius, Combachius unndt Knierim, so fernn es e. f. g. gefellig, zue dießer sach gebraucht werdenn könnenn. Sonstet auch wehre d. Erpe alß ein geschickter und friedtfertiger theologus, ob er gleich in e. f. g. dienstenn noch zur zeitt nicht ist, zu dießen sachen nicht unebenn. Unnd stellenn dem allemnach zue e. f. g. genedigem gutachtenn, wenn sie in die creditif und instruction setzen laßen wöllen, wie wihr dann auch Steinio unnd Combachio sich in eventum undt uff e. f. g. genedige resolution deßwegenn gefast zuhalten andeütung thun laßenn. Die instruction betreffent habenn wihr unns mit d. Goddaeo, Gocklenio unndt m. Steinio dahin einhelliglichen vergliechenn, daß die noch zur zeit nicht in specie, sonndernn in genere unnd uff den schlag, wie beygefügtes concept außweiset,[4] verfast werdenn köntte, welch concept zusambt denn creditifen e. f. g. zue ihrer verbeßerung hirmit genedig zu empfangenn, unnd thun e. f. g. darmit in schutz des Almechtigenn auch zu dero gnaden unns treulich bevehlenn. Datum Casßell, am 3ten Septembris [N.S. 13 Sept] anno 1618.

   E. f. g. underthenige, pflichtschuldige und gehorsame stadthalter und geheime räthe daselbst

[Address:] | Dem durchleuchtigenn, hochgebornenn fürsten unndt herrnn, herrnn Moritzenn landtgravenn zu Heßenn, graven zu Catzenelnbogen, Dietz, Ziegenhain unndt Nidda, etc., unnserm genedigenn fürsten unndt herrnn

II/1.134 *Pieter van Brederode to Landgrave Moritz*

Date: 21 September / 1 October 1618

Main source: A: Marburg HStA, 4i, nr. 196, 57–60 (original)

Summary: Brederode informs Landgrave Moritz that he received letters from the States General (found on his return from a journey to the Swiss cantons) confirming receipt of the Landgrave's favorable answer, expressing gratitude and joy and praising him for his resolution and dedication to the cause of truth and peace. The States

(3) Hhöna] A: *corr. from* Hhönda – (22) Dem] A: *prec. by note in different hand:* praesentirt Offenburg, den 22 Sept. [N.S. 2 Oct], geheime rähte antworten wegen synodi nationalis in Belgio

---

4 See no. II/1.139.

General affirms its obligation toward the Landgrave and urges him not to change his plans by any means, irrespective of any events or rumors, but to send his delegates to Dordrecht so that they arrive there by the appointed time. The delegates from the Palatinate intend to leave Heidelberg on 8 or 9 October [N.S. 18 or 19 Oct] to travel by boat to Cologne.

Editor: Dagmar Bronner

Tres illustre, tres magnanime et tres clement Prince, mon tres gracieux Seigneur,

A mon retour de Suisse, où je m'estois acheminé veoir les villes evangeliques pour lever quelques difficultez qui s'y estoient formées sur l'envoy de leurs theologiens au sinode nationnal des Provinces Unies et Libres du Païs Bas (comm'elles y ont esté ostées par la grace de Dieu),[1] j'ay trouvé lettres des haults et puissants Seigneurs les Estats Generaulx desdites Provinces, messeigneurs et maistres, par lesquelles ils me commandent bien expressement de baiser les mains à Vostre Alteze et la saluer bien affectueusement de leur part, comme je le fais en toute reverence deüe par la presente, priant le Tout Puissant qu'il luy plaise maintenir Vostre Alteze et toute sa tres illustre maison en toute felicité et prosperité. Et comme mesdits Seigneurs tesmoignent avoir receu une singuliere joye et contentement par la favorable responce de Vostr'Alteze et [s]a tres chrestienne et prompte resolution qu'ell'a voulu prendre sur l'envoy de ses plus doctes et celebres theologiens au susdit synode, pour assister au vuydange des differents qui ont troublé les eglises Reformées en ces païs-là si griefvement depuis quelques années, ainsi voyent-ils en cela que Vostre Alteze, à l'imitation des bons Roys et Princes, vrays nourriciers et protecteurs des eglises chrestiennes, veut tesmoigner la sinceritè et l'affection tres dediée au bien repos et prosperité de leur estat et de l'autre[?] faire paroistre et reluire, à la veüe de toutes les eglises chrestiennes, voire devant tout le monde, le zele ardant qu'elle porte à la manutention de la verité contre la calomnie et faulceté et consecutivement à la vraye paix et tranquillité durable, non seulement desdites eglises, mais de toutes les autres qui se sont retirées des tenebres de la papaulté; à cause de quoy | mesdits Seigneurs ont tant plus grande occasion de recognoistre ceste tant favorable et chrestienne resolution de Vostr'Alteze, pour un tre[s] signalé effect et tesmoignage de sa singuliere pieté et de son zele tres ardant à la conservation et avancement de la vraye religion et d'une ferme, reelle et constante affection au reddressement et restablissement de la concorde, tranquillité et felicité durable de leur estat. Et de tant qu'un tel bien-fait se trouve de plus grands

---

(20) [s]a] *A: first letter illegible due to stain* – (33) tre[s] signalé] *A:* tresignale

[1] See ADSND II/1, Pt. Two, Sect. 7, esp. nos. II/1.154, II/1.157, II/1.162 and II/1.177.

pris et valeur à ceulx qui scavent estimer les choses par leur vray estre, ainsi mesdits Seigneurs, outre les graces tres affectueuses qu'ils en rendent à Vostre Alteze, de mesmes en recognoistront-ils l'obligation, selon qu'ell'est grande à touts jamais, pour s'en revanger à toutes occasions pareilles ou plus grandes, où il s'agira du bien repos et aggrandissement de vostre tres illustre maison, m'ayant commandé de supplier Vostre Alteze de vouloir gratieusement continuer en ceste saincte resolution, sans s'en laisser destourner par quelque chose ou bruict que l'on pouroit faire courir au contraire, ains de donner ordre (attendu que les changements depuis le premier conviement survenu sont tournés à tout l'estat en mieux) à celle fin que ses theologiens s'acheminent vers Dordrecht, lieu dudit synode, pour s'y pouvoir trouver avec les autres freres au temps prefix, c'est à dire au 21me Octobre [N.S. 31 Oct] stile ancien, comme les theologiens de son Alteze Electorale font estat de partir de Heydelberg le 8me [N.S. 18 Oct] ou 9me [N.S. 19 Oct] du mesme mois pour descendre par eau vers Coulogne. Et comme la promptitude et facilité de la premiere resolution de Vostr'Alteze en cest'affaire oste tout subject de doubter de la suite, ainsi prieray-je le Tout Puissant qu'il luy plaise par sa bonté maintenir l'estat et les eglises de Vostr'Alteze en la jouissance | paisible de la vraye religion chrestienne, source d'une paix et tranquillité durable, et combler par ainsi et Vostre Alteze et toute sa tres illustre maison de toute felicité. A tant je demeureray,
    Tres illustre et tres magnanime Prince, mon tres clement Seigneur.
    De Franckfort ce 21me Septemb. [N.S. 1 Oct] 1618.
        De Vostr'Alteze tres humble et tres affectionné serviteur,
        P. de Brederode

[Address:] | A Son Alteze de Hessen à Cassel

II/1.135 *Pieter van Brederode to the States General (Selection)*

Date: 2 October 1618; received 12 October 1618

Main source: A: The Hague NA, S.G. 6018, [7 pp.] (original)

Summary: Brederode reports that the councilors do not know the present whereabouts of the Landgrave of Hesse after his visits to Metz and Strasbourg. His treasurer has confirmed that three theologians have been designated to go to the synod: Johannes Combach, Paul Stein and master Quirinius. Brederode has told the trea-

---

(26) Cassel] A: adds marg. note in different hand: praesentatum Caßell undt eröfnet in consilio secreto am 2ten Octobris [N.S. 12 Oct] 1618

surer when the other delegates will depart from Heidelberg, so that the Hessian delegates might join them.

Editor: Johanna Roelevink

Hoochvermeugende Hoochgheëerde ende ghebiedende Heeren,

Ick hebbe, uwe Hoochvermeugende, met mijne brieven van ghisteren van d' oorsaecke, nootwendicheijt ende t' gheluckijch successe van mijn affgheleijde reijse in Switserlandt tott bevorderinghe van d' affschickinghe van haere theologis op het nationale sijnodum (als waeran den selven ten hoochsten geleghen es) in 't breet ende voor alle andere saecken bericht. Daerom sal desen uwe Hoochvermeugende nu verders dienen tot antwoordt op der selver onderscheijdelijcke missive in mijne absentee te Heijdelberg gheoverleevert, als namentlijcke van date den 9^{en} ende 30^{en} Augusti ende daerna twee anderen van den 4^{en}, 14^{en} ende 18^{en} des voorleedenen maentz. Vande welcken die packetten in mijne absentie deur meijne ordre ende bevel gheopent sijn om die bijghevouchde brieven (soo voorlicht haest daer bij mochten sijn) metten eersten t' overleeveren, ghelijck sulx oock gheschiet es. Maer alsoo bij de propositie vanden heere extraordinarisse ghesanten uijt Vranckrijck ende uwer Hoochmeugenden daerop ghedaene antwoort, nochte oock op het stuck saisissement vanden Messieurs Johan van Oldenbarneveld, Advocaet van Hollandt, Rombout Hogerbeetz ende Hugo Grotius | gheene particuliere brieven vanden selven aen sijne Furstlichen Hoochehijt ofte ijemant anders, als aen mij vervocht waren, sijn deselve acten tot op mijne wedercompste uijt Switserlandt tott mijnen huijsse neffens andere bewaert.

[Brederode continues about the apprehension of the three prisoners.]

| Op den inhoudt van uwe Hoochvermeugender missive van den 30^{en} Augusti nopende die dancksegginghe aen sijne Furstliche Genade Lantgraeff Mauritz van Hessen ende de verder instantie tott d' affschickinghe van sijnen theologis tot Dordrecht op de benoembde tijt, daerin sal sonder eenich verlenghen uwe Hoochvermeugender begeren bij mij ghenouch ghedaen werden, hoewel men niet en kan weeten, oock van de heijmelixste raetsverwanten, waer sijne Furstliche Genade, zeeder zij te Metz ende te Stratsburg sijn gheweest, jegenwoordich sijn aen te treffen. Sijne thresorier heeft mij verseeckert dat zij drie theologos tott voorseide synode ghedestineert heeft, te weeten een D. Johannem Conbach,[1] professor te Marpurg, Paulium Steinium, | aulae pastorem,[2] ende magistrum Quirinium,[3] pastorem Hohenreem. Ende

[1v] A

[2r] A

[2v] A

(5) uwe] A: *interl. add.*

[1] Johann Combach (1585–1651), professor of philosophy at the University of Marburg.
[2] Aulae pastor: court preacher.
[3] The person and place referred to here are presumably "Konstantin Knierim" (Latinized as Quirinius) and "Höna" (today: "Oberhone"). Cf. no. II/1.133, which is a letter to Landgrave

alsoo ick verneeme dat Zijne hoochgeghedachte Furstliche Genade van Stratsburg wel verder opwerts soude meughen getrocken sijn, ende dat mijn schrijven hem soo laete ter hande soude meughen kommen dat zij binnen de genoombden tijd sijne theologos niet soude daervan kennen berichten,
5 hebb' ick goet ghevonden den voorghemelden thresorier te besoucken ende hem den dach van vertrecken van de theologis van Heijdelberg nae Hollant t' intimeren, opdat de voorseide theologi sich nae advenant daer nae soude meughen hebben te reguleren, ende bij manghel van dien gheen desordre daer uijt en ontstaen.
10 [The letter continues about other matters.]

| Uwer Hoochvermeugender laetsten van den 14^{en} en 15^{en} des voorleedene maents, met den bijgevoughden mede aen sijne Churfürstliche Hoocheijt, hebb' ick op mijn aencompste te Heijdelberg wel ontfangen. De welcke (inhoudende eene dancksegginghe aen sijne Hoocheijt voor de faveur in het
15 vergunnen ende d'affschickinghe van sijne theologis nae het voorseide sijnode bij den selven bewesen) ick ten eersten in absentie van den selven den heere overhoffmeester met alle behoorlijcke complimenten oock in eijghen handen bestelt hebbe, met onderdanich versouck dat zij de selve sijne Churfürstliche Hoocheijt metten eersten wilde doen behandighe om in tijts alle calomniën
20 ende misverstanden voortz te komen, ghelijckerwijs bij mij oock niet en sal werden onderghelaten, soo drae ick bij sijne Hoochstghedachte Churfürstliche hoocheijt sal kommen, uwer Hoochvermeugender voorseide procedure | soo veel als het van nooden sal meughen bevonden werden, te mainteneren ende justificeren, oock alle goede devoiren doen continueren om de vergunde
25 theologos neederwertz te bevorderen, opdat zij op de bestembden tijt ende plaets gheluckelijck sullen meughen aenkommen. Waervan, als van 't progres van haere reyse, ick uwe Hoochvermeugende van tijt tot tijt particulierelijck ende met alle naersticheijt advijseren sal.
[The letter continues about other matters.]
30 | Uijt Franckfort desen 2^{en} October 1618,
Uwer Hoochvermeughender onderdanichste ende getrouwen dienaer,
P. van Brederode

Moritz from his privy council; the relevant part reads: "der vorige rector zue Eschweg, itzo pfarherr zu Hhöna, m. Knierim" (i.e., "the former school headmaster at Eschwege, now pastor at Höna, magister Knierim").

II/1.136 Landgrave Moritz to the Privy Council of Hesse-Kassel

Date: 30 September / 10 October 1618

Main source: A: Marburg HStA, 4i, nr. 196, 61–64 (original)

Summary: Upon his return from a journey, Moritz responds to the privy council's letter from 3 September [N.S. 13 Sept]. After conferring with members of the university and the consistory in Marburg, Moritz is eventually resolved to send delegates to the synod, even though, on his journey, he heard several things which might have induced him to refrain from his plan. As regards the delegates, the said meeting resulted in choosing Georg Cruciger, Paul Stein, Daniel Angelocrator and, additionally, to give counsel only, Rudolphus Goclenius. Cruciger, Angelocrator and Goclenius are ordered to arrive in Kassel on 10 October [N.S. 20 Oct] to meet there with Paul Stein and together finalize their preparations for the journey to Dordrecht. The draft of the instruction sent by the privy council was considered as well and a final version, including several modifications, was made, which is returned to the privy council to be sealed and to be given to the delegates along with the credentials and provisions. Moreover, the privy council shall exhort the delegates to fulfil their task with proper Christian zeal, modesty and rationality, for the honor of God, the welfare of the Reformed Church and the reputation and honor of Hesse. Further, the privy council shall confer with Paul Stein, the headmaster and all professors of the Collegium Adelphicum Mauritianum in order to find someone suitable to stand in for Stein during his absence, and shall inform Moritz of the arrangements decided upon. Finally, Moritz estimates that a budget of fl. 280 will suffice for the delegates' expenses of four weeks, but he wants precautions to be taken in case their absence might be longer than now envisaged and thus more means might be needed.

Editor: Dagmar Bronner

Moritz, von Gottes genaden landtgraff zue Heßenn, grave zue Catzenelnbogen

Wolgeborner, lieber neve undt getrewer, auch veste, hochgelartte räthe unndt liebe getrewen,

Was ihr wegen beschickung angesteltten synodi nationalis im Niederlandt antwortlich vom 3ten Septembris [N.S. 13 Sept] an uns geschrieben,[1] das haben wir erst uf unser ruckreise zu Offenburgk den 22ten eiusdem [N.S. 2 Oct] entpfangen undt verlesen, auch die darbey gefugte instruction,[2] creditif[3] undt zehrungs zettell durchsehen, undt weill wir noch zeit genug, biß hieher zu kommen, undt uns mitt etlichen unsers consistorii undt academiae der sa-

---

[1] See no. II/1.133.
[2] See no. II/1.139.
[3] See no. II/1.137.

chen verstendigen zu underreden gehabt, haben wir unser resolution bißhehro eingesteldt, seint gestern abents, Gott sey lob, wohlfehrig alhier angelangt undt haben diesen morgen den nehsten etliche, wie vorgemelt, zu uns erfordert, auß ewrem schreiben mitt ihnen conferiret undt seint uf nunmehr genommenem bedacht entlichen resolviret, im nahmen des Herren gedachten synodum zubeschicken undt es deßwegen an unß undt den unserigen nicht ermangeln zu laßen, wiewoll wir uf gehabte[r] reiße von guten religions verwantten allerley vernommen, so uns woll bedenkens machen können[?], in proposito zu verharren.

So viel nun die persohnen, so zu solchem vornehmen, hohen werk abgefertigt werden sollen, belanget, ob woll die jenigen, so nicht allein wir selbst hiebevohr vorgeschlagen, sondern auch ihr in gedachtem ewrem schreiben ferners benent undt recommendiret, also beschaffen undt gethan, das man mitt einem undt dem andern verhoffentlich bestehen mögen, so haben wir doch endtlich nach heutt gehalttener consultation nachfolgende in die instruction undt creditivam setzen undt nahmhafftigmachen laßen, nemlich jetzige[–] magnificum alhier, Georgium Crucigerum, sacrae theologiae doctorem, ehrn Steinium, decanum collegii Mauritiani undt hoffpredigern, so dan m. Danielem Angelocratorem, | superintendenten alhier, welchen dreyen wir, ex singulari consideratione extraordinarie, uf die reiß, nec quidem ad sedendum, sed ad audiendum tantum et privatim, si opus fuerit, consulendum, unsern löblichen altten undt in controversiis religionis woll versirtten Goglenium adjungiret; undt sollen die trey von hinnen auß sich gewißlich darnach achten, das sie uf schiers kunfftigen zehenden huius [N.S. 20 Oct] zue Caßell anlangen, mitt gedachttem ehrn Steino sich ferners der reisen undt aller ander notturfft vergleichen undt alßdan zu rechter zeit mitteinander fort rucken söllen, damit sie dan praevidirten terminum loci et temporis respiciren undt also das jenige, so ihnen vermög mittgegebener instruction obligen wirdt, dergebur verrichten mögen. So viell dan das concept instructionis belanget, haben wir zwar daßelbe in verfaster generalitet gelaßen, jedoch hin undt wieder, da zum teill verstoßen[?], teilß aber etwas ferners bey heutiger consultation forgefallen, notwendiger passus hinein geruckt, wie ihr, ehe undt zuvor dieselbe sigilliret werde, im uberlesen zu ersehen, undt wen benantte abgesantte uf vorbenentten 10ten Octobris [N.S. 20 Oct] bey euch angelangt sein werden, ihnen alßdan beneben den creditivis undt verordtneter zehrung zustellen undt darbey pro singulari authoritate einb[–]en sollet, das sie solche ansehenliche legation mitt gehorigem christlichem eiffer, bescheidenheit undt sobrietet verrichten undt es also machen sollen, damit Gottes ehr durch sie gesucht, die wahre kirche Gottes, wo nicht gebeßert,

---

(6) an] *A: corr. from* ann[?] – (20) extraordinarie] *A:* extraordinaii – (27) dan] *A:* dam – (27) praevidirten] *A:* praeridirten

jedoch getröstet undt im gutem stande erhaltten, auch durch ihre beywonunge unserm loblichem nation des hauses Heßen gepuhrlicher ruhm undt ehr eingelegt werde. Weill auch in abwesen ehrn Steinii, sonderlich bey jetzigem newem[?] anfang unsers, gottlob, woll grunenden ritter collegii zu Caßell, sonderlich von | nöten sein will, dan seine vices trewlich undt fleißig versehen werden, dan man auch nicht wißen kann, wie lang sich ihre[?] samptliche abwesentheitt vertziehen möchte, so habt ihr nicht allei[n] mitt ihm selbst, sondern auch mitt dem ober hoffmeister[4] und den sämplichen[?] professoribus collegii sonderlich darauß zu reden, wie solches zubestellen, undt uns, wesen ihr euch mitt ihnen verglichen undt darauß angeordtnet, wieder zu bericht[en]. Der zehrung halber haben wir ohngefehrlich uberschlagen, das sie per diem nicht woll under 10 gulden werden anreichen konnen, truge uf vier wochen 280 gulden; solte man nu[n] vermuten, das es lenger werden woltte, konnet ihr die vorsehung thun bey unser cammer räthen, das ihnen mehrer nachgeordtnet undt etwa durch wechsell oder andere gelegenheit, wen undt wo sie es bedurffen, gereicht werden möge. Habens euch zu entlicher unser erclerung in genaden, damit wir euch zugethan, nicht verhaltten wollen. Datum Marchpurgk, den 30ten Septembris [N.S. 10 Oct] anno 1618.

    Moritz landtgraff zue Heßen

[Address:] | Dem wohlgebornen, unserm lieben neven, wie auch den vesten unndt hochgelartten, unserm stadthaltter, geheimen räthen unndt lieben getrewen zue Caßell

II/1.137 *Landgrave Moritz to the States General*

Date: 1/11 October 1618

Main source: A: Marburg HStA, 4i, nr. 196, 51 (draft)

Collated source: P: Heinrich Heppe, *Kirchengeschichte beider Hessen* (Marburg: Carl Kraatz, 1876), II:51, fn. 1

Summary: In this draft of the credential letter for the delegation from Hesse, the names of the delegates eventually agreed upon are given in a marginal addition. The

---

(3) Steinii] A: *corr. from* Stenii – (6) sich] A: *corr. from* sey[?] – (16) gereicht] A: gereichen – (18) verhaltten] A: *corr. from* verhatten – (22) stadthaltter] A: *foll. by del.* unndt – (23) Caßell] A: *foll. by note in different hand:* praesentatum Caßel den 3 Octobris [N.S. 13 Oct] anno 1618

[4] Ernst von Börstel.

letter ends with expressions of hope for a favorable outcome and settlement of the conflict and well-wishes to all those involved.

Editor: Dagmar Bronner

Unnser freundtlich dienste zuvor, hoch- unt mögende, besonders liebe freunde unt gevattere,

Zu folge unserm neulichem an euch abgangenem schreiben¹ haben wir vorweisere dieses die wurdige, hoch- unt wolgelahrte, getreuwe, unsere libe ehrn Georgium Crucigerum sacrae theologiae [doctorem], itziger zeit rectorem unser löblichen universitet Marckburgk undt professorem ordinarium logices, ehrn Paulum Steinium, decanum unsers furstlichen ritter collegii zu Caßell, auch theologiae professorem undt hoffpredigern daselbst, ehrn Danielem Angelocratorem m., superintendenten unsers oberfurstenthumbs Heßen undt pfarhern zu Marckburgk, denen wihr ferners extraordinarie m. Rudolphum Goclenium, unser vorgedachter universitet primarium professorem philosophiae undt itziger zeit decanum derselben, adjungirt undt mitgeben, dahin abgeordnet, das sie dem von euch auff den 1 Novembris angesteltem national synodo begehrter massen beywohnen untt sich, so viell an ihnen ist, bescheidentlich bemuhen helffen[?] sollen, damitt die in euwern kirchen eingerissen religionsstreitigkeiten nach der richtschnuhr gotliches wortes erörtert unt beygelegt, unsere wahre christliche glaubens bekändtnuß deren orts erhalten unt fortgepflantzett unt alle fernere ergernussen vermitten, auch andere hieraus erwachsende gefahrligkeiten verhutet bleiben mögen, zu erlangung welches zwecks dan euch unt ihnen unsern abgefertigten, so woll auch allen den jenigen, so dieser handlung beywohnen werden, wir viel glucks unt heills, den reichen segen unt beystandt Gottes, des Heiligen

---

(7) wurdige] *A: foll. by del.* unt – (7) wolgelahrte] *A: foll. by del.* unsere liebe – (7–16) unsere... mitgeben] *A: marg. add. repl. del.* magistrum Paulum Steinium hofpredigern [Steinium hof *interl. add. repl. del.* hoffcaplan[?]] unt decanum in unserm rittercollegio alhier, so dan Joannem Combachium theologum unt professorn in [in *prec. by del.* b] unser universitet Marpurgk beneben N. N. pfarhern zu N. – (8) ehrn] *P: A: illegible* – (9) löblichen] *P; A: beginning of word illegible* – (9) undt] *P:* vdt; *A: illegible* – (10) ehrn] *P; A: illegible* – (10) unsers] *P; A: beginning of word illegible* – (11) auch] *P; A: illegible* – (11) hoffpredigern] *P; A: partly illegible* – (12) Angelocratorem] *P; A: beginning of word illegible* – (12) unsers] *P; A: beginning of word illegible* – (13) undt] *P:* vdt; *A: illegible* – (13) pfarhern] *A: foll. by del.* daselbst – (13) Marckburgk] *P:* Markburgk; *A: partly illegible* – (13) extraordinarie] *P; A: beginning of word illegible* – (14) Goclenium] *P; A: beginning of word illegible* – (14) universitet] *P; A: beginning of word illegible* – (14–15) professorem] *P; A: end of word illegible* – (15) zeit] *P; A: illegible* – (15) adjungirt] *P; A: partly illegible* – (16) sie] *A: foll. by del.* d[–] euwer[–] – (16) dem] *A: corr. from* de[–] – (17) begehrter] *A: foll. by del.* b – (18) ist] *A: foll. by del.* d[–]h[–] be – (18) helffen] *A: interl. add.* – (19) eingerissen] *A: corr. from* eingerissene – (22) andere...erwachsende] *A: corr. from* hieraus erwachsende andere, *intended word order indicated by suprascript numbers* – (23) zwecks] *A: foll. by del.* wir – (24) auch] *A: foll. by del. illegible word* – (24) allen] *A: foll. by del.* and – (24) wir] *A: interl. add.*

¹ Presumably a reference to no. II/1.124.

Geistes unt dan wahre unt unverfalschte christliche liebe unt friedfertigkeitt von grundt unsers hertzen wunschen thun, unt bleiben euch mit freundlichem, geneigtem gutem willen jederzeit woll beygethan. Datum etc. Marburgk, den 1ten Octobris [N.S. 11 Oct] anno 1618.

        Moritz, etc.

[Address:] An die hern Staten General

II/1.138 *Landgrave Moritz to Prince Maurice*

Date: Presumably 1/11 October 1618

Main source: A: Marburg HStA, 4i, nr. 196, 53 (draft)

Summary: Landgrave Moritz recommends his delegates to Prince Maurice's favor. He affirms that they are instructed to be especially considerate of the honor of God, the propagation of Reformed religion, charity, peace and unity, and he expresses his hope that the other delegates at the synod will be of a like mind.

Editor: Dagmar Bronner

Hochgebohrner furst, freundtlicher, lieber vetter, schwager untt gevatter,
   Alls neulich beschehener vertröstung nach[1] wir anitzo etzliche unserer theologen ins Niderlandt abgeordtnet, dem auff den 1 Novembris ausgeschriebenen[?] national synodo begehrter massen beyzuwohnen, so haben wir nicht unter lassen wollen, e. l. bey so thaner gelegenheitt freundtlich zubegrussen wie dan auch deroselben sie unsere abgefertigte zu allem genedigen favor zu recommendiren. Unt wie wir denselben ernstlich anbefohlen, das sie vor allen dingen die ehre Gottes, die fortpflantzung unser[e]r wahren reformirten religion, auch christliche liebe, fried unt einigkeitt vor augen haben sollen, alls versehen wir uns, das andere mit gleichmässigen intent erscheinen werden, darzu dan der liebe Gott seine genade unt segen verleihen wolle, unt wir bleiben e. l. zu erweisung angenehmer dienste jederzeit geflissen. Datum etc.

        Moritz, etc.

[Address:] An printz Moritzen zu Uranien, etc.

(3–4) Marburgk…1618] A: *added in different hand* – (24) alls] A: *foll. by del.* zweifeln wir nicht

[1] Presumably a reference to no. II/1.125.

II/1.139 *Instructions for the Hesse Delegates*

Date: 1/11 October 1618

Main source: A: Marburg HStA, 4i, Nr. 196, 47–50 (draft)

Other copy: Heppe, 231–233

Summary: Instructions from Landgrave Moritz of Hesse-Kassel to the delegates from Hesse. The delegates are instructed to present their credentials to the States General and Prince Maurice. Moritz expresses his faith in them to make appropriate and well-considered decisions and that they will act in a manner that ensures the purity of doctrine and does not allow for secret undermining of the pure faith. In order to achieve this goal, they are to prepare themselves well and seek information by reading the acts of the previous provincial synod as well as all other documents relating to the issues under discussion. The delegates are to conduct themselves fittingly, participate in the deliberations in a clear, factual and modest manner, and they should consult and exchange opinions with the other delegations invited to the synod. In all relevant matters they are to seek and rely on the advice of Rudolphus Goclenius. Finally, they are asked to send regular reports to Moritz.

Editor: Dagmar Bronner

Instructio, weßen sich die wurdige, hoch- undt wolgelahrte unsere geistliche rhäte, rector unser löblichen universitet Marckburgk, decanus unsers angestelten furstlichen ritter collegii zu Caßell, auch superintendent unsers oberfurstenthumbs Heßen, professores, pfarhern undt liebe getrewen Georgius Cruciger, sacrae theologiae doctor, Paulus Steinius, hoffprediger zu Caßell, undt magister Daniel Angelocrator alß zu angesteltem synodo nationali in den Unirten Niderlendischen Provintzen von unß genedig verordtnete, zu Dordt alß im auß[sc]hreiben bestimpten ort verhalten sollen.

Sie sollen sich darnach achten, das sie jegen den 1 Novembris newen calenders (ist der 22 Octobris) im Hagen anlangen undt sich bey den herrn General Staten, wie auch bey unserm [herrn] vettern, printz Moritzen [vo]n Uranien, vermittelst uberreichung ihrer[?] creditifen[?] angeben, undt wan sie zur audientz verstattet, ihnen den hern General Staten unsere freundtschafft undt alles guts, auch darnechst vermelden, nach dem sie unß in schrifften ersucht undt gebetten, das whir zu vorwesendtem ihrem national synodo ettliche unserer theologen abordnen undt durch dieselbe ihnen assistiren wollten, whir auch zu befurderung dieses löblichen christlichen wergks,

(18–25) weßen...sollen] A: *written by second hand* – (24–25) zu...ort] A: *marg. add.* – (26–27) vembris...Hagen] A: *marg. add.* – (28–29) wie...Uranien] A: *marg. add. in second hand* – (29) ihrer creditifen] A: *reading ambiguous, maybe also* ihres creditifens – (31) auch] A: *interl. add. repl.* auch *corr. from* undt – (33) abordnen] A: *marg. add.* – (33) ihnen] A: *foll. by del.* bey solcher synodalischen tractation undt handlung – (34) löblichen] A: *foll. by del.* undt auch bezaigung unserer freundtschafft undt genaigten willens solche gebetene abordnung undt assistentz ihnen zugeschrieben undt bewilligt, das whir dem zu volge sie, unsere theologen, zu dem ende abgeschickt, uff das sie ihnen, den hern Staten, undt ihren zu dießem synodalischem convent undt handlung deputirten bestes ihrs vermögens behulfflich, beystendig undt einrätig seyen, gestalt dan auch sie, unsere abgeordnete, zu treweifferiger und fleißiger verrichtung dieses ihres uffgetragenen undt obligenden bevelchs undt schuldikait sich anerpietig machen, solchs auch im wergk also praestiren undt leisten sollen.

Was die sachen | an sich selbst belangt, so ist unß zwar noch zur zeit unbewust, was sie, beyderseits deputirte, vor einen modum procedendi gebrauchen, undt was sie auch außerhalb des articuli praedestinationis vor gewiße capita controversiarum undt dergleichen aigentlich proponiren undt tractiren möchten; daheren whir dan die unsere uff kaine specialia instruiren können, halten es auch ohne das vor unnötig, sie, als in der heiligen, göttlichen schrifft whol fundirte, auch in den theologischen beyderseits in offenen trugk außgelaßenen streittschrifften genugsam versirte undt belesene leuthe, in ipsis materiis et controversiis, defendenda nimirum orthodoxa nostra religione eiusdemque ab adversariis in controversiam deductis articulis et capitibus, demonstrandis itidem et refutandis contrariis opinionibus et erroribus zuinformiren, sondern whir wißen sie der erudition undt dexteritet, haben auch zu ihnen das genedig gutt vertrawen, sie werden sich in solche sachen, es werde auch proponirt, was da wölle, also schicken undt erweisen, das es zuforderst zur ehre Gottes undt vindicirung seiner christlichen, wahren kirche von jegenwertigen undt dergleichen eingeschlichenen secten undt irrthumben, dan auch zu unserer reputation undt ihnen selbstet zu lob undt rhumblicher nachsage gereichen undt gedeyen möge. Nichstoweniger aber auch, weil die herrn Staten vorhin einen provincial synodum gehalten, undt auß deßen verrubten undt publicirten acten gutte nachrichtung zuerlangen[?], was aigentlich der status controversiae, auch eines undt des andern theils rationes decidendi seyen, undt wie entlichen dießem schedlichen | zwyspalt remediirt werden möchte, uber das auch verlautet wirdt, als ob sie, die herrn Staten, in kurtzem einen convent und zusamtenkunfft halten wollten,

---

(5) deputirten] *A: interl. add.* – (5) behulfflich] *A: interl. add.* – (6) seyen] *A: foll. by del.* sollen – (6) abgeordnete] *A: foll. by del.* sich zu trew[–]f – (7) ihres] *A: foll. by del.* obligens undt – (7) uffgetragenen] *A: foll. by del.* bevelchst[?] – (8) machen] *A: foll. by del.* sollen – (11) sie] *A: foll. by del.* vor e die – (12) außerhalb...praedestinationis] *A: marg. add.* – (13) undt] *A: foll. by del.* sonstet – (13) dergleichen aigentlich] *A: interl. add., foll. by del.* undt in specie – (15) sie] *A: foll. by del.* unsere abgeordnete – (17) genugsam] *A: interl. add. repl. del.* whol – (19) ab adversariis] *A: interl. add.* – (24) undt] *A:* u *corr. from* z[?] – (24) wahren] *A: marg. add. in second hand* – (26) ihnen] *A: interl. add. repl. del.* ih[–]m – (26) zu] *A: interl. add.* – (28) weil] *A: foll. by del.* sie[?] – (28) synodum] *A: foll. by del.* undt conventum theologorum – (32) remediirt] *A: corr. from* zuremediiren – (33) zusamtenkunfft] *A: foll. by del.* zu dem e[nde]

darmitt sie zu vorwesendem synodo gutte praeparatoria machen undt also vileicht der propositionen undt modi tractandi zu ihrer selbstet undt ihrer assistenten mehrer information undt facilitirung der sachen vergleichen möchten; so sollen die unsere solche undt die vorige auch immittelst ferners erwartende schrifften, acten undt handlungen bey zeiten an hand schaffen undt sich die allwhol bekandt machen [–]dt bey solcher überlesung unsern extraordinarie mitverordtneten lieben, alten Goclenium, philosophiae facultatis antistitem, adhibiren, darmitt sie maiori cum promptitudine das ihrige bey den sachen, es sei votando in ipso consessu, wan es darzu gelangen sollte, oder assistendo et consulendo ad partem thun undt verrichten könten.

Sie sollen sich auch befleißigen, das sie alles deutlich undt bescheidentlich sine acerbitate vel vehementiori conmotione auch wohl behuttsam vorpringen, wie solchs den theologen whol anstehet, undt ohne das sich in die lande, da sonder zweivel under den adversariis vil hitzige undt spitzfundige köpfe zu finden, nicht anderst schicken will.

Mitt den churpfaltzischen nicht allein, sondern auch anderer christlichen rechtgleubigen fursten undt stenden abgeordneten theologis sollen sie iderzeit undt sonderlichen in vorfallenden wichtigen puncten vertrawliche co[m]munication pflegen, undt under anderm auch dahin sehn, das in ipsis dogmatibus eorumque enunciationibus, phrasibus et locutionibus nichts decidirt oder statuirt werde, welchs unser wharen christlichen religion undt deren in unsern kirchen undt landen bekandter confession zuwidder seye oder auch eine widdrige, irrige mainung darin heimblich verwigklet undt die entlichen darauß gevolgert werden möchte, in welchem passu sie abermahls vorgedachten unsers Goclenii trewen raths sie sich prauchen haben.

50 A | Wiewhol whir nun zu Gott dem Allmechtigen hoffen, er werde zu dießem christlichen wergk seinen segen verlheien, darmitt die irrinde[?] theologen wieder gewonnen undt zu recht gepracht werden möchten, so doch selten zu geschehen pflegt, wie so wohl ecclesiasticae alß politicae historiae heuffig

---

(1) zu] *A: foll. by del.* an – (1–2) also vileicht] *A: interl. add. repl. del.* sich sonder zweivel – (2) propositionen] *A: ionen interl. add. repl. del.* ionum – (2) tractandi] *A: foll. by del.* m[–]h vergleichen möchten, so – (2) ihrer] *A: corr. from* ihre[–] – (3) undt...sachen] *A: marg. add.* – (6) die...machen] *A: undl. (del.?)* – (6–8) dt...adhibiren] *A: marg. add. in second hand* – (8) cum] *A: foll. by del.* dexteritate et – (9) consessu] *A: interl. add. repl. del.* consechsu[?] – (9) wan... sollte] *A: marg. add.* – (12) acerbitate] *A: interl. add. repl. del.* altercatione – (12) auch...behuttsam] *A: marg. add. in second hand* – (13) lande] *A: foll. by del.* undt – (14) hitzige] *A: corr. from* hitziger – (14) spitzfundige] *A: corr. from* spitzfundiger – (16–17) nicht...stenden] *A: marg. add. in second hand* – (17) sie] *A: foll. by del.* gutte [——] vertrawliche – (18) vertrawliche] *A: corr. from* vertrawlichen – (18–19) co[m]munication] *A:* cation *interl. add. repl. del.* ciren – (19) pflegen] *A: marg. add.* – (19) undt] *A: foll. by del.* in allweg[?] – (20) locutionibus] *A: foll. by 1 del. illegible word* – (22) kirchen] *A: foll. by del.* gewönlicher – (22) undt...bekandter] *A: marg. add.* – (22) auch] *A: foll. by del.* zuwidder gedeutet – (23) irrige] *A: interl. add.* – (23) heimblich] *A: interl. add.* – (23) verwigklet] *A:* ver- *foll. by del.* steckt undt verwigklet, darauß – (24–25) in... haben] *A: marg. add. in second hand* – (28–p. 524.1) so...bezeugen] *A: marg. add. in second hand*

bezeugen. Da aber je seine göttliche allmacht nach seinem vätterlichen, gerechten willen solchs noch nicht verhengen wurde, sondern sie, die jegentheile, uff ihrer widdrigen opinion vest undt beharrlichen pleiben wollten, so muß man es zwar Gott bevehlen, es will aber gleichwol uff einen solchen besorgenden fall mitt allem fleiß dahin zutrachten undt zuarbeiten seyn, das beyderseits kirchen undt gemainen, da je ein idere bey ihrer glaubens bekandtnus undt mainung pleibt, in guttem, friedlichem wesen bey undt mitteinander hinkommen mögen. Dan sonstet ex disparitate religionis disparitas et disiunctio animorum et ex tali disiunctione intestina mala zu irer der lande selbst ruin undt also völgiglich dem gemainem evangelischem wesen zu schaden und nachteil ervolgen wurden. Darvor Gott genediglich sein woll; tale enim malum non sine nostro malo futurum esset.

Wie aber solcher status ecclesiae undt deren beyderseitts tranquillitet undt friedfertikait zu formiren undt zuconfirmiren sey, daruber sollen die unsere der churpfeltzischen[?] undt anderer, wie droben vermeldt, von andern rechtgleubigen fursten undt stenden etwa verordtneter gutthertzigen mainung undt gedancken vernehmen undt unß von demselben, wie auch, was sonstet in einem undt anderm vorleufft undt gehandlet wirdt, wo vonnöten, vor ihrer widerkunfft zuschreiben, auch entlich, wan sie widerkommen, furderliche underthenige relation zuschicken.

Signatum: Marckburgk, den 1ten Octobris [N.S. 11 Oct] anno etc. 1618.
Moritz etc.

II/1.140 *Landgrave Moritz to the States General*

Date: 17 October 1618; received 3 November 1618

Summary: In this letter, Landgrave Moritz provides the credentials for the Hesse delegates to the synod – Cruciger, Stein, Angelocrator and Goclenius. The letter appears to be missing. See summary in no. II/1.1–170.

(2–3) jegentheile] *A: jegenheile* – (4) man] *A: prec. by 1 del. illegible word* – (5) undt] *A: u corr. from z* – (7) bey] *A: foll. by del. ein* – (8) Dan sonstet] *A: interl. add. repl. del. Darmitt nicht, wie es pflegt* – (9) disiunctione] *A: interl. add. repl. del. dissensione* – (9) irer] *A: foll. by del. selb* – (10) ruin] *A: foll. by del. auch* – (11) ervolgen] *A: foll. by 1 del. illegible word or letter* – (11–12) darvor...esset] *A: marg. add. in second hand* – (14) zuconfirmiren] *A: con marg. add.* – (14) sollen] *A: foll. by del. u* – (15–16) wie...verordtneter] *A: marg. add. in second hand* – (15) droben] *A: corr. from d[–]oben* – (17) unß] *A: foll. by del. v[–]* – (18–19) wo...widerkommen] *A: marg. add. in second hand* – (19) auch] *A: foll. by del. [–]t* – (21–22) Marckburgk...etc.] *A: written by second hand*

II/1.141 *Privy Council of Hesse-Kassel to Landgrave Moritz*

Date: 8/18 October 1618

Main source: A: Marburg HStA, 4i, nr. 196, 65–68 (original)

Summary: The privy council confirms receipt of Landgrave Moritz's instructions concerning the final arrangements for the delegation. The preparations will be finalized as soon as the delegates from Marburg have arrived at Kassel. As regards the stand-in for Paul Stein, the first choice would be court chaplain Thomas Wetzel, since he is familiar with everything concerned. In case Moritz demands the latter's presence, the privy council suggests to split the relevant duties between two persons, i.e., the professor of philosophy, who regularly would be due to succeed Stein as dean of the Collegium Adelphicum Mauritianum, to assume that office, and another person to take on Stein's duties as lecturer in theology.

Editor: Dagmar Bronner

Durchleuchtiger, hochgeborner furst, e. f. g. seyenn unnßere underthenige, pflichtschuldige undt gantzwillige dienste mit getreüwenn vleiß jeder zeit zuvor, genediger fürst unndt herr,

E. f. g. genedigs schreibenn undt desenn beylage, die abschickung zue vorwesendem national synodo in Niederlandt betreffenndt,[1] haben wir unndertheniger gebur empfangenn, verlesenn, unndt soll daß jenige, waß zue der deputatorum entlicher abordtnung noch ubrig und nötig ist, zu der Marburger uff nechstkunfftigenn sonnabendt alhier erwartender ankunfft e. f. g. genedigem bevelch gemeß verrichtet werdenn. So viell dann des herrnn Steinii substitution belangt, wehme nemblichen seine vices in wehrender abwesenheit demandirt unnd anbevohlen werdenn möchten, so haben wir mit ihme hierauß conferirt, auch der anderer professorum collegii bedenckenn hieruber vernommen, befinden undt halten es auch vor unnß undertheinig darfur, es werde rathsamb undt nutzlich sein, daß eine personn solche vices so woll in inspectione et directione ad decanatum pertinente alß auch in lectione sacra verwalte; darzu e. f. g. hoff caplan Wetzelius, alß der auch bey voriger hoffschull praelegendo sacra unndt sonstet herkommen unndt des brauchs unndt sittenn innen ist, vor geschickt und dienlich geachtet wirdt. Darumb dann e. f. g. genedigem | bevelch nach wihr dennselbenn uff e. f. g. ratification auch dergestalt hierzu verordtnen wollen, daß, wo e. f. g. seiner so lang nicht mißen, sondern ihnenn zu sich erfordernn undt ein zeit lang bey sich uffwarthenn laßenn wolten, alß dan einenn anderrn dieße vices uffgetragen werden solten; darzu e. f. g. vorgeschlagen wirdt, weill ohne das

---

[1] Presumably a reference to no. II/1.136.

finito anno praesentis decanatus der professor ethices² herrnn Steinio in decanatu vermög der ordtnung succediren wirdt, daß dan derselbe seine Steinii vices in decanatu, d. Erppe³ oder d. Henricus Wetzelius in lectio[ne] sacra, sinthemall dem ethico zwo professiones nebenn seiner frantzösischen praedicatur zuversehnn zuviell sein wurde, substituirt werden möchte. Unndt thun e. f. g. darmitt in schutz des Allmechtigenn, auch deroselbenn zu gnadenn unnß underthenig bevehlen. Datum Casßell, am 8ten Octobris [N.S. 18 Oct] anno 1618.

        E. f. g. underthenige, pflichtschuldige und gehorsame stadthalter undt geheime rhäte

[Address:] | Dem durchleuchtigenn, hochgebornenn fürstenn unndt herrnn, herrnn Moritzen landtgravenn zu Heßenn, graven zu Catzenelnbogen, Dietz, Ziegenhain unndt Nidda, etc., unßerm genedigenn furstenn und herrnn

---

(3) Erppe] A: corr. from Erppenn

² The person referred to here is probably Joseph Poujade.
³ Identity unclear.

SECTION 7: INVITATION OF SWISS THEOLOGIANS

II/1.142 *Draft of States General Invitation to Three Swiss Cities*

Date: 24 November 1617

Main source: A: The Hague NA, S.G. 12.548.156, [3 pp.] (approved draft)

Summary: On 24 November 1617, the States General approved the draft of a letter inviting the Swiss cities of Zurich, Bern and Basel to send three or four delegates, at the expense of the States General, to the upcoming national synod at Dordrecht (date not yet specified), to help and guide the actions of the synod. Similar letters, mutatis mutandis, were intended for Bremen and Emden (see nos. II/1.219 and II/1.226). These letters of invitation were not actually sent until 25 June 1618.

Editor: Donald Sinnema

Exhibitum den xxiiii^{en} Novembris 1617.

Ad Tigurinos, Bernatos et Baselienses, et ad ecclesiam Bremensem et Empdanaem de uni mittendo mutatis mutandis.

Magnifici, spectabiles, prudentissimi domini, amici charissimi.
    Paucis ab hinc annis, post pactas indutias cum archiducibus Brabantiae et rege Hispaniarum,[1] mirum in modum nos exercuerunt disputationes, quae in vulgus editae de praedestinatione et aliis quibusdam religionis capitibus, quae in hunc exitum eruperunt, ut pro salute Unitarum Provinciarum et subditorum tranquillitate nihil ulterius dubitandum putaverimus, quin mature imminenti huic periculo occurreremus, pro sedandis animorum hisce motibus et firmandis provincialibus nostris in concordiae et religionis vinculo. Proinde visum nobis fuit per legitimum tramitem, viam et modum in ecclesiis semper usurpatum confugere ad convocationem synodi nationalis (quae condicta est ad diem ... anni sexcentesimi decimi octavi in capitali urbe Dordraco Hollandiae) et pro maiore et certiore controversiarum et quaestionum

---

[1] I.e., the Twelve Year Truce which began in 1609.

indagatione, examinatione et discussione rogavimus et invitavimus finitimorum regnorum Galliae, Britanniae, Palatinatus, principum et rerumpublicarum magistratus et ecclesias, ut pro communi ecclesiarum consensu et unione | magis magisque stabilienda in hac animorum perturbatione, deputatos suos huc ablegare vellent, qui moderatione, prudentia, dexteritate et consilio suo actiones nationalis sinodi ita iuvarent et dirigerent, ut et puritati doctrinae evangelicae et tranquillitati conscientiarum et animorum consulerent et concordiam promoverent.

Atque in eundem finem praesens haec petitio apud magnificentiam vestram (quae praeterito seculo in nonnullis hisce obortis controversiis exercita est) instituitur, ut ne deesse tam sancto nostro desiderio velitis, sed tres vel quatuor viros optimos, doctrina et pietate excellentes, ad diem et locum supra dictum nostris sumptibus et expensis communi vestrorum nomine committere et ablegare velitis, communi consensu tam ex vestrarum magnificentia republica, quam Bernensi et Basiliensi (ad quas consimilis nostra petitio directa et exposita est) qui futurae synodo nationali adesse et pro ingenii facultatibus ad gloriam Dei, conservationem evangelicae doctrinae et consensum ecclesiae, acta et agenda promovere et moderatione sua temperare possent. | In quo magnificentiae vestrae quam plurimum nobis gratificaturae erunt, idque promptissimi quovis officiorum genere demereri conabimur, cum voto hoc, ut divina sua maiestas libertatem et unionem reipublicae vestrae tueri et porro conservare dignetur.

Dabantur s'Gravenhagae anno 1618 die.

Subscriptum magnificentiae vestrae studiosissimi Ordines Generales Unitarum Provintiarum Belgii.

II/1.143 *Johannes Bogerman to Johann Jakob Breitinger*

Date: 23 June 1618

Main source: A: Zurich ZB, Ms G 2, 1381–1382 (copy)

Other copies: MT, 2/3:428–431; Zurich ZB, Ms A 108, 262–267; Zurich ZB, Ms B 111, 14–17; Zurich ZB, Ms B 235, 4v–5r; Zurich ZB, Ms D 237, 7r–8v; Zurich ZB, Ms J 241, 10–12

Summary: With the agreement of Prince Maurice and Count Willem Lodewijk, the States General have announced a national synod to which theologians from France, England, the Palatinate, Hesse, Switzerland, etc. will be invited. Bogerman asks Breitinger to advocate for a Swiss delegation and also to ensure that the delegates are

(1) et invitavimus] A: *interl. add.*

selected with great care. Not only the church is upset by the dispute, but also the community as a whole. Breitinger will experience this himself when he comes to Dordrecht, which is what Bogerman hopes for. But God is with them and they hope to restore the former ecclesiastical and political unity and integrity.

Editor: Christian Moser

| Doctissime atque amicissime domine Breitingere.

Si vales ac mei memor es, gratum feceris, si epistolis id testari non gravere. Ego, licet calculosus et lienosus, utcumque tamen Dei gratia his Hagae valeo et quidem tui memor, quod tibi cupio esse persuasissimum. Ex quo postremas tuas accepi et meas aliquot, tum ad te, tum ad fratres Genevenses scriptas interceptas esse, deprehendi, scribendis ad exteros literis supersedere visum est, donec formidolosissimi temporis tempestas mitigata viaque facta esset tutior. Miris enim et ecclesia Christi indignissimis artibus, causam malam infausti novatores hactenus egere et quidem successu piis omnibus deplorando. Verum ut horas suas habet Filius Dei ecclesiae suae probandae, exercendae, vultus sui abscondendi et ad eam luce faciei suae redeundi afflictamque solandi, vivificandi e tenebris ac pulvere erigendi atque in luce collocandi, ita post tristes aliquot annorum tenebras serenior lux affulgere iam coepit, quo nomine optimo ac benignissimo misericordiarum Patri gratias agimus, quas debemus, maximas. Et idem vos nobiscum facere aequum est. Non tantum, quod id postulet sanctorum in capite Christo fraterna atque arctissima communio, sed etiam hac de causa, quod compertum sit, ut antichristus cum suis Belgium indefesse tentat, ut eo occupato inde universo Christianismo aegre faciat, sic ecclesiam Belgicam Arminii et Socini παναιρεσία infestari, ut ea infecta venena inde omnibus Europoeis ecclesiis commode propinentur. Post gravem luctam et dolores velut parturientis exantlatos, tandem nunc Deo suorum gemitus exaudiente, eo res deducta est, ut synodus nationalis legitima sit decreta et indicta ab Ordinibus | Generalibus, assentiente et pro viribus iuvante illustrissime principe Auraico[1] et comite nostro Gulielmo.[2] Obnituntur quidem quarundam in Hollandia urbium magistratus, cum dominis Ultraiectinensibus. Verum ea est civium et ecclesiarum conditio, etiam sub istis magistratibus, ut synodum unice exposcant et Ordinum Generalium decreto applaudant. Postulantur ad hanc synodum theologi ex Gallia, Anglia, Palatinatu, Hassia, Helvetia, etc. Hoc illud est, de quo te praemonendum duxi, ut apud vestros et vicinos orthodoxos efficias non tantum, ut cum gaudio et voluptate sanctum hoc Ordinum Generalium et principis studium assensu suo provehant, verum etiam, ut singularis cura ac prudentia adhibeatur in delectu eorum, qui mittantur ad hanc synodum. Opus est nobis viris non

[1] Maurice, Prince of Orange.
[2] Willem Lodewijk van Nassau-Dillenburg.

tantum doctis ac piis, sed inprimis orthodoxiae tenacissimis, prudentibus, perspicacibus ac fraudum ac imposturarum Iesuiticarum non imperitis. Mysterium est iniquitatis,³ non tantum ecclesiasticae, sed et politicae, quod quinquarticularia (quam vocant) controversia occultat. Turbatur ecclesia, turbatur politia. Orthodoxi quibusdam in locis persequutiones passi sunt acerbissimas, et regimen politicum eiectis orthodoxis commissum est papisticis, libertinis, neutralistis, qui ad induciarum exspirationem idonea essent hostium mancipia. Haec audies ac videbis, si huc (quod spero) veneris et admiraberis impudentissimos Sathanae conatus. Sed ut dixi, quandoquidem ἀπὸ μηχανῆς respicere et subvenire iam coepit Dominus, bene de reliquo speramus et ut pristinae tam in politia quam ecclesia, concordiae atque integritati restituamur, ardentissimis votis ab altissimo et Israelis custode flagitamus. Sane, mi frater, nisi Deus semen nobis reliquisset, brevi facti fuissemus, ut Sodoma et obstupuisset orbis Christianus, videns se blasphemiis Socinisticis⁴ undique impeti. Quare obnixe rogatum te velim, ut et ipse et per alios, magistratum vestrum et confoederatos orthodoxos, moneas et adhorteris, quo idoneorum et maxime fidorum theologorum opera laborantibus hisce ecclesiis, alacri et propensa voluntate, subveniant. Tibi vero si onus hoc imponatur, ut qui in hisce oris versatus es, tantum confido aberit, ut subire illud recuses, ut Deo potius gratias nobiscum sis acturus, quod ea affulserint tempora, quibus accurrere liceat ad restituendam in Belgio orthodoxiam. Quae res quanti ad orbis Reformati tranquillitatem sit momenti, facile omnes cordati per se existimant.

Hisce vale, mi observande ac plurimum dilecte frater in Christo. Deus tuis laboribus sanctissimis cumulato benedicat. Amanter saluto collegas tuos et gratulor vobis pacem ac concordiam secundum Dominum.

Raptim Hagae comitis, quo ab illustrissimo principe evocatus ex Frisia veni, consensu ecclesiae meae Leovardiensis et Ordinum nostrorum, ut ecclesiam huius loci orthodoxam pro viribus et mensura gratiae ad tempus aedificarem, etc., 23 Iunii 1618.

  Tuus in Domino totus
  Johannes Bogermannus, ecclesiae Hagensis pro tempore minister

[Address:] Eximio Iesu Christi servo, Johanne Jacobo Breitingero, pastori ecclesiae Tigurinae doctissimo ad fidelissimo. Tigurum.

---

3 Cf. 2 Thess 2:7.
4 Anti-Trinitarian theological movement, initiated by Lelio and Faustus Socinus.

II/1.144 *States General Invitation to Four Swiss Cities*

Date: 25 June 1618

Main source: A: Zurich StA, E II 389, 5–6 (copy)

Other copies: MT, 2/3:273–276; Rotterdam BRG, 49.3, [2 pp.]; Rotterdam BRG, 58, 1–2; Zurich ZB, Ms A 108, 252–255; Zurich ZB, Ms B 111, 1–3; Zurich ZB, Ms B 235, 2r–v; Zurich ZB, Ms D 237, 3r–4r; Zurich ZB, Ms G 2, 1–3; Zurich ZB, Ms J 241, 4–5; Zurich ZB, Ms S 309, 3r–v

Summary: The States General request the four Swiss cities of Zurich, Bern, Basel and Schaffhausen to send three or four delegates, at the expense of the States General, to the national synod which will begin in Dordrecht on 1 November, to help and guide the actions of the synod.

Editor: Christian Moser

| Nobiles, magnifici, spectabiles, prudentissimi domini, amici charissimi.

Paucis ab hinc annis, post pactas inducias cum archiducibus Brabantiae et rege Hispaniarum,[1] mirum in modum nos exercuerunt disputationes, quae in vulgus editae de praedestinatione et aliis quibusdam religionis capitibus, in hunc exitum eruperunt, ut pro salute Unitarum Provinciarum et subditorum tranquillitate nihil ulterius dubitandum putaverimus, quin mature imminenti huic periculo occurreremus, pro sedandis animorum hisce motibus et firmandis provincialibus nostris in concordiae et religionis vinculo. Proinde visum nobis fuit per legitimum tramitem, viam et modum in ecclesiis semper observatum confugere ad convocationem synodi nationalis (quae condicta est ad diem primum Novembris proximum in capitali urbe Dordraco Hollandiae) et pro maiore et certiore controversiarum et quaestionum indagatione, examinatione et discussione rogavimus et invitavimus finitimorum regnorum Galliae, Britanniae, Palatinatus, principum et rerumpublicarum, reges, magistratus et ecclesias, ut pro communi ecclesiarum consensu et unione magis magisque stabilienda in hac animorum perturbatione, deputatos suos huc ablegare vellent, qui moderatione, prudentia, dexteritate et consilio suo actiones nationalis synodi ita iuvarent et dirigerent, ut et puritati doctrinae evangelicae et tranquillitati conscientiarum et animorum consulerent et concordiam promoverent.

Atque in eundem finem praesens haec petitio apud magnificentias vestras instituitur, ut ne deesse tam sancto nostro desiderio velitis, sed tres vel quatuor viros optimos, doctrina et pietate excellentes, ad diem et locum supra dictum | nostris sumptibus et expensis communi vestrorum nomine committere et ablegare velitis, communi consensu ex vestrarum magnificentia-

---

[1] I.e., the Twelve Year Truce which began in 1609.

rum rebuspublicis, qui futurae synodo nationali adesse et pro ingenii facultatibus ad gloriam Dei, conservationem evangelicae doctrinae et consensum ecclesiae, acta et agenda promovere et moderatione sua temperare possent. In quo magnificentiae vestrae quam plurimum nobis gratificaturae erunt, idque promptissimi quovis officiorum genere demereri conabimur, cum voto hoc, ut divina sancta maiestas, nobiles, magnifici, spectabiles, prudentissimi domini, amici charissimi libertatem et unionem rerumpublicarum vestrarum tueri et porro conservare dignetur.

Dabantur Sgravenhagae vigesimoquinto Iunii, anno 1618.

    Magnificentiis vestris studiosissimi,
    Ordines Generales Unitarum Provinciarum Belgii.
    Ad mandatum dictorum Ordinum,
    C. Arsenius 1618

[Address:] Inscriptio: Nobilissimis, magnificis, spectabilibus et prudentissimis dominis, consulibus et senatoribus reipublicae Tigurinae, Bernensis, Basiliensis et Schaffusanae.

II/1.145 Prince Maurice and Count Willem Lodewijk to Four Swiss Cities

Date: 3 July 1618

Main source: A: Zurich StA, E II 389, 15–16 (copy)

Other copies: MT, 2/3:276–278; Rotterdam BRG, 58, 3–4; Zurich ZB, Ms A 108, 256–259; Zurich ZB, Ms B 111, 4–6; Zurich ZB, Ms B 235, 2v–3r; Zurich ZB, Ms D 237, 4r–v; Zurich ZB, Ms G 2, 4; Zurich ZB, Ms J 241, 6–7; Zurich ZB, Ms S 309, 3v–4r

Summary: Prince Maurice and Count Willem Lodewijk ask the four cities of Zurich, Bern, Basel and Schaffhausen to send a four-member delegation to the national synod in Dordrecht.

Editor: Christian Moser

| Edele, ehrnveste, achtbare, wolweise, besonder gutte freünden.

    Es werden e. l. auß der herren General Statten schreiben den betrübten zustand in der religion hierzur lande verstehen und bey sich selbst gnugsamb urtheilen können, wie hochnöttig es seye, das hochgemelten heren Statten in ihrem christenlichen fürnemmen die hand gepotten werde, undt das alle

(10) Magnificentiis] A: *above, partly del.:* [——] manu – (29) der] A: *interl. add.*

religions verwandten ihr fürnembste, gelehrste und erfahrenste theologos zur niderlegung der eingerissnen streittigkeitten zue schicken nicht underlassen. Diewyl durch redres in religions sachen der status politicus desto mehr verstaerckt wird pleiben, umb sich bey seiner erlangten freiheit undt wolstand zue erhalten. Do hiergegen durch verwirrung in der religion auch mißverstand undt spaltungen in der policey verursacht werden und sich je lenger je mehr hauffen, dergestalt, das wo fern dieser status bey seinem vigor erhalten sol bleiben, man alle bequeme remedia, weil es noch zeit ist, nothwendig bey der hand nehmen muß.

Dieweil dan hochgedachte heren Statten einen nationalem synodum alß das eintzige mittel, wardurch obgedachter streit ahn geföglisten uffgehaben, undt alles widerumb zur voriger einigckeit, ruhe und wohlstandt gebracht kan werden, decretirt undt beschlossen, auch uns ahn e. l. dieset halben zueschreiben ersucht haben, als gelangt hiermit an e. l. unser fründtlich ersuchen, dieselbe wollen diese republique in dieser ihrer hohen noth nicht verlassen, sondern retten undt durch schickung vier der fürtrefflicher undt gelerster theologen, dieselbige zue ihrem vorigen wolstand und harmonie der wahren reformirten religion restaurieren und wiederbringen helffen. Damit e. l. | dan nichts anders thun werden, alls was glaubensgnossen ein ander schuldig sein, fürnemblich aber den religions stand desto mehr versichern. Weliches wir uns neben unserer hülff erbiethung in der gleichen undt anderen zuefälen zue e. l. verlassen undt dieselbe damit göttlicher almacht empfehlen wöllen.

Datum in Sgraven Hage den 3 Julii 1618.

    E. l. guttwillige freünde,
    Mauritz von Gottes gnaden prinz zue Ohranien, graf zue Nassauw, Moers, Büren, und margraff zu der Vere undt Vlissingen, herr undt baron zue Breda, Diest, etc.
    Maurice de Nassau etc.
    Wilhelm Ludwig, graff zue Nassauw, Catzenelnbogen, Vianden, Dietz, herr zu Beylstein, etc.
    Wilhelm Ludwig, graf zu Nassauw

[Address:] Die überschrifft: Denen edlen, ehrnfesten, achtbaren, wohlweisen bürgermeistern undt räthen der republiquen von Zürich, Bern, Basel undt Schaffusen, etc. unsern besonders guetten freünden, etc.

II/1.146 Zurich Magistrates to Pieter van Brederode

Date: 20/30 July 1618

Main source: A: The Hague NA, S.G. 6018, [1 p.] (copy)

Summary: The mayor and council of Zurich confirm receipt of the invitation letters for the four Swiss confederate cities which were sent from the States General and from Prince Maurice of Orange and Count Willem Lodewijk of Nassau-Dillenburg, via Pieter van Brederode. The Zurich magistrates will immediately inform the other three Swiss confederate cities of the content of these letters so that they may all consider the matter together and accordingly give their response.

Editor: Dagmar Bronner

Unnßer freundtlich willig dienst, mit erbietung aller ehr und freündtschafft zuvor. Edler und hochgeachter, besonders lieber herr und guter fründt.

Der herrn General Staden der Vereinigten Provintzen inn Niderlanden wie auch herrn printz Mauritzen zu Uranien, etc., und herrn graf Wilhelm Ludwigen zu Nassauw, etc., zwey underschidliche an uns, die vier evangelischen eidtgnößischen stett, samptlich abgangen schryben[1] (so ir unns zugefertiget) haben wir von zeigern wol emptfangen und dardurch derselben begehren zu dem angesechnen vorhabenden national synodo, von wegen etwas erwachßnen religionsstrittigkeiten, verstanden. Darauf nun wir nit ermanglen wöllend, unßern gethrüwen lieben eidt- und religions genoßen der anderen dryen stetten des innhalts diser schryben der gebur nach alsbald auch theilhafft zumachen, damit man sich daruber gemeinlich bedencken und dann mit geburenden bescheidt unnd erclerung verners begegnen khönne. Dessen wir üch, lieber herr unnd fründt, deme wir angenembe fründtschafft und alle gutwilligkeit zuerzeigen begirlich geneigt, underzwüschent zue wüßenschafft verstendigen wöllen, göttlichen schutz üch daby befelchende.

Datum den 20ten Julii [N.S. 30 July] anno 1618.

Burgermeister[2] und raht der statt Zürich

[Address:] Dem edlen unnd hochgeachten hern Petter von Brederode, der herren General Staden der Vereinigten Niderlendischen Provintzen raht unnd ambassadorn inn Tütschlanden, unnßerm besonders lieben herrn unnd guten fründt

(22) zumachen] A: z *corr. from illegible letter*

[1] See nos. II/1.144 and II/1.145.
[2] Hans Heinrich Holzhalb.

II/1.147 Pieter van Brederode to the States General with Post Data Letter (Selection)

Date: 11 August 1618; received 27 August 1618

Summary: See no. II/1.112.

II/1.148 Considerations of Zurich Ministers and Teachers Whether to Send Delegates to Dordt

Date: 31 July / 10 August 1618

Main source: A: Zurich StA, E II 3, 405–408 (copy)

Other copies: MT, 2/3:279–287; Zurich ZB, Ms A 108, 271–286; Zurich ZB, Ms B 111, 19–26; Zurich ZB, Ms B 235, 5v–7v; Zurich ZB, Ms D 237, 9r–12v; Zurich ZB, Ms G 2, 5–8; Zurich ZB, Ms J 241, 13–18; Zurich ZB, Ms S 309, 6v–8r; Rotterdam BRG, 58, 5–11

Summary: The Zurich leaders agree that the invitation to send a delegation to the national synod in Dordrecht deserves careful consideration. Since time immemorial, the issues addressed in the Five Articles have been taught, sometimes differently, without affecting the unity of the Church, and our learned forefathers – such as Heinrich Bullinger – abstained from sophistry. A delegation to the synod carries dangers and it happens all too easily that discord arises from it in our church as well. The invitation is also written rather unspecifically, which does not make a delegation seem advisable, at least not without more detailed information. In the past, there has been a refusal to send delegates at various occasions. The negative consequences such meetings can have are shown by the colloquies in Marburg in 1529, Maulbronn in 1564 and Montbéliard in 1586. It is also unlikely that the conflict with the Remonstrants, which has been agitating for many years, can now be resolved within a few weeks, especially since the various delegations may not agree with each other in everything. For these reasons, it does not seem advisable to send a delegation to Dordrecht. If the other three cities are willing to send a delegation, one should first write to the States General and ask them for a concise and understandable statement from both parties in order to better assess the situation.

Editor: Christian Moser

405 A 30 | Fromme, gestrenge, edle, veste, fürsichtige, fürnemme, ehrsamme und wyse, herr burgermeister,[1] gnedige liebe herren.

(30) Fromme] A: *in the left upper corner:* Zürich

[1] Hans Heinrich Holzhalb.

Daß e. e. w. nach ihrem christenlichen und gottseligen yfer unß den dieneren der kilchen und schůlen alhie uferlegt, unser bedencken zůstellen uff daß begären, so kurtz verfloßner tagen den herren General Staden der Vereinigten Provincen in Niderlanden,² wie auch herr prinz von Uranien und herr graf Wilhelm Ludwig von Nassauw, etc.,³ an e. e. w. und die dry überigen loblichen statt⁴ der Eidgnoschafft gethon haben, antreffend den von ihnen den 1 Novembris nechstkünftig angestelten national synodum, daß namlich 3 oder 4 fromme, gleerte und erfarne menner uß den 4 loblichen stätten der Eidgnoschafft dahin geschickt werdind, die da helffind die strytigkeiten in etlichen religions puncten examinieren, erördteren und entscheiden, etc. Da bekennen wir unß zů disem bevelch nicht allein schuldig und pflichtig, sonderen sind auch geneigt und gůtwillig, den selbigen zů volnstrecken, underthenig bittende, es wellind e. e. w. waß diß ordts von unß in underthenigkeit und bester meinung ervolget, in gnaden vermercken und uffnemmen.

Zum vordersten ist by unß ussert allem zwyfel, daß wir und alle unsere religions verwandte gmeinlich und sonderlich verpflichtet sygen zum allerhöchsten, obvermelten hochen stenden mit gebürlichen, sicheren mitlen in ihrem begären zů wilfharen. In betrachtung, daß die Niderlendischen nit allein mit vil 1000 martyren sind hoch von Gott geehret, sonderen auch ihrer policey halber die sachen also beschaffen, daß dem gantzen evangelischen religions wäsen an ihrem wolstand eben vil gelägen. Sy ouch erbietend, waß diß fhals ihnen für fründschafft und liebe erwisen werde, mit glegenheit zevergelten. Neben dem, daß diß begären gschicht nicht einfaltig, sonder mit ernstlichen und yferigen wordten, daß man dise rempublicam in diser ihrer hochen noth nicht verlassen, sonder dero mit hilff erbietung under die arm stahn welle. Inmassen wir by unß selbs nicht können finden, daß diß begären sölle absolute und rund abgeschlagen werden. Aber glychwol wil und můß diß gschäft erwägen werden ryfflich und wol, und söllicher gstalt, daß by disem allem ein flyßige rechnung ghalten werde auch der 4 evangelischen Eidgnößischen kilchen ehr und einigkeit.

Gnedige, liebe herren, wenn man die fünf fürnembsten stryttigen religions puncten, umb dero willen diser national synodus angsähen syn sol, betrachtet, als von der ewigen gnadenwahl Gottes, von der craft deß todts Christi, vom freyen willen deß menschen, von der würkung der gnad Gottes im bekherung deß menschen, und von der beharrung der frommen im glauben, da ist die sach nach gar dunkel, spitzig und träff. Dan von allen disen und anderen derglychen hohen gheimnussen ist je und allwegen von christenli-

---

² See no. II/1.144.
³ See no. II/1.145.
⁴ I.e., Bern, Basel and Schaffhausen.

chen lehreren nicht gar durchuß uff einerley gattung und mit glychen wordten gredt worden, da aber nichts desto | minder die einigkeit, frid und růw gar wol bestohn mögen. Sonderlich haben sich hierinnen aller subtilen fragen gar eigentlich enthalten unsere frommen, hochgleerten altvorderen, und sich aller christenlicher einfalte also beflissen, daß sy die helig schrift allwegen nach gstalt der sachen, personen und zythen gerichtet zur erbouwung, wie söllichs nicht allein die Eidgnössisch confession,[5] sonder auch die handlungen, deren herr Bullinger[6] loblicher gedechtnus zwüschen unserer kilchen und deren zů Genff und anderen mehr gepflogen hatt, gnůgsam bezügend. Hergegen werden diser zyt in Niderlendische kilchen vorgedachte hohe gheimnussen der fünf berůrdten articklen getriben uff ein gar neüwe wyß, mit allerdings neüwen zůvor unerhördten wordten und arden zůreden, da sy sich glychwol beider syths berüffend uff unserer lieben vorfharen in druck ußgangne bücher,[7] und dasselb gantz bitterlich, ehrsüchtig und spitzfündig. Dahar schwarlich under den dieneren der kilchen und schůlen einer zůfinden syn wirt, der sich im namen der gantzen kilchen Zürich ynlassen werde, sölliche neüwe spitzfündigkeiten by so hoch verbittertem, ehrsüchtigem und lang geübten zancken, welliches über die 20 jahr nun mehr an ein anderen ohne ufhören gewäret hatt, zů erördteren und ußzůsprechen. Vil weniger wirdt sich ein gantze kilchen an die erörterung und usprechung einer persohn binden lassen. Wie bald hette einer dem böseren theil in dem synodo mehr nachgeben, weder aber er zů syner heimkunft köndte verandtwordten? Und so er sich verschossen, aber nüt destminder so er wider heimb këme, sich nicht begäben wolte, wie liecht möchte auch in unseren kilchen ein feüwr der zwytracht angezündt werden? Darvor unß der lieb Gott gnedigklich behüten welle. Sol dan ein deputierter nit mit vollem gewalt erschynen, so wurd syn gegenwart die herren General Staden wenig nützen, und ein söllicher glychsam für ein nulla gerechnet werden. So ist uber daß die berüffung uff disen synodum zimlich dunckel und wirt derhalben einem nit wol zůzemůten syn, einen sollichen wydten wäg ohne bessere instruction und fernere nachrichtung an die hand zůnemmen.

Welliches gnädigen lieben herren der fürnembsten gründen einer ist, umb dessen willen man sich wol zů bedencken, ob in die begärte legation ynzůwilgen sey?

Und wüssend demnach e. e. w. sich ouch zů erinneren, waß sonsten für unheil uß söllichen legationen je zun zythen entstanden und sonderlich by

---

(8) gedechtnus] A: dechtnus

[5] The Second Helvetic Confession of 1566 (RB, 2/2:243–345).
[6] Heinrich Bullinger.
[7] Cf. Christian Moser, "Reformed Orthodoxy in Switzerland," in Herman J. Selderhuis, ed., *A Companion to Reformed Orthodoxy* (Leiden/Boston: Brill, 2013), 206–207.

unß entstahn möchte, da unser gmein man uber die massen wundergeb und wüssen wurd wellen, waß von einem und dem anderen articul were gehandlet und beschlossen worden. Dardurch daß Arminianisch gifft, welches zur spaltung der kilchen über die massen dienstlich und dem gmeinen man lieblich und angnëm, | nach und nach ynschlychen, platz finden und überhand nemmen möchte, und also die langwirige gůtte růw unserer kilchen, in dero durch Gottes sonderbaren sägen so lange jar kein schisma nit gwäsen, durch frömbde opinionen zerstört und in unglegenheit gezogen werden.

Welliches neben anderem eben auch die ursach, daß unsere frommen altvorderen uff sölliche frömbde synodos die ihren nicht geschickt, dasselbig auch von e. e. w. hochwysen vorfharen im regiment ist gůt gheissen worden.

Als anno 1571 von herren Caspar Coligny, admiralen in Franckrych, und von anderen nammhaften evangelischen herren ein national synodus zů Roschell angesetzt und dahin auch die diener der kilchen zů Zürich berüft worden, daselbsten zů handeln von der excommunication und anderen kilchen sachen, ist sölliches begären abgschlagen worden, und habend die diener der kilchen alhie ihre meinung schriftlich zů eines national synodi gůtem benügen überschickt und glychwol den consensum mit der Französischen kilchen bestendig erhalten.[8]

Als anno 1578 uff anhalten der königin Elißabetha in Engelland, wie auch herzog Johan Casimiren pfaltzgraven ein synodus gen Franckfurt an Mayn gelegt, und dahin die berümbtisten theologi uß Franckrych, Engelland, Niderland, Pfaltz und Hessen, wie auch von den loblichen 4 stetten der Eidgnoschafft berüft worden, daselbsten ein einzige und einheilige glaubens bkandtnuß zů stellen und anzůnemmen, ist die begärte legation glychsfhals yngestelt worden.[9] Dan man wol können erachten, daß waß von wenig personen für ein confession daselbst wurde gestelt werden, sölliche darum nicht grad von allen kilchen zur heimkunft der legaten in allen artickeln wurd approbiert werden, sonderlich wyl domols die Eidgnossischen kilchen allbereit ihr eigne und besondere confession hatten in offnem truck ußgohn lassen. Es ist aber domols uff gůterachten der kilchen Zürich ein bůch, genandt "Orthodoxus consensus,"[10] gestelt, und darin die einhälige lehr zwüschen den

(21) herzog] A: prec. by del. hetzog

[8] The Zurich theologians' writing to the national synod in La Rochelle is printed in André Bouvier, *Henri Bullinger. Réformateur et conseiller oecuménique* (Neuchâtel: Delachaux et Niestlé, 1940), 540–544.

[9] This meeting became known as "Synod of Frankfurt", but actually took place in Neustadt an der Haardt on 26–28 September 1577; cf. Luca Baschera, Christian Moser, eds., *Girolamo Zanchi. De religione christiana fides – Confession of Christian Religion* (Leiden/Boston: Brill, 2007), 14–15.

[10] [Christoph Hardesheim], *Consensus Orthodoxus Sacrae Scripturae et Veteris Ecclesiae de Sententia et Veritate Verborum Coenae Dominicae adeoque de tota Controversia Sacramentaria* (Zurich: Froschauer, 1578).

Eidgnossischen und Francösischen kilchen, fürnemblich im artickel vom heiligen nachtmohl, erscheindt worden.

Als volgender zyth glychs begären beschächen widerumb von einem national synodo zů Roschell, item von dem zů Gapp im Delphinat, von dem zů Monplier, und anderen, wie auch von herzog Johansen von Zweybrügcken anno 1603,[11] ist es glychs fhals abgeschlagen worden, und hatt man schriftlich uff einen und den anderen articul geandwortet.

Waß dan je zun zythen uß solchen synodis, colloquiis und disputationibus ervolget, wie man noch feindtlicher an ein anderen gewachsen, die gmütter noch mehr wider ein anderen verbitteret und neüwe strytarticul, die zůvor nicht uff der pan, sind geschmidet worden, hat man by dem Marpurgischen anno 1529,[12] by dem Maulbrunnischen anno 1564,[13] bey dem Mompelgardischen anno 1586,[14] und anderen ougenschynlich zůsächen. Da zů mercken, als eben uff daß Mompelgardisch colloquium ouch ein deputierter von hinnen begärt worden, daß der dasselbig nit allein nit bewilliget, sonder daß gantze colloquium von unseren frommen altvorderen ist mißrahten | worden, es ouch die colloquenten uff unser sythen, als herren Bezam[15] unnd Fajum,[16] zwen Genfische theologen, daß sy nicht gvolget, sehr grauwen. Dan es ist eben diß colloquium ein zetel gewäsen zů diseren jetzigen strytigkeiten beides der Lutheraneren und Arminianeren, mit denen die Reformierten jetz angefochten werden.

Und möchte durch Gottes gerächt gricht und urtheil lychtlich geschächen (daß er aber gnedigklich abwenden welle), daß auch diser namhafte national synodus, den sonsten bester und christenlicher meinung ist angesächen, ein solchen ußtrag gewünnen möchte, daß alle diejähnigen kilchen, so ihre deputierten nicht darby gehabt, hernacher sich froüwen und Gott dem herren darüber dancken möchten. Dan habend weder die Arminianer und die unseren, noch so vil fürnemmer ansechenlicher theologen uß Engelland, Franckrych und anderen orten, ja königlich würden in Engelland selbs, in so vil jaren noch bishar, wie sehr sy sich auch mit stattlichen schriften und

(23) daß] A: prec. by del. word

[11] Synod at La Rochelle, 2–11 April 1571 (Aymon, 1:98–111); Synod at Gap, 1–23 October 1603 (Aymon, 1:255–295); Synod at Montpellier, 26–30 May 1598 (Aymon, 1:213–232). The reference to a request made by Johann I of Zweybrücken remains unclear.
[12] Marburg Colloquy 1529, cf. TRE, 22;75–79.
[13] Colloquy of Maulbronn, 1564; cf. Volker Leppin, "Das Maulbronner Religionsgespräch zwischen württembergischen und pfälzischen Theologen 1564", in Irene Dingel, Volker Leppin, Kathrin Paasch, eds., *Zwischen theologischem Dissens und politischer Duldung* (Göttingen: Vandenhoeck & Ruprecht, 2018), 161–182.
[14] Colloquy of Montbéliard, 1586; cf. Jill Raitt, *The Colloquy of Montbéliard: Religion and Politics in the Sixteenth Century* (Oxford: Oxford University Press, 1993).
[15] Theodore Beza.
[16] Antoine de La Faye.

nammhaften legationen bemügdt, den friden nit machen, noch sy mit einanderen verglychen können, wie sölte dan zůglauben syn, daß es diser synodus in etlich wenig wuchen thůn werde? Sonderlich, da aller orten deputierte in ihren consiliis, declarationibus und decisionibus selbsten nicht allweg, wie lychtlich geschächen mag, zůsamen stimmen sölten.

Umb diser jetzerzelten und anderen ursachen willen achten wir, gnedige liebe herren, dörfte wol daß beste und rathsammiste syn, wan die begärte deputation uff den obberůrdten national synodum yngestelt werden möchte.

Im fhal aber den drey überigen loblichen stetten je gfallen wurde, obhochermelten ständen in ihrem begären, uß anderen ursachen, zů wilfharen, achten wir demnach gantz notwendig und den sachen allerdings daß nutzlichist und beste syn, daß die 4 evangelischen stett mit erstem ein schryben an die herren General Staden abgahn liessend und neben erbietung aller gůtwilligkeit ann sie begärtend, daß sy beiden strytigen parthygen, Contra-Remonstranten und Remonstranten, uferlegten, ihre strytigen puncten selbs uffs kürtzist und verstendtlichist zůverfassen und zůüberschicken, darby vermeldende, daß ihr die stett alsdann eüch feerner darüber entschliessen und zů gůtem der herren Staden benügen euch finden lassen wöllind, damit man also in diser hochgefharlichen strytigkeit wyßlich, fürsichtigklich und sine praeiudicio unserer kilchen procedieren könne, und also weder zvil noch zewenig an die sach thůge, sonder daß alles abgange zů fürderung der ehren Gottes und der erbauwung, pflantzung und erhaltung deß fridens und der einigkeit der kilchen, so wol by unß in gmeiner Eidgnoschafft, als auch in frömbden anderen landen.

Diß ist gnedige herren unser gůthertzig, wolmeinend bedencken über die fürgefalne hochwichtige, schwäre sach, so wir uff e. e. w. gnedigen bevelch underthenig haben erschinen wellen und söllen, mit demütiger bitt, die selben sölches von unß, ihren dieneren, in allen gnaden uf und annemmen wöllen. Der gnedig, barmhertzig Gott wölle e. e. w. in gůter gsundtheit und glückhaften, fridlichen regierung lang erhalten. Amen.

Datum den 31 Julii [N.S. 10 Aug] 1618.

    E. e. w.

        underthenige, getrüwe, die diener der kilchen und schůlen zů Zürich

II/1.149 *Considerations of Bern Ministers and Teachers Whether to Send Delegates to Dordt*

Date: August 1618

Main source: A: Zurich StA, E II 3, 412–414 (copy)

Other copies: MT, 2/3:287–292; Rotterdam BRG, 58, 12–15; Zurich ZB, Ms A 108, 287–298; Zurich ZB, Ms B 111, 33–39; Zurich ZB, Ms B 235, 9r–10r; Zurich ZB, Ms D 237, 15r–17r; Zurich ZB, Ms G 2, 8–10; Zurich ZB, Ms J 241, 21–24; Zurich ZB, Ms S 309, 9v–11r

Summary: For the following reasons, it is not considered advisable to send a delegation to the synod: There is no hope of reaching an agreement, because there is no agreement on how to judge and whether the majority principle should be applied. Moreover, there is a risk that the disputes will be imported into the Swiss Confederation, given that the Huber dispute has just been resolved with great difficulty. Finally, the synod should have been better prepared, in consultation with the German churches of our confession. No letter of authority was attached to the invitation, and it is not said who will be the judging authority, nor whether the discussion will be based solely on Scripture. The advice to the Dutch churches is that they should not allow sermons and writings that are contrary to the Word of God and the Creed, nor should they tolerate heresies. Things that are not necessary for salvation should not be proclaimed in the pulpit. This was already advised by the King of England to the States General in a letter in 1613. As far as universities and schools are concerned, no useless questions should be discussed there; in particular, nothing other than Scripture should be taught about predestination.

Editor: Christian Moser

| BEDENCKEN DER HERREN GLEERTEN ZŮ BERN ÜBER DEN NIDERLENDISCHEN NATIONAL SYNODUM

Frag

Obs rathsam, daß man uff begärten national synodum ins Niderland von hinnen, wie begärt, jemandts schicken, oder ob man durch ein anders mitel dem ellenden zůstand der kirchen in Niderland die hand bieten sölle?

Antwort

Man haltet es nicht für rathsamm, daß man uff dißmahl uff den synodum schicke, sonders man achtet, daß man durch ein anders mitel dem ellenden zůstand der Niderländischen kirchen möge zů hilff kommen.

(25) Bedencken] *A: in the left upper corner:* Bern

Ursachen, worumb mans nit für rathsam halte, uff dißmahl jemandts zůschicken

1. Diewyl uff dißmal nicht hoffnung, daß daß erwünschte zil der einigkeit durch den synodum möge erlangt werden, dan die strytend parthyen bishär (so vil als unß bewust) sich deß richtens halben, wie auch ob man sich in disem sehr schwären religions strydt den mehreren stimmen under werffen wolte, nit haben verglychen können.

2. Es ist höchlich zůbesorgen, daß durch disen synodum und zängkisch disputieren die sachen, so by unß mit grosser müy und arbeit, ja auch mit grosser gfhar im Hůberischen handel kum sind gestillet worden,[1] möchten widerumb erweckt werden. Dan man im Niderland von eben derselbigen sach handlen wirt im synodo, ist wol zůbetrachten, obs räthsam, sich widerumb in sölliche hendel ynzůlassen?

3. Es berüffen sich auch beide partheyen uff unser Eidtgnössische christenliche confession[2] und wil ein jegkliche sich damit schützen und schirmen. Söllen wir unß nun in disen synodum ynlassen, dessen ußgang noch sehr ungwüss ist, möchte es lychtlich geschächen, daß wir unß beide partheyen über den hals reyseten und daß fhür, so jetz allein in Niderland brünt, durch unsere unfürsichtigkeit auch by unß in der loblichen Eidgnoschafft, ja ouch in der gantzen christenheit, da unsere lobliche glaubensbekandtnuß mehr dan von hunderth thusend christenlichen seelen ist angenommen worden, ußgespreitet wurde.

4. Es beduncket unß auch, man hette in disem gschäfft etliche sachen söllen lassen vorgohn, als daß man sich mit den Tütschen evangelischen kilchen, so unser confession sind, hette söllen beradtschlagen, obs thůnlich, daß man einen synodum convociere? An wellichem ort? Zů waß zyth? Qua forma derselbig zůhalten, etc.? Dan ob man schon vermeldet, man werde von dem hochen puncten, namlich von der praedestination handlen, unß waß dem selben anhangt, so sind doch desselben puncten so vil, daß man sagen möchte, es hienge vast die gantz christenlich religion am selben. Und weist man, daß leider im Niderland diser zyth vil andere grüwliche und abschüchliche lehren im schwanck gehen, von wellichen nit | weniger nothwendig als von der praedestination zehandlen. Man hatt keinen salvum conductum geschickt, welches doch in Hollandt, als da die widerwertigen lehren sehr überhand gnommen, in einer sölliche sach sehr notwendig. Es ist kein richter genennt. Man hatt nit vermeldet, ob man allein uß biblischer schrift werde handlen oder nicht. Dise und derglychen sachen dunken unß grosser importantz syn, und daß nieman ohne wüssenschafft derselben sich in einen syn-

---

[1] The conflict about predestination with the minister Samuel Huber in Bern, 1588.
[2] The Second Helvetic Confession of 1566 (RB, 2/2:243–345).

odum könne ynlassen. Kurtz darvon zů reden: Wir hetten mögen wünschen, daß die sachen, so unsere fromme vorfahren in disputatione Bernensi haben lassen vorgahn,³ ouch in diser sach vorgangen wären.

Durch waß mitel man dem ellenden zůstand der kirchen in Niderland möge zůhilff kommen

Sol man den nicht dem betrübten zůstand der kirchen in Niderland so vil als an unß zů hilff kommen? Ja frylich. Dan sölliches die christenlich liebe und gmeinschaft der heiligen von uns erforderet. Ist derwägen nit die frag, ob die Niderländer zů verlassen oder nicht, sonder ob man sich in disen synodum ynlassen, oder ob nit andere mittel vorhanden, dardurch man ihnen die hand bieten oder zůspringen möge? In wellicher sach dises unsere meinung ist, daß wir zwar uff dißmahl nit rathsamm finden, uff den synodum zůschicken, haltens aber darfür, daß durch ein anders mitel, als durch einen wolgemeindten rath, ihnen möchte geholffen werden, wellicher villicht diser syn mochte:

Die strytigkeiten in Niderland von religions sachen, so vil unß bewüst, sind zweyerley: Erstlich von den artickeln, so uns zů unserer seelen heil und seligkeit von nöthen. Demnach von solchen sachen, so unß nicht von nöthen und ohne welche vil thusend seelen sind selig worden und noch können selig werden.

Waß anlangen thůtt die strytigkeiten, so da sind von nothwendigen dingen und die artickel unsers christenlichen gloubens oder daß fundament unserer seligkeit berüren, sind dieselbigen vorůß und ab in Gotts wort und darnach in unserer christenlichen Helvetischen confession gesetzt und determiniert. Ist der wegen unser rath, daß die herren Staden in keinen weg ihren predigern und lehrern gestatten, etwas wider sölliche von Gotts wort und christenlicher glaubens bekandtnuß determinierte artickeln zů reden oder ouch zůschryben. Werden dero wegen rächt und wol thůn, wen sy allen verflůchten und verdambten ketzereyen, als Arianismo, Samosatenianismo, Pelagianismo,⁴ Anabaptismo, Socinianismo,⁵ under ihren lehreren kein statt noch platz geben.

Waß aber anbelangt die strytigkeiten, so zů unseren seelen heil und seligkeit nit von nöthen, ist unser meinung, daß die herren Staden ihren predi-

---

(6) Sol] *A: in the margin:* NB – (16) arctiklen] *A:* articken

³ The reference is to the announcement of an invitation to the Bern Disputation of 1528: *Radtschlag haltender Disputation zů Bernn* ([Zurich: Christoph Froschauer the Elder, 1527]).
⁴ Ancient heresies, named after Arius, Paul of Samosata and Pelagius.
⁵ Anti-Trinitarian theological movement, initiated by Lelio and Faustus Socinus.

geren und lehreren nicht gestatten söllen, dieselbige uff die cantzlen zůtragen, sonder daß sy predigen, waß nothürftig, als da sind besserung deß läbens und wahren glauben an Christum Jesum den gekrützgeten. Dises hatt auch der könig uß Groß Britanien[6] den herren Staden gerathen in einem brief, so er den sechsten Martii anno 1613 an sy | geschriben: "Wir geben eüch", spricht er den rath, "daß wir durch die erfharung gelernet haben, daß sölliche fragen durch disputieren schwerlich terminiert werden, und daß es nutzlicher syn werde, daß sy durch ansächen der oberkeit gestillet werden, also daß ihr eüweren kirchendieneren verbietet, daß sy sölliche disputationen nit uff den cantzlen oder für daß gmeine volck tragen, und ernstlich bevelhet, daß sy fridlich syn, etc."[7] Dises sind deß königs uß Britanien eigne wordt.

Man möchte auch den herren Staden zůverstahn geben, waß in einer loblichen Eidtgnoschafft in evangelischen kilchen gebrucht werde, namlich daß man in den selben nit gstatte, sölliche unnothwendige fragen, die nicht zů erbauwung, sonder zur zerstörung dienen, dem gmeinen man fürtragen. Durch welliches mitel man durch die gnad Gottes ein lange zyth in gůter einigkeit und friden gläbt habe. Stande zů ihrer wyßheit, ob sy rathsamm finden, sollichem exempel nach zů volgen.

Dises ist ouch unser rath und meinung, so vil die universiteten und hochen schůlen belangen thůtt, daß man in denselben unnützer fragen sich enthalte, vil mehr strydte wider den endtchrist und andere kätzer, so zů diser zyth der kilchen Christi schädlich sind, den daß man innerliche uneinigkeit erwecke, sonderlich aber, daß man in dem hochen artickel von der praedestination nicht anders lehre noch rede, dann wie die schrifft lehrt und redt, alles zů der ehren Gottes und erbouwung deß nechsten.

Dises sind, gnädige herren, unsere motiven, worumb wir uff dißmahl nit rathsamm syn erachten, uff bewüsten Niderlendischen synodum zůschicken. Wöllen doch darmit eure gnaden nichts fürgeschriben haben, sonder setzens derselben hochen wysheit alles heim, hierinnen zůschliessen und statuieren, waß zů der ehren Gotes und erbouwung der kirchen am besten ist.

(5) geschriben] A: *in the margin:* NB

[6] James I.
[7] James I to the States General, 6/16 March 1613, cf. Milton, 3–4.

II/1.150 *Considerations of Basel Ministers and Teachers Whether to Send Delegates to Dordt*

Date: 10/20 August 1618

Main source: A: Zurich StA, E II 3, 409–410 (copy)

Other copies: MT, 2/3:292–296; Rotterdam BRG, 58, 15–18; Zurich ZB, Ms A 108, 302–308; Zurich ZB, Ms B 111, 27–30; Zurich ZB, Ms B 235, 7v–8v; Zurich ZB, Ms D 237, 12v–14r; Zurich ZB, Ms G 2, 10–12; Zurich ZB, Ms J 241, 18–20; Zurich ZB, Ms S 309, 8r–v

Summary: In Basel's opinion, it is to be regretted that the letter of invitation from the States General does not contain more precise information, in particular, on the articles in dispute and on the procedure to be followed. It is also unclear what function is envisaged for the Swiss delegates who are requested. Should they act as arbitrators or as actual participants, with the obligation to accept the decisions of the synod? However, if there is no time to ask for more detailed information and if the Council is nevertheless willing to send a delegate to the synod, it must be ensured that the Basel and Helvetic Confessions are not affected. To this end, it would be good if the four Protestant Swiss cities held a preparatory meeting and reached agreement among themselves. Furthermore, any delegation should be provided with precise instructions and should not be drawn into the disputes, but merely act as arbitrators. Also, each delegated theologian should be accompanied by a council member, who is competent in religious matters.

Editor: Christian Moser

| Gestreng, edel, ehrenvest, fromm, fürnemm, fürsichtig und wyß, insonders gnedige und gebietende herren.

Demnach e. g. e. w. von unß den lehrern und predigeren deß heiligen wordts Gottes zů wüssen begärdt, waß über das bittliche anhalten der ständen der unierten Niderländischen provinzien, so sy wegen deß uff den 1 Novembris angestelten national synodi an e. g. e. w. so wol als an die überigen evangelischen Eidtgnössischen stätt gethon,[1] unser gůtbedunken sey, als hatt unß wellen gebüren uff daß ehist und in aller underthenigkeit e. g. e. w. zů andtworten.

Und zwar zů aller vorderist können und söllen wir erkennen, daß wir die betrübtnuß anderer kirchen für unser eigne betrübnuß halten und nicht weniger mitlyden mit ihnen haben sollen, auch nicht weniger brüderliche hand, dan ein glid gegen dem anderen zůthůn pflegt, und wir in glychen nöthen unß selber wünschen möchten, zůbieten schuldig seyen. Allein umb wie vil

---

(23) Gestreng] A: *in the left upper corner:* Basel

[1] Cf. the States General invitation, no. II/1.144.

wichtiger diser handel ist, umb so vil beschwerlicher kumbt unß neben anderen unß uß e. g. e. w. angezeigten von unseren ehrenden lieben Eidgnossen von Zürich und über fürgewendten bedencklichen ursachen, auch dises für, daß in obgemeltem schryben nicht ußfhürlicher bericht, beides von den streitigen articklen und auch von dem process, so gehalten sol werden, gethan worden. Welliches aber, wie hoch es von nöthen were gwäsen, e. g. e. w. als die hochwysen und verstendigen, unschweer erachten können.

Dan sölliche articul belangend, ob wir glych ihre schriften, so vil deß ordts glegenheit zůlast, in handen haben und unß der leidige streit zů gůttem theil nur zů wol bekandt, jedoch, wyl der selbigen vil und teglich wytter under ihnen ein ihrtumb uß dem anderen erwachst, were hoch von nöthen zů wüssen, ehe man bewilligte, uff wellicher streitiger articklen entscheidung es fürnemblich sölle berůwen.

Nicht weniger were hoch von nöthen gwesen, daß man eigentlicher were berichtt worden, worzů die begärten herren theologi solten gebrucht werden, ob man ihrer begär als schidlüthen, wellliche die streitigen partheyen anhören und darüber vermög deß heiligen wordts Gottes und christlicher Baßlischer wie auch Eidtgnössischer confession[2] ihr urtheil fellen söllen, oder ob man ihrer zum streitigen disputieren selber begäre, daß sy ihre confession hindan gesetzt sich dahin begäben, daßjähnig anzůnemmen, welliches hernacher vom mehren theil möchte beschlossen werden?

Waß aber diß alles für ein ußsähen habe und wie hoch es von nöthen thätte, daß man diser sachen, ehe dan man sich wydter entschliesse, eigentlich verstendiget were, oder da es die zyth und glegenheit deß landts zůließe, noch verstendiget wurde, und wie billich die sach deßwegen in groß bedencken gezogen werde, ist lychtlich zů erachten. Wan aber e. g. e. w. uß ersorgknuß, daß daß begären feerners berichts nicht allein die zyth, da je die sach | uff fürgeschribnen termin sol fürgenommen werden, nicht zů ließe, sonder mehr daß ansächen einer ußflucht, dan einer rechtmessigen entschuldigung haben möchte, uß trib christenlicher und yferiger liebe gegen den nothgetrengten ein zů willigen und jemandts uß unserem mittel zůsenden bedacht weren, wollen wir e. g. e. w. gern gehorsammen, doch daß wir die selbig trüwhertzig ermanen und bätten, dahin fürnemblich zůsächen, daß durch diß werck unser christenlicher Baßlerischer wie auch Eidtgnoßischer confession bim wenigsten kein yntrag beschäche. Welches unsers gůthbedunkens als dan wurde syn können, wen man zů aller erst uff einen conferents tag von allen vier evangelischen ordten[3] durch abgesandte uß einem ehren regiment und der kirchen nicht allein ob, sonder auch mit waß conditionen man bewilligen

---

[2] The Second Helvetic Confession of 1566 (RB, 2/2:243–345) was adopted by all Swiss churches, except by Basel, that kept its Basel Confession of 1534 (RB, 1/1:571–583).
[3] I.e., Zurich, Bern, Basel and Schaffhausen.

sölte, sich beradtschlagte. Wen auch sich die Eidgnossischen herren theologi uff alle die jähnige puncten, so wir wüssen under ihnen den Niderländischen lehrern streitig syn, luth Gottes wordt, und so wol der Eidtgnössischen als Baßler confession thatten vereinbaren, nicht daß man in unsere liebe Eidgnossen hierin einigen zwyfel setzte, sonder damit alle mißhelligkeit gehinderet werde. Wan auch den abgsandten herren theologis so wol in gmein der angeregten confessionen, als insonderheit der streitigen puncten halben, ein gemessner bevelch gegeben wurde. Wan auch über daß alles ihnen uferlegt wurde, sich nicht als der strytige theil in zangken ynzlassen, sonder als dan allein zůverwilligen, wo man sy als schidlüth zůbruchen begärdte. Dan daß wir unser oftangezogne und wyttberümbte confessionen hindan gesetzt, erst unser religion in disputation und zwyfel setzen sölten, wurde keiner, dem daß vatterland und syn religion angelägen, lychtlich gůtheissen können. Endlich wurde man ermelten puncten desto besser nachkommen können, wan auch einem jeden herren theologo ein religionsverständige person von einem ersammen rath zůgegeben würde.

Der allmechtig Gott welle disen lüthen den geist deß fridens und der warheit verlyhen und ein lobliche Eidtgnoschafft vor söllich irthumben gnedigklich bewahren. Der welle auch e. g. e. w. in söllichem yfer für unser christenliche religion je lenger je mehr stercken und ihro nebend langwiriger gsundtheit auch feerners glückliche regierung verlyhen. Demselben thůn wir e. g. e. w. wol bevelchen, mit bith, es wollen auch dieselben unß ihnen zů allen gnaden bevolhen haben.

Datum in unserem convent 10 Augusti [N.S. 20 Aug] 1618

    E. g. e. w. underthenigste

    lehrer und prediger deß wordts Gottes, so wol in der universitet, als in kilchen, sambtlich und unverscheidenlich

II/1.151 *Basel Magistrates to Zurich Magistrates*

Date: 19/29 August 1618

Main source: A: Zurich StA, E II 3, 411 (copy)

Other copies: MT, 2/3:296–297; Zurich ZB, Ms A 108, 299–301; Zurich ZB, Ms B 111, 31–32; Zurich ZB, Ms B 235, 8v; Zurich ZB, Ms D 237, 14v–15r; Zurich ZB, Ms G 2, 12; Zurich ZB, Ms J 241, 20–21; Zurich ZB, Ms S 309, 9r–v

Summary: The Basel Council sends the opinion of the teachers and pastors on the possibility of sending a delegation to the national synod in Dordrecht (no. II/1.150), as agreed at the recent meeting in Aarau, and suggests that the Protestant Swiss cities meet again to reach a joint decision.

Editor: Christian Moser

Unser fründtlich, willig dienst, sambt waß wir ehren, liebs und gůts vermögen zůvor. Fromm, fürsichtig, ehrsam und wyß, insonders gůth fründ und getreüw, lieb Eidtgnossen.

Nachdem by jüngst zů Arouw gehaltner versamlung[4] wegen deß von herren General Staten der Vereinigten Niderländischen Provincien uff den ersten nechstkommenden Novembris angesechenen synodi nationalis es dahin verabscheidet worden, daß auch wir unser schůl und kirchen lehrern bedencken eüch unseren vertrauwten, lieben Eid und religions genossen unverzogenlich zůschicken söllen, haben wir sölichem zůvolge eüch dessen hiemit theilhaftig machen,[5] und darby zů gedancken und sinnen leggen wöllen, ob nicht thůnlich und rathsam, damit in disem hochwichtigen geschäft, als an wellichem unser wahren christenlichen glaubens bekandtnuß der vier evangelischen stätten sonderlich hoch angelegen, der erheüschenden gebühr verfharen, daß nach mohlen von unser der vier statten raths botten und theologen, ehendist müglich ein zůsamen kunft angestelt wurde, umb sich mit ein anderen schließlich zů underreden, obs rathsamer by den herren General Staden durch entschuldigungs schryben ihr begären abzůlehnen oder mit etwaß ußtrukenlichen bedingungen daryn willen zů geben? Der barmhertzige Gott wölle synen sägen und gnad verlychen, uff daß synes allerheiligisten namens ehr wirdigklich gebrisen, syner kilchen uffnemmen befürderet und unsers geliebten vatterlandts rův und wolstand erhalten werde.

19 Augusti [N.S. 29 Aug] 1618
    Johan Wernhart Ringgler, burgermeister, und die rath der statt Basel

[Address:] Den frommen, fürsichtigen, ehrsammen und wysen burgermeister und rath der statt Zürich unseren insonders gůtten fründen und getreüwen, lieben Eidtgnossen.

II/1.152 *Considerations of Schaffhausen Ministers and Teachers Whether to Send Delegates to Dordt*

Date: 25 August / 4 September 1618

Main source: A: Zurich StA, E II 3, 415–417a (copy)

---

[4] Meeting of the four Protestant cities Zurich, Bern, Basel and Schaffhausen in Aarau, 4/14 August, cf. EA, 5/2:33–34, no. 30.
[5] Cf. no. II/1.150.

Other copies: MT, 2/3:298–305; Rotterdam BRG, 58, 19–23; Zurich ZB, Ms A 108, 309–321; Zurich ZB, Ms B 111, 40–48; Zurich ZB, Ms B 235, 10r–11v; Zurich ZB, Ms D 237, 17v–20v; Zurich ZB, Ms G 2, 12–15; Zurich ZB, Ms J 241, 24–29; Zurich ZB, Ms S 309, 11r–12v.

Summary: The pastors and teachers of Schaffhausen welcome the fact that the States General want to hold a synod to fight the poison of Arminius and Vorstius, but they do not think that a Swiss delegation should participate for the following reasons: The journey is very dangerous; it is unclear what exactly the points of contention are, so that a delegation cannot be given precise instructions; the delegates should be free of their denominational ties and be obliged to accept the decisions of the synod, which cannot be easily conceded; the Swiss and French churches differ in their understanding of the article of predestination, so that it can all too easily happen that those who are supposed to mediate the dispute come into conflict with each other at the synod; there is the danger that the Remonstrants will not allow themselves to be instructed and will only appear all the more aggressively after the synod, a behavior that could be observed, for example, after the Marburg religious talks and after the Colloquy of Montbéliard; one should follow the example of forefathers who rejected such invitations and remained faithful to their confession. The reasons for the absence should be explained in writing to the States General, and the Helvetic Confession should be sent to them, together with an offer of a written exchange, if that is desired. In the same way, one should write to the Remonstrants to admonish and warn them.

Editor: Christian Moser

| BEDENCKEN DER HERREN GLERTEN ZŮ
SCHAFFHUSSEN ÜBER DEN NIDERLÄNDISCHEN
NATIONAL SYNODUM

Herr burgermeister, hochgeachte, edle, veste, hochgelehrte, fromme, fürsichtige, ehrsamme und wyse, gnädige, günstige, hochehrende herren.

Es habend wir, die diener der kilchen und schůlen, eüwer burger und underthonen, kurtz verschiner tagen ein bevelch empfangen, über daß begären der herren General Staden der unierten und reformierten provintzen in Niderland,[1] wie auch herren Mauritzen, printzen von Uranien,[2] beträffend ihren angestelten national synodum, daß der selbig von den evangelischen kilchen unsers gliebten vatterlandts sölle besůcht werden und zůerörteren und ufhebung yngefallner irthumben und mißverstand in religions sachen hilff und fürschub gegeben werden, unser bedencken haben, daß in schrift kurtzlich verfassen und u. g. h. zůstellen.

(23) Bedencken] *A: in the left upper corner:* Schaffhusen

[1] Cf. no. II/1.144.
[2] Cf. no. II/1.145.

Disem bevelch nun sind wir, die diener der kilchen und schůlen, ghorsamlich in underthenigkeit nachkommen und gesterigs tags einen conventum gehalten, die sach nach unserem gringen verstand betrachtet, und unser bedencken hiemit üch u. g. h. zůschickend, mit undertheniger bitt, wellind daß in gnaden anhören und im besten von unß ufnemmen.

Erstlichen halten wir es für ein gůts, nutzlichs und nothwendigs werck, daß die herren Staden dermahlen eins diß höchste und üsserste mitel an die hand nemmen wöllend, das Arminianische und Vorstische gift und surtheig uß ihren kirchen ußzůrüten. Welliches dan nun jetzo ein lange zyt, als der kräbs, umb sich gefrässen und nit nun ihre land inficiert und in ihren landen terminis gebliben, sonder auch wyter umb sich gefrässen und an andere end und orth spargirt worden. Da man dan alle zyth sölliche köpf findt, die sölliche neüwe lehr gern hören und sölliche irthumb begirlich uf und annemmend. Und wünschend wir ihnen den General Staden zů disem ihrem fürgnomnen werck Gottes gnedigen bystand und rychen sägen, erlüchtung deß Heiligen Geistes, damit söllich werck zů dem erwünschten zwäck ußlauffe, die irrenden uff den rächten wäg gebracht werdind und hiemit Gottes lob, ehr und pryß die betrübten kilchen in Niderland (die ohne daß mit der leidigen sect der widerteüfferen vil zůthůn hatt) heil und wohlfahrt gefürderet werde.

Daß aber jemandts uß unseren christenlichen kilchen zů söllichem synodo sölle abgesandt werden und dem selbigen bywohnen, achten wir für unsere personen und nach unserem geringen verstand nit thůnlich und rathsam syn.

Erstlich, diewyl dise reiß in die Niderland nit ohne grosse gfahr syn wirt. Dan wir sind brichtet worden, wie daß der babst zů Rom,[3] könig in Spanien[4] und ertzhertzog Albertus[5] in Niderlandt ein legation an konigkliche majestät[6] in Franckrych abgahn lassen, daß er synes konigrychs theologis verbieten wölle, sölchen synodum nit zůbesůchen, darby anzůnemmen, daß der könig in Hispanien (als wellichem söllicher strydt und uneinigkeit der Niderländeren ein erwünschte sach ist und zů synem künftigen vorhaben, dise land in synen gwalt wider zů bringen sehr dienlich) alle studen und stöck | uff den wäg werffen und unterstahn wirt, den synodum zů verhindern und dahäro zůbesorgen, daß er den abgesandten und reysenden uff disen synodum an gwüssen enden und orten uff den dienst (wie man spricht) warten möchte und mit musceten mit ihnen disputieren oder sonst andere müttereyen anstellen, wie syn bruch ist.

---

[3] Paul V.
[4] Philip III.
[5] Albert VII.
[6] Louis XIII.

Demnach und für daß ander ligt unß ouch diß nit wenig in dem wäg, jemandts dahin zůsenden, diewyl die herren Staden in ihrem schryben nit düttlich und underscheidenlich vermäldt, worin ihre theologiae doctores und predigcanten uneins und zwyträchtig seyen, damit einer mit einer gewüssen instruction syner kilchen köndte geschickt werden, wesse er sich in einem oder dem anderen artickel in namen syner kilchen erklären sölle. Es wirdt zwaar fürgeben, es seigen der articklen fünff, die da strittig seigen. Als 1. Von der gnadenwahl Gottes; 2. Von der craft und würkung deß todts Christi; 3. Von deß menschen freyen willen, vor und nach dem fhal deß menschen; 4. Von der würkung der gnad Gottes; und 5. Von der entlichen beharrung der gloübigen. Und aber wan man ihre schriften und bücher, so sy gantz verbitterlich dise zyth und jar har wider ein anderen schriben, durchlist, so befindt es sich, daß sy ein anderen vil mehr irrthumb zůschrybend und in mehr puncten und articklen under ihnen strytig sind. Dem Arminio wurden uff ein zyth in die 31 irrende artickel zůgeschriben.[7] Wider Vorsthium hat konigliche majestät in Groß Britanien geschriben und imme vil ihrthumb beträffend daß göttliche wäsen zůgeschriben.[8] So habend auch die professores und ecclesiarum ministri in Frießlandt den gemelten Vorsthium viler ihrthumb gezigen.[9] So gedenckt Arminius in einem bůch, daß vil theologi in Niderland seyen, weliche ihre privatas meditationes in etlichen articklen ihrer confession haben, wellliche sy nit wellind offenbaren, biß uff den general synodum.[10] Ob man nun jemandts uß unserer kilchen, sölle schicken cum libera et absoluta potestate in nammen syner kirchen, waß von sollichen strytenden sachen im synodo erkendt wurde, zů approbieren, subscribieren, ratificieren und gůtheissen, daß ist hochbedencklich und gefharlich.

Für daß dritte, so falt unß daß auch schwär und hochbedencklich für, daß ein gesandter zů disem synodo sölle synes eidts, so er zů syner confession geschworen, entlediget werden, damit er liberam mentem in iudicando, liberam voluntatem in approbando und liberam manum in subscribendo ha-

---

(22–23) sölle...kirchen] A: missing, complemented according to Zurich ZB, Ms G 2, 14

[7] Cf. Arminius, *Apologia*, 81: "Circumferuntur nonnulli articuli ad religionem Christianam pertinentes et numero quidem viginti et undecim ... partim mihi, partim Adriano Borreo, partim utrique attributi."

[8] Cf. James I, King of England, *His Maiesties Declaration concerning his Proceedings with the States Generall of the United Provinces of the Low Countreys, in the cause of d. Conradus Vorstius* (London: Robert Barker, 1612).

[9] Cf. e.g., Sibrandus Lubbertus, *Commentarii ad Nonaginta Novem Errores Conradi Vorstii* (Franeker: Ulderick Balck, 1613).

[10] Arminius, *Declaratio Sententiae*, 69–70: "Quia primo quidem inter ministros multi sint, qui meditationes quasdam habeant in aliqua eorum, quae hisce scriptis continentur, quas apud se continent et nemini patefaciunt, idque quod sperent de illis in synodo nationali agendum. Imo vero etiam quidam, quod hoc sibi promitteretur, persuaderi se passi sunt, quo minus ullas suarum meditationum in lucem proferrent."

be. Dan die irrenden Remonstranten wollen keinen iudicem cum praeiudicio haben. Welliches aber kein kilchen lychtlich thůn wirt.

Für daß vierdte sol ein assessor dises synodi zůvor sich mit einem eidt verpflichten, daß er daß jänige, waß von dem grösseren theil dises synodi beschlossen wirt, wölle annemmen und als ein articket deß glaubens halten, welches einer nit lychtlich thůn wirdt. Dan wie bald ist es geschächen, daß der grösser theil den besseren übertrift, wie dan in vilen conciliis ist beschächen, wie gmeingklich bekandt.

| Für daß fünfte, so stossend wir unß nit wenig hieran: Von dem hochwichtigen und fürnemmen articket von der eewigen gnadenwahl Gottes habend die Französische und Eidtgnossische kilchen nit allezyth uniformiter glehrt, gredt und geschriben, wie auch die confessiones beider jetzgenambter kilchen nit durch uß glych luthend. Da dan ein jeder by syner confession wurde blyben, die Franzosen by ihrer, wir by der unseren, dahär möchte es lychtlich beschächen, daß diejänige selber uneins und zertränt wurdind, die doch die uneinigkeit und zertränung solten ufheben.

Für daß sächste, diewyl die Remonstranten, als die irrende parthey, dem sentents und urtheil dises synodi nit wöllend sich underwerffen, ist hochzůbesorgen (da wir daß besser von Gott bitten sollend), daß villicht nit vil nutzlichs werde ußgericht werden. Und so jetzgenandte Remonstranten, als der irrende theil, wirt von dem synodo haereseos condemniert werden, werden sy töller und rasender werden als zůvor, mit lesteren uff den cantzlen, mit schryben der bůcheren, wie dan die vilfaltige erfharung mit sich gebracht hatt, daß nach gehaltnen colloquien und concilien die gemütter der irrenden vil hässiger, verbiterter und tüfelsüchtiger worden, als sie zůvor nie gewäsen sind. Wie verbiteret hatt sich erzeigt d. Luther wider herren Zwinglium und die kilchen zů Zürich nach gehaltnem Marpurgischen gespräch?[11] Waß für unrůw ist ervolget in der kilchen Bern nach gehaltnem Monpelgardischen colloquio,[12] diewyl herr Musculus,[13] domahlen pfarrer zů Bern, dem selbigen bygewohnet?

Für daß sibende haltend wir darfür, daß unsere liebe altvorderen, als hochgelehrte, fromme und gottsförchtige männer, unß ein gůth exempel gelassen, wie wir unß in sollichem fhal verhalten söllind. Dieselben, ob sy glychwol an frömbde, ußlandische ort zů söllichen synodis und colloquiis berüffen worden, hand sy doch nit erschynen wellen, sonder hand fyn, schlecht und einfaltig by unserer kilchen wolgestelten und in Gotts wort wolgegründeter confession wöllen verblyben und die selbige in keine disputation wellen ziehen lassen.

---

[11] Marburg Colloquy, 1529.
[12] Colloquy of Montbéliard, 1586.
[13] Abraham Musculus.

Dise und derglychen ursachen liggend unß im wäg, daß wir nit meinend, daß es gůth und rathsam seige, daß jemandts uß unseren kilchen in der persohn sölle uff disen Niderländischen national synodum geschickt werden, sonder es dunckt unß für gůth und rathsam, ein schryben abgohn zůlassen, erstlich an die herren General Staden, darinnen sie ihres betrůbten kilchen standts halben zů beklagen und unser christenlich mitlyden zůerzeigen, ihnen dancken für dise hoche ehrerbietung, daß sy neben anderer königen, fürsten und statten theologen auch unß berüffen lassen, ursachen anzeigen, worumb es unser kilchen glegenheit nit seige, disen synodum in der persohn zůbesůchen, ihnen unserer kilchen confession | zůschicken, daruß sy zůvernemmen, waß von einem oder dem anderen articul unseren kilchen lehr seige, und wo fheer etwaß syn möchte, daß sy vermeindten nit gnůgsammen bericht uß der confession zůnemmen, mögind sy desselben unß berichten schriftlich, so wöllind wir ihnen ein volckomnen, ußfhürlichen, schriftlichen bscheid und antwort geben, und hiemit unß also aller gůten correspondentz anerbieten.

Es dunckt unß auch für rathsamm und gůth, ein ernstlich schryben abgahn zůlassen an die Remonstranten, als die irrenden, so sölliches schisma und zertränung und hiemit hoche und grosse ergernuß angricht, und sy mit hochem ernst vermanen, von ihrem fürnemmen abzůstahn, sich wyßen zůlassen, ihre novos terminos, insolentes phrases, subtiles distinctiones, in den hochen gheimnussen Gottes fallen zůlassen, und ihnen deß heiligen apostels Pauli δεῖ φρονεῖν εἰς τὸ σωφρονεῖν[14] et μὴ φρονεῖν ὑπὲρ ὃ γέγραπται[15] wol ynbilden und auch düten uff den hochen und grossen zorn, auch straaffen Gottes, die er über die schismaticos je zum zythen kommen laßt und daß sy ihr factum, darin sy mehr ihr eigne, als Gottes ehr sůchen, vor Gottes strengem richterstůl nit werdindt verandtworten können etc.

Diß ist, gnedig, günstig und gebietend herren, unser schlecht und einfaltig, doch gůthertzig bedencken über der herren Staden begären, daß dry oder vier gleerte, fromme männer uß unseren kilchen zů ihrem angestelten national synodo sollind geschickt werden. Mit undertheniger bitt, wellind sölliches in gnaden von unß annemmen und unß in gunsten und gnaden jederzyth bevolhen haben. Den allmechtigen und gnedigen Gott bittend, daß er üch, unser gn. h. in gůter gsundtheit, bständiger wohlfahrt und glücklicher regierung erhalten, unsere kilchen vor allem zwytracht und zertränung gnedigklich bewahren und der Niderlendischen kilchen ihre wunden widerumb heilen wölle. Amen.

(23) et] A: ετ[?] – (29) begären] A: *prec. by del.* beden

[14] Rom 12:3.
[15] 1 Cor 4:6.

Actum Schaffhusen, den 25ten Augusti [N.S. 4 Sept] anno 1618
E. e. w. underthenige decanus[16], kilchen und schůldiener alhie

II/1.153 *Pieter van Brederode to the States General*

Date: 25 August 1618; received 6 September 1618

Main source: The Hague NA, S.G. 6018

Summary: For a summary of this letter of Brederode to the States General, see no. II/1.1–106.

II/1.154 *Pieter van Brederode to the States General (Selection)*

Date: 2 September 1618; received 14 September 1618

Main source: A: The Hague NA, S.G. 6018, [7 pp.] (original)

Summary: Brederode, ambassador of the States General in Heidelberg, announces a trip to Zurich in order to promote a decision to invite the Reformed cities of Switzerland to send delegates to the synod.

Editor: Cornelis A. de Niet

Hoochvermeugende hoochghe-eerde ende ghebiedende Heeren,
    Ick hadde wel verhoopt volgende mijne voorgaende vanden 28^{en} des voorleedene maents, uijt Switzerlandt op mijne tweede schriftelijcke aenhouden deur eenen expressen boden voor veerthien daghen derwerts gheschickt, voor het affvaerdighen van desen, antwoort te bekommen, maer en hebbe tott noch toe niet van die zijde vernoomen. Men vreest alhier naedem men van goeder handt uijt Vranckrijck bericht werd, dat men aldaer ganschelijck tegens het nationnal sijnodus es ghesindt, ende oock de heere van Boisise extraordinarisse ghesanten expresse last onder anderen hebben soude, om tselve te dissuaderen ende te verhinderen, dat oock den ordinarisse resident van tselve coninckrijck in Switzerlandt, dewelcken aldaer in grooten aensien es, ghelijcke last soude meughen ghegheven sijn gheworden, om d'affschickinghe vande evangelische vandaer te rugghen te houden. Waerover dese saecke alhier metten voorneempste van den raet in communicatie gheleijt

---

[16] Johann Jetzler.

hebbende, ende daer bij het ernstlijcke bevel bij uwe hoochvermeugenden
tweede missive op de selve soo serieusselijck aen mij ghedaen, | werd alhier
goet ghevonden (om niet nae te laten, daer mede de loffelijcke ende Christelijcke resolutie der selve totte bevorderinghe van het voorseide sijnodo datelijcke ter executie ghestelt mochte werde) mij inder persoon sonder gheruchte in aller meughelijcke haeste, nae Zurich te begheven, sonder de wederomcompste van mijne affghesonden bode langher te verwachten. Want men alhier van Zurich tijdinghe vanden 10/20 Augusti heeft, ende van goeder handt, dat de versamelinghe t'Aerberg op het punct vand' affschickinghhe vande theologen nae Holland ghehouden, sijn eijndt soude ghewonnen hebben, sonder dat aldaer eene eijntelijcke resolutie ghenoomen sij, maer dat ghesanten met de propositie wederom nae haere steden sijn ghetrocken, om daerop te delibereren ende te resolveren.

Dese onseeckerheijt ende consideratie vand' intentie van Vranckrijck, ghevoucht met uwer hoochvermeugenden ernstlijck bevel (om daffschickinghe voorseide soo hier als elders daer het de saecke vereijscht met soo goede devoiren ende instantien te bevorderen, als mij lieff ende gherecommandeert es die behoudenisse, verseeckeringhe, welstant | eenicheijt ende ruste van tvaderlant) doet mij resolveren, mij in aller diligentie nae Zurich te begheven, om in ghevalle de Bode voorseide verloren ofte datter eenighe traverse daerboven gheghevem mochte sijn, mij uijterste beste te doen om daffschickinge te bevorderen. Nadem men in dese ghewichtighe saecke, alhier gheraetsaem vind, t'seeckerste te volgen, om niet nae te laten, daer deur men soude meughen segghen, ijet versuuijmt te hebben.

[Then follows a review (pages [3–6]) "vande loop der ghemeene saecken van herwerts over," mostly about the political situation in Bohemia: the emperor (Matthias II) ordered his troops to attack some fortifications in the Kingdom of Bohemia; the Bohemians plan the choice of a new King.]

| Ende desen met presentatie van mijne onderdanichste ende getrouwen dienste besluijtende, bidd' ick den Heere uwe hoochvermeugende in haere Christelijcke ende beswaerlijcke regieringhe met sijne gheest te willen verstercken, tot bevorderinghe vande eenijcheijt ende welstant van t'lieve vaderlandt.

Uijt Heidelberg desen 2 Septemb. 1618.

       Uwe hoochvermeugenden onderdanichste ende ghetrouwen
       dienaer,
       P. van Brederode

| [Address:] Den hoochvermeugenden Heeren General Staten der Vrije Vereenijchde Nederlantsche Provincien. Mijne hoochghe-eerde ende ghebiedende Heeren inden Haghe

II/1.155 *Friedrich V of Palatinate to Zurich Magistrates*

Date: 24 August / 3 September 1618

Main source: A: Zurich StA, E II 389, 17–18 (copy)

Other copies: MT, 2/3:332–333; Rotterdam BRG, 58, 40–41; Zurich ZB, Ms A 108, 368–370; Zurich ZB, Ms B 235, 4r–v; Zurich ZB, Ms D 237, 6r–7r; Zurich ZB, Ms G 2, 31; Zurich ZB, Ms J 241, 9–10; Zurich ZB, Ms S 309, 5r

Summary: Friedrich V wants to fulfil the request of the States General to send a delegation to the planned national synod in Dordrecht and asks the Zurich Council also to participate in the synod. Furthermore, he asks the Zurich Council to ensure that the three other Protestant cities in the Swiss Confederation also participate.

Editor: Christian Moser

| Friederich von Gottes gnaden, pfaltzgraff bey Rhein, deß Heiligen Römischen Reichs ertztruchsäß undt churfürst, hertzog in Bayern, etc.

Unseren fründtlichen grůß zůvor, ehrsame, weise, liebe, besondere. Eüch ist gůtter massen bewußt, was sich ein zeitharo für beschwerliche mißverstandt in der reformirten kirchen der Niderlendischen provincien erzeigen wollen, darauß dan leichtlich grosse ungelegenheit hette erwachsen können, gestalt wir an unserem ortt deßwegen jeder zeit nicht wenig sorgfeltig gewesen. Es haben aber zů vorkommung dessen allem die herren General Staden auf heilsamme mittel in zeitten gedacht, und under anderem einen synodum nationalem zůhalten, und denselben uff den ersten künftigen monats Novembris neüen kalenders naher Dorttrecht auß zů schreiben sich endtschlossen, auch uns gantz instendig ersůcht und gebetten, das wir ettliche unserer theologen zů sölchem endt dahin abordnen wolten, damit ihrer kirchen widerumb zů růhe und einheiliger consens aller reformierten kirchen widerbracht werden möge. Welchem begeren wir dan statt zů thůn uns in allweg umb der ehren Gottes willen schuldig erkennen und derwegen gemeint sindt, ettliche unserer theologen gegen dem 7 oder 8ten Octobris nechstkünftig naher Dorttrecht abzůferttigen.

Demnach wir dan berichtet worden, das ihr, wie auch die andere drey evangelische örtter ebenmessig von gedachten herren General Staden umb abordnung eüwer und ihrer theologen bittlich angelangt worden[1] und dan in keinen zweiffel setzen, das ihr hierinnen das gemeine evangelische wesen und der reformierten kirchen wolstandt auch an eürem ortt nach müglichkeit zůbefürderen geneigt sind, so haben wir | auch nicht allein dieses unsers vorhabens in nachbarlichem vertrauwen verstendigen, sonder auch zůgleich

---

[1] Cf. no. II/1.144.

ersůchen wollen, weilen an růhe und einigkeit dieser Niderländischen kirchen vil gelegen, ihr derselben republic conservation selbsten daruff bestehen wil, das ihr eürem bekanten eiffer nach nicht weniger die eürigen zů disem hochnothwendigen synodo zů rechter zeit abordtnen, alß auch bey den anderen
5 obgesagten dreyen evangelischen mit euch verwandten ortten zů gleichem endt gůtte underbauung thůn wollendt, damit also das gůtte werck zů der ehren Gottes undt seiner kirchen einigkeit befürderet und ins künfftig alle dergleichen schädliche spaltungen verhüttet werden mögen. Daran thůtt ihr ein gemeinnütziges werck und wir seindt und bleiben auch mit fründtlichem
10 willen wolgewogen.

Datum Neuenschloß, den 24 Augusti [N.S. 3 Sept] anno 1618.
Friderich Pfaltzgraff

[Address:] Überschrift: Den ehrsamen, weisen, unseren lieben, besonderen burgermeisteren und rhatt zů Zürich.

II/1.156 *Langerak to the States General (Selection)*

Date: 6 September 1618; received 10 September 1618

Main source: A: The Hague NA, S.G. 6756 (original)

Summary: Langerak reports that he has heard that the Swiss cantons have decided to send a delegation to the national synod notwithstanding stiff opposition by some Jesuits. Written by a clerk, signed by Langerak.

Editor: Johanna Roelevink

Hooge ende Mogende Heeren,
Mijne heeren,
[Langerak reports that the French king was rather moved by the report of
25 the secretary of Boissise about the changed Dutch situation (the arrest of Oldenbarnevelt and others). But reconsidering, he has told the Council to ask Langerak more about it, with great concern for the welfare of the Republic. Also help was offered to the Republic in case of need.]
Mij is seer onlancx te kennen gegeven dat de Switsersche cantons van de
1v A 30 religie een vergaderinge hebben gehouden in | een stedeken onder 't gebiedt van Bern, met namen Arreau,[1] ende onder anderen aldaer gehandelt hebben van wegen de deputatie van eenige Switsersche theologanten op het toecom-

---

[1] Aarau, at the time belonging to canton Bern.

mende sijnodus national van uwe Hoog Mogenden. Ende dat hoewel door diversche quade mennéen van eenige papistische Jesuijtsche personen daer tegens gearbeyt is geweest, nochtans geresolveert was met sonderlinge genegentheijt eenige geleerde ende godtsalige mannen tot het voorseide synodus ter begeerte ende ten dienst van uwe Hoog Mogenden te committeren, in vougen dat daer aen geen faulte wesen sal, gelyck mij op mijn versoeck alhijer verclaert is te sullen geschieden.

[Langerak sends other news.]

| In Paris den 6 Septembris 1618.

   Uwer Hoochmogentheden
   onderdanichste, ootmoedichste ende getroutste diener,
   G. van den Boetzeler ende Asperen

II/1.157 *Pieter van Brederode Advice to Zurich Magistrates*

Date: 2/12 September 1618

Main source: A: Zurich StA, E II 3, 381–387 (copy)

Other copies: MT, 2/3:321–328; Rotterdam BRG, 58, 32–38; The Hague NA, 6018, [14 pp.] (Latin); Zurich ZB, Ms A 108, 356–367; Zurich ZB, Ms B 111, 72–83 (Latin); Zurich ZB, Ms B 111, 85–93; Zurich ZB, Ms B 235, 15v–17v (Latin); Zurich ZB, Ms B 235, 18r–19v; Zurich ZB, Ms D 237, 27v–32r (Latin); Zurich ZB, Ms D 237, 32r–35v; Zurich ZB, Ms G 2, 24–27; Zurich ZB, Ms J 59, 279r–283v; Zurich ZB, Ms J 241, 39–45 (Latin); Zurich ZB, Ms J 241, 46–50; Zurich ZB, Ms S 309, 16v–18v; Zurich ZB, Ms S 309, 19r–20v (Latin)

Summary: In this proposition to the Zurich magistrates, Brederode personally promotes the request of the States General to send a delegation to the synod. On his outward journey he met Hans Heinrich Holzhalb, Mayor of Zurich, and Hans Konrad Peyer of Schaffhausen, and was able to convince them of the necessity of a delegation. The other Kings, Princes and churches invited to the synod have willingly agreed to participate in order to extinguish these flames before they spread further. May the Council not be distracted by the various objections raised, follow the example of the Apostles and allow the synod to be attended despite the dangers. There is no danger that the Helvetic Confession or other Reformed Confessions will come under fire; rather, they will be used against the erring party. Care will be taken to ensure safe conduct. There is also good hope that the synod will be a success, just as the previous national synods in Dordrecht, Emden and The Hague were successful. The danger that the deputies themselves might get into conflict with each other may be countered by providing the delegations with instructions from the authorities and by consulting with each other in advance, as the Palatine theologians have already done. That the Bernese dispute about Samuel Huber might flare up again cannot happen, since he

(10–12) Uwer...Asperen] A: *autograph of the ambassador*

has been condemned by the Remonstrants as well as by the Contra-Remonstrants. Precisely because the Remonstrants also invoke the Helvetic Confession, a Swiss representation at the synod is necessary. It goes without saying that the delegates to the synod will not be relieved of their oath of confession. An oath will be required, but it will only be that the questions and problems will be discussed according to the Word of God alone and without bitterness. In this sense, the Swiss federal cities are asked not to separate themselves, but to witness to the evangelical consensus by their participation in the synod.

Editor: Christian Moser

| Herr burgermeister, fromme, edle, geströnge, veste, ehrenveste, fürsichtige, wyße, besonnders ehrende, günstige herren.

Demnach von den hoch- unnd wolgebornen, hochmögenden herren General Staden der Vereinigten Provintzen im Niderlandt, mynen gnedigen, gebietenden herren unnd oberen, ich unndergeschribener gnadigen bevelch empffangen, einem ehrsammen, wolwyßen rath dißer uralten loblichen statt Zürich, wie auch annderen inen verpündeten, der drygen übrigen reformierten evangelischen stetten[1] inn der Eydtgnoschafft, die beförderung des nechstkünfftigen national-synodi zů Dordrecht inn Holland beträffendt fürzůbringen, alls hab ich sölches nachfolgender gestalt underthenig hiemit thůn wöllen.

Das nammlich für das erst wolermelte, myne hochmögende herren General Staden den hochwolermelten herren dißer unnd übriger loblicher stetten iren christlichen, fründtlichen grůß und anerbietung aller müglichen diensten anmälden thůnd, mitt wünschung von Gott, das er ire herrligkeiten inn gůtter gesundtheit und fridlicher, glücklicher regierung zů gůtem dem gmeinen vatterland lang erhalten wölle.

Ich will demnach, großgünstige, hochehrende herren, mit vilen worten nit wideräferen. Ich halt es auch unnötig und überflüssig zů thůn, was unlengst hochermelt myn gnedige herren an eürere herrligkeiten belangend den obgedachten national-synodum geschriben.[2] Dann daruß gnůgsamm offenbar, mit was grossem yffer sy gesinnet, ir christliche religion inn irer reinigkeit zůerhalten unnd mit was sorgfeltigkeit des gmůtts sy die ingerißnen religions spän durch das rächte mittel eines national-synodi, welicher uff den 1 Novembris stylo novo ist ußgeschriben unnd publiciert worden, uß dem wäg rumen unnd den friden der rächtgläübigen kilchen widerumb mit Gottes hilff zůstellen wöllind unnd drüber durch brieff unnd gesandtschafft an könig, fürsten unnd regiment ire gůte fründt unnd religionsverwandten begärt, das sy auch ire gelertesten unnd bescheidnesten theologos dahin abordnen wöllint.

---

[1] I.e., Bern, Basel and Schaffhausen.
[2] Cf. no. II/1.144.

Aber da, großgünstige, hochehrende herren, hab ich nit wöllen noch söllen underlassen, eüwer herrligckeiten zů besserer information | unnd nachrichtung unnd zů mehr schlüniger befürderung dißer sach gebürlich zůerinneren, darumb ich mich auch inn der person selbs hiehar verfůgt, damit die schickung der gesandten desto ehe möchte befürderet werden, daß ich uff myner reyß angetroffen hab die hochgeachten, geströngen, vesten herren burgermeister Holtzhalben[3] einer loblichen statt Zürich, unnd herren statthalter Peyern[4] von Schaffhußen, dißer zytt zů Baden im Ërgöüw,[5] unnd diewyl ich durch gegebnen anlaß mit inen von dißem gantzen geschäfft gantz kommlich discurriert, ich inen auch alle mir vorgeworffne difficulteten dermassen ußgenommen, das sy gar wol daran kommen unnd die schickung der theologen uff bemälten synodum nit allein grächt unnd nutzlich, sonder auch hochnothwendig syn erckhändt haben, sy sich auch anerbotten, das irig gern unnd gůtwillig darby zůthůn. Als hab ich auch eüwer herrligckeiten diße obstacula unnd beschwernussen, die sy diß orths haben möchten, wo müglich ußnemmen und vor allen dingen berichten wöllen, daß nammlich diße legation albereit könig, fürsten unnd reformierte kirchen inn der nachbarschafft so billich, nutzlich, christlich unnd dem gantzen regiment der christenheit hochnothwendig befunden, daß sy nit allein schon vor dißem söliche unnßere kirchengspänn zůstillen anerbotten von sich selbs, sondern auch nachdem man der irigen begert, sy ohne verzug unnd ohn einige beschwerdt ire theologos abzůsänden verordnet, als die nach irem christlichen yfer unnd hohen wyßheit wol können erachten, daß allen christlichen reformierten kirchen inn gmein daran gelägen, das diße spaltungen durch allerley mittel müssind ufgehept unnd wo müglich gantz und gar gtüscht werden, damit die flammen dißer brunst nit auch zů iren theologen unnd lieben jugendt mit großem schaden ußbrächchen unnd also ir růwiger stand betrübt unnd zerstört werde. Wie dan mit iren eignen briefen und schrifften, da es von nöthen wol könte erwißen werden.

So wölle nun eüwer herrligckeiten sich nit irren lassen, das myner hochmögenden herren General schryben an eüwer herrligckeiten abgangen umb etwas kurtz, also das der status controversiae, unnd warumb es zůthůn, wie auch die fünff stryttigen articul, die form deß procedierens, unnd alle | umbständ deß künfftigen synodi nit sind ercklert worden. Item, als wan es gefahrlich den evangelischen Eydtgnößischen kilchen, die nun lange zytt inn gůter růw gesässen, inn söliche langwirige unnd spitzfündige strytigckeiten sich ynzůlassen, sonnderlich under sölichen wolgeübten theologen inn Niderlandt, an deren entschluß sich die deputierten der kirchen nit lychtlich wer-

---

[3] Hans Heinrich Holzhalb.
[4] Hans Konrad Peyer.
[5] Brederode met Holzhalb and Peyer at the meeting of the Swiss Protestant cities in Aarau, 4/14 August 1618, cf. EA, 5/2:33–34, no. 30.

dind binden lassen. Item, als wann man auch diß es orts mit sölchen nüwerungen möchte inficiert werden. Item, das die reyß gfarlich, das ire geliebte vorfahren sölche legationen als mißlich nit bewilliget, das die deputierten selbs unnder einander zerschlagen und irrige meinungen inn die nachbarschafft ingebracht werden möchten, das auch nit vil fruchtbars uß dißem convent zůhoffen, ja wol das Huberisch gifft wider erfrischet unnd die gantze Helvetische confession, wyl sie von beyden parthygen angezogen wirt, inn strytt gezogen, auch die Vorstinianischen irrthumben manuteniert werden möchten, etc.[6]

Dann obwol diß alles ein schyn hatt, als wan die Eydtgnössischen evangelischen kilchen sich inn dißem hochwichtigen geschäfft von anderen so hochansähenlichen, obberůrten kilchen möchtend söndern, so soll doch das exempel der apostlen Christi (der anderen orthodoxischen jüngeren kirchen zůgeschwygen) wytt vorgahn, wie auch die gmeinschafft der heiligen unnd christliche liebe üwere getreüen kirchendiener dahin vermögen, das sy hindangesetzt alle gfar oder beschwernuß sich dißes feür zůlöschen uff bemelten synodum gern unnd gůtwillig verfůgind. So hatt man sich dan dessen gewůß zůversichcheren, das inn dißer gantzen handlung das geschribene canonische, prophetische unnd apostolische wort Gottes zů hinderthrybung dißer neüwen irrthumben als die klare sonn am himmel wirt vorlüchten, durch welches alle herren deputierte, als durch einen vesten schilt bedeckt, wider alle streich der haereticorum bestahn mög|end. Sonnderlich aber hatt man sich imm wenigsten zůbesorgen, als wann die Eydtgnössische, von so vil nammhafften kirchen inn unnd ußert dem land underschribene unnd approbierte confession[7] oder andere confessionen inn strytt gezogen werden möchtend. Dan eben dieselbigen zů überwyßen die irrende parthey werdend angezogen werden, unnd das fürnemmlich inn fünff articklen und daran hangenden quaestionen allein. Also und dergstalt, das was vonselben durch Gottes ußtruckt wort für einmahl nit mag determiniert unnd ußgesprochen werden, söliches den frömbden herren deputierten wirt frey stahn, iren kirchen, inn deren nammen sy erschinnen, zůruck zůbringen und zů refferieren.

Der reyß unnd sichcheren, gůtten gleits halber wirt beste müglichste anordnung gethan werden. Und wöllind die christlichen oberckeiten dißer loblichen stetten, ob glych irer lieben vorfahren rath unnd handlungen nit zůschelten, noch lychtlich zůändern sind, doch allwäg mehr uff das obbemelte alte exempel der apostlen, die hindangesetzt, ob die concilia einen glücklichen ußtrag bekommen möchtend glychwol dieselben gebrucht sähen. Ja wol inns gägenteil weißt man, das die national-synodi, die man inn

---

[6] Brederode summarizes the concerns that were raised in the advices of the ministers and teachers of Zurich, Bern, Basel and Schaffhausen; cf. nos. II/1.148, II/1.149, II/1.150 and II/1.152.
[7] The Second Helvetic Confession of 1566 (RB, 2/2:243–345).

Niderland gehalten, eben inn dißer statt Dordrächt, zů Ëmbden und inn des Gravenhaag⁸ glücklichen abgangen sind unnd auch jetzund gůtte hoffnung, das dißer synodus wol abgahn möchte, wyl näbent dem, das sich die Arminianischen oberckeiten inn Holland hin unnd wider begäben, auch die geistlichen Arminianer inn vilgedachten synodum consentiert habend. Das fürgeworffen wirt, es möchten die herren deputierten villicht inn iren selbs eignen meinungen zerfallen, das einer hie, der ander aber dört hinuß wurd wöllen, unnd folgents durch ir uneinigkeit sölche spän by den irigen yngefůrt werden, da kan meines erachtens dißer sach durch ein gemäßne unnd wol limitierte ob|erckeittliche instruction unnd vorgeschächen verglychung fürbegegnet unnd nothwendiger rath geschaffet werden. Wie man weißt, das sich allbereit die churfürstlichen Heydelbergischen vier deputierte theologen⁹ allersachen miteinanderen vereinbaret. Vil weniger hatt man sich zůbeförchten, als wan der ungůte Huberianismus, mit welchem ein lobliche herrschafft Bern vor etlich jaren zůthůn gehabt,¹⁰ durch dißen anlaaß widerumb möchte uff die ban kommen unnd neüwe ufrůr erwecken. Dann derselbig von den Arminianeren so wol als von den unnßeren, den alt Reformierten, ist albereit verdampt unnd verworffen worden. Nochmehr hatt man sich zůbedäncken wol, ehe man die begärte legation abschlahe, dan wyl ein Eydtgnössische confession, wie obgemält, auch von den Arminianeren wirt angezogen,¹¹ so ist eben darumb vonnöten, das deputierte geschickt werdint, damit dieselb inn irem rächten verstand ercklert und von mißverstand geschirmt werde. Es auch nit den nammen hette by der irrenden parthey, wann man ußblibe, als wan die Eydtgnössischen kirchen inen diß orts byfal thetten, dardurch den Arminianeren der můtt gesterckt, den alt Reformierten aber benommen wurde. Das man aber vermeinen möchte, als solten die deputierten ires eydts, mit dero sy zů iren confessionen verbunden, erlassen werden, da ist mynen hochmögenden herren Staden ein sölche anmůtung nie inn den sinn kommen. Es wirt zwar einer gantzen versamblung durchuß ein eydt uferlegt werden, aber anderer gstalt nicht, dan das die fürgefallnen fragen unnd stryttigckeiten allein unnd eintzig nach Gottes wort, ohne verbitterung und bößer anfächtung determinirt werdint. | Unnd da über das inn erörterung der fünff stryttigen puncten der Huberianer unnd Vorstianer halber etwas moviert werden sölte, wird es denn verstand haben, nicht das sölliches approbiert, sondern desto

---

⁸ The synods in Emden 1571, Dordrecht 1574 and 1578, and The Hague 1586.
⁹ The Palatine delegates were Abraham Scultetus, Paul Tossanus and Johann Heinrich Alting. Originally, David Pareus was also a designated member of the delegation, cf. no. II/1.111.
¹⁰ The conflict about predestination with the minister Samuel Huber in Bern, 1588.
¹¹ Cf. e.g., Arminius, *Declaratio Sententiae*, 25: "Helvetica postrema, cui adstipulati sunt et subscripserunt magna pars Reformatarum ecclesiarum, sic etiam ipse de ea loquitur, ut ego quidem optem videre quanam tandem ratione cum ea, quae modo a me producta est praedestinationis doctrina, subsistere possit."

mehr reprobiert unnd verworffen werde. Da es widerumb den frömbden herren deputierten, wann glych etwas derglychen fürfiele, frey stahn wirt, söllches ad referendum zůnotieren. Was derglychen mehr syn möchte, das will ich umb geliebter kürtze willen underlassen unnd drüber eüwer herrligkeiten imm nammen myner hochmögenden herren General Staden gantz dienstlich unnd zum höchsten bitten, sy wellen sonnderlich inn betrachtung der hochen pitt, die von irer hochmögenheit an sy beschächen, ouch das so hochansächenliche könig, chur- unnd fürsten, ständ unnd statt sich zů dißem werck bißhar so günstig unnd wolgewogen erzeigt, ire consilia dahin richten, das dißer orthen inn loblicher evangelischer Eydtgnoschafft kein sönnderung überal nit geschäche, sondern durch diße presäntz der alte, christliche, evangelische consens offentlich möge bezüget, ja auch die ußerliche politische gůtte verstandnuß, correspondentz unnd zůsammen haltung, zů hindertrybung des antichrists unnd syner anhängeren practicken bestettet werden. Das werdent die vilgemelten myne hochmögenden herren Staden Generalen in dißer (darvor doch der gnedig Gott eüwer herrligkeiten behůten welle) unnd anderen gelägenheit baß ires vermögens zůvergelten und zůbeschulden nit unnderlassen. Der allmechtig Gott wölle nit allein dißem vorhabenden national-geschäfft denn erwünschten gůten ußtrag gnediglich mittheilen, sonnder auch die reformierten Eydtgnössischen | kilchen vor sölchen schädlichen religionsspaltungen, wie bißhar also fürter, bewahren unnd erhalten.

Actum zů Zürich, den 2 Septembris [N.S. 12 Sept] anno 1618.
    Eüwer herrligkeiten underdienstlicher,
    Petter von Brederode, der herren General Staden inn Niderlandt rath und gesandter inn Tütschlandt

II/1.158 *Plan and Way of Holding the National Synod*

Date: 2/12 September 1618[?]

Main source: A: Zurich StA, E II 3, 393–396 (copy)

Other copies: MT, 2/3:328–331; Rotterdam BRG, 58, 38–40; Zurich ZB, Ms B 111, 7–10; Zurich ZB, Ms B 235, 3r–4r; Zurich ZB, Ms D 237, 5r–6r; Zurich ZB, Ms G 2, 27–30; Zurich ZB, Ms J 59, 284r–285v (German); Zurich ZB, Ms J 241, 7–8; Zurich ZB, Ms S 309, 4r–5r

Summary: This document is a summary of the Articles to Convene the planned national synod as conceived and adopted by the States General in October/November 1617 (see no. II/1.1–20 [12 October 1617] and no. II/1.245 [11 November 1617]; Acta,

(15) in] A: interl. add.

1:15–18). The original date of 1 May 1618 is still mentioned as opening of the synod. The document is possibly related to Pieter van Brederode's speech on 2/12 September 1618 in Zurich (no. II/1.157), where he personally promoted the participation of the Swiss Protestant cities in the synod. In fact, the opinions of the pastors and teachers of the Swiss cities (nos. II/1.148, II/1.149, II/1.150, II/1.152) complained several times beforehand that the letter of invitation from the States General (no. II/1.144) was too unspecific and that more detailed information on the synod was lacking. In the document that was drawn up on 3/13 September, immediately after Brederode's speech, and that lists the reasons for and against participation (no. II/1.159), reference is made to this "Ratio celebrandae synodi nationalis."

Editor: Christian Moser

| RATIO CELEBRANDAE SYNODI NATIONALIS PROVINCIARUM CONFOEDERATARUM BELGII

Praedicta synodus convocabitur publica Ordinum Generalium auctoritate per literas ab eorum secretario signatas et Ordinum Generalium sigillo consignatas.

In praedictis literis speciatim inserentur Quinque Articuli ab Arminio et eius sequacibus in controversiam deducti. Quibus haec clausula speciatim inseretur, ut si qui sint harum provinciarum incolae, qui nonnulla alia gravamina habeant ad ecclesias Belgicas pertinentia, liceat unicuique ea concilio exhibere et earundem decisionem petere. Si quae etiam quaestiones motae fuerint in synodis provincialibus et hactenus indecisae manserint, licet eas in scriptis synodo exhiberi decidendas.

Ad ordinem servandum et confusionem vitandam celebrabitur in singulis provinciis confoederatis particularis synodus, idque ante mensem Martium anni 1618 praeparatoria ad generalem. A qua particulari deputabuntur sex personae idoneae, quarum quatuor aut saltem tres erunt professione theologi, caeteri vero duo aut tres presbyteri aut seniores ecclesiae, aut saltem viri eruditi, qualificati ad tale negotium, quique religionem Reformatam antehac professi fuerint.

Vocabuntur ad nationalem hanc synodum etiam ecclesiae Gallicae sive Walonicae in Belgio, ut et eae, quae passim in Brabantia et Flandria sub Ordinum Generalium imperio et iurisdictione degunt.

Rogabuntur per literas et per suos legatos ordinarios serenissimus Magnae Britanniae Rex,[1] ecclesiae Reformatae in Gallia, serenissimus Elector Palatinus,[2] Hassiae Landgravius Mauritius,[3] Helvetiorum pagi Reformati, Orientalis Frisiae Comes[4] ac Bremensis | respublica, ut singuli suos deputatos ad nati-

[1] James I.
[2] Friedrich V.
[3] Moritz, Landgrave of Hesse-Kassel.
[4] Enno III.

onalem hanc synodum mittere velint, ad minimum tres aut quatuor viros theologos, pios ac pacificos, qui sua prudentia, eruditione et directione actionibus synodi assistant, consilio iuvent praesentibusque malis remedium afferre nitantur. Singularum ecclesiarum deputati vota sua habebunt ac tantundem valebunt, quantum nostrarum ecclesiarum.

Vocabuntur quoque ad dictam synodum professores theologiae academiarum et illustrium scholarum, quae subsunt Ordinibus.

Licitum erit cunctis theologis ac Verbi divini in hisce regionibus ministris, comparere in conventu synodali, et si qua in doctrina habeant gravamina, ea de consensu praesidis ac conventus synodalis in medium ventilanda proponere, ea tamen lege ac conditione, ut iureiurando promittant se synodi iudicio staturos. Neque tamen illi, quando a se proposita in synodo ventilabuntur, praesentes erunt, nisi fortes secus concilio placuerit.

Agetur in conventu synodali prius de Quinque Articulis controversis et quaestionibus ab iis dependentibus: An et quatenus illae, salva et retenta doctrinae orthodoxae puritate tolli aut tolerari queant? Postea de ecclesiarum particularibus gravaminibus.

Dicti Quinque Articuli controversi et si qui alii ad discutiendum proponentur, decidentur tantum ex Verbo DEI scripto.

Iureiurando promittent, qui ad synodum hanc deputati aut missi fuerint, se remoto omni praeiudicio gloriam Dei tantum, ecclesiae salutem ac doctrinae puritatem quaesituros.

Quodcunque in hac synodo votorum pluralitate statutum ac decisum fuerit, ratum fixumque habeatur.

Si eveniat, ut aliquae quaestiones et gravamina proposita fuerint, quorum decisionem deputati in se solos recipere nolint, liberum erit illis, eas ad suos referre et communicato consilio cum suis ecclesiis in aliud tempus reservare, neque opus erit nova convocatione synodi. Sine praevia citatione ad diem dictam singuli convenient.

| Celebrabitur haec synodus mense Maio, ad cuius calendas, ut praesto sint ecclesiae ac earum deputati invitabuntur.

Concilio finito delegati ecclesiarum referent acta synodalia ad Ordines Generales, ut ea suis votis et auctoritate stabilire ac confirmare velint.

Dabunt operam Ordines, ut per singulas provincias confoederatas, quatuordecim diebus ante celebrandam synodum, publicae preces et supplicationes indicantur et ieiunium publicum, quo Deus optimus maximus exoretur, ut hanc synodum celebrari velit ad nominis sui gloriam, pacem et commodum ecclesiae ac reipublicae Belgicae.

(33) velint] *A: p. 396:* Ratio celebrandae synodi nationalis

II/1.159 *Reasons For and Against Attending the Synod, by the Zurich Ministers and Teachers*

Date: 3/13 September 1618

Main source: A: Zurich StA, E II 3, 361–376 (copy)

Other copies: MT, 2/3:305–320; Rotterdam BRG, 58, 23–30; Zurich ZB, Ms A 108, 324–347; Zurich ZB, Ms B 111, 49–70; Zurich ZB, Ms B 235,11v–15r; Zurich ZB, Ms D 237, 20v–27v; Zurich ZB, Ms G 2, 15–22; Zurich ZB, Ms J 59, 286r–295r; Zurich ZB, Ms J 241, 29–39; Zurich ZB, Ms S 309, 12v–16v

Summary: After the opinions of the pastors and teachers of Bern, Basel and Schaffhausen had arrived in Zurich and Pieter van Brederode had personally urged participation in the synod on September 2/12, it was decided that a list should be drawn up of both the points against Swiss participation in the synod and the reasons for participation. The following reasons speak against participation: It is a difficult task to grasp the debates on the five controversial articles in the Netherlands. On such occasions, it is easy to be too lenient with the party that is mistaken, which quickly leads to discord when you return home. If the delegates do not appear with a proxy, they can be of little use. It is unclear whether the foreign delegates are to act only as listeners and arbitrators, or whether they are to dispute themselves; in the latter case, they lack time to prepare adequately. Participation in the synod can lead to the spreading of foreign opinions on this occasion. Our forefathers expressed their opinions orally or in writing without taking part in such synods and disputes. Experience shows that the bitterness of the parties has increased after such discussions. The dispute is already 20 years old and, despite various attempts, has not yet been resolved, so it should not be assumed that only the presence of Swiss scholars will lead to a solution. The parties have not yet reached agreement on the judging body and on a possible majority principle. The dispute about Samuel Huber, which has just been settled with great difficulty, could be rekindled. Since both parties are referring to the Helvetic Confession and to the books of our forefathers, it could easily happen that we spoil it with both sides and that the fire only continues to spread. Before calling for such a synod, one should have consulted with the other Reformed churches. There is no safe conduct and the journey is dangerous, since the Pope, the Spanish king and Archduke Albert will try to prevent the participation. One does not know whether one will dispute solely on the basis of the Holy Scriptures or not. Since it is unclear what exactly the matters in dispute are, it is not possible to give the delegates precise instructions. It is not clear whether the foreign delegates will be obliged to accept the decisions of the synod. It weighs heavily that the delegates in the synod should be deprived of their oath of commitment. The French and Swiss churches do not teach completely uniformly about God's eternal choice of grace, so it is to be feared that those who wish to contribute to unity will be divided at the synod. – The following considerations speak in favor of participation: The request of the General States is to be taken seriously, especially because the Swiss churches, as the mother churches of the Dutch churches, are being asked for help. Precisely because both parties refer to the Swiss Confession and to the writings of Heinrich Bullinger, it is necessary that his successors participate in the synod. In contrast to previous synods of this kind, the position of the Swiss churches cannot well be expressed in mere written form, and moreover there is hope for a happy outcome this time. Until recently, people preferred not to express themselves in writing but to wait for the synod. An absence would reduce their reputation for a long time to come and would also play into the hands of the Remonstrants. The fear that participation in the synod could cause discord at home is not an argument, because otherwise the old councils could not have been held. Rather, one must also consider the preventive character of such a synod to avoid future unrest. There is no reason to fear that the common man will be incited to unrest, since the issues at stake are too complicated. Nor is it advisable to obtain any further information on the controversial articles, as this could give the impression that the Swiss churches have so far either not been interested in foreign affairs or are not capable of such theological discussion. The letter of invitation provides information about the tasks of the foreign delegations. The delegations will consult each other in advance so as not to get into conflict with each other. Only the Holy Scriptures serve as a guideline. Even if the Remonstrants will not attend the synod or do not want to submit to the majority of the votes, the synod will have a positive effect. The oath which commits to the adoption of synodical decisions concerns only the subjects of the States General. The foreign delegates are sworn merely to seek only the glory of God, the good of the church and the purity of doctrine. Provision has been made for a safe journey. Further matters can be regulated by precise instructions of the delegates. This procedure of finding a solution through a personal meeting has already been followed by the apostles and, after them, by the church, and it must be tried in this way, even if there is a danger that all the effort will be in vain.

Editor: Christian Moser

361 A | Nach dem unseren gnedigen herren die bedenken der kilchen und schůldieneren zů Bern, Basel und Schaffhusen zůkommen,[1] hand sy hienach verzeichnete herren,[2] uß ihrem mittel deputiert, die mit den herren gleerten alhie einen rahtschlag thůn söllind, wie diser sach endtlich könne gethon werden. Und als man den 2 Septembris [N.S. 12 Sept] uff der chorherren stuben bysamen war, kam eben herr von Brederod, der herren Staden ambaßador, und begärt in diser versamlung nachmahlen gar trungenlich, daß die Eidgnößischen evangelischen stett sich nit wöllind von ihrem synodo üßeren.[3] Darüber ward allerley und in beid weg, daß man nit schiken und daß man schiken sölle, so vil gredt, daß nüt eigenlichs kondte beschloßen werden. Letstlich ward abgredt und den gleerten befohlen, daß sy alle gründ uß den vier bedenken, daß man nit schiken sölle, zůsamen verzeichnen, darnach die gründ, daß man schiken, dargegen verzeichnen auch, und selbiges alles zum

(25–26) hienach...herren] A: *marg. add.; additional note in the margin:* N. Man kan in der cantzley finden diser herren verzeichnus und sy hieher setzen – (26) deputiert] A: *corr. from* deptiert – (31) sich] A: *interl. add.*

[1] Cf. nos. II/1.148, II/1.149, II/1.150 and II/1.152.
[2] Some manuscripts (e.g. Zurich ZB, Ms G 2, 15) name the members of this commission of the Zurich city council: Hans Rudolf Rahn, Hans Heinrich Balber, Hans Escher (vom Luchs), Hans Ulrich Wolf, Conrad Grebel and Hans Jörg Grebel.
[3] Cf. no. II/1.157.

entscheid an einen ehrsamen rhat gelangen laßen sölle. Und | wyl sich die sach ließ ansehen, man werde den herren Staden ihre ernstliche bitt nit wol abschlahen können, ist auch befohlen, ein instruction zůstellen ungefehrs,⁴ die man nächster tagen gen Arauw mitnemmen könne.⁵ Ist hieruf diser nachfolgender ußzug aller argumenten für die ein und für die ander meinung verfertiget worden.

| Herr burgermeister, fromm, edel, vest, fürsichtig, ehrsam unnd wyß, insonders hochehrente, gnedige, liebe herren.

Demnach e. e. w. uf jüngstes fürbringen unnd wideräfertes begeren deß herren von Brederod im namen der herren General Staden, unnd daruf erfolgten bespraachung, anlangend den angesetzten national synodum zů Dortrecht in Holland, ob uf denselben die begärte theologen zůschiken seyen, oder nit, unns den dieneren der kilchen unnd schůl allhie ferneren gnedigen befelch gethan, die fürnembsten gründ, uß den hievor gestelten bedenken unser und der überigen Eidnößischen reformierten kilchen ußzezühen und zůsamen zeverzeichnen. Deßglychen die jenigen gründ dargegen, welche domahlen von mund yngebracht worden, substantzlich anzůhënken, damit hochwolgedacht ihr unser gnedig herren und übrige stett die sach uf den einen alt anderen weg desto eher entschließen und befürderen möchtind. Alls ist dasselbig von uns gehorsammlich nach vermögen unnd in allen trüwen folgender maaßen erstattet.

Gründ und ursachen, umb deren willen die vier Eidgnößischen evangelischen stëtt, sampt derselbigen kilchen unnd schůldieneren jemands uf den bewüßten national synodum zůschiken bedenkens habend⁶

Die fünf in den vereinigten reformiertes Niderlanden strytigen articul werdend in ihren kilchen unnd schülen getriben mit nüwen, unerhörten unnd theils auch rauwen worten, welche billich soltend allerdingen vermitten | werden, einfaltigen frommen hertzen zůverschonen. Darneben bruchet sy sôlche arden redens, welche zwaren auch zů anderen zyten in der kilchen ge-

---

(4) Ist] A: prec. by del. Welches geschehen wie folget – (7) Herr] A: the following in a different hand

⁴ Cf. no. II/1.161.
⁵ The question of a Swiss delegation to the Synod of Dordt was discussed at the meetings of the Swiss Protestant cities in Aarau on 8/18 September (EA, 5/2:38–39, no. 36) and 18/28 September (EA, 5/2:39–40, no. 37).
⁶ The following is a summary of the reasons against attending the synod listed in nos. II/1.148, II/1.149, II/1.150 and II/1.152.

duldet, aber drumb noch nie erörteret worden. Diß alles zůerörteren wirt einem allein oder etlichen wenigen schwär syn.

Und ob glych etlich wenig abgesandte ein solche erörterung und ußspruch zůthůn sich underfiengind, werdend darumb die gantzen kilchen, in deren namen sie gesandt wurdind, mit ihrer abgesandten ußspruch nit wöllen sich binden laßen.

Wann ferner die abgesandten etwann umb fridens willen unnd abzůleinen noch mehr gefahr, dem irrenden theil zůvil nachgebind, wie bald in solchen fählen geschicht, unnd dann ihre kilchen zů ihrer heimkunfft mit ihnen nit zůfriden wärind, sie aber sich selbs verthädigen und ihr verrichten schirmen wöltind, möchte in unseren eignen kilchen lychtlich angezündt werden ein feüwr der zwytracht.

Soltend die deputierten in dem synodo nit mit vollmechtigem gwalt erschynen, wurdind sie den partheyen nit angnäm unnd dem geschäfft nit so nutzlich syn, als die herren Staden verhoffend.

Es ist nit luter, ob die theologi unser und anderer kilchen erforderet werdind, nur allein einfaltig als deß synodi byseßen, zůhörer unnd schidlüth, oder aber daß sie disputieren, die red führen, fragen unnd antworten söllind, oder nit. Im fahl sie erforderet wärind zů disputieren, wurde zum selben die zyt, sich nach ehren unnd | nohtdurfft gefaßt zůmachen, eben gar zů kurtz syn.

Es möchte uß anlaaß diser gesandschafft, da unser gemeine wundergëbe mann von dem, was uf solchen synodis fürgenommen und geschloßen wirt, unglych unnd frey ungeschücht pflegt zůreden und zůarguieren, bald etwas frembder opinionen ynschlychen auch by uns, welche unrůheren zůstillen nit stůndt an unserem gefallen und gwalt.

Unsere frommen, hochgelehrten unnd fürsichtigen vorfahren habend sich uf keine frembde synodos unnd disputationen vermögen laßen, deßen sie auch nie gerůwen. Wo man aber ihres bscheids ald brichts begärt hat bsonder, habend sie sich hie an denen orten, da sie gsäßen, mundtlich oder schrifftlich zů ihrem lob unnd mengkliches gůtem vernügen finden laßen.

Man hat erfahren mit schaden unnd schmertzen, daß nach dem Marpurgischen,[7] Müntpelgartischen[8] unnd anderen gsprächen die verbitterung der parthejen nit ab, sonder vil mehr zůgenommen, und jeder theil, fürus aber der irrende, syn meinung mit bücher-schryben nur desto hefftiger understanden zůverfächten.

(4) gantzen] A: prec. by del. kilchen – (11) lychtlich] A: interl. add. – (25) auch...uns] A: interl. add.

[7] Marburg Colloquy, 1529.
[8] Colloquy of Montbéliard, 1586.

Wyl schon vor disem der könig in Groß-Britannien,[9] nebent anderen hochansehenlichen ständen mehr, die verglychung beider strytigen parthejen gesůcht allen ernsts, aber umb sonst, unnd über dasselbig die mißhällung gebracht worden uf das allerhöchst unnd bitterist, der schaden auch nun mehr zwentzigjährig und also zimlich veraltet, ist nit wol zůhoffen, daß durch der Eidgnößischen glehrten bywäsen erst yetz vil fruchtbarlichs verrichtet werden möge.

| Die strytenden parthejen habent sich deß richters halben unnd ob sy sich underwerffen wöllind den mehreren stimmen noch nicht verglichen.

Der Hůberische handel,[10] welcher mit großer müy, arbeit und gfahr hie oben in unser kilchen kum gestillet worden, möchte durch anlaaß disers synodi, in welchem man vom selbigem auch handlen wirt, wol widerumb erwekt werden.

Beide parthejen berüffend sich uf die Eidgnößisch confession[11] und der Eidgnößischen alten theologen im truk ußgangne bůcher, unnd wil sich ihren ein jetliche darmit schirmen. Wenn man sich nun ynließe mit ihnen beiden, da der ußgang sehr ungwůß, möchte es lychtlich gschähen, daß wir uns beide parthejen über den halß reisetend unnd das feüwr nur wyter ußgesbreitet wurde.

Es hette disem synodo söllen vorgahn mit den übrigen reformierten kilchen ein gemeiner rathschlag, ohrts, zyts unnd anderer umbständen halben, wenn, worvon und wie man eigentlich handlen werde. Welches, wyl es nit geschehen, ist es den Eidgnößischen kilchen nit annämlich, sich so urplötzlich an fremde ort laßen zůbescheiden.

Man hat kein sicher gleitt, welches aber vonnöhten, wyl in Holland vil widerwertiger lehren sehr über hand genommen.

Man hat nit vermeldet, ob man allein uß heiliger biblischer gschrifft werd handlen oder nit.

| Die strytgen articul haben kein gwůße zahl. Ob wol derselben genamset werdend nur fünf, ist doch die zyt har by ihnen je ein irrthůmb uber- und uß dem anderen von tag zů tag erwachsen, oder wirt doch ein theil vom anderen, vermög ihrer im druk verfertigten stryttschrifften vilfaltigen irrthůmbs gezigen.

Daher man den abgesandten kein gewůße instruction geben kan, wyl die herren Staden in ihrem schryben nit specificierlich vermelden, worinnen ihre theologi und predicanten uneins seyen.

Es ist nicht luter, ob die begärten theologi söllind schuldig syn, hindan gesetzet ihrer confession, sich dahin zůbegeben, dasjenig anzůnemmen, was vom mehreren theil möchte beschlossen werden.

[9] James I.
[10] The conflict about predestination with the minister Samuel Huber in Bern, 1588.
[11] The Second Helvetic Confession of 1566 (RB, 2/2:243–345).

Man hat sich uf der reiß zůbesorgen großer gefahren, wyl dise zůsamenkunfft dem babst,[12] dem könig uß Hispanien[13] unnd ertzhertzogen Alberto[14] sehr widerig ist.

Es ist schwär, daß ein gesandter in disem synodo soll ledig syn deß eids, den er geschworen zů syner confession.

Eben so schwär ist, daß ein assessor disers synodi sich sölle mit eid verpflichten, das jenige, was in diserem synodo beschloßen wirt, zůhalten für ein regul und articul deß glaubens.

Die Frantzösischen unnd Eidgnößischen kilchen | selbs habend bißhar vom hochen articul der ewigen gnadenwahl nit gar uf ein glyche form gredt und glehrt. Wann nun derselbigen jeder uf syner form lehrens und redens wirt beharren wöllen, möchte lychtlich geschehen, daß die jenigen selbs uneins wurdind, welche ander lüth eins wöllen machen.

Gründ und ursachen hergegen, daß die vier Eidtgnößischen evangelischen stett durch ihre glehrten disen national-synodum söllind besůchen

Man sol nit ring achten, daß die herren General-Staden, herr printz von Uranien,[15] die herren graven von Naßauw,[16] sampt dem größeren theil der namhafften reformierten Niderlendischen provintzen zům aller fründtlichisten unnd träffenlichisten und benantlich zům anderen mahl begärend, daß man in ihrer hochen noht sie nit gesteken laßen, sonder retten wölle, mit erbietung der vergeltung in glychen ald anderen fählen.

Die Eidgnößischen kilchen werdend ersůcht von den Niderländeren ußtrukenlich als ihre můterkilchen, wyl sie das liecht und die erkantnuß der heiligen evangelischen warheit anfengklich empfangen von hinnen, seye billich, daß sie von hinnen auch hilff empfahind, damit sie by glychförmiger lehr unnd glauben wyter verblyben mögind.

| Wyl beide strytige parthejen in Niderlanden sich bekennend zůr Eidgnößischen confession, wie auch noch mehr zů herren Bullingers loblicher gedächtnuß und anderer unsern alten theologen ußgangnen bůcheren, so werdind in disem synodo der alten reinen lehr die lebendigen und tugenlichisten zügen syn die gelehrten der jenigen kilchen, in welchen herr Bullinger und andere theologen selbs geläbt, geprediget, gelehrt und ihre

(10) gredt] *A: prec. by del.* unnd

[12] Paul V.
[13] Philip III.
[14] Albert VII.
[15] Maurice, Prince of Orange.
[16] Willem Lodewijk van Nassau-Dillenburg.

bůcher geschriben habind, und in denen ihre lehr biß uf dise stund, von Gottes gnaden, unverseert behalten wirt.

Zwüschend disem national-synodo und den alten ußlandischen synodis, welche unsere frommen, hochgelehrten vorfahren nit besůchen wöllen, findt sich ein merklicher underscheid. Die elteren ußländischen synodi sind angesehen worden, etwann umb eintziger articlen willen, deren entscheid gar wol hat können uf die synodos verfertiget werden in schrifften und brieffen. Wie dann diser gattung warend etliche synodi in Franckrych. Oder aber es hat antroffen uns und die Lutheraner, zwo solche parthejen, die zůvor deß einen gewesen gar nie. Dahar dann eintweder gar keine oder doch sehr schlächte hoffnung der verglychung hat syn können. In disem gegenwirtigen national-synodo aber ist es anders beschaffen. Es ist zůthůnd umb zwo parthejen, deren jede sich noch bekennt zů einerley, namlich zů ihrer eignen Niderländischen und zů unser Eidtgnößischen confession, wie auch zů unser frommen vorelteren ußgangnen bůcheren. So sind ihre strytigen articul also beschaffen, daß sie durch ein einfaltig schryben erhöüschender nohtdurfft nach weder erreicht noch entscheiden werden mögend. Auch sitzend beide partheyen noch under einer gemeinen und darzů einer solchen oberkeit, welche dem beßeren theil bygethan und gläubliche hoffnung machet, wofehr man ihren nur christenliche hilffliche hand biethe, diser versamlung einen gůten ußtrag zůverschaffen.

Vor wenig zyt habend die Eidtgnößischen re|formierten kilchen disen Niderlendischen synodum zůbesůchen nit so ein hoch bedenken gehabt, als aber jetzt. Dann da unsere Eidgnößische kilchen vor etwas wenig jahren mehr als einist entschloßen warend, die zwyspältigen parthejen durch schryben zůersůchen, ihnen aber durch vertruwte personen uß Niderland uf disen synodum gedütet und darby vermeldet worden, daß die Eidgnößischen kilchen uf selbigen synodum auch berůfft werden möchtind, habend sie biß uf dise jetzige zyt in das Niderland nüt überal, weder an die ein, noch an die ander parthey schryben wöllen. Auch noch letstlich nit, da die Arminianer unser meinung so ernstlich begärtend. Alles fürnemlich und benantlich darumb, wenn man uf den angedütten synodum berůfft wurde, man als dann beiden parthejen desto angnämer und etwas fruchtbarlichs ußzůrichten desto dienstlicher were.

Wann aber dise Eidgnößischen kilchen zů hinnemmung diser schwären strytigkeiten überal mit schryben noch nie nüts versůcht und sie sich über das erst auch üßertend von disem synodo, der hochberůmten christlichen yferigen herren General-Staden allerletstem mittel, uf welches die gantze christenheit ein aug geschlagen, by welchem sich auch werdend finden laßen die gelehrten uß Franckrych, Engelland, Churfürstlicher Pfaltz, Heßen, Brämen und Embden, so ist wol zůbesorgen, daß es ihnen werde gedüttet werden, samm sie ihrer glaubensgnoßen und nohtlydenden mitgliederen sich dapfer zůbeladen, eintweder nit gewillet oder nit gefaßet seyen. Und wie es ihnen dienet zů großen ehren, daß ihre glehrten erforderet werdend in in so fehre land zů den aller wichtigisten gschäfften, neben den glehrten obberůrter königrychen, fürstenthumben und freyer regimenten, also hinwiderumb, da sie ein so ansecheliche versamlung abträttend, tragt es uf ihm gefahr langwiriger verkleinerung.

371 A   Diß ihr ußblyben mag so gwarsam nit ent|schuldiget werden, es werdends die Arminianer zůzůhen wůßen uf ihren vortheil, ihnen selbs und dem gemeinen ihnen anhängigen volk ynbilden, daß sie in unseren Eidgnößischen kilchen heimlich mehr byfahls habind, dann widerstands. Wann sich aber dann in disem synodo die verglychung der parthejen stützt, die beßer parthey ihrer gefaßten gůten hoffnung entfalt, der so merkliche kosten und arbeit der herren Staden übel angewendt wirt und wol ander unglegenheiten mehr erfolgend, ob wol deßen alleßen, neben unserem ußblyben, wärind andere ursachen noch mehr, noch staht druff, daß nit nur der unwillen der betrübten Niderlanden, sonder der frembden berůfften theologen und ihrer kilchen aller fallen möchte uf unsere Eidgnößische kilchen allein, deßen wir in allen landen und grad by unseren eignen nachkommen selbs wenig ehr und dank haben wurdend.

Wann uß grund deßen, daß durch dise gesandtschafft bald in unseren eignen kilchen ein fewr der zwyspaltung (welches Gott gnedigklich wölle verhůten) ufgahn möchte, niemands uf solche zůsamenkunfften und concilia sol geschikt werden, so hettend, bald nach anfang der christenheit, die alten yferigen gottseligen lehrer umb glycher ursachen willen vermyden söllen alle die heylsamen concilia, in welchen vil unrůhwige, schädliche sectierer gedämbt worden sind.

Vil mehr hat man sich zůversehen deß widerspils, als deß beßeren. Namlich wann in disem national-synodo, als in einem ußschuß der gelehrtisten männeren in Europa, die jenige schädliche opinionen und nüwerungen, so vor disem in einer oder der anderen kilchen anderer landen, von unrůhwigen lůthen schon uf die ban gebracht worden sind, oder in einen und dem anderen noch stëken möchtind, erörteret und verworffen werdend, und unsere 372 A kilchen durch ihre abge|sandten den handlungen disers synodi underschrybend, da ist hierdurch růhw geschaffet, nit nur für dißmahl allein den kilchen in Niderland, sonder auch für die künfftige zyt den übrigen reformierten kilchen allen, und hette sich ein unrůhwiger kopf lychtlich zůerinneren vorhin, was er by anderen disem synodo ynverlybten kilchen finden wurde für gstand.

Den gemeinen mann betreffend hat man sich deßelben so hoch nit zůbeförchten. Ursach: Die strytigen puncten sind zum theil so hoch, so ver-

(2) in] *A: prec. by del.* zů großen ehren

woren und so spitzfündig, daß der gemein mann derselben nit fähig ist, auch wol vil gelehrte sie unangerůhrt werdend ligen laßen. Zum theil mag deß gemeinen manns mißverstand durch der vorstehnderen flyß und geschiklichkeit wol geleitet und berůhwiget werden. Hingegen aber, da man sich von disem gschäfft üßerte und dasselbig den unseren hie und da verwissen wurde, hettind die diener der Eidgnößischen kilchen und schůlen by den ihrigen eben so bald verdacht der ungeschikligkeit unnd unrůhw zůerwarten auch.

Was das jenige für articul seyen, in denen die Niderländischen glehrten uneins sind, ist nit rahtsam sich by den herren Staden berichts erholen wöllen erst jetz. Dann wyl beide parthejen nun mehr vil jahr und tag ihre gespän aller wält eroffnet durch ihre vilfaltige schrifften in offnem druk. Inmaaßen dann ihre strytigkeiten von den glehrten in Franckrych, Engelland, Pfaltz, Heßen und anderen orten, wol habend können vermerkt und verstanden werden, und deßwegen aller ohrten gelehrte allbereit von ihren oberkeiten zů disem synodo designiert sind, möchte man die glehrten der Eidgnößischen kilchen achten für sölche lüth, die eintweders daß anli|gens anderer landen und ihrer glaubensgenoßen nit vil achtind oder aber schwëre sachen zůfaßen nit qualificiert seyen.

Ob man die frembden glehrten ins Niderland berůfft habe zů disputieren oder nur zůscheiden, deßen gebend lütterung der herren General-Staden brief selbs, mit ungefehrd so vil worten: Sie begärind solche männer, welche mit ihrer bescheidenheit, fürsichtigkeit, geschiklichkeit und ihrem raht das jenige, so in disem synodo verhandlet wirt, hälffind fürderen und leiten, etc.[17] Daruß abzůnemmen, daß die herren Staden uß den strytigen parthejen selbs, als die diß spil angefangen, lüt zum disputieren verordnet haben werdind.

Es ist kein zwyfel, königkliche würde in Groß-Britannien und Chur Pfaltz, anderer fürsten und regimenten zůgeschwygen, werdind ihre abgesandten mit solchem ernst instruieren, daß weder ihre noch unsere Eidtgnößische confession in vil disputatz oder gefahr kommen werde. Inmaaßen sich die vier designierten Heidelbergischen theologi[18] durch herren von Brederod erbotten, uf die Eidgnößischen gelehrten zůwarten, sich mit ihnen zů mehrer sicherheit zůberahtschlagen. Wie glychfahls die frembden, da sie alle in Hol-

---

(7) eben] A: prec. by del. verdacht – (20) zůscheiden] A: corr. from zů[–]scheiden

[17] Cf. no. II/1.144: "... sed tres vel quatuor viros optimos, doctrina et pietate excellentes, ad diem et locum supra dictum nostris sumptibus et expensis communi vestrorum nomine committere et ablegare velitis, communi consensu ex vestrarum magnificentiarum rebuspublicis, qui futurae synodo nationali adesse et pro ingenii facultatibus ad gloriam Dei, conservationem evangelicae doctrinae et consensus ecclesiae, acta et agenda promovere et moderatione sua temperare possent."

[18] The Palatine delegates were Abraham Scultetus, Paul Tossanus and Johann Heinrich Alting. Originally, David Pareus was also a designated member of the delegation, cf. no. II/1.111.

land ankommind, vor aller handlung under einander allein sich der aller unnachtheiligisten form und mitlen verglychen werdend.

Deß richters halben beschicht ußtrukenliche meldung in der form deß ußgeschribenen synodi,[19] wie er sölle gehalten werden. Namlich, daß die fünf strytigen articul, und was neben denselben fürfallen möchte noch mehr, söllind entscheiden werden uß allein dem geschribnen wort Gottes.

Im fahl auch die Arminianer, als der irrende theil, eintweder in disem synodo wider verhoffen nit erschynen, oder doch den mehreren stimmen sich nit underwerffen woltend, wurde doch der einhällig ußspruch so viler ghrten uß allen landen, einen weg als den anderen, syn gůte frucht und würkung haben by vil tusent zwyfelhafftigen gemüteren, welche gar begirrig uf die meinung anderer ußländischen ghrten wartend. Auch wurdend die Arminianer mit ihrem ußblyben oder widersetzligkeit ihre sach nit nur by manigklichem verdächtig machen, sonder was hernach die herren General Staden gegen ihnen fürnämmen thätind, ihnen benommen syn aller glimpf und ußred.

Den eid belangend, mit welchem man versprächen sol styff zůhalten, was der synodus erkennen wirt, berůhrt derselbige allein die jenige kilchen und schůldiener, welche der herren Staden underthanen und seßhafft oder bedient sind in ihrem gebiet. Unnd ist diser eid nit nur an ihm selbs nit unbillich oder beschwärlich, sonder zů sůchendem friden unnd einigkeit das aller nohtwendigiste mittel.

Beträffend den eid deren, so zů disem synodo deputiert und geschikt werdend, ist der selb von solcher form, daß namlich ein jeder da wölle sůchen, ohne anfächtung | und vorurtheil, allein Gottes ehr, der kilchen wolstand und die reinigkeit der lehr. Mit dem ferneren vorbehalt, was für sachen in disem synodo möchtind fürfallen, deren entscheid einem oder dem anderen deputierten zů schwär werind, er als dann die selben hindersich an syn kilchen bringen möge und nach gehebtem selbiger syner kilchen rath hernach zů gelegner zyt syn meinung schrifftlich eroffnen. Welches alles ebenmäßig nit nur nit beschwärlich, sonder an ihm selbs billich, loblich und von nöhten ist.

Anlangend die reiß, derselben gfahr ald sicher gleidt, ist fürsehung geschehen in bester form, und sind die Arminianer, beides in Holland wie auch in übrigen Niderländischen provinzen, wyt die schwächeren und einichen ufsatzes weder verdächtig noch vermöglich.

(6) allein dem] A: corr. from dem allein – (28) zů] A: interl. add. – (36) vermöglich] A: in the margin: N

[19] Cf. no. II/1.158.

Was über diß alles wyters zůbesorgen, kan alles durch ein gwarsame ernstliche instruction verhůt werden.

Letstlich, wann glych alle gůte hoffnung, kosten, můy und arbeit syn solte allerdingen umb sunst, dennocht sind wir schuldig, die mittel solcher zůsamenkunfften zůgebruchen, welche der Heilig Geist by läbzyten der seligen apostlen gebrucht hat selbs, hernach auch die allgemein christenlich kilchen, und in derglychen spaltungen kein anderer ordenlicher wäg zur verglychung nit ist, sonderlich, wyl der könig in Hispanien und ertzhertzog Albertus, disen synodum ihnen laßend gantz ernstlich zůwider syn. Als die wol erachten könnend, daß die vereinigten Niderland dardurch wider in ihr vorig vertruwen zůsamen trätten, und hiemit nach ändung deß anstandts ihnen desto minder anzůgwünnen syn werde. Wil uns umb so vil mehr gebüren und obligen, uß gemeiner christenlicher liebe, auch gemeinem gantzen religions wäsen, uns selbs und anderen zům besten, diß werk desto yferiger und | aller müglicher maaßen in allweg zůbefürderen. Dann hierinnen werdend wir thůn, was wir zůthůn schuldig. Der ußtrag aber staht allein in der gwaltigen hand deß ewigen allmechtigen Gottes, welchen wir hiemit desto ernstlicher zůbätten ursach habend.

Vor- und hochermeldte, gnedige, liebe herren, diß sind die fürnembsten gründ, welche für die ein und die ander meinung deß Niderländischen synodi halb in jüngstgepflogner underred beider ständen, uß anlaaß ferneren anhaltens und begärens der herren General Staden, unsers behalts angebracht worden sind. Was nun hierinnen das beßer seye, befehlend euwer hochen gewohnten wyßheit und christenlichem, gottseligem yfer wir in underthänigem gehorsam. Bynebend Gott den herren ernstlich bittende, daß er eüch, unser gnedig, lieb herren durch synen Heiligen Geist, wie in anderen also auch in disem hochbedënklichen, wichtigen gschäfft, erlüchten und leiten wölle, das jenige zůbeschließen, was allermeist zů lob synes heiligen namens, zum wolstand syner geliebten kilchen und zů unser aller freud, nutz und ehr gereichen mag.

    E. e. w. underthänige, gehorsamme diener der kilchen unnd schůl allhie

Actum den 3 Septembris [N.S. 13 Sept] 1618

---

(14) und anderen] A: *corr. from* einanderen

II/1.160 *Pieter van Brederode to Simon Goulart*

Date: 5/15 September 1618

Main source: A: Geneva BGE, ms fr. 423, 31r–32v (original)

Other copy: RCP, 14:151–154

Summary: Pieter van Brederode worked to convince the four Evangelical Swiss Cantons to be represented at the Synod of Dordt. Adrianus Junius informed him that the States General also wrote to the Genevan Council. A joint meeting of magistrates and theologians will take place in Aarau on 12/22 September with the intention to quickly reach a final decision about sending the Swiss theologians.

Editor: Nicolas Fornerod

Monsieur,[1]

Ayant trouvé la commodité de Monsieur Jeremie Wittins, personnage d'une rare pietié et doctrine, qui s'en va avec quelque cavaillere pour le service de la Seigneurie de Venize par voz quartiers, je vous aÿ bien voulu faire ce petit mot par luÿ à la haste pour vous dire que je crois avoir tant faict par ma venue en ces quartiers que d'avoir disposé Messieurs des Quatre Cantons Evangeliques pour envoyer leurs theologiens vers nostre synode, à sçavoir chacqu'une ville un, ce qui ne se fust faict aultrement, comme j'entends, car ils estoyent desjà empeschés sur les causes de leur excuse, chose que j'aÿ trouvé fort estrenge à mon arrivée en ces quartiers, où Dieu m'a faict aller extremement à propos.

Or, Monsieur, ayant esté advertÿ par lettres du 16/26 d'aoust de nostre commun amÿ Junius, conseiller au Presidial à La Haÿe, que Messeigneurs les Estats Generaulx, mes maistres (lesquels j'en avoÿs advÿsé), avoyent donné ordre et faict escripre des lettres à la Seigneurie et Republique de Geneve pour les prier d'ÿ envoyer aussi quelqu'un des leurs plus experts theologiens et croyant que leur[s] lettres ÿ seront desjà arrivées, voire que ladite Republique s'ÿ sera desjà resolue pour estre chose necessaire, utile, pie et très louable pour toutes les eglises Reformées, j'aÿ trouvé estre expedient de vous donner un mot d'advÿs de ce qui se passe en Almagne sur le subject de cest affaire. Quant à son Altesse Electorale et Monseigneur le Lantgrave, l'on s'ÿ est resolu aussitost à ÿ deputer leurs theologiens, qui doivent parthir ou sur la fin de la foire ou incontinent après, environ le 7 ou 8me octobre stil ancien, pource que ledit synode se commencera le 21me au mesme stile.[2] Les plus advÿsés à Heÿ-

---

[1] Simon Goulart the Elder, the well-known minister and polygraph born in Senlis, was the most notable pastor in Geneva since Beza's death. He was moderator of the Genevan Pastors' Company in 1607 and from 1609 to 1612 and the father of the leading Remonstrant pastor Simon Goulart the Younger.

[2] In fact, the opening of the synod was planned for 22 October / 1 November 1618.

delberg tiennent qu'il ne seroit pas infructueux que ceux qui viendront du costé de Suisse et d'Almagne s'entrevisent, ou à Heÿdelberg ou à Franckfort, avant que passer oultre, pour se resouldre et informer les uns les aultres.

L'on tiendra encores une journée à Arau le 12 de ce mois meslée des magistrats et des theologiens, afin d'avancer la resolution de l'envoÿ et pour faire partir de là ceux qui seront delegués à cest effect. L'on est en termes d'ÿ envoyer quatre theologiens sans aultre.[3] Je vous aÿ bien voulu advertir en diligence de tout cecÿ pour vous servir par delà d'information et d'advÿs au cas que Messieurs de Geneve trouvissent bon que celluÿ qui sera envoÿé de leur part prinse le chemin d'Almagne.

Je pense pas arrester en ceste ville plus hault que des deux jours pour la necessité que j'aÿ de me trouver encores à Francfort, sans cela j'eusse donné un coup d'esperon jusques chez vous, tant pour le subject susdit, encores que je n'en aÿ pas de commendement special, que pour dire adieu | à mes amÿs.

Je ne puis faire celle cÿ plus longue pour ce coup à cause du depart du porteur et pourtant, après avoir salué voz bonnes graces, celles de Messieurs Rozet et Sarasÿn,[4] je prie le Tout Puissant, Monsieur, qu'il vous maintienne en longue et très heureulse vie.

De Berne, ce 5ᵉ [N.S. 15 Sept] septembre 1618.

    Vostre bien humble et très affectionné serviteur,
    P. Brederode.

[Address:] A Monsieur, Monsieur Goulart, ancien et fidelle pasteur en l'Eglise de Dieu à Sainct Gervais.

II/1.161 *Proposal for Instructions for the Swiss Delegates*

Date: between 18/28 September and 24 September / 4 October 1618

Main source: A: Zurich StA, E II 3, 397–400 (copy)

Other copies: MT, 2/3:335–339; Zurich ZB, Ms A 108, 348–354; Zurich ZB, Ms B 111, 94–99; Zurich ZB, Ms B 235, 19v–21r; Zurich ZB, Ms D 237, 35v–37v; Zurich ZB, Ms G 2, 22–24; Zurich ZB, Ms J 241, 50–53; Zurich ZB, Ms S 309, 20v–22r

(23) Gervais] *A: note on the back of the letter:* Ceste lettre a esté remise par Monsieur Goulart à la Compagnie pour estre gardée. Escrite de Berne le 5 septembre 1618.

[3] Two meetings of the four Evangelical Cantons were held in Aarau on 8/18 and 18/28 September 1618.
[4] Daniel Roset and Jean Sarasin, both members of the Genevan Small Council, in which the latter was also second syndic in 1618. They had just completed a diplomatic mission to Bern, Zurich and the French ambassador in Solothurn.

Summary: A proposal for an Instruction for the Swiss delegation conceived in Zurich: Delegates should remain committed to the Swiss and Basel Confessions and not allow any discussion of these confessions or any change or revision of them. There should be no deviation from the position regarding the Five contentious Articles that was jointly agreed upon in advance. If the discussions go beyond the Five Articles and touch on aspects that originate from the Vorstian or Socinian sect, one should not participate in them and condemn Socinianism. The Remonstrants should clearly state whether or not they have anything in common with Socinianism. The decision of the synod should not be formulated by means of new, hitherto unused terminology, but with words based on the Bible, the established confessions, or the theologians who are devoted to these confessions. Under no circumstances should anything be signed that is contrary to these writings. For further topics that serve to pacify and calm the situation of the Dutch church, the Swiss delegates should help to the extent that they can answer to God, the Swiss churches and their authorities. The most sensible thing would be for all Swiss delegates to receive a common instruction on behalf of all four cities and churches. All this is not binding, but merely a proposal in view of the limited time available. – This proposal is undated. It was probably written after the meeting of the Swiss Protestant cities on 18/28 September in Aarau (EA, 5/2:39–40, no. 37), but before 24 September / 4 October 1618 (cf. no. II/1.174).

Editor: Christian Moser

| WAS MAASSEN DIE VIER EIDGNÖSSISCHEN EVANGELISCHEN STETT, ZÜRICH, BERN, BASEL UND SCHAFHUSEN, IHRE ZŮ DEM NATIONAL-SYNODO IN HOLLAND ABGEORDNETE THEOLOGEN UNGEFEHRD INSTRUIEREN MÖCHTEND[1]

Es söllend der vier kilchen und schůlen abgefertigte theologi (nebend verrichtung gebürenden grůßes) vor allen dingen sich genau erinneren ihres eids, mit welchem sie vorab zu heiliger, göttlicher, rächt-biblischer schrifft, deßglychen zů der Eidgenößischen und Baßlerischen confession,[2] auch anderen ihrer kilchen und schůlen wolhargebrachten christenlichen und nohtwendigen ordnungen verpflichtet sind, und krafft deßelbigen söllend sie weder die confessiones noch wyland ihrer frommen, lieben und getrüwen alten theologen lehr und bücher in einichen zwyfel ald disputation zühen laßen, sich auch dieselbigen zůverthädigen, anders dann sich einfaltig darzů zebekennen, nit unterwinden.

Noch weniger söllend sie gestatten oder zůlaßen, daß weder die strytigen partheyen oder jemands anders fürnemme unsere christenliche, in heiliger, götlicher, canonischer schrifft wolgegründte confessiones zů revidieren,

---

[1] For the actual instructions for the Swiss delegates, see no. II/1.172.
[2] The Second Helvetic Confession of 1566 (RB, 2/2:243–345) was adopted by all Swiss churches, except by Basel, that kept its Basel Confession of 1534 (RB, 1/1:571–583).

zůverbeßeren oder zů enderen. Im fahl aber etwas darinnen were, das nohtwendigklich erklährt werden solte und müßte, und dasselbig zůerklären von einem ehrsamen synodo wurde fürgenommen, söllend sie doch keiner erklärung nit underschryben, es seye dann sach, daß sie all vier nach begärtem und gehabtem verdank eigenlich befunden, daß die erklärung weder den confeßiones, noch der von ihren kilchen über die fünf strytigen articul gegebner lüterung³ einicher gstalt zůwider seye.

Weßen sich die diener der Eidgnößischen reformierten kilchen und schůlen gemeinlich und einhällig der fünf strytigen articlen halben verglichen, und selbiger articlen verstand uß unser Eidgnößischen confeßion und dero zůgethanen theologen gezogen und deütlich verfaßet,⁴ das söllend die abgeordnete theologi schlächt und einfaltig den parthejen eroffnen, darnach by derselbigen erklärung ohne einiches ferners disputieren richtig beharren. Ob aber die ein oder die ander strytige parthey hieran noch mangel zůhaben vermeinte oder wyteren bricht darüber begären thäte, söllend sie ihnen dasselbig laßen übergeben in schrifft, widerumb hindersich zůbringen an ihre kilchen, mit erbietung, daß hernach der begärte bericht auch erfolgen sölle.

Wann über mehr gedachte fünf strytige articul, oder was den selbigen rechtmäßiger und ungefahrlicher wyß anhängig erachtet werden mag, in dem synodo zůerörteren fürbracht wurde, etwas wyters von Gott, von der genugthůung Jesu Christi, von der rechtfertigung und derglychen, so von der Vorstianischen⁵ und Socinianischen⁶ sect herlanget, oder auch nur derselben ein schyn hette, deßen söllend sie sich gentzlich enthalten, auch keiner handlung weder bywohnen noch underschryben, anders dann den Socinianischen grewel und unchristenliche lehren zůverwerffen und hinzůnemmen, als durch welche das fundament rechter christenlicher religion unlydenlicher weyß angegriffen und verlohren wird. Da insonderheit von nöten syn erachtet wirt, so man von den Arminianeren begärte, daß sie sich vor Gott rund und ufrichtig erklärind, mit luteren, unverdächtigen worten, zu gůtem eines gantzen ehrsamen synodi benügen, ob sie mit dem Socinianismo etwas gemeins habend, heimlich oder offentlich, jetz gegenwirtig oder ob sie deß ins künfftig gesinnet seyen?

| Was ein ehrsamer synodus wirt schließen, söllend sie allwegen dahin fürnemlich sich bearbeiten, daß die schlußmeinungen ußgesprochen und verfaßet werdind mit worten und arden redens, die da hergenommen seyen uß heiliger, göttlicher, canonischer schrifft, uß den approbierten Frantzösischen, Engellendischen, Niderländischen und unsern Eidgnößischen confeßionen, Heidelbergischen Catechismo, ald den alten bewärthen, disen confeßionen

---

³ Cf. nos. II/1.163 and II/1.166.
⁴ Cf. ibid.
⁵ The teachings of Conradus Vorstius.
⁶ Anti-Trinitarian theological movement, initiated by Lelio and Faustus Socinus.

zůgethanen theologen, damit nüwe, zůvor nit gebruchte und gefährliche arden redens vermitten werdind, so vil als immer müglich. Sonderlich daß sie keinen schluß überal underschrybind, der im geringsten den worten oder inhalt berührter schrifften zůwider syn oder zůsyn schynen möchte.

5 Was aber sonst zů hinlegung der erwekten strytigkeiten, zů befridigung der betrübten Niderlendischen kilchen, wie auch gůte ordnung, frid, růhw und einigkeit in den Niderlendischen kilchen widerum ufzůrichten und in gůtem wësen zuerhalten, in das künfftig dienstlich syn mag, söllend sie mit und nebend den thelogen anderer hochberühmbten kilchen und schulen, so 10 frommklich, gschiklich, bescheidenlich und trüwlich helffen handlen, wie sie dasselbig vorab gegen Gott, demnach gegen unseren gemeinen Eidgnößischen reformierten kilchen und uns den oberkeiten zůverantworten getruwend.

Da wir ihnen hiemit wünschend ein glükliche und gůte reiß, auch in allem disem geschëfft von Gott dem Heiligen Geist mund und wyßheit durch un-15 seren herren Jesum Christum, damit sie ihren tüwren uferlegten befelch wyßlich und redlich, zů Gottes ehren, der allgemeinen kilchen heyl unnd wolstand, und unserem geliebten vatterland zů lob unnd růhen verrichten könnind.

Das beste und nohtwendigist syn erachtet man, daß alle vier[7] deputierten 20 abgefertiget wurdend mit einer einigen gemeinen instruction, in der vier stetten und kilchen gemeinem namen.

400 A | Diß alles sol niemand fürgeschriben heißen oder syn, sonder allein gehalten werden für ein in aller yl gestelten project, zyt zůgewünnen und das hochwichtig geschäfft den einen oder den anderen wäg zůbefürderen uf der 25 dreyen stetten unnd kilchen,[8] wie auch der dieneren der kilchen und schůl Zürich selbs eigen ferner bedenken.

II/1.162 *Pieter van Brederode to the States General*

Date: 30 September 1618, received 11 October 1618

Main source: The Hague NA, S.G. 6018, [16 pp.] (original)

Summary: In this letter, ambassador Pieter van Brederode describes his journey to the Reformed evangelical cities in Switzerland (Basel, Zürich, Bern and Schaffhausen) to provide information and exhort them to send the requested delegations to the synod.

Editor: Cornelis A. de Niet

(26) selbs] A: *interl. add.*

[7] Eventually the Swiss delegation included five delegates; cf. no. II/1.172.
[8] I.e., in Bern, Basel and Schaffhausen.

Hoochvermeugende hoochghe-eerde ende ghebiedende Heeren.

Nae ootmoedighe ghebiedenisse ende presentatie mijner onderdanichste ende altijts bereijtwillighen diensten, bericht ick uwe hoochvermeugenden mitt desen in aller onderdanicheijt dat ick op mijne wederomcompste uijt Switzerlant te Heijdelberg voor drie daghen uwer hoochvermeugenden onderscheijdelijcke missive van den 29^{en} ende 30^{en} des voorledene ende oock vanden 1^{en} ende veerthiende des afloopende maents wel ontfanghen hebbe, ghelijckerwijs ick vermercke uijt de voorseide vanden veerthienste dat de selven den mijnen vanden 2^{en} des selvers maents mede wel ontfanghen hadden, daer uijt ick verstae dat de heere extraordinarisse ghesanten van Vranckrijck sich expresselijck niet en heeft laten vermercken, dat zijne coninck het nationnal sijnodo contrarij soude sijn, waerover men oorsaecke heeft sich soo veel te meer te verblijden.

Hierentusschen isset waerachtich dat mij sulx uijt Vranckrijck ende van goeder handt es gheadviseert gheworden, waer over ende om andere advijsen die ons uijt Switzerlant ghekoomen waren, te Heijdelberg goet ghevonden sijnde mij in aller diligentie tott meerder verseeckerheijt ende bevorderinghe van het voorseide sijnodo mij derwerts te begheven, hebb' ick sulx ghevolcht, als ick uwe hoochvermeugenden met mijne voorg[–] vanden 2^{en} deser bericht hebbe, | ghelijckerwijs ick oock inderdaet te Basel, op mijne aencompste aldaer, bericht ben gheworden dat men onder het meerendeel van de evangelische in die quartieren in terminis stonden, ofte ganscherlijcke niet te schicken, om de reedenen in mijne propositie aldaer vermelt, ende sich van sulx met brieven t'excuseren, ofte tott groote costen van de landen, niet alleen sommighe theologos, maer neffens den selven, oock soo veel polijticos derwerts te seijnden, om te verhinderen, dat sij sich in gheene difficulteijten souden inlaten, daerdeur haren staet ende ghemeenten op haere wedercompste soude meughen besmet ende beweecht werden, alsoo sij de brieven van de inladinghe soo cort hebben ghevonden, dat zij daer uijt niet wel en hadden connen vermercken, wat in het aenstaende sijnodo soude meughen verhandelt werden. tWelcken neffens andere swaricheijden bij desen aenvanck vermerckt hebbende, ben ick in aller haeste nae Zurich voort ghetrocken, mijne reijse deur Baden neemende, alwaer ick den venerabelen burghermeester van Zurich ende den statmeester van Schaffhuijsen hebbe ghevonden, deselve besocht ende uijt haere mont vernoomen dat men soo wel aen eene als het andere oort om ghewichtighe oorsaecken, daer van sij mij vermeldinghe deede, meer tott de negative inclijneerde, als tott | d'affschickinghe. Maer de selven op haere difficulteijten ghenouchsaem voldaen ende op eene beetere wech ghebracht hebbende, belooffde sij mij de goede handt daeraan te houden dat de begeerde affseijndinghe mochte bevordert werden, mij verders

(27) souden] A: *interl. add.* – (29) inladinghe] A: dinladinghe

met goede addresse helpen, om die van Zurich ende andere beter tinformeren (die meer tott de negative als anders gheneijcht sijnde, daffschickinghe vermeenden te verhinderen). Daer meede voorts nae Zurich commende, werde ick bericht dat ick aldaer opportunissime aenghekome ware, alsoo twee da-
5 ghen daer nae haere generale versamelinghe soude ghehouden werden, bij de welcke men apparentelijcke tott de negative ende dexcusatie vande affschickinghe soude ghesloten hebben. Waer over mette vrienden van tlandt gheraetslaecht hebbende, es goet ghevonden, dat ick een audientie, niet voor den ganschen raet (alsoo ick met gheen brieven van credencije voorsien en was),
10 maer alleen bij sommighe van de voorneempste regierders van den selven staet versoucken souden. 'tWelcken ghedaen ende oock vergunt sijnde, hebb ick mij den tweeden dach nae mijne aencompste aldaer in eene versamelinghe van 13 persoonen, die van 7 polijtique ende 6 gheestelijcke persoonen bestonden, vindende[?], deselven neffens de behoorlijcke complimenten, vande ghe-
15 legentheijt van d'aestaende sijnodo wat duijdelijcker bericht, ende alle die
[4] A difficulteijt ende obstaclen (die sij sich mochten hebben | gheformeert) alsoo wechghenoomen ende hem grondelijcker reedenen om d'affschickinghe te bevorderen mondelick verthoont. Nae deliberatie van meer als drie uijren daerover ghehouden, es mij bij twee van de voorneempste onder hem voor
20 antwort ghebracht, neffens de ghewonelijcke complimenten, dat sij mijne verthooninghe ende reedenen soo ghewichtich ghevonden hadden dat het noodich gheoordeelt was gheworden deselven in haere hooghen ende generalen raet voor te doen draghen, die sij twee daghen daernae souden doen beroupen, om de selven daerover ghehoort hebbende, eene versamelinghe
25 van den vier evangelische steeden daerover metten eersten te beschrijven; dat tot dien eijnde van nooden soude sijn mijn propositie bij gheschrift te hebben, ende dat daerenboven bij eene eersame raet goet ende vruchtbaer gheachtet werde, soo mijne ghelegentheijt sulx eenichsins mochte toelaeten, mij oock metten eersten persoonelijcke nae de stat Berne te vervoughen, alsoo
30 men van die sijde hiervooren noch meer difficulteijten ende obstaclen ghemoveert hadden als in een eenighe anderen oordt, om de selve staet, als de machtichste te vooren tot eene goede ghemeene resolutie te prepareeren, d'affgheordonneerde daerbeneffens verclarende, dat bij den eersamen ende
[5] A hoochgheeerden raet der selver loffelijcke | stat Zurich niet en soude nae-
35 ghelaten werden, daermeede dese hoochwichtighe Christelijcke saecke soude bevordert meughen werden, als dewelcken niet anders wenschten dan dat sij uwe hoochmeugende bij dese beswaerlicke gheschefte aenghenaeme ende vruchtbaere dienste mochte doen, tott bevreedinghe ende verseeckeringhe van uwer hoochvermeugenden loffelijcken staet etc. Hierover den selven in

(9) credencije] A: creancije – (14) vindende[?]] A: marg. add. – (14) deselven] A: de marg. add. – (23) raet] A: foll. by del. souden doen beroupen om deselven dan – (27) daerenboven] A: daer in boven – (31) in] A: interl. add.

tghemeene bedanckt hebbende ende daarnae noch sommighe van de voorneempste in het particulier versocht, om hem noch naerder t'informeren, ende van haere toekomende resolutie mij beeter te verseeckeren, hebbe bij de selven ick soo veele vernomen, dat ick mij ghenouch verseeckert hielde dat zij tot d'affschickinghe ganschelijcke inclineerde, ghelijckerwijs sulx oock daernae inderdaet bevonden es gheworden, ben ick alsoo (nae verthooninghe, hoe hoochnoodich het bij dese ghevaerlijck loop van saecken was, niet alleen mannelijcke resolutien tott maintentie vande waere religie ende Christelijcke vrijheijt te neemen, maer oock in naerder correspondentie mitte ghemeene gheinteresseerde te treeden, ende nae ontfanghenen eeren wijn) in aller diligentie nae de statt Bern vertrocken, alwaer ick den 3^{en} dach tegens den avont arriveerde. Mij was te Zurich bij de vrienden verkundicht wie degheenen waren die | daffschickinghe te Bern ten meesten traverseerde ende dat sulx gheschiet was deur overseijndinghe van sommighe Arminiaensche bouxkens, die uijt Franckrijck deur een voorneemen heere van deselve stat derwerts waren gheschickt. Op welck spoor gaende, hebb' ick alle devoiren ghedaen, om eerst wederom in het particulier die difficulteijten wech te neemen ende daffectien in deselve republique dewelcke ten meesten inghenoomen waren, te verbeeteren. Waerover bij den eersten Aanoijde[?] (twelcken aldaer soo veel beteijkent als schout) ghevraecht sijnde off ick begeerde inden grooten raet ghehoort te werden, antwoorde dat hoewel ick gheen credentialie en hadde, doch sulx sijne heerlijckheijt vrijstelden. Waerop ghevraecht sijnde hoe die van Zurich hadden ghedaen, ende hem sulx verhaelt hebbende, seijde deselve voete te willen volgen, ende nam op sich tsanderendaechs om thien uijren mij audientie te doen verleenen. Waerop mij gheprepareert houdende, vernaem daervan voor de middach niet, soo dat ick nae den middach wederom aenhielde, alsoo ick voor haere aenstaende generale versamelinghe noch oock de statt Basel ten weijnichste moeste besoucken. Creech voor antwoordt alsoo denselven dach incidenter eenighe nootwendighe | crijchssaecken voorghevallen waeren, daerop sonder verlenghen ordre moeste ghestelt werden, dat men daerdeur verhindert was gheweest ende dat ick moeste ghedult hebben tott sanderendaechs, ten ware om tijt te ghewinnen ick mijne propositie in gheschrifte veerdich hadde, ende hem deselven wilde vertrouwen om sonder vertouven in haeren raet verleesen te werden. tWelcken bij mij alsoo werden aenghenoomen, soo ick te vooren vanden principaelsten konden vermercken dat zij op mijne reedenen int particulier vernoomen tott daffschickinghe sich lieten beweeghen. tWelcken vernoomen hebbende en mij bij deselven verseeckert sijnde dat bij hem gheen manghel soude sijn, nae ontfanghen tractatie ende eeren wijn, onderbouwinghe van nauwer correspondentie ende volvoeringhe van alle behoorlijcke complimenten, vertrock ick vandaer den vierden

(3) hebbe] *A: interl. add.* – (4) ick] *A: del.* – (29) crijchssaecken] *A:* crijschsaecken

dach van mijne aencompste seer vrouch, om tijt te ghewinnen ende mij noch t' Arauw (alwaer de vier evangelische cantons seedert mijn vertrecken van Zurich in aller haeste op het incident voorseid versamelt waren) laten om te verneemen off van slants saecke bij die van Zurich gheene mentie en mochte
5 ghemaeckt sijn, ende alsoo voorts vandaer nae Basel wederom te haesten, naedem ick vernoomen hadde dat die van Schaffhuijsen sich van d'anderen
[8] A niet en | soude affsonderen. Op de wech voorseide sijnde bejegende mij de gedeputeerden van Bern, dewelcke mij verseeckerde dat bij die van Zurich mijn voorghemeld' aenbrenghen in deselve versamelinghe alsoo wel vertho-
10 ont, oock daerop alsulcke verclaringhe bij deselven ghedaen was, datter niet en stonde te twijfelen off dandere steeden van haere ghedeputeerden vernoomen hebbende die goede reeden bij mij tot bevorderinghe van daffschickinghe ghedaen, denselven belasten souden op den naestkomende generale versamelinghe (die den achtentwintichsten deser ter voorseide plaetsche aeng-
15 hestelt was) alsulcke resolutie in te brenghen daerover uwe hoochvermeugenden alle contentement soude gheschieden. Nam also mijne streeck sonder op Arauw te commen, stracks nae Basel, alwaer de regierders mijne aencompste vernoomen hebbende, schickte mij twee van haere voorneempste raetsverwanten, neffens haere stattschrijver om mij van weghen d'eersamen
20 raet te begroeten, welckomme te hieten, ende audientie te presenteren, mij verseeckerende dat den selven mijne aencompste aldaer seer aenghenaem was, ghelijck sij oock sulx metterdaet bethoonden, in het tracteren ende ver-
[9] A eeren van haeren wijnen. Ick hadde oock onder de | handt vernoomen dat dese statt soo wel als oock het General Capittel aldaer (dat es de gheestelij-
25 cken ende d'universiteijt) hiervooren tott daffschickinghe gheresolveert hadden, maer dat de stat goedt hadde ghevonden daerboven oock van ijdere statt eene polijticum bij den gheestelijcken te vervoughen. Dese particulariteijten bij mij overleijt sijnde, vonde ick goedt den burghermeester ende den raet van uwe hoochvermeugenden weghen te begroeten, haere heerlijckheij-
30 den van derselver weghen vriendelijcke te bedancken voor haere sonderlinghe ende Christelijcke ijver tott de bevorderinghe vande begeerde affschickinghe op deerste schriftelijcke aensouckinghe van uwe hoochvermeugenden aan hem, sonder eenighe difficulteijten ghedaen; hem verthoonende, alsoo dandere nabuijrighe coninghen, fursten ende stenden goet ghevonden hadden
35 alleen haere theologos tot assistentie van uijtinghe in kerckelijcke differentien aff te schicken, dattet voorlicht niet wel soude staen, dat de evangelische stenden in Switzerlant alleen haere polijticos souden voughen, aenghesien de civile ofte polijtische directie alleen de hooghe overicheijt ofte de Generaliteijt
[10] A van de Vrije Vereenijchde Nederlantsche Provincien | toebehoort, als dewelcke

(3) laten vinden] A: interl. add. vinden – (38) de] A: prec. by. del. bij – (38) overicheyt] A: oovuricheijt

het nationnal sijnodum op het lants costen beroupen, ende die nabuijren alleen tot assistentie, hem belovende dat bij mij ganschelijck niet in vergeeten soude ghestelt werden haere goede ende prompte inclinatie tott bevorderinghe van d'affschickinghe van haere theologien, doch nadem sij boven het ministerium sulcken ouden ende wijtberoumpte universiteijt hebben, soo sij boven haere ordinarisse kerckendienaers noch eene goede theologhen willen senden, dat het hem sulx vrij stonde, daerbij vervougende ende versouckende haere resolutien gunstelijcke te willen nae vermeughen bevorderen, ten eijnden daffischickinghe in tijts mochte ghescieden, alles bij nae op de selve wijse ende maniere als bij de andere versocht es gheworden. Waerop mij bij deersame raet een seer gunstich antwoort korts daernae gheschickt werde, mit belofte dat soo veel in haere vermeughen ware, sij betrachten soude daffschickinghe als een noodich, nuttelijcke ende een Christelijck werck te bevorderen. Op deze goede resolutie hebb' ick onnodich gheacht mij langher in die quartieren op te houden, ofte | oock verder particuliere instantie aen de stat Schaffhuijsen te doen, alsoo het van nooden was mij wederom onderwechs te begheven, om uwe hoochvermeugenden van het verloop van tvoorgaende in diligentie te berichten ende met eenen te verneemen off de groote veranderinghe die in tlandt seeder de verseeckeringhe van Utrecht ende de gevanghenisse van sommighe voorneemen persoonen in Hollandt, de resolutie vande houdinghe van het nationnal sijnodo niet en soude verandert sijn, alsoo men daer boven deede verluijden datter seventhien steeden in Hollandt waren die sich soude gheresolveert hebben niet te ghedoghen dat uwe hochvermeugenden het oordeel over de voorseide souden hebben ende uijtspreecken. Om welcke vreese daer boven wech te neemen, te Heijdelberg in groote diligentie wederom aenghelandt sijnde, nae overleesinghe van uwer hoochvermeugenden missiven, hebb' ick ten eersten nae Switserlandt gheschreeven ende de stenden aldaer vermaent dat door tvoorgaende gheene veranderinghe in tpunct van t sijnodo nationnal voorghevallen was, hem versouckende nae haere generale resolutie metten eersten haere reijse sonder eenighe vreese te willen bevorderen. Hierbij staet te vermercken dat het zijne Churfurstlichen hoocheijt belieft hadde op mijne aensoucken oock een missive aen die van Zurich, als directeurs, ten selven eijnden te doen expedieren, waer in zij | sich seer prompt verthoont heeft, ende hoewel deselve twee daghen tevooren ter selver plaetsche soude aenkommen, om daffectie aldaer te prepareren, soo esse doch deur een accident soo lang onderweech ghebleeven dat mijne gansche reijse ende negotiatie verricht waren eer deselve ter rechter hande ghebracht es gheworden. Dies niet tegenstaende hebb ick niet onderlaten den raet op mijne wederomcompste in absentie van sijne Churfurstlichen hoocheijt voor alsulcke faveure alsoock voor de goede resolutie nopende daffschi-

(3) haere] A: interl. add. – (10) bij] A: prec. by del. sulx – (22) men] A: interl. add.

ckinghe van sijne theologen vanweghen uwe hoochvermeugenden met behoorlijcke eerbiedinghe te dancken, etc.

Verders en kan ick uwe hoochvermeugenden oock niet berghen hoe dat ick op de swaricheijt in Switzerlant onder anderen ghemoveert nopende de perijckelen van den wech, soo men den Rhijn soude affvaren, vermits de Spaensche garnisonnen van Rhijnberg ende Wesel, hem hebbe gheraden, soo sij bedencken mochten hebben, die streeck te neemen dat zij de Weser soude meughen kiesen ende des halven wat eerder sich derwerts op Heijdelberg begheven, alwaer men op de seeckerheijt van haere reijse soude meughen raet pleeghen.

In mijne deur tocht aldaer met die vanden raet ende de theologen hiervan spreeckende, vonden sij goet den Rhijn aff te varen tott op Coeulen toe, als tott daer soo gansch gheen ghevaer sijnde, mij versocht hebbende uwe hoochvermeugenden in aller haeste daervan te willen advijseren, dat zij nae haere ghe|wonelijcke voorsichticheijt ofte met convoy op Moeurs ende Nimmegen over landt ofte anders in goede verseeckerheijt vandaer in tlandt ghebracht meughen werden.

De personen van deselven die van Heijdelberg affgheschickt souden werden belanghende, waeren bij zijne Churfurstlichen hoocheijt vier ghenoompt, als ick uwe hoochvermeugenden hier vooren hebbe gheadviseert, ende heeft zij den doctorem Pareum ettelijcke mael bij hem gheroopen om den ouden heere daertoe te moghen disponeren. Maer alsoo hij sich om sijne hooge oudtheijt ende oock wat swacheijts wille, neffens donghelegentheijt van de winter ghestadich heeft gheexcuseert, heeft zij hem eijntelijck van dese aenstaende reijse ontladen, soo datter maer drie van Heijdelberg sullen gheschickt werden, doch alle drie seer treffelijcke ende wel gheoufende mannen. De nominatie van de Switzersche theologen en was voor mijn vertrecken noch niet ghedaen, maer sij en hebben gheen manghel van wel ghequalificeerde theologis.

Ick hebbe in dese mijne reijse onderscheijdelijcke brieven ende advijsen van Geneven bekommen, daerbij men sich van die zijde beclaecht ende beswaert, vermits deselve republique, als eene vande eerste ghereformeerde ende die tmeeste voor de waerheijt heeft gheleeden, tot dit sijnodum niet en werden ghelaeden. Waerop ick voor teersten gheantwoort hebbe dat uwe hoochvermeugenden apparentelijcke haere reeden daertoe moesten hebben. Doch daernae van goeder handt uijt Hollandt bericht sijnde dat | uwe hoochvermeugenden eijntelijck oock goet gevonden hadde deselve stat t inviteren, hebb' ick van sulx niet de stat, maer een van mijne bekende gheadverteert, daerbij doende dat voorlicht die brieven deur Vranckrijck mochten gheschickt sijn, off voorlicht deselven te laet op kommen ofte onderweech ver-

(29) theologis] A: corr. from theologos

looren mochten werden. Want ick tot die tijt toe van dese sijde niet anders daer van vernoomen hadde, noch oock seeder. In het deurtrecken te Heijdelberg ben ick bericht gheworden dat zijne furstlicke Genade lantgraeff Maurits twee theologos, wel gheleerde mannen, tot dit sijnodum ghedestineert heeft, maer en hebbe alhier seeder mijne aencompste daervan gheen naerder bericht konnen bekommen. Ick sal volgende uwer hoochvermeugenden bevel sijne hoochgheduchte furstliche Genade schriftelijck voor sijne Christelijcke resolutie dancken ende versoucken dat hij den sijnen doch op den ghenoombden tijt te Dordrecht wil laten vinden.

Taffreijsen van die van Heijdelberg belangenden, es den dach ghenoomen den 9.^{en} ofte thiensten vande aestaende maent ouden stijl, maer hierentusschen sullen die van Switserlandt aenlanghen om mit den anderen te reijsen. Sal doch acht neemen soo de wint ende tijt mochte contrarie vallen, dat men een dach ofte twee eerder affvaere, alsoo het beeter schijnt dat zij een dach ofte twee te voren daeronder aencommen als soo veel te laet, naedem t'reijsen te water onseeckerder es als te landt.

Te Zurich ende Bern werde mij gheseijt dat zij uijt | Geneven gheadvijseert waren hoe dat de kercke van Vranckrijck vier van haeren voorneeme theologen nae Hollandt schickten, te weeten De Moulin, Chamier, Rivet ende Chauve, seer uijtghelesene mannen, maer off sulcke affschickinghe met de wille van den coninck soude gheschieden ofte sonder deselve, en hadden sij niet zeecker, hoewel swaerlijcke te ghelooven staet dat zij tegens sijner Majesteijts wille sich buijten t rijcke soude durven begheven.

Ende dit soo veel het voorseide nationnal sijnodo ende mijne reijse tott bevorderinghe van tselven in Switserlandt ende oock in dese quartieren ghedaen es belangende, verhopende dat uwe hoochvermeugenden deselven ende tgunt bij mij daerin verricht es, ten besten sullen verstaen ende opneemen, deels om de reedenen in mijne laetste voorgaende ghementionneert, deels oock vermits ick deselven mette waerheijt mach verseeckeren dat dese reijse voorseid bij mij met meerder sorghe ende naersticheijt niet en hadde konnen verricht werden, alwaer dat mijn eijghen lijff ende leeven daeraen gheleghen waer gheweest.

Hiervan hebb' ick voor teersten uwe hoochvermeugenden in alle diligentie noodich gheacht te berichten, als aen twelcken denselven ten meesten es ghelegen. Soo veel den loop van andere ghemeene saecken belanckt, alsoo desen brieff alreede seer lanck es, sal ik ten eersten mette naeste ghelegentheijt laten volghen, den Almogende van harten biddende uwe hoochvermeugenden in haere Christelijcke ende beswaerlijcke regieringhe metten gheest des eendrachts, voorsichticheijts ende clouckmoedicheijt te willen stercken, tot bevorderinghe van de welstant des lijen[?] vaderlants. Uijt Franckfort, desen 30 Septemb. 1618.

Uwer hoochvermeugenden onderdanichste ende getrouwen dienaer,
P. van Brederode

[16] A | [Address:] Den hochvermeugenden heeren, General Staten der Vrije Ver-
eenijchde Nederlantsche Provincien. Mijne hoochgheeerde ende ghebiedende Heeren inden Haghe.

II/1.163 *Zurich Aphorisms on the Five Articles*

Date: ca. 18/28 September 1618

Main source: A: Zurich ZB, Ms G 2, 32–37 (copy)

Other copies: Geneva AT, 17, 38r–40v; Johann Heinrich Hottinger, *Historiae ecclesiasticae Novi Testamenti*, vol. 8 (Zurich: Michael Schaufelberger, 1667), 923–928; MT, 2/3:351–355; Rotterdam BRG, 58, 41–44; Zurich ZB, Ms A 108, 380–388; Zurich ZB, Ms B 111, 102–109; Zurich ZB, Ms B 235, 21r–22r; Zurich ZB, Ms D 237, 37v–39v; Zurich ZB, Ms F 190, 4r–8v; Zurich ZB, Ms F 190, 37r–39v (German); Zurich ZB, Ms J 241, 53–55; Zurich ZB, Ms S 309, 22r–23r

Summary: In preparation for the synod, the Zurich theologians drafted a statement on the controversial Five Articles, which they then submitted to the pastors and teachers of Bern, Basel and Schaffhausen for review and as a proposal for a common position. These statements became known as "Aphorismi." The aphorisms are undated. They were probably written in view of the meeting of the Swiss Protestant cities on 18/28 September 1618 in Aarau (EA, 5/2:39–40, no. 37). The reaction of Bern, Basel and Schaffhausen can be found in nos. II/1.164, II/1.165, II/1.166 and II/1.167.

Editor: Christian Moser

32 A
| ECCLESIARUM HELVETICARUM REFORMATARUM
CIRCA QUINQUE ARTICULOS IN ECCLESIIS BELGICIS
CONTROVERSOS SENTENTIA

I. De praedestinatione

Deus aeterno et immutabili decreto, libere tamen, ex tota generis humani massa condenda, sed misera illa et perditioni futura obnoxia, alios quidem, quos vult salvos facere in Christo, ad vitam aeternam ex mera gratia elegit, alios autem in exitio relinquere et iusto iudicio condemnare statuit.

Profitemur ergo cum Sacra Scriptura causam praedestinationis προηγουμένην esse liberam, absolutam ac iustissimam Dei voluntatem, antegredientem causas alios omnes. Cui nemo obiicere potest, cur sic agat et non aliter, cur placuerit huic gratis donare fidem, alium in caecitate nativa et sponte attracta relinquere? Unde Scriptura toties mentionem facit τῆς προθέσεως τοῦ θελήματος, τῆς εὐδοκίας, τῆς χάριτος Θεοῦ.[1]

Profitemur obiectum praedestinationis esse homines, non tamen homines simpliciter consideratos, ut creaturam Dei omnibus | numeris integram, sed ut in Adamo lapsos, miseros et culpa propria reos aeternae mortis.

Hanc quoque phrasin dextre intellectam admittimus: Electionis gratuitae obiectum esse homines credituros in Christum, iustificandos, perseveraturos in fide et conversione; hoc est, Deum eligentem decrevisse, electos suos (loquimur autem de adultis) fide in Christum ex mera sua gratia donare, credentes per Christum iustificare, et in fide eadem per Spiritum Sanctum ad finem custodire.

Profitemur Deum in electione salvandorum respexisse fidem, non tamen ut causam, conditionem et qualitatem, propter quam hic alio salute aeterna esset dignior vel indignior, sed qua fides electionis gratuitae futura erat effectus seu fructus. Quo sensu electorum fidem adeo non ignoravit aut despexit Deus, ut non aliter illos elegerit, quam ut per fidem, tanquam per medium subordinatum, electi ad salutem aeternam perducantur. Neque quisquam cogitare aut dicere potest, Deum elegisse homines non credituros.

II. De morte Christi

Christus obedientia et morte sua reconciliationem cum Deo, restitutionem in gratiam, peccatorum remissionem, iustitiam coram Deo, salutem aeternam, sive quocunque nomine alio coelestis illa beatitas, eiusque partes venire soleant, impetratam reipsa vereque ap|plicat omnibus et solis electis totiusque mundi fidelibus.

Non tamen hic excluduntur infideles, defectu aut imbecillitate τοῦ λύτρου cuius sufficientiam omni omnium delictorum enormitate infinite abundantiorem esse, profitemur et credimus, sed quia DEI Patris electio, Filii redemptio, et Spiritus Sancti salutaris operatio sive regeneratio aeque late patent. Pater solos electos Filio dedit redimendos, Filius solos sibi a Patre datos redemit et Patri conciliat, Spiritus Sanctus solos redemptos regenerat. Neque nostrum est adversus Apostolum imo adversus Christum ipsum salutem a Christo partam assignare ullis constitutis extra corpus illud, cuius Christus est salvator et caput, extra populum illum, quem sibi ut proprium vendicat, extra oves illas et gregem illum, quem sanguine suo acquisivit.

---

[1] Cf. Eph 1:5, 11.

III. De caussa et origine fidei

Fides est Dei donum mere gratuitum, quod electis suis secundum mensuram et quando et quantum ipse vult, donat et conservat.

Hanc fidem effici in homine renascente credimus, ordinarie per DEI verbum eiusque auditum, extrinsecus quidem administratum, intrinsecus vero per Spiritum Sanctum efficaciter non tantum intellectum salutari cognitione illustrantem, sed etiam voluntatem | ita renovantem ac flectentem, ut assentiri vel non assentiri, credere vel non credere, converti vel non converti, libero electorum arbitrio relinquat nequaquam. Neque tamen sequitur inde, Deum ipsum in homine credere, non homines, Deum ipsum converti, non homines, sed hoc sequitur, credendi conversionisque exordium, quin et progressum et finem, gratiae deberi in solidum. Ubi interim illud quoque docemus: "Regeneratos in boni electione et operatione non tantum agere passive, sed etiam active. Aguntur enim a Deo, ut agant ipsi, quod agunt."[2]

IV. De modo efficiendae in homine fidei et conversionis

Gratia Dei, cum operatur fidem et resipiscentiam, ita operatur in homine peccatore electo, ut hic illi resistere per naturam corruptam et ad omne malum proclivem possit quidem, vel maxime maximeque velit. Attamen, ubi Spiritus Sanctus iam inhabitat et dominatur, ibi operationi eius electus, secundum carnis reliquias, resistere quidem et vult et potest, ita tamen resistit, ut Spiritus omni resistendi sive voluntate, sive conatu crebrius existat superior, tandem etiam ipse electus de carne, contumaciter et assidue reluctante, gloriose triumphet.

Sic igitur resistentiam in homine regenito admittimus, ut certissimae victoriae gloria Spiritum Sanctum non defraudemus. Sic Spiritui Sancto victoriae certae gloriam deferimus, ut luctam assiduam et in lucta | illa resistendi malignitatem non negemus. Cor lapideum aufertur, confertur cor carneum. Sed quandiu in hoc mortali domicilio peregrinamur, cor lapideum atteritur, non prorsus conteritur.

Quin etiam hominem iam regenerandum virtuti Spiritus Sancti reluctari nec velle, nec posse asserimus, ita scilicet, ut velit, Spiritum Sanctum finem suum non consequi. Deus Pater enim ita valide trahit, ut tractus veniat. Fugientem ita sequitur, ut ipsum bonus pastor reducat certo, etiamsi carnis imbecillitas perpetuo adhaerescat.

---

[2] *Confessio Helvetica Posterior*, ch. 9 (RB, 2/2:288).

V. De perseverantia sanctorum in fide

Fides salvifica et gratia regenerationis, quando sancti graviter et contra conscientiam labuntur, infirmatur quidem ad tempus; neque tamen finaliter aut totaliter aufertur, vel interit. Imo regeniti nunquam labuntur tam enormiter, nunquam fides et regenerationis gratia ita hebescit aut sopitur, quin rursus excitetur et reviviscat. Electi enim praesidio virtutis Dei per fidem ad salutem aeternam custodiuntur. Et decretum, quo Deus hominem gratiose elegit, electo conversionem, fidem et perseverantiam promittit et confert, immutabile est. Morte et intercessione Christi obsignatum est adeo, ut semen Verbi et Spiritus divini in electis etiam peccantibus ma|neat, ut ante vitae suae finem ad resipiscentiam certo sufficienterque renoventur, non pereant.

II/1.164 *Bern Statement about the Aphorisms of Zurich*

Date: ca. 22 September / 2 October 1618

Main source: A: Zurich ZB, Ms G 2, 46 (copy)

Other copies: MT, 2/3:355–356; Rotterdam BRG, 58, 46–47; Zurich ZB, Ms A 108, 411–412

Summary: The Bernese theologians accept the aphorisms of Zurich (no. II/1.163) because they are in accordance with the Scriptures. But they are against giving these aphorisms to the delegates as the official position of the Swiss churches, because even the Swiss do not agree completely in everything and there is the fear that the Heidelberg theologians also differ. Instead, the delegates should consult with each other about what they wish to put forward on the basis of Holy Scripture and the Helvetic Confession. – The Berne statement does not bear a date, but it can probably be dated to the same time as the statements of Basel (no. II/1.165) and Schaffhausen (no. II/1.167).

Editor: Christian Moser

Wir lassend das scriptum[1] der gelehrten zů Zürich blyben, wie es von inen gestelt worden, diewyl es Helliger Schrifft gemäß. Wir vermeinend aber, es sye alß bald nit zethůn, das man daßelb den deputierten theologen gäbe, daruß uff die fünf artickel innammen der evangelischen kilchen inn einer Eidtgnoschafft zantworten, von wägen das auch unnßere theologi nit in allem eins unnd glycher meinung sind. Item, das alsbald auch die theologi zů Heidelberg nit mit inen stimmendt, sonder inen züwider syn wurden unnd sy derhalben inn händel nit allein darußen, sonder auch daheim khommen

---

[1] No. II/1.163.

möchtendt, und haltend darfür, es sye wäger, man zeige den deputierten herren sonst einfaltig an, das sy by der Heiligen Schrifft unnd der Helvetischen Confession[2] blyben unnd alzyt sich mit einannderen berathschlagen söllint, was sy uff ein jeden articel uß der Heiligen Schrifft und der Helvetischen Confession antworten wellint unnd dann das, deßen sy eins worden, fürbringen, etc.

II/1.165 *Basel to Zurich about the Aphorisms*

Date: 22 September / 2 October 1618

Main source: A: Zurich StA, E II 389, 29–32 (original)

Other copies: Johann Heinrich Hottinger, *Historiae ecclesiasticae Novi Testamenti*, vol. 8 (Zurich: Michael Schaufelberger, 1667), 929; MT, 2/3:356–357; Rotterdam BRG, 58, 47; Zurich ZB, Ms A 108, 412–414; Zurich ZB, Ms B 111, 124–125; Zurich ZB, Ms B 235, 24r–v; Zurich ZB, Ms D 237, 43v–44r; Zurich ZB, Ms F 190, 42v–43v (German); Zurich ZB, Ms G 2, 47–48; Zurich ZB, Ms J 241, 61; Zurich ZB, Ms S 309, 25r–v

Summary: Although the Basel pastors and teachers do not disapprove of the Zurich aphorisms (no. II/1.163) at all, they have nevertheless written their own paper (no. II/1.166), following the structure of the letter of the Classis Walcheren sent to foreign theologians (1616). For the sake of clarity, they have added their antitheses to each article, and have also briefly dealt with other points that are added to the letter of the Classis Walcheren.

Editor: Christian Moser

Gratiam et pacem a domino nostro Iesu Christo.

Quandoquidem, viri reverendi et clarissimi, fratres in Christo plurimum honorandi, temporis obstitit angustia, quo minus inter nos Arovii[1] de Quinque inter Belgicos ministros controversis Articulis certi quippiam statutum fuerit, vosque pro vestro erga nos fraterno et benevolo affectu iudicium vestrum aphorismis[2] quibusdam comprehensum exhibere dignati estis simulque ut idem faceremus nobis hortatores fuistis, satisfacere piis vestris monitis, quantum occupationes nostrae, tam exiguo temporis intervallo, tulerunt, sategimus. Etsi autem vestras meditationes nequaquam improbemus, sed quo

---

[2] The Second Helvetic Confession of 1566 (RB, 2/2:243–345).
[1] Meeting of the Protestant cities Zurich, Bern, Basel and Schaffhausen in Aarau, 18/28 September 1618 (EA, 5/2:39–40, no. 37).
[2] No. II/1.163.

par est loco habeamus,³ quia tamen etiam dominorum legatorum nonnulli
specialius quaedam attingenda censuerunt, ut non solum nobis inter nos, sed
et cum orthodoxis ecclesiarum Belgicarum ministris facilius conveniat, secuti
sumus eam ipsam capitum et porismatum seriem, quae in epistola Walach-
riorum cernitur.⁴ Et quando contraria iuxta se posita clarius elucescunt, pro- 5
fessioni nostrae de uno quoque articulo antitheses claras et succinctas subie-
cimus, cumque verendum, ne et aliae quaedam quaestiones, a Walachriis
annexae, inprimis autem de hominis coram Deo iustificatione, in synodo
ventilandae veniant, eas quoque paucis attigimus. Quae omnia vobis, charissimi fratres, non alio animo transmittimus, quam ut collatis nostris iudiciis 10
dulcissima et omni musico concentu suavior παναρμονία exoriatur, sicque
totum hoc negotium facilius ad Dei gloriam ecclesiarumque afflictarum emo-
lumentum dirigatur. Valete in domino.

Datae Basileae, 22 Septembris [N.S. 2 Oct], anno 1618

    Vestri observantissimi et amantissimi pastores et professores 15
    ecclesiae et scholae theologiae Basiliensis horumque omnium
    nomine,
    Iohannes Wollebius, ecclesiae Basiliensis pastor

[Address:] | Reverendis et clarissimis dominis pastoribus et professoribus ec-   32 A
clesiae Tigurinae, fratribus nostris in Christo coniunctissimis et carissimis. 20
Tigurum.

II/1.166 *Basel Position on the Five Articles*

Date: 22 September / 2 October 1618

Main source: A: Zurich StA, E II 389, no. 34a, [7 pp.] (original)

Other copies: MT, 2/3:358–366; Rotterdam BRG, 58, 47–52; Zurich ZB, Ms A 108, 415–423; Zurich ZB, Ms B 111, 126–136; Zurich ZB, Ms B 235, 247r–249r; Zurich ZB, Ms F 190, 5v–8v; Zurich ZB, Ms F 190, 43v–48r (German); Zurich ZB, Ms G 2, 49–57

Summary: In addition to the Zurich aphorisms, the Basel theologians decided to produce their own position paper on the Five controversial Articles, based on the letter of
the Classis Walcheren sent to foreign theologians (1616). Negatively formulated anti-

(19) Reverendis] *A: p. 30–31 blank* – (21) Tigurum] *A: add. by a later hand:* Fratres Basilienses

³ No. II/1.166.
⁴ In 1616 Classis Walcheren in Zeeland sent a letter to a number of foreign theologians, outlining the differences between the Remonstrants and Contra-Remonstrants on the disputed Five Articles. Printed in *Epistola Ecclesiastarum*, 114–133.

theses are added to each positive formulation of their own position. In addition, at the end some further theological positions are rejected, which are likewise specified in the letter of Classis Walcheren. – For the dating of this paper, cf. no. II/1.165.

Editor: Christian Moser

| ECCLESIAE BASILIENSIS DE QUINQUE ARTICULIS IN ECCLESIIS BELGICIS CONTROVERSIS, SECUNDUM EAM QUAM FRATRES WALACHRII IN EPISTOLA SUA[1] SECUTI SUNT, SERIEM SENTENTIA

De praedestinatione

Professio nostra

Profitemur Deum aeterno et immutabili liberrimo tamen decreto, ex tota generis humani massa condenda, sed in peccatum prolapsura, alios quidem e miseria sua erigendos ad vitam aeternam elegisse, alios autem in eadem relinquere et iusto iudicio propter peccatum condemnare statuisse.

Antitheses

Haec nostra professio, si conferatur cum adversariorum sententia de electionis et reprobationis causa impulsiva, obiecto et fructibus, videtur fide et vocatione, sequentes parit antitheses.

1. Negamus praevisionem fidei electionis aut praevisionem ἀπιστίας reprobationis causam esse προηγουμένην aut praedestinationem hanc antecessisse. Profitemur contra, caussam eiusdem nullam aliam, nisi liberrimam Dei voluntatem. Interea non diffitemur, intuitum esse Deum in hoc decreto, tum gratiam suam, tum voluntariam hominis defectionem; modo hoc nobis non eripiatur, causam cur non omnes elegerit, sed aliquos praeterierit, iuste puniendos in solo eius beneplacito esse absconditam.

2. Negamus obiectum huius decreti fuisse hominem, quatenus crediturus aut perseveraturus, aut non crediturus erat. Profitemur contra, obiectum eius fuisse hominem lapsurum in miseriam. Phrases tamen istas recte intellectas non reiicimus, electos esse credituros, reprobatos non credituros, etc.

3. Negamus fidem aut causam electionis esse aut in mente Dei eam | antecessisse. Profitemur contra fidem esse electionis exequendae medium, eiusdemque in actum deductae fructum. Neque tamen hinc sequitur, infidelitatem reprobationis fructum esse; Ut enim in electione Deus constituit,

---

[1] In 1616 Classis Walcheren in Zeeland sent a letter to a number of foreign theologians, outlining the differences between the Remonstrants and Contra-Remonstrants on the disputed Five Articles. Printed in *Epistola Ecclesiastarum*, 114–133.

quid ipse facturus esset, ita in reprobatione decrevit, quid, non coacte, sed voluntarie permissurus esset.

4. Negamus vocationem aliorum prae aliis ex ipsorum qualitate aut dignitate, ullo modo provenire. Profitemur autem eam non minus ex liberrimo Dei beneplacito pendere, quam electionem ipsam.

5. Negamus vocationem internam externae semper annexam. Profitemur contra eas esse coniunctas in electis, in reprobis nunquam, sed praedicari ipsis verbum in testimonium, ut sint ἀναπολόγητοι.

De morte Christi

Professio nostra

Profitemur Christum ex proposito aeterno Dei Patris sicut legem adimplevit, ita et mortem subiisse pro omnibus et solis electis, quibus et solis mors illa efficaciter applicatur.

Antitheses

Haec nostra professio cum adversariorum doctrina collata, sequentes parit antitheses.

1. Negamus Christum aeque pro reprobis ac pro electis, adeoque tam pro Iuda, quam pro Petro mortuum. Profitemur contra, ipsum mortuum esse pro omnibus et solis electis. Non tamen diffitemur, eam mortis Christi esse dignitatem, ut pro omnibus hominibus sufficeret.

2. Negamus decretum de morte Christi esse caussam aut praevium quid electionis. Profitemur contra, mortem Christi esse electionis exequendae medium, eiusdemque fructum.

| 3. Negamus Christum intendisse servare, quos non servavit. Profitemur contra, quos Christus servare intendit, eos servari.

4. Negamus, quenquam perire, pro quo Christus mortuus est. Profitemur omnes servari, pro quibus mortuus est.

5. Negamus mortis Christi beneficium omnibus hominibus impertiri, resurrectionis vero et intercessionis solis fidelibus. Profitemur contra, omnia haec beneficia impertiri omnibus et solis electis.

(21) quid] *A: marg. add. by a different hand*

De libero arbitrio

Professio nostra

Profitemur ita lue originali hominem esse corruptum, ut intellectus in divinis sit caecus, voluntas non propendeat nisi ad malum, affectus pravis appetitionibus sint corrupti, nihilque in homine ante conversionem reliquum sit, quam quod reddat ipsum ἀναπολόγητον.

Antitheses

1. Negamus voluntatem ad bonum et malum ante conversionem aeque propensam esse. Profitemur contra, eam propensam tantum ad malum.
2. Negamus solum intellectum regenerari. Profitemur, voluntatem ipsam quoque regeneratione opus habere.
3. Negamus libertatem ad bonum et ad malum esse facultatem in homine lapso naturalem. Profitemur contra, voluntatem liberam esse natura ad malum liberam esse ex corruptione, ad bonum ex sola regenerationis gratia.
4. Negamus libertatem voluntatis tollere decretorum necessitatem. Profitemur contra, Dei decreto multa necessaria, quae voluntatis humanae respectu sunt libera. Exempli gratia, Christi crucifixio necessaria fuit Dei decreto, quem tamen Iudaei non coacte, sed libere crucifigendum tradiderunt.
5. Negamus affectibus nostris tantum inhaerere ad malum pronitatem, non etiam pravitatem. Profitemur contra, inhaerere iisdem pravitatem ipsam.
6. Negamus irregenitos ea ante conversionem posse, quibus non emendatis, citra praedicationem Verbi Dei, tanquam mediis ad vitam spiritualem et maiora dona provehantur. Nos profitemur, tam nihil esse in homine, quod ipsum ad spiritualem vitam provehat, quam nihil in mortuo est, quod eundem ad vitam corporis provehat.

De salvificae gratiae operatione

Professio nostra

Profitemur fidem Dei donum esse, quod Deus indat, quando, quibus, et quomodo vult, effici eam in homine, adeoque regenerari hominem ordinarie per verbum eiusque auditum, accedente interna operatione Spiritus Sancti qua intellectus illuminatur, voluntas nolens in volentem mutatur, affectusque ipsi sanantur, adeo ut a Deo sit conversionis nostrae principium, medium et finis.

Antitheses

1. Negamus, Spiritum Sanctum primo verbum audientibus parem gratiam largiri. Profitemur contra, solis electis dari, ut credant gratiamque oblatam acceptent.

2. Negamus Spiritui Sancto ita operanti resisti. Profitemur contra, omnes, in quibus Spiritus Sanctus hoc modo cum Verbo operatur, converti, adeoque eos resistere nec posse nec velle.

3. Negamus, Spiritum Sanctum gratia sua ita per illuminationem intellectus convertendis assistere, ut possint se ad eam promovere, si velint. Profitemur contra, ut maxime illuminetur intellectus, necesse esse, ut homini insuper detur et velle et posse.

| 4. Negamus tolli in convertendis actum tantum, non δύναμιν quoque resistendi. Profitemur nos tolli hanc δύναμιν quatenus regeneratur homo, residuum quid de ea manere, quatenus non omnimode est regenitus.

5. Negamus voluntatem se in conversione habere active. Profitemur illam se habere passive, quatenus a Spiritu Sancto agitur, active vero, quatenus Spiritus Sanctus gratia acta ipsa quoque agit.

6. Negamus voluntatem hominis moveri violenta impulsione. Profitemur contra, ita eam moveri, ut cum libera fuerit ad malum natura, libera fiat ad bonum ex gratia.

7. Negamus, si Deus in nobis fidem efficiat, ipsum, non nos credere. Profitemur autem, ab ipso nobis dari, ut ipsi credamus.

8. Negamus hominem in conversione esse instar trunci. Profitemur contra, voluntatem nostram ita comparatam, ut acta a Deo ipsa agat.

9. Negamus, voluntatem esse causam conversionis proximam. Profitemur contra, voluntatem esse eiusdem obiectum, conversionis vero causam proximam esse operationem Spiritus Sancti.

De perseverantia sanctorum

Professio nostra

Fatemur quidem fideles labi in peccata gravissima, amittere quaedam Spiritus Sancti χαρίσματα nihil sibi de propriis viribus polliceri posse. Nec tamen concedimus, finaliter eos excidere omni Dei gratia aut fide iustificante, utpote quorum salus suffulta est amore Dei immutabili, Filii Dei pretiosissimo λύτρῳ et intercessione, firmo denique Dei per Spiritum Sanctum praesidio, adeo ut certi esse possint, Deum quod in ipsis cepit consummaturum.

| Antitheses

Ex huius professionis cum sententia adversariorum collatione oriuntur sequentes antitheses.

1. Negamus, salvifica fide donatos ea penitus excidere. Etsi autem concedamus eam infirmari obscurarique, profitemur tamen, eiusdem semen semper in cordibus electorum manere, ac velut scintillam ex cineribus rursus elici.

2. Profitemur contra quam adversarii, perseverantiam fidelium esse electionis effectum necessarium.

3. Negamus non solum a gratia divina, sed etiam a voluntate subordinata pendere perseverantiam istam. Profitemur autem eam pendere a sola Dei gratia, adeoque fideles, sui quidem respectu, excidere posse, Dei non item.

4. Negamus, doctrinam hanc eripere nobis omnem consolationem. Profitemur contra, consolationem nullam esse maiorem.

5. Negamus hanc doctrinam parere securitatem. Profitemur contra, eam ad veram pietatem esse stimulum; multi quippe videntur tantum sibi stare, ac licet electi et fideles Dei gratia penitus non excidant, labuntur tamen in tristia saepe peccata, quibus Deum ad iram provocant, proximum offendunt, conscientiam vero gravant, et poenas sibi gravissimas accersunt.

De aliis quibusdam articulis a Walachris hisce annexis[2]

1. Negamus Deum ex suprema sua auctoritate potuisse omnia peccata sine satisfactione condonare. Profitemur autem non posse et non quidem per impotentiam, sed per iustitiam.

2. Negamus fidem esse proprie legis iustitiam. Profitemur fidem | esse instrumentum iustitiam a Christo partam apprehendens.

3. Negamus fidem iustificare, quatenus est actio, sed profitemur eam iustificare, quatenus apprehendit meritum Christi. Adeoque nobis (ut cum Helvetica Confessione loquamur ex cap. 12 in quo de lege): "Christus est perfectio legis et adimpletio nostra, qui ut execrationem sustulit, dum factus est pro nobis maledictio vel execratio, Gal. 3,[3] ita communicat nobis per fidem, adimpletionem suam, nobisque eius imputatur iustitia et obedientia."[4] Quibus consonant, quae eadem Confessio habet cap. 15: "Etenim Christus peccata mundi in se recepit et sustulit, divinaeque iustitiae satisfecit. Deus ergo propter solum Christum passum et resuscitatum propitius est peccatis nostris, nec illa nobis imputat, imputat autem Christi iustitiam pro nostra, 2 Cor. 4

---

[2] Cf. *Epistola Ecclesiastarum*, 129–130.
[3] Gal 3:13.
[4] *Confessio Helvetica Posterior*, ch. 12 (RB, 2/2:298).

[sic], Rom 4,⁵ ita ut iam simus non solum mundati a peccatis, et purgati, vel sancti, sed etiam donati iustitia Christi, adeoque absoluti a peccatis, morte vel condemnatione, iusti denique ac haeredes vitae aeternae. Proprie ergo loquendo, Deus solus nos iustificat et duntaxat propter Christum iustificat, non imputans nobis peccata, sed imputans eius nobis iustitiam."⁶ Hactenus Confessio Helvetica.

4. Negamus peccatum originale non mereri maledictionem. Profitemur illud quoque secundum Apostolum, Rom. 5,⁷ promereri mortem: Nec obstat, quod poena fuit peccati Adami, quia nobis, qui in Adamo fuimus, ipsa quoque Adami transgressio imputatur.

5. Negamus Deum iniuste ab impiis quoque fidem postulare. Profitemur contra, iuste ipsum hoc facere, quia sua culpa credere nequeunt.

6. Articulos adversariorum in sacrosanctam Trinitatem et divinitatem domini nostri Iesu Christi contumeliosos execratione potius, quam antithesi dignos iudicamus.

II/1.167 *Johann Konrad Koch's Statement on the Zurich Aphorisms*

Date: 23 September / 3 October 1618

Main source: A: Zurich StA, E II 389, 35 (original)

Other copies: MT, 2/3:366–367; Rotterdam BRG, 58, 52–53; Zurich ZB, Ms A 108, 423–426; Zurich ZB, Ms B 111, 137–138; Zurich ZB, Ms B 235, 24v–25r; Zurich ZB, Ms D 237, 44v–45r; Zurich ZB, Ms J 241, 62; Zurich ZB, Ms G 2, 57–58; Zurich ZB, Ms S 309, 25v–26r

Summary: Schaffhausen minister Koch received Johann Jakob Breitinger's letter and the expert opinions from Bern and Basel. Despite individual deviations, he notes that there is agreement on almost everything. If Pieter van Brederode had not come personally and the Palatine Elector had not written, he would certainly have abstained from participating in the synod. After returning to Schaffhausen, Koch submitted the Zurich aphorisms and the draft for an instruction to the pastors. Today a meeting took place and nobody objected to these two documents. Koch would have preferred to travel to Heidelberg by horse instead of by ship. His wife does not stop crying in view of his imminent departure. Greetings to Hans Rudolf Rahn and Hans Jörg Grebel. Koch's father-in-law and Hans Konrad Peyer send their greetings to Breitinger. Koch encloses the sermon that was held at the funeral of his son.

Editor: Christian Moser

⁵ Cf. 2 Cor 5:21; Rom 4:25.
⁶ *Confessio Helvetica Posterior*, ch. 15 (RB, 2/2:305).
⁷ Rom 5:12.

S. Literas tuas,[1] reverende vir, frater honorande, accepi et cum his dd. Bernensium et Basiliensium consilia de hoc negotio prima.[2] Rem mihi et d. confratribus gratissimam fecisti. Scire enim desideravimus, quam proxime ad nostram sententiam accesserint. Adparet certe, etsi locis fuerimus disiunctissimis, eundem tamen pene omnium fuisse animum. Certe nisi d. a Brendenrot venisset,[3] et scripsisset Elector Palatinus,[4] haec nostra profectio suspensa fuisset. Sed Deo forte ita visum, qui sua benedictione nobis benigne adesse dignetur, iudicium nostrum de aphorismis,[5] quibus ecclesiarum nostrarum sententia comprehenditur, et de instructione,[6] qua certi nobis praescribuntur termini, tua opinione serius si mitto, ne mireris. Domum ubi fueram reversus,[7] aliquot descripta exemplaria fratribus per biduum aut triduum meditanda transmisi, ut de toto hoc negotio longe gravissimo non praecocia, sed bene matura consilia adferant. Hodie horis antemeridianis habitus est fratrum conventus. Lecti aphorismi et instructio, ordine quaesiti omnes, qui contradixerit aut desideravit aliquid, inventus est nullus. Agnoscunt orthodoxam ecclesiarum nostrarum de controversis articulis doctrinam breviter et nervose esse comprehensam. Agnoscunt limites iustos nobis positos quousque progrediendum.

Maluissem et ego, mi d. frater, eques quam nauta venire Heidelbergam, sed quia tu tam facile in navigationem tibi plane non contrariam consensisti, nolui meam sententiam a vestra segregare. Sed res, ni fallor, bene cecidit. Navigatio non erit difficilis, non periculosa, non longa, non multorum dierum, etc.

Dilectissima mea coniunx[8] non desinit ingemiscere et flere propter meum discessum, quasi ultimo me sit visura. Intellexi nuper ex te et tuam aegre abitum tuum ferri. Utinam coniunctim viverent, ut gemitus et lachrymas in eundem colligere saccum liceret. Faxit Deus optimus maximus, ut tristitia haec in nostro reditu vertatur in gaudium. Amen amen. Salutarunt me per tabellarium amplissimi viri, d. consul Rhonnius[9] et d. Grebelius,[10] eos humiliter et officiose resaluto. Resalutant te reverendi d. socer meus[11] et d. Peijerus,[12] mea vero tuam, quam plurimum.

[1] The addressee of Koch's letter is Johann Jakob Breitinger, head of the church of Zurich.
[2] Nos. II/1.149 and II/1.150.
[3] Pieter van Brederode travelled to Zurich in order to promote the synod; cf. no. II/1.157.
[4] For the letter of Friedrich V to the Zurich magistrates, cf. no. II/1.155.
[5] No. II/1.163.
[6] No. II/1.161.
[7] Koch participated at the meeting of the protestant cities Zurich, Bern, Basel and Schaffhausen in Aarau, 18 / 28 September 1618 (EA, 5/2:39–40, no. 37).
[8] Dorothea Jezler.
[9] Hans Rudolf Rahn.
[10] Hans Jörg Grebel.
[11] Johannes Jezler.
[12] Hans Konrad Peyer.

Vale in Christo. Scaphusii, 23 Septembris [N.S. 3 Oct] 1618.

Mitto exemplaria concionis habite in obitum filii mei,[13] ex qua videbis quantum bonum amiserim.
        Tuus toto pectore,
        Johannes Conradus Kochius

II/1.168 *Zurich Statement on Expenses of Johann Jakob Breitinger*

Date: 21 September / 1 October 1618

Main source: A: Zurich StA, E II 389, 27–28 (copy)

Other copies: MT, 2/3:368–369; Zurich ZB, Ms A 108, 427–430; Zurich ZB, Ms G 2, 59

Summary: The Zurich Council has heard what was agreed at the meeting in Aarau concerning the trip to Dordrecht. Since the States General write in their invitation that they will bear the costs, Breitinger is allowed to accept this compensation for himself and his companions. If only the living expenses are reimbursed, but not the travel expenses, Breitinger, together with the delegates from Berne, Basel and Schaffhausen, should claim this. If he does not receive money for food and drink, he should first pay for it himself, for which he will be compensated later. Besides his companions, Breitinger is to be accompanied by a rider. Since the whole affair is a matter for the church, the administrator of the monastery, Heinrich Lavater, is to provide Breitinger with the necessary money for the journey.

Editor: Christian Moser

| Als vor etwas verschinnener zyt die herren General-Staden der Vereinigten Niderländischen Provintzen myn gnedig herren, sambt den übrigen evangelischen Eydtgnößischen drygen stätten,[1] fründtlichen ersücht unnd gebätten,[2] das dieselben uff den von inen deß inn iren lannden entstandnen religionsstritts wegen zů Dortrecht inn Holland angesächnen national synodum auch etliche irer theologen abordnen wellind, unnd myn gnedig herren siderher den ehrwürdigen unnd wolgelehrten, iren gethrüwen lieben burger, herr Hanns Jacoben Breitinger, pfarrer zum Großen Münster, zů verrichtung söllicher legation verordnet, habent sy myn gnedig herren, nachdem sy von iren rathsgsannten, so sy diser tagen zů Arouw uff einer zusammenkhunfft ge-

---

[13] It remains unclear to which son this refers.
[1] I.e. Bern, Basel and Schaffhausen.
[2] Cf. no. II/1.144.

hebt,³ bericht empfangen, was daselbsten dißer reiß halber verhanndlet unnd abgeredt worden, dißere erkhandtnuß gethan.

Fürs erst, diewyl die herren General Staden vermoög ires deßwegen abganngnen schrybens begëhrt, das man die abordnung etlicher theologen uff iren costen thůn welle,⁴ so sölle herr Breitinger, wann man inn den Niderlanden oder sontst ime den costen, so uff inne, syne gefehrdten unnd dienner geganngen, ersetzen unnd gůt thůn welte, denselben, ja auch ein verehrung, so man inne darmit begaben welte, annëmmen. Wo aber man sy allein inn den Niderlannden uß der herberg unnd ab der zehrung lößen und deß costens, so wyter über die reiß gadt, nützit gedënken wurde, sölle er für sich selbsten ützit fordern, sonnders sich hierinnen der übrigen drygen stetten theologen glych halten, und so man inen an ir zehrung nützit gäben, und die übrigen auch ützit vorderen wurden, er uff der reiß syn unnd der synen zehrung bezalen, da dann hernach ime nach billigkeit auch ein willen gemachet werden.

28 A   Demnach ist auch myner gnedigen herren meinung, das er, herr Breitinger, einen rüter ald dienner, der ihr gleitbüchs, doch ohne einen | wyß und blawen mantel, antrage, umb mehrers ansehens willen, nebent den gefehrten, so er sontst mit sich nëmmen wirt, mit ime inn die Niderland nëmmen sölle.⁵

Und diewyl dann billich er, herr Breitinger, nach nothurfft auch mit gelt versehen werden můß unnd nun diß ein sach, so die kirchen berůrt, als ist myner gnedigen herren meinung, das herr docter Lavater,⁶ verwalter am stifft, uß synem ampt ime uff die reiß nach erhoüschender noth-urfft gelt zůstellen sölle.

Actum mentags den 21ten Septembris anno 1618, praesentibus herr burgermeister Rahn,⁷ statthalter, unnd beide reth.

Stattschryber zů Zürich scribit

II/1.169 *Four Swiss Cities to the States General*

Date: 23 September / 3 October 1618

Main source: A: Zurich StA, E II 389, 61–63 (copy)

---

3   Meeting of the Swiss Protestant cities in Aarau on 18/28 September (EA, 5/2:39–40, no. 37).
4   Cf. no. II/1.144: "nostris sumptibus et expensis."
5   Breitinger was accompanied by Heinrich von Schännis, Marcus Stapfer and Johann Heinrich Waser, as well as the rider Jakob Tanner.
6   Heinrich Lavater.
7   Hans Rudolf Rahn.

Other copies: Geneva AT, 17, 34r–36v; MT, 2/3:372–374; Rotterdam BRG, 49.4, [5 pp.]; Zurich ZB, Ms A 108, 436–440; Zurich ZB, Ms B 111, 142–144; Zurich ZB, Ms B 235, 25v–26r; Zurich ZB, Ms D 237, 46r–47r; Zurich ZB, Ms G 2, 61; Zurich ZB, Ms J 59, 301v–303r; Zurich ZB, Ms J 241, 64–65; Zurich ZB, Ms S 309, 26v–27r

Summary: The four Swiss cities of Zurich, Bern, Basel and Schaffhausen inform the States General that they have decided to send a delegation to the synod. They ask the States General to hospitably receive their delegates Johann Jakob Breitinger, Markus Rütimeyer, Sebastian Beck, Wolfgang Mayer and Johann Konrad Koch. – Further letters of recommendation were sent to Maurice of Orange and Willem Lodewijk of Nassau-Dillenburg (no. II/1.170), as well as to Friedrich V, Elector of the Palatinate (no. II/1.171).

Editor: Christian Moser

| Hochmögende, wolgeborne, edle, gestrenge, ehrenveste, fürsichtige, wyße, innsonnders günstige, liebe herren unnd fründt. Üweren herrligkeiten seyen unnßer fründtlich, willige dienst, mit erbietung aller ehren unnd fründtschafft zůvor.

Üwer herrligkeiten schryben vom 25ten nechstverflossnen Junii[1] habent wir schon vor dißerm wol empfangen unndt dardurch verstanden, uss was erheblichen ursachen dieselben bewegt worden, einen national-synodum zů entscheid und erörterung der inn etlichen religionspuncten entstandnen stritigkeiten uff den ersten tag nechstkhünfftigen monats Novembris inn die haubtstatt Dordrecht inn Holland anzesehen unnd nebent annderer benachbarter königrychen, chur-, fürstenthumben, herrschafften, stenden unnd kirchen, auch etliche unnsere deputierten unnd theologen zůbegehren, etc. Wie nun wir sölliche inn üweren herrligkeiten landen ingerißnen unnd nun so lange jar gewehrten schedlichen mißhellungen so wol vor dißerm, als jetzt nochmaln mit sonnderm beduren und leid vernommen, also habent wir hingegen uff üwer herrligkeiten schryben die gůte hoffnung gefasset, das durch mitel eines söllichen, nach christenlichem hergebrachtem altem bruch unnd ůbung angestelten synodi den erregten missverstendtnussen mit bystandt götlicher gnaden wol werde gebürlicher unnd bester massen begegnet unnd abgeholffen werden mögen. Sind deßhalb uß christenlicher pflicht unnd liebe umb beförderung der ehren Gotes unnd erhaltung willen reiner evangelischer götlicher lehr und einigkeit geneigt unnd gůtwillig gweßen, üwer herrligkeiten inn irem so christlichen unnd ernstlichen begehren | fründtlich zewillfahren. Unnd habent hieruf verordnet die ehrwürdigen, hoch- unnd wolgelehrten, unnßere lieben und gethrüwen, namlich herrn Hannß Jacoben Breitinger, obristen pfarrer der kirchen zů Zürich, herrn Marcum Rütimeyer, sacrosanctae theologiae doctorn unnd diacon der kirchen zů Bern, herrn Sebastian Beck, sacrosanctae theologiae doctorn unnd professorn deß Nüwen

---

[1] No. II/1.144.

Testaments uff der academy, herrn Wolfgang Meyern, sacrosanctae theologiae doctorn unnd pfarrer der kirchen zů Sanct Alban zů Baßel, unnd herrn Hannß Conraden Koch, vorstender der kirchen zů Schaffhußen, beweyßere diss unnd dieselben mit notwendiger instruction unnd bevelch inn schrifft abgefertiget[2] by dißerm ansehenlichen synodo inn sachen zum besten unnd thrünglichisten rathen unnd handlen zehelffen. Gelangt demnach an üwer herrligkeiten unnßer flyssig unnd fründtliche bitt, die wöllen gemelte unnßere deputierten inn allem dem, so sy inn unnßerm unnd unnßerer kirchen unnd schůlen nammen by üwer herrligkeiten unnd einem ehrsammen synodo fürzebringen unnd zehandlen haben werdent, nit nun günstig unnd fründtlich anhören unnd vernemmen, sonnders auch sy inn besten thrüwen und glauben inen bevolchen syn lassen. Wie zů üwer herrligkeiten wir ohne das ein sonnderbar gůt verthruwen habend, unnd dasselbig umb dieselben inn allen fürfallenden gelegenheiten dienstfründtlich zůbeschulden erbietig und geneigt sind, Gott den Vatter der liechteren[3] bittende, das er durch synes Geistes khrafft und gnad söllich gantz werckh zů synes heiligen namnens ehren unnd syner geliebten kirchen | heil unnd wolstandt väterlich leiten unnd ußfůren unnd üwer herrligkeiten inn syner protection gnedig erhalten wölle.

Datum unnd inn unnßer aller gmeinem nammen mit der statt Zürich insigel verschlossen den 23ten Septembris [N.S. 3 Oct] anno 1618.

  Üwer herrligkeiten geneigt- und gůtwillige fründt,
  burgermeister, schultheiß unnd reth der stetten Zürich, Bern,
  Baßel unnd Schaffhußen

[Address:] Den hochmögenden, wolgebornen, edlen, gestrengen, ehrenvesten, fürsichtigen unnd wyßen herren General Staden der Vereinigten Provincien inn Niderlanden, unnßeren besonders günstigen, lieben herren unnd fründen.

II/1.170 *Four Swiss Cities to Prince Maurice and Count Willem Lodewijk*

Date: 23 September / 3 October 1618

Main source: A: Zurich StA, E II 389, 67–68 (copy)

[2] Cf. nos. II/1.172 and II/1.173.
[3] Cf. Jas 1:17.

Other copies: MT, 2/3:375–376; Zurich ZB, Ms A 108, 441–444; Zurich ZB, Ms B 111, 145–147; Zurich ZB, Ms B 235, 26v; Zurich ZB, Ms D 237, 47v–48r; Zurich ZB, Ms G 2, 62; Zurich ZB, Ms J 59, 305r–306r; Zurich ZB, Ms J 241, 65–66; Zurich ZB, Ms S 309, 27r–v

Summary: The four Swiss cities of Zurich, Bern, Basel and Schaffhausen inform Maurice of Orange and Willem Lodewijk of Nassau-Dillenburg that they have decided to send a delegation to the synod. They recommend their delegates Johann Jakob Breitinger, Markus Rütimeyer, Sebastian Beck, Wolfgang Mayer and Johann Konrad Koch. – Further letters of recommendation were sent to the States General (no. II/1.169) and to Friedrich V, Elector of the Palatinate (no. II/1.171).

Editor: Christian Moser

| Durchlüchtiger, hoch- unnd wolgeborne fürst unnd herren. Üweren fürstlichen gnaden unnd gnaden syen unnßer willige dienst, mit erbietung aller ehren unnd gûts zůvor. Gnädige, liebe herren.

Usßer üwer fürstlicheen gnaden unnd gnaden gesambtem schryben vom 3ten jüngst abgeloffnen Julii[1] (so unns vor dißerm wol überantwortet worden) haben wir verstanden, wie dieselbe nebent den herren General Staden an unns begehren, das wir uff den zů hinlegung der inn etlichen religionspuncten selbiger landen ingerißenen mißhellungen angesechnen national-synodum etliche unnßere theologos zů demselben end hin auch abschicken wöllind etc. Wann dann wir uß christlicher pflicht unnd liebe umb beförderung der ehren Gottes unnd erhaltung willen reiner evangelischer göttlicher lehr unnd einigkeit unnd gemeiner kirchen wolstandts zů söllichem christlichen unnd ernstlichen ansůchen zewillfahren geneigt unnd gůtwillig gewessen, so habent wir hierzů verordnet die ehrwürdigen, hoch- unnd wolgelehrten, unnsere lieben unnd gethrüwen, nammlich herrn Hanns Jacoben Breitingern, obristen pfarrer der kirchen zů Zürich, herrn Marcum Rütimeyern, sacrosanctae theologiae doctorn unnd diacon der kirchen zů Bern, herrn Sebastian Beck, sacrosanctae theologiae doctorn unnd professorn des Nüwen Testaments uff der academy, herrn Wolfgang Meyern, sacrosanctae theologiae doctorn unnd pfarrern der kirchen zů St. Alban zů Baßel, unnd herrn Hannß Conradten Koch, vorsteder der kirchen zů Schaffhußen, bewyßere diss unnd dieselben zů dißerm gescheft mit nothwendigem bevelch[2] abgefertiget. Darnebent üweren fürstlichen gnaden und gnaden dieselben unnßere deputierten zum besten auch recommendieren wollen, mit dienstfründtlicher und flyß|iger bitt, üwer fürstliche gnaden unnd gnaden wollind inen gemelte die unnßerigen gnedig unnd günstig bevolchen syn laßen unnd denselben zů glücklicher unnd heilsammer verrichtung der sachen alle gůte beförderung

---

[1] No. II/1.145.
[2] Cf. nos. II/1.172 and II/1.173.

unnd hilf verschaffen, und sich gegen inen von unnßer selbs unnd irer ehrlichen personen wegen hierunder also erwyßen, wie zů üweren fürstlichen gnaden unnd gnaden wir ohne das ein sonnderbar verthruwen habent. Wo dann umb dieselbe wir sölliches hinwider beschulden unnd inen angenembe dienst, ehr, lieb unnd fründtschafft erzeigen khönnend, wollend wir daßselbig ungesparts flyßes unnd gern thůn. Gott ernstlich bittendt, das er zů diß hochwichtigen wercks erwünschtem gůtem ußtrag syn heilige gnad unnd segen verlychen unnd üwer fürstliche gnaden unnd gnaden gemeinlich inn stedtem wolstand erhalten wölle.

Datum und inn unßer aller gmeinem nammen mit der statt Zürich insigel verschloßen den 23ten Septembris [N.S. 3 Oct] 1618.

Üwer fürstliche gnaden und gnaden dienst- und gůtwillige burgermeister, schultheiß und reth der vier stetten Zürich, Bern, Baßel unnd Schaffhußen

[Address:] An herrn graf Mauritzen zů Naßauw, printzen zů Uranien, etc., und herrn graf Wilhelm Ludwigen zů Naßauw, etc.

II/1.171 *Four Swiss Cities to Palatine Elector Friedrich V*

Date: 23 September / 3 October 1618

Main source: A: Zurich StA, E II 389, 65–66 (copy)

Other copies: MT, 2/3:370–372; Zurich ZB, Ms A 108, 431–435; Zurich ZB, Ms B 111, 139–141; Zurich ZB, Ms B 235, 25r–v; Zurich ZB, Ms D 237, 45r–46r; Zurich ZB, Ms G 2, 60; Zurich ZB, Ms J 59, 303v–304v; Zurich ZB, Ms J 241, 63–64; Zurich ZB, Ms S 309, 26r–v

Summary: The four Swiss cities of Zurich, Bern, Basel and Schaffhausen inform Friedrich V that they have decided to send a delegation to the synod. They recommend their delegates Johann Jakob Breitinger, Markus Rütimeyer, Sebastian Beck, Wolfgang Mayer and Johann Konrad Koch. – Further letters of recommendation were sent to the States General (no. II/1.169) and to Maurice of Orange and Willem Lodewijk of Nassau-Dillenburg (no. II/1.170).

Editor: Christian Moser

| Durchlüchtigister, hochgeborner fürst und herr, üwer churfürstliche gnaden syen unnßer willige dienst, mit erbietung aller ehren jederzyt zůvor. Gnedigister herr.

(13) burgermeister] A: burgermeisterr

Wellicher gstalt üwer churfürstliche gnaden uß hochloblichem, christyferigem, fürstlichen gemůt, iro die inn den reformierten Niderlendischen kirchen inn etwas religionspuncten entsprungenen mißhellungen sorgfeltigklich angelëgen syn lassen unnd uff den zů hinnämmung söllicher beschwer- und hochschädlicher mißverstendtnußen durch die herren General Staden gen Dortrecht angesächnen unnd ußgeschribnen national-synodum, nit nun etliche dero theologen dahin auch abzůfertigen willens, sonnder umb glyche befürderung der abordnung etlicher der unßerigen uns auch anmannen wöllen, etc. Das haben ußer üwer churfürstlichen gnaden an uns die von Zürich vom 24ten nechstverwichnem Augusti abganngnen schrybens[1] beschechener gmeiner communication wir sambtlich wol und gern verstannden. Wann dann uff gemelter herren Staden zů besůchung diß angestelten synodi an unns auch gelanngtes schrifftliches begëhren[2] und daruf von üwer churfürstlichen gnaden gegen unns obgedachter maßen beschächne wolmeinliche ermannung wir uß christlicher pflicht unnd liebe umb befürderung der ehren Gottes unnd erhaltung willen reiner evangelischer götlicher lehr unnd einigkeit nit underlaßen wöllen, zů dißerm christenlichen vorhaben begährter maßen auch zewillfahren. So habent wir unßers teils hierzů deputiert die ehrwürdigen, hoch- unnd wolgelehrten, unnßere lieben unnd gethrüwen, namlich herrn Hanns Jacoben Breitinger, obristen pfarrer der kirchen zů Zürich, herrn Marcum Rütimeyern, sacrosanctae theologiae doctorn unnd diacon der kirchen zů Bern, herrn Sebastian Beck, sacrosanctae theologiae doctorn unnd professorn deß Nüwen Testaments uff der academy, herrn Wolfganng Meyern, sacrosanctae theologiae doctorn und pfarrer der kirchen zů St. Alban zů Basel, und herrn Hans Conraden Koch, vorstehnder der kirchen zů Schaffhußen, bewyßere diß unnd dieselben zů diserm ge|schäfft mit nodtwendigem schrifftlichem bevelch[3] abgefertiget. Und diewyl nun genannte unßere deputierte iren weg zum vordristen inn üwer churfürstlichen gnaden lannde zenëmmen und von dannen mit deroselben verordneten theologis naher Dortrecht zereißen vorhabens sind, als haben üwer churfürstliche gnaden wir deßen hiemit auch verständigen wöllen, mit dienstflyßiger bitt, die wöllen iro gedachte die unßerigen hierunder gnedigist recommendiert und bevolchen syn lassen, und inen zů sicherer unnd khomlicher reiß alle beste anleitung und befürderung verschaffen lassen, und sich gegen denselben so wol umb unßer selbs, als auch irer ehrlichen persohnen willen, so gnedig und behilflich erwyßen, wie zů üwer churfürstlichen gnaden ohne das unser bestes verthruwen stadt, und sölliches umb dieselbe nach möglichkeit zůverdienen unnd beschulden wir bereit und willig sind. Gott bitende, das er

---

[1] No. II/1.155.
[2] No. II/1.144.
[3] Cf. nos. II/1.172 and II/1.173.

diserm werckh ein erwünschten glügcklichen, heilsammen ußtrag verleychen, unnd üwer churfürstlichen gnaden inn langwiriger gesundtheit unnd beharrlichem wolstanndt wyter erhalten wolle.

Datum unnd inn unser aller gmeinem nammen mit der statt Zürich ynsigel verschlossen den 23ten Septembris [N.S. 3 Oct] anno 1618.

Üwer churfürstlichen gnaden dienstwillige
burgermeister, schultheiß unnd reth der stetten Zürich, Bern, Baßel unnd Schaffhußen

[Address:] Dem durchlüchtigisten, hochgebornen fürsten unnd herren, herrn Friderich, pfaltzgrave by Rhyn, deß Heiligen Römischen Rychs Ertztruchseß und churfürsten, hertzogen inn Peyern, etc., unßerm gnedigisten herrn.

II/1.172 *Instructions for the Swiss Delegates (German)*

Date: 23 September / 3 October 1618

Main source: A: Zurich StA, E II 389, 39–43 (original)

Other copies: EA, 5/2a:40–42; MT, 2/3:339–344; Zurich StA, E II 389, 53–59; Zurich ZB, Ms A 108, 389–396; Zurich ZB, Ms B 111, 110–115; Zurich ZB, Ms B 235, 22r–23r; Zurich ZB, Ms D 237, 39v–42r; Zurich ZB, Ms F 190, 2r–3v; Zurich ZB, Ms F 190, 39v–42r; Zurich ZB, Ms G 2, 38–40; Zurich ZB, Ms J 59, 298v–301r; Zurich ZB, Ms J 241, 55–58; Zurich ZB, Ms S 309, 23r–24v

Summary: Johann Jakob Breitinger, Markus Rütimeyer, Sebastian Beck, Wolfgang Mayer and Johann Konrad Koch have been appointed as delegates of the Swiss cities of Zurich, Bern, Basel and Schaffhausen to the Synod of Dordrecht. They receive the following instructions: They are to remain committed to the Swiss and Basel Confessions and are not to allow any discussion of these Confessions or any change or revision of them. There shall be no deviation from the position regarding the Five disputed Articles, which has been jointly agreed upon in advance. If the discussions go beyond the Five Articles and touch on aspects that originate from the Socinian sect, one should not participate in them and condemn Socinianism. The parties should clearly state whether or not they have anything in common with Socinianism. The decision of the synod should not be formulated by means of new, hitherto unused terminology, but with words based on the Bible. Under no circumstances should anything be signed that is contrary to the Swiss confessions. For further topics that serve to pacify and calm the situation of the Dutch church, the Swiss delegates should help to the extent that they can answer for it before God, the Swiss churches and their authorities.

Editor: Christian Moser

(7) burgermeister] A: burgermeisterr

| Wir, die burgermeistere, schultheiß und räth der vier stetten und orten inn der Eidtgnoßschafft, Zürich, Bern, Basell und Schaffhusen, bekhennend und thůnd khundt hiemitt: Demnach die herren General Staden der Vereinigten Provincien inn Niderlanden zů entscheid und hinlegung der sider etwas jaren her inn etlichen religionspuncten by inen erwachßnen mißverstandt und strittigkeiten einen national-synodum inn die haubtstatt Dortrecht inn Holland uff den ersten tag nechstkhünfftigen monats Novembris angesechen und nebent etlicher anderer künigrychen, chur- und fürstenthumben, herrschafften und stenden theologen auch uns umb deputation und abordnung zů diserem synodo etlicher unnserer theologen früntlich ersůcht,[1] das wir umb beförderung der ehren Gotes und erhaltung willen götlicher, evangelischer, reiner lehr, wahrheit und einigkeit, wie pflichtig also auch geneigt gewesen, inn söllichem notwendigen begehren zewillfahren, und deßhalb hierzů erwelt und verordnet die ehrwürdigen, hoch- und wolgelehrten, unsere lieben und gethrüwen, namblich herrn Hans Jacoben Breitinger, burger der statt Zürich und pfarrer zum Grossenmünster daselbst, herrn Marcum Rütimeyern, burger der statt Bern, sanctissimae theologiae doctor und diacon der kirchen daselbst, herrn Sebastian Beck, sanctissimae theologiae doctorn und deß Nüwen Testaments professorn inn der academy, und herrn Wolfgang Meyern, auch sanctissimae theologiae doctorn und pfarrer der kirchen zů Sant Alban, und beid burger der statt Basell, und herrn Hans Conraten Koch, burger und vorstander der kirchen der statt Schaffhusen, und dieselben mit vorbedachtem rath und zůthůn gemeiner vorstanderen und diennern unserer kirchen und schůlen mit hienachvolgender instruction und bevelch abgefertiget habent, namblich:

Das sy allgemeinlich, nach bevorderster verrichtung unser | der vier stetten und unserer kirchen und schůlen gebürenden dienst- und ehrerbietigen früntlichen grůßes, vor allen dingen sich genauw erinneren ires eidts, mit wellichem sy vorab zů heiliger götlicher recht biblischer Schrifft, deßglychen zů der Eidtgnößischen und Baßlerischen confession,[2] auch anderer unserer kirchen und schůlen wolhergebrachten christenlichen und notwendigen ordnungen verpflichtet sind. Und inn khrafft deßelbigen eidts sy die confessiones inn einichen zwyfel ald disputation nit züchen laßen, sich auch dieselbigen zůvertädingen anders dann sich einfaltig darzů zůbekhennen dißmalen nit underwinden söllint, wyl von wegen unversechner und inn aller yl fürgenommnen reiß die notwendige gebürende vorbereitung einem so wichtigen geschefft gemeß nit vorgahn mögen.

---

[1] Cf. no. II/1.144.

[2] The Second Helvetic Confession of 1566 (RB, 2/2:243–345) was adopted by all Swiss churches, except by Basel, which kept its Basel Confession of 1534 (RB, 1/1:571–583).

Noch weniger söllint sy gestatten oder zůlaßen, das weder die strittigen parthygen oder jemandts anderer fürnemme unsere christenliche inn heiliger, götlicher, canonischer Schrifft wolgegründte confessiones zůrevidieren, zůverbeßeren oder zůenderen. Im fahl aber etwas darinnen were, das notwendigklich erclert werden sölte und mǘßte, und daßelbig zůercleren von einem ehrsammen synodo wurde fürgenommen, söllint sy doch kheiner erclerung nit underschryben, es syge dann sach, das sy all fünf, nach begehrtem und geheptem verdanck, eigentlich und einhellig befunden, das die erclerung weder den confessionen, noch der von unseren kirchen über die fünf stritigen articul gegebnen lůtherung einicher gstalt zůwider syge.

Weßen sich die diener der Eidtgnößischen reformierten kirchen und schůlen gmeinlich und einhellig der fünf stritigen articlen halber verglichen und selbiger articlen verstandt uß unser Eidtgnößischen confession | und dero zůgethanen theologen gezogen und dütlich verfaßet,[3] das söllent sy den parthyen uff begehren schlecht und einfaltig eroffnen, darnach by derselbigen erclerung ohne einich verner disputieren richtig beharren. Ob aber die ein oder die ander stritige party hieran noch mangel zehaben vermeinte oder wyteren bericht darüber begehren thete, söllent sy inen daßelbig laßen übergeben inn gschrifft, widerumb hindersich an ire kirchen zůbringen, mit erbietung, das hernach der begehrte bericht auch ervolgen sölle.

Wann über mehrgedachte fünf stritige articul, oder was denselbigen rechtmeßiger und ungefahrlicher wyß anhengig erachtet werden mag, inn dem synodo zůerörteren fürgebracht wurde, etwas wyters, so von der Socinianischen sect[4] harlanget, oder auch nur derselben ein schyn hete, deßen söllent sy sich gentzlich enthalten, auch kheiner handlung weder bywohnen noch underschryben, anders dann den Socinianischen greuwen unnd unchristenliche lehren zůverwerffen und hinzůnemmen, als durch welche das fundament rechter christenlicher religion unlydenlicher wyß angegriffen und verloren wirt. Da innsonderheit von nöten syn erachtet wirt (im fhal es die anderen herren delegierten auch gůt fundint), so man von den partyen begehrte, das sy sich vor Gott rund und ufrichtig erclerind, mit lutheren, unverdächtigen worten, zů gůtem eines gantzen ehrsammen synodi benügen, ob sy mit dem Socinianismo etwas gmeins habint, heimblich oder offentlich, jetzt gegenwürtig, oder ob sy deß inns khünfftig gesinnet sygen?

Was ein ehrsammer synodus wirt schließen, söllent sy allwegen dahin fürnemblich sich bearbeiten, das die schlußmeinungen ußgesprochen und verfaßet werdint mit | worten und arden redens, die da hargenommen sygen uß heiliger, götlicher, canonischer Schrifft und dem immerwehrenden gebruch der allgemeinen christenlichen kirchen, damit nüwe, zůvor nit gebruchte und

---

[3] Cf. nos. II/1.163 and II/1.166.
[4] Anti-Trinitarian theological movement, initiated by Lelio and Faustus Socinus.

gefehrliche arden redens vermitten werdint, so vil als immer müglich, sonderlich das sy kheinen schluß überal underschrybind, der sich im geringsten den worten oder innhalt berŭrter schrifften zŭwider syn oder zŭsyn schynen möchte.

Was aber sontst zŭ hinlegung der erweckten stritigkeiten, zŭ befridigung der betrŭbten Niderlendischen kirchen, wie auch gŭte ordnung, frid, rŭw und einigkeit inn den Niderlendischen kirchen widerumb ufzŭrichten unnd inn gŭtem wësen zŭerhalten, inn das khünfftig dienstlich syn mag, als dann syn möchte erstlich beßere anordnung der truckeryen und censuren, verpflichtung der lehreren inn kirchen und schŭlen, flyßige haltung der jerlichen synodorum, auch abschaffung alles unordenlichen wesens, dardurch Gottes gerechter zorn erweckt wirt, da söllent sy mit und nebent den theologen anderer hochberŭmbten kirchen und schŭlen so frombklich, geschicklich, bescheidenlich und thrŭwlich helfen handlen, wie sy daßelbig vorab gegen Gott, demnach gegen unseren gemeinen Eidtgnößischen reformierten kirchen und uns den oberkeiten zŭverantworten gethruwen. Da wir hiemit inen und aller anderer kirchen und schŭlen herren delegierten und theologen gmeinlich von Gott dem allmechtigen zŭ diserm gescheft vil glück, gnad und sëgen wünschend, damit alles zŭ Gotes ehren und der allgmeinen kirchen heil und wolstandt wol und loblich abgahn und verrichtet werden möge.

Alles inn crafft und urkhundt diß briefs, so inn unser | aller vier stetten gemeinem einhelligem nammen mit der statt Zürich ufgetrucktem secret insigel verwahrt und anfangs genannten unseren deputierten theologis zŭgestelt worden den dryg und zwentzigisten tag deß monats Septembris [N.S. 3 Oct] von der geburt Jesu Christi, unnsers herrn und heylandts gezelt einthußent sechshundert und achtzechen jare.

43 A

II/1.173 *Instructions for the Swiss Delegates (Latin)*

Date: 23 September / 3 October 1618

Main source: A: Zurich StA, E II 389, 47–50 (original)

Other copies: MT, 2/3:344–348; Zurich ZB, Ms A 108, 397–405; Zurich ZB, Ms B 111, 116–121; Zurich ZB, Ms B 235, 23r–v; Zurich ZB, Ms D 237, 42r–43r; Zurich ZB, Ms G 2, 40–44; Zurich ZB, Ms J 59, 296r–298r; Zurich ZB, Ms J 241, 59–60; Zurich ZB, Ms S 309, 24v–25r

Summary: Latin text of the instructions for the Swiss delegates, see no. II/1.172.

Editor: Christian Moser

47 A | Nos, consules et senatus quatuor Helvetici foederis civitatum, Tiguri videlicet, Bernae, Basileae atque Schaphusii, notum facimus atque profitemur, postquam domini Ordines Unitarum Belgicarum Provinciarum synodum nationalem ad proximi Novembris Calendas Dordraci, Hollandiae urbe primaria, habendam ad decidendum componendumque controversias atque dissidia, non ita pridem apud ipsos in causa religionis exorta, constituissent, atque ad eam synodum, praeter aliorum regnorum, electorum item, principum, dominorum ac rerumpublicarum aliquot theologos, nostros quoque nonnullos mitti a nobis peramice petiissent,[1] nos provehendae divinae gloriae, conservandae sacrosanctae evangelicae puraeque doctrinae studio, veritatis item atque concordiae studio, non officii religione minus quam liberalissima voluntate adductos, petitionem tam iustam ipsis gratificari decrevisse et quidem provinciam hanc destinasse viris reverendis, doctissimis, dilectis et fidelibus nostris, Iohanni Iacobo Breitingero, Tigurino civi et templi apud Tigurinos primarii antistiti, Marco Rütimeyero, sanctissimae theologiae doctori, civi Bernensi atque ibidem verbi divini ministro, Sebastiano Beck, sanctissimae theologiae doctori et professori Novi Testamenti in academia, Wolfgango item Meyero, sanctissimae theologiae doctori et pastori ad beati Albani, ambobus civibus Basiliensibus, nec non Iohanni Conrado Kochio, civi Schaphusiano et eiusdem ecclesiae pastori.

His de sententia atque consilio communi eorum, qui ecclesiis nostris et scholis praesunt, haec quae sequuntur, in mandatis dedimus, nempe:

Ut hi nostri omnes et singuli, cum primum benevolentiam ac studium in omni officii genere nostro nostrarumque ecclesiarum et scholarum nomine honorifice professi fuerint, ante omnia sacrosancti iurisiurandi, quo sacrosanctae, vere, divinae atque canonicae Scripturae, Helveticae item et Basiliensi confessionibus,[2] aliis denique ecclesiarum et scholarum nostrarum piis, necessariis et laudatissimis constitutionibus devincti sunt, religiosissime memores, confessiones nostras | neque in dubium ullum aut in quodcumque disputationis discrimen adduci permittant, neque eas in hoc quidem conflictu, propterea quod ob profectionem improvisam et properantissimam non ea, quam tanti momenti res flagitat, praeparatio adhiberi potuit, defendendas suscipiant, sed simplici asseveratione tantum se his per omnia assentiri, confirment.

Quin etiam studio non minori cavebunt, ne partes dissidentes aut quisquam alius revidendarum, emendandarum mutandarumve confessionum nostrarum, Scripturis canonicis ad amussim conformium, ius sibi potestatemque sumat. Si vero in confessionibus nostris quidpiam lucem interpretati-

---

[1] Cf. no. II/1.144.
[2] The Second Helvetic Confession of 1566 (RB, 2/2:243–345) was adopted by all Swiss churches, except by Basel, which kept its Basel Confession of 1534 (RB, 1/1:571–583).

onemque desideraret venerandaque synodus interpretandi partes in sese susciperet, ipsi tamen nulli interpretationi subscribent, priusquam spatio cogitandi concesso interpretationem illam neque confessionibus ipsis, neque quas ecclesiae nostrae adornarunt quinque controversiarum determinationibus ratione quacunque adversam esse, certe unanimiterque omnes et singuli agnoverint.

Quae super quinque controversiis de communi sententia eorum, qui ecclesiis nostris et scholis praesunt, ex Helvetica Confessione ceterorumque theologorum, qui hanc sequuntur, scriptis desumpta, fideliter luculenterque consignata sunt,[3] ea ipsi mera et nuda partibus dissidentibus, si id petierint, exhibebunt et in iis citra disceptationem omnem constanter perseverabunt. Si tamen partium sive huic sive illi satisfactum non esset, aut explicationem ex iis altera uberiorem posceret, id scripto sibi exhiberi vicissim rogabunt seque ad ecclesias suas rem delaturos earumque sententiam suo post tempore transmissuros esse recipient.

Si praeter controversos articulos quinque iam notos, aut ab illis legitimo nexu pendentes alios, ad synodum illam disceptandi gratia deferretur quid|piam a Sociniana haeresi[4] sive vere, sive specie-tenus profectum, id ipsi in universum defugient, neque actioni ulli intererunt aut subscribent, nisi ad damnandum tollendumque dogmata Socini exsecrabilia et detestanda haereseon monstra, quibus Christianae veraeque religionis fundamentum iniuria intolerabili petitur atque subruitur. Et quidem precium operae videntur esse facturi vel maximum (modo theologi ceteri, qui presto sunt, consilium hoc quoque probaverint), qui a partibus peterent et impetrarent, ut coram tremenda facie maiestatis divinae sincere, sancte, verbis conceptis, et nulli cavillo aufugioque obnoxiis quibusque tota synodus tuto acquiescere possit, edant et profiteantur, num quaecunque dogmata sibi cum Socino eiusque complicibus communia sint, sive clam, sive palam, sive inpraesentiarum, sive deinceps quidquam sibi cum illo esse commune velint?

Quas controversias veneranda synodus definiet, ipsi potissimum dabunt operam, ut definitiones concipiantur et enuntientur verbis generibusque dicendi iis, quae petita sint e sacris canonicis Scripturis aut e perpetua Christianae vereque catholicae ecclesiae praxi, ut hac ratione phrases novae, insolentes et libidini contentiosorum obnoxiae, quoad eius fieri potest, studiose vitentur. Cumprimis definitioni subscribent omnino nulli, quae vel verbis vel sensui dictarum scripturarum adversetur re ipsa, vel in speciem saltem adversa esse videri posset.

Quaecunque vero praeterea ad tollendas controversias, ad reddendam turbatis ecclesiis Belgicis pacem, ad ordinem, quietem atque concordiam in ec-

---

[3] Cf. nos. II/1.163 and II/1.166.
[4] Anti-Trinitarian theological movement, initiated by Lelio and Faustus Socinus.

clesiis iisdem deinceps reconcinnandam conservandamque, videbuntur idonea, cuius generis esse possit accuratior typographeiorum edendorumve scriptorum censura, docentium in ecclesiis et scholis sanctior ad orthodoxum consensum obligatio, collapsae disciplinae redintegratio atque animadversio severior in | mores corruptos, quibus iustissima numinis ira nunquam non provocatur, in hisce et id genus aliis nostri cum theologis celeberrimarum ecclesiarum et scholarum aliarum consilia rationesque coniungent, ea dexteritate, pietate, modestia, ac fide, qua sese actiones suas omnes primum Deo, tum suis quoque ecclesiis, denique nobis etiam magistratibus suis probaturos confidunt.

Postremo ipsis theologis nostris ceterisque ecclesiarum et scholarum theologis clarissimis universis a Deo omnipotente gratiam precati uberrimam, qua negotium hoc omne ad gloriam divini nominis, totius etiam ecclesiae incolumitatem atque salutem perpetuam, felicissime iuxta ac gloriosissime geri conficique possit, has literas nostro quatuor civitatum nomine reipublicae Tigurinae sigillo munitas tradidimus. Septembris die vicesimo tertio [N.S. 3 Oct], anno a nato salvatore ac domino nostro Iesu Christo supra millesimum sexcentesimum decimum octavo.

II/1.174 *Bern Magistrates to Zurich Magistrates regarding Instructions for the Swiss Delegates*

Date: 24 September / 4 October 1618

Main source: A: Zurich StA, E II 389, 69–70 (copy)

Other copies: MT, 2/3:348–349; Zurich ZB, Ms A 108, 406–408; Zurich ZB, Ms B 111, 122–123; Zurich ZB, Ms B 235, 23r–24r; Zurich ZB, Ms D 237, 43r–v; Zurich ZB, Ms F 190, 42r–v; Zurich ZB, Ms G 2, 45; Zurich ZB, Ms J 241, 60–61; Zurich ZB, Ms S 309, 25r

Summary: Bern agrees with the decisions concerning the delegation sent to the Synod of Dordrecht. The only thing they say is that the Basel Confession should not be mentioned separately in the Instruction, so as not to fuel the misunderstanding that the Swiss churches are divided among themselves. One could also refrain from asking the parties to comment on their relationship to Socinianism. Bern, however, leaves the decision in this regard to Zurich.

Editor: Christian Moser

| Unnser fründtlich, willig dienst, etc. Verthruwt, lieb, alt Eidtgnoßen.

Was uff jüngst Arouwischen tag[5] wegen sendung und abfertigung unnser der vier evangelischen stetten[6] verordneten gelehrten unnd theologen uff den

---

[5] Meeting of the four Reformed Swiss cities in Aarau, 18/28 Sept (EA, 5/2a:39–40, no. 37).
[6] I.e., Zurich, Bern, Basel and Schaffhausen.

Niderländischen national-synodum unnd über übrige angezogne puncten verabscheidet worden, das haben wir so wol uß dem abscheid selbs unnd überliferten stuckhen, als unnserer gesandten[7] mundtlichen relation unnd bericht nach nothdurfft verstanden. Wann nun sich hierüber jedes ort sines entschlußes gegen eüch, unnseren verthruwt, lieb, alt Eidtgnoßen, erclären söllen, haben wir nach beschechener relation lenger nit uffhalten, sonnders hiemit unnsere meinung unnd intention eüch unnseren verthruwt, lieb, alt Eidtgnoßen zůkommen laßen wellen.

Als für den ersten puncten, das wir unns beschloßene abred der gunst-schryben, instruction unnd abfertigung,[8] ouch verglychung der fünff artick-len,[9] so der herren abgeordneten gelehrten und theologen halben beschehen, durchuß wol gefallen unnd angenäm syn lassen. Allein, das wir eüch inn verthruwen nochmahlen heimbsetzen wöllendt, ob nit uß allerley bedencklichen ursachen die wort inn dem ersten artickhel: "und Baslerischen confession" usgelaßen unnd an dem wort "Eydtgnößischen," etc. es gnůgsamm syn möchte,[10] damit harus khein unglyches von böswilligen erwütschet unnd geschloßen werden möchte, als stimmetendt wir inn unnsere confession nit überein und wäre etwas underscheidts | und particulars, etc. Item, das im anndern artickhel das anmůten an die parthyen wegen des Socinianismi ouch wol übergangen werden möchte, etc.[11] Jedoch so thůndt wir unns uff eüwer gůttdunckhen hierin referieren unnd erclären, das wir unns von eüch nit sünderen wellendt, was ir hierin nachlaßen unnd gůt finden werdendt. Unnd pittendt, das ir die schryben inn unnsere aller nammen des geschäffts wegen expedieren wölledt, etc. Gott pittendt, das er unns sambtlich inn synem gnedigen schirm erhalten welle.

Datum 24ten Septembris [N.S. 4 Oct] anno 1618.

Schultheiß[12] unnd rhat der statt Bern

[Address:] An burgermeister[13] unnd rath der statt Zürich

---

(19) Socinianismi] A: Socianismi

[7] Niklaus von Mülinen and Franz Güder.
[8] Cf. nos. II/1.161, II/1.172 and II/1.173.
[9] Cf. no. II/1.163.
[10] The instructions for the Swiss delegates required that the delegates should abide by the Second Helvetic Confession of 1566 and the Basel Confession of 1534. Cf. nos. II/1.161, II/1.172 and II/1.173.
[11] The instructions for the Swiss delegates recommended that the conflicting parties should be required to declare their relationship to Socinianism. Cf. nos. II/1.161, II/1.172 and II/1.173.
[12] Albrecht Manuel.
[13] Hans Heinrich Holzhalb.

II/1.175 *Instructions for Bern Delegate Markus Rütimeyer*

Date: 28 September / 8 October 1618

Main source: A: Zurich StA, E II 389, 77 (copy)

Other copies: MT, 2/3:350; Zurich ZB, Ms A 108, 409–410; Zurich ZB, Ms G 2, 45–46

Summary: Although the Bern Council has already sent its opinion to Zurich in writing after the meeting in Aarau (no. II/1.174), it has nevertheless sent the Zurich aphorisms about the Five controversial Articles (no. II/1.163) to its own pastors and teachers and asked for their opinion. Markus Rütimeyer finds this opinion enclosed.

Editor: Christian Moser

Obwol min gnedig herren schon hievor uß ir getrüwen, lieben miträthen herren von Mülenens[1] und herren Güders[2] ir verrichtung halb zů Arouw[3] gethane relation dero vertruwten, lieben alten Eydtgnossen der statt Zürich zůgeschriben,[4] weßen sy sich erlütert haben wellindt, daß der fünff spänigen articklen halb uff dem national synodo sölle durch die deputierten theologen gehandlet werden, haben ihr gn. doch sich hernach ryfflich bedacht, dero kirchen- und schůldieneren allhie daß scriptum, so von den gelehrten von Zürich über die gemelten fünff artikel gestellt worden,[5] zůzeschicken und von inen darüber ein advis und bedencken zueforderen. Welliche dann selbiges ihr gn. uff hüdt fürgebracht, wie ir eüch uß den bylag kurtz und substantzlich zůersehen.[6] So nun ihr gn. ermelten iren geliebten kirchen- und schůldieneren in sölichem iren gefaßten bedenckhen byfallendt, habend sy eüch herren doctorem Rüttimeyerum deßelben (wie hiemit beschicht) berichten wellen, eüch nach demselben wüßind zůverhalten, wie ihr gn. eüch dann sonderlich zůtrůwendt, ir eüwerem hohen verstandt nach thůn, und hierin nützit verabsumen werdindt.

    Actum 28 Septembris [N.S. 8 Oct] 1618
        Underschryber

---

[1] Niklaus von Mülinen.
[2] Franz Güder.
[3] Meeting of the four Reformed Swiss cities in Aarau, 18/28 September (EA, 5/2a:39–40, no. 37).
[4] No. II/1.174.
[5] No. II/1.163.
[6] These enclosures do not seem to be extant.

II/1.176 Pieter van Brederode to the States General (Selection)

Date: 13 October 1618; received 27 October 1618

Main source: A: The Hague NA, S.G. 6018, [2 pp.] (original)

Summary: Brederode writes that Basel, on behalf of the four evangelical Swiss cantons, had informed the Elector of the Palatinate that Swiss theologians will be sent, and asked whether there was enough time for them to meet the other delegates in Heidelberg. This was confirmed. Written by a clerk, signed by Brederode.

Editor: Johanna Roelevink

Hoochvermeugende hoochgheëerde ende ghebiedende Heeren,

Continuerende op mijne laetste voorgaende van den 2^{en} deser, sal het uwe Hoochvermeugenden mit desen in gunsten believen te verneemen, hoe dat op de resolutie t' Arauw bij de vier evangelische cantons onlanx ghenoomen nopende d' affschickinghe van haere theologen, die van Basel, als de naesten op dese zijde, eenen expressen booden alhier hebben ghehadt om sijne Churfurstelicke Hoocheijt van de selven onderdanich t' informeren ende verders van den selven te verneemen off haere ghedeputeerde theologen noch tijts ghenouch soude op Heijdelberg kennen kommen om sich met die, dewelcke van weghen sijne Churfurstelicke Hoocheijt sullen onderwertz gheschickt werden, te vervoughen ende alsoo ghesamelijck neederwertz te varen. Waer op men hem bericht heeft, naedem men gheresolveert was niet de Weser, maer den Rhijn aff te varen, soo sij sich alleen voor den sevende ofte achten deser maents, ouden stijl, alhier lieten vinden, dat het noch tijts ghenouch soude sijn. Ende es men de selven alsoo op Manendach ofte Dijnsdach naestkommende alhier verwachtende.

[The agent continues with other matters.]

| Uijt Heijdelberg desen 13^{en} October 1618.   2v A

        Uwer Hoochvermeugender onderdanichste ende altijts bereijtwillighen dienaer
        P. van Brederode.

(29) P. van Brederode] A: *autograph*

II/1.177 *Pieter van Brederode to the States General*

Date: 18 October 1618; received 2 November 1618

Main source: A: The Hague NA, S.G. 6018, [8 pp.] (copy)

Summary: Brederode reports on the group of delegates from the four Swiss evangelical cantons and the Palatinate to the synod, and on some questions about their journey to the Netherlands. A list with the names of the Swiss delegates, their servants and other fellow travelers, is attached.

Editor: Cornelis A. de Niet

Hoochvermeugende hoochghe-eerde ende ghebiedende heeren.

Uijt mijne laetst voorgaende van den 13^{en} deser waer van de duplicata hierbij gaet, hebben uwe hoochvermeugende in gunsten vernoomen de ghevatte resolutie bij de vier evangelische cantons in Switzerlandt, nopende daffschickinghe vande begheerde theologen op het aenstaende NATIONNAL SIJNODO. Zeeder sijn de selven in ghetal van vijff voorneemen theologhen, een van Zurich ghenaempt JEHAN JACOB BRETINGER, haere voorneempste predicant, een van Bern, MARCUS RUTTEMEIR, DOCTOR in de heijlighe schrift, twee van Basel, eene genaempt SEBASTIANUS BECKIUS, DOCTEUR ENDE PROFESSOR in de heijlige schrift in haere vermaerde universiteijt, ende een voorneemen PREDICANT ghenaempt WOLFANG MAIJERUS, oock DOCTOR THEOLOGIAE, ende een van Schaffhuijsen, JOANNES CONRADUS KOCHIUS, mede aldaer voorneme predicant. Ende was in teersten goet gevonden, dat een ijder met eenen dienaer ende daerenboven eene ghemeene schrijver (om van het tgundt daer onder passeren souden notule ofte register te houden) hebben souden, maer het schijnt dat haere heeren het ghetal hebben vermeert, als haere hoochvermeugende uijt den bijghevouchde lijste sullen sien. Boven desen soo sijnder alhier noch twee theologen, ABRAHAMUS SCHULTETUS ende TOSSANUS, alle beijde doctores in de heijlighe schrift (den derden, te weeten DOCTOR ALTINGIUS, es hier vooren deur Breemen onderwerts ghetrocken) met eene schrijver ende twee dienaers bij zijne churfürstliche hoocheijt gheordonneert. Dit es het ghetal van de theologen die uijt Phals ende Switzerlandt onderwerts trecken, van die, dewelcken uijt Hessen kommen werden, en hebb ick gheen tijdinghe, hoe wel ick aen sijne furstliche genade ende oock aen een van den raet IN ABSENTIE van denselven om de schickinghe te bevorderen gheschreven hebbe; twijfele doch niet off sij sullen schicken, als mij te vooren van daer bericht es gheworden.

Hier werd bij de Switzersche theologen niet weijnich swaricheijts ghemaeckt over de perijckelen die sij vreesen in het affreijsen op den Rhijn ende

(19) ghenaempt] A: ghenaemp – (29) twee] A: dwe – (30) die] A: dit

houden starck aen om deur Hessen de Weeser aff te varen, twelcken niet alleen verd'om ende veel costelijcker, maer oock eene seer moijelijcke ende langhe reijse vallen soude. Maer alsoo het punct vande zeeckerhejit in desen val het voorneempste es, sullen wij hooren wat bij sijne churfürstliche hoocheijt ende sijnen raet gheraetsaempste ghevonden sal werden. Bij mij sal alle naersticheijt aengewendt werden, om haere reijse op het vordelixste te | menageren. Ick hadde gaerne ghesien, dat zij met weijnigher vervolg ghekommen waren, maer het schijnt dat sommighe onder de voorneempste vande hoochghemelde cantons, als het bij sulcke occasie ghemeenelijcke pleecht te gheschieden, haere kinderen ofte vrienden wat willen doen versoucken. Daer sijnder ettelijcken onder hem die strax nae Engelant ende Vranckrijck sullen voorts reijsen.

De faveur die den selven ende anderen hier in werd gheschieden, sal bij andere ghewichtigher occasie tlandt wederom ten besten kommen. Ende desen tot gheene andere fijnen streckende, nae presentatie mijner onderdanichste ende altijts bereijtwillighen dienstes, bidd' ick den Almogende het aenstaende NATIONNAL SIJNODO alsoo deur de ghenaden sijnes Heijlighen Gheestes te willen regieren, dat tselve tot bevorderinghe van sijner eere, rust ende | eenicheijt van sijne ghemeente ende eijntelijck tot welstant vant lieve Vaderlant meughe ghedien. Uijt Heijdelberg, desen 18 Octob. 1618.

Uwe hoochvermeugenden onderdanichste ende getrouwen dienaer.

Duplicata van den 18 Octob. 1618

[Address:] | Den hoochvermeugenden Heeren General Staten der Vrije Vereenijchde Nederlantsche Provincien mijne hoochghe-eerde ende ghebiedende heeren in den Haghe

| DOMINORUM THEOLOGORUM AD SIJNODUM
NATIONALEM DORDRACI CELEBRANDAM, EX QUATUOR
REFORMATIS HELVETIAE URBIBUS
DEPUTATORUM, NOMINA.

Joannes Jacobus Breitingerus, ecclesiae Tigurinae antistes.
Huic a magistratu Tigurino comites itineris adiuncti sunt:
  Marcus Stapherus, nobilis Tigurinus velut dispensator,
  Henricus a Schennis, medicinae doctor.
  Jacobus Danner, minister publicus urbis Tigurinae.

(2) verd'om] A: interl. add. – (5) werden] A: werde – (5) sal] A: corr. from salle – (8) waren] A: ware – (9) pleecht] A: pleech – (31) magistratu] A: Magistrato

Bernenses

Marcus Ruttimeierus, theologiae doctor et verbi in ecclesia Bernensi minister. Huic comites adiuncti sunt:
    Daniel Wissius pro amanuensi,
    Joannes Huldricus Tulicher, minister publicus.

Basilienses

Sebastianus Beckius, sanctae theologiae doctor et Novi Testamenti professor ac pro tempore facultatis theologicae decanus.
Wolfgangus Maijerus sanctissimae theologiae doctor et ecclesiae D. Albani antistes, ad sijnodum tam academiae quam ecclesiae nomine deputati.
His duobus a magistratu Basiliensi comites itineris adiuncti sunt:
    M. Reinhardus Rijffius, sanctae theologiae studiosus, amanuensis
    Christophorus Ringhius, consulis filius, patritius.
    | Johannes Schelli, minister urbis Basiliensis publicus proficiscitur autem cum his quoque privato suo nomine.
Bernhardus Maijer utrique delegatorum affinitate iunctus, militiam in Belgo sub auspiciis illustris principis Mauritii sectaturus.

Schafhusiani

Conradus Koch, ecclesiae Schafhusianae antistes.
Bernhardus Peijer ut amanuensis.
Joannes im Turn, propriis sumptibus.
Beatus Wilhelmus Schalck, minister publicus.

Johannes Henricus Wazerus ut scriba omnium deputatorum.

II/1.178 *Johann Jakob Breitinger to the Zurich Magistrates*

Date: 30 October / 9 November 1618

Main source: A: Zurich StA, E II 389, 233–236 (original)

Other copies: MT, 2/3:377–379; Zurich StA, E II 442, 71v–72r; Zurich ZB, Ms A 109, 65–69; Zurich ZB, Ms B 111, 148–151; Zurich ZB, Ms D 237, 57v–59r; Zurich ZB, Ms G 2, 1351–1352; Zurich ZB, Ms J 59, 306v–307v; Zurich ZB, Ms J 241, 77–78; Zurich ZB, Ms S 309, 32v–33r

Summary: After the Swiss delegates had presented their letter of recommendation to the Elector Palatine, they boarded the ship together with the Palatine delegates and arrived safely in Dordrecht on 21 October. They were warmly received and sent the letter of recommendation to The Hague. The synod was supposed to begin on 22 October [N.S. 1 Nov], but so far nothing has happened. Most of the delegates of the Dutch provinces have not yet arrived. The synod is important because it is quite clear that it is not only about individual articles, but ultimately about the whole Christian faith. Breitinger will report to the council immediately on how things are developing.

Editor: Christian Moser

Herr burgermeister, fromm, edel, vest, fürsichtig, ehrsamm unnd wyß, innsonders hochehrende, gnedige, liebe herren, eüwer ehrsamm wyßheit sygen näbent fründtlichem grüß myne schuldige pflicht unnd gehorsam inn aller underthenigckeit jederzytt bestes flysses bereit zůvor.

Gnedige herren, wiewol e. e. w. mit schryben zůbemůyen vor unnd ehe der national-synodus diser orten synen anfang genomen hette, ich nit gesinnet, hab ich doch, wyl sich die sach etwas verwylet, hochwolgedacht eüch myn gnedig herren joch der bißhar verrichten reiß halben nit unberichtet lassen söllen. Nachdem wir der vier stetten deputierten eürer unnßer allersytts gnedigen herren unnd oberen commendation schryben[1] dem herren pfaltzgraven churfürsten gelifert, daselbst auch gnedig gehalten unnd gelassen worden, sind die Pfältzischen deputierten unnd wir samptlich inn Gottes nammen zů schiff gangen und den 21ten tag diß monats zů Dordrecht inn Holland alle gar glücklich unnd wol ankommen. Darfür wir dem herren Gott lob unnd danck sagend. An dißem ort sind wir fründtlich empfangen unnd bald inn bestellte burgershüßer, je zwen unnd zwen abgetheilt, aber die Pfältzischen unnd Eydgnößischen sampt iren zůgehörigen zůsammen an ein gmeine tafel verordnet worden. Wir habend auch glych angends die credentzschryben in Den Hag verfertiget, darüber unns alle fründtschafft biß uff fernere glägenheit erbotten worden. Den synodum selbst belangend ist zwar derselbig ußgeschriben uff den ersten tag Novembris nüwen calenders, wie wir dan von deßwägen auch uff wytter zůsprächchen herren von Brederods unns nach allem vermögen uff der straaß by tag unnd nacht gefürderet habend und hiemit under den frömbden allen die eersten gsyn sind. Aber es ist biß dato noch nütt fürgenommen worden. | Die meisten deputierten dißer Niderlendischen provintzen selbs sind noch nit vorhanden, darumb das sy mit iren provincial-synodis, inn welchen uff den national vorbereitung beschicht, noch nit allenthalben fertig sind. Wir sind aber unntröstet, die sach die nechste wuchen einen anfang nemmen sölle. Unnd wyl nunmehr der politische stand diser orten glücklich reformiert, die verdächtigen oberkeiten durch herren princ Mauritzen sonderbaren geschicklickeit vermittelß göttlichen, gnedigen bystand vorab inn grosser anzal irer standen erlassen und an

234 A

(36–p. 623.2) die ... worden] *A: struck through probably by a later hand*

[1] Cf. no. II/1.171.

ir statt andere qualificierte personen mit grossem frolocken des volcks verordnet worden, darnäbent die nüwen lehren unnd derselbigen redlifürer inn ungläublichen widerwillen by mängcklich gerathen, das sy sich nit wol mehr dörffen sähen lassen, wyl offentlich am tag ist, das es nit zů thůn nur allein umb fünff oder etlich wenig articul, sonder umb die christenlich religion und confession gantz aufeinander. Es ist nit zůsagen, sonder erschreckenlich nur zůgedencken, was unchristenlichen unnd über die maaßen gottslesterliche reden und lehren schon angesetzt habind, dass von iren etliche inn den particul synodis albereit überzüget worden von deßwägen und dan auch das diße land under dem fürwort fürgenomner verbesserung der confession nur unndereinander zwytrachtig gemachet, hernach verrathen und in üßerstes verderben gerichtet werden söllen, hat man sich zůversächen, das dißer Niderlandische national-synodus ohne frucht nit abgahn und näbent erhaltung unnser alten, wahren christenlichen confession auch vil gůte nothwendige ordnungen werdind gemachet und angenommen werden, durch welche sölchen verderblichen nüwerungen inn das künfftig vorgebuwen syn wirt. Was sich aber fürhin wirt zůtragen, desselbigen und gantzen | geschäffts beschaffenheit, sovil mir jederzytt grundtlich zůwüssen syn mag, e. e. w. unverzugenlich zůberichten, bin ich inn aller underthenigkeit nit so schuldig als willig. Den allmächtigen Gott bittende, das er zů vorstehendem werk einen erwünschten fortgang und ußtrag gnedigklich verlychen, auch unnser geliebt vatterland, desselben regiment und kilchen sampt deren beyder fürgsetzten inn gemein und jeden besonder, nach fürbaß inn allem fridlichen, glücklichen wolstand vätterlichen erhalten unnd vor derglychen straffen gnedigcklich bewaren wölle durch unnseren lieben herren und heyland Jesum Christum, Amen.

Datum zů Dortrecht inn Holland den 30ten Octobris [N.S. 9 Nov], anno 1618.

  E. e. w. underthäniger und gehorsamer,
  Hans Jacob Breitinger, diener der kilchen Zürich

[Address:] | Den hochgeachten, frommen, edlen, vesten, fürsichtigen unnd wyßen herren burgermeister unnd rath der loblichen statt Zürich mynen besonnders hochehrenden, gnedigen, lieben herren und oberen.

---

(2) inn] A: foll. by del. so – (3–9) das...worden] A: struck through probably by a later hand – (11) verrathen] A: -rathen interl. add. repl. del. characters – (12) werden] A: prec. by del. haben – (12) hat] A: prec. by del. so[?] – (12–13) Niderlandische] A: marg. add. in Breitinger's hand – (13) erhaltung] A: interl. add. repl. del. bestetigung – (17) aber fürhin] A: add. below line, repl. 2 del. words – (18–19) unverzugenlich] A: marg. add. in Breitingers's hand – (19–20) schuldig... willig] A: corr. from willig als schuldig – (20) Den] A: prec. by interl. del.[?] nit – (20) vorstehendem werk] A: marg. add. in Breitinger's hand, repl. del. allem – (24) straffen] A: prec. by del. schweren – (24–25) gnedigcklich] A: prec. by del. word – (29–30) E. ... Zürich] A: in Breitinger's hand – (31) Den] A: above in Breitinger's hand: den 31 Octobris 1618

SECTION 8: INVITATION OF NASSAU-WETTERAVIAN THEOLOGIANS

II/1.179 *States General Invitation to the Wetteravian Association of Counts*

Date: 25 June 1618

Main source: A: Wiesbaden HHStA, 170 III, nr. 370, 179r–180r (copy)

Other copy: Rotterdam BRG, 49.2

Summary: The States General letter of invitation is addressed to Count Wolfgang Ernst of Isenburg and Büdingen, the representative of the Wetteravian association of Counts. The number of delegates requested is not specified. Though the letter is dated 25 June, the actual invitation to the Wetteravian Counts was not authorized by the States General until 8 September. – The letter is written in a mixture of Dutch and German and apparently contains copying errors. Textually it is very close to the letters of invitation sent to the Elector Palatine (no. II/1.107) and the Landgrave of Hesse (no. II/1.119).

Editor: Dagmar Bronner

Wohlgeborner grave, insunders günstiger liever herr und freundt,

Wy moten mit sehr grott leidwesen bekennen, datt so wannehr wy meinden, nha eine sehr schwaere, periculose und langduirige oorloge, sekerlich doer hett maecken von ein bestandt, dartho eniger potentaten hochwyse raedt uns nicht wenig behülplich iß gewest, gekomen the syn in einen gueden wolstantt und ruste, so int politicq als ecclesiastycq, hett ther contrarien sulcx iß uthgefallen, datt int undersoeck van de lehre van de praedestinatie und gefolge von dien, men hyr the lande in so danige mißverstanden und disputen iß gefallen, datt then sy dieselve by eine ordentliche und vor desen alle tytt gebruickte maniere von doen, en werde ther nedergelegt und weggenommen, hett the vresen is, datt daer uth nitt anders staett the folge dan extreme dangier und pericul vor desen staett und die wahre gereformirte christliche

---

(21) maecken] *A:* morcken – (23) sulcx] *A:* sulex – (25) hyr the] *A: written as one word*

religion, darover wy uns then allerhöchsten bekümmert vinde und nit mehrder ther herten nehmende dan die conservation derselver, darunder Gott Almechtich desen staett soe merckliche und genadichliche hefft gesegent, hebben vorgenomme, tott wehringe van die algereets geresene geschillen, und vorkomminge van alle vordere schwaricheiden | und unheilen, the holden ein nationale synodum tegens den ersten Novembris tho komende, umb by denselven synodum die vorgemelte quaestien metten ancleven von dien the lathen examiniren und, beholdende alle tytt die waerheitt van de reyne lehre, met alle gevoeglichkeitt nederlegge. Und dan E. Ld. sampt den anderen herrn wetterawischen graven in derselven graffschafften und landen hebben sehr treffliche gelehrte theologanten, den welcken die staett van dese controverse und quaestiose poincten nit unbekent en iß, so solden wy E. Ld. wolfreundlich willen versocken, datt derselven believen wilde, ewre gotselige, vriedsame und gelehrte theologanten, uth derselven samptlichen mittell, herwerts the deputiren, umb mitt haere tegenwoerdicheitt und beleidt die actie van den synode t'assistiren und die vorgemelte schwaricheiden the helpen beschlichten, daranne E. Ld. vor den dienst dieser landen, ruste und vriede van de kercke soll doen, tghene wy derselven hoge wyßheitt und tott der saecken guede geneigentheitt syn tho betrouwende, verwachtende by naer|der rescriptie tghene E. Ld. up ditt unse versoeck sullen hebben geordonneert. Dy wy nha unse freundliche erbiedinge, undertuschen, hyrmede in schutz und scherm des Almechtigen, langduirige gesundtheitt und gräfflichen wolstande bevehlen. Datum Hage, den 25 Junii 1618.

  Adr. van Manmaker vidit
  E. Ld. freundwillige,
  Die Staten General der Vereinigtten Niederlanden, etc.
  Durch derselven befelch,
  Arssens

[Address:] Dem wohlgebornen graven Wolffgang Ernsten zu Isenburgk, graven zu Büdingen, der wetterawischen correspondentz ausschreibenden, etc.

Praesentatum Büdingen, den 16 Septembr. [N.S. 26 Sept] 1618.

(1–2) mehrder] *A:* mehr der – (12) unbekent en] *A: written as one word* – (15) tegenwoerdicheitt] *A:* tegen woerdicheitt – (19) naerder] *A:* naer der – (20) up] *A:* kp – (29–31) Dem...1618] *A: written beside the final signature*

II/1.180 Count Wolfgang Ernst of Isenburg and Büdingen to Count Johann VII of Nassau-Siegen

Date: 24 September / 4 October 1618

Main source: A: Wiesbaden HHStA, 170 III, nr. 373, 53r–54v (original)

Summary: Count Wolfgang Ernst, representative of the Wetteravian association of imperial Counts, forwards a copy of the States General's invitation to his assistant ("adjunct"), Count Johann VII, asking the latter's opinion on whether to communicate the invitation to non-Reformed members of the association and on how to respond to the States General. Due to shortness of time, he asks for a speedy answer. Wolfgang Ernst has also informed Count Johann Albrecht I of Solms-Braunfels, another assistant, in the same way and further asks Johann to do the same with other Counts (presumably Johann's brothers), again requesting their opinions on the matter.

Editor: Dagmar Bronner

Mein freundtwillige dienst und waß ich mehr liebs und guts vermag zuvor. Wolgeborner, freundlicher, lieber vetter, schwager, bruder und gevatter,

Beyverwarth thue ich e. l. abschrifft der hern General Staden im Niederlandt an mich, alß ausschreibenden unserer correspondentz, wegen beschickung eines von inen gegen den 1ten Novemb. außgeschriebenen national synodi abgangenen schreibens zuschicken,[1] welches ich allererst den 16ten dieses [N.S. 26 Sept], durch einen kauffman eingeliefert, auß der Franckfurter meß empfangen. Ob nun daßelbe auch andern unsern vettern, so der reformirten religion nicht zugethan, gleichfals zu communiciren oder nicht, waß e. l. rhätlich bedencken und gutachten hieruber, und wie und welcher gestalt dieselbe hinwieder zubeantwortten und sie von uns intitulirt werden mochten (das e. l. am besten bewust sein wirdt), bitt ich, mich, weil der termin etwas kurz, förderlichst zuberichten, es darnach haben anzustellen und zu verordnen. | Hab ein solches auch an den wolgebornen, meinen freundlichen, lieben vettern, schwagern, brudern und gevattern, grave Johan Albrechten zu Solms, etc., geschrieben; e. l. freundlich bittendt, daßelb ahn die benachbarte unsere vettern,[2] wo vonnöthen erachtet wirdt, gelangen zulassen und ihre llld. meinung hieruber zu vernehmen; derselben antwort erwartendt. E. l. Gott dem allmechtigen trewlich empfelendt. Datum Büdingen, den 24ten Septemb. [N.S. 4 Oct] anno 1618.

53v A

(32) vernehmen] A: vernehmem

[1] See no. II/1.179.
[2] This presumably refers to Counts Willem Lodewijk van Nassau-Dillenburg, Georg of Nassau-Beilstein and Johann Ludwig of Nassau-Hadamar.

E. ld. dinstwilliger vetter, schwager, bruder und gevatter,
W. Ernnst, graff zu Ysenburgkh manu propria

[Address:] Dem wolgebornen Johannen, graven zu Nassaw, Catzenelnbogen, Vianden und Diez, hern zu Beylstein, etc., meinem freundlichen, lieben vetter, schwager, bruder und gevattern

II/1.181 *Count Wolfgang Ernst of Isenburg and Büdingen to Counts Willem Lodewijk of Nassau-Dillenburg, Johann of Nassau-Siegen, Georg of Nassau-Beilstein and Johann Ludwig of Nassau-Hadamar*

Date: 13/23 October 1618

Main source: A: Wiesbaden HHStA, 170 III, nr. 374, 106r–107v (original)

Summary: Referring to his previous letter, having received a favorable response in the meantime from Count Johann Albrecht I of Solms-Braunfels on the matter of a delegation and not having received a response from the Counts of Nassau so far, Wolfgang Ernst kindly reminds the four brothers to give their opinion. If someone is to be sent, since he cannot spare his own court chaplain (who was suggested by Johann Albrecht), Johann Heinrich Alsted (who is in the brothers' service) would be Wolfgang Ernst's preferred candidate as joint delegate of the Reformed members of the Wetteravian association of imperial Counts, provided that they all agree. If they agree, a credential and an instruction need to be finalized (Johann Albrecht having already drafted such) and the matter of costs has to be settled. Otherwise, an apology will need to be sent to the States General.

Editor: Dagmar Bronner

Meine freundtwillige dinst undt waß ich mehr liebs undt guts vermag zuvor. Wolgeborne, freundtliche, liebe vettern, schwäger, brüder undt gevattern, E. llld. errinnern sich sonder zweiffel, waß ich deroselben under dato vom 24ten Septembris [N.S. 4 Oct] nechsthin wegen deß begehren der herrn General Staten der Vereinigten Niederlendischen Provincien, den instehenden national synodum belangendt, freundtlich geschrieben undt communicirt.[1]

(3) Dem] *A: adds marg. note in different hand:* Bey die geistlichen sachen zu registriren

[1] Cf. no. II/1.180.

Wann mir nun keine andtwortt bißnach zukommen undt der termin in etwas kurtz undt eng gespannet, under deßen aber deß auch wolgebornen, meines freundtlichen, lieben vetters undt bruders, grave Johan Albrechtens zu Solms, etc., resolution mir eingelieffert undt ich i. l. wolmeinen vernommen, so habe ichs e. lll. hiemit zuferttigen undt gleichfalls communiciren, umb dero antwort nochmals anhalten undt derselben gutachten einholen wollen. Binn sonsten an meinem ohrt mit wolgedachtes meines freundtlichen, lieben vetters undt bruders, grave Johan Albrechtens zu Sollms ld., so ferrn einig, daß, wo e. llld., wie ich darfur halte, ihren mir hochgerümbten jungen theologum, ehrn Johannem Altstedium, (dann wie ich underm schreiben an izo berichtet, ehr Martinius zu Bremen albereit hinunder gezogen sein soll) fur sich undt in gemeinem unßern der reformirten dißeits nahmen, im fall es der gräfflichen frau wittib zu Hanaw, etc.,[2] deren ld. ichs auch communicirt, undt den gleich wolgebornen, meinen freundtlichen, lieben vettern undt schwägern von Sain undt Witgenstein[3] auch also beliebig, darzu gebrauchen undt abferttigen werden (dann ich meines predigers,[4] wie graff Johan Albrechts zu Solms ld. vorschlegt, nicht entrathen kann), ich mit dem vorschlag zufrieden sein undt mich nicht absondern wolte. Uff welchen | fall das creditiff undt instruction (das zu e. llld. verbeßerung stehet), wie von graff Johan Albrechts ld. vorgeschrieben, abgefast, die zehrungscosten zusammen gelegt undt von e. llld. die beste versehung undt verordnung gemacht werden könte. Uff den unverhofften wiedrigen fall aber müsten wir unß uff den von s. l. angedeuten schlag wegen später einlieferung deß schreibens undt enge der zeit uffs beste endtschuldigen. Waruff deren erlcerung ich hinwieder förderlich erwarte. Unß allerseits göttlicher bewahrung hiemit empfhelendt.

Datum Büdingen, den 13 Octobris [N.S. 23 Oct] anno 1618.
      E. llld. dinstwilliger vetter, schwager, bruder undt gevatter,
      W. Ernnst graff zu Ysenburgkh manu propria

[Address:] Den wolgebornen Wilhelm Ludwigen, Johannen dem eltern, Georgen und Johan Ludwigen, alle gebrudere, graven zue Naßaw, Cazenelnbogen, Vianden und Diez, herrn zue Beilstein, etc., meinen freundlichen, liben vettern, schwagern, brudern undt gevattern, sampt und sonders.
Den Naßawischen rathen zue Dillenburg zuerbrechen.

(29–33) Den... zuerbrechen] A: written in different hand and prec. by note in another hand: praes[entatum] Dill[enburg] den 1[–]^ten Octobr. anno 1618

[2] Countess Catharina Belgica of Nassau, widow of Count Philipp Ludwig II of Hanau-Münzenberg.
[3] Presumably Counts Georg of Sayn-Wittgenstein-Berleburg, Wilhelm of Sayn-Wittgenstein-Sayn and Ludwig of Sayn-Wittgenstein-Wittgenstein.
[4] Presumably Conrad Martinius.

II/1.182 *Count Johann Ludwig of Nassau-Hadamar to Count Johann VII of Nassau-Siegen*

Date: 16/26 October 1618

Main source: A: Wiesbaden HHStA, 170 III, nr. 374, 110r–v (original)

Collated source: B: Wiesbaden HHStA, 171, nr. K 717, 2r (copy)

Summary: Count Johann Ludwig forwards to his brother Johann VII Count Wolfgang Ernst of Isenburg and Büdingen's letter in which the latter suggests Johann Heinrich Alsted as a delegate, along with an attachment. Johann Ludwig is willing to comply with Wolfgang Ernst's request, since this would redound to the honor both of their house and of the Illustrious School at Herborn, and thus he asks for Johann's opinion on the matter.

Editor: Dagmar Bronner

Mein freundtbruderlichen gruß undt dienst zuvor. Wohlgeborner, freundtlicher, lieber bruder.

Waß der auch wohlgeborn, unnser freundtlicher, lieber bruder undt schwager Wolff Ernnst von Ysenbergk ahn uns geschrieben,[1] solches haben e. ld. ab beykommendem original undt seiner beylag mit mehrerm zuvernehmen. Dieweil man dan dießes orts darfur helt, das dieße des Aldstedii abschickung nicht allein ihm, sondern zuforderst auch unserm hauß und der schulen zur ehren gereiche, so ist man nit ohngeneigt, do e. ld. kein bedenckens hierin hetten, ihm Aldstedio zu der reiß zu erlauben undt dahin zu vermögen, das er dieselbe uf sich nehmen mög. Freundtlich demnach pittendt, e. ld. dero meinung deswegen anhero zu uberschreiben sich ohnbeschwerdt erzeigen wöllen; und thue sie hiermit in schutz des almechtigen Gottes befehlen.

Datum Dillenburg, den 16ten Octobr. [N.S. 26 Oct] anno 1618.

  E. l. dienstwilliger bruder,
  J. Ludwich grave zue Naßaw[–]

[Address:] Dem wohlgebornen Johannen, graven zu Naßaw, Cazenelnbogen, Vianden und Diezs, hern zu Beilstein, meinem freundtlichen, lieben bruder
 Siegen

(13) Mein] *B: prec. by marg. note:* Ah[n] graff Johan [*foll. by del.* Ludwigen] zu Siegen – (26) den] *B:* am – (27) E. l.] *B:* E. ld. trewer – (28) J. Ludwich...Naßaw[–]] *B:* Johan – (29–31) Dem... Siegen] *A: prec. by note in different hand:* praesentatum den 17ten Octobr. [N.S. 27 Oct] 618; *B: om.*

[1] See no. II/1.181.

II/1.183 Count Johann VII of Nassau-Siegen to Count Johann Ludwig of Nassau-Hadamar

Date: 17/27 October 1618

Main source: A: Wiesbaden HHStA, 171, nr. K 717, 3r–v, 6r–v (original)

Summary: Johann VII confirms receipt of Johann Ludwig's letter and informs him that, about a week earlier, he had received a (considerably delayed) letter from Count Wolfgang Ernst of Isenburg and Büdingen on the same matter. Johann VII sent a response in which he proposed, due to the shortness of time, to send a formal apology on behalf of the Wetteravian association of imperial Counts to the States General. This response, however, apparently never reached its destination. Johann VII still holds to his opinion (as more time has passed, other foreign delegates are already on their way and there is a certain reluctance towards financing a delegation), but if someone offers a better solution he is willing to comply. In a postscript written after the given date, he further informs Johann Ludwig that, because of too many obstacles for the delegation, he has written to their brother Willem Lodewijk of Nassau-Dillenburg, detailing the situation and asking him to convey their apologies to the States General.

Editor: Dagmar Bronner

Mein freundtbruderlich dienst und gruß zuvorn. Wolgebohrner, freundlicher, lieber bruder,

E. l. underm 16ten huius [N.S. 26 Oct] an mich abgangenes schreiben,[1] die niederländische schickung zu dem national synodo betreffendt, ist mihr zusambt dem beyschluß anheut zurecht eingeliefert worden.

Nuhn ist nicht ohn, das vor ungefehr 8[?] tagen ich auch dieser sachen halben ein besonders an mich haltendes schreiben[2] von dem auch wolgebohrn, meinem freuntlichen[?], lieben vettern, schwager, brudern und gevattern graff Wolff Ernsten zu Ysenburgk, etc. empfangen (welches gleichwol[?] etliche wochen[?] uffgehalten gewesen, angesehen[?] diese sach wol meritirt, daß man umb derentwillen die schreiben mitt eigener bottschafft abgefertigt hette). Wie ich dan auch also balt meine meinung hienwiederumb an i. graff Wolff Ernstens ld. in schrifften gelangen laßen, welche dahien[?] schließlich gangen: Weil das schreiben von den herrn General Staden, etc., zu spath einkommen und dannenhero zu der begehrten schickung wegen kürtze der zeit undt andern ungelegenheiten nicht thun können, man in nahmen deren sämbtlichen graffen wetterawischer correspondentz | an die herrn General Staden ein höfflich excusation schreiben auffs freundlichste abgehen laßen. Bey welcher meiner unvorgreifflichen meinung ich es dan auch nach-

(27) wochen] A: *interl. add. repl. del.* tage

[1] See no. II/1.182.
[2] Presumably no. II/1.180.

mals[?], bevorab weil nuhnmehr so vill lenger zeit verfloßen ist und die Heidelbergische undt andere abgesandten albereit v[ort] gereist seindt, auch niemandt auß unsern mittel[n][?] zu außferttigung Aldstedii oder jemandts ander[n] gern den ersten verlag thun wirdt etc., bewenden laß[en], jedoch, da andere einen beßern vorschlag thun können, mich gern vor mein persohn accomm[o]diren will.

Ich hab obermeltes mein wiederantwortlich schreiben an die Dillenbergische cantzley mitt einem botten, so von hier auß uff Greiffstein gehen sollen, uberschickt, daselbst mitt ehis[ter] gelegenheit davon dannen graff Wolff Ernsten[s] l. zuzuschicken. Obs geschehen, kann ich nicht wißen; gleichwol, das es nicht geschehen, thu ich auß d[–] abermalß[?] von wolg[eborn] i. l. dißhalben an unß abgangenem[?] schreiben vermuthen.

So e. l. uff dero begehren zu freundlicher wiederantwort nicht verhalten wollen, dieselbe götlicher allm[acht] hiemit empfelendt. Datum Siegen, den 17ten Octob. [N.S. 27 Oct] 1618.
  E. l. treuer bruder,
  Johan graff zu Nassaw [subscripsit?]

6r A | Post datum
 Auch wohlgebohrn, freundlicher bruder,
Weil viel obstacula dieser[?] schickung, wie nöthig[?], nutzlich und ruhmlich sie auch gewesen, vor[?] dißmal[?] im weg[?] liegen, alß hab ich vor 8 tagen an uns bruder graff Wilhelmen geschrieben und i. l. solches umbstendlich zuerkennen gegeben und gebetten[?], das i. l. es ufs best möglich bey der generalitet endtschuldigen[?] und darbeneben unser erbiethens[?] in optima forma verrichten wolten.

6v A [Address:] | Dem wolgebohrnen Johann-Ludwigen, graven zu Naßaw, Catzenelenbogen, Vianden undt Dietz, herrn zu Beilstein, meinem freundlichen, lieben bruder
 Dillenbergk

II/1.184 *Count Johann Ludwig of Nassau-Hadamar to Count Wolfgang Ernst of Isenburg and Büdingen*

Date: after 17/27 October 1618

Main source: A: Wiesbaden HHStA, 171, nr. K 717, 4r–5v (draft?)

(21) liegen] *A: corr. from* lie[–] – (24) endtschuldigen] *A: foll. by del.* wolten

Summary: The names of sender and addressee are not given in the document; the context, however, makes it clear that the respective persons are Johann Ludwig of Nassau-Hadamar and Wolfgang Ernst of Isenburg and Büdingen. – Johann Ludwig confirms receipt of Wolfgang Ernst's letter, informing him that he also communicated with his brother Johann VII of Nassau-Siegen on the matter of the delegation. As for Johann VII's request for Willem Lodewijk van Nassau-Dillenburg to convey an apology to the States General, Johann Ludwig thinks that the latter will have misgivings and therefore will not have acted yet. Moreover, Wolfgang Ernst, in his function as representative of the Wetteravian association of imperial Counts, has not sent an official apology yet. Thus, it is still possible to send a delegation. Johann Ludwig is willing to support the sending of Johann Heinrich Alsted as a delegate. The journey would not take too long, and since Alsted is willing to go, in Johann Ludwig's opinion it would be better to apologize for arriving late for the synod rather than for not participating at all. In case Wolfgang Ernst still thinks it advisable to send a delegation, Johann Ludwig asks to be informed quickly so that Alsted can be notified to prepare himself. Also, he asks for a credential (to be presented to the States General) and a general instruction (Alsted should heed Willem Lodewijk's advice and should conform with the delegates from the Palatinate concerning the matters at hand).

Editor: Dagmar Bronner

Unsern freundtlichen gruß unt dienst beneben wuntschung[?] alles gudens zuvor. Wolgeborner, freundtlicher, lieber vetter, auch[?] schwager, bruder undt her vatter,

Was e. ld. wegen der schiekung in die Niederlandt ahn uns geschrieben unt darbeneben unsers professoris ehrn Altstedii halben begeret[?],[1] solhs haben wir endtpfangen unt inhaltts verlesen undt verstanden. Nuhn haben wir dasselbe mit unserm geliebten bruder Johannen, grafen zu Nassau, freundtlichen[?] communicirt,[2] unt berichten uns s. ld. in dero widerantwort,[3] wie das sie niht allein dieselbe vor[?] diesem uf ein gleichmeßiges schreiben beantwortet, sondern auch ahn unsern geliebten bruder graffen Wilhelm Ludwigen des wegen geschrieben unt s. ld. ersucht hetten, weil man ahn seitten unser correspondentz wegen kurze der zeit nit schicken wurde, das es ihre ld. bei den hern Staden zum besten endtschuldigen wolten. Nuhn stellen wir diß ahn seinen orth unt halten nit darfur, das unser geliebter bruder graff Wilhelm sich hierin werde ubereilet, sondern hierin | ein andern rath[?] bei[?] sich befunden haben; unt insonderheit weil von e. ld. als ausschreibenden noch kein endtschuldigungs schreiben hinunter gethan ist worden. Halten[?]

(20) Unsern] *A: foll. by del.* freundtbrüderlichen gr – (27) unt] *A: foll. by del.* [–]ste[–] werden von s. ld. berichtet – (28) uf ... schreiben] *A: interl. add. repl. del.* daruff[?] – (30) s. ld.] *A: interl. add.* – (31) nit] *A: foll. by del.* wu[?] – (32) endtschuldigen] *A: foll. by del.* wol[–] – (34) sondern] *A: foll. by del.* zuforderst d[–] corre

[1] See no. II/1.181.
[2] See no. II/1.182.
[3] See no. II/1.183.

also darfur, das deswegen noch[?] nih[–] v[–]rgangen. Dahero wir es da[n] ahn unserem orth e. ld. nochmals freystellen, dieselbe schieckung zu thun oder zu unterlassen, undt seindt solchen fals, do gedachte schickung e. ld. beliebig sein wurde, erbietig, obbesagten Altstedium hierzu volgen zu lassen undt
5 diesfals das gemeine beste zu befordern[?]. Halten auch nit darfur, das es zu lang fallen wirdt[?], sintemal es gewiß, das man von hinnen in acht tagen im Hagen unt von dannen in [–]nem[?] oder anderen tag ufs lengst zu Dortreht sein kön. Dieweil dan er Altstedius auch hierzu willig undt[?] darbeneben seine späde ahnkunfft viel beßer als die gantz[?] underlaßene schickung zu
10 endtschuldigen. So stellen wir es zu e. ld. nachdencken; unt[?] zum fall sie die
5r A schickung n[–]ch[–] ergehen zu lassen vor rathsam ermeßen wurden, | musten wir es in aller eyll beri[c]hten werden, uff das ermelter Altstedius hiervon sich gefast zu machen konne verstendiget werden; undt hetten[?] e. ld. ihm den nehsten[?] ein credenz ahn die hern Staden unt ein general instruction
15 zuzustellen, under anderen dahin gerihtet, das er mit unserm geliebten bruder graffen Wilhelm zuforderst [–]s allen communiciren, s. ld. rath unt gutahten anhoren[?] unt furters mit der Chur Pfalz abgeordneten sich in vorfallenden sachen conformiren soll. Welhs etc.

II/1.185 *Philipp Bott to Count Wolfgang Ernst of Isenburg and Büdingen*

Date: 19/29 October 1618

Main source: A: Wiesbaden HHStA, 171, nr. K 717, 19r–21v (copy)

Summary: Councillor Philipp Bott reports the response of Countess Catharina Belgica of Nassau to a letter and attached documents which were sent by Count Wolfgang Ernst of Isenburg and Büdingen concerning a delegation: The Countess is apparently displeased at not having received information on this important matter before, but apparently a previous letter from Wolfgang Ernst had not reached its destination. The Countess agrees with Count Johann Albrecht I of Solms-Braunfels in that she is generally in favor of sending a delegation and thus would be willing, if requested, to send one of the theologians in her service to join Conrad Martinius. She leaves the decision to others. In his postscript, Bott adds that he is convinced that a delegation will be sent and that therefore he has provisionally drafted a credential and an instruction, taking guidance from Johann Albrecht I. Both documents are sent with the letter, along with a collection of exordia and addresses relating to Dutch authorities.

(5) beste] *A: foll. by del.* mehr als unsere[–] schuhlen – (6) es] *A: corr. from* e[–] – (8) Alstedius] *A: corr. from* A[–]edius – (13–18) undt…soll] *A: added on fol.* 5r *after end of letter* – (13) ihm] *A: foll. by 1 del. illegible word* – (14) nehsten] *A: foll. by del.* crede[–] – (14) Staden] *A: corr. from* [–]aden – (18) sachen] *A: foll. by del.* alle[–]

He expounds his considerations regarding the delegates' travel expenses. Further, he proposes a certain Dutch theologian and minister at Hanau as a suitable candidate for the delegation. If that person should be chosen, the other delegate could join him at Hanau to proceed via ship to Dordrecht. Finally, Bott has drafted a provisional passport, which is also sent with the letter. All drafted documents may be emended at will. – This letter is numbered as no. 5 in the group of documents forwarded by Count Johann VII of Nassau-Siegen to his brothers Georg of Nassau-Beilstein and Johann Ludwig of Nassau-Hadamar.

Editor: Dagmar Bronner

Hochwolgeborner graf etc.,

Uf e. g. vorgestern an mich abgangen schreiben und zugleich mit überschikte beilagen, die beschikung deß Niederlendischen synodi ahn seitten der gräflichen wetterawischen correspondenz betreffendt etc.[?], soll deroselben ich hiemit unterthenig unverhalten, daß ich solches an geburenten orten anpracht und daruf zur[?] antwort bekommen, daß der durchleuchtigen, hochgebornen, meiner g. furstin und frawen zu Hanaw[?][1] etc. deß wegen von[?] e. g. (wie sie in ihrem[?] schreiben andeuten) zumal kein schreiben zukommen, welches i. f. g. in ansehung der sachen wichtig- und nahen gesessenheit etwas frembt furkäme. Aber wie deme, weren i. f. g. deß auch hochwolgebornen, meines g. herrn, deß herrn großhofmeisters[2] etc.[?], meinung, daß man solche gelegenheit nicht außer acht laßen solte, zu dem endte ire f. g. nicht ungemeint[?], e. g. pfarrer, ehrn Martinio, jemand von deren theologis, da es were begert worden, zu adjungiren. Stelleten es also ihres theilß, gleich hochwoler|meltem herrn großhofmeisters g., dahin, ob man noch zween theologos schiken wolle oder nicht.

Welches e. g. uf empfangenen gnedigen bevelch ich hinwider unterthenig berichten sollen. Dieselbe etc. Datum Hanaw, den 19ten Octobris [N.S. 29 Oct] 1618.

Postscriptum

Auch wolgeborner graf, gnediger herr, dieweil ich mir die genzliche rechnung mache, es werde die schikung nachmaln ihren fortgang erreichen, habe ich zue befurderung der sachen beikommendte creditiv[3] ahn[?] die herrn Staden General wie auch instruction[4] fur die abgeortnete unvorgreiflich begriffen und mich in derselben allerdings nach deß herrn großhofmeisters g.

---

(18) sachen] A: foll. by del. illegible letter – (22) ire] A: foll. by del. illegible word

[1] Catharina Belgica, Countess of Nassau.
[2] Johann Albrecht I, Count of Solms-Braunfels.
[3] See no. II/1.186.
[4] See no. II/1.187.

gutachten gerichtet, welchen e. g. zu dero gnedigem belieben ab- und zuthun können.

E. g. haben auch hiebei[?] zugleich mitzuempfangen, wie die correspondenz, so dann weilandt mein g. herr graf Philipß Ludwig zu Hanaw, etc., christseliger, ahn hochgedachte herrn General Stadten haben zuschreiben pflegen, darnach ich mich in stylo allerdings gerichtet, außer halb daß in ingreßu daß vocabulum | 'hoch- unnd wolgeborne' gesezet, und solches wegen prinz Morizen, etc., deßen excellentz nuhnmehr naher dero[?] herrn bruders[5] etc. absterben, wie e. g. gnedig bewust, zu dem furstenthumb Uranien gelangt und under der herrn General Stadten meines wissens mitbegriffen, dahero meines unvorgreiflichen erachtens solch wortlein in acht zunehmen sein will, etc.; doch[?] thue solches zu e. g. gnedigem belieben unterthenig stellen.

Was die zehrung, so den deputirten mitzugeben, anlangt, will ich darfur halten, weil sie in 4 oder 5 tagen zu Dordrecht zu wasser sein können, es bedurfte anfangs soviel nit, sondern könte hernacher durch einen wechsel von hierauß daß ubrige ubern[?] gemacht werden; jedoch abermals alles ohne maßgebungh.

Wir haben alhier einen gelarten theologum, so der niderlendischen kirchen praedicant und in denen strittigkeiten, so uf dem synodo furlaufen werden, sehr belesen unnd geubt, selbst ein niderlendter und drundten bekandt.[6] Wen bei meiner g. furstin und frawen | noch einmal umb ein theologum in genere angesucht wurdte, wolte ich hoffen, er solte darzu erlaubt werden, und könte derjenige, so ihme möcht adjungirt werden, sich zu ihme anhero verfugen und mit einander zu wasser fuglich fortreißen.

Damit auch, g. herr, die abgeordtnete im hien- unnd herauf reißen allenthalben sicher undt ungehembt sein mögen, so hab ich auch hiemit ein unvorgreiflich formul einer solchen paßporten,[7] wie sie hiebevor jederweil alhie pflegt ertheilt zu werden, begriffen, und stehet solche, wie auch alles vorige, zu e. g. gnediger correction. Datum ut supra.

 E. g. untertheniger,
 Philipß Bott

[Address:] Dem wolgebornen graven und herrn, herrn Wolfgang Ernsten, graven zu Ysenburg unndt Büdingen etc., meinem g. h.

Praesentatum Büdingen, den 20ten Octobris [N.S. 30 Oct] anno etc. 1618.

(12) solches] *A: marg. add.* – (16) soviel nit] *A:* nit soviel; *word order indicated by suprascript numbers* – (17) abermals] *A: foll. by del.* ohn – (33–34) Dem…g. h.] *A: written beside signature*

[5] Philip William, Prince of Orange.
[6] This might refer to Isaak Boots.
[7] See no. II/1.188.

II/1.186 *Proposed Credential for Nassau-Wetteravian Delegates to the States General*

Date: October 1618 (at the latest 19/29 October)

Main source: A: Wiesbaden HHStA, 171, nr. K 717, 9r–10v (draft)

Summary: This proposal for a credential was drafted by Philipp Bott, councillor at Hanau, in the name of Count Wolfgang Ernst of Isenburg and Büdingen. First, he apologizes for the delay in sending a delegation, explaining that the invitation to the synod was received quite late and that he also first had to consult with the other Reformed members of the Wetteravian association of imperial Counts, who live some distance apart, some of whom also were absent. On behalf of the Reformed members of the association, he gives thanks for the invitation, and wishes that the conflict will be solved. To that end, they send two theologians and ask that they be admitted to the synod, having no doubt that they will fulfil their task well. – The credential is numbered as no. 1 in the group of documents forwarded by Count Johann VII of Nassau-Siegen to his brothers Georg of Nassau-Beilstein and Johann Ludwig of Nassau-Hadamar.

Editor: Dagmar Bronner

Mein freundlich dinst und gunstigen grus zuvor. Hoch- und wolgeborne, edle, ernveste, hochgelerte, ersame und sehr discrete, liebe hern, gute gönner und freundt,

E. ll. und ewer sub dato Haagen, den 25ten vorlengst verwichenen monats Junii, an mich, alß der gräflichen wetterawischen correspondentz itziger zeit ausschreibenden etc., abgangen ersuchung schreiben, zwen gottselige, friedtsame und gelerte theologos, welche der action dero fürhabenden synodi assistiren und die furgefallene difficulteten und schwirigkeiten in unser wahren christlichen reformirten religion schlichten und hinlegen hülffen, abzuordnen etc.[?], ist mir erst den ... [blank for insertion of date] und also sehr spatt zukommen. Hab gleichwol solches an meine correspondenten mitverwandte, so unser reformirten religion zugethan, so balt zugelangen und solch löblich, nutzlich[?] werckh, so viel an mir gewesen, zubefürdern nit underlassen. Dieweil wir aber einander etwas weit entseßen, theils auch in hochwichtigen, das gemeine wesen betreffenden sachen zur selbigen zeit verreiset gewesen und dero schreiben, wie gemelt, mir etwas spat zukommen, hatt es sich mit dem schluß uber verhoffen und allen angewendten fleiß so weit verweilet, daß, wie gern man sonsten dißeits gemeint gewesen, unser abgeordnete | für dem angesetzten termin nicht erscheinen konnen, des freundlichen versehens, solches in ungutem nicht werde verstanden werden.

Thue mich demnach in gedachter meiner mitverwandten nahmen wie auch fur mich selbsten freundlichen bedanckhen, daß e.ll. und ihr unserer vermittelung, ruhe, friedt und einigkeit in dero Vereinigten Provincien und landen zu stifften, beneben andern sich gebrauchen wollen. Wunschen von Gott dem almechtigen, daß dieser wol angesehener synodus zu gewunschtem ende außlauffen und die dardurch gesuchte religions bestendige einigkeit und der landen vertrewliche zusamensetzung wieder gebracht und erhalten werden möge. Zu welchem ende ich und meine mitverwandte zeigere dieses, die würdige, wolgelerte, unsere liebe, andächtige N.N., N.N. abgefertigt. Mit freundlicher bitt, sie gleich andere herschafften[?] abgeordneten theologis zu dem synodo und dessen handlungen zuzulassen, zweiffele ich nicht, sie werden irer beiwonenden gottselig-, friedfertig- und geschickhlichkeit noch sich also erzeigen, wie es der sachen notturfft erfordern und unser reformirten christlichen religion nutz- und furtreglich sein wirdt.

E. ll. und euch hiermit in schutz des al|mechtigen zu allem wolstandt empfelendt.

Datum Büdingen, den ... [blank for insertion of date] anno 1618.

   E. ll. und euwer dinstwilliger guter gönner und freundt,
   Wolffgang Ernst, grave zu Ysenburgkh und Büdingen, etc.,
   für mich und meine mit correspondentz verwandte der reformirten religion

Inscriptio,

Denen hoch- und wolgebornen, edlen, ernvest, hochgelarten, ersamen und sehr discreten, den hern Staden General der Vereinigten Niederlanden, meinen lieben hern, guten gönnern und freunden sampt und sonders

| Concept credentz schreibens ahn die hern Staden General, etc.

II/1.187 *Proposed Instructions for Nassau-Wetteravian Delegates*

Date: October 1618 (at the latest 19/29 October)

Main source: A: Wiesbaden HHStA, 171, nr. K 717, 13r–16v (draft)

Summary: This proposed instruction was drafted by Philipp Bott, councillor at Hanau, in the name of Count Wolfgang Ernst of Isenburg and Büdingen. The delegates shall travel speedily by ship to Dordrecht and first seek audience with the state delegates, deliver their credential, explain the causes for their late arrival and duly apologize. They shall ask for admittance to the synod and by their bearing shall prove their willingness to contribute to a successful outcome. They shall heed the state delegates' response and answer as is proper. Then the delegates are instructed to get in touch with the Palatine delegation to receive information as to the state of matters at the synod and to take guidance from the Palatine delegates' special instruction. If there are questions, they shall consult with the Palatine delegates in private and seek agreement with them. Further, they shall note down and copy everything that is discussed orally or in written form, in order to give a comprehensive report at their return. Finally, they shall send brief reports of events by the weekly post, and they shall bear themselves as befits the honor of God, the welfare of the church and the preservation of the unity of the Reformed religion. – The instruction is numbered as no. 2 in the group of documents forwarded by Count Johann VII of Nassau-Siegen to his brothers Georg of Nassau-Beilstein and Johann Ludwig of Nassau-Hadamar.

Editor: Dagmar Bronner

INSTRUCTION, WESSEN SICH UNSERE, DER WETTERAWISCHEN GRAVEN CORRESPONDENTZ VERWANDTE, SO DER REFORMIRTEN RELIGION ZUGETHAN, ZU DEME IN DEN NIDERLANDE[N] ITZO FÜRGEHENDTEN SYNODO ABGEORDNETE, DIE WÜRDIGE UND WOHLGELEHRTTE, UNSERE LIEBE, ANDECHTIGE N. N. UND N. N., ZU VERHALTEN.

Erstlich sollen sie sich, ufs ehest möglich, weil der zum synodo bestimpte terminus schon verfloßen, zur reyße schicken, ahn einen gewißen ortt am Rhein oder sonsten uf eine gewiße zeit zusamen beschreiben, furters den Rhein hinab naher Dordrecht begeben, und wan sie daselbsten angelangt, bey denen, so von den herrn General Staden zu dem synodo deputirt, gebürlichen anmelden, | ihr mittgegebenes creditiv uberliffer[n], auch, daß sie nit zeitlicher angelangtt, darmit glümpfflich entschuldigen, daß der herrn General Staden ersuchung[s] schreiben uns, dem ausschreibenden, etwas späht zu handen kommen, wir einander weit entseßen, theils auch zur selben zeit in wichtigen und dem gemeinen vatterlandt hochangelegenen sachen verreist gewesen, und also nicht ehe zu ihrer abordnung gelangen können, fleissig pittendt, solchen verzugk in ungutem nicht uffzunehmen, sondern sie nunmehr gleich anderer herrschafften abgeordneten zum synodo und deßen handlungen zu admittiren. Wolten sie sich an ihrem ortt, so viel möglich, also erweißen, daß darab zu spühren, daß sie zu demjenigen, so zu unserer wahren reformirten religion einigkeitt er|haltung immer dienlich und furtreglich sein mage, gantz geneigtt seien. Etc. Was nun ihnen uf solchen fürtrag zur antwortt gegeben wird, solchs sollen sie wohl ad notam nehmen und sich darauf mit erbietung und anderm, wie es die gelegenheit geben wird, hinwider vernehmen laßen.

So sollen auch zum andern unsere abgeordnete sich bey den churpfältzischen abgeordneten unverlangdt (doch erst nach gehabter dieser audientz bey den herrn stadischen deputirten) angeben, mit anzeige, daß sie von uns außdrücklichen befelcht, von ihnen, waruf die handlung des synodi beruhe und wie weit man darin kommen, zu vernehmen und sich in fürfallenden sachen nach ihnen und ihrer special instruction zu richten und jedes mal, | wo etwas bedencklich vorfelt, sich mit ihnen privatim zu underreden und einer meinung zu vergleichen.

Furs dritte sollen sie auch alles dasjenig, so schrifft- oder mündlich furgehet, fleißig protocolliren, und abschrifft darvon nehmen, damit sie zu ihrer, geliebts Gott, widerkunfft uns d[ar]von außführliche relation thuen mögen.

Und dieweil die wochentliche posten ohne das gehen, sollen sie uns, dem ausschreibenden, zum wenigsten, was jederweil fürgangen, mit w[e]nigen berichten und sich sonsten bey der gantzen handlung also erzeigen, wie es Gottes des almechtigen ehr, der kirchen heill, friedt und wohlstandt und unser wahren christlichen reformirten religion einigkeitt erhaltung erfordert und wir ihnen gnediglichen[?] zutrawen.

| Zu uhrkundt haben wir, der ausschreibende, im nahmen unser mitcorrespondentz verwandten unser christlichen reformirten religion diese instruction underschrieben und mit unserm secret becrefftiget. So geschehen Büdingen, den ... [blank for insertion of date] anno 1618.

| Unvorgreiffliche instruction fur die zum niderländischen synodo abgeordnete.

II/1.188 *Proposed Passport for Nassau-Wetteravian Delegates*

Date: October 1618 (at the latest 19/29 October)

Main source: A: Wiesbaden HHStA, 171, nr. K 717, 18r–v, 22v (draft)

Summary: This proposed passport was drafted by Philipp Bott, councillor at Hanau, in the name of Count Wolfgang Ernst of Isenburg and Büdingen. It is stated that the two bearers of the document are dispatched to attend the synod at Dordrecht convened by the States General, in response to their request to Wolfgang Ernst to send delegates, to fulfil their duties there, and to return home to deliver a report. To achieve this, all authorities on the delegates' route of travel are kindly requested to support them on their way, to let them pass freely, and to grant them safe conduct as needed. This support shall be appreciated and repaid accordingly. – The passport is numbered as no. 4 in the group of documents forwarded by Count Johann VII of Nassau-Siegen to his brothers Georg of Nassau-Beilstein and Johann Ludwig of Nassau-Hadamar.

Editor: Dagmar Bronner

Wir, Wolffgang Ernst, grave zu Ysenburgkh und Büdingen, etc., fur uns und unsere der gräflichen wetterawischen correspondentz verwandte, etc., bekennen und thun kundt offentlich, in und mit crafft dieses briefes:

Nachdeme die hoch- und wolgeborne, edle, ernvest, hochgelerte, ersam und sehr discrete, die hern Staden General der Vereinigten Niederlanden, uns in schrifften freundlich ersucht, etliche aus unsern theologis zu irem furhabenden general synodo naher Dordrecht abzuordnen, daß wir demnach zeigere dieses, die würdig und wolgelerte, unsere liebe, andächtige N. N. und N. N., hiermit gnediglichen abgefertiget, solchem[?] synodo beizuwohnen, waß der sachen notturfft erfordert, zu verrichten, und uns zu irer wiederkhunfft gebürende relation zuthun. Gesinnen demnach an alle und jede obrigkeiten und desselben amptleute, obristen, leutenant, ritmeister und befelchhabere, was standts, würden oder wesens die seindt, so uff dergleichen sachen bestelt und mit dieser unser offenen patenten ersucht werden, hiermit dinst-, freundt- und gunstig bemelte unsere angehorige an allen orten, zu wasser und landt, | im hinab- und heruff raisen, frey, sicher, ungehempt und ungefährt passiren und repassiren zulassen, auch, wo nöttig, ihnen ihr lebendig oder schrifftlich sicher gelaidt uff erfordern mitzutheilen und inen alle gunstige und gute beförderung zuerweisen.

Solches seindt wir umb alle und jede nach standts gebür dinst-, gunstig und gebürlich zu verdienen, zubeschulden und zuerkennen erbietig. Zu urkhundt haben wir uns mit eigenen handen underschrieben und unser gräflich secret zu rückh ufftrücken lassen.

So geschehen Büdingen, ... [blank for insertion of date] anno 1618.

| Concept einer pasporten für die abgeordnete

II/1.189 *Count Wolfgang Ernst of Isenburg and Büdingen to Count Johann VII of Nassau-Siegen*

Date: 22 October / 1 November 1618

Main source: A: Wiesbaden HHStA, 171, nr. K 717, 7r–v, 12v (original)

Summary: Wolfgang Ernst forwards copies of councillor Philipp Bott's letter and attached documents (i.e., proposed credential, proposed instruction, list of exordia and addresses, proposed passport) to Johann VII, asking for a speedy response, also on the matter of travel expenses. He further suggests that Johann VII write a letter to Countess Catharina Belgica of Nassau to inform her that they would accept Philipp Bott's proposal concerning a potential delegate from Hanau. This letter should be signed by Johann VII and be sent to Wolfgang Ernst for signature, thence to be dispatched to

Hanau. At the same time, the theologian in Johann VII's service chosen as a delegate should be notified to go to Hanau in order to join his fellow-delegate for the journey to Dordrecht. – This letter is numbered as no. 6 in the group of documents forwarded by Johann VII to his brothers Georg of Nassau-Beilstein and Johann Ludwig of Nassau-Hadamar.

Editor: Dagmar Bronner

Mein freundlich dinst, sampt was ich mehr liebs und guts vermag, zuvor. Wolgeborner, freundlicher, liber vetter, schwager, bruder und gevatter,

Waß die hanawische fraw wittib[1] uf der herrn Staden schreiben des synodi halben durch iren rhat d. Botten sichercleren[?] laßen, haben e. l. beikommend, auch weßen d. Bott deßwegen gefertigt, in copia zuempfangen.[2] Woruf ich dan nach reifer erwegung e. l. erclerung, auch wo die uf solche reiß gehorige zehrung zunehmen[?] seie, in ansehung der termin sehr eng gespant[?], so bald erwarten wil. Hilte nicht vor undinlich sein, das diselbe ahn gedachte fraw wittib zu Hanaw etc. ihres in d. Botten schreiben angedeuten theologi[3] halben, daß i. l. ihme darzu verlauben mogen, ein schreiben verfertigen, underschriben[?] und mir ad subscribendum gleichfalß zuschiken liesen. Wolte ich selbiges sobalden ahn gehorig ort verschaffen und das werck nach möglichkeit befordern; worbey dan e. l. theologo,[4] das er sich naher Hanaw und dan von dannen | beneben dem hanawischen uf den weg gemach[t] hette, anzubefehlen were.

So e. l., der sachen beschaffenheit nach, ich in eil freundlich unverhalten wollen; dieselbe darmit gotlicher allmacht empfelendt. Datum Budingen, den 22ten Octob. [N.S. 1 Nov] anno etc. 1618.

      E. ld. dinstwilliger vetter, schwager, bruder und gevatter,
      W. Ernnst graff zu Ysenburgkh manu propria

[Address:] | Dem wolgebornen Johannen dem altern, graven zu Naßaw, Cazenelnbogen, Vianden und Diez, herrn zu Beilstein etc., meinem freundlichen, liben vettern, schwagern, bruedern[?] und gevattern

---

(21) hette] *A: corr. from* hetten

[1] Catharina Belgica, Countess of Nassau.
[2] See nos. II/1.185 (letter), II/1.186 (proposed credential), II/1.187 (proposed instruction), II/1.188 (proposed passport).
[3] The person referred to might be Isaak Boots; cf. no. II/1.185.
[4] This refers to Johann Heinrich Alsted.

II/1.190 Count Johann VII of Nassau-Siegen to Counts Georg of Nassau-Beilstein and Johann Ludwig of Nassau-Hadamar

Date: 26 October / 5 November 1618

Main source: A: Wiesbaden HHStA, 171, nr. K 717, 8r-[8av], 11v (original)

Summary: Johann VII forwards documents concerning the delegation that he received from Count Wolfgang Ernst of Isenburg and Büdingen and his answer to the latter, to his brothers Georg and Johann Ludwig. Johann Heinrich Alsted needs to be dispatched to Hanau as soon as possible. Johann VII leaves the decision about when and how to accomplish this to his brothers; since no time should be lost, he does not want them to confer with him on this point. In a postscript, he asks them to send his answering letter to Wolfgang Ernst by means of a special messenger. – The leaf with the main part of the letter is unfoliated, while the postscript, written on a foliated slip, is bound before the letter.

Editor: Dagmar Bronner

| W[o]lgeborne, freundtliche[?], liebe bruder, [8ar] A

Was unßer vetter undt schwager graf Wohl Ernst abermals wegen einer schickung uf den synodum danieden ahn mich[?] gelangen lassen undt ich in dieser stundt empfangen, solhes, wie auch, was ich ihrer ld. daruf geantwortet, haben e. ll. beiliegent zu sehen.[1] Weil es nun die noturfft erfordert, das Alstedius sich ufs ehiste nacher Hanau verfüget hette, alß stelle ich e. ll. ahnheimb, wie, wan undt welher gestalt sie ihn Altstedium abfertigen wöllen, undt dorfften e. ll. deswegen umb gewinung[?] der zeit weitter nichts[?] anhero gelangen lassen.

Undt wolte es e. ll., deren ich zu ahngenehmer, freundtbrüderlicher dinsterzeigung bereit undt willig[?], neben[?] empfelung [in] schutz des allmechtigen eilents[?] unverhalten. Datum Siegen, den 26ten Octob. [N.S. 5 Nov] 1618.

       E. ll. dienstwilliger, treuer bruder,
       Johan graff zu Nassaw

| Post datum: 8r A

Ahn e. ll. ist mein freundtlich pitt, dieselben wöllen diß schreiben[2] ahn ihre graf Wolf Ernsten ld. alsobalt mit einem eigenen botten, welcher daselb-

(18–19) undt…empfangen] A: *marg. add.* – (22) sie] A: *foll. by del.* ge

[1] This refers to nos. II/1.189, II/1.185, II/1.186, II/1.187, II/1.188 and II/1.191.
[2] This refers to no. II/1.191.

sten seinen lohn von gemainen[?] unkosten zuempfangen, vortschicken, dan wegen der abfertigung dießer abgeordtneten daran[?] gelegen.

11v A [Address:] | Den wolgebornen Georgen undt Johann Ludtwigen, gebrüdern graven zu Naßau, Catzenelnbogen, Vianden undt Dietz, herrn zu Beilstein,
5 etc., meinen freundtlichen, lieben brudern

Abwesens den zu Dillenberg ahnwesenten rhäten zuerbrechen
    Dillenberg

II/1.191 *Count Johann VII of Nassau-Siegen to Count Wolfgang Ernst of Isenburg and Büdingen*

Date: 26 October / 5 November 1618

Main source: A: Wiesbaden HHStA, 171, nr. K 717, 24r–25v (copy)

Summary: Johann VII confirms receipt of Wolfgang Ernst's last letter and complains that the latter did not make use of a special messenger to have the documents delivered faster. He has given order for Johann Heinrich Alsted to go to Hanau as soon as possible, and from there to travel with his proposed fellow-delegate by ship to Dordrecht. He urges Wolfgang Ernst to help see to it that the delegates will not be delayed at Hanau. As regards travel expenses, Johann VII opposes Philipp Bott's suggestion to use bills of exchange and instead recommends that Wolfgang Ernst supply the delegates with a sum of at least 400 florins, which would be refunded by the other Reformed members of the Wetteravian association of imperial Counts. Regarding the documents from Hanau forwarded by Wolfgang Ernst, Johann VII objects to the style of address used for the States General, fearing that this could be taken amiss and that the documents thus will be disregarded, and he insists that the style he had recommended previously be used. Wolfgang Ernst will find a letter to (Countess Catharina Belgica at) Hanau, as requested, attached to the present letter. He wishes the delegates godspeed. – This copied letter is numbered as no. 7 in the group of documents forwarded by Johann VII to his brothers Georg of Nassau-Beilstein and Johann Ludwig of Nassau-Hadamar.

Editor: Dagmar Bronner

30 Mein freundtlich dienste jederzeit zuvor. Wohlgebohrner, freundtlicher, lieber schwager, bruder undt gevatter,

E. ld. abermahliges schreiben die beschickung des niederländischen synodi belangent, so den 22ten dieses [N.S. 1 Nov] datirt,[1] habe ich den 26ten eiusdem [N.S. 5 Nov] des abents umb 4 uhren entpfangen. Undt meritirten solche

---

[1] See no. II/1.189.

sachen wohl, das sie mit einem eigenen botten in gemeinen unkosten uberschickt würden. Wie dem aber, so habe ich die verfügung gethan, das Altstedius sich uffs ehiste zu Hanaw soll einstellen undt zu waßer die reise beneben dem hanawischen vorgeschlagenen theologo[2] hinunder thun; undt wirt ein höchste notturfft sein, das es e. l. dahin dirigiren helffen, damit sie sich zu Hanaw nit lang uffhalten.

Was anlangt die zehrung: Obwohl d. Bott dieselbe etwas gering anschlegt undt uff einen wechsel gehet, so ist ein solches doch gestalten sachen nach mit nutzen undt reputation nicht zu practisiren, sondern e. l. werden dem gemeinen wesen zum besten ihnen, weil jeder einen diener wirt mit sich nehmen müßen, zum wenigsten 400 f. darzehlen. Wirt es e. l. von unsern religions verwandten der correspondentz güttlich undt mit danck erstattet werden.

Was anlangt die beilagen,[3] seindt dieselbe an sich selbsten vor sich; allein muß der titul, wie ich ihn e. l. neben dem großhoffmeister[4] | zugeschickt, pleiben, sonsten werden die schreiben nicht eroffnet, sintemal sie sich jetzo in dem statt achten, das ihnen auch von fürstlichen persohnen nicht anders geschrieben wirt. Derowegen sich hierinnen wohl vorzusehen, damit sie sichs nicht vor einen despect achten, wen[?] der titul geringer sein solte.

So viel das begehrte hanawische schreiben angehet, haben e. l. ein solches hierbei zu entpfangen.

Gott wölle verleihen, das sie die reise mit glück verrichten, undt thue e. l. hiemit in schutz des allmechtigen bevehlen. Datum Siegen, den 26^(ten) Octo[–] [N.S. 5 Nov] 1618.

| Copia schreibens an graf Wolff Ernsten

II/1.192 *Count Wolfgang Ernst of Isenburg and Büdingen to Countess Catharina Belgica of Nassau*

Date: 2/12 November 1618

Main source: A: Wiesbaden HHStA, 170 III, nr. 375, 135r–136r (copy)

(19) wen] A: corr. from wie – (25) Copia] A: 25r blank

[2] The person referred to might be Isaak Boots; cf. no. II/1.185.
[3] This apparently refers to nos. II/1.186, II/1.187, II/1.188 and the list of addresses and exordia, but particularly to the first document.
[4] Count Johann Albrecht I of Solms-Braunfels.

Summary: The sender is not named. However, the context makes it clear that it is Count Wolfgang Ernst of Isenburg and Büdingen. Count Wolfgang Ernst informs Countess Catharina Belgica of Nassau of correspondence received from the Counts of Nassau, who now unanimously approve of sending a delegation and make suggestions with regard to sending Johann Heinrich Alsted. Wolfgang Ernst, however, has misgivings, as, inter alia, the Counts of Nassau apparently have not communicated on the matter with the Counts of Sayn, Wittgenstein and Wied (i.e., the other Reformed members of the Wetteravian association of imperial Counts), even though the delegation would be undertaken in all their names and at their joint expense. Seeing himself in a quandary, Wolfgang Ernst asks Catharina Belgica to dispatch one or two of the Hanau councillors committed to serve the association to Büdingen for the purpose of helping him find a solution.

Editor: Dagmar Bronner

Hochgeborne furstin, deroselben seindt meine gebührende dienst jederzeit zuvor.

E. ld. haben sich theils selbsten freundtlich zuerrinnern, und mag deroselben weiter hiemit nicht verhalten, daß, nach dem ich der wolgebornen, meiner freundtlichen, lieben vettern, schwäger, brudere und gevatteren von Naßaw, Catzenelnbogen, etc.[1] dabevor underschiedtlich mir uberschriebene meinungen wegen der schickung zum synodo ungleich befunden und daher keinen gewissen schluß bei mir machen konnen, ich e. ld. dieselbe, wie auch hingegen derselben e. ld. mir durch dr. Botten angedeutes gutachten,[2] uff ein vorsorg zuwissen gemacht und mir e. ld. und wolgedachter meiner vettern fernere erclehrung[3] gestrigs tags fast in einer stundt zukommen, dessen inhalts als e. ld. auß beigefugten copiis mit mehrem zuvernehmen.

Wan nun i. llld. nach gehabter communication, wie es scheinet, ire meinung geändert | und zurschickung einmütig verstehen, auch zu dem endt eines und anders wegen furderlicher abordnung ihres profeßoris zu Herborn, ehrn Alstedii, andeuten undt daneben vorschlagen thun, dadurch ich aber, undt sonderlich, daß ich auß i. llld. angeregtem schreiben nicht vermercke, sie mit meinen schwägern und vettern, denen von Sain, Witgenstein[4] und Wied,[5] von mir anfangs begerter massen auß diesen sachen communicirt, und doch die vorhabende abordnung nicht in gesambter wetterawischen correspondentz, sondern allein in der unserer reformirten religion verwanthen nahmen, uff deroselben absonderlichen costen beschehen soll, auch viel an-

(26) i.] *A: corr. from* h

[1] Probably Counts Johann VII of Nassau-Siegen, Georg of Nassau-Beilstein and Johann Ludwig of Nassau-Hadamar.
[2] This might refer to no. II/1.185.
[3] For one of the letters referred to here, cf. no. II/1.191. The others do not seem to be extant.
[4] Presumably Counts Georg of Sayn-Wittgenstein-Berleburg, Wilhelm of Sayn-Wittgenstein-Sayn and Ludwig of Sayn-Wittgenstein-Wittgenstein.
[5] Presumably Counts Johann Wilhelm of Wied and Hermann II of Wied.

ders mehr hierinnen bedenckliches mir als itzigen außschreibenden vor-
kompt, dermassen perplex undt betretten mich befinde, daß ohne vorgehen-
de mundtliche communication mit e. ld. zu der correspondentz verpflichten
rhäten einen oder zwen in der sachen etwaß schließliches vorzunehmen undt
anzustellen billich bedenckens trage.

Gelangt demnach ahn e. ld. meine freundtliche bitt, sie wollen zu dieser so
hoch|wichtigen sachen befurderung undt endtlicher vergleichung, waß oban-
gedeuter bewandtnuß nach darinnen nunmehr zu thun undt zu lassen, ehis-
ter müglicheit itzo angedeuter dero rhäte einen oder mehr zu mir anhero mit
gnugsamen instruction undt befehlich abfertigen undt den endtlichen schluß
dermahl eins machen helffen.

E. ld. damit göttlicher almacht treulich empfehlendt undt dero wilfährige
erclehrung zu meiner nachricht furderlichst erwartendt. Datum Büdingen,
den 2ten Novembr. [N.S. 12 Nov] anno etc. 1618.

    E. ld.

       in gebühr dienstwilliger

[Address:] Ahn die fraw gräffliche wittib zu Hanaw, etc.

II/1.193 *Count Wolfgang Ernst of Isenburg and Büdingen to Countess Catharina Belgica of Nassau*

Date: 4/14 November 1618

Main source: A: Wiesbaden HHStA, 170 III, nr. 375, 140r–141r (copy)

Summary: The sender is not named. However, the context makes it clear that it is Count Wolfgang Ernst of Isenburg and Büdingen. Count Wolfgang Ernst is unhappy with Catharina Belgica of Nassau's response to his last letter and asks her to reconsider. Johann Heinrich Alsted has arrived [from Hanau], and Wolfgang Ernst intends to keep him at Büdingen until Catharina Belgica – in response to a letter written by Count Johann VII of Nassau-Siegen, signed by them both and forwarded with the present letter – makes up her mind concerning the Hanau theologian who is to be sent as a fellow-delegate. He stresses again that he deems it improper to make decisions regarding the delegation without consulting a councillor who represents the association of Counts. He thus asks her again to send Philipp Bott to Büdingen (along with the chosen Hanau theologian) to aid him in making the proper arrangements. Otherwise, he will have no choice but to send Alsted back to his masters to report what has occurred.

Editor: Dagmar Bronner

(1) außschreibenden] A: foll. by del. hierinne

Hochgeborne furstin, deroselben seindt meine gebührende dienst jeder zeit zuvor.

E. ld. erclärung uff mein vorgestrigs schreiben[1] ist mir heut dato eingeliefert, daraus ich verstanden, aus waß furgefallener verhinderung dero rhäte vor dießmahl anhero nicht gelangen können. Daß aber e. ld. zugleich daneben andeutten, sie solches zu abfertigung der zu bewusten synodo vorgeschlagenen theologen nicht von nothen erachten und derwegen mir allein solche zumuthen, befinde ich, auß uberschriebenen ursachen, daßelbige uff mich allein zunehmen nochmals hochbedencklich. Hab derowegen fur gut angesehen, den alhie underdeßen ankommenen naßawischen theologen, ehrn Johannem Altstedium, so lang uffzuhalten, biß e. ld. uff beigelegtes, von dem wolgebornen, meinem freundtlichen, lieben vettern, schwager, bruder und gevattern, graff Johannen zu Naßaw, etc., mir wegen begerter gleichmeßiger subscription also versiegelt zugefertigtes ersuchungs schreiben,[2] ahn e. ld. haltendt (so e. ld. rhäten zu dero von | mir verhoffter ankunfft ich uff den fall, sie dieses puncten halben nicht instruirt, zuzustellen vorhabens gewesen), sich resolvirt, wen sie aus ihren theologen zu dieser schickhung zu deputiren gesinnet. Dan e. ld. freundtlich zuermessen, daß, ohne vorgehende nachrichtung zu desselben abordnung zuverwilligen, mir in der mitverwanthen nahmen nicht gebühren wollen. Stelle es demnach e. ld. nochmals anheimb, ob sie zu beforderung zuforderst der ehr Gottes undt des gewunschten friedens der christlichen reformirten kirchen, in sonderlicher erwegung, dero rhat und diener dr. Bott bei anitzo unbestelter gemeinen canzlei[?] die mühe waltung in gemeinen sachen, wie vor diesem etliche jahr ebenmessig beschehen, uff unserer mittverwanten begehren ein zeit lang uff sich genommen, denselben neben dem jenigen, welchen sie zu vorbesagtem zugebrauchen entschlossen, zuvorangeregter abfertigung anhero schickhen und durch ermelten d. Botten so wol der instruction als darzugehorigen beandtworttung schreiben, auch, waß sonsten der sachen notturfft allenthalben erfordern mochte, sich mit | mir vergleichen lassen wollen. Da aber je e. ld. hierinnen nochmals einig bedenckens haben solten, sehe ich kein andern weg, dan daß gedachter Altstedius zu seiner gnedigen herrschafft sich wieder verfüge und der sachen zustandt der gebühr referire.

So e. ld. zu freundtlicher wiederantwortt in eyl wöllen verhalten.

Datum in eyl, den 4ten Novembris [N.S. 14 Nov] etc. anno etc. 1618

(6) solches] A: add. at end of line in different hand – (12) schwager] A: foll. by del. undt – (16) halben] A: interl. add. (in different hand?)

[1] See no. II/1.192. Catharina Belgica of Nassau's response to that letter seems not to have been preserved.
[2] This letter is mentioned in nos. II/1.189 and II/1.191.

E. ld.
in gebühr dienstwilliger

[Address:] Ahn die gräffliche fraw wittibe zu Hanaw, etc.

II/1.194 *Countess Catharina Belgica of Nassau to Count Wolfgang Ernst of Isenburg and Büdingen*

Date: 5/15 November 1618

Main source: A: Wiesbaden HHStA, 170 III, nr. 375, 144r–145r (copy)

Summary: Countess Catharina Belgica of Nassau responds to Count Wolfgang Ernst's latest letter by telling him that, being the last party to receive information, she has nothing to add to what she said in her earlier letters, and that, considering his role and position, it is not for her to tell him what to do in this matter regarding the delegation. Since she received the joint letter from Johann VII of Nassau-Siegen and himself only now, and since it will be impossible to find and instruct a Hanau minister on such short notice, not wanting to cause any further delay, she deems it fully sufficient to send Johann Heinrich Alsted as a delegate, and she would also fully agree if Wolfgang Ernst was to send Conrad Martinius from Büdingen as a fellow-delegate. As regards Philipp Bott, who has gone to Aschaffenburg on long-appointed business with one of her other councillors, she consents to comply with Wolfgang Ernst's request this time, even though she is unaware that Bott was involved in the association's administration, because she does not want to bear any blame for delaying the undertaking. For the future, though, she kindly asks to be spared any such demands concerning servants of hers.

Editor: Dagmar Bronner

Was wir in ehren liebes und guts vermögen zuvor. Wolgeborner, freundtlicher, lieber vetter,

Nach verlesung e. l. abermahligen gestrigs tags ahn uns von Büdingen aus datirten schreibens[1] wissen wir unsers theils, als dahin diese sachen am allerletzten undt langsamsten gelanget, zu ausfertigung der begerter oder des zubewustem synodo furgeschlagenen albereit gegenwertigen theologi Henrici Alstedii ein mehrers dan wie albereit von uns in schriefften geschehen nit zuerrinnern oder e. ld. als außschreibenden undt directori der expedition halben ziel undt maß vorzuschreiben. Undt weil des wolgebornen, unsers

---

(28) undt] A: *foll. by del.* un

[1] See no. II/1.193.

freundtlichen, lieben vettern Johanßen des eltern, gravens zu Naßaw etc., undt e. ld. gesambtes ersuchungs schreiben² vom 26ten nechstverwichenen monats Octobris [N.S. 5 Nov], nicht ahn unsere rhäte, sondern ahn uns haltendt, allererst heut dato mit iztberurtem e. ld. besonderer mißive uns zukommen undt man so eylendt keinen aus unsern pfarrhern wirdt vermögen undt instruiren können, so wolten wir ungern, daß dieß löbliche werck unsert halben ferner solte uffgezogen, weniger gar verhindert werden, erachten derowegen der hochvermogender herrn General Staaden der Unirten Provincien wolgemeintem begehren mit abfertigung undt schickhung eines theologi Henrici Alstedii person ein angenehm genügen, undt solches nunmehr je ehr je besser geschehen mögen, es wehre dan, das e. ld. dero pfarherrn zu Büdingen Conradum Martinium, damit wir unsers theils wol zufrieden, ihme adjungiren wolten.

Was die erforderung unsers rhats und cantzlei verwalters d. Philips Botten betrieff, haben wir denselben, beneben noch einen unsern rhat, nach lengst zuvorgenommenem schluß heut dato in dieser herrschafft angelegenen sachen naher Aschaffenburgkh geschickt, und wie wol uns unbewust, ob er hiebevor in gemeinen correspondentz sachen die mühe waltung uff sich gehabt, so seindt wir doch zufrieden, daß er vor dießmal, undt damit uns ja zu beforderung dieses wercks kein verzugkh zugemessen werde, zu e. ld. sich verfugen und derselben in außfertigung der gemeiner schreiben bedienet sein solle. Bitten aber in gebühr freundtlich e. ld. uns hinfuro mit dergleichen abforderung unserer diener, die wir, als e. ld. selbst vernünfftig erachten können, sowol alß sie die ihrige in taglichen herschaffts sachen geprauchen müssen, freundtlich zuverschonen.

Woltens e. ld. zu begehrter nachrichtung nicht verhalten, dieselbige göttlicher almacht mit fleiß befehlendt. Datum Hanaw, den 5ten Novembris [N.S. 15 Nov] anno etc. 1618.

   Catharina Belgica, princeßin zu Uranien, gravin zu Naßaw,
   gravin zu Hanaw undt Rieneckh, fraw zu Muntzenbergkh,
   wittib und vormündin, etc.
   E. ld.
   in gebühr freundtwillige baaß,
   Catarina Belgia g[ravin] u[ndt] f[rawe] z[u] Hanau, wittib

---

(8) hochvermogender] A: corr. from hochvermogenden – (16) schluß] A: corr. from beschluß – (18) sachen] A: interl. add. – (20) zu] A: interl. add. – (29–31) Catharina...etc.] A: written in a different script in imitation of original – (34) Catarina...wittib] A: written in a different script in imitation of original signature

² This letter is mentioned in nos. II/1.189, II/1.191 and II/1.193.

[Address:] Dem wolgebornen, unserm freundtlichen, lieben vettern, Wolffgang Ernsten, graven zu Ysenburgkh und Büdingen

Praesent[atum] Büdingen, 6ten Novembris [N.S. 16 Nov] 1618.

II/1.195 Count Wolfgang Ernst of Isenburg and Büdingen to Count Willem Lodewijk of Nassau-Dillenburg

Date: 6/16 November 1618

Main source: A: Wiesbaden HHStA, 170 III, nr. 375, 161r–162v (original)

Summary: In his function as representative of the Wetteravian association of Counts, Count Wolfgang Ernst of Isenburg and Büdingen informs Count Willem Lodewijk van Nassau-Dillenburg of his decision on behalf of the association to finally send a letter of excuse to the States General for not dispatching a delegation to the synod. He details his reasons: The invitation was received only very belatedly and after some delay, thus there was not sufficient time for appropriate communication with his fellow-counts, and there was also disagreement regarding these religious matters. The letter of excuse being attached to the present letter, Wolfgang Ernst kindly asks Willem Lodewijk to deliver that document to the States General in the name of the association and to add his own apologies as he deems proper, since Wolfgang Ernst relies fully on the latter's discretion and judgment. In this matter Wolfgang Ernst has done everything according to the best of his judgment.

Editor: Dagmar Bronner

Mein freundtwillige dinst undt was ich sonsten mehr liebs unnd guts vermag zuvor. Wolgeborner, freuntlicher, lieber vetter, schwager unndt brueder,

E. ld. wirt zwar vor hin bewust sein, waß die herrn General Stadten ahn mich, alß außschreibendten der wetterawischen correspondenz, wegen beschickung undt besuchung ihres angestelten synodi geschrieben.[1] Wiewol nuhn zu wunschen gewesen, daß wegen wichtigkeit der sachen daß schreiben eher angelangt were, daßelbige mir aber allererst auß der Franckfurter meß, durch ich weiß niht waß bestellung eines kaufmans, zukommen (da doch bey andtern reformirten evangelischen stenden[?] zeitlicher die ersuchung geschehen und sie die ihrige daruf instruiren können) unndt, ehe ich es ahn ein unndt andtere ort, wie sich geburet, gelangen laßen[?] undt wider beantwort

(1) lieben] A: foll. by del. lieben – (25) ihres] A: corr. from ih[–]es – (28) weiß] A: written on illegible word in line and additionally interl. add. – (28) waß] A: corr. from was – (30) und] A: interl. add. (in different hand?) – (30) ein] A: corr. from einen

[1] See no. II/1.179.

worden, die zeit verfloßen, sonsten auch e. ld. bewusten disparitet in diesen religions sachen man sich nichts gewisses hat resolviren können, so habe ich, auß vielen eingefallenen unndt eingeschobenen verhindernußen, doch notwendtig zum lezten mittel der entschuldigung greifen mußen, wie | e. ld. auß beikommendtem schreiben[2] mit mehrerm[?] zuvernehmen. Da nuhn dieselbige in eil also gestellet, daß es zuubergeben diehnlich, woll[?] e. ld., im nahmen, wie ob stehet, solches unndt dabei mundtlich die bequembste entschuldigung einzuwenden[?] oder sonsten zuthun, waß e. ld. deren discretion unndt hohem verstandt nach sie wol findten werdten, freuntlich gebetten haben. Es wißen e. ld., wie es bei uns zugehet in diesen undt dergleichen sachen; ich habe ahn meinem ort daß meinige, bestem verstandt nach, gethan. Der allmechtige wölle die wundten seiner kirchen, wie er am besten weiß und vermag, verbindten unndt heilen. Deme[?] e. ld. ich himit ganz treulich empfehle, undt haben[?] mich dieselbige, worinnen ich ihr in diesen landten zu dinen vermag, bereitwillig. Datum Budingen, den 6ten Novembr. [N.S. 16 Nov] anno etc. 1618.

E. ld. dinstwilliger vetter, schwager und brudter,   pro copia
W. Ernnst graff zu Ysenburgkh manu propria

[Address:] Dem wolgebornen Wilhelmen Ludtwigen, grafen zue Nassaw, Cazenelnbogen, Viandten und Diez, herrn zue Beielstein, etc., gubernatorn in Frießlandt, Gröningen undt Umblandt, etc., meinem freuntlichen, lieben vettern, schwagern und brudern

II/1.196 *Counts Wolfgang Ernst of Isenburg and Büdingen and Johann VII of Nassau-Siegen to the States General*

Date: 6/16 November 1618

Main source: A: Wiesbaden HHStA, 170 III, nr. 375, 163r–166r (copy of draft)

Collated source: B: Darmstadt HStA, E 5 A, nr. 67, [1 p.] (copy of draft)

(1) worden] A: w *made on illegible letter* – (14) empfehle] A: *corr. from* empfehlendt[?] – (14) haben] A: *corr. from* hat[?] – (14) dieselbige] A: *corr. from* dieselbege – (20) in] A: *corr. from illegible word*

[2] Cf. no. II/1.196.

Summary: This document is a letter of excuse written in the names of Counts Wolfgang Ernst of Isenburg and Büdingen (as representative or "außschreibender") and Johann VII of Nassau-Siegen (as his assistant or "adjunct") on behalf of the Wetteravian association of Counts. However, the document was apparently composed at the behest of Wolfgang Ernst and rather seems to be a draft or proposal for a letter of excuse. Referring to the letter of invitation to the synod, echoing and expanding its wording, the senders commiserate with the States General's plight and agree fully with the measures taken, i.e., to hold a synod in order to solve the crisis, and at the same time utter thanks for being invited. Even though they sincerely wish to support this undertaking, one needs to beg to be excused, giving the following reasons for not sending a delegation: the invitation was received very late; there is disagreement in matters of religion within the association, particularly on the matter at hand; spatial distance between members of the association; political obligations; theologians to be delegated could not be instructed so soon; the synod has already commenced; it is reported that the Remonstrants have refused to attend. As the synod continues, though, they are still prepared to send delegates if their attendance would be considered helpful and they will not come too late. – Source B does not provide the full text, but quotes most of the final paragraph and the subscription.

Editor: Dagmar Bronner

Unsere willige dinst und freundlichen gruß zuvor. Hoch- und moegende, gunstige, liebe herrn und freundt,

Ewer hoch-mögenheit schreiben vom 25 Junii jungsthin,[1] welches mir, Wolfgang Ernsten zu Ysenburgk und Budingen, etc., als der wetterawischen correspondenz dißmals außschreibendem, aus der Franckfurter herbstmeß anhero geschickt wordten, haben wir empfangen und daraus zwar anfenglich (was uns zuvor aus gemeinem geschrey und außgangenen strittigen wechselschriften eins theilß vorhin leider bekand gewesen) mit betrubtem gemuth und höchlichem mitleiden ablesend verstanden, daß nach einem sehr schweren, gefahrlichen und langwirigem erlittenem und außgestandenem krig, da sich e. h. m. sicherlich durch aufrichtung eines stilstands, darzu etlicher potentaten hochweiser rhat unnd zuthun nicht wenig behulflich gewesen were, in einem guten wolstand und ruhe, so wol das politisch als das geistlich wesen betreffent, gelangt zusein verhoft gehabt, es jedoch zue | einem wiederigen außgeschlagen, daß nemblich in erforschung der lehr von der praedestination und vorsehung, und was dero anhengig, man daselbsten in solchen mißverstand und disputat geraten, daß, es seie dan, das dieselbige durch ordentlichen und vor disem alzeit gebrauchten weg und handlung nidergelegt und weg genommen werdte, es zubesorgen, daraus nichts anderß dan eusserste noth und gefahr ihres staets und regiments, auch der reformirten christlichen

---

(31) rhat] *A: undl., marginally glossed in different hand* hohahnsehenliche abgesandten

[1] Cf. no. II/1.179.

religion, daruber (wie leichtlich zuerachten und solches der hochloblichste kaiser Constantinus Magnus in Synodo Nicena denckwurdig erkant und bezeuget hat: "Dissensiones in ecclesia de dogmatibus multo esse horribiliores ac perniciosiores quovis bello civili"[2]) e. h. m. zum allerhöchsten bekummert und betretten sich befindten und daher nichts mehr zu gemut und herzen zihend dan die erhaltung und conservation derselbigen, dardurch Got der allmachtige e. h. m. staet so mercklich und gnediglich het gesegnet; dargegen aber haben wir mit herzlicher erfrewung | ganz gern vernommen, daß e. h. m. sich unserer wahren reformirten christlichen religion, derselben erhaltung und conservation und ruhigem wolstand hochangelegen sein laßen, und zu abwehrung der albereits vorgefallenen und erwachsenen differentien und strittigkeiten und zu vorkomnung aller anderer difficulteten, fernerer beschwerung und unheils ein national synodum zuhalten entschloßen und außgeschrieben und uf demselben synodo die vorgedachte frag und nebenfragen examiniren zulaßen, under andern auch uns und andere wetterawische graven, zween unserer theologen aus unserm mittel zuverordtnen und zuschicken, mit ihrer gegenwart und anweisung dem synodo zu assistiren und die obbemelte difficulteten und schwürigkeiten schlichten und hinlegen zuhelfen, gunstig und freundlich ersucht und gebeten, mehres dero schreibens inhalts.

Daß nun e. hoch-m. der kirchen gemeine wolfart und heilsamen[?] friden dermasen beherzigen, | der sachen auch so weit, tief und hoch vernunfftig nachgesonnen, darfur dancken wir Gott dem allmachtigen billich und wunschen von herzen, das seine gotliche almacht e. h. m. bey solchem hochlöblichem christlichem eifer ferner erhalten, stercken, bestettigen und rechten ernst weiter darzu verleihen, da auch viel andere heupter der christenheit, bey denen vorlengsten solche unglückselige strittigkeiten erwachsen und von dannen ahn e. h. m. gelangt sein, zugleichmesigem christlichem nachsinnen und hochnuzlichen furnehmen bringen und gnediglichen verhelfen wölle.

Wir unsers theilß mußen, neben gebuhrender dancksagung des guten verhoffens und vertrawens zu uns und unseren theologen (so sampt uns doch die wenigste und geringste), bekennen und mit e. h. m. einig sein, daß diß deroselben suchen und anstellen nicht unzimblich noch unzeitig, sondern nechst Gottes hilf und beistand faß das einige eußerliche ubrige mittel ist, wordurch die aus und in Gottes wort informirte und reformirte kirchen sich

---

(20) heilsamen] A: corr. from heilsamer[?] – (24) stercken] A: foll. by del. und – (24) bestettigen] A: foll. by del. wölle

[2] This sentence occurs verbatim in the second part of Christoph Pezel's *Mellificium historicum*; see e.g., Christoph Pezel, *Mellificii Historici Pars Secunda: Complectens Historiam Romanae Reipubl[icae] [...]* (Hanau: Wilhelm Antonius / [Marburg:] Paul Egenolff, 1603), 418; Christoph Pezel / Johannes Lampadius, *Mellificium Historicum Integrum* (Marburg: Paul Egenolff, 1617), 2:264. It is presumably a development of Eusebius, *De vita Constantini* 3,12,2 (FC 83:324,16–18).

des bapst joch unnd | endlichen undergangs (darmit er lang schwanger gangen und es sich zu disen lezten boesen zeiten sonderlich hoch und mit allem ernst angelegen sein laßet) erwehren und dagegen aufhalten moge.

 Darumb wir auch fur unsere person ganz geneigt und begierig weren, diß hochnuzliche notwendige werck, so vil ahn uns, zubefördern helfen; demnach aber, obverstandener masen, e. h. m. schreiben fast spaet und zu lezt uns zukommen, wir, wie sich dieselbe zuberichten laßen, in der religion, bevorab hochgedachte streitig gemachte puncten betreffend, ungleicher meynung und bekantnus, sonderlich auch einander zimblich entseßen, ein theilß auch mit herrn dinsten und des reichß verrichtungen beladen sind, unsere theologen so bald nicht instruirt werden können, angestelter synodus auch albereit seinen anfang erreichet, und wie wir die gewiße, doch unangenehme nachricht erlangt, daß gegentheil nicht erscheinen, sondern sich meisten theils, als | ihnen ubel bewust, und die das licht schewen, vor- und außfluchtig erzeigen solle, so haben wir vor dißmals anderst nicht thun konnen, dan das wir bey Gott dem almachtigen und e. h. m. unsere dancksagung erwidderten, gestalt wir dan hiermit vor uns und unsere mitglider nachmals gethan und, aus obgehorten ursachen, freundlich und gunstig der nicht schickung halben uns vorentschultigt zuhalten dinstvleisig gebeten haben wollen. Mit dem dinstwilligen und freundlichen erbiten, da wir verstendigt, das mehrerwehnter synodus einen glucklichen gewunschten fortgang gewonnen, auch noch ein zeit lang continuirt werden, die unserige das ihre auch darbey zuthun vermochten und nicht zu spaet kommen solten, daß wir uf solchen gewunschten fall e. h. m. zue freund-, christlichem und gunstigem gefallen schicken, mit befelch und instruction, so viel in unserm besten vermugen, dem handel beizuwohnen uns nicht verdrißlich sein laßen wolten.

 | Dan ewer hoch-mögenheit alle angenehme gefellige dinste und willen, auch ehr, lieb, guts und freundschaft zuerweisen, haben sie uns jeder zeit bereitwillig. Datum den 6ten Novembris [N.S. 16 Nov] anno etc. 1618.

   Ewer hoch-mögenheit dinstwillige gute freundt,
   Der wetterawischen grafen correspondenz außschreibender
   und adjunct

[Address:] Denen hoch und moegenden herrn Staten General der Unirten Niderlandischen Provinzien, etc., unsern gunstigen, liben herrn und freunden

---

(6) obverstandener masen] *B: om.* – (12) wie] *B: om.* – (12) unangenehme] *B; A:* unangeneher – (14) ubel] *A: corr. from* ubeln[?] – (15) anderst nicht] *B:* nichts anders – (19–29) Mit...1618] *B:* etc. – (22) werden] *A: foll. by del.* solte – (24) und gunstigem] *A: undl. (marked for intended replacement?)* – (30) Ewer hoch-mögenheit] *B: subscript.* E. h. m. – (31) grafen] *B: om.* – (32) adjunct] *B: adds names*

II/1.197 *Count Wolfgang Ernst of Isenburg and Büdingen to Counts Johann VII of Nassau-Siegen, Georg of Nassau-Beilstein and Johann Ludwig of Nassau-Hadamar*

Date: 6/16 November 1618

Main source: A: Wiesbaden HHStA, 170 III, nr. 375, 167r–169v (original)

Summary: Count Wolfgang Ernst of Isenburg and Büdingen confirms receipt of two letters from the brothers concerning the Wetteravian delegation. He is sending them copies of the correspondence between him and Countess Catharina Belgica of Nassau at Hanau which ensued after Johann Heinrich Alsted's arrival at Büdingen from Hanau on 2 November [N.S. 12 Nov]. Wolfgang Ernst was told by Alsted that the latter had been sent to him by the Countess in order to be finally dispatched to the synod. As Wolfgang Ernst had declared early on that he could not send his court chaplain Conrad Martinius as a delegate (the latter being not dispensable for such a long time and also ill, and time for preparation is now too short) and he had thus relied on the Countess for sending one of the Hanau theologians (and was not informed of her misgivings earlier), he left it to Alsted to decide whether he wanted to go to the synod alone – which the latter declined. The previous day, Wolfgang Ernst learned that the Remonstrants refused attendance and he is hoping for further, and favorable, news concerning the synod from the three Counts, which they may have received via their elder brother Willem Lodewijk van Nassau-Dillenburg. In any case he felt no necessity to keep Alsted at Büdingen any longer. He is attaching a letter of excuse addressed to the States General, written in his and Count Johann VII of Nassau-Siegen's names, asking the brothers to amend the text as they think proper, to think of the best way to the deliver the letter, and to inform him of the result via messenger. – Fol. 168 consists of an inserted slip of paper bearing a postscript.

Editor: Dagmar Bronner

Mein freuntwillig dinst, undt was ich mehr liebs unnd guts vermag, ider zeit zuvor. Wolgeborne, freuntliche, liebe schwäger, bruder, gevattere unnd sohn, E. lIld. unter dato des 26 [N.S. 5 Nov] und 27ten [N.S. 6 Nov] wegen der beschickung deß niderlendischen synodi unterschidtlich an mich abgangene schreiben[1] hab ich den 1ten dieses [N.S. 11 Nov] alhie zue recht wolempfangen, unnd hat sich darauf volgenten tages e. lIld. zu solcher schickung deputirter professor zue Herborn, ehr Johannes Henricus Alstedius, bei mir alhie eingestelt unndt berichtet, daß von der frau wittiben zue Hanaw,[2] alda er von e. lIld. empfangenem befelch zue volge sich angeben, zu mir anhero, gleichwol

---

[1] For the letter from 26 October [N.S. 5 Nov] 1618, cf. no. II/1.191; the letter from 27 October [N.S. 6 Nov] 1618 does not seem to be extant.

[2] Catharina Belgica, Countess of Nassau.

ohne einiges von i. ld. geprachtes schreiben, zue gänzlichen abfertigung verwiesen. Was nuhn ich eben denselben tag, alß iztgedachter Alstedius gegen abent alhie angelangt, ahn[?] i. ld. vor berurter abfertigung begehrt, daruf zwischen i. ld. unndt mir ferners vor schreiben gewechselt, unndt wohin es i. ld. entlich gestelt, solches alles haben e. llld. auß beigefugten copiis ablesent zuvernehmen.³ Wan ich aber gleich anfangs mich dahin ercleret, daß ich meines hofpredigers und pfarrers, ehrn Cunradi Martinii, alhier so lang nicht entrathen könne, er auch ohne daß zu solcher reiße, wegen seiner mir bekanten ohnpaßlichkeit unndt gefehrlichen leibszustandt, | darzu nicht qualificiret und sonsten gleichsam uf dem stuz sich nicht gefast machen mügen, sondtern ich mich daruf genzlich verlaßen, es wurdten hochgedachter frawe wittiben zue Hanaw ld. ihrer theologen einen vorlengst dazue deputirt unndt zum wenigsten, warumb[?] sie deßen bedenckens, mich advisiret haben laßen, so hab obermeltem Alstedio ich frey gestelt, ob er sich allein zue dieser abschickung geprauchen laßen wolte, deßwegen er sich entschuldigt. Und weil ich ohne daß gesterigen tages glaubwurdig berichtet, daß uf ankunft derer[?] zue Dordrecht sich eingestelten theologen der widrige theil nicht erschienen, sondtern sich absentirt undt daß licht gescheut, so mache ich mir die gedancken, es werdte der synodus mehrentheils gehalten und e. llld. von dem auch wolgebornen, ihrem[?] freuntlichen, lieben brudter, grave Wilhelmen Ludtwigen zue Nassaw, so wol deßwegen, alß auch waß e. graf Johanns ld. ahn s. ld. dieser unser schickung halben gelangen lassen, ob dieselbe nachmalß ins werck zurichten oder nicht, nunmehr gute nachrichtung zukomen sein, deren ich mit verlangen erwartten thue, unndt hab vorerzelter bewantnus nach[?] unter deßen mehrermelten ern Alstedium | lenger alhie aufzuhalten vor ohnnötig erachtet. Ubersendte aber e. ld. nebengefugtes entschuldigungs schreiben,⁴ in meinem, alß außschreibenten, und e. ld., alß adjuncten, nahmen, ahn die General herrn Staadten dirigirt, mit dinstfreuntlicher pitt, waß sie dorbei zuerinnern oder zu endtern, auch durch waß gelegenheit es am fuglichsten zu uberschicken, mich ufs furderlichst durch einen eigen botten ohnbeschwert verstendtigen zulaßen. E. llld. damit göttlicher bewahrung treulich empfehlendt. Datum Budingen, den 6ᵗᵉⁿ Novembris [N.S. 16 Nov] anno 1618.

  E. llld. dinstwilliger schwager, bruder und gevatter,
  W. Ernnst graff zu Ysenburgkh manu propria

(13) advisiret] A: corr. from advisiren – (17) Dordrecht] A: Dodrecht

³ See nos. II/1.192, II/1.193 and II/1.194.
⁴ See no. II/1.196.

[In a postscript on an inserted slip of paper, written in a different hand and presumably directed to Count Johann VII of Nassau-Siegen, the addressee is informed that Count Ludwig Georg of Stolberg-Ortenberg has passed away.]

[Address:] Denen wolgebornen Johannen dem eltern, Georgen unndt Johann Ludtwigen, graven zue Nassaw, Cazenelnbogen, Viandten unndt Diez, herrn zue Beielstein, etc., meinen freuntlichen, lieben schwägern, brudtern, gevattern undt sohn sampt unndt sonders.

II/1.198 *Johann Heinrich Alsted's Report to Count Georg of Nassau-Beilstein concerning his Journey to Hanau and Büdingen*

Date: Presumably 9/19 November 1618

Main source: A: Wiesbaden HHStA, 170 III, nr. 375, 180r–v (original)

Summary: Philipp Bott at Hanau did not know of any credential, instruction, traveling money and fellow-delegate, so he dispatched Alsted on 2 November [N.S. 12 Nov] to Büdingen with a letter for Count Wolfgang Ernst of Isenburg and Büdingen. Arriving at Büdingen the same day, Alsted heard from the privy councillors that a messenger had been dispatched to Hanau to fetch Bott to Büdingen for consultation. There followed lengthy consultations on the matter of the delegation. On 4 November [N.S. 14 Nov] a message came from Countess Catharina Belgica of Nassau at Hanau saying that she would leave everything to Count Wolfgang Ernst's discretion, a delegation being fine with her. In reaction to that, another messenger was dispatched to Hanau in another attempt to fetch Bott to Büdingen, since Count Wolfgang Ernst was reluctant to act alone, as many members of the Wetteravian association of Counts were not asked for their opinion on the matter. On 6 November [N.S. 16 Nov], in a response that arrived from Hanau, the Countess asked to be spared any further demands concerning servants of hers and suggested Conrad Martinius, court chaplain at Büdingen, as Alsted's fellow-delegate. Thereupon Count Wolfgang Ernst eventually decided that he could not take sole responsibility for the delegation; furthermore he thought that Bott would have come to Büdingen in his function as secretary ("vice-cancellarius") of the Wetteravian association of Counts. Thus Alsted was sent back home with a letter for his masters (i.e., the Counts of Nassau). – This report was sent as an attachment to a letter (dated Herborn, 9 November [N.S. 19 Nov] 1618) in which Alsted, who had been granted use of Count Georg of Nassau-Beilstein's coach and horses for the journey, apologizes for having been kept at Büdingen involuntarily, and he humbly asks not to be blamed for the delay, since one horse became sick or injured and moreover Count Wolfgang Ernst had promised him to make an overall excuse.

Editor: Dagmar Bronner

Zu Hanaw hat doctor Pott von keinem creditiv, instruction, viatico und adjuncto, so vorhanden, gewust. Hat mich den 2ten Novembris [N.S. 12 Nov] also baldt nach Büdingen mit einem brief[1] ahn ihre gn.[2] daselbst haltend abgefertigt.

Alß ich denselben tag nach Büdingen kommen, hab ich von den räthen daselbst also baldt vernommen, es sey ein reitender bott nach Hanaw abgefertigt, doctor Potten nach Büdingen zuvermögen, dieser sach beizuwohnen.[3]

Den 3ten[?] Novembris [N.S. 13 Nov] sindt allerlei consultationes zu Büdingen gehalten, diese sach betreffendt, welche zuerzehlen weitläufftig.

Den 4ten Novembris [N.S. 14 Nov] hat die fürstin von Hanaw[4] nach Büdingen berichtet, sie stelle ihrer gn. grave Wolf-Ernsten, meinem auch genädigen herren, alles heim und sey mit der abfertigung wolzufrieden. Hiruf haben ihre gn. zu Büdingen wider einen reitenden botten nach Hanaw abgefertigt und nachmals doctoris Pottii begehrt, ahngesehen, daß ihre gn. sich der sach nicht allein unterfangen könne, dieweil viel unter der gräflichen correspondentz in dieser sachen nicht begrüßet seien.[5]

Den 6ten Novembris [N.S. 16 Nov] ist antwortt von Hanaw kommen, darinn die fürstin begehrt, ihre gn. zu Büdingen wölle ihr, der fürstin, verschonen mit abforderung ihrer diener | und mihr adjungiren Conradum Martinium, hoffpredigern zu Büdingen.[6]

Hiruf haben ihre gn. zu Büdingen sich endtlich resolvirt, daß ihre gn. diese abfertigung für ihr person nicht allein uf sich nemen können und hetten verhofft, doctor Pott solte sich nicht alß ein hanawischer diener, sondern alß der gräflichen correspondentz pro tempore vicecancellarius eingestellet haben. Bin ich also mitt einem schreiben ahn meine genedige herren haltendt[7] abgefertigt worden.

    J. Henrich Alsted manu propria

(8) 3ten] A: 3 corr. from 2 (or maybe vice versa)

[1] This letter does not seem to be extant.
[2] Wolfgang Ernst, Count of Isenburg and Büdingen.
[3] Cf. no. II/1.192.
[4] Catharina Belgica, Countess of Nassau.
[5] Cf. no. II/1.193.
[6] See no. II/1.194.
[7] Presumably no. II/1.197.

II/1.199 *General Instruction for Nassau-Wetteravian Delegates*

Date: Undated; presumably November 1618

Main source: A: Wiesbaden HHStA, 171, nr. K 717, 29r–32v (copy)

Summary: The instruction is bipartite. First, the means for achieving the goals of the synod, i.e., the settlement of the controversies with the Remonstrants and the restoration of ecclesiastical peace, are listed: 1. Foremost, the Five Articles have to be discussed on the basis of Scripture and the teachings of the Remonstrants refuted; additionally, the confessions, catechisms and writings of distinguished theologians of the Reformed churches will prove that the Remonstrants have deviated and adopted teachings found among Catholics, Socinians, Ubiquitists and others. 2. In the likely case that the Heidelberg Catechism and Belgic Confession will also be discussed at the synod, the delegates will duly assist in defending them. 3. As the need may arise to supplement the Belgic Confession, the seven articles found in the first Contra-Remonstrance are regarded as especially suitable to fulfil this purpose. 4. With regard to other questions that might be discussed, especially those which are controversial among the Remonstrants themselves, the delegates must distinguish between necessary and unnecessary matters and shall not spend undue time dealing with the latter. 5. As the delegates are tasked with helping the orthodox (Reformed) in the Netherlands against their adversaries to settle the controversy at hand, they shall take care not to take anyone else's part nor get drawn into any other disputes or quarrels. 6. Finally, at the conclusion of the synod, the Dutch and foreign delegates will make peace with those (Remonstrants) who will recognize their error and will accept the synod's sentence; there shall be complete forgiveness and reconciliation, everything that occurred during the controversy shall be forgotten, and all offensive writings shall be prohibited and confiscated. – In the second part, the means for the maintenance of ecclesiastical peace in the Netherlands after the conclusion of the synod are suggested: 1. All ministers and teachers shall be obliged to sign the Heidelberg Catechism and the Belgic Confession, regarding them as binding texts next to Scripture. 2. Ministers and teachers shall be exhorted that they will treat of the matter of predestination moderately; they will adhere to the words of Scripture, of the confessions, and of the approved theologians of the Reformed church so as not to offend or confuse their audience. 3. Ecclesiastical censures shall be reintroduced among ministers and teachers so as to allow them to admonish a colleague who has erred. 4. The University of Leiden and the States College need to be reformed with regard to their theological staff. 5. Moreover, the manner of teaching and learning at the University of Leiden needs to be altered in that the emphasis should be less on disputing and on studying scholastic authors, but rather on studying theological writings based on Scripture like those of Philipp Melanchthon, Zacharias Ursinus and other famous theologians. 6. The printing and publication of theological writings should be controlled by several approved Dutch Reformed theologians and ministers officially appointed for this task. 7. The States General could be reminded not to allow such heresies to come into their provinces and not to allow the importing of heretical writings, considering that books of that kind, which fostered Arminianism, abound in the Netherlands. 8. Also, the States General should be reminded to support both ecclesiastical censures and the regular holding of provincial and national synods; to safeguard order and unity, provincial synods should take place every year, national synods every three or four years. [9.] Finally, the delegates should take heed that, beside the Heidelberg Catechism, the Gallican, Anglican, Belgic and Helvetic Confessions should be publicly approved and recognized as orthodox by all participants of the synod.

Editor: Dagmar Bronner

Demnach der zweck des ahngestelten synodi nationalis in Hollandt sein soll, erstlich das die controversiae, so ohnlengst von den Arminianern oder Remonstranten in Niederlandt erlegt wordten, erörtert undt hien gelegt werdten, darnach das die kirchen daselbst in guter ruhe undt einigkeit erhalten undt dergleichen uhnheill, wie itzt entstanden, ins kunftig gestewert undt vorkommen möchte, so sollen solche media specialia, zue solchem zweck zue gelangen, in acht genommen werden:

1. Die entstandene controversias zue erörtern und hienzuelegen, wirdt vor allen dingen von nöthen sein, das die Funf streitige Articull, (1) de praedestinatione, (2) de redemptione, (3) de causa fidei, (4) de conversionis modo sive de gratia resistibili vel irresistibili, (5) de perseverantia sanctorum, auß Gottes wort grundtlich erclert, bestettigt undt wieder der Arminianer corruptelas undt sophismata vertheidigt werdten; darbey auch consensus ecclesiarum Reformatarum in obbenanten articuln auß ihren publicis confessionibus undt catechismis wie auch deroselben vornehmen lehrer schrifften wirdt konnen erwießen undt dargetahn werdten, das die Arminianer a doctrina ecclesiarum Reformatarum, zue deren[?] sie sich vor bekandt, abgewichen undt frembdte lehr, welche sie | zum theill mitt den Papisten, Socinianern, Ubiquitisten undt andern gemein haben, in de[–] kirchen undt schulen einzueschieben sich understanden.

2. Dieweill mann auch gewiße nachrichtung hat, d[as] die Arminianer schon vor etlichen jahren revisionem Catecheseos Palatinae undt Confessionis Belgicae begehrt, ja albereit allerley mengell, so sie, ihrem fur geben nach, in denselben befunden, zue papir gepracht undt den heren General Staden (wie wohl verwahrlich und verschloßen) zue gestelt haben, deßwegen au[ch] die orthodoxi ministri in Belgiis bey den herr[n] Staden instendig ahngehalten, das solche gege[n][?] bedencken[?], welche die Arminianer contra praedictam Catechesin et Confessionem hetten, in synodo nationali nachnoturfft erwogen un[dt] abgeleinet werdten möchten, alß ist wohl zue vermuthen, das es bey obged[achten] 5 Articu[ln] nicht pleiben, sondern auch mehr gemelte Catechesis undt Confessio ahngefochten werden möchte, uff welchen fall die abgeordtnete dißelbe dergebuhr ahn ihrem orth zue verfechten undt zue verantworten helffen wißen werdten.

29v A

(7–8) Remonstranten] *A:* Demonstranten – (36) catechesis] *A: corr. from* cat[–]echesis

3. Undt die weill Catechesis et Confessio vielleicht nicht aller dings sufficiens sein möchte, controversias praesentes zue decidirn, konten entweder noch etliche articuli, so darzue | dienen möchten, Confessioni Belgicae inserirt oder etwas ad finem appendicis loco darvon ahngehenckt werden, darzue sonderlich die 7 articull, welche die orthodoxi in Bellgio anno etc. 1610 den Arminianern entgegen gesetzt undt in Contra-Remonstrantia prima zue finden,[1] fur bequem undt dienlich erachtet werden.

4. Es möchten auch etliche andere quaestiones undt controversiae in offt gemeltem synodo furfallen, wie dann bewust, das Forstius, Venator, Boraeus, Bertius undt andere ihre besondere meinung in etlichen puncten haben, denen die andere Arminiani nicht bey pflichten; da werden die abgeordtnete uff sich haben mußen, das necessaria a non necessariiß underschieden werden unndt mann sich in non necessariis nicht laße uff halten, das auch alle quaestiones spinosae, otiosae, undt die nicht ad aedificationem diehnen, abgeschnitten werden.

5. Werden sich auch die abgeordtnete fursehen, das sie nicht etwann zue partheyen gemacht[?] oder von andern in streit gezogen werden, undt ahn statt sie die Belgos solten helffen vergleichen, sie newe dubia undt controversias mitt sich in andere landte pringen. Sondern sollen zwar den orthodoxis in Belgio veritatem contra adversarios vertheidigen helffen undt dißelbe suis suffragiis bestettigen, mitt nichten | aber sich in eine weitleufftigkeitt oder streitigkeitten, die ihnen darnach besonder uff den hallß wachßen möchten, einlaßen.

6. Wann nuhn die streitige puncten erörtert undt daruber in synodo erkant undt geschloßen wordten, so werdten die jenige, so sich vor dißem vorfähren[?] laßen, ihren errorem aber[?] erkennen undt sententiam synodi amplectirn[?]; wer dann[?] fur bruder ahngenommen undt erkant, ihnen dextra fraternitatis beydes von den orthodoxis in Belgio undt den samptlichen deputatis gereicht, auch, ihre versohnung undt einmutigkeitt zue bezeugen, sacra syna[xis] mitt ihnen gehalten, alles, was vor dißem, alß der streit noch gewehrt, furgangen, in vergeß gestelt, nomina schismatica abgeschafft un[dt] alle scripta maledica undt scandalosa verbotten undt confiscirt werdten.

Damitt aber nach gehaltenem synodo undt erörterung der streitigen puncten undt gravaminum, so in denselben werden furgepracht werdten, ins kunfftig friedt undt einigkeit in den kirchen im Niederlandt erhalten undt newer streit undt uhnruhe verhutet werdten möge, so weren diße mittell furzueschlagen undt ins werck zue richten:

(22) hallß] *A: corr. from* ha[–]ß – (24) erörtert] *A:* eerörtert

[1] I.e., the Contra-Remonstrance of 1611; cf. Bertius, *Scripta Adversaria*, 13–32, esp. 22–24 (seven articles).

1. Das Catechesis undt Confessio Belgica wieder ufs newe von allen kirchen- undt schuldienern | underschrieben undt sie ahn dißelbe nechst Gottes wort sich zue halten ahngewißen undt verbunden solten werdten.

2. Das die kirchen diener undt lehrer vermahnt wurdten, wenn sie den punct von der praedestination coram populo oder studiosa iuventute tracti- ren, sie dorinnen gewahrsamb gehen, denselben sobrie tractiren undt nicht immer furnehmen, alß wann sonsten nichts zue tractiren were; in theologia, das sie sich in loquationibus ahn den phrasibus Sacrae Scripturae, Confessi- onum vel probatissimorum theologorum in ecclesiis Reformatis halten, sich huten fur allem, so uhn erbäwlich undt die auditores fur den kopf stoßen undt sie aufs newe verwirren möchte.

3. Das die censurae ecclesiasticae under den kirchen dienern undt lehrern wieder aufgepracht undt eingefuhrt werdten undt einem undt dem andern erlaubt sey, seinen collegam beydes privatim undt in consistorio, so es von nöthen, fr[eundtlich] zuevermahnen undt deßen zue erinnern, darinnen er entweder in lehr oder leben sich vergriffen hette.

4. Muste die Academia Leydensis wie auch das collegium theologicum daselbst wieder reformirt werden, dann[?] itzundt in denselben etliche pro- fessores undt regentes sich befinden, welche mitt allerley irthumen behafftet undt dißelbe in die studirende jugendt ein zueplantzen keine muhe, arbeit noch kunst spahren.

| 5. Muste der modus docendi et discendi, so bißher in gemelter academi gefuhrt worden, etwas geendert undt verbeßert werden, dann bißher mann mehr de antithesi quam de thesi sorgfellig gewesen, undt haben sich [d]ie studiosi auff die controversias undt auff das disputiren gelegt, ehe sie noch fundamentum undt principia verae theologiae verstanden. So hat man auch theologiam scholasticam undt allerley subtiles et spinosas quaestiones ex Thoma, Scoto undt andern wi[eder] herfur gesucht[?], deßwegen plana et ex fontibus Sacrae Scripturae hausta theologia ad invitationem Philippi Me- lanchtonis, Ursini undt anderer beruhmbter lehrer wieder einzuefuhren undt das disputirn in etwas zue moderirn were.

6. Solte nicht einem jeden zuegelaßen werden, seines gefallens bucher zueschreiben undt außgehen[?] zue laßen, sondern solten etliche fuhrnehme undt bewehrte theologi ex professoribus et ministr[is] Reformatis in Belgio verordtnet undt nahmhafft gemacht werdten, welchen mann das jenige, so in rebus theologicis solte getruckt werden, zuevor revidiren und censuriren uber geben muße.

7. Könten die herrn General Staten erinnert werdten, das sie nicht zue laßen wolten, das solche colluvies undt sentina omnium haereticorum in

---

(3) sich] *A: interl. add.* – (14) consistorio] *A: consistario* – (28) Thoma] *A: T written over illegible letter* – (35) das] *A: d written over illegible letter* – (36) censuriren] *A: censurien*

ihren provincien einschliche undt einstelle, das auch nicht allerley schedtliche und verfuhrische bucher | hienein gefuhrt werdten, wie dann[?] bekant, das der Samosatinianer und Socinianer bucher, auß welchen das arminianische werck meisten theils gesponnen, in den Niederlandt haufen wiß, ja in solcher menge eingepracht undt distrahirt werdten, das sie wohl anders wo in solcher ahnzahl nicht zue finden sein.

8. Auch weren die herrn Staden zue erinnern, das sie die censuras ecclesiasticas wie auch die versamblung der synodorum provincionalium et nationalium zue gewißen zeiten nicht verhindern, sondern viehl mehr befurdern helffen wollen; wie dann zue erhaltung guter ordtnung und einigkeit alle jahr synodi provincionales, in welchen die gravamina, welche furfallen möchten, proponirt undt erörtert werden solten, aber alle drey oder vier jahr ein synodus nationalis, zue welchem das jenige, so in den provincionalibus nicht hette konnen erörtert werdten, referirt wurde, gehalten werdten könte.

Endtlich sollen die abgeordtnete in acht nehmen, da es dahien zue pringen sein möchte, das die publicae Confessiones Gallica, Anglica, Belgica, Helvetica neben Chur Pfaltzs Catechismo von allen, so dem synodo beywohnen werden, publica sententia ad testificandum consensum approbirt undt pro orthodoxis erkant werden.

| Instructio generalis

II/1.200 *Further Instruction for Nassau-Wetteravian Delegates*

Date: Undated; presumably November 1618

Main source: A: Wiesbaden HHStA, 171, nr. K 717, 33r–34v (copy)

Summary: The instruction consists of eight points. 1. The delegates shall act with a view to the honor of God and the building up of the church. 2. They shall help advise that the Five Articles and any other questions that might arise will be discussed and settled on the basis of Scripture. 3. Since the discussion will likely result in several articles to be signed by both parties, the delegates shall make every effort that everything will be expressed clearly and unequivocally so that even worse strife may not arise. 4. Both in private conversations and in public dealings they shall strive to soothe both parties in order to achieve agreement sooner. 5. To prevent any recurrence of the present crisis, the delegates shall think diligently about how to restore the University of Leiden and several Dutch churches to a proper state of orthodoxy, so that there may be agreement among the Reformed churches, that discipline will be implemen-

(5) wohl] A: wahl – (17) allen] A: allem

ted, synods will be held regularly, universities will be reformed, the schismatic names and writings originating in the controversy will be abolished, and so that nobody will be allowed to publish theological books without proper censorship or to promote dangerous innovations in private or in public after he has presented his doubts at a synod and was refuted on the basis of Scripture. 6. Since the Remonstrants accuse their adversaries (rightly) of being excessive in their treating of predestination and thus, as it were, of having caused the present controversy, orthodox preachers ought to be reminded to take care to use the words of Scripture and of the confessions approved by the Reformed churches and to make every effort to build up and not tear down. 7. In everything, the delegates will behave carefully so that nothing disadvantageous will occur to the churches of the other countries, their confessions, church orders and catechisms. 8. Finally, as unity between all the Reformed churches is highly necessary, the manner of how to achieve this goal can be discussed on this occasion.

Editor: Dagmar Bronner

1. Erstlich, undt vor allen dingen, sollen die abgeordtnete in ihrer anbefohlenen verrichtung die ehre Gottes vor augen haben undt auf das jehnige allein sehen, was zue auferbawng der kirchen dienen möchte.

2. Vors ander sollen sie ihres theils dahin helffen rathen, damit beides, die 5 streitige Articul so wohl auch was sonst vor quaestiones möchten vorgebracht werden, auß dem fundament götliches wortts erörtert undt hingelegt werden.

3. Weil es auch vermuthlich, das nach gehaltener underredung etliche articuli möchten gestellet werden, welche von beiden theilen underschrieben würden, so sollen die abgeordtnete ihres theils allen vleiß anwenden, damit alles clar, hell undt deutlich außgeredet undt nichts auf schrauben gesetzet, damit das letzte nicht ärger werde alß das eherste.

4. Ferners undt zum vierten sollen sie sich bemühen, daß sie beides, in privatis colloquiis undt dan auch in publicis actibus, so viel ahn ihnen, die beiderseits erhitzte gemüther helffen kühlen, damit die gewüntschte einigkeit desto ehe möcht erlangt werden.

| 5. Unndt weil es nicht genung ist, daß mann einen streith hinlege, sondern auch eine notturfft sein will, daß vorsorge geschehe, wie ins künfftig dergleichen ohnheil vorzukommen, als sollen die abgeordtnete neben andern mit vleiß dahin denken, wie das zerrüttete wesen bey der universitet Leiden, so wohl als bei vielen kirch[en] in Holandt, dergestalt möge zu recht gebracht werden, daß die reine lehr durch undt durch schalle, zwischen samptlichen reformirten kirchen eine correspondentz angestellet werdten möchte, die disciplin gehandthabt, die synodi zue gewißer zeit gehalten, die universiteten reformiret, die nomina schismatica Arminianorum, Gomarianorum, Remonstrantium, Contraremonstrantium wie auch die scripta maledica abgethan undt hinführo niemandt gestattet werde, ohne die ordentlichen censur in theologischen sachen bücher zu publiciren, niemandt auch gestattet werde,

heimlich oder offentlich gefehrliche newerungen vorzupring[en], er habe dan seine dubia zuvor im synodo den fratribus vorgebracht undt were mit sattem grundt auß Heiliger Schrifft wiederlegt worden.

34r A

| 6. Was sich auch die Arminianer in offentlichen schrifften verlautten laßen, die unserigen hetten zuviel undt zu hart de praedestinatione geredet undt viel leuth damit vor den kopff gestoßen undt sie gleichsamb zue diesem streith verursachet, als wirdt vonnöthen sein, da sichs in der nachfrage also geschehen zu sein befinde, daß die concionatores orthodoxi gleichwohl brüderlich erinnert werden, hinführo gewahrsamb zugehen undt sich der phrasium, welche in Gottes wortt undt in den von den reformirten kirchen angenohmmenen confessionibus zufinden, gebrauchen, undt alles dahin richten, daß sie bawen undt nicht einreißen.

7. In diesem allem werden sich die abgeordtnete also verhalten, daß sie ihres theils darfür sein, damit nichts in praeiudicium der kirchen in andern landen undt dereselben confessionen, kirchen ordtnung undt catechis[–] geschehe.

8. Letzlich, weil zwischen den samptlichen reformirten kirchen ein heilsame correspondentz hoch vonnöthen, kann bei dieser gelegenheit darvon geredt werden, wie undt uff was weise dieselbige anzustellen undt zuhalten sey etc.

II/1.201 *Count Johann Ludwig of Nassau-Hadamar to Count Johann VII of Nassau-Siegen*

Date: 11/21 November 1618

Main source: A: Wiesbaden HHStA, 170 III, nr. 375, 186r–187v (original)

Summary: Johann Ludwig of Nassau-Hadamar reports to his older brother Johann VII of Nassau-Siegen the state of affairs: As resolved upon, Johann Heinrich Alsted had been sent to Hanau in good faith, believing that the latter would thence be dispatched to the synod. However, when he arrived there nothing was settled and he eventually returned via Büdingen. For Johann VII's information, Johann Ludwig forwards several documents, i.e., Alsted's report to their brother Georg of Nassau-Beilstein and a letter to the brothers from Count Wolfgang Ernst of Isenburg and Büdingen together

(2) fratribus] A: *foll. by del.* zu – (4) Arminianer] A: Armenianer – (4) offentlichen] A: *corr. from* offtentlichen – (5) praedestinatione] A: praetestinatione – (8) concionatores] A: *corr. from* con[–]ionatores – (9–10) phrasium] A: *corr. from* p[–]sium – (15) catechis[–]] A: *corr. from* catechi[–]; *reading of end of word unclear* – (18) correspondentz] A: correspondetz – (18) dieser] A: *corr. from* diesen – (20) etc.] A: *adds note in different hand on 34v:* No[–]. Ehr Alstedius ist[?] hieruff[?] den 20ten Nov. [N.S. 30 Nov] anno 1618 [*interl. add.:* beneben Bisterfeldio] noch fort geschickt worden, etc.

with its attachments, among them the letter of excuse to the States General. As to the latter document, Johann Ludwig relies on his brother's discretion on deciding how to deal with the matter, only suggesting that the letter of excuse should be written in Wolfgang Ernst's name alone and voicing his regret at the management of affairs by the association of Counts.

Editor: Dagmar Bronner

Wohlgeborner, freundtlicher, lieber bruder,

E. ld. weiß ich nechst ahnerpietung meiner freundtbruderlichen dienst nit zuverhalten, das man jungst genohmmenen[?] abschiedt nach Altstedium naher Hanaw fuhren laßen undt in keinen andern gedancken gestanden, dan das er doselbsten seine gewiße abfertigung erlangen wurde. Wie er aber dahin kommen[?], da hat es noch in weiden blettern gestanden, daher er dan uff Büdingen verreist, aber von dannen wiederumb anhero zuruck ist geschickt worden, inmaßen e. ld. aus seinem[?] schreiben, so er ahn bruder Geörgen gethan,[1] wie auch aus andern schreiben, so graf Wolf-Ernst ahn uns gethan,[2] hierbey mit mehrerm vernehmen werdet. Schicke hierbey e. ld. alle beylage zur nachrichttung zu, und haben dieselbe daraus zue sehen, wie graff Wolff Ernst die underlaßene schickung zu endschuldigen understehet. Nun stelle ich dasselbe ahn seinen orth, und werden e. ld. als adjunctus wißen, waß hierin zu thun oder zu laßen sein wirdt. Alzeit wolt ich ohnvorgreiflich bedunken, das graf Wolf-Ernst, als ahn welchen das ausschreiben auch allein beschehen, die entschuldigung | in seinem nahmen allein zu thun hette. Ob aber eben, die endschuldigung uff begrieffene maaß auszufertigen, solches stelle ich zu e. ld. beßerem, vernufftigen[?] nachdenken. Möchte meines theils wunschen, daß der graven standt dieße occasion, welche sich mit den hern Staaden, durch den vorgehabten synodum, ann[?] hand gegeben[?], beßer menagieret hetten. Thue hiermit e. ld. Gott befehlen.

Datum Dillenb[urg], den 11ten Novembr. [N.S. 21 Nov] anno 1618.

    E. l. dienstwilli[ge]r,
    gehorsahmer bruder,
    J. Ludwich g[rave] z[ue][?] N[aßaw]

[By way of postscript, Johann Ludwig writes in his own hand of certain difficulties related to the land tax, referring to previous communication via letter with the addressee. He will now depart for Hadamar and stay there for one day.]

(27) menagieret] A: *corr. from* minagieret – (29) E. l.] A: *rest of the letter written in Johann Ludwig's hand*

[1] See no. II/1.198.
[2] Cf. no. II/1.197.

[Address:] Dem wohlgebornen Johanen, graven zu Naßaw, Cazenelnbogen[?], Vianden undt Diezs, hern zu Beilstein, etc., meinem freundtlichen, lieben bruder

II/1.202 *Count Johann VII of Nassau-Siegen to Count Wolfgang Ernst of Isenburg and Büdingen*

Date: 11/21 November 1618

Main source: A: Wiesbaden HHStA, 170 III, nr. 375, 184r–v (draft)

Summary: The sender, obviously Count Johann VII of Nassau-Siegen, acknowledges receipt of a letter with attached documents sent by Count Wolfgang Ernst of Isenburg and Büdingen. In response, the former criticizes how the matter of the delegation was managed and that it was not accorded due importance. In his opinion, time was wasted unnecessarily with trifling discussions which were additionally conducted through slow means of communication, so that he sees now no other solution than to send the proposed letter of excuse to the States General. Johann VII does not wish to be involved, though: As the invitation to the synod was addressed to Wolfgang Ernst alone, he would prefer if the latter only would have signed the said letter, which could then be delivered via Frankfurt. Moreover, he gives advice on phrasing (addressing the States General). It seems that he mentions another letter to the States General which ought to be written solely in Wolfgang Ernst's name. – The document is damaged and the text thus fragmentary.

Editor: Dagmar Bronner

Ahn gr[aff] Wolf Ernsten

Wolgeborner[?], freundtlicher, lieber schwager, bruder undt gevatter,
   Was e. l. wegen abfertigung Altstedi[i] [zu dem] niederlendischen synodo
25 [a]hn uns [geschri]eben,¹ solches haben wir neben[?] [——] wohl empfangen.
Weren[?] [——] [ge]wesen, daß dieße sach [——] [–]gemeinen[?] graven
standt [——] [–]gen respect undt dahin [——] [–]it[?] gewesen, daß von de[–
]selben [——] ein vornehmen standt undt [——] [–]dt des reichs erkent[?],
beßer were in acht genomen undt menagirt[?] worden, undt das gemeine
30 beste solcher gestalt interessirt, daß, da ahn unßerm[?] orth auch des wegen
streitigkeiten solten vorfallen, sich auch hiernechst bei den hern Statten rhats
zuerholen hette. Weil aber diß undt jenes, welches doch in warheit von ge-

(22) Ahn...Ernsten] A: marg. note – (28) undt] A: foll. by del. corpus – (29–32) undt...hette] A: marg. add. – (32) jenes] A: foll. by del. zur verhinderung

¹ Cf. no. II/1.197.

ringer importantz, herbei gesucht undt gezogen undt dardurch die zeit, welche ohne daß durch die langwierige uberlifferung eins oder andern schreibens, welche durch zufellige gelegenheiten undt niht[?] eigene[?] bottschafft, welches doch die sach wohl meritirt, jhe lenger jhe mehr[?] verspielt wirdt[?], alß muß[?] man[?] es nuher[?] bei dem endtschuldigungsschreiben, welches e. l. erstellen[?] lassen[?],² bewenden lassen. Undt halten wir darvor, weil die hern Statten ahn e. l. als ausschreib[enden ge]|schrieben, e. l. hetten auch das entschuldigungs schreiben in ihrem nahmen, we[il] wir es gern [–]ers gesehen, u[nderschri]eben, undt könen [——] von Frankfurt [——] [–]rderlich hienunter[?] schi[cken].

E. ld. scribent[?] [——] [–]g des entschuldigungs schrei[bens] [——], in dem er das erpieten vor[–]zt, undt halten w[ir] darvor, es muste[?] nachfolgenter[?] gestalt gesezt werden: 'Hochmogende hern, e. h. m. schreiben.' Da auch diß schreiben in e. l. nahmen allein abgehen solte, werden dießelbe es in numero singulari uf ihre person allein stellen lassen.

Datum den 11. Novemb. [N.S. 21 Nov] 1618.

184v A

II/1.203 *Count Wolfgang Ernst of Isenburg and Büdingen's Reservations concerning the Synod*

Date: After 23 November 1618

Main source: A: Darmstadt HStA, E 5 A, nr. 67, [1 p.] (copy)

Summary: First, the document summarizes Count Wolfgang Ernst of Isenburg and Büdingen's reservations regarding the delegation, voiced during a session with his council held on 2/12 November 1618: The Count doubts the usefulness of a delegation and would prefer to send his apologies due to the shortness of time. For one thing, he is concerned that a participation at the synod might give the appearance of intended separatism from the Lutherans, which might be used as an argument by the Catholics against the religious peace. Moreover, the whole undertaking will probably be to no effect. This is followed by an extract from a letter of excuse to the States General, composed on 6/16 November 1618, listing the reasons for deciding against the sending of delegates. Finally, the outcome of the matter is noted: After an intervention of Count Georg of Nassau-Beilstein on 13/23 November 1618, advising against the said letter of excuse, Johannes Bisterfeld and Johann Heinrich Alsted are eventually dispatched to the synod. – The left-hand margin of the document is damaged, resulting in loss of text.

Editor: Dagmar Bronner

(1) gezogen] A: foll. by del. w – (5) nuher] A: interl. add. repl. del. nachmals[?] – (8) schreiben] A: foll. by del. underschrieb – (9) undt] A: foll. by del. anhero ge ges[?] – (12) vor[–]zt] A: foll. by del. es [–]uß[?] nume[?]

² See no. II/1.196.

ISENBURGISCHE GRAVEN BEDENCKEN WEGEN DES DORDRECHT SYNODI

[Anno 16]18, den 2. Nov. [N.S. 12 Nov] hat grav Wolfg. Ernst im rath, in beywesen doctoris[?] Mei[eri], [——] Conr. Martinii, Paff[–][?] secretarii, erwehnt[?], daß i. g. den sachen nachge[–].

[1.] Könne nicht befinden, daß die begehrte schickung dem religion wesen [——] dem grafenstandt nützlich seie[?], dieweil viel lutherische under den sta[–], auch albereit etliche lutherische, alß doctor Mentzerus von Gißen, dahin geschickt, [dar]umb i. g. dafür hielten, daß wegen der kurtze der zeith man sich entschuldiget [–]te.

2. Würde das ansehen haben, alß wan man sich von den lutherischen [ab]sondern wolte, da man doch sich auf den religion frieden ins gemein [–]rüfte, undt würdte der[?] von den papisten auch ausgeschloßen[?] werden[?], sub co[–], daß man sich abgesondert hette von den lutherischen.

3. Man wurdte [–]hren, daß nicht ausgerichtet würde werden.

Darauf den 6. Nov. [N.S. 16 Nov] an die [h]ochmödigen h. Staden under ander[–] geschrieben worden von h. wetterawischen graven:[3]

Darumb wir auch für unser person gantz geneigt undt begierig weren, diß hochnutzliche nothwendige werck, so viel an uns, zu befördern helfen; demnach aber e. hochm. schreiben fast spät undt zu letzt uns zukommen, wir, wie sich dieselbe zuberichten laßen, in der religion, bevorab hochgedachte streitig gemachte puncten betreffendt, ungleicher meinung undt bekandtnus, sonderlich auch einander zimlich [e]ntseßen, einstheils auch mitt hern dinsten undt des reichs verrichtungen beladen sindt, unsere theologen so bald nicht instruirt werden können, angestelter synodus auch albereit seinen anfang erreichet undt wir die gewiße, doch unangenehme nachricht erlangt, daß gegentheil nicht erscheinen, sondern sich meistentheils, alß ihnen ubel bewust, undt die das licht schewen, vor- undt ausfluchtig[?] erzeigen solle, so haben wir vor dißmahl nichts anders thun können, dan daß wir bey Gott dem almechtigen undt e. h. m. unser dancksagung erwiderten, gestalt wir dan hiermit vor uns undt unser mittglieder nachmals gethan undt, aus obgehörten ursachen, freundtlich undt gunstig der nicht schickung halben uns vor entschuldigt zu halten dinstfleißig gebethen haben wollen. Etc.

Subscriptum: E. h. m. dinstwillige gute freundte, der wetterawischen correspondentz ausschreibender undt adjunct,

Wolfg. Ernst, g[raf] zu Is[enburg] u[ndt] B[üdingen] u[ndt] graf Johan zu Naßaw Catzenelnb[ogen] der elter.

(4) Conr.] *A: interl. add.* – (7) seie] *A: corr. from* s[–]e – (16) den...Nov.] *A: undl.*

[3] Cf. no. II/1.196.

Es ist bald hernach geschickt worden Joh. Bisterfeld, hofprediger undt inspector zu Sigen, Joh. Henr. Alstedius, professor zu Herborn, dan[?] graf Georg zu Naßaw den 13 Nov. [N.S. 23 Nov] erwehnt[?], daß man mitt[?] dem entschuldigungsschreiben, welches in eventum concipirt ihm ubersendet worden, nicht wohl würdte bestehen können. Beilst[ein] 13. Nov. [N.S. 23 Nov]

II/1.204 *Pieter van Brederode to the States General (Selection)*

Date: 30 November 1618; received 17 December 1618

Main source: A: The Hague NA, S.G. 6018, [2 pp.] (copy)

Summary: Brederode reported earlier that the Countess of Hanau had prevented the delegation of Arminian ministers by the Wetteravian Counts. Now he has heard that Johan Heinrich Alsted will not come either because the Count of Isenburg is obstructing this financially.

Editor: Johanna Roelevink

Hoochvermeugende hoochghe-eerde ende ghebiedende heeren,
[The letter begins with other matters.]
| Met mijne voorgaenden hadde ick uwe Hoochvermeugenden onder anderen verders bericht hoe dat de gravinne van Hanau[1] deur suggestie ende raedt der vrienden verhindert hadde dat uijt de naem van de Vetterausche evangelische graven gheenen Arminiaensche predicanten (listelijck deur advis van een van haeren raet daer toe ghenomineert) onderwerts gheschickt werde, maer zeeder ben ick verwitticht dat de selve raetsverwanten oock soo veel te weech heeft ghebracht dat Alstedius,[2] professeur te Herborn, oock niet en sal derwertz gaen, vermitz den directeur ('t welcken es de graeff van Isenburg[3]) difficulteeren souden tott sulx gelt den gheordinneerden tott haeren reijse noodich in de naam van den anderen te verlegghen. Alsoo vindt Sathan altijts 't eene ofte 't ander middel om een goedt werck nae sijn vermeughen te traverseren. Godt den Heere sal daerom sijn werck niet laten te bevorderen.

3v A

(5) 13] A: *corr. from* 1[–]

[1] Catharina Belgica of Nassau, Countess of Hanau-Münzenberg (1578–1648), a daughter of William I of Orange.
[2] Johann Heinrich Alsted did, in fact, attend the synod, together with Johannes Bisterfeld, arriving on 17 December 1618.
[3] Wolfgang Ernst, Count of Isenburg-Büdingen (1560–1633).

Den selven ick van harten bidde, uwe Hoochvermeugenden in haere Christelijcke regieringhe met sijnen Heijligen Gheest te willen verstercken ende de selven met eendracht ende voorspoet zegenen.

Uijt Heijdelberg, desen laetsten Novembris 1618.

5   Uwer hoochvermeugender onderdanichste ende getrouwen dienaer,

II/1.205 *Count Johann VII of Nassau-Siegen to Count Willem Lodewijk of Nassau-Dillenburg*

Date: 23 November / 3 December 1618

Main source: A: Wiesbaden HHStA, 170 III, nr. 375, 204r–205v (draft)

Summary: Count Johann VII of Nassau-Siegen informs his brother Count Willem Lodewijk of Nassau-Dillenburg that, after all, there is a Nassau-Wetteravian delegation. Although he had asked him before to deliver excuses to the States General on behalf of the Wetteravian association of Counts for being unable to comply with the invitation to the synod, there was reconsideration in the meantime: After being admonished by Count Johann Albrecht of Solms-Braunfels, Count Wolfgang Ernst of Isenburg and Büdingen, jointly with Willem Lodewijk's brothers and his councillors back home (presumably at Dillenburg), for several reasons thought it advisable to send delegates in spite of their belatedness. The main reasons are that they would like to maintain the goodwill of the States General toward the association, and to find closer agreement with their allies in faith in order to be better able to unanimously counter their (religious) enemies. Thus, at the joint expense of the Reformed members of the association, they have dispatched the bearers of the present letter, i.e., Johannes Bisterfeld and Johann Heinrich Alsted (provided with a credential for the States General and instruction, etc.), to the synod. First of all, though, the delegates are to call on Willem Lodewijk to receive further orders and instructions from him. Johann VII does not doubt, and kindly asks, that the latter will regard this delegation with favor so as to apologize to the States General for its belatedness and to support the delegates as best he can. Besides that (as an attachment), he is sending him the latest news.

Editor: Dagmar Bronner

Meine freundtbruderliche dienste, sambt waß ich mehr liebs undt guths vermag, bevor. Wohlgeborner, freundtlicher, lieber bruder,

Ob wohl e. l. ich dabevor schrifftlichen zuverstehen geben, waß massen
35 wir, die gesambte graven wetterawischer correspondentz, zu der von den hochmögenden herrn Staden General, etc., auch ahn uns zu dem national

---

(34) zuverstehen] A: *ver written over 1 or 2 illegible letters*, stehen *interl. add. repl. del.* kommen

synodo gehn Dorttrecht freundtlich begehrter schickung zweyer oder dreyer gelehrter undt friedtfertiger theologen reformirter religion, auß allerhandt vorgefallener behindernussen, wurcklich nichts thun konten undt deßwegen freundtlich gebethen, e. l. solches bey hochgedachten herrn Staden auffs gelimpflichste zuentschuldigen gelegenheit suchen wolten, so hatt doch mittler weil der auch wohlgeborner, mein freundtlich, lieber vetter, schwager, bruder undt gevatter, graff Wolffgang Ernst zu Ysenberg etc. als ausschreybender, auff erinnern deß großhoffmeysters zu Heydelberg, graff Hanns Albrechts | zu Solms etc., mit undt beneben uns gebrudern graffen zu Nassaw-Catzenelnbogen¹ undt e. l. anheimb gelassenen rhäten vor rhatsahm erachtet, daß, ohnahngesehen solche schickung etwaß späth fallen wurde[?], dieselbe dennoch, auß allerhandt wichtigen motiven, undt sonderlich damit man nicht allein die geschopffte[?] guthe affection mehrhochg[edachter] herrn Staden gegen unsere correspondentz erhalten, sondern auch sich in der religion mit ihren undt andern orthodoxis ecclesiis einer einhelligen gleichformigkeit vergleichen undt mann also kunfftiglich allerseits einmuthiglich unsern widerwertigen desto besser begegnen mochte, nicht gentzlich zuunderlassen wehre.

Undt haben also ferner mit gesambtem rhat, auff unser, der wetterawischer correspondentz gräffen reformirter religion, gemeine costen, zeygere dieses, die ehrwurdige, andechtige ehrn Johannem Bisterfeldium[?], meinen hoffprediger | undt superintendenten allhie zu Siegen, zusambt Johann Henrico Alstedio, professorn ahn unser gemeinen schuln zu Herborn, mit bey sich habendem creditiffschreyben ahn die herrn Staden, wie auch darbeneben ihn mittgetheilter instruction,² etc., naher Dorttrecht zu obberurtem national synodo im nahmen Gottes abgefertiget, auch ihnen darbeneben bevohlen, daß bey e. l. sie sich vor allen dingen zu ihrer ankunfft im Hagen oder zu Dorttrecht ahngeben undt fernern bevehls undt instruction erhohlen solten, nicht zweiffelende, e. l. werde nicht allein diese unsere wohlgemeinte (wie

---

(1) freundtlich] *A: marg. add.* – (7) gevatter] *A: corr. from* ge[–]tter – (11) solche] *A: corr. from* solche[–] – (11–12) dennoch] *A:* democh – (12–13) nicht allein] *A: interl. add. repl. del.* daß guthe vertrawen – (13) geschopffte] *A: interl. add.* – (14) correspondentz] *A: foll. by del.* umb so viel da mehr – (14) mit] *A: foll. by del.* andern – (15) ihren] *A: corr. from* ih[–]en – (15) einhelligen] *A: marg. add.* – (15–16) vergleichen] *A: foll. by del.* undt [*marg. add.* mann also] [*interl. add.* kunfftiglich desto allerseits *repl.*] umb so viel da besser den widrigen – (17) desto besser] *A: interl. add.* – (17) nicht] *A: prec. by del.* dieselbe – (18) der] *A: foll. by del.* ge – (19) correspondentz] *A: corr. from* corespondentz – (19) zeygere] *A: prec. by del.* br[–] – (20) andechtige] *A: foll. by del.* unsere liebe[?] – (20) Bisterfeldium] *A: corr. from* Bisterfe[–]um – (26) daß] *A: foll. by del.* sie sich – (26–27) zu...Dorttrecht] *A: marg. add.,* with zu *interl. add. repl. del.* bey – (28) zweiffelende] *A: prec. by del.* Zwei[?] – (28) diese] *A: corr. from* diese[–]

---

[1] I.e., Counts Johann VII of Nassau-Siegen, Georg of Nassau-Beilstein and Johann Ludwig of Nassau-Hadamar.
[2] This might refer to nos. II/1.199 and II/1.200.

auch späthe) schickung nicht allein im ohnguthem selbsten nicht vermercken, sondern auch dieselbe auffs beste der spättigkeit halben bey mehrhochg[edachten] herrn Staden entschuldigen, darbeneben auch diesen unsern abgefertigen alle ersprießliche beforderungen undt adresse erweysen, wie ich dann meines theil darumb freundtbruderlich gebethen haben will.

205v A | Ubersende hierneben e. l. allerhandt newe zeittungen undt empfehle dieselbe also, mit nachmahliger ahnerbietung meiner willigen dienste, Gottes gnadigem undt getrewem schutz. Datum Siegen, den 23ten Novembris [N.S. 3 Dec] anno 1618.

[Address:] Ahn graff Willhelm Ludtwigen, etc.

---

(1) auch] *A: foll. by del. interl. add.* sonsten – (1) späthe] *A: corr. from* verspäthete – (1) im] *A: foll. by del.* ohnbe[?] – (1) selbsten] *A: interl. add.* – (2) bey] *A: foll. by del.* den her – (3) darbeneben auch] *A: marg. and interl. add. repl. del. interl. add.* undt auch *repl. del.* Sonsten auch – (4) alle] *A: corr. from* aller[?] – (4–5) wie…will] *A: written in paler ink, i.e. presumably added as an afterthought* – (6) zeittungen] *A: foll. by del.* so daß [*interl. add.*] [–]gen] behmische[–] – (7) also] *A: interl. add.* – (7) mit] *A: foll. by del.* ahnerbiet – (7) willigen] *A: corr. from* williger – (10) Ahn… etc.] *A: added marginally near bottom of leaf*

SECTION 9: INVITATION OF GENEVAN THEOLOGIANS

II/1.206 *States General Invitation to the Church of Geneva*

Date: 25 June 1618; received 29 September / 9 October 1618

Main source: A: Geneva BGE, ms fr. 423, 19r–20v (original)

Other copies: Geneva AT, 17, 30r; RCP, 14:141–142

Summary: The States General of the Netherlands decided to convene a national synod to put an end to the religious disputes that divided the churches of the United Provinces. They request the Genevan church to send two learned theologians of good conduct to the synod on the first of November in order to help restore peace in their churches. Though dated 25 June, when invitations to other foreign lands were sent, the invitation to Geneva was not actually authorized by the States General until 8 September. On the delay with which the church of Geneva received this letter, see RCP, 14:12–14.

Editor: Nicolas Fornerod

Messieurs,

Nous ne doubtons point que n'ayez esté à plein informez du fond des disputes qui, à nostre extreme deplaisir, exercent et travaillent les eglises de quelques unes de noz provinces sur la doctrine de la predestination et ses suittes, que nous nous sommes essayez d'assopir du mieulx qui nous a esté possible, sans toutesfois que tous noz debvoirs ayent esté assez puissants pour empescher qu'elles n'ayent esté portées en chaize et preschées au peuple, par où on s'est voullu faire des adherens pour mieulx authoriser chascun son opinion.

Et comme nous recognoissons que non seulement la vigueur de l'estat s'enerve par ces contentions, mais aussy qu'elles produisent des grands schandales, dont la paix de l'estat et des eglises pourroit estre alterée sy promptement n'y est pourveu, nous avons jugé necessaire d'embrasser le remede d'un sinode national pour deuement faire cognoistre la verité de la doctrine contentieuse, affin de rasseurer les consciences. Mais, à ce que noz bonnes intentions puissent plus heureusement reussir, nous vous avons voulu

19v A   prier de nous assister, à estre icy au premier jour de novembre prochain, | de deux personnes deuement choisies par vostre eglise et recognues de bonne vie, sçavoir et conscience pour intervenir en ceste saincte action et, joinctement aux nostres, remettre la paix en noz eglises.

5   À quoy nous attendans, prions Dieu, Messieurs, vous augmenter ses saintes graces.
          A. de Manmaker vidit.
          Voz bien bons amys, les Estats Generaulx des Provinces Unies des Pays Bas.
10   Par l'ordonnance d'iceulx, C. Aerssens.
De La Haye, ce XXVe juing 1618.

[Address:] A Messieurs, Messieurs les pasteurs et anchiens de l'Eglise a Geneve.

II/1.207 *Jean Chauve to Théodore Tronchin (Selection)*

Date: 26 August 1618

Main source: A: Geneva AT, 27, 278r–v (original)

Other copy: RCP, 14:142–144

Summary: Chauve reports that the States General of the Netherlands finally decided to convene a national synod to which were invited pastors of the churches of England, Germany and France. They certainly did not forget the Genevan church. Pierre Du Moulin, Daniel Chamier, André Rivet and Jean Chauve have been selected by the province of Cevennes to represent the French Reformed churches.

Editor: Nicolas Fornerod

Monsieur et très honoré frere,

25   Je me promettoy l'honneur de vous voir en bref mais, comme j'en formoye le dessein, Dieu qui dispose des evenemens de tous nos conseils divertit ailleurs ma pensée et le cours de mon voyage par une vocation inopinée. Vous savez l'estat des eglises d'Hollande et les troubles qui y sont survenus par les dissensions en la doctrine. Messieurs des estats, y ayants porté divers reme-
30 des, enfin se sont resolus à l'indiction d'un synode national, auquel ils appellent des pasteurs des eglises d'Angleterre, d'Allemaigne et de ce Royaume. Je croy aussi qu'ils n'auront pas oublié de s'en adresser à celle où vous estes.

(12–13) Geneve] *A: note on the back:* Receüe le 29 de septembre 1618

Et parce que le dernier synode national tenu à Vitré avoit trouvé bon qu'en une occasion semblable, si le Roy d'Angleterre renouveloit son projet pour la convocation d'un concile general de toutes les eglises Reformées, messieurs Du Moulin, Chamier et Rivet, ausquels on me feit l'honneur de me joindre pour les acompaigner, eussent charge de se rendre vers Monsieur Du Plessis pour en conferer et donner par après advis à nos eglises de ce qu'ils jugeroyent expedient pour cest effet. La convocation de messieurs des estats ayant esté faite pour le mois de novembre prochain, messieurs de la province des Cevenes, qui ont le droit de convoquer le synode national, ne l'ayants peu faire pour la breveté du temps, ont confermé la nomination de ceux qui avoyent esté designez à Vitré pour un autre affaire et les ont chargé de se rendre au nom des eglises de ce Royaume au synode de celles du Païs Bas.[1]

Ainsi voyez vous à quoy il plaist à Dieu employer un fort foible et inutile instrument. Ma consolation est que ceux que j'ay l'honneur d'accompaigner suppleeront par l'abondance des graces que Dieu leur a largement departies aux extremes defauts que je recognoy estre en moy et que leur exemple et adresse, avec celle de plusieurs autres grands hommes qui se trouveront en ladite assemblée, me servira d'instruction et en ceste occasion et en tout le reste du cours de mon ministere. J'ose esperer de vous y voir si, par le consentement des parties, l'eglise de Geneve est priée d'y envoyer en son nom quelcun de ses pasteurs et ce me seroit une très-particuliere consolation.

[The letter goes on to say that the crisis caused by the restoration of Catholicism in Bearn risks undermining the French Reformed Churches.]

        Vostre très humble frere et obeissant serviteur,
        Chauve.

À Sommieres, ce 26 aoust 1618.

[The letter adds greetings to others.]

[Address:] A Messieur et très honoré frere Monsieur Tronchin, pasteur et professeur en Theologie en l'Eglise et Escole de Geneve. A Geneve.

---

[1] In 1617 the synod of Vitré appointed a commission consisting of Daniel Chamier, pastor and professor of Montauban, Jean Chauve, pastor of Sommières, Pierre Du Moulin, pastor of Charenton, and André Rivet, pastor of Thouars, to address the project of convening a general council of all Reformed churches. They were to present the result of their work to the provinces after reviewing the matter with Philippe Duplessis-Mornay and the professors and pastors of Saumur.

II/1.208 *Pieter van Brederode to Jean Sarasin (Selection)*

Date: 23 September / 3 October 1618

Main source: A: Geneva AS, Groupe V, pièce n° 12/2 (original)

Other copy: RCP, 14:160–163

Summary: The States General finally decided to invite Geneva to participate in the Synod of Dordt. Brederode has himself received no official instructions, probably because the letter of invitation was sent through France. He hoped the Genevan delegates could join the Swiss to travel together on the Rhine. The importance of the Genevan theologians is sufficiently known throughout the European churches, so that nobody can pretend to ignore them.

Editor: Nicolas Fornerod

Monsieur,
Vostre derniere m'a esté rendue la premiere après avoir visité Messieurs de Zurich et de Berne sur l'envoy des leurs theologiens en nostre synode national en la ville de Dordrecht pour le premier du mois qui vient stilo novo. Lorsque j'estois sur mon retour à Basle, j'avoÿs escript à Monsieur Goulart de Berne sur ledict subject, en suÿte d'un advÿs que j'avoÿs eu d'un des mes amÿs d'Hollande qui avoit sceu que Messieurs les Estats Generaulx, mes maistres, s'estoyent enfin resolu d'ÿ convier aussi Messieurs de Geneve, qui m'a faict, entr'aultres considerations, dilaÿer la responce à ladicte vostre, desirant auparavant sçavoir si, durant mon absence de Heydelberg, leur commendement ne m'ÿ seroit esté envoyé, afin de les pouvoir convier avec tant plus de fondement. Mais, estant arrivé audict lieu, je n'ÿ aÿ trouvé aultre lettre faisant mention de ce conviement que celle de Monsieur Junius, secretaire de Monseigneur le comte Guillaulme de Nassau, gouverneur de Frise, qui me mande bien expressement que mesdits Seigneurs avoyent prins ladite resolution. Ce qui me faict à croire, puisque le chemin de la France est de beaucoup plus court pour vous advertir de leur intention, que leur[s] Seigneurie[s] n'en ont point voulu faire mention en leurs lettres à moÿ et ne faÿ point de doubte que n'ayez, longtemps avant la reception de celle cÿ, receu leurs lettres invitatoires à leur synode, si bien que j'aÿ esperance que celluÿ que la Seigneurie ÿ aura destiné se trouvera joint avec ceulx de Suisse pour descendre ensemble du long du Rhyn. La suffisance des voz theologiens et ministres est tellement cognue par toutes les eglises de Dieu en Europe que l'on n'en peult pretendre cause d'ignorence, mais touts estats ne se gouvernent pas de mesme façon, comme vous pouvez juger selon vostre prudence.

[Brederode would like to see the response that Bénédict Turrettini published against the attacks of the Jesuit Pierre Coton. The Jesuit schemes must be countered by temporal as well as spiritual means, and the Bohemian insurrection is then fully justified. Brederode thanks Sarasin for having given his support to Jacques Godefroy.]

De Francfort, ce 23 septembre [N.S. 3 Oct] 1618.
        Vostre humble et très affectionné serviteur,
        P. Brederode.

II/1.209 *The Church of Geneva to the States General*

Date: 6/16 October 1618; received 10 November 1618

Main source: A: Geneva BGE, ms fr. 423, 35r–36v (draft from Pierre Prévost's hand)

Collated source: B: The Hague NA, S.G. 3177, 410v–411r (copy)

Other copies: Geneva AT, 17, 30v–31r; Rotterdam BRG, 49.8; RCP, 14:163–165

Summary: The Genevan Company of pastors welcomes the decision of the States General to convene a national synod and recommends its two delegates, Jean Diodati and Théodore Tronchin.

Editor: Nicolas Fornerod

Très illustres, très puissants et très honorez Seigneurs,

    Ç'a esté avec extreme regret et desplaisir que nous avons entendu depuis quelques années les troubles et disputes, qui se sont meuës en plusieurs de vos Eglises sur divers poincts de la doctrine Chrestienne. Et d'autant plus en avons nous esté touchez qu'oultre l'interest de la gloire de Dieu et de la paix des eglises, nous avons aussi preveu de très fascheuses consequences qui necessairement s'en ensuyvoyent. Mesmes pouvons-nous dire que vostre mal ne vous attouchoit seulement en vostre particulier, veu que ce perilleux embrasement avoit ja commencé, voire et tant advancé au lieu que nous pouvons nommer pour le jourd'huy l'un des boulevards de la vraye Chrestienté, ayant servi comme de digue et retenuë contre tant et de si terribles orages qui dès longtemps la menaçoyent, et neantmoins esté rendu le theatre des merveilles de nostre siecle.

    En ces difficultez, nous n'avons oublié le debvoir principal où nous oblige le lien de charité, compatissants avec vous et addressants nos vœux et nos prieres à Dieu, qui manie les cœurs des hommes, à ce qu'il luy pleust et reünir les cœurs et maintenir sa paix en vos eglises, continuant ses miraculeuses graces pour la conservation de vos estats.

    Nous tenons pour un singulier effect de sa bonté la saincte et sage resolution qu'il a donnée à Vos Excellences pour la convocation d'un synode qui terminast, si possible est, tous differents et, par une bonne et ferme reünion, assopist toutes divisions et partialitez.

Aussi prenons-nous à honneur singulier qu'en affaire tant important ayez voulu penser à nous et y employer nostre petit secours. Bien est vray que vos lettres nous ont esté rendues fort tard, ne les ayants receües que le 29ᵉ du mois dernier passé, ancien stile. D'ailleurs aussi les necessitez importantes de ceste eglise et escole ont esté par nous considerées; mais l'importance de vos eglises et le poids de vos demandes a heu tel pouvoir sur nous que, si tost les vostres receües, | nous les avons communiquées à nos très honorez Seigneurs qui, prisants et aggreants grandement un si sainct et louäble desseing, et, d'abondant, reconnoissants l'obligation particuliere que nous avons tous à vos estats et eglises, nous ont signifié qu'ilz estoyent très desireux qu'employassions tout nostre petit pouvoir pour vous servir en un tel œuvre.

Suyvant quoy, nous avons faict choix des personnes de nos très chers freres, les sieurs Jean Diodati et Theodore Tronchin, tous deux pasteurs de ceste eglise et professeurs en theologie en ceste escole. Lesquels (Dieu ayant orné non seulement de sçavoir et erudition, mais aussi de pieté et probité de conscience, par nous, graces à Dieu, bien esprouvée) nous envoyons et addressons à Vos Excellences avec ceste esperance que vous reconnoistrez toute sinceritè et fidelité en leurs labeurs, lesquels nous prions Dieu de tellement benir, comme aussi de tous ceux ausquels ilz seront adjoincts, et tellement presidez par la grace de son Esprit en ceste saincte assemblée, qu'en puissiez receuillir le fruict, lequel vous recerchez pour le soustien de la verité, la paix et tranquilité de vos eglises et la conservation de vos estats.

De Geneve, le 6/16ᵉ d'Octobre 1618.

       Vos plus humbles et affectionnez serviteurs et les pasteurs et professeurs de l'eglise et academie de Geneve et, pour eux, Signe: Simon Goulart, l'un des pasteurs de l'eglise de Geneve, Prevost, l'un des pasteurs de l'eglise de Geneve, B. Turrettin, pasteur et professeur en ladicte eglise et eschole, et Daniel Chabrey, pasteur en ladicte eglise.

[Address:] A très hauts et très puissans Seigneurs Messeigneurs les Estats Generaux des Provinces Unies du Païs Bas.

---

(7) considerées] A: repl. strikethrough text: ne nous sont peu considerables – (28–31) Signe… eglise] B – (33) Bas] A: note on the back: Copie des lettres d'envoy de Messieurs Deodati et Tronchin au Synode de Dordrect du 6/16 octobre 1618.

II/1.210 The Genevan Small Council to the States General

Date: 6/16 October 1618; recieved 10 November 1618

Main source: A: Geneva AT, 17, 49v–50r (copy)

Other copies: Rotterdam BRG, 49.9, [3 pp.]; The Hague NA, SG 3177; RCP, 14:168–169

Summary: The Genevan Council lauds the initiative shown by the States General of the Netherlands in convening a national synod. The delegates of the Church of Geneva are Jean Diodati and Théodore Tronchin. – For the dating of this letter, see Geneva AEG, R.C. 117, 231v. Both The Hague and Rotterdam copies are dated 7[/17] October 1618.

Editor: Nicolas Fornerod

Très hauts et illustres Seigneurs,

Par celle qu'il a pleu à Vos Excellences escrire aux pasteurs de nostre ville, nous avons appris avec grand desplaisir que les vents des diverses doctrines, lesquels ont esté depuis quelques années suscitez parmi vos eglises par l'ennemi du regne de nostre Seigneur Jesus Christ, se sont renforcez jusques là que les esprits de plusieurs en demeurent agitez | et l'union de vos eglises troublée, avec crainte de plus grand danger au corps de vostre estat, si ceste division n'estoit bientost consolidée par le ciment de la pure verité Chrestienne et affermie par l'anchre de la doctrine orthodoxe. À quoy Vos Excellences, ayans pris resolution de pourvoir par le salutaire remede d'un synode nationnal, ont aussi voulu y convier les pasteurs de nostre eglise, lesquels nous ayans fait entendre vostre saincte intention, combien qu'il se presentast des incommoditez et difficultez non petites sur la delegation que desirez, neantmoing nous les avons exhortez de contribuer leur talent et ne defaillir à vostre si loüable dessein en occasion tant importante.

Ils ont donc deputé avec nostre approbation les sieurs Deodati et Tronchin, nos citoyens, pasteurs et professeurs en nostre ville, personnages de sçavoir et d'integrité, zelateurs de l'honneur et gloire de Dieu, et desireux de servir sincerement au bien de vos eglises. Nous prions le Tout Puissant, qui seul peut appaiser les orages et tancer les flots de la mer, qu'il luy plaise establir de plus en plus en vos provinces la pureté de sa Parole, remplir des graces de son Sainct Esprit vostre assemblée synodale et luy donner telle issue que le regne de Jesus Christ en soit advancé, le repos de vos eglises restauré et toute la vraye Chrestienté edifiée et resiouye. Et, dès à present, rendons graces à Dieu de ce qu'il luy a pleu descouvrir à Vos Excellences les desseins qui se tramoyent par leurs ennemis pour, soubs les artifices et pretextes desdits divisions, envahir vos estats.

Nous vous offrons au surplus en toutes autres occasions nostre très affectionné et humble service, suppliants Vos Excellences d'avoir tousjours cest estat en favorable recommandation et en vostre continuelle bienvueillance, et demeurons a iamais.

    Tres hauts et illustres Seigneurs,
    De Vos Excellences, tres affectionnez et bien humbles serviteurs,
    Les Syndicques et Conseil de Geneve,
    Signe: Guaict

II/1.211 *Instructions of the Syndics and Council of Geneva to the Genevan Delegates*

Date: 6/16 October 1618

Main source: A: Geneva AT, 17, 48r–v (original)

Other copy: RCP, 14:165–167

Summary: The Small Council of Geneva asks Diodati and Tronchin to stress to authorities they encounter during their journey the importance of the Genevan State and Church, as well as the costs for the Academy, the garrison and the maintenance of fortifications. It charges them to seek debt cancellation with the States of Holland, only in the event that the subject is raised. It also provides them with documentation relating to the last conspiracy that had occurred in Geneva, in order to counteract slander.

Editor: Nicolas Fornerod

INSTRUCTIONS À SPECTABLES JEAN DEODATI ET
THEODORE TRONCHIN, PASTEURS ET PROFESSEURS
DE CESTE EGLISE ET ESCHOLE, DEPUTEZ POUR
ALLER AU SYNODE CONVOQUÉ EN HOLLANDE SUR
LE PREMIER DE NOVEMBRE PROCHAIN

Nous syndicques et Conseil de Geneve, etc.
 Après vous avoir souhaitté heureux voyage et retour et qu'il plaise à Dieu benir vos labeurs pour le bien et repos des eglises où vous estes envoyez et pour l'honneur de celle ci, nous vous recommandons en premier lieu d'ac-

---

(3–9) et...Guaict] B; A: Nous sommes, etc.

celerer le plus que vous pourrez vostre retour pour la necessité qu'aura cesté eglise et eschole de vos personnes.

En second lieu, qu'à tous princes, seigneurs et republiques que vous aurez occasion de voir en ce voyage affectionnez à nostre religion, vous ayez à representer nostre devotion à leur service et l'importance de cest estat et eglise, mesmes les grands frais qu'il nous convient supporter tant pour l'entretenement de l'academie et garnison que fortifications continuelles, et les supplier de nous avoir en toutes occurrences en favorable recommandation pour subvenir à nos necessitez.

Particulierement vous vous acquitterez de ce poinct envers les très illustres Seigneurs Messieurs les Estats des Provinces Unies des Paÿs Bas et Monsieur le Prince d'Orenges, et leur delivrerez nos lettres, comme aussi envers Monseigneur l'Electeur Palatin pour lequel vous baillons lettres de creance.

| Que s'il advenoit qu'il vous fust parlé en Hollande de l'obligation que nous leur devons, vous supplierez ceux qu'il escherra, pour les raisons ci dessus touchées, de nous vouloir gratifier de ladite obligation. Que s'il ne vous en est point parlé, vous n'en ferez point aussi de mention.[1]

Et si par les chemins ou audit Païs Bas vous estoit parlé de la derniere trahison descouverte en ceste ville,[2] vous en pourrez informer plus particulierement ceux qu'il escherra, tant parce que vous en sçavez que par le moyen des pieces que vous remettons mesmes pour desabuser ceux qui pourroyent croire quelque chose des bruicts que le Duc de Savoye[3] et le Marquis de Lans ont fait publier contre la verité au prejudice de la reputation de ceste Seigneurie.

Données soubs nostre sceau et seing de nostre secretaire d'estat, ce sixieme jour d'octobre seize cents dix huit.

        Par mesdits Seigneurs Syndicques et Conseil,
        Guaict

---

[1] The Small Council asked Diodati and Tronchin to assess whether it would be possible to obtain the cancellation of the obligation contracted by Geneva with the States of Holland and West Friesland in 1594.

[2] The citizen of Geneva Aimé Chenelat had been executed for high treason on 6 August 1618. He was charged with submitting to the Marquis of Lans, Sigismond d'Este, the governor of Savoy, a plan to capture Geneva. The Marquis of Lans denied the whole affair and addressed an outraged letter of justification to the Small Council of Geneva.

[3] Charles-Emmanuel I.

II/1.212 *Syndics and Council of Geneva to Elector Friedrich V*

Date: 6/16 October 1618

Main source: A: Geneva AT, 17, 49r (copy)

Other copy: RCP, 14:167–168

Summary: The Genevan Council ask the Company's delegates to present their compliments to Elector Friedrich V of the Palatinate on their way to Dordrecht. – For the dating of this letter, see Geneva AEG, R.C. 117, 231v.

Editor: Nicolas Fornerod

Monseigneur et serenissime Prince,

10   Combien que la Compagnie de nos pasteurs et professeurs ait esté fort tard conviée à deputer gens pour le synode convoqué en Hollande par Messieurs les Estats Generaux des Provinces Unies des Paÿs Bas, neantmoings l'importance de l'affaire, le devoir Chrestien et les obligations que nous leur avons, nous ont fait resoudre de satisfaire promptement à leur desir et priere,
15   quoy qu'avec grande incommodité de nostre eglise et eschole. Et à ces fins ont esté deputez les sieurs Deodati et Tronchin, des principaux membres de ladite Compagnie, et leur avons ordonné de passer à Heydelberg pour y faire la reverence à Vostre Altesse Serenissime, laquelle entendra d'iceux amplement nostre estat present et particulierement nostre constante devotion au
20   service de Vostre Altesse Serenissime.

Nous remettans doncques à leur suffisance, nous demeurons, etc.

II/1.213 *Syndics and Council of Geneva to Prince Maurice*

Date: 16 October 1618

Main source: A: Geneva AT, 17, 49r–v (copy)

Other copy: RCP, 14:169–170

Summary: The Genevan Council hopes that Prince Maurice of Orange will defeat both his spiritual and temporal enemies, since division in the church inevitably leads to dissension within the state. It hopes that Diodati and Tronchin will contribute to the establishment of pure doctrine. – For the dating of this letter, see Geneva AEG, R.C. 117, 231v.

Editor: Nicolas Fornerod

Très haut et très illustre Prince,

Sur ce qu'il a pleu à Messieurs les Estats Generaux convier par lettres les pasteurs de nostre ville à deputer quelques uns de leur Compagnie au synode national de leurs provinces, nous avons fermé les yeux à tous les esgards qui pouvoyent nous donner de l'empeschement à servir à un si loüable desir, et avons esté très joyeux d'estre estimez pouvoir contribuer quelque chose en une cause qui regarde l'honneur et la gloire de Dieu, l'union et repos desdites provinces, et generalement la consolation et la joye de toutes les vrayes eglises. Nous esperons aussi que les sieurs Deodati et Tronchin, nos citoyens deputez audit synode, ne seront instruments inutiles en une si notable assemblée | pour establir la pure et orthodoxe doctrine et servir à discerner la mauvaise semence que l'ennemi du salut des hommes a peu jetter dans le champ du Seigneur.

Nous louons Dieu de ce que Vostre Excellence a desja tesmoigné une prudence et zele singulier à l'advancement d'une si saincte œuvre et de ce qu'il a conjoinct la pieté aux autres vertus heroiques dont la dignité naturelle de Vostre Excellence est rehaussée et renommée par tout le monde.

Aussi, puisque la division en l'eglise seroit indubitablement suyvie de la division de l'estat, vostre gloire sera tousjours de conserver l'union de l'un et de l'autre et rendre esgalement confus vos ennemis spirituels et temporels, comme nous esperons que Dieu vous en fera la grace et adjouxtera ceste insigne victoire à vos lauriers.

Nous l'en supplions de tout nostre cœur et, au surplus, vous prions bien humblement de continuer l'honneur de vostre bienvueillance envers nostre estat et croire qu'en toutes occasions nous nous demonstrerons estre, etc.

II/1.214 *The Church and Academy of Geneva to the Synod*

Date: 7/17 October 1618; read 14 November 1618 (Session 3)

Main source: A: Utrecht OSA, C, 83r–85v (original)

Collated sources: B: Utrecht OSA, L, 19v–21r; AL: Acta, 1:12–14

Other copies: Geneva AT, 17, 32r–33r; Geneva BGE, fr. 423, 37–40v; Geneva BGE, Ami Lullin, 53, 27r–28v; RCP, 14:171–174; Utrecht BRU, 457, 5–7 (Heyngius); Zurich ZB, Ms A 110, 83–91; Zurich ZB, Ms B 112, 21–30

Summary: The church and Academy of Geneva sent to the synod a letter that was read in the third session. The Genevans express sorrow about the disunity of the churches in the Dutch provinces, and they are glad that a synod will be held and hope it will extinguish the fire in the Dutch churches. They send Jean Diodati and Theodore Tronchin as delegates, with approval of the Genevan magistrates. The letter condemns contentious disputes and new ideas on the unchangeable articles of faith. It urges the synod to seek truth, peace and concord, and prays that the synod will distinguish error from truth. Original letter in the hand of Benedict Turretin.

Editor: Pieter Rouwendal

Reverendi et clarissimi viri patres ac fratres in Domino Iesu plurimum observandi.

Quantus hactenus fuerit bonorum omnium ex ecclesiarum in Belgicis Foederatis Provinciis dissidio moeror; quam grave luctuosumque orbi evangelicam puritatem profitenti, si latius grassetur malum, schismatis discrimen impendeat, pietati vestrae, patres venerandi, satis superque compertum est. Quare illam demum illuxisse diem, omnium votis expetitam, piorumque precibus toties exoptatam et nos istius mystici corporis pars, etsi minima, aliquantula tamen in millibus Iuda, toto pectores gratulamur. Qua farciendae sanciendaeque ex Domini praescripto, concordia, certae fidaeque rationes ineantur. Hac spe nempe freti, Christum, qui veritas idemque pax nostra est, sanctis piorum consiliis nunquam defuturum, ut iustissima Dei veritas, et animorum in Spiritu Domini coniunctorum charitas inviolabili foedere coalescat. Nec uni temere quiquam adiiciatur, alteri contra ius fasque detrahendum, sed dirum istud, quo domus Dei deflagrat sapiatur incendium, ruinae imminenti obviam eatur, et calcatis atque extra ecclesiae pomoeria eiectis noxiis, et spinosis quaestionibus, quibus hodie feracem olim bonae frugis | agrum occupari et obsideri, non sine lachrimis videmus, et non uni tantum provinciae laeta, sed etiam toti orbi Christiano salutaris lux pacis restituatur. Eo spectare omnium, tum sapientissimorum principum et Christianarum rerumpublicarum, tum Christi servorum preces et conatus, iam aliquot ab hinc annis exploratum est. Hanc fuisse synodi convocandae illustrissimis et potentissimis Provinciarum Foederatarum Ordinibus, rationem intelleximus; ad quam, quando ipsis e nostro coetu nonnullos accersere visum fuit, ut collatis studiis, animis, precibus, consiliis, res omnium Deo gratissima, charitas fraterna, promoveatur, nos, posthabitis ecclesiae scholaeque nostrae commodis, ex ordine nostro delectos fratres reverendos viros dominum Iohannem Deodatum et dominum Theodorum Tronchinum, fideles Christi servos, ecclesiae et scholae nostrae columina et luculentis, qua doctrinae, qua pietatis testimoniis celebres (suffragiis nostris, authoritatis suae pondus apponente amplissimo civitatis huius senatu) ad sacram vestram panegyrim, divinae gratiae praesidio commendatos, mittimus et delegamus; Deum Optimum Maximum precantes, ut iter ipsorum, et suscepti laboris

---

(8) dissidio] *B:* dissensionibus – (11) piorumque] *A: foll. by del. illegible word* – (26) convocandae] *AL:* convacandae – (34) authoritatis] *AL:* autoritatis – (35) panegyrim] *AL:* panegyrin – (37) iter] *AL:* ita

causam secundare, consilio vestro, ne seu ipsi seu alii incassum currant Spiritu Sancto cuncta moderaturus, interesse et praesse dignetur. Illi autem quae sit ecclesiae nostra fides, quae preces, quis labor, quae spes, quae sententia, quis sensus gemitus et suspiria | ingenue vobis exponent. Quis dolor et metus etiam, quae cura nostros animos et ἀδιαλείπτως angat et urat. Quem enim non acerbissimo dolore afficiat, bellum istud intestinum, quod fortissimas provincias, libertatis et religionis vindices, lamentabili exemplo discerpit? Quis non extimescit, ne crescente scissura, fiant novissima peiora prioribus, ne propediem eadem lues caeteras ecclesiarum Reformatarum partes invadat? Serpit enim contagio, et ea iusto Dei iudico, temporibus nostris incumbit calamitas, ut ingeniis ad nova prurientibus, nihil iam sapiat, nisi quod fidei sacro Dei Verbo nixae caput petit, et centrum concutit fundamentaque ipsa convellit. Quem non tangant acerrime hostium evangelii, quibus nos facti ludibrium sumus, sarcasmi et sannae? qui cum suam olim immanitatem sanguine nostro paverint, nunc suos istis digladiationibus oculos oblectant; nempe in sinu gaudent προβόλους et disceptationum taedas e suorum castris in nostras cohortes iniectas, in tantum profecisse, ut nobilissimam ecclesiarum partem flamma iam depascat. Nam quibus militant, quibus favent ista praelia, quos istae pugnae iuvant, quarum exitus non vincenti, quam victo solet esse laetior? Quapropter patres et fratres observandi, flos ecclesiarum, lectissima eruditorum virorum corona, in id totis animis incumbite, ut horum malorum radices exstirpetis, Israelis | vulnus rite curetis, iudicio gravissimo in templum et prophetas divinitus misso mature occuratis. Furit et faces subdit Satan; nullumque dissidio fratrum, quod Deus execratur gratius est illi spectaculum. Irrepunt fures, et ut in incendio susque deque aguntur, feruntur ac diripiuntur omnia. Ita nunc quos opportuit immotos et in bonae conscientiae thesauro repositos, fidei articulos contentiosis disceptationibus et suspectis novationibus turbari et concerpi cernimus. Optimorum Dei servorum nomina probro; modestam eruditionem et eruditam simplicitatem vitio; confessiones ex Verbo Dei depromptas, tot martyrum sanguine comprobatas, damno verti; ingeniorum acies et stylorum mucrones, adversus veritatis hostes obvertendos, in viscera materna condi. Veteres iam olim explosas Arianorum et Pelagianorum haereses reviviscere. Suspicionum, ubi nihil forte metuendum, querelarum, iurgiorum in ecclesia, in foro domi forisque plena omnia. Ecquid tandem auxilii? Iam vero per vos ecclesiae sua laboranti suppetias laturus Christus adest, monet, hortatur et obtestatur, ut conscientiis consulatis. Nam, sicuti olim, quum extiterunt de dogmatibus in ecclesia dis-

---

(1) ne... currant] *AL:* (ne vel ipsi, vel alii incassum currant) – (12) fundamentaque] *A: foll. by del.* quae – (15) nostro] *B:* nostrorum – (16) προβόλους] *A:* προβόλος – (18) Nam] *B:* Iam – (21) virorum] *A:* vir *interl. add.; B: om.* – (22) exstirpetis] *AL:* extirpetis – (22) iudicio] *AL: foll. by* Dei – (23) misso] *A: prec. by 3 del. illegible characters* – (29) probro] *B:* probo – (35) auxilii] *AL:* consilii

sensiones, inde ab ultimis usque temporibus synodos coegerunt apostoli; idemque postea institutum principes optimi sequuti sunt. Ita quoque, hoc tempore praesentissimum in sanctissimo fratrum conventu situm est remedium | qui nihil sibi quaerant, non mundo, non carni, sed uni Christo serviant. Iam plus satis aevo nostro, quam triste sit et incivile belli sacri exemplum in Germanico schismate sumus edocti; quantum offendiculum evangelio positum, quantum gloriae Christi detractum sit, nimium, proh dolor! experti sumus.

Agite igitur per Deum immortalem, patres reverendi, ut electi Dei filii induimini visceribus ipsius Christi, veritati ministrate, paci consulite, aedi divinae nitorem restituite, piorum Dei servorum ab atrocibus calumniis famam vindicate. Hostibus vestra concordia formidinem incutite, lugentibus sanctis gaudium reddite; ecclesias schismate, bonos dolore, cuntos metu liberate.

Nos interea supplices manus ad Deum pacis, pro pace Ierusalem attollimus, ut quemadmodum res ille nostras omnes confecit, hoc opus etiam vere divinum perficere; qui nos servavit, idem etiam nunc sanare, et malis ingruentibus, opitulari dignetur. Veniat in templum suum Dominus, filios Levi purget,[1] veritatis suae iubar exerat, ut puro castae religionis ministerio grata deinceps ipsi munera offerantur. Eundem obnixe rogamus, ut vos veneradi patres in electos sacerdotes sibi consecret; corda vestra spiritu suo impleat; ora igne divino sanctificet, quo pretiosum a vili falsum a vero Spirituali κριτηρίῳ discernentes, amplissimam consolationis toti | ecclesia referendam segetem in Domino reportetis; regno Christi incrementum, Dei nomini gloriae, vobis laudis et salutis futurum argumentum certissimum praebeatis.

Genevae, vii Octobris anno MDCXVIII, stylo veteri.

    Vestrarum dignitatum observantissimi pastores et professores ecclesiae et scholae Genevensis, eorumque nomine,
    Simon Goulartius, sacer ecclesiastes Genevensis
    Petrus Prevostius, Genevensis ecclesiastes
    Benedictus Turrettinus, ecclesiastes et sacrae theologiae professor
    Daniel Chabreus, ecclesiastes Genevensis

[Address:] Ἐπιγραφὴ erat:

Reverendis et clarissimis viris, fidelibus Christi servis, orthodoxarum ec-

---

(2) idemque] *B:* denique – (2) sequuti] *B, AL:* secuti – (7) nimium,] *B: om.* – (10) induimini] *B:* induimi – (10–11) aedi divinae] *AL:* divinae aedi – (20) Eundem] *A: foll. by del.* que; *AL:* Eundemque – (23) toti] *B:* totius – (26) veteri] *A: foll. by note in different hand:* Hoc scriptum continet paginas sex. – (27–33) Vestrarum...Genevensis] *A: autograph signatures* – (34–p. 688.3) Ἐπιγραφὴ...Dordracum] *A: om.*

[1] Cf. Mal 3:1,3.

clesiarum episcopis, pastoribus et doctoribus ad synodum Dordracenam delegatis, dominis, patribus ac fratribus in Christo plurimum observandis.
Dordracum.

II/1.215 Pieter van Brederode to the States General (Selection)

Date: 27 October 1618, with Post data 27 October 1618; received 10 November 1618

Main source: A: The Hague NA, S.G. 6018, [9 pp.] (original)

Summary: Brederode is certain that the Swiss cantons would not have sent any delegate without his personal presence. He has no knowledge what happened after the invitation of Geneva. Asked why the ruler of Anhalt was not invited, the agent answered that he was not privy to the deliberations, and that the synod is not general. In Heidelberg it is feared that if a French delegate would arrive by permission of Louis XIII, he might not help or might even be a hindrance. The agent has also heard that a French delegate authorized only by the churches and not by the King, should not have precedence over the Walloon churches. In Heidelberg there is also worry about the obstinacy of the Remonstrant party. – In the Post data addition to the letter, Brederode writes that two prominent Genevan theologians, Jean Diodati and Theodore Tronchin, will be sent to the synod in Dordrecht. They have been for a long time in France, but they are hurrying to be in Dordt on time. The Palatine Elector has ordered all churches in his country to pray that God Almighty will bless the national synod so that true doctrine and the unity of the Reformed Churches is preserved. Letters written by a clerk; signed by Brederode.

Editor: Johanna Roelevink

Hoochvermeughende, hoochgheëerde ende ghebiedende Heeren,

Wat bij mij in het bevorderen van d'affseijndinghe van de Duijtsche ende Switzersche theologen op het Nationale Zijnode te Dortrecht te houden tott noch toe verricht es gheworden, sullen uwe Hoochvermeugenden sonder twijfel uijt mijne onderscheijdelijcke brieven, soo van Franckfort als oock zeeder van Heijdelberg, ende nu eijntelijcke uijt het rapport van de affgheordineerde ende als nu, nae mijne hoope, zeeder mijne laetste voorgaende voor desen, daer onder aenghelanden theologen, ghenouchsaem hebben kennen verstaen. Ick verwachte met een sonderlinghe verlanghen te verneemen, alsoo ick nu in eene langhe tijt gheen schrijven van uwe Hoochvermeugenden bekommen hebbe, off deselve oock aen dese mijne verrichtinghe een goet ghenoughen hebben. Eén dinck es waerachtich, soo ick mij niet persoonelijck in Switzerlandt beghven hadde, soude d'affschickinghe | voorseid uijt die IV A

(35) die] A: *interl. add.*

quartieren achter ghebleven sijn. Nu bidd ick den Almogende uijt het grondt mijnes harten dat deselve versamelinghe den ghewensten ende verhoopten voort- ende uijtganck meughe ghewinnen. Men hadde mij oock van brieven van beschrijvinghe aen de loffelijcke Republicque van Geneven gheadviseert, maer en hebbe tot noch toe gheen vernoomen. Mij es mede ghevraecht gheworden waerom men de fursten van Aenhalt[1] tott de schickinghe van haere predicanten niet en heeft versocht, waerop ick gheantwoort hebbe, dat ick bij de deliberatie niet en sij gheweest ende mij d' oorsaecke deshalven onbekent es, daerbij doende dat dit gheen generael sijnodus en es, ende deshalven maer sommighe voorneeme ende naestghesetene theologen daertoe versocht sijn gheworden. Alhier werdt ghevreest datter van de françoische Ghereformeerde kerken off nijemant sal gheschickt werden, alsoo hem alle versamelinghe op de hoochste straff verbooden sijn, off in | ghevallen ijemant alleen deur Sijne Majesteijts verordeninghe ofte toelatinghe ofte conniventie onderwerts kompt, dat men bij deselve weijnich hulps (soo gheene onghelegentheijt) vinden sal. Want alsoo de schickinghe met kennisse van saecken (soo die anders wettelijcke soude sijn) behoort te gheschieden, werdt alhier ghehouden, dat alsulcke kennisse van saecke bij den Roomscheghesinde niet ghenoomen ken werden, ende oversulx alsulcke schickinghe noch wettelijck noch oock het national sijnodo vruchtbaer sijn kan. Doch kan men bij alsulcke onghelegentheijt op extraordinarisse ende doch goede middelen ghedacht hebben, hoewel het seer apparent es dat de vianden van de Ghereformeerde religie niet onghetenteert sullen laeten om (soo meughelijck) 'tselve sijnodum als onwettelijcke t' improberen, maer Godt, die eene eewighe fontain der warheijt es, sal sijne saecke, om sijnes namens eeren wille, deur sijne | crachtighe handt ende Gheest wel weeten te mainteneeren.

Mij es bij desen van goeder handt ter ooren ghekomen dat men alhier niet gaerne sien soude, in ghevalle de kercken van Vranckrijck propria et non regia authoritate op het sijnodo schicken mochte, dat zij de voorsit voor de Walsche hebben soude, als die electorali nomine erschinen. Men en es van dese zijde niet weijnich besorgt voor de loope der saecke daeronder, vermitz 'tgunt men alhier deur de lopende advijsen vernempt nopende de hartneckicheijt van de Remonstrantsche parthie, daerbij men doch verstaet dat de goede mannelijcke ende Christelijcke resolutie ende procedujren van uwe Hoochvermeugenden merckelijck deur de ghenadighe hulpe ende seghen van de Almogende bevordert werd, waerover men den selven oock alhier van harten danckt ende bidt dat Hij sijne ghenaden over uwe Hoochmeugender ghestadighe ende Christelijcken sorghe ende arbeijt continuere, denselven

(8) mij] A: interl. add. – (28) non] A: interl. add. – (36) den] A: interl. add.

[1] In 1606 Anhalt was split in four principalities: Anhalt-Dessau, Anhalt-Köthen, Anhalt-Bernburg and Anhalt-Zerbst. They all changed from Lutheran to Reformed Protestantism.

oock voor alle perijckelen | ende namentlijcke voor valschen raet ende hulpe vaderlijcke bewaren wil.

[The agent continues with other matters.]

| Dit is 'tgunt dat mij voor dit mael voorneemelijcke ter kennisse ghekommen es, uwe Hoochvermeugende daermede in Godes bewaernisse in alle onderdanicheijt bevelende. Uijt Heijdelberg desen 27^{en} October 1618.

Uwe Hoochvermeugender onderdanichste ende getrouwen dienaer,

| Post data:

Hoochvermeughende, hoochgheëerde ende ghebiedende Heeren,

Met desen sal het uwer Hoochvermeugenden in gunsten believen te verneemen, hoe dat huijden nae het affseijnden van mijne ordinarisse twee van de voorneempste theologen bij de oevericheijt van de loffelijcke Republicque van Geneven tott assistentie van het nationnal synode ghekoren ende affghesonden, alhier wel aenghelant sijn, met namen Jehan Theodati ende Tronchyn, alle beijde professeurs ende dienaers des goddelijcke Woorts, seer godtsalige, ervaren ende uijtermaten gheleerde mannen, soo datter niet te twijfelen en staet off 't synodus sal der wel meede gheholpen ende ghedient sijn. 't Retardement van haere affseijndinghe en kompt uijt anders gheen oorsaecke, als dat uwer Hooch Vermeugender schrijven aen de regierders der selver stat te lange in Vranckrijck es opghehouden gheworden, waer over men te Geneven in bedencken es ghekommen off het oock noch tijts ghenouch soude sijn, onderwertz te schicken. | Zij haesten uijtermaten seer om sich noch tijdelijck te Dort te moghen vinden, weshalven ick hem alhier alle bevorderinghe hebbe ghedaen die mij meughelijck es gheweest.

Syne Churfurstelijcke Hoocheijt heeft nae sijne Christelijcken ijver deur sijne gansche landt doen bevelen, dat allemme in sijne kercken Godt den Almachtighe ernstelijcke ghebeden werde om het tegenwoordighe nationale sijnode alsoo te willen zeghenen dat de waere salichmaeckende leere ende eenicheijt der evangelische Ghereformeerde kercken daer deur meughen behouden ende ghevordert werden tot verbreijdinghe sijnes goddelijcke Rijcx. Insghelix werd oock ghebeden voor de conservatie van de evangelische kercken in het coninckrijck Bohemen, als die voorneemelijcke om de waere religie aenghevochten werden, opdat zij tegens de bloetdorstighe raetslaghen van haere vianden meughen ghemainteneert werden. Hier van hebb ick noodich ghevonden uwe Hoochvermeughende neffens mijne hierbij gaenden verders te berichten.

(15) Tronchyn] *A: preceded by three periods*

5r A Den Almogende | biddende de selven in sijne vaderlijcke schut genadichlick te willen behouden. Uijt Heijdelberg desen 27 October 1618.
   Uwe Hoochvermeughender onderdanichste ende getrouwen dienaer,
   P. van Brederode

II/1.216 *Jean Diodati to Bénédict Turrettini*

Date: 21/31 October 1618

Main source: A: Geneva BGE, ms Ami Lullin 53, 30r–v (original)

Other copy: RCP, 14:179–180

Summary: The Genevan delegates continue their voyage up the Rhine. Diodati regrets not having Turrettini as a companion instead of Tronchin.

Editor: Nicolas Fornerod

Monsieur mon neveu,
 Je vous veux donner deux mots de nos nouvelles. Nous sommes arrivés à Coulogne par eau dès Mayence en santé et prosperité, mais vous pouvez penser le besoin que nous a fait Tilenus.[1]
 Alia omnia tectissima, sed incredibili gravitate, et, nisi fallor inficete, haec ad te; vous avez esté infiniment regretté par tous en cet affaire, et tout presentement j'en vien d'ouir ici les tesmoignages d'un fort honneste homme qui a estudié avec vous à Leiden.
 A collega minimum levaminis spero, videtur sententiis et effatis detonatis, mirabili exemplo, et mihi hactenus satis incomperto, sane insolente, rem protinus, sed quamcumque conficere velle et negotium quodvis a se profligare, quam mihi unde metuo ut rideant nos nasuti Batavi.[2] Vel fallor immensum, vel satius erat quidvis tentare, ut tu venisses.[3]
 Extimesco commissionem, apud me silentissimus, me presente, ad alios, supra fidem loquacissimus. Fero, et feram. Tu ista alto silentio conde, et Deum pro nobis precare.

(5) P. van Brederode] A: *autograph*

[1] Willem Thilenus from Middelburg was staying in the house of Théodore Tronchin while in Geneva.
[2] Diodati complained about Tronchin. Misunderstanding between the Genevan delegates continued during the synod.
[3] Diodati would have preferred that the Company of Pastors appoint his nephew Bénédict Turrettini in Tronchin's place.

Leviro tuo Domino Calandrino, immensas grates ago et debeo. Nomen et favor ipsius, perpetuus fuit noster commeatus.[4]

Parentibus immensam[?] salutem. Vale.

Coloniae, 21 Octobris 1618.

    Tuus Jo. Deod[atus].

[Address:] A Monsieur mon neveu Monsieur Turrettini, pasteur en l'Eglise de Geneve. A Geneve.

II/1.217 *Pieter van Brederode to the States General (Selection)*

Date: 9 November 1618; received 24 November 1618
Main source: A: The Hague NA, S.G. 6018, [4 pp.] (original)
Summary: Brederode reports that, after the Palatine and Swiss delegates, those of Geneva have also left Heidelberg. They were late because the letters of invitation had been held up in France. Written by a clerk, signed by Brederode.
Editor: Johanna Roelevink

Hoochvermeugende, Hoochghe-eerde ende ghebiedende Heeren,

Mijne laetste voorgaende, waervan de duplicaten hier bij ghaen, sijn gheweest van den 27 ende 28^{en} des voorleedene maents, waermede ick uwe Hoochvermeugenden voorneemelijcke berichte van het affreijsen van de theologen, soo van Heijdelberg ende uijt Switzerlant, als oock van die van Geneven, de welcken ontrent acht daghen nae het verreijsen van de eersten alhier aenghelandt sijn. Vermitz de brieven van d' invitatie in Vranckrijck wat lanck sijn opghehouden gheworden. Nu staet men alhier in goede hoope dat soo wel d' eene als d' anderen wel ende gheluckelijcke daeronder sullen aenghekomen sijn, ende dat men met het Nationnael Sijnodus voor desen een goeden aenvanck ghemaeckt sal hebben. Waer van men daeghelix met groot verlanghen tijdinghe es verwachtende, ghelijck men oock deur 't gansche landt van sijne Churfurstelicke Hoocheijt seer ijvrich ende ghestadich bij alle predicatie daervoor Godt den Almachtighe es biddende.

---

[4] Jean-Louis Calandrini had married Catherine Turrettini, Bénédict's sister. He lived in Amsterdam, where he worked for his father-in-law's company called the "Grande Boutique," which consisted of the most important Italian silk merchants of Geneva.

[2v] A

[The rest of the letter is about other matters].

| Uijt Ogersheim desen 9 November 1618.

    Uwe Hoochvermeugender onderdanichste ende getrouwen dienaer,

    P. van Brederode.

II/1.218 *Jean Diodati to Bénédict Turrettini*

Date: 31 October / 10 November 1618

Main source: A: Geneva BGE, ms Ami Lullin 53, 31r–v with note (original)

Other copy: RCP, 14:180–185

Summary: Diodati reports that the Genevan delegates presented their credential letters to the States General. The political and ecclesiastical situation is moving in the right direction: Uytenbogaert and Grevinchoven have been deposed and the charges against Oldenbarnevelt have become clearer. France has been found complicit, and the French delegates were forbidden to travel to Dordrecht. Jacobus Taurinus has died and Jean de La Haye is dying. The University of Leiden will be cleansed.

Editor: Nicolas Fornerod

Monsieur mon neveu,

    Nous sommes enfin en l'espace de 3 semaines arrivés à Dordrecht et, de là, subitement nous sommes transportés à La Haye pour nous presenter avec nos lettres et creances à Messieurs les Estats Generaux et à Monsieur le Prince. Le voyage a esté heureux, Dieu merci, en toutes sortes, excepté le contenu de ma derniere de Cologne, qui ne s'amende point; et si je n'eusse de bonne heure fait sentir que je banderoye vigoureusement pour le bon parti peut estre la chose eust paru plus avant. Mais j'espere que tout ira bien, mais toutesfois avec bien peu de secours, mais j'empescherai bien la contradiction. Entre nous ces choses, je vous prie. Vous estes renommé, cheri et honoré extremement en ces quartiers.

    Les affaires prennent un bon pli: les Estats, après la prise de Barnevelt, ont chargé les magistrats suspects par toutes les villes; les synodes provinciaux ont deposé Utenbogard, Grevinchovius et tout plein d'autres. Tous s'attendent et desirent l'issue du synode, qui ne peut faillir d'estre bonne si tous les estrangers s'accordent, à quoi on travaillera et l'espere tout à fait.

    On commencera lundi prochain l'examen de Barnevelt, grandement hai et detesté. Il est chargé d'avoir voulu renverser la forme de l'estat, l'eglise, les

(5) P. van Brederode] A: *autograph*

finances et tout reduire sous son pouvoir, | mais toutesfois avec seules intelligences avec la France et non avec l'Espagne, sinon incidentellement, comme Zambra[1] en Grisons, mais la France devoit estre prise pour protectrice et y eust eu des massacres et meurtres. Le quatriesme chef de son accusation est l'intention de desposseder la maison de Nassau tout à fait et subroger d'autres en leur place à sa phantasie. Toute l'aprèsdisnée a esté employée en visites des grands et, pourtant, je ne vous puis dire davantage.

Le synode se commence seulement lundi et y serons encores au commencement. France a defendu sur peine de la vie et de persecution jusques à la posterité de s'y trouver.[2] On a grandement agreé nostre venue. Nous n'avons encores peu visiter les deputés des Eglises, mais demain, retournans à Dordrecht, nous y employerons tout le reste du jour.

Monsieur Philippo Calandrini[3] s'est trouvé ici tout à point pour avoir de lui l'adresse de mes le[ttres] ordinaires et nous faire tout plein de court[oisies.]

Je salue Monsieur Gio[vanni] Lodovico[4] très affectueusement, le remercie de tant de faveurs que nous recevons toutes parts à sa recommandation. Je salue aussi humblement Messieurs vostre pere et beau pere, vostre frere, femme, et bonne seur, et tous, et prie Dieu qu'il vous augmente ses saintes graces.

De La Haye, ce 10 Novembre styl ancien 1618.[5]

       Vostre très ancien frere,
       J. Diodati.

[P.S. 1] Il y a ici des tragiques exemples de ces ministres vrayment heretiques et schismatiques: celui ci de La Haye, ainsi nommé,[6] perd toute la sostance du cerveau par le nez, un autre, Taurinus,[7] de [——] s'est trouvé mort tout soudain.

(26) [——]] A: *almost erased word*

[1] Johann Baptista Prevost, sentenced to death by the criminal court of Thusis in Grisons for bias in favor of Spain and executed on 24 August 1618.
[2] By a royal decree promulgated on 15 October 1618, Louis XIII prohibited all his subjects, in particular ministers Pierre Du Moulin, André Rivet, Daniel Chamier and Jean Chauve, to travel abroad in order to take part in any assemblies.
[3] Born in Frankfurt, Philippe Calandrini settled in Amsterdam. He moved then with his family to Batavia (Jakarta) in 1646 and was made a director of the Dutch East India Company before he died in 1649.
[4] Jean-Louis Calandrini.
[5] This letter was actually sent on 10 November 1618, stilo novo.
[6] Jean de la Haye, pastor in The Hague, died two weeks later.
[7] Jacobus Taurinus was the leader of the Remonstrants of Utrecht since 1610 and the author of the anonymous tract *Weegh-schael, om in alle billickheydt recht te over-vveghen de oratie vanden [...] heere Dudley Carleton [...]*, which was written as a response to the speech the English ambassador Carleton gave to the General States in October 1617.

Gomarus restituetur Leiden, et tota Academia reformabitur; certius, sis cautus ad haec.

[P.S. 2] Le dessein de Barnevelt estoit, comme je vien d'apprendre assurément, de se servir du Conte Henri pour desarçonner le Prince d'Orange, et ledit Conte, gaigné par Utenbogard, s'estoit laissé emporter à l'Arminianisme, comme aussi sa mere.[8] Et croid on que le Conte aura à faire à se bien purger. L'avarice de sa mere est fort remarquée pour cause d'un si mauvais dessein. Le Conte de Culembourg[9] devoit estre son second et le Conte Guillaume et Erneste devoyent aller bas.[10] Dites ceci à Monsieur Sarrazin, non generalement.

(1–2) Gomarus...haec] A: *in the margin*

[8] Louise de Coligny was the daughter of Gaspard II de Coligny and the fourth and last spouse of William the Silent.
[9] Floris II van Pallandt.
[10] Willem Lodewijk, Count of Nassau-Dillenburg, and his brother Ernst Casimir, Count of Nassau-Dietz.

SECTION 10: INVITATION OF BREMEN THEOLOGIANS

II/1.219 Draft of States General Invitation to Bremen

Date: 24 November 1617

Summary: See the letter, mutatis mutandis, in no. II/1.142.

II/1.220 States General Invitation to the Council of the Republic of Bremen

Date: 25 June 1618

Main source: A: Bremen StA, 2-T1C2b2c5–1 (original)

Summary: The States General send an invitation to the Council of Bremen to send three or four delegates to the synod to help deal with the crisis in the Dutch republic.

Editor: Janika Bischof

Magnifici, spectabiles, prudentissimi domini amici charissimi,
    Paucis ab hinc annis post pactas indutias cum archiducibus Brabantiae et rege Hispaniarum, mirum in modum nos exercuerunt disputationes, quae in vulgus editae de praedestinatione, et aliis quibusdam religionis capitibus, in hunc exitum eruperunt, ut pro salute Unitarum Provinciarum et subditorum tranquillitate nihil ulterius dubitandum putaverimus quin mature imminenti huic periculo occurreremus pro sedandis animorum hisce motibus, et firmandis provincialibus nostris in concordiae et religionis vinculo. Proinde visum nobis fuit per legitimum tramitem, viam et modum in ecclesiis semper usurpatum, confugere ad convocationem synodi nationalis (quae condicta est ad diem primum Novembris proximum in capitali urbe Dordraco Hollandiae) et pro maiore et certiore controversiarum et quaestionum indagatione,

examinatione et discussione, rogavimus et invitavimus finitimorum regnorum Galliae, Britanniae, Palatinatus, principum et rerumpublicarum reges magistratus et ecclesias, ut pro communi ecclesiarum consensu et unione magis magisque stabilienda, in hac animorum perturbatione deputatos suos huc ablegare vellent, qui moderatione, prudentia, dexteritate et consilio suo actiones nationalis synodi ita iuvarent et dirigerent, ut et puritati doctrinae evangelicae, et tranquillitati conscientiarum et animorum consulerent, et concordiam promoverent. Atque in eundem finem praesens haec petitio apud magnificentiam vestram instituitur, ut ne deesse tam sancto nostro desiderio velitis, sed tres vel quatuor viros optimos, doctrina et | pietate excellentes ad diem et locum supra dictum, nostris sumptibus et expensis, communi vestrorum nomine committere et ablegare velitis, communi consensu, tam ex vestrarum magnificentiarum republica quam Empdana (ad quas consimilis nostra petitio directa et exposita est) qui futurae synodo nationali adesse, et pro ingenii facultatibus ad gloriam Dei, conservationem evangelicae doctrinae et consensum ecclesiae, acta et agenda promovere, et moderatione sua temperare possent. In quo magnificentiae vestrae quam plurimum nobis gratificaturae erunt, idque promptissimi quovis officiorum genere demereri conabimur, cum hoc voto, ut divina sua Maiestas libertatem et unionem reipublicae vestrae tueri et porro conservare dignetur.

 Dabantur s'Gravenhagae vigesimo quinto Iunii anno 1618.
  A. de Manmaker vidit.
  Magnificentiae vestrae studiosissimi,
  Ordines Generales Unitarum Provinciarum Belgii

Ad mandatum dictorum ordinum,
  C. Aerssens 1618

[Address:] Magnificis spectabilibus et prudentissimis dominis consulibus et senatoribus reipublicae Bremensis

Recit[–] den 30 Junii 1618

II/1.221 *Prince Maurice and Count Willem Lodewijk to the City of Bremen*

Date: 3 July 1618

Main source: A: Bremen StA, 2-T1C2b2c:2, [4 pp.] (original)

Summary: Maurice and Willem Lodewijk, by request of the States General, write in support of their invitation in order to urge the city of Bremen to send delegates to the synod and thus help to settle the controversies.

Editor: Stephen Buckwalter

| Mauritz, von Gottes gnaden prince von Uranien, grafe zue Nassaw, Moers, Büren, marggraeff zue der Veer und Flissingen, herr und baron von Breda, Diest, etc.

Wilhelm-Ludwig, graeff zue Nassaw, Catzenelnbogen, etc., statthalter in Frießlandt, Statt Groeningen und Umblanden, Drenthe, etc.

Edele, ehrenveste, achtbare, wohlweyse, besondere gutte freunden,
 Es werden e. e. auß der herren Generals Staten schreiben[1] den betrübten zuestandt in der religion hierzue lande verstehen unndt bey sich selbst gnungsamb urtheilen können, wie hochnötig es seye, daß hochgemelten herrn Staten in ihrem christlichen furnehmen die handt geboten werde unndt daß alle religions verwanthen ihre furnembste, gelehrste unndt erfahrenste theologos zue niederlegung der eingerissenen streitigkeiten zueschicken nicht unterlassen. Dieweil durch redres in religions sachen der status politicus desto mehr versterckt wirdt pleiben, umb sich bey seiner erlangten freyheit unndt wohlstandt zue erhalten, do hiergegen durch verwirrung in der religion auch mißverstandt unndt spaltungen in der policey verursacht werden unndt sich je lenger, je mehr häuffen, dergestalt, daß, wo fern dieser status bey seinem vigor erhalten soll pleiben, man alle bequäme remedia, weil es noch zeit ist, nothwendig bey der handt nehmen muß.
 Dieweil dan hochgedachte herrn Staten einen nationalem synodum als das eintzige mittell, wardurch obgenannter[?] streith ahm gefüglichsten uffgehaben unndt alles wiederumb zue voriger einigkeit, | ruhe unndt wohlstandt gebracht kan werden, decretirt unndt beschlossen, auch uns ahn e. e. dieset halben zue schreiben ersucht haben. Alß gelangt hiermit ahn e. e. unser gunstiges begehren, dießelbe wollen dieße republicque in dießer ihrer hohen noth nicht verlassen, sondern retten unndt durch schickung vier dero für-

---

[1] See no. II/1.220.

trefflicher unndt gelehrster theologen dieselbige zue ihrem vorigen wohlstandt undt harmonie der wahren reformirten religion restauriren unndt wiederbringen helffen. Damit e. e. dan nichts anders thun werden, als was glaubenß genossen ein ander schultig sein, furnemblich aber den religions standt desto mehr versicheren. Welches wir uns neben unserer hülff erbiethung in dergleichen unndt anderen zue fällen zue e. e. verlassen unndt dieselbe damit gottlicher almacht empfehlen wöllen. Datum in 's Grafen-Hage, den 3ten Julii 1618.

   E. e. sehr gute freunde,
   Maurice de Nassau
   Wilhelm Ludwig, graff zu Nassaw, etc.

[3–4] A   [Address:] | Denen edlen, ehrenvesten, achtbahren, wohlweysen, unsern besonders guten freunden, burgermeister unndt rath der statt Bremen

II/1.222 *Instructions for the Bremen Delegates*

Date: 7 October 1618

Summary: These instructions appear to be missing, but they are summarized by J.F. Iken, "Bremen und die Synode zu Dordrecht," in *Bremisches Jahrbuch* 10 (1878), 21–22. The Bremen delegates were generally instructed to provide help to the synod. But in another confidential set of instructions they were instructed to take care that the moderate doctrine of the Hessian church should not be replaced by harsh opinions; rather, they ought to follow the Augsburg Confession.

II/1.223 *Draft of Bremen Response to Prince Maurice and Count Willem Lodewijk*

Date: 7 October 1618

Main source: A: Bremen StA, 2-T1C2b2c:3, [6 pp.] (original)

Summary: Summarizing the purport of Prince Maurice's and Count Willem Lodewijk's letter, the Bremen magistrates express their joy about the convening of the synod, as they heretofore deplored the crisis in the Netherlands. In compliance with the States General's request, they are sending Matthias Martinius, Heinrich Isselburg

(13) Bremen] A: *adds note in another hand:* Praesentirt den 30 Junii [N.S. 10 July] etc.

and Ludwig Crocius as delegates. Finally, they wish for God's grace in regard to a favorable outcome of the synod.

Editor: Stephen Buckwalter

Durchleuchtiger, hochgeborner furst, auch wolgeborner graff, e. f. g. undt g. sein unsere underthähnige, bereittwillige dienste jederzeit zuvor, gnedige hernn,

Waß gestaldt i.[*sic!*] f. g. undt g. beneben den hochmögenden hern Staten Generall in einem unterm dato des 3 Julii jungsthin an unß abgangenem schreiben[1] unß nicht allein angedeutet, welcher gestaltt ihre hochmögenheitten zu beilegungh dero in den Vereinigten Niderlandenn undt deren kirchen uber[?] etzlich religions puncten endtstanden[–] mißverstendtnuß ein algemeinen nationall synodum gegen den 1 Novembris binnen Dordrechtt anbestimbtt | undt außgeschriebenn, sonderen auch benebenst ihren hochmögenheitten in gnadenn gesinnen, das wir zu demselben etzliche von unseren theologis verordnen undt abferttigen muchtten, des werden e. f. g. undt g. sich nach guter maßen woll zuerinneren wißen.

Gleich wie nun hiebevor unß schmertzlich zu hertzen gegangen, das die kirche undt zugleich der gantzen status der Unyrten Niderlandischen Provincien durch die eingerißene spaltungh nicht wenigh conturbiret undt betrubt werden wolttenn, alßo haben wir hingegen | hocherfreulich vernohmmen, das zu restauration undt widerbringungh einer gewundtscheten harmoni[?] undt zu aufhebungh alles eingerißenen, schadtlichen mißtrawens der nationall synodus bewilligt undt außgeschrieben worden sei. Unndt nachdem e. f. g. undt g. undt ihren hochmögenheiten wir jederzeit zu allenn vermugsahmen diensten bereittwilligh unndt geflißenn, so haben deroselben gnedigen unndt respective großgunstigen gesinnen zu folgh wir auch bei diesen furstehendenn christlichen unndt hochnöttigen wercke uns der gebuhr unndt verwandtnus gemeeß auch alß glaubens genoßen beizeigen undt auß unseren theologis | die gegenwertige wurdige undt hochgelahrtte hern Matthiam Martinium, unsers gymnasii rectorem, undt h. Henricum Ißelburgh undt h. Ludovicum Crocium, der theologi doctoren unndt predigere in unseren kir-

[2] A

[3] A

[4] A

(11) uber[?]] *A: interl. add.* – (11) etzlich] *A: corr. from* etzlicher – (11) puncten] *A: foll. by del. marg. add.* (*1 illegible word*) – (11) mißverstendtnuß] *A: corr. from* mißverstendtnußen *and foll. by del.* undt spaltungenn – (16) maßen] *A: foll. by del.* in gnaden – (18) kirche] *A: foll. by del.* unndt gemein[–] – (18) gantzen] *A: foll. by del.* st[–]t – (18) status] *A: marg. add.* – (19) conturbiret] *A: foll. by del.* wer – (22) schadtlichen] *A: marg. add.* – (23) bewilligtt] *A: be interl. add., repl. del.* ge[–] – (23) außgeschrieben] *A: corr. from* beschrieben, außge *interl. add.* – (23) sei] *A: interl. add.* – (23) nachdem] *A: marg. add. repl. del.* alß – (24) undt] *A: interl. add.* – (25) haben] *A: foll. by del.* wir – (26) diesen] *A: foll. by del.* unndt – (28) auch] *A: interl. add. repl. del.* unndt – (28) glaubens] *A: foll. by del.* ver – (29) gegenwertige] *A: corr. from* gegenw[–]rd[–]ge – (31) Ludovicum] *A: marg. add.* – (31) Crocium] *A: corr. from* Crotium – (31) der] *A: prec. by del.* i[–]

[1] See no. II/1.221.

chenn, zu dem bevorstehenden synodo deputiren undt abordnen wollen; von hertzen wundtschendt, Godt der Almechtige, welcher der rechte friedtfurste ist, wolle dem bevorstehenden synodo mitt seinem Heiligen Geist in gnaden beiwohnenn undt die bevorstehende tractaten, rähtt undt | anschlege dahin richten unndt gedeyen laßenn, das seine lieb kirche bei wahrer, reiner undt unverfelscheter religion auch freidt undt einigkeit im geist- undt weltlichenn regimentten erhalten undt auf die nachkommende vorthgepflantzett werden muge. E. f. g. undt g. damitt, nebenst anwunschungh bestendiger leibsgesundtheitt, friedtlicher regirungh undt alles gedeilichen furstlichen undt grafflichenn wolstands, dem schutz des Allerhögsten getreulich befehlendt undt dero beharlicher gnadt undt gunstenn unß bestes fleißes recommendirendt.

| Datum unter unser stadt signet, den 7 Octobris anno 1618.
    E. f. g. und g.
    underthanige undt gantzwillige,
    Burgermeister undt Rahtt der stadt Bremen

[Address:] Dem durchleuchtigen undt hochgebornen fursten unndt hern, hern Mauritz, princen von Uranien, graffen zu Naßaw, Catzenelnbogen, Möerß, Buren, marggraffen zu der Veher undt Flißingen, hern undt baron von Breda und Diest, etc.

Wie auch dem wolgebornen hern Wilhelm Ludwigh, graffen zu Naßow, Catzenelnbogen, stadthaltern in Frießlandt, Gröningen undt Omlanden, unseren gnedigen hern, sampt undt sonderß

II/1.224 *Bremen Credentials from the Council of Bremen*

Date: 7 October 1618

Main source: A: Bremen StA, 2-T1c2b2c5:5 (original)

Collated source: B: Bremen StA, 2-T1c2b2c5:4 (draft)

(2) welcher] *A: interl. add. repl. del.* der – (4) bevorstehende] *A: interl. add. repl. del. (underlined)* furwesende – (5–6) bei...unverfelscheter] *A: corr. from* bei der wahren reinen undt unverfelscheten – (7) erhalten] *A: interl. add.* – (8–9) leibsgesundtheitt] *A:* leibs *interl. add.* – (10) wolstands] *A: foll. by del.* damitt – (10) Allerhögsten] *A: foll. by del. illegible word* – (11) bestes fleißes] *A: marg. add.* – (18) Catzenelnbogen] *A: corr. from* Catzenelnbgen – (20) und] *A: interl. add.* – (20) etc.] *A: foll. by marginal note:* sed quare[?] hic non additum general feltobristen und gubernatorn der [*foll. by del.* nidder] Vereinigten Nidderlandischen Provincien – (21) Wie] *A: foll. by del.* d[–] – (22) stadthaltern] *A: corr. from del.* undt[?] Omlanden, tern *interl. add. over* Om – (22) undt] *A: foll. by del.* Ohm

Summary: These are credentials from the Council of Bremen for their delegates to the synod.

Editor: Janika Bischof

Illustres et potentes Unitarum Provinciarum Belgii Ordines Generales, domini ac amici observandi.

Quemadmodum multifarii, de exorto in ecclesiis et regionibus vestris religionis scismate et dissidio, praeterlapsis annis sparsi rumores, hactenus haud parum contristatos nos reddidere. Ita vice versa potentiarum et amplitudinum vestrarum literae praeterito mense Junio nobis redditae, ex quibus remedium, a tempore Apostolorum et ab ipsis ecclesiae incunabilis in Republica Christiana usitatum, isti pullulanti malo destinatum nationalemque synodum ad 1 Novembris, decretam et institutam intelleximus, summo nos gaudio persudere spemque magnam, fecere, pium illud et laudabile propositum, felicem exitum fortiturum, adque divini numinis gloriam ac ortodoxae doctrinae puritatem conservandam, nec non universas confoederatas provincias earumque subiectos in religionis et concordiae vinculo retinendos tensurum, atque per id omnes imminentes discordias sublatum omniaque exinde in ecclesiam et rempublicam plerumque promanantia mala et incommoda praecautum et aversum iri. Cumque a vestris potentibus et amplitudinibus | ad promovendum istud propositum amice requisiti simus, ut ad istam synodum tres quatuorve ex nostris theologis destinare et transmittere velimus, nosque ad omnia ac singula officia, praesertim vero in negotiis ad gloriam Dei et aedificationem ecclesiae vergentibus, nos plus quam devinctos agnoscamus, tam pio et honesto instituto, tamque Christianae petitioni nequaquam deesse voluimus.

Quapropter praesentes reverendos vires, dominum Matthiam Martinium gymnasii nostri rectorem, dominum Henricum Isselburgium et dominum Ludovicum Crocium sacrae theologiae doctores, inque dicto gymnasio pro-

[2] A

---

(6) vestris] *B: foll. by del.* aliquati – (8) contristatos] *B:* nos contristatos, *foll. by del.* et altonitos – (9) praeterito] *B: interl. add.* – (11–12) nationalemque] *B: interl. add., replaces del.* nationumque – (13) spemque magnam] *B: marg. add.* – (13) fecere] *B: interl. add., repl. del.* concepimus – (13) illud] *B: interl. add.* – (13) et] *B:* ac – (14) adque] *B: prec. by del.* et; *interl. add.* que – (14) ac] *B: foll. by del.* conservandam – (15) conservandam] *B: marg. add.* – (15) nec non] *B: interl. add., replaces del.* redundaturum, et – (16–17) retinendos...id] *B: marg. add.:* retinendos, tensurum, per idque – (17) omnes] *B: corr. from* omnesque – (17) sublatum] *B: interl. add., replaces del.* comporis – (18) exinde] *B: ex marg. add.* – (18) ecclesiam] *B: corr. from* ecclesias – (18) rempublicam] *B: corr. from* respublicam – (18) plerumque] *B: marg. add.* – (18) promanantia] *B:* promanavetia[?] *corr. from* promanantia – (19) praecautum] *B: corr. from* praecateri – (19) et...iri] *B: corr. from* et averti posse – (20) ad...propositum] *B: marg. add.* – (21) destinare...transmittere] *marg. add., corr. from* mittere – (22–23) officia...vergentibus] *B: marg. add.* – (23) nos] *B: interl. add.* – (24) agnoscamus] *B: prec. by del.* non – (24) pio] *B: foll. by del.* institutos – (24) tamque] *B: prec. by del.* ac, *corr. from* tam

fessores et Verbi divini apud nos administros, ad promovendum et pro virium modulo coadiuvandum pium istud negotium deputavimus et ablegavimus, non dubitantes ipsos pro prudentia, dexteritate et moderatione sua omnes nervos torosque ingenii eo intensuros, ut res quantum in ipsis erit, ad felicem perducatur et dirigatur. Quemadmodum et nos Deum optimum maximum pacis et tranquillitatis promotorem et conservatorem ex intimis animi penetralibus ardentibus votis invocamus, ut ipse instanti synodo praesidere,

[3] A   Spirituque suo Sancto comparentium animos et consilia | ita illuminare, regere et dirigere velit, ut gliscentibus malis et discordiis, conveniens remedium inveniatur, inque ecclesia, pura et immaculata et unisona religio, in politia vero et republica stabilis et aeterna pax, salus, et quies conservetur, stabiliatur, et propagetur, cuius tutelae et protectioni fideli vestras potentes et amplitudines earumque ecclesias et rempublicam committimus.

Dabantur Bremae 7 Octobris anno 1618.

Illustribus potentibus et Amplitudinibus Vestris
Studiosissimi
Promptissimi
Consules et senatores
Reipublicae Bremensis

[Address:] Illustribus et generosis dominis, dominis Ordinibus Generalibus Unitarum Provinciarum Belgii, dominis amicis, fautoribus et confoederatis nostris plurimum observandis

II/1.225 *Council of Bremen to the States General*

Date: 9/19 October 1618; received 29 October 1618

Main source: A: Rotterdam BRG, 49.6, [5 pp.] (copy)

Summary: Bremen responds to the invitation from the States General, announcing that they will send three theologians to the synod, Matthias Martinius, Heinrich Isselburg and Ludwig Crocius. The original letter appears to be missing.

Editor: Janika Bischof

(1) et] *B: marg. add.* – (1) divini] *B: corr. from* Dei – (1) administros] *B: corr. from* ministros – (4) torosque] *B:* thorosque – (4) eo] *B: corr. from* eas[?] – (4) quantum] *B: foll. by* quidem – (5) dirigatur] *B: corr. from* dirigitur – (7) ardentibus votis] *B: marg. add.* – (7) instanti] *B: corr. from* huic – (9) conveniens] *B: foll. by del.* et stabile – (12) et] *B:* ac – (12) cuius…fideli] *B: marg. add. repl. del.* id quod[?] ex animo optantes – (13) earumque] *B:* eorumque – (13) rempublicam] *B: foll. by del.* tutelae ac protectioni; *interl. add.* fideliter – (14) Dabantur] *B: corr. from* Datae – (14) Octobris] *B: corr. from* Aug. – (19) Reipublicae] *B: corr. from* Civitatis

Illustres et potentes Unitarum Provinciarum Belgii Ordines Generales, domini et amici observandi.

Quae vestra in nos sit benevolentia, cum aliis multis argumentis cognovimus, tum eo etiam, quod scriptis ad nos amantissimis literis nostros theologos ad synodi vestrae partem iuvandam petiistis et invitastis. Benedictus sit dominus et Deus noster, qui supra caeteras vestras virtutes et res praeclare coram toto mundo gestas, hunc vobis animum inspiravit, ut de pace ecclesiae Dei tam seriam susceperitis cogitationem. Quam quidem rem nos, ut decet omnes aequos aestimatores, non ad vestras tantum ecclesias, sed ad totius Christiani orbis utilitatem pertinere et intelligimus et profitemur et confidimus, variarum earum quas sustinuistis calamitatum et pactarum ad tempus induciarum hunc (inter multa incommoda in quibus | Deus humanis molitionibus melius aliquid de vobis providit) aliquem fructum esse, ut vestra ope scissae etiam in diversas partes ecclesiae Germanicae ad concordiam et pacem revocentur, quod quidem multorum votis expetitum et exspectatum desideriis, vestrae pietati reservatum divinitus iudicamus.

Scimus enim omnes, bene gerendae et administrandae reipublicae hanc non optimam tantum sed et solam rationem esse, si Deum ut optimum amenus et eundem ut maximum timeamus, et eum tum aversae multiplicis miseriae, tum reductae in usum, felicitatis nostrae auctorem, cognoscamus et revereamur. Et praeter eas laudes, quas vobis amplissimas posteritas designavit, hanc censebit non minimam, quod post curata in rebus civilibus et mundanis vulnera, ecclesiae quoque pacandae rationem praecipuam officii vestri | partem ducitis et facitis. Quod, ut debemus, eiusdem fidei socii, vicini et confoederati, inter ea Dei beneficia muneramus, quorum causa ipsi ad perpetuas gratias agendas obstricti simus. Et si in aliis rebus civilibus atque ad praesentis vitae commoda pertinentibus vobis plurimum debemus, at maxime intuenda sincera fide et incorrupto Dei cultu ad posteros transmittendo. Quamobrem, quod a nobis postulatis, ex theologis nostrae ecclesiae et scholae tres ad vos amandamus, quos institutae apud vos synodo adiungatis, et eorum opera, tanquam si ipsi praesentes essemus, ita utamini ad communem et avitam Christianae pietatis causam adiuvandam. Ipsos tales experti sumus, qui nobis et ecclesiae Dei, quae hic colligitur, fidem et industriam suam probaverint, ut confidamus, eosdem sincere et integre, vobis quoque sua studia | et officia subiecturos esse, ad quam debitam Deo religionem et charitatis curam ecclesiae necessariam, quamvis eos paratos post nostrum senatus consultum deprehenderimus, serio tamen cohortati sumus. Sunt autem hi in nostra schola sacrarum literarum professores, Matthias Martinius, Henricus Iselburgius, et Ludovicus Crocius, sacrae theologiae doctores.

Si quid a nobis insuper proficisci queat, quo nostram fidem in Deum et erga vos observantiam facere possimus testatam, pro virili parte tales nos exhibebimus, quales et sanctorum communio et iura federis postulabunt.

Quum autem omnis industria prudentiaque humana sit irrita, nisi numen adsit propitium, oramus Deum nostrum, ut finem vestrae pietatis exaudiat, et, caelitus immissa luce, animorum humanorum caliginem dissipet, luxata membra, per veritatem, aequitatem et charitatem restituat, ut totus Christianus orbis, vobis se id | beneficium, secundum Deum, debere agnoscat et confiteatur, si deinceps pacatiore ecclesiarum et rerumpublicarum statu uti queat. Praesit toti actioni Dei Spiritus ut felice exitu finiatur, et per vos gloria bonitatis, sapientiae et potentiae Dei, cum publica omnium fidelium Dei cultorum gratulatione illustretur. Ei Deo nostro et verbo gratiae eius vestram illustrem potentiam et dominationem commendamus.

Datum Bremae 9 Octobris, stili veteris anno 1618.

Subscriptum:

Illustri potentiae et amplitudini vestrae addictissimi consules et senatores Reipublicae Bremensis.

Superscriptio erat:

Illustribus et generosis dominis, dominis Ordinibus Generalibus Provinciarum Belgii Unitarum. Dominis, amicis, fautoribus et confederatis nostris plurimum observandis.

Receptum xxix Octobris 1618.

SECTION 11: INVITATION OF EMDEN THEOLOGIANS

II/1.226 *Draft of States General Invitation to Emden*

Date: 24 November 1617

Summary: See the letter, mutatis mutandis, in no. II/1.142.

II/1.227 *States General Invitation to the Council of the Republic of Emden*

Date: 25 June 1618; received 1 July 1618

Main source: A: Emden StA, Reg I–402.1, [4 pp.] (original)

Other copy: The Hague NA, 12.548.156 (draft approved 24 November 1617)

Summary: The States General invite the council of Emden to send three or four delegates to the synod.

Editor: Janika Bischof

Magnifici, spectabiles, prudentissimi domini amici charissimi,
 Paucis ab hinc annis post pactas indutias cum archiducibus Brabantiae et rege Hispaniarum, mirum in modum nos exercuerunt disputationes, quae in vulgis editae de praedestinatione, et aliis quibusdam religionis capitibus in hunc exitum eruperunt, ut pro salute Unitarum Provinciarum et subditorum tranquillitate nihil ulterius dubitandum putaverimus, quin mature imminenti huic periculo occurreremus pro sedandis animorum hisce motibus, et firmandis provincialibus nostris in concordiae et religionis vinculo. Proinde visum nobis fuit per legitimum tramitem, viam et modum in ecclesiis semper usurpatum, confugere ad convocationem synodi nationalis (quae condicta est ad diem primum Novembris proximum in capitali urbe Dordraco Hollan-

diae) et pro maiore et certiore controversiarum et quaestionum indagatione, examinatione et discussione rogavimus et invitavimus finitimorum regnorum Galliae, Britanniae, Palatinatus, principum et rerumpublicarum reges, magistratus, et ecclesias, ut pro communi ecclesiarum consensu et unione magis magisque stabilienda, in hac animorum perturbatione deputatos suos huc ablegare vellent, qui moderatione, prudentia, dexteritate et consilio suo actiones nationalis synodi ita iuvarent et dirigerent, ut et puritati doctrinae evangelicae, et tranquillitati conscientiarum et animorum consulerent, et concordiam promoverent. Atque in eundem finem praesens haec petitio apud magnificentiam vestram instituitur, ut ne deesse tam sancto nostro desiderio velitis, sed tres vel quatuor viros optimos, | doctrina et pietate excellentes ad diem et locum supra dictum, nostris sumptibus et expensis communi vestrorum nomine committere et ablegare velitis communi consensu tam ex vestrarum magnificentiarum republica, quam Bremensi (ad quas consimilis nostra petitio directa et exposita est) qui futurae synodo nationali adesse, et pro ingenii facultatibus ad gloriam Dei, conservationem evangelicae doctrinae et consensum ecclesiae, acta et agenda promovere et moderatione sua temperare possent. In quo magnificentiae vestrae quam plurimum nobis gratificaturae erunt, idque promtissimi quovis officiorum genere demereri conabimur, cum voto hoc ut Divina sua Maiestas libertatem et unionem reipublicae vestrae tueri et porro conservare dignetur.

Dabantur s'Gravenhagae vigesimo quinto Iunii anno 1618.

        A. de Manmaker vidit.
        Magnificentiae vestrae studiosissimi,
        Ordines Generales Unitarum Provinciarum Belgii

Ad mandatum dictorum Ordinum,
    C. Aerssen 1618

[Address:] Magnificis spectabilibus et prudentissimis dominis consulibus et senatoribus reipublicae Embdanae

Receptum den 1 Iulii anno 1618

(30) Receptum....1618] *A: in a different hand, on receipt in Emden*

II/1.228 Prince Maurice and Count Willem Lodewijk to the Emden Magistrates

Date: 3 July 1618

Main source: A: Emden StA, 402.2, [4 pp.] (original)

Summary: Maurice and Willem Lodewijk, by request of the States General, write in support of their invitation in order to urge the city of Emden to send delegates to the synod and thus help to settle the controversies.

Editor: Stephen Buckwalter

Mauritz, von Gottes gnaden prinsz zue Uranien, grave zue Nassaw, Moers, Büren, etc., marggraff zue der Veer unndt Vlissingen, herr unnd baron von Breda, Diest, etc.

Wilhelm Ludwig, graeff zue Nassaw, Cazenelnbogen, statthalter in Frießlandt, Statt Groeningen und Umblanden, etc.

Edele, ehrnveste, achtbahre, wohlweyse, besondere gutte freunden,

Es werden e. e. aus der herren General Staten schreiben[1] den betrübten zuestandt in der religion hierzue lande verstehen unndt bey sich selbst gnungsamb urtheilen können, wie hochnötig es seye, daß hochgemelten herrn Staten in ihrem christlichen furnehmen die handt gepotten werde unndt daß alle religions verwanthen ihre furnembste, gelehrste unndt erfahrenste theologos zue niederlegung der eingerissenen streitigkeiten zue schicken nicht unter lassen. Dieweil durch redres in religions sachen der status politicus desto mehr versterckt wirdt bleiben, umb sich bey seiner erlangten freyheit unndt wohlstandt zue erhalten, do hiergegen durch verwirrung in der religion auch mißverstandt unndt spaltungen in der policey verursacht werden unndt sich je länger, je mehr häuffen, dergestalt, daß, wofern dieser status bey seinem vigor erhalten soll pleiben, man alle bequäme remedia, weill es noch zeit ist, nothwendig bey der handt nehmen muß.

Dieweill dan hochgedachte herren Staten einen nationalem synodum als das einzige mittell, wardurch obgenannter[?] streitth ahm gefügligsten uffgehaben unndt alles wiederumb zue voriger einigkeit, ruhe unndt wohlstandt gebracht kan werden, decretirt und beschlossen, auch uns ahn e. e. dieset halben zue schreiben ersucht haben. | Als gelangt hiermit ahn e. e. unser gunstiges begehren, dieselbe wollen dieße republicque in diesser ihrer hohen noth nicht verlassen, sondern retten unndt durch schickung vier dero furtrefflicher unndt gelehrter theologen dieselbe zue ihrem vorigen wohlstandt

[2] A

---

[1] See no. II/1.227.

unndt harmonie der wahren reformirten religion restauriren unndt wiederbrengen helffen. Damit e. e. dan nichts anders thun werden, alß was glaubens genoßen ein ander schultig sein, furnemblich aber den religionsstandt desto mehr versicheren. Welches wir uns neben unserer hülfferbiethung in dergleichen unndt andern zuefällen zue e. e. verlassen unndt dieselbe damit göttlicher almacht empfehlen wöllen. Datum in 's Graven-Hage, den 3ten Julii 1618 st. n.

   E. e. sehr gute freunde,
   Maurice de Nassau
   Wilhelm Ludwig, graff zu Nassaw etc.

[4] A [Address:] | [Den] edlen, ehrenvesten, achtbaren, wohlweysen, unnsern besonders guten freunden, burgermeister unndt rath der statt Embden

II/1.229 *Emden Magistrates to Prince Maurice and Count Willem Lodewijk*

Date: 29 July 1618

Main source: A: Emden StA, 402.3, [4 pp.] (original)

Summary: Responding to the invitation sent by Maurice of Orange and Willem Lodewijk of Nassau-Dillenburg, the Emden magistrates express their willingness to comply with the request to send delegates to the synod. However, they cannot send more than two delegates (instead of four, as was asked for), since there are only five ministers altogether in the city and at most two can be spared; and they cannot command any ministers from the surrounding area, because this is outside the city's jurisdiction. The magistrates apologize and ask for understanding for their situation. Finally, they wish for God's blessing and help to remedy the conflict.

Editor: Stephen Buckwalter

Durchleuchtiger hochgeborner furst, auch hochwolgeborner graff, e. f. g. und g. seindt unsere underthenigste dienste jder zeitt zuvor bereitt, genedige herren,

 E. f. g. und g. schreiben,[1] umb vier qualificirte, gelehrte menner uf den angestelten synodum nationalem zu schicken, haben wier mit geburender reverentz entpfangen. Ob nuhn wohl wier diesem nutzlichen, heilsamen be-

---

(4) mehr] A: *foll. by del.* z[–]zu – (12) Embden] A: *note added in different hand:* Receptum den 1 Julii [N.S. 11 July] anno 1618. – (26) furst] A: *corr. from* [–]rr[–]

[1] See no. II/1.228.

geren ein gnuge zuthuen unß schultig erkennen, auch dar zu wilfahrig, so kan doch unser ecclesia, so allein funf pastores hat, in dieser volckreichen stadt nicht mehr alß zwey pastores so lang endtraden, wil uns auch nicht geburen, außerhalb der stadt, da wier kein jurisdiction haben, jemandts zue diesem werck zu ordinieren, wollen aber, obgedachte unser zwey pastores von den unseren uf den angestelten tag naher Dordrecht schicken.

Welches bey zeiten e. f. g. und g. wier in underthenigkeit berichten wollen, mitt underthenig pitt, daß e. f. g. und g. wier mit schickung vier persohnen kein genugen thuen konnen, auß obgedachten ursachen unß vor ent|schuldiget zu halten. Der almechtige Gott wolle zu disem heilsamen werck seinen segen und gnade verleihen, seiner kirchen zu hulf kommen, alle seiner und e. f. g. und g. feinden anschlege und practicken zu nichte machen und seiner betrangten kirchen rettung schaffen und dieselb von allen schadtlichen irthumb reinigen. E. f. g. und g. in schuz des Almechtigen zu langwiriger gesundtheit und der kirchen Gottes heilsamer beschutzung und uns deren zu allen gnaden empfelendt.

Geben zu Embden, den 29 Julii anno 1618.

    E. f. g. und e. g.
    underthenige, gefließene
    Burgemeister und Raht daselbsten

Lectum et approbatum in senatu
    Johannes Simonides Lt.

[Address:] | Dem durchleuchtigen und hochgebornen fursten und herren, herrn Mauritz, von Gottes gnaden printze von Orangen, graffen von Nassaw, Catzenelenbogen, etc., Lingen, Moers, Buren und Lehrdam, etc., marquis von der Vere, etc., und dem hoch wolgebornen grafen und herren Wilhelm Ludwigen, graffen zu Nassaw, Catzenelenbogen, Vianden undt Dietz, etc., unserm genedigsten herren

---

(5) von] *A: corr. from illegible word* – (8) underthenig] *A: corr. from* underthenig[–] – (8) daß] *A: prec. by del.* unß – (9) unß] *A: interl. add.* – (9–10) entschuldiget] *A:* ententschuldiget – (12) seiner] *A: prec. by del.* der – (17) 29] *A: corr. from illegible number* – (19) underthenige] *A: corr. from* underthenigste – (21–22) Lectum…Lt.] *A: by a different hand* – (24) von] *A:* vor – (28) genedigsten] *A: corr. from* genedigen

II/1.230 *Council of Emden to the States General*

Date: 29 July 1618

Main source: A: Emden StA, Reg I–402, [2 pp.] (original draft)

Summary: The Council of Emden responds to the States General invitation to send three or four delegates to the synod. They apologise for only being able to send two delegates due to the limited number of pastors.

Editor: Janika Bischof

Illustrissimi et potentissimi domini, domini submisse colendi, literas vestras, quibus ad synodum nationalem ad 1 Novembris condictam tres vel quatuor ex ecclesiae nostrae pastoribus mittere invitamur, accepimus. Ad pium, salutare et necessarium hoc opus, timor Domini, charitas proximi, ecclesiae salus et plurima quae a celsitudine vestra accepimus beneficia, nos adstringunt. Mittemus igitur ad condictam diem, ex quinque, quos ecclesia nostra habet, pastoribus, duos, ad opus hoc idoneos, tribus reliquis in usum necessarium ecclesiae nostrae populosae retentis. Pluribus ecclesia nostra tandiu egere non potest. Nec in eosque extra urbem in domini comitis territorio habitant, autoritatem usurpare nobis fas est. De qua re, mature celsitudinem vestram certiorem reddendam, et causam, quare non tres vel quatuor a nobis mitti potuerint, adferendam esse | duximus. Deus optimus maximus hoc vestrum pium et salutare studium bene vertat, ecclesiae vulnera sanet, et Josephi contritionem tollat, apros vastantes vineam Christi, reprimat, pacem et tranquillitatem, inter confederatas provincias conservet, easque contra omnes suos et ecclesiae Dei hostes, protegat.

Dedimus Embdae 29 Iulii anno domini 1618.

Vestram celsitudinem
Submisse colentes,
   Consules et senatus Reipublicae Embdanae

Lectum et approbatum in senatu,
   Iohannes Simonides vt[?]

[Address:] Illustrissimis et potentissimis dominis, dominis Statibus Generalibus Provinciarum Belgicarum Confederatarum, dominis nostris submisse colendis.

---

(10) invitamur] A: *corr. from* rogamur – (11) ecclesiae] A: *prec. by 2 or 3 del. letters* – (16–17) Nec… est] A: *marg. add.* – (16) in] A: *corr. from* sub[?] – (20) ecclesiae] A: *prec. by del.* et – (21) Christi] A: *corr. from* Domini – (22) provincias] A: *interl. add.* – (24) 29] A: *corr. from* 28[?] – (30) dominis] A: *corr. from* dominus – (31) nostris] A: *corr. from illegible word*

II/1.231 *Council of Emden to the States General*

Date: 13/23 October 1618; received 29 October

Main source: A: Rotterdam BRG, 49.7, [2 pp.] (copy)

Summary: Responding to the States General's invitation to send delegates to the synod, the city council of Emden names Daniel Eilshemius and Ritzius Lucas Grimersheim as its chosen delegates.

Editor: Janika Bischof

Gepresenteert ter vergaderinge vande Hoog Mogende Heeren Staten Generael opten xxix^{en} October 1618

Wir burgermeistere und rahtt der stadt Embden thuen kundtt und bekennen nachdem die illustre hochmogende herrn Staten Generael der Vereinigten freyen Niederlanden, wie auch der durchlauchtiger hochgeborner fürst unnd herr, herr Mauritz, princen zu Orangien, etc., und der hochgeborner grave und herr, herr Wilhelm Ludewig, grave zu Nassau, etc. stadthouder, etc., von uns schriftlich begehret etzliche unserer theologen und predicanten ad Synodum Nationalem so uff den 1 Novembris zu Dordrecht aus geschreiben, und angestellet, ab zu schicken, dass wir solches heilsames werck nach unserm vermogen gerne befurdert sehen, und derwegen dem presbyterio der kirchen Gottes alhier ufferlechtt, zwey aus den ministris und theologis ecclesiae zuerwehlen, welche uff den obgedachten Synodum Nationalem zu bestimbter zeit sich einzustellen, unnd ihrem besten vermogen nach die misverstanden unnd gebrechen der kirchen Gottes der Vereinigten Niederlanden beneben anderen theologis zu tractiren und aus der heiligen Schrift beizulegen sich befleissigen unnd bearbeyten sollten. Darauff folgens unserer kirchen presbyterium und consistorium ecclesiasticum alhier legitime erwehlet die ehrwurdige hoch und wolgelerte DANIELEM BERNHARDI EILSHEMIUM und RITZIUM LUCAE, | beide mit pastoren diesser kirchen, welche wir zu diesem heilsamen werck unnd Synodum Nationalem hiermit confirmiren und bestettigen in bestendigster form und weise, als solches zu rechtt geschehen soll, kann und mag. Mitt untertheniger fleissiger bitt, dieselbige zu diesem Synodo Nationali als rechtmessig erwehlete persohnen erkennen ad actus synodales, in nahmen und von wegen der kirchen Gottes alhier binnen Embden als sich solches nach artt unnd gewoonheitt des synodi gebueren weil zu admittiren und zu horen, bitten den almechtigen Godtt dass derselbige den schaden Joseph heilen und diesen synodum zu seiner kirchen heil unnd wolfahrtt

[2] A

(8–9) Gepresenteert...1618] *A: possibly in a different hand*

dirigiren, segenen unnd beforderen wolle, unnd haben diese attestation unnd volmacht obgedacht unserer zweien theologen unnd predicanten, sich damit bey hoochgemelten illustren herrn Staten, seine princelijck Excellentie unnd Staten Generael anzugeben mitgetheilet, unnd sulches zu uhrkundtt der
5 wahrheit mitt unserm gewohnlichen stadt siegel underdrucken, und durch unserm secretarium unterschreiben lassen, soo geschehen zu Embden am 13 Octobris anno Domini nostri 1618 stylo vetere.

Onderstont ad mandatum senats:

Geth. Pet. Leek, Secretar

10 Und gesegelt met een opgedruckt segel in groenen wassche overdeckt met wit papier.

SECTION 12: INVITATION OF BRANDENBURG THEOLOGIANS

II/1.232 States General Invitation to the Elector of Brandenburg

Date: 15 September 1618

Main source: A: The Hague NA, S.G. 6049, [4 pp.] (approved text)

Summary: Letter of invitation on behalf of the States General to Johann Sigismund, Elector of the duchy of Brandenburg (who also ruled over the duchy of Kleef, the county Mark and the county Ravensberg), to send two theologians to assist the Synod of Dordt. Though the letter is dated 15 September, the States General approved the invitation on 14 September.

Editor: Erik A. de Boer

An sijne Churfürstliche Hochheit van Brandenburch etc.

15 September 1618

 Durchleuchtichster und hochgeborene Churfürst,
 Wij moeten met seer groot leetwesen bekennen dat, zoo wanneer wij meijnden nae eene seer sware, periculeuse und langhdurige oerloge sekerlich door het maecken van een bestant (daertho uwe Churfürstliche Hochheit unnd underscheidtlicher anderen potentaten raedt unns nitt weijnich behulplich is geweest) gecommen te sijn in eenen gueden welstandt unnd ruste, soo int politijcen als ecclesiastijcen, het ter contrarien sulcks is vuijtgevallen, datt int ondersouck vande lehre vande predestinatie unnd gevolge vandien nu hijer te lande is soodanige misverstanden und disputen is gevallen, dat ten sij deselve bij eine ordentliche unnd van desen alle tijt gebruijckte maniere van doen werden nedergeleget unnd wechgenohmen, het the vreesen is datt daeruth nitt anders staet the volgen dan een sehr extreme dangier | unnd pericul van onsen staet unnd de wahre Christelijcke religie daerover wij unns ten allerhoochsten becommert vinden. Unnd mitt meerder ter harte nemende

(14) An ... etc.] A: in a diff. hand – (24) soodanige] A: foll. by del. disputen ende

dan die conservatie der selver (daeronder Godt Almachtich unsen staet soo mercklich hefft gesegent) hebben vorgenoemen tot weiringe van die algereets geresene geschillen und vorkomminge van alle voirderen swaricheyden und unheillen the holden einen nationalen synodum tegens den eersten Novembris toe commen binnen der stadt van Dordrecht. Umb bij denselven synodum de voergenoemde questien metten aencleven vandien the laten examineren unnd beholdende alle tijt de wahrheitt van reine lehre, mett alle gevouchlicheijtt neder the leggen. Unnd dat uwe Churfürstliche Hocheijt in derselven Chur- und fürstendommen, Graefschappen unnd landen hebben

[3] A trefflichen geleerde theologanten, denwelcken | de staet van dese controverse unnd questieusen poincten nitt unbekent is. Soo versoecken unnd begeeren wij darvanne gantz dienste- unnd freundtlich datt derselver gelieven wolle twee van der suijveren Gereformeerden religion, godtsalige, vreedsame unnd gelehrte theologanten herwarts the deputeren unnd mitt hare tegenwoirdicheyt unnd beleyt dartoe vanden synode beneffens d' anderen the assisteren unnd de voorseide swarichheyden the helpen beslichten, daranne deselve vor den dienst deser landen, ruste und vrede vande kercke sal doen, 'tgeene wij [...] hoger wijsheyt unnd tot der vorige saecke goede gemogentheyt vertrouwen. Unnd verwachtende by naerder rescriptie 'tgeene uwe Churfürstliche Hocheyt up ditt unns versouch sal hebben geordonneert, ende bidden geexcuseert the sijn unnd nitt vor eeuwe upgenohmen und verstanden the

[4] A moegen worden datt deselve van dese | gelegentheyt nitt der unnd vorige is geadverteert, derwelcken persoene wij nha unse gantz dienstlichen erbiedinge is, schuts unnd scheren des Almachtigen tott langeduyrigen lyffs gesundtheyt und selffs gewunscheden[1] churfürstlichen wolstande bevehlen. Datae Hage den xv^{en} Septembris 1618.

        Gisbert vanden Boetzelar vidit.
        Sijne Churfürstliche Hochheyt dienst- ende vrundtwillige,
        Die Staten Generael etc.

II/1.233 *Elector of Brandenburg to the States General*

Date: 14/24 October 1618; received 18 December 1618

Main source: A: The Hague NA, 6049, [3 pp.] (original)

Summary: Elector Johann Sigismund informs the States General that he received the invitation to the synod on 24 October. Despite the short notice he will comply with

(7) reine] A: *interl. add. repl. del.* wahre – (20) versouch] A: *interl. add.*

[1] gewunscheden: gewünschte.

the request to send theologians. At the same time, he asks the States General that the delayed arrival of the Brandenburg delegates at the synod, due to the circumstances, will not be taken amiss.

Editor: Stephen Buckwalter

Unsere freundschafft, und was wir mehr liebes unnd guetes vermugen, zuvorn. Hochmögende, besonders liebe freunde, nachtbarn und gevattern,

E. hochmögenheyt schreiben, sambt angefuegtem suchen, in sachen, die unter ihren theologen eingefallene schwere relligionsstritt unnd dero synodalische examination unnd vermittelung betreffendt, haben wir heutiges tages zu unsern handen woll entpfangen, auch darob e. hochmögenheyt zu uns tragende guete affection gnugsamb vernommen.

Und wiewoll uns nun diese notification in etwas spat zukommen: Nachdem uns aber die wichtigkeit dieses wercks gnugsamb wißent und wir uns zu e. hochmögenheyt als unserer stets getrewen freunden behägligkeit in mehrerm verpflichtet erkennen, so wollen wir die versehung thun, domit e. hochmögenheyt freundlichem begehren und suchen hinwiederumb ein gebuerendes vorgnügen beschehen solle. | Haben allein zu pitten, ob sichs später einlieferung des schreibens und kurze der zeit halber mit ankunfft der unserigen ein kleines verweilete, e. hochmögenheyt solchen geringen verzugk nicht ungleich vermercken wolten. Befehlen hiermit sie und ihren ganzen stat in des Allmechtigen väterliche beschirmung und seind ihnen zu aller freundschafft und vermugenden diensten stets willig.

Geben uf unserm schloße zu Königspergk in Preußen, den 14/24 Octobris, anno 1618.

Von Gottes gnaden Johan Sigismund, marggraf zu Brandenburg, des Heyligen Römischen Reichs erz cämmerer und churfurst in Preußen, zu Gülich, Cleve, Berge, herzog, etc.

   E. hochmögenheyt
    stets williger getrewer freundt, nachtbar und gevatter,
    Hannß Sigißmundt Churfürst

[Address:] Den hochmögenden, unsern besonders lieben freunden, nachtbarn und gevattern, herrn General Staden der Unirten Provincien in den Niederlanden

(5) Unsere] A: *prec. by note in different hand:* Date 24 October, Receptum 18 December 1618 – (16–17) gebuerendes] A: gegebuerendes – (33) Niederlanden] A: *foll. by note in different hand:* Receptum den xviii[en] Decembris 1618

SECTION 13: DUTCH REFORMED CHURCHES IN ENGLAND

II/1.234 *Acts of the Colloquium of the Dutch Churches of England*

Date: 5–15 June 1618

Main source: A: Van Toorenenbergen, 223–225, 226–227, 232–233, 237–239, 240–244 (copy)

Other copy: London MA, CLC/180/MS07411/2, 31ff.

Summary: The Colloquium of the Dutch congregations in England, meeting in London 3–15 June 1618, expected an invitation to their churches to send delegates to the upcoming national synod, as had happened with the earlier synods of Emden (1571), Dordrecht (1578), and Middelburg (1581). So they decided provisionally to select two ministers as delegates, Jonas Proost, minister of Colchester, and Symeon Ruytinck, minister of London, as well as an elder, Carolus Liebaert of London. On 10 June, the Colloquium approved a provisional act which authorized a credential letter that was also approved for the designated delegates to the synod. In addition, the Colloquium decided to draw up a letter of instructions for the delegates, containing six gravamina regarding matters that the Dutch churches in England wanted the national synod to address.

Editor: Donald Sinnema

(3 Sessie, den 5 Junij voormiddach)
[...]

| Voorder, omdatter een nationael synode int Nederland verwacht wort, om de swaericheden, in de kercken aldaer gheresen, neder te legghen, ende dat het apparent is, datter een beschrijvinghe tot dese gemeente sal gheschieden, als voor desen in sodanighe voorvallende swaricheden gheschiedt is, is goedtgevondem, om voor te comen een andere vergaederinghe, ende onnoodighe oncosten te schouwen, op alle puncten ende omstendicheden des belangende provisionelijck als nu te letten. Dies wierdt de vraghe:

 1. Of dese gemeenten, beschreven sijnde, eenighe gedeputeerde sullen seynden?
 2. Hoe vele men deputeeren sal?

3. Hoedaenighe macht de gedeputeerde sal wesen, volcomen of bepaelt?
4. Of men niet en sal letten op eenighe instructiën, die men de gedeputeerde sal medegheven?
5. Ende eyndelick, of men niet en sal spreken van het supporteren der oncosten, noodwendich tot sodanighe reyse?

1. Aengaende het eerste is geresolveert, dat men niet en sal weygeren, beschreven sijnde, eenighe gedeputeerde te senden. Eerstelijc, omdat het synode nationael, ghehouden tot Embden in 't jaer '71, de gevluchte gemeenten hier te lande heft vermaendt tot synodale bijeencomsten, om, beschreven sijnde, tot het nationael synode aldaer te moghen verschijnen, deselve houdende voor een particulier synode ende lidt van het nationael.

Ten anderen, omdat onse voorvaders in 't jaer '78 ende '81, daertoe beschreven sijnde, haere gedeputeerde tot Dordrecht ende Middelborgh ghesonden hebben, ende | oock noyt gheweygert te verschijnen, dan in gevalle van eenighe merckelijcke peryculen, als in 't jaer 1586.

Ten derden, omdat wij ut een heylich medelijden van hare verwerringhen in den staet der gemeenten, anno 1611, eenen brief ut den namen onser gemeenten aen de Heeren Staten gheschreven hebben, hen biddende een nationael synode te beschrijven, tot weyringhe van de voorseyde verwerringhen.

2. Aengaende het tweede is geresolveert, maer twee personen, navolgende 't exempel der voorvaderen, daertoe te deputeren; ende ghemerct, dattet onseker is, of daertoe bij de predicanten oock ouderlinghen sullen beschreven worden, so hebben de broeders goetgevonden, eerst door stille stemmen twee predicanten daertoe te noemen, namelijck onse lieve ende eerwaarde broeders Jonas Proost, predicant tot Colchester, ende Symeon Rutingius, predicant tot Londen.

Voorts hebben den kerckenraedt van Londen gebeden (also bij denselven de bequaemste ouderlinghen tot sodanighe een sendinghe te vinden waren), ut hun getal eenen ouderlingh provisionelijc te benoemen, die eenen van de voorgemelde predicanten soude na 't synode vergheselschappen. Den predicant in sulcken gevalle soude sijn onsen eerwaarde broeder Symeon Ruytinck, ende de ouderlingh, door den kerckenraedt van Londen gecoren ende door 't colloquio geapprobeert.

3. Aengaende het derde is goetghevonden, de voorseyde broederen volle macht te gheven om te traiteren van alle voorvallende saecken, 't sij aengaende de leere ofte regieringhe der kercke, ende tot dien eynde in dit tegenwoordich colloquio te beschrijven een bewerp van eenen brief van credentie, met verclaeringhe van de resolutiën des synodi nae te comen, so verre den staet onser gemeenten ende het respect van de natie ende het gouvernement, waeronder wij leven, sal moghen dulden sonder wettelijcke offensie.

| 4. Aengaende 't vierde is goetgevonden, d' acten van de drie voorgaende colloquiën t' oversien, ende aen te teeckenen wat saecken tot het nationael synode gereserveert sijn (welcken last d. Carolo Liebartio is opgheleydt te doen), ende met eenen alsnu onderlinghe te bedencken wat saecken voorder raedsaem sijn in 't voorseyde nationael synode voor te draeghen.

5. Aengaende het vijfde is geresolveert, dat de oncosten van alle de gemeenten ghedraeghen souden worden, utghenomen de gemeente van Yarmouth, dewelcke, overmits de cleynheyt haerder middelen, hierin soude worden gespaert, ende also niet alle de gemeenten draeghen een ghelijck aensien in middelen, is goetgevonden twee broederen aen den kerckenraedt van Londen te deputeren, om van henlieden te verstaen wat sij ghewillichlijck in sulcken gevalle souden willen doen.

(4ᵉ Sessie, den 5 Junij naemiddach)

Wat men raden sal aen die personen, die een cranck nieuw geboren kindeken hebben, ende daerover de dienaren raedt vraeghen, of sij heselve binnenshuys door den Engelschen predicant van de parochie sullen doen doopen?

d'Andwoorde der broederen was, dat de synoden het binnenshuys doopen niet stichtelijck en houden, dan alleenlijck onder 't cruyce. Ende also het raeden ofte ontraeden van sulcx hier te lande misverstanden mocht onderworpen wesen, so is 't dat de broederen goet dachten, dat om te voorcomen d' aergernisse, die mogelijck bij d' Engelsche daerover door 't ontraeden mocht ontstaen, ende d' afbreucke, die onse kercken allengskens door 't raeden mochten ontfaen, dat men de voorseyde personen soude moghen vermanen om het kindeken in de kercke te brengen met behoorlijck geselschap, om aldaer door den predicant den heilige doop te ontfanghen, nae dat door hem 't sij een corte vermaninghe ghedaen, ofte het formulier des doops sal ghelesen sijn, gelijck tot stichtinghe somtijds door eenighe broederen hier te laude geschiedt is.

| Doch also hierin seer moet gelet sijn op de stichtinghe van yedere gemeente, ende dat oock hierin een uniformiteyt vereyscht wordt, so vonden de broederen des colloquiums goet, 't selve het aenstaende nationael synode voor te stellen.

Vraechstucken van de Broederen van Norwich:

[...]

2. Dewijle den staet der gemeenten over zee sodaenich is, datter sijn eenighe, die met het Arminiaensch gevoelen besmet sijn, andere haer houdende bij de suyvere leere, wiert gevraecht, hoe men sich sal houden ten aensien van de genen, die van die quartieren comen met attestatiën?

Is geresolveert, sodanige personen, die men weet attestatiën te hebben, geschreven van Arminiaensche predicanten, niet terstondt aen te nemen, maer of in de consistorie, of van eenen predicant ende twee ouderlingen, nae 't gebruyc der gemeente, deselve t' ondersoecken, ende indien sij leersaem sijn, breeder t' onderwijsen, ende dan aen te nemen (nae dat se eenen tijt sijn beproeft | geweest) met aensittinghe voor de gemeenten in de openbaere belijdenisse des geloofs voor het avondmael, daer 't gebruyckelijck is. Indien sij niet leersaem en sijn, hen om hare hertneckichheyt niet aen te nemen, maer te soecken met vriendelijcke conferentie ende vermaninghe te gewinnen.

[...]

(5ᵉ Sessie, 6 Junij voormiddagh)
[...]
| Was oock met eenen hem belast te verthoonen aen den selven kerckenraedt[1] het goet vinden der broederen aengaende de provisionele verkiesinghe van eenen ouderlingh ut haere vergaederinghe, ende, ten derden, hen oock voor te draghen 't gene dat aengaende d' oncosten der reyse van de gedeputeerden tot de nationale synode aen henlieden gerefereert was.

(6ᵉ Sessie, 8 Junij voormiddach)
Onsen broeder Symeon Rutingius ende Cornelius Godefroy hebben ut name des kerckenraeds van London de vergaederinghe aenghedient:
[...]
2°. Dat se ut haere ouderlinghen provisionelyck vercoren hebben d. Carolum Liebartium, om met den dienaer des Woords in de nationale vergaederinghe te verschijnen.
3°. Aengaende d' oncosten, voor die reyse noodich, dat se provisionelijck hebben verwillicht (den voorslach van eenighe broederen des colloquiums verstaen hebbende), de helft van deselve voor dese gelegentheyt ende tijt te supporteeren, mits dat d' andere gemeenten d' andere helft draeghen.
| Over sulcx is den praeses met den dienaer van Zandwich gedeputeert, om de broederen des kerckenraets ut den name des colloquij aen te dienen:
1°. Dat se approberen de verkiesinghe over den persoon d. Liebartij geschiedt, ende hem authorizeren om den dienaer des Woords nae het nationael synode te vergeselschappen, indien de beschrijvinghe sulcx medebrenght.
2°. Dat se met danck aennemen de verwillighinghe der broederen om de helft der oncosten te draeghen.
[...]

---

[1] The consistory of the Dutch church of London.

| (9ᵉ Sessie, den 10 Junij voormiddach)
Is gelesen den credentiebrief, die belast was te formeren teghen de beschrijvinghe van 't synode nationael, dewelcke, gefondeert sijnde op een acte provisioneel goet ghevonden, is alhier geïnsereert te worden:

[Provisional Act to Authorize Credential Letter]
Also men verneemt de loffelycke resolutie der Edeler ende Hooghmogender Heeren Staten General der Geunieerde Provincien, aennopende het beroepen van 't synodus national in Hollandt, waer van de beschryvinghe in corte wort verwacht.

Ende datmen bevindt dat de Nederduytsche gemeenten in desen Coninckrijcke van Enghelandt, in den Synodo van Embden geacht ende gerekent worden in qualiteyt eens particulieren synodi, gehoorende onder het national; | achtervolgens t'welcke sij voor desen haere gedeputeerde gesonden hebben op de voorgaende Synoden van Dordrecht, 1578, ende van Middelburgh, 1581, ende haere tegenwoordicheyt noyt onttrocken hebben vande gemelde bijeencomsten, dan alleen om de merckelijcke gevaerlijckheyt vant' reysen gedurende den tijt der oorloghe.

So is het, dat de voorghedachte gemeenten deses Conincrijcx, alsnu in de vreese des Heeren bijen vergadert sijnde in haren Colloquio ofte gewoonlyck dry-jarich t'samengespreck tot London, ende ernstelick lettende op de hooghnoodicheit van die gewenste bijeencomste des synodi nationael, ende op de veelderley nutticheden, die daer door sullen onstaen, tot wederlegghinghe van de ongheluckige gheschillen, onlancx geresen in de religie, ende tot conservatie der welstant der gemeenten, so wel inde suyvere leere, als in goede regeeringhe der selve.

Geresolveert hebben voor so veel als hen aenlanght, alle goede bevoorderinghe daer toe ut te reycken. Over sulcx, om te voorcomen de noodtwendicheit van een nieuwe versaemelinghe, vergeselschapt met verscheyden swaricheden, overmits de wijtgelegentheit der selver gemeenten hier te lande van elckanderen,

Hebben mits desen eendrachtichlick besloten, by provisie, order te stellen op 't stuck van het deputeren ofte committeren van bequame personen, die ut name ende van weghen der voornoemder gemeenten mochten verschijnen op den aenstaenden synode nationael.

Tot welcken eynde, met gemeynder bestemminghe van die versamelinghe, vercoren syn geweest de eerwaarde ende lieve broederen d. Symeon Ruytinck, dienaer des goddelijcken Woordts tot Londen, ende d. Jonas Proost, dienaer des goddelijcken Woords tot Colchester, ende d. Carolus Liebartius, ouderlingh inde gemeente tot Londen; dewelcke mits desen worden gedeputeert ende gecommitteert van weghen des Colloquij, om te verschijnen op 't aencomende | synodo (nae dat de verwachte beschrijvinghe sal importeren), met behoorlycke instructien, tot dien eynde dienstelick, ende met brieven van credentie ende volcomen authorizatie, om inden name der kercken alles te helpen verhandelen ende te besluyten nae den Woorde Godes, 'twelck aldaer sal moghen voorvallen, streckende tot conservatie van de suyvere leere ende tot welstant vande gemeente Godes, welcker credentie brieven inhoudt aldus luydet:

[Credential letter inserted; see no. II/1.235.]

| (10ᵉ Sessie, 12 Junij naemiddach)

Aennopende d' instructieën: Alsoo 't goet gevonden wiert de voorgaende dry laetste colloquiën t' overlesen, ende ut deselve aen te teeckenen die dinghen, die men totten synodum nationael gerefereert heeft, so sijnder twee acten aengewesen, d' eerste aengaende 't sevenste vraechstuck van de broederen van Yarmouth, van den doop, door eenen ouderlingh bediendt; het andere aengaende d' oplegginghe der handen te ghebruycken in de bevestinghe der ouderlinghen ende diaconen, so hebben de broederen des colloquiums, op beydes lettende, geresolveert: het eerste niet verder aen te roeren, dewijle de vraeghe genoechsaem beandwoort is geweest in den colloquio, 1609, ende het tweede te refereeren in de discretie ende goetvinden van haere gesanten. Maer het gene sij gheraden gedocht hebben door haere ghedeputeerden ut gemeyne name des colloquiums den synode te laten voorstellen, sijn dese navolgende poincten:

| 1. Dewijle dat het ampt des ouderlinghschaps met vele waerschijnighe redenen hier te lande wordt bestreden, ende dat het selve ampt, ten aensien van den teghenwoordighen staet der kercken in Engelandt, weynich gerespecteert wort, is goet gevonden, aen het synode nationael te versoecken:

1°. Datter eenighe crachtighe bewijsredenen souden moghen voorghestelt worden, waerdoor het selve ampt mochte verdedicht ende beweyrt worden teghen alle wedersprekers.

2°. Dat de argumenten der teghensprekers oock souden te samen gestelt ende grondelijck wederleydt worden; van de welcke de ghesanten een concept sullen bedencken, om op de synode mede te draeghen, het welcke so veel te noodtsaeckelijcker ghevonden is, omdat het strecken sal tot meerder gerusticheyt ende aensien dergener, die dit ampt alreede bedienen, ende hier namaels daer toe souden moghen beropen worden.

2. Dat men sal versoecken aen het synode nationael, dat in die acten ende resolutiën, die men in die vergaederinghe sal formeren, voornemelick die van bijsonderen gewichte sijn, ende die aenghaen de kercken-ordeninghen, sal vervat worden een cort beleydt van de respective oorsaecke, de vergaederinghe beweghende tot sodaenighe resolutie, opdat de kercken tegenwoordich ende oock de nacomelinghen te meerder licht ende voldoeninghe daer van moghen ontfanghen.

3. Also in de voorgaende synoden nationael d' oplegghinghe der handen in het bevestighen der dienaers des Woords wort vrij gestelt, ende nochtans gheoordeelt wort een stichtelijcke ceremonie, in sommighe Ghereformeerde kercken gebruyct ende van de Apostelen hercomen, is goet gevonden, dat men de noodtsaeckelijckheyt van dit ghe|bruyck sal refereren tot het oordeel van het synode nationael.

4. Also men bevindt, dat de Nederlandtsche Gereformeerde kercken als noch niet en hebben ontfanghen eenighe bevestichde kerck-ordeninghe, insonderlijck so vele belanght het stuck van de discipline, ende dat hier ende daer in de kerckenraden menich mael vele disputen ende gheschillen invallen nopende de executie van de maniere ende trappen der discipline, so sal men trachten bij den synode te verwerven een forme van sodanighe kerckordeninghe, nae dewelcke sich alle gemeynten sullen moeten conformeren.

5. Also daeghelijcx gemerckt wort in het singhen der Psalmen, dat het seer onstichtelick toegaet in den gesanghe, om de swaerheyt wille van de voysen van vele Psalmen, ende datter vele der selver t' eenemael worden naeghelaten te singhen, ut vreese van deselve onstichtelijckheyt, is goetghevonden, dat men aen den synode nationael sal versoecken, oft niet raedtsaem en waere, dat vele van die sware wijsen mochten ghebracht worden op de gemakkelijcker ende ghemeynsamer voysen.

[...]

| Also het apparent is, dat de brieven van de beschrijvinghe des nationalen synodi sullen ghesonden worden aen de broederen des kerckenraeds van Londen, als wesende best gheleghen, so ist dat het colloquium goet ghevonden heeft de broederen voornoemt t' autorizeren, om deselve brieven ut haeren naem t' ontfanghen, ende van het inhoudt van dien de andere kercken metten eersten te verwittighen.

[...]

| [6.] Also goet gevonden was in de 4° sessie deses colloquij (om het mijden aen d' een sijde van het doopen binnen 's huys, ende aen d' andere sijde van de ergernisse, die daer mochte ontstaen door het afsterven der kinderen sonder doop), dat de dienaren in de bijsondere plaetsen souden de sodanighe kinderen doopen in de kercke, met het ghewoonlick formulier alleen, ofte met een corte vermaeninghe, is geresolveert, als een seste poinct van instructie, dat men hier over hem sal beraden metten nationalen synodo, om te verwerven een uniformiteyt ofte eenformighe ordinatie aengaende 't doopen der kinderen, die mits hare swackheyt niet en connen vertoeven den ordinairen dach van de gemeyne versaemelinghe.

Dese acten sign gelesen ende gecollationeert ende bevonden t' accorderen, desen 15 Junij 1618, ende sijn geapprobeert door dese onderteeckeninghen:

Joannes Elisonius, fratrum suffragiis ad hanc actionem designatus Praeses
Jonas Proost, electus Assessor
Ambrosius Regemorterus
Engel Hallincx Leenaertsen, dienaer des Woords
Casparus Nierenius, pastor ecclesiae Sandwicensis

II/1.235 Credential Letter for the Delegation from the Dutch Churches of England

Date: 10 June 1618

Main source: A: London MA, CLC/180/MS07411/2, 32r–v (copy)

Other copy: Van Toorenenbergen, 239–240

Summary: This is the credential letter, prepared on 10 June 1618 by the Colloquium of the Dutch churches of England meeting in London, for their delegates, whom they expected to be invited to the national synod in Dordrecht. The credentials are based on a provisional resolution made by the Colloquium the same day to select two ministers, Symeon Ruytinck and Jonas Proost, and elder Carolus Liebaert, as delegates to the upcoming national synod. These delegates were authorized to fully deliberate and decide matters on behalf of the Dutch churches in England.

Editors: Catherine Wright and Donald Sinnema

Also inde beschryvinghe des naestcomende synodi nationael, gehouden te worden in de stadt Dordrecht op den [...], onder de authoriteyt, beschermínghe ende bestieringhe der eerwaardige Hooghmogende Heeren Staten Generael van de Geunieerde Nederlandsche Provincien, de Nederduytsche gemeenten in desen Coninckrijcke hebben ontfanghen particuliere intimatie ende verwittinghe aengaende den synodo, mitsgaders begroetinghe ende vermaninghe in haere gedeputeerde te senden met behoorlycken laste, om te verschijnen | op den selven synodo, welcke intimatie ende vermaninghe door wtgedeylde copyen de respective kercken hier te lande is kentbaer gheworden;

So ist dat wy onderschreven, overwegende de noodtwendicheyt van de voornoemde by-een-comste des synodi, mitsgaders de treffelycke vruchten, die daer wt staen te verwachten tot ruste ende troost der Gereformeerden kercken int generael ende oock int particulier, insgelycx ons fonderende op een resolutie, vervatet in de provisionele acte van den 10 Junij 1618 in onsen Colloquio tot Londen, hebben gedeputeert, geauthorizeert ende ghecommit-

(21) [...]] A: blank

teert, deputeren, authorizeren ende committeren mits desen onse eerwaardig ende welgeachte broederen [...] ende [...], om (van weghen den Colloquio, representerende de particuliere kercken-raden der respective gemeenten alhier te lande) te verschynen in de synodo nationael, hen gevende volle macht
5 ende authoriteyt om in onse name aldaer te helpen delibereren, oordeelen ende resolveren alle sodanighe poincten, die daer sullen voorvallen, t' sy nopende de leere ofte de kerckordeninghe ende regieringhe. Belovende deselve van gelycken effecte ende cracht te houden, als of sij selve in persoone waren gecompareert, ende deselve deliberatien, oordeelen ende resolutien
10 hadden helpen voorderen, ende henselven gewilliclick te conformeren tot d' executie van de resolutie der gemelder vergaederinghe, so verre als de gelegentheyt van den stand onser gemeenten ende der gener onder dewelcke wij leven, sal connen dulden.

Dieshalven versoecken wij aen de eerwaardig ende godvruchtighe broeders
15 des synodi, datse onse brieven willen vergunnen alle behoorlick credyt ende aensien, in diergelycken gevalle gewoonlijck, ende deselve onse gecommitteerde ende gesanten voor soodanighe (als geseydt is) aensien, ende in haere godsalighe ende Christelijcke gemeynschap ontfanghen.

II/1.236 *Festus Hommius to Symeon Ruytinck*

Date: [September 1618]

Main source: A: London MA, CLC/180/MS09621, 137r–v (copy)

Other copy: Ruytinck et al., *Gheschiedenissen*, 321–322

Summary: Leiden minister Festus Hommius asks Symeon Ruytinck, minister of the Dutch Church at London, to intercede with Archbishop Abbot to ensure that the official British delegates would be orthodox persons who love truth no less than peace, since there are some Anglican theologians, such as Overall and Richardson, who do not entirely oppose views of the Dutch Remonstrants. Hommius suggests instead Thomas Morton and Andrew Willet as delegates. Hommius says he had pressed the States General several times to invite also the Dutch churches in England, but the response was that it was now too late. If, however, the Dutch churches in England still consider it useful to send a delegation, Hommius would ask the States General on their behalf.

Editors: Catherine Wright and Donald Sinnema

(2) [...]] A: *blank* – (2) [...]] A: *blank*

Instat nunc tempus synodi nostrae nationalis, qua ecclesiae nostrae per annos 32 magno cum ipsarum detrimento caruerunt. Celebranda est ad proximas kal. Novembris in civitate Dordracena. Quo maiori cum fructu et authoritate synodus haec celebretur, petierunt illustres Ordines Generales a vicinis regibus et ecclesiis Reformatis ut suos aliquot theologos ad eam synodum velint mittere, qui consiliis suis hasce ecclesias iuvare possint. Palatinus Elector mittet d. Paraeum, d. Scultetum, d. Altingium, d. Tossanum. Ex vestro regno quinam sunt mittendi scire desideramus, eo magis quia ignotum nobis non est, esse inter doctores Anglicanos, qui ab hisce opinionibus, quibus ecclesiae nostrae turbantur, non plane alieni esse videntur; hi si mittantur forte, maximo fiet cum ecclesiarum nostrarum praeiudicio ac detrimento. Quapropter te unice velim rogatum ut apud reverendum Archiëpiscopum Cantabrigensem, apud quem scimus te multum posse, intercedas, ut curam gerere dignetur quo viri orthodoxi, controversiarum nostrarum periti, et veritatis non minus quam pacis amantes ad nos ablegentur. Dominus Mortonus et dominus Willetus eo nomine apud ecclesias nostras scriptis suis innotuerunt; non dubitamus quin alii quoque sint quamplurimi, qui illis hac in causa sint pares. Overaldus et Richardsonus haud bene apud nos audiunt. Monui aliquoties illustres d. Ordines Generales, an vestrae ecclesiae, tum Belgicae, tum Gallicae ad hanc synodum non sint quoque invitandae. | Agnosco non fore alienum. Sed quia ea de re initio, cum decretum fieret de convocanda synodo, non fuit cogitatum, existimant hanc admonitionem nunc esse nimis seram, atque eodem iure invitandas etiam esse ecclesias Belgicas quae in Germania sunt, quod temporis angustia, nunc vix permittat. Si tamen expedire aut necessarium iudicatis, ut ecclesiae quoque vestrae invitentur, atque existimatis vos satis mature adhuc aliquos ex vestris ecclesiis posse ablegare, non desinam instare apud illustres Ordines Generales, ut invitatio illa quam primum fiat. Nos enim ecclesiae nostrae id ipsum non inutile fore existimamus. etc.

II/1.237 *Festus Hommius to Symeon Ruytinck*

Date: [October 1618]

Main source: A: London MA, CLC/180/MS09621, 137v–138r (copy)

Other copy: Ruytinck et al., *Gheschiedenissen*, 322–323

Summary: In his second letter to Ruytinck, Hommius reports that he had asked the States General several times to invite the Dutch churches of England to the synod, but for political reasons, lacking the consent of the English King, the States General did not issue the invitation, and it was not advisable for them to ask the King again. If their churches still think it necessary, they should seek permission from the King themselves, by way of Dutch ambassador Noel de Caron or some others means.

Editors: Catherine Wright and Donald Sinnema

Clarissime, reverendissime vir.

Egi aliquoties cum illustribus Ordinibus Generalibus de nostratibus ecclesiis quae apud vos sunt ad synodum nationalem deliberatum; utrinque videbantur esse rationes politicae, quare sine regis vestri consensu illa invitatio non esset instituenda, et cur hac de re regem de novo compellare consultum invitandis; proposui eum in finem argumenta illa, quae in superioribus literis notaveras, et alia quae huic rei conducere videbantur. Saepius fuit hac de re in consilio illustrium Ordinum Generalium non esse iudicabatur. Tandem conclusum fuit, ut dominus Arsenius illustrium Ordinum a secretis hac de re scribat ad dominum Caronium, legatum illustrium Ordinum, ut ille ecclesiis vestris significet gratum fore illustribus Ordinibus, si suos quoque deputatos ad hanc futuram synodum nationalem ablegent, sed ut ad hanc rem ipsae ecclesiae vestrae, vel per dominum Caronium, vel alia ratione veniam a Regia Majestate impetrent, si eam necessariam arbitrentur. Hoc significandum duxi, ut si forte vobis nondum per dominum Caronium id fuerit significatum, ab amplitudine sua id rescire possitis; si forte dominus Arssenius mentem illustrium Ordinum tam dilucide non expresserit, hoc ipsum ex ipsis dd. Ordinibus senatores, qui decreto interfuerunt, diserte mihi significarunt, id quod dixi per dominum Arssenium ad dominum Caronium esse perscribendum. Adventus | itaque vester, tam Gallicarum quam Belgicarum seu Flandricarum ecclesiarum deputatorum, ipsis illustribus Ordinibus erit gratus et ecclesiis nostris acceptissimus. Nos occupamur nunc in praeparandis omnibus ad synodum nationalem. Edidi "Specimen Controversiarum Belgicarum",[1] cui addidi tuam "Harmoniam Synodorum Belgicarum",[2] in usum futurae synodi. etc.

---

[1] Festus Hommius, *Specimen controversiarum Belgicarum, seu Confessio ecclesiarum Reformatarum in Belgio* (Leiden: Elzevir, 1618). Preface dated 8 October.

[2] *Harmonia Synodorum Belgicarum, sive Canones Regiminis Ecclesiastici in Synodis Nationalibus, a Reformatione in Belgio celebratis, constituti, & in Reformatis Ecclesiis Belgicis hactenus observari, breviter in ordinem digesti, per S[ymeon] R[uytinck]*, appended to Hommius' *Specimen*, 145–162. This work offers a compendium of church polity found in the six Dutch "national synods" that were held from 1568 to 1586, especially for the use of foreign delegates at Dordt.

II/1.238 First Instruction of the Dutch Churches of England for Carolus Liebaert

Date: Fall 1618

Main source: A: London MA, CLC/180/MS09621, 138r–139v (copy)

Other copy: Ruytinck et al., *Gheschiedenissen*, 323–326

Summary: Since the Dutch churches in England did not receive an invitation to send delegates to the national synod, these churches nevertheless decided to send elder Carolus Liebaert as an observer to the synod with two letters of instruction, the first in the case that the synod would accept seven gravamina from the Dutch churches of England and their request that these be considered and decided upon, even though they had no delegates present.

Editors: Catherine Wright and Donald Sinnema

Eerwaarde goede, zeer geleerde ende zeer lieve broeders in Christo.

Alzo wy vernomen hadden dat de edele Hoog Mogende Heeren Staten-Generael der Gheunieerde Provincien, die loffelicke resolutie hadden gemaeckt tot het beroepen van een nationael synode, zo is 't dat de Nederduytsche gemeenten deses Coninckrijcx van Engeland in des Heeren vreese vergadert zynde in hare ghewoonlicke dryjarige versamelinghe, goedvonden by provisie order te stellen op het stuck van eenige bequame persoonen te deputeren, die ontboden zynde, wt name ende van weghen deselve gemeenten moghten verschynen op d' aenstaende synode, ende alzo de beschryvinge om op 't voorseyde synode te verschynen aen de voorseyde gemeente niet en is ghesonden, ghelyc voor desen anno 1578 ende 1581 gheschied is, dewyle de gemeenten deses rijcx in de Synode van Emden anno 1571 in qualiteyt eens particuliren synodi gherekent wierden, so is 't dat de voorseyde gemeenten, dies niet tegenstaende, haer hooghlick verblijden over t' houden van die | lang gewenschte byeencomste, verwachtende veelderley nuttigheden, die daeruit sullen ontstaen tot weiringhe van de droeve geschillen, in de Vereenighde Landen op t' punt van de religie onlangs gheresen, ende tot oprichtinge van een goede regieringhe in de Neerlandsche kercken alomme;

Ende al is 't dat wy persoonelick niet en verschynen, maer wel met onse ernstighe ghebeden tot God de saken sullen soecken te voorderen, so ist nochtans dat wy mits desen de eerwaarde broeders des synodi vriendelick willen ghebeden hebben, dese navolghende punten in te sien ende t' overweghen, ende ter bequamer tyd ons daerop de resolutie der vergaderinge toe te sturen.

I. Bibel   De broeders des synodi worden ghebeden, dat (na t' exempel onses doorluchtighen Conincx) door de edele Mogende Heeren Staten, met hulpe des synodi, een zeker ghetal van gheleerde ende cloeke mannen ghekoren werden die de translatie ende vertalinghe des Bibels oversien ende verbeteren.

Alzo men bevindt dat de Neerlandsche Ghereformeerde kercken als nogh niet en hebben ontfangen eenige bevestighde kerckordeninge (voornemelick op het stuck der discipline), ende dat daerover in de kerckenraden dicwils gheschillen voorvallen, so wordt het synodus ghebeden zodanighe een forme van kerckordeninghe neder te stellen, daer alle gemeenten sich sullen moeten na conformeren. II. Kerckordening

Gemerct dat het oplegghen der handen int bevestighen van de dienaers des Woords in de voorgaende synoden wordt vryghestelt, ende nochtans gheoordelt wordt een stichtelicke ceremonie, in de Ghereformeerde kercken ghebruyckt ende van d'apostelen herghekomen, so word weder van dese synode versocht te verstaen, of die ceremonie te dien aensien niet noodsakelick en behoort ghebruyct te werden. III. Oplegginge der handen

Alzo t' ampt des ouderlinghschaps by ons ghebruyckt, hier te lande zeer wordt bestreden, so wordt het synodus versocht, eenighe crachtighe redenen neder te stellen tot verdedinghe van t' zelve ampt ende tot wederlegghinge van d'argumenten der teghensprekers, op dat sulcx diene tot meerder gherustigheyt van de ghene, die dit ampt alsnu bedienen ofte hierna bedienen sullen. IV. t'Ampt der ouderlingschaps

Dewyle vele van de Psalmen Davids op geen goede Duytsche mate, tale ende | rijm en zyn gestelt, dat ooc het singen van verscheyden Psalmen zeer onsticht, overmits de moyelickheyd der wijsen, so wordt t' synode ghebeden hiertoe order te geven, dat die sware voisen ghebracht werden op de gemacklick ende ghemeynsame, om voortaen alle onstichtinghe, daerwt rysende, te weeren. V. Psalmen

De synode wordt ghebeden, een eenformighe ordonnantie te stellen aengaende het doopen der kinderen, die overmits hare swacheyt niet en konnen vertoenen den ordinaren dagh van de ghemeyne versamelinghe. Gemerct dat hier sulcx te weygeren alsdan binnens huys te doen, byde natie d'ergernisse geeft van cleynachtinge des heyligen sacraments. VI. Doop in huys

Alzo wy alhier dicwils door monicken ende priesteren (die wt pausdom ghevlucht comen) beswaert worden ende bedroghen, die in de Vereenighde Neerlanden gheenen behoorlicken troost (zoot schynt) ontfangende, herwaerts overcomen, so wordt mits desen t' synode ghebeden, van de edele Mogende Heeren Staten-Generael te verwerven, dat in elcke provincie eenighe plaetse van toevlught ende herberge voor de voorseyde gheordonneert werde. Ende daerby eenige wijse, verstandighe, godsalighe mannen, om de voorseyde monicken ende priesteren t' ondervragen, t' onder-richten ende na datse beprooft zijn gheweest, ergens toe, na bequaemheyt, te voorderen, op datse niet meer voortaen herwaerts ende daerwaerts doolen ende somtijds door nood in hare vuyligheden wederkeeren, sonder twyffel sulcx soude grootelicx strecken tot Godes eere ende stichtinghe zyner gemeente. Voor monicken

II/1.239 *Second Instruction for Carolus Liebaert from the Consistory of the London Dutch Church*

Date: 14/24 December 1618

Main source: A: London MA, CLC/180/MS07398/1, Register or Copy-book B¹, 27ᵇ (copy)

Other copy: Johan Hendrik Hessels, ed., *Ecclesiae Londino-Batavae Archivum*, III,1: *Epistulae et Tractatus cum Reformationis tum Ecclesiae Londino-Batavae Historiam Illustrantes* (Cambridge: Typis Academiae, 1897), no. 1775

Summary: In the case that the synod would not accept the first instruction which requested that seven gravamina be considered (in fact it was not accepted), the consistory of the Dutch church of London gives along a second instruction by which they send Carolus Liebart, a minister and elder of their church, to the synod to discuss privately with synod members concerning the gravamina. They commit themselves to the counsel of the brethren to prevent what they fear, that being removed from ecclesiastical jurisdiction, the Dutch churches of England will not long retain conformity with the churches of the Netherlands.

Editors: Catherine Wright and Donald Sinnema

Omnibus has lecturis salutem in Domino.

Cum nostra maxime intersit nostram ecclesiam pro nationalis synodi membro, idque non minimo agnosci praesertim cum non modo antiquitate cum reliquis ecclesiis certet, sed et instar matris Belgicis ecclesiis fuerit, ut quae ecclesiasticam suam disciplinam ex ea hauserint, quaeque eiusdem (non secus ac corporis membri) munificentia non raro refectae fuerint, visum fuit synedrii nostri fratribus, non curiositatis sed necessitatis quodam impulsu, ad nationalem synodum mittere reverendum nostrum fratrem dominum Carolum Liebartium, Verbi Dei ministrum ac ecclesiae nostrae seniorem, ut tum de quibusdam gravaminibus cum fratribus privatim conferat, tum petat ne neglectus nostrarum ecclesiarum nobis praeiudicio sit; verendum enim ut si omni iurisdictione ecclesiastica exempti censeamur, conformitatem cum Belgicis ecclesiis diu servare possimus. Quo modo vero quod metuimus praecaveri possit prudentissimo fratrum consilio committimus, Deumque omnis sapientiae fontem ac largitorem rogamus, ut omnes sacrae synodi actiones dirigat ad nominis sui gloriam et regni Christi propagationem. Datum Londini sub ecclesiae nostrae sigillo postridie Iduum Decembris stylo Angliae 1618.

Synedrii nostri nomine, Joannes Regius.

II/1.240 *Carolus Liebaert at the Synod*

Date: 1676

Main source: A: Voetius, 3:359–361 (copy)

Summary: Gisbertus Voetius, who had been a South Holland delegate at the synod, later reports on the status of Liebaert at the synod. When Liebaert arrived, without the English King's consent, he was not publicly introduced and did not publicly present his credentials, but only sat at a separate bench as a spectator without any right to deliberate or vote. As for why this happened, Voetius heard that President Bogerman had privately consulted with the English theologians, and due to a fear of indignation of the English King about this deputation of Liebaert to the synod by the Dutch churches in England, it was deemed safest not to make any public mention of this deputation. Bogerman gave this advice to Liebaert, who on that account abstained from appearing before the synod and presenting his credentials.

Editor: Donald Sinnema

Belgica anno 1618 etiamnum in Anglia correspondentiam sive classicam sive synodicam exercuisse, colligo ex deputatione et missione Caroli Liebaert, viri doctissimi, ministri ecclesiae Zandwico Belgicae, ad Synodum Nationalem Dordracenam, ut nomine ecclesiarum Anglo-Belgicarum, partem synodi faceret et iuxta cum aliis synodalibus synodaliter deliberaret ac statueret de negotiis et | cautis quibuscunque in synodo tractandis. Sic enim antehac fieri consueverat, et synodus nationalis Belgicarum ecclesiarum Dordraci anno 1578 habita constabat ex deputatis non tantum ecclesiarum idiomatis Belgici tum Wallonici in Belgio collectarum, sed et ecclesiarum in et extra Belgium; ita ut Petrus Dathenus pastor ecclesiae Belgicae Francothalensis in Palatinam, synodi eiusdem praeses idem egerit. Sed cum Dordracum advenisset laudatus modo Carolus Liebaert, non fuit publice in synodum introductus, nec publice lectae ac probatae literae mandati et fidei, nec propria sessio illi assignata, ut nec nomen eius et titulus laterculo aut catalogo synodalium inscripta sunt. Cum per menses aliquot Dordraci commoraretur, aliquando vidi eum in subsellio aliquot sedentum, sed tantum auditorem et spectatorem, cuius suffragium deliberativum aut decisivum a reverendo synodi praeside numquam rogatum fuit. Quare autem more aliorum quorundam, qui aperta iam et sedente synodo peregre adventabant, in synodum publice introductus non fuerit, et literas fidei et mandati non exhibuerit, ut sessio illi assignaretur, rationem noverat reverendus praeses et illustres dd. delegati politici, atque adeo ipse Carolus Liebaert a reverendo praeside synodi privatim monitus, qui ideo prudenter a comparitione coram synodo et exhibitione literarum fidei abstinebat, et Dordraci ad tempus aliquod privatim tanquam incognitus haerebat. Ab aliquot synodali eiusdem mecum subsellii in aurem mihi tunc dictum, reverendo synodi praesidi cum theologis Anglis indicium faceret de adventu laudati modo Caroli Liebaert, scrupulum iniectum de metuenda serenissimi regis indignatione ob hanc ecclesiarum Anglo-Belgicarum ad Synodum Dordracenam missionem seu deputationem. Et quandoquidem periculosam hanc regiae indignationis aleam subire, e re synodi, et ecclesiarum Anglo-Belgicarum atque ipsius Caroli Liebaert non esset, visum est tutissimum a publica professione huius missionis abstinere. An autem ratio metuendae huius indignationis fuisset deputatio seu missio facta a subditis regis ad exteras nationes et synodos, absque cognitione et consensus regis, aut alia quaecunque ratio, mihi non liquet, nec coniectare licet, nec possibile est inquirere, cum reverendus synodi praeses, omnesque illustres dd. deputati politici, et clarissimi theologi Angli, ipseque destinatus et missus ad synodum Carolus Liebaert, huius rei conscii, hinc excesserint. Si in actis ecclesiae Londino-Belgicae aut in actis correspondentiae seu conventus deputatorum ab ecclesiis Anglo-Belgicis, nulla huius fiat mentio, utique arcani notitia perpetuo silentio sepulta maneat. Saltem operae praetium me fecisse arbitrior, quod in transitu huius institutae, non vero impletae delega|tionis et missionis ad Synodum Dordracenam, aliquod indicium fecerim.

SECTION 14: FINANCING OF THE SYNOD

II/1.241 *States General to the Dutch Provinces*

Date: 13 October 1618

Main source: A: The Hague NA, S.G. 4933, [2 pp.] (copy)

Summary: The States General inform the provinces of the estimated total of the costs of 100,000 Carolus guilders for the national synod to cover the expenses of the delegates, their housing and food, and travel costs. The provinces are asked to send their quota of the money through their delegates.

Editor: Erik A. de Boer

Edele, erentfeste, hoochgeleerde, vrome, seer voorsienige herren ende goede vrienden,

Nademael dat met consent ende bewilliginge van alle de Vereenichde Provincien uijtgescreven ende geconvoceert is de synode nationael tegen den jersten Novembris naestcommende, naden nyewen style, binnen de stadt Dordrecht ende dagelijcx advysen commen uyt alle quartieren dat de bescreven ende gecommiteerde hun totte reyse herwaerts prepareren omme den voorseide dach precise waer te nemen, ende mits dien alle noodige preparatien dienden gedaen om die te ontfangen, logeren, accomoderen ende tracteren, het welcke sonder groote oncosten nydt en sal geschieden, soo hebben wij bij voorraminge (alles ten nauwsten ende mette beste mesnage overgeslagen, waertoe dat sulcke oncosten souden commen te beloopen) bevonden dat die nyet minder en sullen bedragen (de reiscosten van commen ende wederkeeren daerinne begrepen) als ten somme van hondertdusent carolus guldens, die onder de Vereenichde Provincien moeten werden ommegeslagen, overmits dat ten comptoire vanden ontfanger generael daertoe 'tgheen voorraedt noch provisie en is, ten welcken regarde wij noodich [ge]acht hebben de provincien daervan bijtijts te adverteren ende deselve vrientlijck te ver[soeken], gelijck wij dien volgende uwer Edelen doen, [mits] desen dat haer gelieve metten alderjersten hare quote inde voorseide hondertdusent

(14) geconvoceert] A: *interl. add.* con

guldens met hare gedeputeerde alhier te senden | in handen vanden voorseide ontfanger generael omme die mette quote vande andere provincien met behoirlijcke kennisse ende ordre te verstrecken daer ende alsoo behoiren sal, sonder des te sijn in gebreke, tot weringe van alle desordre ende confusie die anderssins ende bij gebreke van dien soude geraecken te vallen, tot disreputatie vanden lande. Hierop sullen wij ons verlaten ende den Almoegenden bidden, edele, erentfeste, hoochgeleerde, vrome, seer voorsienige heeren ende goede vrienden, uwer Edelen te houden in sijne heylige protectie. Uytten Hage, den xiii^{en} Octobris 1618.

[2] A

        Uwer Edelen goede vrienden,
        Die Staten Generael der Vereenichde Nederlanden
        Ter ordonnentien vande selve.

II/1.242 Request by Johan Doubleth to the States General

Date: Undated. Mentioned in 5 November 1618 resolution; read 17 November 1618

Main source: A: The Hague NA, S.G. 7478, [1 p.] (original)

Summary: Johan Doubleth, the receiver general of the States General, asks that no one else but his own commissioners be allowed to handle the 100,000 guilders approved for the national synod. He has heard that someone in Dordrecht is trying to handle this money. Such requests were almost always undated and only signed when handed in on behalf of a group.

Editor: Johanna Roelevink

Aen myn Hoog Mogende Heeren Staten Generael der Vereenichde Nederlanden.

Verthoont met behoorlycke reverentie Johan Doublet, ontfanger generael, dat hy remonstrant volgens Uwe Hoog Mogender resolutie heeft doen depescheren dechargen van de C^m £ die by de respective provinciën geconsenteert ende ingewillicht syn tot vervallinge van de oncosten van de synode nationael. Ende alsoo hem remonstrant te verstaen is gegeven dat by ijemanden, sonder syn kennisse ende buyten synen dienst synde, getracht wort de penningen vandyen te ontfangen ende de administratie der selver tot Dordrecht continuelyck waer te nemen,[1] daer over hy remonstrant (onder reverentie) meijnt dat niet alleene sijne comisen by desen ende andere voorvallende saken grootelycks worden vercort, maer dat daerenboven hem remon-

---

[1] Jacob de Witt.

strant in desen ende by consequentie in ander gelegentheyden groote oneere ende disreputatie sal bejegenen.

Weshalven den remonstrant seer reverentelyck versouckt dat Uwe Hoog Mogenden gelieve sodanige ordre ende resolutie te nemen dat niemant tot d' administratie ende ontfangen van de penningen van dyen worde geadmitteert als den geenen die by hem remonstrant daertoe sal worden gecommitteert, ende niet te gedoogen dat bij ijemanden in prejudicie van hem remonstrant ende sijne commisen gepoocht worde hen in hare officiën hinderlick te wesen ende de voorseide commisen te frustreren van haere ampt ende officiën daerinne deselve haer tot noch toe, sonder roem, tot contentement hebben gequeten ende by dusdanige middel daeruijt niet geschoven oft gestooten behooren te worden, etc.

(9) haere] *A: foll. by del.* of

SECTION 15: CITY OF DORDRECHT DOCUMENTS

II/1.243 *Dordrecht Magistrate to the States General*

Date: 30 October 1618; received 1 November 1618

Main source: A: The Hague NA, S.G. 4933, [2 pp.] (original)

Summary: The clerk of the secretary of the city of Dordrecht reports to the States General that the five delegates from Bremen and Emden had already arrived, as well as one delegate from the Palatinate and two from Groningen. Initially they were accommodated in local inns, but in the evening of 30 October they will be lodged in the homes of local citizens. Six or seven will eat together in local homes. The hall for the synodical assembly is expected to be ready the next day.

Editor: Fred van Lieburg

Edele, wel geboren, mogende heeren,

Uwer Edel Mogenden missive van den xxix[en] deeser maendt is ons wel behandicht, ende bedancken uwer Edel Mogenden van de advertentie daer bij gedaen van de aencomste der heeren gedeputeerden tot het aenstaende sinode binnen deeser stede voorhanden sijnde, daerop uwer Edel Mogenden sullen gelieven ter goeder antwoort te verstaen, dat de gedeputeerden van de steden Bremen ende Embden aengecomen sijn, t'saementlijck tot vijff heeren in 't getal. Oock is gearriveert een van de heeren uuten Pals, verclarende sijnen pas (overmits sijne affairen) over Embden genomen te hebben, maer dat d'ander heeren cortelincx mede aen soude comen. Daer sijn oock twee heeren van Stadt ende Landen[1] gearriveert, alle welcke personen wij behoorlijck ontfangen ende eerst in de herberge van de Pauw ende Toelast doen accommoderen, ende deesen avont tot de borgershuijsen sullen doen logeren, ende bij ses ofte seven tot de borgershuijse van spijse ende dranck accommoderen, ende in deselve ende in de naeste huijsen daeromtrent van camers tot slaepplaetsen voorsien.

De plaetsche van de besoinge der sinodale vergaderinghe sal morgen avont gereet sijn, ende sullen wij voorts alle devoir doen des lants eere te bewaeren

---

[1] I.e., the city and province of Groningen.

soo vele doenlick is. Hier is loopende tijdinge dat de heeren uut Engelant in
Zeelant sijn gearriveert, maer hebben anders geene seeckerheijt, gedragende
ons voorts tot de heeren gedeputeerden van Dordrecht, die vandaege van hier
naer den Hage sijn gereijst, mondeling sullen mogen rapporteren, volgende
haere affscheijt. Hier mede,

[2] A   Edele, welgeboren, mogende heeren, blijft | den almogenden bevolen. Ge-
screven in Dordrecht den xxx^e October xvi achtien.

Uwer Edel Mogenden gansch dienstwilligen borgemeester
ende regeerders der stadt Dordrecht, in absentie van den secretaris, bij mij als clercq,

J. Laurentsz 1618

[Address:] Edele, wel gebore, mogende heere, Mijn heeren de Staten Generael
der Vereenichde Provintien residerende in 's Gravenhage

II/1.244 *Rochus van den Honaert to the Dordrecht Magistrates*

Date: 13 November 1618

Main source: A: Dwinglo, *Grouwel*, 1:27–30 (copy)

Summary: Rochus van den Honaert, one of the state delegates from the States of Holland-Westfriesland, complains that, in the seating of state delegates at the synod, he and his colleague Nicolaes Cromhout would not be seated in the first row as was the long-established right of members of the court. The rule was that in mixed committees, with members of the court and representatives from e.g. the city councils, the court members would sit in the first row and the non-political persons in second row. That order was now reversed, which van den Honaert sees as unprecedented in history and extremely unacceptable.

Editor: Gerard Bosker

Erntfeste, wijse, voorsienighe, seer discrete Heeren,

Alsoo de Hooghe ende Moghende Heeren Staten Generael op d'nominatie van de Edele Mogende Heeren Staten van Hollandt ende West-Vries-
landt ghelieft heeft, my neffens d'welgheboren heere van Breden-rode ende
d'heer Nicolaes Cromhout, eerste Raedt in den Hove van Hollant, d'heer
schout ofte burghemeester indertijdt van Dordrecht, d'heeren burghemeester
Boelis ende Nieuborch van Alckmaer te committeren, omme met d'heeren
gecommitteerden van de andere provincien te assisteren de synode nationael,
altans tot Dordrecht gheconvoceert; ende dat d'heere Cromhout ende my
sulcks aenghesyedt zijnde inde vergaderinghe van de welghemelte Heeren

Staten van Hollandt, oock naer voorgaende rapport aende collegien van den
Hoogen Rade, ende Hove Provinciael | van Hollandt, Zeelandt, ende Vries-
landt, by ons d'selve commissie was gheaccepteert; soo heeft sich voor-
ghedraghen, dat by den griffier van de hoogh-ghemelte Heeren Staten Generael buyten onse kennisse de commissie d'voorschreven ghedeputeerden ghe-
samentlijck te verleenen sulcks is inghestelt, dat ick ende Cromhout buyten
alle ghewoonte (tot desen daghe toe onverbreeckelijck, sonder eenich exempel ter contrarien te connen byghebracht werden dat effect ghesorteert heeft,
gheobserveert) de lest; in de ordere zijn ghestelt, 't welck by ons vernomen
zijnde, hebben door last van beyde de Hoven, naer rype deliberatie daer op
ghehouden, den voorschreven heere schout (die 't selve meest was dryvende)
ghedaen aensegghen, dat het een onghehoorde nieuwichheyt was, die streckte
tot groote cleynachticheydt van beyde de collegien, ende onse persoonen int
particulier, ende afghevraeght oft syne Edele daer by meynde te persisteren;
ende alsoo hy tot antwoorde gave sulckx syne meyninghe te zyn, ende dat
d'saecke sulckx werde gheaccelereert, dat men (hoewel daer niet aen gheleghen en was) de voorschreven commissie sonder ons die te verthoonen, noch
dien avondt meenden af te seynden, ende alsoo te precipiteren tot groot
schandael van de voorschreven synode nationael, indien wy sulcx niet en
hadden ghesocht te prevenieren, ende de disputen daer op te vallen alhier te
accommoderen. Tot welcken sijne uyt elcke collegie drie raedts-persoonen
zyn ghecommitteert ter vergaderinghe vande Heeren Staten van Hollandt, by
d'welcke aldaer op Vrydach lestleden wydtloopich is vertoont, t'onghelijck 't
welck daer door d'Hoven van Iustitie werden aengedaen. Ende alhoewel
d'importantie van de saecke wel sulcx was, dat daer in niet soo haestich
hadde behoort ghehandelt te werden, soo ist nochtans dattet d'Heeren Staten
van Hollandt, sonder te letten op de reden by ons ghemoveert, ghelieft heeft
te verstaen, dat de ordre van de ontworpen commissie soude blyven; 't welck
ghecauseert heeft, dat de Hoven van Iustitie, die anders in alle saecken wel
gheneghen zyn gheweest, ende als noch zyn, d'Heeren Staten gheenen dienst
te difficulteren, swarichheydt ghemaeckt hebben van ons te dimitteren, mee-
nende dat het selfde niet sonder ondienstighe nieuwicheydt, ende disreputatie
van de luster van de Iustitie soude konnen gheschieden. De reden die de
Hoven hebben ghemoveert zyn dese: Dat de Raden van Iustitie comende uyt
graeffelijcke ende hooghe collegien, van allen ouden tyden selfs neffens
d'ghedeputeerde inde vergaderinghe van de Heeren Staten by de selfde Heeren Staten in commissien buyten ende binnens-landts zynde gebruyckt, al-
tydts d'voor-plaetse is ghegunt, 't welck met verscheyden exempelen is be-
wesen, ende met verscheyden acten in alderhande besoigne, in kerckelijcke |
ende politijcke, in tractaten met vreemde princen, in materie van dijckages,
accommodatie van differenten tussen d'leden ende steden van 't landt gevallen, promtelijck ende op staende voet kan bewesen werden; soo verre dat daer

door 't gesustineerde van de Hoven, ende d'possessie van dien was gecontinueert tot het oogenblick toe dat wy versocht werden dese commissie aen te nemen, als wanneer d'heer burghemeester Pau van Delft de hoochste plaetse als doen gevende was aende raets-heer Cromhout, tot het doen van 't rapport van 't synode provinciael tot Delft gehouden; dat het ooc geen reden en was, dat wy luyden zynde ratione officij in continuele digniteyt ende administratie van Iustitie over twee geheele provincien, ende oock eenighe deelen d'hooghe overicheydt representerende, daer in te min aengesien souden werden tegen particuliere officiers, ofte regeerders vande steden, om dat de selve somwijlen d'vergaderinge van de staten helpen becleeden, daer by voegende meer andere redenen te lange zynde om te verhalen. Wy zyn oock daer op in particuliere communicatie geweest met den voorszeide heere schout ende Boelissz, ende hadden den voorszeide heere Boelissz soo verre beweecht, dat hy verclaerde t'anderen tyden na d'raedts-heere Voocht gestelt geweest te zyn, en daer tegens niet gecontesteert te hebben gelijck syne Edele althans oock mede niet en soude hebben gedaen, volgens syne verclaringe, ten ware d'heere schout hen daerover hadde gereprehendeert, selfs oock nae dat d'Heeren Staten daer op hadde gelieft te resolveren tot onsen nadeel. Ende gemerckt als noch by beyde d'Hoven dese sake niet anders en can ingesien werden, dan dat de selve is streckende tot merckelijcke vercortinge van de oude eere, hoocheyt ende preeminentie van de selfde, daerinne d'Edel Mogende Heeren Staten ons nochtans belooft hebben ons te sullen mainteneren, overmidts dien als noch niet raedtsaem connen vinden ons te dimitteren, om d'voorszeide nationale synode in dier voegen te assisteren, en dat dese sake veel discoursen subject sal zyn, besonder binnen Dordrecht; so hebben ick uw Edele geraetsaem gevonden hier van kennisse te doen hebben, ende d'selve te versoecken, indien om dese sake om d'groote consequentie wille meer moeyte mochte vallen, dattet d'selve gelieve die in sulcker insicht te nemen, dat noch my, die tot dese bedieninge uyt het midden van uw Edele zy geroepen, ende die d'selve tot noch toe, soo ick verhope, eerlijck hebbe betreden, noch de Raden int gemeen eenige disreputatie en geschiede; ende dat d'sake mach werden verstaen, niet soo de particuliere ambitie, maer de gemeyne digniteyt van 't lant, het oudt gebruyck, d'Hoocheyt van de Iustitie, ende de gernstheydt is vereyschende. Waer op my vertrouwende, ende dat uw Edele my desen ten besten sullen afnemen, ende oock niet min voor myne eere, als voor des heeren schouts sullen becommert zyn, sal ick | erntfeste, wijse, voorsienighe seer discrete heeren uw Edele inde protectie des almachtighen bevelen. Gheschreven inden Hage den 13 Novembris 1618.

Uw Edele geheel dienstwillighen R. van den Hoonaert

[Address:] Erntfeste, wijse, voorsienighe, seer discrete Heeren, den Burghemeesteren en de Regierders der Stede Dordrecht.

SECTION 16: MANDATE FOR THE SYNOD

II/1.245 *States General Articles to Convene the National Synod (Latin Version)*

Date: 11 November 1617 (Dutch); Latin read in the synod 15 November 1618

Main source: A: Utrecht OSA, P, 5–10 (copy)

Collated source: AL: Acta, I, 15–18

Other copies: Heyngius, 1–4; Zurich ZB, Ms A 108, 129–138; Zurich ZB, Ms A 140, 253r–256v; Zurich ZB, Ms B 112, 31–41; Zurich ZB, Ms L 406, 384–387

Summary: Over a year before the Synod of Dordt opened, the first draft of the articles to convene the national synod was read in States General on 12 October 1617 (see no. II/1.1–20). After some revisions, on 11 November 1617 the States General adopted the seventeen articles to convene the synod (see original Dutch articles, no. II/1.1–24k). These articles provide the States General mandate for the synod and determine the parameters by which the synod was to be conducted. In these articles the States General specified such matters as the basic agenda and procedures, the number of delegates from the provincial synods, which foreign territories would be invited to send theologians, the time and place of the synod, and the Word of God alone as the standard for treating doctrinal matters. This Latin version of the articles to convene, translated from the original Dutch, was read and approved by the synod in its fourth session on 15 November 1618. The articles as published in the 1620 *Acta* and 1621 *Acta ofte Handelinghen* have been significantly edited.

Editors: Fritz Harms and Donald Sinnema

ARTICULI DE INDICTIONE ACTIONIBUSQUE SYNODI
NATIONALIS IN CONVENTU ILLUSTRIUM AC
PRAEPOTENTUM D.D. ORDINUM GENERALIUM
FOEDERATARUM BELGII PROVINCIARUM,
XI NOVEMBRIS 1617 CONSTITUTI.

I.

Ante omnia necesse erit, ut diebus quatuordecim aut tribus ante conventum septimanis, in omnibus quae sub ditione illustrium ac praepotentum dd. Ordinum Generalium sunt provinciis, communis precum ac ieiunii dies, ab eorum illustri potentia indicatur, quo a Deo Optimo Maximo auspicatus actionis destinatae impetretur exitus, ut ecclesiae sua reddatur tranquillitas, atque mutua inter omnes eorum subditos ad honorem Dei denuo recuperetur atque instauretur concordia.

II.

Ut quicunque per litteras ad hanc synodum vocantur ab illustribus et praepotentibus dd. Ordinibus Generalibus vocentur, ad quos eius pertinent denunciatio, utque in litteris diserte Quinque Articulorum fiat mentio; atque hoc insuper addatur, ut si quae ex provinciis alias difficultates aut gravamina moveat, quae spectare ad communes Belgicae ecclesias videantur, aut si quae particulares adhuc restent, quae in synodis provincialibus commode decidi nequierunt, ut qui publico nomine ad nationalem deputabuntur synodum, difficultates has dilucide ac perspicue scripto comprehendant, et ad nationalem hanc synodum deferant.

III.

Ut quo res recte atque ordine procedant, atque omnis vitetur confusio, a singulis particularibus, synodis, sex qui commode inservire huic poterunt negotio, delegentur. Inter quos ad minimum tres divini Verbi administri

---

(7) necesse...ut] *AL:* placuit – (8–13) in...instauretur] *AL:* ab illustribus ac praepotentibus dd. Ordinibus Generalibus, in omnibus provinciis, communem precum ac ieiunii diem indici, quo a Deo Optimo Maximo votis ardentibus petatur, ut instanti actioni benedicat; utque tum sua ecclesiae tranquillitas tum vero civibus mutua inter ipsos ad honorem Dei denuo reddatur ac restituatur – (12) atque] *B:* utque – (15) quincunque...ab] *AL:* nationalis synodi, ab ipsis – (16) vocentur...pertinet] *AL:* indictio fiat ac – (17) litteris...diserte] *AL:* iisdem literis disertis – (18) ex...alias] *AL:* sint provinciae quae alias praeterea – (19) moveat] *AL:* habeant – (20) particulares] *AL:* peculiares – (20) adhuc] *AL: om.* – (21) qui] *AL:* ii – (21) publico nomine] *AL: om.* – (21–22) deputantur...perspicue] *AL:* delegabuntur, easdem difficultates plane ac delucide – (25) res] *AL:* tota actio – (25) procedant...omnis] *AL:* procedat, omnisque – (26) particularibus] *AL: foll. by* ut vocant – (26–27) commode...negotio] *AL:* maxime esse idonei videbuntur

erunt; reliqui tres aut duo spectatae fidei ac presbyteri, sive alia ecclesiae fuerint membra quae Reformatam profitentur religionem.

IV.

Ut ad synodum eandem per litteras Gallicanae, quae sub ditione illustrium ac praepotentum dd. Ordinum Generalium sunt, vocentur ecclesiae; neque minus quae in Flandria, Brabantia, Belgii provinciis, sub cruce, utraque lingua Christum profitentur ecclesiae, quae sese proximae ac finitimae provinciali synodo adiungent.

V.

Ut insuper a serenissimo ac potentissimo Magnae Britanniae Rege, atque a Reformatis quae in Gallia sunt ecclesiis, a celsissimo Electore Palatino, atque Landgravio Hassiae Mauricio, iisque qui puram atque Reformatam in Helvetia profitentur religionem, Genevensi item ecclesia (quo magis mutuo devinciantur animi, atque in religionis inter eos conveniat negocio) postuletur, ut singuli tres quatuorve pios, pacificos atque eruditos delegent theologos, qui praesentia prudentiaque sua synodalibus assistant actionibus, ac subortas, quantum in se est difficultates seu gravamina tollere conentur.

VI.

Ut praeter illos, professores theologiae ex academia atque illustribus harum provinciarum scholis, ad eandem quoque synodum vocentur.

VII.

Quam in rem forte nec absonum videatur illustri ac praepotenti eorum amplitudini, si ex finitimis Reformatis Orientalis Frisiae ac Bremensi ecclesia aliquot eruditi advocentur theologi.

---

(1) ac] *AL: foll.* by probitatis, sive – (2) fuerint] *AL: del.* – (2) profitentur] *AL:* profiteantur – (5) vocentur ecclesiae] *AL:* ecclesiae vocentur – (6) Brabantia] *B, AL: foll.* by aliisque – (7) Christum] *AL: foll.* by nobiscum – (7) ecclesiae] *AL: om.* – (10) atque] *AL:* tum – (11) celsissimo] *AL:* serenissimo item – (11–12) atque...Hassiae] *AL:* Hassiaeque Landgravio – (12) iisque qui] *AL:* ut et ab ecclesiis quae – (13) Genevensi...ecclesiae] *AL:* quemadmodum et a Genevensi – (13–14) magis...negocio] *AL:* maior in religione consensus stabiliatur ac concordia – (17) in... est] *B:* est in se; *AL:* ipsis erit – (17) tollere] *AL: foll.* by aut sopire – (19) academia] *AL:* academiis – (22–23) Quam...si] *AL:* Tum vero, ut – (23–24) ac...eruditi] *AL:* ecclesiis, quemadmodum et ex Bremensi, aliquot eruditi in eandem rem

VIII.

Erit praeterea liberum omnibus ac singulis (praeter eos quorum iam facta est mentio deputatos) Verbi divini ministris, in eadem synodo se sistere, impetrataque a Praeside aut conventu venia, si quas habent difficultates et gravamina proponere; hac lege, ut sese synodi subiiciant iudicio. Qui tamen confusioni vitandae, decisioni non intererunt, nisi secus conventui videatur.

IX.

In conventu, primo omnium de notissimis Quinque controversis Articulis deque iis quae ex iisdem oriuntur difficultatibus seu gravaminibus agetur, ut serio circumspiciatur, quo pacto salva ecclesiae tranquillitate, in primis autem habita doctrinae puritatis ratione, eadem commodissime queant tolli; quemadmodum reliquae postea tam communes, quam singulae, quae ad ecclesias spectant, difficultates seu gravamina.

X.

In quibus omnibus actionibus ac singulis quaecunque ad doctrinae spectant veritatem, hoc erit curae delegatis, ut debita atque accurata investigatione solum Dei Verbum, non autem ulla humana scripta, pro certa atque indubitata fidei regula adhibeant; de quo ut constet utque liquido appareat nihil illis praeter Dei gloriam atque ecclesiae tranquillitatem propositum fore, iuramento in hac synodo sive conventu sese obstringent.

XI.

Atque ita quicquid postea pluribus comprobabitur suffragiis, pro conclusione synodali sive regula habebitur; hac tamen lege ne qui secus opinati fuerint, eo nomine suspicionem incurrant, reprehendantur, aut ulla ratione graventur.

(2–3) eos...deputatos] *AL:* ipsos delegatos, quorum iam meminimus – (4) et] *B, AL:* seu – (6) decisioni] *AL:* iis quae in synodo eadem decernentur – (9) iis...gravaminibus] *AL:* ortis ex iisdem difficultatibus – (10) serio circumspiciatur] *AL:* despiciatur serio – (11) habita] *AL: om.* – (11–12) puritatis...postea] *AL:* puritate commodissime et minimo negotio tolli ex ecclesiis possent. Post quas reliquae postea proponentur – (15) actionibus] *AL: om.* – (15) quaecunque...spectant] *AL:* cum nihil praeter doctrinae spectetur – (16) hoc...curae] *AL:* curae erit – (18) adhibeant...constet] *AL:* adhibeatur; quod ut fiat – (19) praeter] *AL: foll. by* solam – (23) regula] *AL:* canone – (23) hac...ne] *AL:* ita tamen ut nec ii – (24) ratione] *AL: foll. by* propterea

XII.

Quod si ullae incidant controversiae de quibus aut non satis liqueat conventui, aut aliqua suboriatur dubitatio, integrum tamen iudicium eidem reservabitur, de quocunque et quocunque modo ac tempore de eodem recessus concedetur, iterumque dicto tempore convenient deinde delegati.

XIII.

Tempus convocationis synodi placuit in primum Novembris anno 1618 stylo novo indici.

XIV.

Neque sane promovendo huic negotio, abs re videatur, si provinciae singulae ab illustribus dd. Ordinibus invitentur, Gallicaque quae ibidem est ecclesia; quare primum moneatur, ut singuli praeparandae rei synodos provinciales convocent, indicant, absolvant, idque ante primum Novembris ad summum.

XV.

Quod ad locum, huic designatum synodo urbs Dordracum esto.

XVI.

Ut res eo melius succedat, ex usu videatur, ut a singulis provinciis duo ad eam rem idonei, qui Reformatam profiteantur religionem ac ecclesiae sint membra nominentur, iisque a dd. Ordinibus Generalibus plena tribuator authoritas, atque ut synodo huic intersint potestas, utque eidem adsint, actiones dirigant ac moderentur, quo omnis tollatur atque praeveniatur confusio.

(3–5) integrum...delegati] *AL:* penes synodum erit permittere, ut deliberandi causa recedatur; et quidem de quacunque re visum illi erit, eoque tempore ac ratione, qua consultum ipsa iudicabit. Quo facto, sine indictione nova, singuli conventui se sistent. – (7) anno] *AL:* anni – (10–12) Neque...rei] *AL:* Danda quoque erit opera, ut quamprimum ab illustribus et praepotentibus Ordinibus moneantur provinciae, idemque Gallicis, quae ibidem sunt, ecclesiis significetur. Quo singuli praeparandae rei, – (13) convocent...idque] *AL:* indicant, convocent, celebrent – (15) huic] *AL: om.* – (15) Dordracum] *AL:* Dordrechtum – (17) Ut...videatur] *AL:* Visum quoque est ex usu fore, – (17) duo] *AL: foll. by* probi atque – (18) qui] *AL:* nominentur, qui et – (18–20) ac... adsint] *AL:* atque ecclesiae sunt membra, quo autoritate plena ab illustribus ac praepotentibus Ordinibus instructi, synodo intersint eidemque adsint continuo, omnesque eius – (21) quo] *AL: foll. by* hac ratione – (21) praeveniatur] *AL: foll. by* perturbatio ac

XVII.

Ut post synodi nationalis conclusionem ad illustres ac praepotentes dd. Ordines Generalis de singulis actionibus referatur, ut de iis hoc est ipsis actis synodalibus, ubi fuerint exhibita deque eorum approbatione ab iisdem illus-
5 tribus ac praepotentibus dd. Ordinibus Generalibus aliquid debite ac legitime statuatur.

II/1.246 *States General Articles to Convene the National Synod (Dutch Version)*

Date: 11 November 1617

Summary: For these Articles to Convene, see no. II/1.1–24k.

(3) hoc est] *AL:* deque – (4) deque eorum] *AL:* eorumque – (5) aliquid] *AL: om.*

SECTION 17: VARIA

II/1.247 *Anna Walker's Letter relating to the Synod*

Date: A Saturday or Sunday after 18/28 November 1618

Main source: A: Utrecht OSA, 674, [2 pp.] (original)

Summary: Anna Walker (born Copenhagen, 1567/1574, died there in prison, c. 1620), grew up in the German city of Lübeck, married an Englishman and also lived in the Netherlands for some time. She considered herself a prophetess and submitted several writings to different authorities: a handwritten book to the English Queen (1606; London BL, MS Egerton 1043), letters to the town council, clergy and superintendent in Lübeck (1616), and apparently a petition to the Synod of Dordt. On her way to Dordrecht, she received some money from the States General in The Hague on 8 November 1618 (see no. II/1.1–180). After arriving on Wednesday 28 November 1618, she applied to be heard by the synod and handed in a petition, according to a note by Wolfgang Mayer (see footnote below) and a letter by him and Sebastian Beck to the mayor and city council of Basel (30 November 1618; see ADSND, IX, Pt. Fifteen). The letter edited makes no mention of the month or year, but refers to her appearance at an official meeting on "today's Sabbath day." The address "to the ecclesiastical council here" can be interpreted as a consistory or synod. Neither the Reformed consistory of Dordrecht, nor the synod or the state delegates made mention of her appearance or petition in their records, so the date and function of this letter cannot exactly be identified. However, the fact that the letter is preserved in the Oud Synodaal Archief suggests a connection to the synod. While former Dutch archivists were unable to determine the letter's author, calling herself only "Anna" the writer can be identified as Anna Walker by comparing her hand with the British Library manuscript (London BL, MS Egerton 1043), and by recognising the same peculiar style as in the Lübeck letters now only available in an eighteenth century edition. As elsewhere, her request and message were apparently dismissed in Dordrecht probably because of her (female) prophetic pretentions, her deviating religious thoughts, and her unusual language mixing Low German, Dutch, and English. In this piece, Walker explains why her authority is greater than that of the theologians.

Editors: Jürgen Beyer and Fred van Lieburg

Dorch Gottes genaeden,

Sinde vorschenen in iuwe vorgaderinge aldar desen huedigen sabbatdach, wor ick mi hebbe angegeven in deser miner parsone, warheit unde wesent, in 35 mine hoge beropinge, worin mi Godt gestelt, unde ick de warheit vorklare alse se is, mi darvor uthgevende, will ick mi dorch Gottes genaede also darin defenderen henvorder alse thovoren, also mi unde tho allen tiden alse also. Leset de schrifftuere de getueget van uns, secht de Here, also secht ock de karcke Gottes edder de brudt des Heren, se getueget van mi also, ick spreke alse particulerelick, vor eine sodaene baven alle, worvan de schrifftuere vormeldinge doet, hir, hir unde hir. + Seet eins, dit trecke ick mi particulerelick an eine baven alle dese tho sin, eine fruwe mit einen man, vorstaet gi idt wo gi wilt, ick wedt wo ick idt vorstae, wormit wilt gi bewisen dat gi dese siet, unde eine geistlicke beropinge hebbet, moget gi seggen, angaende mine geistlicke beropinge dat ick de hebbe, dat hebbe ick bewesen mit mine geistlicke schrifftlicke reden ingebracht in Engelandt unde hir int landt, de iuwen slichten vorstandt de somigen wadt tho baven gaet, darmit se geistlick sin, unde de minschen wadt fleschlick, dennoch se hebben se thom deele ock well vorstaen, de se nich willen vorstaen welcker dat is sunde, unde alse gi prediget, unde men iuw hoeret, unde so ordeelet daraff, offt gi eine beropinge hebben van Godt dartho edder nich, so is idt mit mi. Ick schrive, gi behoeret tho lesen unde ordeelen daraff, so solt gi seen offte idt mit Gottes wordt aver ein kumpt edder nich. Gaet idt iuwe ordinarie reden unde so ordeell to baven, ordeelet dat min ordeell baven iuwe behoert tho gaen, si ick exterordinarielick van Godt unde gesunden. De dwaßheit van Godt is wiser den minschen wißheit. + Wer is de wise van deeser weldt etz? Offt ick nu eigentlick dese parsone si worvan hir gesecht werdt, unde alse ick mi dar vor uthgeve, fraeget idt eins iuwe gebueren in Engelandt, idt is so wiet nich, is dar gesecht, de legen so gerne grave loegens alse ein ander hir (all sin se iust nene advocaeten dartho vor idt karcklicke regiemente eine, unde idt warldtlicke regiemente, unde so regeringe van advocaeten in idt landt, vor ein ander). Dese koenen hir de warheit van getuegen, ock wen se slichts willen, offte ick dese parsone unde fruwe si edder nich, van negen iaren tidt bi experiencie de saeke inthoseen unde examineren bi schrifften, men hefft idt en doen doen, men salt iuw ock doen doen hir, unde dit is idt korte unde lanck, ergevet iuw under de handt Gottes unde de unse, wi sin hir unde dar iuwe hoege avericheit, men salt iuw woll doen vorstaen, unde iuw doen unsen beger ock, also,

   Anna.[1]

+ Jeramia, 31:22; Esahia, 54:17; cap. 60:12; cap. 61:10; cap. 62:3,4,5; Hosea, 2:19,20; Micha, 4:13; Zephania, 3:14,15,17; Zacharia, 2:10; Apocalip, 12:1. Wi moten uns begeven under idt ordeell van minschen bi unse vorklaringen, darup berope wi uns, ock up de kenniss unde wetenschop van se, unse parsone angaende dat wi dese sin.

+ 1 Corint, 1:25; Esahia, 29:14.

---

[1] Swiss delegate Wolfgang Mayer mentions in a note concerning events of 18/28 November 1618: "Item kam diesen Tag ein Weib aus Dännemark bürtig und in England wohnhaft, da ihr der Mann gestorben, gen Dordrecht, mit Vermelden, der heilige Geist hab ihr befohlen, auf den Synodum zu ziehen, und von der Prädestination, von der Bekehrung der Juden und dem jüngsten Gericht eigentlichen Bericht zu geben; war wohl bekleidet und redete vernünftig" (quoted by Graf, 55). See Jürgen Beyer and Leigh T. I. Penman, "The Petitions of 'a Supposed Prophetesse.' The Lübeck Letters of Anna Walker and their Significance for the Synod of Dordt. A Linguistic and Contextual Analysis," in *Revisiting the Synod of Dordt (1618–1619)*, ed. Aza Goudriaan and Fred van Lieburg (Leiden: Brill, 2011), 107–133.

[Address:] An den karcklicken radt alhir.

Wi geven dit under den wee de in de schrifftuere gepronnoncieret werdt tegen alle de, welcker sich unser stemme unde subiection nich e[r]gifft, doet dar wadt umme.

SECTION 18: PRINTED PARTICIPANT LISTS AND EARLY PRINTS OF THE SYNOD

II/1.248 *Printed Participant Lists and Early Prints of the Synod*

Date: 1618–1621

Summary: This section provides an overview of name lists of participants and pictures of the Synod of Dordt published – whether separately or combined – during and shortly after the synod. The approximate date of composition of each item is suggested by internal (and sometimes external) evidence. The most probable chronological order is presented on the basis of evidence from the lists and pictures themselves, which sometimes show differences in details at the end of 1618 or at the beginning of 1619, independent of the publication year mentioned by the printers or booksellers. Of course, time passed between completion of the manuscript and the moment of press release. Also, the content of each name list does not always represent the synod participants at the time a name list was published, since some name lists duplicate the details from a previous name list without updating them. Some editions contain prefaces, in Dutch as well as in Latin and English, and one includes poems; these texts are given here in full transcription. Except for the poets, the identity of most editors and/or authors are unknown. Of course, the prints have been models for numerous pictures made after the synod. The list of all Dordt participants with bios has already been provided in ADSND, I:lxiii-cvii, so it is not necessary to reproduce these names from the printed lists.

Editor: Fred van Lieburg

1. *De Namen Der Edelen ende H.M. Heeren Staten Generael Ghecommitteerden, Soo wel Vytheemscher, als in-Landtscher Theologanten, van Coninghen, Princen, Republijcken, ende den geunieerden Provintien, tot desen Nationael Synodus te houden ghesonden, binnen Dordrecht. Anno 1618. Tot Leyden, by Iacob Marcus, Anno 1618.*

   10 pages; format: 4°; collation: A4; fingerprint: 161804 – b1 A2 cad : b2 A3 Ou. – STCN record number 26730465X. Knuttel 2725.

Description: The list begins with 16 state delegates, plus secretary Heinsius (among the delegates of Holland, no mention is made of de Witt as a substitute for Muys van Holy). Not included are 2 Overijssel state delegates, who were delegated by the States General on 16 November. Then follow 23 foreign delegates (the Nassau delegates arrived later), 4 Dutch professors (without Lubbertus, who did not arrive until 23 November), and 56 ecclesiastical delegates (among whom the Utrecht delegates were divided into 3 Contra-Remonstrant and 3 Remonstrant delegates). The Dutch delegates "met credentien zijn verschenen;" their credentials were presented on 14 November. The list ends with the 5 officers of the synod, who were chosen also on 14 November. No cited Remonstrants are listed; the citation letters were approved on 16 November. These details suggest a publication date between 14 and 16 November 1618 or shortly thereafter.

2. *De namen Der Edelen ende Hoog. Moog. Heeren Staten Generael Ghecommitteerden Soo wel Wtheemscher, als In-landischer Theologanten, van Coninghen, Princen, Republijcken, ende den Gheunieerden Provintien, tot desen Nationael Synodus te houden ghesonden, binnen Dordrecht, Anno 1618. Binnen 14. dagen sullen oock door last der E.H.M. Staten Generael, op de Synodo compareren 15. Remonstrantsche Predicanten, om aldaer de questie te exhamineeren, ventileren ende disputeren. Waer van de namen noch onbekent zijn. [G or Gh]edruckt tot Amsterdam, by Broer Jansz. woonende op de Nieuwe-zijds Kolck. Anno 1618.*

4 pages; format: 4°; collation: [A]2; fingerprint: 161804 – b1=b2 Emden us$luc. – STCN record number 841084807. Knuttel 2726.

Description: The title page refers to the resolution of the state delegates of the States General to summon 15 Remonstrant ministers before the synod within 14 days, "of whom the names are still unknown." In their meeting on 15 November, the state delegates named 14 Remonstrant leaders, while the synod approved letters of citation for 13 Remonstrants on 16 November.[1] The name list was probably issued during these days. The content of this name list is virtually identical to the first Leyden ed., except for the change of the name "Gerardus" to "Joannes" van Nieuburgh, and the correction of "Amsterdam" instead of "Alckmaer" as the place where van Heemskerck was an elder.

3. *De Namen Der Edelen ende H.M. Heeren Staten Generael Ghecommitteerden, Soo wel Vytheemsche, als in-Landtsche Theologanten, Van Coninghen, Princen, Republijcken, ende den Geunieerden Provintien, tot desen Nati-*

---

[1] See ADSND, I:14–16, 473–475.

onael Synodus te houden gesonden binnen Dordrecht. Anno 1618. Tot Leyden, by Iacob Marcus, Anno 1618.

10 pages; format: 4°; collation: A6; fingerprint: 161804 – b1 A2 urg : b2 A4 versi. – STCN record number 84024441X.

Description: The content of this edition is virtually identical to the first Leyden ed. (no. 1), and even repeats some of the same errors (e.g., that Heemskerck was an elder from Alckmaer). However, it adds Lubbertus to the list of professors (he arrived 23 November), and it adds a list of 12 cited Remonstrants, which omits Hollingerus and does not include the 2 Utrecht ministers.

Dudley Carleton sent a copy of this name list along with a letter to John Chamberlain (14/24 November 1618): "Theyr seance and theyr names, as well the strangers as others, with those who are cited, you will pick out of this Duch catalogue" (see no. II/1.53). This information points to a time of publication between 23 November and 24 November.

4. *Nomenclator Synodi Nationalis Ecclesiarum Reformatarum Belgicarum, quae celebratur Dordrechti, Anno MDCXVIII. Dordrechti. Ex Officina Ioannis Berewout, Anno MDCXVIII.*

16 pages; format: 4°.

Description: In this edition of the *Nomenclator*, the list of state delegates includes Dordrecht burgomaster de Witt as a substitute for Muys van Holy, and Overijssel state delegates Hagen and van Hemert, who were delegated on 16 November. Also listed among the professors is Sibrandus Lubbertus, who arrived 23 November, and Gelderland delegate Henricus van Hell, who died 27 November. A list of 13 cited Remonstrants is included. This Latin name list is closely based on the list of delegates and cited Remonstrants in the original Acta Authentica of the synod (or on an earlier version of this list), except that the names of de Witt and Lubbertus are added.[2]

This name list appears to be mentioned by Johann Heinrich Waser in his letter to his father Caspar Waser in Zurich written on 14/24 November 1618: "Je vous envoye icy enclos les noms des deputez de M[essieu]rs les Estats et de ceux des provinces, lesq[ue]ls vous n'aurez pas aux l[ett]res de Mr. Breitinguer, afin que vous ayer tous ceux qui sont aud[ite] synode, auiourdhuy on les imprime, mais nous ne les avons peu avoir p[ou]r les bailler au p[re]se]nt messager."[3] ["I am sending you, here enclosed, the names of the deputies from the States and those from the provinces, which you will not have

---

[2] See ADSND, I:2–9, 11, 14.
[3] Zurich ZB, Ms B 42, 112r.

in the letters from Mr. Breitinger, in order that you may have all those who are at the said synod; today they printed them, but we were able to have them in order to give them to the present messenger."] This edition is also referred to by John Hales in his letters to Dudley Carleton: "I have sent your Honour a Catalogue of the Synod printed here with us" (dated 16/26 November), and "I have sent according to your Lordships will six Catalogues of the Synod, printed with us in Latin" (dated 19/29 November).[4]

5. *Nomenclator Synodi Nationalis Ecclesiarum Reformatarum Belgicarum, quae celebratur Dordrechti, Anno MDCXVIII. Dordrechti. Ex Officina Ioannis Berewout, Anno MDCXVIII.*

16 pages; format: 4°; collation: A-B4; Vingerafdruk: 161804 – b1 A2 de : b2 B3 cl. – STCN record number 158738349.
Description: This edition of the *Nomenclator* is completely identical with the previous quarto ed. of Berewout, except that the date "Anno MDC.XVIII" is added to the colophon on the last page. A quarto copy of this *Nomenclator* was sent by Wolfgang Mayer and Sebastian Beck along with their 20/30 November letter to the Basel magistrates ("auss beygelegten Catalogo").[5]

6. *Nomenclator Synodi Nationalis Ecclesiarum Reformatarum Belgicarum Quæ celebratur Dordrechti, Anno M DC XVIII.* Place and name not stated.

15 pages; format: 4°; collation: A-B4; fingerprint: 161804 – b1 A2 Fri : b2 B3 RA. – STCN record number 300326750.
Description: The list of state delegates includes de Witt. Lubbertus (arrived 23 November) is listed among the professors, but van Hell (died 27 November) is omitted from among the ecclesiastical delegates. The list was probably drafted between 27 November, when van Hell died, and 5 December, when Wigboldus Homerus arrived. The content of this version is identical to that of the Berewout ed. (no. 4), except for the omissions of Boulenius and van Hell, a mistaken substitution of "Leydensis" for "Harlemensis" as the city where Crucius was a pastor, and many spelling errors.

7. *A Catalogue Of The Deputies Of The High And Mightie States Generall Of The United Provinces. And Of the Reverend and Learned Divines, who now*

---

[4] Hales, 9, 14.
[5] Basel StA, Eidgenossenschft E 64a, 204r.

are met in the Nationall Synode. Celebrated in the Citie of Dordrecht In Holland. Translated out of the Latin and Dutch Copies. With A Short Narration Of the occasions, and Introduction of the said Synodicall Assembly. London, Printed by W.I. for Nich. Bourne, and Nath. Newberie, and are to be sold at the Exchange. 1618.

viii + 10 pages; format: 4°.
Description: In this name list, Dordrecht burgomaster de Witt is mentioned as a substitute for Muys van Holy. The professors include Lubbertus, who arrived on 23 November, while ecclesiastical delegate van Hell is listed as a delegate although he died on 27 November. It is noted that "from France, Brandenburg, and Nassau are none come." The officers are listed after the names of the 13 Remonstrant ministers cited before the synod. This English Catalogue was based on the Dutch Leyden ed. of *De Namen* (no. 1) and the Latin Berewout ed. of *Nomenclator* (no. 4). It was probably written between 26 November, when the Berewout ed. was available, and 5 December, when Wigboldus Homerus arrived, but certainly before 17 December, when the Nassau delegates arrived.

Text of preface:

To the Reader.

The chiefest stratageme of the divell against the Kingdom, Citie and House of God, is contention and division, Mat. 12. Yet the Lord in his admirable wisdome knoweth how to exercise his children therby, and to make manifest those which are approved, 1 Cor. 11.19. [Stratageme of the divel]

This stratageme hath beene used by him, even from the beginning, untill this crooked age of ours. In the dayes of the Apostles no small dissention and disputation was raysed in that famous church of Antiochia, whereof the chiefe author was (as Epiphanius recordeth) that perverse hereticke and sonne of the divell, Corinthus, who after his disturbing of Gods house, was bruised to death by the fall of a house. [Antiochian dissention]

It appeareth by the holy historie written by S. Luke, that the disturbers of the Antiochian church came with a faire shew, were adorned with the title of teachers, and were called by the name of beleeuwers, no lesse then others. [Disturbers]

It is also to bee noted, that those who now disturbe the peace of Sion want no titles nor faire appearance.

The parties disturbed are called brethren, whereby it appeareth, that the divell our adversarie seeketh to sow controversies, even amongst those who many wayes are bound to mutuall love and amitie. [Parties disturbed]

The matter in question was a point of doctrine, and therefore S. Paul and Barnabe presently opposed themselves thereunto, with diligent enquirie and [The question]

	powerful confutations; for no delay is warrantable in the discovering of false brethren and griping wolves.
Synode	This faithfull opposition litle prevailing, the resolution of the Antiochian church was, to refer the matter unto a greater assembly or meeting of the Apostles and other beleevers. Which proceeding hath since bin used in the primitive church with excellent successe, for our imitation.
At Ierusalem	The fittest place was reputed Ierusalem, where both parties came, and liberty was given freely to lay open and debate their questions and opinions.[6]
President	The president of that holy assembly was S. Iames sonne of Alpheus, who with his brethren, understanding the state of the question, examined the
Conclusion	same on the touchstone of Gods holy Word, and finally concluded, that salvation was onely to be sought and found in Iesus Christ, &c., and not partly in the ceremonies of the Law. Wherunto was added very sound counsell for the re-establishing of peace in the church, and for the preventing of future contentions.
Imitation	This patterne of holy meeting, is now imitated by the United Provinces, being admonished therunto by divers letters of Reformed Christian princes, but chiefly of his sacred Maiestie of Great Brittaine, who by his owne writings, and by the mouth of his ambassadours hath wrought much in the furthering of this great businesse, whereby Gods cause is faithfully defended,
Utility	and from whence is expected a worthy union in the Reformed churches, to the overthrow of the Romish Antichrist, who since his revelation hath deceived the world with the vaine glorie of generall councels; whereas it is
The abuse of popery in synodes	manifest, 1. That synodes were not ordained by him to cleare or confirme any points of true doctrine by the Word of God, but for to oppose himselfe thereunto, and for to confirme his received errors; yea for to coyne new articles of faith.
	Besides, no libertie was graunted in those synodes to speake, unlesse it were with danger of life, as it fell out in the Councell of Constance, where Iohannes Hus and Hieronymus of Prage were burned, for maintaining of true doctrine against Popish errours.
	Finally, the meeting of cardinals and shaven priests is to no purpose, whereas the Pope professeth himselfe to bee the onely man from whose breast and breath is to bee expected infallible trueth.
Place of the synod	The place of meeting is the citie of Dort, or Dordrecht, which is reputed to be the auncientest of Holland, and hath the first place in the Assembly of States.
	A great and faire hall is prepared, with convenient seates for those that are deputed, and galleries erected for the hearers, in a place called De Doelen; that is, the Artillerie garden.

---

[6] The council at Jerusalem in Acts 15.

The first day of November was appointed for the first session, but it was deferred untill the 13 of the said moneth, expecting some that were not yet arrived. Time

The 13 at eight of the clocke in the morning two sermons were made, the one in Dutch, the other in French, accommodated unto the instant action, with very fervent prayers unto God for the direction of his Holy Spirit.[7] Sermons preparatory 1. Session the 13 of Novemb.

These sermons beeing finished, from every province were appointed two, for to conduct those forraine divines into their severall seates, which was performed with good order and great reverence; the order is expressed hereafter. Deduction to their seates

The first person appointed to speake was Balthasar Lydius one of the ministers of Dort, who made a worthy oration in Latin unto the assembly, and a fervant prayer unto God for the same, and concluded with thanksgiving unto the States Generall, that they had honoured him to let his voyce first be heard in such an honorably assembly. Oration of Balthasar Lydius

Whereupon one of the deputies of the States Generall rose, and made a worthy speach unto the assembly,[8] opening the causes of this meeting, and giving thankes unto the forraine divines, that they were come from so farre distant places, in such an unseasonable time; promising ever to be thankfull for the same, &c. And hereupon was read the letter of the States Generall, expounding their intention and will concerning the assembly.[9] Oration of the States

The next day following, by secret voyces or suffrages, were chosen one president of the assembly, two assistants, and two secretaries or notaries, whose names are hereafter expressed.[10] 2. Session the 14 of November

These beeing elected, they were placed in the roome or seates appointed for them, and demanded in order the letters of credence of those that were come to the assembly, which were read in the full audience. And the matter at that time resolved upon, was that all the ministers Remonstrants, or Arminians, should be cited, and that they themselves might make choice of the fittest amongst them for to propound, expound, and defend their doctrine before the assembly, with due reverence and order.[11] And all this is to bee done publikely for the instruction of all those that understand the Latine tongue, who from all parts resort thither in great multitudes. Literae fiduciales

Remonstrants cited

---

[7] Balthasar Lydius preached in Dutch, and Jeremias de Pours preached in French.
[8] Martinus Gregorii.
[9] The Articles to Convene the synod, adopted by the States General, 11 November 1617.
[10] 14 November 1618.
[11] The decision to summon Remonstrant leaders was made on 16 November.

8. *De Namen der Gheener die op het Synodus Nationael, van de H.M. Heeren Staten Generael ghecommitteert zijn, Soo wel Uytheemscher, als in-landischer Theologanten, van Coningen, Princen, Republijcken, ende de geunieerden Provintien, tot desen Nationael Synodus te houden, gesonden binnen Dordrecht Anno 1618. Tot Utrecht, Ghedruckt by Jan Amelissz, Boeckvercooper, woonende onder de Laken-snijders, int vergulde A.B.C. Anno 1618.*

8 pages; format: 4°; collation: A4; fingerprint: 161804 – *b1=b2 A3 raefs – STCN record number: 158746384

Description: This name list is virtually identical to the first Leyden ed. of *De Namen* (no. 1), except for the added list of 13 cited Remonstrants. This means that the list of participants reflects the period 14–16 November when the Leyden ed. was composed. The added list of cited Remonstrants omits Niellius and Hollingerus, and mistakenly lists Pijnacker as the preacher at Hoorn, but it includes the 2 Utrecht Remonstrants who joined the cited Remonstrants on 10 December. This indicates that this name list was published after 10 December.

9. *Afbeeldinghe des Synodi Nationael, Met de sidt plaetsen der E.E. Hooch M.H.H. Staten Generael, als in Heemsche ende uyt Heemsche Professoreu[!] ende Predicanten, gehouden binnen Dordrecht an. 1618. Ghedruckt voor Niclaes Geelkerck.* Place and date not stated.

11 pages; format: 4°; collation: A4 B2; fingerprint: 000004 – b1 A2 ko : b2 B nd. – STCN record number 863683371. Knuttel 2727. For the print, see ADSND, II/2:xliii.

Description: The print on the title page, provided by Leiden cartographer Nicolaes van Geelkercken, is the earliest picture of the synod. Geelkercken (ca. 1585–1656) was born in Scherpensin (duchy of Gulick) and grew up in Amsterdam, where he worked as an engraver. He moved to Leiden in 1615 and fluorished as an engraver and publisher until 1628, when he moved to Arnhem for a cartography project of Gelderland. In 1630 he became the official surveyor for the States of Gelderland.[12]

The print shows the synod without the table of the Remonstrants in the middle of the hall. This was during the Pro-Acta sessions, before the arrival of the cited Remonstrants on 6 December and before the arrival of Franeker theologian Sibrandus Lubbertus on 23 November. The four expected French delegates are also pictured, as well as three expected delegates from Brandenburg and Nassau, although eventually the French and Brandenburg delegates

---

[12] See the exhibition catalogue: *Nicolaes van Geelkercken: een Gelders kartograaf uit de zeventiende eeuw* (Zutphen: De Walburgpers, 1972), and Peter H. Meurer, "Der Kartograph Nicolaes van Geelkercken," *Heimatkalender des Kreises Heinsberg*, 2001, 79–97.

would not appear. This print shows 18 state delegates with their secretary, 32 foreign delegates (including the expected 4 French and 3 Brandenburg and Nassau delegates, but not Balcanqual), 60 Dutch delegates with 6 in each bench (including the 3 Utrecht Remonstrants, the 5 officers who are also seated around their table, and 6[!] Drenthe delegates), and 4 Dutch professors without Lubbertus. The print is keyed by alphabet letters that correspond to the name list, so that one can see on which bench the members of each delegation sat.

The name list closely duplicates the first Leyden ed. of *De Namen* (no. 1), except for some variants in spelling, some abbreviated titles, and the addition of a list of 13 cited Remonstrants. Except for the list of Remonstrants, the name list therefore outdatedly reflects the synod participants from the time of 14–16 November when the Leyden ed. was composed. Hence the name list has the state delegates (without de Witt and the Overijssel state delegates), the foreign theologians (with the notation that "those from France are expected" and "those from Brandenburgh and Nassau"), the Dutch professors (without Lubbertus, who arrived on 23 November), and the ecclesiastical delegates (including van Hell who had died on 27 November, and the 3 Utrecht Remonstrants, but not Wigboldus Homerus who arrived on 5 December).

The added list of 13 cited Remonstrants includes the 2 former ecclesiastical delegates from Utrecht (Frederici and Neranus) who joined the cited Remonstrants on 10 December, but it does not include Hollingerus and Niellius. The name Samuel Neranus is mistakenly written as Isaacus Neranus. The fact that the 2 Utrecht Remonstrants are joined with those who are cited implies that this name list was composed after 10 December, and probably before 17 December when the Nassau delegates arrived.

The preface mentions the convening of the national synod by the States General scheduled for 1 November 1618, its delay until 13 November, the sermons in Dutch by Balthasar Lydius in the Grote Kerk and in French by Jeremias de Pours in the Augustijnenkerk, the procession to and allocation to seating in the Kloveniersdoelen, and the opening ceremonies in the meeting room, up to the reading of the credentials. The text, following hereafter, ends abruptly.

VOOR-REDEN

Alsoo de E.E. Hoochmogende Heeren Staten Generael, der Vereenichde Nederlanden, hebben goet gevonden een nationael synode uyt te schrijven om van alle landen soo vyt heemsche als in heemsche leeraeren, des Goddelijcken Woordts, om alsoo eenen rechten middel te vinden om de kerckelijcke geschillen in de selve provincien op gheresen te beslissen ende af te handelen, waer toe was beraemt den eersten November des teghenwoordighen iaers anno 1618, maer van wegen dat noch op dien tijt niet alle ghecomen en waren soo uyt heemsche als inheemsche, soo hebben sy gelijcke wel den 13 November haer eerste vergaderinge gedaen, naer voorgaende predicatie soo in de Duytsche Groote Kerck als mede in Fransch in den Augustijner Kerck, in dese voorsz. kercken, sijn seer heerlijcke predicatien gedaen der materie dienende, de eene door D. Balthasar Lydium, d'andere door D. de Pours, naer dat het ghebedt ghedaen was sijn sy eensamender handt naer die Doelen ghegaen, alwaer ter plaetsen het synode ghehouden soude werden, ende sijn daer seer solomneteytelijck ghewellekomt van den gheenen die in present van de E.E. Heeren Staten daer toe ghestelt waeren, gelijck hier naer verhaelt wert, dit ghedaen sijnde wort een yder sijn plaets ghegheven uyt wijsende die figuer hier opghestelt, naer dat de E.E. Hoochmogende Heeren Staten een seer treffelijcke credentie in een gheseghedt parckement gheschreven, vertoont hadden, sijnde werdter noch een treffelijck ghebedt ghedaen, daer naer met de meeste stemmen een presedent ende anderen die hier naer verhaelt sullen worden, vercoren, vorders sijn naer order de credentie brieven over ghegeven, elck een in sijn eygen tael overluyt gelesen, soo wordt bevonden int ghenerael ende oock int particulier al wat dese ghecommitteerde op dese synodo deden, tsy politick oft kercklijck, soude voor al in sulcker weerden ghehouden wesen oft sy alle ghelijck in present waeren daer toe Godt sijnen [...].

10. *Afbeeldinghe des Synodi Nationael, Met de sidt plaetsen der E.E. Hooch M.H.H. Staten Generael, als in Heemsche ende uyt Heemsche Professoreu[!] ende Predicanten, gehouden binnen Dordrecht an. 1618. Ghedruckt voor Niclaes Geelkerck.* Place and date not stated.

11 pages; format: 4°.
Description: This edition is virtually identical to the previous *Afbeeldinghe* (no. 9), except that now 14 cited Remonstrants are listed, with Niellius added, and the name Samuel Neranus has been corrected (from "Isaacus"). The same Geelkercken print of the synod, without the Remonstrant table, and keyed to the name list, is used.

11. *Afbeeldinghe des Synodi Nationael. Met de sidt plaetsen der E.E. Hooch M.H.H. Staten Generael, als in Heemsche ende uyt Heemsche Professoren ende Predicanten, gehouden binnen Dordrecht An. 1618. Ghedruckt voor Niclaes Geelkerck.* Place and date not stated.

9 pages; format: 4°; collation: A4 B2; fingerprint: 000004 – b1 A2 ko : b2 B nd. – STCN record number: 863683762. Knuttel 2728.
Description: The same print of Geelkercken (see above no. 9) now also includes the table of the Remonstrants with 14 of them seated. This second

print of Geelkercken still shows persons in the benches for the French delegates, and it still does not include Lubbertus.

Again, the incomplete text of the preface is published. The name list duplicates the list in the first edition (no. 9) of the *Afbeeldinghe* (even repeating errors, and the notation that those from France are still expected along with those from Brandenburg and Nassau), except that in the list of 14 cited Remonstrants, Carolus Niellius has been added, the name of Samuel Neranus has been corrected, but Hollingerus is still missing. This document was published after 10 December when the 2 Utrecht Remonstrants joined those who were cited.

12. *Naem-register. Van alle de ghecommitteerde, so Politike als Kerckelijcke, opt Nationael Synode van de Nederlantsche Ghereformeerde Kercken, twelcke ghehouden wert binnen der Stede van Dordrecht. An°. 1618. Tot Dordrecht, Ghedruckt by Pieter Verhagen, inde Druckerije, tegen over de Wijnbrugghe. Int Jaer 1618.*

8 pages; format: 4°; collation: A4; fingerprint: 161804 – b1 A2 n$t : *b2 A3 de$. – STCN record number 832919357. Knuttel 2729.

Description: As a "Voor-reden," the same incomplete preface text as found in the *Afbeeldinghe* editions (nos. 9–11) is published, though in a different layout and sometimes a different spelling. The name list is based on the *Afbeeldinghe* (no. 9), except for the list of Remonstrants, which is based on the Latin *Nomenclator*. In both cases, the names have been updated to reflect the actual situation of the participants. Thus, among the state delegates, de Witt is mentioned as a substitute for Muys van Holy, and the two Overijssel state delegates are added. Lubbertus is included among the Dutch professors. Homerus who arrived on 5 December, and Balcanqual who arrived 20 December, are not listed. As in the *Afbeeldinghe*, the expectation of delegates from France, Brandenburg and Nassau (arrived 17 December) is mentioned, and van Hell appears without reference to his death.

The Remonstrants cited before the synod are listed by province, as in the Latin edition. This list includes the 2 former Utrecht delegates who joined those cited on 10 December, and also Hollingerus and Niellius who were forgotten in some former versions, but now the list lacks Poppius. Dwinglo is mistakenly listed as the minister of Gouda. The *Naem-register* was composed after 10 December and probably before the arrival of the Nassau delegates on 17 December.

13. *Naem-register Van alle de Ghecommitteerde, soo Politijcke als Kerckelijcke, opt Nationael Synode van de Nederlantsche Gepretendeerde Ghereformeerde Kercken, d'welcke ghehouden wordt binnen der Stede van Dordrecht int Jaer 1618. Naer de Coppije tot Dordrecht Ghedruckt by Pieter Verhaghen inde Druckerije teghen over de wijnbrugghe. In consilium eorum non veniat anima mea & in cœtu illorum non sit gloria mea Gen. 49. Maledictus furor eorum quia pertinax. Ibid. t'Hantwerpen. By Abraham Verhoeven, op de Lombaerde veste, inde gulde Sonne. Anno. M.DC.XIX.*

8 pages; format: 4°. Knuttel 2832.

Description: The Roman Catholic identity of the editor is immediately clear from the reference on the title page to "the Netherlands pretended Reformed Churches" and to the curse from Genesis 49:6–7. This edition is based on the *Naem-register* published by Verhagen (no. 12), and it ends with the note "Imprimatur, 17 January 1619, Z.V.H.L.O." In a preface, the editor wants to share "with young and old" the names of those doctors represented in the synod at Dordrecht. He believes that its outcome will be worse than its beginning, because their principles of teaching have never been good, and an unstable cause produces false doctrine. The writer also alludes to the command of the state delegates that the Remonstrants must remain within the city after their expulsion from the synod: "The Arminian preachers who are at Dort in the synod have thought to leave together quietly, wherefore they have now recently all been detained and have to remain there, so that this synod in my opinion will not come to an end."[13]

The name list includes de Witt among the state delegates, and adds a note that van den Honert and Cromhout had not yet appeared in the synod. The expectation of theologians from France, Brandenburg and Nassau is still mentioned, although the Nassau delegates had arrived on 17 December. The date of death of van Hell (27 November) is noted, as well as the fact that the Utrecht Remonstrant delegates were added to their cited colleagues (10 December). Also noted is that Lolingius "has not appeared because of his illness and someone else put in his place" (Wigboldus Homerus replaced him on 5 December), but there is no mention that Idzerda died on 22 December. Also, Balcanqual, who arrived on 20 December, is not listed. The list of cited Remonstrants is complete with 15 names, since Poppius' name has been added, and a correction is made that Dwinglo is the minister of Leyden. Although published in January, this name list, like the Verhagen copy, does not take note of changes after 10 December. However, the preface refers to the Remonstrants after their expulsion on 14 January.

---

[13] ADSND, I:113; cf. States General resolution, 1 January 1619, ADSND, II/2:643.

Beminde leser, alsoo my nu perfectelijck ter handt is ghecomen de namen van alle de ghene die vergaert sijn tot Dordrecht op het synode, soo en hebbe ic den ghemeynen leser ionck ende oudt niet willen nae laeten de selve doctoren namen van alle qua[r]tieren hier te willen stellen, de welcke vergaert sijn ende hun synode begost hebben op den 13 November 1618. Ende dat op de puncten van de Gommar[i]sten ende Arminianen, d'welc naer mijn goetduncken het eynde der synode qualijcker sal wt comen als het beginsel begost is, oorsake waerom, haer beginsel van hare leeringhen noyt goet ende is, gheweest oorsake, ende onvast is, ende valsche leere voortsbrenght, &c. De Arminiaensche predicanten die tot Dort int synode sijn hebben meynen stillekens ghelijcker handt te vertrecken, waer over sy nu onlancx alle sijn ghearresteert, ende daer moeten blijven, soo dat dese synode nae my dunckten niet ten eynde en sal comen, [...].

14. *De namen Der Edelen ende Hoogh Mo. Heeren Staten Generael Gecommitteerden, Soo wel Wtheemscher, als Inlandischer Theologanten, van Coninghen, Princen, Republycken, ende den Geunieerden Provintien, tot desen Nationael Synodus te houden ghesonden, binnen Dordrecht, Anno 1618. Noch zyn hier mede byghevoeght, (door last der Ed. Ho. Mog. Staten Ghenerael, op den Synodo te compareren) 14 Remonstrantsche Predicanten, om aldaer de questie te examineren, ventileren ende disputeren, Waer van de namen noch hier by zyn. Tot Amsterdam, Ghedruckt nae de Copye van Broer Janszen. Anno Sesthien hondert negenthien.*

4 pages; format: 4°; collation: [A]2; fingerprint: 161904 – b1=b2 Embden ius$Luc. – STCN record number 292655924.

Description: Though published in early 1619, this publication is a simple reprint (with a few spelling errors) of the copy of Broer Jansz. (no. 2), which was published in Amsterdam in mid November 1618, but with the list of 14 cited Remonstrants added. Since the content duplicates the Jansz. copy, some of the details are out of date in 1619. The list of 14 Remonstrants includes those cited who appeared at the synod on 6 December, as well as the two Remonstrant delegates from Utrecht (who joined their cited colleagues on 10 December). Hollingerus is omitted (apparently by mistake).

15. *Auspicium Synodi Nationalis Ecclesiarum Reformatarum Belgicarum, quae celebratur Dordrechti, Ann. 1618. & 1619. Cum Nomenclatore Deputatorum ad hanc Synodum. Dordrechti, Ex Officina Ioannis Berewout. Anno M D c. xix.*

32 pages; format: 4°; collation: A-D4; fingerprint: 161904 – b1 A2 æ$istæ: b2 D2 or$ – STCN Record number: 833350188. Knuttel 2833.

Description: This publication in Latin has a long preface, which provides an overview of the convening of the national synod at Dordrecht by the States General as a remedy to address the controversies in the Dutch churches and republic. It describes the opening ceremonies, the selection of officers, the reading of the articles by which the States General constituted the synod, the summoning of some Remonstrants, and the topics discussed before they arrived. On their arrival, it mentions the Remonstrant protest against the authority of the synod, and their persistent refusal to answer questions, which led to their dismissal from the synod and the decision to examine their views from their writings. The preface ends by noting that the Remonstrants were still occupied (*adhuc occupantur*) with preparing their *Defensiones* (the last one submitted 19 March), and that the synod was still engaged in examining the Remonstrant views from their writings (that is, before the process of drafting the Canons began on 22 March).

The name list is closely based on the Berewout ed. of the *Nomenclator* (no. 4), except that de Witt is named as Wittius and he is listed separately rather than as a substitute for Muys van Holy; Balcanqual is listed, as well as the Nassau-Wetteravian delegates; there are notations of the death of van Hell (27 November) and of the replacements of Hall (returned to England due to illness) by Goad (17 January), Bisterfeld (died 18 January) by Fabricius (11 March), Idzerda (died 22 December) by Aysma (15 February), and Lolingius (stayed home due to illness) by Homerus (5 December 1618). The Remonstrant delegates from Utrecht are still mentioned among the ecclesiastical delegates, but the list of 15 cited Remonstrants notes that Frederici and Neranus were added to the latter group. The *Auspicium* dates from between 11 March, when Nassau delegate Fabricius arrived, and 19 March, when the Remonstrants submitted their final *Defensio*.

Benevole lector,

Illustres ac praepotentes dd. Ordines Generales Foederatarum Belgii Provinciarum, nihil magis ad curam suam pertinere existimantes, quam ut in ditionibus suis religio Christiana in omni sinceritate atque ἀταξία exerceatur ac propagetur, subditique omnes pacem et concordiam inter se colant, cum perspicerent controversias ac contentiones circa nonnulla relgionis Reformatae capita in ecclesiis Belgicis ante annos aliqout excitatas, non tantum ecclesiis dissipationem ac vastitiem, sed etiam reipublicae perturbationem atque ingens periculum minitari, iudicarunt officium suum et reipublicae atque ecclesiae salutem omnino requirere, ut infoelices et noxiae istae controversiae ac contentiones quam primum ipsorum autoritate sopiantur ac tollantur. Quapropter consilium Spiritus Sancti in sacris literis expressum, et piorum omnium principum Christianorum exemplum secuti, statuerunt ordinarium magnoque cum pacis et veritatis commodo saepius usurpatum re-

medium hisce malis sanandis esse adhibendum. Atque hunc in finem convocarunt conventum ecclesiasticum, seu SYNODUM NATIONALEM in urbe DORDRECHTO, ad Kal. Novembris superioris anni celebrandam, in qua controversiae istae accurate examinentur, et ad normam Verbi Divini legitime
5 diiudicentur. Utque hoc ipsum tanto maturius atque accuratius, ac quasi communi omnium Reformatarum ecclesiarum consilio et consensu fiat, rogarunt vicinos reges, principes, et rerum publicarum magistratus, ut doctissimos quosque et pacis ac veritatis amantissimos theologos suos ad hanc quoque synodum ablegare dignarentur, nullis nec sumptibus nec laboribus
10 parcentes, ut hoc tanti momenti negotium rite atque accurate confici possit; quem in finem etiam publicas ac solemnes ad DEUM supplicationes in omnibus Foederati Belgii ecclesiis fieri mandarunt. Circa diem praestitutum theologi omnes tum exteri, tum Belgici ad hanc synodum deputati, (alii citius, alii paulo tardius, uti fieri solet) DORDRECHTUM appulerunt. Illustres
15 et Praepotentes dd. Ordines Generales ex singulis provinciis etiam deputarunt generosos, nobilissimos atque amplissimos viros, qui ipsorum nomine huius synodi ἀταξίαν autoritate sua moderarentur. Cumque omnes (paucis quibusdam exceptis, qui postea advenerunt) nunc adessent, decimo tertio Novembris die huius synodi auspicium factum fuit. Inchoata fuit haec actio
20 sacra à solemnibus exhortationibus et precibus in publicus templis utraque lingua Belgica et Gallica institutis, quibus finitis, illustrium et praepotentum dd. Ordinum Generalium DELEGATI, academiarum et scholarum illustrium Belgicarum professores theologi, et ecclesiarum Belgicarum pastores ac seniores ex singulis synodis particularibus seni deputati; simul iverunt ad lo-
25 cum conventui destinatum, ibique singuli suo ordine et loco in subselliis distinctis consederunt. Theologi exteri a pastore et seniore ecclesiarum Belgicarum ex singulis subselliis, ex diversoriis suis solemniter sunt deducti ad locum conventus, ibique ab illustribus dd. delegatis comiter excepti, et in suis singuli subsellijs ordine sunt collocati. Omnibus ad hunc modum congregatis
30 pastor loci d. BALTHASAR LYDIUS denuo solemnibus precibus lingua Latina conceptis (hac enim lingua propter theologos exteros omnia peragenda esse statutum erat) actionem synodicam inchoavit, actisque DEO gratiis pro beneficiis hactenis ecclesiis Belgicis clementer atque ubertim praestitis, prolixam ad DEUM supplicationem instituit, ut ope ac benedictione sua divina, et
35 gratia Spiritus Sancti huic synodo ita velit adesse, ut ecclesiae Belgicae speratos ex ea fructus consequantur. Egit etiam gratias, publico ecclesiarum nomine, illustribus ac praepotentibus Ordinibus Generalibus, quod ad tollenda haec dissidia et scandala placuisset hunc tam celebrem conventum convocare, atque ad eum moderandum generosos et nobilissimos delegatos suos able-
40 gare; ipsis etiam dd. delegatis quod huic conventui interesse dignati fuerint, exteris denique theologis, quod ecclesiarum Belgicarum caussa hunc laborem, et itineris longinqui molestias suscipere gravati non fuerint, omnibusque ex-

optatissimum ad hanc synodum adventum est congratulatus. Deinde illustres atque amplissimi dd. delegati per amplissimum et clarissimum virum d. MARTINUM GREGORII actis publice gratiis serenissimo et potentissimo Magnae Britanniae Regi, caeterisque illustrissimis principibus et amplissimis rerumpublicarum magistratibus, quod ad petitionem illustrium et praepotentum dd. Ordinum Generalium theologos suos ad hanc synodum ablegare non sint dedignati; ipsisque theologis exteris pro laboribus et molestiis in hac caussa susceptis, exposuerunt publice caussas indicti huius conventus synodici, et singulos cohortati serio sunt, ut sepositis omnibus praeiudiciis atque affectibus pravis, rectum iudicium impedientibus, in timore Domine mature atque accurate omnia expendant, et secundum normam Verbi Divini diiudicent, totamque caussam ita agant, ut illustrium et praepotentum d.d. Ordinum Generalium atque ecclesiarum expectationi satisfaciant. Traditis atque examinatus literis fidei, quibus singuli ad hanc synodum ablegati erant designati sunt potioribus suffragiis, praeses d. IOANNES BOGERMANNUS, assessores d. IACOBUS ROLANDUS, et d. HERMANNUS FAUKELIUS, et scribae seu actuarii d. SEBASTIANUS DAMMANNUS, et d. FESTUS HOMMIUS. Praelectae deinceps fuerunt leges illustrium ac praepotentum d.d. Ordinum Generalium, secundum quas hanc synodum celebrandam esse statuerant. Quibus quia mandabatur, ut in causa doctrinae primo loco examinarentur ac deciderentur notissimi Quinque Remonstrantium Articuli, de praedestinatione divina, de universalitate redemptionis, de gratia Dei, de libero hominis arbitrio, et de perseverantia sanctorum, citati sunt ex singulis provinciis pastores aliquot Remonstrantes, qui in causa illa exercitatissimi habebantur, ut sentantiam suam de illis Articulis in synodo proponant, explicent et quantum possunt ac necessarium iudicaverint defendant. Dum hi expectantur, actum fuit interim de quibusdam ecclesiarum Belgicarum gravaminibus, quae spectabant Belgicam sacrorum bibliorum versionem, iuventutis et adultiorum catechizationem, candidatorum sacri ministerii ad illud praeparationem, typographiae abusus, aliaque nonnulla. Cum iam advenissent Remonstrantes et caussa doctrinae iam agenda esset, praestitum fuit ex praescripto illustrium et praepotentum d.d. Ordinum Generalium ab omnibus synodi membris iuramentum synodicum, exceptis pastoribus Remonstrantibus Ultraiectinis, qui quoniam in mandatis habebant caussam Remonstrantium defendendi, se citatis Remonstrantibus adiunxerunt. Remonstrantes citati cum comparuissent, protestabantur se synodum hanc pro legitimo harum controversiarum iudice non habere, ideoque iudicium eius nullum apud ipsos et ecclesias ipsorum pondus habiturum. Protestatio haec autoritate illustrium d.d. delegatorum reiecta fuit, iussique sunt scripto sententiam suam de Quinque Articulis synodo exponere, et considerationes seu animadversiones suas in Confessionem et Catechesin ecclesiarum Belgicarum exhibere. Praestitum hoc ab ipsis fuit; cumque in propositione sententiae suae nonnulla non satis plene et clare proposita esse viderentur, voluit synodus ut ad interrogata quaedam sententiam planius et plenius explicarent. Illi recusabant ad ea respondere, dicentes se non posse a conscientia sua impetrare, ut hunc agendi modum sequerentur. Cumque saepius tum a synodo, tum ab illustribus d.d. delegatis, tum ab ipsis etiam illustribus et praepotentibus d.d. Ordinibus Generalibus iussi, ut ad interrogata responderent, nihilominus in hac recusatione persisterent, ex synodo sunt dimissi. Illustribus et praepotentibus d.d. Ordinibus Generalibus placuit quia responderet recusarent Remonstrantes, ut caussa illorum tum ex Collatione Hagiensi, tum ex publicis eorum scriptis examinetur. Mandarunt etiam Remonstrantibus illustri d.d. delegati, ut si quae haberent ad declarationem aut defensionem caussae suae praeter ea, quae in scriptis publicis proposita sunt, ea scripto comprehensa ipsis exhiberent. Declarationem pleniorem omnium Quinque Articulorum iam exhibuerunt: in adornanda pleniore defensione, cuius partem etiam tradiderunt, adhuc occupantur. Synodus autem ex praescripto illustrium et praepotentum Ordinum Generalium iam aliquamdiu occupata fuit in eruenda atque examinanda Remonstrantium sententia ex scriptis ipsorum tum publicis, tum exhibitis, atque in ea re etiamnum versatur. Hisce absolutis, quod brevi futurum speratur, pergendum erit ad examen considerationum in Confessionem et Catechesin ecclesiarum Belgicarum, et reliquorum gravaminum, quae doctrinam spectant. DEUS Optimus Maximus synodi huius actionibus porro clementer benedicat ut cedant omnes ad nominis sui gloriam, ad veritatis evangelicae illustrationem, confirmationem, et propogationem, atque ad ecclesiarum pacem ac aedificationem. Amen.

16. *Effigiatio Synodi Nationalis Inchoatae Dordrechti Anno M D cxix In quo loca tam Delegatorum Illustriss. ac praepotentum D.D. Ordinum Generalium Foederatarum Provinciarum, quam exterorum Professorum ac Ministrorum, atque dictarum Provinciarum, graphice delineatae exhibentur.*

Etching, gravure and book print, 555 mm × b 364 mm. – Rijksmuseum Amsterdam, object number RP-P-OB–77.282.

Description: This document was dedicated to the States General. Under the Latin inscription is a print of the synod in full session with all participants indicated by numbers or letters. This is the only early print that identifies where each participant was seated. The print maker is unknown.

A separate legend under the image lists the corresponding names under the heading: "Afbeeldinghe des Synodi Nationael. Met de sit-plaetsen der E.E. Hooch-Moghende H.H. Staten Generael, als in Heemsche ende uyt Heemsche Professoren ende Predicanten, gehouden binnen Dordrecht. 1619." This name list is based on the Verhagen ed. of the *Naem-register* (no. 12), and the

Latin *Auspicium* (no. 15), but personal titles are often abbreviated. In the print, de Witt is seated beside Muys van Holy, so that there are 19 state delegates pictured; however, in the legend de Wit is listed as a substitute for Muys. Among the foreign theologians, Balcanqual and Goad are listed, while Hall is omitted. Under Nassau, only Alsted and Fabricius (arrived 11 March to replace Bisterfeld) are mentioned. Among the Dutch delegates, van Hell is mentioned as "dead." Aysma, who arrived 15 February to replace Idzerda, is listed, but at the same time (following the *Naem-register*) Lolingius (who never attended due to illness) is still mentioned, while his replacement Homerus (arrived 5 December) is omitted. Van Essen and Angelocrator are both mistakenly listed as "dead," but Canterus is listed without a note about his death on 24 April. The 3 Utrecht Remonstrant delegates are still listed with the Utrecht delegates and are seated with them in the print; the two ministers among them are not listed with the cited Remonstrants. So only 13 cited Remonstrants are listed, and also shown around the table in the print. This information points to a publication date after the arrival of Fabricius on 11 March, and probably before 24 April, since Canterus' death is not mentioned.

17. *Synodi Dordracenae Delineatio*

Gravure with heading in capital letters and with text blocks. Muller 1337a. Description: The print of the synod was made by François Schillemans with privilege to exclusively print it from the States General. Schillemans (1575(?)–ca. 1622) was an engraver from the city of Middelburg.[14] During the first week of the synod in November 1618, Schillemans drew a sketch of the synod. "He recently went to Dordrecht and there observed the national synod in session, which he has artistically drawn with the intention of printing an engraving in honor of these lands."[15] To prevent the reproduction of his print, Schillemans requested the help of the States of Zeeland to obtain a patent from the States General against copying and selling his print for a certain period. Zeeland approved this and requested their deputies to the States General to support such a patent. On 26 November, the States General granted Schillemans an exclusive patent for four years to print in the Dutch Republic his sketch or drawing of the national synod, engraved in copper, with a prohibition against copying his work, subject to a fine of 300 guilders. On 19 January 1619, at his request, the States General reapproved the patent

---

[14] On Schillemans, see S. Schillemans, "François Schillemans, zijn gravure van de Nationale Synode 1618–1619 en zijn overig graveerwerk tijdens het Twaalfjarig Bestand," in P. Koops et al., *Leeuwendeel* (Delft: Gemeentelijke Archiefdienst Delft, 1992), 67–95.

[15] Letter of the Gecommitteerde Raden of Zeeland to the deputies to the States General, 22 November 1618, in Zeeuws Archief, Staten van Zeeland, inv. nr. 3182.

for the drawing of the synod prepared by Schillemans and ready to be engraved in copper. This time the fine for copying his work was raised to 1000 guilders, but this did not prohibit others from printing and publishing their own work. It was not until March or April that Schillemans' drawing was actually printed. On 14 May, the States General decided to grant Schillemans an honorarium of 50 guilders for dedicating his print to the States General. Then on 19 September, the States General paid Schillemans a sum of 214 guilders 10 stivers for 83 paper copies, at 30 stivers each, of his print of the synod ordered by the state delegates at Dordrecht, as well as 6 satin copies, at 15 guilders each, ordered by the States General.[16]

The print shows the synod in full session (mistakenly catalogued as the "opening" session) with both participants and spectators (with a dog as a distinctive feature). It shows 18 state delegates, 26 foreign delegates, 5 Dutch professors (including Lubbertus), and 15 Remonstrants around the center table. There are five benches with 5 Dutch delegates (not including the 5 officers at the presiding table), and three benches with 6 Dutch delegates. The Drenthe bench has just 2 delegates. The Utrecht bench also has only 5 delegates (elder Helsdingen had gone home), including the 2 Remonstrant ministers who are also shown seated with the cited Remonstrants. The French benches are empty. The benches and tables are numbered, which correspond to the legend, consisting of three columns with names to the right of the image. The name list includes 18 state delegates, plus the substitute de Witt; 26 foreign delegates, plus 2 replacements (Goad for Hall and Fabricius for Bisterfeld); the 5 Dutch professors; 56 Dutch delegates (including the 3 Utrecht Remonstrants), plus 2 replacements (Aysma for Idzerda and Homerus for Lolingius); the 5 officers, and 15 Remonstrants (including the 2 Utrecht ministers). The death of van Hell is also mentioned.

The name list is based on the *Auspicium* (see above no. 15), with the same names, but some details are added and words on many personal titles are abbreviated. The *Delineatio* dates from after 11 March (when Fabricius arrived) and after the publication of the *Auspicium*, and perhaps before 24 April (since the death of Canterus is not mentioned). It was certainly published before 14 May, when the States General decided to give Schillemans an honorarium for the dedication of the *Delineatio*.

Two columns to the left of the image have a Latin ode by Pieter Lansbergen and a Dutch poem by Jacob Cats. The text under the picture: "Cum privilegio," and under the name list: "Middelburgi, ex Typographeio Iohannes Hellenii, Anno 1619." The *Delineatio* was dedicated by Schillemans to the States General, Prince Maurice and the state delegates.

[16] See States General resolutions, 26 November 1618 and 17 January 1619, nos. II/1.1–199 and II/1.1–231; also 14 May and 19 September 1619, RSG NR, 4:244. The 14 May resolution about Schillemans unfortunately was not included in RSG NR, 4:124, but is summarized here from The Hague NA, S.G. 3178, 259v.

Dedication

Illustrissimis ac Praepotentibus Ordinibus Generalibus Confoederatarum
   Provinciarum,
Mauricio D.G. Principi Auraico, comiti Nassouiae, &c., Gubernatori & Prae-
   fecto Confoederatarum Provinciarum, Archithalasso Belgii, & Equiti Regii
   Ordinis Iarterii;
Nec Non Nobilissimis ac Amplissimis, Illustrissiorum ac Praepotentum Or-
   dinum Generalium
DD. ad Synodum Delegatis Opus hoc merito Dat, Dicat, Dedicat,
Franciscus Schillemannus, Middelb.

Ode by Pieter Lansbergen

In Synodum Nationalem Dordracenam
Petri Lansbergii
Ode.

Hospes, Daedalea conspicis hic manu
Caelatam Synodum, quae tibi divitis
Offert ingenij tot Capita! Exteris
Huc accita plagis; queis sapientiae
Pallas dona dedit munificentior,
Nec Graio aut Latio dedita sanguini,
Vt quondam, reliquis invida Barbaris.
Virtutis via non impenetrabilis
Est usquam. Nihil est finibus Atticis
Permansisse diu, nil Heliconiis
Discurrisse vagum motibus, est ubi
Medus trux equitant, & celeri fuga
Parthi terribiles; est ubi Barbaras
Oras Oceanus lambit Athlanticus
Noscendi studium. Nec Aquilonios
Frigus continuum, & perpetuae nives,
Nec quos oppositis sol radiis nigrat
Indos, assiduus destituit calor,
Ut non Herculeis abdita Palladis
Intrarint studiis in penetralia,
Solis usque locorum, inviasegnibus.
Hoc te, grande tui, MAGNE Britanniae

REX, saecli columen, rebus in arduis,
Tutorem Batavis fecit; & arbitrum
Talis dissidii, quale neque OEdipi
Centum, nec totidem carmina Delphica
5 Extricasse queant. Et Generum tua
Magnum Progenie, relligio sacri
Movit faederis, ut praesidium Virum
Doctorum Batavis mitteret accolis
Uenistis Rhodano finitimi Quadi,
10 Doctarumque parens prodiga frontium
Geneva, insidiis saepe Sabaudicis
Tentata. & celebres Nassovii Duce.
Nec Cattos veteres continuit mora;
Nec quondam Arminio Principe nobiles
15 Cheruscos, Latiis militibus, truci,
Caesis Quintilio cum Duce, dextera.
Ut dicam brevibus, quidquid ab exteris,
Acciri potuit, quicquid ab incolis
Belgis ingenii prodiit ullibi,
20 Aut quoscunque alibi haud degeneres sibi
Natos ediderat Sacra Scientia
Quos nec Concilii Magne rubesceres
Constantine tui Patribus addere;
Illustûm auspiciis protinus Ordinum
25 Convenere tuis moenibus, vrbs, tui
Dordracena decus nominis arduum.
Felix Belgicus est incola! Cui Boni
Tot, divulsa malis, heu! Querimoniis
Certant membra suo iungere corpori.
30 O si perpetuum faxit Olympicus
Hoc pacis studium Rector! & in DEO
Exultare meis det popularibus!
O si irrupta siet copula! Nec novus
Suprema hic citius cedat amor die!
35 Quod si Mauricii spiritus igneus,
Et caelum repetat serius, & diu
Hosteis Hesperios terreat, & fuget,
Sublimi feriam sydera vertice.

Poem of Jacob Cats

Ghedicht op de gedenck-weerdighe Nationale Synode, gehouden tot Dordrecht, Anno 1618 ende 1619.

ALS *Christi* weerde Leer was in haer teere jaren,
En datmen eerst begonst de Volcken te verclaren 5
Des Hemels nieu verbont, des Heeren goeden wil,
Ontstont in d'eerste Kerck een kerckelijc verschil:
Den desen was gesint de menschen te besnijden,
Den genen woud' het volck van 't oude Iock bevryden,
Elck bracht zijn reden by, tot dat den nieuwen twist, 10
Door oordeel van de Kerck ten laetsten wert geslist.
Het oordeel vande Kerck in Kerckelijcke saken,
Op Godes Woordt gegront, is om een eynd te maken
Van dwaling' inde Leer, die nu en dan ontstaet,
Als s'menschen swack vernuft sich hier of daer ontgaet. 15
Doen nu des Heeren Woort soo verre was ghecomen,
Dat d'Overheyt des Lants, 't Geloof hadt aengenomen,
Quam Arrius ter baen, en storte lancx om meer,
Door *Constantini* rijck, sijn ongesonde leer,
Den Keyser dacht voor al van sijnen plicht te wesen, 20
Te vanden *Christi* Bruyt, haer wonden te genesen,
Beroupt daerom, tot rust der Kercken int gemeen,
De Dienaers van het woort te *Nicen* al by een,
Hy selfs een vant ghetal comt sitten int gerichte,
Hier wert de nieuwe leer ghehanghen int gewichte, 25
En nae dat langhe tijdt op alles was gelet,
Bleef Christus die hy was, en Arrius verset.
Een kerckelijck besluyt, van t'saem gevoechde stemmen,
By d'Overheydt versocht can Werre-gheesten temmen:
Is 't richt-snoer van 't vernuft, den rechten bant van als, 30
Waer onder Eyghen-sin moet buygen haren hals.
Daer is onlancx gheleen een Tuymel-gheest ghevloghen
Int midden van het Landt, die heeft daer uyt-gespogen
Verwerring diep-ghesocht, een dochter van de Nacht,
Die ons vereenicht Lant in tweedracht heeft gebracht. 35
Den vrient twist met sijn vrient, den broeder met sijn broeder,
Den Vader met den Soon, de Dochter met de Moeder,
De Staet helt naer het sweert, de Kercke nae den ban,
Het gantsche Lant dat swiert gelijck een droncken man.
De Vaders van het Landt, der Kercken *Voester-heeren*, 40

Sijn neerstich in de weer om ongemack te keeren,
Men raet-slaecht alle daech, men souckt aen elcken kant
Wat datter dient ghedaen, tot ruste van het landt.
'T heeft u Man-haftich hart, *Nassouschen Helt*, verdroten,
5 Ons Vader-landt te sien van alle kant beschooten
Met pijlen vande Twist: ons lieve Vader-landt,
Voor 't welc 't *Nassousche* bloet sich dicmael heeft verpant:
Ghy gaet daerom ghestaech in dijn ervaren sinnen
Beramen, hoemen mocht den wrevel-moet verwinnen,
10 U hart is staech beducht, u gheest is ongherust,
Hoe dit onsteken vier mocht werden uyt-gheblust.
Men vint ten lesten goet den Raet van alle Kercken,
In eenen Raet vervat, hier op te laten wercken:
Hier toe wert, door u hulp, bequamen Tijdt beraemt,
15 D'Wt-schrijving wert gedaen, de Plaetse wert genaemt.
Daer *Dordrecht* leyt om-ringht met vierderley rivieren,
Die om haer hooghe vest met versche stroomen swieren,
Een Eylandt end' een Stadt: daer is het open velt
By d'Overheydt voor elck tot t'samen-comst gestelt.
20 Hier hebben hun voor eerst in goet ghetal ghevonden
Die onsen *Vryen Staedt* heeft in haer plaets Gesonden,
Vol weerdicheyt, en glants, vol trouwe, vol bescheyt:
Op dat door hun bestier de sake wiert beleydt.
Terstont vloeyt herwaerts aen, uyt veelderhande landen,
25 Een segen-rijcke beeck van wonderbaer Verstanden,
Vol van een hoogen geest, vol Goddelijcker cracht,
Vol helder licht, bequaem te schijnen inde nacht.
Indiender yemant is begeerich om te weten
Hoe alles ginck te werck, waer yder heeft ghesiten,
30 Wat is u dat van nood uyt woorden te verstaen?
Dit werck can, metter daet, u alles wijsen aen.
Dit werck, dit aerdich werck, dat *Zeelant* heeft gegeven,
Ghesneden nae de cunst, gheteykent naer het leven,
Beelt u ten vollen aff, ghelijck ghy voor u siet,
35 De Sit-plaets en t'Ghebou, daer alles is gheschiet.
Soo haest als yder was aen dese plaets ghetreden,
Den aenvang van het werck, is vasten en ghebeden,
Ten eynde Godes Gheest, gheseghen uyt de locht,
Op yders hert, en tong, sijn segen storten mocht.
40 Gods Woort, Gods suyver Woort, geen menschelijcke vonden,
Is salf, en heylsaem cruyt voor Kerckelijcke wonden.
Daerop wert hier gheboudt, dat steltmen hier alleen

Tot eenen vasten gront, en onbesweken steen.
Hier is by een te sien de Bloem van alle landen,
Die niet en zijn gheboeyt met pauselijcke banden,
Het Merch van clouck vernuft, de Geest van diepe leer,
Des Aertrijckx edel Zout, des werelts Licht en Eer. 5
Hier brenght een yder voort, al wat hy heeft van binnen,
De gaven van sijn gheest, de schatten van sijn sinnen,
Den rijck-dom van sijn hert, de vruchten van sijn mont,
En watter oyt een mensch in s'menschen boesem vont.
Wanneermen op hun beurt hoort spreken al de *Vaders*, 10
Wat voor een wonder cracht ontsluyt des herten aders,
En dringt in ons ghemoet! Gods lof sy hooch vermelt,
Die in sijn weerde Kerck al sulcke lichten stelt.
Wie dat hier comt ontrent siet als een beke vloeyen
Van honich-soete tael, voelt in sijn herte gloeyen 15
Een onghewoonlijck vyer, een gheestelijcken brandt,
Voelt als een helder licht op-gaen in sijn verstandt.
Ghy moest nu, mijn Vernuft, hier werden aengedreven
De *Vaders* elck by naem haer eygen lof te gheven,
Maer neen, ten mach niet zijn: ghy moet haest swijgen stil, 20
Door faute vande plaets, en niet van goeden wil.
Nu *Vaders* zijt ghegroet, den *Staet* van dese Landen
Prijst uwe trouwe daet, en biet u danckbaer handen,
Wenscht, dat dit goede werck mach doen alsulcken vrucht,
Dat Twist, en swarte Nijt mach tijden op de vlucht: 25
Wenscht, als met eene stem, dat al des Landts gemoeden,
Niet als een sachten geest, en liefde moghen voeden,
Wenscht, als met eene stem, dat over al voortaen
Een broederlijcke gunst by yeder mach ontstaen.
Nu *Vaders* zijt gegroet: de *Harders van de Kercken* 30
Verlanghen om te sien de vrucht van uwe wercken,
Verlanghen om te sien, Gods vyandt tot een spijt,
De Nederlantsche Kerck van wrevel-moet bevryt.
Nu *Vaders* zijt ghegroet, *Wy* loven uwe daden,
Wy sien in u besluyt een teycken van ghenaden, 35
De stilte van het volck, een vriendelijcken bant,
De haven vande rust, de vrede van het landt,
En even wel nochtans (vergheeft ons dese reden)
En even wel soo is het slot van ons ghebeden,
Dat God sijn heylich werck alsoo hier laet ghedien, 40
Dat wy in desen standt u hier niet meer en sien.
I. CATS.

18. Second version of *Synodi Dordracenae Delineatio*

Gravure with heading in gothic letters and without text blocks. Muller 1337b. Description: The image is identical to the previous one (no. 17), but the text blocks are missing. The text under the print has been extended to "Cum Priuilegio Ordinum Generalium in Sexennium" (with privilege of the States General for six years). There is also a variant without a heading and even a copy without a heading and caption.

19. Third version of *Synodi Dordracenae Delineatio*

Gravure with heading in gothic letters and with text blocks. Muller 1337c. Description: This print is identical to the second version (no. 18), but it includes the text blocks of the first version (no. 17), with the names of participants, the ode of Lansbergen and the poem of Cats. Moreover, the text under the image has been extended again to "I.P. van de Venne excu. Middelburgensis Cum Priuilegio Ordinum Generalium in Sexennium." This refers to Jan Pietersz. van de Venne (d. 1625), a painter in Middelburg. There is a variant with a different (tighter) layout and framing of the text.

20. *Oratie over het Synodi Nationael, gehouden binnen Dordrecht midtsgaders Des selven Oordeel, over de bekende vijf Hooftstucken der Gereformeerde leere, deser vereenichde Nederlantsche Kercken, door D. P.* [= David Pareus] *uyt den Latijn: in 't Nederduyts overgeset. Ghedruct tot Leyden, voor Isaac de Beer, Ann. 1619.* Colophon: Met pryvilegie, Tot Dordrecht gedruct by Izack Ianssz Canin ende zijne medestanders 1619.

32 pages; format: 4°; collation: A-D4; fingerprint: 161904 – b1 A2 nt : b2 D2 't$m – STCN record number 832399884.

Description: The oratio of David Pareus was first presented in Latin at Heidelberg University on 1 February 1619. In this edition of the Dutch translation, the same print of Geelkercken (see no. 11), this time with empty benches for the French delegates, reappeared on the title page of the *Oratie*. This third Geelkercken print does not match the details of the attached name list. In the print, Lubbertus and Balcanqual are omitted, three persons are seated on the bench of Brandenburg and Nassau, and 14 Remonstrants are seated around the table. This loosely reflects the situation soon after the Remonstrants arrived on 6 December.

This edition includes an updated name list. The names and titles are listed in Latin, independent of the lists in the *Nomenclator* and the *Auspicium*. The order of names is different than in other name lists: officers, foreign delegations, Dutch professors, Dutch delegations, state delegates, and cited Remonstrants. Among the ecclesiatical delegates, omitted are the names of Hall (left 17 January due to illness), Bisterfeld (died 18 January), van Hell (died 27 November), the three Utrecht Remonstrant delegates (joined the cited Remonstrants on 10 December), Canterus (died 24 April), Idzerda (died 22 December), van der Sande, and Lolingius (never appeared due to illness). Added are Balcanqual (arrived 20 December), Goad (arrived 17 January to replace Hall), the Nassau delegates (arrived 17 December), Fabricius (arrived 11 March to replace Bisterfeld), Aysma (arrived 15 February to replace Idzerda), and Homerus (arrived 5 December to replace Lolingius). Only 15 state delegates are listed, with the omission of van den Honert and Cromhout (who had not yet appeared), van Hemert, and the substitute de Witt. It is to be noted that on 20 February the States General appointed state delegates van Essen, Muys van Holy, Cromhout, van Hemert, and ecclesiastical delegate van der Sande as judges in the cases of Oldenbarnevelt and the other prisoners, which were conducted in the spring of 1619. The full list of 15 cited Remonstrants includes the two Utrecht Remonstrants. This name list reflects the synod after 24 April, when Canterus died.

The name list begins with this introduction:

Het beginsel des nationaels synodi was inden name onses Heeren ende Salichmakers Jesu Christi, ende is gehouden na syn gheboorte, anno 1618 den 13 November.

Aleer wy den goetgunstige leser dese oratie voordragen so hebben wy voorgenomen v. l. aen te wijsen in wat gestalt die sit-plaetsen des synodi nationael geweest zijn, als volgt met A. B. C. op den tijtel aengewesen.

A. syn die edele eerentfeste heeren ghecommitteerde van wegen de Hoochmogende Heeren Staten Ghenerael also uyt Gelderlant, Hollandt, Zeelant, Utrecht, Vrieslant, Groeningen ende Over-yssel.

[Then a key continues with the letters B-Z to indicate the benches for each delegation on the print.]

21. Commemorative Medallion

Description: On 22 March 1619, the States General – upon the instigation of their state delegates in Dordrecht the day before – decided to produce a gold medallion in 28 copies to be handed to the foreign theologians upon their departure after 9 May.[17] The medallion was coined by Willem van Bylaer at Dordrecht. On the frontside, he presented the image of the synod patterned after the print of Schillemans. Later, van Bylaer made silver copies for the Dutch delegates,[18] and more copies (in silver and bronze) for commercial

---

[17] States General resolutions, 22, 24 March, 18, 27 April 1619; RSG NR, 4:75, 77, 102, 109.
[18] States General resolutions, 17, 19 May, 18 July 1619; RSG NR, 4:130, 131, 183.

purposes. Surviving copies in public or private collections show slight differences among the various medallions in the synod's image, and on the reverse side (pilgrims on Mount Zion, Psalm 125) as well. Most distinctive is the dog among the spectators: some coins have it, others do not.

22. Print of the Dordrecht Printers Consortium

Description: In the spring of 1619, eight printers in the city of Dordrecht formed a consortium in order to share the upcoming investments for printing the proceedings of the synod. In various editions of the Judgment (Canons) on the Arminian doctrines and related popular publications in Dutch, Latin and French, a new print of the synod appeared on the title page. The print maker is unknown. Distinguishing features are the canopy above the benches of the British delegation, the shadows on the floor of the tables and benches, and a Walloon delegate holding up his hat.
One version of the Dordt print appeared in several publications, including:

– *Iudicium Synodi Nationalis* (Dordrecht: Berewout & Bosselaer, 1619)
– *Iugement du Synode National des Eglises Reformees du Pays-Bas* (Dordrecht: Berewout & F. Borselar, 1619)
– *Belydenisse des Gheloofs der Ghereformeerde Kercken* (Dordrecht: F. Borsaler, 1619)
– *Confession de Foy des Eglises Reformées du Pays Bas* (Dordrecht: Vincent & Borsaler, 1619)
– *Acta Synodi Nationalis* (Dordrecht: Canin, 1620)
– *Acta ofte Handelinghen des Nationalen Synode* (Dordrecht: Canin, 1621)

This version shows 18 state delegates and their secretary, 28 foreign delegates (with the French benches empty), 5 Dutch professors, 51 Dutch delegates, the 5 officers, 14 Remonstrants (one standing), and 6 spectators behind the fence.

23. Second Print of the Dordrecht Printers Consortium

Description: The second version of this print shows the horizontal beams on the ceiling of the room used for the catrol system of the synod president and the president of the states delegates, not on the left side on the image, but – incorrectly – on the right side.
This version shows 18 state delegates and their secretary, 28 foreign delegates (with the French benches empty), 4 Dutch professors, 60 Dutch delegates (one standing in the back bench), the 5 officers, 13 Remonstrants, and 5 spectators.

This version appeared in these publications:

- *Oordeel des Synodi Nationalis* (Dordrecht: Canin, 1619)
- *Oordeel van het Synodus Nationael* (Dordrecht: Berewout, 1619)

24. *Effigies D. Iohannis Bogermanni Praesidis Synodi Dordracenae Habitae Anno 1618 et 1619.*

Description: In 1620, Pieter Feddes van Harlingen, engraver in the city of Leeuwarden, made an etching of Johannes Bogerman as president of the Synod of Dordt, 1618–1619. On the background of his portrait, a picture of synod is seen on the wall. The image looks like the second print of the Dordrecht book printers (no. 23). Under the heading are the following lines in Latin and Dutch:

Ne magnam tenui mentem metire tabella;
Nulla capit tantum charta refertque virum.
Orantem stypuit Doctorum Amelissima Sedes,
Autoritaque sacros combibit aure sonos.
Et dixit: felix Ecclesia Praeside tanto,
Felix Urbs Frisii Clara Leone Soli.

De hooch begaefde Ziel, van dees verlichte Man,
Op doeck, bord', noch pampier, gheen hand af beelden can,
Want met verwondring al de Hooch Geleerd' aenhoorden
Opt Synodo sijn reen, sijn Goddeliicke Woorden,
Elck seijde: Nederland is hooch door hem gheeert!
Gheluckig is ons Kerck, waer voor hij praesideert.

[The highly gifted soul of this enlightened man,
On canvas, paper, board, can be sketched by no hand,
Since with wonder all the highly learned heard
At the Synod his speeches, his divine words,
Everyone said: by him the Netherlands is highly honored!
Happy is our church, for which he is presiding.]

The final line reads: "Petrus Harlingensis ad vivum Pinxit, Sculp. et Excud. 1620."

25. Painting of the Synod by Pouwels Weyts

Description: In 1621, the treasurer of the city of Dordrecht paid 84 pounds to Pouwels Weyts to deliver a painting of the synod. The painter can be identified as Pouwels Weyts de Jonge, then living in Delft, the son of Pouwels Weyts de Oude, who worked in Dordrecht and died there between 21 September and 27 November 1618. The painting (hanging in the town hall for centuries, and now exhibited in the museum Het Hof van Nederland at Dordrecht) is clearly inspired by the prints of François Schillemans (see nos. 17–19), but differs (apart from the coloring) in some details, in particular the presence of four women among the spectators behind the fence.

Name Index

Abbot, George (1562–1633)
Archbishop of Canterbury
322, 325–327, 332–334, 345–347, 725–726

Aerssen, Cornelis van (1543–1627)
Griffier to the States General
3, 16, 63–64, 93, 108–109, 112–113, 197, 283, 320, 339, 342, 349, 383, 420, 442, 444, 492, 509, 532, 625, 675, 697, 707, 727

Aerssen, François van (1572–1641)
Jurist, statesman and diplomat, son of Cornelis van Aerssen
175, 180, 197–201, 211, 213, 248–249, 384, 418, 421, 426–427, 452, 463–464

Aitzema, Foppe van (c. 1580–1637)
An agent of the States General at the Hanseatic League since 1616, and settled in Lubeck
87, 320, 472–473

Albert VII (1559–1621)
Archduke of Austria
550, 566, 571, 576

Alexander of Hales (1170–1245)
Franciscan theologian
353

Alsted, Johann Heinrich (1588–1638)
Prof. of theology, Herborn (1610–1629), delegate from Nassau-Wetteravia
258, 627–629, 631–633, 641–649, 655–658, 665–668, 670–672, 766

Alting, Johann Heinrich (Henricus) (1583–1644)
Prof. of theology at Heidelberg (1613–1622), at Groningen (1627–1644), son of Menso Alting, delegate from the Palatinate, contributor to the Dutch Bible translation
218–221, 480, 485–486, 488, 490, 562, 574, 619, 726

Andrewes, Lancelot (1555–1626)
Eminent theologian and court preacher, appointed bishop of Ely in 1609, bishop of Winchester and dean of the chapel royal in 1619
326, 336–337

Angelocrator, Daniel (1569–1635)
Minister in Marburg (from 1607), superintendent of Upper Hessia, delegate from Hesse
223, 516–517, 519, 521, 524, 766

Anne, Infanta of Spain (Anne of Austria) (1601–1666)
Daughter of king Philip III of Spain, married Louis III of France 1615
453

Aquinas, Thomas (1225–1274)
Dominican friar, Roman Catholic priest, medieval scholastic philosopher and theologian
353, 662

Arius (c. 250/256–336)
Priest in Alexandria, heresiarch
543

Arminius (Hermanszoon), Jacobus (1560–1609)
Prof. of theology, Leiden (1603–1609), founder of Dutch Remonstrant movement
309–311, 350, 529, 549–551, 562, 564, 769

Aryensz (Adriaensz Nieuland), Bruyn (d. 1626)
Member of Vroedschap of Schiedam
120

Atsma, Rienck (d. c. 1624)
Deputy to States General from Friesland, one of the judges of Oldenbarnevelt
25

Aubéry du Maurier, Benjamin (1566–1636)
French ambassador to Netherlands
153, 156, 161–162, 174, 180, 186, 189, 198–199, 211, 248, 256–257, 333, 386, 388, 392–394, 396–403, 406, 408–412, 414–418, 420–421, 423, 425–428, 446, 449, 451, 456–457, 463

Augustine (354–430)
Church Father
294, 353

Aylva, Tjaard (Tjaert) van (d. 1628)
Delegate from Friesland and member of the admiralty, married to Jets van Aylva
25, 202–206, 248, 250–252

Aysma, Taecke (Taco ab) (1574–1626)
Elder of Burgwerd, Hichtum and Hartwerd, replaced Meinert Idzerda at synod, ecclesiastical delegate from Friesland
762, 766–767, 774

Balber, Hans Heinrich (1595–1650)
Member of the Zurich city council
567

Balcanqual (Balcanquhall), Walter (c. 1586–1645)
Fellow of Pembroke Hall (Cambridge), master of Savoy Hospital in the Strand (1617–1618 and 1621–1641), British delegate on behalf of Scottish churches
259–260, 757, 759–760, 762, 766, 773–774

Bas, Dirck (1569–1637)
Merchant and magistrate in Amsterdam, director of VOC, deputy from the city Amsterdam to States General
120

Baumbach, Johann Balthasar (d. 1622)
Prof. of Hebrew (from 1605) and Greek (from 1609), Heidelberg, stand-in for Abraham Scultetus during the latter's absence
490

Beale, Robert (1541–1601)
Diplomat of Elizabeth I, puritan
295

Beck, Sebastian (1583–1654)
Prof. Basel (since 1612), Swiss delegate from Basel
218–219, 604, 606–610, 613, 619, 621, 746, 752

Bellarmine, Robert (1542–1621)
Roman Catholic theologian and polemicist, Jesuit
490

Bemmel, Diederick (van) (d. 1652)
Deputy to the States General from Gelderland
10

Berck, Johan Matthijsz (1565–1627)
Magistrate in Dordrecht, ambassador
237–238

Bertius (de Bert), Petrus (1565–1629)
Flemish Remonstrant theologian, geographer and cartographer, regent of States-College, Leiden
292, 327, 355, 661

Beza, Theodore (1519–1605)
Successor to Jean Calvin in Geneva
287, 539, 577

Biesman, Christoffel (1557–1626)
Burgomaster of Nijmegen
37, 39, 42, 50, 53–54, 62, 65, 67

Bisterfeld, Johannes (c. 1565–1619)
Court chaplain in Siegen, prof. (1594–1619) and rector and inspector (1597–1619) at Siegen, died during the synod, delegate from Nassau-Wetteravia
258, 668, 670–672, 762, 766–767, 774

Bloemaert, Herman
Deputy to States General from Overijssel, living in Hasselt
25–26, 28

Boecholt (Boeckholt), Nicolaes van (1588–1624)
Deputy to the States General from Overijssel, member of city council of Deventer
25–26, 28

Boelens (Boelius, Boelisz), Jacob (1554–1621)
Burgomaster of Amsterdam (several times, including 1618–1619), state delegate from Holland-Westfriesland
737, 739, 752

Boetzelaer, Gideon van (1569–1634)
Lord of Langerak, Dutch diplomat in France
87, 108–109, 144, 153–156, 169, 171, 179, 182, 184, 190, 199–202, 209–211, 213, 222–225, 248–250, 254, 261, 263, 320, 383, 422, 428, 430–433, 435–439, 442–444, 452–454, 457–459, 461, 463, 465–466, 468–471, 557–558

Boetzelaer, Gijsbert van den, lord of Leeuwen (c. 1580–1628)
Deputy to the States General from Gelderland
106, 160, 182–186, 259–261, 263–264, 487–488, 715

Bogerman, Johannes (1576–1637)
Minister in Leeuwarden (1604–1636), president of the synod, ecclesiastical delegate from Friesland, contributor to the Dutch Bible translation
272, 341, 528–530, 731, 764, 776

Boissise, Jean de Thumérie, seigneur de (1549–1623)
French ambassador
144, 154–156, 161–162, 164, 169–171, 173–175, 180–181, 183–184, 186, 188–189, 192–194, 197–202, 211, 213, 248, 256–257, 340, 358, 386, 388, 422–424, 428–430, 435–437, 440–441, 444–447, 449, 451–452, 454, 456–457, 463, 554, 557

Bolleman, Sebastiaen (d. 1649)
    Member of Vroedschap Schiedam, deputy to States General from North-Holland
    120
Boots, Isaak (d. 1634)
    Reformed theologian, minister of the Dutch community at Hanau (from 1605)
    635, 641, 644
Borchorst (Berchorst), Caspar (Casper ter) (b. c. 1576)
    Magistrate in Kampen, burgomaster, deputy to the States General
    67–68, 70, 157–158
Borre (Borreus), Adriaen van den (1565–1630)
    Remonstrant minister in Leiden
    551, 661
Both van der Eems, Jacob (c. 1550)
    Deputy to States General from Gelderland
    214–215, 217–223
Bott, Philipp (d. 1637)
    Doctor of law, councillor in service to Catharina Belgica of Nassau at Hanau
    633–637, 639–641, 643–649, 657–658
Brederode, Pieter Cornelisz van (c. 1588–1637)
    Dutch diplomat in Germany
    87, 156, 160, 166–167, 172–174, 181, 183–184, 186, 202–204, 218–219, 236, 275, 320, 342–343, 445, 473, 475, 477, 480–483, 495–496, 502–503, 506–509, 511, 513, 515, 534, 554–555, 558, 560–561, 563–564, 566–568, 574, 577–578, 581, 589, 600–601, 618–619, 622, 670, 677–678, 688, 691–693, 737
Brederode, Reinoud van (1567–1633)
    Lord of Veenhuizen, son-in-law of Johan van Oldenbarnevelt
    292
Brederode, Walraven van (c. 1596–1620)
    Baron of Vianen, viscount of Utrecht, Lord of Ameide and Nordeloos, state delegate from Holland-Westfriesland
    274–277
Breitinger, Johann Jakob (1575–1645)
    Antistes of church of Zurich, Swiss delegate from Zurich, kept a journal of the synod
    218–219, 528–530, 600–604, 606–610, 613, 619–620, 622–623, 751
Brienen, Hendrik van (d. 1620)
    Heer van Zwaluwenberg, burgomaster of Harderwijk
    37, 39, 44, 50, 53–54, 62, 65, 67, 89–92, 326
Browne, John
    Officer of the Duke of Lennox
    303, 305, 315

Bruynink (Bruynincx), Luytgen Albrechts
    Secretaris of Enkhuizen, deputy to the States General from Holland
    119–120
Brûlart de Sillery, Nicolas (1544–1624)
    Keeper of the seals in France
    459
Brûlart, Pierre (1583–1640)
    Viscount of Puysieux and marquis de Sillery, State Secretary of Foreign Affairs of Louis XIII between 1606 and 1624
    250, 392–400, 402–403, 406–409, 411–415, 417–418, 420–421, 423, 425–426, 428, 452, 460, 465, 468
Bucerus, Gerson (c. 1565–1631)
    Minister in Veere
    340, 355, 357, 364, 373, 375, 384
Buckeridge, John (1562?–1631)
    Appointed bishop of Rochester in 1611
    326, 336–337
Buckingham, George Villiers, earl and marquess of (1592–1628)
    Court favourite of James I, made earl (1617), marquess (1618) and finally duke (1623) of Buckingham
    314–315, 372
Bullinger, Heinrich (1504–1575)
    Antistes of church of Zurich
    287, 535, 537, 566, 571
Burmania, Taco van (c. 1560–1619)
    Deputy to the States General from Friesland
    9, 22–25, 29, 49, 60–61, 63–66, 70, 95, 169–172, 442
Bylaer, Willem Gerritsz van (1580–1635)
    Medallist at the mint of Dordrecht who crafted the coins given to the delegates at the Synod
    774
Börstel (Borstel), Ernst von (d. 1623)
    Director of the Collegium Adelphicum Mauritianum at Kassel and privy councillor to landgrave Moritz
    518
Calandrini, Jean-Louis (Giovanni Lodovico) (1585–1656)
    Brother-in-law of Bénédict Turrettini
    692, 694
Calandrini, Philippe (1587–1649)
    Brother of Jean-Louis Calandrini, merchant in Amsterdam
    694
Calvin, Jean (1509–1564)
    Reformer
    287

Campen, Jacob van (1573–1625)
Member of States of Zeeland (1598–1625), state delegate from Zeeland
219–220

Canterus, Lambertus (1569–1619)
Council member and elder of Utrecht, died during the synod, member of Contra-Remonstrant ecclesiastical delegation from Utrecht
766–767, 774

Carleton, Dudley (1573–1632)
English diplomat, ambassador to the United Provinces (1616–1625), cousin of British delegate George Carleton
4–5, 28–30, 60, 64, 70–71, 73, 75, 84–86, 88–89, 91–95, 99, 101–105, 175–176, 180, 182, 197, 207–208, 211–212, 229–231, 234–235, 259, 272, 300, 303, 305, 309, 313, 316–318, 320–323, 325–326, 328, 331–337, 339–342, 344–345, 347–348, 352, 355, 358–360, 362, 365, 367, 372–373, 377, 381–382, 384–390, 694, 751–752

Carleton, George (1557/58–1628)
Bishop of Llandaff (1617–1619), bishop of Chichester (1619–1628), British delegate
212, 229–231, 351, 362, 366, 377–378, 381–383, 385–386, 389

Caron, Noël de (c. 1550–1624)
Lord of Schoonewalle, Dutch diplomat in England
87, 102, 156, 159, 182–183, 196, 204–205, 320, 322–324, 336, 341–344, 346–347, 349–351, 354, 366, 727

Catharina Belgica, countess of Nassau (1578–1648)
Daughter of William of Orange, married count Philipp Ludwig II of Hanau-Münzenberg in 1596, widowed in 1612, regent for their son Philipp Moritz
628, 633–634, 640–641, 643, 645–649, 655, 657–658, 670

Cats, Jacob (1577–1660)
Dutch poet
767, 770, 772–773

Cecil, Edward (1572–1638)
Colonel, general of the English regiments in the States army
222–223

Cecil, William, Baron Ros (Roos) (1590–1618)
16th Baron Ros, courtier and ambassador, son-in-law of Sir Thomas Lake
305

Chabrey (Chabreus), Daniel (1588–1665)
Minister in Geneva
235, 679, 687

Chamberlain, John (1553–1628)
English letter-writer largely remembered for his correspondence with Dudley Carleton
381, 385, 388, 751

Chamier, Daniel (1564–1621)
Minister in Montauban and prof. of theology in the academy (1612–1621), member of the withdrawn French delegation
190–192, 255, 263, 442–443, 452, 462, 466, 471, 588, 675–676, 694

Charles d'Albert (1578–1621)
Duke of Luynes
179, 209–210, 438, 460

Charles de Lorraine (1571–1640)
Duke of Guise
442

Charles-Emmanuel I (1562–1630)
Duke of Savoy from 1580
682

Chauve, Jean (1578–1649)
Minister in Sommières, member of the withdrawn French delegation
190–193, 255, 263, 442–443, 462, 466, 471, 588, 675–676, 694

Chenelat, Aimé (d. 1618)
Citizen of Geneva executed for high treason
682

Christian IV, king of Denmark (1577–1648)
King of Denmark 1588–1648, brother-in-law of King James I of England
102, 344, 348

Cicero, Marcus Tullius (106–43 BC)
Roman statesman, advocate, and author
309, 312

Clant, Edzard Jacobus (1584–1648)
Lord of Essinge and Zandeweer, deputy to States General (1618–1619 and 1624–1632), state delegate from Groningen-Ommelanden
10

Coenders van Helpen, Abel (1564–1629)
Lord of Ewsum, deputy to the States General from Groningen
25, 94, 102–103, 105, 203, 214

Coligny, Gaspard II de (1519–1572)
French admiral and Huguenot leader, father of Louise de Coligny, fourth wife of William of Orange
538, 695

Coligny, Gaspard III de (1584–1646)
Count of Coligny, duke of Châtillon and admiral of Guyenne
222–225, 254, 387–388, 421, 466, 469–470

Coligny, Louise de (1555–1620)
Fourth wife of William of Orange, mother of Frederick Henry
459, 461

Coligny, Maurice de (1618–1644)
Son of Gaspard III de Coligny
223

Combach (Combachius), Johann (1585–1651)
Prof. of philosophy (1610–1624) and physics (1612–1624), Marburg, potential delegate from Hesse
204, 496–497, 510–511, 513–514

Concini, Concino (1575–1617)
Marquis d'Ancre, assassinated by order of king Louis XIII in April 1617, considered inspirer of Catholic, pro-Spanish policy of queen regent Marie de' Medici
454

Coninck, Gerhard
Councillor of Hasselt
26

Constantine the Great (272–337)
Roman emperor who ended Christian persecutions, gave support to the church
653

Coton, Pierre (1564–1626)
French Jesuit priest and author, royal confessor (until 1617)
677

Crayensteyn (Oudshoorn van Crayenstein), Wouter (c. 1546–1624)
Lord of Crayestein, mayor of Dordrecht
120

Crocius, Johannes (1590–1659)
Theologian from Hesse, potential stand-in for Paul Stein as lecturer in theology at the Collegium Adelphicum Mauritianum during the latter's absence
204, 510

Crocius, Ludwig (1586–1653)
Prof. and minister in Bremen (1610–1655), delegate from Bremen
214–215, 700, 702–704

Cromhout, Nicolaes (1561–1641)
Chief member of Provincial Court (member of Court 1591–1641), state delegate from Holland-Westfriesland
737, 739, 760, 774

Cromwell, Olivier (1599–1658)
Member of the English landed gentry living on the family estate in Huntingdon, subsequently politician and military commander, Lord Protector (1653–1658)
5

Cruciger, Georg (1575–1637)
Prof. of theology and rector, Marburg (1618–1619), delegate from Hesse
223, 516–517, 519, 521, 524

Cuylen (Kuylen), Hendrik (Hendrik ter) (d. 1650)
Deputy to States General from Overijssel, mayor of Zwolle
67–68, 70

Damman, Sebastiaan (1578–1640)
Minister in Zutphen (1604–1640), secretary of the synod, ecclesiastical delegate from Gelderland-Zutphen, contributor to the Dutch Bible translation
265, 267, 269, 275, 764

Dathenus, Petrus (1531–1588)
Dutch translator of the Heidelberg Catechism and Genevan psalter
731

Davenant, John (1572–1641)
Prof. of theology, Cambridge (1609–1621), British delegate
230, 351, 362, 366, 377

Bie (Bye), Joris de (d. 1628)
Treasurer
274

De Dominis, Marco Antonio (1560–1624)
Roman Catholic Archbishop of Spalato, who fled to England 1616, from 1622 in Rome
322–326

Decker, Conrad (d. 1620)
Praeceptor primarius at the Collegium Sapientiae in Heidelberg, stand-in for Heinrich Alting during the latter's absence
490

Diodati, Jean (1576–1649)
Minister and prof. of theology in Geneva (1608–1649), delegate from Geneva
234–235, 678–685, 688, 690–692, 694

Dos (Doys, Duys), Gerlich (Gerlach) (1559–1625)
Deputy to the States General from Overijssel, member of city council of Deventer
25–26, 28

Doubleth, Johan (1580–1650)
States General accountant
243–244, 734

Du Jon (Junius), Johan Casimir (1581/82–1624)
Son of Franciscus Junius (François Du Jon), author of "Weegh-schael" (1618)
197, 213

Du Vair, Guillaume (1556–1621)
French Chancellor, bishop of Lisieux
459

Dudley, Robert (1532/33–1588)
Earl of Leicester, statesman
289
Duns Scotus, Johannes (c. 1265–1308)
Franciscan friar, Roman Catholic priest, medieval scholastic philosopher and theologian
662
Duplessis-Mornay, Philippe (1549–1623)
Huguenot political leader, counsellor of Henri IV, theologian, governor of city of Saumur
400, 402, 409–410, 412, 415, 417, 428, 430, 438–439, 442–443, 676
Dussen, Ewout van der (1574–1653)
Member of Dutch delegation sent to Great Britain in December 1618
65, 203, 208, 214, 229
Duyck, Adriaan (d. 1620)
Lord of Oud-Karspel and Koedijk, secretary of the States of Holland
216
Duyck, Anthonis (Anthonie) (1560s–1629)
Griffier to court of Holland
284
Dwinglo, Bernardus (c. 1582–1652)
Remonstrant minister in Leiden (1615–1619), cited before the synod, wrote account of the synod, "Historisch Verhael"
759–760
Déageant, Claude Guichard (c. 1571–1645)
Baron de Vire
460
Eilshemius, Daniel (Bernardus) (1555–1622)
Minister in Emden (1590–1622), father of Friesland delegate Philippus Danielis Eilshemius, ecclesiastical delegate from Emden
214–215, 712
Elison, Joannes (c. 1581–1639)
Member of Colloquium of Dutch churches in England, married to Maria Bockenolle
724
Elizabeth I (1533–1603)
Queen of England (1558–1603), daughter of Henry VIII and Anne Boleyn, the Virgin Queen
287, 289, 295, 327, 331, 363, 374, 538
Enno III, Count of East Frisia (1563–1625)
Count of East Frisia from 1599 until death
564
Episcopius, Simon (1583–1643)
Prof. of theology, Leiden (1612–1619), Remonstrant leader, cited before the synod
189, 255–256, 283–284, 359
Erasmus of Rotterdam (1466–1536)
Humanist
287
Ernst Casimir, Count of Nassau-Dietz (1573–1632)
Count of Nassau-Dietz from 1607, brother of Willem Lodewijk of Nassau-Dillenburg, stadtholder of Friesland (from 1620), Groningen and Drenthe (from 1625)
695
Erp(p)e
Theologian, potential stand-in for Paul Stein as lecturer in theology at the Collegium Adelphicum Mauritianum during the latter's absence
510–511
Escher, Hans (vom Luchs) (1540–1628)
From 1572 member of the Zurich city council
567
Essen, Henrick van (1579–1641)
Member of Court of Gelderland (1607–1624), state delegate from Gelderland-Zutphen
6, 220, 265, 267, 269, 275, 766, 774
Étampes de Valençay, Achille d' (1593–1646)
Knight of Malta, brother-in-law of Pierre Brûlart, French military officer, sent to the Netherlands to buy a warship for the French navy on behalf of the duke of Guise
418
Eusebius of Caesarea (260/65–339/40)
Bishop of Caesarea (since 313), author of "Historia Ecclesiastica" and "Chronicon"
653
Fabricius, Georgius (1554–1634)
Minister and inspector in Windecken (1595–1634), replaced the deceased Johannes Bisterfeld, delegate from Nassau-Wetteravia
762, 766–767, 774
Fabronius, Hermann (1570/1571–1634)
Minister in Eschwege (1605–1623), author and poet, potential delegate from Hesse
496–497, 504
Falckenburch, Robbert
States General agent
226, 237
Faukelius, Hermannus (c. 1560–1625)
Minister in Middelburg (1599–1625), assessor of the synod, ecclesiastical delegate

from Zeeland, contributor to the Dutch Bible translation
265, 267, 269, 274–277, 764

France, François de (1555–1584)
Duke of Anjou and Alençon, youngest son of Henri II
132

François V de La Rochefoucauld, prince of Marcillac (1588–1650)
Born Calvinist, converted to Catholicism in 1608, general lieutenant (and after 1621 governor) of Poitou
407–408

Frederici (Luytjens), Isaac (c. 1582–c. 1624)
Minister in Utrecht (1612–1619), member of Remonstrant ecclesiastical delegation from Utrecht, joined cited Remonstrants
757, 762

Frederick Henry, Prince of Orange (1584–1647)
Stadtholder of Holland etc.
253, 302, 421, 695

Friedrich I (1425–1476)
Elector Palatinate from 1451 to his death
485

Friedrich IV (1574–1610)
Elector of the Palatinate
478

Friedrich V (1596–1632)
Elector of the Palatinate
65, 185–186, 220–221, 236, 300–301, 304, 343, 399, 424, 474–476, 478, 481, 484–490, 513, 556–557, 564, 577, 600–601, 604, 606–607, 609, 621–622, 682–683, 726

Geelkerck, Niclaes
Printer in Leiden (1617–1624)
756, 758, 773

Gensneb Tengnagel, Reynier (Reinier) (d. 1632)
Delegate from Overijssel, living in Kampen
30, 33

Georg of Sayn-Wittgenstein-Berleburg (1565–1631)
Count of Sayn-Wittgenstein-Berleburg from 1605
628, 645

Georg, Count of Nassau-Beilstein (1562–1623)
Count of Nassau-Beilstein (from 1607), count of Nassau-Dillenburg after the death of his brother Willem Lodewijk (1620)
626, 628, 634, 636, 638–639, 641–643, 645, 657, 665–666, 668, 670, 672

Ghiessen, Joost van (d. c. 1623)
Delegate to States General from Gelderland from 1580 to 1623, ambtsman of Bommel and Tielreweert
6

Ghysbrechts (Gijsbertsz de Vries), Jan (1570–1631)
Deputy to States of Holland from Amsterdam, member of Vroedschap of Amsterdam
120

Goad, Thomas (1576–1638)
Precentor of St Paul's Cathedral (1618), replaced British delegate Joseph Hall at the synod, member of the British delegation
272–273, 762, 766–767, 774

Goch, Johan van (1581–1637)
Deputy to States General from Gelderland, member of Dutch delegation sent to Great Britain in December 1618
24, 87–89, 194, 197–198, 203, 208, 212, 214, 221–222

Gockinga, Scato (1566–1641)
Deputy to the States General from Groningen
25, 160

Goclenius, Rudolphus (1547–1628)
Prof. of philosophy, Marburg (1581–1627), delegate from Hesse
223, 505, 510–511, 516–517, 519, 521, 523–524

Godefroy, Cornelius
Member of the consistory of the Dutch church of London
720

Godefroy, Jacques (1587–1652)
Genevan jurist, prof. of law in Geneva from 1619
678

Goeddaeus, Johannes (1555–1632)
Prof. of law, Marburg (1594–1632)
510–511

Gomarus, Franciscus (1563–1641)
Prof. of theology, Groningen (1618–1641), academic delegate from Groningen
695

Goulart, Simon (1575–1628)
Remonstrant minister in Amsterdam (1601–1616)
251, 577, 687

Goulart, Simon, the Elder (1543–1628)
Reformed minister in Geneva, author, father of Remonstrant minister Simon Goulart
235, 577–578, 677, 679

Goyer, Johan de (d. 1656)
Deputy from Utrecht to the States General, lord of Amelisweerd
13–15, 21, 48, 114, 117, 119

Goyer, Gerard de
Deputy to the States General from Utrecht
49

Grau (Gravius), Christian (Christianus), the Elder (1523–1600)
Minister in Allendorf from 1550, superintendent from 1557
504

Grau (Gravius), Christian (Christianus), the Younger (d. 1597)
Minister in Witzenhausen from 1588/1589
504

Grau (Gravius), Christoph (d. 1620)
Minister in Allendorf from 1600, presumably potential delegate from Hesse
504, 510

Grebel, Conrad (1561–1626)
From 1607 member of the Zurich city council
567

Grebel, Hans Jörg (d. 1630)
From 1615 member of the Zurich city council
567, 600–601

Gregorii, Martinus (c. 1569–1632)
Chief member of Court of Gelderland (1597–1632), state delegate from Gelderland-Zutphen
6, 10, 24, 220, 238–239, 755, 764

Grevinchoven, Nicolaas (1570–1632)
Remonstrant minister in Rotterdam, signed the Remonstrance (1610)
251, 693

Grimersheim, Ritzius Lucas (1568–1631)
Minister in Emden (1597–1631), delegate from Emden
214–215, 712

Grotius, Hugo (1583–1645)
Jurist, philosopher, theologian, statesman and diplomat, tried for treason 1618/19, sentenced to life imprisonment, after escape 1621 he lived mainly in Paris
65, 73, 173, 287, 303, 305–308, 322, 324–327, 353, 356, 514

Guait, Pierre (1583–1645)
Councillor and secretary of the Small Council of Geneva
681–682

Guys, Berend
Deputy to the States General from Groningen
84–86

Güder, Franz (1558–1631)
Member of the Bern city council and envoy
616–617

Haexbergen, Henrick (1584–1635)
Deputy to States General from Overijssel, secretary of the city Deventer
25–26, 28

Hagen, Hendrick (c. 1555–1626)
Lord of Vollenhove, member of States of Overijssel (1578–1622), state delegate from Overijssel
241, 751

Hales, John (1584–1656)
English scholar, chaplain to ambassador Dudley Carleton during the synod
387, 752

Hall, Joseph (1574–1657)
Dean of Worcester (1616–1627), bishop of Exeter (1627–1642) and Norwich (1643–1656), member of the British delegation
230, 272–273, 351, 362, 366, 377, 762, 766–767, 774

Hallincq, Herman Jansz. (Pauli) (c. 1585–c. 1638)
A magistrate of Dordrecht, married to Anna de Jonge
221–222

Hardesheim, Christoph (1523–1585)
Jurist, anonymous author of theological writings especially on the Eucharist
538

Harlingen, Pieter Feddes van (1586–c. 1623)
Engraver and painter in Leeuwarden
776

Harwood, Edward (1586?–1632)
English army officer serving in the Low Countries
323, 326

Heemskerck, Dominicus van (1570–1624)
Elder of Amsterdam (1617–1619), ecclesiastical delegate from North Holland
750–751

Heinsius, Daniel (1580–1655)
Prof. of Greek (1609–1613) and history (1613–1655) in Leiden, secretary of state delegates at the synod
238–239, 271, 750

Hell (ab Hel), Hendrick van (1588–1618)
Burgomaster of Zutphen (1611–1618), deputy to the States General, elder of Zutphen, died during the synod, ecclesiastical delegate from Gelderland-Zutphen
751–752, 757, 759–760, 762, 766–767, 774

Hellen, Hans van der (d. c. 1664)
Dutch printer in Middelburg
767

Helsdingen, Stephanus van (1584–1626)
Member of the provincial Court of Utrecht, elder of Utrecht, member of the Remonstrant ecclesiastical delegation from Utrecht, returned home from the synod 10 December 1618
767

Hemert, Johan van (c. 1560–1634)
Burgomaster of Deventer, deputy to States General (1618), state delegate from Overijssel
145, 157–158, 241, 265, 267, 269, 751, 774

Henri III (1551–1589)
King of France from 1574
132

Henri IV (1553–1610)
King of France (1589–1610) and king of Navarre (as Henri III) (1572–1610)
171, 440, 448

Henri de Gondi, cardinal De Retz (1572–1622)
Bishop of Paris
202, 453, 459–460

Hermann II of Wied (d. 1631)
Count of the upper county of Wied (from 1613), younger brother of Johann Wilhelm of Wied, member of the Wetteravian association of counts
645

Hertaing (Hartaing), Daniel de (d. 1625)
Lord of Marquette (Heemskerk), lieutenant-general of the Dutch cavalry
412, 414–415

Hippocrates (460–377 BC)
Greek physician
309

Hogerbeets, Rombout (1561–1625)
Dutch jurist and statesman, tried for treason 1618/19, together with Oldenbarnevelt and Grotius
173, 357, 514

Hollingerus, Henricus (c. 1570–c. 1642)
Remonstrant minister in Grave (1616–1619), cited before the synod
751, 756–757, 759, 761

Holzhalb, Hans Heinrich (1564–1637)
Mayor of Zurich from 1617
534–535, 558, 560, 616

Homerus, Wigboldus (1568–1638)
Minister in Midwolda, replaced Johannes Lolingius at synod, ecclesiastical delegate from Groningen-Ommelanden
752–753, 757, 759–760, 762, 766–767, 774

Hommius, Festus (1576–1642)
Minister in Leiden (1602–1642), secretary of the synod, ecclesiastical delegate from South Holland
210, 233, 274–277, 326, 725–727, 764

Honert, Rochus van den (1572–1638)
Chief member of High Court of Holland, Zeeland and West-Friesland (1630–1638), state delegate from Holland-Westfriesland
737, 739, 760, 774

Honoré d'Albert (1581–1649)
Seigneur de Luynes
438, 452–453

Hooft, Pieter Corneliszoon (1581–1647)
Historian, poet and playwright
322, 324–325

Horace (Quintus Horatius Flaccus) (65–8 BC)
Roman lyric poet and satirist
311, 333

Huber, Samuel (1547–1624)
Minister in Burgdorf (since 1581), catalyst of conflict about predestination in Bern (1588), prof. of theology, Wittenberg (1592–1595), banished (1595)
148, 541–542, 558, 561–562, 566, 570

Huygens, J[acob?]
Deputy to States of Holland from Edam
120

Idzerda, Meinert (ab) (1565–1618)
Member of States of Friesland, elder of Leeuwarden, left synod in December due to illness, ecclesiastical delegate from Friesland
760, 762, 766–767, 774

Im Thurn, Johannes
Fellow-traveller of the Schaffhausen delegates
621

Isselburg, Heinrich (1577–1628)
Prof. (1617–1628) and minister (1612–1617) in Bremen, delegate from Bremen
214–215, 699–700, 702–704

Jacobs, Hillebrant
Printer for the States General
88–89

James I, King of England (1566–1625)
King of Scotland from 1567 (as James VI), King of England and Ireland from 1603
4–5, 28, 31, 60, 64–65, 70–71, 92–94, 96–97, 101–103, 105, 108, 126, 159, 175–176, 180, 183, 196, 204–208, 212, 222, 229, 234–235, 239, 259, 272, 285–287, 300–301, 303–307, 309, 312–317, 321–331, 333–338, 340–347, 349, 353–355, 357, 359–368, 372–378, 380, 383–384,

387, 399, 410, 426, 478, 541, 544, 551, 564, 570, 574, 676, 727, 731–732

Jamin, Pierre (Président Jeannin) (1540–1623)
Financial Superintendent and French ambassador to the Netherlands
401

Jetzler (Jezler), Dorothea (1579–1629)
Daughter of Johann Jetzler, married to Johann Konrad Koch
601

Jetzler (Jezler), Johann (Johannes) (1543–1622)
Schoolmaster at Latin School (1575–1587), later magistrate, from 1600 minister in Schaffhausen, from 1614 antistes of church of Schaffhausen, author
554, 601

Joachimi, Albert (1560–1654)
Delegate from Zeeland, envoy of States General to England, Sweden and Russia, married to Adriana Huyssen
25, 202–203, 212–213

Johann Albrecht I, Count of Solms-Braunfels (1563–1623)
Count of Solms-Braunfels and grand master of the court (Großhofmeister) of the Electoral Palatinate from 1602, privy councillor to Elector from 1618
626–628, 633–634, 644, 671–672

Johann Casimir, Count Palatine of Simmern (1543–1592)
Son of Friedrich III, Elector Palatine
132, 538

Johann I of Zweibrücken (1550–1604)
Count Palatine and Duke of Zweibrücken
539

Johann Ludwig, Count of Nassau-Hadamar (1590–1653)
Count of Nassau-Hadamar (from 1607), brother of Willem Lodewijk van Nassau-Dillenburg
626, 628–632, 634, 636, 638–639, 641–643, 645, 657, 665–666, 672

Johann Sigismund, Elector of Brandenburg (1572–1619)
Elector of Brandenburg (1608), Duke of Prussia (1618), converted from Lutheranism to Calvinism
185, 242, 260, 714–716

Johann VII, Count of Nassau-Siegen (1561–1623)
Count of Nassau-Siegen (from 1607), brother of Willem Lodewijk van Nassau-Dillenburg
626–632, 634, 636, 638–643, 645–649, 652, 655–657, 665, 667, 669, 671–672

Johann Wilhelm of Wied (d. 1633)
Count of the lower county of Wied (from 1613), older brother of Hermann II of Wied, member of the Wetteravian association of counts
645

Johannis, Johannes
Clerk of the States General
182

John of Damascus (c. 675–c. 749)
Greek patristic theologian
353

Jonge, Bonifacius de (1567–1625)
Lord of Oosterland and 's Heer-Jansland, pensionary of Zeeland, married to Magdalena Cornelisse Stavenisse
25

Junius (de Jonge), Adrianus (Adriaan) (d. 1620)
From Dordrecht, councillor in the Court of Holland (from 1597), one of the judges of Oldenbarnevelt
577

Junius, Franciscus (François Du Jon) (1545–1602)
Reformed minister and later prof. of theology, first at Heidelberg, then at Leiden, translator, with father-in-law Emmanuel Tremellius, of the Hebrew Bible into Latin
213

Junius, Jacob
Secretary of Willem Lodewijk of Nassau-Dillenburg
677

Justel, Christophe (1580–1649)
French Protestant theologian, secretary to Henri de La Tour d'Auvergne, duke of Bouillon, and previously to King Henri IV
427

Karl I Ludwig (1617–1680)
Elector of the Palatinate
474

King, John (1559?–1621)
Appointed bishop of London in 1611
326

Knibberg, Adriaen
Secretary to Ambassador Dudley Carleton
182, 342

Knierim, Konstantin
Schoolmaster in Eschwege (since 1605), later minister in Oberhone (earliest attestation in 1611), potential delegate from Hesse
204, 510–511, 513–514

Koch, Johann Konrad (1564–1643)
Minister (1607–1643) and dean and antis-

tes (since 1622) in Schaffhausen, Swiss delegate from Schaffhausen
218–219, 600–602, 604–610, 613, 619, 621

Koning, Gerhardt
Member of city council of Hasselt
28

L'Aubespine, François de (c. 1584–1670)
Marquis of Hauterive, colonel of French troops in the Netherlands
418, 421

La Faye, Antoine de (1540–1615)
Prof. of theology in Geneva
539

La Haye, Jean de (d. 1618)
Reformed minister in Kampen (1604–1609) and The Hague (1610–1618), translator
693–694

La Tour d'Auvergne, Henri de, duke of Bouillon (1555–1623)
French military and "Maréchal de France" since 1592, governor of the Sedan Principality.
402, 421

Lake, Arthur (1567–1626)
Bishop of Bath and Wells (1616–1626)
352, 360–361, 367, 371

Lake, Sir Thomas (1567?–1630)
Appointed secretary of state to James I on 13 January 1616, dismissed and imprisoned after a notorious Star Chamber case in February 1619
315, 323, 326

Langerak (see Boetzelaer, Gideon van)

Lansbergen, Pieter (1587–1661)
Son of Philippus Lansbergen, became minister and also physician in Goes, Zeeland
767–768, 773

Laurentsz, J.
Clerk of Dordrecht's city secretary Johan Berck
737

Lavater, Heinrich (1560–1623)
Physician, professor of physics and mathematics in Zurich
602–603

Ledenberg, Gilles van (1548–1618)
Secretary of States of Utrecht
202, 249, 355–356, 450

Leek, Petrus
Secretary to the Council of Emden
713

Leenaertsen, Engel Hallincx (d. 1640)
Member of Colloquium of Dutch churches in England
724

Leuningen, Machteld Aelbrechtsdr. van (1580–1662)
Wife of Hillebrant Jacobsz van Wouw, the States General's printer in The Hague
89

Liebaert, Carolus (d. c. 1644)
Elder of the Dutch Church of London; observer at Synod of Dordt
717, 719–721, 724, 728, 730–732

Liens, Joachim (d. 1625)
Member of Dutch delegation sent to Great Britain in December 1618
197–198

Linsingen, Johann von (1571–1623)
Privy councillor to landgrave Moritz of Hesse-Kassel
497

Lolingius, Johannes (d. 1624)
Minister of Noordbroek (1600–1624), ecclesiastical delegate from Groningen-Ommelanden, remained home due to illness, replaced by Wigboldus Homerus
760, 762, 766, 774

Loménie, Henri-Auguste de (1595–1666)
Comte de Brienne, State secretary of the King's House of Louis XIII
462

Louis XIII, King of France (1601–1643)
King of France (1610–1643) and King of Navarre (as Louis II) (1610–1620)
108–109, 153–154, 156, 161–162, 170–171, 175, 179–180, 189, 192, 195, 197–200, 202, 209, 211, 223–226, 248–250, 255–257, 260–262, 333, 340, 382, 384, 387–388, 393–396, 398–400, 402–403, 406–428, 430–433, 437, 440–441, 445–454, 456–458, 462–463, 466, 468–469, 550, 557, 688, 694

Louise Juliana of Orange-Nassau (1576–1644)
Daughter of William of Orange, countess of the Palatinate by marriage to Friedrich IV
478

Louise de Coligny (1555–1620)
Fourth wife of William of Orange, mother of Frederick Henry
302, 421, 695

Lubbertus (Lubben), Sibrandus (Sibet) (c. 1555–1625)
Prof. of theology, Franeker (1585–1625), academic delegate from Friesland, contributor to the Dutch Bible translation
327, 551, 750–753, 756–757, 759, 767, 773

Ludwig Georg, Count of Stolberg-Ortenberg (1562–1618)

Count of Stolberg-Ortenberg from 1587, member of the Wetteravian association of counts
657

Ludwig of Sayn-Wittgenstein-Wittgenstein (1571–1634)
Count of Sayn-Wittgenstein-Wittgenstein from 1605
628, 645

Luther, Martin (1483–1546)
Reformer
552

Lydius, Balthasar (1577–1629)
Minister in Dordrecht (1602–1629), ecclesiastical delegate from South Holland
755, 757–758, 763

Magnus, Jacob Simonsz (1563–1625)
Deputy to the States General from Zeeland
6, 34, 36, 91, 267–268, 271

Malderee (Malleré), Jacob van (d. 1607)
Deputy to States General from Zeeland, former envoy of States General to England and France
11–13

Manmaker, Adriaan de (c. 1579–after 1631)
Bailiff of Middelburg (1609), representative of Prince Maurice in Zeeland, one of the judges of Oldenbarnevelt, Dutch ambassador in France (1621), deputy to the States General from Zeeland
108–113, 152, 161–162, 164–169, 175, 192–195, 205, 229, 237–238, 241–244, 256, 260, 283, 339, 419, 492, 625, 675, 697, 707

Manuel, Albrecht (1560–1637)
Mayor of Bern
616

Marbault, Pierre (fl. 1st half 17th century)
Secretary of Philippe Duplessis-Mornay and brother-in-law of Benjamin Aubéry du Maurier
411

Marckel, Hendrick van (c. 1584–1634)
Councillor of Deventer
25–26, 28

Martinius, Conrad(us)
Minister and court chaplain at Büdingen, potential delegate from Nassau-Wetteravia
628, 633–634, 648–649, 655–658, 669

Martinius, Matthias (1572–1630)
Prof. of theology and rector in Bremen (1610–1630), delegate from Bremen
214–215, 628, 699–700, 702–704

Mat(h)enesse, Adriaan (Adriaen) van (c. 1565–1621)

Curator of University of Leiden
5, 8, 35, 65, 104, 107, 111–112, 159–160, 186–187, 224, 226–229, 231–234, 236–237, 265–266, 383

Matthias of Habsburg (1557–1619)
King of Hungary from 1608, king of Bohemia from 1611, Holy Roman Emperor from 1612 until death
555

Maurice, Prince of Orange (1567–1625)
Stadtholder, captain-general of the Dutch Republic
9–10, 22, 105, 111–113, 117, 120, 123, 137–138, 143, 145–146, 150–151, 153–154, 161, 165–166, 174, 186, 190, 192, 194, 205–206, 208, 210–211, 213, 229, 233, 253, 256, 258, 260, 262, 265–269, 275–277, 300–302, 304–305, 314–315, 323, 325–326, 340–341, 355–357, 359, 378–379, 382–384, 386, 394–395, 397–402, 407–414, 416–418, 421–425, 449–451, 454, 490, 493–497, 500–503, 506–507, 520–521, 528–529, 532–534, 536, 549, 571, 604, 606–607, 621–622, 635, 682–684, 693, 695, 698–701, 708–710, 712–713, 767, 769

Mauroy, Séraphin de (d. 1640)
Ordinary bailiff of King Louis XIII
466

Mayer, Bernhard
Fellow-traveller of the Basel delegates
621

Mayer, Wolfgang (1577–1653)
Minister in Basel (1605–1630), prof. at Basel (since 1612), Swiss delegate from Basel
218–219, 604–610, 613, 619, 621, 746–747, 752

Medici, Marie de' (1575–1642)
Mother of Louis XIII of France, queen regent during his minority
454

Melanchthon, Philipp (1497–1560)
German Protestant reformer, scholar, editor, pedagogue, collaborator with Luther
287, 659, 662

Melisz., Matthys (d. 1647)
Member of the city council of Purmerend, North-Holland
120

Mentzer, Balthasar (1565–1627)
Lutheran theologian; prof. of theology, Marburg (1596–1605, 1624–1627) and Gießen (1607–1624)
669

Meursius, Johannes (1579–1639)
Professor of history and Greek philology at the University of Leiden
327

Meyer, Dietrich (1569–1625)
Jurist, councillor in service to count Wolfgang Ernst of Isenburg and Büdingen at Büdingen
669

Montagu, James (1568–1618)
Dean of the Chapel Royal (1603–1618), bishop of Winchester (1616–18)
316–317, 326, 362, 386

Montaigne, George (1569–1628)
Appointed bishop of Lincoln in 1617
326

More, Thomas (1478–1535)
Renaissance humanist, statesman, chancellor to Henry VIII
359

Moritz, Landgrave of Hesse-Kassel (1572–1632)
Landgrave since 1592
31, 65, 166, 173–174, 274, 399, 424, 475, 480–481, 491–498, 500, 502–516, 518, 520–521, 524–526, 564, 577, 588

Morton, Thomas (1564–1659)
Bishop of Chester
725–726

Moulin, Pierre du (1568–1658)
Minister in Charenton (1599–1621), member of the withdrawn French delegation
190–193, 209, 231–232, 255, 383, 387, 442–443, 452, 458, 460, 462, 466, 469–470, 588, 675–676, 694

Musculus, Abraham (1534–1591)
Minister in Bern and participant at the colloquy of Montbéliard, 1586
552

Muys van Holy, Hugo (1565–1626)
Sheriff of Dordrecht (1599–1620), bailiff of Strijen (1620–1626), brother of South Holland delegate Arent Muys van Holy, state delegate from Holland-Westfriesland
120, 218, 246–247, 260, 265, 267, 269, 271, 274–277, 750–751, 753, 759, 762, 766, 774

Myle, Cornelis van der (1579–1642)
Curator of Leiden University (1606–1618, 1640–1642)
355, 383

Mülinen, Niklaus von (1570–1620)
Member of the Bern city council and envoy
616–617

Naeranus, Samuel (1582–1641)
Minister in Amersfoort (1615–1619), member of Remonstrant ecclesiastical delegation from Utrecht, joined cited Remonstrants
757–759, 762

Nanninga (Nannigh), Jan
Deputy to the States General from Friesland
100–101, 272, 274–276

Naunton, Robert (1563–1635)
Secretary of State, Great Britain
204, 349–350, 354, 358, 362, 365, 373, 382, 384–385, 387–388

Neile, Richard (1562–1640)
Clerk of the royal Closet, appointed bishop of Durham in 1617
326

Niellius, Carolus (1576–1652)
Minister in Utrecht (1604–1619), cited before the synod, intern director of Remonstrant Brotherhood (1621)
355, 756–757, 759

Nierenius, Casparus (d. 1655)
Minister of Sandwich
724

Nieuburg (Nieuborch), Gerard van der (Gerrit Janssen) (1576–1636)
Burgomaster of Alkmaar (1618), state delegate from Holland-Westfriesland
737, 750

Oetgens, Frederick
Deputy to States General from North-Holland
120

Ogle, John (1569–1640)
English army officer serving in the Dutch Republic, Governor of Utrecht, 1610–1618
315, 389–390

Oldenbarnevelt, Johan van (1547–1619)
Dutch statesman, supporter of the Remonstrants, tried for treason 1618/19, and sentenced to death
135, 173, 191–192, 202, 257, 292, 302, 315, 324, 336–338, 353, 355–359, 382, 384–385, 387–388, 393, 395–397, 399–401, 407, 409–413, 415, 417–418, 427, 449–450, 505–506, 514, 557, 693, 695, 774

Ostorodt, Christoph (c. 1560–1611)
Socinian from Poland, arrested in The Hague in 1598 with Andreas Wojdowski and banned from the Netherlands
52

Overall, John (1560–1619)
Appointed bishop of Lichfield and Coventry in 1614, bishop of Norwich in 1618
326, 336–337, 725–726

NAME INDEX

Ovid (Publius Ovidius Naso) (43 BC–17/18 AD)
Roman poet of Augustan period
335

Pallandt, Floris II van (1577–1639)
Count of Culemborg, regent of Gelderland, deputy to States General
695

Pareus, David (1548–1622)
Reformed theologian, prof. of theology, Heidelberg
480, 490, 562, 574, 587, 726, 773

Pauw (Pau), Jacob (1558–1620)
Burgomaster of Delft, member of the States of Holland
739

Paul V (1552–1621)
Pope from 1605
550, 566, 571

Paul of Samosata (200–275)
Bishop of Antioch (260–268), representative of Monarchianism
543

Pauw, Reynier (Adriaensz.) (1564–1636)
Mayor of Amsterdam, one of twenty-four judges of Oldenbarnevelt
260

Pee, Claes Claesz. van der
Landlord of de Doelen in The Hague
274

Pelagius (c. 350–420)
Monk, preacher in Rome, heresiarch
543

Pembroke, William Herbert, 3rd earl of (1580–1630)
Lord chamberlain at the English court, 1616–30
323

Perkins, William (1558–1602)
Fellow at Christ's College and preacher at St Andrew's Church in Cambridge, Puritan leader
287, 291

Peyer, Bernhard
Amanuensis of Johann Konrad Koch
621

Peyer, Hans Konrad (1569–1623)
Member of the city council of Schaffhausen
558, 560, 601

Pezel, Christoph (1539–1604)
Prof. Wittenberg (since 1569), refused to sign Torgau Articles 1574, which led to deposition, later minister, superintendent and prof. in Bremen
653

Philip III of Spain (1578–1621)
King of Spain from 1598 until death
424, 449–450, 550, 566, 571, 576, 706

Philip William, Prince of Orange (1554–1618)
Eldest son of William I of Orange
635

Philipp Ludwig II, count of Hanau-Münzenberg (1576–1612)
Count of Hanau-Münzenberg from 1596, married to Catharina Belgica of Nassau
628, 635

Philipp Reinhard I, count of Solms-Hohensolms (1593–1635)
Count of Solms-Hohensolms from 1613, from 1618 statthalter and president of the privy council of landgrave Moritz of Hesse-Kassel, later in service to the duchy of Brunswick, the kingdom of Denmark (from 1621) and the kingdom of Sweden (from 1628)
497, 505–506

Pieck, Willem Jelis (d. 1634)
Ambtman of Beesd and Rhenoy in Gelderland
37, 39, 41–42

Pijnacker, Philippus (c. 1585–1626)
Remonstrant minister in Alkmaar (1610–1619), cited before the synod
756

Plessis de Richelieu, Armand-Jean du (1585–1642)
Bishop of Luçon, the later cardinal Richelieu
454

Ploos (Ploos van Amstel), Adriaen (1585–1639)
Deputy to States General from Utrecht
196–200, 245–247

Polyander (van Kerckhoven), Johannes (1568–1648)
Prof. of theology (1611–1646) at Leiden, academic delegate from Holland
283–284, 359

Poppen, Jacob (1576–1624)
Deputy to States General from Amsterdam, member of Vroedschap, merchant
120

Poppius, Eduard (1577–1624)
Minister in Gouda (1607–1619), cited before the synod, director of the Remonstrant Brotherhood (1619), kept a journal of the synod
759–760

Porrenaer, Cornelis Eeuwoudsz (d. 1618)
Deputy to States General from Zeeland
197

Poujade, Joseph
  From Montpellier, prof. of philosophy at the Collegium Adelphicum Mauritianum and minister of the Huguenot community in Kassel (c. 1617–1623), then minister in Bremen (1624–1629?)
  526
Pours, Jeremias de (1582–1648)
  Minister in Middelburg (1606–1648), ecclesiastical delegate from Walloon churches
  755, 757–758
Prevastius (Prévost), Petrus (Pierre) (1569–1639)
  Minister in Geneva
  235, 679, 687
Prevost, Johann Baptista (1541/44–1618)
  Surnamed Zambra, sentenced to death by the criminal court of Thusis in Grisons and executed on 24 August 1618
  694
Proost, Jonas (b. 1572)
  Minister of the Dutch Church of Colchester
  717–718, 721, 724
Prosper of Aquitaine (390–c. 463)
  Church Father
  294
Rahn, Hans Rudolf (1560–1627)
  Mayor of Zurich from 1607
  567, 600–601, 603
Raleigh, Walter (c. 1554–1618)
  British explorer, soldier, and writer
  342, 347, 385
Regemorterus, Ambrosius (d. 1639/40)
  Member of Colloquium of Dutch churches in England
  724
Regius, Joannes
  Minister of the Dutch Church of London
  730
Rensen, Reynier van
  Mayor of Nijmegen
  182
Repelaer, Adriaen (born c. 1550)
  Regent in Dordrecht and representative of the city in the synod
  120
Richardson, John (c. 1564–1625)
  Biblical scholar, succeeded John Overall as Regius Professor of Divinity in Cambridge (1607–1617), Master of Trinity College, Cambridge, from 1615
  725–726
Ringler, Christoph
  Fellow-traveller of the Basel delegates, son of Johann Wernhard Ringler, mayor of Basel
  621
Ringler, Johann Wernhard (1570–1630)
  Mayor of Basel
  548
Ripperda tot Boxbergen, Herman (1548–1623)
  Roman-Catholic, bailiff of Salland, Overijssel, Deputy to the States General from Overijssel
  35, 67–68, 70, 73, 75, 84, 144–145, 147, 157–158
Rivet, André (1572–1651)
  Minister in Thouars (1595–1620), member of the withdrawn French delegation
  190–193, 209, 255, 383, 387, 442–443, 459–460, 462, 466, 469–470, 588, 675–676, 694
Roelinck, Herman (1590–1652)
  Deputy to States General from Overijssel
  68
Rohan, Hercule de (1568–1654)
  Duke of Montbazon
  460
Rolandus, Jacobus (1562–1632)
  Minister in Amsterdam (1603–1627), first assessor of the synod, ecclesiastical delegate from North Holland, contributor to the Dutch Bible translation
  764
Roset, Daniel (1558–1622)
  Member of the Small Council of Geneva
  578
Ruysch, N.
  Clerk of the States General
  182
Ruytinck, Symeon (c. 1576–1621)
  Minister of the Dutch Church of London
  717–718, 720–721, 724–726
Ryff, Johann Reinhard (1598–1668)
  Student of divinity, amanuensis of the Basel delegates
  621
Rütimeyer, Markus (1580–1647)
  Prof. of philosophy (1612–1617) and rector (1617–1625), Bern, minister in Bern (1625–1647), Swiss delegate from Bern
  218–219, 604, 606–610, 613, 617, 619, 621
Salvard, Jean-François (c. 1530–1585)
  Pastor in France, editor of the "Harmonia confessionum fidei" of 1581
  295

Sande (Zande), Johannes van der (1568–1638)
Member of provincial Court of Friesland, elder of Leeuwarden, ecclesiastical delegate from Friesland
774

Sande, Frederick van den (d. 1617)
Deputy to the States General from Gelderland
10

Sarasin, Jean (1574–1632)
Member and second syndic of the Small Council of Geneva
578, 678, 695

Schaffer, Goosen (1637)
Esquire in Uithuizen, deputy to States General from Groningen
151–152, 154, 156–157, 178–181, 194, 197–198, 255–256, 258–259

Schalck, Beat Wilhelm
Municipal servant of Schaffhausen, fellow-traveller of the delegates from Schaffhausen
621

Schele tot Welvelde (Weleveld), Zweder (1569–1639)
Deputy to States General of Overijssel, Lutheran, lord of Weleveld
68, 253–254

Schelli, Johannes
Municipal servant of Basel, as a private person fellow-traveller of the Basel delegates
621

Schillemans, François (1575–1630)
Engraver
248, 273–274, 766–768, 774, 777

Schoonhoven, Dirk (Jacobszoon) (d. 1640)
Deputy to States General from Holland
65

Schotte, Simon (c. 1570–1645)
Secretary of Middelburg, ambassador to England (1616–1617), state delegate from Zeeland
160, 175, 219–220

Schwartzenbergh (Schwarzenberch), Georg Wolfgang (Wolf) thoe (1549–1633)
Baron of Schwartzenberg and Hohenlansberg, delegate from the States of Friesland
122, 130, 135, 137–138, 203

Schännis (Schennis), Heinrich von (1594–1631)
Physician from Zurich, fellow-traveler of the delegates from Zurich
603, 620

Scultetus (Schultetus), Abraham (1566–1624)
Prof. of theology, Heidelberg (1618–1622), royal chaplain in Berlin (1614–1618), delegate from Palatinate
218–221, 480, 485–486, 488, 490, 562, 574, 619, 726

Sigismond d'Este (1577–1627)
Marquis of Lans, governor of Savoy since 1611
682

Simonides, Johannes (d. 1644)
Council member (1617–1618) and assessor in Emden
710–711

Sipriani, Claes
Clerk of the States General
182

Sloeth (Sloot), Roelof (1555–1624)
Deputy to States General from Overijssel, living in Vollenhove
68

Sloeth tot Oldhuis, Volkier (1563–1625)
Deputy to the States General from Overijssel
92, 145, 157–158, 172–176, 203, 207–213

Socinus (Sozzini), Faustus (1539–1604)
Antitrinitarian, founder of Socinianism, together with uncle Lelio Sozzini
529–530, 543, 580, 611, 614

Sozzini (Socinus), Lelio (Laelius) (1525–1562)
Antitrinitarian, founder of Socinianism, together with nephew Faustus
530, 543, 580, 611, 614

Spiegel, Laurens (1575–1623)
Heer van Achttienhoven, deputy to States General from Amsterdam
120

Stapfer, Markus (d. 1619)
Accompanied Johann Jakob Breitinger to the synod, died during the synod
603, 620

Stein, Paul (1585–1643)
Court chaplain in Kassel (since 1609), dean of the Collegium Adelphicum Mauritianum (1618), delegate from Hesse
204, 223, 496–497, 504–505, 510–511, 513–514, 516–519, 521, 524–526

Stuart, Elizabeth (1596–1662)
Daughter of king James I, wife of Elector Palatine Friedrich V
474

Tanner, Jakob (d. 1629)
Municipal servant of Zurich, fellow-traveller of the delegates from Zurich
603, 620

Taurinus (van Toor), Jacobus (1577–1618)
Remonstrant minister and author in Utrecht
183, 202, 323, 333, 353, 355, 693–694

Terence (Publius Terentius Afer) (c. 195/185–159/158 BC)
Roman author of comedies
333

Teylingen, Floris van (1577–1624)
Deputy to States General from North Holland, son of the Floris van Teylingen who had been instrumental in opening the city of Alkmaar to prince William in 1573
65, 205

Thilenus (van Til), Willem (1596–1638)
From Middelburg, student of Théodore Tronchin in Geneva in 1618
691

Throckmorton, Sir John (1554–1623)
English officer in the Low Countries, lieutenant-governor of the cautionary town of Flushing
323, 326

Tossanus (Toussaint), Paul (1572–1634)
Member of the ecclesiastical Senate of the Lower Palatinate (1613–1620), minister in Heidelberg (1608–1620), delegate from Palatinate
218–221, 480, 485–488, 490, 562, 574, 619, 726

Tresel, Daniel
First clerk of the States General
355

Trompet, Gerrit (d. 1629)
Member of Vroedschap of Enkhuizen, deputy to States General from North-Holland
120

Tronchin, Théodore (1582–1657)
Minister (1608–1618) and prof. of theology (1618–1657) in Geneva, delegate from Geneva, kept a journal of the synod
234–235, 676, 678–685, 688, 690–691

Truchsess (Truchsess von Waldberg), Gebhard (1547–1601)
Archbishop-Elector of Cologne
132

Tulicher, Johannes Huldrich
Municipal servant of Bern, fellow-traveller of Markus Rütimeyer
621

Turrettini, Bénédict (1588–1631)
Prof. of theology at Geneva
235, 677, 679, 685, 687, 691–692

Turrettini, Catherine (1595–1640)
Sister of Bénédict Turrettini, married to Jean-Louis Calandrini
692

Ursinus, Zacharias (1534–1583)
Prof. of theology at Heidelberg, main author and interpreter of Heidelberg Catechism
659, 662

Utrecht, Maria van (c. 1551–1629)
Johan van Oldenbarnevelt's wife, married 1575
449–450

Uytenbogaert, Johannes (1557–1644)
Remonstrant leader
233, 326, 353, 355–356, 693, 695

Venator, Adolph (Jager, Adolf de) (c. 1569–1619)
Remonstrant minister of Alkmaar
355, 661

Venne, Jan Pietersz. van de (d. 1625)
Painter in Middelburg
773

Vere, Horace (1565–1635)
Colonel, general of the English regiments in the States army
222–223

Vincent of Lérins (d. c. 445)
Monk at Lérins, France, author of the "Commonitorium", proponent of Semipelagianism
294

Virgil (Publius Vergilius Maro) (70–19 BC)
Roman poet of Augustan period
310

Voetius, Gisbertus (1589–1676)
Minister in Heusden (1617–1634), ecclesiastical delegate from South Holland
731

Voidovus (Wojdowski), Andreas (c. 1565–1622)
Socinian, arrested in The Hague in 1598 with Christoph Ostorodt and banned from the Netherlands
52

Volbergen, Thyman van
Clerk to the receiver general, The Hague
238, 241, 243

Voocht (Vooght), Nicolaas
One of the judges of Oldenbarnevelt
160, 165, 260

Vorstius, Conradus (1569–1622)
Prof. of theology, Leiden (1611), as successor of Jacobus Arminius, condemned by the synod

312, 355, 359, 364–365, 373–374, 376, 383, 549–551, 561–562, 580, 661

Vrye (Vrij), Fredrick de (1579–1648)
Accountant, elder and councillor of Amsterdam
120

Walaeus, Antonius (1573–1639)
Minister (1605–1619) and teacher (1611–1614) in Middelburg, academic delegate from Zeeland
219–220

Walker, Anna (b. between 1567 and 1574)
From Copenhagen; became a 'prophetess' in England
232–233, 746–747

Ward, Samuel (1572–1643)
Archdeacon of Taunton, head of Sidney Sussex College, Cambridge (1610–1643), member of British delegation
230, 345, 351–353, 360–362, 366–367, 377

Waser, Caspar (1565–1625)
Prof. of theology, Zurich, father of Johann Heinrich Waser
751

Waser, Johann Heinrich (1600–1669)
Accompanied Johann Jakob Breitinger to the synod, from 1652 mayor of Zurich
603, 621, 751

Wassenaar van Duvenvoorde, Jacob van (1574–1623)
Lord of Obdam, lieutenant-admiral of Holland
188–189

Weiss, Daniel
Amanuensis of Markus Rütimeyer, delegated from Bern
621

Wesep, Cornelis (d. 1650)
Deputy to the States General from Holland
65

Wetzel (Wetzelius), Heinrich (Henricus) (1589–1632)
Prof. of theology at the Collegium Adelphicum Mauritianum, Kassel (1615–1619), later schoolmaster, preacher and inspector in Hersfeld, brother of Thomas Wetzel
510, 526

Wetzel (Wetzelius), Thomas (1591–1658)
Second court chaplain in Kassel (since 1615), later minister in Kassel, since 1656 superintendent, brother of Heinrich Wetzel
510, 525

Weyts, Pouwels, de Jonge (1585–1629)
Printer in Dordrecht
777

Weyts, Pouwels, de Oude (d. 1618)
Printer in Dordrecht, born in Brugge
777

Whitaker, William (1545–1595)
Cambridge theologian, whose last address "Cygnea cantio" played a role in the debate on predestination
287, 291

Whitgift, John (c. 1530–1604)
Archbishop of Canterbury since 1583
292

Wilhelm of Sayn-Wittgenstein-Sayn (1569–1623)
Count of Sayn-Wittgenstein-Sayn from 1605
628, 645

Willem Lodewijk van Nassau-Dillenburg (1560–1620)
Count of Nassau-Dillenburg, stadtholder of Friesland, Groningen and Drenthe
111–113, 120, 123, 137–138, 151, 154, 161, 165, 174, 186–187, 229, 253, 256, 260, 265–269, 275–278, 341, 382–383, 417–418, 424, 490, 493–497, 500–503, 506–507, 528–529, 532–534, 536, 571, 604, 606–607, 626, 628, 630–633, 650–651, 655–656, 671, 673, 677, 695, 698–701, 708–710, 712

Willet, Andrew (1562–1621)
English clergyman with Calvinist views
725–726

William I, Prince of Orange (1533–1584)
Prince of Orange (1544), founder of House of Orange-Nassau, father of Maurice
288, 461, 478, 670, 695

Winwood, Ralph (1562/3–1617)
English diplomat, ambassador to the United Provinces (1603–1614) and then Secretary of State (1614–1617)
303, 305, 313, 315, 382, 388

Witsen, Gerrit Jacobsz. (d. 1626)
Burgomaster of Amsterdam
37, 39, 50, 65, 67, 83, 165

Witt (de Witt), Andries (1573–1637)
Deputy to States General from Holland, living in Dordrecht, succeeded Johan van Oldenbarnevelt as pensionary of Holland
119–120

Witt, Cornelis Fransz de (1545–1622)
Burgomaster of Dordrecht (several times, including 1618–1620), member of the city

council (1581–1622), liaison between Dordrecht and the state delegates
37, 50, 67, 73, 190–191, 218, 750–753, 757, 759–760, 762, 766–767, 774

Witt, Jacob de (1589–1674)
Treasurer of the synod
227–228, 245–246, 734

Wittins, Jeremie
Delivers a letter from Pieter van Brederode to Simon Goulart the Elder in Sept 1618
577

Wolde (Sylvius), Jan Hermansz van der
Alderman of Dordrecht
237

Wolf, Hans Ulrich (1559–1624)
Guild master in Zurich, also acted as diplomat
567

Wolfgang Ernst, count of Isenburg and Büdingen (1560–1633)
Representative ('Ausschreibender') of the Wetteravian association of counts
475, 624–633, 635–637, 639–646, 648, 650–652, 655–658, 665–672

Wolleb, Johannes (1586–1629)
Antistes of church of Basel
594

Wright, Robert (1560–1643)
Treasurer of Wells cathedral, bishop of Bristol from 1622
361

Zobel, Johann (1576/8–1631)
Privy councillor to landgrave Moritz of Hesse-Kassel
496

Zuylen van Nyvelt (Nievelt) (Geeresteyn), Arent van (c. 1550–1623)
Deputy to States General from Utrecht, lord of Hoevelaken and Geeresteyn
197, 203, 205, 271–272

Zwingli, Huldrych (1484–1531)
Protestant pastor at Zurich and leader of Swiss Reformation
552

Bible Index

Gen
- 49:6–7 — 760

Exod
- 29:21 — 363, 375

Deut
- 29:29 — 296

Ps
- 125 — 775
- 133:3 — 363, 375

Isa
- 29:14 — 747
- 54:17 — 747
- 60:12 — 747
- 61:10 — 747
- 62:3–5 — 747

Jer
- 31:22 — 747

Hos
- 2:19–20 — 747

Mic
- 4:13 — 747

Zeph
- 3:14–15 — 747
- 3:17 — 747

Zech
- 2:10 — 747

Mal
- 3:1 — 687
- 3:3 — 687

Matt
- 26:31 — 355

Luke
- 2:14 — 378

John
- 14:27 — 378
- 17 — 371
- 17:9 — 352, 371

Acts
- 15 — 754

Rom
- 4:25 — 600
- 5:12 — 600
- 8:28 — 381
- 12:3 — 297, 553
- 14:9 — 369

1 Cor
- 1:25 — 747
- 4:6 — 553
- 14:36 — 380

2 Cor
- 5:21 — 600

Gal
- 3:13 — 599

Eph
- 1:5 — 590
- 1:11 — 590

Phil
- 3:15 — 297

2 Thess
- 2:7 — 530

Jas
- 1:17 — 605

Rev
- 12:1 — 747

Manuscript Index

Bremen StA (Staatsarchiv)
2-T1C2b2c:2   II/1.221
2-T1C2b2c:3   II/1.223
2-T1C2b2c5–1 II/1.220
2-T1C2b2c5:4 II/1.224
2-T1C2b2c5:5 II/1.224

Darmstadt HStA (Hessisches Staatsarchiv)
E 5 A   II/1.196, II/1.203

Emden StA (Stadtarchiv)
402.2   II/1.228
402.3   II/1.229
Reg I–402   II/1.230
Reg I–402.1   II/1.227

Geneva AS (Archives Sarasin)
Groupe V, pièce n° 12/2
              II/1.208

Geneva AT (Archives Tronchin, Musée historique de la Reformation)
17   II/1.163, II/1.169, II/1.206, II/1.209–II/1.214
27   II/1.207

Geneva BGE (Bibliothèque de Genève)
ms Ami Lullin 53
              II/1.214, II/1.216, II/1.218
ms fr. 423
              II/1.160, II/1.206, II/1.209, II/1.214

Heidelberg UA (Universitätsarchiv)
H-I–175–1   II/1.118
RA 680   II/1.114

London BL (British Library)
Add. Ms. 17677 I II/1.35, II/1.45
Harl. Ms. 4298 II/1.11

London MA (Metropolitan Archives)
CLC/180/MS07398/1
              II/1.239
CLC/180/MS07411/2
              II/1.234–II/1.235
CLC/180/MS09621
              II/1.236–II/1.238

London TNA (The National Archives)
SP 84/76   II/1.7
SP 84/78   II/1.7, II/1.8–II/1.10
SP 84/79   II/1.14
SP 84/84   II/1.28
SP 84/85   II/1.29, II/1.36
SP 84/86   II/1.38, II/1.42, II/1.44, II/1.47, II/1.50
SP 84/87   II/1.49, II/1.52–II/1.56
SP 105/95   II/1.15, II/1.20–II/1.21, II/1.24, II/1.41

Marburg HStA (Hessisches Staatsarchiv)
4i, nr. 196   II/1.119–II/1.130, II/1.133–II/1.134, II/1.136–II/1.139 II/1.141,

Oxford BodL (Bodleian Library)
Tanner Ms 74 II/1.34, II/1.39, II/1.43, II/1.46

Oxford ExC (Exeter College)
MS 48   II/1.38

MANUSCRIPT INDEX

Paris BM (Bibliothèque Mazarine)
Ms. 2598   II/1.98, II/1.100

Paris BnF (Bibliothèque nationale de France)
Ms fr. 15957   II/1.28, II/1.48, II/1.58–
II/1.73, II/1.75–II/1.76,
II/1.85, II/1.90–II/1.92,
II/1.95

Rotterdam BRG (Bibliotheek der Remonstrantsch-Gereformeerde Gemeente)
49.1   II/1.28
49.2   II/1.107, II/1.119, II/1.179
49.3   II/1.144
49.4   II/1.169
49.5   II/1.116
49.6   II/1.225
49.7   II/1.231
49.8   II/1.209
49.9   II/1.210
58   II/1.144–II/1.145, II/1.148–
II/1.150, II/1.152, II/1.155,
II/1.157–II/1.159, II/1.163–
II/1.167

The Hague NA (Nationaal Archief)
S.G. 1.01.02   II/1.1
S.G. 2.21.006   II/1.48
S.G. 12.548.156   II/1.2, II/1.5, II/1.57, II/1.142, II/1.227
S.G. 3176   II/1.7, II/1.16–II/1.17
S.G. 3177   II/1.19, II/1.22, II/1.26, II/1.48–
II/1.49, II/1.85, II/1.89,
II/1.94, II/1.209–II/1.210
S.G. 4933   II/1.241, II/1.243
S.G. 5886   II/1.12, II/1.16–II/1.17, II/1.28
S.G. 5887   II/1.19, II/1.22, II/1.25, II/1.31–
II/1.33, II/1.35, II/1.37,
II/1.40, II/1.45
S.G. 6018   II/1.88, II/1.106, II/1.109,
II/1.111–II/1.112, II/1.131–
II/1.132, II/1.135, II/1.146,
II/1.153–II/1.154, II/1.157,
II/1.162, II/1.176–II/1.177,
II/1.204, II/1.215, II/1.217
S.G. 6025   II/1.105
S.G. 6049   II/1.113, II/1.115, II/1.124,
II/1.127, II/1.232–II/1.233
S.G. 6755   II/1.18
S.G. 6756   II/1.74, II/1.77–II/1.81, II/1.83–
II/1.87, II/1.89, II/1.93–
II/1.94, II/1.96–II/1.97,
II/1.99, II/1.101–II/1.104,
II/1.156
S.G. 7478   II/1.242
Staten van Holland, 379, XVIIIv
II/1.5

Utrecht BRU (Bibliotheek der Rijksuniversiteit)
457 (= Heyngius)
II/1.214, II/1.245

Utrecht OSA (Oud Synodaal Archief, Utrechts Archief)
5   II/1.3
674   II/1.247
C   II/1.214
L   II/1.214
P   II/1.3–II/1.4, II/1.245

Wiesbaden HHStA (Hessisches Hauptstaatsarchiv)
170 III   II/1.179–II/1.182, II/1.192–
II/1.198, II/1.201–II/1.202,
II/1.205
171   II/1.182–II/1.191, II/1.199,
II/1.200

Zurich StA (Staatsarchiv)
E II 3   II/1.148–II/1.152, II/1.157–
II/1.159, II/1.161
E II 389   II/1.144–II/1.145, II/1.155,
II/1.165–II/1.175, II/1.178
E II 442   II/1.178

Zurich ZB (Zentralbibliothek)
Ms A 108   II/1.143–II/1.145, II/1.148–
II/1.152, II/1.155, II/1.157,
II/1.159, II/1.161, II/1.163–
II/1.175, II/1.245
Ms A 109   II/1.49, II/1.178
Ms A 110   II/1.214
Ms A 140   II/1.245
Ms B 111   II/1.143–II/1.145, II/1.148–
II/1.152, II/1.157–II/1.159,
II/1.161, II/1.163, II/1.165–
II/1.167, II/1.169–II/1.174,
II/1.178
Ms B 112   II/1.214, II/1.245

Ms B 235	II/1.143–II/1.145, II/1.148–II/1.152, II/1.155, II/1.157–II/1.159, II/1.161, II/1.163, II/1.165–II/1.167, II/1.169–II/1.174
Ms D 237	II/1.143–II/1.145, II/1.148–II/1.152, II/1.155, II/1.157–II/1.159, II/1.161, II/1.163, II/1.165, II/1.167, II/1.169–II/1.174, II/1.178
Ms F 190	II/1.163, II/1.165–II/1.166, II/1.172, II/1.174
Ms G 2	II/1.143–II/1.145, II/1.148–II/1.152, II/1.155, II/1.157–II/1.159, II/1.161, II/1.163–II/1.175, II/1.178
Ms J 59	II/1.157–II/1.159, II/1.169–II/1.173, II/1.178
Ms J 241	II/1.143–II/1.145, II/1.148–II/1.152, II/1.155, II/1.157–II/1.159, II/1.161, II/1.163, II/1.165, II/1.167, II/1.169–II/1.174, II/1.178
Ms L 406	II/1.245
Ms S 309	II/1.144–II/1.145, II/1.148–II/1.152, II/1.155, II/1.157–II/1.159, II/1.161, II/1.163, II/1.165, II/1.167, II/1.169–II/1.174, II/1.178

Subject Index

Aarau conference 545, 547, 577, 579, 602
Amsterdam 15, 17, 40, 66, 111, 119, 120, 135
Anglican church polity 95
Antwerp synods XXX
Arnhem 42
Articles to Convene the national synod (see States General)
Augsburg Confession 699

Baptism 222–223, 225, 466
Basel Confession 609, 615
Basel Paper on the Five Articles 594
Belgic Confession 191, 210, 233, 287, 659
Brandenburg delegation XLI, 185, 242, 260, 714–716
Bremen delegation XLVI, 65, 108, 214, 217, 237, 696–705, 699, 736
British delegation XLV, 65, 108, 159, 175, 182, 196, 204–208, 212, 218, 222, 229–231, 234, 237–238, 259, 263, 272, 285–390, 350

Censorship (see Printing)
Church Order XXXIV
Classis Walcheren 82, 593–594, 599
Cleves 242
Convent of Frankfurt (1577) 287
Conversion 591, 597

Day of Prayer 195, 236
Deventer 33, 66, 187, 195
Dordrecht XLIII, XLVII, 15, 17, 32, 36, 40, 48–49, 66, 108, 111, 119–120, 122, 135, 203, 206, 208, 214, 217–218, 226, 237–238, 247, 736–739, 754
Drenthe delegation XLVI, 172
Dutch Bible translation 385
Dutch churches in England 717–732
Dutch delegations 65, 108, 280–284
Dutch East Indies 211–212
Dutch theological delegates 219, 283–284, 358
Dutch trade delegation 263

Edam 15, 17, 66, 111, 119–120, 135

Emden delegation XLVI, 65, 108, 164, 214, 217, 237, 706–713, 736
Emden synod (1571) XXX, XXXI
English status XL
Enkhuizen 15, 17, 66, 111, 119–120, 135
Episcopius, Simon
  – oration (7 Dec. 1618) 255–256
  – summons to the synod 283–284
Extent of Christ's redemption 590, 596

Five Articles of the Remonstrants 138, 535, 579, 539, 609
Free will 597
French ambassadors 144, 161, 174, 186, 189, 256, 258, 422, 445
French delegation XLV–XLVI, 65, 108, 153, 171, 179, 190, 192, 194, 202, 209, 211, 224, 226, 231, 250, 254, 262–263, 382, 386, 391–471, 462, 466, 675, 688, 693
French Reformed churches 428, 432, 435, 438, 443, 452
French status XL
Friesland deputies XLII, 8, 15, 20, 23, 30, 34–36, 45, 49, 55, 61, 66, 75, 86, 107, 111, 114, 117, 119, 122, 135, 145, 199, 217

Gelderland deputies XLII, 6, 8–9, 14–16, 23, 30, 34–36, 41, 49, 51, 61, 66, 75, 84, 86, 106, 111, 114, 117, 119, 122, 130, 135, 145, 147, 199, 217
Genevan delegation XLVI, 181, 234–235, 237, 674–695, 681
Gouda 170
Griffier 3, 61
Groningen deputies XLII, 8, 15, 21, 23, 30, 34–35, 45, 49, 57, 61, 66, 75, 84, 86, 106, 111, 114, 117, 119, 135, 145, 199, 217, 244

Hampton Court Conference (1603) 97, 325
Hanseatic League 472
Harmonia Confessionum (1581) 287
Hasselt 33, 66
Heidelberg Catechism 191, 659

Heidelberg University 485, 490, 773
Helvetic Confession 549, 558, 566, 579, 592, 609, 660
Hesse delegation XLI, XLVI, 65, 108, 166, 172–173, 204, 218, 223, 226, 237, 274, 478, 481, 491–526, 521
Holland deputies XLII, 8, 12–16, 18, 22–23, 30, 34, 36, 39, 44, 49, 60–61, 65–66, 70, 75, 84–86, 88–89, 100, 102–103, 106, 108–111, 113–114, 117, 119, 122, 135, 137, 139, 147–148, 152, 154, 165, 167, 169–170, 191, 193, 198–200, 215, 245

Invitations to the synod XLIII, 61, 65–66, 75, 102, 108, 113, 135, 280, 283, 300, 338, 419, 475, 491, 531, 624, 673, 696, 706, 714, 717

Kampen 187

Leiden University 659, 663
Libels 250

Medallions of the synod 774
Monnickendam 173

Nassau-Wetteravian delegation XLI, XLVI, XLVIII, 181, 258, 624–673, 637, 659, 663
Nijmegen 41–42, 53

Oldenbarnevelt arrest XXXVI, XXXIX, XLV, 173, 257, 262, 449, 505, 774
Oud Synodaal Archief (OSA) 4
Overijssel deputies XLII, 8, 9, 15, 23, 25, 30, 33–34, 36, 39, 45, 49, 61, 65–68, 75, 82–84, 86, 88–89, 107–109, 111, 114, 117, 119, 122, 135, 145, 151–152, 168, 199, 217
Overijssel synods 179, 187, 195

Palatine delegation XLI, XLVI, 65, 108, 160, 166, 172, 185–186, 204, 217–218, 220, 236–238, 300, 472–490, 489, 512, 592, 619, 621, 637, 692, 736
Perseverance of the saints 592, 598
Predestination 352, 360, 367, 549, 589, 595
Preparatory Convention (1607) XXXIV, 13, 15, 122, 137
Printing abuses XLVIII, 263–264, 664
Prophetess Anna Walker 232, 746
Provincial synods XXXV
Purmerend 15, 17, 66, 111, 119–120, 135

Remonstrance of 1610 XXXIV
Remonstrants 309, 322
– citation 244, 246

– documents to States General 271
– expulsion XLIX
– finances 271
– lack of cooperation 271, 275, 386, 388–389
– petition re Grevinchoven and Goulart XLVIII, 251
– writing to foreign delegates 255
Right of Patronage 244

Schiedam 111, 119–120, 135
Schisms XXXV, 5, 14
Scottish delegate XLVIII, 355, 358, 372
Socinianism 609, 615
Stadtholders XXXIX
State delegates XXXVI
– commission from the States General XLVII, 214, 218, 221, 228, 232, 241
– from Gelderland 220
– from Holland 215, 217, 221, 226
– from Overijssel 241
– from Zeeland 219
– instruction from the States General (see ADSND 1:467) XLVII, 214, 218, 221, 226, 228, 237, 243–245
– meetings 243
– secret correspondence XLVIII, 242–243, 246, 250, 252, 255, 258, 263, 271
– secretary 227, 238
– status 737
State of Differences XLII, 21, 48–49
States General
– Articles to Convene the national synod XLIII, 30, 35–36, 46, 463, 740–745
– decision to convene the synod XLIV, 108
– resolutions re Remonstrants XLVIII, 265–267, 269, 276–277
– resolution to arrest Oldenbarnevelt 173
– workings XXXVII
States of Holland and Westfriesland XXXIII, XXXIV, XXXVIII, XLIV, XLVI, 35, 49, 89, 111, 114, 117, 119, 135, 137, 151, 156, 161, 167, 170, 173, 191, 215–216, 238, 283–284, 287, 305, 403, 412, 416, 425, 447, 449, 478
States of Overijssel 9–10, 20, 145–146, 168, 178, 187
States of Utrecht 94, 137, 151–152, 159, 165, 183, 194, 416, 425
States of Zeeland 766
Swiss delegation XLI, XLVI, 65, 108, 172, 181–183, 185, 202, 218, 237–238, 481, 509, 527–623, 579, 609, 612, 619, 677, 688, 692
Synod of Dordrecht (1574) XXXI
Synod of Dordrecht (1578) XXXII

Synod of Dordt
- Articles to Convene the synod (see States General)
- delegations to States General XLVIII, 265, 267, 274
- finances XLVII, 206, 221, 227, 231, 238, 243, 245, 252, 271–272, 274, 355, 733–735
- meeting place XLVII, 203, 208, 217–218
- opening XLVIII, 234, 238, 242, 244, 384–385, 755, 757, 762
- participants 385, 749–777
- prints 248, 273, 756, 758, 765–766, 773–777
- spectators 238, 389, 731
- treasurer 227, 245–246
- voting policy 227, 238

Synod of Middelburg (1581) XXXII
Synod of The Hague (1586) XXXIII, 287

The Hague 205
Toleration 21

Union of Utrecht XXXIII, XXXV, XL, XLII, XLIV, 14–15, 110, 122, 130, 135, 138, 147, 253, 287, 303, 305, 478
Utrecht deputies XLII, 8–9, 15, 19, 23, 30, 34, 36, 39, 45, 49, 61, 65–66, 75, 84, 86, 88–89, 102–103, 106, 108–111, 113–114, 117, 119, 122, 135, 137, 199, 217

Van Aerssen scandal XLV, 175, 180, 197–198, 200, 212, 248, 425, 463
Veluwe 55, 91
Vorstius case 373

Waardgelders XXXIX, XLV, 136–137, 145, 151–153, 159, 165, 167–168
Walloon churches XXXII
Walloon delegation 65, 108, 252, 283
Weegh-Schael XLIII, 60, 64, 70, 73, 84–86, 88, 92–95, 105, 180, 183, 190, 194, 197, 317–318, 321, 323, 328, 332
Wesel Articles (1568) XXX
Wetteravian Association of Counts 475, 624, 627, 630, 636, 650, 657
Wetteravian delegation (see Nassau-Wetteravian delegation)

Zeeland delegation 219
Zeeland deputies XLII, 6, 8, 11, 15, 18, 23, 30, 34–36, 44, 49, 54, 61, 66, 75, 84, 86, 102–103, 107, 110–111, 114, 117, 119, 122–123, 135, 137, 145, 147, 199, 217, 232
Zurich Aphorisms on the Five Articles 589, 592–594, 600, 617
Zwolle 187

List of Contributors

Beyer, Jürgen	II/1.247		II/1.21, II/1.28–
Bischof, Janika	II/1.119, II/1.220,		II/1.29, II/1.33,
	II/1.224–II/1.225,		II/1.36, II/1.38–
	II/1.227, II/1.230–		II/1.39, II/1.41,
	II/1.231		II/1.43–II/1.44,
Boer, Erik A. de	II/1.8, II/1.110,		II/1.46–II/1.48,
	II/1.112, II/1.132,		II/1.50
	II/1.232, II/1.241	Moser, Christian	II/1.143–II/1.145,
Bosker, Gerard	II/1.244		II/1.148–II/1.152,
Bremmer, Christiaan	II/1.3		II/1.155, II/1.157–
Bronner, Dagmar	II/1.114, II/1.118–		II/1.159, II/1.161,
	II/1.130, II/1.132–		II/1.163–II/1.175,
	II/1.134, II/1.136–		II/1.178
	II/1.139, II/1.141,	Niet, Cornelis A. de	II/1.109, II/1.111,
	II/1.146, II/1.179–		II/1.131, II/1.154,
	II/1.203, II/1.205		II/1.162, II/1.177
Buckwalter, Stephen	II/1.124, II/1.127,	Platt, Eric	II/1.13, II/1.24,
	II/1.221, II/1.223,		II/1.27,II/1.31,II/1.34–
	II/1.228–II/1.229,		II/1.35, II/1.40,
	II/1.233		II/1.42, II/1.49,
Fornerod, Nicolas	II/1.160, II/1.206–		II/1.51–,II/1.56
	II/1.213, II/1.216,	Roelevink, Johanna	II/1.1, II/1.16–II/1.18,
	II/1.218		II/1.25, II/1.32,
Garloff, Mona	II/1.19, II/1.22,		II/1.57, II/1.74,
	II/1.45		II/1.77, II/1.79–
Guillemin, Thomas	II/1.26, II/1.57–		II/1.81, II/1.83–
	II/1.73, II/1.75–		II/1.84, II/1.86–
	II/1.76, II/1.78,		II/1.87, II/1.88,
	II/1.85, II/1.89–		II/1.93, II/1.97,
	II/1.92, II/1.94–		II/1.99, II/1.101–
	II/1.96, II/1.98,		II/1.106, II/1.112,
	II/1.100		II/1.135, II/1.156,
Harms, Fritz	II/1.245		II/1.176, II/1.204,
Klöckner, Thomas	II/1.32, II/1.107,		II/1.215, II/1.217,
	II/1.113, II/1.115–		II/1.242
	II/1.116, II/1.118	Rouwendal, Pieter	II/1.214
Lieburg, Fred van	II/1.243, II/1.247,	Sinnema, Donald	II/1.30, II/1.37,
	II/1.248		II/1.142, II/1.234–
Linden, Kees Jan van	II/1.2–II/1.3, II/1.5–		II/1.240, II/1.245
	II/1.6	Wright, Catherine	II/1.235–II/1.239
Milton, Anthony	II/1.7, II/1.9, II/1.10–		
	II/1.12, II/1.14–		
	II/1.15, II/1.20–